本报告的出版得到

国家重点文物保护专项补助经费资助

山東明清海防遺址調查報告

山东省水下考古研究中心 编著

科学出版社

北　京

内 容 简 介

本书是第一部以考古调查资料为基础介绍山东省明清海防遗址情况的考古报告。作者结合实地调查资料和古代文献，将此次发现的明清海防遗址细划为都司、营、卫、所、寨／屯、巡检司、墩、堡、炮台和其他（官兵家族墓地、祠堂等）十类，每类每处海防遗址均从地理环境、历史沿革、保存现状、历来工作、文献记载等方面进行了详细介绍，部分遗址还结合调查资料、文献和卫所官兵家谱记载，考证出其在古籍中的记载名称。为了全面展示完整的海防网络，对已消失的海防遗址也进行了收录和介绍。

本书是一次从考古学角度对海防遗址进行研究的有益尝试，其面世可以满足广大海防研究者的需要，期待能进一步推动海防研究和海防遗址保护工作的发展。

本书可供从事考古学、历史学等相关学科研究的专家、学者参考、阅读。

图书在版编目（CIP）数据

山东明清海防遗址调查报告：全2册 / 山东省水下考古研究中心编著. — 北京：科学出版社，2023.9

ISBN 978-7-03-076597-0

Ⅰ.①山… Ⅱ.①山… Ⅲ.①海防－古建筑遗址－调查报告－山东－明清时代 Ⅳ.①K878.3

中国国家版本馆CIP数据核字（2023）第191459号

审 图 号：鲁SG（2023）014号
责任编辑：李 苪 郝莎莎
责任校对：张亚丹
责任印制：肖 兴
书籍设计：北京美光设计制版有限公司

山东明清海防遗址调查报告
山东省水下考古研究中心 编著

科 学 出 版 社 出版
北京东黄城根北街16号
邮政编码：100717
http://www.sciencep.com
北京华联印刷有限公司 印刷
科学出版社发行 各地新华书店经销

2023 年 9 月第 一 版 开本：889×1194 1/16
2023 年 9 月第一次印刷 印张：61 1/2 插页：1
字数：1 770 000
定价：1280.00 元（全二册）
（如有印装质量问题，我社负责调换）

编委会

序

一

《山东明清海防遗址调查报告》即将付梓出版，尽管我对调查项目及其工作过程比较了解，当厚厚的书稿摆在面前的时候，我还是非常感慨与兴奋。这项工作是国家文物局批准支持的文物保护工作项目，是在新冠疫情肆虐期间克服了种种困难而完成的一项重要工作任务，该报告的出版是山东省水下考古研究中心取得的又一项重要成果。海防遗址调查研究彰显了水下考古学科的发展，体现出了涉水文化遗产资源重要类型"海防遗址"的认知与研究水平，见证了年轻专业技术人才干部队伍的快速成长。作为曾经的山东省水下考古研究中心人，秉持着共建共享、协同作战、集中攻关、孜孜以求的理念，践行着多出成果与快出人才的初心，和大家同甘共苦、团结奋进、快马加鞭的工作场景与氛围历历在目。作为新兴新建的水下考古研究中心，能够为山东省文物考古事业发展、经济文化社会发展大局做出新贡献而感到十分自豪，在这里要特别祝贺年轻同事们取得的重要考古研究成果！

二

海防是保护国家和地区领土完整、人民生命财产安全的重要设施，包含军事、政治、经济、文化、交通等诸多文化要素。中国是海岸线悠长的国家，山东省濒临渤海、黄海，海岸线占全国六分之一以上，自古以来就是重要海上门户，文献记载因倭寇与海盗侵扰严重，明清时期尤为重视海防建设，因而留下了丰富的海防文化遗存。我国经略海洋战略与海上丝绸之路建设的实施，国家安全观与爱国主义教育的加强，海疆文化遗产带的规划、保护和研究，海防历史文化研究取得长足进步。随着海洋经济开发与滨海地区经济社会的发展，海防遗址保护面临严峻形势，文旅深度融合背景下海防文化遗存的保护利用具有重要现实意义。水下考古学科的快速发展，从学术视野、工作理念、理论方法、科技手段应用和水下考古队伍建设等方面加大了海防遗址的调查研究力度。前人已对明清海防遗址做了许多考古调查和学术研究，并取得众多成果。

在诸多背景下，山东省水下考古研究中心"山东明清时期海防遗址调查"工作获得了国家文物局立项，并又得到支持出版考古报告，项目取得的考古调查经验与研究成果，必将能够促进我国明清海防历史、文化与社会的研究。

三

《山东明清海防遗址调查报告》分为上、中、下三篇共九章，一套两册，180 余万字、1000 余幅照片、700 多幅插图，系统地介绍了每一处调查发现的海防遗址，并进行了初步的专题研究，在调查方法、记录方式、整理研究等方面多有创新，还附有遗址登记表、参考文献，是一部内容丰富、资料详实的大型专题考古报告。本次调查登录海防遗址 556 处，其中复查第二次不可移动文物普查文物点 82 处、复查第三次不可移动文物普查文物点 120 处、新发现登录文物点 354 处（包括已经消失文物点），包括都司、营、卫、所、巡检司、寨／屯、墩、堡、炮台、其他（祠堂、墓葬、衙署等）共 10 类海防遗址。这次调查基本摸清了山东明清时期的海防遗址资源家底、保护状况与管理情况，对海防体系建设与演变有了更为清晰的认识。海防遗址以明代为主，清代继续沿用，但也产生了比较大的变化。聚落考古调查研究方法促进了对海防体系中的指挥、防御、管理、供给、链接、交通等诸多方面的系统研究，遗址既有集中片区分布又有线性分布的特点，体现出了以面向海洋防御为主的布局，和面向陆地腹地为基础纵深的布局。城址的设置、布局、筑城技术，墩、堡的设置与建筑技术，军寨与农屯的结合转化等，无不彰显出了高超军事、政治管理和科学技术水平，海防遗址的调查对研究明清时期山东海防状况、相关政策变化、历史文化与社会发展提供了坚实物质资料。

四

我们十分重视海防遗址调查项目的开展，特别安排中心的业务骨干牵头，联合烟台市、威海市、青岛市、日照市、潍坊市、东营市和滨州市的文博单位业务人员共同组建调查队伍，共计 50 余人次分为 4 个小组历时 50 多天，克服了新冠疫情影响与沿海大风等困难，顺利完成了田野考古调查任务。考古队在调查之前做了全面准备，如查阅历史文献、既往调查资料与研究成果，制定了详细的调查工作方案，与北京博科鸿图信息技术有限公司联合开发了"山东明清海防遗址考古调查记录系统"数据库，对海防遗址进行分类、制定记录规范标准、确定调查要素与流程等，委托山东建筑大学乡土文化遗产保护有限公司对重点遗址进行科技测绘。

尽管单位田野考古工作任务繁重，我们也下决心抽调考古调查组的骨干力量集中时间开展资料整理、报告编写工作。编委会成员积极讨论制定整理规范与统一要求，分组编写，集中通稿。在报告编写阶段，集中 4 个单位 8 名业务骨干一起工作，分工编写，即时开展讨论，三次邀请专家组进行指导，并结合"涉水文化遗产数据库系统"项目建设展开深入讨论；同时邀请科学出版社编辑尽早介入并提出意见建议。期间还集中采购了一批关于海防遗址调查与海防研究的图书，加强后勤保障以保障编写小组高质量、高效率地开展工作。后期阶段同志们在坚持水下考古、田野考古工作的同时，及时完成了报告通稿与三次校对。第八章、第九章的海防研究，是我提出要新增加的内容，却也增添了不少的难度与工作量。此两章强调与文献记载相结合，把海防作为一个体系去研究，同时补充了已经消失遗址的调查、记录与分析，增强了历史信度，提升了考古调查的分析判断能力，强调了大众的文物保护意识。此次调查是多家单位、众人合作的典范，但回想起海防遗址调查研究项目开展之初，调查研究队伍以年轻人为主，在克服疫情影响等条件下，又特别强调要求调查工作高质量、高效率推进，也的确给了他们太多的压力，现在看到项目成果顺利出版，看到他们的成长、成熟与发展，心里由衷地高兴。

五

此次山东明清海防遗址调查也是阶段性工作，在调查与研究过程中我们也认识到许多值得改进、提升和注意的问题。一是要以聚落考古的方法对重点区域、重要线路开展区域专题调查，适当扩大调查面积，进一步厘清海防遗址的空间布局。二是要选择不同类型的重要遗址开展复查、重点勘探和考古发掘。三是将调查发现的海防遗址自上而下的落实到各市、县（区）文物保护管理单位，及时登录与公布好，并出台相关制度与政策进行有效保护。四是建议结合即将开展的全国第四次不可移动文物普查工作，提出明确要求将海防遗址等涉水文化遗产作为单独一类遗存进行调查、登记，并制定普查标准与规范。五是要进一步联合高校、科研院所、文博单位、军事研究部门等多家单位合作，加大海防遗址保护研究阐释力度，综合运用各种科学技术手段，开展多学科交叉综合研究。六是结合文旅融合背景与经济发展需求，选择价值高、保存好的海防遗址开展有效展示利用。

六

2020年我们率先提出"涉水文化遗产"概念，丰富了水下考古学科的内涵与外延，拓宽了考古学研究视野，加强了文物保护力度，促进了学术研究与学科发展，得到了行业与学术界的广泛认同与充分肯定。海防遗址就是具有典型代表性的一类涉水文化遗产资源，涉水文化遗产还包括水下文物点、涉水遗址、港口与码头、盐业遗址、水利水工设施、革命文物、瓷业遗存等，这是基于海岸线变迁、河流湖泊变化导致的地下文物埋藏状况等方面的实际考虑，更是水下考古的研究视野、工作理念、方法技术与装备等基本特点决定的，体现了中国考古学、水下考古学科发展的必然性与时代性要求。山东明清海防遗址的调查与考古报告的出版,成功践行了涉水文化遗产保护理念与工作方法,标志着水下考古学科的成熟发展。涉水文化遗产的概念提出后,我们开展了系列探索,2020年我们牵头成立了"山东省涉水文化遗产保护研究学会",自2016年开始至今已经建成了日照、威海、烟台、潍坊、东营、泰安、临沂、济宁等8个水下考古工作站,2022年我们开发建成了"涉水文化遗产数据库系统"平台,对全省涉水文化遗产进行登记,积极倡导和带领大家申报课题研究。目前,山东省涉水文化遗产保护研究呈现出了蓬勃向上的良好发展局面。

海防遗址调查研究项目的顺利实施,是探索水下考古学科发展的有力尝试,离不开考古专业队伍的建设作为后盾基础与核心支撑。山东省水下考古研究中心是2015年成立的隶属山东省文化和旅游厅的正处级全额拨款事业单位,主要职责是承担全省水下文物考古调查发掘研究,是目前全国唯一一家独立建制的处级水下考古研究单位,编制由17人增加至50人,拥有2700余平方米的现代化办公场所,设有水下考古研究室、涉水文化遗产保护研究室、文物保护利用部、文物工程保护规划研究室、学术交流与信息中心等专业部门,购置2000余万元水下考古与田野考古装备,目前主要完成了山东地区庙岛群岛、胶州湾、威海湾等多个区域的陆地水下文物资源调查、水下考古调查及东平湖水下考古调查,发掘了威海湾"定远舰""靖远舰""来远舰"等甲午沉舰,发表与出版了一批水下考古报告和研究成果。目前山东省水下考古研究中心专业干部队伍愈加壮大成熟,已经成为考古学发展和服务经济文化社会发展的一支重要力量。

最后,值此《山东明清海防遗址调查报告》出版之际,向国家文物局考古司、国家文物局考古研究中心、山东省文化和旅游厅、山东沿海各文化和旅游局与相关文博单位、科学出版社文物考古分社表示诚挚谢意,感谢大家对山东明清海防遗址调查与报告出版工作的支持,感谢大家对山东省水下考古事业的关心、支持与帮助。

祝愿山东省水下考古研究中心持续发展,再创新佳绩!

刘延常

2023年10月16日于泉城济南

凡　例

1.全书分为三篇。上篇概述，主要介绍山东明清海防的历史背景和调查概况；中篇田野调查，主要介绍各海防遗址的调查情况；下篇初步研究，根据遗址调查情况进行初步的总结和研究。

2.本书收录的海防遗址，主要指明清时期用于抵御海上入侵的军事设施及其附属或相关设施，同时期具有军事功能但没有海防作用的其他机构或设施并未收录到本书中。

3.本书收录的山东明清海防遗址，是指明清两代使用的海防设施。上限定于明洪武元年（1368 年），下限定于清道光二十年（1840 年）。设立较早沿用至明清时期或者明清时期设立但延用到后期的海防设施也收录到本书中。此次调查发现，晚清时期（1840—1911 年）的海防设施多位于现军事禁区内，调查难度较大，并未收录到本书，有待今后继续做调查研究工作。

4.为了便于检索和分类，本书田野调查篇按照现行的行政区划对遗址进行分类介绍。各遗址所属的区县，以山东省自然资源厅山东省标准地图服务网站公布的最新各区县地图为准。各类开发区如未独立标注，则不设单独章节介绍。

5.本书遗址排序为沿海岸线顺时针方向介绍，依次为东营市、潍坊市、烟台市、威海市、青岛市、日照市，各市下辖或代管区县也按照该顺序介绍。原则上每章介绍一个地级市的海防遗址，每节介绍一个县级行政区的海防遗址。因东营市和潍坊市海防遗址较少，因此两市并为一章，各占一节介绍。

6.依据明清时期的海防史料，本书将海防遗址分为 10 类，分别为都司、海防营、卫城、所城、巡检司、寨/屯、墩、堡、炮台、其他。其中都司、海防营是海防军事指挥机构，卫城、所城、寨/屯、墩、堡、炮台是海防一线的军事单位，巡检司是隶属于地方的治安机构，不隶属于军事系统，但位于沿海地区的巡检司也肩负海防职责，因此也将之列入调查范围。海防相关附属设施，如海防官兵及其后裔的祠堂、墓葬和卫所城附属寺庙等也列入调查范围，统一归为"其他"类。在介绍遗址时，每节按照上述顺序介绍，如无此类遗址则略过。

7.海防遗址的命名，一律使用考古学规范命名，如能确定是文献史料中记载的某一处遗址，则用文献中的名称命名。如该遗址已经在"二普"或"三普"资料中命名，则在脚注中注明。卫统一称作卫城遗址，所为所城遗址，名称中可以省略守御千户所、备御千户所、备御百户所，比如"鳌山卫城遗址"，"寻山所城遗址"，"清泉寨所城遗址"。如该卫或所未独立建城，则命名为**卫遗址，如莱州卫遗址、登州卫遗址、胶州所遗址、诸城所遗址。明确为墩的称为"**墩遗址"，明确为堡的称"**堡遗址"，不称其为"烟墩"、"墩台"或"烽火台"。如"戚家庄烟墩"经考证应属于文献记载中的陈家庄墩，对其命名应为"陈家庄墩遗址"，尾注中注明"二普资料中记为'戚家庄烟墩'"，或者文保文件中将其公布为"戚家庄烟墩"等。寨统一称为**寨遗址，而不称为"军寨"。

8.本书中使用的地图,底图来自山东省自然资源厅山东省标准地图服务网站。

目　录

中 篇 田野调查

第三章 东营、潍坊海防遗址

第四章　烟台市海防遗址

第五章　威海市海防遗址

第六章　青岛市海防遗址

第七章　日照市海防遗址

下 篇 初步研究

第八章 明代海防遗址研究

第九章 清代海防遗址研究

上篇

概述

第一章

山东明清海防体系综述

一、山东海防地理形势

―（一）―

山东地理概况

山东省位于中国东部沿海、黄河下游。境域包括半岛和内陆两部分，山东半岛突出于渤海、黄海之中，同辽东半岛遥相对峙；内陆部分自北向南与河北、河南、安徽、江苏4省接壤。地理范围介于北纬34°22.9′—38°24.0′，东经114°47.5′—122°42.3′之间，省境南北最长约400千米，东西最宽约700千米。

山东省中部山地突起，西南、西北低洼平坦，东部缓丘起伏，形成以山地丘陵为骨架、平原盆地交错环列其间的地形大势。泰山雄踞中部，主峰海拔1532.7米，为全省最高点。黄河三角洲一般海拔2—10米，为全省陆地最低处。境内地貌复杂，大体可分为中山、低山、丘陵、台地、盆地、山前平原、黄河冲积扇、黄河平原、黄河三角洲等9个基本地貌类型。境内主要山脉，集中分布在鲁中南山区和胶东丘陵区。

在地理记述上，按照行政区的分布与一定自然地理界线相结合，全省可分为鲁西、鲁北、鲁东和鲁中南。鲁西以黄河为界分二：黄河以北德州、聊城二市为鲁西北；黄河以南，东平湖、南四湖以西的菏泽市与济宁市西部为鲁西南。小清河以北为鲁北，主要包括滨州市和东营市。潍河与沭河以东为鲁东，包括胶东和鲁东南两部分：基本上胶莱河以东为胶东或胶东半岛；沭河以东为鲁东南，又常称为沭东。小清河以南，鲁西、鲁东之间统称鲁中南。其中，南四湖以东，包括枣庄市和临沂地区南部的临（沂）、郯（城）、苍（山）区域为鲁南。

山东地貌基本分为平原与山地丘陵两大部分。平原主要分布于鲁北及鲁西，基本属构造沉降区。山地丘陵分布于鲁中南及鲁东，属构造隆起区。山东地貌大势总的表现为：省境中部山地隆起，地势最高，东部及南部丘陵和缓起伏；北部及西部平原坦荡，对山地丘陵呈半包围之势。

省内规模最大的山地为近东西向横亘于鲁中的泰鲁沂山地，分水岭脊海拔多在800米左右。主峰泰山海拔1532米，为全省最高峰。蒙山山地分布于泰鲁沂山地之南，主峰龟蒙顶海拔1150米，为省内第二高峰。鲁东丘陵海拔多在500米之下，以崂山最高，主峰海拔1133米，为全省第三高峰。鲁北、鲁西平原海拔多在50米以下，为黄河泛滥平原，近代黄河三角洲为其组成部分，位于东营市境。

山东海岸北起冀、鲁交界处的漳卫新河河口（即大口河河口），南至苏、鲁交界处的绣针河河口，岸线长3121千米。沿岸0—20米水深的浅海总面积为29031平方千米。沿岸面积大于1平方千米的海湾有51处。其中以属渤海的莱州湾为省内最大的海湾，面积6060平方千米，绝大部水深在15米以内。山东近岸岛屿计299个，总面积147平方千米。其中的庙岛群岛北起北隍城岛，南至南长山岛，由21个岛屿组成，纵列于渤海海峡中，为山东省最大的群岛，并为黄、渤海的分界。

在全国气候区划中，山东属暖温带季风气候区，气候温和，四季分明。冬季受偏北大陆性季风控制，寒冷晴燥；夏季受东南海洋性季风影响，高温多雨。东部受海洋影响较大，西部内陆大陆性加强。全省多年平均降水量的分布自东南向西北递减，由900余毫米降至550毫米。年内降水分配不均，70%左右集中

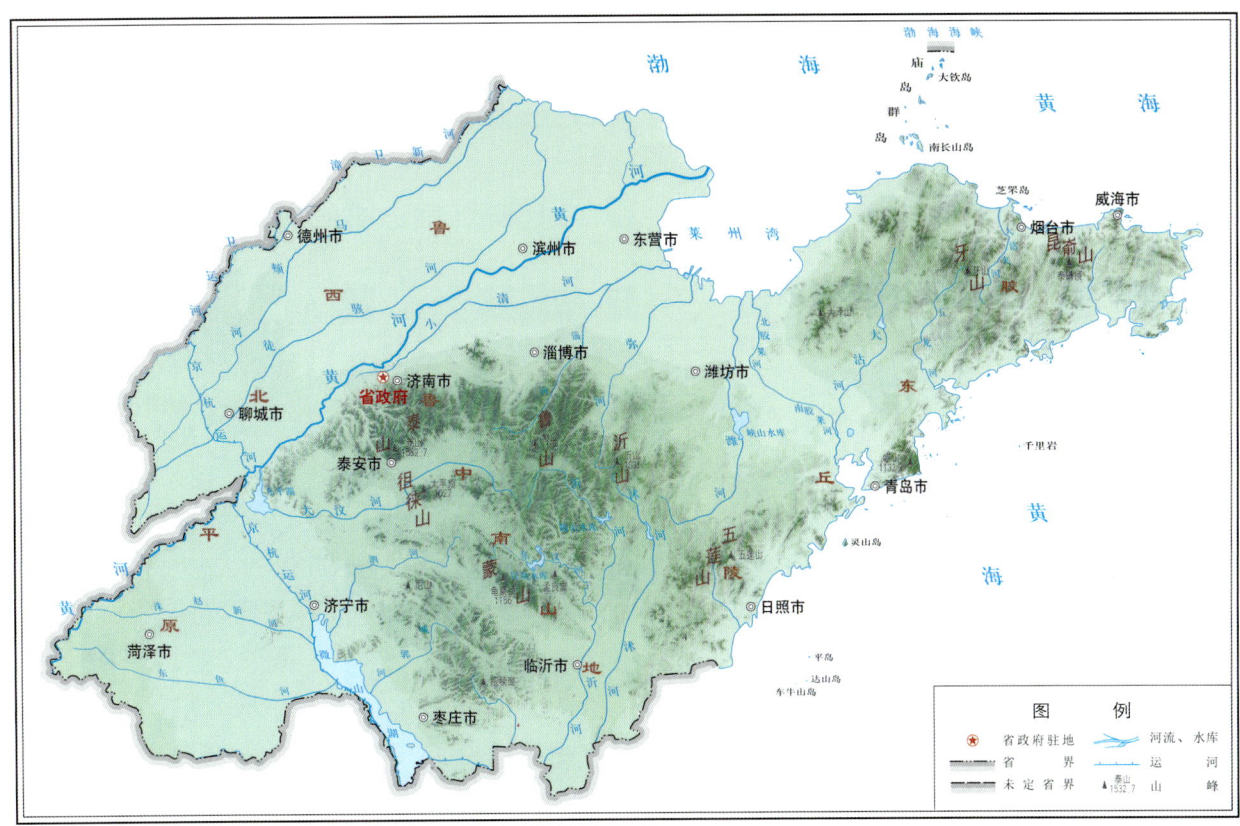

山东省自然地理地图

干夏季。全省气温分布自西南向东北降低，年均温 11—14℃。1 月均温 –4—1℃，7 月均温 24—27℃。全省各地历年平均无霜期 180—220 天，沿海及鲁西无霜期较长，鲁北无霜期较短。气象灾害以旱、涝为主，风、雹次之。旱、涝灾害几遍全省，唯东南沿海为轻。风、雹灾害因地而异：鲁北、鲁西以干热风为重，鲁东沿海间或受台风影响；冰雹灾害以鲁中山区及西北内陆多，东南沿海少。此外，鲁北沿海尚有风暴潮为害。

山东历史区划沿革

　　山东是中华民族古老文明发祥地之一。早在距今四五十万年前旧石器时代早期的"沂源人"，即在此繁衍生息。此后，历经距今 5 万—2 万年的旧石器时代中晚期的"新泰人"，距今 1 万年左右的沂、沭河流域的中石器文化，距今 8500—7500 年的新石器时代早、中期的后李文化，距今 7300—6300 年的北辛文化，距今 6300—4500 年的大汶口文化，距今 4400—4000 年的龙山文化，距今 3900—3600 年的岳石文化等一系列在中国史前文明发展史上占有重要地位的历史时期，山东先民创造了与中原文化并驾齐驱的东夷文化，成为华夏文明的源头之一，为中国古代文明的形成与发展做出了重要贡献。

夏商时期今山东地域范围内的方国为数不少。据治山东古国史的学者研究，仅文献上有记载，且能查到地望的就有130多国。西周沿袭以血缘关系为基础的分封制，对原商王朝统治的广大地区实行"封邦建国"，将土地整族整族地分封给宗族和功臣，被封者统称为诸侯。今山东地区的封国主要有：太公吕尚（姜子牙）受封的齐国和周公旦受封、其子伯禽代受封的鲁国。山东被称为"齐鲁之邦"或简称"鲁"，即由此而来。齐、鲁两大国之外，还有与周王同姓（姬）的曹、滕、郜等国。同时，夏商时期山东境内的古国大多数继续存在于西周。到春秋时期，见之于《左传》等史籍记载的山东古国还有55国之多。在所有这些国家中，齐、鲁两国疆域最广、影响最大。除了齐、鲁两大国之外，疆域较广、影响较大的还有莱、莒、滕等国。

公元前221年秦始皇统一中国，推行郡县制，共设36郡。其中全部行政区域在今山东境内者有齐郡、薛郡、琅邪郡，部分在山东境内者有东郡、砀郡。此后，经多次调整增置，总计50多郡，涉及今山东地区的有胶东郡、胶西郡、临淄郡、济北郡、巨鹿郡、东海郡、泗水郡、邯郸郡。

西汉时期，置十三部州刺史，将全国分为14个大监察区。由中央派刺史周行郡国。今山东地区共有山阳、济阳、平原、千乘、济南、泰山、齐、北海、东莱、琅邪、东海等11郡和淄川、胶东、高密、城阳、东平、鲁等6国，此外还有东郡的大部和渤海郡的一部。今山东地区分属兖州、青州、豫州、徐州刺史部巡察。

西汉末年，外戚王莽篡权，滥封滥置，因而造成极大的混乱，今山东地区的政区名称自然也受其影响。光武帝刘秀建立东汉后，重新恢复了西汉地方行政管理体制，同时作了一些改革，将西汉时只有监察职能，没有固定治所的13部州改为第一级政区，设固定的州治。今山东地区共有济南国、平原郡、乐安国、北海国、东莱郡、齐国、东郡、东平国、任城国、泰山郡、济北国、山阳郡、济阴郡、东海郡、琅邪国、鲁国、清河国等17个郡国183个县，分属青州、兖州及徐州、豫州、冀州等州。

三国时期，今山东地区处于曹魏政权统治之下，在今山东地区共设齐国、济南国、乐安郡、北海郡、城阳郡、东莱郡、泰山郡、济北国、东平国、任城国、山阳郡、济阴郡、东郡、东莞郡、琅邪郡、东海国、彭城国、乐陵国（郡）、平原郡、清河郡、阳平郡等20多个郡、国，170余县，分属于青州、兖州、冀州。

西晋时今山东地区共有齐国、济南郡、北海国、乐安国、城阳郡、东莱国、长广郡、濮阳国、济阴郡、高平国、任城国、东平国、济北国、泰山郡、东海郡、琅邪郡、东莞郡、彭城国、鲁郡、乐陵国、平原国、勃海郡、清河国等20多个郡、国（以上有的郡、国治所不在山东省境），140多个县，分属于青州、兖州、徐州、豫州、冀州。

东晋时期，北方被匈奴、鲜卑、羯、氐、羌等少数民族先后建立的16个王国所分割，今山东地区被后赵、前燕、前秦、后燕、南燕等政权先后占据，后赵、前燕、后燕时山东地区分属青、兖、徐、冀等州，前秦时分属青州、兖州、南兖州，南燕时则分属青、并、幽、徐、兖等州。东晋王朝虽曾一度占据山东南部，但为时不长。

南朝刘宋统治时，今山东地区有齐郡、济南郡、乐安郡、高密郡、平昌郡、北海郡、东莱郡、（侨）太原郡、长广郡、泰山郡、高平郡、鲁郡、东平郡、（侨）阳平郡、济北郡、兰陵郡、东莞郡、东安郡、琅琊郡、北济阴郡和侨冀州所辖的全系侨置的广川、平原、清河、乐陵、魏郡、河间、顿丘、高阳等郡共近30个郡、140余县，分属青州、兖州、徐州和侨冀州。继刘宋统治山东地区的是北魏和其后的东魏，州、郡、县三级行政体制没有变化，但州、郡、县设置乱、滥的情况更加突出。仅一级行政区州就有青州、兖州、齐州、光州、北徐州、胶州、司州、冀州、沧州、徐州、东徐州、西兖州、南青州、济州等十几个州，郡数达 48、县数达 173 个之多。北齐时有所调整省并，留有青、齐、光、胶、兖、北徐等州。北周时期又有较大调整，今山东境内有曹、沂、兖、青、齐、济、莒、胶、光等州，还有一部分临近省境的县份分属徐、冀、沧、贝、魏等州。

隋代，今山东地区共有济阳、东平、济北、渤海、北海、齐郡、东莱、高密、鲁郡、琅邪等 10 个完整的郡，此外还有东郡、彭城、武阳、平原、下邳、清河等郡的各一部分。共有县 113 个。

唐代实行道、府（州）、县三级行政管理体制。唐代的州分 7 等、县分 8 等。今山东地区主要属河南道，有郓州、齐州、兖州、青州、曹州、濮州、密州、沂州、莱州、淄州、登州等 11 州和徐州、宋州的少数县。属河北道的有博、德、棣州及魏州、贝州的部分县。总计 92 县。

五代时，今山东地区先后属于后梁、后唐、后晋、后汉、后周五个地方政权，其行政格局与晚唐相似，名义上仍分属河南道、河北道。州一级由于增置（如济州、滨州）、改名（如辉州改单州），有一些小的变化，其他与唐代大致相同。

北宋，今山东地区分属京东东路、京东西路和河北东路的一部。共有济南府、袭庆府、兴仁府、东平府等四府及大名府、开德府、应天府的各一部，青州、密州、沂州、登州、莱州、潍州、淄州、济州、单州、濮州、博州、棣州、德州、滨州和沧州、恩州、徐州的各一部，广济军及永静军的一部，近 90 个县。

金太宗天会五年（1127 年）金占山东后不久，即改京东路为山东路，并于正隆（1156—1160 年）年间设山东路统军司。这是山东历史上第一次以"山东"二字作为行政区域的专名，此后一直沿用至今。今山东地区在金代分属山东东路、山东西路和大名府路、河北东路、南京路的各一部分。共有益都府、济南府、东平府和大名府的一部分，潍州、滨州、沂州、密州、莒州、棣州、淄州、莱州、登州、宁海州、济州、滕州、博州、兖州、泰安州、德州、曹州、濮州、单州和恩州、开州、观州的各一部分，近百个县。

元代今山东地区从作为直属于中书省的"腹里"地区来说，分属于东平、东昌、济宁、益都、济南、般阳府等六路，路下设济州、兖州、单州、潍州、胶州、密州、莒州、滕州、沂州、峄州、博兴州、棣州、滨州、莱州、登州等 15 州；此外，另有曹州、濮州、高唐州、泰安州、德州、恩州、冠州、宁海州等 8 州直隶于中书省，县份总计为 100 多个。

明初地方行政区划，一仍元朝旧制。一级政区为行中书省（简称行省）。洪武元年（1368 年）四月，将原元朝直属于中书省的所谓"腹里"地区划分为山东、河南两行省。洪武二年（1369 年）三月置北平行省，将山东、河南两行省的部分府州县划归北平行省。山东行省治所初设于益都。洪武九年（1376 年）各行中书省改为承宣布政使司，全国 13 个布政使司，山东为其一。后又先后设立提刑按察使司和都指挥使司（简称都司）。布政使司是一省最高行政机构，按察使司是一省最高刑法机构，都司则是一省的最高军事机构，三者并称"三司"，三司长官互不统属，各自直隶中央。三司设齐后，三司驻地由益都移驻济南。济南从此成为省会。

二级政区为府和直隶州，三级政区为散州（不领县）和县。洪武十八年（1385 年）山东布政司共辖济南、青州、东昌、兖州、莱州、登州等 6 府，泰安州、德州、武定州、滨州、临清州、高唐州、濮州、莒州、济宁州、东平州、曹州、沂州、平度州、胶州、宁海州等 15 州，89 个县。其行政区划详见下表。

明代设有"道"的机构，但明代的"道"不是正式的政区，只是由布政司、按察司派下去负责督察某一地区或某一专项事务的派出机构。山东以布政司参政、参议领衔的道有税粮道（督粮道），济南、海右、东兖等分守道。其他还有一些按察司派员分司的道。如提督学道、驿传道、分巡道等等。此外还有一些不常设的道。

明代山东行政区划表 [①]

府	治所	所辖州县
济南府	历城	历城、章丘、邹平、淄川、长山、新城、齐河、齐东、济阳、禹城、临邑，长清、肥城、青城、陵县、泰安州、新泰、莱芜、德州、德平、平原、武定州、阳信、海丰、乐陵、商河、滨州、利津、沾化、蒲台
东昌府	聊城	聊城、堂邑、博平、茌平、莘县、清平、冠县、临清州、邱县、馆陶、高唐州、恩县、夏津、武城、濮州、范县、观城、朝城
兖州府	滋阳	滋阳、曲阜、宁阳、邹县、泗水、滕县、峄县、金乡、鱼台、单县、城武、济宁州、嘉祥、巨野、郓城、东平州、汶上、东阿、平阴、阳谷、寿张、曹州、曹县、定陶、沂州、郯城、费县
登州府	蓬莱	蓬莱、黄县、福山、栖霞、招远、莱阳、宁海州、文登
莱州府	掖县	掖县、平度州、潍县、昌邑、胶州、高密、即墨
青州府	益都	益都、临淄、博兴、高苑、乐安、寿光、昌乐、临朐、安丘、诸城、蒙阴、莒州、沂水、日照

　　明代各地遍设一种叫作"卫""所"的军事组织。卫、所由各省都司统辖，各省的都司则由中央的五军都督府管辖。内地的卫、所一般不涉民政，沿边的卫、所则取代当地行政机构，而成为一种实土卫、所。有实土的卫相当于府和直隶州，实土所则相当于县，这种实土卫、所是军、政合一的区域通名，通常军事要害之地设"卫"，次要一点的设"所"。在不同时期，卫、所有所增设调整。洪武二十六年（1393 年）山东都司所辖卫，所有青州左、登州、安东、莱州、宁海、济南、平山等卫和胶州、诸城、滕县、肥城等千户所。永乐年间设在沿海一带的卫有登州、莱州、宁海、安东、灵山、鳌山、大嵩、威海、成山、靖海等卫，所有胶州、海阳、宁津、雄崖、浮山、福山、奇山、金山、寻山、百尺崖、王徐寨、夏河寨等所。

　　另外，辽东都司及辽东镇也归山东管辖。洪武四年（1371 年）元辽阳路入明，七月置定辽都卫。八年（1375 年）十月改定辽都卫为辽东都指挥使司，治定辽中卫（今辽宁省辽阳市），十年（1377 年）撤销各级地方行政区划，改为实土卫、所，兼理民政。辽东都司领 25 卫和 11 所、2 关。其辖区西起山海关，东至鸭绿江，北起开原（今辽宁省开原县威远堡），南达旅顺海口。涉及今辽宁省大部和吉林省的一部。

　　清代，除将内外蒙古、新疆、西藏等少数民族地区设置特区，归理藩院管理，并将明代的卫所改置厅、州、县外，其余"悉依明制"。在内地设 18 个省作为一级政区，山东为其一。府、直隶州、直隶厅是二级政区。散州、散厅、县为第三级政区。乾隆三十九年（1774 年），清代山东布政使司共辖 10 府、2 直隶州、105 州县。其行政区划详见下表。

　　另外，在"省"的上面设置总督，一般分管两省以上的军政事务。省以下设道，作为布政使司的派出机关，管理指定的府州厅事务。"道"不是一级正式的政区。道有守道、巡道之别。凡布政使司参政、参议所任的道员称为守道，凡按察司副使、金事所任的道员称为巡道。其初守道和巡道的职掌有明显的

---

① 资料来源：（清）张廷玉：《明史》，中华书局，1974年，第4册，第937—952页。

清代山东行政区划表 [①]

府、直隶州	治所	所辖州县
济南府	历城	历城、章丘、邹平、淄川、长山、新城、齐河、齐东、济阳、禹城、长清、陵县、德州、德平、平原、临邑
东昌府	聊城	聊城、堂邑、博平、茌平、清平、莘县、冠县、馆陶、恩县、高唐州
泰安府	泰安	泰安、新泰、东平州、东阿、平阴、莱芜、肥城
武定州	惠民	惠民、滨州、阳信、海丰、乐陵、利津、沾化、蒲台、青城、商河
临清直隶州		武城、夏津、邱县
兖州府	滋阳	滋阳、曲阜、宁阳、邹县、泗水、滕县、峄县、汶上、阳谷、寿张
沂州府	兰山	兰山、莒州、郯城、费县、沂水、蒙阴、日照
曹州府	菏泽	菏泽、濮州、曹县、定陶、范县、观城、朝城、巨野、郓城、单县、城武
济宁直隶州		金乡、嘉祥、鱼台
登州府	蓬莱	蓬莱、宁海州、黄县、福山、栖霞、招远、莱阳、文登、荣成、海阳
莱州府	掖县	掖县、平度州、潍县、胶州、昌邑、高密、即墨
青州府	益都	益都、博山、临朐、临淄、博兴、高苑、乐安、寿光、安丘、诸城

区别，后来二者所掌出入交错，已无多大实质区别。清初山东省道的设置变化不定，数量较多，至晚清稳定在两个守道、一个巡道，成为定制。济东泰武临道和登莱青胶道为守道，前者管辖济南、东昌、泰安、武定四府和临清直隶州，后者管辖登州、莱州、青州三府和胶州直隶州。巡道是兖沂曹济道，管辖兖州、沂州、曹州三府和济宁直隶州。道的设置延续到中华民国前期，乃至日伪在山东省还设过道。

① 资料来源：（清）杨士骧等：宣统《山东通志》，上海商务印书馆，1934年，第1册，第862、863页。

二、明清时期山东海防形势

明清海防背景

公元 11 世纪起，中、日、朝三地海上贸易航线中的巨额利润，吸引着日本当地妄图不劳而获的亡命徒们，13 世纪，朝鲜半岛政局动荡和蒙古东征日本的失败加剧了倭患的扩大；14 世纪，日本进入南北朝时代，内乱并起，倭寇开始肆虐朝鲜半岛进而影响中国沿海地区。中国自元代起，倭患渐起，元朝政府始设防倭海防机制。

明朝建立之后，倭寇有愈演愈烈之势。明初，沿海的山东、浙江、广东、福建、辽东等地是倭寇侵掠的重灾区。山东沿海倭患，尤以洪武、永乐两朝最为严重，具体如下表所示：

明代洪武、永乐两朝山东沿海倭患一览表

序号	时间	具体状况	史料来源
1	洪武二年正月	是月，倭人入寇山东海滨郡县，掠民男女而去	《明太祖实录》"卷三十八"，洪武二年正月
2	洪武三年六月	是月，倭夷寇山东，转掠温、台、明州傍海之民，遂寇福建沿海郡县。福州卫出军捕之，获倭船一十三艘，擒三百余人	《明太祖实录》"卷五十三"，洪武三年六月乙酉
3	洪武四年六月	寇胶州，劫掠沿海居民；夏六月，倭寇胶州	《明太祖实录》"卷六十六"，洪武四年六月戊申；道光《重修胶州志》"卷三十四·记·大事"，第338页
4	洪武六年六月	辛亥，倭夷寇即墨、诸城、莱阳等县，沿海居民多被杀掠。诏近海诸卫分兵讨捕之	《明太祖实录》"卷八十三"，洪武六年六月辛亥
5	洪武七年夏六月	夏六月，倭寇濒海州县。靖海侯吴祯率沿海各卫兵捕获，俘送京师	道光《重修胶州志》"卷三十四·记·大事"，第338页
6	洪武七年七月	壬申，倭夷寇胶州，官军击败之；壬申，倭寇登莱	《明太祖实录》"卷九十一"，洪武七年七月壬申；《明史》"卷二·太祖本纪二"
7	洪武八年七月	倭寇莱州	乾隆《掖县志》"卷之五·大事记"，第119页
8	洪武二十二年十二月	山东都指挥佥事蔺真奏：近者倭船十二艘由城山洋艾子口登岸，劫掠宁海卫。指挥佥事王镇等御之，杀贼三人，获其器械。赤山寨巡检刘兴又捕杀四人，贼乃遁去	《明太祖实录》"卷一百九十八"，洪武二十二年十二月甲寅
9	洪武三十一年正月前	先是倭夷尝入寇，百户何福战死，事闻，上命登、莱二卫发兵追捕	《明太祖实录》"卷二一百五十六"，洪武三十一年一月乙酉

续表

序号	时间	具体状况	史料来源
10	洪武三十一年正月	乙酉，倭夷寇山东宁海州，由白沙海口登岸，劫掠居人，杀镇抚卢智，宁海卫指挥陶铎及其弟钺出兵击之，斩首三十余级，贼败去。钺为流矢所中，伤其右臂。先是倭夷尝入寇，百户何福战死，事闻，上命登、莱二卫发兵追捕。至是，铎等击败之，诏赐钞帛恤福家	《明太祖实录》"卷二百五十六"，洪武三十一年正月乙酉
11	永乐四年	倭寇扬帆于刘公岛，声言攻击百尺崖，而卒击威海，几无噍类。掌印指挥扈宁督率世职及春秋两操班军、乡城民夫、壮士，立死堵截。三日后，都督徐国公朱口统兵援战，倭寇始退	乾隆《威海卫志》"卷一·疆域·兵事"，第439页
12	永乐六年	倭贼袭破宁海卫，杀掠甚惨，又寇成山卫、白峰头寨、罗山寨及大嵩卫之草岛嘴，鳌山卫之羊山寨、阴岛、张家庄以次被掠。入于家庄寨，百户王辅战死。不逾月，入桃花闸寨，百户周盘战死。登州府城和沙门岛一带抄略殆尽	光绪《增修登州府志》"卷十三·兵事"，第138页；顺治《登州府志》"卷十·兵事"
13	永乐六年	倭犯靖海卫，指挥佥事郑刚帅百户逆战，败绩。是年，倭寇成山头，掠白峰头、罗山等寨，始置备倭都司	光绪《文登县志》"卷十四·灾异"，第301页
14	永乐七年三月	总兵官安远伯柳升，率兵至青州海中灵山，遇倭贼交战，大败乏，即同平江伯陈碹追至金州白山岛等处	《明太宗实录》"卷八十九"，永乐七年三月壬申
15	永乐十四年六月甲申	敕捕倭总兵官都督同知蔡福等曰：近登州卫奏，有贼船三十三艘，泊靖海卫杨村岛，已敕山东都指挥卫青等帅军往捕，尔即合兵殄灭，勿误事机	《明太宗实录》"卷一百七十七"，永乐十四年六月甲申

为解决倭寇问题，明朝政府曾经试图通过外交手段解决。洪武二年和洪武三年，朱元璋两度派出使臣出使日本，要求日本政府"安于境土、不得四出扰攘"，以解决倭寇问题，但都未达到目的。首先，日本正处于南北朝时期，国内政治较为混乱，日本自顾不暇，无力且无心处置倭寇。其次，鉴于元朝侵略的教训，中日双方很难建立起相互信任的关系。再次，这一时期的倭寇并非官方行为，日本官方对其也只能是约束，不能也不会真正对其加以剿灭。

为了减轻倭患，洪武四年十二月，朱元璋下诏，"仍禁濒海民不得私出海"①，朱元璋的海禁政策不仅实行于东南沿海，山东等地也在禁止之列。而且，海禁禁令不光禁止本国军民出海，也禁止外国人进入。为有效防御倭寇，北部沿海有些地区还实行过迁海，将沿海岛屿中的居民迁往内地。同时，明朝政府在这一背景下加强海防，设立卫所，巩固海防成为一项重要措施，派遣的舟师巡海及海运剿倭也取得了一定的成效。

倭寇和海寇是沿海防御的主要对象，规模大小不一，持续不断的袭扰从明朝初年一直持续到明朝后期，沿海设防的重要性不言而喻。

---

① 《明太祖实录》"卷七十"，洪武四年十二月丙戌。

明清海防建设概况

明洪武元年（1368年），朱元璋在南京称帝建立明朝。为加强中央集权，明朝建国之初实行了一系列的措施，军事上实行卫所制度。卫所制度作为明初的基本国策之一，在有效地加强边疆、海疆防御的同时，对于恢复和发展生产也起到了积极的作用。

卫所制度是以"卫""所"统兵，而以"都督府"和"都司"统辖卫所。都司隶属于都督府，但卫所也有属都督府直辖的。其编制是：以一百二十人为一百户，一千二百人为一千户，五千六百人为一卫。中、左、右、前、后五军都督府设于京城，设有左右都督、同知、佥事。都司有都指挥使，卫有卫指挥使，千户所有正副千户，百户所有百户。每百户之下，设总旗二名，小旗十名。自卫指挥使以下，官多世袭；其军士亦父子相继。凡卫所的兵，平时都从事于屯田，有事则命将统带出征。还军之后，将上所佩印，兵亦各归卫所。统率之权在于都督府，而征伐调遣则由于兵部。天子的亲军谓之"上直卫"。此外又有南北京卫，都以卫所之兵调充①。

明代采取防御性海防战略，即在沿海要害之地，重要地域设立海防卫所，同时设置墩堡和巡检司以防御来犯之敌。"沿海之地，自乐会接安南界，五千里抵闽，又二千里抵浙，又二千里抵南直隶，又千八百里抵山东，又千二百里逾宝坻，卢龙抵辽东，又千三百余里抵鸭绿江。岛寇倭夷，在在出没，故海防亦重。"②据有关学者统计，明洪武一朝在全国沿海共设立58卫，105所，353巡检司，997烽堠，190堡，313墩，58水寨，48台，23营，24塘铺，7个城③。这些卫所大都建筑城池。上述卫所以及城寨，墩堡，烽堠，巡检司等设施，共有1000余处。

山东是明代重要的临海省份之一，临近京畿地区，可谓京师的南大门户。洪武初期，山东沿海几乎每年都遭遇倭寇的侵掠，可谓倭寇掠夺的频繁期。这一时期，山东所遭遇到的倭患应明显比其他地区严重。"山东之于京师，犬牙相错也。语其形胜则不及雍、梁之险阻，语其封域则不及荆、扬之旷衍。然而能为京师患者，莫如山东。"④所以，山东的军事防御对于巩固大明王朝来说十分重要。明代山东布政使司辖下6府，即济南、东昌、兖州、青州、莱州和登州。其中，青州、莱州、登州3府毗邻沿海。有明一代，山东的海防重点区域就在此3府。从地理位置上讲，明代山东的海防重要地区在东部和南部沿海，即：登州府的东部和南部，莱州府以及青州府的南部沿海地区。沿海卫所均设置在以上区域。

明代山东海防建设始于洪武年间，成型于永乐年间。后经过历代不断完善、巩固。明洪武初，设沿海诸卫，领以备倭都指挥使，兼置巡察海道。随后，于永乐年间在山东半岛地区设立三大营："至永乐间，又立即墨等三营，以分控二十四所。故其建营之地与所控制之卫所远近相均。"三大营即登州营、文登营和即墨营，分守山东地区北、东、南三面海疆。三大营统辖各沿海卫所，互成掎角之势，相互呼应，将各沿海卫所有效地联系了起来。后又于"嘉靖四十一年（1562年），专设登州海防道。万历二十年（1592年），

① 吕思勉：《吕思勉中国史》，当代中国出版社，2013年，第446页。
② 《明史》"卷六十七·兵志"。
③ 范中义：《筹海图编浅说》，解放军出版社，1987年，第204页。
④ （清）顾祖禹：《读史方舆纪要》，中华书局，2005年，第1434页。

设登莱巡抚，驻扎莱州府，称防抚军门，专辖沿海屯卫兼辖辽东各岛。四十八年（1620 年），设登莱总兵官"。由此可见。明代对于山东海防的重视程度。按照《山东通志》的记载，山东省境内总计设立了 18 个卫。其中，三个海防营和沿海 11 个卫隶属于山东备倭都指挥使司管理。

明朝的军事运作体系是，遇有战事，五军都督府下令给都指挥使司，都司再下令给卫，卫再"下于所，千户督百户，百户下总旗、小旗，率其卒伍以听令"，由上至下，军事命令得以有序执行。永乐年间在山东半岛地区设立三大营，作为都司与卫之间的一级协调机构。明代海防的军事体制与此大体相当，同时设置了寨、巡检司来补充卫所的防御体系。在具体的设置上，卫、所、巡检司都设有墩、堡来传递军情，一般卫管辖的区域面积大，设置的墩、堡相对较多，所和巡检司较少。

正统以后，随着面临的海上威胁的减弱，明初在山东沿海设置的军事设施如墩堡等，大量废圮，卫所、巡检司等海防机构也因严重缺员而趋于瘫痪、形同虚设。偶有有识之士加以整饬，如戚继光等，也往往是昙花一现，人亡政息。但是，这一时期，明代政治制度却在日臻完善。明朝政府在山东沿海设立诸多督抚、兵备道，督、抚大都统御一省或数省军事力量，兵备道也可节制一府乃至数府军事力量，更加扩大了战区的范围。

清代在海防方面基本上延续了前代防御为主的海防思想，继承了明代卫所制度的同时，也逐步进行着调整和改革，并最终取消了卫所制度，代之以附属于八旗和绿营的水师防守各紧要处的海口。清代初期，由于受到台湾的明郑势力水军力量对东南沿海的威胁，山东地区沿海也基本保留了明代的卫所体系。后来随着台湾的收复，海上战备解除，又加之禁海政策限制了海上活动。海疆形势趋于稳定，海防的意识也就逐渐淡漠。雍正年间（1723—1735 年），完成了山东沿海诸卫所的撤并建县，明代的沿海卫所防御体系宣告结束。之后，清代采用组建水师巡逻，同时，在海防要紧之处修建炮台等海防工事来巩固海防。

清代废除了卫所制度后，在山东地区各沿海州县设置守备营，不再沿海岸线分兵驻点。此外，扩建水师并增设战船，以近海巡逻的方式保证安全。清廷在山东地区设置了登州镇总领海防，下辖文登、莱州、即墨、胶州，青州、宁福和寿乐 7 营。顺治元年（1644 年），以蓬莱水城为基地组建山东地区的水师。之后，扩建水师，扩展防区，在胶州和成山头分别设防。对此，《清史稿》做了详细的记载：

　　山东，顺治元年（1644 年），始于登州府设水师营，领以守备、千总等官，凡沙唬船、边江船十三艘，水兵三百八十六人，驻扎水城，分防东西海口。十五年（1658 年），移沂州镇于胶州，改胶州水师为陆营。十八年（1661 年），移临清镇于登州，以隶属城守营之水师，改为前营水师。康熙四十三年（1704 年），增设游击二员及守备以下各官，增水师为千二百人，改沙唬船为赶缯船二十艘，分巡东西海口，东至宁海州，西至莱州府，分为前后二营，各专其职。四十五年（1706 年），以前营水师移驻胶州，巡哨南海，后营水师驻水城，巡哨北海。五十三年（1714 年），裁后营经制员弁，裁水师七百人，拨赶缯船十艘赴旅顺口，仅存前营水师游击等官，赶缯船十艘，分南北二汛，以游击、守备分辖兵船之半。雍正七年（1729 年），每船增兵十人，两汛共增兵百人，增双篷艍船七艘，每艘配兵三十人，南汛艍船三艘，先汛艍船四艘，北汛增将弁一人。九年（1731 年），又增设艍船三艘，增兵一百九十人，每艍船共配兵四十人，南北汛各五艘。十二年（1734 年）。增将弁六人，又于成山头增设东汛水师，抽拔南北汛赶缯船各一艘，双篷艍船各一艘，分配战守兵，拔南北汛将弁四人，配船巡哨成山、马头嘴一带，与各汛会旗，总归水师前营管辖，以本镇统之。

至此，山东海疆形成了分汛半岛沿海北、东、南面的三大水师，三大水师力量划分了各自的巡逻海域，共同防卫着山东沿海地区。三者的防汛区域和战船配置包括前营水师的情况史料也做了详细记载：

前营水师。游击、守备各一人，千总二人，把总四人，外委千总二人，外委把总四人，水战兵八百人，守兵二百人。赶缯船十艘，双篷艍船十艘，每船各带脚船一艘。

南汛驻胶州之头营子，游击一人，把总二人，外委千总、把总各一人，赶缯船四艘，双篷船四艘，共配战守兵四百人，南境巡哨至江南交界之莺游山，东至荣成县马头嘴，与东汛会旗。

东汛驻养鱼池，千总、把总各一人，外委千总、把总各一人，赶缯船四艘，双篷艍船四艘，共配战守兵四百人，南境巡哨至马头嘴，与南汛会旗，北境巡哨至成山头，与北汛会旗。

北汛驻登州府水域，中军守备、千总、把总各一人，外委把总二人，赶缯船四艘，双篷艍船四艘，共配战守兵四百人，南境巡哨至成山头，与东汛会旗，北境巡哨至隍城岛，与直隶水师、盛京水师分界。

随着古代科技的发展，兵器技术的不断革新，火器和火炮逐渐应用于海防当中。清代开始大规模地修筑以火炮为主体的沿海炮台。据雍正《山东通志》卷二〇《海疆》记载，自康熙五十八年（1719 年）至雍正十年（1732 年），共在山东沿海修建炮台二十座。

海防设施分类

明代山东的海防体系由都司、营、卫、所、巡检司、寨/屯、墩堡几部分构成。洪武年间设立各沿海卫所，永乐年间在山东半岛设立三大营，统领各卫所。同时，配以巡检司，巡视沿海，形成了很好的预警机制。从防御工事角度看，山东海防设施由城、寨、墩、堡和类似于民兵组织的辅助防御机构巡检司组成。

1. 山东都指挥使司

洪武三年十二月前，山东尚未有省级军事机构。洪武三年十二月辛巳，升杭州、江西、燕山、青州四卫为都卫指挥使司。将青州卫升格为都卫，此后的一段时间内，青州都卫是山东最高军事机构。

洪武八年十月，改青州都卫为山东都指挥使司。据《明太祖实录》记载："癸丑，以在外各处所设都卫并改为都指挥使司……青州都卫为山东都指挥使司，置青州左、右二卫指挥使司。"山东都指挥使司正式成立，取代青州都卫成为山东最高军事机构。洪武十九年，山东都指挥使司迁往济南。自此以迄明末，山东都指挥使司设置未变。

对于山东都司的设官及管辖范围，嘉靖《山东通志》卷十一《兵防》中有详细记载，兹录于下：

山东都指挥使司：隶左军都督府，初治青州，后迁治济南。其设官则都指挥使、都指挥同知、都指挥佥事各一人，员缺则署都指挥摄焉。又领京操军一人、借运粮储一人、登州备倭一人、德州守备一人，多以署都指挥或以指挥、以都指挥体统行事充之。其幕则经历司经历，断事司断事、司狱司司狱。其辖卫一十八：曰济南、曰沂州、曰济宁、曰兖州、曰平山、曰东昌、曰临清、曰青州、曰登州，曰大嵩、曰宁海、曰靖海、曰安东，曰成山、曰威海、日莱州、曰灵山、曰鳌山。所一百有四分隶于卫，守御千户所九：曰肥城、曰东平、曰滕县、曰诸城、曰奇山、曰宁津、曰海阳、曰胶州、曰雄崖。京操军：凡三万二千二百三十二人，春秋分班入值。运粮军：凡七千八百三十七人。城守军余：凡一万二千三十二人。屯田军余：凡六千五百八十一人。屯田：凡六千六百八十九顷二十九亩有畸。屯粮：凡八万九百二十四石有畸。其沿海备警，则有墩、有堡、有营，烽堠相望，互为声援，讥之以巡司，守之以备御，而督察于兵宪焉。

此即为山东都司设官状况。由上可见，山东都司统辖省内几乎所有的卫、所，是山东最高军事机构。

山东都指挥使司节制山东属下诸卫所，在一定程度上参与当地海防卫所建置等海防事宜，主要起到政令上通下达、上奏军情、奏议军事部署、配合剿捕倭寇、奏请发放武器、处理属下卫所行政事宜等作用。

明制，都指挥使司设有都指挥使1人（正二品），都指挥同知2人（从二品），都指挥佥事4人（正三品）。其属则有经历司，经历（正六品），都事（正七品）。断事司，断事（正六品），副断事（正七品）。以上二司各有吏目数人。司狱司，司狱（从九品）。仓库、草场，大使、副使各1人。"都司掌一方之军政，各率其卫所以隶于五军都督府，而听命于兵部。"

2. 山东备倭都司

由于山东都指挥使司负责全省的军务，难以集中精力管理海防事务，难以及时应对海防紧急事件。鉴于此，明成祖于永乐六年在登州水城增设了备倭都司，以统领山东沿海卫所诸军，抗击倭寇。据光绪《增修登州府志》卷十二《军垒》记载："永乐六年，倭夷寇成山，复袭宁海，而营卫寨堡之设愈严，始置备倭都司以节制沿海诸军。"备倭都司，全称总督登莱沿海兵马备倭都指挥使司，下设经历司、断事司、司狱司及其他职官，辖三营二十四卫所。

山东备倭都司是山东都司的下属军事机构，是"行都司"，因此山东备倭都司设官与都指挥使司相同 [1]。但在历任山东备倭都司的官员中，既有都指挥，又有都指挥同知、佥事等都指挥体统行事者。明万历时期山东备倭都司的权力已有下降，至崇祯时期，职权已被登州镇所替代。

3. 海防营

洪武时期，山东沿海各卫所间互不统属，又相隔一定距离，很难互相支援，在一定程度上影响了海防整体力量的发挥。针对这种情况，永乐、宣德时期，明政府先后在即墨、登州、文登三地组建了海防守备营，即即墨营、登州营和文登营。三大营的建立，使山东沿海卫所形成了互为支援的海防体系。

即墨营，永乐二年（1404年）设，在即墨县南70里之金家岭。宣德八年，明政府将即墨营移址于即墨县北10里处，并筑即墨营城。即墨营有海防官把总2名，海防兵1200人，其主要职责就是防御倭寇的入侵，兼有防御当地盗贼之责。即墨营统辖山东南部沿海诸四卫六所，包括大嵩卫、鳌山卫、灵山卫、安东卫、大山寨所、雄崖所、浮山所、胶州所、夏河寨所、石臼寨所。

登州营，永乐七年（1409年）设于蓬莱水城内。登州营城是砖城，周围3里许，高3丈5尺，厚1丈1尺，有门1，楼铺26座。登州营统辖山东北部沿海三卫所，包括登州卫、青州左卫和莱州卫，王徐寨前所、福山中前所、奇山所；登州营设有把总、指挥各1名，中军管队官，千百户31名，团练和京操班军若干名。

---

① 赵红：《明清时期的山东海防》，山东大学博士学位论文，2007年，第36页。

文登营，宣德四年（1429年）建于文登县城内。宣德十年（1435年），明政府迁其址于文登县东10里处，并筑文登营城。文登营城为土城，周围3里，高8尺，有东、西、南3门。文登营设把总1名，指挥1员，中军等官23名，旗军1140名，拥有马410匹。文登营统辖山东东部沿海四卫五所，包括宁海卫、威海卫、成山卫、靖海卫，寻山所、百尺崖所、金山所、海阳所、宁津所。

永、宣时期，三大营守将均为把总，万历中期，援朝御倭战争爆发后，明朝政府将其改为守备。

海防营的主要兵源是从临近卫所调入捕倭军。明人蓝田在《城即墨营记》中说道："海滨诸卫之兵分番于京师，乃选步骑之精者千有二百人，将领之材者二人，常屯于营，防御倭夷之出没，而贼盗之窃发者，亦责成之。"[①] 又据嘉靖《宁海州志》记载："文登营，在文登县东北十里，宣德间置……马步旗军一千二百人，官取之诸卫所，军取之宁海、威海、成山、靖海四卫。"[②] 据此，则营兵来源于周边各卫所，且这些兵员需常屯于营。《威海卫志》载："威海卫：京操春戍七百八十四名，秋戍五百八十四名，捕倭军登州营一百二十六名，文登营一百五十九名，守城军七十五名，种屯军二百二十四名，守墩军二十四名，守堡军一十四名；百尺崖所：守城军三十五名，守墩军一十八名，守堡军六名。"[③] 民国《牟平县志》载："宁海卫：京操春戍五百三十八名，秋戍一千一百二十七名，捕倭军登州营六十二名，文登营三百九十二名，守城军余一千二百一十名，种屯军余三百九十一名，守墩军余十八名、守堡军余二十四名。"[④] 民国《莱阳县志》载大嵩卫"京操军春戍七百四十五名，秋戍七百四十六名，捕倭军即墨营二百四十六名，守城军余二百五十八名，屯田军余四百二十八名，守墩军余二十七名，守堡军余一十四名"，大山所"守城军余六十二名，守墩军余六名"[⑤]。由上可见，登州营、文登营、即墨营的捕倭军都是从临近沿海卫所抽调。

海防三大营各据战略要地，互为掎角，既是相对独立的海防机动部队，又是紧急时刻互为支援的战斗整体，能够更有效地抵御倭寇的侵扰。

关于营与卫的关系，研究者存在争议。有学者指出："海防三大营各有具体的防务范围，即墨营管辖大嵩、鳌山、灵山、安东四卫，登州营管辖登、莱二卫和青州左卫，文登营管辖宁海、威海、成山、靖海四卫。"[⑥] 也有学者认为：三大营对于沿海各卫并无行政上的统属关系[⑦]。营、卫本是不同的组织体系，营制偏重作战，严格来讲应属于战时体系，而卫所则偏重军政，属于平时体系，二者属于不同的类型。沿海卫所为海防三营的辖区与策应范围[⑧]。

4. 卫

按照明初军事部署的原则，"自京师达于郡县皆立卫所"，卫所相当于都指挥使司的下属机构。每卫辖前、后、中、左、右5千户所。"大率五千六百人为卫，千一百二十人为千户所。百十有二人为百户所。"[⑨]

洪武二年（1369年）二月，明朝政府在渤海沿岸设置了第一个军卫——莱州卫，在府治东南（今莱州市），莱州卫初设五个千户所，如辖莱州的中所、宁海的左所、文登的后右所等，设卫目的在于控制胶东

---

① 同治《即墨县志》"卷十·艺文·文类"，蓝田《城即墨营记》，第200页。
② 嘉靖《宁海州志》上"建置三·附"，第766页。
③ （清）毕懋第等著，威海市地方史志办公室整理：乾隆《威海卫志》，天津古籍出版社，2013年，第32页。
④ 民国《牟平县志》"卷五·政治志·武备"，第220页。
⑤ 民国《莱阳县志》"卷二之一·内务·兵防"，第258页。
⑥ 赵红：《明清时期的山东海防》，山东大学博士学位论文，2007年，第35页。
⑦ 王莉：《明代营兵制初探》，《北京师范大学学报》1991年第2期。
⑧ 赵树国：《明代北部海防体制研究》，山东人民出版社，2014年。
⑨ （清）张廷玉等：《明史》"卷九十·兵志二"，中华书局，1974年，第2193页。

半岛，并非专事海防。随后又于洪武八年设青州左卫，洪武九年设登州卫，洪武十年设宁海卫。

随着倭患日重，宁海卫难以承担西至烟台，东到成山头，东南到石岛、靖海，南到浪暖、大嵩漫长海岸线的守卫任务。洪武三十一年（1398年）农历五月二十日，朝廷下令，山东都指挥使司增设七个属卫，分别为安东卫、灵山卫、鳌山卫、大嵩卫、威海卫、成山卫、靖海卫。至此，山东沿海11个卫的海防体系成型，贯穿整个明朝未有变化。

卫和所是明代山东海防体系的中心建制，是海防军队借以驻扎、保护海疆的最主要的军事据点，明政府十分重视卫所的选址和城墙的建筑。这些卫所，除青州左卫设于内地外，其他都地处海滨关键位置，具有重要的海防战略地位。

卫一般都是择要地建城，修建城墙、城门、堑壕等。如灵山卫城在胶州东南90里，"洪武三十五年，魏国公徐辉祖调指挥金事朱兴筑土城以备倭，周围三里，高二丈五尺，厚半之；门四，池深一丈五尺，阔二丈"[①]。

卫指挥使司的直接上司是都指挥使司，"凡袭替、升授、优给、优养及属所军政，掌印、金书报都指挥使司"。卫指挥使司主要掌管屯田、验军、营操、巡捕、漕运、备御、出哨、入卫、戍守、军器等，战时则"率其属，听所命主帅调度"。卫一般设有指挥使一人，正三品；指挥同知两人，从三品；指挥金事四人，从四品。另设有镇抚二人，正五品；经历，七品；儒学教授等。同时设有千户、百户若干。

5. 所

所是卫的下属机构，有千户所和百户所之分。一般每卫下设前、后、中、左、右5个千户所，每千户所有兵1120人，指挥官称千户，正五品；千户所下设10个百户所，每百户所有兵112人，指挥官称百户，正六品；百户所下设2总旗，每总旗下又设5小旗，每小旗10名士兵。平时，各卫所官员统率本卫所士卒训练、屯种，遇有征战，则由朝廷派将军统领出征，战事结束后，将领回朝，士兵回卫所。

山东沿海共24个所，大部分设立于明洪武时期，其中6个守御千户所，9个备御千户所，9个备御百户所。6个守御千户所分别是诸城所、奇山所、宁津所、海阳所，胶州所、雄崖所。9个备御千户所分别为福山所、王徐寨所、石臼寨所、浮山寨所、寻山所、大山寨所、夏河寨所、百尺崖所、金山所。9个备御百户所中，黄河寨、马停寨、清泉寨、塘头寨是备御百户所，刘家汪是备御三百户所，解宋寨、皂河寨、马埠寨是备御四百户所，芦洋寨是备御五百户所。芦洋寨隶属于福山所，也是唯一隶属于千户所的百户所。

大城设卫，小城设所，而小城设的这个所，如果是肩负着镇戍、警戒任务比较大，往往就会加守御。守御千户所设官与普通千户所相同，却是明朝卫所兵制中的特殊建制，并不隶属于卫，而是"自达于都司"。为加强各彼此之间的军事联络，卫、所都辖有若干墩堡。

6. 巡检司

在明代，巡检司设于关隘冲要之处，具有保卫边境和镇守地方之责，"主缉捕盗贼，盘诘奸伪。凡在外各府州县关津要害处俱设，俾率徭役弓兵警备不虞"[②]。朱元璋曾说："朕设巡检，扼要道，验关津，必士民之乐业，致商旅之无艰，然虽法古之良能，未经点督。今特差人诣所在，谕以巡防有道，讥察多方，有能坚守是职，镇靖所司，役满来朝，朕必嘉焉。"[③] 由于巡检司具有如此职能，明朝政府将其纳入山东海防体系。

---

① （清）严有禧、张桐等：《莱州府志》"卷二"，清乾隆五年（1740年）刊本，第2页。
② （清）张廷玉：《明史》"第6册"，中华书局，1974年，第1852页。
③ （明）朱元璋撰，胡士尊点校：《明太祖集》，黄山书社，1991年，第140页。

山东沿海共设立了 21 个巡检司，除个别设立于金元时期，其他大多在明洪武时期设立。如白沙巡检司，洪武三十一年建，属黄县。柴胡寨巡检司，洪武二十三年建，公廨 18 间，设巡检 1 员，攒典 1 名，皂隶 2 名，弓兵 20 名，在掖县北 25 里。海仓寨巡检司，洪武二十三年建，公廨 18 间，设巡检 1 员，攒典 1 名，皂隶 2 名，弓兵 20 名，在掖县西北 80 里。杨家店巡检司，洪武九年设，弓兵 21 名，墩兵 9 名，在蓬莱县城东南 60 里。高山巡检司，元时设沙门岛巡检，洪武时期移于朱高山，弓兵 24 名，墩兵 6 名，在蓬莱县东 80 里。孙夼镇巡检司，洪武九年设，弓兵 20 名，墩兵 9 名，初在福山县西北 35 里，洪武三十一年移于县西北 20 里之浮栏海口。温泉镇巡检司，金时设，名温水镇，元因之，在文登县东北 90 里，洪武三十一年移于九皋海口，弓兵 24 名，墩兵 6 名。辛汪寨巡检司，洪武二年设，在文登县北 70 里，弓兵 20 名，墩兵 3 名。斥山寨巡检司，洪武九年设，后员缺，久不铨选，遂废。乳山寨巡检司，洪武九年（1376 年）设，在宁海州①。

巡检司必须设于海滨关键地点，如果不便于海防，可被移置。如据《明宣宗实录》载，宣德九年二月，"移置辛汪寨巡检司于长峰寨，温泉镇巡检司于古峰寨。时山东威海卫指挥金事陶敞言：'二巡检司虽为捕倭而设，然与百尺崖备御后千户所相近，且非要害海口。而长峰、古峰二寨，实险要之地，于备倭为宜。'遂移置焉"②。

7. 寨／屯

洪武时期，明朝政府在山东沿海的莱州、宁海州一带设置了诸多寨。据光绪《增修登州府志》卷十二载："二十三年从山东都司周彦言建五总寨于宁海卫，与莱州卫八总寨共辖小寨四十八。"《明太祖实录》记载：洪武二十五年十一月乙酉，"山东都指挥使周房言，所属宁海、莱州二卫，东濒巨海，途岸纡远，难于防御。近者审择莱州要害之处，当置八总寨，以辖四十八小寨，其宁海卫亦宜置五总寨，以备倭夷。诏，从之"③。据此，则洪武后期，明朝政府曾于莱州要害之处专设八总寨，辖四十八小寨，于宁海州要害处专设五总寨。

洪武二十五年（1392 年），山东半岛只设立了青州左卫、莱州卫、登州卫、宁海卫四个卫，因此这些寨其实是遍布山东半岛的。可惜在史料中并未记录寨名、寨址等详细信息，这给研究造成了很大难度。

有些寨则是卫所的军屯。卫所为了解决粮食供给问题，都设有屯田，并专设屯田军负责生产活动。如靖海卫下设草埠等屯田四十三处，共计一百四十八顷七十五亩，屯粮一千四百二十五石④。屯的设立可能早于明代。《明史·韩林儿传》记载："又于莱州立屯田三百六十所，每屯相距三十里，造挽运大车百辆，凡官民田十取其二。多所规画，故得据山东者三年。"韩林儿是元末农民起义（红巾军）领袖，于元至正十七年（1357 年）曾派遣毛贵攻破山东多地，盘踞三年之久，其间设立了大量屯田，可能沿用至明代。有些寨可能最早就是韩林儿设立的屯田。

在清后期，当地人已经无法得知当时所设寨的具体情况，据同治《重修宁海州志》记载："洪武二十三年，命山东都司周彦建五总寨于宁海卫：今寨尚有其名，而详无可考矣。"⑤

根据海防设施的名称，推测后期很多寨升级为千户所、百户所。比如莱州府的王徐寨、浮山寨设立为

---

① 关于这些巡检司的史实，参见伊继美：《黄县志》"卷二"，清同治十年（1871 年）刻本，第 4 页。张恩勉、于始瞻：《掖县志》"第 2 卷"，清乾隆二十三年（1758 年）刻本，第 32 页。方汝翼等：《增修登州府志》，清光绪七年（1881 年）刻本，卷 26，第 11 页；卷 28，第 12 页；卷 33，第 12、13 页。山东省乳山市地方史志编纂委员会：《乳山市志》，齐鲁书社，1998 年，第 6 页。
② 《明宣宗实录》"卷 108"，"中研院"历史语言研究所校印本，第 9、10 页。
③ 《明太祖实录》"卷二百二十二"，洪武二十五年十一月乙酉。
④ （清）无名氏：《靖海卫志》，《中国方志丛书·华北地方·第三号》，成文出版社，1968 年，第 67 页。
⑤ 同治《重修宁海州志》"卷十·武备"，第 397 页。

备御千户所，洪武三十一年，登州府的大山寨、夏河寨设立为备御千户所，解宋家、芦洋寨、黄河寨、马停寨、皂河寨、马埠寨、清泉寨、塘头寨相继设立为百户所。

因寨和屯田两类设施功能相近，形制相近，很难根据遗址情况对两者进行区分，因此将寨和屯田归为一类。

8. 墩、堡

墩堡，也称烽堠，俗称烟墩、墩台、烽火台，是用来传递军情的重要防御设施，也是最基本的防御单位，各卫、所、巡检司连同下辖的墩、堡组成一个小范围内的独立防御体系。每处墩堡相距 5 里或 10 里左右，作用是瞭哨、警报，并传递信息。

宣德年间山东备倭都指挥卫青曾在上奏中指出，"缘海之地纡回四千余里，城堡、烽堠三百余所"[1]。这些墩堡绝大多数即建于洪武时期。据史料统计，明代山东沿海诸卫、所、巡检司共设 303 个墩，121 个堡[2]。后期墩堡偶有增加，但大体数量变化不大。一般卫设墩堡较多，一般在 10 个以上，多则二三十个。鳌山卫设辖墩堡数量最多，共设 17 墩、18 堡，灵山卫其次，辖 20 墩、13 堡。千户所设墩堡多则十几个，少则三四个。如福山所仅设 3 个墩，宁津所则设 8 墩、9 堡。百户所设墩堡更少，2—9 个不等。巡检司设墩堡更少，最多不超过 6 个，有些甚至不设墩堡。

乾隆《莱州府志》卷五《兵防》记载："大曰墩，小曰堡，委军守之，所以备寇盗也。明洪武五年立，墩军例设五名，堡军例设六名，各有汛地，分辖于营弁巡司。"[3]

以现有墩、堡遗迹观察，墩的建筑体量较大，墩体底径大多接近或超过 20 米，其建于近海高地一线，主要用于防海警戒；堡的建筑体量相较于墩体要小，底径大多在 10 米以内，其建于各卫、所与营之间的陆路通道近旁高地，主要用于卫所与营的通讯联络。

进入清代之后，随着明代卫所军制的裁撤和海防形势的变化，卫、所下辖的墩、堡海防设施被废弃，有些墩堡在后期被作为炮台使用。随着时间的推移，墩、堡各自原有的历史名称也逐渐失传，今日找到的墩堡多为一个土墩，已经难以考证出历史上的准确名称。

9. 炮台

山东沿海的炮台建设始于清代。康熙五十八年（1719 年）十二月，清廷采纳山东巡抚李树德的建议，将山东沿海地区的 100 座炮台进行了修整。此时山东沿海的炮台并不正规，都是烟墩加炮位这种一元结构，而且炮台守卫空虚，形同虚设，根本不能担负防海重任。

雍正年间登州镇总兵官黄元骧建议对这些炮台不再修葺，而是酌量分给沿海营汛，"若修葺，徒费银钱，委属无益"，不若"查近村要处，酌留几墩，拨兵二、三名，专司瞭望驰报，将台兵、炮位仍各归回本营本汛"。随后，雍正帝征求了山东巡抚陈世倌的意见，陈世倌认为"紧要炮台仍不必撤"。雍正四年（1726 年）二月，清廷最后议定将山东沿海僻处炮台炮位撤回营汛操演，在冲要处修建广东式炮台 20 座。至雍正五年（1727 年）八月，先后在登州之八角口、成山卫之龙口崖、文登县之马头嘴、莱阳县之丁字嘴、即墨县之幌山、胶州之唐岛口、诸城县之亭子栏 7 处建成炮台。

---

① 《明宣宗实录》"卷二十九"，宣德二年七月乙未。
② 赵树国：《明代北部海防体制研究》，山东人民出版社，2014年，第139—150页。
③ 乾隆《莱州府志》"卷五·兵防"，第95页。

明《筹海图编》中记载的墩堡名称和守军人数

海防机构	守墩堡军人数	墩数	下辖墩	堡数	下辖堡
安东卫	39	9	墩九：兰头山、鸭高山、大河口、黑漆子、泊峰、张落、涛洛、小皂儿、昧蹄沟	8	堡八：三桥铺、虎山、烽火山、关山、昧沟、木寨、孤嘴、董家
夹仓镇巡检司	12	4	墩四：蔡家、焦家、三叉口、相家		
石臼所	48	10	墩十：温桑沟、南石臼、北石臼、清泥、董家口、钓鱼、湘子泊、金线、石河、湖水	3	堡三：古城、滕家岭、滔洛
信阳镇巡检司	12	4	墩四：西大岭、南黄、东沙岭、黄石栏		
诸城千户所		4	墩四：西大岭、黄石拦、东沙岭、黄石		
南龙湾海口巡检司	9	3	墩三：陈家台、胡家、琅琊台		
夏河寨所	39	7	墩七：徐家埠、紫良庄、海王庄、车垒山、沙岭、黄埠、大盘	6	堡六：赵家营、走马岭、封家岭、北显沟、小滩、王家庄
灵山卫	80	20	墩二十：帽子峰、将军台、沙沟、黄埠、李家岛、唐岛、安岭、风火山、黄山、野山埠、长城岭、臧家疃、捉马山、张家庄、刘家沟、孙家港、胡兰嘴、敲尧山、酉子埠、沙嘴	13	堡十三：青石山、崇石山、东石山、交差涧、焦家村、石喇差、鹿角河、大河口、花山、丁家庄、白塔奔、沙岭、本寨东门
古镇巡检司	9	3	墩三：西庄、古积、北青		
逢猛巡检司	9	3	墩三：互埠、彭家港、鸟儿河		
胶州所	81	9	墩九：汪家庄、杜家港、沙埠、洋河、石河、塔埠、孤埠、沙岭、大埠	7	堡七：辛庄、鹿村、石河、八里庄、陈村、栾村、柏沟河
鳌山卫	69	17	墩十七：汾水岭、小劳山、石岭、横担、栲栳岛、羊山、龙江、石老人、峰山、走马岭、黄谷、俞家岭、高山、萧旺庄、狼家嘴、劈石山、捉马嘴	18	堡十八：桑园、营前、马山、大村、监望、中村、那城、桃林、双山、错破岭、孙疃、塔儿、东城、转头山、狗塔埠、翁窑头、万口炉、石张口
浮山寨所	45	9	墩九：麦岛、城阳、女姑、程家庄、楼山、姑山、红石、张家庄、埕山		
栲栳巡检司	9	3	墩三：丈二山、金钱山、望梅		
雄崖所	30	8	墩八：王家山、公平、望山、米粟山、北埕、朱皋、陷牛山、白马岛	3	堡三：椴邨、王骞、青山
行村寨巡检司	9	3	墩三：高山、田邨、灵山		
大山所	10	1	墩一：大山、虎巢山	2	堡二：双山、黄阳

续表

海防机构	守墩堡军人数	墩数	下辖墩	堡数	下辖堡
大嵩卫	41	7	墩七：杨家嘴、刘家岭、辛安寨、草岛嘴、擒虎山、望石山、麦岛	5	堡五：青山、管郫、界河、小山、黄山
乳山寨巡检司	7	3	墩三：里口、长角岭、焦家庄		
海阳所	41	7	墩七：帽子山、乳山、驴山、城子港、白沙、峰子山、小龙山	10	堡十：窄山、孤山、猪港、黄河利、汤山、扒山、桃郫、孔家庄、老埠港、撒雪山
赤山寨巡检司	3	1	墩一：田家岭		
靖海卫	72	20	墩二十：大湾口、姚山头、青鸟嘴、长会口、石岗山、浪浪、瓜蒌寨、标杆岭、唐浪镇、铎木山、郭家口、赤山嘴、红土崖、黑夫厂、石脚山、柘岛、峰山窝、明光山、狗脚山、路家马岭	8	堡八：店山、望浆山、起雨顶、蒸饼山、憨山、孤西山、葫芦山、坟墓顶
宁津所	42	8	墩八：孟家山、青埠山、柴家山、芝麻滩、慢埠、龙山、万口烟、羊家岛	9	堡九：帽子山、大顶山、高楼山、拖地冈、王家铺、上现口、龙虎山、崮山寨、固山
温泉镇巡检司	6	2	墩二：可山、半月山		
寻山所	38	8	墩八：张家嘴、古老石、黄连嘴、小劳山、杨家岭、马山、青鱼岛、葛楼山	7	堡七：曲家埠、青山、大水泊、胜佛口、老翅、纪子埠、蒸饼山
成山卫	41	10	墩十：郎家顶、里岛、马山、高础山、北峰顶、仲山、崮嘴、太平顶、俞镇、大姑山	9	堡九：神前、堆前、祭天岭、报信口、石础、洛口、歇马神、北留郫、张家
辛汪巡检司	3	1	墩一：辛汪		
百尺崖所	24	6	墩六：曹家岛、百尺崖、老姑顶、蒲台顶、嵩里、望天岭	3	堡三：转山、芝麻岭、窦家崖
威海卫	38	8	墩八：陈家庄、焦子埠、遥遥、麻子、斜山、磨儿山、古陌顶、庙后峰	4	堡四：曹家庄、豹虎、峰山、天都
金山所	17	5	墩五：庙山、凤凰、金山、骆驼、小峰山	4	堡四：邹山、清泉、石沟、朱家
宁海卫	42	6	墩六：候圣山、戏山、小峰山、貉子窝、马山、草埠	12	堡十二：宋家、曲水、管山、汤西、修福、石子现、辛安、杏林、芜菱、板桥、衷口、栲栳观
清泉所	8	2	墩二：清泉、石沟		
奇山所	18	4	墩四：现顶、埠东、熨斗、木柞	2	堡二：黄务、西牟
福山所	25	3	墩三：单山、三山、皂河		
孙夼镇巡检司	9	3	墩三：岗仑、塔山、旗掌		

续表

海防机构	守墩堡军人数	墩数	下辖墩	堡数	下辖堡
登州卫	18	6	墩六：抹直口、教场、林家庄、田横寨、西庄、蓬莱阁		
芦洋寨		4	墩四：城后、郭家庄、八角、城阴		
杨家店巡检司		4	墩四：华石圈、鸡鸣、磁山、白石		
高山巡检司		2	墩二：高山、火岩		
解宋寨		5	墩五：缴家庄、木基、虚里、黄石庙、解米		
刘家汪寨		3	墩三：西峰口、白林嘴、湾子口		
黄河寨		5	墩五：王回庄、小河口、任家、栾家口、城儿岭		
马停镇巡检司		6	墩六：杨家庄、白沙、吕口、千里、西高、瑶家		
东良海口巡检		3	墩三：虎口、东良、界河		
王徐寨所		6	墩六：盐场、高沙望、议会、王徐、滋口、庄头		
马停寨		3	墩三：界口、河口、旺口		
皂河寨		4	墩四：东寨、三山、单山、皂河		
马埠寨所	9	3	墩三：海庙、扒埠、马埠		
柴胡巡检司	18	6	墩六：小皂、武家庄、上官、太原、诸黄、诸高		
海仓巡检司	15	5	墩五：海郑、白堂、土山、后灶、东关		
鱼儿巡检司	15	4	墩四：黑山、河口、韩城、烟火		
青州左卫					
高家港巡检司	6	2	墩二：石牌、司西		
塘头寨所	30	9	墩九：宁家坟、荆埠、宅科、官台、田水河、八面、公母堂、黄种河、上司		
大沽河口巡检司		0			
总计	1096	301		133	

这 7 处炮台竣工后，继任登州镇总兵官万际瑞又奏准将已经筑好的 7 处炮台按照新样式进行改筑。这样，到雍正十年（1732 年），山东共建成海防炮台 20 座。它们是：龙旺口炮台、亭子栏炮台、古镇口炮台、唐岛口炮台、青岛口炮台、董家湾炮台、幌山口炮台、黄龙庄炮台、丁字嘴炮台、黄岛口炮台、五垒岛炮台、马头嘴炮台、石岛口炮台、养鱼池炮台、龙口崖炮台、祭祀台炮台、芝罘岛炮台、八角口炮台、天桥口炮台、三山岛炮台。此后，至鸦片战争爆发前，山东再未建筑海防炮台。

10. 其他

除了以上几类，有些建筑虽然不直接属于海防设施，但与海防也有密切关系。主要包括海防官员的祠堂、墓葬，以及清代设立的海关衙署等。威海环翠区李家夼李氏祠堂，是威海卫指挥佥事李玉后人所建。位于荣成市的三座海防官员墓地，分别是靖海卫世袭指挥佥事连子实家族墓地、靖海卫世袭镇抚宋廷训墓、清末荣成水师营最后一任守备冯云溪墓。

三、既往工作与研究概况

文献史料

有关山东海防的史料虽然不少，但非常分散，不易收集。总体来说，本文所用史料，主要分为以下四大类，现择其要者加以论述。

1. 正史、编年史、政书等史书

明代历朝实录及《崇祯长编》《崇祯实录》具有较高的史料价值及权威性，是本文重要的史料来源。此外，《国榷》《明通鉴》《皇明大政记》等编年体史书，也提供了一些有价值的史料。同时，《大明会典》《续文献通考》等政书，对一些海防官员的设置及相关制度有详细介绍。此外，《明史纪事本末》等纪事本末体史书，对山东海防相关问题也有所记述。

2. 奏疏、文集、笔记等

一些重要海防官员的奏疏、文集等，记录了其在任期间整饬海防的活动，具有较高的史料价值。这些奏疏有些经后人编纂结集，如陈子龙《明经世文编》中收录大量的奏疏，其中有不少涉及北部海防。此外，朱吾弼《皇明留台奏议》、冯应京《皇明经世实用编》、吴亮《万历疏钞》、董其昌《神庙留中奏疏汇要》中，均收录有一些有关海防的奏疏，具有很高的学术价值。

此外，大量奏疏则收录于个人的文集中。如戚继光《止止堂集》，宋应昌《经略复国要编》，邢玠《经略御倭奏议》，汪应蛟《海防奏疏》，郑汝璧《由庚堂集》，王在晋《海防纂要》《三朝辽事实录》，梁梦龙《海运新考》，熊廷弼《乾坤正气集》，毕自严《抚津疏草》《饷抚疏草》《度支奏议》，李邦华《抚津茶言》，茅元仪《督师纪略》，陶朗先《陶中丞遗集》等，这些文集中收录了大量涉及当时海防的奏议等内容，很有价值。其中，邢玠《经略御倭奏议》一书，学术界对其利用尚不普遍。以上数人，在明代中后期，活跃于北部海防前线，对当地海防建设起了重要作用。这些奏疏、文集无疑具有较高的史料价值。除以上官员外，朝中一些大臣也对北部海防有所建议，这些建议也多散见于个人文集中，如冯琦《冯北海文集》收录了万历援朝战争时期其所上"建青州为重镇"的奏疏，赵秉忠《峛山集》收录了其对明末青州海防的一些建议。

此外，沈一贯、张位等内阁大学士的文集中也有许多相关的有价值的史料。此外，许多看似与本地海防并无直接关系的个人所撰写的文集、笔记也具有一定的史料价值。如郑若曾《筹海图编》，主要论述东南沿海海防，其中对嘉靖以前的整个明代海防做了梳理，其中对北部地区也有精辟论述。茅元仪《武备志》是明代武备的整体总结，其中含有大量的海防资料。王鸣鹤《登坛必究》，吴惟顺、吴鸣球、吴若礼所编《兵镜》等书，虽倾向于论述行军布阵，对海防也多有涉及。又如王士性《广志绎》一书，其中有专门章节论述援朝御倭战争时期的山东海防，观点颇为新颖。此外，张萱《西园闻见录》一书中也收录有不少涉及北部海防的有价值史料。

此外，明清之际私家著述增多，对于明清鼎革时期的诸多历史事件，他们多有记载。如毛霖《平叛记》一书，记述了明朝政府平定孔有德之乱始末。吴骞《东江始末》、李清《袁督师斩毛文龙始末》等书，详细介绍了东江镇之来龙去脉，均有一定的史料价值。

这类史料有些是当事人的奏疏或者见闻，具备较高的史料价值。不过，绪论在运用这类史料的时候需要加以注意，尤其是对奏疏的利用，奏疏其实只是个人的建议，其实行与否尚不可知，因此，如要考证职官、海防建置等，尚需其他佐证。此外，其中一些文集、笔记记载，有些也是作者道听途说，未必准确，这需要我们在利用时加以甄别。

3. 档案

明代存世档案不多，但与山东海防有关者，在其中占有一定的比重。广西师范大学出版社出版《中国明朝档案总汇》，该书以明末档案为主，其中不少直接论述了山东海防事宜，如登莱总兵裁撤问题、登莱巡抚的地位、作用等，史料价值非常高。

档案史料的优点在于真实可靠，属第一手史料。其缺点在于，因时间长久、散佚太多，记载大多不成系统。不过，在涉及档案中有所记载的相关问题时，其史料价值仍是很高的。

4. 全国性地理志和方志

方志文献，因其专注点较为集中，对于一些史书不载的地方事宜论述尤其详尽，也是本文重要史料来源。本文所用方志主要分为以下几大类：首先，全国性的地理志。陈循《寰宇通志》，李贤《明一统志》，顾炎武《天下郡国利病书》《肇域志》，顾祖禹《读史方舆纪要》，和珅《大清一统志》等，对明代及清初全国的自然地理都做了较为细致的描述，对于考证地方某些军事机构如卫、所等的建置时间、地理位置等具有很高的价值。其次，省级方志。在山东，有嘉靖《山东通志》、雍正《山东通志》、宣统《山东通志》等数种。这类省级方志着眼于一省，对本省状况有一个大体总括。查阅此类史料，有助于在总体把握一省

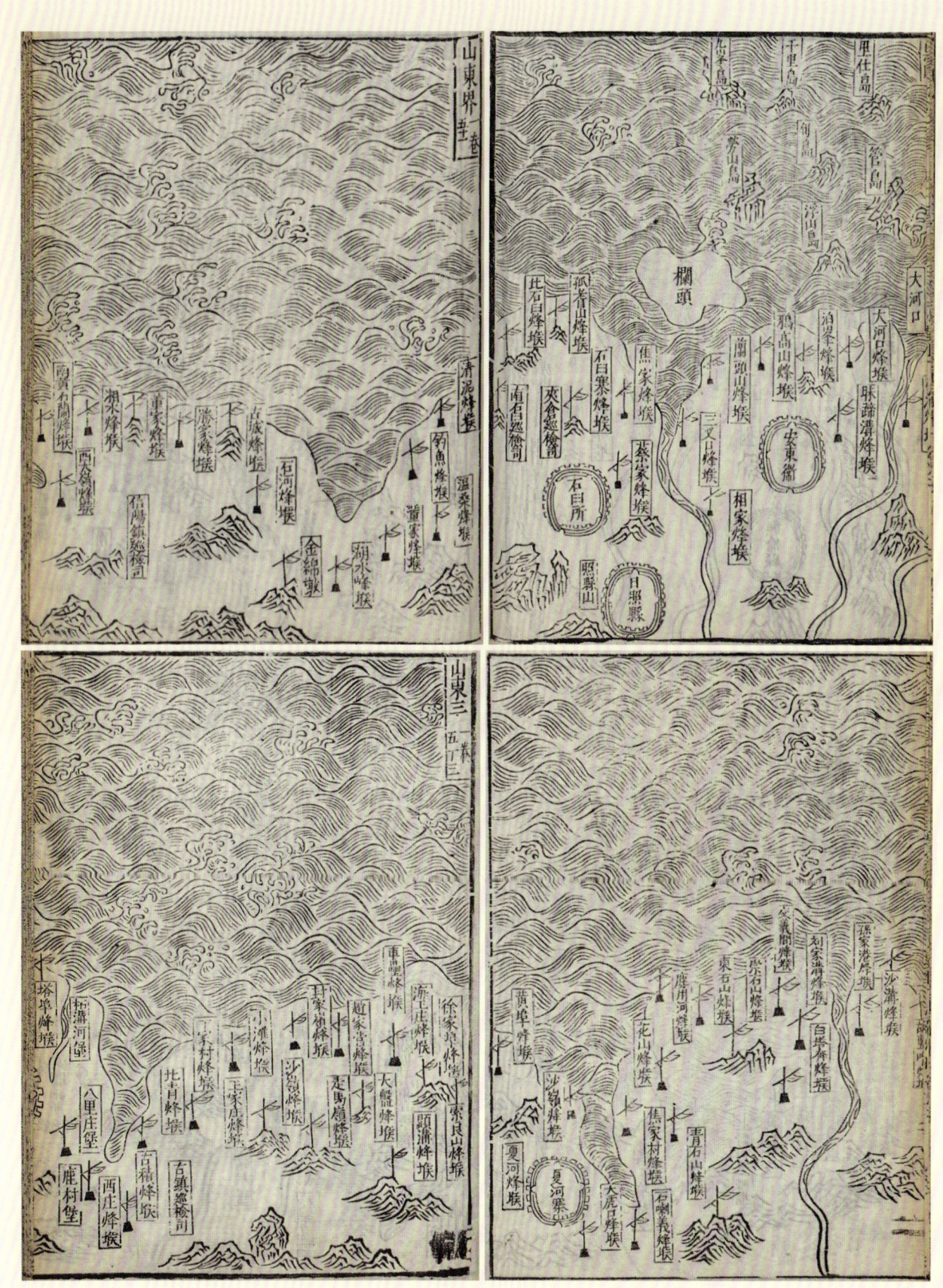

《筹海图编》之山东

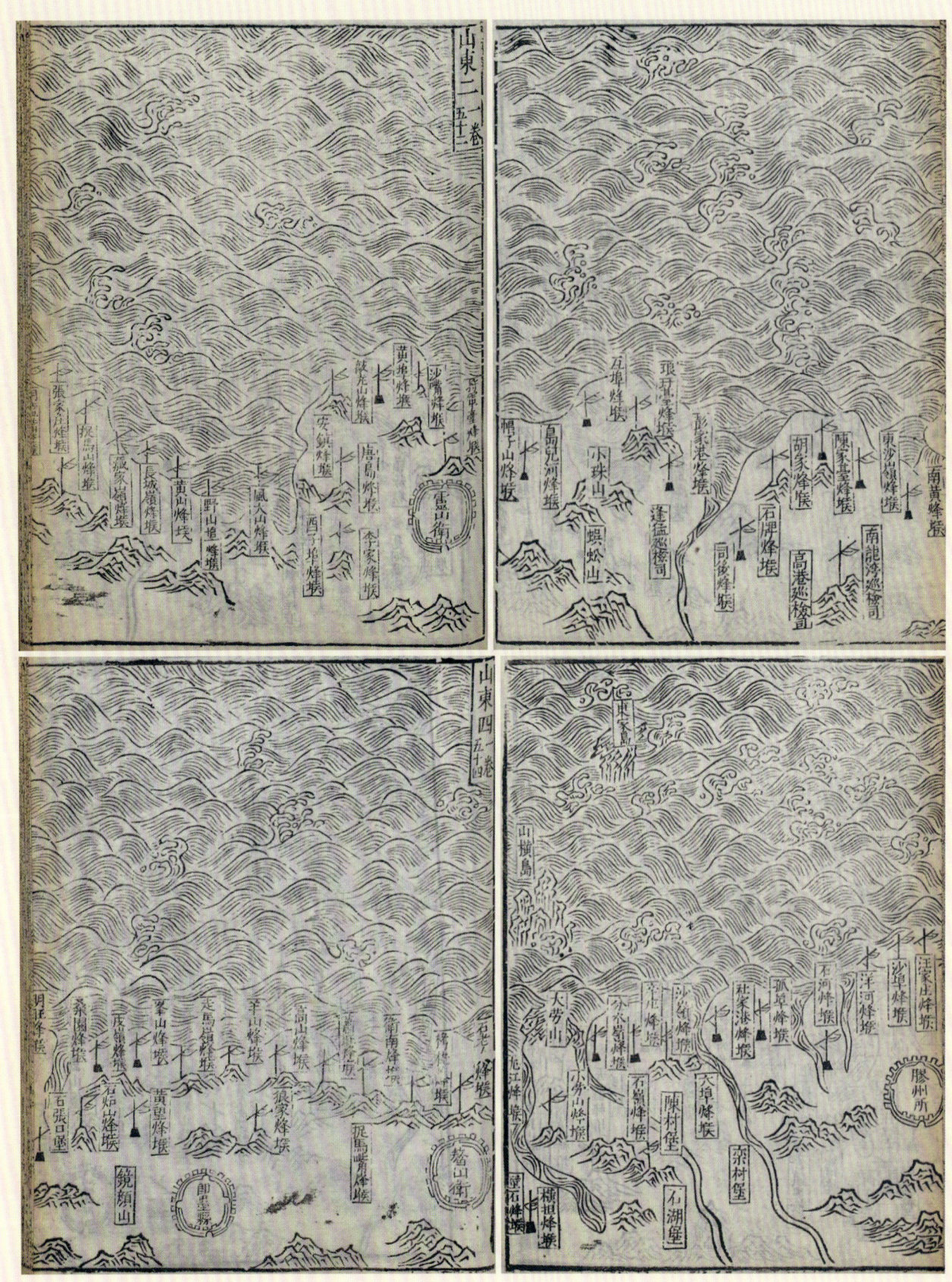

《筹海图编》之山东

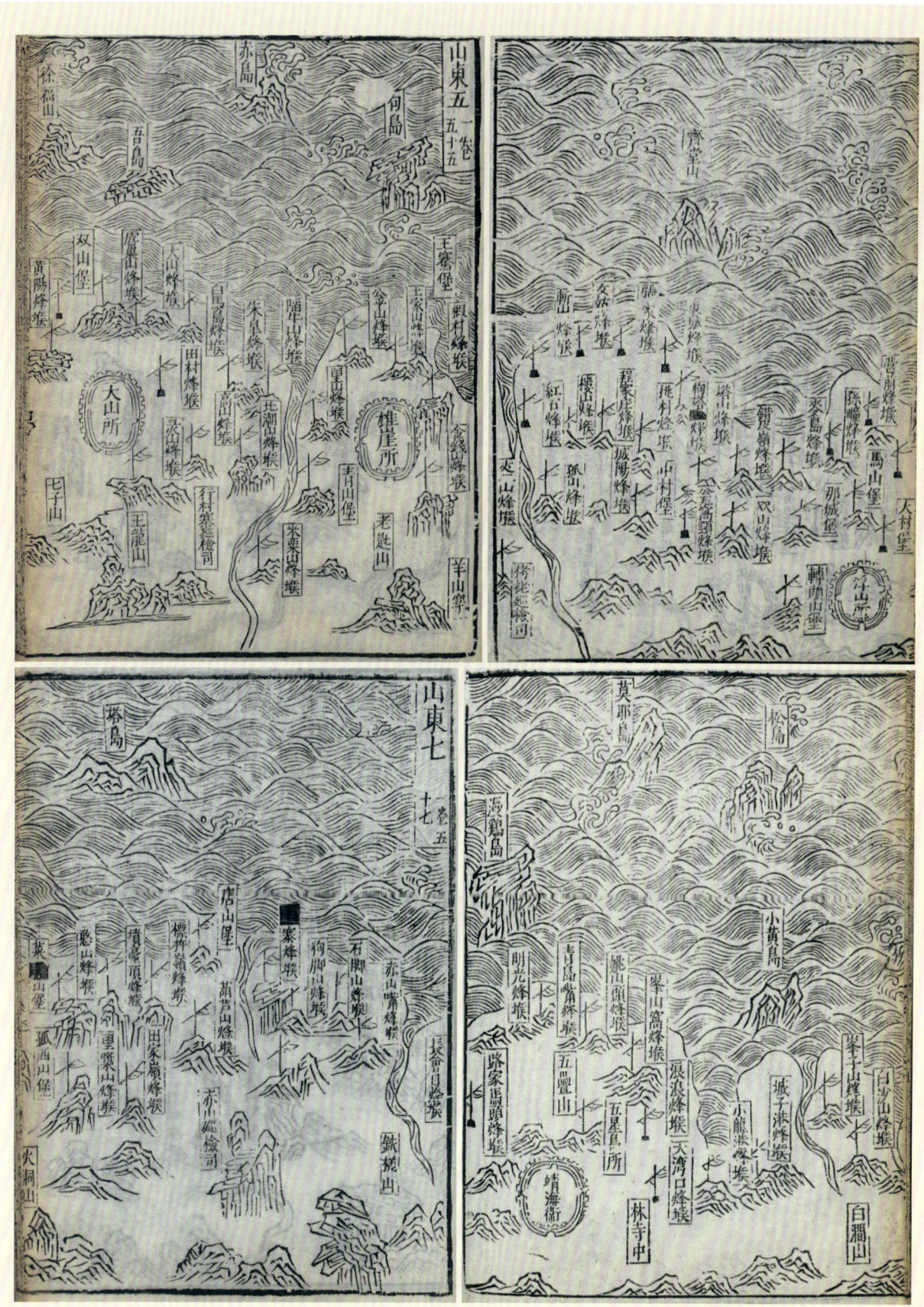

《筹海图编》之山东

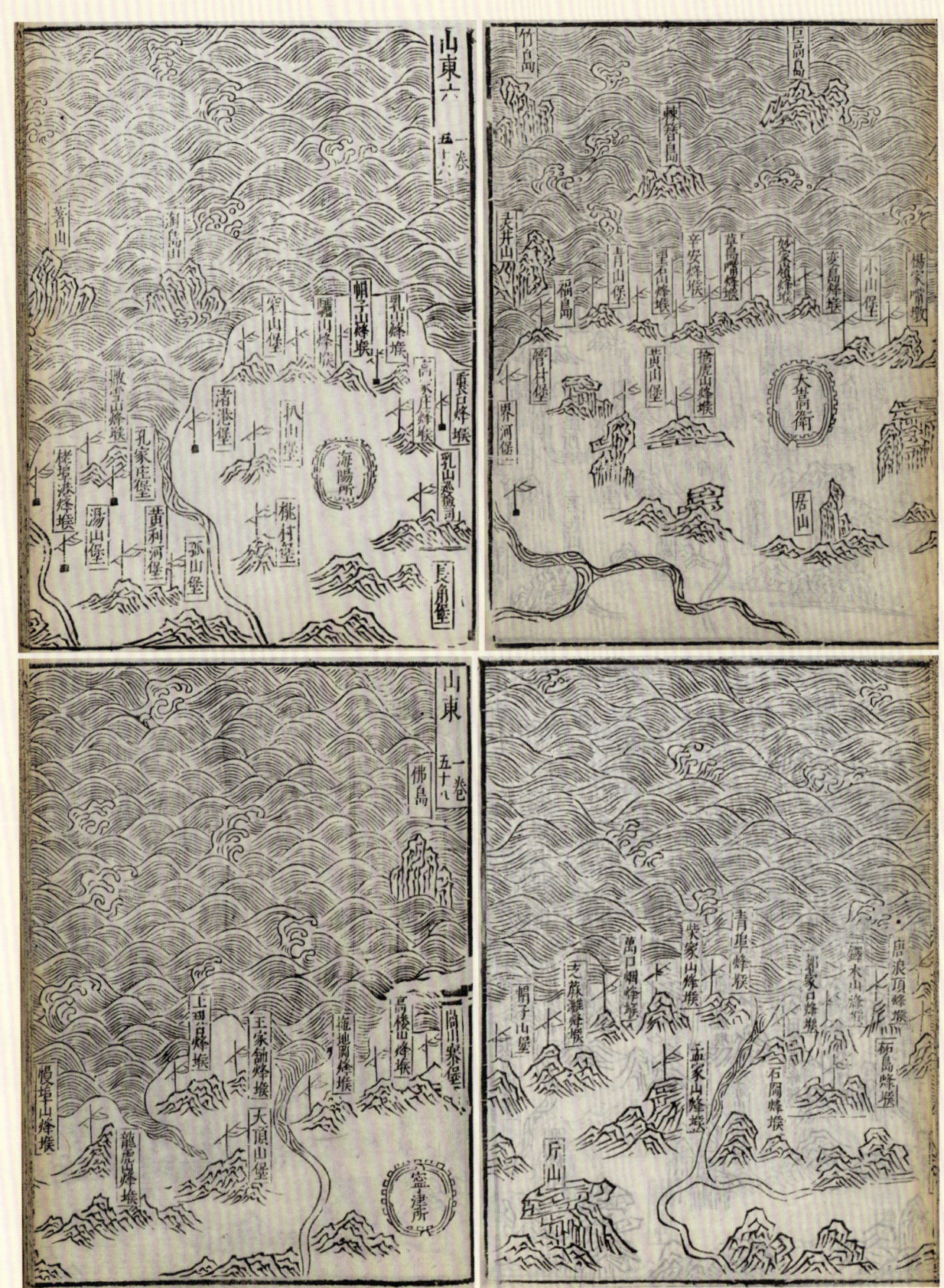

《筹海图编》之山东

《筹海图编》之山东

《筹海图编》之山东

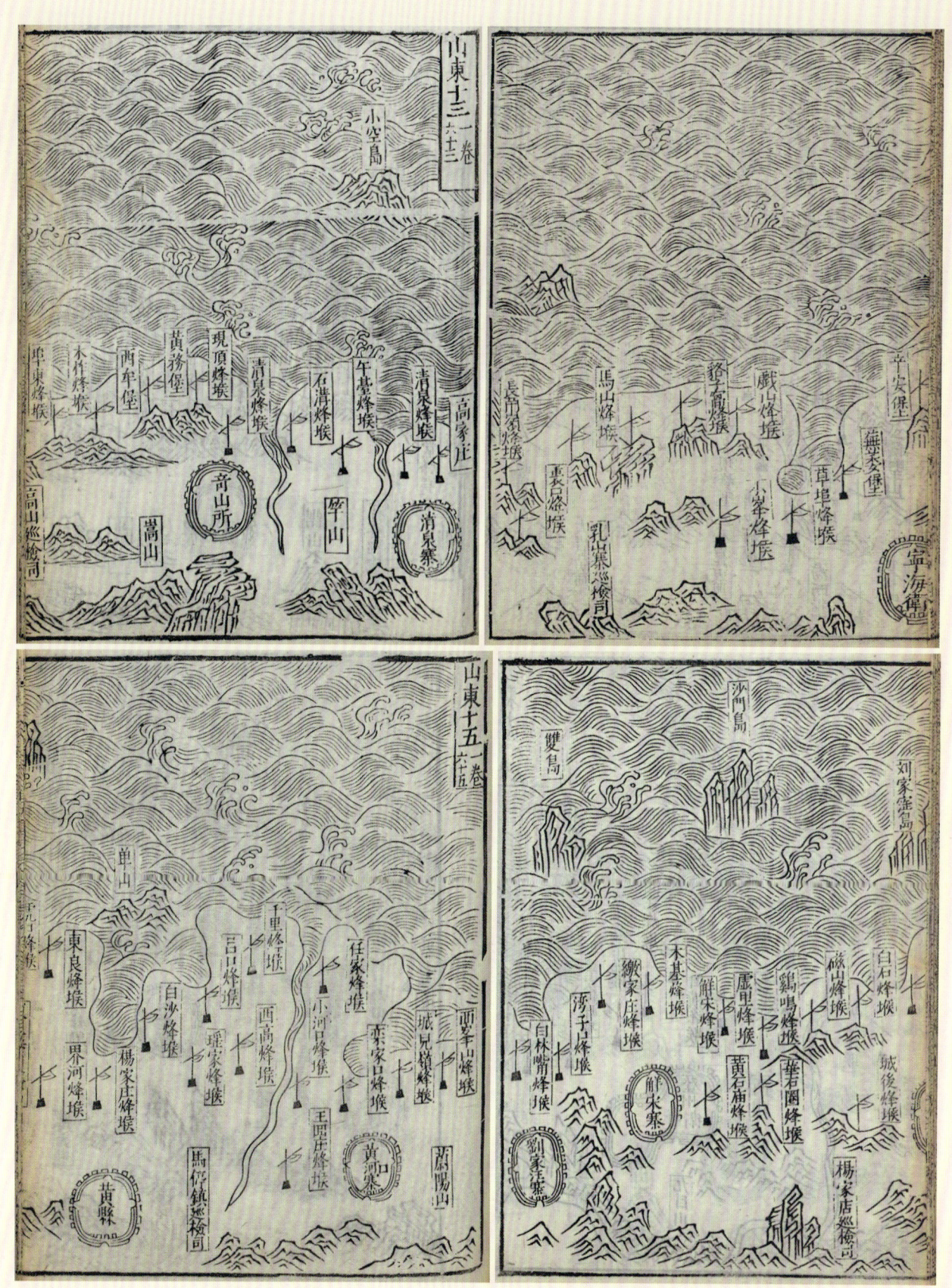

《筹海图编》之山东

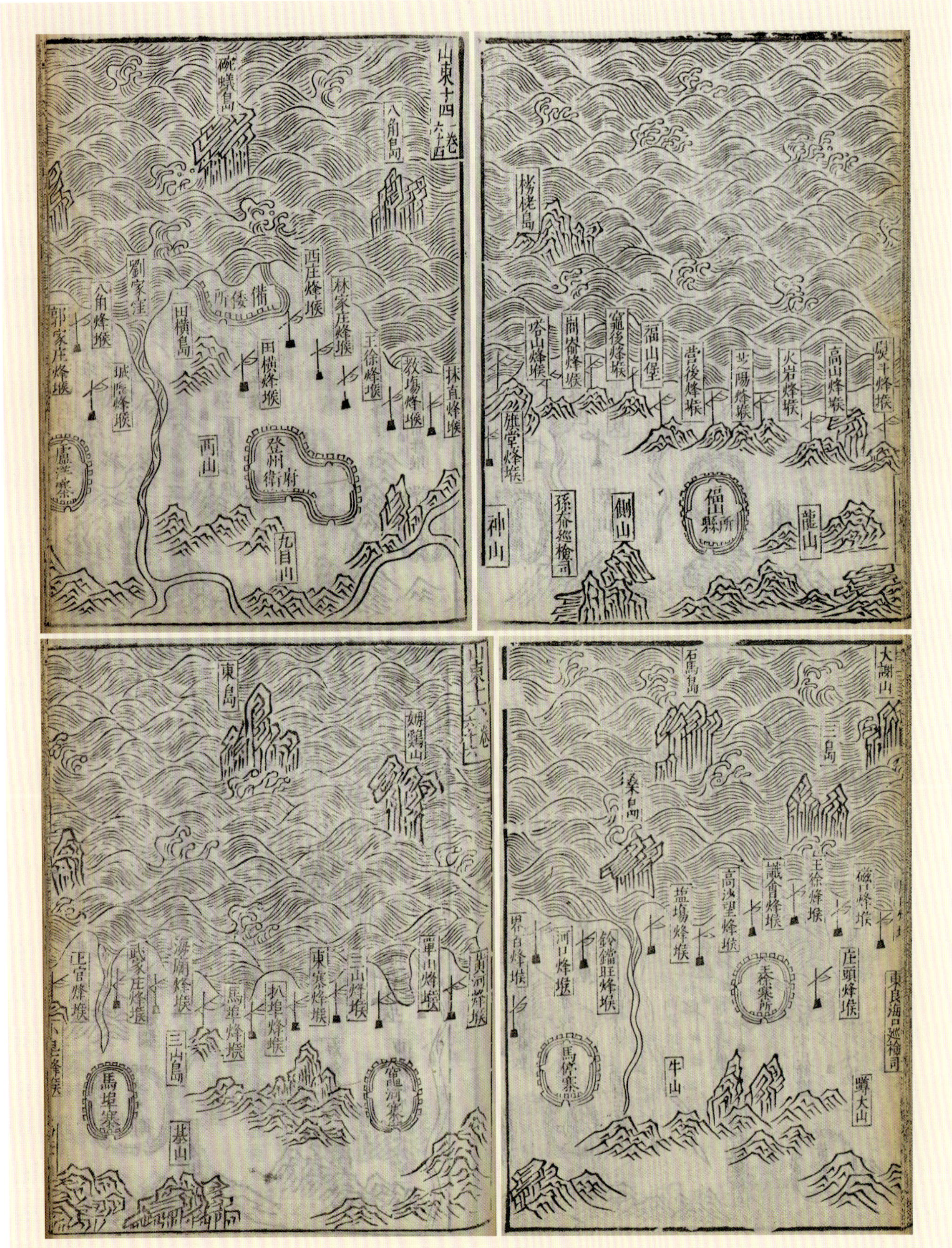

《筹海图编》之山东

《筹海图编》之山东

海防状况的情况下抓住重点。

再次，府、州、县志。府、州、县志以府、州、县为单位编写，直接面向地方，因其范围较小，所以对地方事宜记载颇详。这样，有些在其他史书中找不到的记载，在方志中往往有所收录，且论述详备。如明朝末年，宁海州人常康所上海防诸疏，即仅见于该地方志中。

最后，专门性方志。此类方志专门论述某一特殊地区，或者某一地区的某一事宜。如胡德琳《山东海疆图说》，专门论述明代及清初山东海防、海运及其他海上事宜。

所以，方志也是本文重要的史料来源。但方志史料也有很大的不足，全国、省级方志，因着眼范围较大，故对于一些地方性事件、军事建置往往付之阙如。府、州、县志由于编纂体例不一，故内容繁简不等，有些重要史料也未加记载。再者，由于方志编纂者水平不一，有些方志中舛误较多，令人无所适从。

海防遗址的调查研究

1. 山东省海防遗址的调查研究

近些年来文物工作者和学者对山东海防遗址做过一些调查和研究工作。张云涛的《山东威海发现明初创寨碑》①是最早关于巡检司出土文物的文章，对明代巡检司的研究有着重要意义。焦华的《威海地区明代卫所保存现状的调查与研究》，在查阅文献的基础上，做了大量的田野调查，对明代威海地区卫所、巡检司、军寨、墩堡、炮台等设置状况做了详细的描述②。孔德静的《印迹与希冀：明清山东海防建筑遗存研究》③对山东海防类建筑进行了梳理，对其选址、建筑、构成、空间形态、地景进行分析，提出了保护好利用的建议。

第三次全国文物普查开展后，山东各地市先后将调查成果编辑出版，其中包括了大量海防遗址，如青岛市文物局编的《今古和声：青岛市第三次全国文物普查新发现辑录》④、烟台市博物馆编著的《山东省烟台市第三次全国文物普查成果汇编》⑤、威海市文物管理办公室编著的《追寻历史——威海市第三次文物普查成果巡礼》⑥等，这些调查成果翔实准确，为海防遗址研究提供了难能可贵的一手材料，也为今后的海防遗址研究打下了坚实的基础。

青岛市文物局编著的《青岛明清海防遗存调查研究》，详细介绍了青岛境内的明清海防遗址，并针对各类遗址的保存情况、历史沿革进行考证，是山东省内第一本专门针对海防遗址进行调查和研究的专著⑦。

刘晓燕、梁玮晏的《山东威海明代军事设施现状调查报告》介绍了威海地区的三卫、四所、三个巡检

① 张云涛：《山东威海发现明初创寨碑》，《文物》1997年第9期，第71、72页。
② 焦华：《威海地区明代卫所保存现状的调查与研究》，山东大学硕士学位论文，2009年。
③ 孔德静：《印迹与希冀：明清山东海防建筑遗存研究》，青岛理工大学硕士学位论文，2012年。
④ 青岛市文物局：《今古和声：青岛市第三次全国文物普查新发现辑录》，文物出版社，2011年。
⑤ 烟台市第三次文物普查工作领导小组办公室、烟台市博物馆：《山东省烟台市第三次全国文物普查成果汇编》，黄海数字出版社，2013年。
⑥ 威海市文物管理办公室：《追寻历史——威海市第三次文物普查成果巡礼》，青岛出版社，2013年。
⑦ 青岛市文物局：《青岛明清海防遗存调查研究》，中国海洋大学出版社，2017年。

司和文登营的调查成果，并进行了初步的研究，提供了宝贵的资料①。杨睿、袁启飞、司久玉的《日照地区明清海防遗迹的考古调查与研究》填补了日照海防遗址调查成果的空白，是难得的一手材料②。

2. 其他省份的海防遗址调查研究

东部沿海各省文物部门先后开展过不同程度的海防遗址调查和研究工作，浙江、海南、广东、上海、江苏、辽宁、广西、福建等各地都有公开发表的明清海防遗址调查和研究成果。

张亚红、徐炯明编著的《宁波明清海防研究》以第三次全国文物普查为依托，对宁波地区的明清海防遗产进行了一次梳理③。王育龙主编的《环海南岛明清时期海防设施考古调查报告》，通过考古调查，对海防设施的布局、功能、结构、时代、性质等都有了基本的了解，为环海南岛明清时期的海防研究提供了比较丰富的实物资料④。《广东明清海防遗存调查与研究》是依托第三次文物普查进行整理而成的广东全省范围内的海防研究成果⑤。

褚晓波主编的《上海市明清海防遗址调查报告》介绍了上海市的明清海防遗址史料，并对相关史料也做了简要整理⑥。周润垦等人的《江苏明清海防遗存调查报告》对江苏省境内长江两岸、海岸沿线所留存的明清海防遗迹进行了全面调查测绘，并针对性地提出了保护建议⑦。范磊编著的《大连地区明代军事设施遗存调查》通过汇总"三普"调查资料，结合文献资料进行整理及初步研究，对大连地区现存明代军事设施的名称、分布、基本特征以及现状等情况进行介绍⑧。

广西文物保护与考古研究所编的《明清时期广西边海防重要遗存》对明清时期广西沿海沿边修筑了各式炮台、烽火台、关隘、城墙、营垒、道路、桥梁等大量军事设施给予了详细描述，全方位展示遗存的保存状况，提供了系统全面的资料⑨。福建省考古研究院编的《福建抗倭遗产调查与初步研究》，对福建明代与倭患相关的遗产进行了全面调查与初步研究⑩。

---

① 刘晓燕、梁玮晏：《山东威海明代军事设施现状调查报告》，《北方文物》2019年第3期，第67—72页。
② 杨睿、袁启飞、司久玉：《日照地区明清海防遗迹的考古调查与研究》，《水下考古（第二辑）》，上海古籍出版社，2020年，第81—116页。
③ 张亚红、徐炯明：《宁波明清海防研究》，宁波出版社，2012年。
④ 王育龙：《环海南岛明清时期海防设施考古调查报告》，南方出版社，2014年。
⑤ 广东省文物局：《广东明清海防遗存调查与研究》，上海古籍出版社，2014年。
⑥ 褚晓波：《上海市明清海防遗址调查报告》，上海大学出版社，2016年。
⑦ 周润垦、高伟、王清爽等：《江苏明清海防遗存调查报告》，《东南文化》2017年第6期，第39—49、73、74、127、128页。
⑧ 范磊：《大连地区明代军事设施遗存调查》，辽宁人民出版社，2019年。
⑨ 广西文物保护与考古研究所：《明清时期广西边海防重要遗存》，广西科学技术出版社，2021年。
⑩ 福建省考古研究院：《福建抗倭遗产调查与初步研究》，福建教育出版社，2022年。

第二章
调查工作概况

一、调查背景及工作方法

调查背景

明清时期，山东海防作为国家整体海防的重要环节，在保卫海疆安全中发挥了重要的作用。对明清海防遗址的系统调查和研究，不仅能廓清山东海防的历史面貌及演变脉络，而且有助于深入了解和把握中国早期海防的职能及其总体规划特征。

近些年来，学界在海防研究中，明显地存在"南热北冷"现象。学者们多注重浙江、福建、广东、台湾地区的海防，而对山东这样的沿海大省，尽管部分海防设施在地方志和相关史籍中有所记载，三普工作中也对该类遗存进行了初步的调查和记录，但是截至目前一直未开展全面系统的考古研究工作。

针对以上情况，2017 年山东省水下考古研究中心申请国家重点文物保护资金项目"山东省明清海防遗址调查"获批立项，但由于工作安排导致调查人员不足，加之随后两年的新冠疫情影响，调查项目直到2021 年度才得以正式启动。

明清时期山东海防遗址的调查研究项目的开展，对于探索明代以来山东海洋文化由传统走向现代的历程具有重要的意义。同时海防是涉及政治、经济、文化、军事、外交等诸方面的重大课题，因此，弄清楚明清时期的山东海防问题，必将有助于推动明清时期中国政治制度、海外贸易、海外移民等课题的深入研究。

调查队伍组成

为确保调查工作高效完成，山东省水下考古研究中心联合工作站、地方文物干部和社会考古力量，组成了 50 余人次的联合调查队。自 2021 年 3—5 月，对山东沿海地区进行了为期 55 天的野外调查。调查采用分队伍和片区同时推进的工作方式，每支队伍由中心派出业务骨干 2—3 人，各队再根据海防遗址数量多寡情况，分级组成区县级调查工作队，负责本区域内海防遗址调查工作。

参与本次调查的单位有山东省水下考古研究中心、中国甲午战争博物院、烟台市博物馆、威海市博物馆、青岛市文物保护考古研究所、蓬莱区文化和旅游局、芝罘区文化和旅游局、莱州市文化和旅游局、日照市文物考古研究所、东营市博物馆、荣成市文化和旅游公共服务中心、乳山市文物保护中心、海阳市博物馆、莱州市博物馆、威海市文登区博物馆、青岛市西海岸新区博物馆、即墨博物馆、牟平博物馆等。具体调查队伍组成如下：

威海、烟台地区：孟杰（负责人）、辛雅琳、冉德禄、孙兆锋、周强、刘晓燕、王忠保、于晓明、刘文杰、隋东升、刘辉、费建文、李岩、孙继猛、姜书振、孙利堂、张天伟、姜毅、刘玉静、张鑫、商庆华、唐忠成、申开波、赵鹏、孙涛、张春明、邢金国、马林、李凯、战雯。

青岛、日照地区：司久玉（负责人）、冉德禄、石岩、尹锋超、魏超、薛广平、钱程。

潍坊、东营地区：詹森杨（负责人）、杨政、李刚、闵庆竹、赵金、孙志强。

工作方法

1. 调查内容

调查工作主要包括三方面的内容：一是对调查区域内所发现的各类遗址点进行现场核查，对每一处遗址进行"四有"资料的登记和补充，做好口碑调查记录，对遗址采取统一的测点和记录。二是对已知遗址点以外更大范围的拉网式踏勘，进一步搞清各地是否还存在与此相近或相关的文化遗存。三是利用航拍飞机对遗址周围地形地貌等自然环境进行航拍，为下一步保护规划提供明确的图像信息。

调查过程中参照《第三次全国文物普查工作手册》、《长城资源调查工作手册》及《田野考古工作规程》等定制和填写《山东省明清海防遗迹调查登记表》，并遵照三普相关的"认定、分类、定名、年代、计量标准与规范"。

针对重要海防遗址，聘请了山东建筑大学专业团队协助开展科学系统的测绘工作，并将数据形成专业的测绘图；此外，调查过程中与北京博科鸿图信息技术有限公司合作，开发了"海防专题调查系统"数据库，并将调查所得的数据及各类信息导入其中，形成海防遗址"一张图"。

2. 海防遗址的时空界定

此次调查涉及的海防遗址分布的行政区域主要包括威海市、烟台市、青岛市和日照市，此外潍坊市、东营市也有少量海防遗址存在，本次调查研究所涉及的工作区域也限于这些区域。从时间限定上，上限为明代初期（1368年），下限为清代鸦片战争时期（1840年）。

海防遗址包括海岛上和水下的遗址。明清海防是海陆并联、多层次、有纵深的防御。山东的海防遗址主要指面向海防一线的防卫机构，基本都是沿海而设立，如威海卫、鳌山卫、浮山所、石臼所等。内陆地区虽然也有很多类似机构，如德州卫、泰安卫、济宁卫、东平千户所、滕县千户所，但这些卫所远离海疆，没有海防的职责，自然不能划入海防遗址之中。文登营及各卫所通往文登营的堡路，虽然距离海岸较远，但因其功能是为海防而设立，因此当属于海防遗址。比较特殊的是青州左卫和诸城千户所，这两个卫所距离海岸较远，但青州左卫辖区内有海域，诸城千户所归属于具有海防功能的即墨营辖制，因此这两处也可以认定为海防遗址。

首先，海防遗址必须是明清时期存在的，即明洪武元年至清宣统三年（1368—1911年）。但本次调查时下限截止在1840年，因此本书中收录的海防遗址明洪武至清道光二十年（1368—1840年）时期的遗址。

元末时期，北方海域开始受到外部袭扰，至明代初期，倭寇已成困扰中国沿海的重要问题，明洪武至宣统年间，山东海防体系逐渐成形，大部分海防设施都在这一时期设立，后几经起落，至清雍正时期被裁撤。清初的海防压力与明代不可同日而语，虽设立绿营水师和炮台，但因并没有严重的外部威胁，海防设施已远远不如明代。

晚清时期，西方列强凭借坚船利炮轰开国门，中国沿海门户洞开，洋务派提议兴建水师，建设海防，在山东半岛设立了北洋海军威海卫基地，同时在青岛、烟台等地设立炮台。至甲午战败，青岛、威海卫被列强租借，芝罘开埠，海防已名存实亡。晚清时期山东的海防体系与明代和清初时期并不相同，与早期相比，晚清的海防系统更加现代化，更为复杂，数量也非常可观，有必要单独作为一个课题研究，与早期海防相区别。

3. 海防遗址的性质和功能

海防遗址是国家兴修的为抵御海上来犯之敌的防务工程。明初在山东沿海设置了卫、千户所、百户所、巡检司以及下辖的数百个墩、堡、军屯，后期又设立了海防营、备倭都司、寨／屯、炮台，这些都是以国家名义修建的用于抵御外敌的军事设施，应当认定为海防遗址。除此以外，用于维系军事设施正常运转所需的配套的通讯、运输、戍守、培训和后勤保障设施，也应认定为海防遗址，如海防将士的墓葬、祠堂等。

明清海防的可移动文物，如大炮、火铳、弹丸等武器和各种用品，可附属于相应旧址、遗址中注录。已成为馆藏文物、民间收藏文物的，不直接作为明清海防遗址登记、记录，但可作为明清海防遗址认定与研究的佐证，尤其是其中的文献、石刻、题记等文字记录。

4. 海防遗址的定名

此次编写将海防遗址类型分为十类：都司、营、卫、所、巡检司、寨（或屯）、墩、堡、炮台和其他（如卫所军官墓地、故居、宗祠等）。一般按照以上几类命名，各类遗址编写要点如下：

遗址名称一律使用考古学规范命名，如能确定是文献史料中的某一处遗址，则用文献中的名称命名。如该遗址已经在二普或三普中命名，则在脚注中注明。卫统一叫卫城遗址，所为所城遗址，名称中可以省略守御千户所、备御千户所、备御百户所，比如"鳌山卫城遗址""寻山所城遗址""清泉寨所城遗址"。明确是墩的称为"某墩遗址"，明确是堡的称为"某堡遗址"，不称其为"烟墩""墩台"或"烽火台"。如"戚家庄烟墩"经考证应属于文献记载中的陈家庄墩，对其命名应为"陈家庄墩遗址"，尾注中注明"二普资料中记为'戚家庄烟墩'"，或者文保文件中将其公布为"戚家庄烟墩"等。寨统一称为某某寨遗址，而不称为"军寨"。

二、主要发现

　　本项目共计调查登记了556处明清海防遗址，遗址类型主要有卫、所、巡检司、寨/屯、墩堡、炮台等。其中威海市236处、烟台市166处、青岛市109处、日照市27处、东营市4处、潍坊市14处；其中复查"二普"发现遗址82处、"三普"发现遗址120处；新发现各类海防遗址354处。

山东省明清海防遗址分布统计表

序号	城市	东营市	潍坊市	烟台市	威海市	青岛市	日照市	小计
1	备倭都司			1				1
2	营			1	1	1		3
3	卫		1	4	3	2	1	11
4	守御千户所		1	1	2	2		6
5	备御千户所			4	2	2	1	9
6	备御百户所	1		8				9
7	巡检司	2	3	4	6	2	1	18
8	寨/屯	1		11	38	11		61
9	墩		8	106	107	68	23	312
10	堡			23	64	13		100
11	炮台			2	7	3	1	13
12	其他		1	1	6	5		13
	总计	4	14	166	236	109	27	556

三、调查收获与建议

（1）通过本次项目开展我们对山东沿海明清时期海防遗址进行了摸底式调查，基本摸清了海防遗址家底，廓清了山东海防的历史面貌及演变脉络，推动了明清以来山东海防设施及制度研究，将有助于深入了解和把握中国早期海防的职能及其总体规划特征，对探索明代以来山东海洋文化由传统走向现代的历程具有重要意义。

（2）明清沿海卫所是一条动态特征明显的文化线路，它是由"驿路为主线、各路支线相互连通的有形线路""以卫所为核心的海防防御体系为无形线路"及内在的历史关系串联起来的沿途各遗产要素组成的体系，该体系以军事功能为主导，以有形与无形文化遗产（如移民文化、民俗等）共同构筑了一条以"海防军事"为典型、"多元文化"为辅助、拥有众多文化遗产的综合性文化线路。它与长城、丝绸之路、大运河等线性遗产具有相似性，山东明清海防遗址的保护和研究也应秉持此种思路。

（3）海防体系宏大、复杂，并且各时代也在不断调整和变化。明代中前期，山东海防主要职责是防御和反击倭寇；万历年间，倭寇入侵朝鲜半岛，为配合抗倭援朝战争，山东海防得到了重建和发展，海防兵力、海防指挥体系、海防布局都出现了不同于以前海防卫所体系的变化；万历末年之后，山东海防重任由防倭转为防御后金政权渡海南下。清代前期，山东海防压力集中于反清武装，顺治朝是初建时期，康雍两朝发展到顶峰，乾隆朝以后则逐渐削弱。至鸦片战争爆发前，海防体系已衰败不堪。调查过程中要做到对各时期的海防遗址都能百分之百完全覆盖的难度极大，但此次调查基本涵盖了海防体系主体构架，复原了其运转体系。

通过本次调查，我们发现目前我省海防类遗址文物保护形势严峻。不断加速的城乡建设、农业生产生活等人为因素和风雨剥蚀等自然因素是导致明清海防设施破坏的直接原因。地方政府以及各有关单位对明清海防设施保护工作重视程度不够是主观原因。专业机构对沿海明清海防设施的考古研究工作滞后，未能充分发掘明清海防设施的重要价值，间接导致地方政府认识不到位，无法有效开展保护工作。

据统计，至第二次不可移动文物普查前，至少有118处海防遗址因被破坏而消失。二普工作至2021年间，随着经济建设加速，沿海大规模建设开发项目大量推进，又有至少约90处遗址遭破坏消失，尚存的遗址保存现状也令人担忧，面临进一步损毁的危险。我们也建议各级文博部门给予足够的重视，并投入必要的文物保护经费，让这些重要的海防设施得到保护。

中篇

田野调查

第三章
东营、潍坊
海防遗址

东营市地图

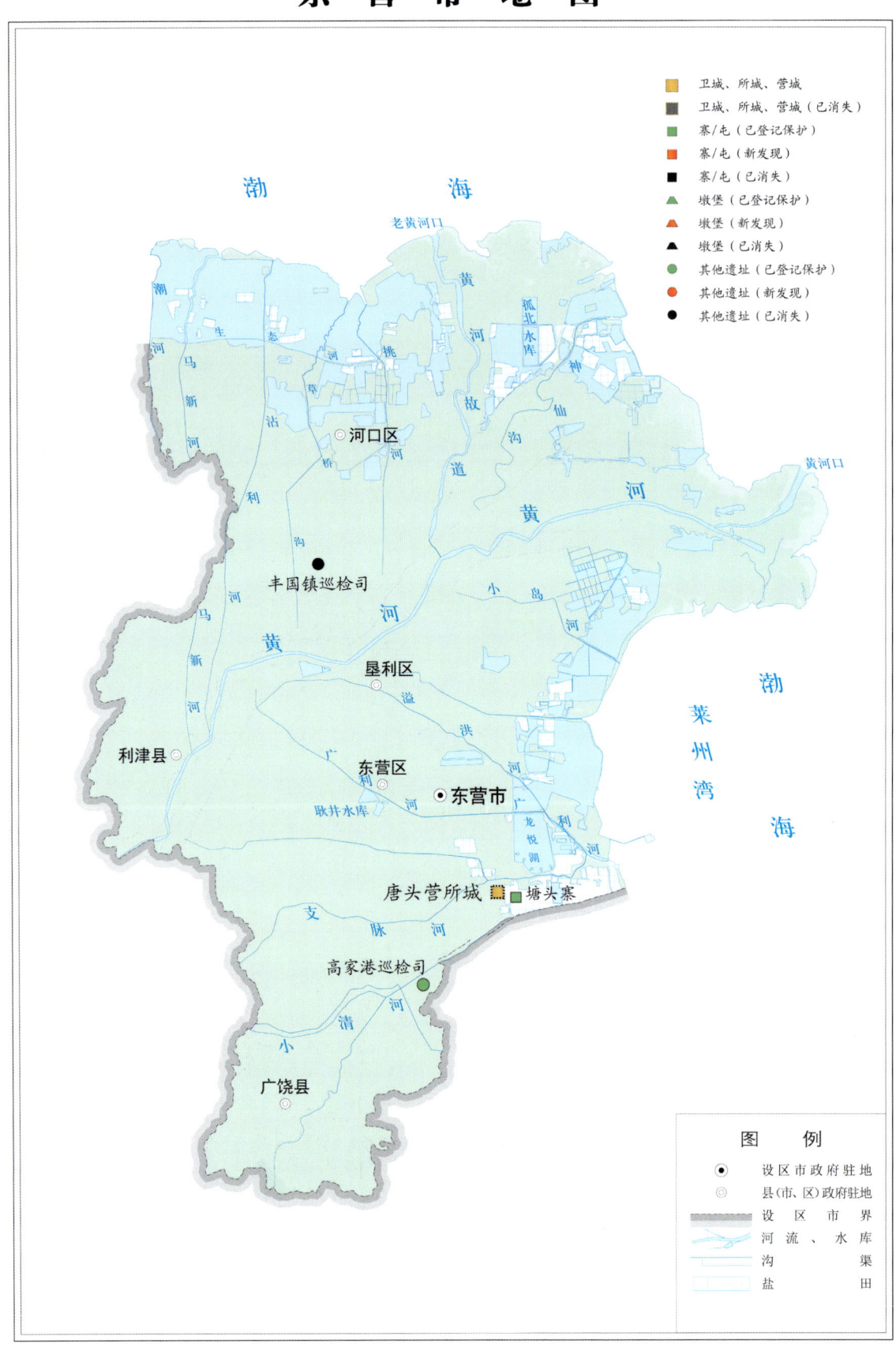

图例

图例	
⊙	设区市政府驻地
◎	县(市、区)政府驻地
	设区市界
	河流、水库
	沟渠
	盐田

一　东营市海防遗址

百户所遗址

唐头营所城遗址

位　　置　广饶县丁庄街道清河村

始设年代　明代

文保级别　2004 年被公布为县级文物保护单位

概　　况　遗址南距小清河约 3.4 千米。东西长 178 米，南北宽 204 米，总面积约 3.6 万平方米，近长方形。遗址东北为一处高台地，台地东西长 137 米，南北宽 140 米，面积约 1.9 万平方米，台地高出四周约 3 米，台地上种植大量树木，在台子上有一户废弃民房。整个遗址范围内地表散落着大量遗物，有灰陶砖块、灰陶网坠、黑褐釉瓷碗底、碗口沿、青花瓷片等。

历史资料　据民国《乐安县志》记载：唐头营在城东北一百里，相传唐太宗征高丽筑，疑营于此。历宋、元、明，皆为舟航聚货通市之处。明设青州左卫后所，百户一员，旗军百名，曰预备所，土城周三里，后海水涨溢，难近遂废[1]。

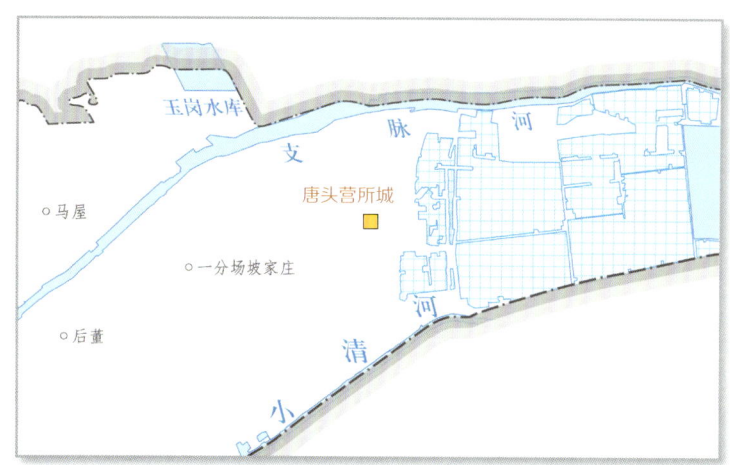

唐头营所城遗址位置图

唐头营所城遗址卫星图

　　按，唐头营之名，世传因唐太宗征高丽时曾营于此，县志未载，详书于青州府志，世莫不病县志之疏。然县志诚疏，府志仅据传闻，恐亦未确。尝反复详考，唐营之筑乃高宗之时，非太宗之时，征百济之役非征高丽之役也。太宗三次东征，史称水军，皆自莱州泛海，唐头营地属青州，与事无涉。惟高宗显庆五年（660年）讨百济，青州刺史刘仁轨当浮海运粮遭风失船，除名。又龙朔二年（662 年），刘仁愿等拔百济真岘城，

---

① 民国《乐安县志》"兵防"。

唐头营所城遗址航拍（北向南摄）

请益兵诏发淄青莱海兵七千人赴熊津。盖百济之役，由青州泛海，故运粮则青州刺史发遣淄青之兵。疑尔时，军粮必顺河而下。唐初大河即后汉永平十二年（69 年）王景所治之河也，由千乘入海。至昭宗景福二年（893年），始北移，未移之前，唐头地临河滨，为河海交关处，器械粮饷赓续接济，必须有停顿之所，筑营于此，理或然与。

明设青州左卫后所，百户一员，旗军一百名，驻塘头寨（县东北七十里），曰备御所。墩堡凡十，皆有哨兵。旧曰公母堂、黄种、上思河、旧寨在所东，宁耩、荆埠、课墩、官台、甜水河、八面河在所东南，无事则登高瞭望，有事则驾楫游巡。

（二）

巡检司遗址

高家港巡检司（遗址）

位　　置　广饶县大码头镇高港村

始设年代　明代

文保级别　已消失

概　　况　遗址北距小清河约 1.7 千米，南距杨宅村约 200 米，遗址现已不存。因农村道路硬化不能对遗址整体范围进行勘探确定，现存遗址为 2 处台地组成，高约 1.8 米，东西并列，东西长约 190 米，

高家港巡检司（遗址）位置图

南北宽约 65 米，面积约 1.36 万平方米。

历史资料 据《明史》记载："乐安府北，东北滨海，有盐场，北有小清河，东有时水，又东南有淄水，又有北阳水，又有巨洋水，俱汇流于县东北之高家港入海。港即古之马车渎也，有高家港巡检司。"

高家港巡检司（遗址）卫星图

高家港巡检司（遗址）航拍

丰国镇巡检司（遗址）

位　置　利津县汀罗镇前关村

始设年代　明代

文保级别　已消失

概　况　遗址目前具体位置未知，依据文献记载以及清咸丰《武定府志》、清雍正《山东盐法志》永阜场图等线索判断其位于铁门关遗址以西不远位置。

《利津县志·古迹》中关于铁门关遗址的记载：铁门关在县治北七十里丰国镇，金置，明设千户所，以资防御，有土城遗址，是全国唯一集海关、河关、盐关、税关"四关合一"的著名关隘，是金、元、明、清四代的重要关防，是当时有名的水旱码头和盐业重镇。

由此有相关学者认为铁门关遗址即为丰国镇巡检司所在地，但根据山东省水下考古研究中心在铁门关遗址多年的考古发掘情况来看，遗址内并未发现明代地层和相关年代的遗物。笔者认为最终结论还需依靠更确凿的考古证据来判断。

历史资料　关于丰国镇，据《利津县志》记载：明代统治者为扼海滨之要，在此设"千户所"，建立关防。明中期，区域内有水埠场、丰国场等有名的大盐场，外运要地铁门关就成了繁华的水旱码头。

丰国镇巡检司（遗址）位置图

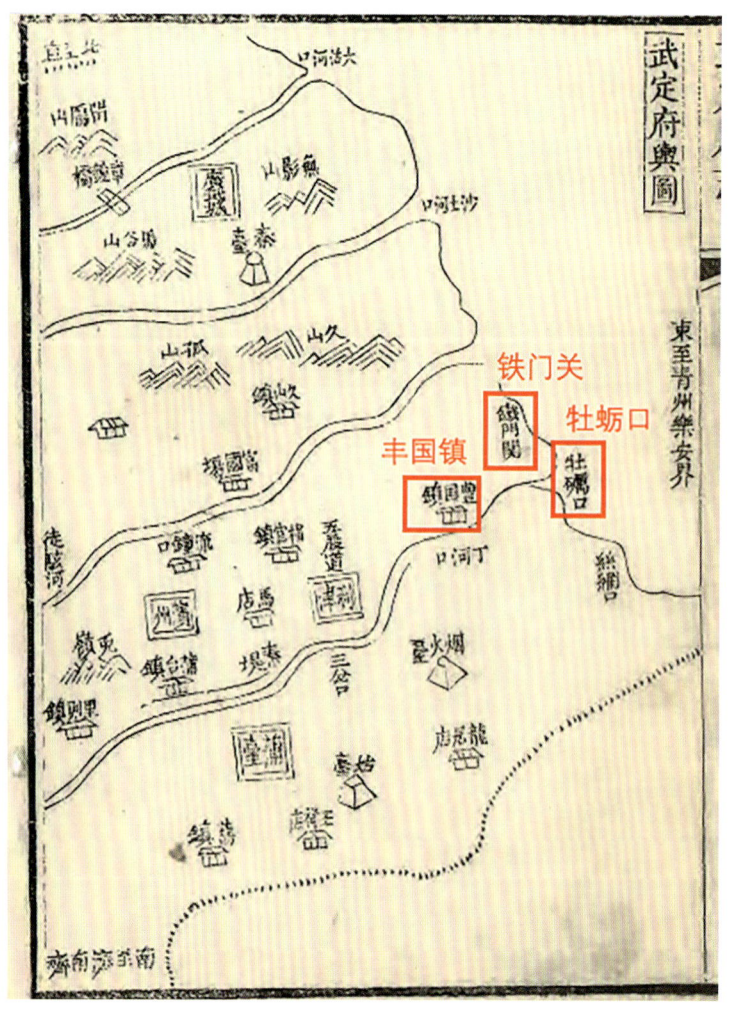

《武定府志》记载的丰国镇

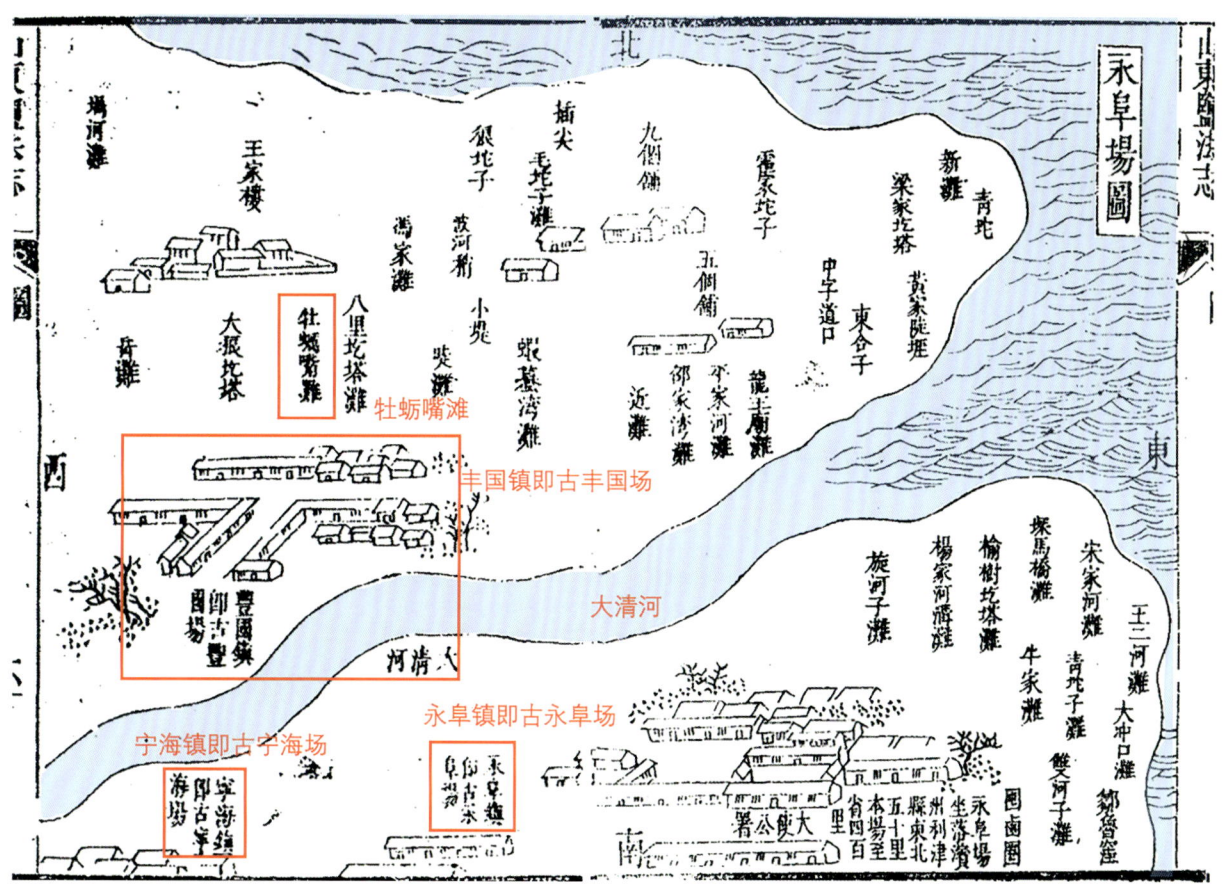

清雍正《山东盐法志》永阜场图

铁门关遗址局部发掘状况

三

寨 / 屯遗址

塘头寨（遗址）

位　　置　广饶县丁庄镇清河村

始设年代　明代

文保级别　2004 年被公布为县级文物保护单位

概　　况　遗址南距小清河约 2.3 千米。

塘头寨，又名北台，遗址平面近方形，南北长约 80 米，东西宽约 100 米，总面积约 8 千平方米。地表散落较多青砖、瓷片等。此寨呈台形，地势较四周高 3—4 米，相传是唐王东征所筑。经地方钻探得知，文化层厚约 1 米，包含物有草木灰、碎瓷片等，应为汉代时期修筑的渔业、盐业运输停靠码头，并在隋至清代时期继续沿用。

塘头寨（遗址）位置图

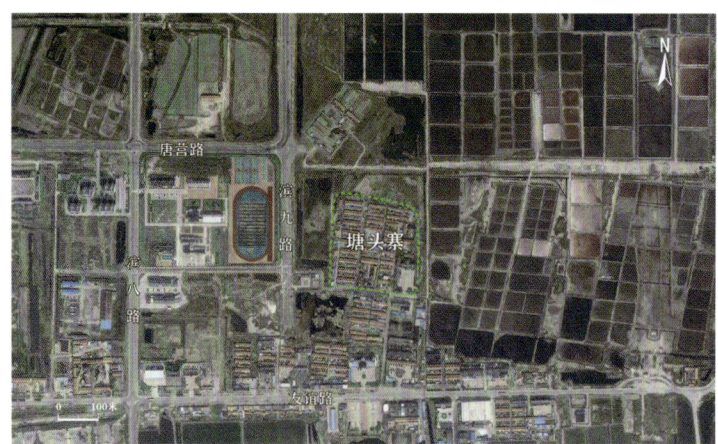

塘头寨（遗址）卫星图

塘头寨（遗址）现状

塘头寨（遗址）现状

塘头寨（遗址）现状

潍 坊 市 地 图

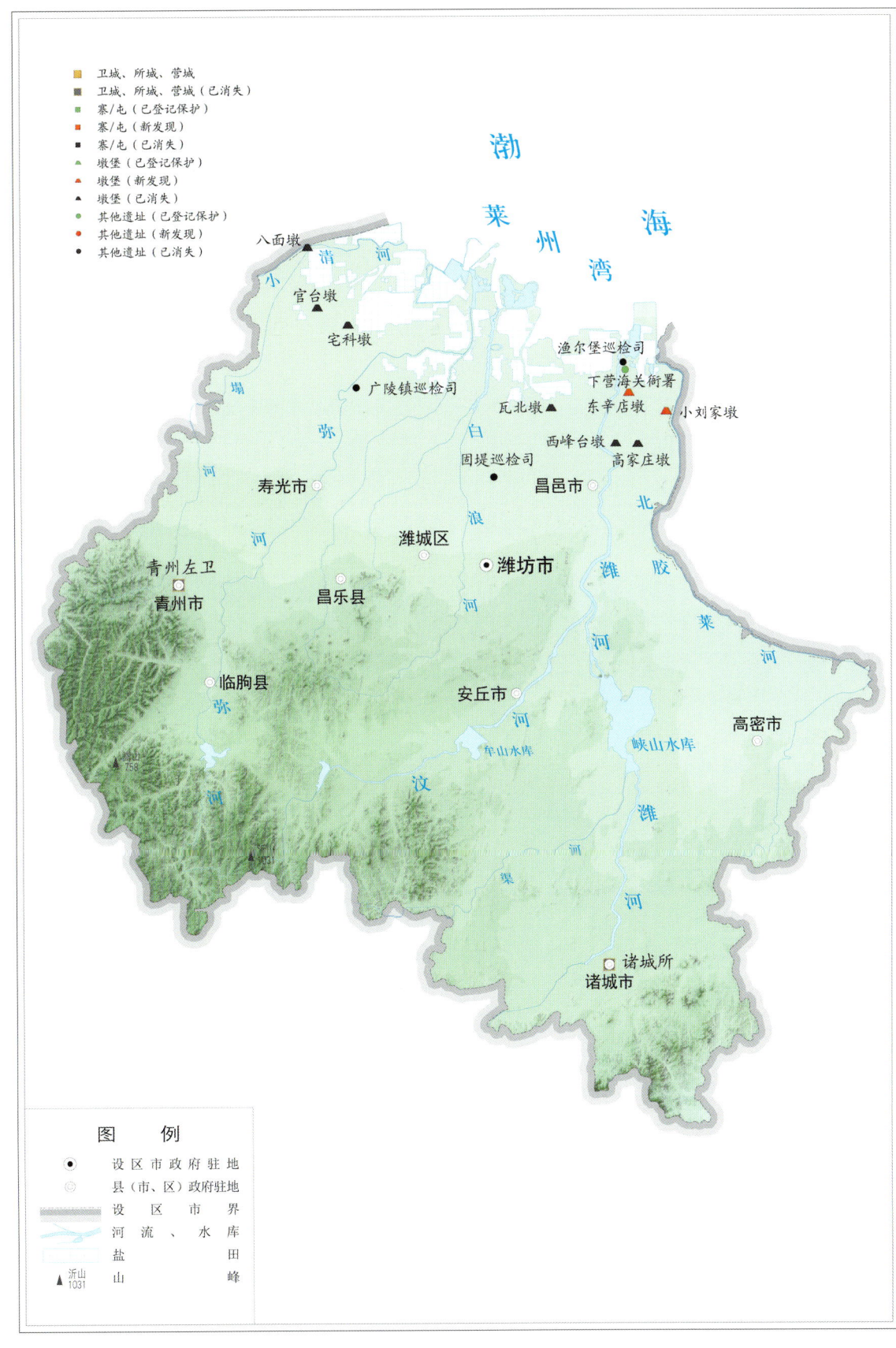

渤

莱 海

州 湾

八面墩

清

小 官台墩

河 宅科墩

渔尔堡巡检司

塌 广陵镇巡检司 下营海关衙署

弥 瓦北墩 东辛店墩 小刘家墩

白 西峰台墩

河 固堤巡检司 高家庄墩

寿光市 浪 昌邑市

潍城区 北

河 潍坊市 胶

青州左卫 莱

青州市 昌乐县 潍 河

临朐县 河

弥 安丘市

河 牟山水库 峡山水库 高密市

汶 潍

河 河

诸城所

诸城市

图 例

◉	设 区 市 政 府 驻 地
◎	县 (市、区) 政 府 驻 地
	设 区 市 界
	河 流 、 水 库
	盐 田
▲ 沂山 1031	山 峰

卫城、所城、营城
卫城、所城、营城 (已消失)
寨/屯 (已登记保护)
寨/屯 (新发现)
寨/屯 (已消失)
墩堡 (已登记保护)
墩堡 (新发现)
墩堡 (已消失)
其他遗址 (已登记保护)
其他遗址 (新发现)
其他遗址 (已消失)

二　潍坊市海防遗址

卫城遗址

青州左卫（遗址）

位　　置　青州市青州古城东门大街卫里巷

始设年代　明洪武三年（1370年）

文保级别　已消失

概　　况　遗址位于青州古城东门大街卫里巷，原址上已建现代民居。据口碑调查：因巷内有明朝山东都指挥司及青州卫署指挥机关而得名，现为回民聚居区。

实地调查发现卫里巷内，现仅存67号和73号两处清代房屋，为个人居住场所，现建筑年久失修，尚未核定为文物保护单位。

历史资料　《明史》记载："洪武三年十二月，置青州都卫，治青州府。八年十月改都卫为山东都指挥使司。青州左卫隶山东都司，属左军都督府管辖。"

嘉靖《青州府志》记载，青州左卫在府城东门内，设指挥使一员，指挥同知二员，指挥金事四员，以迁叙至者无定额。经历司经历、知事各一员。镇抚司镇抚二员，左右中前后五所正副千户百户各三五员。京操军春班一千四百九十七人，秋班二千一百零五人，守城军余七百二十九人，屯田军余四百五十三人，屯田二百七十一顷，屯粮三千二百五十八石①。

青州左卫（遗址）位置图

青州左卫（遗址）卫星图

---

① 嘉靖《青州府志》"卷十一·兵防·城池"。

青州左卫（遗址）现存环境

千户所遗址

诸城所（遗址）

位　　置　诸城市府前街 51 号

始设年代　明洪武四年（1371 年）

文保级别　已消失

概　　况　遗址东距府前街 50 米，西距扶淇河约 850 米，遗址现已不存。

据走访市民口碑反映，诸城千户所遗址在中华人民共和国成立后建为面粉厂，现为诸城市府前街小学。

历史资料　《明太祖实录》："诸城守御千户所，在县治西南（今诸城市），洪武四年（1371）十二月置。"

诸城所（遗址）位置图

关于诸城千户所的记载，乾隆《诸城县志》曰："南北城之交有门曰双门，故东武门址也，其左右城垣，前志以为后魏置胶州时撤之，合南北为一城。按于钦，元人也，其曰中城、曰外城必其时犹有城垣，如今京师之内外城耳，府志云洪武四年，守御千户伏彪修城始合为一。"[1]

又据乾隆《诸城县志》记载："旧千户所也，前志云千户所旧基为天清观，疑即诸城县古治，然不可考矣。"现仅能根据文献记载和调查口碑大致勾出所城位置。

---

[1] 乾隆《诸城县志》"卷十·战备考"，第85页。

诸城所（遗址）

诸城所（遗址）卫星图

三

巡检司遗址

广陵镇巡检司（遗址）

位　　置　寿光市上口镇广陵一村内

始设年代　宋代

文保级别　已消失

概　　况　遗址西距弥河约 3.6 千米，现已不存。

历史沿革　据《广陵村志》记载，巡检司大堂，村民俗称"堂屋"，位于村内芦子坟以北。大堂为三间，高约五米，并有东西厢房与庑房多间，四周砌高墙，青砖灰瓦，白壁红柱，飞檐如翼。大门面向正南，大门外两旁分列石狮一对，威严蹲坐，对缉捕的犯人在巡检司大堂

广陵镇巡检司（遗址）位置图

审判，堂前 150 米处为刑场。后因清朝中期撤镇，大堂无人管护，倒塌倾圮。

现有巡检司门前一对石狮尚存，现置于村前上广路以西村碑两侧。石狮雌雄各一，通高均为 1.1 米，石质为优质花岗石，雕工精细，造型优美，雄狮头上有一齐平的刀痕，村内有二狮成精偷酱被砍之传说。北宋，置广陵镇，设广陵盐务，设广陵巡检司。广陵镇是宋时在边要形胜地区设置的三级军镇，亦是商贸镇。广陵巡检司，宋代所设。

历史资料　《明史》记载："寿光府东北，北滨海，有盐场，西有淄水，又有北阳水，又东有巨洋水。又西北有清水泊，即古之钜定湖也，其北接乐安县之高家港，又东北有广陵镇巡检司。"

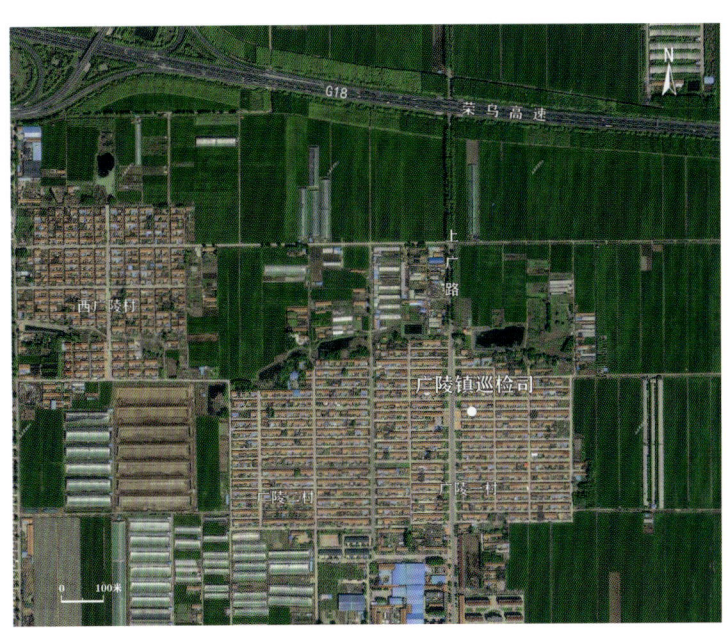

广陵镇巡检司（遗址）卫星图

广陵镇巡检司（遗址）现状

广陵镇巡检司（遗址）残存石碑

固堤巡检司（遗址）

位　　置　潍坊市寒亭区固堤街道固堤一村北约 500 米处

始设年代　明洪武十三年（1380 年）

文保级别　已消失

概　　况　遗址西距北海路约 1.5 米。由于村民生活生产取土，遗址现已不存。

遗址现为农田，周边为平原。南部固堤变电站占压一部分，东部沿街房占压部分遗址。

据当地村民口碑调查反映，原遗址处有一台地，面积约 1.3 万平方米，高约 1 米，生产过程经常发现碎瓷、瓦片，并且在遗址南约 1 千米有通往莱州府的官道，附近有盐场，盐务局设在固堤一村。

历史资料　据《莱州府志》记载："固堤店巡检司，属潍县（今潍坊市），在潍县县城东北四十里，明洪武十三年设，民国二年裁。"

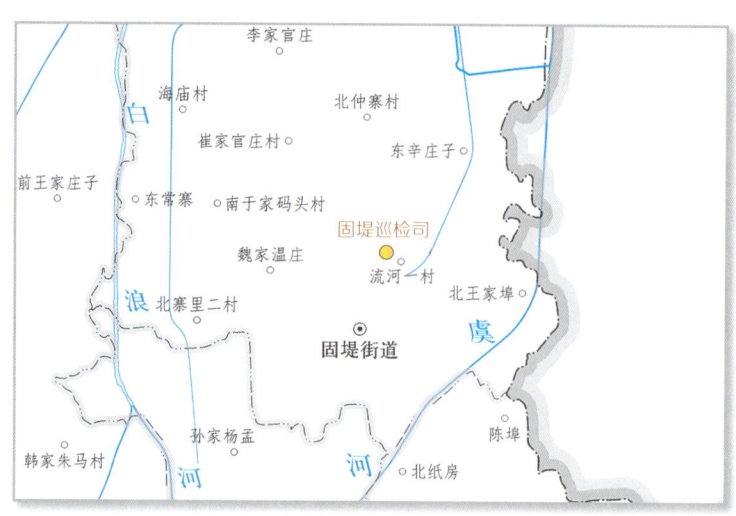

固堤巡检司（遗址）位置图

固堤巡检司（遗址）卫星图

固堤巡检司（遗址）

固堤巡检司（遗址）俯瞰

渔尔堡巡检司（遗址）

位　　置　昌邑市下营镇西下营村

始设年代　明代

文保级别　已消失

概　　况　遗址位于潍坊市昌邑市下营镇西下营村北堤坝处。东距 S221 省道1 千米，南约 100 米为西下营村。遗址由于修筑潍河堤坝，现已不存。

遗址现为潍河滩涂地，经实地探查，未在遗址地表发现古代遗物。

历史资料　昌邑建置沿革："明洪武十年（1377 年），省入潍县。二十二年（1389年），复置。改属莱州府平度州。有北部滨海设渔儿镇（今渔尔堡）巡检司。"

渔尔堡巡检司（遗址）位置图

渔尔堡巡检司（遗址）卫星图

渔尔堡巡检司（遗址）远景

渔尔堡巡检司（遗址）现状

四

墩遗址

八面墩（遗址）

位　　置　寿光市羊口镇八面河村

始设年代　明代

文保级别　已消失

概　　况　遗址位于小清河与新塌河交汇处，东距新塌河约 500 米，北部和西部紧邻小清河河堤，遗址由于村民常年生活生产取土，现已不存。

据口碑调查，原烟墩高约 3 米，20 世纪六七十年代遭到破坏，村民生产取土过程挖出过"小石人"。经实地探查，未在遗址周边发现遗物。根据《筹海图编》记载和图示判断，该烟墩旧时称为八面墩。

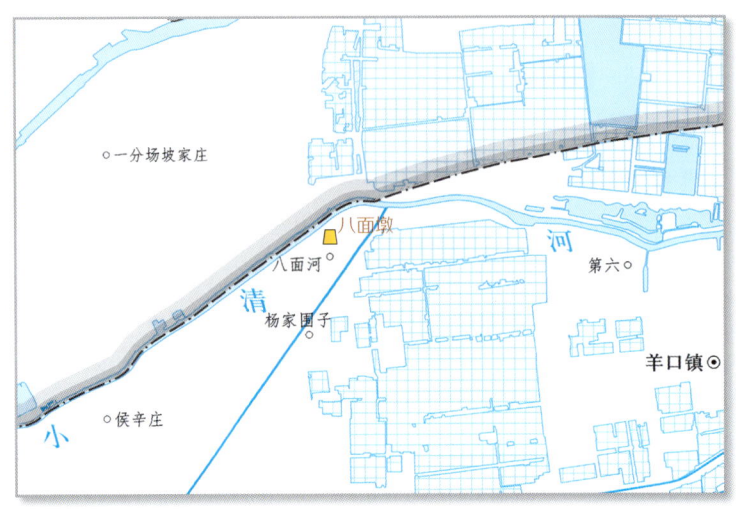

八面墩（遗址）位置图

官台墩（遗址）

位　　置　寿光市羊口镇官台村盐青路与南海路交叉口以北

始设年代　明代

文保级别　已消失

概　　况　遗址东距营子大沟约 750 米，西距张僧河约 1.8 千米。遗址现为荒地，有铁丝与水泥柱圈围，周边为平原。据走访村民得知，20 世纪 70 年代此处尚存一处墩台，面积约两亩地大小，高度约 5 米。后因"盐北"大开发全部推平。

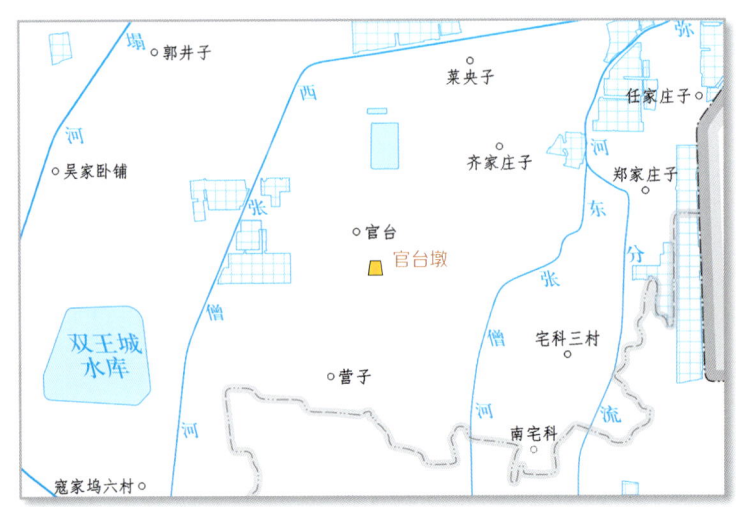

官台墩（遗址）位置图

经实地探查，未在遗址周边发现遗物。根据《筹海图编》记载和图示判断，该墩旧时称为官台墩。

宅科墩（遗址）

位　　置　寿光市羊口镇宅科五村东200 米

始设年代　明代

文保级别　已消失

概　　况　遗址东距张僧河东支约 150米。遗址由于村民生活生产取土，现已不存。

遗址现为农田，周边为平原。据口碑调查，20 世纪六七十年代当地人称之为"大土包"。后村里平整土地推平。经实地探查，未在遗址周边发现遗物。据《筹海图编》记载和图示判断，该墩旧时称为宅科墩。

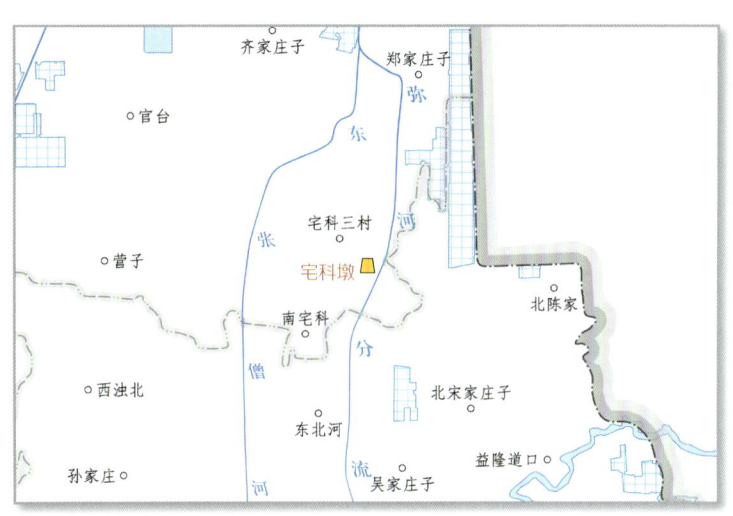

宅科墩（遗址）位置图

瓦北墩（遗址）

位　　置　昌邑市龙池镇瓦北村北约50 米

始设年代　明代

文保级别　已消失

概　　况　遗址西距丰产河 2.6 千米，北距鲁潍 S320 线新海公路 300 米。遗址由于村民生活生产取土，现已不存。遗址现为养殖区，据村民反映，当地人将此处称之为"北大门"，以前挖出过大炮。经实地探查，未在遗址周边发现遗物。

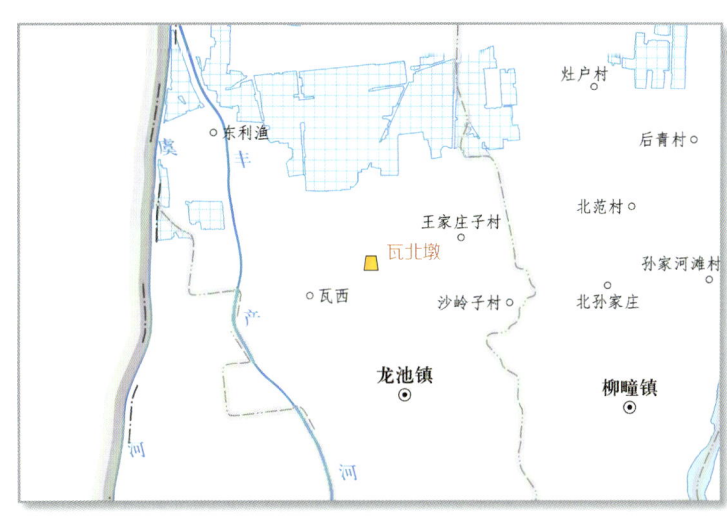

瓦北墩（遗址）位置图

东辛店墩遗址

位　　置　昌邑市下营镇东辛店村东 1.3 千米

始设年代　明代

文保级别　尚未核定为文物保护单位

概　　况　遗址东距潍河约 4 千米，西距潍河约 2.8 千米。墩应为常年农耕取土所致呈长条状，东西长 71 米，南北最宽 21 米，东西两端宽约 10 米，高 6—7 米，墩面积约 1000 平方米。墩上草木旺盛，有大量动物洞穴，墩南侧有村民祭拜痕迹。根据《筹海图编》记载和图示判断，该墩旧时称为韩城墩。

东辛店墩遗址位置图

东辛店墩遗址卫星图

东辛店墩遗址现状

东辛店墩遗址俯瞰

小刘家墩遗址

位　　置　昌邑市下营镇小刘家村西约100米

始设年代　明代

文保级别　尚未核定为文物保护单位

概　　况　遗址东距北胶莱河1千米。现存墩遗址整体呈椭圆形，高3—4米，面积约4100平方米，墩上草木旺盛，周边为平原地带，墩上存有村民祭拜活动痕迹，香炉、功德碑等。

小刘家墩遗址位置图

小刘家墩遗址现状

小刘家墩遗址卫星图

小刘家墩遗址航拍

西峰台墩（遗址）

位　　置　昌邑市卜庄镇西峰台村东南约 50 米

始设年代　明代

文保级别　已消失

概　　况　遗址南距潍河约 1.3 千米。由于村民常年生活生产取土，墩现已不存。遗址上现种植大量树木，据村里老人反映，墩约在 20 世纪 70 年代破坏消失，底部平面大体呈圆形，底径约 10 米，高 4—6 米，面积约 150 平方米。经实地探查，未在遗址周边发现遗物。

西峰台墩（遗址）位置图

高家庄墩（遗址）

位　　置　昌邑市卜庄镇高家庄村北约 50 米

始设年代　明代

文保级别　已消失

概　　况　遗址南距威汕线约 2.3 千米。遗址由于村民生活生产取土，现已不存。遗址现为农田，周边为平原。据走访村民反映，墩底部平面大体呈圆形，底径约 15 米，高 10—12 米，面积约 120 平方米。经实地探查，未在遗址周边发现遗物。

高家庄墩（遗址）位置图

五

其他遗址

下营海关衙署遗址

位　　置　昌邑市下营镇西下营村内

始设年代　清代

文保级别　尚未核定为文物保护单位

概　　况　遗址南500米为下营古港老码头，现已改河道成为虾池，现在依然能看到当年老码头的木桩。

下营海关衙署坐北朝南，有正厅5间，东西长14.4米，南北宽5.35米，面积约70平方米。青砖墙体，圆山斜檐，山上开窗，窗上出檐，檐为砖雕。此房为晚清至民国时期昌邑海关办公场所。原为青瓦，现改红瓦，墙体下部砌水泥。

遗址所在的西下营村，建于古营寨台墩处得名"营台"。后因村处潍河最下游，改称下营村。下营海关衙署及下营古港是晚清至民国时期昌邑海关办公及船舶航运的重要场所。

下营海关衙署遗址位置图

下营海关衙署遗址卫星图

下营海关衙署遗址俯瞰

下营海关衙署遗址现状

第四章

烟台市海防遗址

莱 州 市 地 图

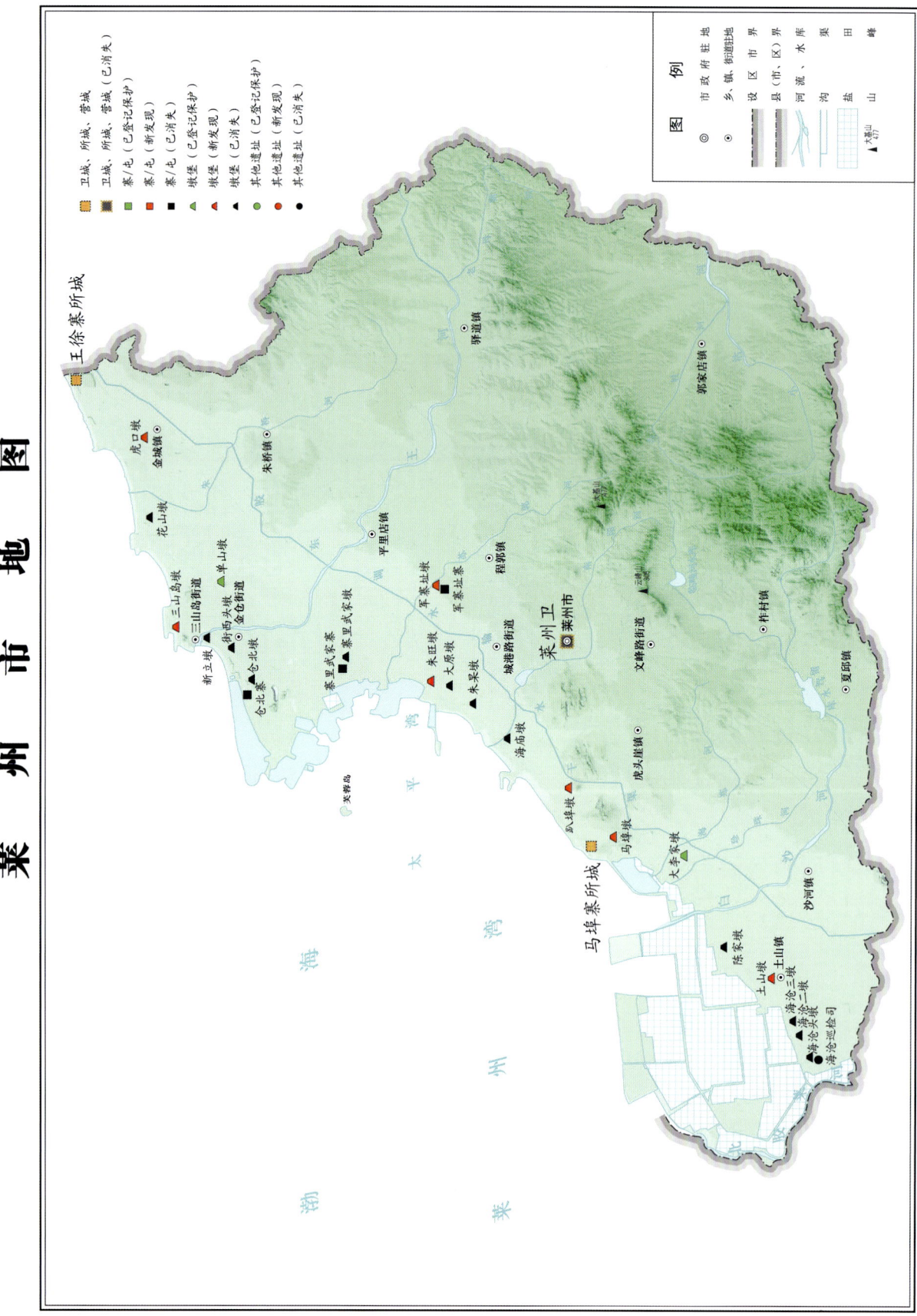

一　莱州市海防遗址

卫城遗址

莱州卫（遗址）

位　　置　莱州市市政府驻地

始设年代　明洪武年间（1368—1398年）

文保级别　尚未核定为文物保护单位

概　　况　地面遗址因城市建设现已完全消失。据当地文物部门介绍，遗址以莱州市政府驻地为中心区域，莱州卫四周边界因年代久远已无法确定。

历史沿革　莱州卫是明初在渤海沿岸设置较早的军卫。"明洪武三年（1370年），因倭寇侵扰，在城区东南隅设莱州卫，及左、右、前、后、中五千户所。茅贵任卫指挥使。明洪武四年（1371年），卫指挥使茅贵缮修莱州府城，将元大德六年（1302年）筑的土垣改为砖石墙（至洪武六年竣工），并在城中建鼓楼。"[①]清初顾祖禹撰《读史方舆纪要》载，莱州府"东北百六十里有马停寨备御百户所，石城不及一里，俱属莱州卫"。明初卫所军户来源比较复杂，就阶段而言，既有早年就跟随朱元璋的从龙之士，也有后来征战中归顺的前朝旧臣；就民族来说，既有汉人，亦有蒙古、女真以及色目人。

莱州卫（遗址）位置图

莱州卫（遗址）卫星图

---

① 山东省莱州市史志编纂委员会：《莱州市志》"大事记"，齐鲁书社，1996年。

莱州卫"其设官指挥使 1 人,指挥同知 2 人,指挥佥事 4 人,以迁叙至者,无定额;经历司,经历 1 人;镇抚司,镇抚 2 人;左、右、中、前、后 5 个千户所;京操军,春戍 685 人,秋戍 1043 人;城守军余 193人,屯田军余 447 人,屯田 319 顷 52 亩,屯粮 3834 石 24 升;演武场,在府城东北"[①]。"是年,又分莱州卫部分官军以备御登州"[②],"调莱州卫左卫千户所于宁海州(今烟台市牟平区),置宁海备御千户所"[③]。莱州卫于清顺治十六年(1659 年)裁。

"清沿明制,在莱州府设莱州营。顺治元年(1644 年),整饬营伍,驻绿营兵。设参将、守备、把总等官佐,驻城内,分巡莱属七州县。《明太祖实录》卷九二:'凡一卫统十千户,一千户统十百户,百户领总旗二,总旗领小旗五,小旗领军十,皆有实数。'十八年(1661 年),增添登莱镇兵,改设副将 1 员,立右营。自此,莱州营分左右二营,俱驻莱州府城,左营兼中军事。左、右营各设都司佥书 1 员、守备 1 员、左哨千总 1 员、领头司把总 1 员、二司把总 1 员;右哨千总 1 员、领头司把总 1 员、二司把总 1 员。康熙元年(1662 年)划分巡地,派左营分防莱属掖、潍二县,青属乐安一县并北海、王徐、石虎嘴、三山岛、小石岛、白浪河等五海口;派右营分防莱属昌邑县,青属昌乐、寿光二县及北海、黑港等五海口。至雍正二年(1724 年)裁减兵员,莱州营实有马步兵 596 名,分防掖县、昌邑、潍县。"[④]

历史资料 文献中有三种记载莱州卫的设立时间。

洪武元年建:光绪《文登县志》卷二《城池》记载:"县城:北齐天保七年置,旧土城。洪武元年,莱州卫镇抚韩登督修。"[⑤]

洪武二年建:光绪《增修登州府志》记载:"明初,仍元制。洪武二年,分莱州卫官军以备登州。"[⑥]

洪武三年建:嘉靖《山东通志》卷十一《兵防》记载:"莱州卫:在府治东南,洪武三年建。"[⑦]

崇祯四年(1631 年)闰十一月,已为后金收买的明朝叛将孔有德发动兵变。次年正月攻陷了登州,接着发兵莱州。莱州军民在莱州知府朱万年的率领下奋起抗叛,莱州保卫战打响。莱州被围之初,时任山东巡抚徐从治的确向外发送过几次塘报。他曾在奏疏中提到:"臣自二月初一日,在莱州府到任管事。初三日,贼即围城。初四日攻起,距今二十二日矣。仅于初七日缒人下城赍奏到任日期,并咨兵部塘报。嗣后,节次塘报俱送,按臣王道纯、监视臣吕直求其代题请兵,不知曾达御览否?"八月朝廷派来的援军在外围击败了孔有德部,莱州城解围。

① (明)陆釴:嘉靖《山东通志》"卷十一·兵防",《天一阁藏明代方志选刊续编》第51册,上海书店出版社,1990年,第725—727页。

② 光绪《增修登州府志》"卷12",第125页。

③ (明)李贤等撰:《大明一统志》"卷25",明天顺五年(1461年)御制序刊本,日本东京大学东洋文化研究所藏;三秦出版社,1990年影印版,第6页。

④ 山东省莱州市史志编纂委员会:《莱州市志》"第二十二编·军事",齐鲁书社,1996年。

⑤ (清)李祖年修,于霖逢纂:光绪《文登县志》"卷二上·城池",《中国地方志集成·山东府县志辑》第54册,凤凰出版社,2004年,第34页。

⑥ (清)方汝翼等纂修:《增修登州府志》"卷十二·军全",《中国地方志集成·山东府县志辑》第48、49册,凤凰出版社,2004年,第125页。

⑦ (明)陆釴:嘉靖《山东通志》"卷十一·兵防",《天一阁藏明代方志选刊续编》第51册,上海书店出版社,1990年,第733页。

千户所城遗址

王徐寨所城遗址

位　　置　莱州市金城镇城后万家村北800米

始设年代　明洪武年间（1368—1398年）

文保级别　尚未核定为文物保护单位

概　　况　遗址位于万家村北的沿边平原上，西南距莱州卫城约35千米，东一路之隔为金矿的尾矿库，北为村通机耕路。城墙遗址保存较差，仅残存东、北、西墙，南墙不可见，西墙东南侧为村庄墓地，寨墙上生长杂草及槐树，周围散落较多砖块及陶片。虽然在20世纪70年代大部分的城墙被破坏，但墙基还是比较明显。北墙残长360米，西墙残长146米，东墙残长316米，南墙已消失。墙基宽12—19米，残高1—3米。自然侵蚀及日常生产生活活动都对遗址造成了不可逆的破坏。

历史沿革　该遗址为新发现文物点，王徐寨千户所的全称是王徐寨备御前千户所。根据史料记载，千户所如果带有守御字样，通常直接归都司或五军都督府管辖，级别虽然低于卫，但与后者却平行管理。备御所还是归卫管理。因此，王徐寨千户所划归莱州卫管辖。《读史方舆纪要》称："王徐寨备御前千户所，（莱州）府东北八十里。"[①] 故根据文献所记载位置，该军寨遗址为王徐寨千户所。

王徐寨所城遗址位置图

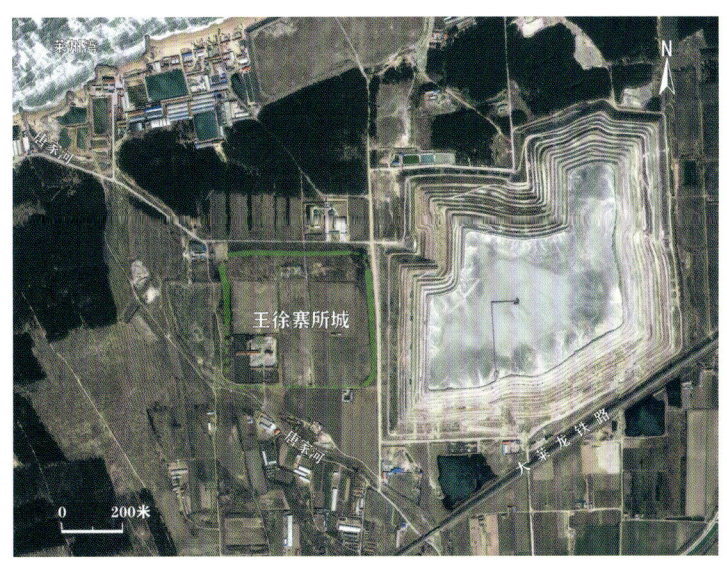

王徐寨所城遗址卫星图

　　明初，王徐寨是百户所级别，地处海边要地（地处莱州府到登州府的官道旁边，后来的烟潍公路也大

---

① （清）顾祖禹：《读史方舆纪要》，中华书局，2007年。

王徐寨所城遗址现状

王徐寨所城遗址夯土层

致是如此走向）。嘉靖年间，倭患严重，明廷将王徐寨百户所升级为千户所，加强防御力量。因长期是百户所的缘故，王徐寨所城的规模偏小，砖城的周长只有三里，而当时千户所常见的配置是东西一里、南北一里、周长四里。王徐寨千户所"设官正、副千户、百户，墩六：高沙、虎口、兹口、庄头、王徐、识会"①。辖区跨越现代莱州和招远两个市的地界。清代卫所裁撤，王徐寨千户所城逐渐废弃，城中居民不少迁到周边居住。

历史资料　关于王徐寨所城的建置时间，文献有所记载。

（1）洪武时期，初置王徐寨百户所："王徐寨：在掖县东北八十里，城周二里。明洪武初置百户所，嘉靖中改千户所，辖墩六，曰高沙、虎口、兹口、庄头、王徐、识会。"②

"明洪武十八年（1385年），因倭患，朝廷命沿海筑城。北起东莱，南抵江浙共50城。掖县在城北海岸（今金城镇张家村北），筑备倭城一座。

明洪武二十三年（1390年），莱州卫下设王徐寨（今金城镇新城村）、马停寨（在黄县）、灶河寨（在西由单山北）、马步寨（在东宋趴埠南）、柴胡寨（在大原南部）、海仓寨巡检司。"③

（2）嘉靖年间，改为王徐寨千户所："王徐寨备御前千户所：府东北八十里。明初置百户所，有城周三里，嘉靖中改为千户所。"④

"又东北有王徐砦守御千户所，嘉靖中置。"⑤

所以，王徐寨所设于洪武时期，具体时代不详，应不晚于正统三年，嘉靖时期升为千户所。

目前王徐寨所在区域为金城镇，具体位置为城区东北27千米烟潍公路西侧。"明朝嘉靖年间，在今城北海岸筑备倭城名王徐寨。后为风沙所毁而建此城，故取名新城。聚落成村后，仍沿此名。"⑥

① （明）陆钶：嘉靖《山东通志》"卷十一·兵防"，《天一阁藏明代方志选刊续编》第51册，上海书店出版社，1990年，第725—727页。
② （清）和坤等：《大清一统志》"卷一百三十八·莱州府"，《景印文渊阁四库全书》本。
③ 山东省莱州市史志编纂委员会：《莱州市志》"大事记"，齐鲁书社，1996年。
④ （清）顾祖禹：《读史方舆纪要》"卷三十六·山东七·莱州府"，中华书局，2007年。
⑤ （清）万斯同：《明史》"卷八十·地理二"，《续修四库全书》，上海古籍出版社，2002年。
⑥ 山东省莱州市史志编纂委员会：《莱州市志》"村庄"，齐鲁书社，1996年。

百户所城遗址

马埠寨所城遗址

位　　置　莱州市虎头崖镇虎头崖村东50 米

始设年代　明洪武三十一年（1398 年）

文保级别　2013 年 3 月，"马埠寨"被公布为莱州市第三批县级文物保护单位

概　　况　遗址位于高台子上，西北靠大海，南距马埠墩 1.6 千米。遗址为全国第三次文物普查时发现，呈长方形高台地，断崖处有明显的夯土层，土基随地势堆筑，北部夯土层比南部稍厚，夯土高 1.5—2 米，南北长约 120 米，东西宽约 100 米，面积达 12000 多平方米。遗址地表可采集到明代城墙砖与明清瓷器残片等标本。本次调查发现寨址保存一般，南北长 190 米，东西宽约 160 米。寨墙高度下降，墙残高内看最高 1.8 米，外看最高近 4 米，整个寨址内长满荆棘杂草，无人使用，大致呈长方形，西北角处有一新一旧两个灯塔，南寨墙中间位置建有移动通信信号塔。遗址上分布有原墙砖及一些砖块瓷片及瓦片。据当地村民介绍，原马埠寨顺山势，以土夯其基，高约 5 米，厚约 8 米。夯土基之上，又有砖、石砌成的城墙，但其高度已不可知，南边开一门，遗址西北的海边崖岸上原有炮台一座，现已破坏消失。

马埠寨所城遗址位置图

马埠寨所城遗址卫星图

历史沿革　该遗址为莱州卫下辖马埠寨备御四百户所。《山东通志》记载："马埠寨备御四百户所，属莱州卫，其设官百户，墩三。"[1] 清毛赟作于乾隆六年的《游西岩记》载："崖之上土寨一区，雉堞略可仿佛，

---

① （明）陆钺：嘉靖《山东通志》"卷十一·兵防"，《天一阁藏明代方志选刊续编》第 51 册，上海书店出版社，1990 年。

马埠寨所城遗址
东墙现状（西向
东摄）

马埠寨所城遗址
北墙现状（南向
北摄）

前明自肃皇以后，海氛不靖，沿海多置戍卒，此其故垒也。"[1] 虎头崖别名西岩，该土寨即为马埠寨。

历史资料　《掖县志》载："县西二十五里，明备御四百户所，设有百户，辖墩三，曰海庙、扒埠，在所北，曰马步，在所南，今省。"[2]

"马埠寨备御四百户所：墩四，海庙、扒埠、马埠、武家庄。"[3] 多武家庄一处，各文献记载略有不同，或为柴胡巡检司所辖墩有重合。

---

① （清）毛赞：《游西岩记》，清乾隆六年（1741年）。

② （清）张思勉修，于始瞻纂：乾隆《掖县志》，《中国地方志集成·山东府县志辑》第45、46册，凤凰出版社，2004年。

③ （明）郑若曾：《筹海图编》，中华书局，2007年，第118页。

仓北寨（遗址）

位　　置　莱州市三山岛街道仓北村北首

始设年代　明代

文保级别　已消失

概　　况　遗址四周为民房，西部 1.6 千米入海。通过走访村民，此处原是一处城子（考虑应是一处军寨），村民盖房时挖出很多青砖，但无人记得确切位置，地上遗址已消失。《读史方舆纪要》卷三十六记载："又灶河寨备御百户所，在府（莱州府）北五十里，所砖城周二里有奇。"根据所处地理位置推测，且北为三山岛墩，东为单山墩，推测该遗址为灶河寨备御四百户所城。

历史资料　"皂河寨城：砖城，周围二里，高一丈五尺，池阔一丈、深八尺，南北二门楼、铺八座。墩 3。"[①]

仓北寨遗址位置图

四

巡检司遗址

海沧巡检司遗址

位　　置　莱州市土山镇海沧一村

始设年代　明洪武二十三年（1390 年）

文保级别　尚未核定为文物保护单位

概　　况　海沧巡检司地上遗址因 20 世纪 70 年代村庄建设、路面硬化已完全消失。据村主任回忆并指引该巡检司的大概位置。未破坏前仅残存部分北墙，墙为三合土夯筑而成，其他东墙、西墙、南墙均无人知晓。

历史沿革　乾隆《掖县志》卷二《海防》记载："县北二十五里，洪武二十三年

海沧巡检司遗址位置图

---

①（明）陆釴：嘉靖《山东通志》"卷十一·兵防"，《天一阁藏明代方志选刊续编》第51册，上海书店出版社，1990年，第725—727页。

建。"① 乾隆《莱州府志》卷五《兵防》记载："海仓巡检司：在掖县城西北九十里，明洪武初年设。"② "海仓：人同前，弓兵二十一。"③

历史资料 明洪武二十三年（1390年），莱州卫下设王徐寨（今金城镇新城村）、马停寨（在黄县）、灶河寨（在西由单山北）、马步寨（在东宋趴埠南）、柴胡寨（在大原南部）、海仓寨巡检司④。

海沧巡检司遗址卫星图

五

寨 / 屯遗址

军寨址寨（遗址）

位　　置 莱州市城港路街道军寨址村
始设年代 明代
文保级别 已消失

概　　况 军寨址村位于莱州市东部，四周地势比较平坦。根据村名推测，该村或与军寨相关。村碑记录，明洪武二年陈姓由四川迁于此立村，据传曾有一武统兵在此安营扎寨，故取村名为军寨址。通过走访村民，只知道有个寨子但无法确定位置，地面遗址已消失。

军寨址寨（遗址）位置图

---

① （清）张思勉修，于始瞻纂：乾隆《掖县志》"卷二·海防"，《中国地方志集成·山东府县志辑》第45、46册，凤凰出版社，2004年，第285页。
② （清）严有禧、张桐等纂修：乾隆《莱州府志》"卷五·兵防"，《中国地方志集成·山东府县志辑》第44册，凤凰出版社，2004年，第94页。
③ （明）郑若曾：《筹海图编》"卷六"，中华书局，2007年。
④ 山东省莱州市史志编纂委员会：《莱州市志》"大事记"，齐鲁书社，1996年。

寨里武家寨（遗址）

位　　置　莱州市金仓街道寨里武家东南角

始设年代　明代

文保级别　已消失

概　　况　西距大海 3 千米，北为北杨村，西为南杨村。根据村名寨里武家推测，该村或与军寨相关。通过走访村民，该处曾是土围子城，后因村庄建设于 20 世纪五六十年代被毁，地面遗址已消失。据万历《莱州府志》卷五记载："柴胡寨巡检司，县北五十里，洪武二十三年建，公廨十八间，设巡检一员，攒典一名，皂隶二名，弓兵二十名。"根据所处地理位置及周围已知烟墩推测，该遗址为柴胡寨巡检司。

寨里武家寨（遗址）位置图

墩遗址

海沧头墩（遗址）

位　　置　莱州市土山镇海沧一村村北

始设年代　明代

文保级别　已消失

概　　况　遗址位于海沧一村村北的修理厂门口，东北侧紧邻信号塔，老学校北侧。北侧靠海，海岸线向北推进，海平面下降，至海边距离变长约 10 公里。据村主任介绍，该遗址于 70 年代被损毁推平，地上遗迹已消失。遗址靠近海沧巡检司位置，推测为海沧巡检司下辖墩之一，具体名称不详。

海沧头墩（遗址）位置图

海沧二墩（遗址）

位　　置 莱州市土山镇海沧二村东北
1 千米

始设年代 明代

文保级别 已消失

概　　况 遗址位于海沧二村东北的丰
盛食品厂门口，紧邻村村通公路。北侧
靠海，海岸线向北推进，海平面下降，
至海边距离变长约 10 千米。据村主任
介绍，该遗址于 1984 年建厂时被破坏，
地上遗迹已消失。遗址靠近海沧巡检司
位置，推测为海沧巡检司下辖墩之一，
具体名称不详。

海沧二墩（遗址）位置图

海沧三墩（遗址）

位　　置 莱州市土山镇海沧二村东北
2 千米

始设年代 明代

文保级别 已消失

概　　况 遗址位于海沧二村东北的兆
璟盐业厂门口，紧邻村村通公路，东距
西村家村 1.5 千米。北侧靠海，海岸线
向北推进，海平面下降，至海边距离变
长约 10 千米。西南与海沧二墩相距 1
千米。据村主任介绍，该遗址于 1980
年建厂破坏，地上遗迹已消失。遗址靠
近海沧巡检司位置，推测为海沧巡检司
下辖墩之一，具体名称不详。

海沧三墩（遗址）位置图

土山墩遗址

位　　置　莱州市土山镇土山村北古龙潭西南角

始设年代　明洪武三十一年（1398年）

文保级别　尚未核定为文物保护单位

概　　况　遗址西南距海沧二村约2千米，北紧邻村村通公路，东距西村家村1.5千米。1985年政府取土填海建虾池将整个土山山体挖掉，现仅存一小块山体，该墩已基本被毁，只留部分底座矗立在残存山体之上，村委用围栏将其保护，留作纪念。

历史资料　"海仓巡检司：县西北九十里，洪武二十三年建，公廨十八间，设巡检一员，攒典一名，皂隶二名，弓兵二十名。"[1] "有砖城，墩五：海郑、白堂、土山、后灶、东关。"[2]

该遗址为新发现遗址，靠近海沧巡检司遗址，遗址所在山体自古称为土山，故该墩应为文献中记载的土山墩，处于海仓巡检司所管辖范围区。

土山墩遗址位置图

土山墩遗址卫星图

土山墩遗址近景

土山墩遗址东侧现状（东向西摄）

①（明）万历《莱州府志》"卷五"，第13页；（清）乾隆《掖县志》"卷二"，第285页。

②（明）陆釴：嘉靖《山东通志》"卷十一·兵防"，《天一阁藏明代方志选刊续编》第51册，上海书店出版社，1990年，第735页。

陈家墩（遗址）

位　　置　莱州市土山镇陈家墩村西

始设年代　明代

文保级别　已消失

概　　况　遗址四周为民房，南靠村村通公路，北部4千米入海。根据村名推测，该村或与烟墩相关。通过走访村民，该烟墩在20世纪五六十年代已基本消失，仅残存地表很小一点遗迹。原烟墩为三合土夯筑而成，周围为水湾，现已填平建房。遗址靠近海沧巡检司位置，推测为海沧巡检司下辖墩之一，具体名称不详。

陈家墩（遗址）位置图

大李家墩遗址

位　　置　莱州市沙河镇大李家村内

始设年代　明洪武三十一年（1398年）

文保级别　尚未核定为文物保护单位

概　　况　遗址夹杂在一片民居之中，为三普发现文物点，定名为"大李家烟墩"，当时墩台呈长方形，土筑。长30米，宽10米，西北高、东南低，高1.5—3.5米，夯土层厚度不详。近年来由于村中建房取土，遗址遭到破坏，原始形状被改变，现为不规则状土堆。本地区的土壤属性以砂土为主，该墩为三合土夯筑，夯土内可见贝壳和陶瓦片，未见有石块，质地坚硬。墩顶部呈东北高，西南低的状态，顶部东北西南长19.4米，东西6.3米，最高5.6米。底部东北西南长24米，东西10米，自该墩顶部向北可见马埠墩。

大李家墩遗址位置图

大李家墩遗址卫星图

历史资料 该遗址以其所在村庄为名,与史书记载无法对应。该墩北部为史书记载马埠寨所管范围,西南为海仓巡检司所辖范围,由于马埠寨所辖烟墩皆已找到,推测该墩历史上归海仓巡检司管辖,具体名称不详。

大李家墩遗址现状

大李家墩遗址夯土

马埠墩遗址

位　置 莱州市虎头崖镇西大宋村西北1千米

始设年代 明洪武三十一年(1398年)

文保级别 尚未核定为文物保护单位

概　况 遗址西、北两面环海,西北1千米为虎头崖村,南1千米为西小宋村,西600米为盐滩,南侧一处看护房。遗址距马埠寨遗址较近,位于马埠寨遗址东南侧。烟墩主体保存较好,顶部中间有一铁三脚架,表面生长杂草及黄荆。顶部直径4.5米,底部直径26米,高2.7米。

历史资料 "马埠寨备御四百户所:设官百户,墩三,海庙、扒埠、马埠。"[1]

"马埠寨备御四百户所:墩四,海庙、扒埠、马埠、武家庄。"[2]

该遗址为新发现遗址,因距马埠寨遗址较近,属于马埠寨所辖范围,定名为马埠墩。

马埠墩遗址位置图

马埠墩遗址卫星图

① (明)陆钶:嘉靖《山东通志》"卷十一·兵防",《天一阁藏明代方志选刊续编》第51册,上海书店出版社,1990年。
② (明)郑若曾:《筹海图编》,中华书局,2007年,第118页。

马埠墩遗址全景（西向东摄）

马埠墩遗址近景（北向南摄）

趴埠墩遗址

位　　置　莱州市虎头崖镇趴埠潘家村东北350米山顶

始设年代　明洪武三十一年（1398年）

文保级别　尚未核定为文物保护单位

概　　况　遗址西南350米为趴埠潘家村，东500米铁路，南400米秃东村，西南4千米可与马埠寨相望。烟墩主体保存一般，顶部中间有一铁三脚架，表面生长荆棘灌木，表面碎石较多。顶部直径7米，底部直径26米，高3米。自然侵蚀以及生产生活对遗址有一定程度的破坏。

历史资料　"马埠寨备御四百户所：设官百户，墩三，海庙、扒埠、马埠。"[1]

该遗址为新发现遗址，距马埠寨遗址较近，属于马埠寨所所辖范围。又因遗址所处山坡紧靠趴埠潘家村，按遗址定名原则，应为趴埠潘家墩，文献记载马埠寨所辖墩有趴埠墩，名称可以对应，遂将该墩定名为趴埠墩。

趴埠墩遗址位置图

趴埠墩遗址卫星图

---

①（明）陆釴：嘉靖《山东通志》"卷十一·兵防"，《天一阁藏明代方志选刊续编》第51册，上海书店出版社，1990年。

趴埠墩遗址南侧现状（南向北摄）　　　　　趴埠墩遗址西侧现状（西向东摄）

海庙墩（遗址）

位　　置　莱州市永安街道海庙姜家村西北 600 米

始设年代　明代

文保级别　已消失

概　　况　遗址位于海庙姜家村西北，东海神庙遗址南部约 80 米处，东一路之隔为东海神庙文化展览馆，西、北临大海约 1 千米。该烟墩现因村庄建设已消失。因紧靠东海神庙，命名为海庙墩。据嘉靖《山东通志》卷十一记载，海庙墩为马埠寨所城下属三墩之一。

海庙墩（遗址）位置图

朱杲墩（遗址）

位　　置　莱州市永安街道东朱杲村北 700 米

始设年代　明代

文保级别　已消失

概　　况　遗址位于朱杲村北 700 米，与 308 省道相隔 500 米，西 1.2 千米、北 3 千米入海。该烟墩现因村庄建设已消失。遗址因紧靠朱杲村命名，朱杲音同"诸高"。据嘉靖《山东通志》卷十一记载，诸高墩为柴胡巡检司下属六墩之一。

朱杲墩（遗址）位置图

大原墩（遗址）

位　　置　莱州市城港路街道大原一村西北 1 千米

始设年代　明代

文保级别　已消失

概　　况　遗址位于大原一村西北 1 千米处，北侧为村庄现代墓地，西 1.5 千米入海。该烟墩现因村庄建设已消失。遗址因紧靠大原村命名，大原字同文献中的"太原"。据嘉靖《山东通志》卷十一记载，太原墩为柴胡巡检司下属六墩之一。

大原墩（遗址）位置图

朱旺墩遗址

位　　置　莱州市城港路街道朱旺村西 400 米

始设年代　明洪武三十一年（1398 年）

文保级别　尚未核定为文物保护单位

概　　况　遗址位于莱州市北 20 余里的沿海平原耕地中，西 1 千米入海，南 200 米为朱旺海天乐园，北侧紧邻别墅区。遗址主体保存一般，顶部较平，表面生长荆棘灌木，上顶东西 16 米，南北 12 米。底部东西 19 米，南北 15 米，残高 2 米。遗址底部南侧村委立有一块牌子，上写海水祠遗址。村委未对该遗址进行围栏保护，故耕作等生产活动对遗址本体造成了一定程度的破坏。

历史资料　柴胡寨巡检司，"县北二十五里，洪武二十三年建"[1]。

朱旺墩遗址位置图

朱旺墩遗址卫星图

---

[1]（清）张思勉修，于始瞻纂：乾隆《掖县志》"卷二·海防"，《中国地方志集成·山东府县志辑》第 45、46 册，凤凰出版社，2004 年。

朱旺墩遗址北侧现状（北向南摄）　　　　　　　　朱旺墩遗址现状（西南到东北摄）

《山东通志》记载柴胡寨巡检司："有砖城，墩六：小皂儿、武家庄、上官、柴胡、太原、诸高。"[1]

《筹海重编》作："墩六：诸高、太原、柴胡、上官、小皂、诸黄。"

该遗址附近有大原墩、朱皋墩等，根据名称与文献资料相对应，可判定此区域为柴胡寨巡检司所辖区域，《筹海重编》中记载柴胡寨巡检司下辖墩六：诸高、太原、柴胡、上官、小皂、诸黄。其中"诸黄"一词发音形似"朱旺"，推测现在朱旺村的村名由来为古时"诸黄"一词演变而来，故推测该墩为柴胡寨巡检司下辖诸黄墩。

军寨址墩遗址

位　　置　莱州市城港路街道军寨址村北 200 米

始设年代　明洪武三十一年（1398 年）

文保级别　尚未核定为文物保护单位

概　　况　遗址西距大海约有 5 千米，其北约 1 千米处苏郭河由南向北流过。遗址东隔路是一家工厂，大门正对遗址，东 470 米 G208 公路南北通过，周围均是耕地及大棚。该墩主体保存较好，底部用水泥和砖砌了一周进行了保护，顶

军寨址墩遗址位置图

部一水泥制的圆形测量标志，主体大致呈陡坡状，表面人工种植了草皮。底径 12.8 米，高 3.7 米。文保单位将此处遗址定为古墓葬，据当地人介绍，原来顶部有三脚架，破坏较为严重，之后经文保单位许可进行了重修。不排除此烟墩建立在古墓之上的可能。

历史资料　"唐朝在此驻军建寨设防的遗址，称谓军寨址，始有村名。唐朝末年吕伍携家眷已在此定居。"[2]

---

[1]（明）陆钑：嘉靖《山东通志》"卷十一·兵防"，《天一阁藏明代方志选刊续编》第51册，上海书店出版社，1990年，第734、735页。

[2] 尹洪林：《莱州历史大观》，黄海数字出版社，2011年。

该遗址附近有大原墩、朱旺墩、朱呆墩、寨里武家墩，村庄有上官李家村等，根据名称与文献资料相对应，可判定此区域为柴胡寨巡检司所辖区域，柴胡寨巡检司"县北五十里，洪武二十三年建，公廨十八间，设巡检一员，攒典一名，皂隶二名，弓兵二十名"①。本次调查尚未找到柴胡寨巡检司原位置，结合文献资料，大致位置或在军寨址村方向，军寨址村历史悠久，明洪武二年陈姓由四川迁于此立村，据传曾有一武统兵在此安营扎寨，故取村名为军寨址。据村中年龄大的老人介绍，只知道有个寨子但无法确定位置，村内遗址已被日常破坏。故推测该墩属于柴胡寨巡检司下辖墩，具体对应名称不详。

军寨址墩遗址卫星图

军寨址墩遗址近景（南向北摄）

军寨址墩遗址远景（北向南摄）

① 万历《莱州府志》"卷五"，第12页。

寨里武家墩（遗址）

位　　置　莱州市金仓街道寨里武家东南角

始设年代　明代

文保级别　已消失

概　　况　遗址位于寨里武家村附近，西距大海 3 千米，北为北杨村，西为南杨村。该村曾有一军寨，推测为柴胡巡检司，遗址与军寨遗址属于同一区域，推测寨里武家墩应为当时军寨配套的烟墩"柴胡"。据嘉靖《山东通志》卷十一记载，柴胡墩为柴胡巡检司下属六墩之一。

寨里武家墩（遗址）位置图

仓北墩（遗址）

位　　置　莱州市三山岛街道仓北村北首

始设年代　明代

文保级别　已消失

概　　况　遗址位于仓北村北部，四周为民房，西部 1.6 千米入海。通过走访村民，遗址原址为高地，地面起一高土堆，村民称为"烽火台"，该村曾有一军寨，烟墩就在原寨址的北寨墙中间。该村寨址推测为灶河寨备御四百户所，该墩与灶河寨备御百户所城处于同一区域，结合其他区域发现所城内部或周边

仓北墩（遗址）位置图

都有一烟墩，用以给所城内驻守官兵预警和信号，推测仓北墩应为当时军寨配套的烟墩。根据查找文献，灶河寨备御百户所下辖三墩，单山墩、三山墩均已找到，剩余本寨墩未确认。该墩应为消失的本寨墩。

街西头墩（遗址）

位　　置　莱州市三山岛街道街西头村西 200 米

始设年代　明代

文保级别　已消失

概　　况　遗址位于街西头村西，北900 米入海，东南 400 米为黄金海岸，西侧 20 米有一处防火看护房，再西为一宽阔的河道，周围均为现代墓地。通过走访村民，原来烟墩很高，属于平地堆砌的一个大土堆，20 世纪 60 年代被村民取土破坏，地上遗迹已消失。遗址从属关系及具体名称不详。

街西头墩（遗址）位置图

新立墩（遗址）

位　　置　莱州市三山岛街道新立庄村南 100 米

始设年代　明代

文保级别　已消失

概　　况　遗址位于新立庄南 100 米，现为村庄墓地内，东南距凤凰岭村 250米，东距城港路 400 米，周围均为扇贝养殖厂房，西 300 米入海。通过走访村民，该处原有一个烟墩，目前地上遗迹已消失。遗址从属关系及具体名称不详。

新立墩（遗址）位置图

单山墩遗址

位　　置　莱州市三山岛街道单山村东南 600 米山坡顶部

始设年代　明洪武三十一年（1398 年）

文保级别　尚未核定为文物保护单位

概　　况　遗址所在的单山北 1.7 千米入海，山体西、北、东三面是盐碱滩涂地，西北距单山村 600 米，西北 1.4 米为金矿尾矿库，东 700 米疏港高速，东南 70 米为现代墓地。山顶处有一圆形高台土堆，全国第三次文物普查时发现，定名为"单山墩台"，当时东西宽约 20 米，南北宽约 30 米，面积约 600 平方米，在夯土层中可采集到商周至汉代时期的红陶夹砂陶片与灰陶片。单山东南处曾发现周代遗址，估计当时建造墩台之时，从山下遗址取土，导致墩台出现周代遗物。墩台早已废弃，20 世纪五六十年代曾于此植树，现墩台西侧有大型采石坑一处，山顶墩台有一盗洞，直径约 1.5 米，深约 2 米，对遗址构成一定破坏。此次调查，遗址主体东西宽约 20 米，南北宽约 30 米，顶径 8.5 米，残高达 2 米。面积约 600 平方米，主体上生长荆棘灌木及杂草。墩台有明显的夯土层，土堆随山势堆积，在夯土层中可采集到夹砂陶片与灰陶片。山顶周围也分布较多灰陶残片及布纹瓦片。遗址有一盗洞，盗洞直径 1.8 米，深 1.3 米。附近采石场及南部坟地对遗址亦构成破坏。

单山墩遗址位置图

单山墩遗址卫星图

单山墩遗址现状

历史资料 该遗址为三普发现文物点，位于单山山顶，地理位置位于文献记载的皂河寨备御四百户所管辖范围内，皂河寨辖三墩：单山、三山、本寨。该墩应为文献记载的单山墩。此墩于《掖县志》无载。

单山墩遗址盗洞

三山岛墩遗址

位　置 莱州市三山岛街道三山岛村北 280 米山坡顶

始设年代 明洪武三十一年（1398 年）

文保级别 尚未核定为文物保护单位

概　况 遗址北 330 米为莱州港码头，西北 100 米为灯塔，西北侧两个信号塔紧邻，相隔 50 米。主体破坏严重，生长荆棘灌木及杂草，周围及上部堆有石块。烟墩顶部有一铁三脚架。底径 15.6 米，顶径 4 米，残高 2 米。北侧信号塔及房屋的建造对遗址造成了一定程度的影响。

三山岛墩遗址位置图

历史资料 该遗址为新发现遗址，距三山岛村较近，地理位置位于文献记载的皂河寨备御四百户所管辖范围内，皂河寨辖三墩：单山、三山、本寨。该墩应为文献记载的三山墩。

"莱州市海岸线长达 100 多千米，船泊点达 11 处。明清倭寇屡犯，因置海防兵备道，沿海港口设营寨 9 处，墩堡 32 个。清初，还在三山岛海口建炮台 1 座，道光廿年（1840 年）重修。"[①]目前，炮台遗址已消失，未找到其位置。

三山岛墩遗址卫星图

① 山东省莱州市史志编纂委员会：《莱州市志》，齐鲁书社，1996 年。

三山岛墩遗址北侧现状（北向南摄）

三山岛墩遗址西侧现状（西向东摄）

花山墩（遗址）

位　　置　莱州市金城镇原家村花山庙东南 300 米

始设年代　明代

文保级别　已消失

概　　况　遗址位于原家村东南，西 220 米为金海路，西北距花山庙 300 米。通过走访村民，原烟墩很大，平地堆砌，高 7—8 米。地上遗迹已消失，在原烟墩位置草丛中发现有军方的测绘点。遗址靠近王徐寨所城位置，推测为王徐寨所城下辖墩之一，具体名称不详。

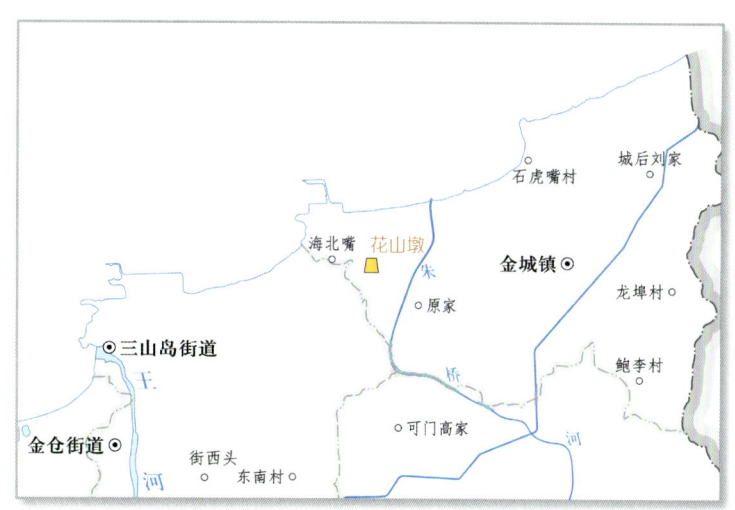

花山墩（遗址）位置图

虎口墩遗址

位　　置　莱州市金城镇后泊二村东南角

始设年代　明洪武三十一年（1398 年）

文保级别　尚未核定为文物保护单位

概　　况　遗址地势较高，为丘陵山坡顶点处，该墩位于居民房前空地上，已基本被毁，仅残存中间一小部分。残存底径 6.3 米，顶径 2.9 米，残高 2.2 米。残存部分为沙土夯筑而成，夯土中可见较多陶片及贝壳，主体顶部生长杂草，顶部有军方的测绘石桩和三角铁架。

虎口墩遗址位置图

历史资料　"王徐寨备御千户所，设官正、副千户、百户，墩六（虎口、兹口、庄头、王徐、识会、高沙）。"①

　　遗址所在后泊二村位于海边平原区，距海2.2千米。该段海岸称为石虎嘴，港湾为自然渔港。境内万深河（又名滕家河）在此入渤海，推测取该地名及河流入海口之意，暂定名虎口墩，与文献记载的虎口墩或为一致。

虎口墩遗址卫星图

虎口墩遗址西侧现状（西向东摄）

虎口墩遗址局部

① （明）万历《莱州府志》。

招　远　市　地　图

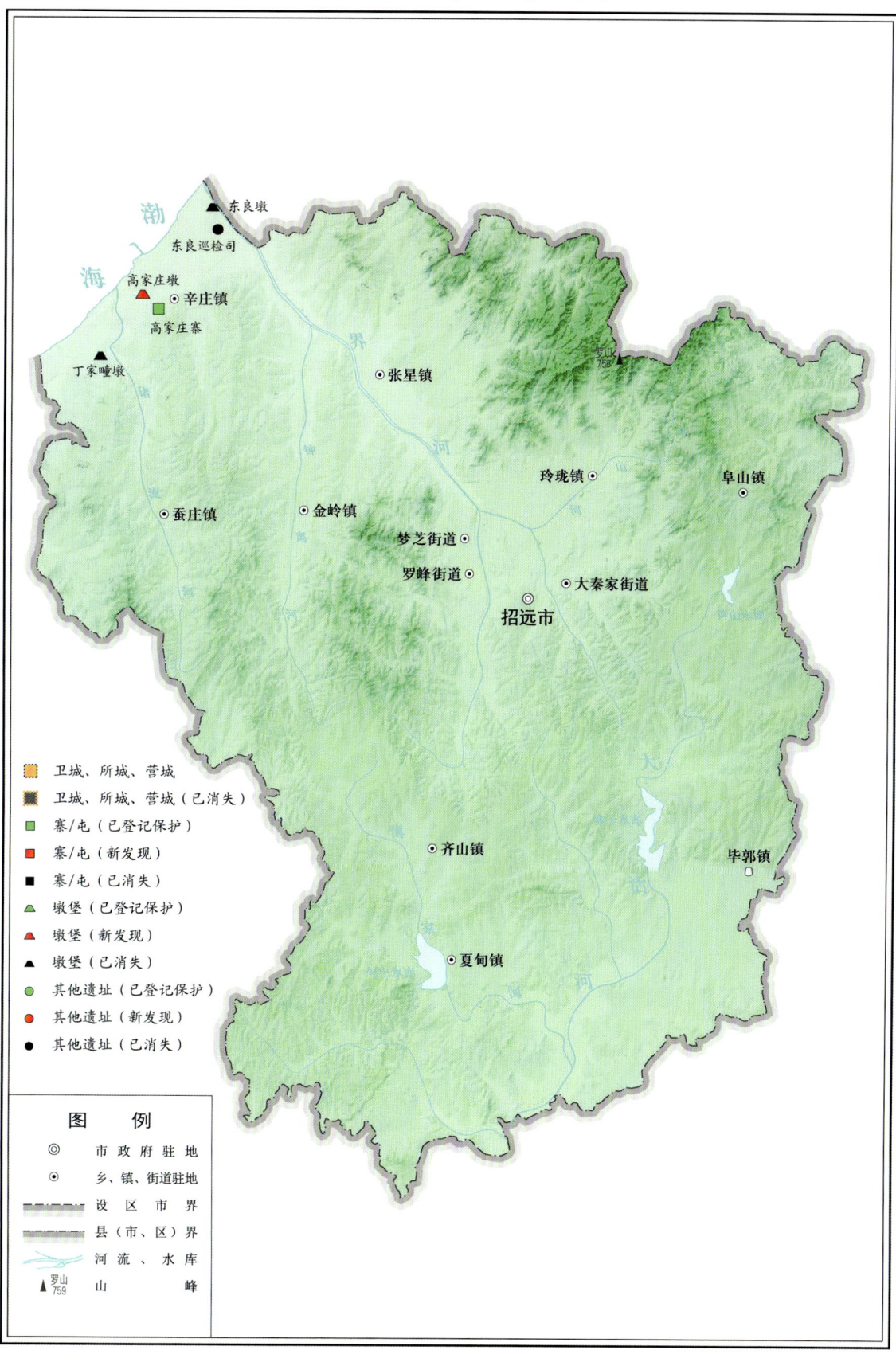

渤海

海

东良墩

东良巡检司

高家庄墩
辛庄镇
高家庄寨

丁家疃墩

张星镇

罗山
759

玲珑镇

阜山镇

蚕庄镇

金岭镇

梦芝街道

罗峰街道

大秦家街道

招远市

齐山镇

毕郭镇

夏甸镇

卫城、所城、营城

卫城、所城、营城（已消失）

寨/屯（已登记保护）

寨/屯（新发现）

寨/屯（已消失）

墩堡（已登记保护）

墩堡（新发现）

墩堡（已消失）

其他遗址（已登记保护）

其他遗址（新发现）

其他遗址（已消失）

图　　例

◎　市 政 府 驻 地

⊙　乡、镇、街道驻地

设 区 市 界

县（市、区）界

河 流 、 水 库

罗山
759　山　　峰

二　招远市海防遗址

巡检司遗址

东良巡检司遗址

位　　置　招远市辛庄镇东良村

始设年代　明洪武二十年（1387 年）

文保级别　尚未核定为文物保护单位

概　　况　遗址西侧入海。遗址因村庄建设、路面硬化已完全消失。

历史沿革　"东良的历史地位、战略地位都相当重要，自古此处建有烽火墩，遇有敌情发生，白天施烟，夜间点火，台台相连，传递讯息，今有墩道、墩上、墩下等地名佐证。明朝洪武二十年（1387 年）为防倭寇，设东良海口巡检司于此，清时移于黄山馆。"[1] 光绪《增修登州府志》卷三十《文秩六》记载："东良海口巡检：明时设，弓兵二十四名，墩兵六名。"[2]

历史资料　"明洪武二十年（1387 年），为防倭寇，朝廷设东良海口巡检司。古城卫遗址主要在今老年活动中心后，周围约 2 平方千米。"

"乾隆中期（约 1765 年），县令刘朝宗兴利除弊，查东良海口久湮，巡检已成冗员，而民之徭役如故，所以力辩于上宪，将巡检司移到黄县黄山馆。"[3]

东良巡检司遗址位置图

东良巡检司遗址卫星图

---

① 中共东良村党委、东良村民委员会：《东良村志》"概述"，黄海数字出版社，2011年。

② （清）方汝翼等纂修：《增修登州府志》"卷三十·文秩六"，《中国地方志集成·山东府县志辑》第48、49册，凤凰出版社，2004年，第307页。

③ 中共东良村党委、东良村民委员会：《东良村志》"大事记"，黄海数字出版社，2011年。

寨/屯遗址

高家庄寨遗址

位　　置　招远市辛庄镇高家庄子村北

始设年代　清同治元年（1862年）

文保级别　尚未核定为文物保护单位

概　　况　遗址残存北墙和西墙各一段，夯土层清晰可见。北墙残长36米，西墙残长45米，最高处2.9米。村中于北墙中部立保护碑。遗址围墙以糯米浆三合土夯筑而成，十分坚固。

历史资料　此围墙为村庄防御匪盗自发建设，并无政府军事属性，但也属海防设施。"先后于清同治元年（1862年）首建、光绪十五年（1889年）模仿黄县城重建环村圩墙，加强村庄防御，清末、民国时期成为远近闻名的乡村城堡'小北京'。"①

"同治元年（1862年）修建圩墙。"②

"西汉末年，公元二十三年，高姓建村，谓高家庄子。元至正年间，徐姓鼎盛，崇文尚武，才人辈出，村民富庶，富甲一方。同治年间，为防匪盗侵扰，徐族建围墙高6米，顶宽2米环村2100米，围墙皆以糯米浆三合土夯筑，坚固异常，历经百年而不散。"③

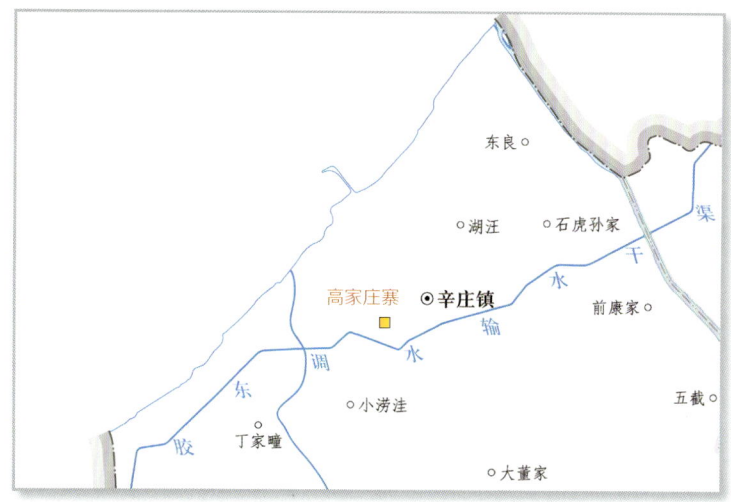

高家庄寨遗址位置图

高家庄寨遗址卫星图

---

① 招远市地方史志办公室：《招远年鉴·2015》，黄海数字出版社，2015年。

② 招远市地方史志办公室：《招远年鉴·2018》，黄海数字出版社，2018年。

③《高家庄子村志》。

高家庄寨遗址北墙现状　　　　　　　　　　　高家庄寨遗址西墙现状

墩遗址

丁家疃墩（遗址）

位　　置　招远市辛庄镇丁家疃村西南350 米 208 国道北

始设年代　明代

文保级别　已消失

概　　况　遗址位于村西南，东北距丁家疃村 350 米，南 700 米为海埠村，208 国道北 30 米，西 3 千米入海。通过走访村民，该处原有一个烟墩，目前地上遗迹已消失。遗址从属关系及具体名称不详。

丁家疃墩（遗址）位置图

高家庄墩遗址

位　　置　招远市辛庄镇高家庄子村西北 1 千米

始设年代　明洪武三十一年（1398 年）

文保级别　尚未核定为文物保护单位

概　　况　遗址底部直径 6 米，残高 2 米，底部可见夯土层，含较多石子及陶片，离地面 0.6 米以上为后期人为堆砌，

高家庄墩遗址位置图

表面生长荆棘灌木，有秸秆覆盖。该墩位于农田中，遭到村民取土垦田等生产活动影响，土壤被取走及多年来水土流失，导致遗址保存情况极差。

历史资料　"元至正年间，徐进之出任'渤海守墩吏'由本市沟下店迁居此地。明初，为防倭侵袭，在本村西北部设墩点取名北泊子、小家西，徐姓二支四世徐郎、三支四世廷瑞、六支盂周，受命看墩报警，由朱宋携眷迁居此地。明洪武年间，渤海受地震影响，海水倒灌，风沙淹没北泊子、小家西，居民迁入高家庄子定居。"①

高家庄墩遗址卫星图

遗址位于王徐寨所城与东良海口巡检司之间，但由于现代名称没有沿袭古代叫法，无法与文献记载名称相对应，所以该遗址无法具体确定墩名及所属机构。

东良墩（遗址）

位　　置　招远市辛庄镇东良村北 1 千米

始设年代　明代

文保级别　已消失

概　　况　遗址南距东良村 1 千米，南 2.7 千米为 208 国道，东南 100 米有移动通讯信号塔，北 1.6 千米为入海口，西 1.4 千米入海。通过走访村民，该遗址处原来称为墩、峰台地。目前地上遗迹已消失。该墩与东良巡检司位于同一村址内，据泰昌《登州府志》卷五记载，东良墩为东良巡检司下辖二墩之一。

东良墩（遗址）位置图

① 招远市地方史志办公室：《招远年鉴·2018》，黄海数字出版社，2018年。

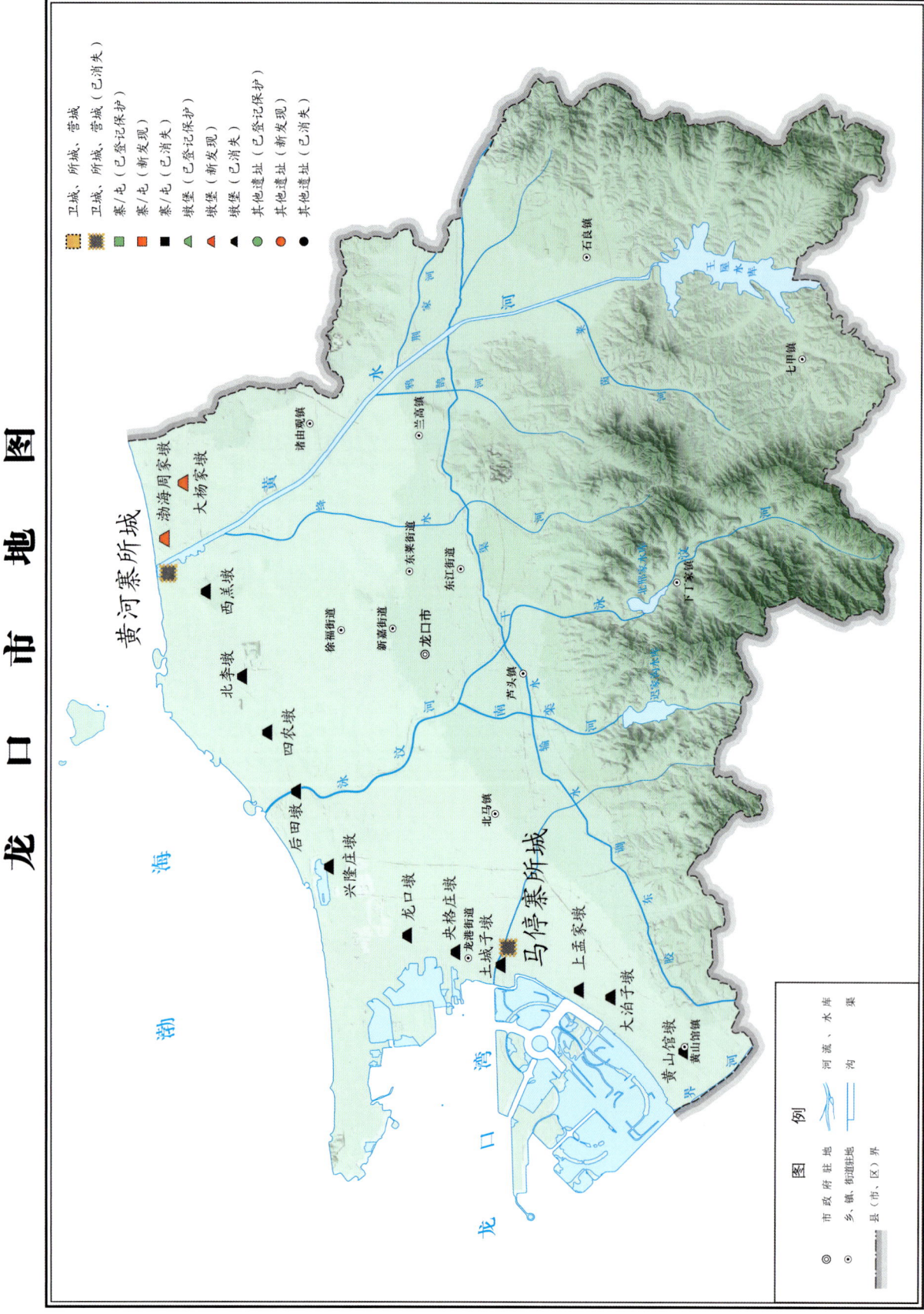

龙　口　市　地　图

三　龙口市海防遗址

百户所遗址

马停寨所城（遗址）

位　　置　龙口市龙港街道土城子村西

始设年代　明洪武二十三年（1390 年）

文保级别　尚未核定为文物保护单位

概　　况　遗址位于土城子村西，西 1.4 千米入海，北 200 米土城子河向西汇入大海，遗址西南角处坐标西 80 米为振兴南路，南 300 米为和平路。地上遗址因城市建设现已消失。据村里老人介绍，原来土城子称为土马寨，也叫马亭寨，四周有壕沟，土墙高 1 米左右，大约呈正方形，寨墙长约 200 米。现在已成为土城子村的住宅区。

历史沿革　"明洪武二十三年（1390 年），莱州卫下设王徐寨（今金城镇新城村）、马停寨（在黄县）、灶河寨（在西由单山北）、马步寨（在东宋趴埠南）、柴胡寨（在大原南部）、海仓寨巡检司。"[①]

　　嘉靖《山东通志》卷十一《兵防》记载："马停寨备御百户所，属莱州卫，其设官百户。"[②] 同治《黄县志》"马亭寨城"条载："在县西四十五里。城

马停寨所城（遗址）位置图

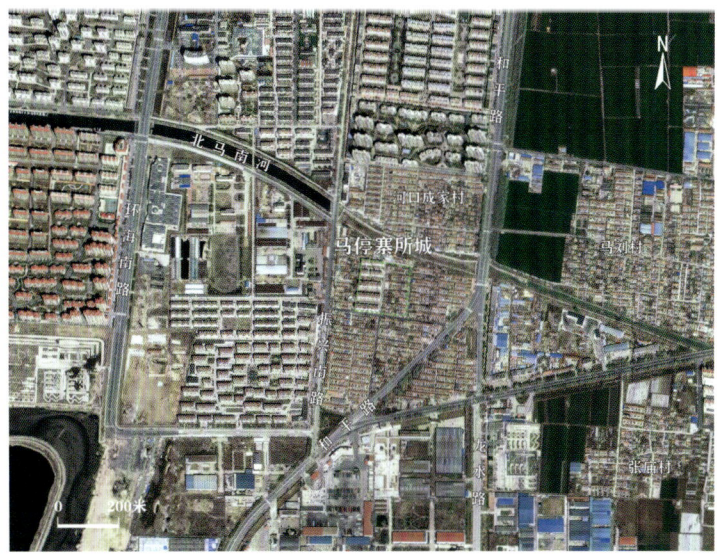

马停寨所城（遗址）卫星图

---

① 山东省莱州市史志编纂委员会：《莱州市志》"大事记"，齐鲁书社，1996 年。

② （明）陆釴：嘉靖《山东通志》"卷十一·兵防"，《天一阁藏明代方志选刊续编》第 51 册，上海书店出版社，1990 年，第 734 页。

以石甃，周二里，高一丈五尺，南北二门，今俱废。"民国《黄县志》"马亭寨城"条载："城在今马亭村。崇祯十年，知县任中麟建，城以石甃，周二里，高一丈五尺，南北二门，今废。光绪府志谓金时为马亭镇。"

据嘉靖《山东通志》、泰昌《登州府志》载，马停镇巡检司金时设，元因之，洪武三十一年（1398 年）移于白沙社地方，因名白沙巡检司，有石城，墩 5，设巡检 1 员，从九品，守城弓兵 15 名，守墩弓兵 15 名。当时登州府有十个巡检司，马亭巡检司为其中之一，有城有墩，有藩属弓兵，归黄县管辖。此时黄山馆名"黄山驿"，为境内二驿之一（另一驿是位于县城西关外的龙山驿）。洪武三十一年，因当时胶东半岛倭患严重，需增强海防力量，莱州卫遂在马亭又设立马停寨备御百户所，并把巡检司移至白沙，称"白沙巡检司"，清康熙十六年裁撤。

历史资料 同治《黄县志·营建志》："马亭巡检司署，洪武二年建。三十一年，设置沿海营寨，移署于白沙。"其"巡检"条又载："《明史百官志》：'巡检、副巡检，俱从九品，主缉捕盗贼、盘诘奸伪。凡在外各府、州、县，关津要害处俱设，俾率徭编、弓兵，警备不虞'。按黄县巡检，明初设于马亭，寻移置白沙。康熙十六年缺裁，见《山东通志》。其官之姓名，《县旧志》失载。乾隆三十一年复设于黄山驿，曰'黄县海口司巡检'，盖即招远东良海口之巡检移此也。"

"明嘉靖以前，黄县行政区划为 4 都 50 社。1532 年（嘉靖十一年）并江陵社入北昌社，并仁化社入东北隅社。1639 年（崇祯十二年）并张家疃社入横埠社，并午塔社入马停社，并王马社入官庄社。"①

同治《黄县志》改"马停"为"马亭"，并注云："《金史》作'亭'，《明史》作'停'，在金为镇，在明为寨，见二史《地志》。"

马停寨所城（遗址）现状

---

① 山东省龙口市史志编纂委员会：《龙口市志》"第一编·建置"，齐鲁书社，1995年。

黄河寨所城遗址

位　　置　龙口市诸由观镇黄河营村北

始设年代　明洪武年间（1368—1398 年）

文保级别　尚未核定为文物保护单位

概　　况　遗址位于河流入海口处，西500 米入海，南 1.7 千米为 228 国道，西南 1 千米即 215 省道北端。现残存北寨墙一小段，为夯土外石砌，残存北墙长 5 米，宽 1.5 米左右，高 2 米，具体范围已无法查证。20 世纪 50 年代寨墙被村民取土捡石破坏。

历史沿革　明初倭寇骚扰山东沿海。洪武二十一年（1388 年），魏国公徐辉祖沿海设烽火台报警。黄河营烽火台位于村西南 1 千米西羔構顶。台为青石奠基、黄土夯筑而成，呈长方形土台，底部东西宽 26 米，南北长 28 米，高 7.5 米。明洪武九年（1376 年）登州升为府，旋设登州卫，下辖左、右、中、前、后、中左、中右七个千户所，黄河寨所城归中右千户所管辖。明弘治二年（1489 年），知县范隆重修黄河寨城，严防倭寇登陆。万历二十三年（1595 年），倭寇乘船骚扰龙口沿海，见戒备森严，遂退兵东去。崇祯十年（1637 年），知县任中麟改筑石城，城门南向，门上刻"黄河镇" 3 个大字。城墙宽 4 米，高 8 米，周长 460 米，城上陴墙设 12 个垛口，城外挖护城壕宽 3.5 米，深 2 米。城里建海渎祠，奉祀海神娘娘天后。

历史资料　嘉靖《山东通志》卷十一《兵防》记载："黄河寨备御百户所，属登州卫，其设官百户。"[1]

黄河寨所城遗址位置图

黄河寨所城遗址卫星图

---

① （明）陆鈘：嘉靖《山东通志》"卷十一·兵防"，《天一阁藏明代方志选刊续编》第51册，上海书店出版社，1990年，第725页。

黄河寨所城遗址残存寨墙

墩遗址

黄山馆墩（遗址）

位　　置　龙口市黄山馆镇原黄山馆汽车站西北侧（228国道占压）

始设年代　明代

文保级别　已消失

概　　况　遗址位于黄山馆镇黄山馆汽车站西北228国道下，东南距黄石路200米，西2.4千米为界河与莱州湾入海口。据记载，魏国公徐辉祖于明洪武三十一年在黄山馆西边界河入海口东岸建界河墩（在今汽车站北）。通过走访村民并指引原烟墩位置，目前地上遗迹已消失。该遗址为东良巡检司下辖界河墩。

黄山馆墩（遗址）位置图

大泊子墩（遗址）

位　　置　龙口市黄山馆镇大泊子村北烟潍公路南村志处

始设年代　明代

文保级别　已消失

概　　况　遗址位于大泊子村北，烟潍公路南侧，南距大泊子村 180 米，西距 228 国道 350 米，1.5 千米入海。通过走访村民并指引原烟墩位置，目前地上遗迹已消失。遗址靠近马停寨所城位置，推测为马停寨所城下辖墩之一，具体名称不详。

大泊子墩（遗址）位置图

上孟家墩（遗址）

位　　置　龙口市龙港街道上孟家村西北 400 米德辉食品厂院内

始设年代　明代

文保级别　已消失

概　　况　遗址位于上孟家墩村西北，德辉食品厂院内，东南 400 米即是上孟家村，东 50 米为 208 国道，西 700 米入海。通过走访村民并指引原烟墩位置，目前地上遗迹已消失。遗址靠近马停寨所城位置，推测为马停寨所城下辖墩之一，具体名称不详。

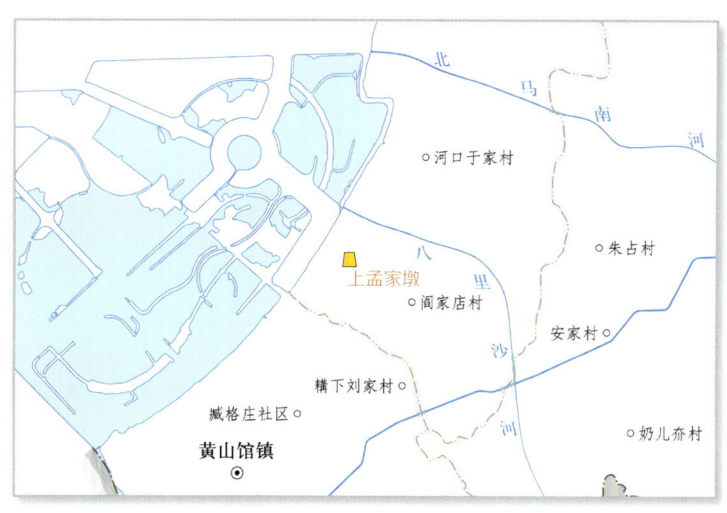

上孟家墩（遗址）位置图

土城子墩（遗址）

位　　置　龙口市龙港街道土城子村龙口矿业集团公司院内

始设年代　明代

文保级别　已消失

概　　况　土城子墩位于龙口市龙港街道土城子村，龙口矿业集团公司院内，西 1300 米入海，北 130 米土城子河往西入海，东侧为振兴路，路东即是土城子村。通过走访村民并指引原烟墩位置，目前地上遗迹已消失。遗址靠近土城子寨（马停寨所城），推测为马停寨所城下辖墩之一。

土城子墩（遗址）位置图

央格庄墩（遗址）

位　　置　龙口市龙港街道央格庄居委会东 50 米

始设年代　明代

文保级别　已消失

概　　况　遗址位于央格庄居委会东侧，南侧为龙中路，东侧振兴路，西 1千米入海，地上遗迹已消失，央格庄村碑背部记载："龙口南烽火墩，又称央格庄墩，位于龙口南央格庄。清代央格庄曾用名为'墩上'。"央音同杨，推测为白沙巡检司下辖杨家庄墩。

央格庄墩（遗址）位置图

龙口墩（遗址）

位　　置　龙口市龙港街道央格庄居委会东 50 米

始设年代　明代

文保级别　已消失

概　　况　遗址位于红旗小学门口处，东 100 米为和平路，学校四周均为居民区，西 800 米入海。遗址已消失，仅为历史记载，现无人知晓。据刘建昆《明代黄县边防设置考略》"龙口北烽火台又名龙口墩，位于进龙口红旗小学处"。清康熙《黄县志》记载："龙口墩，明洪武二十一年魏国公徐辉祖建"，"龙口之名始见于此。清同治十年，属乾山都马停社"。

龙口墩（遗址）位置图

兴隆庄墩（遗址）

位　　置　龙口市龙港街道兴隆庄村北 300 米

始设年代　明代

文保级别　已消失

概　　况　遗址位于兴隆庄村北 300 米，东 350 米、北 700 米均为 228 国道（原 208 国道），北 1.3 千米入海。遗址已消失。据刘建昆《明代黄县边防设置考略》："兴隆庄建村于民国。明时此地原有仁化社，嘉靖十一年并入东北隅社（当在诸由），地或归于白沙，白沙社沿海一带之地东西相距十八里。"遗址靠近白沙巡检司位置，推测为白沙巡检司下辖墩之一，具体名称不详。

兴隆庄墩（遗址）位置图

后田墩（遗址）

位　　置　龙口市徐福街道后田村西北700 米

始设年代　明代

文保级别　已消失

概　　况　遗址位于后田村西北，西北100 米为 228（原 206）国道和怡景南路，南 2 千米为北沙姚家村，周围东永文河绕过，北 1.8 千米入海。当地村志记载，后田旧称白沙田家，北沙姚家旧称白沙姚家。推测该墩为白沙巡检司下辖墩之一，具体名称不详。

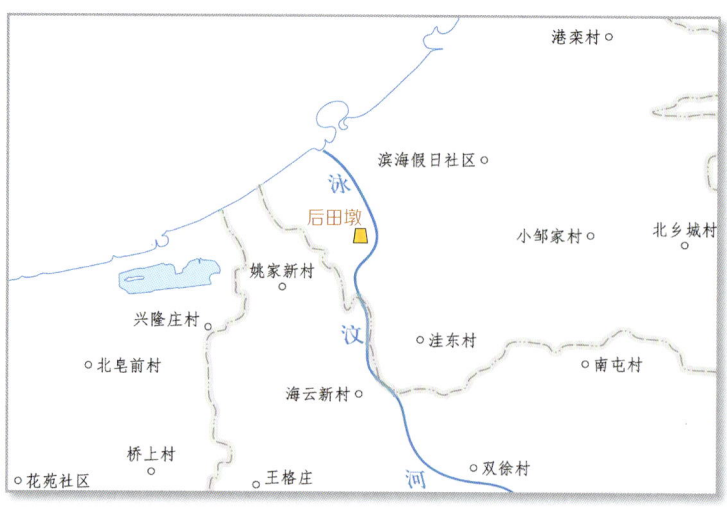

后田墩（遗址）位置图

四农墩（遗址）

位　　置　龙口市徐福街道四农社区东北角

始设年代　明代

文保级别　已消失

概　　况　遗址位于四农社区东北角处，北距 228 国道 100 米，南、西南均为居民区，西 600 米为柳海村，西 4 千米入海。通过走访村民，曾有柳海烽火台，位于柳海村东北，又叫林墩、防火堆。该烟墩直径 10 米，高 6 米。现柳海村已拆迁。遗址靠近白沙巡检司位置，推测为白沙巡检司下辖墩之一，具体名称不详。

四农墩（遗址）位置图

北李墩（遗址）

位　　置　龙口市徐福街道北李村东北500 米

始设年代　明代

文保级别　已消失

概　　况　遗址位于北李村东北，现南山铝矿厂内，西南距北李村 500 米，西北 300 米 228 国道，西距新港路 300 米，北 4 千米、西 5 千米入海。通过走访村民，相传北李村东为水泊，水通渤海，水泊边有土堆，名"大格子"。遗址已消失，位置靠近白沙巡检司，推测为白沙巡检司下辖墩之一，具体名称不详。

北李墩（遗址）位置图

西羔墩（遗址）

位　　置　龙口市诸由观镇西羔村东南500 米

始设年代　明代

文保级别　已消失

概　　况　遗址位于西羔村东南 500 米处，现位于南山集团区内，该遗址名称为西羔烟墩，1992 年 5 月 23 日公布为龙口市第一批近现代重要史迹及代表性建筑类文物保护单位。第三次全国文物普查时复查该遗址，呈四棱台体，高 6 米，顶部南北长 10.5 米，东西宽 9.50 米，基座南北长 28 米，东西宽 26.7 米，五花土夯筑，夯层厚 0.4—0.6 米。在夯层内发现有汉代布纹瓦片及绳纹陶片，推测烟墩最初的修造与汉代墓葬封土有关，明初利用封土高出地表的优势作狼烟台之用。现遗址因生产建设已破坏消失。西羔音同"西高"，西高墩为黄河营所城下辖墩之一。

西羔墩（遗址）位置图

渤海周家墩遗址

位　　置　龙口市诸由观镇原渤海周家村西北 500 米君澜福地小区北

始设年代　明洪武三十一年（1398 年）

文保级别　尚未核定为文物保护单位

概　　况　该墩西南 100 米为徐福文化区，遗址位于文化区围墙外。遗址主体以砂土为主，底部直径 8 米，高 2.2 米。顶部生长刺槐及杂草，原高度已降低，东高西低，长 4 米。据文化区门卫老人介绍，该墩顶部曾经有三脚架，现已不存在。日常的雨水冲刷以及附近生产生活建设等活动对遗址造成了一定程度的破坏。遗址保存情况较差。

历史资料　"明、清时，龙口沿海置寨设烽燧墩（狼烟台），以随时报警防倭。"①

"村北海边有一烽火台，人称烽台。"②

"王回墩，东北二十里。"③

遗址以其靠近渤海周家村命名，位于黄河寨备御百户所管辖范围内，与史书记录名称不符，渤海周家村庄附近有王会村，因"王会"与"王回"发音相同，推测该墩为史书记载的王回墩。

渤海周家墩遗址位置图

渤海周家墩遗址卫星图

渤海周家墩遗址现状（南向北摄）

---

① 山东省龙口市史志编纂委员会：《龙口市志》"军事"，齐鲁书社，1995 年。

② 曲长征主编：《龙口市村庄志》，农业出版社，1991 年。

③ （清）袁中立修，毛贽纂：《黄县志》"建置志"，清乾隆二十一年（1756 年）刻本。

渤海周家墩遗址现状（西向东摄）

大杨家墩遗址

位　　置　龙口市诸由观镇大杨家村西200 米农田中

始设年代　明洪武三十一年（1398 年）

文保级别　尚未核定为文物保护单位

概　　况　此墩为平地堆砌，表面覆盖杂草，顶部较尖，大致呈陡坡状。主体以砂土为主，顶部较尖，表面覆盖杂草，周围散落较多陶瓦片。底部直径 9 米，高 3 米。该墩位于农田中，附近 40 余岁村民表示该土堆在其祖父辈就存在，当地人称为"烽台"，一直保留未因农

大杨家墩遗址位置图

田开垦而推平，但日常的雨水冲刷以及附近生产取土建设等活动对遗址造成了一定程度的破坏。遗址保存情况较差。

历史资料　"小河口墩，东北廿里。"①

---

① （清）袁中立修，毛费纂：《黄县志》"建置志"，清乾隆二十一年（1756 年）刻本。

遗址因其靠近大杨家村命名，靠近黄河寨所城，位于黄河寨备御百户所管辖范围内，与史书记录名称不符，遗址东距大杨家村200米，东1100米为河口村。其村口村碑也记载大杨家村曾用名西小河口村，推测该墩为史书记载的河口墩。

大杨家墩遗址卫星图

大杨家墩遗址现状（南向北摄）

大杨家墩遗址现状（西向东摄）

蓬 莱 区 地 图

渤海

黄海

庙岛海峡

南海

小竹山岛　大竹山岛

北长山岛

大黑山岛　黑山乡

小黑山岛

北长山乡

庙岛　南砣子岛

南长山岛

南长山街道

卫城、所城、营城
卫城、所城、营城（已消失）
寨/屯（已登记保护）
寨/屯（新发现）
寨/屯（已消失）
墩堡（已登记保护）
墩堡（新发现）
墩堡（已消失）
其他遗址（已登记保护）
其他遗址（新发现）
其他遗址（已消失）

登州营
蓬莱水城
（山东备倭都司）

田横寨墩　　湾子口墩　华石圈墩

抹直口墩　　　　铜井山墩

东峰台墩　黑峰台山墩　登州卫　防风林墩　赵格庄营寨　刘家旺墩

登州府
城墙遗址

蓬莱区

刘家汪寨所城

西峰台墩　　　　　　　　　木基墩

峰山岭墩　　南王街道　刘家沟镇　解宋寨所城

聂家墩　　　　　　　解宋营西墩　解宋营东墩

北沟镇

战山水库

龙山河　东峰子墩　墟里墩

六十里堡

潮水镇

平畅河

小门家镇　大辛店镇

大柳行镇

黄水河东支

邱山水库

村里集镇

图　例

◎　区政府驻地
⊙　乡、镇、街道驻地
省　　　界
县（市、区）界
河流、水库

四　蓬莱区海防遗址

都司遗址

蓬莱水城（山东备倭都司）

位　置　蓬莱区蓬莱阁街道蓬莱阁景区内

始设年代　明洪武九年（1376 年）

文保级别　1977 年 12 月 23 日，"蓬莱水城"被公布为第一批省级文物保护单位；1982 年 2 月 23 日，"蓬莱水城及蓬莱阁"被公布为第二批全国重点文物保护单位

概　况　遗址北面紧邻大海，南距登州卫约 1.5 千米。蓬莱水城，山东备倭都司所在地，港湾俗称小海。

第二次全国文物普查记载："C2—1 水城（登州街道水城村西北·明代），又名备倭城。占地总面积 27 万平方米。城负山控海，南宽北窄呈不规则的长方形。水城建筑包括海港建筑和防御性建筑两大部分。海港建筑包括以小海为中心的水门、防波堤、平浪台、码头、振扬门、灯楼。防御性建筑包括城墙、敌台、炮台、水闸、护城河，以及有关的地面设施。小海为水城中的内海，原为画河入海的河道，筑水城时将河道扩展挖深，引入海水而形成，同时将画河导入护城河，沿水城东侧入海。小海南北狭长，水域面积 8.6 万平方米，周用条

蓬莱水城（山东备倭都司）遗址位置图

蓬莱水城（山东备倭都司）遗址卫星图

蓬莱水城（山东备倭都司）遗址炮台全景

石砌筑岸墙和码头。小海中设横桥以贯东西，桥原为木吊桥，以便舟楫往来，现改为四孔石拱桥，小海北端转折向东，使北岸形成一个平台——平浪台迎着水门。水门亦称关口门，宽三米，石砌筑。水门外东侧有巨石堆砌的防波堤。水门东西设炮台两座，上置重炮。水城的东、西、北三面各设敌台一座，为平台。水城南门有明洪武九年（1376 年）建的振扬门，今仅存券形门洞，高 5.3 米，宽 3 米，进深13.75 米。1987 年修复，重建门楼。小海东西两侧原有兵营，早年废圮。1984 年对小海进行大规模清淤时出土了元代木战船、铁锚具等重要文物。"[①]

明代登州备倭城图（引自泰昌《登州府志》）

　　2021 年调查时，水城由土石混合砌筑而成，南宽北窄，平面略呈长方形，周长约 2.2 千米，面积约 27万平方米，开辟南北两门，南门与陆路相通为陆门，北门为水门，由此出海。水城的中间位置是小海，长约 650 米，呈南北狭长形，把水城分为东西两个部分，两侧的建筑是城内的主体。水城是古代海防重地，小海是古代进行水师操练和战船停泊的地方，在水门两侧设驻兵防守的炮台各一座，一个完整的防御体系

① 国家文物局主编、山东省文物局编著：《中国文物地图集·山东分册（下）》，中国地图出版社，2006年，第253页。

蓬莱水城（山东备倭都司）遗址铁炮

蓬莱水城（山东备倭都司）遗址铁炮局部

蓬莱水城（山东备倭都司）遗址现状

由此形成。山东备倭都司设在水城内，现在原址上复原了备倭都司府。蓬莱水城遗址整体保存较好，现在为蓬莱阁旅游景区。

历史沿革　蓬莱水城，宋庆历二年（1042 年）在此修建用来停靠战船的刀鱼寨。明洪武九年（1376 年）在原刀鱼寨的基础上修筑水城，北砌水门，南设振扬门，以土城绕之，引海水入城，易名备倭城。明永乐六年（1408 年）设山东备倭都司。明万历二十年（1592 年）设立登州镇。明万历二十四年（1596 年），总兵李承勋甃以砖石，新增敌台三座，知府徐应元进行了修复。明天启年间，登莱巡抚袁可立曾在此操练水师，节制登州和东江两镇兵马，于北、东、西三面增筑敌台。明崇祯十一年（1638 年），知府陈钟盛、同知来临增修。清中后期也进行了修葺。清代末期，蓬莱水城的军事重地地位已经不在，逐步演化为当地村民的聚居地，成为了水城村。

考古和保护工作　中华人民共和国成立前，频繁的战乱对水城城墙造成了严重破坏。中华人民共和国成立后，南城墙和西城墙相继被拆除，修成了村里的街道。1982 年，东、西、南城墙残存部分遗迹，北城墙的东、西炮台和水门保存完整，蓬莱阁管理所开始维修西北角的城墙。1986 年，在新老城墙衔接处增建了西北门。1987 年，蓬莱阁管理处修复蓬莱阁古建筑群西侧破损城墙部分，并修建了蓬莱阁西大门，蓬莱旅游局恢复了南城墙东段。同年，蓬莱县政府治理入海口，用花岗岩砌筑护城河道。后因水城居民建房，将护城河逐渐回填，如今残存部分护城河。2003 年，烟台市、蓬莱市文物部门对水城东城墙开挖探沟，进行考古勘探，水城东城墙南段的走向、墙基的位置、敌台位置可以确定；城墙基础的构筑方式为"夯土垫层加石构里外皮墙基";墙基的夯土层依地势差异有不同的构筑方式;垫层夯土基本上是就地取材;城墙基础宽度为 11—12.5 米,内皮墙玄武岩毛石基础宽度为 1—1.4 米,外皮墙玄武岩毛石基础的宽度为 1.2—1.6 米;从城墙基础的构筑方式、城墙的收分情况及在夯土垫层中发现的宋、元代瓷器看,城墙修建应不早于明代。结合考古勘探可知,东西城墙的南段呈南北向,稍有向外的弧线,南城墙则基本为东西直向。从 2003—2006 年,在《山东蓬莱水城及蓬莱阁保护规划》指导下,蓬莱区对水城东城墙、西城墙南段和南城墙进行了修复。水城东城墙在原位置原形制基础上进行修复的同时,在东城墙南段、中段分别设置了一号夯土遗址展室和二号敌台遗址展室。在西城墙北段亦保存有明城墙遗址,并有相关的陈列展示。修复后的水城城墙沿山势,形成南宽北窄的长方形城池①。2007 年山东备倭都司府开始复原,2010 年完工。山东备倭都司府严格尊重历史原貌,在原址上按照明代正二品官府规制进行了古建筑群的复原,占地面积 2 万平方米,共恢复古建筑 23 座,建筑面积 4988 平方米。

历史资料　关于水城的设置,清光绪《增修登州府志》记载:"水城:在城北,与大城相连,即宋之刀鱼寨。明洪武九年,设登州卫,置海船,运辽东军需,指挥谢观以河口浅隘,奏议挑浚,绕以土城,北砌水门,引海水入城,名新开口,南设关禁,以议往来。后因备倭,立帅府于此,名备倭城。周三里许,高三丈五尺,厚一丈一尺,西北跨山,东南濒河,南一门曰振扬,楼铺共二十六,万历二十四年,总兵李承勋甃以砖石,增敌台三,知府徐应元复修之。崇祯十一年,知府陈钟盛、同知来临增修。乾隆五十八年知县安奎文请帑重修,道光二十年知县王文涛、同治元年知府常筠知县周毓南、光绪元年知县郑锡鸿相继劝捐修葺。"②清道光《重修蓬莱县志》记载:"水城:大城北相连,原名备倭城,由水闸引海入城名小海,为泊船所。洪武九年立帅府于此,周三里许,高三丈五尺,阔一丈一尺,南门一曰振扬,楼铺共二十六座。万历丙申,因倭警,总兵李承勋甃以砖,东北西三面共增敌台三座,南一面仍旧。知府徐应元重修。崇祯十一年,知府陈钟盛、同知来临重修。"③综上可知,蓬莱水城与大城相连,北部有水门,引海水入城,可以训练水军,城上设有敌台,可以瞭望。后来,山东备倭都司、登州营以及山东海防总兵官设于水城,使其成为山东海防的指挥中心。

山东备倭都司设立于明永乐六年(1408 年),设立初期权力很大。山东备倭都司,全称为"总督登莱沿海兵马备倭都指挥使司",总督山东沿海诸路兵马,大嵩卫、灵山卫、鳌山卫、登州卫、莱州卫、宁海卫、成山卫、威海卫、靖海卫等各卫指挥使司均归其指挥。也就是说山东备倭都司领导着整个山东半岛沿海的海防与抗倭工作,是山东沿海最高军事机构。后来随着地位的不断降低,权力逐渐缩小。明泰昌《登州府志》记载:"万历二十年,因倭寇朝鲜调集南北水陆官兵防海,登遂为重镇,与诸边等。四十六年,加兼海运,凡济青濒海州县悉隶焉。备倭都司在水城内,永乐六年始命都指挥王荣总领之,其后宣城伯卫青、永康侯徐安镇之,嗣是职任不一,或署都指挥,或以都指挥体统行事。永乐七年给符验,九年加总督,御史蓝田记万历二十年后或以游击或以参将或用总兵统领。今改为副总兵。"④清顺治《登州府志》记载:"成化丙申,命都指挥高通来改为总督备倭,使与臬、备协议行事,迄今仍之。"⑤由此可见,备倭都司已不能独立决定

---

① 王毅:《试述蓬莱水城城墙的形成与沿革》,《卷宗》2016 年第 10 期。

② (清)方汝翼等纂修:光绪《增修登州府志》"卷七·城池",《中国地方志集成·山东府县志辑》第 48、49 册,凤凰出版社,2004 年,第 74 页。

③ (清)王文涛纂:道光《重修蓬莱县志》"卷之二·地理志·城池",《中国地方志集成·山东府县志辑》第 50 册,凤凰出版社,2004 年,第 30、31 页。

④ (明)徐应元纂修:泰昌《登州府志》"卷之十·人事志二·戎祀·兵防",河南省图书馆馆藏残本,第 888 页。

⑤ (清)施闰章等纂修:顺治《登州府志》"卷二十·艺文中·蓝田总督备倭题名记",清康熙三十三年(1694 年)刻本。

军事事宜，需要与其他官员商议。万历二十年，援朝抗倭战争爆发，明朝政府在山东设立海防总兵、副总兵来节制沿海军队，此时的山东备倭都司的权力已有下降。万历二十年后或以游击、或以参将、或用总兵、副总兵统领也表明了山东备倭都司的职权进一步下降。清光绪《增修登州府志》记载："万历二十五年，设总兵署都督佥事……天启元年，设登莱巡抚……天启二年，设登莱总兵……后又设辽东总兵。崇祯二年，罢巡抚。三年复设，又裁总兵，改设副将。七年，仍设总兵。十一年，移总兵镇临清，登州设城守营。"[①]从上述记载可知登州镇自明万历二十年设立，一直沿革至明崇祯十一年。山东备倭都司职权逐渐被登州镇所替代。

山东备倭都司的历任职官如下表所示[②]：

山东备倭都司历任职官表

姓名	任职时间	在任职官	任前职官	备注
王荣	永乐六年	都指挥使		
卫青	永乐十六年	都指挥	济南卫指挥使	宣城伯
蔡福	永乐十三年	都指挥同知		
李凯	永乐十六年	（都督佥事）都指挥佥事		都督佥事
李福	正统元年	（署都督佥事）都指挥佥事		署都督佥事
徐安	正统十三年	都指挥		永康侯
高通	成化十二年	都指挥佥事	济南卫指挥使	
马能	成化十八年	（署）都指挥佥事	锦衣卫佥事	
姚昇	成化二十二年	（署）都指挥佥事	永清卫指挥使	
陈玺	弘治五年	（署）都指挥佥事	锦衣卫署都指挥佥事	
王宁	弘治十六年	都指挥佥事	旗手卫指挥使	
李春	正德元年	（署）都指挥佥事	羽林卫佥事	
时用	正德五年	以都指挥体统行事	徐州卫指挥使	
山泰	正德五年	都指挥佥事	锦衣卫佥事	
苗翥	正德六年	都指挥佥事	锦衣卫佥事	
胡俊	正德七年	以都指挥体统行事	金吾右卫同知	
卢英	正德七年	（署）都指挥佥事	义勇右卫指挥使	

① （清）方汝翼等纂修：光绪《增修登州府志》"卷十二·军垒"，《中国地方志集成·山东府县志辑》第48、49册，凤凰出版社，2004年，第127页。
② 赵树国：《明代北部海防体制研究》，山东人民出版社，2014年，第216—218页。

续表

姓名	任职时间	在任职官	任前职官	备注
张钺	正德十年	（署）都指挥佥事	金吾左卫佥事	
张虤	正德十一年	（署）都指挥佥事	莱州卫指挥使	
杨鼎	嘉靖元年	都指挥佥事	义勇右卫指挥同知	
袁继勋	嘉靖三年	（署）都指挥佥事	大同中屯卫指挥同知	
戚勋	嘉靖六年	（署）都指挥佥事	定州卫指挥使	
戚景通	嘉靖八年	以都指挥体统行事	登州卫指挥佥事	
李仁	嘉靖十年	（署）都指挥佥事	威海卫指挥佥事	
唐儒	嘉靖十一年	以都指挥体统行事	虎贲左卫署都指挥同知	
郭举	嘉靖十五年	都指挥佥事	金吾右卫指挥使	
魏一清	嘉靖十八年	（以都指挥体统行事）都指挥佥事	兴州右屯卫指挥使	
周承业	嘉靖二十年	（署）都指挥佥事	沈阳卫佥事	
夏忠	嘉靖二十二年	以都指挥体统行事	南京府军右卫指挥佥事	
乔基	嘉靖二十四年	（署）都指挥佥事	扬州卫佥事	
王子承	嘉靖二十四年	（署）都指挥佥事	临清卫指挥使	
石守忠	嘉靖二十八年	（署）都指挥佥事	成山卫指挥使	
李登	嘉靖三十年	（署）都指挥佥事	临清卫佥事	
冯时雍	嘉靖三十一年	（署）都指挥佥事	临清卫同知	
戚继光	嘉靖三十二年	（署）都指挥佥事	登州卫指挥佥事	
袁粲	嘉靖三十四年	（署）都指挥佥事	信阳卫佥事	
谢庭相	嘉靖三十六年	（署）都指挥佥事	保定后卫指挥	由武进士升任
王继祖	嘉靖三十七年	（署）都指挥佥事	怀庆卫署指挥佥事	
成大器	嘉靖三十七年	（署）都指挥佥事	绍兴卫佥事	
孙山	嘉靖四十一年	（署）都指挥佥事	金吾右卫佥事	
秦嘉夔	嘉靖四十四年	都指挥佥事	神武右卫佥事	
张可久	隆庆二年	（署）都指挥佥事	太仓卫镇抚	
姚天与	隆庆六年	都指挥佥事	广宁左卫都指挥使	
赵康侯	万历三年	都指挥佥事	登州卫指挥使	

续表

姓名	任职时间	在任职官	任前职官	备注
陈汝德	万历七年	都指挥佥事	保定前卫指挥	
董承祺	万历九年	都指挥佥事	临清卫佥事	
滕允	万历十二年	都指挥佥事	徐州卫佥事	
卞时雍	万历十五年	都指挥佥事	南京府军右卫指挥	由武进士升任
王简在	万历十七年	都指挥佥事	沔阳卫指挥使	武进士
张耀文	万历十八年	署都指挥佥事	六安卫指挥使	
万陆年	万历二十年	都指挥佥事		徐州卫武进士
此后为总兵				

注：此表据顺治《登州府志》"卷五·武备"、光绪《增修登州府志》"卷三十五·武秩上"制作

从上表中可知，历任山东备倭都司官员中，既有都指挥，又有都指挥同知、佥事以及以都指挥体统行事者，初期以都指挥或都指挥同知出任多，且有以侯伯出任者，中后期则多以都指挥佥事，或以都指挥体统行事出任。这些职官当中最有名的当属抗倭名将戚继光。戚继光在任登州卫指挥佥事期间参加了山东的乡试，中了武举，于明嘉靖三十二年（1553年）被擢升为山东备倭都司署都指挥佥事。戚继光加强海防和水军建设，使得山东的海防，成为当时倭寇难以逾越的防线。戚继光在山东备倭的成功，引起了朝廷的重视。明嘉靖三十四年（1555年），戚继光奉诏到倭患最严重的浙江任职。从此开始了长达12年的东南抗倭之旅。"封侯非我意，但愿海波平"的诗句，充分展现了他立志报国的满腔热情。

关于山东备倭都司设置的时间，史料的记载不统一，主要有以下两种说法。

明洪武年间。明嘉靖《山东通志》记载："备倭都司：登州营驻扎，总登莱沿海军马，洪武间设。"[1] 明万历陈懿典《天津新造海船记》记载："登州新开口，自洪武设备倭都司，额辖战船百艘。"[2] 清雍正《山东通志》记载："明洪武初，设沿海诸卫，领以备倭都指挥使，兼置巡察海道。"[3]

明永乐六年。顾炎武《肇域志》记载："备倭都司在水城内，永乐六年始命都指挥王荣总领之，其后宣城伯卫青，永康侯徐安镇之，嗣是职任不一，或署都指挥，或以都指挥体统行事。永乐七年给符验，九年加总督。万历二十年后或以游击、或以参将、或用总兵、副总兵统领焉。"[4] 明泰昌《登州府志》[5] 内容与顾炎武《肇域志》记载基本一致。《山东海疆图记》记载："沿海之卫凡十有一……所凡十有四，领以备倭都指挥使，驻扎登州……永乐六年，始命都指挥王荣总领之，七年给符验，九年加总督。"[6] 清光绪《增修登州府志》记载："永乐六年，倭夷寇成山，复袭宁海，而营卫寨堡之设愈严，始置备倭都司以节镇沿

①（明）陆钺：嘉靖《山东通志》"卷十一·兵防"，《天一阁藏明代方志选刊续编》第51册，上海书店出版社，1990年，第711页。
②（明）陈懿典：《陈学士先生初集》"卷八·天津新造海船记"，明万历刻本。
③（清）岳浚等纂：雍正《山东通志》"卷二十·海疆志"，《景印文渊阁四库全书》第540册，第368页。
④（明）顾炎武：《肇域志》"山东三"，《续修四库全书》第589册，上海古籍出版社，2002年，第285页。
⑤（明）徐应元纂修：泰昌《登州府志》"卷之十·人事志二·戎祀·兵防"，河南省图书馆馆藏残本，第888页。
⑥（清）胡德琳：《山东海疆图记》"卷六·官制"，《北京图书馆古籍珍本丛刊》，书目文献出版社，1998年，第190页。

海诸军，七年建登州营于备倭城内给符验……九年加总督。"[1]清光绪《增修登州府志》还记载："永乐六年，登州始置备倭都司，节制沿海诸军，以都指挥王荣领之，又以宣城伯卫青、永康侯徐安镇之。嗣后不设都指挥使，或署都指挥或以都指挥体统行事。"[2]备倭都司设置于明永乐六年，因为备倭都司的主要职责是节制沿海卫所、总领备倭事宜，而沿海卫所大都设置于明洪武三十一年（1398 年），营建完成于永乐初年，所以备倭都司设置于洪武年间不太可能。

营城遗址

登州营（遗址）

位　　置　烟台市蓬莱区蓬莱阁街道蓬莱阁景区内

始设年代　明永乐七年（1409 年）

文保级别　已消失

概　　况　遗址北面和东面临海，在蓬莱水城内，南距登州卫约 2.1 千米。登州营所在地现为太平楼。

历史沿革　明永乐、宣德时期，明朝政府为加强北部沿海兵力的协调与调度，来应对倭寇入侵规模增大的形势，集中兵力剿灭倭寇，在山东设立即墨、登州、文登三营。登州营在登州备倭城内，设立于明永乐七年（1409 年）。明万历二十年（1592 年）设立登州镇。明崇祯十一年（1638 年），登州营精编为左、右、中三营，改由登州城守营管辖。清顺治元年（1644 年）设登州营水师守备，驻扎登州水城，几经变革，一直到清末。

登州营（遗址）位置图

登州营（遗址）卫星图

---

① （清）方汝翼等纂修：光绪《增修登州府志》"卷十二·军垒"，《中国地方志集成·山东府县志辑》第48、49册，凤凰出版社，2004年，第126页。

② （清）方汝翼等纂修：光绪《增修登州府志》"卷三十六·武秩上"，《中国地方志集成·山东府县志辑》第48、49册，凤凰出版社，2004年，第345页。

历史资料 登州营的地理位置非常重要,主要防御来自山东半岛北面的威胁。它与辖区内的卫所、军寨和巡检司驻地大多距离适中,能较为灵活地协调、策应区域内的卫所、军寨和巡检司;能集中本营辖区内的精锐兵力以应对强敌,确保山东北部海疆的安定。

对于登州营设立的原因及管辖范围,郑若曾在《筹海图编》中有详细介绍:"山东事宜:登州营。登莱二郡凸出于海,如人吐舌,东南北三面受敌,故设三营联络,每营当一面之寄。登州营所以控北海之险也,登、莱二卫,并青州左卫俱隶焉。其策应地方,语所则有奇山、福山中前、王徐前诸所;语寨则有黄河口、刘家汪、解宋、芦徐、马停、皂河、马埠诸寨;语巡司则有杨家店、高山、孙夼镇、马亭镇、东良海口、柴胡、海仓、鱼儿铺、高家港诸司。三营各立把总二员,以总辖之。其在海外则岛屿环抱,自东北崆峒、半洋,西抵长山、蓬莱、田横、沙门、鼍矶、三山、芙蓉、桑岛,错落盘踞,以为登州北门之护。过此而北,则辽阳矣,此天造地设之险也,然诸岛虽近登州,而居岛中以取鱼盐之利者,乃辽阳之编伍,非山东之戍卒也。叫呶跳梁,可畏而不可恃。故北海之滨既有府治,而设险者复建备倭城于新河海口,以为屏翰,且有本营之建焉。沿海兵防,特重其责,非若他省但建水寨于岛屿,良有以也。夫岛屿既不设险,则海口所系匪轻。自营城以东,若抹直、石落湾子、刘家汪、平畅、芦洋诸处,自营城以西,若西王庄、西山、栾家、孙家、海洋山、后八角、城后芝罘、莒岛诸处,皆可通番舶。登突严外户以绥堂阐,其本营典守之责乎!"[1] 登州营的防御范围主要是山东半岛北部的登州府、莱州府、青州府的部分地区,主要有三卫、三所、七寨、九巡检司。明朝政府设登州营的主要目的是防御来自东北部的倭寇,加强北部沿海海岛防御,以扼守山东半岛与辽东半岛之间的海上地带,防止倭寇长驱直入,侵犯京畿地区。

登州营职官设置及兵员状况。明嘉靖《山东通志》记载:"登州营在府城北,原系新开海口,宋庆历间浚池引海水置刀鱼寨以备北虏。国朝洪武九年,指挥使谢规复疏通海口湾泊海船,转运登州府库物至辽东交卸供备军饷,立为登州营,环以砖城,设备倭都指挥一人,总登莱沿海军马。"[2] 明嘉靖《山东通志》的记载错误较多,史料很明确的记载了登州营在备倭城内,设立于明永乐七年(1409年),设官把总、指挥等。

明泰昌《登州府志》记载:"登州营在备倭城内,永乐七年建,原额把总指挥二员,中军管队官千百户三十一员,旗军一千五百二十四名,原额马五百二十一匹,正统间调去京操马一百三十八匹,余存营,立为马步三十队。万历二十一年,分为中后二营,中营设把总一员,哨官二员,军四百名,家丁三名,马三匹,屯种长山岛中。后营设把总一员,哨官四员,军六百八十六名,马二百六十二匹,照常操练。团操左营:万历二十一年改设把总一员,后裁即以海道中军带领之,哨官五员,兵六百四名,马一百六匹。团操右营:万历二十一年设把总一员,哨官五员,兵五百八十名,马一百六匹。团操中营:万历四十八年因辽左奴逆增设把总一员,哨官四员,兵七百八十九名,马五匹。团操前营:万历四十八年因辽左奴逆增设把总一员,哨官四员,兵七百二十六名,马五匹。南陆营:万历二十二年,调浙江左、右、中、前、后奇兵七营共三千七百余员名,驻登防海,后因倭患平撤去,止左、右、后三营,三十五年又并后营,止存左右二营,每营把总一员,哨官三员,兵三百八十六名,马四匹。水兵营:凡五前、中、后三营,万历二十年间设,四十七年调去援辽兵一千五百名,寻募补前额又增左、右二营,共五营,每营设把总一员,哨官二员,兵三百名。"[3] 清道光《重修蓬莱县志》记载:"七年,建登州营于备倭城内,给符验,设把总、

---

① (明) 郑若曾撰,李致忠点校:《筹海图编》"卷之七·山东事宜",中华书局,2007年,第455、456页。
② (明) 陆钶:嘉靖《山东通志》"卷十一·兵防",《天一阁藏明代方志选刊续编》第51册,上海书店出版社,1990年。
③ (明) 徐应元纂修:泰昌《登州府志》"卷之十·人事志二·戎祀·兵防",河南省图书馆藏残本,第900—903页。

指挥二员，团练京操军、中军管队官千百户三十一员，旗军一千五百二十四名，马五百二十一匹，十六年宣城伯卫青镇之，正统间调去京操马一百三十匹，余存营，立为马步三十队。"①清光绪《增修登州府志》记载："永乐六年，倭夷寇成山，复袭宁海，而营卫寨堡之设愈严，始置备倭都司以节镇沿海诸军。七年建登州营于备倭城内给符验，设把总、指挥各一员，中军管队官千百户三十一员，团练京操班军，九年加总督。"②由此可见，登州营总领职官一开始为把总、指挥。后来，万历年间援朝抗倭战争时期，登州成为山东海防重心，兵力云集，登州营的地位更加重要。登州营的职官与卫所不同，卫所的职官可以世袭，但海防营的职官不可以世袭，而是一种流官。登州营的兵员来源史料没有直接、明确的记载，但从明嘉靖《宁海州志》对于文登营的记载可见一斑，"文登营，在文登县东北十里，宣德间置……官取之诸卫所，军取之宁海、威海、成山、靖海四卫"③。由此可知，营兵来源于周边各卫所，并且这些兵员需要经常驻扎于海防营。

关于登州营兵员的来源，在地方志记载中也能看出端倪。清乾隆《威海卫志》记载："威海卫……捕倭军登州营一百二十六名，文登营一百五十九名。"④民国《牟平县志》记载："宁海卫……捕倭军登州营六十二名，文登营三百九十二名。"⑤明泰昌《登州府志》记载："洪武九年升州为府，知州周斌奏改守御千户所升为卫……捕倭军登州营八百二十名。"⑥明泰昌《登州府志》记载："奇山守御千户所正副千户八员……捕倭军登州营七十五名。"⑦综上可知，登州营的兵员主要是周边沿海卫所的捕倭军。

登州营与卫所的有着密切的联系，卫所是其职官和兵员的主要来源，它与卫所并无行政上的隶属关系，周边卫所应该是登州营的辖区与策应范围。登州营这一战时体系，将兵力集中于一处，是为了适应当时倭寇入侵规模增大的形势需要。

关于登州营的设置时间。史料记载比较一致，均是明永乐七年（1409年）。清道光《重修蓬莱县志》记载："七年，建登州营于备倭城内，给符验。"⑧清光绪《增修登州府志》记载："永乐六年，倭夷寇成山，复袭宁海，而营卫寨堡之设愈严，始置备倭都司以节镇沿海诸军，七年，建登州营于备倭城内，给符验（洪武四年，调发卫所兵马造用金宝符及走马符牌，寻改为金符，有诏调军，省府同覆奏纳，符用宝）。"⑨

清道光《重修蓬莱县志》记载："中营分管烟墩五座：西十里铺、西二十里铺、西三十里铺、南三十里铺、南六十里铺。右营分管烟墩三座：东三十里铺、东六十里铺、东九十里铺。"⑩上述史料记载登州营有自己下辖的烟墩，这也是目前史料中唯一记载海防营有下辖烟墩的情况。

① （清）王文焘纂：道光《重修蓬莱县志》"卷四·武备·营制"，《中国地方志集成·山东府县志辑》第50册，凤凰出版社，2004年，第54页。

② （清）方汝翼等纂修：光绪《增修登州府志》"卷十二·军垒"，《中国地方志集成·山东府县志辑》第48、49册，凤凰出版社，2004年，第126页。

③ （明）王枢等：嘉靖《宁海州志》"卷上·建置三"，《天一阁藏明代方志选刊续编》第57册，上海书店出版社，1990年，第766页。

④ （清）毕懋第原修，郭文大续修：乾隆《威海卫志》"卷二·建置·武备"，《中国地方志集成·山东府县志辑》第44册，凤凰出版社，2004年，第442页。

⑤ 宋宪章等修，于清泮等纂：《牟平县志》"卷五·政治志·武备"，成文出版社，民国二十五年铅本影印，第220页。

⑥ （明）徐应元纂修：泰昌《登州府志》"卷之十·人事志二·戎祀·兵防"，河南省图书馆馆藏残本，第903页。

⑦ （明）徐应元纂修：泰昌《登州府志》"卷之十·人事志二·戎祀·兵防"，河南省图书馆馆藏残本，第909页。

⑧ （清）王文焘纂：道光《重修蓬莱县志》"卷四·武备·营制"，《中国地方志集成·山东府县志辑》第50册，凤凰出版社，2004年，第54页。

⑨ （清）方汝翼等纂修：光绪《增修登州府志》"卷十二·军垒"，《中国地方志集成·山东府县志辑》第48、49册，凤凰出版社，2004年，第126页。

⑩ （清）王文焘纂：道光《重修蓬莱县志》"卷四·武备·营制"，《中国地方志集成·山东府县志辑》第50册，凤凰出版社，2004年，第61页。

三

卫城遗址

登州卫（遗址）

位　置　烟台市蓬莱区紫荆山街道武霖社区内

始设年代　明洪武九年（1376 年）

文保级别　已消失

概　况　遗址东北距海岸线约 2.1 千米，北距蓬莱水城约 1.5 千米，东距登州府城墙遗址约 300 米。登州卫现为武霖居民小区。

历史沿革　明初沿袭元制，分莱州卫官军以备登州，为登州守御千户所。为了加强登州的海防，洪武九年，升州为府，知州周斌奏改守御千户所升为卫。因此登州卫设立于明洪武九年（1376 年）。

登州卫设立之后，军事设施逐步完善，在驻守海防、抵御倭寇中发挥了重要作用。天顺以后，承平日久，海防松弛，到嘉靖时期，海防废弛，沿海卫所空虚，这是嘉靖后期倭患猖獗的重要原因。万历年间，倭患形势更加严峻，明朝政府在登州设立登州镇，海防重新得到重视。万历末至崇祯年间，海防又被削弱。

清光绪《增修登州府志》记载："国朝顺治初裁各卫所指挥、千户改设守备千总，十二年，裁福山、寻山二千户所，奇山、宁津、海阳三守御千户所，十六年，裁撤登州、宁海二卫。"[1] 从以上文献记载可以看出清顺治十六年（1659 年）裁登州卫，后并入蓬莱县。

登州卫（遗址）位置图

登州卫（遗址）卫星图

---

[1]（清）方汝翼等纂修：光绪《增修登州府志》"卷十二·军垒"，《中国地方志集成·山东府县志辑》第 48、49 册，凤凰出版社，2004 年，第 127 页。

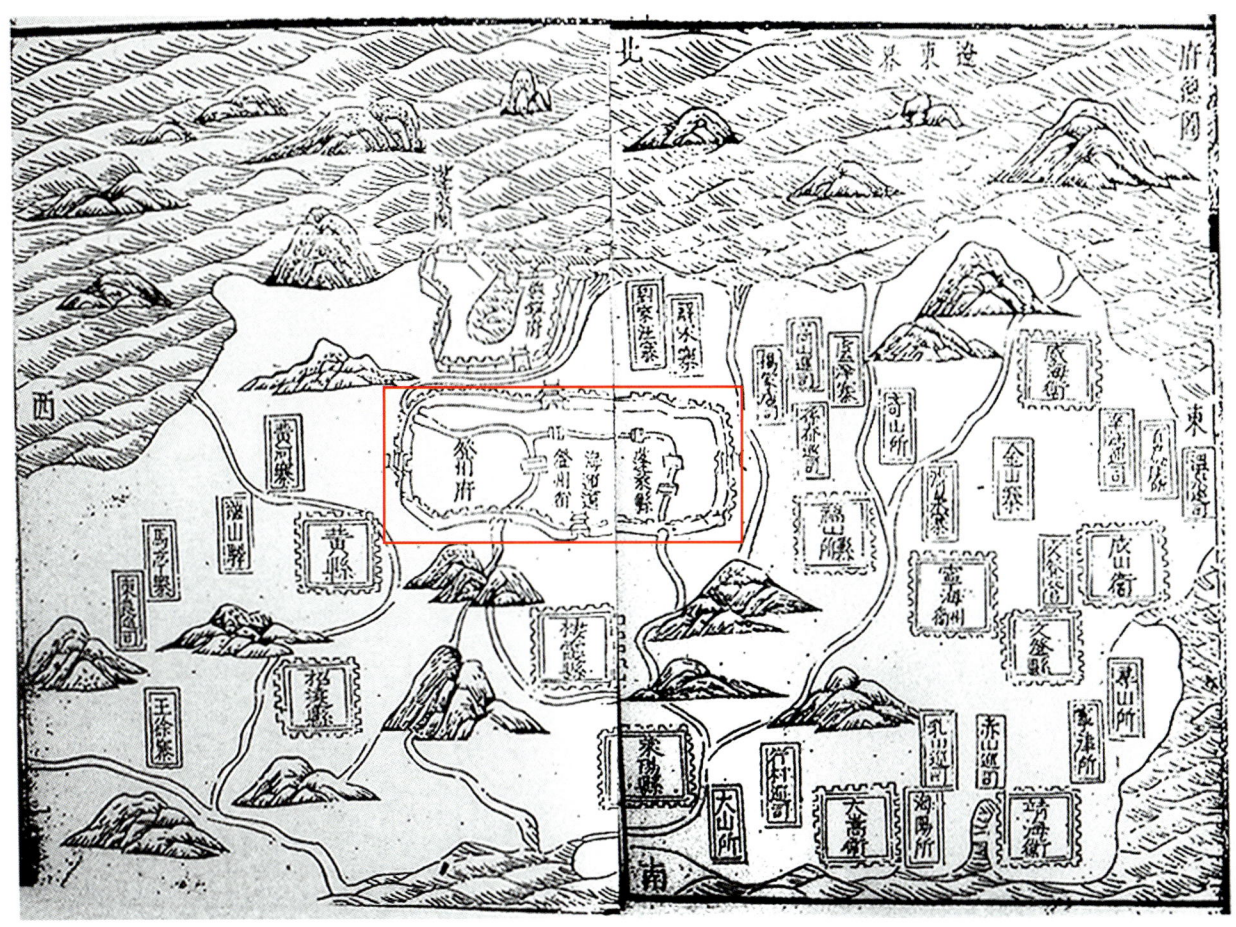

明代登州府总图（引自泰昌《登州府志》）

历史资料　登州卫是胶东半岛北部沿海的重要屏障。其主要职责是防御倭寇、屯兵戍边、保境安民、屯田耕种。

关于登州卫情况，明嘉靖《山东通志》记载："登州卫在府城东北，洪武九年建，其设官指挥使一人，指挥同知二人，指挥佥事四人，以迁叙至者无定额云。经历司经历一人，镇抚司镇抚二人，左右中前后五所，中左中右二所各置正副千户百户。京操军春戍一千二百四十六人，秋戍七百三十三人，城守军余二百三十三人，屯田军余一百一十四人，屯田一百八十三顷五十亩，屯粮二千二百二石。演武场，在镇海门外，墩六：曰抹直口、曰教场、曰王徐、曰林家庄、曰田横、曰西庄在卫北。"[1]"解宋寨备御四百户所，属登州卫，其设官百户。刘家汪寨备御三百户所，属登州卫，其设官百户。黄河寨备御百户所，属登州卫，其设官百户。"[2]以上三所为"登州卫中右千户所分设"[3]。明代《筹海图编》记载："登州卫京操军二千九人，城守军余二百五十人，屯军一百一十四人，捕倭军八百二十八人。登州卫守墩军余一十八人。墩六：抹直口、教场、林家庄、田横寨、西庄、蓬莱阁。"[4]明泰昌《登州府志》记载："备倭都司在备倭城东北隅，

① （明）陆釴：嘉靖《山东通志》"卷十一·兵防"，《天一阁藏明代方志选刊续编》第51册，上海书店出版社，1990年。
② （明）陆釴：嘉靖《山东通志》"卷十一·兵防"，《天一阁藏明代方志选刊续编》第51册，上海书店出版社，1990年。
③ （清）顾祖禹：《读史方舆纪要》"卷三十六·山东七·登州府"，中华书局，2007年，第1688页。
④ （明）郑若曾撰、李致忠点校：《筹海图编》"卷之七·山东兵防官考"，中华书局，2007年，第440页、453页。

国初永康侯徐安建后改为都司，万历丙申总兵李承勋重修。登州卫万历四十三年，指挥使沃一心重修。"[①]"洪武九年升州为府，知州周斌奏改守御千户所升为卫。置指挥一十九员，经历一员，镇抚二员。左、右、中、前、后、中左、中右七所正副千户三十员，百户七十员，所镇抚二员。京操军春戍一千二百七十六名，秋戍七百三十三名，捕倭军登州营八百二十名，守城军余二百五十名，种屯军余一百一十四名，守墩军余一十八名。"[②]"屯制，登州卫屯田一百八十三顷五十亩，屯粮二千二百二石。"[③]"墩制，登州卫六座：曰蓬莱阁、曰田横寨、曰西庄、曰林家庄、曰抹直口、曰教场。"[④]清道光《重修蓬莱县志》记载："明初仍元制，分莱州卫官军以备登州。洪武九年，升州为府，知州周斌奏改守御千户所升为卫。"[⑤]清道光《重修蓬莱县志》关于登州卫的驻军情况与明泰昌《登州府志》记载一致[⑥]，这里不再赘述。登州卫烟墩："近城六座：蓬莱阁、田横寨、林家庄、抹直口、西庄、演武场。"[⑦]综合上述史料可知：对于登州卫的驻军情况，京操军、守城军和捕倭军的数量有差别，但差别不大，种屯军和守墩军记载一致；对于登州卫下辖墩的记载，数量一致，个别墩的名称不一样。

登州卫主要职官如下：清光绪《增修登州府志》记载："登州卫在府城内，明洪武九年建。国朝顺治十六年裁。明制凡卫设指挥使司指挥使一人，指挥同知二人，指挥佥事四人，镇抚二人，其属经历知事、吏目、仓大使、副使各一人。分设前、后、中、左、右五千户所，每所设正千户一人，副千户二人，镇抚二人，其属吏目一人，辖百户十，每百户所设总旗二人，小旗十人。各卫皆统于都司，山东都司驻济南，又卫有儒学，设教授一人，训导二人，以教武臣子弟，有武学设教授一人，训导二人或一人，以教幼官及应袭舍人与武生，以待科举，其无武学者，凡武生则隶儒学，又卫指挥以下，其官多世袭，军士亦父子相继。国朝顺治四年，凡卫皆改设守备一员，经历一员，教授一员，千户所皆改设千总一员，百户所皆改设百总一员，止管屯地丁粮，其一切刑名讼狱俱归各地方州县。

指挥使：明制管理卫事，惟属掌印、金书，不论指挥使、同知、佥事，考选其才者充之，与都指挥同其分理屯田、验军、营操、巡捕、漕运、备御出哨，入卫戍守军器诸杂物，日见任管事不任事，入队日带奉差，操征行则率所属听于主帅。谢观、李保、于树、李宙、李茂英、李隆荫、李考义、王宏、王慎、王世禄、王槐、王住、王栋、王璋、王道成、王钦、王升、栾檠、栾维垣、栾永昌、栾敬、栾杰、栾玉、栾鑑、栾旭、栾茂瀛、栾巨金、许玺、许南金、许震、汤诏、沃玉、沃允谦、沃献明、赵逊、赵承文、赵康侯、徐高、徐之淮、徐加禄、徐秩进、徐春茂、张伦、韩端、张玑、卜禹锡、金友胜、刘镇、刘胜、刘世昌、刘龙、刘勋、刘□、刘宏元、韩忠一、李义。

指挥同知：韩玫、沃田、裴镗、裴虞度、孙承祖、孙辉。指挥佥事：戚详、戚斌、戚珪、戚谏、戚宣、戚宁、戚景通、戚继光、戚祚国、戚兴国、戚振宗、孙彦昭、孙敬言、孙义、孙升、陶洪、赵盛、张瓒。

卫镇抚：史端、史之藩。经历：张希孟、丁应试、何琚、郭一才、吴国培、戴克宠、黄应熹、马负图、蒋大绥、王一统、赵希愚。

千户：韦胜、张傑、张贯、张珣、张泰、张启光、张宏骠、张鼎、张隆、张惟濂、张惟瀚、张丕显、

---

① （明）徐应元纂修：泰昌《登州府志》"卷之五·地理志·官署"，河南省图书馆藏残本，第576页。
② （明）徐应元纂修：泰昌《登州府志》"卷之十·人事志二·戎祀·兵防"，河南省图书馆藏残本，第903页。
③ （明）徐应元纂修：泰昌《登州府志》"卷之十·人事志二·戎祀·兵防"，河南省图书馆藏残本，第913页。
④ （明）徐应元纂修：泰昌《登州府志》"卷之十·人事志二·戎祀·兵防"，河南省图书馆藏残本，第919页。
⑤ （清）王文涛纂：道光《重修蓬莱县志》"卷四·武备·营制"，《中国地方志集成·山东府县志辑》第50册，凤凰出版社，2004年，第54页。
⑥ （清）王文涛纂：道光《重修蓬莱县志》"卷四·武备·营制"，《中国地方志集成·山东府县志辑》第50册，凤凰出版社，2004年，第54页。
⑦ （清）王文涛纂：道光《重修蓬莱县志》"卷四·武备·营制"，《中国地方志集成·山东府县志辑》第50册，凤凰出版社，2004年，第61页。

张守祖、张安、周子龄、周成、周源、周通、周荣、周升、周九畴、周鲁、周可、周良将、周茂、周镗、周杰、周鉴、蒋宣、蒋山、蒋继祖、蒋继宗、蒋经、蒋应科、蒋承光、蒋报国、蒋维翰、刘昱、刘忠、刘振、刘敞、刘承勋、刘一源、刘若榖、孙英、孙纲、孙镗、孙绪远、孙光祖、孙宏荫、孙丕显、孙振先、孙斯文、孙信、孙诚、黄瑄、黄缨、黄钦、黄瀚、黄恩、黄之颀、黄之城、黄金炫、方安、马钰、冯旺、曹敬、曹润、曹中和、曹应鹍、吴永濂、王柱、王宁、王佐、王銮、王玺、王之印、何泰、何澄、何钺、何贵、卢隆恩、李镗、李广、李瓒、李璋、李成、卞玉、卜寅、苏景、齐升、吴宁、吴贤、侯瓒、唐英、陈贵、陈诚、陈龙、秦经、苏继祖、吕镇、武□、方安、彭镇、施礼、贺贵、栾继武、裴澄、胜玺、阮凤鸣、阮朝聘、□勋荣、卢本、卢升、卢忠、王勋锡。

　　百户：张友德、张忠、黄原寿、黄政、陈郁、卫国、张昂、施崇勋、施元震、万胜、张必荣、汤进、袁应科、梁怀忠、陈安国、史经、卢清。”①

　　关于登州卫设置的时间，史料的记载有龃龉之处，主要有以下两种说法。

　　（1）设于明洪武八年（1375 年）十一月。《明太祖实录》记载："洪武八年十一月壬午，以登州卫知事周斌为户部侍郎。"②

　　（2）设于明洪武九年（1376 年）。《明太祖实录》记载："洪武九年十二月，是月置杭州前卫、登州卫。"③《明一统志》记载："登州卫，在府城中，洪武九年建。"④《读史方舆纪要》记载："登州卫，治府城内，洪武九年置。"⑤顾炎武《肇域志》记载："国朝洪武九年，知州周斌奏设登州卫，置海船，运辽东军需。"⑥明嘉靖《山东通志》记载："登州卫在府城东北，洪武九年建。"⑦明泰昌《登州府志》记载："洪武九年升州为府，知州周斌奏改守御千户所升为卫。"⑧清道光《重修蓬莱县志》记载："明初仍元制，分莱州卫官军以备登州。洪武九年，升州为府，知州周斌奏改守御千户所升为卫。"⑨综上，洪武八年十一月登州卫还处于创设阶段，因为登州卫知事不是一个官方正式的称呼。所以登州卫应设立于洪武九年，具体到月份是十二月。

　　倭患事宜如下：《朝鲜李朝实录中的中国史料》记载："永乐十三年七月初四日，倭贼入旅顺口，尽收天妃娘娘殿宝物，杀伤二万余人，掳掠一百五十余人，尽焚登州战舰以归。"⑩光绪《增修登州府志》记载："正统五年，倭乘风夜至南岸抹直口，劫掠居民。正德五年刘六、刘七、齐彦名等寇登莱众十余万，焚掠甚惨；六年……十月陷莱阳居民，死者无算，登州官军蹑至方山交战败绩，贼益猖獗会朝廷调边兵剿之，始遁。十年倭焚沙门岛及大竹、鼍矶诸岛，火光彻南岸，倭舟至以千计，郡城戒严。万历二十二年，倭焚沙门岛，沿海戒严，寻乘风遁去。"⑪

①（清）方汝翼等纂修：光绪《增修登州府志》"卷之三十七·武秩下"，《中国地方志集成·山东府县志辑》第48、49册，凤凰出版社，2004年，第358—361页。

②《明太祖实录》卷一百二，洪武八年十一月壬午，"中研院"历史语言研究所校印，1962年，第1724页。

③《明太祖实录》卷一百一，洪武九年十二月己卯，"中研院"历史语言研究所校印，1962年，第1836页。

④（明）李贤：《明一统志》"卷二十五·登州府"，《景印文渊阁四库全书》第472册，第600页。

⑤（清）顾祖禹：《读史方舆纪要》"卷三十六·山东七·登州府"，中华书局，2007年，第1691页。

⑥（明）顾炎武：《肇域志·山东三》，《续修四库全书》第589册，上海古籍出版社，2002年，第256页。

⑦（明）陆钺：嘉靖《山东通志》"卷十一·兵防"，《天一阁藏明代方志选刊续编》第51册，上海书店出版社，1990年，第723页。

⑧（明）徐应元纂修：泰昌《登州府志》"卷之十·人事志二·戎祀·兵防"，河南省图书馆藏残本，第903页。

⑨（清）王文涛纂：道光《重修蓬莱县志》"卷四·武备·营制"，《中国地方志集成·山东府县志辑》第50册，凤凰出版社，2004年，第54页。

⑩ 吴晗辑：《朝鲜李朝实录中的中国史料》（上编）"卷三"，中华书局，1980年，第264页。

⑪（清）方汝翼等纂修：光绪《增修登州府志》"卷十三·兵事"，《中国地方志集成·山东府县志辑》第48、49册，凤凰出版社，2004年，第138页。

四 百户所城遗址

刘家汪寨所城（遗址）

刘家汪寨所城（遗址）位置图

位　　置　蓬莱区新港街道营子里村

始设年代　明代

文保级别　已消失

概　　况　遗址东距海岸线约450米，东北距刘家旺墩约350米。刘家汪寨所城因平整土地、修建民房被破坏殆尽，现为营子里村民住房。刘家汪寨所城人们习惯称其为“营子里所城”。第二次全国文物普查资料记载：“19—A19营子里海防御所址（新港街道营子里村北10米·明代）明洪武初年修建的海防设施。平面呈方形，面积约2.56万平方米。现仅西墙残存长60米，基宽1米，高0.6米，砖石砌筑。原四边各辟一门，门宽5.3米。1988年曾在防御所址内出土铜炮两尊，炮身铸有‘洪武九年（1376年）宝元局造’等铭文。”[①]

历史资料　明嘉靖《山东通志》记载：“刘家汪寨备御三百户所，属登州卫，其设官百户，墩五：曰缴家庄在所西，曰湾子、曰白林嘴、曰西峰山、曰城儿岭在所北。”[②]明泰昌《登州府志》记载：“刘家汪寨石城，围一百八十丈，高二丈五尺，阔一丈三尺，南一门，楼铺五，池阔一丈、深五尺。”[③]“刘家汪寨备御百户所百户三员，守城军余三十五名，守墩军余一十五名……登州卫中右千户所分设。”[④]“墩制，刘家汪寨五座：曰缴家庄、曰湾子口、曰林嘴、曰西峰山、曰城儿岭。”[⑤]清道光《重修蓬莱县志》记载：“刘家汪寨五座，备御百户所百户三员，守城军三十五名，守墩军一十五名，缴家庄、湾子口、林嘴、西峰山、城儿岭。”[⑥]综合上述资料可知，刘家汪寨属登州卫中右千户所分设的备御三百户所，其下辖五个墩，有石城和驻军。

① 国家文物局主编、山东省文物局编著：《中国文物地图集·山东分册（下）》，中国地图出版社，2006年，第249页。
②（明）陆釴：嘉靖《山东通志》“卷十一·兵防”，《天一阁藏明代方志选刊续编》第51册，上海书店出版社，1990年。
③（明）徐应元纂修：泰昌《登州府志》“卷之五·地理志·城池”，河南省图书馆馆藏残本，第569、570页。
④（明）徐应元纂修：泰昌《登州府志》“卷之十·人事志二·戎祀·兵防”，河南省图书馆馆藏残本，第904页。
⑤（明）徐应元纂修：泰昌《登州府志》“卷之十·人事志二·戎祀·兵防”，河南省图书馆馆藏残本，第919、920页。
⑥（清）王文涛纂：道光《重修蓬莱县志》“卷之四·武备志”，《中国地方志集成·山东府县志辑》第50册，凤凰出版社，2004年，第61页。

解宋寨所城遗址

位　　置　蓬莱区刘家沟镇解西村中

始设年代　明洪武年间（1368—1398 年）

文保级别　1996 年 7 月 23 日，"解宋营古城"被公布为第二批市级重点文物保护单位；2006 年 12 月 7 日，"解宋营古城"被公布为第三批省级文物保护单位

概　　况　解宋寨所城遗址北距大海约 600 米，东距五堡河约 660 米，西北距解宋营西墩遗址约 1 千米，东南距解宋营东墩遗址约 1.8 千米。遗址在一处半月形海湾南岸，海滩平缓，筑城用以防御倭寇，东面有一条季节性河流，用作护城河，东、西两面为山岗，建有墩。"二普""三普"资料中记载为"解宋营古城"。第二次全国文物普查记载："解宋营城址（刘家沟镇解宋营村南 20 米·明代·烟台市文物保护单位），洪武年间（1368—1398 年）创建的海防屯兵设施。平面呈长方形，南北长 150 米，东西宽 130 米，面积约 1.95 万平方米。城墙为砖石砌筑，现存北垣一段城墙，残高 7.5 米，基宽 9 米。东、西、南、北各辟一门，现仅存南门墩台，门洞高 8 米，宽 6.4 米，进深 7.4 米，墩台上建有硬山顶门楼三间。城外有护城河残迹，长 200 米，宽 4 米。城堡东、西两侧的山岗上筑有烽火台各一座。《蓬莱县志》《登州府志》均有记载。"[1]

解宋寨所城遗址位置图

解宋寨所城遗址卫星图

解宋寨所城遗址保护碑

---

[1] 国家文物局主编、山东省文物局编著：《中国文物地图集·山东分册（下）》，中国地图出版社，2006 年，第 249 页。

解宋寨所城遗址全景

2021 年调查时，解宋寨所城现存城门洞、城楼、钟楼、城墙残段和护城河。城址东西长 200 米，南北宽 197 米，总面积约 3.94 万平方米。城内道路由城门从南至北贯通，城内现在还保留有古槐及部分清代、民国时期的传统民居，院落格局分为二合院、三合院、四合院类型，均为砖、石、木结构，小青瓦或簸箕瓦覆顶，有的建筑依然保留海草覆顶的海边建筑特色。现民居基本保持原貌，排列有序。城址南城门楼保存较好，南城门楼西侧 46 米处残留石砌城墙，距南城门楼东 36 米拐角处有一段 3 米长城墙，残高 1.8 米，在古城址东北角残留一段南北走向毛石砌筑城墙，残长 33.7 米，从东北角向西有段 30 米城墙基，有两层基石清晰可见。

历史资料　明嘉靖《山东通志》记载："解宋寨备御四百户所，属登州卫，其设官百户，墩三：曰虚里在所东，曰解宋在所北，曰木基在所西。"[1] 明泰昌《登州府志》记载："解宋寨石城，围二百四十丈，高二丈五尺，阔一丈三尺，南一门，楼铺五，池阔一丈、深五尺。"[2]"解宋寨备御百户所百户四员，守城军余四十名，守墩军余九名，登州卫中右千户所分设。"[3]"墩制，解宋寨三座：曰木基、曰解宋、曰虚里。"[4] 清道光《重修蓬莱县志》记载："解宋寨三座，备御百户所百户四员，守城军四十名，守墩军九名，木基、解宋、墟里。"[5] 综合上述资料可知，解宋寨属登州卫中右千户所分设的备御四百户所，其下辖三个墩，有石城和驻军。

① （明）陆釴：嘉靖《山东通志》"卷十一·兵防"，《天一阁藏明代方志选刊续编》第51册，上海书店出版社，1990年。
② （明）徐应元纂修：泰昌《登州府志》"卷之五·地理志·城池"，河南省图书馆藏残本，第570页。
③ （明）徐应元纂修：泰昌《登州府志》"卷之十·人事志二·戎祀·兵防"，河南省图书馆藏残本，第904页。
④ （明）徐应元纂修：泰昌《登州府志》"卷之十·人事志二·戎祀·兵防"，河南省图书馆藏残本，第920页。
⑤ （清）王文涛纂：道光《重修蓬莱县志》"卷之四·武备志"，《中国地方志集成·山东府县志辑》第50册，凤凰出版社，2004年，第61页。

解宋寨所城遗址残存墙址（南向北摄）　　　　　　　解宋寨所城遗址护城河（西向东摄）

解宋寨所城遗址南城门外现状

解宋寨所城遗址南城门内现状

五

寨/屯遗址

赵格庄营寨遗址

位　　置　蓬莱区新港街道赵格庄村北900米处

始设年代　明洪武年间（1368—1398年）

文保级别　2004年4月30日，"赵格庄营寨遗址"被公布为第三批市级文物保护单位；2013年10月10日，"赵格庄营寨遗址"被公布为第四批省级文物保护单位

概　　况　赵格庄营寨遗址北临大海，东南距铜井山墩遗址约1.6千米，西南距登州卫约13.2千米。第二次全国文物普查资料记载："16—A16赵格庄城址（新港街道赵格庄东北1千米·明代），俗称'营子岬''围里'。城堡建于悬崖峭壁之上，东、北面临海。平面呈长方形，南北长142米，北面东西宽106米，南面东西宽100米，全部湮没于砂土下，远眺轮廓清晰。因村民取土，西北角围墙暴露出地面，长30余米，墙高4米，为大青石砌筑，墙断面呈斜梯状，底宽约7米，上宽4—5米。城内有纵向墙基3条，其余地面夯有黄土、碎石、瓦砾。为一处明代早期保存较好的海防屯兵设施。（《中国文物报》1997年5月5日）"[①]

赵格庄营寨遗址位置图

赵格庄营寨遗址卫星图

　　2021年调查时，营寨形状不规则，由玄武岩大型条石砌筑而成，当地居民称为"围里""营子岬"，是1996年赵格庄村民挖沙时发现的，具有重要的军事价值，遗址整体保存较好，现残存部分城墙遗址。北墙保存较好，顶部长满杂草和灌木丛，边缘有残损瓦块等，残存部分长约77米，残高约1.7米，宽2—5米不等，在北墙处未见城门。东墙保存一般，

① 国家文物局主编、山东省文物局编著：《中国文物地图集·山东分册（下）》，中国地图出版社，2006年，第249页。

赵格庄营寨遗址全景

顶部长满杂草和灌木丛，在墙体的东北角处有一座现代民房，对城墙造成了破坏，东墙长约 105 米，宽 2—3 米不等，残高约 0.8 米，在城墙中间位置有一缺口，现为一条通往寨址内的小路，推测该缺口为当时的城门。南墙保存较好，顶部长满杂草和灌木丛，未见城门，在周边可见散落的瓦块等遗物，南墙长约 78 米，残高约 1.2 米，宽约 5 米，墙体的东南角拐角处保存较好，根据该处拐角可推断出，原寨址平面为圆角长方形。

赵格庄营寨遗址保护碑

西墙保存一般，顶部长满杂草和灌木丛，在墙体周边可见散落的陶片、瓦块等遗物，在墙体的中间位置有一处缺口，疑似当时的城门。在城内有两条南北向和一条东西向的凸起，贯穿城内，疑似为城内的墙体。城内现为荒地，杂草丛生，地表可见瓦块及陶片遗物。

历史资料　《明太祖实录》记载："洪武二十五年十一月，山东都指挥使周房奏言，所属宁海、莱州二卫，东濒巨海、途岸纡远、难于防御。近者审择莱州要害之处，当置八总寨以辖四十八小寨，其宁海卫亦宜置五总寨，以备倭夷，诏从之。"[①] 赵格庄营寨应是这一时期设立的军寨，可能属于四十八小寨之一，从地理位置上来看，应属于莱州卫管辖。

赵格庄营寨遗址北墙现状

赵格庄营寨遗址东墙现状

赵格庄营寨遗址南墙现状

赵格庄营寨遗址西墙现状

---

① 《明太祖实录》卷二百二十二，洪武二十一年十一月乙酉，"中研院"历史语言研究所校印，1962年，第3244页。

墩遗址

聂家墩（遗址）

位　　置　蓬莱区北沟镇聂家村北 600 米发电厂院内

始设年代　明代

文保级别　已消失

概　　况　遗址北距海岸线约 1.4 千米，东北距峰山岭墩遗址约 3.2 千米，西距黄河寨所城约 7.1 千米。据村民讲述，聂家墩于 20 世纪 70 年代平整土地时被破坏殆尽，现为国家能源蓬莱发电有限公司。

　　据明嘉靖《山东通志》记载，推测聂家墩为黄河寨备御百户所下属五墩之一的任家墩。

聂家墩（遗址）位置图

峰山岭墩遗址

位　　置　蓬莱区北沟镇北王绪村北 700 米处

始设年代　明代

文保级别　2011 年 5 月 20 日，"蓬莱沿海烽火台群"被公布为第四批市级文物保护单位；2013 年 10 月 10 日，"蓬莱海防遗址"被公布为第四批省级文物保护单位

概　　况　遗址北距海岸线约 1.4 千米，东北距西峰台墩遗址约 5.4 千米，西南距黄河寨所城约 10.2 千米。第二次全国

峰山岭墩遗址位置图

文物普查资料记载："22—A22 峰山岭烟墩（北沟镇栾家口村南 1 千米·明代），防备倭寇的报警狼烟台。平面呈圆形，斜坡，顶部已破坏。残高 5 米，底部周长 60 米。墩体外以石砌墙护坡，内填黄土夯实。"[1] 2021

---

① 国家文物局主编、山东省文物局编著：《中国文物地图集·山东分册（下）》，中国地图出版社，2006年，第249页。

年调查时，遗址整体近似梯形，平面为正方形，由土石混合夯筑而成，表面杂草丛生，外围有石块护坡，据村民介绍该遗址由当地居民自行修缮。遗址西侧有一条直通墩遗址顶部的台阶，顶部西北角有一处测绘部门的测绘控制点。遗址顶部近似正方形，边长约 10.3 米，残高 5 米，边斜长 6.2 米，底部边长 18 米，占地面积约 324 平方米。

据明嘉靖《山东通志》记载，推测峰山岭墩可能为黄河寨备御百户所下属五墩之一的栾家口墩。

峰山岭墩遗址卫星图

峰山岭墩遗址东侧现状（东向西摄）

峰山岭墩遗址西侧现状（西向东摄）

峰山岭墩遗址北侧现状（北向南摄）

峰山岭墩遗址顶部现状

西峰台墩遗址

位　　置　蓬莱区北沟镇上朱潘村北约850米山顶上

始设年代　明代

文保级别　2006年12月27日，"西峰台烽火台"被公布为蓬莱市文物保护单位；2011年5月20日，"蓬莱沿海烽火台群"被公布为第四批市级文物保护单位；2013年10月10日，"蓬莱海防遗址"被公布为第四批省级文物保护单位

概　　况　遗址北距海岸线约630米，西距海岸线约900米，东北距东峰台墩约1.5千米，距登州卫约5.9千米。第二次全国文物普查资料记载："21—A21西峰台烟墩（北沟镇上朱潘村北1千米·明代）防备倭寇的报警狼烟台。平面呈圆形，斜坡，顶部破坏。残高6米，底部周长50米。墩体外以毛石砌墙护坡，内填黄土夯实。"[1]2021年调查时，遗址整体呈圆锥形，平面近似圆形，由土石混合夯筑而成，表面杂草丛生，长满酸枣枝。附近散落大量护坡的石块。遗址顶径约4.2米，残高4.9米，斜长约8.6米，占地面积约264平方米。

据明嘉靖《山东通志》、明泰昌《登州府志》、清道光《重修蓬莱县志》记载，推测西峰台墩可能为登州卫下属六墩之一。

西峰台墩遗址位置图

西峰台墩遗址卫星图

西峰台墩遗址航拍

---

① 国家文物局主编、山东省文物局编著：《中国文物地图集·山东分册（下）》，中国地图出版社，2006年，第249页。

西峰台墩遗址南侧现状（南向北摄）　　　　西峰台墩遗址北侧现状（北向南摄）

东峰台墩（遗址）

位　　置　蓬莱区蓬莱阁街道林格庄社区东山北侧

始设年代　明代

文保级别　已消失

概　　况　遗址北距海岸线约650米，西距海岸线约700米，东北距黑峰台山墩遗址约2千米，距登州卫约4.5千米。第二次全国文物普查资料记载："14—A14 东峰台烟墩（紫荆山街道林格庄村东南150米·明代），防备倭寇的狼烟台。平面呈圆形，斜坡，原顶部平坦。部分已倒塌。残高4.5米，底周长70米。

东峰台墩（遗址）位置图

墩体外以毛石砌墙护坡，内填黄土夯实。"[1] 遗址在2014—2015年间，因村庄拆迁、开发建设被破坏殆尽，现为建筑工地。

据明嘉靖《山东通志》、明泰昌《登州府志》、清道光《重修蓬莱县志》记载，推测东峰台墩可能为登州卫下属六墩之一。

---

[1] 国家文物局主编、山东省文物局编著：《中国文物地图集·山东分册（下）》，中国地图出版社，2006年，第249页。

黑峰台山墩遗址

位　　置　蓬莱区蓬莱阁街道邹于社区东北黑峰台山顶部

始设年代　明代

文保级别　2011 年 5 月 20 日，"蓬莱沿海烽火台群"被公布为第四批市级文物保护单位；2013 年 10 月 10 日，"蓬莱海防遗址"被公布为第四批省级文物保护单位

概　　况　遗址北距海岸线约 950 米，西距海岸线约 1.5 千米，东北距蓬莱水城约 3.5 千米，东南距登州卫约 3 千米。第二次全国文物普查资料记载："13—A13 黑峰台烟墩（紫荆山街道西 2.2 千米黑峰台山·明代），防备倭寇的报警狼烟台。平面呈圆形，斜坡，顶部平坦。高 7 米，底周长 42 米。墩体外以毛石砌墙护坡，内填黄土夯实。"①2021 年调查时，遗址整体形状不规则，平面近似方形，由石块堆砌而成，堆砌规整，周围为松树及酸枣枝。遗址北侧有一处二层台阶，顶部有石块堆起来的尖顶，

黑峰台山墩遗址位置图

黑峰台山墩遗址卫星图

黑峰台山墩遗址顶部现状

黑峰台山墩遗址现状

① 国家文物局主编、山东省文物局编著：《中国文物地图集·山东分册（下）》，中国地图出版社，2006 年，第 249 页。

其他地方较为平坦，顶部长约 9 米，宽约 8 米。遗址底部长约 23 米，宽约 22.1 米，残高 3.8 米，边斜长 5.2 米，占地面积约 506 平方米。

据明嘉靖《山东通志》、明泰昌《登州府志》、清道光《重修蓬莱县志》记载，推测黑峰台山墩可能为登州卫下属六墩之一。

黑峰台山墩遗址远景

田横寨墩（遗址）

位　　置　蓬莱区蓬莱阁街道田横寨公园内

始设年代　明代

文保级别　已消失

概　　况　遗址东、北、西三面环海，东南距蓬莱水城约 900 米，南距登州卫约 2.7 千米。遗址现为田横山公园里的旅游岗亭。

据明嘉靖《山东通志》、明泰昌《登州府志》、清道光《重修蓬莱县志》记载，田横寨墩为登州卫下属六墩之一。

田横寨墩（遗址）位置图

抹直口墩（遗址）

位　　置　蓬莱区蓬莱阁街道三仙山景区公园内

始设年代　明代

文保级别　已消失

概　　况　遗址北距海岸线 80 米，东距海岸线约 620 米，西距蓬莱水城约 2.4 千米，西南距登州卫约 4.4 千米。据村民讲述，抹直口墩于 20 世纪五六十年代平整土地时被破坏殆尽，现为三仙山公园。

据明嘉靖《山东通志》、明泰昌《登州府志》、清道光《重修蓬莱县志》记载，抹直口墩为登州卫下属六墩之一。

抹直口墩（遗址）位置图

防风林墩遗址

位　　置　蓬莱区新港街道亚泰兰海公馆西 450 米处

始设年代　明代

文保级别　2006 年 12 月 27 日，"防风林烽火台"被公布为蓬莱市文物保护单位；2011 年 5 月 20 日，"蓬莱沿海烽火台群"被公布为第四批市级文物保护单位；2013 年 10 月 10 日，"蓬莱海防遗址"被公布为第四批省级文物保护单位

概　　况　遗址北距海岸线约 600 米，东北距湾子口墩约 3.7 千米，西距登州卫约 6.9 千米。第二次全国文物普查资料记载："20—A20 防风林烟墩（南王镇矫格庄北 750 米·明代），防备倭寇的报警狼烟台。平面呈圆形，斜坡，原顶部较平坦。高 5 米，底周长 60 米。墩体外以毛石砌墙护坡，内填黄土夯实。"[1]2021 年调查时，遗址整体近似圆形，平面为圆形，由黄土夯筑而成，表面杂草丛生、长满灌木丛和松树，地表有散落的瓦块，周围是村民现代墓地，东侧和南侧被现代墓地破坏较为严重，

防风林墩遗址位置图

防风林墩遗址卫星图

防风林墩遗址保护碑

防风林墩遗址现状（西向东摄）

---

[1] 国家文物局主编、山东省文物局编著：《中国文物地图集·山东分册（下）》，中国地图出版社，2006 年，第 249 页。

在遗址顶部建有现代墓葬三座。遗址顶径约 5.7 米，残高 4.8 米，斜长 7.2 米，占地面积约为 452 平方米。

据明嘉靖《山东通志》、明泰昌《登州府志》、清道光《重修蓬莱县志》记载，推测防风林墩可能为登州卫下属六墩之一。

湾子口墩（遗址）

位　　置　蓬莱区新港街道湾子口村北约 900 米

始设年代　明代

文保级别　已消失

概　　况　遗址北距海岸线约 300 米，西距海岸线约 690 米，东北距华石圈墩约 2 千米，东南距刘家汪寨所城约 6.8 千米。据村民讲述，湾子口墩为土石混合夯筑而成，高约 6 米，于 20 世纪六七十年代平整土地时被破坏殆尽，现为村民养殖基地。

湾子口墩（遗址）位置图

据明嘉靖《山东通志》、明泰昌《登州府志》、清道光《重修蓬莱县志》记载，湾子口墩为刘家汪寨备御三百户所下属五墩之一。

华石圈墩（遗址）

位　　置　蓬莱区新港街道湾子口社区崔家村北 700 米山坡上

始设年代　明代

文保级别　已消失

概　　况　遗址北部和东部紧邻大海，东南距赵格庄营寨遗址约 1.7 千米，东南距刘家汪寨所城约 5.3 千米。据村民讲述，华石圈墩于 20 世纪五六十年代平整土地时被破坏殆尽，现为荒地。

华石圈墩（遗址）位置图

据明嘉靖《山东通志》、明泰昌《登州府志》、清道光《重修蓬莱县志》记载，推测华石圈墩为刘家汪寨备御三百户所下属五墩之一。

铜井山墩遗址

位　　置　蓬莱区新港街道铜井村西北300米红石山顶部

始设年代　明代

文保级别　2011年5月20日，"蓬莱沿海烽火台群"被公布为第四批市级文物保护单位；2013年10月10日，"蓬莱海防遗址"被公布为第四批省级文物保护单位

概　　况　遗址北距海岸线约600米，东北距海岸线约360米，西北距赵格庄营寨遗址约1.6千米，东南距刘家汪寨所城约2.3千米。第二次全国文物普查资料记载："17—A17铜井山烟墩（新港街道铜井景家村北500米·明代），防备倭寇的狼烟台。平面呈圆形，斜坡，顶部平坦。高4米，底周长45米。墩体外以毛石砌墙护坡，内填黄土夯实。"[1] 2021年调查时，遗址整体呈圆形，由土石混合夯筑而成，表面杂草丛生、长满灌木丛，北侧有一条通往顶部的小路，顶部较为平坦，其上为村民铺设的水泥地面，另有一处现代测绘部门的测

铜井山墩遗址位置图

铜井山墩遗址卫星图

铜井山墩遗址东侧现状（东向西摄）

铜井山墩遗址南侧现状（南向北摄）

---

① 国家文物局主编、山东省文物局编著：《中国文物地图集·山东分册（下）》，中国地图出版社，2006年，第249页。

绘控制点。遗址顶部近似圆形，顶径约 6.4 米，残高 5.3 米，边斜长约 9.8 米，遗址占地面积约为 415.74 平方米。

据明嘉靖《山东通志》、明泰昌《登州府志》、清道光《重修蓬莱县志》记载，推测铜井山墩可能为刘家汪寨备御三百户所下属五墩之一。

刘家旺墩（遗址）

刘家旺墩（遗址）位置图

位　　置　蓬莱区新港街道刘家旺村北约 1 千米处

始设年代　明代

文保级别　已消失

概　　况　遗址北距海岸线约 1.8 千米，东距海岸线约 750 米，西南距刘家汪寨所城约 350 米。第二次全国文物普查资料记载："18—A18 营子里烟墩（新港街道营子里村东北 10 米·明代），防备倭寇的狼烟台。平面呈圆形，斜坡，原顶部平坦。现顶部已破坏。原高约 20 米，现残高 5 米，底周长 50 米。墩体外以毛石砌墙护坡，内填黄土夯实。"[1] 据村民讲述，刘家旺墩于 20 世纪五六十年代被破坏殆尽，现为房屋建筑。

据明嘉靖《山东通志》、明泰昌《登州府志》、清道光《重修蓬莱县志》记载，推测刘家旺墩为刘家汪寨备御三百户所下属五墩之一。

木基墩遗址

木基墩遗址位置图

位　　置　蓬莱区刘家沟镇南吴家村东 1 千米处

始设年代　明代

文保级别　2011 年 5 月 20 日，"蓬莱沿海烽火台群"被公布为第四批市级文物保护单位；2013 年 10 月 10 日，"蓬莱海防遗址"被公布为第四批省级文物保护单位

概　　况　遗址紧邻海岸线，东部和北

---

① 国家文物局主编、山东省文物局编著：《中国文物地图集·山东分册（下）》，中国地图出版社，2006 年，第 249 页。

部为大海，东南距解宋营西墩遗址约 1.9 千米，距解宋寨所城遗址约 2.8 千米。遗址整体近似圆锥形，由黄土夯筑而成，周围为村民的养殖场，表面杂草丛生，长满灌木丛，南侧和西侧被村民取土破坏，在东北侧有一条通往遗址顶部的小路。遗址顶径东西 2.6 米，南北 6.5 米，残高 5.9 米，边斜长 8 米，占地面积约 235 平方米。

历史资料 据明嘉靖《山东通志》、明泰昌《登州府志》及清道光《重修蓬莱县志》记载，木基墩为解宋寨备御四百户所下属三墩之一。

木基墩遗址卫星图

木基墩遗址远景（南向北摄）

木基墩遗址东侧现状（东向西摄）

木基墩遗址近景

木基墩遗址局部

解宋营西墩遗址

位　　置　蓬莱区刘家沟镇解宋营西村西北 900 米处

始设年代　明代

文保级别　2006 年 12 月 27 日，"解宋营西烽火台"被公布为蓬莱市文物保护单位；2011 年 5 月 20 日，"蓬莱沿海烽火台群"被公布为第四批市级文物保护单位；2013 年 10 月 10 日，"蓬莱海防遗址"被公布为第四批省级文物保护单位

概　　况　遗址北距海岸线约 600 米，东距海岸线约 1 千米，东南距解宋寨所城遗址约 1 千米。遗址整体呈方台形，平面近似方形，由土石混合夯筑而成，表面长满杂草和灌木丛，周围为村民种植的果园，在北侧和东侧有护坡石，布局整齐，有明显人为加工痕迹，南侧有一处圆形盗洞，北侧有一处二层台阶，东北角有一处被破坏。遗址顶部近似方形，边长约 5.5 米，顶部中心位置有一处水泥桩，为测绘部门的测绘控制点，

解宋营西墩遗址位置图

解宋营西墩遗址卫星图

底部边长东西 22 米，南北 24 米，残高 5.6 米，斜长 9.2 米，占地面积约 528 平方米。

历史资料　据明嘉靖《山东通志》、明泰昌《登州府志》及清道光《重修蓬莱县志》记载，解宋营西墩为解宋寨备御四百户所下属三墩之一的解宋墩。

解宋营西墩遗址北侧现状（北向南摄）

解宋营西墩遗址现状

解宋营东墩遗址

位　　置　蓬莱区刘家沟镇朱家庄瑞枫奥塞斯酒厂院内

始设年代　明代

文保级别　2006 年 12 月 27 日，"解宋营东烽火台"被公布为蓬莱市文物保护单位；2011 年 5 月 20 日，"蓬莱沿海烽火台群"被公布为第四批市级文物保护单位；2013 年 10 月 10 日，"蓬莱海防遗址"被公布为第四批省级文物保护单位

概　　况　遗址北距海岸线约 710 米，东距海岸线约 1.1 千米，西北距解宋寨所城遗址约 1.8 千米，东南距墟里墩遗址约 2.1 千米。遗址整体呈圆锥形，由黄土堆砌而成，表面杂草丛生，周围为村民种植的果园，遗址西侧有一条通往顶部的小路，由现代石板铺成台阶状，顶部近似圆形、较为平坦，有石板桌和石凳。顶径长 3.3 米，遗址残高约 4.5 米，斜长 15 米，占地面积约 800 平方米。

从地理位置来看解宋营东墩与解宋寨所城有着密切的联系，是否属于其下辖墩有待于进一步考证。

解宋营东墩遗址位置图

解宋营东墩遗址卫星图

解宋营东墩遗址远景（北向南摄）

解宋营东墩遗址保护碑

墟里墩遗址

位　　置　蓬莱区刘家沟镇墟里村东北700 米处

始设年代　明代

文保级别　尚未核定为文物保护单位

概　　况　遗址北距海岸线约 880 米，东距海岸线约 350 米，西南距东峰子墩遗址约 440 米，西北距解宋寨所城遗址约 3.9 千米。遗址整体呈圆锥形，平面近似圆形，由土石混合夯筑而成，保存状况一般，表面杂草丛生，长满灌木丛，在东北角有一处水泥碉堡，西北角有一处水泥拱门道，为进入碉堡的门道。遗址顶径约 1.5 米，斜长 5.2 米，残高约 2.8 米，底径约 9 米，占地面积约 82.7 平方米。

历史资料　据明嘉靖《山东通志》、明泰昌《登州府志》及清道光《重修蓬莱县志》记载，墟里墩为解宋寨备御四百户所下属三墩之一。

墟里墩遗址位置图

墟里墩遗址卫星图

墟里墩遗址远景（西向东摄）

墟里墩遗址现状

东峰子墩遗址

位　　置　蓬莱区刘家沟镇海头村东北约 500 米处

始设年代　明代

文保级别　2011 年 5 月 20 日，"蓬莱沿海烽火台群"被公布为第四批市级文物保护单位；2013 年 10 月 10 日，"蓬莱海防遗址"被公布为第四批省级文物保护单位

概　　况　遗址东距海岸线约 350 米，西南距六十里堡约 1.8 千米。第二次全国文物普查资料记载："25—A25 东峰子烟墩（刘家沟镇海西头村东 20 米·明代），防备倭寇的报警狼烟台。平面呈圆形，斜坡，顶部破坏严重。残高 3.5 米，底周长 45 米。黄土夯筑。"[1] 2021年调查时，遗址保存状况较差，仅残存北侧圆弧形土墙，南侧被现代墓地破坏，残存部分顶端长有松树，残高约 2.5 米，底径长约 15 米，残存部分占地面积约100 平方米。遗址建在西晋圆形大墓顶端，2018 年 3—4 月烟台市博物馆在附近发掘一批西周墓，另外在遗址东侧约300 米处发掘一座西晋砖室大墓，推测与该遗址下方的西晋大墓有关联。

东峰子墩遗址位置图

东峰子墩遗址卫星图

东峰子墩遗址北壁断面现状

东峰子墩遗址现状

① 国家文物局主编、山东省文物局编著：《中国文物地图集·山东分册（下）》，中国地图出版社，2006 年，第 249 页。

七

堡遗址

六十里堡（遗址）

位　　置　蓬莱区潮水镇六十堡村东北730 米处

始设年代　明代

文保级别　已消失

概　　况　遗址东北距东峰子墩遗址约1.8 千米，东南距黄石庙墩遗址约 4.7 千米。六十里堡于 20 世纪五六十年代平整土地时被破坏殆尽，现为中鲁冷藏厂。

六十里堡（遗址）位置图

八

其他遗址

登州府城墙遗址

位　　置　蓬莱区紫荆山街道武霖社区内

始设年代　明洪武九年（1376 年）

文保级别　2011 年 5 月 20 日，"登州府城墙遗址"被公布为第四批市级文物保护单位；2022 年 1 月 17 日，"登州府城墙遗址"与第四批省级文物保护单位武霖上水门合并被公布为第六批省级文物保护单位

概　　况　遗址东北距海岸线约 2 千米，

登州府城墙遗址位置图

西距登州卫约 310 米。登州府城墙遗址与上水门遗址相连为一整体，上水门东南的这段城墙，共由三段残存城墙组成，南北残长约 155 米，外砌砖石已不存，仅存内部夯土。登州府城城墙在 20 世纪 60 年代，陆续被拆毁。残存的登州府城墙遗址掩藏在民居之中。

历史资料 登州府设于明洪武九年（1376 年），《明太祖实录》记载："洪武九年五月壬午，改登州为府，置蓬莱县。时上以登、莱二州皆濒大海，为高丽、日本往来要道，非建府治、增兵卫不足以镇之。遂割莱州府文登、招远、莱阳三县益登州为府，置所属蓬莱县，复以青州府之昌邑、即墨、高密三县补莱州府。"[1] 明嘉靖《山东通志》记载："登州三面距海，为京东扞屏，南走徐扬，东达辽左，水路交会，

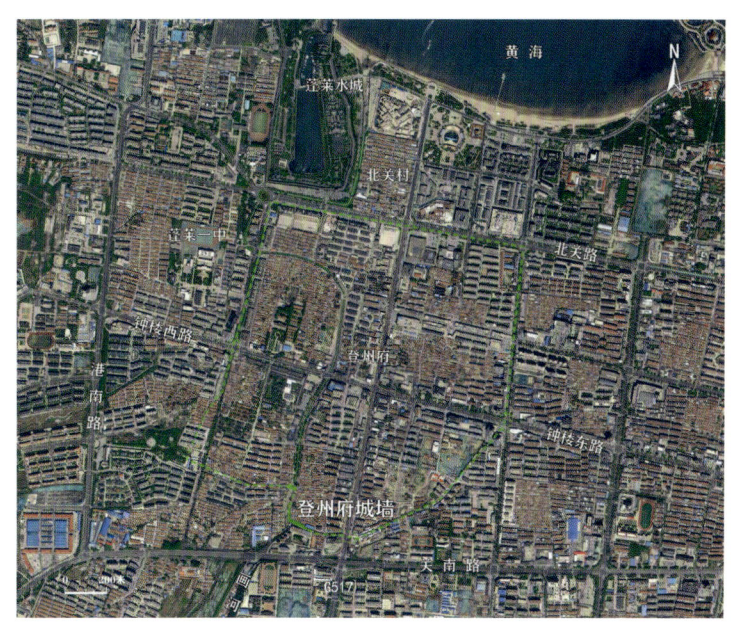

登州府城墙遗址卫星图

登州府城墙遗址航拍

---

①《明太祖实录》卷一百六，洪武九年五月壬午，"中研院"历史语言研究所校印，1962年，第1671页。

登州府城墙遗址城门内侧现状

登州府城墙遗址城门外侧现状

登州府城墙遗址东墙远景

登州府城墙遗址东墙现状

比亦要冲之国也。"① 清光绪《增修登州府志》记载："登州一郡，三面洪涛，屏翰京师，控引辽左，扼东南冲突之要。"② 明嘉靖《山东通志》与清光绪《增修登州府志》的记载说明了登州府的海防地理位置非常重要。明泰昌《登州府志》记载："府城围计九里，高三丈五尺，四门：东曰春生、南曰朝天、西曰迎恩、北曰镇海，其上各有楼堞连角楼共七座，其城用砖石包砌，窝铺凡五十六间，上下作水门三，壕池阔二丈、深一丈，断续不周匝，俱洪武间登州卫指挥谢规、戚斌及永乐十五年指挥王宏相继增筑，万历癸巳，倭犯朝鲜道府议增筑敌台二十八座，雉堞炮眼视旧，周备有加，大城之外北接备倭城，原系新开海口因筑城，洪武九年设立帅府，周围三里许，高三丈五尺，阔一丈一尺，门一曰振扬，楼铺共二十六座，俗名水城，万历丙申，亦因倭警总兵李承勋撤旧甃，易以砖东、北、西三面，共增敌台三座，南一面仍旧。"③ 清光绪《增修登州府志》记载："明初升州为府，并立卫遂拓而大之（旧南门在上水门西，遗迹犹存）。周九里，高三丈五尺，厚二丈，皆砖石，门四：东曰春生、南曰朝天、西曰迎恩、北曰镇海，楼七、铺五十六，池阔二丈、深一丈。水门三：南曰上水门，黑水、密水所入；东曰小水门，密分水所入；西北曰下水门，三水合流而出。明洪武间指挥谢观（通志作规）、戚斌，永乐间指挥王宏相继修之。万历间，倭犯朝鲜，增筑敌台二十八。崇祯间，知府桂辂、戴宪明先后增高三尺五寸。"④

考古和保护工作 2009 年 10 月，蓬莱区文物局对现存的城墙遗址进行了加固，在城墙两侧砌筑围墙加以保护。

① （明）陆釴：嘉靖《山东通志》"卷七·形势"，《天一阁藏明代方志选刊续编》第51册，上海书店出版社，1990年，第480页。
② （清）方汝翼等纂修：光绪《增修登州府志》"卷首·序"，《中国地方志集成·山东府县志辑》第48、49册，凤凰出版社，2004年，第6页。
③ （明）徐应元纂修：泰昌《登州府志》"卷之五·地理志·城池"，河南省图书馆馆藏残本，第559、560页。
④ （清）方汝翼等纂修：光绪《增修登州府志》"卷之七·城池"，《中国地方志集成·山东府县志辑》第48、49册，凤凰出版社，2004年，第74页。

福 山 区 地 图

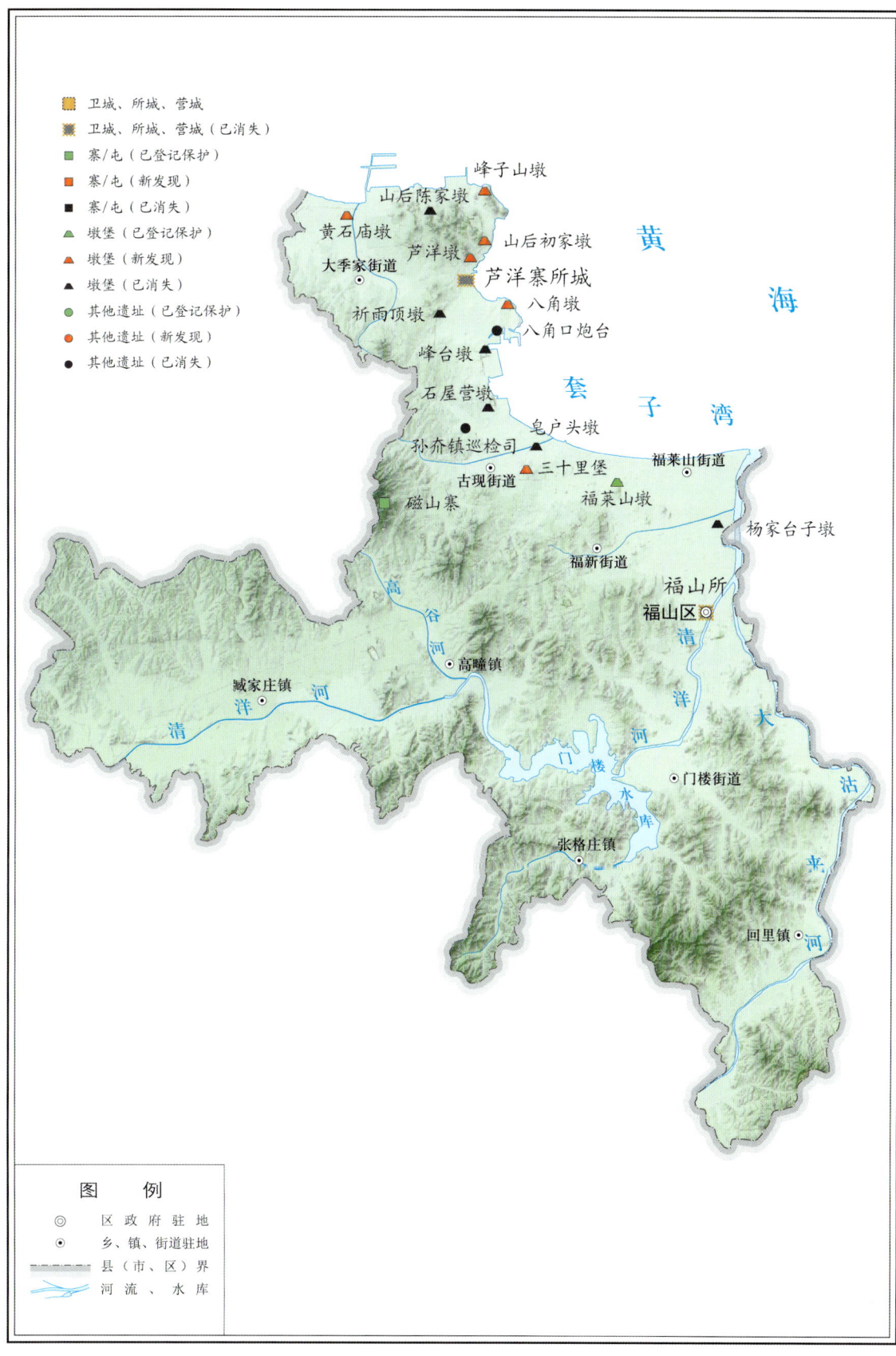

图例（说明）：
- 卫城、所城、营城
- 卫城、所城、营城（已消失）
- 寨/屯（已登记保护）
- 寨/屯（新发现）
- 寨/屯（已消失）
- 墩堡（已登记保护）
- 墩堡（新发现）
- 墩堡（已消失）
- 其他遗址（已登记保护）
- 其他遗址（新发现）
- 其他遗址（已消失）

地图标注：
峰子山墩
山后陈家墩
黄石庙墩
芦洋墩　山后初家墩
大季家街道
芦洋寨所城
祈雨顶墩　八角墩
八角口炮台
峰台墩
石屋营墩
皂户头墩
孙夼镇巡检司
福莱山街道
古现街道　三十里堡
磁山寨　福莱山墩
杨家台子墩
福新街道
福山所
福山区
高疃镇
臧家庄镇
门楼街道
门楼水库
张格庄镇
回里镇

黄海
套子湾
清洋河
高谷河
清洋河
洋河
大沽河
莱河

图　例

- ◎　区政府驻地
- ⊙　乡、镇、街道驻地
- ▬▬▬　县（市、区）界
- 〜〜〜　河流、水库

五 福山区海防遗址

千户所城遗址

福山所（遗址）

位　　置　福山区县府街 185 号人民政府

始设年代　明洪武十年（1377 年）

文保级别　已消失

概　　况　遗址东距清洋河约 300 米，北距海岸线约 8.3 千米，东北距宫家岛墩遗址约 4.3 千米。福山所现为福山区人民政府所在地。

历史沿革　民国《福山县志稿》记载，金代就有福山千户所，元代继续沿袭。明初福山千户所沿袭元代[①]。明嘉靖《山东通志》记载："福山备御中前千户所在福山县治西属登州卫，洪武十年建。"[②]综上史料可知：福山所属于登州卫下辖的备御中前千户所，因袭元代千户所，一直到洪武十年才终于确定下来，所以福山所设立于明洪武十年（1377 年）。

　　清光绪《增修登州府志》记载："国朝顺治初裁各卫所指挥、千户改设守备

福山所（遗址）位置图

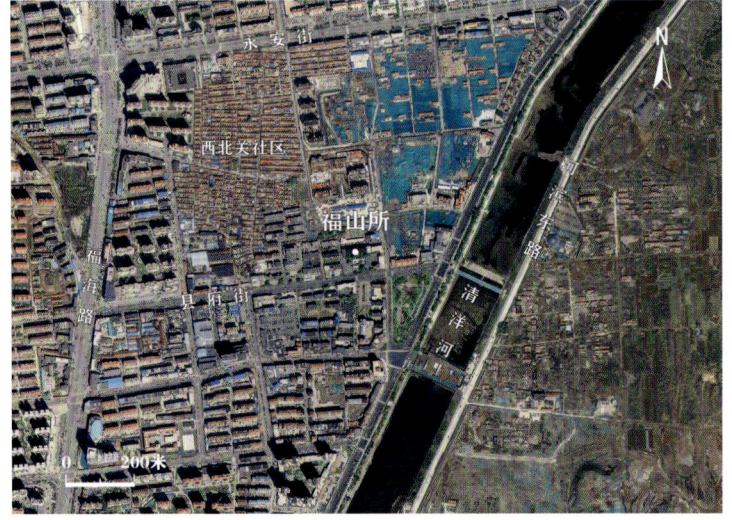

福山所（遗址）卫星图

[①] 许钟璐等修，于宗潼等纂：《福山县志稿》"卷二之六·荫袭"，成文出版社，民国二十年铅本影印，第557页。

[②]（明）陆釴：嘉靖《山东通志》"卷十一·兵防"，《天一阁藏明代方志选刊续编》第51册，上海书店出版社，1990年。

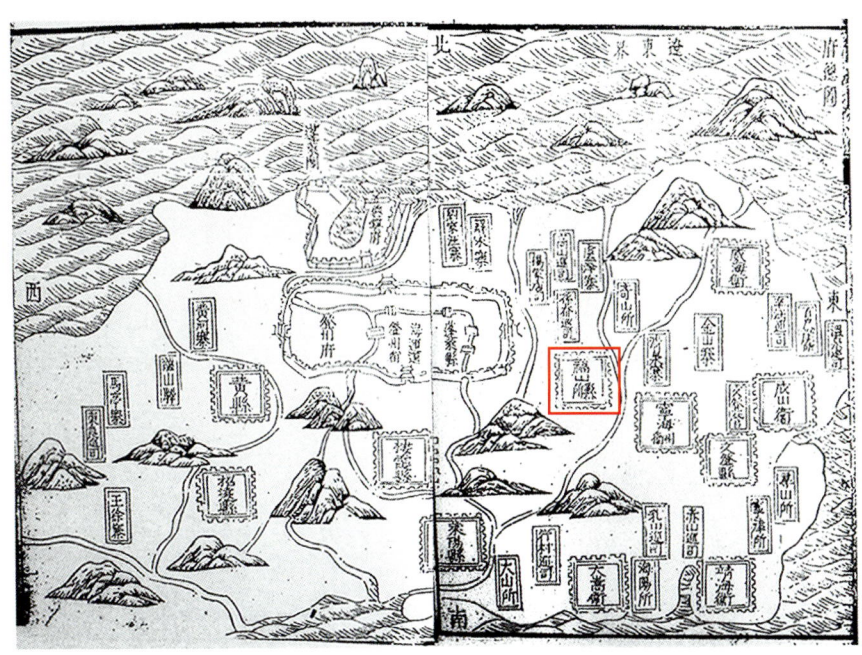

明代登州府总图
（引自泰昌《登州府志》）

千总，十二年裁福山、寻山二千户所。"① 从上述文献记载可以看出清顺治十二年（1655 年）裁撤福山千户所。

历史资料　明嘉靖《山东通志》记载："福山备御中前千户所在福山县治西属登州卫，洪武十年建，其设官正千户、副千户、百户。京操军春戍一千二百四十六人，秋戍七百三十三人，城守军余二百三十三人。演武场，在城西，墩四：曰芝阳在所东南，曰管后、曰灶后在所北，曰福山在所西。芦洋寨备御五百户所属福山所，其设官百户，墩堡六：曰八角、曰城阴在所东，曰郭家庄、曰白石、曰嶙山、曰鸡鸣在所北。"② 明代《筹海图编》记载："福山所守城军余一百一十四人。福山所，守墩军余二十五人。墩三：单三、三山、皂河。"③ 明泰昌《登州府志》记载："福山备御中前千户所属登州卫，正副千户五员，百户五员，守城军余一百一十四名，守墩军余一十五名，守堡军余十名。芦洋寨备御百户所，百户五员，守城军余三十八名，守墩军余一十五名，系福山备御千户所分设。"④ "墩制，芦洋寨六座：曰郭家庄、曰嶙山、曰鸡鸣、曰八角嘴、曰城阴、曰白石。福山备御中前千户所二座：曰灶后、曰营后。"⑤ "堡制，福山备御中前所二座：曰福山、曰芝阳。"⑥ 综合上述史料可知：《山东通志》对于福山所驻军的记载与登州卫的驻军记载一模一样，应该是记载有误。《筹海图编》对福山所下辖烟墩的记载与其他两份史料记载完全不同，可能有误。芦洋寨备御百户所属于福山所。

福山中前千户所职官。清光绪《增修登州府志》记载："千户：刘能、吴贵、王质、王海、王钰、王之臣、王纯易、王友、周圯、周鑑、周溥、周鸣凤、周永靖、周祐、周继殷、周孔学、周之充、宁义、宁堪、宁武、宁九云、宁宇嘉、宁守默、宁靖国、王保安、王赟、王麒、王守仁、王继贤、王增、王墒、王嘉护、卢忠、

① （清）方汝翼等纂修：光绪《增修登州府志》"卷十二·军垒"，《中国地方志集成·山东府县志辑》第48、49册，凤凰出版社，2004年，第127页。
② （明）陆釴：嘉靖《山东通志》"卷十一·兵防"，《天一阁藏明代方志选刊续编》第51册，上海书店出版社，1990年。
③ （明）郑若曾撰，李致忠点校：《筹海图编》"卷之七·山东兵防官考"，中华书局，2007年，第440、453页。
④ （明）徐应元纂修：泰昌《登州府志》"卷之十·人事志二·戎祀·兵防"，河南省图书馆藏残本，第904、905页。
⑤ （明）徐应元纂修：泰昌《登州府志》"卷之十·人事志二·戎祀·兵防"，河南省图书馆藏残本，第920页。
⑥ （明）徐应元纂修：泰昌《登州府志》"卷之十·人事志二·戎祀·兵防"，河南省图书馆藏残本，第924页。

卢锐、卢宗仁、卢汝弼、卢隆恩、卢万春、卢万顷、安敬、李瀛、李承旸、李自茂、李械、刘武英。百户：谢文、谢思义、谢雄、谢英、谢恩、谢惠、谢朝宗、谢大礼、谢应魁、谢守言、王敬、刘聚、刘清、刘得、刘宣、刘经、刘永承、刘汝光、刘师吉、左信、左清、左兰、左时中、左思正、左思直、左凤翼、张德、张旺、张刚、张成、张贵、张铎、张佑、张元祚、张宏业、张惟奇、刘让、刘安、刘栋、张广、张钺、张琳、张道、张继禄、张承武、张起扬、刘镒、刘升、刘昂、刘谊、刘大亮、刘应望、刘卿、刘崇勋、游胜、游旺、游镒、夏胜、夏英、夏安、夏大发、夏守伦、夏启光、夏启明、孙宏、孙刚、孙英、孙豪、孙成、孙仲举、孙有功、孙启运、林福、林景、林璋、林忠、林士周、林国卿、林应武、林凤鸣。"① 民国《福山县志稿》对福山中前千户所职官的记载为正千户、副千户、百户，与清光绪《增修登州府志》记载有所区别②。还记载了："镇抚：蓝常、周吉。小旗：谢魁、谢庆、谢富、谢兴。"③

　　关于福山中前千户所设置的时间，史料的记载有不同之处，主要有以下三种说法。

　　（1）设于明洪武九年（1376年）。《寰宇通志》记载："福山备御中前千户所在福山县治西，旧属登州卫，洪武十年始调于此。"④《明一统志》记载："福山备御中前千户所在福山县治西，旧属登州卫，洪武十年调于此。"⑤ 以上文献认为该所原属登州卫，而登州卫建于洪武九年，那么该所也应当设于洪武九年。

　　（2）设于明洪武十年（1377年）。《读史方舆纪要》记载："福山备御中前千户所在县治西，洪武十年置，属登州卫。"⑥ 嘉靖《山东通志》记载："福山备御中前千户所……属登州卫，洪武十年建。"⑦ 清光绪《增修登州府志》记载："十年升宁海军为宁海卫……又调登州卫中前所于福山县，正副千户五员，百户十员，为福山千户所内分百户五员于芦洋寨（今属蓬莱）为百户所。"⑧

　　（3）设于洪武四年（1371年）之前。民国《福山县志稿》记载："明洪武四年，备御千户刘能稍为修筑。九年，千户吴贵增修。"⑨ 又有记载："（始授）刘能：南直隶徐州人，洪武四年备御中前所，（始授）吴贵：莱州人，洪武九年任副千户，守御中前所。"⑩ 由此可见，刘能、吴贵二人均属福山所，分别于洪武四年、洪武九年莅任。刘能是民国《福山县志稿》中记载福山所最早的职官，由此推断福山所建于洪武四年。

① （清）方汝翼等纂修：光绪《增修登州府志》"卷之三十七·武秩下"，《中国地方志集成·山东府县志辑》第48、49册，凤凰出版社，2004年，第361页。

② 许钟璐等修，于宗潼等纂：《福山县志稿》"卷二之六·荫袭"，成文出版社，民国二十年铅本影印，第559—567页。

③ 许钟璐等修，于宗潼等纂：《福山县志稿》"卷二之六·荫袭"，成文出版社，民国二十年铅本影印，第567页。

④ （明）陈循：《寰宇通志》"卷七十六·登州府"，《玄览堂丛书续集》本。

⑤ （明）李贤：《明一统志》"卷二十五·登州府"，《景印文渊阁四库全书》第472册，第600页。

⑥ （清）顾祖禹：《读史方舆纪要》"卷三十六·山东七·登州府"，中华书局，2007年，第1691页。

⑦ （明）陆釴：嘉靖《山东通志》"卷十一·兵防"，《天一阁藏明代方志选刊续编》第51册，上海书店出版社，1990年。

⑧ （清）方汝翼等纂修：光绪《增修登州府志》"卷十二·军全"，《中国地方志集成·山东府县志辑》第48、49册，凤凰出版社，2004年，第125页。

⑨ 王陵基修，于宗潼纂：《福山县志稿》"卷一之二·城池"，《中国地方志集成·山东府县志辑》第52册，凤凰出版社，2004年，第29页。

⑩ 王陵基修，于宗潼纂：《福山县志稿》"卷二之六·荫袭"，《中国地方志集成·山东府县志辑》第52册，凤凰出版社，2004年，第153页。

百户所城遗址

芦洋寨所城（遗址）

位　　置　福山区大季家街道芦洋村

始设年代　明代

文保级别　已消失

概　　况　遗址东距海岸线约 300 米，西北距芦洋墩遗址约 1.4 千米，东南距福山所约 23.9 千米。芦洋寨所城因现代化建设被破坏殆尽，现为村民住宅。

历史资料　明嘉靖《山东通志》记载："芦洋寨：砖城，国朝洪武二十九年，百户张刚筑，周围一里，高一丈七尺、阔一丈五尺，东西二门，楼铺六，池阔

芦洋寨所城（遗址）位置图

一丈、深七尺。"[1] 明泰昌《登州府志》记载："芦洋寨：砖城，洪武三十九年百户张刚筑，围二里，高二丈七尺，楼铺六，东西二门，池阔一丈、深七尺。"[2] 以上史料对于芦洋寨所城建筑的时间记载相差十年，其中的记载应该有误，记载的周围和高度也有差别。清道光《重修蓬莱县志》记载："芦洋寨六座，备御百户所百户四员，守城军三十八名，守墩军一十五名，郭家庄、嵫山、鸡鸣、八角嘴、城阴、白石。"[3] 据明嘉靖《山东通志》、明泰昌《登州府志》及清道光《重修蓬莱县志》记载，芦洋寨属福山备御中前千户所分设的备御五百户所，其下辖六个墩，有砖城和驻军。

巡检司遗址

孙夼镇巡检司（遗址）

位　　置　福山区古现街道百堡村东南 500 米

始设年代　洪武九年（1376 年）

① （明）陆钺：嘉靖《山东通志》"卷十二·城池·登州府"，《天一阁藏明代方志选刊续编》第51册，上海书店出版社，1990年。
② （明）徐应元纂修：泰昌《登州府志》"卷之五·地理志·城池"，河南省图书馆馆藏残本，第570页。
③ （清）王文涛纂：道光《重修蓬莱县志》"卷之四·武备志"，《中国地方志集成·山东府县志辑》第50册，凤凰出版社，2004年，第62页。

文保级别　已消失

概　　况　遗址南距白银河 60 米，西距白银河 80 米，东北距石屋营墩约 810 米。孙夼镇巡检司因现代化建设被破坏殆尽，现为荒地。

历史资料　明嘉靖《山东通志》记载："孙夼镇巡检司属福山县，有石城。墩堡三：曰岗崙在司东，曰塔山、曰期掌在司北。"[1] 明泰昌《登州府志》记载："孙夼镇巡检司巡检一员，守城弓兵二十名，守墩弓兵九名，属福山县。"[2]"墩制，孙夼镇巡检司三座：

孙夼镇巡检司（遗址）位置图

曰旗掌、曰塔山、曰岗崙。"[3] 清光绪《增修登州府志》记载："明洪武九年设，在县西北三十五里，三十一年移于县西北浮栏海口，弓兵二十名、墩兵九名。"[4] 通过以上史料可知该巡检司设于洪武九年（1376年），属于福山县，有石城，下辖三个墩。《福山区地名志》记载："百堡位于福山城西北 17.2 千米，属八角镇。在村东南 0.5 千米，旱夹河北岸，有古孙夼镇遗址。"[5] 地名志中的旱夹河就是如今的白银河，古孙夼镇遗址应是孙夼镇巡检司所在地。

（四）

寨 / 屯遗址

磁山寨遗址

位　　置　福山区古现街道南磁山山顶部

始设年代　明代

文保级别　尚未核定为文物保护单位

概　　况　遗址东距汪家沟水库约 1.5 千米，东北距孙夼镇巡检司约 7.3 千米。《山东省烟台市第三次全

---

① （明）陆钶：嘉靖《山东通志》"卷十一·兵防"，《天一阁藏明代方志选刊续编》第51册，上海书店出版社，1990年。

② （明）徐应元纂修：泰昌《登州府志》"卷之十·人事志二·戎祀·兵防"，河南省图书馆馆藏残本，第911页。

③ （明）徐应元纂修：泰昌《登州府志》"卷之十·人事志二·戎祀·兵防"，河南省图书馆馆藏残本，第920页。

④ （清）方汝翼等纂修：光绪《增修登州府志》"卷之二十八·文秩四"，《中国地方志集成·山东府县志辑》第48、49册，凤凰出版社，2004年，第290页。

⑤ 福山区地名委员会办公室：《福山区地名志》，山东省地图出版社，2003年，第72页。

国文物普查成果汇编上卷》记载："磁山寨原为明初营寨，清咸丰十一年，福山知县吴恩荣，为镇压捻军，对原磁山寨进行修复，驻兵守卫。现存的遗址残墙北峙山崖，向南、西延伸而筑，全长400余米，宽约1.5米，高1至3米，围墙自北向南沿山脊背蜿蜒而去。为研究明朝政治、军事历史提供了素材。"①2021年调查时，遗址由于长时间的风雨侵蚀，围子墙多处地方已坍塌。

历史资料　顾炎武《肇域志》记载："芦洋寨、宫家岛寨、芝山寨、荆山寨和磁山寨五寨，洪武三十一年魏国公徐辉祖奏准开设，永乐年间，宫家岛寨、芝山寨、荆山寨和磁山寨四个军寨被并入芦洋寨。"②通过《明太祖实录》和《肇域志》记载推测，磁山寨可能是四十八小寨之一，后来被并入芦洋寨。

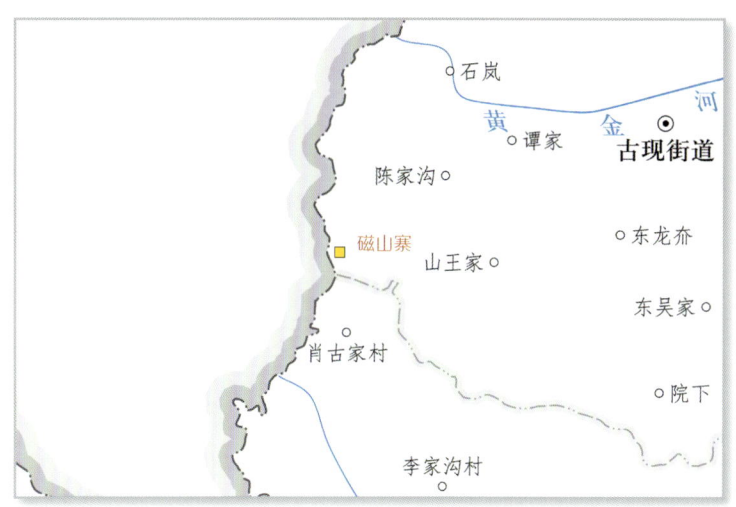

磁山寨遗址位置图

磁山寨遗址卫星图

磁山寨遗址现状

---

① 烟台市第三次文物普查工作领导小组办公室、烟台市博物馆：《山东省烟台市第三次全国文物普查成果汇编·上卷》，黄河数字出版社，2013年，第39页。

② （明）顾炎武：《肇域志》"山东登州府·福山"，《续修四库全书》，上海古籍出版社，2002年，第556页。

五

墩遗址

黄石庙墩遗址

位　　置　福山区大季家街道黄石庙山顶部

始设年代　明代

文保级别　尚未核定为文物保护单位

概　　况　遗址北距海岸线约 750 米，东距山后陈家墩约 4.8 千米。遗址整体呈圆锥形，由黄土堆砌而成，表面杂草丛生，长满槐树，在西侧有一条通往顶部的小路，顶部较为平坦，顶径约 12 米，残高约 2.9 米，边斜长 10 米，占地面积约 762 平方米。

历史资料　明嘉靖《山东通志》记载："杨家店巡检司属蓬莱县，有石城，墩三：曰华石圈、曰城后在司东北，曰黄石庙在司西。"[①] 明泰昌《登州府志》记载："墩制，杨家店巡检司三座：曰黄石庙、曰城后、曰石围。"[②] 清道光《重修蓬莱县志》记载："杨家店巡检司三座：黄石庙、城后、石围。"[③] 以上文献中均有记载黄石庙墩属于杨家店巡检司下辖的墩。

黄石庙墩遗址位置图

黄石庙墩遗址卫星图

黄石庙墩遗址现状（西向东摄）

① （明）陆釴：嘉靖《山东通志》"卷十一·兵防"，《天一阁藏明代方志选刊续编》第51册，上海书店出版社，1990年。

② （明）徐应元纂修：泰昌《登州府志》"卷之十·人事志二·戎祀·兵防"，河南省图书馆馆藏残本，第920页。

③ （清）王文涛纂：道光《重修蓬莱县志》"卷之四·武备志"，《中国地方志集成·山东府县志辑》第50册，凤凰出版社，2004年，第62页。

山后陈家墩（遗址）

位　　置　福山区大季家街道万华烟台工业园东北 1.5 千米

始设年代　明代

文保级别　已消失

概　　况　遗址北距海岸线约 1.5 千米，东距顾家围子山约 1.5 千米，西南距曲家山约 800 米，东南距山后初家墩遗址约 3.1 千米。第二次全国文物普查资料记载："27—A27 山后陈烟墩（大季家镇山后陈家村东北 100 米·明代），防备倭寇侵扰的报警狼烟台。平面呈圆形，斜坡，顶部破坏严重。残高 3 米，底周长 40 米。黄土夯筑。"[1] 山后陈家墩已破坏殆尽，现为建筑工地。

山后陈家墩（遗址）位置图

　　据明嘉靖《山东通志》、明泰昌《登州府志》、清道光《重修蓬莱县志》记载，推测山后陈家墩为杨家店巡检司下属三墩之一。

峰子山墩遗址

位　　置　福山区大季家街道山后初家村北 800 米峰子山顶部

始设年代　明代

文保级别　尚未核定为文物保护单位

概　　况　遗址北距海岸线约 600 米，东距海岸线约 350 米，西距葫芦山约 800 米，西南距山后初家墩遗址约 2.2 千米。第二次全国文物普查资料记载："28—A28 山后李烟墩（大季家镇山后李家村东 750 米·明代），防备倭寇侵扰的报警狼烟台。平面呈圆形，斜坡，顶部已破坏。残高 2 米，底周长 65 米。

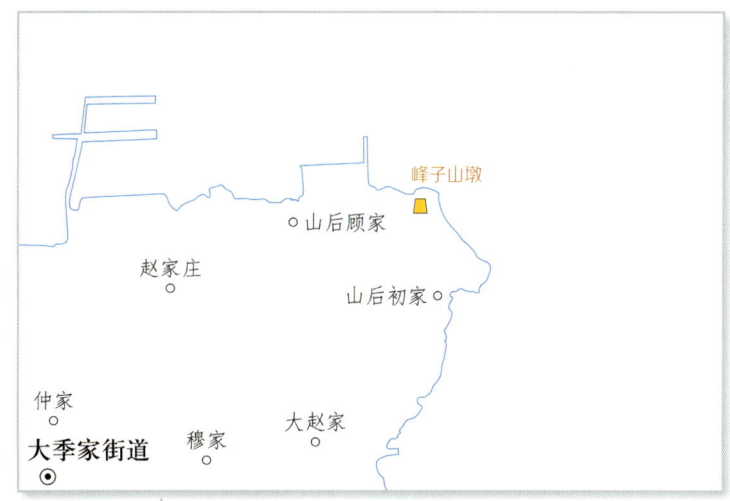

峰子山墩遗址位置图

---

① 国家文物局主编、山东省文物局编著：《中国文物地图集·山东分册（下）》，中国地图出版社，2006年，第249页。

墩体外以毛石砌墙护坡，内填黄土夯实。"①2021 年调查时，遗址保存状况较好，整体呈方台形，外部由石块堆砌而成，内填黄土夯实，顶部平坦。在顶上南部有一处测绘控制点，顶部东北角有一处百姓防御土匪的石围子。遗址残高 4.6 米，顶部南北长 8.2 米，东西宽 7.6 米，底部南北长 16.8 米，东西宽 15.5 米，占地面积约 260.4 平方米。

历史资料 据明嘉靖《山东通志》、明泰昌《登州府志》、清道光《重修蓬莱县志》记载，推测峰子山墩为高山巡检司下属二墩之一。

峰子山墩遗址卫星图

峰子山墩遗址远景（南向北摄）

峰子山墩遗址东侧现状（东向西摄）

峰子山墩遗址顶部石围子

峰子山墩遗址近景

① 国家文物局主编、山东省文物局编著：《中国文物地图集·山东分册（下）》，中国地图出版社，2006 年，第 249、250 页。

山后初家墩遗址

位　　置　福山区大季家街道山后初家村西南 700 米山顶部

始设年代　明代

文保级别　尚未核定为文物保护单位

概　　况　遗址东距海岸线约 750 米，南距海岸线约 1.4 千米，西距小尧山约 2.3 千米，西南距芦洋墩遗址约 1.1 千米，距芦洋寨所城约 2.4 千米。第二次全国文物普查资料记载："29—A29 初家烟墩（大季家镇山后初家村西北 500 米·明代），防备倭寇侵扰的报警狼烟台。平面呈圆形，斜坡，顶部已破坏。残高 4 米，底周长 40 米。黄土夯筑。"[①]2021 年调查时，遗址整体呈圆锥形，平面近似圆形，由土石混合夯筑而成，表面杂草、灌木丛生，底部有较多散落石块，西侧有一条通往遗址顶部的小路。遗址顶径 4.4 米，斜长 9.3 米，残高 3 米，占地面积约 380 平方米。

历史资料　据明嘉靖《山东通志》、明泰昌《登州府志》、清道光《重修蓬莱县志》记载，推测山后初家墩为芦洋寨备御五百户所下属六墩之一。

山后初家墩遗址位置图

山后初家墩遗址卫星图

山后初家墩遗址远景（东向西摄）

山后初家墩遗址现状（南向北摄）

---

① 国家文物局主编、山东省文物局编著：《中国文物地图集·山东分册（下）》，中国地图出版社，2006年，第250页。

芦洋墩遗址

位　　置　福山区大季家街道芦洋村北馍馍顶山顶部

始设年代　明代

文保级别　尚未核定为文物保护单位

概　　况　遗址东距海岸线约 1.2 千米，西北距顾家围子山约 1.8 千米，南距芦洋寨所城约 1.4 千米。遗址整体呈圆锥形，由土石混合夯筑而成，表面杂草、灌木丛生，顶部有零散石块，顶部西侧和东北侧各有一处取土破坏的凹坑，在底部有大量散落的石块，为遗址的护坡石坍塌所致。遗址顶径约 5.5 米，底径约 22.5 米，斜长 14.5 米，残高约 8.8 米，占地面积约 640 平方米。

历史资料　据明嘉靖《山东通志》、明泰昌《登州府志》、清道光《重修蓬莱县志》记载以及地理位置推测芦洋墩为芦洋寨备御五百户所下属六墩之一。

芦洋墩遗址位置图

芦洋墩遗址卫星图

芦洋墩遗址远景（北向南摄）

芦洋墩遗址现状（东向西摄）

祈雨顶墩（遗址）

位　　置　福山区古现街道侯家村西北1千米处山坡上

始设年代　明代

文保级别　已消失

概　　况　祈雨顶墩东北距长山约860米，距芦洋寨所城约2.6千米，东距八角墩遗址约4千米。祈雨顶墩因建设被破坏殆尽，现为荒地。

　　据明嘉靖《山东通志》、明泰昌《登州府志》、清道光《重修蓬莱县志》记载以及地理位置推测祈雨顶墩可能为芦洋寨备御五百户所下属六墩之一。

祈雨顶墩（遗址）位置图

八角墩遗址

位　　置　福山区古现街道八角村东北1千米处

始设年代　明代

文保级别　尚未核定为文物保护单位

概　　况　八角墩遗址北距海岸线约700米，东距海岸线约820米，西南距峰台墩约2.5千米，西北距芦洋寨所城约2.7千米。遗址整体呈圆锥形，由黄土夯筑而成，表面杂草、灌木丛生，周围为八角村农田，外部有散落的护坡石，西侧因村民取土遭到破坏，顶部有三脚架与现代测绘控制点。遗址顶径4.2米，斜长11米，残高约4.6米，底径约23米，占地面积约459平方米。

历史资料　据明嘉靖《山东通志》、明泰昌《登州府志》、清道光《重修蓬莱县志》记载，八角墩为芦洋寨备御五百户所下属六墩之一。

八角墩遗址位置图

八角墩遗址卫星图

八角墩遗址全景（北向南摄）

八角墩遗址西侧现状（西向东摄）

峰台墩（遗址）

位　　置　福山区古现街道峰台村北山坡上

始设年代　明代

文保级别　已消失

概　　况　峰台墩东距海岸线约 690 米，南距石屋营墩约 3 千米，西南距孙夼镇巡检司约 3.5 千米。因平整土地被破坏殆尽，现为荒地。

据明嘉靖《山东通志》、明泰昌《登州府志》、清道光《重修蓬莱县志》记载，推测峰台墩为孙夼镇巡检司下属三墩之一。

峰台墩（遗址）位置图

石屋营墩（遗址）

位　　置　福山区古现街道石屋营村东 200 米

始设年代　明代

文保级别　已消失

概　　况　石屋营墩东距海岸线约 1.1 千米，西南距孙夼镇巡检司约 820 米，东南距皂户头墩约 3.7 千米。石屋营墩于 20 世纪 50 年代因建设被破坏殆尽，现为龙湖春江悦茗小区。

据明嘉靖《山东通志》、明泰昌《登州府志》、清道光《重修蓬莱县志》记载，推测石屋营墩为孙夼镇巡检司下属三墩之一。

石屋营墩（遗址）位置图

皂户头墩（遗址）

位　　置　福山区古现街道金河名都小区南门

始设年代　明代

文保级别　已消失

概　　况　遗址北距海岸线约 1 千米，西北距孙夼镇巡检司约 4 千米，西南距三十里堡遗址约 1.3 千米。皂户头墩因现代化建设被破坏殆尽，现为黄河路。

　　据明嘉靖《山东通志》、明泰昌《登州府志》、清道光《重修蓬莱县志》记载，推测皂户头墩为孙夼镇巡检司下属三墩之一。

福莱山墩遗址

位　　置　福山区福莱山街道福莱山公园内

始设年代　明代

文保级别　2004 年 4 月 30 日，"福莱山烽火台"被公布为第三批市级文物保护单位

概　　况　遗址北距海岸线约 1.8 千米，东南距杨家台子墩约 6 千米，距福山所约 8.3 千米。"二普""三普"资料中记载为"福莱山烽火台"。第三次全国文物普查资料记载：福莱山墩遗址残高 6 米，底座周长 87.62 米，面积为 615.44 平方米。2021 年调查时，遗址上现在为福莱山灯塔，附近为福莱山公园游乐场。由于遗址被灯塔完全覆盖，现在无法测算其尺寸、面积。

历史资料　据明嘉靖《山东通志》、明泰昌《登州府志》、清道光《重修蓬莱县志》记载，推测福莱山墩为福山中前千户所下属四墩之一。

皂户头墩（遗址）位置图

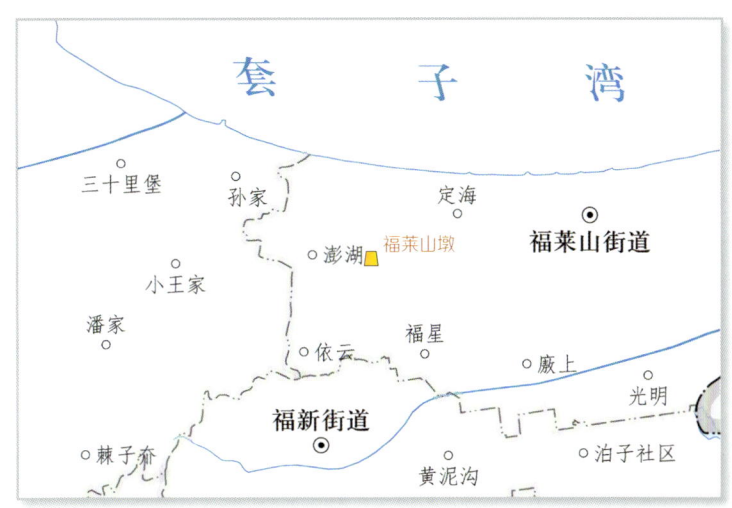

福莱山墩遗址位置图

福莱山墩遗址卫星图

福莱山墩遗址现状

杨家台子墩（遗址）

位　　置　福山区福莱山街道舒朗时装
公司南侧

始设年代　明代

文保级别　已消失

概　　况　遗址北距海岸线约 3.8 千米，
东南距宫家岛墩遗址约 1.8 千米，西南
距福山所约 4.8 千米。杨家台子墩于 20
世纪 80 年代开发建设时被破坏殆尽，
现为舒朗时装公司。

据明嘉靖《山东通志》、明泰昌《登
州府志》、清道光《重修蓬莱县志》记
载，推测杨家台子墩为福山中前千户所
下属四墩之一。

杨家台子墩（遗址）位置图

堡遗址

三十里堡遗址

位　　置　福山区古现街道三十里堡村南 1.2 千米山坡上

始设年代　明代

文保级别　尚未核定为文物保护单位

概　　况　遗址北距海岸线约 2.4 千米，东南距福莱山墩遗址约 4.8 千米。遗址位于三十里堡汉代古墓群内，利用原古墓封土堆积，建于古墓之上，该古墓群为省级文物保护单位。遗址整体呈方台形，表面杂草、灌木丛生，顶部有一处凹坑，并散落许多石块，遗址底部南侧有一处方形盗洞。遗址残高 6 米，斜长 10.4 米，顶部近似长方形，南北长约 5.7 米，东西宽约 3.3 米，底部南北长约 22 米，东西宽约 20.1 米，占地面积约 442.2 平方米。

三十里堡遗址位置图

三十里堡遗址卫星图

三十里堡遗址远景（西向东摄）

三十里堡遗址南部盗洞（南向北摄）

炮台遗址

八角口炮台（遗址）

位　　置 福山区古现街道东城村东南
200 米

始设年代 明代

文保级别 已消失

概　　况 遗址东部和南部紧邻大海，
东北距八角墩遗址约 1.5 千米。据村民
讲述，该炮台为明代戚继光抗倭时修建，
2020 年因建设被破坏殆尽，现为公园。

历史资料 《福山区地名志》记载："八
角口围子位于福山城西北 19.5 公里，八
角镇八角口村。因近村，故名。明万历
十九年（1591 年），为防倭寇侵扰，知
县张所修奉檄于八角口以砖石，沿民宅

八角口炮台（遗址）位置图

筑围墙，又称围子，南北长约 280 米，东西宽约 250 米。明崇祯十三年（1640 年），登州镇左营滕绍宗驻
守八角口，在此建炮台。清雍正元年（1723 年），知县罗万象宰福山，奉令于八角西口建炮台 1 座。雍正
七年（1729 年），官军又于八角口增建炮台，据《福山县志》记载，此围防御武器有'威远炮''佛朗机''三
眼枪''万人敌'等，常备兵百名左右，'倭不敌居此登扰'。后围墙失去防御能力，到清末逐步在村建
时被拆毁，今见点不见线，已看不到围墙大体轮廓。"[1] 以上资料中的八角口围子就是八角口炮台所在地。

---

① 福山区地名委员会办公室：《福山区地名志》，山东省地图出版社，2003 年，第 314 页。

芝罘区地图

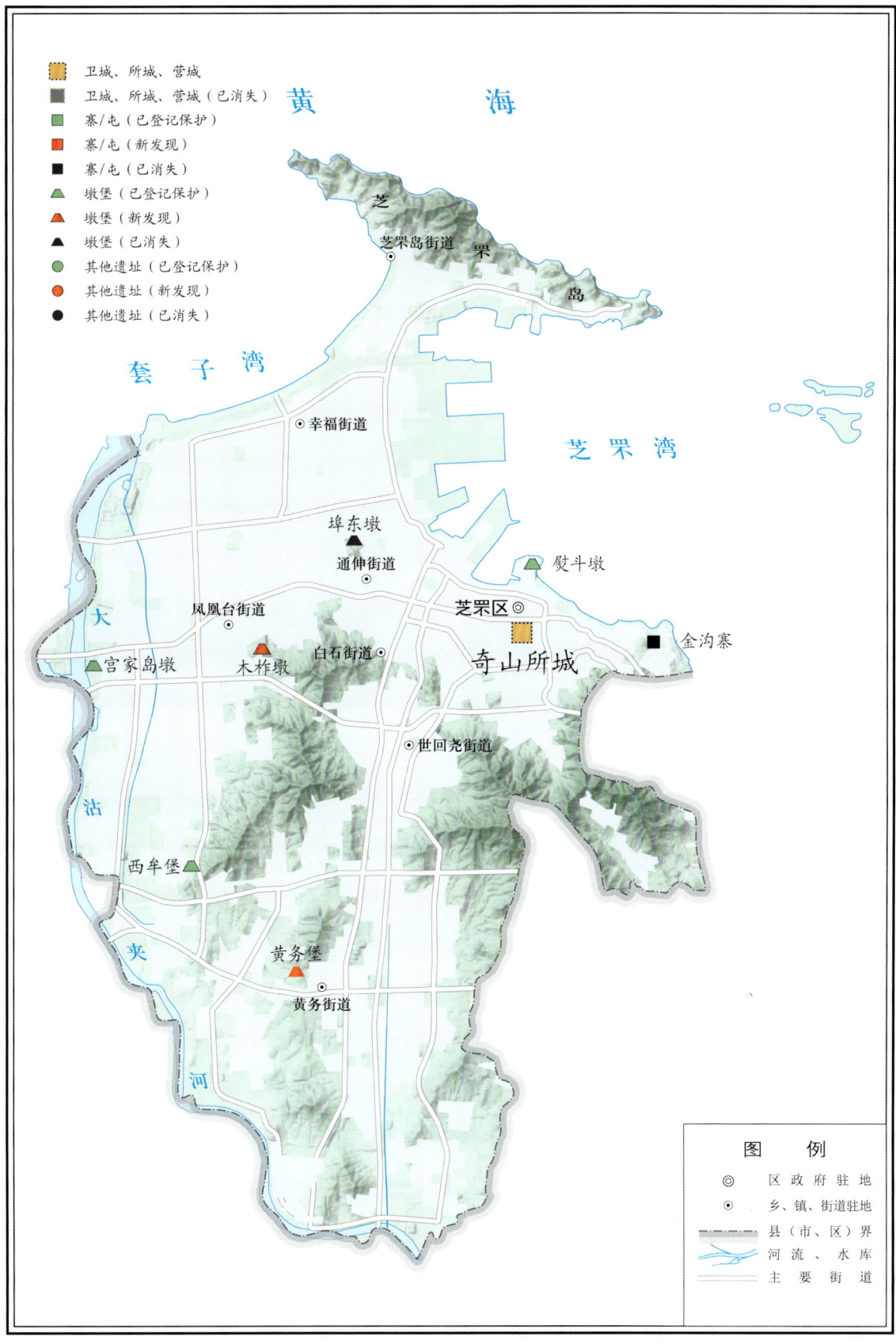

图例说明：
- 卫城、所城、营城
- 卫城、所城、营城（已消失）
- 寨/屯（已登记保护）
- 寨/屯（新发现）
- 寨/屯（已消失）
- 墩堡（已登记保护）
- 墩堡（新发现）
- 墩堡（已消失）
- 其他遗址（已登记保护）
- 其他遗址（新发现）
- 其他遗址（已消失）

黄　　海

套　子　湾

芝罘岛街道

芝罘岛

芝罘湾

幸福街道

埠东墩

通伸街道

熨斗墩

大

凤凰台街道

芝罘区

金沟寨

宫家岛墩

木柞墩

白石街道

奇山所城

沽

世回尧街道

西牟堡

夹

黄务堡

河

黄务街道

图　例
- ◎　区政府驻地
- ⊙　乡、镇、街道驻地
- ——　县（市、区）界
- ～　河流、水库
- ——　主要街道

六 芝罘区海防遗址

千户所城遗址

奇山所城遗址

位　　置　芝罘区向阳街道，东临北河街，北为南大街，西靠胜利路，南至南门大街

始设年代　明洪武三十一年（1398年）

文保级别　1987年4月27日，"奇山所"被公布为第一批市级重点文物保护单位；2006年12月7日，"奇山所"被公布为第三批省级文物保护单位

概　　况　遗址西北距海岸线约800米，东北距海岸线约850米，北距熨斗墩遗址约1.3千米，以南约2.5千米为奇山，城因山而得名。

　　第二次全国文物普查资料记载："7—A7 奇山所城遗址（向阳街道跃进路南·明—民国·烟台市文物保护单位），原名碁山，明洪武三十一年（1398）于此设奇山千户所，1918年重修西门。城址近方形，东西长330米，南北宽270米。城墙土筑，外砌砖石，东南西北四面辟门，今已夷为平地。城内四合院式民居，多为单进院，屋顶梁架抬梁式木构，前出廊，小灰瓦，硬山顶，仍保留着清末民初的严整布局和古朴风格。"[①]

奇山所城遗址位置图

奇山所城遗址卫星图

---

① 国家文物局主编、山东省文物局编著：《中国文物地图集·山东分册（下）》，中国地图出版社，2006年，第222页。

奇山所城遗址西城门现状

奇山所城遗址现状

　　2021年调查时，所城旧址，略呈方形，东西长330米，南北宽270米，总面积约9.1万平方米。四周原有城墙，内为土筑，外修砖石。墙址位于东门里、西门里之南北巷和南门里、北门里之东西巷的外侧，现已改建为平房或楼房。城旧有东、西、南、北四门，东门曰保德，上设二郎庙；西门曰宣化，设三官庙；南门曰福禄，设财神庙；北门曰朝宗，设药王庙。所城里大街与北门里街、南门里街呈十字交叉，原道连四门，今亦为主干街道。现在城内主要为四合院式民居，皆砖石建筑。一般为独院，即南北二正屋。正屋多者五间，少者三间，五间者配以东西二厢房，三间者则仅有一厢。皆硬山顶，其上为小黑瓦垄。少数大户之居，多二进院，三正四厢，尺寸亦大，正屋或设三架梁，个别有两城楼或较矮的暗楼。院内地面多铺石，少数设有子墙。窗户多为木棱立窗，个别清末旧居仍有较小的扁横窗。民居多出檐式，是清代和中华民国时期所城建筑的主要形式。民国初年之后，有以砖叠涩封檐之新式，以其抗风防火，俗呼为"风火檐"，逐渐成为民居之常式。又有少数中西合璧之作，屋前加有廊檐，檐柱或方或圆，下有雕刻石础，上有彩画檐板，砖券门窗，其下之玻璃格扇也随之为圆弧形。就整体外观而言，奇山所城遗址上的民居基本保留着明清时期至中华民国初期的整体布局和古朴风貌。现如今，奇山所城位于烟台市中心位置，其西侧为文化中心，南大街以及胜利路两侧银行商厦遍布，是烟台市最繁华的地区，奇山所城及其周围现为住宅小区和商铺。

历史沿革　奇山所城为奇山守御千户所在地，设立于明洪武三十一年（1398年），历经明、清、中华民国的建设，发展为胶东传统民居。清光绪《增修登州府志》记载："国朝顺治初裁各卫所指挥、千户改设守备千总，十二年，裁福山、寻山二千户所，奇山、宁津、海阳三守御千户所。"[1]清康熙三年（1664年）改称奇山社，行政上归福山县管辖，官兵解甲，从事着耕种、捕鱼、经商等多个行业。随后，千户后裔刘姓和张姓两大姓氏居民，在所城内大量兴建住宅，逐渐把军事建设结构改建为民众居住房。随着外来人的不断增加，奇山社也随之向外扩张，经济日益繁荣。在附近形成了十三个村庄，时称"奇山社十三村"。清咸丰十一年（1861年）烟台开埠，烟台山附近建设的新城区，逐渐成为城市的中心，所城地位不断下降，日益没落。

考古和保护工作　中华人民共和国成立之前，城墙坍塌多处、城楼破烂不堪，烟台政府于1918年对4座城

---

① （清）方汝翼等纂修：光绪《增修登州府志》"卷十二·军垒"，《中国地方志集成·山东府县志辑》第48、49册，凤凰出版社，2004年，第127页。

门及城楼、城墙进行了修缮。1945 年，所城城楼、城墙因发生结构性坍塌，大部分被拆除。中华人民共和国成立以来，1950 年烟台市人民政府进行了市区扩建规划，拆除了全部城墙。此后，对所城内房屋进行了多次修缮和改造，基本形成了目前的城内格局。

2017 年，烟台市人民政府对所城老片区进行了改造。2020 年烟台市人民政府《朝阳街和奇山所历史文化街区地下管网改造方案》获得山东省文化和旅游厅的批复并逐步实施。2021 年 11 月奇山所历史文化展示馆室内装修及布展工程开工，2022 年 1 月 11 日，奇山所历史文化展示馆正式开馆。

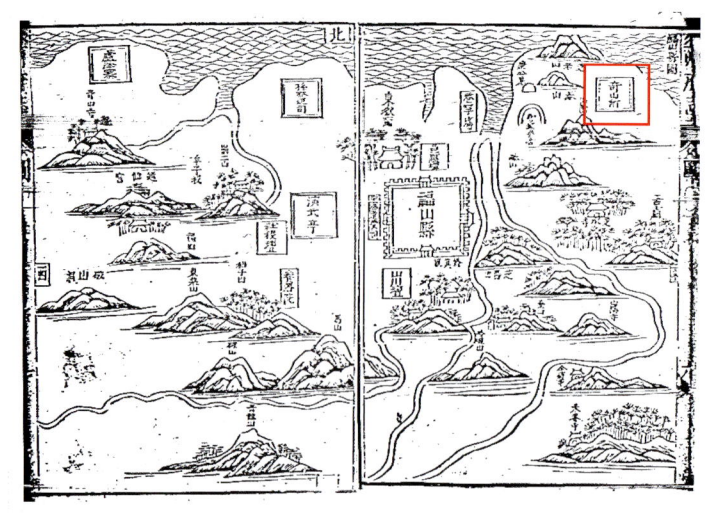

明代福山县图（引自泰昌《登州府志》）

历史资料　奇山守御千户所是胶东半岛北部沿海的重要屏障，其主要职责是防御倭寇、保境安民、屯兵屯田。

《明史》中记载："其守御千户所不隶卫，而自达于都司。"[1] 明泰昌《登州府志》记载："奇山守御所砖城，围二里，高二丈二尺，阔二丈，门四，楼铺十六，池阔三丈五尺，深一丈。"[2] 明嘉靖《山东通志》记载："奇山守御千户所在福山县东北三十里，洪武三十一年建，其设官正千户、副千户、百户，京操军春戍二百一十七人，秋戍二百八十一人，城守军余一百一十三人，屯田军余六十六人，屯田六十七顷五十亩，屯粮八百一十石。演武场，在所城西一里，墩堡七：曰清泉、曰现顶在所东，曰黄务、曰西牢在所南，曰木作、曰埠东在所西，曰熨斗在所北。"[3] 明代《筹海图编》记载："奇山所，京操军四百九十八人，城守军余一百一十二人，屯军六十人，捕倭军七十五人。奇山所，守墩堡军余一十八人，墩四：现顶、埠东、熨斗、木柞。堡二：黄务、西牟。"[4] 明嘉靖《宁海州志》记载："奇山守御千户所，在州西北四十里，洪武三十一年建，设正副千户、百户、吏目一人、镇抚一人。京操军春班二百一十七人，秋班二百八十一人。守城军余一百一十三人，屯田军余六十六人，屯田六十七顷五十亩，屯粮八百一十石。演武场，在所城西一里。墩堡七：清泉、现顶、黄务、西牢、木作、埠东、熨斗。"[5] 明泰昌《登州府志》记载："奇山守御千户所正副千户八员，流官吏目一员，百户一十员，京操军春戍二百一十七名，秋戍二百八十一名。捕倭军登州营七十五名，守城军余八十七名，种屯军余六十名，守墩军余一十二名，守堡军余六名。"[6] "奇山守御千户所屯田六十七顷五十亩，屯粮八百一十石。"[7] "墩制，奇山守御千户所四座：曰木柞、曰埠东、曰熨斗、曰现顶。"[8] "堡制，奇山守御千户所二座：曰黄务、曰西牟。"[9] 综合以上史料记载可知：奇山

①（清）张廷玉等撰《明史》"卷七十六·职官五"，中华书局，2007年，第1874页。
②（明）徐应元纂修：泰昌《登州府志》"卷之五·地理志·城池"，河南省图书馆藏残本，第568页。
③（明）陆釴：嘉靖《山东通志》"卷十一·兵防"，《天一阁藏明代方志选刊续编》第51册，上海书店出版社，1990年。
④（明）郑若曾撰、李致忠点校：《筹海图编》"卷之七·山东兵防官考"，中华书局，2007年，第440、452页。
⑤（明）王枢等：嘉靖《宁海州志》"卷上·建置三"，《天一阁藏明代方志选刊续编》第57册，上海书店出版社，1990年，第765—766页。
⑥（明）徐应元纂修：泰昌《登州府志》"卷之十·人事志二·戎祀·兵防"，河南省图书馆藏残本，第909页。
⑦（明）徐应元纂修：泰昌《登州府志》"卷之十·人事志二·戎祀·兵防"，河南省图书馆藏残本，第914页。
⑧（明）徐应元纂修：泰昌《登州府志》"卷之十·人事志二·戎祀·兵防"，河南省图书馆藏残本，第920页。
⑨（明）徐应元纂修：泰昌《登州府志》"卷之十·人事志二·戎祀·兵防"，河南省图书馆藏残本，第924页。

所城为砖城，奇山所为守御千户所，史料对其驻军数量的记载有差别，墩堡数量基本一致。

民国《福山县志稿》记载："奇山所正千户张权，副千户始授张贵、二世升、三世显、四世忠、五世元贞、六世镛，始授安谦、二世敬、三世靖、四世辅、五世璋、六世孝芳、七世如磐、八世万、九世兆隆，按刘氏谱作正千户：始授刘昱、二世传、三世鑑、四世璋、五世纯、六世惟谦、七世豁度、八世振基。翟辅（奇山守御所千户见天顺二年奇泉寺碑，按自此以下千户、百户以及吏目、指挥佥事旧志未载均照各碑增入）千户：陈亮、黎新、傅贵、杨于廷、傅国勋、杨思忠、刘泽。百户：谢应奎、刘汝光、汪洪原、张承业。吏目：张岗。管屯局千户：安萬世、杨思善、遲德、刘自才。指挥佥事：杨于庭、梁世材、张蓄、张守亮。"①

清光绪《增修登州府志》记载："奇山守御所，明洪武三十一年建，国朝顺治十二年裁属福山。明制凡守御千户所不隶卫而直达于都司，国朝顺治四年专设掌印千总一员百总一员。千户：张升、张显、张忠、张元贞、张镛，安靖、安辅、安璋、安孝芳、安如磐、安萬、安兆隆，刘传、刘鑑、刘璋、刘纯、刘惟谦、刘豁度、刘振基。"②民国《福山县志稿》与清光绪《增修登州府志》均有对奇山所的职官的记载，但民国《福山县志稿》的记载更为详细，还增加了石碑记载的内容。

关于奇山守御千户所设置的时间，史料的记载一致，均为明洪武三十一年（1398年）。《寰宇通志》记载："奇山守御千户所，在福山县东北三十里，洪武三十一年建。"③《明一统志》记载："奇山守御千户所，在福山县东北三十里，以上俱洪武三十一年建。"④《读史方舆纪要》记载："奇山守御千户所，在福山县东北三十里，洪武三十一年置，所城周二里。"⑤《续山东考古录》记载："洪武三十一年，设奇山千户所。"⑥嘉靖《山东通志》记载："奇山守御千户所，在福山县东北三十里，洪武三十一年建。"⑦嘉靖《宁海州志》记载："奇山守御千户所，在州西北四十里，洪武三十一年建。"⑧《大清一统志》记载："奇山所，在福山县东北三十里，明洪武三十一年置，有石城，属宁海卫。"⑨万斯同《明史》记载："奇山守御千户所，在县东北，洪武三十一年置。"⑩

① 许钟璐等修，于宗潼等纂：《福山县志稿》"卷二之六·荫袭"，成文出版社，民国二十年铅本影印，第568—574页。
② （清）方汝翼等纂修：光绪《增修登州府志》"卷之三十七·武秩下"，《中国地方志集成·山东府县志辑》第48、49册，凤凰出版社，2004年，第373页。
③ （明）陈循：《寰宇通志》"卷七十六·登州府"，《玄览堂丛书续集》本。
④ （明）李贤：《明一统志》"卷二十五·登州府"，《景印文渊阁四库全书》第472册，第600页。
⑤ （清）顾祖禹：《读史方舆纪要》"卷三十六·山东七·登州府"，中华书局，2007年，第1691页。
⑥ （清）叶圭绶：《续山东考古录》"卷十一·登州府上"，清咸丰元年刻本。
⑦ （明）陆釴：嘉靖《山东通志》"卷十一·兵防"，《天一阁藏明代方志选刊续编》第51册，上海书店出版社，1990年，第727页。
⑧ （明）王枢等：嘉靖《宁海州志》"卷上·建置三"，《天一阁藏明代方志选刊续编》第57册，上海书店出版社，1990年，第765页。
⑨ （清）和珅等：《大清一统志》"卷一百三十七·登州府"，《景印文渊阁四库全书》第476册，第695页。
⑩ （清）万斯同：《明史》"卷八十·地理二"，《续修四库全书》，上海古籍出版社，2002年，第367页。

二

寨 / 屯遗址

金沟寨（遗址）

位　　置　芝罘区东山街道长生社区金沟寨小区北 150 米处

始设年代　明代

文保级别　已消失

概　　况　遗址北距海岸线约 500 米，东南距现顶墩遗址约 1.5 千米，距宁海卫约 22 千米。金沟寨于清末（1903 年）改建海军学堂时被破坏殆尽，现为学校。

据《明太祖实录》、民国《牟平县志》记载以及从地理位置上来判断，金沟寨属于宁海卫下辖的小寨之一。

金沟寨（遗址）位置图

三

墩遗址

宫家岛墩遗址

位　　置　芝罘区只楚街道宫家岛村西北约 550 米的一处台地上

始设年代　明代

文保级别　1987 年 4 月 27 日，"宫家岛烽火台"被公布为第一批市级重点文物保护单位；2013 年 10 月 10 日，"宫家岛烽火台"被公布为第四批省级文物保护单位

概　　况　遗址北距海岸线约 4.9 千米，

宫家岛墩遗址位置图

西距大沽夹河约 270 米，西南距福山所约 4.4 千米。"二普""三普"资料中记载为"宫家岛烽火台"。第二次全国文物普查资料记载："8—A8 宫家岛烟墩（只楚街道宫家岛村北 150 米·明代·烟台市文物保护单位），明代海防军事设施。四棱台形，东西长 12.3 米，南北宽 13.9 米，通高 5.8 米，黄黏土夯筑，外以毛石砌筑护坡。"[1]2021 年调查时，遗址整体保存较好，近似方台形，表面杂草、灌木丛生，由土石混合夯筑而成，外面使用碎石护坡，北侧护坡石遭到破坏、消失殆尽，其他三面保存较好，北侧有一小路可达台顶，在顶部中心位置有一处现代测绘控制点，顶端南部有一市级文保单位保护碑。顶部较为平坦，近似正方形，边长 6.6 米，底部近似长方形，南北长约 21.8 米，东西宽约 18.3 米，遗址残高 5.8 米，占地面积约 398.94 平方米。

历史资料　据明嘉靖《山东通志》、明泰昌《登州府志》、清道光《重修蓬莱县志》记载，推测宫家岛墩可能为福山中前千户所下属的四墩之一。

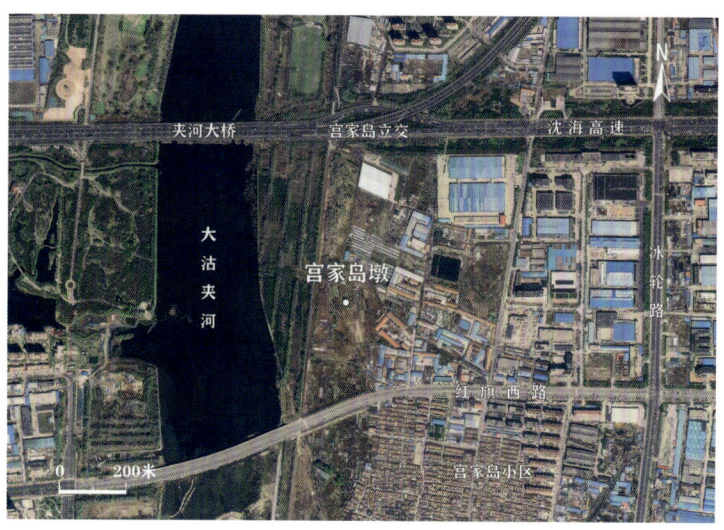

宫家岛墩遗址卫星图

宫家岛墩遗址远景（北向南摄）

宫家岛墩遗址东侧现状（东向西摄）

宫家岛墩遗址南侧现状（南向北摄）

① 国家文物局主编、山东省文物局编著：《中国文物地图集·山东分册（下）》，中国地图出版社，2006年，第222页。

木柞墩遗址

位　　置　芝罘区凤凰台街道乳子山顶部

始设年代　明代

文保级别　尚未核定为文物保护单位

概　　况　遗址北距海岸线约 5.3 千米，东距奇山所城遗址约 5.8 千米，其地处低山丘陵区，北部为平原。遗址整体呈方台形，平面近似方形，表面杂草、灌木丛生，东南侧有一条通往墩顶部的小路，东侧被村民取土破坏有一处大凹坑，顶部有电力部门建设的一处信号塔和一个监控小屋。遗址顶部东西长 15.5 米，南北宽 14.2 米，斜长 8.7 米，残高 5.3 米，底部长 27 米，宽 21.8 米。占地面积约 588.6 平方米。

历史资料　据明嘉靖《山东通志》《宁海州志》、明泰昌《登州府志》及《筹海图编》记载，木柞墩为奇山守御千户所下属四墩之一。

木柞墩遗址位置图

木柞墩遗址卫星图

木柞墩遗址东侧现状（东向西摄）

木柞墩遗址北侧现状（北向南摄）

埠东墩（遗址）

位　　置　芝罘区通伸街道西炮台国防公园内

始设年代　明代

文保级别　已消失

概　　况　遗址东北距海岸线约 1.8 千米，东距熨斗墩遗址约 3.6 千米，东南距奇山所城遗址约 3.8 千米。现为西炮台革命烈士陵园。

据明嘉靖《山东通志》《宁海州志》、明泰昌《登州府志》及《筹海图编》记载，埠东墩为奇山守御千户所下属四墩之一。

熨斗墩遗址

位　　置　芝罘区向阳街道烟台山社区烟台山景区内

始设年代　明代

文保级别　1987 年 4 月 27 日，"烟台山烽火台"被公布为第一批市级重点文物保护单位

概　　况　遗址北距海岸线约 180 米，东距海岸线约 310 米，西距海岸线约 330 米，南距奇山所城遗址约 1.4 千米。"二普""三普"资料中记载为"烟台山烽火台"。第二次全国文物普查资料记载："烟台山烟墩（向阳街道烟台山顶·明—清·烟台市文物保护单位），俗称'狼烟墩台'，又名'烟台'。烟台山、烟台市由此得名。明初始建的防备倭寇的设施。清光绪三十一年（1905 年）于顶部增建航海灯塔，原台堆筑于山岩上，外砌灰色大砖，东西宽 13 米，南北长 15 米，四面台形，顶部四周砖砌蝶垛，高 6.5 米，1982 年被改建成砼

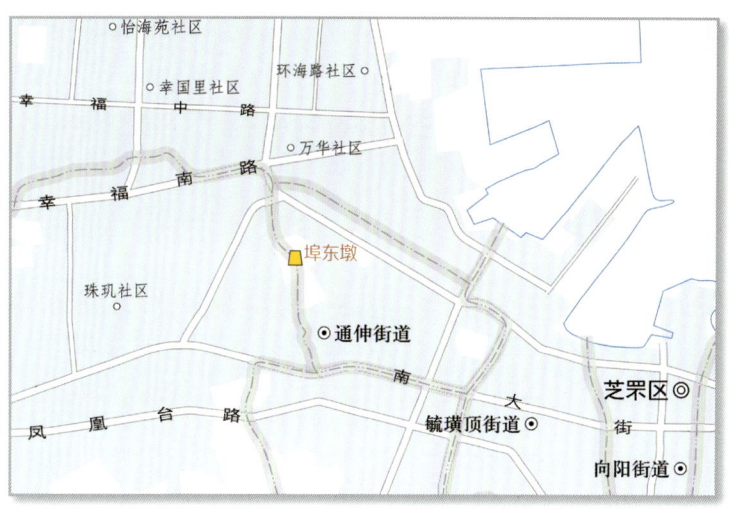

埠东墩（遗址）位置图

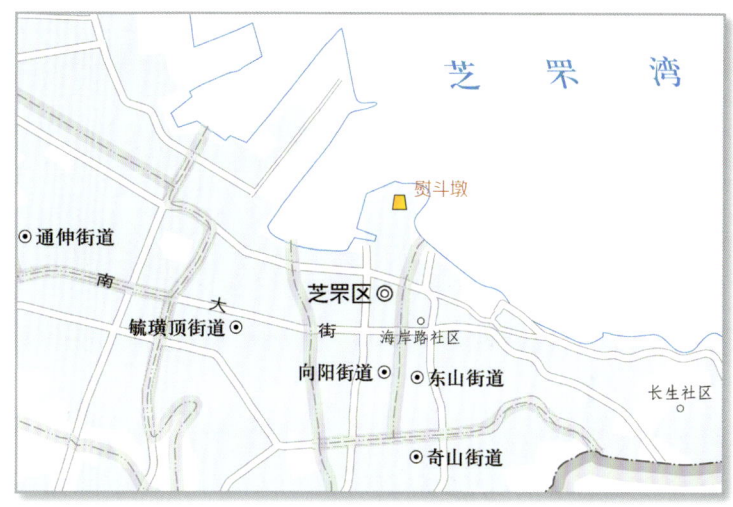

熨斗墩遗址位置图

熨斗墩遗址卫星图

熨斗墩遗址现状（南向北摄）

新式航海灯塔。台南建有庭院一座，现存建筑应为清末所建。当为航海灯塔管理人员住地，有院门，北屋及东西厢房。北屋三间，前后廊，灰瓦硬山顶，院门额题'烟台'2字。院中暴露一巨大基岩，上题刻'燕台诗'一首。院后门北出有登台通道。"①2021年调查时，遗址为青砖筑成，整体呈方台形，底部东西长16.5米，南北宽12米，高7.2米，占地面积约198平方米。

历史资料　据明嘉靖《山东通志》《宁海州志》、明泰昌《登州府志》及《筹海图编》记载，熨斗墩为奇山守御千户所下属四墩之一。

考古和保护工作　1991年烟台市政府对熨斗墩进行了修复。

熨斗墩遗址简介

---

① 国家文物局主编、山东省文物局编著：《中国文物地图集·山东分册（下）》，中国地图出版社，2006年，第221页。

四

堡遗址

西牟堡遗址

位　　置　芝罘区只楚街道南上坊村东南 500 米处山坡上

始设年代　明代

文保级别　尚未核定为文物保护单位

概　　况　遗址北距海岸线约 9.6 千米，东南距黄务堡遗址约 3 千米，东北距奇山所城遗址约 8.8 千米。"三普"资料中记载为"南上坊墩台"。《山东省烟台市第三次全国文物普查成果汇编·上卷》记载："南上坊墩台位于芝罘区只楚街道办事处南上坊村东南 500 米处，位于山丘顶部，西南距桌山 570 米，东北距金夯顶 1.2 公里。东距红旗南路 500 米，西南距西牟村 800 米。墩台立面呈梯形，顶部为方形，边长为 6 米，底部边长为 15 米，高约 7 米。现在上面长满杂草，边上种有松树。对于研究当地的军事设施有重要价值。"①

2021 年调查时遗址整体呈圆锥形，平面近似圆形，表面杂草、灌木丛生，顶部有三棵松树，西侧为现代墓地，南侧被村民取土破坏有一处凹坑，东侧和北侧保存较好，北侧有一条通往遗址顶部的小路。遗址顶径 6 米，斜长 10 米，残高 5.2 米，占地面积约 418.28 平方米。

历史资料　据明嘉靖《山东通志》《宁海州志》、明泰昌《登州府志》及《筹海图编》记载，西牟堡为奇山守御千户所下属二堡之一。

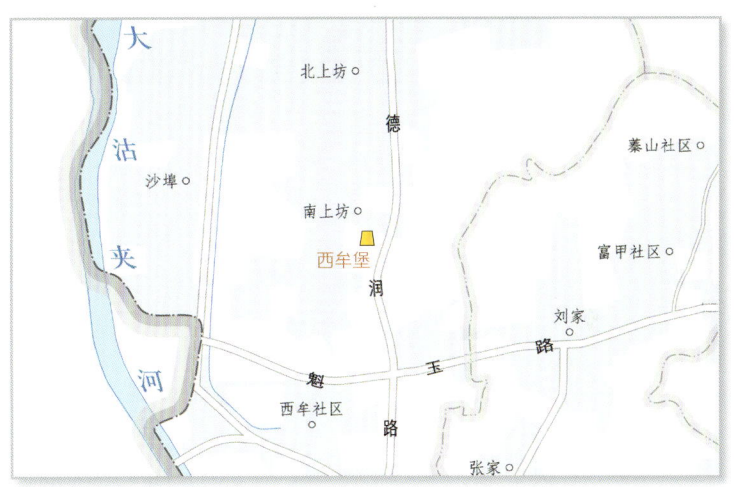

西牟堡遗址位置图

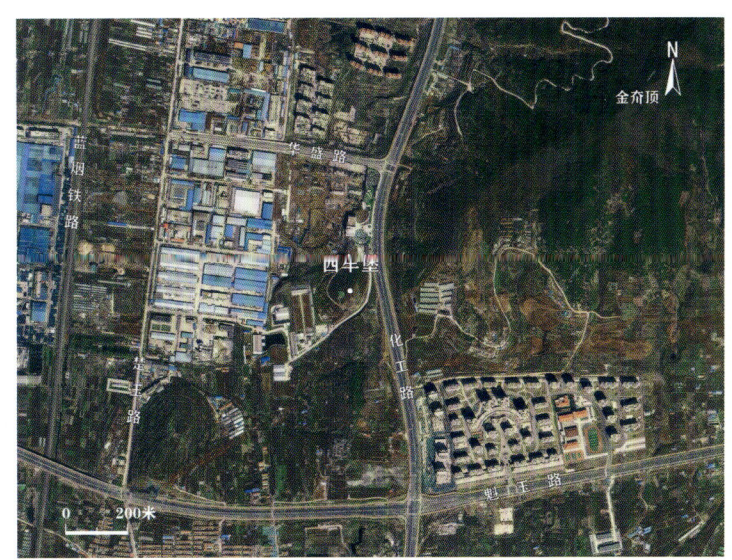

西牟堡遗址卫星图

---

① 烟台市第三次文物普查工作领导小组办公室、烟台市博物馆：《山东省烟台市第三次全国文物普查成果汇编·上卷》，黄河数字出版社，2013年，第20页。

西牟堡遗址南侧现状（南向北摄）　　　　西牟堡遗址北侧现状（北向南摄）

黄务堡遗址

位　　置　芝罘区黄务街道办事处西北
850 米山顶

始设年代　明代

文保级别　尚未核定为文物保护单位

概　　况　黄务堡遗址东北距张家水库
约 200 米，东南距五卒山堡约 4.1 千米，
东北距奇山所城遗址约 9 千米。遗址整
体呈圆锥形，表面杂草、灌木丛生，长
满松树，由土石混合夯筑而成，西侧有
一条通往顶部的小路，在顶部有一个三
脚架，中心位置有一处测绘部门的测绘
控制点。遗址顶径 3.4 米，斜长 6.2 米，
残高 2.6 米，占地面积约 168.64 平方米。
在遗址周围可见零星散落的陶片、瓦块
等遗物。

历史资料　据明嘉靖《山东通志》《宁
海州志》、明泰昌《登州府志》及《筹
海图编》记载，黄务堡为奇山守御千户
所下属二堡之一。

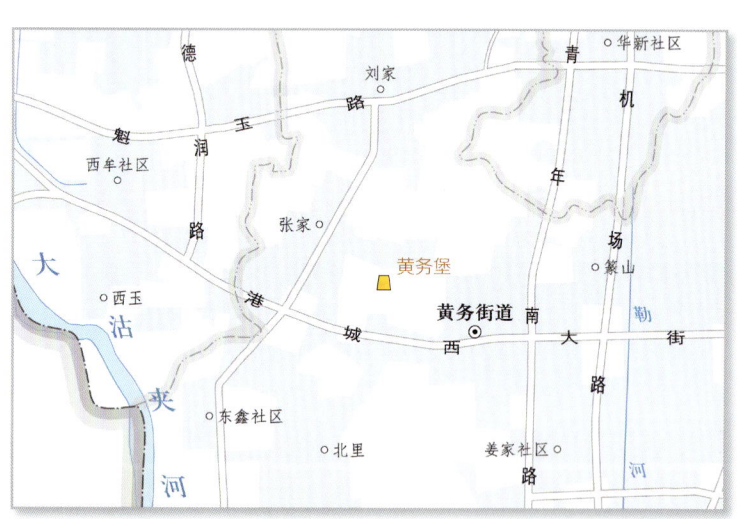

黄务堡遗址位置图

黄务堡遗址卫星图

黄务堡遗址现状（东向西摄）

黄务堡遗址现状（东向西摄）

黄务堡遗址现存测绘控制点

莱 山 区 地 图

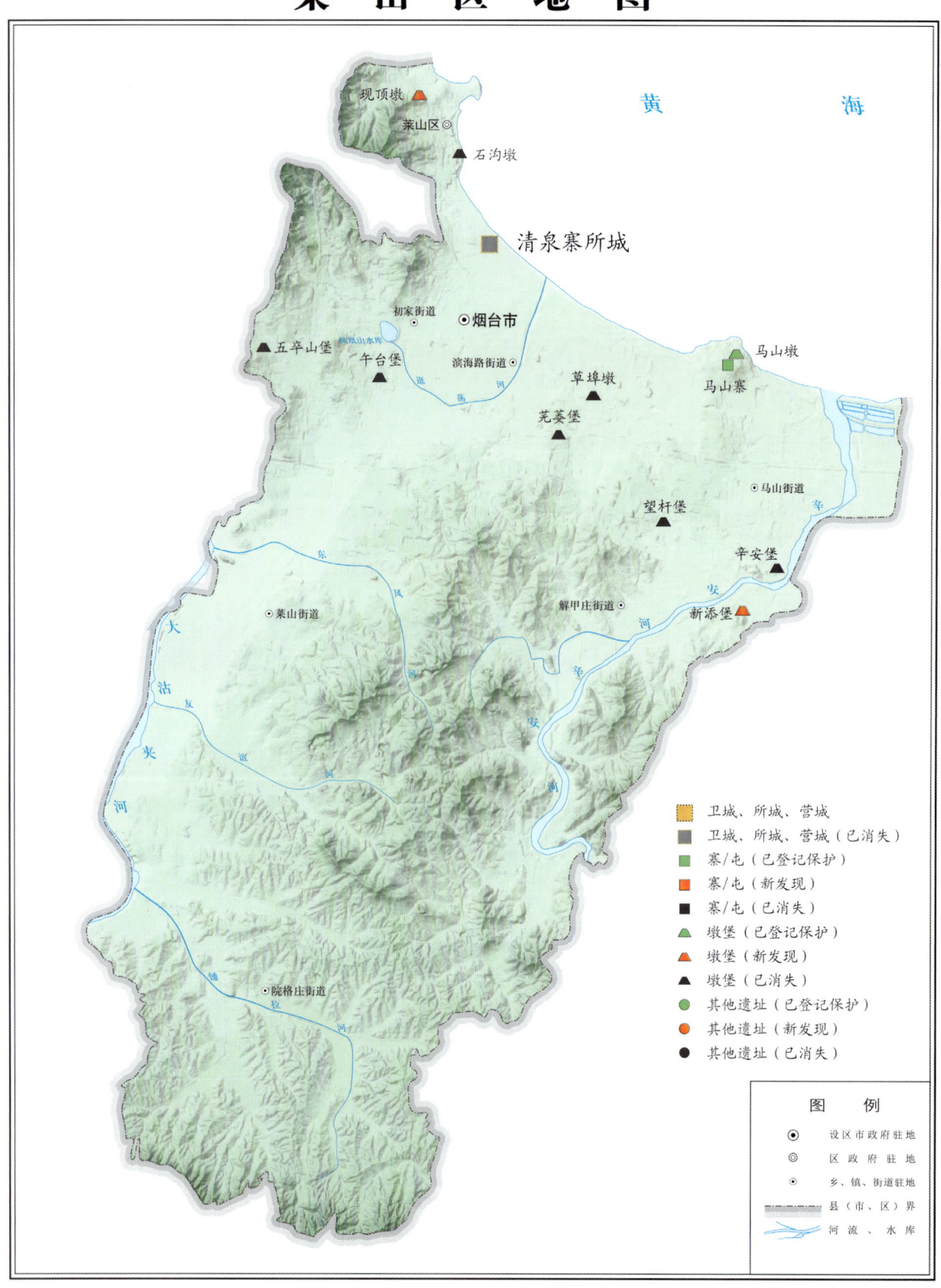

黄　　海

现顶墩　▲

莱山区　◎

石沟墩　▲

清泉寨所城

初家街道　⊙

⊙烟台市

五卒山堡　▲

午台堡　▲

凤凰山水库

滨海路街道　⊙

草埠墩　▲

马山墩

芜菱堡　▲

马山寨

望杆堡　▲

⊙马山街道

辛安堡　▲

莱山街道　⊙

解甲庄街道　⊙

新添堡　▲

院格庄街道　⊙

大沽夹河

东风河

辛安河

逛河

反逛河

辅粒河

图　例

■　卫城、所城、营城
■　卫城、所城、营城（已消失）
■　寨/屯（已登记保护）
■　寨/屯（新发现）
■　寨/屯（已消失）
▲　墩堡（已登记保护）
▲　墩堡（新发现）
▲　墩堡（已消失）
●　其他遗址（已登记保护）
●　其他遗址（新发现）
●　其他遗址（已消失）

图　例	
⊙	设区市政府驻地
◎	区政府驻地
⊙	乡、镇、街道驻地
▨	县（市、区）界
〰	河流、水库

七　莱山区海防遗址

百户所城遗址

清泉寨所城（遗址）

位　　置　烟台市莱山区黄海路街道清泉寨社区内

始设年代　明代

文保级别　已消失

概　　况　遗址东距海岸线约630米，西北距石沟墩约2.1千米，东南距宁海卫约16.9千米。据村民讲述，原清泉寨寨墙长约半里，因建设被破坏殆尽，现为清泉寨社区居民楼。

清泉寨所城（遗址）位置图

历史资料　明嘉靖《山东通志》记载："清泉寨城，砖城，周围二里，高一丈五尺，阔一丈五尺，门一，楼铺六。"[①]"清泉寨备御百户所属宁海卫，其设官百户，墩堡三：曰清泉在所城，曰午台在所西南，曰石沟在所西北。"[②]明泰昌《登州府志》记载："清泉寨城，砖城，周围一里，高一丈五尺，阔一丈五尺，门一，楼铺六。"[③]"清泉寨备御百户所百户三员，守城军余一十五名，守墩军余六名，守堡军余二名，系后所千户所分设。"[④]"墩制，清泉寨二座：曰清泉、曰石沟。"[⑤]明代郑若曾《筹海图编》记载："清泉所，守城军余一十五人，守墩军余八人。墩二：清泉、石沟。"[⑥]民国《牟平县志》记载："明史兵志：洪武十七年，汤和筑沿海诸城；二十三年，建五总寨于宁海卫，与莱州八总寨，共辖小寨四十八。复命徐辉祖巡视沿海以防倭。迨承平既久，惟卫所诸城尚有居民，其余小寨半皆坍塌，仅遗古址而已（本县土寨遗址，北海岸有清泉寨、金沟寨、马山寨、鹤止寨、金山寨，南海岸有南寨、万家寨、孙家寨等），历代以来，海上所以多废垒也。"[⑦]综合上述史料记载说明清泉寨属于宁海卫下属后所千户所分设的备御百户所，是四十八小寨之一，其下辖两墩、一堡，有砖城和驻军。

① （明）陆钶：嘉靖《山东通志》"卷十二·城池·登州府"，《天一阁藏明代方志选刊续编》第51册，上海书店出版社，1990年。

② （明）陆钶：嘉靖《山东通志》"卷十一·兵防"，《天一阁藏明代方志选刊续编》第51册，上海书店出版社，1990年。

③ （明）徐应元纂修：泰昌《登州府志》"卷之五·地理志·城池"，河南省图书馆馆藏残本，第570页。

④ （明）徐应元纂修：泰昌《登州府志》"卷之十·人事志二·戎祀·兵防"，河南省图书馆馆藏残本，第906页。

⑤ （明）徐应元纂修：泰昌《登州府志》"卷之十·人事志二·戎祀·兵防"，河南省图书馆馆藏残本，第921页。

⑥ （明）郑若曾撰、李致忠点校：《筹海图编》"卷之七·山东兵防官考"，中华书局，2007年，第452页。

⑦ 宋宪章等修、于清泮等纂：《牟平县志》"卷十·文献志·杂志·轶事"，成文出版社，民国二十五年铅本影印，第1561、1562页。

寨/屯遗址

马山寨遗址

位　　置　莱山区马山街道北寨村北1千米马山寨高尔夫俱乐部院内

始设年代　明洪武二十三年（1390年）

文保级别　2006年12月7日，"马山寨遗址"被公布为第三批省级文物保护单位

概　　况　遗址北距海岸线约700米，东距海岸线约650米，东南距貉子窝墩遗址约6.1千米，距宁海卫约9.4千米。第三次全国文物普查资料记载：山包临海凸起，寨城在山顶部，烽火台在寨城中央。寨城平面呈正方形，边长约140米，总面积19600平方米，寨城墙下宽上窄，基部宽约6米，现残高约1米。据史载，明洪武二十三年（1390年），为防御倭寇侵扰，在山上修建烽火台，派官兵进行驻扎，又称之为大寨。因于马山以北，故名马山寨。马山寨为明代海防军事设施，是扼守烟台沿海防御倭寇的军事要地，现规模基本保存完整，具有重要的史料价值和文物价值。

　　2021年调查时，遗址保存较差，仅残存西寨墙的南半部分和南寨墙。残存的部分西寨墙长约61米，残高0.6米；南寨墙被院内南北走向的两条小路破坏为3段，残存部分长约124米，残高0.6米。马山墩在遗址的中间位置，现在寨墙内为高尔夫球场的草坪。

历史资料　据《明太祖实录》、民国《牟平县志》记载以及从地理位置上来判断，马山寨属于宁海卫下辖的小寨之一。

马山寨遗址位置图

马山寨遗址卫星图

马山寨遗址南墙现状

马山寨遗址西墙现状

马山寨遗址南墙局部

墩遗址

现顶墩遗址

位　　置　莱山区黄海路街道后七夼峰山顶

始设年代　明代

文保级别　尚未核定为文物保护单位

概　　况　遗址东北距海岸线约1千米，东南距石沟墩约2千米，西北距奇山所城遗址约3.7千米。遗址平面近方形，整体保存较差，由土石混合夯筑而成，其上杂草丛生，顶部长满灌木丛和

现顶墩遗址位置图

柳树。遗址底部有较多石块护坡。在遗址西侧有一条通往顶部的小路，顶部较为平坦，有一处三脚架，顶部长约 11.5 米、宽约 9.8 米，底部长约 18 米、宽约 13.5 米，残高 2.1 米，斜边长 6.5 米，占地面积约 243 平方米。

历史资料 据明嘉靖《山东通志》《宁海州志》、明泰昌《登州府志》及《筹海图编》记载，现顶墩为奇山守御千户所下属四墩之一。

现顶墩遗址卫星图

现顶墩遗址现状

石沟墩（遗址）

位　　置 莱山区黄海路街道银海花园小区内

始设年代 明代

文保级别 已消失

概　　况 遗址东距海岸线约 200 米，南距清泉寨所城约 2 千米。据村民讲述，石沟墩因修建银海花园小区时被破坏殆尽，现为居民住宅。

据明嘉靖《山东通志》、明泰昌《登州府志》及《筹海图编》记载，石沟墩为清泉寨备御百户所下属二墩之一。

石沟墩（遗址）位置图

草埠墩（遗址）

位　　置　莱山区滨海路街道草埠社区东 200 米处

始设年代　明代

文保级别　已消失

概　　况　遗址北距海岸线约 2.6 千米，西南距芜蒌堡约 1.2 千米，东南距宁海卫约 12.2 千米。草埠墩因建设被破坏殆尽，现为锦城小区。

据明嘉靖《山东通志》《宁海州志》、明泰昌《登州府志》及《筹海图编》记载，草埠墩为宁海卫下属六墩之一。

草埠墩（遗址）位置图

马山墩遗址

位　　置　莱山区马山街道北寨村北 1 千米，马山寨高尔夫俱乐部院内马山寨酒店南侧

始设年代　明代

文保级别　2006 年 12 月 7 日，"马山寨烽火台"被公布为第三批省级文物保护单位

概　　况　遗址位于马山寨遗址内，其北距海岸线约 700 米，东距海岸线约 650 米，东南距貉子窝墩遗址约 6.1 千米，距宁海卫约 9.4 千米。"二普""三普"资料中记载为"马山寨烽火台"。遗址整体呈方锥形，平面近似长方形，由黄土夯筑而成，保存较好，周围是马山寨酒店的绿化草坪。遗址底部边长 17—21 米，高约 4.6 米，占地面积约 357 平方米。

历史资料　据明嘉靖《山东通志》《宁海州志》、明泰昌《登州府志》及《筹海图编》记载，马山墩为宁海卫下属六墩之一。

马山墩遗址位置图

马山墩遗址卫星图

马山墩遗址航拍

马山墩遗址全景

马山墩遗址北侧现状（北向南摄）

四

堡遗址

五卒山堡（遗址）

位　　置 莱山区初家街道五卒山顶部

始设年代 明代

文保级别 已消失

概　　况 遗址东北距海岸线约8千米，东南距午台堡约3.3千米。五卒山堡因基础设施建设被破坏殆尽，现为树林。

五卒山堡（遗址）位置图

午台堡（遗址）

位　　置　莱山区初家街道午台社区西南约 1 千米处

始设年代　明代

文保级别　已消失

概　　况　遗址东北距清泉寨所城约 4.9 千米，距海岸线约 5.3 千米，东南距芜萎堡约 5.1 千米。据村民讲述，午台堡为第五个墩台，故名"五台"，后逐渐演化成"午台"，其他墩台无从知晓，现为绿化带。

据明嘉靖《山东通志》、明泰昌《登州府志》及《筹海图编》记载，午台堡为清泉寨备御百户所下属堡。

午台堡（遗址）位置图

芜萎堡（遗址）

位　　置　莱山区滨海路街道三十里堡村东北 450 米处

始设年代　明代

文保级别　已消失

概　　况　遗址北距海岸线约 4.1 千米，东北距草埠墩约 1.2 千米，东南距宁海卫约 12.6 千米。芜萎堡因修路被破坏殆尽，现为城际铁路。

据明嘉靖《山东通志》《宁海州志》、明泰昌《登州府志》及《筹海图编》记载，芜萎堡为宁海卫下属十二堡之一。

芜萎堡（遗址）位置图

望杆堡（遗址）

位　　置　莱山区马山街道望杆墩村西北角处

始设年代　明代

文保级别　已消失

概　　况　遗址北距海岸线约 5 千米，东南距新添堡遗址约 3.3 千米，距宁海卫约 9.2 千米。望杆堡因村民平整土地与乡村建设被破坏殆尽，现为村民住宅。

据明嘉靖《山东通志》《宁海州志》、明泰昌《登州府志》及《筹海图编》记载，推测望杆堡为宁海卫下属十二堡之一。

望杆堡（遗址）位置图

辛安堡（遗址）

位　　置　莱山区马山街道辛安村北头路东侧

始设年代　明代

文保级别　已消失

概　　况　遗址北距海岸线约 5.1 千米，东距辛安河 720 米，南距辛安河 380 米，东南距宁海卫约 5.9 千米，西南距新添堡遗址约 1.6 千米。据村民讲述，辛安堡于 20 世纪 90 年代平整土地时被破坏殆尽，现为村民住宅。

据明嘉靖《山东通志》《宁海州志》、明泰昌《登州府志》及《筹海图编》记载，辛安堡为宁海卫下属十二堡之一。

辛安堡（遗址）位置图

新添堡遗址

位　　置　莱山区马山街道新添堡村东400 米峰山顶部

始设年代　明代

文保级别　尚未核定为文物保护单位

概　　况　遗址北距辛安河约 800 米，距海岸线约 7.4 千米，东距宁海卫约 6.6 千米，东南距直格庄堡约 2.1 千米。遗址表面杂草丛生，长满灌木丛，周围为荒地，在遗址南侧有一处现代生活垃圾堆。顶部较为平坦，遗址周围有较多散落的石块，该遗址整体呈圆锥形，平面近似圆形，顶径约 5.7 米，斜长 5 米，残高 2.1 米，占地面积约 166.7 平方米。

据明嘉靖《山东通志》《宁海州志》、明泰昌《登州府志》及《筹海图编》记载，推测新添堡为宁海卫下属十二堡之一。

新添堡遗址位置图

新添堡遗址卫星图

新添堡遗址南侧现状（南向北摄）

新添堡遗址北侧现状（北向南摄）

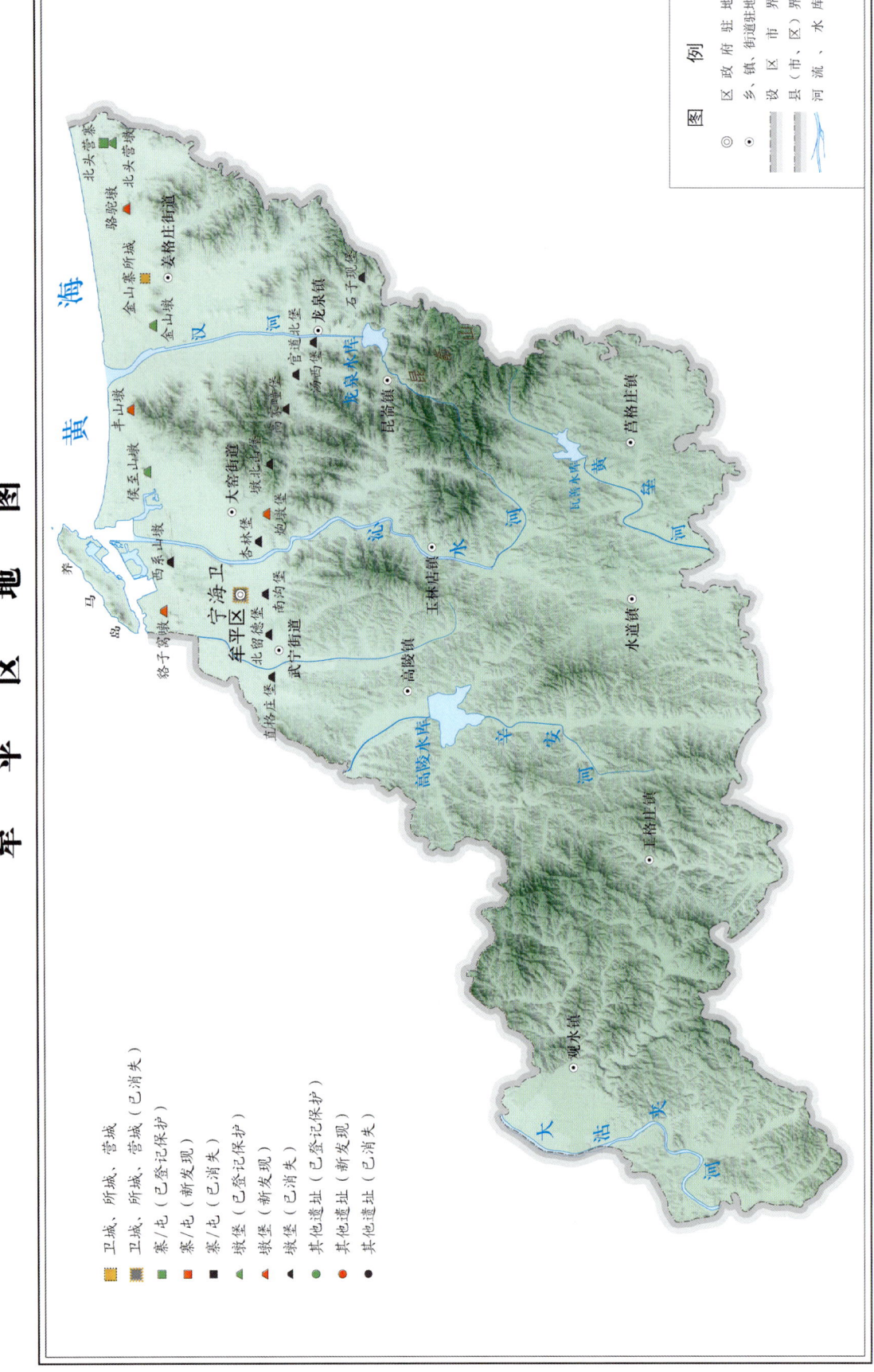

牟 平 区 地 图

八　牟平区海防遗址

卫城遗址

宁海卫（遗址）

位　　置　牟平区政府大街 196 号人民政府

始设年代　明洪武十年（1377 年）

文保级别　已消失

概　　况　遗址北距海岸线约 6.4 千米，东南距杏林堡约 3.6 千米。宁海卫现为牟平区人民政府所在地。

历史沿革　为了加强宁海州的海防，明洪武二年（1369 年），即调莱州卫左千户所于宁海州，为宁海千户所，同时，在宁海州所辖的文登县设置了辛汪寨、温泉寨、赤山寨三个巡检司，各设弓兵百人，明洪武十年（1377 年），又正式升宁海千户所为宁海卫，置宁海卫指挥使司，以加强山东半岛东部沿海的海防。

清光绪《增修登州府志》记载："国朝顺治初裁各卫所指挥、千户改设守备千总，十二年，裁福山、寻山二千户所，奇山、宁津、海阳三守御千户所，十六年，裁登州、宁海二卫。"[①] 从上述文献记载可以看出清顺治十六年（1659 年）裁撤宁海卫。

宁海卫（遗址）位置图

宁海卫（遗址）卫星图

---

① （清）方汝翼等纂修：光绪《增修登州府志》"卷十二·军垒"，《中国地方志集成·山东府县志辑》第48、49册，凤凰出版社，2004年，第127页。

历史资料 明嘉靖《山东通志》记载：

"宁海卫在州治西，洪武二年置备御所，十年改为卫。其设官指挥使一人，指挥同知二人，指挥金事四人，以迁叙至者无定额云。经历司经历一人，镇抚司镇抚二人，左、右、中、前、后五所，各置正副千户、百户。京操军春戍五百三十八人，秋戍一千一百二十七人，城守军余一千一百一十人，屯田军余三百九十一人，屯田一百五十四顷七十亩八分，屯粮一千八百五十六石五斗。演武场在州城西南一里，墩堡十八：曰宋家、曰曲水、曰管山、曰板桥、曰石

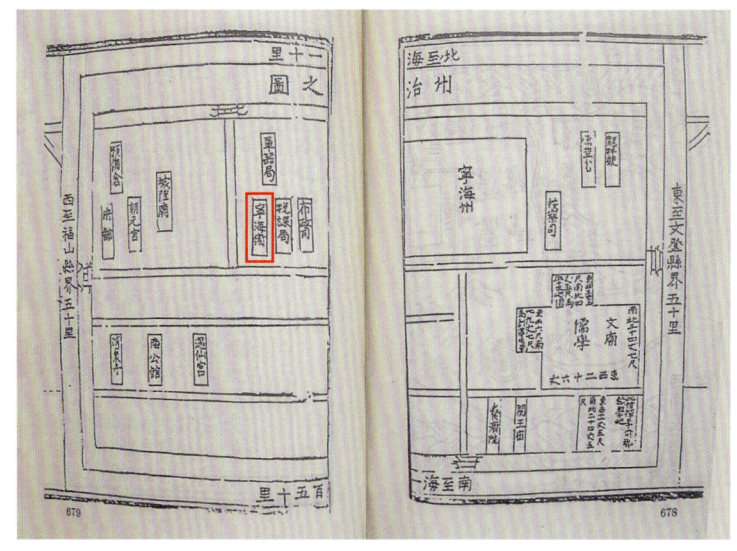

明代宁海州治之图（引自嘉靖《宁海州志》）

子现、曰栲栳观、曰汤四、曰修福、曰杏林、曰峰山、曰侯至山、曰辛安、曰芜蒌、曰草埠在卫西，曰小峰山、曰戏山、曰貊子窠、曰马山在卫北。"[1] 明代郑若曾《筹海图编》记载："宁海卫京操军一千六百六十五人，城守军余一千一百一十人，屯军三百九十一人，捕倭军三百五十四人。守墩堡军余四十二人。墩六：侯圣山、戏山、小峰山、貊子窝、马山、草埠。堡十二：宋家、曲水、管山、汤西、修福、石子现、辛安、杏林、芜蒌、板桥、衷口、栲栳观。"[2] 明嘉靖《宁海州志》记载："宁海卫，在州治西，元置宁海千户所，国朝因之，属莱州卫，洪武十年改置卫，设指挥使一人，指挥同知二人，指挥金事四人，以迁叙至者无定额。正统十年，指挥同知张礼奏准重修卫衙，嘉靖十四年，礼玄孙指挥使张柱复修。经历司经历一人，镇抚司设镇抚二人，左、右、中、前、后五所，各设正副千户、镇抚、百户。京操军春班五百三十八人，秋班一千一百二十七人，守城军余一千一百一十人，屯田军余三百九十一人，屯田一百五十四顷七十亩八分，屯粮一千八百五十六石五斗，军器局在卫后，演武场在州西一里。墩六：侯至山、小峰山、戏山、貊子窝、马山、草埠。堡十二：峰山、宋家、曲水、管山、板桥、石子现、栲栳、汤西、修福现、杏林、辛安、芜蒌。"[3] 明泰昌《登州府志》记载："宁海卫指挥使一十八员，经历一员，镇抚二员，右、中、前、后四所，正副千户一十二员，百户四十员，所镇抚一员。京操春戍五百三十八名，秋戍一千一百二十七名，捕倭军登州营六十二名，文登营二百九十二名，守城军余二百一名，种屯军余二百九十一名，守墩军余一十八名，守堡军余二十四名。"[4] 又"宁海卫屯田一百五十四顷七十亩八分，屯粮一千五十六石五斗"[5]。又有："墩制，宁海卫六座：曰后至山、曰草埠、曰小峰、曰戏山、曰貊子窝、曰马山。"[6] 还有："堡制，堡一十二座：曰宋家、曰曲水、曰管山、曰板桥、曰石子现、曰栲栳观、曰汤西、曰修福、曰杏林、曰峰山、曰辛安、曰芜蒌。"[7] 清光绪《增修登州府志》记载："十年升宁海军为宁海卫，置指挥十八员，屯田一百五十四顷七十亩八分，

① （明）陆钶：嘉靖《山东通志》"卷十一·兵防"，《天一阁藏明代方志选刊续编》第51册，上海书店出版社，1990年。

② （明）郑若曾撰，李致忠点校：《筹海图编》"卷之七·山东兵防官考"，中华书局，2007年，第440、451、452页。

③ （明）王枢等：嘉靖《宁海州志》"卷上·建置三"，《天一阁藏明代方志选刊续编》第57册，上海书店出版社，1990年，第764、765页。

④ （明）徐应元纂修：泰昌《登州府志》"卷之十·人事志二·戎祀·兵防"，河南省图书馆藏残本，第905页。

⑤ （明）徐应元纂修：泰昌《登州府志》"卷之十·人事志二·戎祀·兵防"，河南省图书馆藏残本，第914页。

⑥ （明）徐应元纂修：泰昌《登州府志》"卷之十·人事志二·戎祀·兵防"，河南省图书馆藏残本，第921页。

⑦ （明）徐应元纂修：泰昌《登州府志》"卷之十·人事志二·戎祀·兵防"，河南省图书馆藏残本，第924页。

右、中、前、后四所正副千户十二员，百户四十员，分后所百户三员于清泉寨（今属宁海）为百户所。"①综合上述史料可知：对于宁海卫的驻军情况，泰昌《登州府志》记载守城军和种屯军的数量少很多，其他史料记载基本一致；对于宁海卫下辖墩堡的记载，史料基本一致。

民国《牟平县志》记载："明宁海卫职官表：明制卫设指挥使一人，同知二人，金事四人，镇抚二人，分设前、后、中、左、右五千户所，每所设正千户一人，副千户二人，镇抚二人，辖百户所十，共百户十人。指挥使：陈得（府志作陈德）、张林、张旺、张铠、张珏、张镇、张勤墉、胡海、胡兴、胡镇、胡俊、胡升、胡连、胡来贡、胡文蔚、侯胜、侯宣、侯永沐、李永、李诚、李纲、李毅、李昂、李代、李明、李维藩、李仁全、董善、董纯一、董应祥、董国柱、何旺、王用、王湘、王纲、王侃、王明、王镇、李瀛、陈衍、万源、万伦、周泰、徐英、施镒、李英、田真、刘升、刘练臣、李桢。指挥同知：张礼、张昂、张柱、胡勋、冯时、冯用张、冯世勋、陈师古、何式、王国寿。指挥金事：陶铎、陶钺、侯勋、侯岐、汤诏、王乙中、王玺、王俶、李若溽、李先春、陈言、何正、刘琦、胡伦。

千户：黄柱、黄汝忠、赵旺、刘得、刘启祥、李玺、李谦、吴献策、唐源、唐际盛、王高捷、张国俊、汤文、汤睿、汤广、汤钺、汤琦、汤洋、汤承嗣、汤懋德、刘进、刘顺、刘礼、刘辅、刘勋、刘昂、刘相、刘永源、刘邦基、刘世英。

百户：贺寿、贺保、贺文、贺兴、贺成、贺凤、郝彬、郝富、郝英、郝深、郝钰、郝兰、郝连、郝诏、郝国、郝世耀、王景先、王勇、王英、王洪、王宣、王威、王增位、王尔问、黄端、孙茂、孙贤、陈檠、黄端、孙茂、孙贤、陈檠、陈必扬、田时种、韩遇春。"②金山备御千户左所职官在金山寨城址中已列出，这里不再赘述。

明嘉靖《宁海州志》记载："急递铺十有五：总铺在州治。西十里曰辛安，又十里曰望杆，又十里曰芜蒌，又十里曰午台，西抵福山县界；西南十里曰新店，又十里曰沟头，又十里曰康家，又十里曰莱山，又十里曰朱家，抵莱阳县境；东十里曰杏林，又十里曰石老公，又十里曰枣园，又十里曰汤上，又十里曰石子现，抵文登县界。俱洪武初同知赵天秩置，成化二年知州姜珽重修，正德九年知州李纪复修。"③上述史料关于急递铺记载，其中的铺名：辛安、芜蒌、杏林、石子现等与宁海卫下辖的一些堡的名字一样，这其中有何联系，需要进一步研究。

关于宁海卫设置的时间，史料的记载有龃龉之处，主要有以下三种说法。

（1）设于明洪武九年（1376年）之前。《明太祖实录》记载："洪武九年二月庚子，调扬州卫军士千人补登州卫，高邮卫军士千人补宁海卫。"④由此宁海卫的设立时间不晚于洪武九年二月。

（2）设于明洪武十年（1377年）。《寰宇通志》记载："宁海卫指挥使司：在宁海州治西，本莱州卫左千户所，洪武二年调于此，十年升为卫。"⑤《明一统志》记载："宁海卫，在宁海州治西，本莱州卫左千户所，洪武二年调于此，十年升为卫。"⑥《读史方舆纪要》记载："宁海卫，在州治西，本莱州卫左千户所，洪武二年调为备御所，十年升为卫，领左中前后四千户所。"⑦嘉靖《宁海州志》记载："宁

① （清）方汝翼等纂修：光绪《增修登州府志》"卷十二·军垒"，《中国地方志集成·山东府县志辑》第48、49册，凤凰出版社，2004年，第125页。
② 宋宪章等修、于清泮等纂：《牟平县志》"卷六·政治志·职官表·明卫官"，成文出版社，民国二十五年铅本影印，第810—825页。
③ （明）王枢等：嘉靖《宁海州志》"卷上·建置三"，《天一阁藏明代方志选刊续编》第57册，上海书店出版社，1990年，第742、743页。
④ 《明太祖实录》卷一百四，洪武九年二月庚子，"中研院"历史语言研究所校印，1962年，第1747页。
⑤ （明）陈循：《寰宇通志》"卷七十六·登州府"，《玄览堂丛书续集》本。
⑥ （明）李贤：《明一统志》"卷二十五·登州府"，《景印文渊阁四库全书》第472册，第600页。
⑦ （清）顾祖禹：《读史方舆纪要》"卷三十六·山东七·登州府"，中华书局，2007年，第1696页。

海卫，在州治西，元置宁海千户所，国朝因之，属莱州卫，洪武十年改置卫。"① 嘉靖《山东通志》记载："宁海卫在州治西，洪武二年置备御所，十年改为卫。"② 顺治《登州府志》记载："宁海卫，在宁海州治西，本莱州卫左千户所，洪武二年调于此，十年升为卫。"③ 光绪《增修登州府志》记载："十年升宁海军为宁海卫。"④ 民国《牟平县志》记载："元置千户所，属莱州卫左千户所，明洪武二年调于此，十年升为卫。"⑤

（3）设于明洪武十一年（1378年）。《明太祖实录》记载："洪武十一年四月辛未，置宁海卫指挥使司于山东之宁海州。"⑥《国榷》记载："洪武十一年四月辛未，置宁海卫（山东宁海州）。"⑦

综上分析，宁海卫应在洪武九年之前开始酝酿设置并进行军士调动部署，洪武十年设立，洪武十一年配备职官，开始履行海防职责。

《明太祖实录》记载，洪武年间宁海卫管辖范围内发生过多次倭寇登陆杀掠的事件："洪武二十二年十二月……山东都指挥佥事蔺真奏：近者倭船十二艘，由城山洋艾子口登岸，劫掠宁海，卫指挥佥事王镇等御之，杀贼三人，获其器械，赤山寨巡检刘兴又捕杀四人，贼乃遁去。"⑧"洪武三十一年二月……乙酉，倭夷寇山东宁海州，由白沙海口登岸，劫掠居人，杀镇抚卢智。宁海卫指挥陶铎及其弟钺出兵击之，斩首三十余级，贼败去。钺为流矢所中，伤其右臂。先是倭夷尝入寇，百户何福战死，事闻，上命登莱二卫发兵追捕，至是铎等击败之，诏赐钞帛恤福家。"⑨"永乐六年，倭贼袭破宁海卫，杀掠甚惨。指挥赵铭以失机被刑。"⑩

① （明）王枢等：嘉靖《宁海州志》"卷上·建置三"，《天一阁藏明代方志选刊续编》第57册，上海书店出版社，1990年，第764页。
② （明）陆钶：嘉靖《山东通志》"卷十一·兵防"，《天一阁藏明代方志选刊续编》第51册，上海书店出版社，1990年，第725页。
③ （清）施闰章等：顺治《登州府志》"卷五·武备"，清康熙三十三年（1694年）刻本。
④ （清）方汝翼等纂修：光绪《增修登州府志》"卷十二·军垒"，《中国地方志集成·山东府县志辑》第48、49册，凤凰出版社，2004年，第125页。
⑤ 宋宪章等修，于清泮等纂：《牟平县志》"卷五·政治志·武备"，成文出版社，民国二十五年铅本影印，第220页。
⑥ 《明太祖实录》卷一百十八，洪武十一年四月辛未，"中研院"历史语言研究所校印，1962年，第1926页。
⑦ （清）谈迁著，张宗祥校点《国榷》"卷六·太祖洪武十一年"，中华书局，1958年，第561页。
⑧ 《明太祖实录》卷一百九十八，洪武二十二年十二月，"中研院"历史语言研究所校印，1962年。
⑨ 《明太祖实录》卷二百五十六，洪武三十一年二月乙酉，"中研院"历史语言研究所校印，1962年。
⑩ （明）郑若曾撰，李致忠点校：《筹海图编》"卷之七·山东倭变记"，中华书局，2007年，第454页。

千户所城遗址

金山寨所城遗址

位　　置　牟平区姜格庄街道金山上寨村西北

始设年代　明洪武年间（1368—1398 年）

文保级别　2013 年 10 月 10 日，"金山寨城址"被公布为第四批省级文物保护单位

概　　况　遗址北距海岸线约 3.1 千米，东距念河约 2.6 千米，西南距金山墩遗址约 1.4 千米，距宁海卫约 19.3 千米。"三普"发现文物点定名为"金山寨城址"。《山东省烟台市第三次全国文物普查成果汇编·上卷》记载："金山寨城址位于牟平区姜格庄镇金山上寨村西北，北距海约 3500 米。现寨城址大部分为农田，东南一角被现代村庄所叠压。寨城址西南部略高，东北部略低，占地约 13.6 万平方米。金山寨城，即金山备御千户所驻地。金山备御千户所又称宁海卫左所，明洪武初置。史载，明代为防倭寇袭扰，在山东半岛沿海设卫十一，所十四，巡检司二十，墩二百四十三，堡一百二十九，金山备御千户所即其一。寨城正方形，城墙砖砌，周长约二里，高二丈三尺，阔五尺，城墙为梯形，外包大青砖，内填砂土；有寨门二：东曰宁波、南曰迎恩；城墙外有护城河，护

金山寨所城遗址位置图

金山寨所城遗址卫星图

城河深一丈，宽二丈；寨城内共驻官兵 1120 人，有正副千户 5 人、正副百户 5 人、守城军余 28 人，守墩军余 15 人，守堡军余 2 人；辖邹山一铺，小峰、凤凰山、庙山、骆驼山、金山五墩。现北寨城墙残存 120 米、西寨城墙残存 120 米、南寨城墙残存 108 米，最高处约 2 米。此外，寨城地下为古代聚落遗址，地表暴露大量贝壳，间有陶片，采集的标本有豆盘、口沿等。根据采集的遗物分析，主要为大汶口文化紫荆山一期

金山寨所城遗址全景

和周代遗存。金山寨城址是胶东地区现存明代抗倭的军事建制中面积较大、保存较好的一处，其建制沿革清晰，文化内涵丰富，是一处重要的明代寨城遗址和古聚落遗址，对研究胶东的海防历史具有重要的意义。"[①]

2021年调查时，寨城整体呈方形，占地约13.6万平方米，北寨城墙残存约120米、最高处约2米，东、南、西寨墙均被破坏殆尽。明朝在此建寨城，地处小金山东坡，取名金山寨，后于此村东南又建一村，取名金山下寨，此村遂更名为金山上寨。现在金山寨所城遗址内及附近为村民农田、住宅和果树林。

历史沿革　金山寨所城为金山备御千户所驻地，金山备御千户所属于宁海卫下辖千户左所。其设立于明洪武年间。

清顺治十六年（1659年）裁宁海卫，并入宁海州。金山寨亦被裁成村，村以寨为名，划入宁海州管辖。

历史资料　金山备御千户所是胶东半岛东北沿海的重要屏障，其主要职责是防御倭寇、屯兵戍边、维护治安、屯田耕种。

关于金山备御千户所基本情况。明嘉靖《山东通志》记载："金山备御左千户所属宁海卫，其设官正千户、副千户、百户。墩堡六：曰庙山、曰凤凰、曰小峰山在所东，曰邹山在所东南，曰骆驼在所北，曰金山在所西。"[②] 明泰昌《登州府志》记载："金山备御所砖城，围二里，高二丈三尺，阔五尺，东南二门，楼铺

① 烟台市第三次文物普查工作领导小组办公室、烟台市博物馆：《山东省烟台市第三次全国文物普查成果汇编·上卷》，黄河数字出版社，2013年，第34页。
② （明）陆釴：嘉靖《山东通志》"卷十一·兵防"，《天一阁藏明代方志选刊续编》第51册，上海书店出版社，1990年。

二十，池阔二丈二尺，深一丈八尺。"①"金山备御千户所属宁海卫，正副千户五员、百户十员，守城军余二十八名，守墩军余一十五名，守堡军余二名。"②"墩制，金山备御千户所五座：曰庙山、曰凤凰、曰小峰山、曰骆驼、曰金山。"③"堡制，金山备御左千户所四座：曰邹山、曰清泉、曰石沟、曰朱家。"④明嘉靖《宁海州志》记载："金山备御千户所即左所，墩五：小峰、凤凰山、庙山、骆驼、金山，堡一：邹山。"⑤明代《筹海图编》记载："金

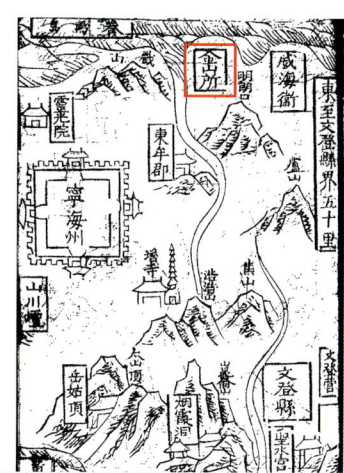

清代宁海州疆域图（引自康熙《宁海州志》）

山所守城军余一百一十四人。金山所，守墩堡军余一十七人。墩五：庙山、凤凰、金山、骆驼、小峰山，堡四：邹山、清泉、石沟、朱家。"⑥民国《牟平县志》记载："金山备御千户所，在县东北四十里，属宁海卫左所，正副千户五员，百户十员，守城军余二十八名，守墩军余一十五名，守堡军余二名。"⑦以上是史料关于金山备御千户所隶属、城池、驻军、职官以及所辖墩堡的记载。关于隶属，《山东通志》和《登州府志》记载得很清楚属于宁海卫。对于守城军的记载《筹海图编》与其他文献相差很大。对于墩的记载基本一致，无须赘述。对于堡的记载，《山东通志》和《宁海州志》均记载为一个堡，而《登州府志》与《筹海图编》记载为四个堡。其中的清泉和石沟是属于清泉寨备御百户所下辖的墩，不是堡，把它们纳入了金山备御千户所下辖堡，是明显不正确的。

对于金山备御千户所的职官设置，民国《牟平县志》记载："金山左所千户：常忠、常礼、常寿、常秉仁、常泰、常师善、王师吉、王召，所镇抚：张宁、张景、张辅、张勋、张性、张膺魁。"⑧清光绪《增修登州府志》与民国《牟平县志》记载基本一致。清光绪《增修登州府志》记载："常忠，乐安人，正统七年袭副千户，遂籍宁海。"⑨说明民国《牟平县志》与清光绪《增修登州府志》记载的千户均是副千户。金山所正副千户五人、百户十人、镇抚二人，府志、县志没有详细记载金山所正千户以及下辖百户人员的名单。

据《明太祖实录》、民国《牟平县志》记载，再结合其地理位置和面积，推测金山寨可能是宁海卫五总寨之一。

关于金山备御千户所设置的时间，史料的记载有龃龉之处，主要有以下两种说法。

① （明）徐应元纂修：泰昌《登州府志》"卷之五·地理志·城池"，河南省图书馆藏残本，第568页。
② （明）徐应元纂修：泰昌《登州府志》"卷之十·人事志二·戎祀·兵防"，河南省图书馆藏残本，第905页。
③ （明）徐应元纂修：泰昌《登州府志》"卷之十·人事志二·戎祀·兵防"，河南省图书馆藏残本，第921页。
④ （明）徐应元纂修：泰昌《登州府志》"卷之十·人事志二·戎祀·兵防"，河南省图书馆藏残本，第924页。
⑤ （明）王枢等：嘉靖《宁海州志》"卷上·建置三"，《天一阁藏明代方志选刊续编》第57册，上海书店出版社，1990年，第765页。
⑥ （明）郑若曾撰，李致忠点校：《筹海图编》"卷之七·山东兵防官考"，中华书局，2007年，第440、452页。
⑦ 宋宪章等修，于清泮等纂：《牟平县志》"卷五·政治志·武备"，成文出版社，民国二十五年铅本影印，第721页。
⑧ 宋宪章等修，于清泮等纂：《牟平县志》"卷六·政治志·职官表·明卫官"，成文出版社，民国二十五年铅本影印，第825—827页。
⑨ （清）方汝翼等纂修：光绪《增修登州府志》"卷三十七·武秩下"，《中国地方志集成·山东府县志辑》第48、49册，凤凰出版社，2004年，第363页。

金山寨所城遗址北墙东部现状

金山寨所城遗址北墙西部现状

（1）设于洪武初年。民国《牟平县志》记载："金山所故城，在县东北四十里，明洪武初置。"[1]《续山东考古录》记载："洪武初，设宁海卫、金山千户所。"[2]

（2）设于成化年间。《明史》记载："金山守御千户所，在威海卫西……俱成化中置。"[3]《读史方舆纪要》记载："金山备御左千户所，州东北四十里。所城周二里。成化中置，属宁海卫。"[4]

综上，金山备御千户所属于宁海卫下辖左所，设置的时间应与宁海卫设置的时间相差不远，所以应是设置于洪武年间。

（三）

寨 / 屯遗址

北头营寨遗址

位　　置　牟平区姜格庄街道夏家疃村东北600米的小山北坡

始设年代　明代

文保级别　2004年4月30日，"北头营寨遗址"被公布为第三批市级文物保护单位

概　　况　遗址北距海岸线约1.9千米，

北头营寨遗址位置图

---

① 宋宪章等修，于清泮等纂：《牟平县志》"卷二·地理志·古迹"，成文出版社，民国二十五年铅本影印，第90页。
② （清）叶圭绶：《续山东考古录》"卷十二·登州府下"，清咸丰元年刻本。
③ （清）张廷玉等：《明史》"卷四十一·地理志·山东"，中华书局，1974年，第952页。
④ （清）顾祖禹：《读史方舆纪要》"卷三十六·山东七·登州府"，中华书局，2007年，第1696页。

东南距凤凰山墩遗址约 5.9 千米，西南距宁海卫 28.6 千米。遗址分为烟墩与军寨两个部分，南部最高处是烟墩的位置。烟墩北部是军寨，遗址整体略呈长方形，地势由南向北倾斜，南北长约 150 米，东西宽约 140 米，总面积约为 2.1 万平方米，所有寨墙均由砖石和黄土混合夯筑而成，底宽 2 米左右。遗址保存较差，仅残存部分西墙，残长约 76 米，残高 1—2.6 米不等。现如今，寨墙内为村民农田。

历史资料 据《明太祖实录》、民国《牟平县志》记载，北头营寨应是洪武年间设置的属于宁海卫下辖的小寨之一。

北头营寨遗址卫星图

北头营寨遗址保护碑

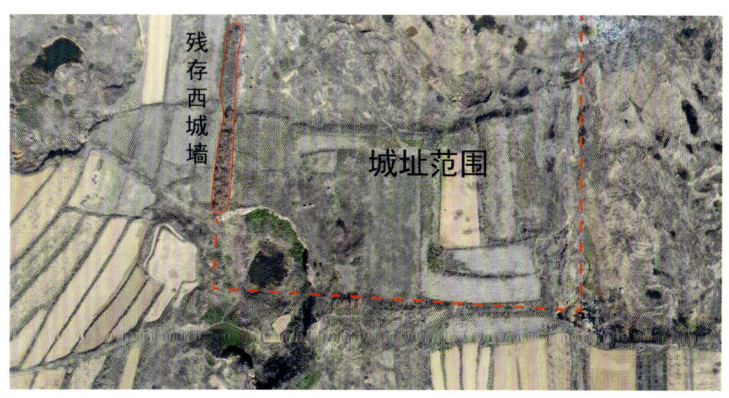

北头营寨遗址全景图

北头营寨烟墩遗址现状（东向西摄）

北头营寨遗址残存西寨墙

四

墩遗址

貔子窝墩遗址

位　　置　牟平区宁海街道烟墩山公园西南约 130 米山坡上

始设年代　明代

文保级别　尚未核定为文物保护单位

概　　况　遗址北距海岸线约 1.4 千米，东距西系山墩约 3.3 千米，东南距宁海卫约 4.7 千米。地势南高北低，南部为低山丘陵，北部为平原。遗址由黄土夯筑而成，保存状况很差，表面杂草丛生、长满灌木丛，东南部有 3 处盗洞，北部被现代建设破坏。现遗址仅残存东南部的三分之一部分，残存形状不规则，占地面积约 185 平方米。遗址西侧为现代垃圾场，北侧为现代开山碎石区，在附近采集到青砖遗物。

历史资料　据明嘉靖《山东通志》《宁海州志》、明泰昌《登州府志》及《筹海图编》记载，貔子窝墩为宁海卫下属六墩之一。

貔子窝墩遗址位置图

貔子窝墩遗址卫星图

貔子窝墩遗址远景（南向北摄）

貔子窝墩遗址现场采集遗物

西系山墩（遗址）

位　　置　牟平区宁海街道西系山村东南 800 米处

始设年代　明代

文保级别　已消失

概　　况　遗址北为系山，北距海岸线约 2.9 千米，东北距侯至山墩遗址约 5.4 千米，西南距宁海卫约 5 千米。西系山墩因开山采石被破坏殆尽，现为荒地。

据明嘉靖《山东通志》《宁海州志》、明泰昌《登州府志》及《筹海图编》记载，推测西系山墩为宁海卫下属六墩之一的戏山墩。

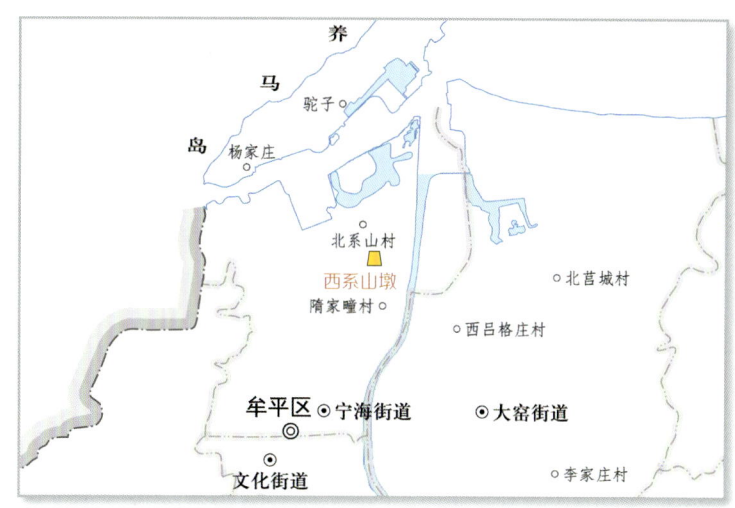

西系山墩（遗址）位置图

侯至山墩遗址

位　　置　牟平区大窑街道蛤堆后新区西北约 600 米的烟墩山顶

始设年代　明代

文保级别　尚未核定为文物保护单位

概　　况　遗址北距海岸线约 2.4 千米，东距丰山墩遗址约 3.9 千米，西南距宁海卫 9.4 千米。地势南高北低，南部为丘陵，北部为平原。"三普"资料中记载为"烟墩山烽火台"。《山东省烟台市第三次全国文物普查成果汇编·上卷》记载："烟墩山烽火台位于牟平区大窑镇蛤堆后村西北约 2000 米的烟墩山顶，北距海 1.6 公里。烟墩山烽火台位于山顶。明代，为防倭寇袭扰，在山东半岛沿海设卫十一、所十四、巡检司二十、墩二百四十三、堡一百二十九，烟墩山烽火台即其一，其所在的小山也被称为烟墩山。由于年久失修，山上水土流失，使烽火台部分风化，现保存较完整。烽

侯至山墩遗址位置图

侯至山墩遗址卫星图

火台平面略为椭圆形，剖面为锥形，顶面东西 6 米，南北 5 米，底面直径约 15 米，残高 5 米。山上树木茂密，墩正中有一座部队安装的铁三脚架航标。烟墩山烽火台建于明代，为当时沿海防倭的重要军事设施，现基本保存完整，对研究明代沿海地区的军事、社会具有重要的史料价值和文物价值。"①

2021 年调查时，遗址整体呈方锥形，平面近似椭圆形，由土石混合夯筑而成，保存较好，表面杂草丛生、长满灌木丛，周围为树林，顶部有一处三脚架。遗址顶径长约 4.5 米，斜长约 14 米，残高 6.2 米，占地面积约 740.59 平方米。

历史资料　据明嘉靖《山东通志》《宁海州志》、明泰昌《登州府志》及《筹海图编》记载，侯至山墩为宁海卫下属六墩之一。

侯至山墩遗址现状（北向南摄）

丰山墩遗址

位　　置　牟平区大窑街道东山北头村东南 1.2 千米山顶

始设年代　明代

文保级别　尚未核定为文物保护单位

概　　况　丰山墩遗址北距海岸线约 2 千米，东南距北山水库约 450 米，距金山墩遗址约 5.9 千米，距金山寨所城遗址约 7.2 千米。地势南高北低，南部为丘陵，北部为平原。遗址整体呈方锥形，平面近似圆形，由土石混合夯筑而

丰山墩遗址位置图

---

① 烟台市第三次文物普查工作领导小组办公室、烟台市博物馆：《山东省烟台市第三次全国文物普查成果汇编·上卷》，黄河数字出版社，2013年，第33页。

成，保存较好，表面长满杂草和灌木丛，顶部有一处瞭望小屋，瞭望小屋东西长4.5米，南北宽3.7米，底部东北角有一处防御工事。遗址顶径约8.5米，斜长13.5米，残高5米，占地面积约885.17平方米。

历史资料　据明嘉靖《山东通志》《宁海州志》、明泰昌《登州府志》及《筹海图编》记载，推测丰山墩为宁海卫下属六墩之一的小峰山墩。

丰山墩遗址卫星图

丰山墩遗址东侧现状（东向西摄）

丰山墩遗址西侧现状（西向东摄）

金山墩遗址

位　　置　牟平区姜格庄街道云溪村西南900米的大金山顶

始设年代　明代

文保级别　尚未核定为文物保护单位

概　　况　"三普"发现文物点定名为"大金山墩遗址"。遗址北距海岸线约3.6千米，东北距金山寨所城遗址约1.4千米。大金山一峰凸起，周围均是平原。遗址整体呈圆锥形，平面近似圆形，由土石混合夯筑而成，保存现状一

金山墩遗址位置图

般，表面杂草丛生、长满灌木丛。遗址顶部有一处凹坑，南侧有一处通往顶部的小路，附近被村民取土破坏，顶直径4.3米，斜长14.5米，残高约4.8米，占地面积约787.09平方米。

历史资料　据明嘉靖《山东通志》《宁海州志》、明泰昌《登州府志》及《筹海图编》记载，金山墩为金山备御千户左所下属五墩之一。

金山墩遗址卫星图

金山墩遗址西侧现状（西向东摄）

金山墩遗址北侧现状（北向南摄）

骆驼墩遗址

位　　置　牟平区姜格庄街道双林前村北650米的山坡上

始设年代　明代

文保级别　尚未核定为文物保护单位

概　　况　遗址北距海岸线约2.6千米，东北距北头营墩遗址约4.4千米，西南距金山寨所城遗址4.8千米。遗址整体呈圆锥形，平面近似圆形，由黄土夯筑而成，保存状况一般，其上长满杂草和灌木丛，遗址顶部有一处凹坑，直径约

骆驼墩遗址位置图

1.5 米，深约 0.5 米，南侧被村民取土遭到破坏，附近为现代墓地。遗址顶部直径约 4.5 米，残高 3.3 米，斜长 8.6 米，占地面积约 326.15 平方米。

历史资料　据明嘉靖《山东通志》《宁海州志》、明泰昌《登州府志》及《筹海图编》记载，骆驼墩为金山备御千户左所下属五墩之一。

骆驼墩遗址卫星图

骆驼墩遗址西侧现状（西向东摄）

骆驼墩遗址北侧现状（北向南摄）

北头营墩遗址

位　　置　牟平区姜格庄街道东场村北 430 米

始设年代　明代

文保级别　尚未核定为文物保护单位

概　　况　遗址位置为附近最高点，北距北头营寨遗址约 80 米，距海岸线约 2 千米，西南距金山寨所城遗址约 9.2 千米。遗址整体呈方锥形，由黄土夯筑而成，保存较好，表面杂草丛生，其顶部

北头营墩遗址位置图

直径约 9.5 米，底径约 13.3 米，残高 4 米，斜长 6.7 米，占地面积约 320 平方米。

历史资料 据明嘉靖《山东通志》《宁海州志》、明泰昌《登州府志》及《筹海图编》记载，推测北头营墩为金山备御千户左所下属五墩之一。

北头营墩遗址卫星图

北头营墩遗址东侧现状（东向西摄）

北头营墩遗址北侧现状（北向南摄）

五

堡遗址

直格庄堡（遗址）

位　置 牟平区武宁街道直格庄村西南 670 米处

始设年代 明代

文保级别 已消失

概　况 遗址北距海岸线约 7.8 千米，东距北留德堡约 3.1 千米，东北距宁海卫约 5.8 千米。据村民讲述，直格庄堡于 20 世纪六七十年代平整土地时被破坏殆尽，现为荒地。

据明嘉靖《山东通志》《宁海州志》、明泰昌《登州府志》及《筹海图编》记载，推测直格庄堡为宁海卫下属十二堡之一。

直格庄堡（遗址）位置图

北留德堡（遗址）

位　　置　牟平区武宁街道北留德庄村南 600 米处

始设年代　明代

文保级别　已消失

概　　况　遗址北距海岸线约 7.3 千米，东南距南沟堡约 2.3 千米，东北距宁海卫约 3 千米。据村民讲述，北留德堡于 20 世纪五六十年代被破坏殆尽，现为道路。

据明嘉靖《山东通志》《宁海州志》、明泰昌《登州府志》及《筹海图编》记载，推测北留德堡为宁海卫下属十二堡之一。

北留德堡（遗址）位置图

南沟堡（遗址）

位　　置　牟平区文化街道南沟村西南约 300 米处

始设年代　明代

文保级别　已消失

概　　况　遗址东北距杏林堡约 3.5 千米，北距宁海卫约 2.3 千米。据村民讲述，南沟堡于 20 世纪六七十年代平整土地时被破坏殆尽，现为农田。

据明嘉靖《山东通志》《宁海州志》、明泰昌《登州府志》及《筹海图编》记载，推测南沟堡为宁海卫下属十二堡之一。

南沟堡（遗址）位置图

杏林堡（遗址）

位　　置　牟平区大窑街道南杏林堡村南 200 米处

始设年代　明代

文保级别　已消失

概　　况　遗址东南距炮墩堡遗址约 1.5 千米，西距沁水河约 700 米，西北距宁海卫约 3.6 千米。据村民讲述，杏林堡于 20 世纪 70 年代平整土地时被破坏殆尽，现为村民养殖场。

据明嘉靖《山东通志》《宁海州志》、明泰昌《登州府志》及《筹海图编》记载，杏林堡为宁海卫下属十二堡之一。

杏林堡（遗址）位置图

炮墩堡遗址

位　　置　牟平区大窑街道新福村南 650 米山坡上

始设年代　明代

文保级别　尚未核定为文物保护单位

概　　况　遗址南距老板山约 850 米，东南距墩北山堡约 2.5 千米，西北距宁海卫约 5 千米。地势南高北低，南部为丘陵，北部为平原。遗址整体保存较差，现仅存北侧和西侧部分，表面杂草丛生，顶部长满灌木丛，在顶部南北两端各有一棵柳树，遗址东侧和南侧被村民取土

炮墩堡遗址位置图

破坏，遗址残存形状不规则，南北长约
14.5 米，东西宽约 5.6 米，斜长 7.5 米，
残高 2.4 米，占地面积约 154 平方米。

历史资料 据明嘉靖《山东通志》《宁
海州志》、明泰昌《登州府志》及《筹
海图编》记载，推测炮墩堡属于宁海卫
下属十二堡之一。

炮墩堡遗址卫星图

炮墩堡遗址北侧现状（北向南摄）

炮墩堡遗址西侧现状（西向东摄）

墩北山堡（遗址）

位　　置 牟平区大窑街道新愚公村西
300 米山坡上

始设年代 明代

文保级别 已消失

概　　况 遗址北距墩北山约 1 千米，
南部和西部紧邻新愚公水库，东南距高
家疃堡约 4.2 千米，西北距宁海卫约 7.5
千米。墩北山堡于平整土地时被破坏殆
尽，现为果园。

据明嘉靖《山东通志》《宁海州志》、
明泰昌《登州府志》及《筹海图编》记载，
推测墩北山堡为宁海卫下属十二堡之一。

墩北山堡（遗址）位置图

高家疃堡（遗址）

位　　置　牟平区龙泉镇高家疃村西北200 米山坡上

始设年代　明代

文保级别　已消失

概　　况　遗址东南距官道北堡约 2.2 千米，西北距宁海卫约 11.7 千米。高家疃堡于平整土地时被破坏殆尽，现为果园。

据明嘉靖《山东通志》《宁海州志》、明泰昌《登州府志》及《筹海图编》记载，推测高家疃堡为宁海卫下属十二堡之一。

高家疃堡（遗址）位置图

官道北堡（遗址）

位　　置　牟平区龙泉镇官道北村西约500 米

始设年代　明代

文保级别　已消失

概　　况　遗址东南距汤西堡约 1.9 千米，西北距宁海卫约 14 千米。官道北堡于平整土地时被破坏殆尽，现为农田。

据明嘉靖《山东通志》《宁海州志》、明泰昌《登州府志》及《筹海图编》记载，推测官道北堡为宁海卫下属十二堡之一。

官道北堡（遗址）位置图

汤西堡（遗址）

位　　置　牟平区龙泉镇汤西村北650米

始设年代　明代

文保级别　已消失

概　　况　遗址东南距石子现堡约4.8千米，西北距宁海卫约16千米。汤西堡于平整土地时被破坏殆尽，现为果园。

　　据明嘉靖《山东通志》《宁海州志》、明泰昌《登州府志》及《筹海图编》记载，汤西堡为宁海卫下属十二堡之一。

汤西堡（遗址）位置图

石子现堡（遗址）

位　　置　牟平区龙泉镇卧龙堡村东南230米

始设年代　明代

文保级别　已消失

概　　况　遗址东南距旸里堡约1.2千米，西北距宁海卫约20千米，地处低山丘陵区。石子现堡于1974年村民平整土地、填埋地瓜窖时被破坏殆尽，现为果园。

　　据明嘉靖《山东通志》《宁海州志》、明泰昌《登州府志》及《筹海图编》记载，石子现堡为宁海卫下属十二堡之一。

石子现堡（遗址）位置图

海 阳 市 地 图

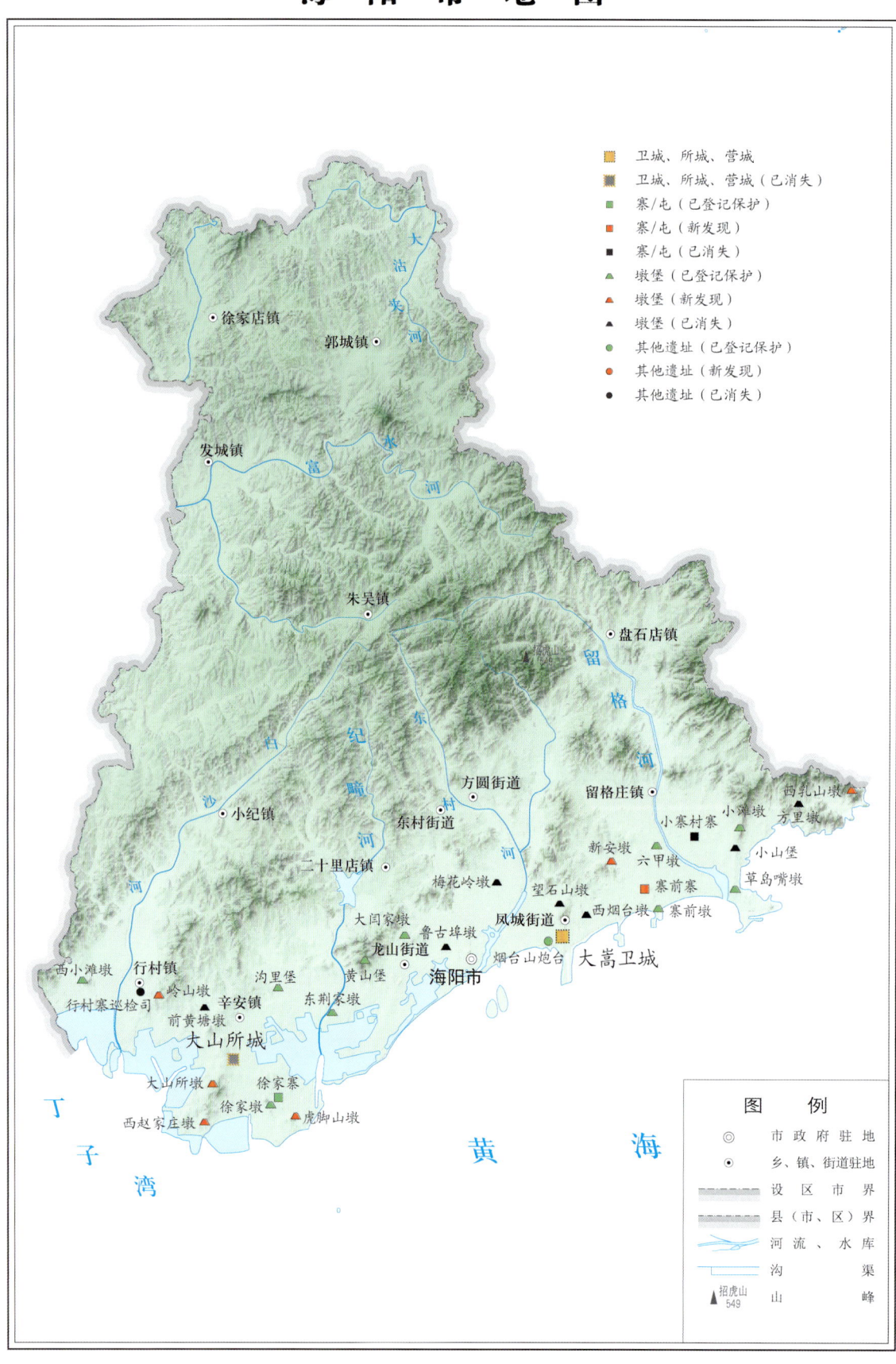

图例

- 卫城、所城、营城
- 卫城、所城、营城（已消失）
- 寨/屯（已登记保护）
- 寨/屯（新发现）
- 寨/屯（已消失）
- 墩堡（已登记保护）
- 墩堡（新发现）
- 墩堡（已消失）
- 其他遗址（已登记保护）
- 其他遗址（新发现）
- 其他遗址（已消失）

图　例
- ◎　市政府驻地
- ⊙　乡、镇、街道驻地
- 设区市界
- 县（市、区）界
- 河流、水库
- 沟　渠
- ▲招虎山　山　峰
　549

九　海阳市海防遗址

卫城遗址

大嵩卫城遗址

位　　置　海阳市凤城街道农商银行南100米

始设年代　明洪武三十一年（1398年）

文保级别　尚未核定为文物保护单位

概　　况　遗址位于海阳市海边平坦地区，现凤城街道办事处至凤城小学区域处，城址因城市建设现已消失，但周围耕地中分布较多城墙遗留的砖块等遗物，统一村的西南处还留有四眼水井的遗存，口径分别在33—40厘米。

历史沿革　海阳市凤城街道建设村牌坊一侧是大嵩卫城池的所在地。指挥使邓清在嵩山的南面建起大嵩卫，"因嵩山形似嵩岳，故名大嵩卫"。"洪武三十一年，置大嵩卫、大山、海阳两千户所。"[1]"周八里；大山所城周四里。"[2]"大嵩卫城系砖城，明洪武三十一年指挥使邓清所筑，领中、前、后三千户所，周八里，高一丈九尺，厚一丈五尺，池（护城河）阔八尺，深一丈，四门东曰永安，西曰宁德，南曰迎恩，北曰翙清，并楼铺二十八座。"从以上

大嵩卫城遗址位置图

大嵩卫城遗址卫星图

---

[1]（清）叶圭绶：《续山东考古录》"卷十二·登州府下"，清咸丰元年刻本。

[2]　顾炎武：《肇域志》"山东·登州府·莱阳县"，第553页。

记载可以看出，当时大嵩卫无论从将领配置及城池规模看，规格都较高。

"卫南海中有巨高岛，西南边海有草岛嘴，俱成守处。"[1]"同年五月，魏国公徐耀祖和都督朱复奉命设立大嵩卫和威海卫，又增设若干守卫所。并垛集沿海四万壮丁补充卫（所），成立捕倭屯四兵，并建立若干兵寨和烟墩。"[2]另据《凤城志》记载："洪武三十一年五月，建大嵩卫，在梅花岭筑烽火台及守墩军营房。"[3]胶东半岛与大嵩卫同年设置的威海卫、成山卫、靖海卫的卫城，都是周六里有奇，唯有大嵩卫周八里。大嵩卫是明朝胶东半岛管辖面积第二大的卫，管辖范围东至乳山的浪暖口，西至莱阳与即墨金口交界处，西南至海阳丁字嘴西南的即墨栲栳墩。海岸线长近 500 千米。直接管辖的沿海区域，涉及现在的东起威海、经烟台西至青岛三个地级市的乳山、海阳、莱阳、即墨、平度等县级市。

"大嵩卫设于明洪武三十一年（1398 年）。辖中、后二千户所，置指挥使、指挥同知、指挥佥事共 17 员，镇抚 1 员，千户 10 员，百户 20 员。清顺治元年（1644 年），裁指挥、镇抚，改设守备 1 员。驻守部队有京操、捕倭、守城、屯田、守墩、守堡等军。"[4]

大嵩卫"京操军春戍七百四十五名，秋戍七百四十六名，捕倭军即墨营二百四十六名，守城军余二百五十八名，屯田军余四百二十八名，守墩军余二十七名，守堡军余一十四名"[5]。

"明嘉靖三十二年（1553 年）夏，署都指挥佥事戚继光，派游击黄某来大嵩卫，与大嵩卫掌印指挥赵贤督修海防工事。东起小滩西至行村寨沿海一带，或 5 里或 10 里筑一烽火台；寨子港北、望石山西麓、今小寨子东南等地修建营寨；烟台山上修筑炮台；城里建造武库，增置藤牌、刀枪、弓箭、土炮等武器装备；并在南门外筑起点将台，开辟演武场，加紧训练抗倭军。"[6]戚继光奋笔题词："金汤大嵩卫海疆，民风淳厚昭四方，地利人和，取胜之本。"明代末年以后，由于倭患逐渐平定，卫所军基本上失去原来的作用，主要变为驻兵的场所。到康熙中叶，已基本无战事。雍正十三年（1735 年），清廷批准裁大嵩卫设海阳县[7]。

大嵩卫指挥、镇抚任职世袭情况：

指挥使：邓清（洪武三十一年五月设大嵩卫，任首任指挥使，督建卫城），高泰运，孟宗孔，荣整［永乐初年（疑为二年）任大嵩卫指挥使］、荣显、荣昌、荣禄、荣璋、荣升、荣思忠、荣荫、荣若琳、李敬（洪熙元年由燕山右护卫世袭指挥使调大嵩卫）、李寿、李进、李献、李时、李嵩、李邻泗、李应科、李址，邵英（以军功累升真定卫指挥使）、邵贵（宣德六年调任大嵩卫）、邵玉、邵忠、邵寰、邵宏先、邵梦祥、邵时成、邵秉钺，张匡合（以军功累升辽东指挥佥事）、张宣（宣德十年升任大嵩卫指挥使）、张祥、张聪、张国勋、张延龄、张钲、张彭泽，贾显、贾贞、贾善、贾云、贾成、贾宗武、贾登枢。

指挥同知：尤茂，尤振业，朱子斌，郝让（由常山卫指挥同知永乐十五年调大嵩卫指挥同知）、郝良、郝忠、郝彪、郝洪、郝维藩、郝霁、郝㵾、郝孟元（万历壬子武举）、郝尉若，薛松（永乐初年任）、薛文玉、薛满、薛斌、薛继祖（薛斌之孙，子承勤未袭）、薛之垣，姜淮，李勋（正德六年守即墨死流贼，祀大嵩卫明宦祠，诰赠昭勇将军），李承胤（万历己酉武举）。

① 顾祖禹：《读史方舆纪要》"卷三六·山东七·登州府·莱阳县"，第258页。
②（清）包桂纂修：《海阳县志》，《中国地方志集成·山东府县志辑》第56册，凤凰出版社，2004年。
③《凤城志》。
④ 山东省海阳县志编纂委员会：《海阳县志》"第二十二篇·军事"，海阳县印刷厂，1988年。
⑤ 民国《莱阳县志》"卷二之一·内务·兵防"，第258页。
⑥ 山东省海阳县志编纂委员会：《海阳县志》"第七章第一节·军事"，海阳县印刷厂，1988年。
⑦ 山东省海阳县志编纂委员会：《海阳县志》"第一篇·建置"，海阳县印刷厂，1988年。

指挥佥事：缪从正，王熊（父袭伯百户职，父升千户，熊袭父千户职，升大嵩卫指挥佥事）、王用、王玉、王銮、王化、王溥、王一心、王之藩、王铤，胡忠（以军功授大嵩卫指挥佥事）、胡广、胡靖、胡宝、胡江、胡东齐、胡天禄、胡来顺、胡勖。

指挥兼镇抚：蒋愫修，赵义（从明太祖以军功授大嵩卫指挥镇抚）、赵敬（赵义弟）、赵通、赵全、赵成、赵贤、赵节、赵之宜。

守备（清代）：邵秉钺（明季指挥，选委管守备事，顺治元年任）、刘永勋、杨维世、宋翼王、朱之良、张宏勋、张信、王基、何天衢、秦仲宣、孙日旋、树鹏翔、赵承杰、李自遂（雍正十二年任，奏请裁卫设县）。

明末清初，大嵩卫酒酿制传人，听闻四眼井，便寻其饮之，赞其水质。遂取四眼井之泉，精工酿造，由此名曰四眼泉酒。后来，百姓为保护四眼井，将其中三个眼封闭，只余一眼用于取水，至今仍保存较好。

大嵩卫的建城也促进了当地的发展。卫所军队"三分守城，七分屯种"，守军中有专事屯田的屯田军，加上家属，有力地促进了当地土地的开辟和开发。自明清以来，大嵩卫既是海防要地，又是贸易通商口岸。据《海阳县旧志》记载，元朝时，海阳就有人通过海道运粮。到"明初因之一岁两运而境内籍以殷富"。到永乐十三年，海运开始松弛，但商船仍然经常来往。通往海道到海阳的，主要有苏州、宁波、福州、威海、烟台的客商。到达海阳的入海口，主要有行村、何家、乳山、大嵩卫城。外运商品以食盐、对虾干、鱼干、蔬菜为主，进口商品以粮食为主，兼有红麻、竹竿、渔需物品等。同时，卫所建立还实现了文化教育的传播。1405 年，在大嵩卫城东门处，由大嵩卫指挥使荣整、教授王颖华，督修建成孔子庙。每年的祭孔活动有春、夏、秋、冬四大祭。明永乐年间，大嵩卫设卫学，校址在城里东大街文庙。1735 年裁卫设县后，卫学改为县学，校址仍旧。有案可查的大嵩卫卫学教授，从明朝万历年间到清朝雍正年间，达 22 人。

调查据老人回忆，大嵩卫当时"四个城门、十字大街，四周不到 2 里地的一个正四方形城池，四周有炮楼"。当年城里人丁兴旺，几百户人家，光大大小小的庙宇就有 10 多个，魁星楼、戏台等功能性建筑很全，中央位置还有一座御赐牌坊。抗日战争爆发后，城垣就被逐渐拆掉了，数米宽的厚重石条用于附近海里修大坝。

历史资料　文献中有两种记载大嵩卫的设立时间。

《鳌山卫古城·族谱》记载："石氏，原籍苏州平山，其始祖元末随朱元璋起义，因战功卓越，洪武十八年授大嵩卫镇抚，复为魏国公徐辉祖所知，奏檄筑城于鳌山，以功升鳌山卫指挥使。"[1] 该条记载洪武十八年大嵩卫已存在。

《明太祖实录》记载："洪武三十一年，置山东都指挥使司属卫七，曰安东、曰灵山、曰鳌山、曰大嵩、曰威海、曰成山、曰靖海。"[2] 嘉靖《山东通志》卷十一《兵防》记载："大嵩卫：在莱阳县东南一百三十里，洪武三十一年建。"[3] 乾隆《海阳县志》卷四《建置》记载："县城原大嵩卫城，系砖城，明洪武三十一年指挥邓清所筑。"[4] 据大部分史料记载，大嵩卫建于洪武三十一年。

① 黄济显主编：《鳌山卫古城》，中国文史出版社，2007年，第87页。
② 《明太祖实录》，"中研院"历史语言研究所校印，1962年，卷二百五十七，洪武三十一年四月丙寅。
③ （明）陆釴：嘉靖《山东通志》"卷十一·兵防"，《天一阁藏明代方志选刊续编》第51册，上海书店出版社，1990年，第732页。
④ （清）包桂纂修：《海阳县志》"卷四·建置·城池"，《中国地方志集成·山东府县志辑》第56册，凤凰出版社，2004年，第49页。

二

千户所城遗址

大山所城（遗址）

位　　置　海阳市辛安镇大山所村
始设年代　明洪武三十一年（1398 年）
文保级别　已消失
概　　况　遗址位于海阳市海边平坦地区，四周为耕地，地势较为平坦。东南约 3.2 千米入海，西 1800 米为海产养殖池，东 1400 米台子头村。遗址东北距大嵩卫城约 25 千米。大山所城遗址因村庄建设、路面硬化已完全消失。经调查村民，基本确定了大山所城的四角基本位置。
历史沿革　明代为防御倭寇入侵，在近大山处设大山备御千户所，"洪武三十一年，置大嵩卫、大山、海阳两千户所"①。大山所"守城军余六十二名，守墩军余六名"②。"大山备御千户所设于明成化十九年（1483 年），直隶都司。设正副千户 6 员、百户 10 员，领守城军 62 人、守墩军 6 人。"③

官府委派韦、宣、张、王、陆、龙、马、余等八姓千户来此驻守，其后代发展成村，命村名大山所。后相、李等姓相继迁来定居。明末清初，绕村修筑了高 6 米、宽 4 米的围墙，东、西、南、北各建有城门，分别命名为耀德门、镇定门、靖海门、锁钥门。清顺治二年（1645 年），改千户为千总、百总，后逐渐削减编制，至顺治十一年（1654 年）裁大山所，后不再设防。

大山所城（遗址）位置图

大山所城（遗址）卫星图

---

① （清）叶圭绶：《续山东考古录》"卷十二·登州府下"，清咸丰元年刻本。
② 民国《莱阳县志》"卷二之一·内务·兵防"，第258页。
③ 山东省海阳县志编纂委员会：《海阳县志》"第二十二篇·军事"，海阳县印刷厂，1988年。

历史资料　文献中有两种记载大山所城的设立时间。

《续山东考古录》卷十二《登州府下》记载："洪武三十一年，置大嵩卫、大山、海阳两千户所。"[①]该史书记载大山所城在洪武三十一年建立。

《莱阳县志》卷首《大事记》记载："（成化）十九年，置大山千户所，属大嵩卫。"卷二之一《官制》："成化间，又设大山守御千户所……不隶于卫，自达都指挥使司。"[②]该史书记载大山所城于成化十九年建。

巡检司遗址

行村寨巡检司（遗址）

位　　置　海阳市行村镇行村村内

始设年代　明洪武年间（1368—1398年）

文保级别　已消失

概　　况　遗址南侧入海，东距大嵩卫约30千米，行村寨巡检司遗址因村庄建设、路面硬化已完全消失。

历史沿革　光绪《增修登州府志》卷三十一《文秩七》记载："行村寨巡检，元时设，明因之。"[③]"行村寨巡检司守卫行村寨，设巡检1人，领守寨弓兵11人，守墩军15人、守堡军6人。设裁时间失考。"[④]

行村寨巡检司（遗址）位置图

① （清）叶圭绶：《续山东考古录》"卷十二·登州府下"，清咸丰元年刻本。

② 梁秉锟修，王丕煦等纂：民国《莱阳县志》"卷首·大事记"，第198页，"卷二之一·官制"，第256页，《中国地方志集成·山东府县志辑》第53册，凤凰出版社，2004年.

③ （清）方汝翼等纂修：光绪《增修登州府志》"卷三十一·文秩七"，《中国地方志集成·山东府县志辑》第48、49册，凤凰出版社，2004年，第315页。

④ 山东省海阳县志编纂委员会：《海阳县志》"第二十二篇·军事"，海阳县印刷厂，1988年。

历史资料　行村古濒黄海，素为镇疆要冲。《昌阳图》云："西汉驻戍海军。"《海阳县志》载："魏司马懿置高丽戍。金即址设衡村镇。"《续山东考古录》曰："明设行村寨巡检司。"《海阳县志》又载："清设登州镇标宁福营分防海阳县行村汛。"《兵防志》载："置海防营于行村。"①

行村寨巡检司（遗址）卫星图

（四）
寨/屯遗址

小寨村寨（遗址）

位　　置　海阳市核电管委小寨村南100米

始设年代　明代

文保级别　已消失

概　　况　遗址四周均为耕地，南侧有一水渠沟，北距小寨村100米，西北为现代墓地，南距后庄约200米。通过走访村里老人并指引该军寨的大致位置，寨墙为夯筑而成，现寨墙已毁，无明显残存迹象，周围采集有零星陶、瓷片。现军寨遗址因生产建设已破坏消失。位置靠近大嵩卫城，推测为大嵩卫城辖区附属军寨之一，具体名称不详。

小寨村寨（遗址）位置图

---

① 海阳市地方史志编纂委员会：《海阳市镇村简志》"行村镇"，中国出版社，2004年。

寨前寨遗址

位　　置　海阳市核电管委寨前村北50米

始设年代　明洪武年间（1368—1398年）

文保级别　尚未核定为文物保护单位

概　　况　残存寨墙西南侧为生产队地瓜窖，西南距大嵩卫城约8千米，北距寨后村600米，西500米为疏港路，东250米未知公路。该遗址保存较差，现已基本消失，仅剩南墙一小段，残长东西18.5米、南北14.8米，寨墙被水池覆盖，现残高4.8米，其他已无任何迹象。残存寨墙墙基有明显夯土层，周围采集有布纹瓦片。据村里老人回忆，该军寨每边周长约200米，中间各有一城门，寨墙夯筑而成。

历史沿革　洪武时期，明朝政府在山东沿海的莱州、宁海州一带设置了诸多寨。[1] 明嘉靖三十二年（1553年），署都指挥佥事戚继光为抵御倭寇，沿海设军寨，寨内驻扎军队，遇有倭寇侵犯，据城防范。[2] 该军寨遗址则为明时为防倭而设的小寨，位于地理形势险要之处，大多位于海边，可第一时间抵御外寇进犯，是小规模的屯兵单位。该遗址处于大嵩卫城的管辖范围内。该遗址所靠村庄以此军寨得名。

历史资料　"明嘉靖年间（1522—1566年），戚继光部属黄游击在大嵩卫东约7千米处建军寨防倭。明万历年间（1573—1619年）。朱姓在其寨南建村，

---

① 赵树国：《明代北部海防体制研究》，山东人民出版社，2014年。

② 山东省海阳县志编纂委员会：《海阳县志》，海阳县印刷厂，1988年。

寨前寨遗址位置图

寨前寨遗址卫星图

寨前寨遗址夯土

故名寨前村。"①

　　"境内自东至西，有桃源，前山，小滩，外岛，六甲，寨前，城关东、西烟台山，鲁古埠烟台山，大阎家团山，鲁口烟台山，荆家烽台，丁字嘴，大山，黄塘，行村灵山，小滩等烽火台。"②

寨前寨遗址现状

徐家寨遗址

位　　置　海阳市辛安镇徐家村西北500米

始设年代　明洪武年间（1368—1398年）

文保级别　尚未核定为文物保护单位

概　　况　军寨遗址坐落在村西北500米高台地上，西北距大山所城约4公里，西南3千米入海，南100米海滨西路东西穿过，东140米为丁岚线，南侧紧邻军寨为村庄墓地，东南角为信号塔。全国第三次文物普查时发现，寨址东西200米，南北200米，面积4万平方米，城墙下以石头为基，城墙已毁，石基尚存。此次调查，寨址基本为长方形，东西残长165米，南北残长210米。西北角处采石坑剖面可见土墙为土石块堆筑在岩石之上。寨墙保存较差，北墙和西墙较明显，北墙西北角处突出60厘米，其他寨内看寨墙较平，寨外看寨墙1.5—2米不等。

历史沿革　洪武时期，明朝政府在山东沿海的莱州、宁海州一带设置了诸多

徐家寨遗址位置图

徐家寨遗址卫星图

---

① 海阳市地方史志编纂委员会：《海阳市镇村简志》，中国出版社，2004年。

② 山东省海阳县志编纂委员会：《海阳县志》，海阳县印刷厂，1988年。

寨①。明嘉靖三十二年（1553）年，署都指挥佥事戚继光为抵御倭寇，沿海设军寨，寨内驻扎军队，遇有倭寇侵犯，据城防范②。该军寨遗址则为明时为防倭而设的小寨，位于地理形势险要之处，大多位于海边，可第一时间抵御外寇进犯，是小规模的屯兵单位。该遗址处于大山所城的管辖范围内。据村民回忆，该军寨每边周长约200米，中间各有一城门，城墙下为石头为基，上有砖为城墙。

历史资料 "明洪武年间（1368—1398年），徐姓来此建村定居，以姓命名徐家村。"③

"望石山西麓、卫城东南5里、小寨子村南等地，均设营寨。"④

五

墩遗址

西乳山墩遗址

位　　置 海阳市留格庄镇琵琶岛影视城西北山顶

始设年代 明洪武三十一年（1398年）

文保级别 尚未核定为文物保护单位

概　　况 遗址地处高地，视野开阔。遗址东距海阳守御千户所约14千米，向南600米为黄海，向东1.4千米为黄海，向西2千米为黄海。西1.2千米为方里村，西北为前山村。南约300米为影视基地。遗址保存较好，石土夯筑，石块排列整齐，顶部破坏夯土暴露。底部直径约6.7米，顶部直径约5.3米，残高约2.8米。南部因人为原因石块坍塌。常年雨水冲刷，导致夯土面积减少。

西乳山墩遗址位置图

西乳山墩遗址卫星图

---

① 赵树国：《明代北部海防体制研究》，济南：山东人民出版社，2014年。

② 山东省海阳县志编纂委员会：《海阳县志》，海阳市博丰印刷厂，1988年。

③ 海阳市地方史志编纂委员会：《海阳市镇村简志》，中国出版社，2004年。

④ 山东省海阳县志编纂委员会：《海阳县志》，海阳市博丰印刷厂，1988年。

遗址南侧有类似房基的石砌痕迹，曾有一保护碑，不知何故已被破坏。

历史资料　遗址处于海阳乳山交界处，历史上为大嵩卫城、乳山寨巡检司、海阳守御千户所三处军事区域的交接地带，由于旧时名称没有沿袭，只是按照就近地名原则对遗址命名，无法与文献记载名称相对应，所以该遗址无法确定具体墩名。

西乳山墩遗址全景

方里墩（遗址）

位　　置　海阳市留格庄镇方里村西南200 米山顶

始设年代　明代

文保级别　已消失

概　　况　遗址位于留格庄镇方里村西南山顶，北部山脉连绵起伏，西 200 米为凤霞线，南 1 千米入海，东与西乳山烽火台，西与小滩烽火台相望。通过走访村民，得知烟墩因建水池已被毁消失，被毁前有一大土堆，约一人多高。位置靠近大嵩卫城遗址，推测为大嵩卫城下辖墩之一，具体名称不详。

方里墩（遗址）位置图

小滩墩遗址

位　　置　海阳市留格庄镇小滩村西350 米处的山顶

始设年代　明洪武三十一年（1398 年）

文保级别　2012 年 12 月，"小滩村烽火台"被公布为县级文物保护单位

概　　况　遗址西南距大嵩卫城约 15 千米，北为自然丘陵，西 200 米为蔬菜大棚，南两公里为海浅滩码头。该遗址全国第三次文物普查时发现，此次复查，遗址基本完整，保存较好，西北两侧有二层台，二层台上石砌较完整。四周有明显的垒石，西侧二层台有 1.4 米 ×0.8 米的盗洞，深约 1 米。遗址顶部较平，顶部直径 8.4 米，底部直径 16.5 米，高 2.3 米，北侧二层台宽 2.7 米。

历史资料　烽火台，亦称狼烟台。明洪武三十一年（1398 年），设大嵩卫后，为防倭寇，在沿海一定的距离，择高地筑烽火台，传烽烟报警。举火燃料有两种：一是台上立桔槔（吊杆），杆头挂一铁笼，薪柴放于笼内，"寇至燃火相

小滩墩遗址位置图

小滩墩遗址卫星图

小滩墩遗址远景

告，曰烽"，台上多积薪柴，"贼来燔之，望其烟，曰燧"，故有"昼则燃燧，夜乃举烽"之分；一是烧狼粪报警，故名狼烟，《酉阳杂俎·动植》载："狼粪烟直上，烽火用之。"《海阳县志》记载，小滩有烽火台。

该遗址靠近草岛嘴烽火台，处于大嵩卫城管辖范围，应为大嵩卫下辖烟墩之一，但由于现代名称没有沿袭古代叫法，无法与文献记载名称相对应，所以该遗址无法具体确定墩名。

小滩墩遗址垒石现状

草岛嘴墩遗址

位　　置　海阳市留格庄镇张家庄村

始设年代　明洪武三十一年（1398 年）

文保级别　2012 年 12 月，"草岛嘴烽火台"被公布为县级文物保护单位

概　　况　遗址三面环海，西距张家庄村 50 米，东南 10 米有一信号塔，东距核电公路 50 米，四周为生产耕地，地势较为平坦，遗址西南距大嵩卫城约 13 千米。全国第三次文物普查时发现，余一直径约 10 米的土柱。此次调查，因历年群众取土严重，南北两侧被人为破坏，西侧疑似人为后期堆筑，现成为东西 23.2 米，南北 9.6 米，高 3.3 米的近似长方形的土堆。遗址顶部有盗洞，生长大量杂草及灌木。

历史资料　"草岛嘴古为海防要冲，设重兵戍守。"①

大嵩卫，在莱阳县东南 130 里（今海阳市东南凤城镇），"其设官指挥使

草岛嘴墩遗址位置图

草岛嘴墩遗址卫星图

---

① 山东省海阳县志编纂委员会：《海阳县志》，海阳县印刷厂，1988 年。

1人，指挥同知2人，指挥金事4人，以迁叙至者，无定额；经历司，经历1人；镇抚司，镇抚2人；中、前、后3所；京操军，春戍745人，秋戍746人；城守军余358人，捕倭军即墨营246名，守墩军余27名，守堡军余14名，屯田军余216人，屯田168顷50亩，屯粮1022石；演武场，在卫城西；墩堡12：杨家嘴、小山、麦岛、刘家岭、辛安、草岛嘴、抢虎山、黄山、望石山、青山、管村、界河。"[①]

该遗址所近张家庄村，地处草岛嘴海岸，《海阳县志》中记载，辛家港东南为草岛嘴，与该遗址位置基本重合，三普时当地文物部门将其定名为草岛嘴烽火台，与文献记载相对应，可以确定，该遗址为古时大嵩卫下辖草岛嘴墩。

草岛嘴墩遗址现状

草岛嘴墩遗址盗洞

六甲墩遗址

位　　置　海阳市核电管委六甲村北20米

始设年代　明洪武三十一年（1398年）

文保级别　尚未核定为文物保护单位

概　　况　遗址四周地势较平坦，东、北、西三面为耕地及果园。遗址西南距大嵩卫城9千米，南距六甲村20米，北部约500米为核监测站，西南侧紧靠主体有一水塔。该遗址三普时发现，被定为古墓遗址，《海阳县志》中提到，六甲村建有烽火台，通过走访调查，判

六甲墩遗址位置图

---

① （明）泰昌《登州府志》"卷十"，第909页；（明）嘉靖《山东通志》"卷十一"，第732、733页。

定其亦为烟墩。基本完整，保存较好，呈锥形，底径 17 米、顶径 2.2 米、高 3.8 米。周围采集明代砖块（残长 20 厘米，宽 20 厘米，厚 9.5 厘米）。烽火台中间位置东西两侧有垒石，而且较规整，本体上杂草荆棘灌木丛生。顶部有盗洞（长 1.2 米，宽 0.7 米，深 0.9 米），西南侧盗洞已回填，仅有极小的洞口。

历史资料　"防务设施大嵩卫墩 7 座：分别设于杨家嘴、刘家岭、新安寨、草岛嘴、擒虎山、望石山、麦岛；堡 5 座：分别设于青山、管村、界河、小山、黄山。"①

　　该遗址近六甲村，位于草岛嘴烽火台与大嵩卫城之间，判定其处于大嵩卫城管辖范围，应为大嵩卫下辖烟墩之一，但由于现代名称没有沿袭古代叫法，无法与文献记载名称相对应，所以该遗址无法具体确定墩名。

六甲墩遗址卫星图

六甲墩遗址现状

六甲墩遗址盗洞

六甲墩遗址采集遗物

---

① 山东省海阳县志编纂委员会：《海阳县志》，海阳县印刷厂，1988 年。

寨前墩遗址

位　　置　海阳市核电管委寨前村南1.3千米

始设年代　明洪武三十一年（1398年）

文保级别　尚未核定为文物保护单位

概　　况　遗址位于海边沙地，紧靠大海。北距寨前村1.3千米，本体南侧被水池叠压，北侧为水产养殖棚。遗址保存较差，仅剩一小部分，约三分之一，南侧部分被水池占用。东西残长10.2米，南北残宽3.5米，残高3.2米。

历史资料　境内自东至西，有桃源，前山，小滩，外岛，六甲，寨前，城关东、西烟台山，鲁古埠烟台山，大阎家团山，鲁口烟台山，荆家烽台，丁字嘴，大山，黄塘，行村灵山，小滩等烽火台[1]。

　　"明嘉靖年间（1522—1566年），戚继光部属黄游击在大嵩卫东约7千米处建军寨防倭。明万历年间（1573—1619年），朱姓在其寨南建村，故名寨前村。"[2]

　　该遗址近寨前军寨遗址，位于大嵩卫城东北侧，作军寨第一时间传递信息用，根据其地理位置，东北可见草岛嘴烽火台，判断其处于大嵩卫城管辖区域内，应为大嵩卫城下辖烟墩之一，但由于现代名称没有沿袭古代叫法，无法与文献记载名称相对应，所以该遗址无法具体确定墩名。

寨前墩遗址位置图

寨前墩遗址卫星图

寨前墩遗址现状

---

[1] 山东省海阳县志编纂委员会：《海阳县志》"第九篇·交通邮电"，海阳县印刷厂，1988年。

[2] 海阳市地方史志编纂委员会：《海阳市镇村简志》，中国出版社，2004年。

新安墩遗址

位　　置　海阳市留格庄镇新安村西南1.2 千米山顶

始设年代　明洪武三十一年（1398 年）

文保级别　尚未核定为文物保护单位

概　　况　遗址为周围最高点，视野开阔，西南距大嵩卫城约 7 千米。山体北500 米为丘陵，南 1 千米为海翔路，西1 千米为邵兴庄村。遗址保存一般，主体杂草丛生，周围被人为挖掘，北侧被破坏，剖面可见明显夯土层，整体以碎石加黄土夯筑而成，东侧横向盗洞较深。顶部直径 4.2 米，底部直径 16 米，高 2.6米。东侧横向盗洞高 2 米，宽 1.8 米，深 4 米。

历史资料　该遗址近新安村，位于草岛嘴烽火台与大嵩卫城之间，判定其处于大嵩卫城管辖范围，应为大嵩卫下辖烟墩之一，现村庄用名"新安"音同"辛安"，也有文献记载"新安寨墩"一名，推测该墩为大嵩卫下辖辛安墩。

　　大嵩卫，在莱阳县东南 130 里（今海阳市东南风城镇），"墩堡12：杨家嘴、小山、麦岛、刘家岭、辛安、草岛嘴、抢虎山、黄山、望石山、青山、管村、界河"。[①]

新安墩遗址位置图

新安墩遗址卫星图

新安墩遗址盗洞

---

① （明）泰昌《登州府志》"卷十"，第909页；（明）嘉靖《山东通志》"卷十一"，第732、733页。

新安墩遗址远景（西向东摄）

新安墩遗址局部

西烟台墩（遗址）

位　　置　海阳市旅游度假区高家庄村高尔夫球场院内

始设年代　明代

文保级别　已消失

概　　况　遗址位于海阳市旭宝高尔夫场内，现已推平为草坪，北 100 米为海滨中路，东南 500 米入海。通过走访村民，该墩曾被称为"西烟台"，位置靠近大嵩卫城遗址，推测为大嵩卫城下辖墩之一，具体名称不详。

西烟台墩（遗址）位置图

望石山墩（遗址）

位　　置　海阳市凤城街道北 500 米山顶

始设年代　明代

文保级别　已消失

概　　况　遗址位于凤城街道办事处北部王石山顶，南 2.5 千米入海，其余三面为丘陵。南距凤城街道 500 米，西 500 米为凤凰路，东 500 米为高凤线。该山体顶部有军事区，无法进入。王石音同"望石"，该山顶部烟墩应是大嵩卫城下辖"望石山墩"。

望石山墩（遗址）位置图

梅花岭墩（遗址）

位　　置　海阳市经济开发区管委中房村北 300 米

始设年代　明代

文保级别　已消失

概　　况　遗址位于中房村北，东紧邻香港路，南紧邻杭州街，其他为厂区厂房，东 2 千米为东村河，南 4.6 千米入海，北基本为平原。通过走访村民，该烟墩 20 世纪 60 年代被毁，被毁前约一人多高。位置靠近大嵩卫城遗址，推测为大嵩卫城下辖墩之一，具体名称不详。

梅花岭墩（遗址）位置图

鲁古埠墩（遗址）

位　　置　海阳市龙山街道鲁古埠村西 900 米

始设年代　明代

文保级别　已消失

概　　况　遗址位于鲁古埠村西，南距海鑫西路 500 米，北距海翔中路 150 米，南约 2.6 千米入海。通过走访村民，遗址在 2000 年后被毁。位置靠近大嵩卫城遗址，推测为大嵩卫城下辖墩之一，具体名称不详。

鲁古埠墩（遗址）位置图

大闫家墩遗址

位　置　海阳市大闫家镇大闫家村北300 米

始设年代　明洪武三十一年（1398 年）

文保级别　2012 年 12 月，"大闫家村烽火台"被公布为县级文物保护单位

概　况　遗址东距大嵩卫城约 10 千米，南距黄海 5 千米，南 200 米、西500 米各有一水库，其他四周均为平坦耕地。南距大闫家村 1 千米。东距大闫家公路 200 米，东紧邻群众机耕路，现位于耕地当中，西、北均为茶叶大棚。全国第三次文物普查发现。现遗址保存较好，南侧被广告牌破坏，剖面可见夯土层，主体长满杂草及灌木。底部直径13.2 米，高 3.5 米。

历史资料　《海阳县志》记载，境内大阎家团山有烽火台。

该遗址近大闫家村，位于大嵩卫城与大山所城之间的中间区域，判定其处于大嵩卫城管辖范围，应为大嵩卫下辖烟墩之一，但由于现代名称没有沿袭古代叫法，无法与文献记载名称相对应，所以该遗址无法具体确定墩名。

大闫家墩遗址位置图

大闫家墩遗址卫星图

大闫家墩遗址现状

东荆家墩遗址

位　　置　海阳市龙山街道东荆家村东南 200 米

始设年代　明洪武三十一年（1398 年）

文保级别　2012 年 12 月，"东荆家烽火台"被公布为县级文物保护单位

概　　况　遗址位于一废弃种植大棚区域内，东北约 12.5 千米至大嵩卫城，西北距荆家村 200 米，西 100 米一条机耕路南北穿过，北 50 米一条机耕路东西穿过，四周为废弃的种植大棚，南侧一处废弃的框架楼。全国第三次文物普查时发现。遗址保存一般，主体被破坏，现成为环台状，底部直径 11 米，残高 1.9 米，整体长满杂草及灌木。

历史资料　《海阳县志》记载，境内有荆家烽台。

　　该遗址位于大嵩卫城与大山所城之间，判定其处于大嵩卫城管辖范围，判定其处于大嵩卫城管辖范围，应为大嵩卫下辖烟墩之一，但由于现代名称没有沿袭古代叫法，无法与文献记载名称相对应，所以该遗址无法具体确定墩名。

东荆家墩遗址位置图

东荆家墩遗址卫星图

东荆家墩遗址现状

虎脚山墩遗址

位　　置　海阳市辛安镇吕家村东虎脚山顶

始设年代　明洪武三十一年（1398 年）

文保级别　尚未核定为文物保护单位

概　　况　遗址西北距大山所城约 5.6 千米，南 1 千米入海。西北 900 米海滨西路，西 700 米为吕家村，东 300 米碧桂园小区及别墅区，西南 600 米为南邵家村。遗址保存一般，主体生长杂草及荆棘灌木，顶部为部队早期炮楼。顶部直径 8.4 米，底部直径 26 米，残高 5.2 米。常年自然因素侵蚀、生产建设使遗址遭到一定程度的破坏。

历史资料　"大嵩卫辖有大山寨备御千户所，正、副千户六员，百户十员，守城军余六十二名，守墩军余六名，守堡军余六名。"[1]"墩堡四：大山、虎窝山、双山、黄阳。"[2]

"大山所，墩 2 座：分别设于太山、虎巢山（今虎脚山）；堡 2 座：分别设于双山、黄阳。"[3]

该遗址为新发现遗址，以所处山体虎脚山命名，位置靠近大山所村，大山所为大嵩卫下辖大山寨备御千户所，辖墩堡四：大山、虎窝山、双山、黄阳。其中虎窝山在《海阳县志》中又名虎脚山，所以该墩为文献记载的虎窝山墩（虎脚山墩），属大山所管辖。

① （明）泰昌《登州府志》"卷十"，第909页。
② （明）嘉靖《山东通志》"卷十一"，第732—733页；"卷十二"，第788页；（明）天顺《大明一统志》"卷二十五"，第6页；（清）乾隆《海阳县志》"卷四"，第49页；（清）光绪《增修登州府志》"卷十二"，第126页。
③ 山东省海阳县志编纂委员会：《海阳县志》，海阳县印刷厂，1988年。

虎脚山墩遗址位置图

虎脚山墩遗址卫星图

虎脚山墩遗址现状

徐家墩遗址

位　　置　海阳市辛安镇徐家村西北100米

始设年代　明洪武三十一年（1398年）

文保级别　2012年12月，"徐家村烽火台"被公布为县级文物保护单位

概　　况　遗址西北距大山所城约4千米，西南距大海2.8千米，四周为群众果园和耕地，北50米为海滨西路，150米为徐家寨遗址，南100米信号塔。全国第三次文物普查时发现。遗址保存较差，上部表面呈椭圆形，底部取土被破坏，主体仅残存中间很小一部分。上顶部南北4.2米，东西2.5米，下部直径9米，残高1.6米。

历史资料　"大嵩卫辖有大山寨备御千户所，正、副千户六员，百户十员，守城军余六十二名，守墩军余六名，守堡军余六名。"[1] "墩堡四：大山、虎窝山、双山、黄阳。"[2]

该遗址紧靠徐家村军寨遗址，位于大山所城东南侧，作军寨第一时间传递信息用，根据其地理位置，东南可见虎脚山墩，判断其处于大山所城管辖区域内，应为大山所城下辖烟墩之一，但由于现代名称没有沿袭古代叫法，无法与文献记载名称相对应，所以该遗址无法具体确定墩名。

徐家墩遗址位置图

徐家墩遗址卫星图

徐家墩遗址现状

---

[1]（明）泰昌《登州府志》"卷十"，第909页。

[2]（明）嘉靖《山东通志》"卷十一"，第732、733页；"卷十二"，第788页；（明）天顺《大明一统志》"卷二十五"，第6页；（清）乾隆《海阳县志》"卷四"，第49页；（清）光绪《增修登州府志》"卷十二"，第126页。

西赵家庄墩遗址

位　　置　海阳市辛安镇西赵家庄村东南 350 米

始设年代　明洪武三十一年（1398 年）

文保级别　2012 年 12 月，"西赵家庄村烽火台"被公布为县级文物保护单位

概　　况　遗址位于海边高地，三面环海，北距大山所城约 4 千米，南 1.9 千米为丁字港码头，西 500 米为南姜家庄村，东南 400 米为海滨西路（s293），东西两侧 500 米为海产养殖池。全国第三次文物普查时发现，遗址保存一般，顶部有盗洞，西侧有一处横向盗洞，北侧被取土破坏，东北部靠近主体为采石遗留大坑，顶径 6 米，底径 14 米，顶部盗洞长 2.2 米，宽 1.8 米。主体生长大量杂草及灌木。

历史资料　该遗址紧靠海边，位于大山所城西南侧，用于监测海面情况并第一时间向内陆传递信息，应是大山所城管辖区域，应为大山所城下辖烟墩之一，但由于现代名称没有沿袭古代叫法，无法与文献记载名称相对应，所以该遗址无法具体确定墩名。

西赵家庄墩遗址位置图

西赵家庄墩遗址卫星图

西赵家庄墩遗址盗洞

西赵家庄墩遗址现状

大山所墩遗址

位　　置　海阳市辛安镇大山所村西南
1 千米山坡顶部

始设年代　明洪武三十一年（1398 年）

文保级别　尚未核定为文物保护单位

概　　况　遗址南距大海 2.2 千米，西
800 米为卓格庄村，2 千米海产养殖池，
南 700 米为鲁口村，东北距大嵩卫城约
25 千米。遗址保存较差，主体生长杂草
及荆棘灌木，顶部为部队早期炮楼，西
侧被风力发电机组破坏。顶部直径 10
米，底部直径 20 米，残高 2 米。

历史资料　"大山所，墩 2 座：分别设
于太山、虎巢山（今虎脚山）；堡 2 座：

大山所墩遗址位置图

分别设于双山、黄阳。"[①]

　　该遗址为新发现遗址，以所近村庄大山所命名，大山所为大嵩卫下辖大山寨备御千户所，辖墩堡四：大山、虎窝山、双山、黄阳。该墩为文献记载的大山墩，位于大山所附近。

大山所墩遗址卫星图

前黄塘墩（遗址）

位　　置　海阳市辛安镇前黄塘村西150米

始设年代　明代

文保级别　已消失

概　　况　遗址位于前黄塘村西山坡顶部，东距前黄塘村150米，北距辛安至行村公路200米，位于耕地当中，四周为群众耕地和果园。第三次全国文物普查时登记该遗址，命名为"前黄塘村烽火台遗址"，当时顶部有一直径1.5米、深2米的盗洞，可能是盗墓分子将其误以为古墓的缘故，保存

前黄塘墩（遗址）位置图

一般。现遗址已被村民取土破坏已消失。位置靠近行村寨巡检司遗址，推测为行村寨巡检司下辖墩之一，具体名称不详。

---

① 山东省海阳县志编纂委员会：《海阳县志》，海阳县印刷厂，1988年。

岭山墩遗址

位　　置　海阳市行村镇行五村东南560米岭山顶

始设年代　明洪武三十一年（1398年）

文保级别　尚未核定为文物保护单位

概　　况　遗址地处高地，视野开阔。山体往南为滩涂，东北方向为连续丘陵，其他四周较为平坦。遗址西北距行五村560米，北300米育行线，南400米威青高速，东南两侧均为现代墓地。烽火台主体保存一般，主体长满荆棘灌木，四周树木生长旺盛。上部顶径4米，下部底径19米，高4.4米。主体下西侧盗洞长1.2米，宽0.8米。

历史资料　"行村寨巡检司守卫行村寨，设巡检1人，领守寨弓兵11人，守墩军15人、守堡军6人。设裁时间失考。"

　　"行村寨巡检司墩3座：分别设于高山、田村、灵山。"①

　　"行村寨巡检：元时设，明因之。"②

　　"行村寨巡检司：有砖城，墩三，高山、田邨、灵山。"③ "守城弓兵二十一名，守墩弓兵九名。"④

岭山墩遗址位置图

岭山墩遗址卫星图

岭山墩遗址现状

---

① 山东省海阳县志编纂委员会：《海阳县志》，海阳县印刷厂，1988年。

② （清）方汝翼等纂修：光绪《增修登州府志》"卷三十一·文秩七"，《中国地方志集成·山东府县志辑》第48、49册，凤凰出版社，2004年。

③ （明）陆钺：嘉靖《山东通志》"卷十一·兵防"，《天一阁藏明代方志选刊续编》第51册，上海书店出版社，1990年，第733页。

④ （明）泰昌《登州府志》"卷十"，第912页。

该遗址为新发现遗址，以所处山体岭山命名，位置靠近行村镇，行村应为行村寨巡检司所在地，名称沿袭。该遗址所处岭山，"岭"音同"灵"，地势是周围高点，可以清晰望见海上情况，所以该墩应是文献记载的行村寨巡检司下辖灵山墩。

岭山墩遗址盗洞

西小滩墩遗址

位　　置　海阳市行村镇西小滩村西700 米

始设年代　明洪武三十一年（1398 年）

文保级别　2012 年 12 月，"西小滩村烽火台"被公布为县级文物保护单位

概　　况　遗址南 1.7 千米入海及海产品养殖场，6.5 千米为丁字港。遗址位于西小滩村与田村之间，东距行村寨巡检司约 3 千米，东距西小滩村 700 米，西距田村 1000 米，南距威青高速 1.4 千米，北 1.2 千米为马家庄村，四周全是群众耕地和果园。全国第三次文物普查时发现。遗址保存一般，由碎石及砂土堆砌而成，主体长满杂草及灌木。顶部直径 6 米，底部直径 29 米，高 5.5 米。北侧盗洞长 2 米，宽 1.5 米，最深 2.8 米。

历史资料　"行村寨巡检司：有砖城，墩三，高山、田邨、灵山。"[1] "守城弓兵二十二名，守墩弓兵九名。"[2]

西小滩墩遗址位置图

西小滩墩遗址卫星图

① （明）陆钺：嘉靖《山东通志》"卷十一·兵防"，《天一阁藏明代方志选刊续编》第51册，上海书店出版社，1990年，第733页。
② （明）泰昌《登州府志》"卷十"，第912页。

行村古濒黄海，素为镇疆要冲。《昌阳图》云："西汉驻戍海军。"《海阳县志》载："魏司马懿置高丽戍。金即址设衡村镇。"《续山东考古录》曰："明设行村寨巡检司。"《海阳县志》又载："清设登州镇标宁福营分防海阳县行村汛。"《兵防志》载："置海防营于行村。"[1]

西小滩墩遗址现状

该遗址以所近村庄命名，位置靠近行村镇，行村应为行村寨巡检司所在地，名称沿袭。该遗址应为行村寨巡检司下辖墩之一。西小滩村明末孙姓建村，晚于烟墩建成时间，田村为古村。"明洪武二年（1369年），吕从政一家正式为本邑编户。其时皇上颁皇契一件，将田村周围几十里交予吕姓管业。自此，吕姓成为田村之主人。"[2] 所以当时烟墩以近田村为名，取名田村墩，该文献应为文献记载田村墩。

六

堡遗址

小山堡（遗址）

位　　置　海阳市核电管委大辛家村东700米

始设年代　明代

文保级别　已消失

概　　况　遗址位于大辛家村东，被核电公路下压，地上现全为耕地和路面，东距大海100米。第三次全国文物普查时登记该遗址，命名为"大辛家村小山堡遗址"，当时地上不见任何踪迹，地下地基尚存。现遗址因道路建设已完全消失。小山堡是大嵩卫城下辖五堡之一。

小山堡（遗址）位置图

---

① 海阳市地方史志编纂委员会：《海阳市镇村简志》，中国出版社，2004年。

② 海阳市地方史志编纂委员会：《海阳市镇村简志》，中国出版社，2004年。

黄山堡遗址

位　　置　海阳市龙山街道路疃村东南800 米

始设年代　明洪武三十一年（1398 年）

文保级别　2012 年 12 月，"黄山烽火台"被公布为县级文物保护单位

概　　况　遗址位于黄山前的丘陵顶部，东距大嵩卫城约 21 千米，西北距路疃村 800 米，西北距从上村 500 米，东南距养殖场 150 米，主体南侧 30 米为废弃采石场。全国第三次文物普查时发现。遗址保存一般，顶部及北侧各有一处盗洞，盗洞内剖面见夯土及大石块，南侧垒石较规整，上顶径 6 米，底部直径 24 米，残高 3.1 米。顶部盗洞长 1.4 米，宽 0.9 米，深 3 米。主体长满杂草及灌木，周围散落较多石块。

历史资料　大嵩卫，在莱阳县东南 130 里（今海阳市东南凤城镇），墩堡 12：杨家嘴、小山、麦岛、刘家岭、辛安、草岛嘴、抢虎山、黄山、望石山、青山、管村、界河。

　　该遗址位于黄山前丘陵，地处大嵩卫城与大山所城中间区域，应为大嵩卫城下辖墩堡，大嵩卫城下辖堡 5 座：分别设于青山、管村、界河、小山、黄山。所以该遗址应为文献记载黄山堡。

黄山堡遗址位置图

黄山堡遗址卫星图

黄山堡遗址盗洞

黄山堡遗址现状

沟里堡遗址

位　　置　海阳市辛安镇沟里村西 800 米

始设年代　明洪武三十一年（1398 年）

文保级别　2012 年 12 月，"沟里村烽火台"被公布为县级文物保护单位

概　　况　遗址西南距大山所城约 6 千米，东距沟里村 800 米，四周为群众耕地，西紧邻群众机耕路。全国第三次文物普查时发现。遗址保存一般，南部因有群众取土，东南角被破坏，现为一大坑，剖面可见夯土及石块，北侧被破坏，可见夯土夹碎石。遗址残留底径 21 米，残高 3.5 米。

历史资料　"大山所，墩 2 座：分别设于太山、虎巢山（今虎脚山）；堡 2 座：分别设于双山、黄阳。"[①]

该遗址位于沟里村西，以所近村庄命名，靠近大山所城，其位置处于双山山脉。大山下辖墩堡四：大山、虎窝山、双山、黄阳。该墩应为文献记载的双山堡墩。

沟里堡遗址位置图

沟里堡遗址卫星图

沟里堡遗址远景

---

① 山东省海阳县志编纂委员会：《海阳县志》，海阳县印刷厂，1988 年。

炮台遗址

烟台山炮台遗址

位　置　海阳市旅游度假区管委万米海滩浴场牌坊北 300 米烟台山山顶

始设年代　明嘉靖三十二年（1553 年）

文保级别　尚未核定为文物保护单位

概　况　"三普"发现文物点。遗址坐落于耕地当中，西南 400 米入海。炮台遗址紧挨大嵩卫城遗址，南距海景路 300 米，西南 100 米为凤城海水浴场。该炮台为防御倭寇侵扰的海防设施。遗址保存较好，呈圆台状，现位于山包之上，现存台基平面呈圆形，底部二层台下底径 27 米，二层台上底径 14.6 米，顶部主体下径 8.8 米，面积 572 平方米，二层台高 1.1 米，上部主体高 1.2 米。四周以毛石砌筑基墙，内填黄砂土夯实。现顶部有坍塌，该炮台整体高度受风雨侵蚀，有所下降，二层台上散落较多石块。遗址表面被植被所覆盖。

历史沿革　洪武时期，明朝政府在山东沿海地区设有炮台。该炮台原设有哨所和震远炮 2 门。明嘉靖三十二年（1553年）夏，署都指挥金事戚继光，派游击黄某来大嵩卫，与大嵩卫掌印指挥赵贤督修海防工事。东起小滩西至行村寨沿海一带，或 5 里或 10 里筑一烽火台；寨子港北、望石山西麓、今小寨子东南

烟台山炮台遗址位置图

烟台山炮台遗址卫星图

等地修建营寨；烟台山上修筑炮台；城里建造武库，增置藤牌、刀枪、弓箭、土炮等武器装备；并在南门外筑起点将台，开辟演武场，加紧训练抗倭军。明嘉靖三年（1524 年）曾击沉侵扰的倭寇贼船一艘，被誉

为大将军炮[①]。该遗址位于海边的烟台山上，东北紧靠大嵩卫城，与文献记载相符，即"大将军炮"。

历史资料　"明嘉靖三十三年（1554年），一股倭寇从大嵩卫西小海口登陆。黄游击、赵指挥率军出击，设在烟台山的震远炮，击沉敌船1只，余敌逃窜。抗倭军民在欢庆胜利时，给震远炮插花挂红，誉其为'大将军'。"[②]

"嘉靖三十三年（1554年）一股倭寇在卫城西小海口登陆，大嵩卫驻军出兵迎击。设于烟台山的震远炮，击沉贼船一只，残敌溃逃。"[③]

烟台山炮台遗址现状（西向东摄）

烟台山炮台遗址现状（北向南摄）

烟台山炮台遗址现状（东向西摄）

烟台山炮台遗址现状（南向东摄）

---

① 山东省海阳县志编纂委员会：《海阳县志》，海阳县印刷厂，1988年。
② 山东省海阳县志编纂委员会：《海阳县志》，海阳县印刷厂，1988年。
③ 山东省海阳县志编纂委员会：《海阳县志》，海阳县印刷厂，1988年。

莱 阳 市 地 图

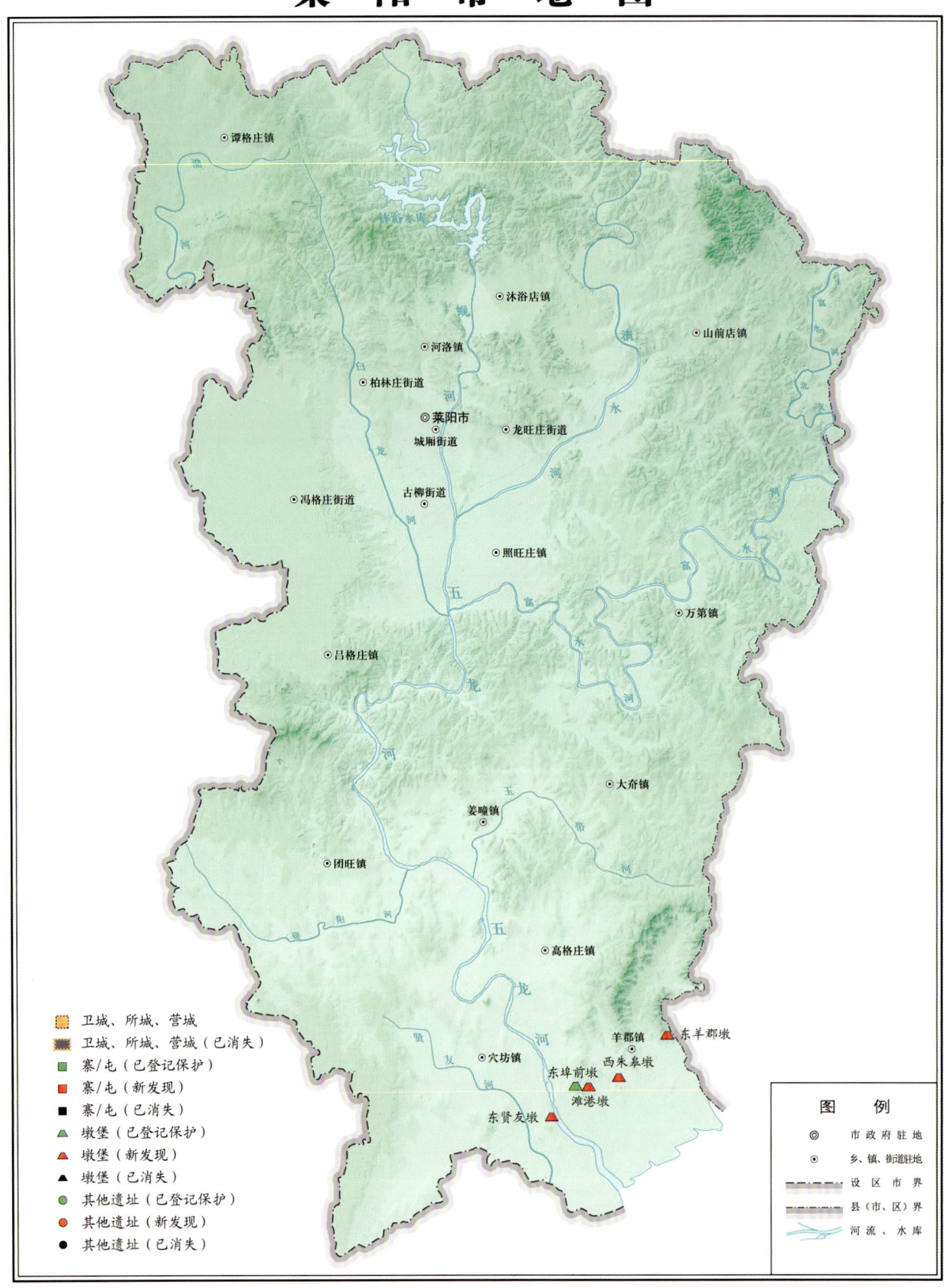

⊙ 谭格庄镇

⊙ 沐浴店镇

⊙ 山前店镇

⊙ 河洛镇

⊙ 柏林庄街道

◎ 莱阳市
　城厢街道

⊙ 龙旺庄街道

⊙ 冯格庄街道

⊙ 古柳街道

⊙ 照旺庄镇

⊙ 万第镇

⊙ 吕格庄镇

⊙ 大夼镇

⊙ 姜疃镇

⊙ 团旺镇

⊙ 高格庄镇

羊郡镇 ▲ 东羊郡墩

⊙ 穴坊镇　　西朱皋墩 ▲
　　　东埠前墩 ▲▲

　　　滩港墩 ▲
东贤友墩 ▲

图例（下方左侧图例）

▨ 卫城、所城、营城
▨ 卫城、所城、营城（已消失）
🟩 寨/屯（已登记保护）
🟥 寨/屯（新发现）
⬛ 寨/屯（已消失）
🔺 墩堡（已登记保护）
🔺 墩堡（新发现）
▲ 墩堡（已消失）
🟢 其他遗址（已登记保护）
🔴 其他遗址（新发现）
⚫ 其他遗址（已消失）

图　例

◎　市政府驻地
⊙　乡、镇、街道驻地
　　设区市界
　　县（市、区）界
　　河流、水库

十　莱阳市海防遗址

墩遗址

东羊郡墩遗址

位　　置　莱阳市羊郡镇东羊郡村东700米

始设年代　明洪武三十一年（1398年）

文保级别　2013年3月，"东羊郡烟墩"被公布为县级文物保护单位

概　　况　遗址南靠黄海丁字湾口，东接海阳市界，墩北部是群山，向南是台级地。北300米莱荣铁路王台山隧道，南1千米威青高速，西700米东羊郡村，东南100米为混凝土搅拌站。全国第三次文物普查时发现，圆顶堆土，东西长约34米，南北宽约12米，高约10米。此次调查，遗址保存一般，主体被盗掘损毁严重，顶部靠北有一军方测点水泥桩，生长大量杂草及荆棘灌木，南北两侧明显被耕田取土破坏，东侧横向盗洞较浅。顶部直径5.1米，底部直径18.6米，高2米。顶部盗洞直径2.6米，深4米。据村民传说，址南是"猴子泊"，曾埋有诸侯墓，西羊郡碑载唐建高丽城在此区域。

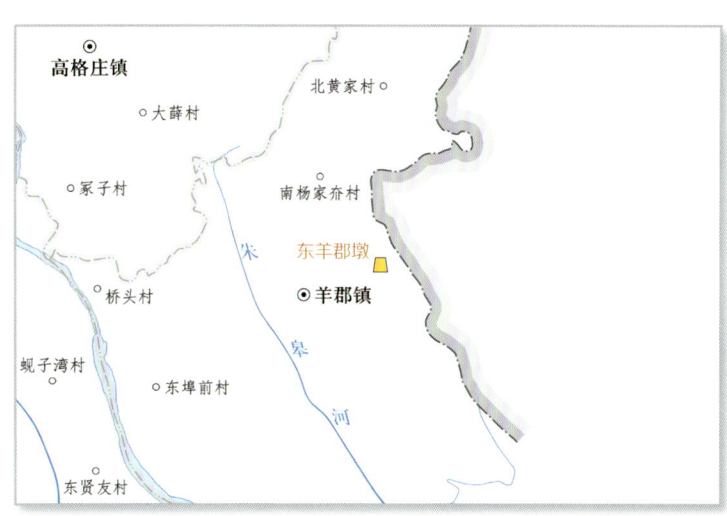

东羊郡墩遗址位置图

东羊郡墩遗址卫星图

历史资料　"雄崖守御千户所，在即墨县东北 90 里，设官正、副千户、百户；京操军，春戍 252 人，秋戍 319 人；城守军余 51 人，屯田军余 77 人，屯田 59 顷，屯粮 708 担；墩堡 11：椴村、王骞、王家山、公平山、望山、青山、米粟山、北渐山、陷牛山、朱皋、白马岛。"①

东羊郡墩遗址盗洞

行村寨巡检司：元时设，明因之②，有砖城，墩 3，高山、田村、灵山③。守城弓兵 22 名，守墩弓兵 9 名④。

该遗址以所近村庄命名，与文献记载名称无法对应。遗址所在区域为行村寨巡检司及雄崖所管辖范围，由于该遗址向西可见西朱皋烟墩，文献中记载朱皋墩位于雄崖所管辖范围，向东可见西小滩村烽火台（应为行村寨所辖田邨），故该遗址应为两处军事行政区域的分界，或为行村寨下辖高山墩，或为雄崖所下辖墩，具体对应名称不详。

东羊郡墩遗址东侧现状（东向西摄）

东羊郡墩遗址西侧现状（西向东摄）

① （明）陆钺：嘉靖《山东通志》"卷十一·兵防"，《天一阁藏明代方志选刊续编》第51册，上海书店出版社，1990年，第739页。
② （清）方汝翼等纂修：光绪《增修登州府志》"卷三十一"，《中国地方志集成·山东府县志辑》第48、49册，凤凰出版社，2004年，第315页。
③ （明）陆钺：嘉靖《山东通志》"卷十一·兵防"，《天一阁藏明代方志选刊续编》第51册，上海书店出版社，1990年，第733页。
④ （明）泰昌《登州府志》"卷十"，第912页。

西朱皋墩遗址

位　　置　莱阳市羊郡镇西朱皋村南500米

始设年代　明洪武三十一年（1398年）

文保级别　2013年，"西朱皋烟墩"被公布为县级文物保护单位

概　　况　村民俗称此为王埠山，地形是北部丘陵，南部滩涂。遗址南部3米是网通发射塔，南300米是青岛—威海高速公路，东北与羊郡烽火台相望，西与滩港烽火台相望。遗址保存较好，顶部较平，生长一棵芙蓉树，周围长满杂草灌木。顶部直径6.5米，底部直径21米，高3.6米。墩体底部砌石墙保护，内填黄土夯实，处位较高。

历史资料　"雄崖守御千户所，在即墨县东北90里，设官正、副千户、百户；京操军，春戍252人，秋戍319人；城守军余51人，屯田军余77人，屯田59顷，屯粮708担；墩堡11：椴村、王骞、王家山、公平山、望山、青山、米粟山、北渐山、陷牛山、朱皋、白马岛。"[1]

该遗址以所近村庄西朱皋村命名，与文献记载朱皋墩对应。所以该墩为雄崖所下辖朱皋墩。

朱皋墩的管辖权在其他文献中又有不同。《筹海重编》作："大山所，墩七：黄阳、虎巢山、大山、白马、朱皋、陷牛山、北渐山。堡一：双山。"[2]在此书中朱皋墩归大山所管辖。

---

① （明）陆釴：嘉靖《山东通志》"卷十一·兵防"，《天一阁藏明代方志选刊续编》第51册，上海书店出版社，1990年，第739页。
② （明）郑若曾、邓钟：《筹海重编》，《四库全书存目丛书》，齐鲁书社，1996年。

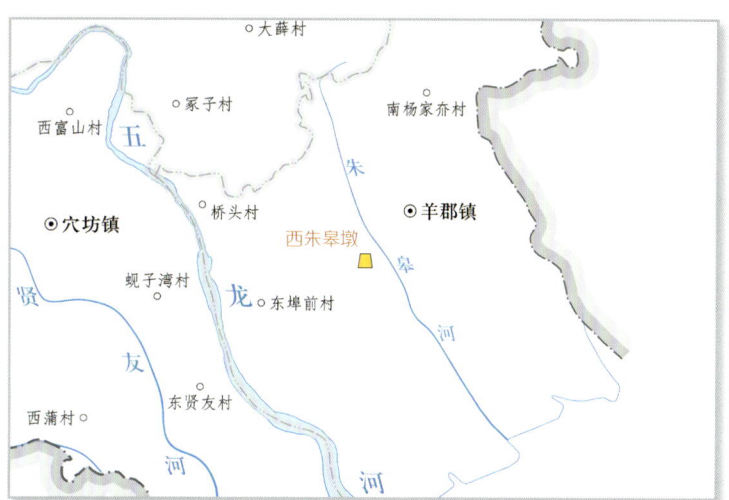

西朱皋墩遗址位置图

西朱皋墩遗址卫星图

西朱皋墩遗址现状

滩港墩遗址

位　置　莱阳市羊郡镇滩港村西北200米

始设年代　明洪武三十一年（1398年）

文保级别　尚未核定为文物保护单位

概　况　"三普"发现文物点定名为"滩港峰燧"。遗址南400米是青岛—威海高速路，西2千米是东埠前村并与东埠前村烟墩相望，间距1千米，处位较凹，东与西朱皋烽火台1.6千米相呼应但距离较近。遗址保存一般，主体被盗掘损毁严重，东南侧为现代墓地，立有一今人葬碑。遗址底部直径13米，高2米。顶部盗洞较浅，长1.2米，宽0.7米，顶部南侧盗洞较大，东北侧盗洞较浅。

历史资料　"雄崖守御千户所，在即墨县东北九十里，设官正、副千户、百户；京操军，春戍二百五十二人，秋戍三百一十九人；城守军余五十一人，屯田军余七十七人，屯田五十九顷，屯粮七百零八担；墩堡十一：椴村、王骞、王家山、公平山、望山、青山、米粟山、北渐山、陷牛山、朱皋、白马岛。"[①]

滩港墩遗址位置图

滩港墩遗址卫星图

该遗址为"三普"新发现遗址，以所近村庄命名，与文献记载名称无法对应。遗址所在区域为大山所及雄崖所管辖范围，由于该遗址向东可见西朱皋烟墩，文献中记载雄崖所下辖墩中有朱皋墩，故推测该遗址应为雄崖所管辖墩之一，具体名称不详。

滩港墩遗址现状

滩港墩遗址盗洞

---

① （明）陆釴：嘉靖《山东通志》"卷十一·兵防"，《天一阁藏明代方志选刊续编》第51册，上海书店出版社，1990年，第739页。

东埠前墩遗址

位　　置　莱阳市羊郡镇东埠前村东南380 米

始设年代　明洪武三十一年（1398 年）

文保级别　尚未核定为文物保护单位

概　　况　"三普"发现文物点定名为"东埠前烽燧"。遗址四周逐渐低矮，烽火台周围均为采石场遗留的采石坑，西北距东埠前村民宅约 380 米，西南 50 米国家电网供电站，东南距滩港村民宅约 800 米，东南隔 2 千米与西朱皋烽火台相遥望。遗址保存很差，因山体采石被炸，现已基本被毁，仅剩不足三分之一，残顶径 2.8 米，残底径 5 米，残高 1.2 米。据《莱阳县志》（1935 年版）记载，定为明代防倭设施。

东埠前墩遗址位置图

该遗址为"三普"新发现遗址，以所近村庄命名，与文献记载名称无法对应。遗址所在区域为大山所及雄崖所管辖范围，由于该遗址东南可见西朱皋烟墩，文献中记载雄崖所下辖墩中有朱皋墩，故推测该遗址应为雄崖所管辖墩之一，具体名称不详。此次调查中与当地主管部门联系后，得知该遗址已被破坏，资料记为消失，调查人员去现场考察后，发现该遗址仅剩三分之一，且周围采石工作正在进行，如不及时阻止，则该遗址终会消失。

东埠前墩遗址卫星图

历史资料　"大嵩卫辖有大山寨备御千户所，正、副千户六员，百户十员，守城军余六十二名，守墩军余六名，守堡军余六名。"[1] "墩堡四：大山、虎窝山、双山、黄阳。"[2]

"雄崖守御千户所，在即墨县东北九十里，设官正、副千户、百户；京操军，春戍二百五十二人，秋戍三百一十九人；城守军余五十一人，屯田军余七十七人，屯田五十九顷，屯粮七百零八担；墩堡十一：椴村、王骞、王家山、公平山、望山、青山、米粟山、北渐山、陷牛山、朱皋、白马岛。"[3] 朱皋墩应为

---

① （明）泰昌《登州府志》"卷十"，第909页。

② （明）嘉靖《山东通志》"卷十一"，第732、733页；"卷十二"，第788页；（明）天顺《大明一统志》"卷二十五"，第6页；（清）乾隆《海阳县志》"卷四"，第49页；（清）光绪《增修登州府志》"卷十二"，第126页。

③ （明）陆钹：嘉靖《山东通志》"卷十一·兵防"，《天一阁藏明代方志选刊续编》第51册，上海书店出版社，1990年，第739页。

莱阳的西朱皋烟墩，公平山墩、白马岛墩、王家山墩、米粟山墩等在即墨界，陷牛山墩或为即墨卧牛山墩，东埠前墩应为剩下烟墩之一，旧时名称无法对应。

东埠前墩遗址北侧现状（北向南摄）　　　东埠前墩遗址西侧现状（西向东摄）

东贤友墩遗址

位　　置　莱阳市羊郡镇东贤友村北土坡

始设年代　明洪武三十一年（1398年）

文保级别　尚未核定为文物保护单位

概　　况　遗址东200米为五龙河。西南两侧均为东贤友村，北500米威青高速，西北角为移动通信信号塔。四周低矮，为村庄最高点，向东北可见东埠前烟墩。遗址保存一般，顶部及东南侧有盗洞，主体长满荆棘灌木，以土石夯筑而成，四周有明显垒石。上部顶径5.3米，下部底径23米，高4.7米。遗址主体及底部被农业生产活动所影响，造成一定程度的破坏。

历史资料　"雄崖守御千户所，在即墨县东北九十里，设官正、副千户、百户；京操军，春戍二百五十二人，秋戍三百一十九人；城守军余五十一人，屯田军余七十七人，屯田五十九顷，屯粮

东贤友墩遗址位置图

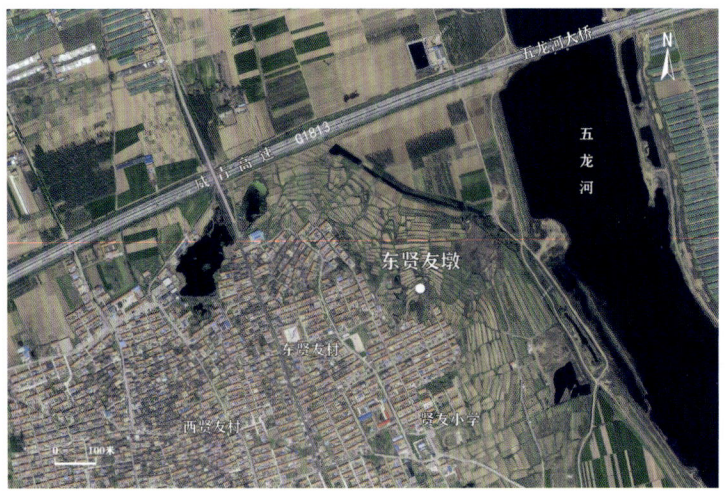

东贤友墩遗址卫星图

七百零八担；墩堡十一：椴村、王骞、王家山、公平山、望山、青山、米粟山、北渐山、陷牛山、朱皋、白马岛。"①

　　该遗址为新发现遗址，以所近村庄命名，与文献记载名称无法对应。遗址位于西朱皋烟墩以西，文献中记载雄崖所下辖墩中有朱皋墩，故推测该遗址应为雄崖所管辖墩之一，具体名称不详。

东贤友墩遗址西侧现状（西向东摄）

东贤友墩遗址北侧现状（北向南摄）

东贤友墩遗址南侧现状（南向北摄）

东贤友墩遗址盗洞

① （明）陆钺：嘉靖《山东通志》"卷十一·兵防"，《天一阁藏明代方志选刊续编》第51册，上海书店出版社，1990年，第739页。

第五章 威海市海防遗址

环 翠 区 地 图

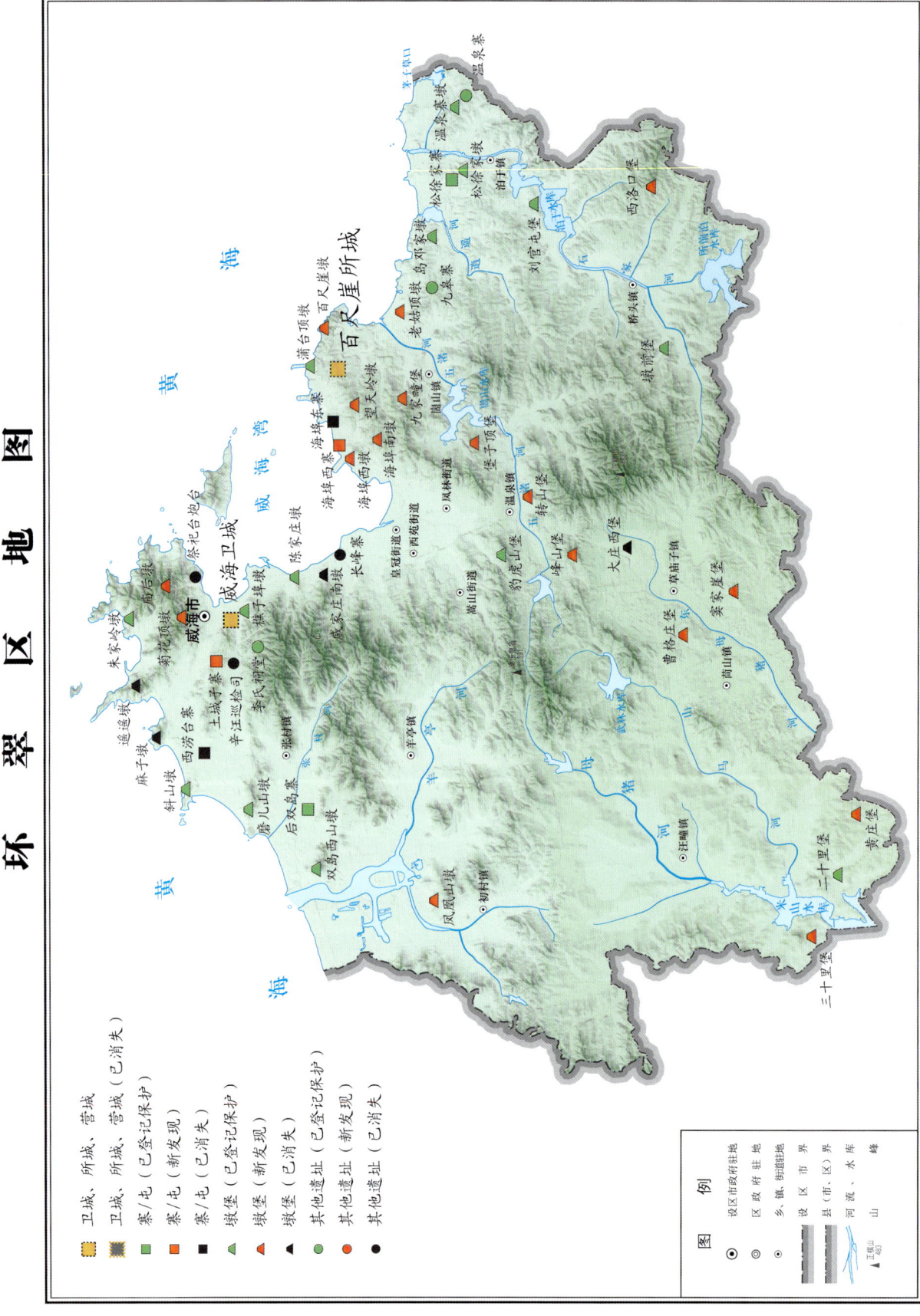

一　环翠区海防遗址

卫城遗址

威海卫城遗址

位　　置　环翠区环翠楼街道

始设年代　明洪武三十一年（1398 年）

文保级别　2004 年 12 月以"威海卫明城墙遗址"被公布为第二批市级文物保护单位

概　　况　遗址位于环翠区环翠楼街道环翠楼公园奈古山东坡，现存西城墙北段部分。遗址东距威海湾约 1.3 千米，东北距菊花顶墩约 2.1 千米，西距土城子寨约 1.8 千米，东南距樵子埠墩约 1.7千米。

第二次全国文物普查记载：8—A8威海卫故城（环翠楼街道统一路·明代·区文物保护单位）位于奈古山南坡。洪武三十一年（1398 年）开始在威海设卫，永乐元年（1403 年）始筑城。清康熙十一年（1672 年）《威海卫志》载："永乐元年建城，砖石相间，高三丈，厚二丈，周六里十八步。"平面呈长方形，面积约 30 万平方米。城墙以砖石砌筑外墙，中间以黄土夯筑，四面原设城门各一座，东北隅设水门一座，墙内设更铺 16 座。现仅存北墙一段和东北角，长约 180 米，残高 2—6 米，最宽处约 5米。外墙也仅保留东北角很小的一部分。北门为全城制高点，清代建有环翠楼，

威海卫城遗址位置图

威海卫城遗址卫星图

威海卫城遗址北段航拍（西向东摄）

原已废圮，20世纪80年代重建。尚存"环翠楼"碑一通①。

　　第三次全国文物普查记载：威海卫故城遗址（环翠区环翠楼街道环翠楼公园内，明代，市级文物保护单位）位于奈古山东坡，面积5600平方米。洪武三十一年（1398年）开始在威海设卫，永乐元年（1403年）始筑城。清康熙十一年（1672年）《威海卫志》载："永乐元年建城，砖石相间，高三丈，厚二丈，周六里十八步。"平面呈长方形。城墙以砖石砌筑外墙，中间以黄土夯筑，四面原设城门各一座，东北隅立水门一座，墙内设更铺16座。现仅存西墙南段和北段两部分，北段长约100米，残高2—6米，最宽处约5米。西墙中部高处建有环翠楼，历经多次重建。2004年以"威海卫明城墙遗址"列市级文保单位。

　　2021年考古队对遗址进行了调查，威海卫城地势西北高，东南低，城垣呈长方形，东西长约630米，南北长约870米，面积约0.55平方千米。现存威海卫明城墙遗址呈南北走向，残长约220米，面积约5600平方米，仅存夯土。遗址以环翠楼为最高点分为南北两段。北段位于昆明路和环翠楼之间，长约100米，地势南高北低，残高2—6米，最宽处约5米，城墙北端向东延伸约10米，为城墙西北角。南段位于环翠楼和古寨南路之间，长约120米，地势北高南低，残高3—5米，最宽处约7米。威海卫城大部分城墙和城门已经消失，北城墙位置大约在今昆明路，东城墙大约在今新威路西侧和东城路，南城墙大约在今世昌大道，西城墙大约在今西城路。北城门在今昆明路和统一路的路口，东城门在今和平路和东城路的路口，南城门在今世昌大道和统一路的路口，西城门在今和平路和西城路的路口。城内原有直街和横街，分别为今天的和平路和统一路。

---

① 国家文物局主编、山东省文物局编著：《中国文物地图集·山东分册（下）》，中国地图出版社，2006年，第588页。

威海卫城遗址西北角航拍（南向北摄）

威海卫城遗址西北角外侧现状（西北向东南摄）

威海卫城遗址北段现状（西北向东南摄）

威海卫城遗址南段现状（西北向东南摄）

历史沿革　威海卫城，明洪武三十一年（1398年）设立，永乐元年（1403年）修筑城墙，砖石相间，城墙高三丈，阔二丈，周六里一十八步。动用宁海、文登夫役军三民七修之。城门四座，楼铺二十。护城河池阔一丈五尺，深八尺。

据《威海卫志》载：明弘治二年（1489年），钦差巡察海道副使赵鹤龄到威海卫巡查海防，见威海卫城墙倒塌，兵备松弛，深感忧虑，叹曰："城池倒塌如是，不重治之，后必有大患。"在

威海卫城遗址环翠楼南段航拍（西南向东北摄）

海防专项经费不足的情况下，赵鹤龄"疏动太（泰）山香钱数百金"，发动宁海州、文登县民夫数千人，倾力加固修葺威海卫城。卫城修好后，威海卫掌印指挥金事王恺（兼任文登营把总指挥）等"感公之德，捐俸建楼，以示永久"。所建楼台位于威海卫城西北角城墙上，据清乾隆《威海卫志》载，其"飞檐斗拱，八窗洞达"。登楼可见碧波浩渺于城东，绿翠掩映于四周，楼因兼沧海山川之胜、水光山色之美，遂以"环翠"名之。

崇祯九年（1636年），防院杨文岳同监视军门下把牌太监杨钦、周善，请币金二千余两，并起附近文

登匠役人夫军三民七，专委文登知县韩士俊协同本卫指挥陶运化重修城墙。清康熙中期，奉文随便补葺颓城，守备李标拨丁夫修之。清雍正九年（1731年），守备张懋昭重修四座城门[①]。

明代威海卫城内设有指挥使公署、经历司、镇抚司、左所厅、前所厅、儒学公署、阴阳学、医学、豫积仓、社仓、监谷仓、讲约所、普济堂、察院等机构，均有单独建筑，后部分机构撤销，公署改为守备衙署。此外卫城内还有真武庙、文昌阁、城隍庙、卫学、社学等建筑。但这些建筑目前都已消失，唯一存在是原址重建多次的环翠楼。

据《威海市志》载：威海设卫后，即建立威海卫指挥使司（衙门坐落在卫城东街，今和平路偏东），统辖卫内军政事务。其中，主管卫内行政事务的机构和官员是：镇抚司（镇抚二人，五品），处理刑事案件及管理监狱；经历司（经历一人，七品），管理文牍及军民词讼；儒学教授（正七品），掌学校课试等；此外，设吏目、仓大使等官员，分别管理出纳文书、仓储等项事务。

卫指挥使、指挥同知、指挥佥事以及镇抚、经历、千户、百户等大小官吏，大都实行世袭。第一任指挥使刘得去职后，子孙九代承袭其职。除刘姓指挥使以外，尚有王、周、徐、魏等四家先后任过威海卫指挥使。指挥同知、指挥佥事及千户、百户等官吏的袭替与指挥使的承袭大体相同。由于不断的封官进阶和世代袭替，至明代中叶，威海卫在任职官已大大超过国家官制的限额。1489

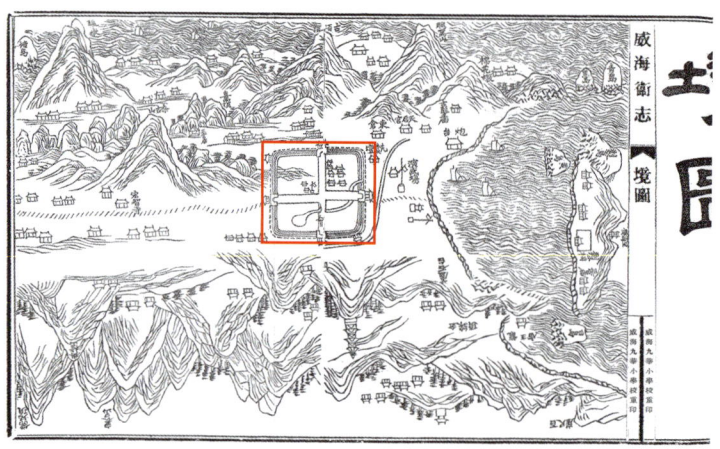

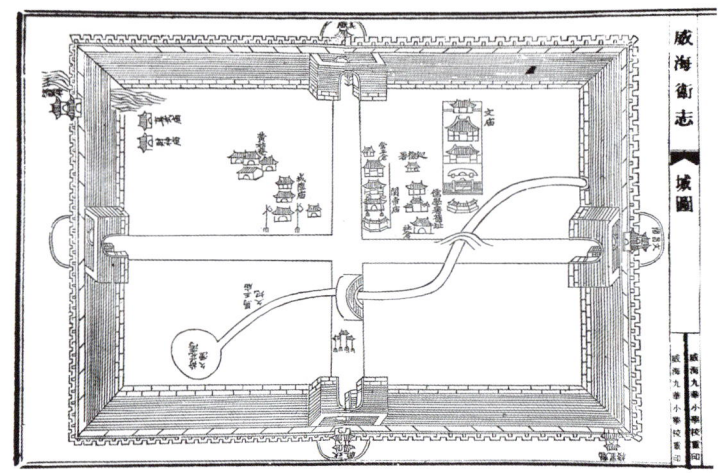

《威海卫志》中的威海卫城地图

清代重建的环翠楼和威海卫西城墙

---

① （清）毕懋第等著，威海市地方史志办公室整理：《威海卫志》，天津古籍出版社，2013年，第32页。

年（明弘治二年），威海卫在职指挥使、指挥同知、指挥金事计 21 人。至明王朝灭亡，先后任过卫指挥使、指挥同知、指挥金事的增至 25 人。

卫城内各级官吏有严格的晋升考察制度。山东都指挥使司对卫指挥使、指挥同知、指挥金事，五年进行一次考察，"考选其才者"，担任掌印指挥（简称"掌印"）和金书指挥（简称"金书"），"分理屯田、验军、营操、巡捕、漕运、备御、出哨、入卫、戍守、军器诸杂务"，称"见任管事"。余者保留原有俸禄，编入卫属军队，称"带俸差操"。镇抚、经历、千户等官吏，则由卫指挥使司负责，五年进行一次政绩考察，择贤能者主持所属军政事务；百户无升降制，由巡按考察后决定继任或免职。

清代早期，威海卫沿袭明制。顺治十二年裁撤左、前二所，归并威海卫。康熙四十一年，百尺崖后所也归并威海卫。雍正三年，山东都司缺裁，改属登州府，雍正十三年（1735 年），威海卫被裁撤，并入文登县。18 处军屯分别归并宁海州、文登县及新设之海阳县，威海卫仅设巡检司。卫学并入荣成县学，二年后归文登县。

1898 年 7 月 1 日（清光绪二十四年五月十三日），威海卫被英国强迫租占，由英国海军总司令兼理，第二年移归英国陆军部管辖。自 1900 年起，设威海卫行政长官署，直接隶属英国殖民部。威海卫城内仍归中国，由文登县管辖。1930 年 10 月 1 日，中国收回威海卫。国民政府将英国租占区域连同威海卫城划为威

1938 年威海卫城南门

清末威海卫西城墙

清末至民国年间的威海卫城东门

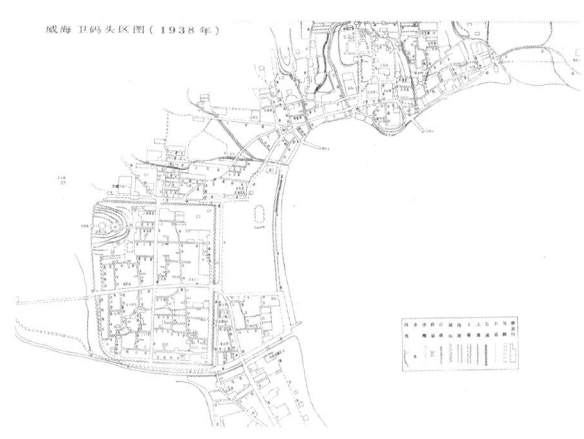

1938 年威海卫城地图

20 世纪初威海卫城照片（西向东摄）^①

海卫行政区，设威海卫管理公署，隶于国民政府行政院。1938 年 3 月 7 日，日本侵略军占领威海卫。1940
年 8 月 26 日，中国共产党领导的人民抗日政权——威海卫行政办事处成立，受胶东区行政公署直接领导。
1945 年 8 月 16 日，威海卫解放，设威海卫市（地专级），由胶东区行政公署管辖。1948 年 3 月，改为县级市，
归东海专区管辖。1987 年地级威海市成立，原烟台市下辖的荣成县、文登县、乳山县由威海市代管。

明清两朝，威海卫多次击退倭寇侵扰，为巩固海防发挥了重要作用。明永乐四年（1406 年）倭寇侵占
刘公岛，并登陆骚扰卫城，被守军击退。嘉靖三十四年（1555 年）倭船自胶州湾至威海栲栳岛（褚岛）附
近骚扰，被明军歼灭。清道光三十年（1850 年）7 月 31 日倭寇、海盗勾结袭扰威海卫，清登州水师后营经
制外委范景增、城里人戚惟达等 42 人，在刘公岛后海面抗敌阵亡。

据《威海市志》载："1931 年 4 月至 5 月，整修城内街道，拆除卫城东门、北门和城里十字路口戏楼。
是年，重建环翠楼公园。建国初期，将旧城墙全部拆除，辟为马路和住宅区。"

据《威海市地名志》载："西城路原为威海卫西城墙旧址。清末，始有人在城墙边建屋定居，形成街巷，
名西城根巷。1959 年将城墙拆除，并在墙基旧址上修筑道路，1981 年命名为西城路。东城路原为威海卫城
东城墙旧址。清末，有人于墙内侧建房定居，形成街巷。1932 年，名为东城根巷。1957 年拆除东城墙，将
街道拓宽，命名为东城街。1969 年更名为东风路，1981 年始称东城路。"

历史资料　据《威海卫志》载："明洪武三十一年（1398 年），析文登县辛汪都三里立威海卫。永乐元年
（1403 年）建城，领左、前、后三所。总部系山东都司兼辖，属宁海州。国朝初沿明制。顺治十二年（1655
年）裁左、前二所，归并威海卫。百尺崖后所系专城，仍旧隶焉。康熙四十一年（1702 年），后所亦归并
威海卫。雍正二年（1724 年），山东都司缺裁，改属登州府。十三年（1735 年），卫亦裁撤。"

《威海卫志》载："雍正六年，新设民壮三十名，十三年改设弓兵二十名。威海卫屯十八处：曰白露，

①〔英〕庄士敦著，刘本森译：《狮龙共舞：一个英国人笔下的威海卫与中国传统文化》，江苏人民出版社，2014 年，扉页。

曰板桥，曰赤沟，曰陡埠，曰岜山，以上俱在文登境内，曰千金，曰冶头，曰瓦屋，曰武计，曰孤山，曰夏村，曰安子口，曰乳山，曰柳行，曰康家埠，曰孙英庄，曰杨村，曰浪暖，以上俱在宁海境内，近有分属海阳者。"

"威海卫明设武库，贮甲胄、弓矢、大小炮、藤牌、狼筅、旗鼓、枪刀各色军器。库废，炮解，弓矢、甲胄物化。国朝雍正五年，现存弓箭六副，鸟枪十四杆，红夷炮五口，过山鸟三口，小炮十五口，腰刀三十二把。六年，新设壮丁器械鸟枪十二杆，长枪六杆，弓箭十二副。"

"营城，在卫东北祭祀台。周二十丈，高一丈七尺五寸。门一，楼房三间，营房七间。雍正五年，登镇总兵黄元骧题请；六年，守备张懋昭宁海州支银三百五十七两建造。现汛兵防守。"

"威海卫墩九座：曰遥遥，曰麻子，曰斜山，曰磨儿山，曰樵子埠，曰陈家庄，曰古陌岭，曰庙后，曰朱家岭。"

明《筹海图编》中记载威海卫设八墩，分别是陈家庄、樵子埠、遥遥、麻子、斜山、磨儿山、古陌顶、庙后峰[①]。

"威海卫堡四座：曰曹家庄，曰豹虎山，曰峰山，曰天都。"

"威海卫炮台三座：一在长嘴，一在教场头，一在祭祀台。"

"威海卫校场，在东门外。有堂，有将台，有壁垒。崇祯九年，陆前营游击王修政重修，今废。"[②]

据《威海卫志·卷二建置志》载："威海卫明设指挥二十员，镇抚二员，左前二所千户十员，百户二十员。京操军春戌七百八十四名，秋戌五百八十四名。捕倭军登州营一百二十六名，文登营一百五十九名，守城军七十五名，种屯军二百二十四名，守墩军二十四名，守堡军一十四名。百尺崖所明设千户五员，百户十员，守城军三十五名，守墩军一十八名，守堡军六名。"

"国朝顺治二年威海卫改设守备一名，左前二所改设千总二员，后所改设千总一员。顺治十二年，左前二所裁并入卫。康熙四十一年后所亦裁并入卫。雍正十三年卫裁，只设巡检一员。"

"明设陆前营马步兵丁二百五十名，调防文登营马步兵三百名。国朝调防文登营马步兵丁二百五十名，康熙十九年新分宁海营汛地，改属调防宁海营马步兵丁一百五十名，雍正五年，现存宁福营外委把总一员，马兵二名，步兵三十名。乾隆三十七年，登州镇总兵窦瑸奏请，移驻经制把总一员，调拨马兵五名，步兵二十五名，字识一名。"[③]

据《威海卫志·卷六官守志》载："明，指挥使，正三品，方印一颗。五年军政选贤能，指挥一员主之，贤否由都指挥使司与府道平行。指挥同知，三品。指挥佥事，正四品。镇抚司，五品。方印一颗。五年军政选贤能。镇抚官一员主之，贤否由本卫。千户，正千户正五品，副千户五品。左前后三千户，每所千户五员，共印三颗。军政选贤能，千户一员主之，贤否由本卫。百户，正六品，左前后三所百户三十员，每员各印一颗。无黜陟，巡按下马考察戒饬。经历，七品，方印一颗。管军民词讼及道府文移呈堂。正途出身，应陞知县。万历前无考。教授，万历前无考。仓大使、后所、镇抚、吏目、仓大使，俱无考。陆前营游击。"

"国朝，守备一员，正五品，管理庶政，兼理屯务，与州县平行。经历一员。教授一员，正九品，乾隆元年升正七品。所千总□员，掌所事，隶威海卫。巡检司巡检一员，雍正十三年裁卫，设巡检司一员。把总一员，雍正十三年裁卫，设外委把总一员。乾隆十七年，添设经制把总一员，属宁福营。"

① （明）郑若曾：《筹海图编》，中华书局，2007年，第298页。
② （清）毕懋第、郭文大修：《威海卫志》，成文出版社，第71—74页。
③ （清）毕懋第、郭文大修：《威海卫志》，成文出版社，第69—71页。

明代卫指挥使表

姓名	备注
刘得 [1]	1425 年（洪熙元年）任。直隶顺天通州（今北京市通州区）西关人
刘贵	1429 年（宣德四年）任
刘钦	1456 年（景泰七年）任
刘琮	1475 年（成化十一年）任
刘麒	1518 年（正德十三年）任
刘伦	1534 年（嘉靖十三年）任
刘平	1569 年（隆庆三年）任，掌印
刘泽远	1617 年（万历四十五年）任
周贵	1435 年（宣德十年）任，江苏常熟人
周斌	1436 年（正统元年）任
周刚	1449 年（正统十四年）任
周英	1471 年（成化七年）任
周岐	1525 年（嘉靖四年）任
周璋	1539 年（嘉靖十八年）任
周京	1567 年（隆庆元年）任
周封鲁	1577 年（万历五年）任，掌印 10 年，后升把总
周裕德	1607 年（万历三十五年）任，掌边操，历修千总
周之垣	1621—1627 年（天启年间），领边操二次
王信	1437 年（正统二年）任，1449 年随驾北征阵亡。直隶昌黎人
王铭	1451 年（景泰二年）任
王政	1477 年（成化十三年）任
王玺	1500 年（弘治十三年）任，不足一个月病故
王勋	1501 年（弘治十四年）任
王都	1543 年（嘉靖二十二年）在京安定门外大教场同众官对比双收，1560 年，因少军奉行，降指挥同知
王心加	1566 年（嘉靖四十五年）在京对比得中双收，复旧职，掌印
王应卯	三科武举
王运隆	掌印，后升任登州水师营把总，八角口巡海都司
王元辉	1638 年（崇祯十一年）任
魏忠	1436—1449 年（正统年间）任
徐升	1489 年（弘治二年）前任
徐梦鹤	
徐冲斗	

[1] 刘得，洪武二十二年（1389年）"以白衣奋迹，太祖靖天下"，"身劳王事，为明太祖功臣"，"洪熙元年正月十四日，钦调山东都司威海卫指挥使司，给到兵部山东十二号文凭一道，本年三月二十日到任管事"（引自《刘氏族谱》）。

明代卫指挥同知表

姓名	备注
毕文敬	1417年（永乐十五年）任，1419年到职。安徽巢县人
毕晟	1433年（宣德八年）任
毕琮	1433年（宣德八年）任
毕魁	1440年（正统五年）任
毕复初	1474年（成化十年）任
毕高	1508年（正德三年）任
阮成	1543年（嘉靖二十二年）任，后升任参将
阮兴	明初任，江苏山阳（今淮安）人
阮瑛	
阮祥	
阮达	
阮继先	
阮世忠	
阮柱	
阮鸿猷	
刘贵	1489年（弘治二年）前任。山东巨野县人
刘元嗣	边操病告，著有诗集
刘鸿嗣	代史元嗣掌任（清初选本卫千总）

明代卫指挥佥事表

姓名	备注
陶钺	1403年（永乐元年）任，安徽凤阳人
陶敞	1430年（宣德五年）任
聊瑛	1444年（正统九年）任
陶裕	1465年（成化元年）任
陶端	1486年（成化二十二年）任
陶大勇	1536年（嘉靖十五年）任
陶继祖	1585年（万历十三年）任
陶运化	1622年（天启二年）任，后升都司
陶承圣	1637年（崇祯十年）任，明亡职绝
扈宁	1406年（永乐四年）任
苗玉	1415年（永乐十三年）任，江苏山阳（今淮安）人

姓名	备注
苗兴	1489 年（弘治二年）前任
苗永盛	
李忠	1425 年（洪熙元年）任，直隶东安（今河北安次）人
李荣	
李胜	
李	1489 年（弘治二年）前任
李缟	
李绮	
李绣	
李朝元	
李汝时	
李世勋	五推军政掌印 25 年
李凤翔	掌印
董旺	1436—1449 年（正统年间）任。安徽虹县（今泗县）人
董逊	1483 年（成化十九年）任
董权	
董春	1532 年（嘉靖十一年）任
董用威	1577 年（万历五年）任
董遇时	1604 年（万历三十二年）任
董祚丰	1625 年（天启五年）任，掌印
李玉	1489 年（弘治二年）前任，安徽灵璧县人
李兰	五推掌印
李仁	武举，后升都司
李逢时	1550 年（嘉靖二十九年）任，掌印，后升参将
王绍勋	边操三次
王恺	1489 年（弘治二年）任，掌印，历文登营把总
汪山	1489 年前任
汪本	1489 年前任
陈福	1489 年前任
陈际泰	
陈万言	1489 年前任
李雄	边操，推掌印
蔡俊	1489 年前任
刘缙	1489 年前任
张彪	1489 年前任

姓名	备注
胡绍舜	1489年前任
胡肇	千户功升

威海卫城现存的碑刻主要有两块，分别是威海卫文庙至圣先师孔子赞碑、威海卫文庙孟子赞碑。

（1）威海卫文庙至圣先师孔子赞碑

1994年威海城里中学出土，移交给威海市博物馆收藏。城里中学为明、清两代文庙所在地，康熙年间刊行的威海卫城区图标注此为"儒学署"。文庙即祭孔场所，其后有明伦堂，是地方教育主管机构所在和生童学习、生活的地方。雍正十三年，威海裁卫，生童改附荣成、文登县学，儒学署此"扃固封守"。1900年，文庙被辟建为清泉小学，后改名城里中学，2006年9月城里中学迁出，原址现为苏宁电器。

（2）威海卫文庙孟子赞碑

2009年4月2日在威海城里中学原址出土，移交给威海市博物馆收藏。残碑为青石质，右侧上部断失，通碑高约3米、宽1米余、厚0.35米。碑身正面阴刻7行楷体碑文，除局部遭施工机械刮擦磨损，大部分文字清晰可辨，碑文大意是对孟子的赞扬。落款为"康熙二十八年闰三月十六日威海卫掌印守备张迈良勒石"。

千户所城遗址

百尺崖所城遗址

位　　置　环翠区崮山镇百尺所村

始设年代　明洪武三十一年（1398年）

文保级别　暂未划定文保单位

概　　况　遗址位于环翠区崮山镇百尺所村，地势中间高南北低。遗址中心现为百尺所村。遗址向北约630米为蒲台顶墩，向北约1.25千米为威海湾，遗址西墙向西约140米为崮山路，向西南1千米为望天岭墩，向西南470米为杨枫岭炮台，向南约800米为所前庄社区，向东南1千米为皂埠村，向东北2千米为百尺崖墩。站在遗址西北角可望见威

百尺崖所城遗址位置图

海湾内刘公岛和日岛。

第二次全国文物普查记载：9—A9百尺所故城（崮山镇百尺所村·明代）威海卫辖左、前、后三个千户所，百尺所即后所，亦当为洪武时设置。城筑于明成化年间（1465—1487年），清康熙十一年（1672年）《威海卫志》载："城面砖，尺寸高下同卫，南北二门，周三里有零。"故城平面呈方形，面积约5.6万平方米。城墙仅存北墙西段和西墙北段，各长约100米，墙基残宽5米，残高4米。外墙砖石砌筑，中间黄土夯筑，现外墙仅存西北角的少部分残石基[①]。

第三次全国文物普查记载：百尺所故城遗址（经区崮山镇百尺所村，明代），威海卫辖左、前、后三个千户所，百尺

百尺崖所城遗址卫星图

百尺崖所城遗址航拍

---

① 国家文物局主编，山东省文物局编著：《中国文物地图集山东分册》，中国地图出版社，2006年，第588页。

百尺崖所城遗址北城墙东段现状（东向西摄）

百尺崖所城遗址东城墙北段现状（西向东摄）

百尺崖所城遗址西城墙北段现状（东向西摄）

百尺崖所城遗址西城墙北段现状（北向南摄）

所为其设专城的后所，成立时间当与设卫同时。城筑于成化年间（1465—1487年），"城面砖，尺寸高下同卫，南北二门，周三里有零。"（康熙年《威海卫志》）。故城平面呈长方形，面积约8万平方米。城墙仅存北墙西段和西墙北段，各长约100米，墙基残宽5米，高4米，外层原为石块筑成，中间为夯土，墙基石砌，现仅在西北角发现少部分残石基[1]。

2021年考古队对遗址进行了调查，百尺崖所城平面呈长方形，东西长约370米，南北长约270米，面积约9.6万平方米，中间十字路大概为原南门位置，遗址破坏较为严重，城门城墙大部分已消失，仅存东墙北段、西墙北段和北墙各自一小部分。东墙北段位于村东北，残存26米，宽约6.3米，残高1.8米；西墙北段位于村西北，长约23.5米，宽约5.5米，残高2.1米；西墙西侧为采沙场，部分遗址已被采沙场施工破坏消失；北墙东段为断崖，位于村东北，临近新修建的九龙路，南高北低，最大落差约5米，残长约65米，宽约6米，城墙上杂草丛生，有三棵树较为明显。南墙被破坏消失，在村南街道水泥路下还保留少部分地基，为原南城墙西段外立面地基。城内大部分被民居覆盖，少部分为村民种植的无花果树，所城内贯通南北的街道保留至今，仍为村内主干道。在城内北城墙附近采集瓷片3块，有一碗底，印有"大明"等字样落款，不规则形。

---

① 威海市文物管理办公室：《追寻历史——威海市第三次文物普查成果巡礼》，青岛出版社，2012年，第39页。

百尺崖所城遗址采集城墙砖

百尺崖所城遗址采集瓷片

历史沿革 　百尺崖所全称百尺崖备御后千户所，为威海卫设专城的后所，也称为百尺崖后所，城筑于明成化年间，城墙于新中国成立后被拆除。甲午战争时期，日军绘制的威海卫地图内有百尺所城四周城墙。1970年美国拍摄的卫星照片中能清晰辨认出百尺崖所城城墙。

　　《威海卫志·卷一·疆域志》记载：永乐四年，倭寇杨帆于刘公岛，声言攻百尺崖，而卒击威海，几无噍类。掌印指挥扈□督率世职及春秋两班操军、乡城门夫、壮丁力死堵截。三日后，都督徐国公朱□，统兵援战，倭寇始息。六年，始置登州备倭都司，以节镇沿海诸军[①]。

历史资料 　《威海卫志·卷一·疆域志》记载：百尺崖所，北至威海四十里，南至文登五十里，东至荣成八十里，西至宁海一百四十里[②]。

　　后所厅，在百尺崖所城内，久圮。

　　百尺崖所明设千户五员，百户十员，守城军三十五名，守墩军一十八名，守堡军六名。

　　《威海卫志·卷二·建置志》记载：百尺崖后所城，砖城。周三百三十步，高三丈，阔二丈五尺。南北二门楼、铺六，池阔一丈五，深九尺。俱湮圮[③]。

　　百尺崖所墩六座：曰望天岭，曰蒲台顶，曰百尺崖，曰蒿里，曰老姑顶，曰曹家岛。百尺崖所堡三座：曰芝麻岭，曰窦家崖，曰转山。百尺崖所校场，久废[④]。

　　明代郑若曾《筹海图编》卷之七《山东兵制》记载："百尺崖所，守墩堡军余二十四人。墩六：曹家岛、百尺崖、老姑顶、蒲台顶、蒿里、望天岭。堡三：转山、芝麻岭、窦家崖。"[⑤]此记载中，百尺崖所下辖的墩、堡各自名称、功用明确，之后的嘉靖《宁海州志》、雍正《文登县志》、乾隆《威海卫志》等史志资料基本沿用此记载。

① （清）毕懋第等著，威海市地方史志办公室整理：《威海卫志》，天津古籍出版社，2013年，第28页。
② （清）毕懋第等著，威海市地方史志办公室整理：《威海卫志》，天津古籍出版社，2013年，第16页。
③ （清）毕懋第等著，威海市地方史志办公室整理：《威海卫志》，天津古籍出版社，2013年，第32页。
④ （清）毕懋第等著，威海市地方史志办公室整理：《威海卫志》，天津古籍出版社，2013年，第37页。
⑤ （明）郑若曾撰，李致忠点校，《筹海图编》，中华书局，2007年，第451页。

巡检司遗址

辛汪巡检司（遗址）

位　　置　环翠区田和街道威建新村小区

始设年代　元代

文保级别　已消失

概　　况　遗址位于环翠区田和街道威建新区，原为寨子村，东距威海卫城西门约 1.5 千米，距威海湾约 2.8 千米，北距土城子寨约 750 米，西距磨儿山墩约 7.2 千米，南距里口山最高点佛顶约 2.5 千米。

辛汪巡检司（遗址）位置图

1991 年 3 月，寨子村改造工程中出土一块石碑，碑首篆书题写"辛汪巡检司创寨记"，现藏于威海市博物馆。遗址现已完全消失，表面被现代建筑占压。

历史沿革　元代文登县境内设斥山寨、温泉镇、辛汪寨三处巡检司，各设巡检一员[1]。明朝建立后沿袭自元朝的三处巡检司。

明洪武三十一年，明朝政府于辛汪都三里设威海卫，并建卫城，境内防倭力量大大加强。因威海卫与辛汪巡检司相隔较近，明朝政府"移置辛汪寨巡检司于长峰寨，温泉镇巡检司于古峰寨。时任威海卫指挥佥事陶敞言：二巡检司虽为捕倭而设，然与百尺崖备御后千户

辛汪巡检司（遗址）卫星图

所相近，且非要害海口，而长峰、古峰二寨实险要之地，于备倭为宜，遂移置焉"[2]。

辛汪巡检司南迁 20 里，重置于威海湾西侧长峰寨，居于威海卫与百尺崖备御后千户所之间，以达到"卫

---

① （清）光绪《文登县志》"卷五，职官"。
② 《明宣宗实录》"卷一百八"，宣德九年二月甲子，第2426、2427页。

之隙置所、所之隙置巡检司……莫不因山堑谷、崇其垣埼，陈列士兵，以御非常"[①] 的目的。威海卫设立后成为防倭的主力，此时的辛汪巡检司已降为辅助地位，所配弓兵数量也较明初时的"弓兵百人"大为减少，仅余二三十名。

清朝建立初期，海上偶有海匪作乱，而倭患早已绝迹，海防压力减轻。雍正《文登县志》记载："新（辛）汪寨巡检司在新（辛）汪三里，成廨俱圮，国朝康熙十八年奉旨将本寨巡检移驻赤山寨，管理马头嘴朱家圈等海口。"[②] 辛汪巡检司从长峰寨再次迁至石岛赤山寨，与赤山寨巡检司合并，其功能也转为以维持地方治安为主，辛汪寨巡检司之名从此消失。遗址所在地旧称寨子村，后拆迁建设威建新村小区。

历史资料 1991 年 3 月，在寨子村东北角出土一块石碑，碑首篆书题写"辛汪巡检司创寨记"[③]。

石碑原文如下：

碑阳：

辛汪巡检司创寨记

宁海州文登县辛汪巡检司创立营寨记

石匠　张温　刊

本邑儒学教授　崔学野　撰

东牟　崔仕　书

崑嵛山六度住持　智整　篆

文登为县，群山夹峙，跨出瀚海口，三面风涛汹涌，可以舟通外夷，故倭人入寇必于此而出没焉。虽僻处一隅，而所系甚大，为之巡防者，实难其人。迨我圣朝奄有山东以来，选将练卒，分岛屿而环戍之，又距要害地，立赤山、温泉、辛汪巡司三所，各给弓兵百人，置立寨栅，与戍兵相为犄角，拔才能士，授进义校尉、巡检职以领之，其名虽卑，而职任至重也。时维扬吴俊孙公谅适膺是选，来官辛汪。其地正当南北舟楫往来要冲，公奉命惟谨。□时，筑营垒，深濠堑，建峰台、斥堠、公厅、舍次，一皆如法，金鼓旗帜，衣甲器械，无不精利。壁垒坚固而兵士整肃，警逻严密而号令详明。自是，倭人虽不时徜徉波涛中，而不敢登陆者六年，可谓有功于国而有德于民矣。一日瓜代及期，行将朝京上考，父老诏予而言曰：今立营寨，又得贤选防官□于备御之道，使吾民得安耕桑而无盗贼之患，不可（不）立石以纪其事。征文于余，余曰：昔桑怿为永安巡检而群盗遁去，何灌为黄河东岸巡检而贾胡叹服，今孙公为辛汪巡检而倭寇不能为害，是亦无愧于古人矣！彼二子者，皆不次升擢。今孙公功迹如此，必为时大用，倘使守御戎虏，则不独一隅之安，而边庭俱安矣。于子敬深弓（有）望焉，遂为之记。

时大明洪武八年岁在乙卯　孟秋望日　弓首　于忠　吕和

进义校尉莱州府宁海州文登县辛汪寨巡检　孙谅

司吏　王徒政

---

① 嘉靖《宁波府志》"卷二二·海防"。

② 雍正《文登县志》"卷二·公署"。

③ 张云涛：《山东威海发现明初创寨碑》，《文物》1997 年第 9 期，第 71、72 页。

辛汪巡检司创寨碑（威海市博物馆藏）

辛汪巡检司创寨碑拓片（正面）

碑阴：

　　弓兵：刘原　周斌　王敬　于进　于海　徐仁　张林　姜政　栾凤　张士原

　　天妃宫住持讲吉祥

　　本境耆宿：张清甫　宋士贤　姜士中　朱四　宋均美　李行简　丛士文　姜德才　刘和卿　田秀实　田子成　姜善卿　董顺卿　王贵　姜士温　丛四

　　嘉靖《宁海州志》载："辛汪寨巡检司属文登县，有石城。墩一辛汪。"[①] 雍正《文登县志》载："新（辛）汪寨巡检一员、弓兵二十名。"[②] 光绪《文登县志》载："辛汪寨巡检，明洪武九年（1376年）设。在县北七十里。弓兵二十七名，墩兵三名"[③]。《筹海图编》载："辛汪寨所，守墩弓兵三人，墩一，辛汪。"[④]

---

① （明）嘉靖《宁海州志》，第58页。
② （清）雍正《文登县志》"卷二·武备"。
③ （清）光绪《文登县志》"卷五·职官"。
④ （明）郑若曾：《筹海图编》"卷七·明天启四年"，第298页。

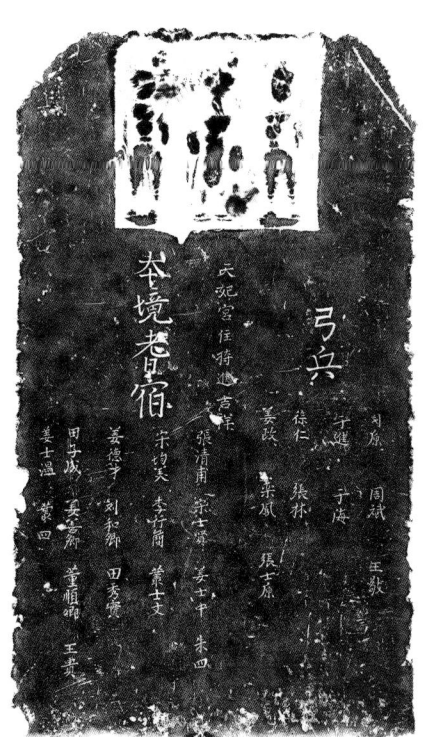

辛汪巡检司创寨碑拓片（背面）

《新登州志》载："辛汪寨巡检，明洪武九年（1376年）设。在县北七十里。弓兵二十七名，墩兵三名。"康熙十八年（1679年），移于斥山寨。十三年移驻石岛海口，改设石岛司巡检，属新设荣成县。

光绪《文登县志》载，元、明、清三代辛汪寨巡检司巡检（部分）名录：

《威海市地名志》记载："寨子属环翠区田村镇。在田村东3公里。明代初期，设辛汪寨巡检司于此，寨西有几户王姓居住，人称王家院，亦称寨子角。后吕姓由牟平县三十里铺迁兵寨东定居，即名寨子。聚落依山坡分布，与威海城区相连。居民1273人。果园45亩。有纸箱厂、汽修厂、水暖器材厂。烟台路、潍坊路经此。通公共汽车。"[1]

（元）辛汪寨巡检

	于世隆	东华宫助缘碑
至正	于荣	重修香岩寺碑

（明）辛汪寨巡检

吴廷宝	陕西人
齐永光	河南人
李坤	无极人
李经	怀柔人
张坤	山西人
赵德光	博野人
唐任	山西人
李弼	深州人
景世朝	长治人
李坤	肃宁人
杨弘先	
白学易	
翟任	许州人
高继先	蔚州人
苏时遇	应州人

（清）辛汪寨巡检

姓名	籍贯		任职时间
赵乘珠	束鹿人	顺治	二年（1645年）任
张国泰	山阴人		八年任
周士遴	会稽人		十六年任
叶颐孙	浙江人	康熙	
汪文献	庐州人		
尹铎	直隶人		
邹士华	兴宁人		五十九年（1720年）任
姚楠	绍兴人	雍正	十年（1732年）任

[1] 威海市地名委员会办公室编：《威海市地名志》，山东地图出版社，1995年，第169页。

长峰寨（遗址）

位　　置　环翠区皇冠街道长峰馨安苑社区东北

始设年代　明代

文保级别　已消失

概　　况　遗址位于环翠区皇冠街道长峰馨安苑社区东北，东距威海湾约 700 米，西北距戚家庄南墩约 2 千米，西距青岛中路约 600 米，东南距海埠西墩约 4.6 千米，南距豹虎山堡约 7.3 千米。

长峰寨（遗址）位置图

1991 年寨址附近的原长峰第二毛纺织厂成衣车间处采集过一枚炮石，直径约 8 厘米，现藏于威海市博物馆。

2021 年考古队调查时，据长峰馨安苑社区（原长峰村）居民介绍，村东北高地有一个军寨，俗称"寨子顶"，占地约二十亩地（另说约六七十亩），平面呈正方形，寨高出周围大约 3 米，四周是斜坡，周围有壕沟。寨里有墩，寨内靠东面有井，已被填死。遗址地势较高，向东可俯视威海湾。20 世纪 90 年代，长峰寨因城市建设消失，现被加油站和工厂占压。

历史沿革　元代时，文登县境内设斥山寨、温泉镇、辛汪寨三处巡检司[1]。明朝建立后沿袭元朝的三处巡检司，在洪武初年抗击倭寇侵袭的战斗中发挥了重要作用。洪武三十一年，明朝政府于辛汪都三里设威海卫，因威海卫与辛汪巡检司相隔较近，明朝政府"移置辛汪寨巡检司于长峰寨，温泉镇巡检司于古峰寨。时山东威海卫指挥佥事陶敞言：二巡检司虽为捕倭而设，然与百尺崖备御后千户所相近，且非要害海口，而长峰、古峰二寨实险要之地，于备倭为宜，遂移置焉"[2]。

辛汪巡检司南迁 20 里，重置于威海湾西侧长峰寨，居于威海卫与百尺崖备御后千户所之间，以达到"卫之隙置所、所之隙置巡检司……莫不因山堑谷、崇其垣堡，陈列士兵，以御非常"[3] 的目的。威海卫设立后，卫所旗军成为防倭的主力，此时的辛汪巡检司已降为辅助地位，所配弓兵数量也较明初时的"弓兵百人"大为减少，仅余二三十名。

清朝建立初期，海上偶有海匪作乱，而倭患早已绝迹，海防压力减轻。雍正《文登县志》记载："新（辛）汪寨巡检司在新（辛）汪三里，成廨俱圮，国朝康熙十八年奉旨将本寨巡检移驻赤山寨，管理马头嘴朱家圈等海口"[4]。宣德年间迁至长峰寨的辛汪巡检司再次迁至石岛赤山寨，与赤山寨巡检司合并，其功能也转为以维持地方治安为主，辛汪寨巡检司从此消失。

推断长峰寨应是明宣德年间辛汪巡检司南迁后的位置。

---

①（清）光绪《文登县志》"卷五·职官"。

②《明宣宗实录》"卷一百八"，宣德九年二月甲子，第2426、2427页。

③（明）嘉靖《宁波府志》"卷二二·海防"。

④（清）雍正《文登县志》"卷二·公署"。

九皋寨遗址

位　　置　环翠区泊于镇逍遥小区西北约 1.2 千米

始设年代　明代

文保级别　2009 年 12 月，"九皋寨遗址"被公布为第三批市级文物保护单位。2013 年 10 月，"九皋寨遗址"被公布为山东省第四批文物保护单位

概　　况　遗址北距海岸约 1.65 千米，东距金鸡大道约 1.6 千米，西北距老姑顶墩约 1.5 千米，东北距岛邓家墩约 2.3 千米。

第三次全国文物普查记载：A10 九皋寨遗址（经区泊于镇寨子东村西 400 米，明代，市级文保单位）寨门无存，北、东、南三面城墙夯土基本保存下来，东墙外侧尚保存着用以加固墙体的巨大石块，风化剥落。寨址东西长 130 米，南北宽 170 米，面积约为 2.3 万平方米，其形制、规模与之前发现的明代双岛兵寨遗址相一致。寨内新发现了筑城用的石夯、建筑构件的青砖、作为武器的石球、用作生活用具的酱色釉水瓶等遗物[1]。

2021 年考古队对遗址进行调查，九皋寨遗址地势西北高东南低，寨址为附近最高点，平面近似长方形，面积约 22400 平方米，四周寨墙保存较好。东寨墙残存长约 166 米，宽约 8 米，残高 1.4—3 米不等。东寨墙中部可见一处宽约 7 米的寨门。北寨墙保存较好，长约 134.9 米，宽约 8 米，残高 1.5—4 米，

九皋寨遗址位置图

九皋寨遗址卫星图

整体西高东低，中间有一处宽约 3 米的缺口。北寨墙的西北角处可见残损的寨墙砖石等建筑构件。西墙残长约 129.6 米，宽约 8 米，残高 1.5—4.6 米。西寨墙南半部仅残存墙基，西南角完全被破坏消失。南寨墙保存较差，残长约 49.7 米，宽约 6.5 米，残高 2.5 米，仅残存东南角部分寨墙，墙体表面为村民种植的松树，

---

① 威海市文物管理办公室：《追寻历史——威海市第三次文物普查成果巡礼》，青岛出版社，2012 年，第 40 页。

其他部分因村民平整土地、取土等生产生活活动而破坏消失。寨内有自东寨墙东南至西寨墙中部所建农田道路一条，文物保护遗址碑位于东寨墙外入口处。寨内地表杂草丛生，灌木丛较多，寨中植松树处有建筑遗迹。遗址东约700米原为寨子东村，2019年拆迁，居民迁入逍遥小区。

历史沿革　宣统《山东通志》记载："九皋海口在县东北九十里。"[1] 明朝政府在成山卫设军屯22处，其

九皋寨遗址保护碑

九皋寨遗址航拍

九皋寨遗址东寨墙北段现状（南向北摄）

九皋寨遗址北寨墙现状（西向东摄）

九皋寨遗址西寨墙现状（南向北摄）

九皋寨遗址南寨墙东段现状（北向南摄）

[1]（清）宣统《山东通志》，《登州府志·文登县》。

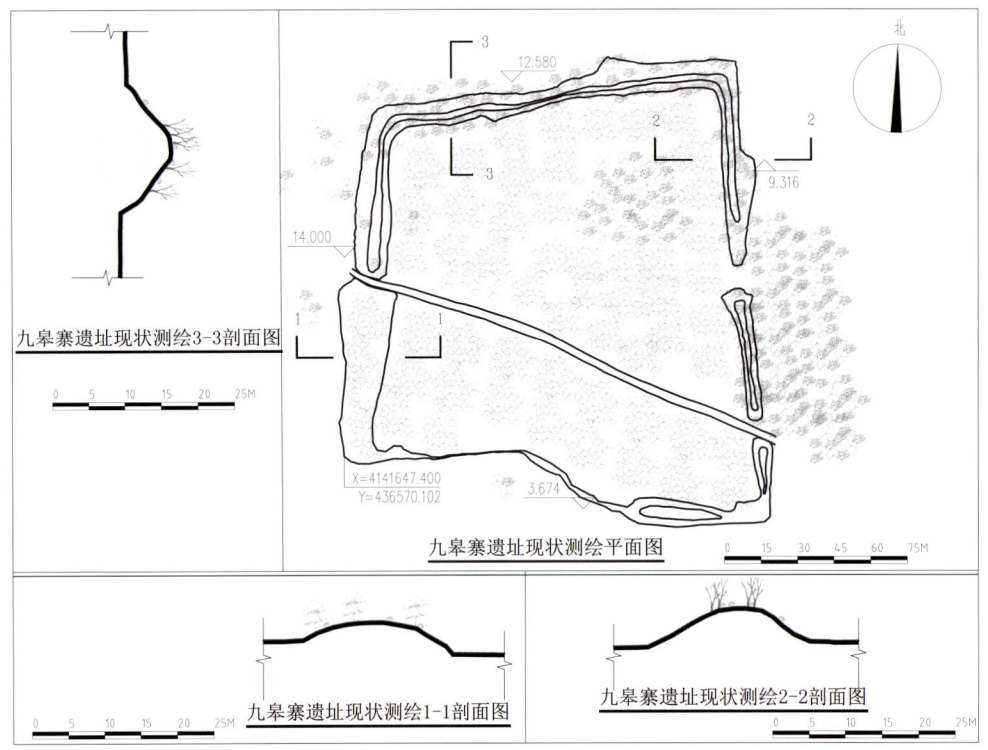

九皋寨遗址现状测绘3-3剖面图

九皋寨遗址现状测绘平面图

九皋寨遗址现状测绘1-1剖面图

九皋寨遗址现状测绘2-2剖面图

九皋寨遗址平、剖面图

中一处名为"九皋屯"①。"九皋海口""九皋屯"的地名今已消失，由《威海市地名志》得知，今九家疃村、盐滩村、屯候家村在历史上皆以"九皋"为名，九家疃村因临近九皋海口，旧名"九皋疃"；盐滩村因地处九皋屯东部海滩，故名"九皋滩"；而屯候家村址所处位置即为旧时的"九皋屯"；流经盐滩村与屯候家村之间的逍遥河下游入海口即疑为旧时的"九皋海口"②。三村及海口所处位置皆在军寨周围不远，寨名"九皋"因地为名似为合理。

明洪武三十一年设威海卫，因而需将此地原有担负防倭之责的巡检司址作适当调整，以补卫所之隙。因此，温泉镇巡检司同年被移于九皋海口，九皋寨或许即为温泉镇巡检司移驻新址而建。宣德九年二月，因九皋寨址距百尺崖备御后千户所相近，将温泉镇巡检司再移于古峰寨，旧记古峰寨即可能为今"温泉寨"。

历史资料　《威海市地名志》记载："寨子东属环翠区泊于镇。在夏庄西北5.5公里。明正德年间（1506—1521年），邓姓迁此定居，因地处古九皋寨之东，故名寨子东。聚落依山丘沿河分布，呈不规则块状。居民709人。耕地1000亩。果园692亩。有海带养殖业。乡路通成山头至大西庄公路。"

"寨子顶在威海城区东南18公里，环翠区崮山镇与泊于镇交界处。明代于山上设寨屯兵，相传名九皋寨。寨址至今可见，因以为名。"③

推测九皋寨遗址为明洪武末年初迁温泉寨巡检司于九皋海口之寨址。

① （清）道光《荣成县志》"卷二·建置都里"，《中国地方史志集成》，第457页。
② 威海市地名委员会办公室：《威海市地名志》，山东省地图出版社，1995年，第182、187、289页。
③ 威海市地名委员会办公室：《威海市地名志》，山东省地图出版社，1995年，第253页。

温泉寨遗址

位　　置　环翠区泊于镇温泉寨村东约600米

始设年代　明代

文保级别　尚未核定为文物保护单位

概　　况　遗址位于威海市环翠区泊于镇温泉寨村东约800米处，村民俗称"东横子"。遗址北距海岸约2.6千米，西北距温泉寨墩约700米，西距松徐家墩约3.1千米，东距墩后堡约5千米。

第三次全国文物普查记载：A11温泉寨遗址（经区泊于镇温泉寨村东，明代），寨址大致呈长方形，东西长约250米，南北宽约200米，面积约5万平方米。北墙西北角、东墙和南部墙体保存较好，东南角墙外地堰上散布着不少瓦砾。寨址外北面约200米有烟墩遗址，西墙南部为水库，是修建寨城时取土和烧窑的地方。据文献和方志记载，今温泉镇一带宋代即设"温水镇"，金元改"温泉镇"。1993年市区寨子村出土的《辛汪寨创寨碑记》记载，洪武二年（1369年）即于文登境内设辛汪、温泉、赤山三巡检司。温泉寨遗址的发现为厘清北宋"温水镇"、金代"温泉镇"、元明时代的温泉寨巡检司的关系提供了一把钥匙[1]。

2021年考古队对遗址进行调查，遗址大致呈长方形，东西长约220米，南北宽约200米，面积约4.4万平方米，

温泉寨遗址位置图

温泉寨遗址卫星图

残高1.9米。遗址整体破坏较严重，仅残存东墙、西墙，以及南墙的西南角和东南角。遗址由十字交叉的小路分为四个部分，寨内为村民种植的果树，在寨址外地堰上散布着不少瓦砾。

历史沿革　元代时，文登县境内设斥山寨、温泉镇、辛汪寨三处巡检司，各设巡检一员[2]。后因威海卫与

---

[1] 威海市文物管理办公室：《追寻历史——威海市第三次文物普查成果巡礼》，青岛出版社，2012年，第40页。

[2]（清）光绪《文登县志》"卷五·职官"。

温泉寨遗址航拍

温泉寨遗址地表遗物

温泉寨遗址东寨墙现状（北向南摄）

温泉寨遗址西寨墙现状（北向南摄）

辛汪巡检司相隔较近，明朝政府"移置辛汪寨巡检司于长峰寨，温泉镇巡检司于古峰寨。时山东威海卫指挥佥事陶敞言：二巡检司虽为捕倭而设，然与百尺崖备御后千户所相近，且非要害海口，而长峰、古峰二寨实险要之地，于备倭为宜，遂移置焉"①。

历史资料　《威海市地名志》载：温泉寨属环翠区泊于镇。在夏庄东北2.5千米。相传，金大定年间（1161—1189年），车刚为避战乱，由山西古县迁此定居，因地处土台之上，名台上。后夏、梁两姓相继迁入，并以村东有古兵寨和天然温泉，更名温泉寨（按：温泉寨村现已没有温泉，村名是否与温泉相关尚存疑问。明洪武三十一年曾移温泉镇巡检司于九皋海口，温泉寨之名可能渊源于此，村东之古兵寨当为温泉镇巡检司）。聚落依山丘分布，西南临小河，呈块状。居民1392人。耕地2292亩，果园1290亩。有海带养殖业。简易公路通成山头至大西庄公路②。

推测温泉寨遗址为明宣德年间温泉镇巡检司从九皋海口迁于古峰寨后的寨址。

---

① 《明宣宗实录》"卷一百八·宣德九年二月甲子"，第2426—2427页。
② 威海市地名委员会办公室编：《威海市地名志》，山东省地图出版社，1995年，第188页。

（四）

寨/屯遗址

后双岛寨遗址

位　　置　环翠区张村镇后双岛村东

始设年代　明代

文保级别　2004 年 12 月，以"后双岛古兵寨遗址"被公布为市级文物保护单位

概　　况　遗址位于威海市环翠区张村镇后双岛村东，西北距双岛西山墩 2.2 千米，西北距海岸最近处约 2.8 千米，西南距凤凰山墩约 6.9 千米，东北距磨儿山墩约 3.7 千米。

第二次全国文物普查记载：12—A12 后双岛军寨（张村镇后双岛村东南·明代）抗倭名将戚继光修筑的军寨。平面呈长方形，东西长 170 米，南北宽 130 米。寨墙基本保存，基宽 3.5 米，残高 3.6 米，黄黏土间石夯筑。南墙中有门道。寨内曾出土陶罐、铜镞等[①]，

第三次全国文物普查记载：A9 后双岛军寨遗址（环翠区张村镇后双岛村东，明代，市级文物保护单位）平面呈长方形，东西长 170 米，南北宽 130 米。寨墙基本保存，基宽 3.5 米，残高 3.6 米，黄黏土间石夯筑。南墙中有门道。寨内曾出土陶罐、铜镞等[②]。

2021 年 3 月考古队对遗址进行了调

后双岛寨遗址位置图

后双岛寨遗址卫星图

---

① 国家文物局主编，山东省文物局编制：《中国文物地图集·山东分册（下）》，中国地图出版社，2006年，第588页。

② 威海市文物管理办公室：《追寻历史——威海市第三次文物普查成果巡礼》，青岛出版社，2012年，第39页。

查，后双岛寨遗址平面呈长方形，东西
长 170 米，南北宽 130 米。现遗址东、
北两处寨墙基本保存完好，南墙东部破
坏较严重，仅残留底部根基；西墙基本
破坏严重，地面以上基本消失，仅残留
地基。现寨墙宽 1.7—2.2 米，残高 2.4—
3.6 米，黄黏土间石夯筑。遗址内为村
民种植的果树，寨墙上杂草丛生，部分
区域长有灌木丛。

后双岛寨遗址北寨门现状

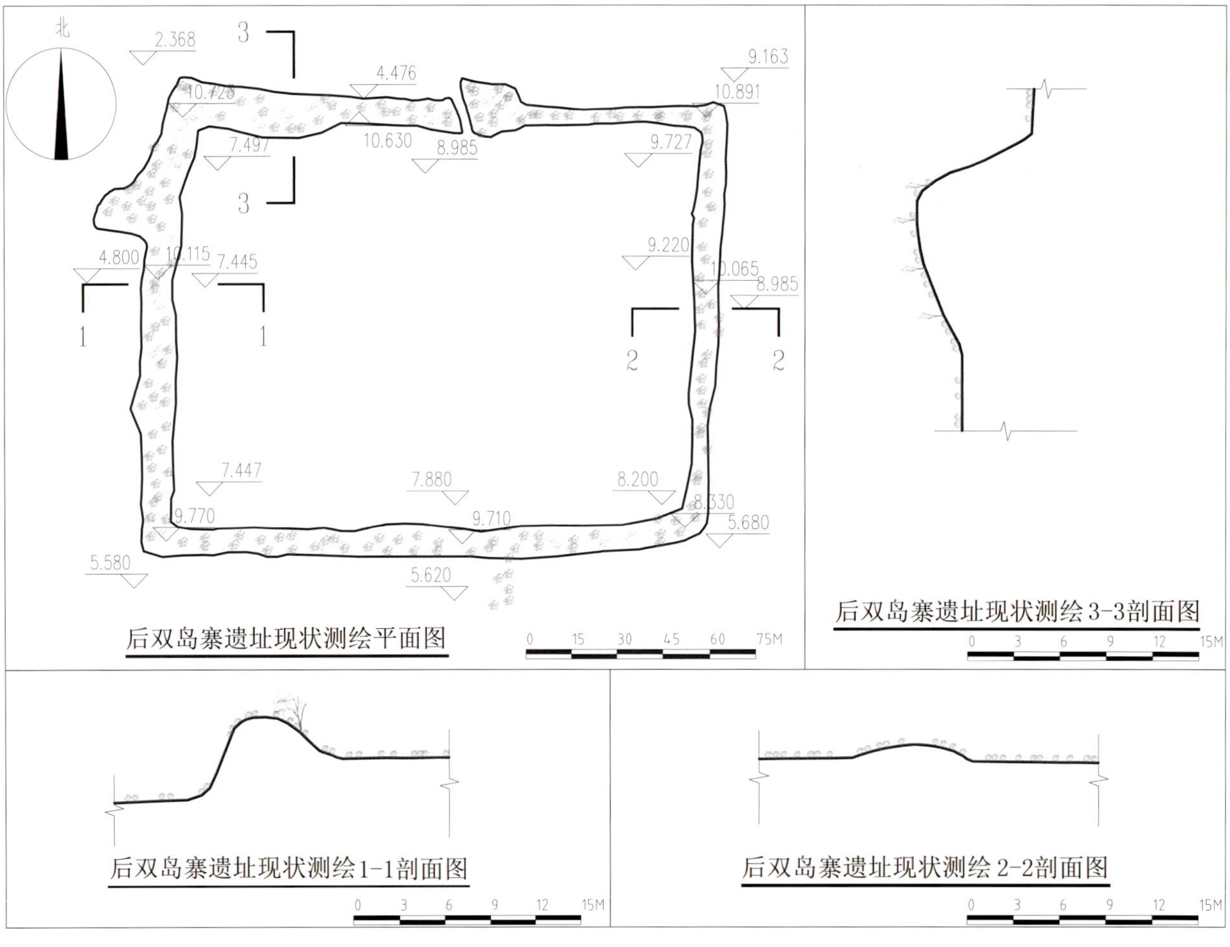

后双岛寨遗址现状测绘平面图

后双岛寨遗址现状测绘3-3剖面图

后双岛寨遗址现状测绘1-1剖面图

后双岛寨遗址现状测绘2-2剖面图

后双岛寨遗址平、剖面图

后双岛寨遗址航拍

后双岛寨遗址北寨墙现状（西向东摄）

后双岛寨遗址东寨墙现状（北向南摄）

后双岛寨遗址南寨墙现状（西向东摄）

后双岛寨遗址西寨墙现状（北向南摄）

西涝台寨（遗址）

位　　置　环翠区怡园街道西涝台社区华海园小区

始设年代　明代

文保级别　已消失

概　　况　遗址西北距离威海国际海水浴场约 1.6 千米，西北距斜山墩约 2 千米，西南距磨儿山墩约 3.3 千米，东距威海卫城约 6 千米。2021 年考古队调查时，据西涝台社区（原西涝台村）居民介绍，村北有个寨子顶，面积大约四十亩地，平面呈正方形，比周围高出 20 米左右，四周有缓坡，寨内有烟墩。20 世纪七八十年代该遗址因城市建设消失。

西涝台寨（遗址）位置图

历史资料　据光绪《光绪增修登州府志》载："（洪武）二十三年从山东都司周彦言建五总寨于宁海卫，与莱州卫八总寨共辖小寨四十八。"[1]《明太祖实录》记载：洪武二十五年十一月乙酉，"山东都指挥使周房言，所属宁海、莱州二卫，东濒巨海，途岸纡远，难于防御。近者雷择莱州要害之处，当置八总寨，以辖四十八小寨，以备倭夷。其宁海卫亦宜置五总寨，以备倭夷。诏，从之"[2]。推测西涝台寨为明代洪武年间建设的军寨。

土城子寨遗址

位　　置　环翠区怡园街道古寨小学操场

始设年代　明代

文保级别　尚未核定为文物保护单位

概　　况　遗址位于环翠区怡园街道古寨小学操场，西距西涝台寨约 4.1 千米，西北距麻子墩约 4.5 千米，距麻子湾约 3.4 千米，东北距菊花顶墩约 2.8 千米，东距威海卫城约 1.8 千米，东距威海湾

土城子寨遗址位置图

① （清）方汝翼等纂修：《光绪增修登州府志》，《中国地方志集成·山东府县志辑》第48册，凤凰出版社，2004年，第125页。
② 《明太祖实录》"卷二百二十二"，洪武二十五年十一月乙酉。

2.8 千米，南距辛汪巡检司约 750 米。遗址为附近最高点，向西北可见麻子墩。

2021 年考古队对遗址进行了调查：土城子寨平面呈长方形，东西约 120 米，南北约 80 米，20 世纪 90 年代遗址内地面及北、东、南三面寨墙被破坏，2016 年因古寨小学修建操场而被再次破坏，遗址大部分消失。现仅存西墙小部分，残长约 69 米，宽约 6 米，残高最高处约 2.1 米。遗址内曾采集到韩瓶和砖瓦残片。

历史资料　嘉靖《宁海州志》记载："辛汪寨巡检司属文登县，有石城。墩一辛汪。"[①]《筹海图编》记载："辛汪寨所，守墩弓兵三人，墩一，辛汪。"[②]

土城子寨遗址卫星图

1897 年日本绘制的威海卫地图上标注此处为土城子山，山顶有长方形寨墙。20 世纪 60 年代卫星照片中土城子四周有寨墙，寨西北角有一烟墩。根据位置推测土城子寨应为辛汪寨巡检司下设辛汪墩。

土城子寨遗址航拍（东向西摄）

土城子寨遗址西墙现状（在墙上从北向南摄）

---

① （明）嘉靖《宁海州志》，第58页。
② （明）郑若曾：《筹海图编》·卷七，明天启四年，第298页。

土城子寨遗址西墙现状（在墙上南向北摄）　　　　土城子寨遗址西墙西侧现状（南向北摄）

海埠西寨遗址

位　　置　威海市环翠区皇冠街道海埠村西北约 500 米

始设年代　明代

文保级别　尚未核定为文物保护单位

概　　况　遗址西北距海岸约 450 米，西南距海埠西墩约 330 米，东北距海埠东寨约 1.5 千米，东距百尺崖所城约 3.6 千米，东南距望天岭墩约 2.3 千米。

2021 年考古队对遗址进行了调查，该遗址保存较差，仅残存西寨墙的南段，残长 73 米，宽约 2.6 米，残高约 1.2 米，占地面积约 190 平方米。遗址北半部分及北墙、东墙均已消失，现被华能发电厂占压，南墙被海埠村民种植果树破坏。遗址内除发电厂占压部分，其他部分均为村民种植的果树。

历史资料　1897 年日军绘制的威海卫地图中标记此处为兵营迹，并绘制出城墙轮廓。1970 年卫星照片能辨认出军寨北寨墙。推测为明洪武年间设置和四十八小寨之一。

海埠西寨遗址位置图

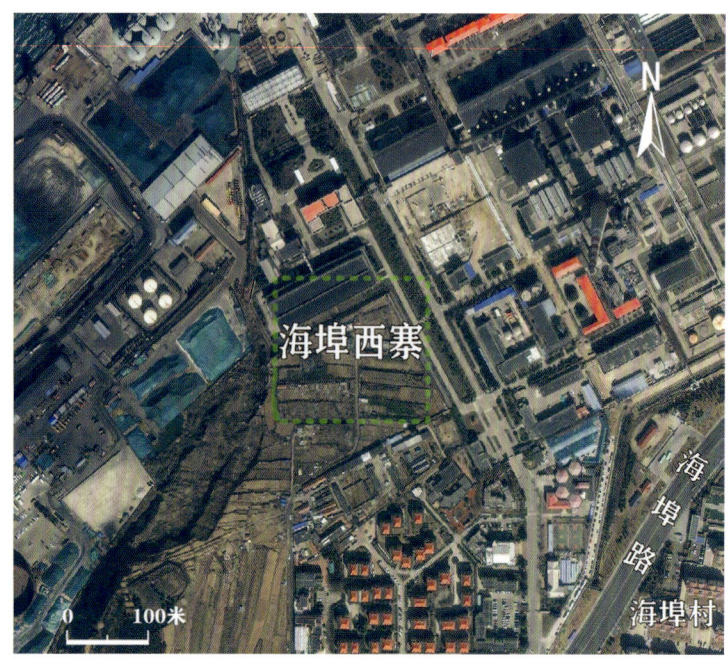

海埠西寨遗址卫星图

海埠西寨遗址航拍

海埠西寨遗址东寨墙现状（南向北摄）

海埠西寨遗址北寨墙现状（西向东摄）

海埠西寨遗址东寨墙现状（北向南摄）

海埠西寨遗址西寨墙现状（北向南摄）

海埠东寨（遗址）

位　　置　环翠区皇冠街道海埠村东北约 1.5 千米

始设年代　明代

文保级别　已消失

概　　况　遗址位于环翠区皇冠街道海埠村东北约 1.5 千米威海威洋石油有限公司院内西南角，遗址北距龙庙嘴炮台遗址约 450 米，西北距海岸约 430 米，西南距海埠西寨约 1.6 千米，东南距望天岭墩约 1 千米，正东距百尺崖所城约 2 千米，东北距蒲台顶墩约 2.2 千米。

海埠东寨（遗址）位置图

2021 年考古队调查时，据海埠村居民介绍，海埠村东北有一兵寨，与海埠西寨面积相差不多，后因城市建设消失。遗址范围内南部被海埠路占压，西部为停车场，东部为空地。遗址南侧紧邻海埠路，路南原为寨子前村，现已拆迁。

历史资料　《威海市地名志》记载："寨子前村属威海经济技术开发区蒿泊街道办事处。在海埠村东 1.5 公里。为海埠村的一个居民点。因地处明代兵寨旧址之前，得名。"[1] 推测海埠东寨为明代洪武年间设立的四十八小寨之一。

松徐家寨遗址

位　　置　环翠区泊于镇松徐家村东北约 500 米

始设年代　明代

文保级别　尚未核定为文物保护单位

概　　况　遗址北距海岸线 1.9 千米，东距温泉寨墩约 3 千米，东南距温泉寨约 3.4 千米，距松徐家墩约 600 米，西北距岛邓家墩约 3.4 千米。

松徐家寨遗址位置图

第三次全国文物普查记载：A12 松徐家军寨遗址（经区泊于镇松徐家村

---

① 威海市地名委员会办公室编：《威海市地名志》，山东地图出版社，1995年，第158页。

东·明代）寨址大致呈长方形，东西长约 120 米，南北宽约 100 米。北、西、东墙三面保存较好，寨内西南角建有房屋，遭到较大破坏[1]。

2021 年考古队对遗址进行调查：该遗址平面近似长方形，东西长约 120 米、南北宽约 96 米，面积约 9900 平方米。东西两墙保存较好。东寨墙残存 96 米，残高 3.2 米，墙上长满杂草及灌木丛；北寨墙修松涧路时被取土破坏，现仅存东北角一小段；西寨墙长约 69 米，西北角因修松涧路被破坏；南墙被取土破坏，现已消失。寨内杂草丛生，因现代化建设取土破坏较严重。

松徐家寨遗址卫星图

松徐家寨遗址航拍

---

[1] 威海市文物管理办公室：《追寻历史——威海市第三次文物普查成果巡礼》，青岛出版社，2012年，第40页。

松徐家寨遗址西寨墙现状（北向南摄）

松徐家寨遗址东寨墙现状（南向北摄）

松徐家寨遗址东寨墙现状（北向南摄）

松徐家寨遗址北寨墙现状（东向西摄）

五

墩遗址

凤凰山墩遗址

位　　置　环翠区初村镇东马山村南侧凤凰山顶

始设年代　明代

文保级别　尚未核定为文物保护单位

概　　况　遗址西北距北头营寨约 6 千米，距金山寨所城约 13.5 千米，东北距双岛湾 1.9 千米，距双岛西山墩 6.4 千米，距后双岛寨约 7 千米。

2021 年考古队对遗址进行调查：凤

凤凰山墩遗址位置图

凰山墩遗址平面近似圆形，底部直径约31米，顶部直径约3.8米，残高约4.5米，遗址堆土而成，现仅剩土芯，占地面积约772平方米。现遗址地表布满杂草、灌木丛等。该遗址为附近最高点，向北可监控双岛湾。

历史资料　《威海市地名志》记载：凤凰山，在威海城区西偏南17千米，环翠区羊亭镇与初村镇交界处。峰巅向北翘起，左右余脉东西延伸，形似凤凰展翅，故名。海拔146.7米。植被由赤松、刺槐等构成。山坡有果园、梯田。石岛至烟台公路由山南坡通过，北临双岛港。

根据遗址位置和史料推测，凤凰山墩可能是金山寨所下属五墩之一的凤凰墩。

凤凰山墩遗址卫星图

凤凰山墩遗址南侧现状（南向北摄）

凤凰山墩遗址西侧现状（西向东摄）

凤凰山墩遗址北侧现状（北向南摄）

凤凰山墩遗址东侧现状（东向西摄）

双岛西山墩遗址

位　　置　环翠区张村镇双岛西山村西北约 900 米山顶

始设年代　明代

文保级别　尚未核定为文物保护单位

概　　况　遗址位于环翠区张村镇双岛西山村西北，西距双岛湾约 760 米，北距海岸约 1.9 千米，东北距磨儿山墩约 4.4 千米，东南距后双岛寨约 2.3 千米。遗址为附近最高点，北、西、南三面环海，向西可俯视整个双岛湾。

　　第三次全国文物普查记载：A17 双岛西山烟墩遗址（环翠区张村镇前双岛村·明代）面积 290 平方米。堆土而成，仅剩土芯；周长 47 米。土芯东部、北部有环濠痕迹。顶部、东部有 1956 年海军建的观通站，已废弃。圆形土台周长 47 米，相对高度 2—4 米。该墩应是威海卫所属的通信设施。

　　2021 年考古队对遗址进行调查：遗址堆土而成，现仅剩土芯；底部直径约 11.4 米，顶部直径约 5 米，残高约 3.5 米，占地面积约 210 平方米。遗址地表布满杂草、灌木丛等，顶部有一处现代建筑，为通信设施基站，遗址顶部基本被破坏。土芯东部、北部有环濠痕迹。

历史资料　《威海市地名志》记载：双岛烟墩山，在威海城区西南 13 千米，环翠区张村镇境内，双岛口东岸。因山近双岛，旧时山顶曾设有烽火台（俗称烟墩），故名双岛烟墩山。呈东南至西北走向，主峰海拔 148 米。山上林木以松树为主。

　　根据遗址位置和史料推测双岛西山墩可能是金山所下属五墩之一的庙山墩。

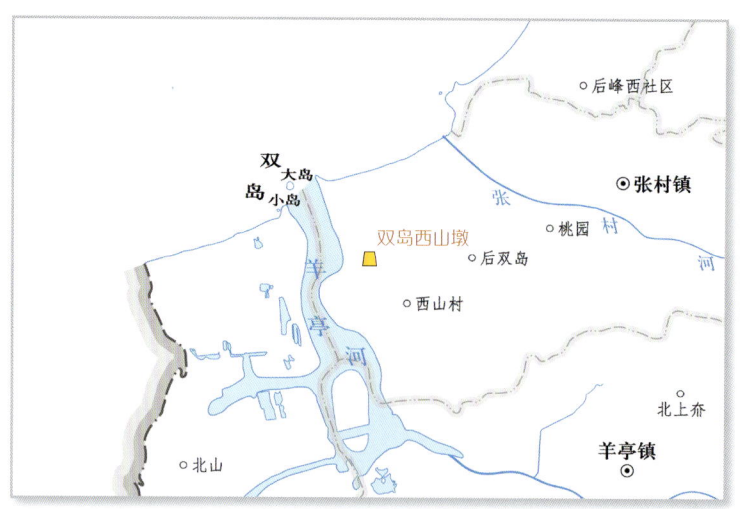

双岛西山墩遗址位置图

双岛西山墩遗址卫星图

双岛西山墩遗址远景（西向东摄）

双岛西山墩遗址东侧现状（东向西摄）　　　双岛西山墩遗址西侧现状（西向东摄）

磨儿山墩遗址

位　　置　环翠区张村镇前峰西村西北磨儿山顶

始设年代　明代

文保级别　2009年12月，"磨儿山烟墩遗址"被公布为第三批市级文物保护单位

概　　况　遗址西南距双岛西山墩约4.4千米，距后双岛寨约3.7千米，西北距海岸最近850米，东北距斜山墩约3.3千米。

第二次全国文物普查记载："11—A11前峰西烟墩（张村镇前峰西村西北500米·明代）抗倭名将戚继光修筑的狼烟台。平面呈方形，底边长12米，顶部边长4米，高5米。四周以青石砌筑，内填黄土夯筑。"

第三次全国文物普查记载：A16磨儿山烟墩遗址（环翠区张村镇前峰西村西北500米·明代·市级文物保护单位）二普名前峰西烟墩。平面呈方形，底边长12米，顶部边长4米，高5米，四周以青石砌筑，内填黄土夯筑。夯土台基尚在，包墙的块石除东南角塌落外，整体保存尚属完好。

磨儿山墩遗址位置图

磨儿山墩遗址卫星图

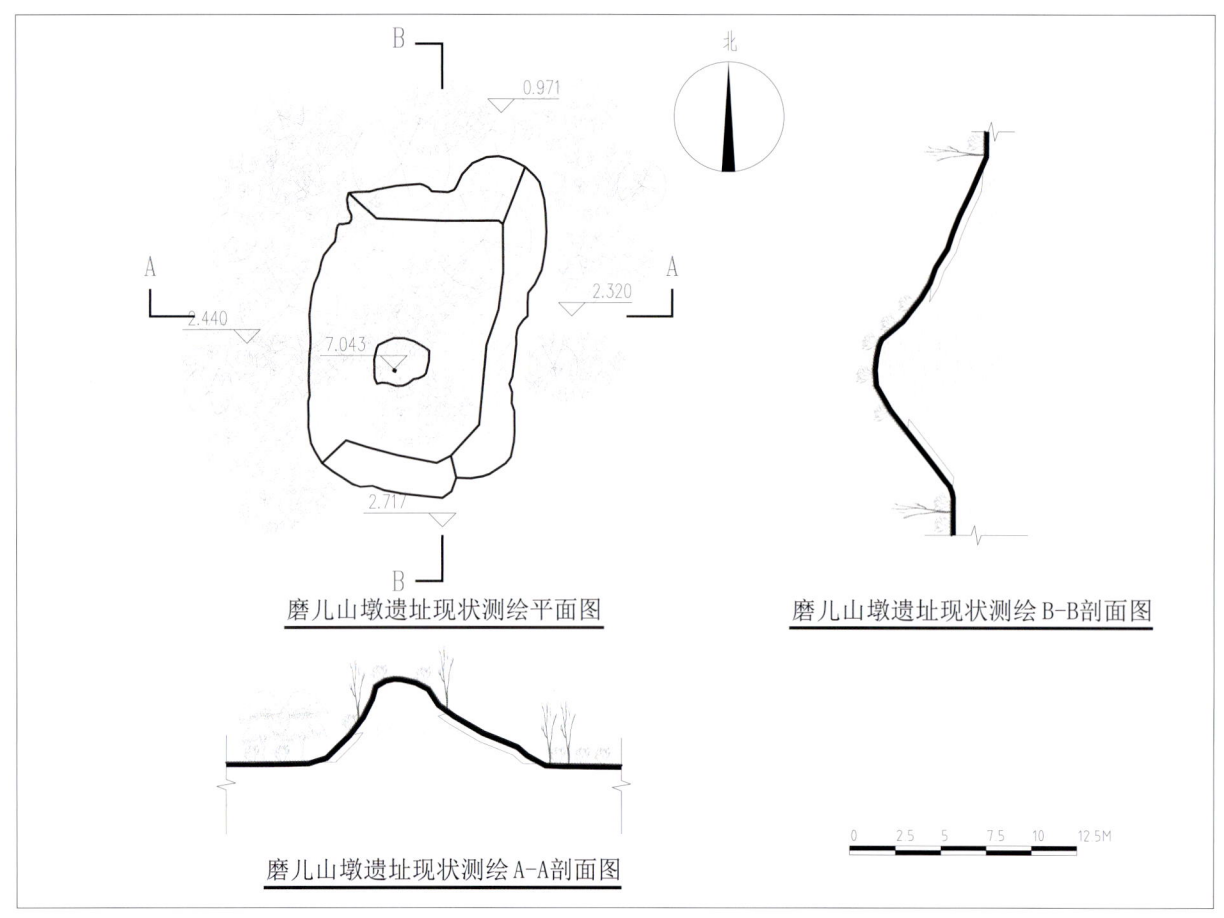

磨儿山墩遗址现状测绘平面图　　　　磨儿山墩遗址现状测绘B-B剖面图

磨儿山墩遗址现状测绘A-A剖面图

磨儿山墩遗址平、剖面图

2021年考古队对遗址进行调查：遗址平面形状近似长方形，底部东西长约11.8米，南北宽约11.4米，残高5.2米，顶部直径4.6米，占地面积约134.5平方米。遗址由青石筑成，内包土芯。现地表杂草丛生，顶部长满灌木丛，东、南、北三面青石保存尚好，西侧青石坍塌较多。

历史资料　《威海市地名志》记载：烟墩，山名。在威海城区西9.5千米。旧称磨儿山。明代设烟墩其上，名磨儿墩。嘉靖《山东通志·兵防》所载："曰磨儿，在卫西。即此。后以烟墩为名。呈东南

磨儿山墩遗址局部（东向西摄）

至西北走向，长约1千米。主峰海拔89米。山上有果园、松林。烟台至威海汽车专用公路由北麓通过。"[1]

《威海卫志》中记载威海卫设有墩九座，磨儿山墩为威海卫九墩之一[2]。

① 威海市地名委员会办公室：《威海市地名志》，山东省地图出版社，1995年，第249页。

② （清）毕懋第、郭文大修：《威海卫志》，成文出版社，第73页。

磨儿山墩遗址南侧现状（南向北摄）

磨儿山墩遗址东侧现状（东向西摄）

磨儿山墩遗址北侧现状（北向南摄）

磨儿山墩遗址西侧现状（西向东摄）

斜山墩遗址

位　　置　环翠区怡园街道西涝台村北烟墩山顶

始设年代　明代

文保级别　尚未核定为文物保护单位

概　　况　遗址北距海岸约 190 米，东北距麻子墩 2.7 千米，东南距西涝台寨约 2 千米，西南距磨儿山墩 3.3 千米。遗址为附近最高点，西、北两面环海，可监控附近海面。

斜山墩遗址位置图

第三次全国文物普查记载：A13 斜山烟墩遗址（高区怡园街道西涝台村北·明代）位于俗称"烟墩山"的村北近海处，北为环海路，东为环山路。烟墩西、南、东三个方向还有 20 世纪 80 年代之前解放军修筑的坑道出口。明代威海卫九墩之一。

2021 年考古队对遗址进行调查：遗址保存较好，平面呈近似圆形，底部直径约 34.3 米，顶部直径约 5.7 米，残高约 6.2 米，占地面积约 923.5 平方米。遗址范围内杂草丛生，顶部及腰部长满灌木丛。在顶部中心位置有一处测绘部门的大地坐标观测点。

历史资料　《威海市地名志》记载：烟墩山，在威海城区西北 8.5 千米，火炬高技术产业开发区内。与小石岛东西相对。旧称斜山。明代设烽火台其上。嘉靖《山东通志·兵防》即有斜山墩的记载。后以烟墩为名，称烟墩山。系孤山，东西走向，海拔 59 米。西、北麓濒海，东、南麓为沙质海积平原。山上多松树。山海滨建有高级别墅区，名畅海花园、鹿达花园。①

《威海卫志》中记载威海卫设有墩九座，斜山墩是威海卫九墩之一②。

斜山墩遗址卫星图

斜山墩遗址北侧现状（北向南摄）

斜山墩遗址南侧现状（南向北摄）

---

① 威海市地名委员会办公室：《威海市地名志》，山东省地图出版社，1995年，第248页。
② （清）毕懋第、郭文大修：《威海卫志》，成文出版社，第73页。

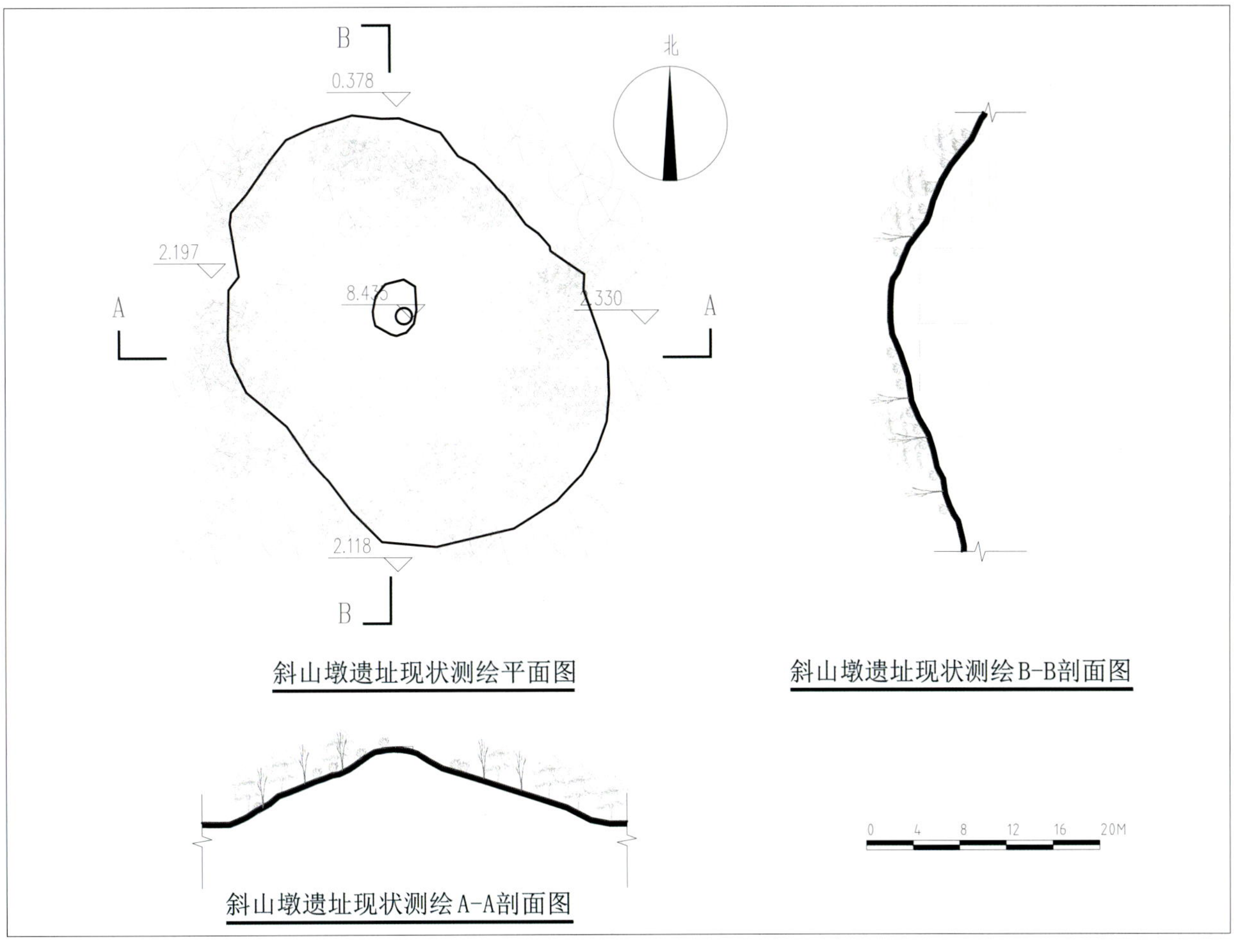

斜山墩遗址现状测绘平面图

斜山墩遗址现状测绘B-B剖面图

斜山墩遗址现状测绘A-A剖面图

北

0.378

2.197

8.43

2.330

2.118

0　4　8　12　16　20M

斜山墩遗址平、剖面图

麻子墩（遗址）

位　　置　环翠区怡园街道山东大学威海校区内玛伽山顶

始设年代　明代

文保级别　已消失

概　　况　遗址北距海岸约 400 米，东面为麻子湾，西面是威海国际海水浴场，西南距斜山墩约 2.7 千米，东北距遥遥墩约 2.6 千米，东南距威海卫城约 6.2 千米。遗址为附近最高点，东、北、西三面环海，俯视可监控附近海面。玛伽山原名麻子山，20 世纪 80 年代山东大学建设时，师生误将威海方言"麻子山"

麻子墩（遗址）位置图

听为"玛伽山",因此更名。据山东大学教师介绍,玛伽山顶原有烟墩,后因建设天文台消失。

历史资料 《威海市地名志》记载:"麻子山在威海城区西北7千米,火炬高技术产业开发区内。明代山上设烽火台,嘉靖《山东通志·兵防》:'曰麻子,在卫北。'康熙《威海卫志》、乾隆《威海卫志》皆作麻子墩。是山因烟墩得名,还是烟墩因山得名,待考。系孤山,东西走向。海拔112.1米。东,北、西三面濒海。南为沙质海积平原,现为山东大学威海分校所在地。山上植被较好,以松树、柞岚、刺槐为主。烽火台旧址在偏西处,西麓海滨建有金海湾山庄,是高级别墅区。"①

据《威海卫志》记载,麻子墩为威海卫下属九墩之一。

遥遥墩(遗址)

位　　置 环翠区孙家疃街道远遥村西北500米山顶

始设年代 明代

文保级别 已消失

概　　况 遗址东、北、西三面环海,西距麻子湾约700米,东距葡萄湾约1千米,东距朱家岭墩约3.5千米,东南距威海卫城约5.2千米,西南距麻子墩约2.6千米。遗址位置为附近最高点,西南可见麻子墩、斜山墩。

2021年考古队对遗址进行调查,遗址已完全消失,地表被通讯天线占压。

遥遥墩(遗址)位置图

历史资料 《威海市地名志》记载:"远遥墩在威海城区西北6千米,环翠区孙家疃镇境内,远遥村西北。明代于山顶设置烽火台。嘉靖《山东通志·兵防》称绕绕墩。乾隆《威海卫志·武备》载为遥遥墩。后即以遥遥之含义,演变为远遥墩。山呈南北走向,长1.5千米。主峰海拔205.8米。山上植被以松树为主。"②

据《威海卫志》记载,遥遥墩为威海卫下属九墩之一。

① 威海市地名委员会办公室:《威海市地名志》,山东地图出版社,1995年、第248页。
② 威海市地名委员会办公室:《威海市地名志》,山东地图出版社,1995年、第247页。

朱家岭墩遗址

位　　置　环翠区孙家疃街道里窑社区西南 200 米山坡上

始设年代　清代

文保级别　尚未核定为文物保护单位

概　　况　遗址北距海岸约 400 米，西距遥遥墩约 3.3 千米，南距菊花顶墩 3 千米，距威海卫城 4.7 千米。遗址地势南高北地，可向北监控海湾。

第三次全国文物普查记载：A18 朱家岭烟墩遗址（环翠区孙家疃镇里窑村西 300 米烟墩夼·明代）夯土台基尚在，包墙的块石已无存，仅剩夯土芯，相对高度 5 米，底座周长 45 米，海拔约 125 米。整体保存尚属完好。登上墩顶，视野开阔，西与远遥墩（遥遥墩）相望，可监控猫头山到远遥顶一带海面。

2021 年考古队对遗址进行调查：遗址现已被破坏，仅残存西北一小部分，地表被草丛覆盖，长满灌木丛。遗址残高约 2.8 米，残长约 9 米。遗址南部被破坏，现为水泥台，长 5.4 米，宽 3.9 米，上面为天线设施。

朱家岭墩遗址位置图

朱家岭墩遗址卫星图

朱家岭墩遗址北侧现状（北向南摄）

朱家岭墩遗址东侧现状（东向西摄）

朱家岭墩遗址西侧现状（西向东摄）

朱家岭墩遗址南侧现状（南向北摄）

历史资料　明代史料中并未见朱家岭墩，如《筹海图编》中记载威海卫设八墩，不含朱家岭墩[1]。清代《威海卫志》中记载威海卫墩九座，对比《筹海图编》多出朱家岭墩[2]。因此推断朱家岭墩为清代设立威海卫下属九墩之一。

庙后墩遗址

位　　置　环翠区鲸园街道戚东夼村东北山顶上

始设年代　明代

文保级别　尚未核定为文物保护单位

概　　况　遗址东距合庆湾 1.5 千米，南距海岸 1.4 千米，西南距威海卫城 2.9 千米，西南距菊花顶墩约 2 千米，西北距朱家岭墩约 3.8 千米。遗址地势北高南低，东南两面临海，可监控合庆湾和威海湾海面。

2021 年考古队对遗址进行调查：遗址平面为不规则形状，底部占地面积约 293 平方米，南部残高 3.5 米，北部残

庙后墩遗址位置图

---

① （明）郑若曾：《筹海图编》，明天启四年（1624年），第298页。
② （清）毕懋第、郭文大修：《威海卫志》，成文出版社，第73页。

高约 1 米，顶部平面近似圆形，直径约
6 米。顶部有一条东北—西南走向的凹
沟，深约 0.3 米，长约 6.3 米。遗址保
存状况一般，周围有较多散落石块，在
西南方向有一处疑似人为堆砌石块的痕
迹。在墩顶部眺望，向西可见菊花顶墩，
南可见威海卫城、樵子埠墩和陈家庄墩。

　　据《威海卫志》记载，位于遗址南
侧的祭祀台（今东山宾馆处）原有一座
龙王庙，现已不存，由此推测该遗址为
威海卫九墩中的庙后墩。

庙后墩遗址卫星图

庙后墩遗址北侧现状（北向南摄）

庙后墩遗址东侧现状（东向西摄）

庙后墩遗址南侧现状（南向北摄）

庙后墩遗址西侧现状（西向东摄）

菊花顶墩遗址

位　置　环翠区鲸园街道古陌社区东北菊花顶南侧山坡上

始设年代　明代

文保级别　尚未核定为文物保护单位

概　况　遗址东北距庙后墩约2千米，东南距海岸约1.6千米，南距威海卫城约1.9千米，西北距离古陌岭约300米。遗址北高南低，西北可见麻子墩，向东可见棉花山、刘公岛以及庙后墩，向南可俯视威海卫城和樵子埠墩。

2021年考古队对遗址进行调查：遗址平面形状近似圆形，顶部直径约5.8米，残高约2.5米，占地面积约157平方米。遗址保存状况一般，底部由石块堆砌而成，有明显的人为加工痕迹。顶部较平坦，在地表散落零星石块，遗址周围长满松树及草丛。

历史资料　《威海地名志》记载："古陌岭在威海城区北部。为棉花山西行支脉。旧称古陌山，亦称古陌顶。"乾隆《威海卫志·山川》："古陌山在卫北三里，秀峰插天，端方如屏，岭设烽墩，汛兵守之。"嘉靖《山东通志·兵防》

菊花顶墩遗址位置图

菊花顶墩遗址卫星图

菊花顶墩遗址北侧现状（北向南摄）

菊花顶墩遗址东侧现状（东向西摄）

菊花顶墩遗址南侧现状（南向北摄）

菊花顶墩遗址西侧现状（西向东摄）

亦有古陌顶墩的记载。因何得名，无考。呈东西走向，东与菊花顶相连，海拔284米。山势陡峻，岩石裸露，有松树等林木。1947年秋，人民解放军某部同进犯威海的国民党军队，在此进行了著名的"古陌岭战斗"。

2021年考古队对古陌岭进行了调查，没有发现遗迹。根据史料及地理位置分析，菊花顶墩应属于沿海所设的报警烟墩，有可能是威海卫九座墩中的古陌岭墩。

樵子埠墩遗址

位　　置　环翠区竹岛街道文昌社区环山街南

始设年代　明代

文保级别　尚未核定为保护单位

概　　况　遗址东距海岸650米，东南距陈家庄墩2.5千米，西北距威海卫城东南角750米，距环翠楼1.7千米，西距塔山山顶约600米。遗址为威海卫城外南部高点，地势西高东低，北、东、南三面视野良好，北与古陌岭和棉花山相望，东可俯视威海湾，向南可见陈家庄墩。

樵子埠墩遗址位置图

第二次全国文物普查记载："10—A10塔山东烟墩（竹岛街道戚家夼东北500米·明代）位于塔山上，抗倭名将戚继光修筑的狼烟台。圆台形，顶径6米，底径20米，高12米。土石混合夯筑。顶部残毁较严重。"

第三次全国文物普查记载："A15樵子埠烟墩遗址（环翠区环翠楼街道塔山居委会环山路·明代）二普名塔山东烟墩。面积100平方米。圆形台，顶径6米，底径20米，高12米。土石混合夯筑，原来周边砌以块石，现南侧被一废品回收公司圈占，北侧靠近路的部分被市民辟为菜地，只剩土芯一堆，顶部残毁严重。"①

2021 年考古队对遗址进行调查：遗址平面近似圆形，土石筑成，现地约 100 平方米，高 2 米。保存状况较差，顶部和南面毁坏较严重，仅保留部分土芯。烟墩顶部长满杂草，底部被现代村民生产生活活动破坏较为严重，烟墩底部现残存东西长约 11.2 米，南北宽约 9.2 米。2023 年回访时，遗址南部被塔山花鸟鱼市场占压。

樵子埠墩遗址卫星图

历史资料　《威海卫志》中记载威海卫设有墩九座，樵子埠墩为威海卫九墩之一②。1897 年日本绘制的威海地图中标注此处为"垒"，周围有围墙。20 世纪 60 年代卫星照片中能明显观察到此处有烟墩，烟墩南侧为一片平整台地。

樵子埠墩遗址南侧现状（南向北摄）

樵子埠墩遗址北侧现状（北向南摄）

樵子埠墩遗址东侧现状（东向西摄）

樵子埠墩遗址西侧现状（西向东摄）

---

① 威海市文物管理办公室编著：《追寻历史——威海市第三次文物普查成果巡礼》，青岛出版社，2012 年，第 40 页。
② （清）毕懋第、郭文大修：《威海卫志》，成文出版社，第 73 页。

陈家庄墩遗址 [①]

位　置　环翠区竹岛街道水岸明居小区西南

始设年代　明代

文保级别　2004年12月，"戚家庄烟墩（陈家庄烟墩）"被公布为市级文物保护单位。2013年10月公布为第四批省级文物保护单位

概　况　遗址东距海岸约300米，西北距樵子埠墩约2.5千米，南距戚家庄南墩约1.3千米，西南距仙姑顶主峰约3.6千米。遗址为附近地势最高处，在附近未建高楼时，向东可俯视威海湾，西北可见樵子埠墩，向南可见戚家庄南墩。

第二次全国文物普查记载：13—A13南竹岛烟墩（竹岛街道南竹岛村南400米·明代）抗倭名将戚继光修筑的狼烟台。平面呈方形，底东西长20米，南北宽18米，顶部东西宽8米，南北宽3米，高13米。四周以毛石砌筑。中填黄砂土。

第三次全国文物普查记载：A14陈家庄烟墩遗址（环翠区竹岛街道南竹岛村东400米·明代·市级文物保护单位）二普名南竹岛烟墩。平面近似方形，底径东西长20米、南北宽18米，顶部东西长8米、南北宽3米。四周以毛石砌成，中填黄砂土。作为明代威海卫所辖的九墩之一，是明代海防设施的重要组成部分。

2021年考古队对遗址进行调查：遗址位于青岛北路东一座高台上，整体呈

陈家庄墩遗址位置图

陈家庄墩遗址卫星图

陈家庄墩遗址西南角现状（西南向东北摄）

[①] 陈家庄墩北距威海卫城约八华里，也称八里墩，南侧距戚家庄村不远，又称戚家庄烟墩。

陈家庄墩遗址西侧及文物保护碑（西向东摄）

陈家庄墩遗址北侧现状（北向南摄）

陈家庄墩遗址东侧现状（东向西摄）

陈家庄墩遗址局部

方锥形，高 6.5 米，东西长 14 米，南北宽 12.2 米，面积 170.8 平方米。西南侧有石阶通顶部，顶部平整，东西长 8 米，南北宽 3 米，四周以毛石砌城，中填黄砂土。

考古和保护工作　2016 年 12 月，济南齐鲁园林古建工程公司对该遗址进行了详细的勘察。2018 年重修，现保存较好。

历史资料　《威海市地名志》记载："威家庄属环翠区竹岛街道办事处。在威海城区南部，仙姑顶东麓。指青岛北路与崂山路交接处周围街区。明清时代，此为威海卫城南郊村庄。据传，明代中期，此为刘姓田庄，称南庄，亦称刘家泊。后由威海卫城里威姓购买。嘉靖年间（1522—1566 年），威延龄自卫城里迁来定居，始称威家庄。明代初期在此设烟墩（烽火台），为明代威海卫所辖九烟墩之一。据嘉靖《山东通志》卷三十一《兵防志》载：'曰陈家庄，在卫东。'该烟墩在今村东北 0.3 公里处，保存尚好。据此推断，明代此处曾有一个村庄，名曰陈家庄。现为南郊居民区。崂山路通此。通公共汽车并设站。"

　　《威海卫志》中记载威海卫设有墩九座，陈家庄墩为威海卫九墩之一①。

---

① （清）毕懋第、郭文大修：《威海卫志》，成文出版社，第73页。

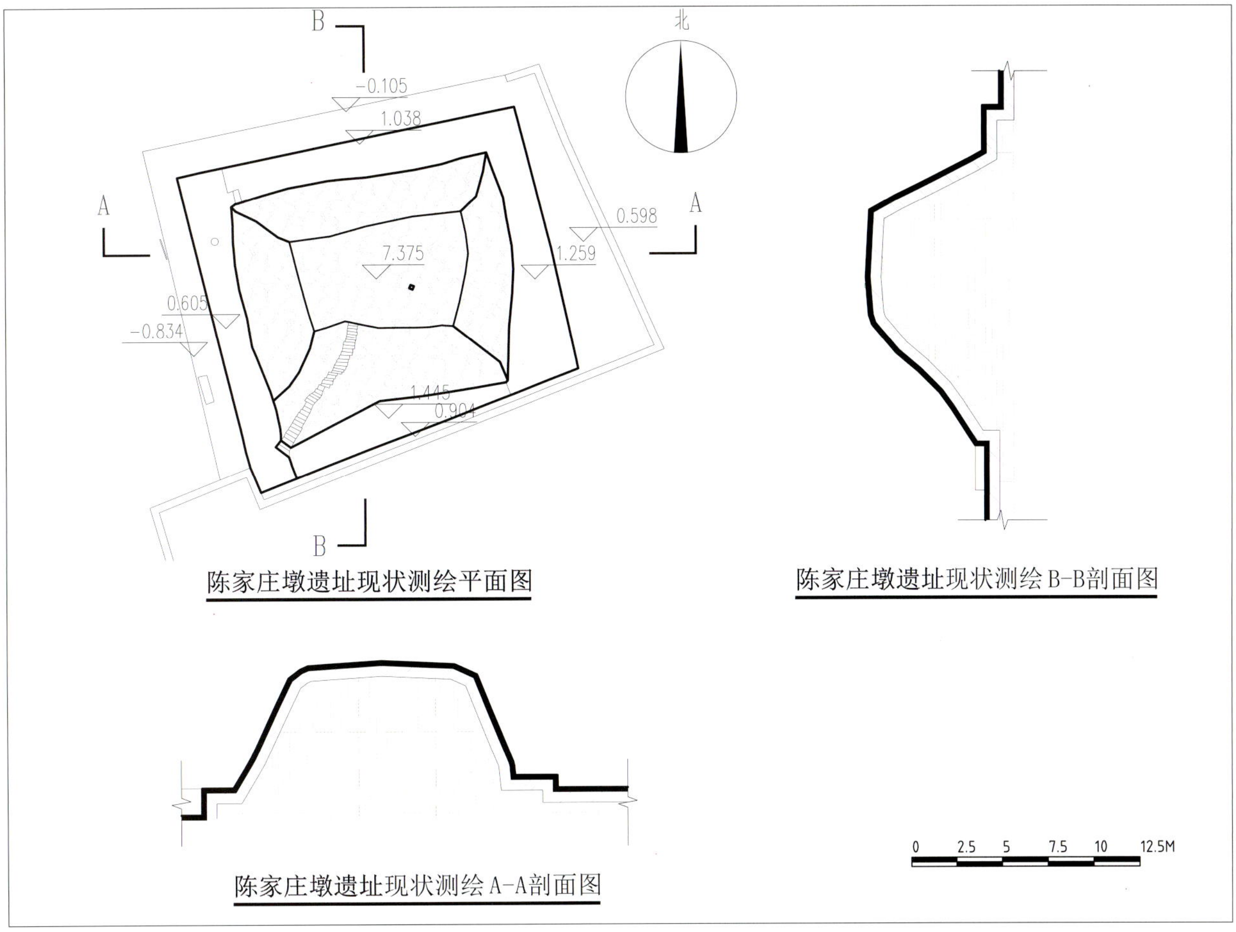

陈家庄墩遗址现状测绘平面图

陈家庄墩遗址现状测绘B-B剖面图

陈家庄墩遗址现状测绘A-A剖面图

0　2.5　5　7.5　10　12.5M

陈家庄墩遗址平、剖面图

戚家庄南墩（遗址）

位　　置　环翠区竹岛街道城阳路南烟草公司宿舍院内

始设年代　明代

文保级别　已消失

概　　况　遗址北距陈家庄墩约 1.3 千米，距威海卫城约 4.4 千米，东距海岸约 650 米，东南距长峰寨约 2 千米。

戚家庄南墩（遗址）位置图

第二次全国文物普查记载："14-A14 戚家庄烟墩（竹岛街道戚家庄村南 500 米·明代）抗倭名将戚继光修筑的狼烟台。平面呈圆形，底径 18.8 米，高 6 米。土石混合夯筑。"

2021 年考古队调查时，遗址已经消失，原址建有一座仿古亭子。据当地居民介绍此处原有烟墩，后因城市建设消失。推测该遗址是威海卫下属墩之一。

海埠南墩遗址

位　　置　环翠区皇冠街道海埠村南山顶

始设年代　明代

文保级别　尚未核定为文物保护单位

概　　况　遗址西北距海埠西墩约 1.3 千米，东北距望天岭墩约 2.7 千米，东南距九家疃堡约 2.8 千米。遗址为附近最高点，北、西两面视野良好，可见威海湾南岸和海埠西墩。

因现代化建设，2020 年遗址西侧遭到破坏，仅残存一部分。2021 年考古队对遗址进行调查：遗址平面近似半圆形，西侧残缺，残高约 5 米，表面浮土为建设时覆盖的新土，周围为树林，植被茂盛。

历史资料　《威海市地名志》记载："海埠南墩在威海城区东南 11 千米，经济技术开发区与环翠区崮山镇交界处。因山处海埠村南，山上曾设有烟墩（烽火台），故名海埠南墩。呈南北走向，长 0.8 千米。主峰海拔 148 米。植被以松树为主。"[1]

推测该遗址是百尺崖所下属墩之一。

海埠南墩遗址位置图

海埠南墩遗址卫星图

海埠南墩遗址北侧现状（北向南摄）

海埠南墩遗址东侧现状（东向西摄）

---

① 威海市地名委员会办公室：《威海市地名志》，山东省地图出版社，1995 年，第 251 页。

被破坏前的海埠南墩（西北向东南摄）

海埠南墩遗址南侧现状（南向北摄）

海埠南墩遗址西侧现状（西向东摄）

海埠西墩遗址

海埠西墩遗址位置图

位　　置　环翠区皇冠街道海埠小学西北 200 米山坡上

始设年代　明代

文保级别　尚未核定为文物保护单位

概　　况　遗址西北距威海湾约 700 米，距长峰寨约 4.6 千米，东北距海埠西寨约 350 米，东距望天岭墩约 2.5 千米，东南距海埠南墩约 1.5 千米。遗迹为附近地势最高点，西、北两侧临海，可监控刘公岛以南海湾。

2021 年考古队对遗址进行调查：整体保存尚好，平面近似圆形，底部直径约 18.7 米，顶部直径约 3.1 米，残高 4.5 米，占地面积约 274 平方米。遗址为土堆砌而成，杂草丛生，顶部长满灌木丛，顶部中心有国家测绘部门的测绘控制点标志。在烟墩周围有少量散落的砖瓦残片。在墩南约 100 米处有一个高压电线塔。推测该遗址是百尺崖所下属墩之一。

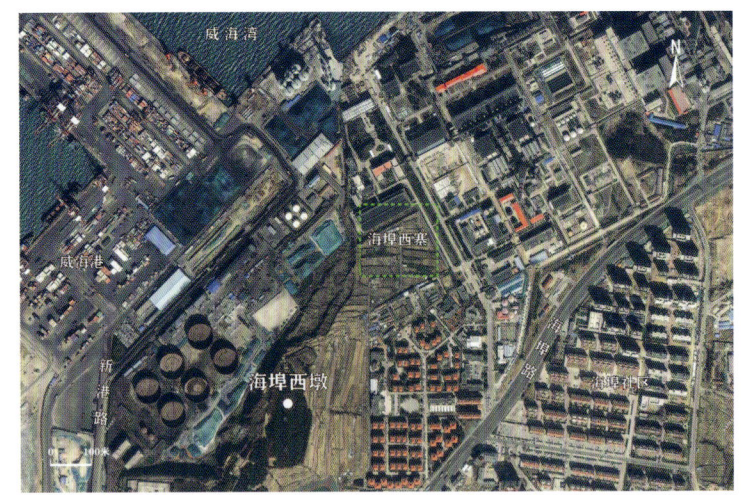

海埠西墩遗址卫星图

海埠西墩遗址北侧现状（北向南摄）

海埠西墩遗址东侧现状（东向西摄）

海埠西墩遗址南侧现状（南向北摄）

海埠西墩遗址西侧现状（西向东摄）

望天岭墩遗址

位　　置　环翠区皇冠街道海埠村东摩天岭山坡上

始设年代　明代

文保级别　尚未核定为文物保护单位

概　　况　遗址北距海岸约 1.6 千米，西北距海埠东寨约 1 千米，西距海埠西墩约 2.5 千米，南距九家疃墩约 2.3 千米，东北距百尺崖所城约 1.5 千米，东北距蒲台顶墩约 2 千米。

　　2021 年考古队对遗址进行调查：遗址平面形状近似圆形，顶径约 3.6 米，残高约 4.3 米，面积约 380 平方米。遗址保存较好，由黄土筑成，表面杂草丛生，长满松树。顶部有一个近似圆形凹坑，直径约 1.5 米，为解放军观测站所用的凹坑。底部有散落石块，疑为当时烟墩护坡所用。在遗址底部东西两侧各有一条壕沟，疑为后期挖掘的战壕。

历史资料　《威海市地名志》记载：摩天岭，在威海城区东南 11.5 千米，经济技术开发区与环翠区崮山镇交界处。旧称望天岭，因北部海面远望南岸，以此山为最高，故名。主峰海拔 132.2 米，余脉向北延伸至海，形成老姑嘴等岬角。

望天岭墩遗址位置图

望天岭墩遗址卫星图

望天岭墩遗址北侧现状（北向南摄）

望天岭墩遗址东侧现状（东向西摄）

明代设有烽火台。中日甲午战争期间清军曾设临时炮台，并进行过激烈的争夺战。日本侵略军大寺安纯少将毙命于此。植被以松树为主[①]。

《威海卫志》中记载百尺崖所设有墩六座，望天岭墩为百尺崖所六墩之一[②]。

望天岭墩遗址南侧现状（南向北摄）

望天岭墩遗址西侧现状（西向东摄）

蒲台顶墩遗址

位　　置　环翠区崮山镇百尺所村北750米

始设年代　明代

文保级别　1988年以"刘公岛甲午战争纪念地——南邦信号台（旗墩）"公布为第三批全国重点文物保护单位

概　　况　遗址北距威海湾约600米，东南距百尺崖墩约2千米，南距百尺崖所城约700米，西南距望天岭墩约2千米，西南距海埠东寨约2.2千米。该遗址是附近地势最高处，在没有树木和建筑遮挡的情况下，向北可俯视威海湾，监控刘公岛和日岛附近海面，向南可见百尺崖所城。

蒲台顶墩遗址位置图

2021年考古队对遗址进行调查：遗址南部被取土破坏，现残存部分平面呈树叶形，东西长约52米，南北长约20米，面积约550平方米，中间高约5米。顶部生长有杂草、乔灌木等，生长茂密。

历史沿革　洪武年三十一年，明廷设立百尺崖后千户所，下辖蒲台顶等墩六座，以监控海面，抵御倭寇。

---

① 威海市地名委员会办公室：《威海市地名志》，山东省地图出版社，1995年，第251页。
② （清）毕懋第、郭文大修：《威海卫志》，成文出版社，第73页。

后兵备松弛，墩被废弃。晚清政府在刘公岛成立北洋海军，为巩固威海卫基地，在威海湾南岸建设炮台和信号塔，在蒲台顶墩建设南邦信号台。上设有信号旗与大照度电灯等信号联络设施，是南帮炮台与刘公岛海军联络的重要信号设施，信号台（旗墩）上的信号联络设施现均已缺失，仅存遗址。

历史资料　《威海卫志》中记载百尺崖所设有墩六座，蒲台顶墩为百尺崖所六墩之一[①]。《威海市志》中地图标记此处是百尺崖所下属六墩中的蒲台顶墩[②]。

蒲台顶墩遗址卫星图

蒲台顶墩遗址南侧现状（南向北摄）

蒲台顶墩遗址西侧现状（西向东摄）

百尺崖墩遗址

位　　置　环翠区崮山镇皂埠村东北650 米山坡上

始设年代　明代

文保级别　尚未核定为文物保护单位

概　　况　遗址东距海岸约 400 米，北距海岸约 250 米，西距蒲台顶墩约 2 千米，西南距百尺崖所城约 1.7 千米，南距皂老姑顶墩约 4.3 千米。

百尺崖墩遗址位置图

---

① （清）毕懋第、郭文大修：《威海卫志》，成文出版社，第73页。
② 威海市地方史志编撰委员会：《威海市志》，山东人民出版社，1986年。

2021 年考古队对遗址进行调查：遗址平面形状近似长方形，顶部东西 7.7 米，南北 7.9 米；底部东西 16 米，南北 12 米，残高 3.5 米，面积约 192 平方米。遗址由黄土堆砌而成，遗址表面杂草丛生，长满灌木丛和松树，西南角处有散落的石块。遗址保存状况一般，在遗址东北部有一处瞭望台，平面近似正方形，边长 2.5 米，用砖石水泥砌成。

百尺崖墩遗址卫星图

百尺崖墩遗址南侧现状（南向北摄）

百尺崖墩遗址东北角现状（东北向西南摄）

百尺崖墩遗址西侧现状（西向东摄）

百尺崖墩遗址东侧现状（东向西摄）

历史资料　《威海卫志》中记载百尺崖所设有墩六座，百尺崖墩为六墩之一[①]。《威海市志》中记载此烟墩是百尺崖所六座墩中的百尺崖墩。

---

① （清）毕懋第、郭文大修：《威海卫志》，成文出版社，第 73 页。

老姑顶墩遗址

位　　置　环翠区崮山镇爱于家庄北 1
千米盘子顶山北坡

始设年代　明代

文保级别　尚未核定为文物保护单位

概　　况　遗址东北距海岸约 1 千米，
北距百尺崖墩 4.4 千米，西北距五渚河
1.2 千米，距九家疃堡 3.7 千米，东南距
九皋寨约 1.5 千米，距岛邓家墩 3.5 千米。
遗址视野较好，可监控北、东两个方向
海湾。

2021 年考古队对遗址进行调查：遗
址平面近似长方形，南侧有一条通往顶
部的小路，顶部南北长约 10.8 米，东西
宽 9.6 米，底部南北长 18.1—19.6 米；
东西宽 16.3—18.2 米，残高 2.9 米，占
地面积约 367 平方米。遗址保存状况较
好，东部有一条南北向壕沟，宽约 1.6 米，
深约 1.6 米。遗址由黄土堆砌而成，在
顶部有测绘部门的测绘控制点，周围散
落较多石块，遗址上杂草丛生，长满灌
木丛和松树。

老姑顶墩遗址位置图

老姑顶墩遗址卫星图

老姑顶墩遗址北侧现状（北向南摄）

老姑顶墩遗址南侧现状（南向北摄）

岛邓家墩遗址

位　　置　环翠区泊于镇逍遥小区东北830 米烟墩顶

始设年代　明代

文保级别　尚未核定为文物保护单位

概　　况　遗址北距海岸约 700 米，东距松徐家寨约 3.4 千米，西南距九皋寨约 2.3 千米，西北距老姑顶墩约 3.5 千米。遗址为附近高点，向北可监控海湾。东南原为岛邓家村，现已拆迁，居民迁入逍遥小区。

第三次全国文物普查记载：A22 曹家岛烟墩遗址（经区泊于镇岛邓家村西北 500 米·明代）面积 25 平方米。地处附近制高点，环顾四周视野开阔，四周皆为农田，向北 50 米处遥望大海。烟墩堆土而成，被荒草覆盖。

2021 年考古队对遗址进行调查：遗址平面形状近似长方形，南北长约 14.2 米，东西宽约 11.3 米，顶径 5.5 米，残高 2.2 米，占地面积约 160 平方米。遗址由黄土堆砌而成，顶部和四周为村民种植的果树，遗址底部可见零星散落碎砖块和瓦块；北侧被村民整地破坏，有一个二层台阶状阶梯。东侧底部被取土破坏。遗址顶部有"登记保护的不可移动文物"标志牌。

历史资料　《威海市志》中记载此墩是威海卫九座墩中的曹家岛墩。《威海市地名志》记载：烟墩顶，在威海城区东南 20 千米，环翠区泊于镇岛邓家村北。明代为防御倭寇侵扰，在山顶设烟墩，掘考，当时名曹家岛墩，属百尺崖所。山即以烟墩得名。呈南北走向，主峰海拔 45 米①。

---

① 威海市地名委员会办公室：《威海市地名志》，山东省地图出版社，1995 年，第 253 页。

岛邓家墩遗址位置图

岛邓家墩遗址卫星图

岛邓家墩遗址北侧现状（北向南摄）

岛邓家墩遗址东侧现状（东向西摄）　　　　　　岛邓家墩遗址南侧现状（南向北摄）

松徐家墩遗址

位　　置　环翠区泊于镇松徐家村东
300 米

始设年代　明代

文保级别　尚未核定为文物保护单位

概　　况　遗址北距海岸约 2.6 千米，
西北距松徐家寨约 570 米，东北距温泉
寨墩约 2.8 千米，东距离石家河 730 米，
距温泉寨约 3 千米。

第三次全国文物普查记载：A23 嵩
里烟墩遗址（经区泊于镇松徐家村东
400 米·明代）面积 25 平方米。烟墩遗
址四周为农田，紧邻一条乡村土路，此
处地势为附近最高点。烟墩系堆土而成，
整体呈圆柱形。该烟墩曾由部队使用，
顶部竖有"军用勿动"水泥柱标志。

2021 年考古队对遗址进行调查：遗
址由黄土堆砌而成，残高 4.1 米，平面
近似圆形，占地面积约 568 平方米。遗
址顶部长满灌木丛，周围杂草丛生，西
北侧和南侧有取土坍塌现象。顶部有标
注"军用设施勿动"的保护桩。

历史资料　《威海市志》中记载此烟墩
是威海卫九座墩中的嵩里墩[①]。

松徐家墩遗址位置图

松徐家墩遗址卫星图

---

① 威海市地方史志编撰委员会：《威海市志》，山东人民出版社，1986年，第515页。

松徐家墩遗址北侧现状（北向南摄）

松徐家墩遗址东侧现状（东向西摄）

松徐家墩遗址南侧现状（南向北摄）

松徐家墩遗址西侧现状（西向东摄）

温泉寨墩遗址

位　　置　环翠区泊于镇温泉寨村东北
800 米山坡上

始设年代　明代

文保级别　尚未核定为文物保护单位

概　　况　遗址北距海岸约 2.6 千米，
东南距温泉寨 600 米，东南距墩后堡约
5.6 千米，西距松徐家寨约 3 千米，西
南距松徐家墩约 2.8 千米。

　　第三次全国文物普查记载：A24 温
泉寨烟墩遗址（经区泊于镇温泉寨村东

温泉寨墩遗址位置图

北 1000 米·明代）面积 2000 平方米。堆土而成，地势较高，长满松树，大量石块散布其间。

2021 年考古队对遗址进行调查：遗址平面近似圆形，顶部直径约 7 米，残高约 4.7 米，占地面积约 530 平方米。遗迹上长满松树，现已荒芜，有大量石块散布其间。其所处地势高于周围，推测是专为温泉寨设立的烟墩。

温泉寨墩遗址卫星图

温泉寨墩遗址航拍（南向北摄）

温泉寨墩遗址北侧现状（北向南摄）

温泉寨墩遗址东侧现状（东向西摄）

温泉寨墩遗址西侧现状（西向东摄）

六

堡遗址

豹虎山堡遗址

位　　置　环翠区嵩山街道东山口村东南约 800 米豹虎山主峰东侧

始设年代　明代

文保级别　尚未核定为文物保护单位

概　　况　遗址北距威海卫城 13.4 千米，距戚家庄南墩约 9 千米，距长峰寨约 7.2 千米，东南距转山堡 2.5 千米，南距峰山堡 3.5 千米。

第三次全国文物普查记载："A20 豹虎山堡遗址（经区凤林街道西曲阜村西南 400 米豹虎山主峰东·明代）面积 100 平方米，人为堆土而成。原来四面砌有块石，散落四周。按其位置，应属于沿路所设的堡。"①

2021 年考古队对遗址进行调查：遗址在半山腰处，东侧为嵩山路，地势西高东低，平面近似椭圆形，顶部直径约 2.7 米，残高 1.7 米，占地面积约 247 平方米。顶部长满灌木丛，周围树木茂密，视线受限。《威海卫志》记载威海卫设有堡四座，豹虎山堡为威海卫四堡之一②。

豹虎山堡遗址位置图

豹虎山堡遗址卫星图

---

① 威海市文物管理办公室：《追寻历史——威海市第三次文物普查成果巡礼》，青岛出版社，2012 年，第 41 页。

② （清）毕懋第、郭文大修：《威海卫志》，成文出版社，第 73 页。

豹虎山堡遗址北侧现状（北向南摄）

豹虎山堡遗址东侧现状（东向西摄）

豹虎山堡遗址南侧现状（南向北摄）

豹虎山堡遗址西侧现状（西向东摄）

峰山堡遗址

位　　置　环翠区温泉镇小庄村西 300 米山坡上

始设年代　明代

文保级别　尚未核定为文物保护单位

概　　况　遗址北距豹虎山堡 3.4 千米；东北距转山堡 3 千米，南距大庄西堡 2.8 千米，西南距曹格庄堡 7.2 千米。

2021 年考古队对遗址进行调查：遗址在半山腰处，平面近似圆形，顶部东西 3.2 米，南北 4.5 米。东侧斜长 5 米，西侧斜长 5.5 米，南侧斜长 5.4 米，北

峰山堡遗址位置图

侧斜长 4.6 米。遗址残高 2.7 米，占地面积约 145 平方米。遗址表面杂草丛生，长满松树和灌木丛。在遗址顶部有一处盗洞，呈长方形，长约 1.6 米，宽约 0.9 米，深约 2.1 米，盗洞斜向遗址中心处。该遗址保存状况一般，由黄土堆砌而成，周围有散落石块及砖瓦。在墩堡东侧斜坡上可见有石块堆砌的迹象，有明显人为加工痕迹。遗址东、南、西三面紧邻山上小土路。

历史资料　《威海市地名志》记载：峰山，在威海城区南 17 公里，环翠区温泉镇与草庙子镇交界处。为正棋山西行支脉。明代山上设堡，名峰山堡，属威海卫。名、义无考。海拔 210.9 米。植被由赤松、麻栎等构成。青岛至威海汽车专用公路和桃村至威海铁路分别经东、西山能通过。

《威海卫志》记载威海卫设有堡四座，峰山堡为威海卫四堡之一①。

峰山堡遗址卫星图

峰山堡遗址北侧现状（北向南摄）

峰山堡遗址顶部的盗洞

峰山堡遗址东侧现状（东向西摄）

---

① （清）毕懋第、郭文大修：《威海卫志》，成文出版社，第73页。

峰山堡遗址南侧现状（南向北摄）　　　　　　峰山堡遗址西侧现状（西向东摄）

大庄西堡（遗址）

位　　置　环翠区草庙子镇大庄村西侧

始设年代　明代

文保级别　已消失

概　　况　遗址北距峰山堡约 2.2 千米，西南距曹格庄堡约 5 千米，西南距窦家崖堡约 5.6 千米。2021 年考古队调查时，据当地居民介绍，在大庄村西侧高地有一烟墩，视野很好，后因建设消失，大体位置在今温州路以西，开元东路以南，浙江路以北，龙泉路以东。该遗址位于峰山堡与窦家崖堡之间，推测为百尺崖所下属堡之　。

大庄西堡（遗址）位置图

曹格庄堡遗址

位　　置　环翠区草庙子镇曹格庄村西北约 300 米山坡上

始设年代　明代

文保级别　尚未核定为文物保护单位

概　　况　遗址东北距大庄西堡 5 千米，距峰山堡 7.2 千米，东南距窦家崖堡约 2.7 千米，西南距赵家产堡 5.8 千米。

2021 年考古队对遗址进行调查：遗

曹格庄堡遗址位置图

址平面近似圆形，顶径 2.6 米，残高 1.4
米，东侧斜长 3.8 米，西侧斜长 4.1 米，
南侧斜长 4.7 米，北侧斜长 3.8 米。占
地面积约 83 平方米。遗址保存状况一
般，由黄土堆砌而成，南侧有散落石块，
北侧被村民整地破坏。遗址周围杂草丛
生，长满灌木丛和果树。南侧有中国移
动信号塔 2 座和小屋一间。

《威海卫志》记载威海卫设有堡四
座，推测曹格庄堡为威海卫四堡之一的
曹家庄堡[①]。

曹格庄堡遗址卫星图

曹格庄堡遗址北侧现状（北向南摄）

曹格庄堡遗址东侧现状（东向西摄）

曹格庄堡遗址南侧现状（南向北摄）

曹格庄堡遗址西侧现状（西向东摄）

---

① （清）毕懋第、郭文大修：《威海卫志》，成文出版社，第73页。

九家疃堡遗址

位　　置　环翠区崮山镇九家疃村西北600米烟墩山顶

始设年代　明代

文保级别　尚未核定为文物保护单位

概　　况　遗址西北距海埠海墩约2.6千米，北距望天岭墩2.1千米，东北距百尺崖所城2.9千米，东南距老姑顶墩约3.7千米，西南距堡子顶堡5.4千米。

2021年考古队对遗址进行调查：遗址平面近似圆形，由黄土堆砌而成，保存较好，地表杂草丛生。顶部直径5.8米，残高6.1米，占地面积649.3平方米。顶部长满灌木丛，中间有一处测绘控制点用的水泥桩。

该遗址规模较大，形制与墩类似，但遗址距海较远，顶部无法观测附近海域。根据遗址地理位置及史料记载分析，该遗址应为联络百尺崖所与文登营的堡，推测为百尺崖下辖堡之一。

九家疃堡遗址位置图

九家疃堡遗址卫星图

九家疃堡遗址北侧现状（北向南摄）

九家疃堡遗址东侧现状（东向西摄）

九家疃堡遗址西侧现状（西向东摄）

九家疃堡遗址南侧现状（南向北摄）

堡子顶堡遗址

位　　置　环翠区温泉镇西崮村西南750米堡子顶山坡上

始设年代　明代

文保级别　尚未核定为文物保护单位

概　　况　遗址在临近山顶的半山腰处，东北距百尺崖所城11.5千米，距九家疃堡4.8千米，西南距转山堡3.6千米。

2021年考古队对遗址进行调查：遗址由黄土堆砌而成，平面近似圆形，顶部直径3米，残高1.4米，占地面积约45平方米。遗址四周杂草丛生，南侧有一处因取土破坏的缺口，东侧紧邻一条上山的小路。

历史资料　《威海市地名志》记载：堡子顶，在威海城区东南15千米。环翠区崮山镇与温泉镇交界处，青山顶之东。古代曾在此山设堡，故名堡子顶。呈南北走向，长1千米。主峰海拔158米。植被由松树和柞岚构成。《威海卫志》记载百尺崖所设有堡四座，推测堡子顶堡为百尺崖所下属堡之一①。

堡子顶堡遗址位置图

堡子顶堡遗址卫星图

---

① （清）毕懋第、郭文大修：《威海卫志》，成文出版社，第73页。

堡子顶堡遗址北侧现状（北向南摄）

堡子顶堡遗址东侧现状（东向西摄）

堡子顶堡遗址南侧现状（南向北摄）

堡子顶堡遗址西侧现状（西向东摄）

转山堡遗址

位　　置　环翠区温泉镇栾家村西南
600 米西铺子山顶

始设年代　明代

文保级别　尚未核定为文物保护单位

概　　况　遗址东北距堡子顶堡约 3.8
千米，西北距豹虎山堡约 2.5 千米，西
南距峰山堡约 2.9 千米，距大庄西堡约
5.4 千米。遗址为附近最高点，视野良好，
在无树木遮挡的情况下，向东北可见堡
子顶堡，西北可见豹虎山堡，西南可见
峰山堡。

　　2021 年考古队对遗址进行调查：遗

转山堡遗址位置图

址由黄土堆砌而成，底部有石块围砌。因此山体部分表面露有石英石，结合遗迹底部的砌石块，推测当时建堡时曾就地取材而用。该遗址平面为不规则形状，东西约6.8米，南北约12.8米，残高约2.2米，面积约62平方米。在南侧有一条通往堡体顶部的小路，由石块堆砌而成。该墩堡顶部直径约3.5米，有一处测绘部门的测绘控制点。据当地村民介绍，遗址所在的山体曾被称为"西转山"或"转山"，此名称与史志记载中百尺崖所下辖的三堡之一"转山堡"名称相符。

转山堡遗址卫星图

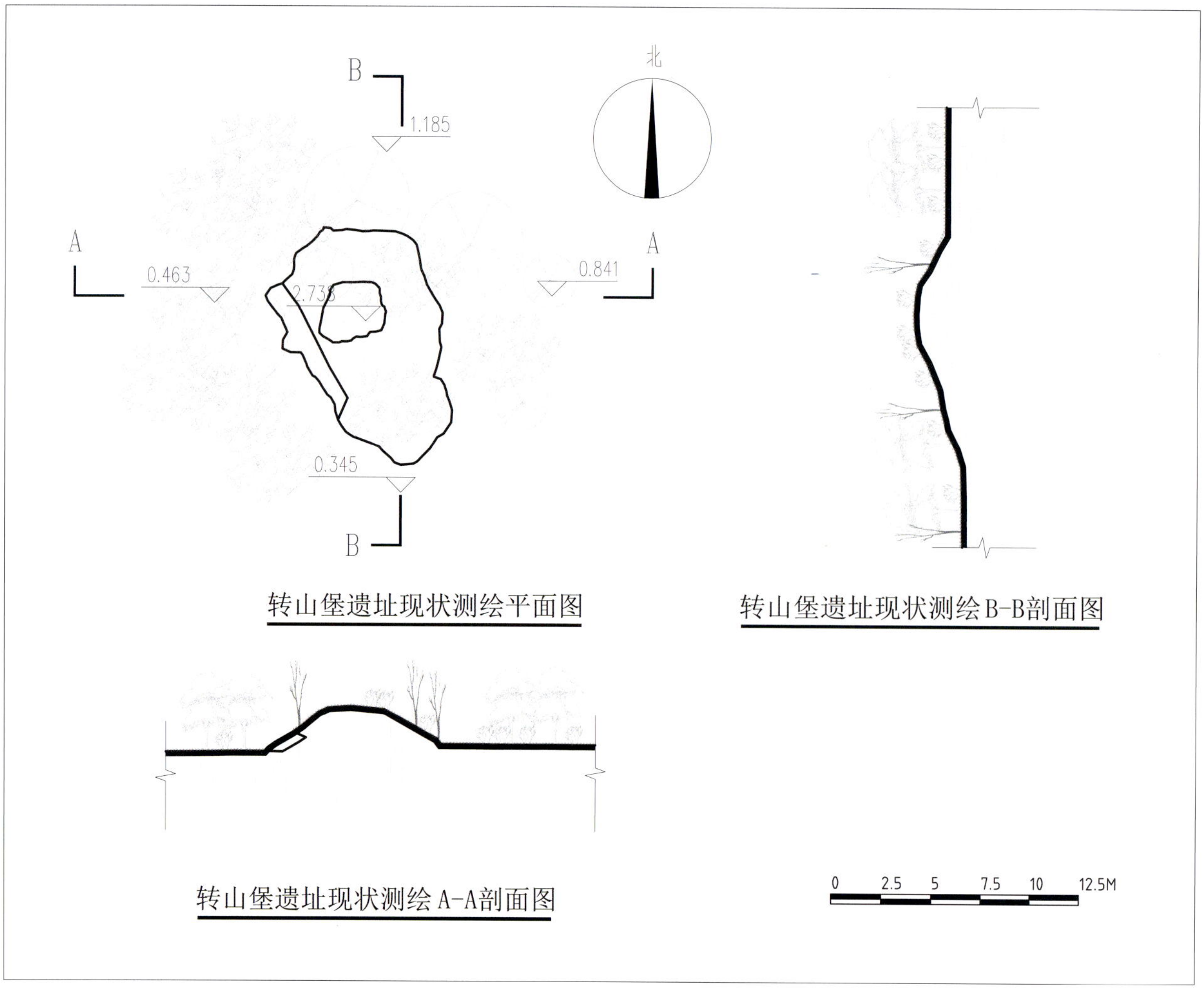

转山堡遗址现状测绘平面图

转山堡遗址现状测绘B-B剖面图

转山堡遗址现状测绘A-A剖面图

转山堡遗址平、剖面图

转山堡遗址北侧现状（北向南摄）

转山堡遗址东侧现状（东向西摄）

转山堡遗址南侧现状（南向北摄）

转山堡遗址西侧现状（西向东摄）

历史资料　《威海市地名志》记载：西铺子，在威海城区南 15.5 千米，环翠区温泉镇境内，五渚河南岸。山顶上有墩台一处，传说为堡子，至今尚在，铺疑系堡字之误。因位于栾家店西南，故名西堡子。后演变为西铺子。呈南北走向，长 1 千米。主峰海拔 119.8 米。山上多松树[1]。

《威海卫志》记载百尺崖所设有堡四座，推测该遗址为百尺崖所下属的转山堡[2]。

① 威海市地名委员会办公室编：《威海市地名志》，山东省地图出版社，1995年，第255页。
②（清）毕懋第、郭文大修：《威海卫志》，成文出版社，第73页。

窦家崖堡遗址

位　　置　环翠区草庙子镇威高温泉高尔夫俱乐部内东南角

始设年代　明代

文保级别　尚未核定为文物保护单位

概　　况　遗址东北距大庄西堡约 5.6 千米，西北距曹格庄堡约 2.7 千米，南距文登营约 7.6 千米。

2021 年考古队对遗址进行调查：遗址由黄土堆砌而成，顶上长满杂草、松树和灌木丛，周围为高尔夫球场，在遗址顶端可见零星碎陶片。遗址平面近似圆形，顶径约 1.6 米，残高 2.4 米，占地面积约 170.82 平方米。遗址以北 1.4 公里原为林家疃村，现已拆迁。

历史资料　《威海市地名志》记载，林家疃原为窦姓建村，名窦家头。明末林姓来此定居，仍为窦家头，清中期分主自治，取名林家疃[1]。

《威海卫志》记载百尺崖所设有堡四座，推测该遗址为百尺崖所下属的窦家崖堡[2]。

窦家崖堡遗址位置图

窦家崖堡遗址卫星图

窦家崖堡遗址北侧现状（北向南摄）

窦家崖堡遗址东侧现状（东向西摄）

---

① 威海市地名委员会编：《威海地名志》，山东地图出版社，1995年，第194页。
② （清）毕懋第、郭文大修：《威海卫志》，成文出版社，第73页。

窦家崖堡遗址南侧现状（南向北摄）　　　窦家崖堡遗址西侧现状（西向东摄）

刘官屯堡遗址

位　　置　环翠区泊于镇刘官屯村西南500 米大洛顶西坡

始设年代　明代

文保级别　尚未核定为文物保护单位

概　　况　遗址南距泊于水库 200 米，东北距松徐家墩约 4.3 千米，东南距西洛口堡约 5.6 千米，西南距墩前堡约 9 千米。

　　第三次全国文物普查记载：A21 刘官屯堡遗址（经区泊于镇刘官屯村西南 1000 米·明代）面积 20 平方米。堆土而成，包墙的块石无存，仅剩夯土芯，相对高度 5 米。整体保存尚属完好。

　　2021 年考古队对遗址进行调查：遗址由黄土堆砌而成，长满灌木丛，四周为果树。遗址破坏严重，东南两侧被村民平整土地时破坏，并搭建了临时小屋，为看果园所用。遗址平面形状近似圆形，顶径长约 1.6 米；底径长约 4 米，残高 2.1 米，占地面积约 30 平方米。根据遗址地理位置及史料记载分析，该遗址应为陆路联络的堡。

刘官屯堡遗址位置图

刘官屯堡遗址卫星图

刘官屯堡遗址现状（西北向东南摄）　　　　刘官屯堡遗址现状（东北向西南摄）

西洛口堡遗址

位　　置　环翠区桥头镇洛西村东 1.5
千米山坡上

始设年代　明代

文保级别　尚未核定为文物保护单位

概　　况　遗址东北距埠柳堡约 10.5 千
米，西南距墩前堡约 7.7 千米，西北距
刘官屯堡 5.6 千米。

2021 年考古队对遗址进行调查：遗
址平面近似方形，顶部东西 5.2 米，南
北 3.8 米，残高 2.2 米，南侧斜长 6 米，
北侧斜长 4.6 米，东侧斜长 8 米，西侧
斜长 5.6 米，面积约 182 平方米。遗址
保存较好，由土石混合夯筑而成，表面
杂草丛生，长满松树和灌木丛。遗址南
侧和西南侧为村民现代墓地，西侧有一
块较大的石块，为天然形成，北侧有一
处人为堆砌的石块，为北侧护坡石，长
约 8 米。根据地理位置及史料记载分析，
推测该遗址应为陆路联络成山卫与文登
营的堡。

西洛口堡遗址位置图

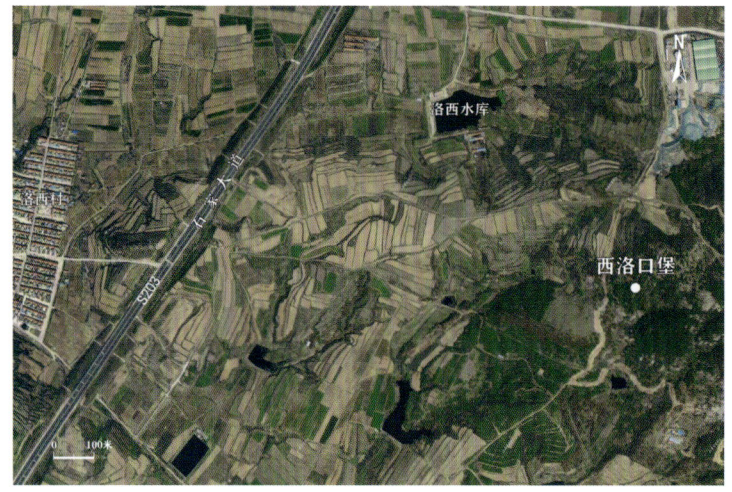

西洛口堡遗址卫星图

西洛口堡遗址西侧现状（西向东摄）　　　　西洛口堡遗址北侧现状（北向南摄）

墩前堡遗址

位　　置　环翠区桥头镇北墩前村北约
300 米山顶

始设年代　明代

文保级别　尚未核定为文物保护单位

概　　况　遗址东北距西洛口堡 7.7 千
米，距刘官屯堡 9 千米，西南距报信堡
约 5 千米。

　　第二次全国文物普查记载："15—
A15 墩前烟墩（桥头镇墩前村西北·明代）
为防御倭寇修筑的报警狼烟台。平面呈
圆形，顶部平坦，缓坡。高 4 米，底径
16 米，上径 3 米。黄土夯筑。"

　　第三次全国文物普查记载："A19
墩前烟墩遗址（环翠区桥头镇墩前村
北·明代）面积 100 平方米，堆土而成，
原来四周应有围石，现已不存。明代防
倭，沿海设墩，沿路筑堡。按其位置，
应属于沿路所设的堡，位于内陆交通要
道附近（该堡向西至报信为文登城到成
山卫的必经之路）。"

墩前堡遗址位置图

墩前堡遗址卫星图

墩前堡遗址北侧现状（北向南摄）

墩前堡遗址东侧现状（东向西摄）

墩前堡遗址南侧现状（南向北摄）

墩前堡遗址西侧现状（西向东摄）

　　2021年考古队对遗址进行调查：遗址平面近似圆形，顶径3.2—3.7米，残高2.5米，占地面积约162平方米。遗址由黄土堆砌而成，周围有零星散落石块。遗址范围内杂草丛生，周围长满灌木丛和松树，在堡南侧可见少量堆砌石块，顶部有"登记保护的不可移动文物"标志牌。根据地理位置及史料记载分析，推测该遗址为陆路联络成山卫与文登营的堡。

三十里堡遗址

位　　置　环翠区汪疃镇三十里堡村西北550米

始设年代　明代

文保级别　尚未核定为文物保护单位

概　　况　遗址东、西、南三面为米山水库，视野良好，西北距板桥堡约3.8千米，东南距二十里堡约3.4千米，东南距文登营约16.8千米。

三十里堡遗址位置图

2021 年考古队对遗址进行调查：遗址由黄土堆砌而成，周边有散落的石块。东侧和西侧各有一片大石堆。该遗址平面近似圆形，顶径 3.5 米，残高 2.3 米，占地面积约 120 平方米。堡南约 50 米处有一座现代水泵房。遗址周边杂草丛生，长满灌木丛和松树。

根据地理位置及史料记载分析，该遗址推测为陆路联络宁海卫和文登营的堡。

三十里堡遗址卫星图

三十里堡遗址北侧现状（北向南摄）

三十里堡遗址东侧现状（东向西摄）

三十里堡遗址南侧现状（南向北摄）

三十里堡遗址西侧现状（西向东摄）

二十里堡遗址

位　　置　环翠区莒山镇二十里堡村西北

始设年代　明代

文保级别　尚未核定为文物保护单位

概　　况　遗址西北距三十里堡3.4千米，东南距黄庄堡3.3千米，东南距文登营约13.8千米。

第三次全国文物普查记载："A34 二十里堡烽火墩（莒山镇二十里堡村西北·明代）呈锥形，现存顶部直径2.8米，下底直径14.2米，残高2.9米，总面积约158.2平方米。西侧有一圆坑，分析为盗墓所致，坑口长1.6米，宽1.2米，深2.7米，斜向烽火墩中心。根据《文登县志》有关卫所制度的相关记载，以及走访当地群众获得的相关信息，是文登去登州官道上的烽火墩。"

2021年考古队对遗址进行调查：遗址由黄土堆砌而成，顶上长满杂草、松树和灌木丛，周围被松树环抱。遗址平面近似圆形，顶径2.3—2.6米，残高3.6米，占地面积约234平方米。顶部西侧有一圆坑，为盗墓所致，呈方形，坑口长1.6米，宽1.2米，深2.7米，盗洞斜向烽火墩中心。遗址南面立有"登记保护的不可移动文物"标志牌。根据地理位置及史料记载分析，该遗址为陆路联络宁海卫和文登营的堡。

二十里堡遗址位置图

二十里堡遗址卫星图

二十里堡遗址东侧现状（东向西摄）

二十里堡遗址北侧现状（北向南摄）

二十里堡遗址南侧现状（南向北摄）

二十里堡遗址西侧现状（西向东摄）

二十里堡遗址顶部盗洞

黄庄堡遗址

位　　置　环翠区莒山镇黄庄村西150米

始设年代　明代

文保级别　尚未核定为文物保护单位

概　　况　遗址东南距王埠庄堡1.5千米，西北距二十里堡3.2千米。2021年考古队对遗址进行调查：遗址平面呈圆形，由夯土构成，底径8米，高2.2米，顶部较平，顶径3.5米，顶部有一盗洞，

黄庄堡遗址位置图

盗洞长 1.3 米，宽 0.8 米，深 1.5 米。夯土中可见小石块，遗址西南有明显人工垒石痕迹，墩上长有橡树和灌木，遗址及周边环境草木生长茂盛。根据该遗址地理位置及形状等分析，推测该遗址为陆路联络的堡。

黄庄堡遗址卫星图

黄庄堡遗址盗洞

黄庄堡遗址现状（西南向东北摄）

黄庄堡遗址垒石（西南向东北摄）

黄庄堡遗址北侧现状（北向南摄）

炮台遗址

祭祀台炮台（遗址）

位　　置　环翠区鲸园街道东山路东山宾馆

始设年代　清代

文保级别　已消失

概　　况　遗址东、南、西三面环海，位于向南突出的海角上，西距威海卫城约 2.2 千米，东南距刘公岛黄岛炮台约 2.5 千米，东北距合庆湾约 1.8 千米，南面为威海湾，可监控威海湾北部海面。

　　2021 年考古队对遗址进行调查，炮台遗迹已完全消失，遗址地基分为三层，北高南低，目前被现代建筑占压。

祭祀台炮台（遗址）位置图

历史沿革　清雍正年间，山东共建成海防炮台 20 座，祭祀台炮台为其中之一。晚清在刘公岛成立北洋海军，建设威海卫基地，于威海湾北部建设北山嘴、黄泥崖、祭祀台三座海岸炮台。祭祀台炮台分为三层，配备 240、210、150 毫米口径克虏伯炮各两门。1895 年 2 月甲午战争威海卫之战时，威海卫南部炮台被日军占领，北部炮台守军不战而逃，祭祀台炮台被日军占领，炮台被毁。20 世纪 30 年代，民国政府收回威海卫后，威海卫管理公署在遗址上建设东山公园，在最高处建成礼堂望云轩。望云轩保留至今，现由部队管理。1980 年在遗址东南部建设东山宾馆，使用至今。

历史资料　《威海卫志》记载："威海卫炮台三座，一在长嘴，一在校场头，一在祭祀台。"[1]"营城，在卫东北祭祀台，周二十一丈，高一丈七尺五寸，阔五尺五寸，门一，楼房三间，营房七间。雍正五年登镇总兵黄元骧提请。六年守备张懋昭从宁海州支银三百五十七两建造。现讯兵防守。"[2]

　　萨承钰在其所撰《南北洋炮台图说》的第三卷《山东各海口炮台图说》中记载："祭祀台炮台，坐西向东，形势扼要。由西南路往威海市，相去不越数里，诚为威海卫之屏障。该台亦系三层建筑，与北山嘴炮台同。第一层炮台，中安八卦式炮位二处，墙高六尺五寸。炮位旁筑护身小炮房五间，均宽五尺。空心隔堆一个，内暗屋大小六间，高七尺五寸，中一间系暗藏子药，左右挖洗把洞二所。中开走道一条，左通火药库，右通子弹库。台后居中建官房一间，左右建子药库二间。隔一走道外，又各建兵房三间，共宽三丈一尺九寸，深一丈。左边建军械库一所，又厨房一所，深九尺，宽二丈。右边建零件房一所，又厨房一所，深九尺，

① （清）毕懋第原修，郭文大续修：乾隆《威海卫志》，《中国地方志集成·山东府县志辑》第 44 册，凤凰出版社，2004 年，第 443 页。
② （清）毕懋第原修，郭文大续修：乾隆《威海卫志》，《中国地方志集成·山东府县志辑》第 44 册，凤凰出版社，2004 年，第 440 页。

宽二丈。台后凿深地基，连建兵房九间。八字式马道二条，台外围坡高四丈八尺。第二层炮台，安八卦式
炮位一处，墙高五尺。炮位旁筑护身小炮房五间，空心隔堆下开洗把洞二所。台内居中筑一走道，长二丈
四寸。左边附建子药库一间，兵房二间，厨房三间，右边又建兵房二间，旁建零件房一间。两旁大马道两
条，均长十一丈，宽二丈二尺。台后围墙一道，中开营门，以便出入，台外围坡高二丈三尺。第三层炮台，
中安八卦式炮位一处，墙高五尺。左右隔堆下，开洗把洞二所。台内居中筑一走道，长二丈六尺，左边附
建子药库一所，深一丈四尺。又建兵房二间，右边建兵房二间，附建厨房三间。台后大马道一条，长七丈，
宽二丈二尺五寸。马道两旁各开半月式蓄水池一口。围墙一道，中开营门以通出入。三台外，又筑围墙，
西向开一便门，北向建营门一座，高一丈四寸，门宽一丈。"

八

其他遗址

环翠楼

位　　置　环翠区环翠楼街道环翠楼公
园奈古山东坡

始设年代　明弘治二年（1489 年）

文保级别　1980 年 8 月，以"环翠楼"
公布为威海市（县级）文物保护单位

概　　况　遗址位于威海卫城西北，东
距威海湾约 1.3 千米，东南距樵子埠墩
约 1.7 千米，西距土城子寨约 1.8 千米，
北距古陌岭约 2.47 千米。

　　第三次全国文物普查记载：环翠楼
（环翠区环翠楼街道环翠楼公园内·明
代·区级文物保护单位）明弘治二年
（1489）巡察海道副使赵鹤龄见威海城

环翠楼位置图

墙倒塌，兵备松弛，遂"疏动泰山香钱数百金"重修威海卫城，威海卫指挥王恺等"感公之德，捐奉建楼，
以示永久"，于卫城墙西北最高处建此楼，并聘大学士刘翔作记。因东临碧波无涯的大海，北、西、南三
面又有青山绿树掩映，遂以"环翠"名之。明清时多次维修和重修。1931 年 7 月威海卫管理公署将破废的
环翠楼进行改建，1944 年冬，环翠楼被焚毁；1977 年重新修建环翠楼，1980 年全部竣工后公布为威海市

文物保护单位，2009年重建。环翠楼是威海市区历史最悠久的人文景点。

目前环翠楼为2009年重建，地基南北两侧连接威海卫城墙夯土，已不见明清环翠楼痕迹。

历史沿革　据《威海卫志》载：明弘治二年（1489年），钦差巡察海道副使赵鹤龄到威海卫巡查海防，见威海卫城墙倒塌，兵备松弛，深感忧虑，叹曰："城池倒塌如是，不重治之，后必有大患。"在海防专项经费不足的情况下，赵鹤龄"疏动太（泰）山香钱数百金"，发动宁海州、文登县民夫数千人，倾力加固修葺威海卫城。

卫城修好后，威海卫掌印指挥佥事王恺（兼任文登营把总指挥）等"感公之德，捐俸建楼，以示永久"。所建楼台位于威海卫城西北角城墙上，据清乾隆《威海卫志》载，其"飞檐斗拱，八窗洞达"。登楼可见碧波浩渺于城东，绿翠掩映于四周，楼因兼沧海山川之胜、水光山色之美，遂以"环翠"名之。

环翠楼建成后，明清时期曾经五次重修。1930年威海卫被民国政府收回后，于1931年改建环翠楼。1944年环翠楼被日军焚毁。1978年威海市人民政府重建环翠楼，于1980年建成。最近一次为2009年重建。

历史资料　明弘治二年，威海卫掌印指挥佥事王恺等捐俸建环翠楼，并聘大学士刘翔作记《新建环翠楼碑记》，并刻石立碑于环翠楼旁。甲午战争时期，新建环翠楼碑被日军损坏，断成两块，当时日本海军扶桑舰上的船匠师福岛秀光喜爱中国文物，为断碑制成拓片，保存至今。2013年新建环翠楼碑拓片被威海市博物馆收藏。环翠楼后多次重修，2005年发现上半块残碑，被环翠楼管理机构收藏，下半块遗失。

《新建环翠楼碑记》全文被《威海卫志》记录。碑文大体分三段，第一段描述威海卫城的风景，强调它的军事地位，并提到"城池倒塌，兵政废弛"的现状。第二段讲述钦差巡查海道副使赵公资助修建城墙，整顿海防。第三段感慨历史上沿海兴衰战乱，歌颂天子和赵公功德。

新建环翠楼碑上半部分，现存环翠楼公园

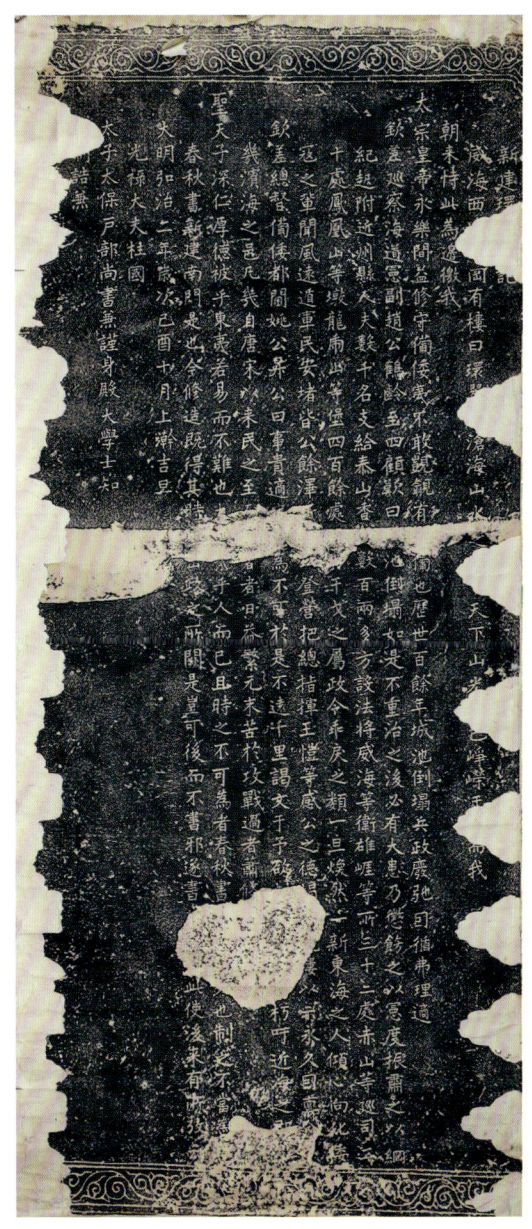

新建环翠楼碑记拓片（威海市博物馆藏）

李家夼李氏祠堂

位　　置　环翠区田和街道李家夼村东
始设年代　中华民国
文保级别　2009 年 12 月，以"李氏祠堂旧址"公布为威海市第三批市级文物保护单位
概　　况　遗址位于环翠区田和街道李家夼村东，北侧紧邻老环山路，东北距环翠楼约 1.6 千米，南距新环山路约 180 米。

第三次全国文物普查记载："C16 李家夼李氏祠堂（高区田和街道办事处李家夼村东·民国）为一四合院型建筑，东与一民房相连，占地面积约 200 平方米。砖石结构，门楼保存完好，门墩雕刻精细，其建筑装饰提供了民初祠堂建筑的标本。院内有石碑两方，其一镶嵌于东院墙南部，字迹漫漶；其一立于墙角。明初威海设卫后，安徽阜阳灵璧（现属宿州市）人李玉来威任指挥佥事，将祖茔置于卫南九峰山，其后人在祖茔附近居住，形成村落，李家夼以李玉为威海李氏始祖。李氏祠堂具有较高的历史和民俗研究价值。"

2021 年考古队对李氏祠堂进行了调查。祠堂为砖石结构，坐北朝南，由三间正厅和三间倒厅组成，为一个四合院型建筑，基本保持完好，南北进深 14.62 米，东西开间 9.92 米，面积约 145 平方米。

祠堂南面中间是正门，东西两侧为门房，庭院位于四合院中央，正厅位于庭院北侧。屋顶为硬山顶，由刻有纹饰的石瓦铺成。外墙腰线以上青砖垒砌及顶，以下为加工整齐的长方形石条。两

李家夼李氏祠堂位置图

李家夼李氏祠堂卫星图

李家夼李氏祠堂航拍

李家夼李氏祠堂西侧及保护碑（西向东摄）

李家夼李氏祠堂远景（东北向西南摄）

李家夼李氏祠堂正门（南向北摄）

李家夼李氏祠堂正房（南向北摄）

明故明威将军李公墓志

扇正门为黑色底漆，上绘有门神，门楣上方刻"李家宗祠"门额，内侧匾额为"世系灵璧"。大门外两侧各有莲花座石鼓一个。

祠堂东边为私塾，面积和祠堂相当，房屋稍矮，建筑布局上除了四间正厅外，还有两间东厢房，不设南倒厅。两栋建筑中间共用一个硬山和院墙，院墙上开了一个便门。

祠堂庭院中保存有两通石碑。其中一通是嵌在家庙与私塾之间院墙上的清朝乾隆年间的青石碑；另一通是祠堂院子里存放的民国年间的白色花岗岩石碑。

历史沿革　威海设卫后，全国各地调集官兵来戍守。其中安徽阜阳灵璧人李玉来威任指挥佥事，将祖茔置于卫南九峰山，其后人在祖茔附近居住，形成村落。李氏祠堂原在别处，1917 年移此重建。私塾建造时间稍晚于家庙。

历史资料　李氏祠堂西侧为李家夼李氏祖茔，1967 年农业学大寨运动中平毁茔地时，出土了李兰夫妇及其后代李仁、李逢时等人的墓志资料，现藏于威海市博物馆^①。五块墓志资料分别是：

（1）明故明威将军李公墓志铭，为李玉之子李兰夫妻合葬墓出土。长 52.6、宽 64.2、高 11.1 厘米。

（2）赠太淑人谢氏墓志铭志盖，李兰夫妻合葬墓出土。长 65、宽 58、高 12 厘米。

（3）太淑人谢氏讳妙安墓志铭，李兰夫妻合葬墓出土。长 64、宽 58.5、高 12 厘米。

（4）都指挥李公墓志盖，为李兰之子李仁墓出土。长 51.5、宽 63、高 10.5 厘米。上篆"都指挥李公墓"。

（5）明故骠骑将军李公墓志铭，为李仁长子李逢时墓出土。长 50.4、宽 57.2、高 9.8 厘米。

上述墓志铭，可以解读到李家夼祖先的生平信息。

威海李氏祖上最早记载的是李荣，其子李清，李清之子是李玉，李玉之子是李兰。李玉被尊为现威海李家夼人的始迁祖。根据墓志铭，李荣，祖上安徽凤阳府宿州灵璧县，曾追随朱棣戍边，在"靖难之役"中因功受封，官至明威将军。李清，袭授其父官职，在阻击鞑靼的狼山之战中阵亡，被封为"金吾上将军"。李玉，承荫世职，被封为"护国大将军"，明天顺八年（1464 年），改任山东威海卫指挥佥事，明弘治癸亥（1503 年）谢政。

李兰，字德馨，生于明成化二年（1466 年），他承袭父职，于正德二年（1507 年）出任威海卫指挥佥事，嘉靖四年（1525 年）谢政，《威海卫志》对其政绩有褒扬，曾五次被举为掌印，并对"重请威海卫印记"一事做了记载。嘉靖十一年（1532 年）李兰去世，享年 66 岁。同年葬于威海九家山下。其夫人谢妙安为威海百尺崖人，生于成化二年（1466 年），卒于嘉靖二十八年（1549 年）。父亲为"武略将军"；按明制，李兰承袭的"明威将军"为三品官职，因而谢妙安妻以夫贵有了"淑人"的封号，而墓志铭中的"太淑人"是李仁作为儿子为母亲立碑的称谓。李兰夫妇育有李仁、李义、李智三子和三个女儿。

根据李宗芳先生手抄资料，可以得知李兰之子李仁，字都阃君，生于弘治戊申（1488 年），卒于嘉靖辛酉（1561 年），享年七十四岁。嘉靖乙酉（1525 年）科武举乡荐第一，当时威海卫城南有专门为他设立的武举坊。"重建威海卫儒学记"一文中记载，李仁在卫学重建期间"勤恁专力"。据李逢时墓志铭"生父仁由备倭都指挥历升大同掌篆都指挥"。其原配吴夫人卒于 1563 年。李仁有两子一女，李逢时为其长子。

李逢时，李仁长子即李兰长孙，字子寅，别号需谷。生于正德己巳（1509 年），嘉靖庚戌（1550 年）投笔戎，承袭祖职，先后在威海卫、登州府、济南府任职，后升为德州守备、民兵参将。嘉靖年间奉命征讨江南倭寇，"屡战屡捷，南人呼为天兵。"嘉靖三十三年，因兵败采陶港获罪下狱。"严嵩怀公不纳赂，使纠军以法绳之。"被皇上赦免后，告老还乡，回到威海，于万历八年（1580 年）辞世。李逢时夫人为福山县布政使之孙女。

---

① 刘晓燕、马超：《威海李家夼明清墓志碑刻考释》，《海岱考古（第十辑）》，科学出版社，2017年，第483—495页。

"赠太淑人谢氏墓志铭" 志盖

太淑人谢氏讳妙安墓志铭

都指挥李公墓志盖

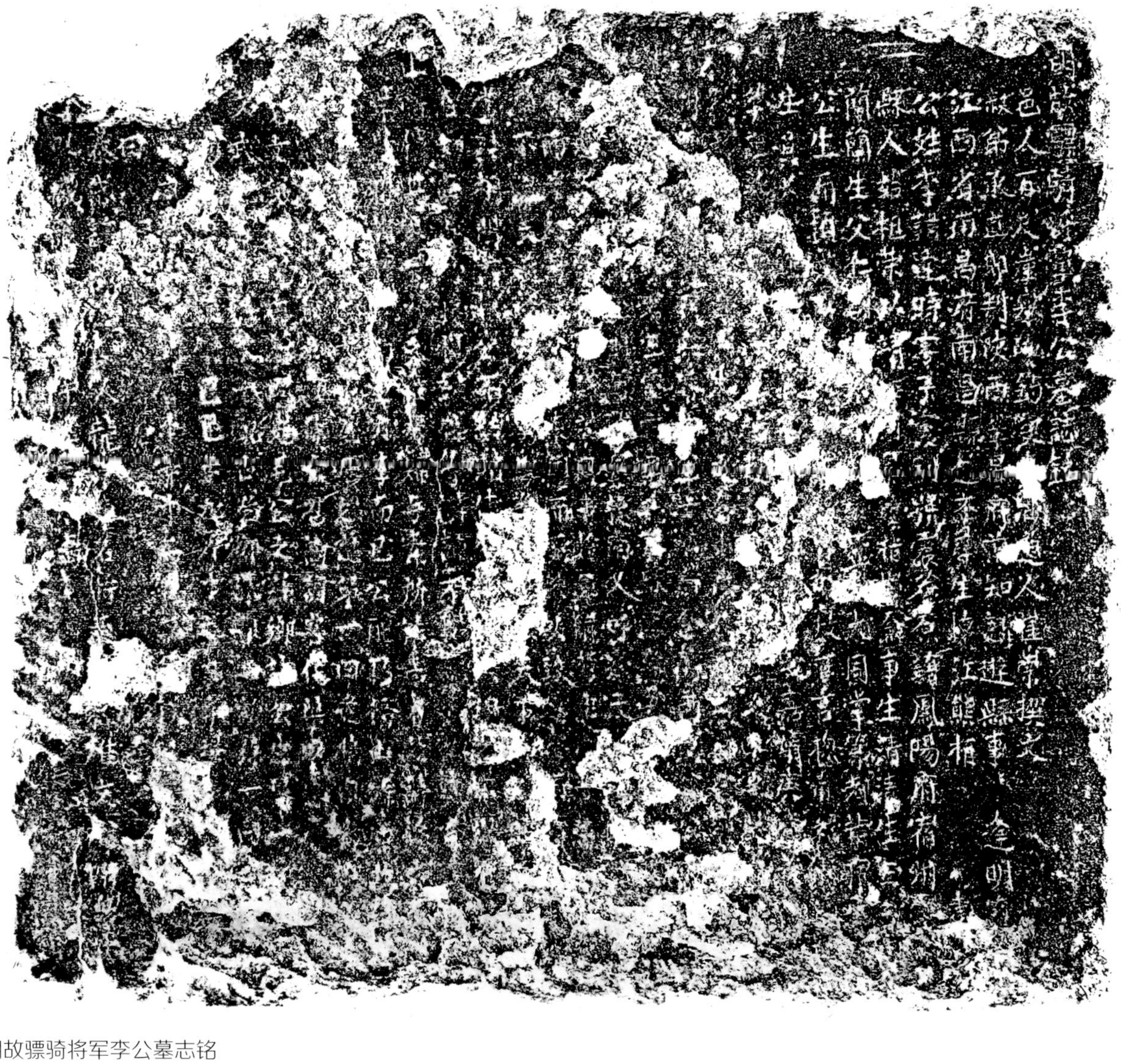

明故骠骑将军李公墓志铭

荣 成 市 地 图

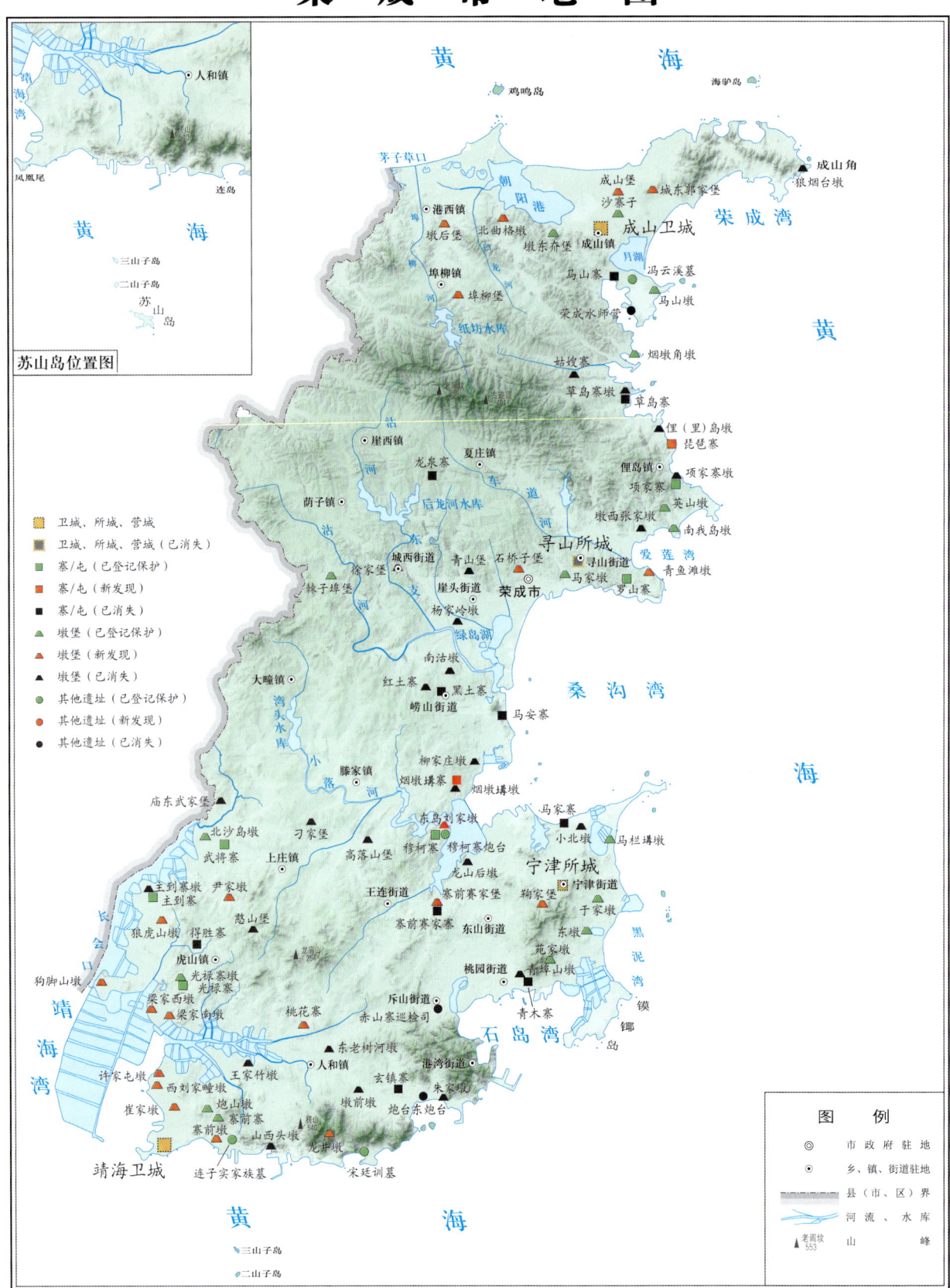

苏山岛位置图

图例

- 卫城、所城、营城
- 卫城、所城、营城（已消失）
- 寨/屯（已登记保护）
- 寨/屯（新发现）
- 寨/屯（已消失）
- 墩堡（已登记保护）
- 墩堡（新发现）
- 墩堡（已消失）
- 其他遗址（已登记保护）
- 其他遗址（新发现）
- 其他遗址（已消失）

图　例

- ◎　市政府驻地
- ⊙　乡、镇、街道驻地
- 　县（市、区）界
- 　河流、水库
- ▲　山峰
老鹰坟 553

二 荣成市海防遗址

卫城遗址

成山卫城遗址

位　　置　荣成市成山镇[①]驻地

始设年代　明洪武三十一年（1398年）

文保级别　1984年7月，"成山卫故城遗址"被公布为荣成县[②]第一批县级文物保护单位；1988年9月，被公布为威海市第一批市级文物保护单位；2015年6月，被公布为山东省第五批省级文物保护单位

概　　况　遗址现被成山镇占压，卫城处于一片开阔的平原地带，西北距百尺崖所27.6、距威海卫约41.5千米，南距寻山所约22.5千米，西南距文登营43、距靖海卫约65.5千米，北距黄海5千米，南距荣成湾2.5千米，东北14千米为南北海运必经之地——成山头。城垣呈方形，据清道光本《荣成县志》记载："明洪武三十一年创建石城，周六里一百六十八步，高一丈八尺，厚二丈。设四门，东曰'永泰'，西曰'天顺'，

成山卫城遗址位置图

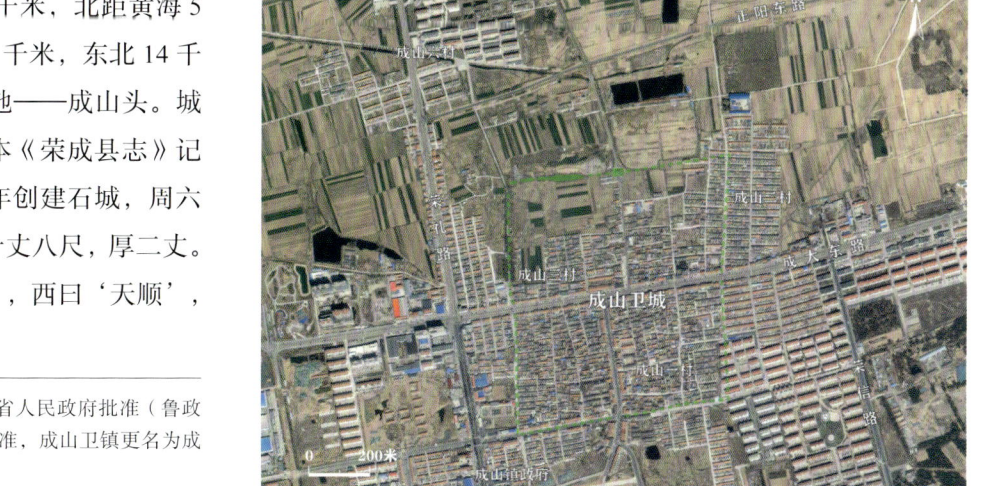

成山卫城遗址卫星图

[①] 2002年7月31日，经山东省人民政府批准（鲁政函民字〔2002〕50号）批准，成山卫镇更名为成山镇。

[②] 1988年荣成撤县设市，1996年6月，荣成市人民政府公布了第一批市（县）级文物保护单位。

成山卫城遗址北门及部分残存城墙航拍

南曰'文兴'，北曰'武宁'。"① 城墙为黄黏土间杂黑土、砾石等夯筑而成，外用青砖包墙。成山卫城历经四次修葺，至1942年城垣被拆除，仅余东、北二门。"文化大革命"期间又将东门拆除，仅北门尚存。据《荣成市志》记载，至20世纪90年代城垣仅西、北两面还有迹可寻，东垣址已建为民宅，南垣址被平为大街，其西南城角处现为街心。西门口向北一段垣墙保留较好，夯土墙体宽14、高2米。北垣在北门以西，高仅1米，向西越来越高，西北角为最高点，达5米。北门向东墙段亦已铲平，但垣址清楚。其北门洞为石基砖券，高3.8、宽4、进深13.3米，已处于渗漏危塌状态。门上原有石额曰"武宁"，已佚。而西门故额1988年冬季扩街时出土用马山石刻制，题"天顺"二字，款"乾隆六十年孟夏知县李遵春承修"②。至威海市第三次文物普查时，"仅存的北城门于2008年修缮。门洞高3.8米，宽4.2米，进深13.3米。余下城墙只有部分痕迹可寻"③。2021年3月，考古队对其再次开展实地调查，现北城门尚存，北城墙西半部残留长度约249米，因村民开垦农田取土破坏分为三段，东段残长158、宽5—6、高2.7—4米，中段残长约57、宽1、高1.2—1.5米，西段残长约34、宽0.8—1、高1.6—1.8米。东段和中段、中段和西段城墙间分别有长约18.4米的缺口，至西城墙被道路截断；其余城墙、城门因村庄建设、修建道路而被推平消失。

---

① 清雍正本《山东通志》"卷四·城池·二十八"记载："筑石城，周六里一百六十八步，高一丈八尺，厚二丈，池阔一丈五尺，深一丈。四门，东曰'永宁'，西曰'迎恩'，南曰'镇远'，北曰'武宁'，楼铺二十四座。"东、西、南门乾隆年间重修时改名。
② 山东省荣成市地方史志编纂委员会：《荣成市志》，齐鲁书社，1999年，第975页。
③ 威海市文物管理办公室：《追寻历史——威海市第三次文物普查成果巡礼》"A14成山卫城址"，青岛出版社，2012年，第186页。

2007年修复前的成山卫城遗址北门（南向北摄）　　　　成山卫城遗址北门现状（北向南摄）

历史沿革　为抵御倭寇的入侵，明洪武三十一年（1398年）开始在此设卫筑城，直属山东都司管辖。明初山东沿海倭患日趋严重，为便于统一指挥沿海卫所司寨抗倭，永乐六年（1408年）在登州城北的备倭城内设备倭都司[①]，宣德四年（1429年）于文登县城内设文登营[②]，成山卫隶属其管理。崇祯十六年（1643年）二月十三日，清兵自辽东半岛渡海攻占成山卫。清朝初期，军事体制变革，清政府开始裁卫并所。顺治二年（1645年），内陆卫所开始裁并，沿海的登州卫、宁海卫并入蓬莱、宁海两县。康熙二十年（1681年）、雍正三年（1725年），清政府屡行裁卫之议，均因受到成山、靖海等沿海卫所士民反对而作罢[③]。雍正十三年（1735年），在河东总督王士俊的建议下，清廷批准成山卫撤卫设荣成县。乾隆元年（1736年），荣成县第一任知县、江苏籍进士罗克昌到任，他以原成山卫守备署为临时县衙，同时在成山卫旧址修建荣成县衙与县城。乾隆四年（1739年），县城修缮完毕。北城门之名延用"武宁"，东城门之名由"永宁"改为"永泰"，西城门之名由"迎恩"改为"天顺"，南城门之名由"镇远"改为"文兴"。此后乾隆五十八年（1793年）、道光二十年（1840年）时任知县多次整修县城。清末甲午战争爆发，荣成县城遭到日军破坏，县衙被毁。1940年2月18日，日军入侵荣成县，20日，国民党县长胡守恒解散荣成县政府。4月9日，中国共产党在第三区后高家庄村（今属崖西镇）领导成立荣成县抗日民主政府。1945年8月，改称荣成县政府。1948年12月8日，中共荣成县政府移驻地处县域中心地带的崖头[④]，即今荣成市驻地。成山卫故城成为成山镇人民政府驻地。

据郑若曾《筹海图编·山东兵防官考》[⑤]，成山卫领墩十：狼家顶、里岛、马山、高础山、北峰头、仲山、崮嘴、太平顶、俞镇、大姑山；堡九：神前、堆前、祭天岭、报信口、石础、洛口、歇马神、北留村、张

---

① 其设立时间有多种记载，此据清顺治《登州府志》"卷五·武备·二"记载："备倭都司，在水城内，永乐六年始命都指挥王荣总领之，其后宣城伯卫青、永康侯徐镇之。"
② 宣德十年（1435年），明政府迁其址于文登县东10里处，并筑文登营土城，周3里，高8尺，有东、西、南3门。
③ 士民反对之议，（清）毕懋第等：《威海卫志》"卷九·艺文"，据民国十八年（1929年）铅本影印，成文出版社，1968，第272—274页有记："据莱阳、文登二县及大嵩、成山、靖海三卫反复敷陈不便裁并，讫且又据各卫士民连名公呈，历陈风土形势，追言创制始末，极言利弊，是县卫两议固所全同，而士民公论又皆画一，则大嵩、成山、靖海三卫，似当俯顺舆情，仍然旧制，以留为便者也……"
④ 王芳、车娟：《百年沧桑成山卫》，《中国档案报》2019年12月20日，总第3465期第四版。
⑤ （明）郑若曾：明嘉靖四十一年胡宗宪刻本《筹海图编·山东兵防官考》，《中国兵书集成》第15、16册，解放军出版社、辽沈书社，1990年，第579页。

成山卫城遗址北墙（西段）现状（东南向西北摄）

家[①]。明嘉靖时期，成山卫屯田八十七顷，屯二十二处：狄子巷、广粮、白峰头、白马、灰埠、黄埠、曲家埠、防饥、马安、兴安、茅子埠、九皋、蜊碴埠、青安、寻山所、葛家庄、冷家庄、长埠、马安（道光《荣成县志·卷二》作"马家"）、丰堆、金家庄、谢文庄[②]，屯粮一百四十四石。演武场在卫城西南一里。

职官与驻军　成山卫全称为"成山卫指挥使司"，由山东都司统领，隶属左军都督府。明嘉靖《宁海州志·建置第三·属治》记载，成山卫设经历司、镇抚司，下辖千户所三个：左、前及寻山备御后千户所。京操军，春班七百六十七人，秋班五百八十九人。守城军余二百六十一人。屯田军余二百四十人。《筹海图编·山东兵防官考》记载，成山卫京操军一千一百五十六人，城守军余二百六十一人，屯军二百四十人，捕倭军二百三十四人，守墩堡军余四十二人。两者记载明代驻军人数基本相同，基本维持在1900人左右。

雍正《文登县志·卷之二·武备七》记载，"成山卫，明初，原设指挥一十七员、经历一员、镇抚四员，左、前二所千户一十六员、百户二十员，军余一千八百五十一名。国朝顺治二年，只设守备一员。寻山所属成山卫。明初原设千户三员、百户十员、所镇抚一员，军余一百三十二名。顺治十二年裁并入卫。"

雍正十三年（1735年），成山卫撤卫设县。据道光《荣成县志》记载，明洪武年间，成山卫先后有唐斌、石严，天顺年间李宣任卫指挥使（正三品，与府道平行，方印一颗，承袭官位者无算）；永乐至天顺年间，

① （明）邓钟：《筹海重编》，《四库全书存目丛书》，齐鲁书社，1996年，第119页作："墩十一、堡八"。（明）嘉靖《宁海州志》"卷上·建置三"作："墩、堡十九：狼家顶、北峰头、里岛、固嘴、俞镇、马山、神前、祭天岭、报信口、堆前、歇马神、洛口、石础、北留村、张家、仲山、高础（'础'右'出'原为'屈'）、太平顶、夺姑山。"（清）李天骘修：道光本《荣成县志》，《中国地方志集成·山东府县志辑》第五十六册，教育出版社，2004年，第459页中"卷二·建置武备七、八""北峰头"作"白峰头"、"报信口"作"报信"、"歇马神"作"歇马亭"、"张家"作"张家口"。
② （清）王一夔、赛珠等纂修：雍正《文登县志》，清雍正三年（1725年）刻本，国家图书馆藏。

王受、丁良、曹友、张景先后任指挥同知（从三品，世袭）；洪武至成化年间，任义、袁礼、郑信、刘秉、蔡敬、许旺、汪海、徐英、姬锐、陈铭、王卿任指挥佥事（正四品，世袭）；永乐、洪熙年间，乔源、陈兴先后任卫镇抚（从五品，方印一颗，世袭）；永乐至嘉靖年间，马祯、孙贵、李真、陈宗、郁兴、陈用、李敬、蒲清、翁贵、黎差、王瑛、郭旺、卜颜、许谅、安英、阎钦任卫千户（正千户正五品，副千户从五品，选贤主事，世袭）；洪武至宣德年间，程起、李能、王荣等 17 人任百户（正六品，世袭）。另有宋文、曹骏、高翰等 25 人任卫学教授，郭淮、韩仁等 18 人任卫经历，申万全、田金等 8 人任卫仓大使（寻山所职官详见本书"寻山所城遗址"）①。

　　清初，改革军事制度，对明朝以来的卫所进行大幅调整。顺治年间开始裁减卫所官员，并将卫所官员由世袭制改为任命制。顺治二年（1645 年），成山卫改设卫守备（正五品，管理庶政，兼理屯务，与州县平行）1 员。顺治至雍正年间，胡若英、郑宗侨、陈璠、徐三祝等 13 人先后任守备，顺治年间宋元顺、闵应魁任经历，顺治至雍正年间，许若衡、刘一田等 15 人任教授。至雍正十三年（1735 年），成山卫改设荣成县，罗克昌为首任知县②。

　　综上所述，成山卫在明朝、清代前期一直是荣成市北部沿海地区的军事重镇，不仅对古代抗倭斗争，还为近代对日战争起过重大作用，是一处具有重要作用的海防遗址。

考古和保护工作　卫城四门现仅存北城门一座，2008 年 7 月，成山镇人民政府对其进行了维护和修缮。修缮时将城门东西两侧断面流失夯土回填，用青砖包砌，并在城门之上新修一座仿古式亭，屋顶形式为重檐歇山，灰筒瓦屋面。

历史资料　关于成山卫的设置时间，史书记载略有不同，但都集中在洪武年间，具体分歧在具体年代上，主要有以下三种观点：

（1）洪武间置，具体时间不详。

　　嘉靖《山东通志·卷十一·兵防》记载："成山卫，在文登县东一百二十里，洪武间建。"③

　　嘉靖《宁海州志·建置第三·属治·成山卫》采用同样说法，"成山卫，在文登县东一百二十里，洪武间置。"④

（2）洪武十三年（1380 年）置，主要见于清道光《荣成县志》记载。

　　道光《荣成县志·卷九·艺文》收录乾隆初年荣成首任知县罗克昌撰《建县修城记》记载："明洪武十三年，置成山卫。"⑤

　　道光《荣成县志·卷一·沿革》可能采用了罗知县观点："明洪武十三年，置成山卫，于卫南置寻山所，属登州府。"⑥

　　又该书卷六《职官》"卫指挥使"首列"唐斌，南直宝应人，洪武十三年封。文登志洪熙元年（1425 年）封。"⑦对此有威海地方史志研究学者初钊兴认为《荣成县志》采用了唐斌家谱的说法，而家谱常口口相传，

---

①（清）李天骘修：《荣成县志》"卷六·职官"道光二十年刊本，成文出版社，《中国方志丛书·华北地方·第三八二号》，1976年，第204—216页。

②（清）李天骘修：《荣成县志》"卷六·职官"道光二十年刊本，成文出版社，《中国方志丛书·华北地方·第三八二号》，1976年，第224—228页。

③（明）陆钺纂修，（明）吕元善续修：《山东通志》，明嘉靖刻本，天津图书馆馆藏。

④（明）李光先修，焦希程纂：嘉靖《宁海州志》，明嘉靖二十六年（1547年）刻本，宁波市文管会天一阁藏。

⑤（清）李天骘修：《荣成县志》道光二十年刊本，成文出版社《中国方志丛书·华北地方·第三八二号》，1976年，第452—456页。

⑥（清）李天骘修：《荣成县志》道光二十年刊本，成文出版社《中国方志丛书·华北地方·第三八二号》，1976年，第62页。

⑦（清）李天骘修：《荣成县志》道光二十年刊本，成文出版社《中国方志丛书·华北地方·第三八二号》，1976年，第204页。

中间难免出现讹误①。笔者认为可能唐斌《文登县志》洪熙元年受封的记载是正确的。

（3）洪武三十一年（1398年）置，记载文献最多，也更可信。

《明实录·明太祖实录》第二百五十七卷记载："洪武三十一年夏五月……甲寅，上不豫……丙寅，置山东都指挥使司，属卫七：曰安东，曰灵山，曰鳌山，曰大嵩，曰威海，曰成山，曰靖海。"

《明史·卷八十·地理志二》"登州府文登"条："南有靖海卫，东有成山卫，北有威海卫，皆洪武三十一年五月置。"②

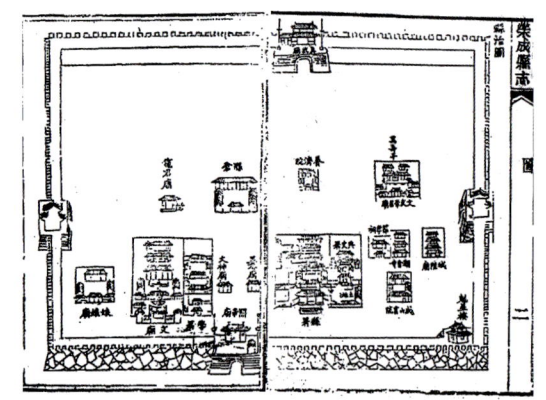

清代荣成县治图（引自道光《荣成县志》）

永乐二年，文登教谕胡士文撰《新设威海捕倭屯田军记》记载："洪武戊寅春正月，特命魏国公徐、都督朱垛集本处之民，置立沿海卫所……今当险要之处自威海而抵安东，凡设直隶卫者七。"③ 成山卫当为其一。

《寰宇通志·卷七十六·登州府四》记载："成山卫指挥使司，在文登县东百二十里，洪武三十一年建。"④

《大明一统志·卷二十五·登州府六》记载："成山卫，在文登县东一百二十里……以上俱洪武三十一年建。"⑤

《读史方舆纪要·卷三十六·山东七·登州府三十》记载："成山卫，文登县东百二十里，洪武三十一年置，领左、前二千户所，卫城周六里有奇。"⑥

《续山东考古录·卷之十二·荣成县十》记载："荣成县……明文登县地，（附）洪武三十一年置成山卫、宁津千户所，成化中置寻山千户所。"⑦

《登州府志·卷五·武备》记载："成山卫，在文登县东一百二十里，洪武三十一年建。"⑧

《文登县志·卷之二·城池一》记载："成山卫城，古名天水郡，明初因倭寇境，洪武三十一年始创石城，周六里一百六十八步，高二丈八尺，阔二丈，池深一丈二尺。门四，楼铺二十四座，今俱湮圮。"⑨

《增修登州府志·卷七·城池八》记载："荣成县，本成山卫，明洪武三十一年立，建石城，周六里余，高二丈八尺，厚二丈。"⑩

① 初钊兴：《明清时期威海地区的驻军——三卫一营考》，《中国甲午战争博物馆馆刊》2008年第2期。

② （清）张廷玉等：《明史》，续修四库全书本，国家图书馆藏。

③ （清）毕懋第原修，郭文大续修：乾隆《威海卫志》，《中国地方志集成·山东府县志辑》第44册，凤凰出版社，2004年，第475页。

④ （明）陈循、彭时等修：《寰宇通志》，明景泰时期内府刊初本，台北图书馆藏。

⑤ （明）李贤、万安等纂修：《大明一统志》，万寿堂本，国家图书馆藏。

⑥ （清）顾祖禹：《读史方舆纪要》，清代锦里龙万育刊本，国家图书馆藏。

⑦ （清）叶圭绶：《续山东考古录》，国家图书馆藏。

⑧ （清）施闰章等：顺治《登州府志》，清康熙三十三年（1694年）刻本，国家图书馆藏。

⑨ （清）王一夔、赛珠等纂修：雍正《文登县志》，清雍正三年（1725年）刻本，国家图书馆藏。

⑩ （清）方汝翼、贾瑚修，周悦让、慕荣幹纂：光绪《增修登州府志》，清光绪七年（1881年）刻本，山东省图书馆藏。

靖海卫城遗址

位　　置　荣成市人和镇靖海卫村

始设年代　明洪武三十一年（1398年）

文保级别　2012年12月，"靖海卫城址"被公布为荣成市第二批市（县）级文物保护单位

概　　况　遗址现被人和镇靖海卫村占压，卫城因地势筑于西、北高，东、南低的山岗坡地上，东北距宁津守御千户所约31千米，西北距文登营约41千米，西隔海距海阳守御千户所约51.7千米；卫城三面环海，西距海约0.5、南距海约0.7、东距海约1千米；向东隔海可见铁槎山。城垣呈东西长方形，据康熙《靖海卫志》记载："靖海卫，古名普庵郡，明魏国公徐达平定东牟，草创卫治，洪武三十一年，始筑石城，周九百七十一丈，高二丈四尺，门四。后倭乘西门入寇始塞，今止三门，楼铺二十九座，池深一丈，涧二丈五尺，为东咽喉极卫。砖城自明季天启年间湮废，至今渐坍塌五十五处，久成通衢。于康熙十一年，守备叶植劝谕军丁输工葺补，捐俸重理三门。晨昏启闭，城上尚少资费修理围墙、垛口，虽未得成，东海巨观，亦足为签苟之备。"[①] "教场在城西南角，有亭一间，仅存遗址。"[②] 靖海卫城自明初建立后，成为荣成市东南海崛咽喉和海防要冲。永乐、嘉靖年间，倭寇侵扰频繁，曾从卫城西门侵入，军民奋起抗击，将之击退，西门也被堵

靖海卫城遗址位置图

靖海卫城遗址卫星图

---

① （清）无名氏：康熙《靖海卫志》，《中国方志丛书·华北地方·第三号》，成文出版社，1968年，第7页。

② （清）康熙《靖海卫志》，第68页。

靖海卫城遗址北墙、东墙航拍（北向南摄）

塞①，只剩东、南、北三门。明正统以后，军政腐败、卫所废弛，到天启年间，靖海卫城坍塌多处、一度湮废。直至清康熙十一年（1672年），守备叶植重修三门，但城墙等暂未修理。之后暂无关于城池修整记载，至雍正十三年（1735年），裁卫并入文登县，村以卫名。靖海卫成为文登县云光都，领十里十保，共246村。据《荣成市志》记载，至20世纪90年代四城垣轮廓尚清楚。西、西南、东北城墙地基尚在，但已残缺不全。其东、东南城基在20世纪60年代整地时被毁。原卫城内有军丁后裔居民居住，即现靖海卫村。村中东西大街及正南大街，仍是旧时通往东、西门和南、北门的十字大道②。

至荣成市第三次文物普查时，"城址仅剩村公路东侧的一段长约211米的北城墙，长约15米的西城墙以及南城墙部分"③。2021年3月，考古队对其再次开展实地调查，现城址仅剩不连续的五段，其中第一段为位于村口牌坊以东的北垣，长约193、宽6—10、高3.1—4.5米，东墙北端与北墙东端相连，残长约60米，东北角残存晚期岗楼遗址；第二段位于村口牌坊以西，为长约16、宽约8、高约4米的断墙；第三段位于第二段断墙以西，长约49、宽约7.5、高约4米；第四段位于原南垣中段，残长约78、宽6、高1.3—3米；第五段位于原古城东门北侧，残长约15、宽约4、最高处4米。走访过程中村民反映，卫西和卫东原有墩各一个，西墩因建设船厂硬化路被破坏；东墩位于燃气集团北部，因开山取土石被破坏。

① 《明史纪事本末》"卷五十五·沿海倭乱"记载："永乐十四年……六月，倭舟三十二艘泊靖海卫杨村岛，命（蔡）福等合山东都司兵击之。"清无名氏康熙本《靖海卫志·名贤》记载："商祖尧与宋奎、常林、潘铸……皆本卫武彦也，嘉靖三十一年，倭众犯卫，祖尧等率众捍御，奋不顾身，倭遂潜退，皆尧等之功。"
② 山东省荣成市地方史志编纂委员会：《荣成市志》，齐鲁书社，1999年，第975页。
③ 威海市文物管理办公室：《追寻历史——威海市第三次文物普查成果巡礼》"A15靖海卫城"条，青岛出版社，2012年，第186页。

靖海卫城遗址北墙东段现状（东南向西北摄）

靖海卫城遗址北墙中段现状（东北向西南摄）

靖海卫城遗址北墙西段现状（西南向东北摄）

靖海卫城遗址东墩残址现状（西向东摄）

靖海卫城遗址东墙中段（东门北侧）现状（南向北摄）

靖海卫城遗址东墙北段现状（西向东摄）

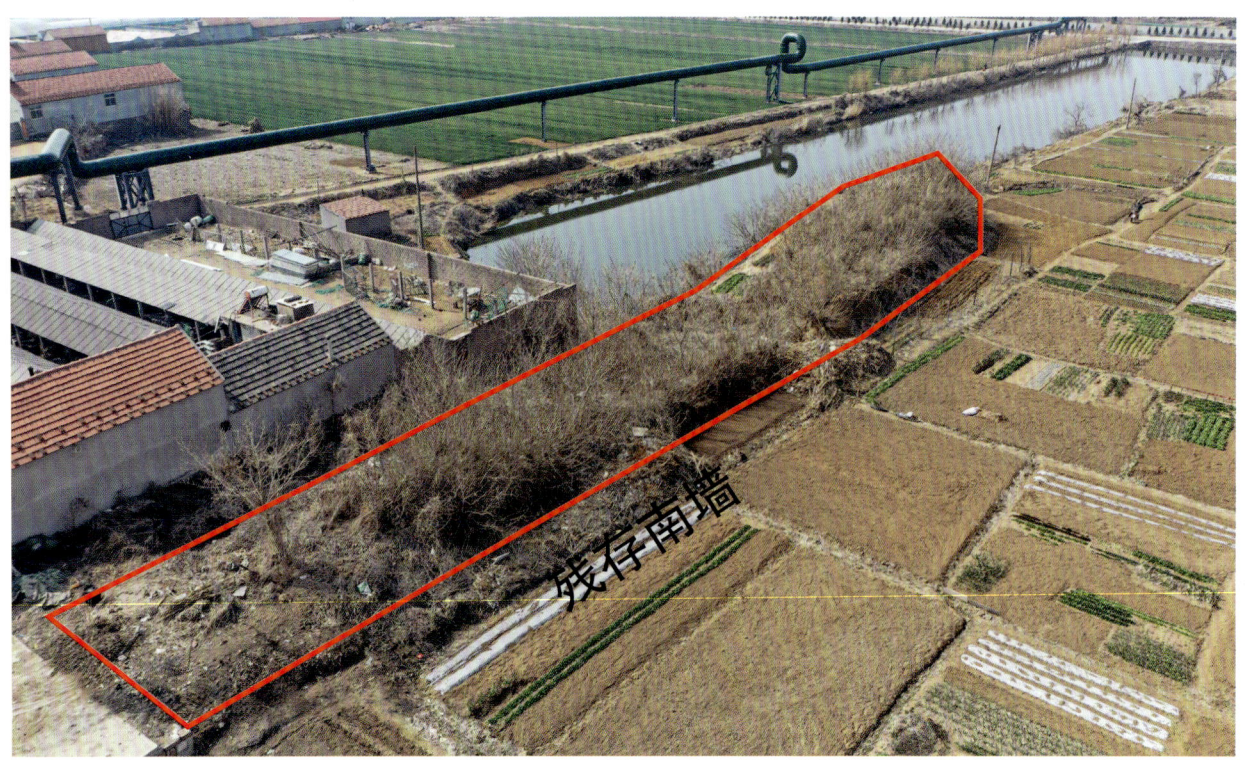

靖海卫城遗址南墙航拍（东北向西南摄）

历史沿革 荣成北、东、南三面濒临大海，海口众多，港口密布，是倭寇入侵的重灾区。为御倭寇和海盗骚扰，确保海疆平安，明洪武三十一年（1398年）开始在此设卫筑城，谓之"靖海卫"，直属山东都司管辖。靖海卫防区为东北至石岛湾（与宁津守御千户所防区相接）、西至靖海湾西、五垒岛湾北部海岸（与海阳守御千户所防区相接）的广阔沿海地区[①]。明永乐六年（1408年），为便于统一指挥沿海卫所司寨抵御山东沿海日趋严重的倭患，在登州城北的备倭城内设备倭都司[②]，宣德四年（1429年）于文登县城内设文登营[③]，靖海卫与威海卫、成山卫、宁海卫等共同隶属其管理。明中叶后，卫所屯田多被军官吞蚀，军士破产散亡现象严重，至天启年间，靖海卫曾一度湮废。明末清初，社会动荡，尤其是崇祯十一年（1638年）和崇祯十五年（1642年），清军入关侵扰，并进入山东境内进行了残酷的掳掠，至康熙元年（1662年），山东人民反清斗争遍及各地。为适应新的海防形势，清初清廷开始调整明代以来的卫所制度。清初，靖海卫改设守备，仍加强防卫。康熙十一年（1672年），守备叶植一方面捐俸重修靖海卫三门，加强防御，同时"极力清剔除数十年牢不可破之积弊，复九百丁久失原额之军丁，招抚流移，新荒复业，劝垦老荒，岁赋日增，上裕国课，下保残黎、绅衿、军丁"[④]。雍正十三年（1735年），"河东总督王士俊，疏奏东省裁卫设县事宜……靖海、威海二卫，请裁卫守备、教授各一员，添设巡检各一员。靖海卫，即以宁海州议裁之乳山寨巡检移驻；威海卫，即以文登县原属之温泉寨巡检移驻；均归并文登县管辖……文登县赤山寨

---

① （明）郑若曾：明嘉靖四十一年胡宗宪刻本《筹海图编·山东兵防官考》，《中国兵书集成》第15、16册，解放军出版社、辽沈书社，1990年，第161—163页。

② 其设立时间有多种记载，此据顺治《登州府志》"卷五·武备"记载："备倭都司，在水城内，永乐六年始命都指挥王荣总领之，其后宣城伯卫青、永康侯徐镇之。"

③ 宣德十年（1435年），明政府迁其址于文登县东10里处，并筑文登营土城，周3里，高8尺，有东、西、南3门。

④ （清）无名氏：《靖海卫志》，《中国方志丛书·华北地方·第三号》，成文出版社，1968年，第15页。

巡检，改隶成山新县（即荣成县）……其考试生童额数，应行酌定。请将靖海卫附大嵩，威海卫附成山。各取进生童十六名，增设廪生二十名，均应如所请。从之"[1]。靖海卫被裁并入文登县，相关屯田、人丁、生员等均划归附近各县；同时移乳山寨巡检司于靖海卫，设巡检1人，皂隶2人，弓兵20名，管理朱家圈、码头嘴、沙窝等海口。清宣统三年（1911年）巡检司被废除，共历巡检26任。据《文登市志》《荣成市志》记载，1954年7月，文登县第十区、十一区（驻地靖海）划归石岛县；1956年3月，石岛县撤销，原石岛县所辖区域全部划归荣成县，称靖海区；1958年3月，撤区建乡，置人和乡、靖海乡，同年9月，成立人和公社、靖海公社；1984年4月，撤乡，改为人和镇、靖海镇；2001年4月，靖海镇并入人和镇，镇人民政府驻人和村。

据郑若曾《筹海图编·山东兵防官考》[2]，靖海卫领墩二十：大湾口、头姚山、青岛嘴、长会口、石岗山、浪浪、瓜蒌寨、标杆岭、唐浪顶、铎木山、郭家口、赤石、红土崖、黑夫厂、石脚山、柘岛、峰窝、明光山、狗脚山、路家马头；堡八：店山、望将山、起甫顶、蒸饼山、憨山、孤西山、望将山（原文如此，应为"葫芦山"）、坟台顶[3]。

明代，靖海卫屯田一百四十八顷七十五亩，屯粮一千四百二十五石[4]。康熙《靖海卫志·屯名》记载："本卫屯四十三处：曰狼尾、曰老军、曰草埠、曰草埠角、曰古獐、曰古獐角、曰殿山院、曰邹山、曰桃子山、曰玄真岛寨、曰蔓天岭、曰石窑、曰榛子沟、曰桃花石、曰达军、曰明光山、曰望港山、曰长会寨、曰石獐河、曰五里岛寨、曰刘家茔、曰汪岛、曰生家岛、曰汤湾泊、曰杨家港、曰落落沟、曰大金院、曰金家庄、曰小泊子、曰小泊子角、曰峰山、曰管山、曰西古獐、曰黑石埠、曰茅茨埠、曰远庄、曰泊子、曰窑南泊、曰冷家庄、曰黄埠岭、曰绵马、曰青里，以上各屯俱坐落宁海、文登界内。"[5]实际列出屯四十二处，同时该书列出宁津所辖屯二十一处（详见本书"宁津所城遗址"），清顺治十二年，宁津守御千户所并入靖海卫，靖海卫辖屯六十三处，与光绪《文登县志》载靖海卫辖六十三屯相符。说明初期各卫所辖屯田不局限于本防区内，正如《荣成县志》记载："（元至正十八年二月）毛贵于莱州立三百六十屯，相距各三十里，造大车挽运，官民田皆十取其二。明兴，袭其故迹，分隶诸屯于各卫。靖海屯田有西及昌邑者，成山屯田亦然。今一概改拨如成山诸屯，即在本县村庄以内。"[6]各屯调整时间暂未见史料记载，但至迟至雍正年间，靖海卫辖屯二十六处，曰桃花石、曰刘家茔、曰长会寨、曰臻（榛）子沟、曰殿山院、曰古獐、曰古獐河、曰王家岛、曰五里（垒）岛、曰泊子、曰徭（窑）南泊、曰泊子（原文如此）、曰青勃啰顶、曰金家庄、曰峰山、曰五里寨、曰大圣院、曰瓜蒌寨、曰柘岛、曰郑山、曰管山、曰黑石埠、曰桃子山、曰狼狼、曰

---

① 见《清实录》"世宗宪皇帝实录·卷之一百四十九"。

② （明）郑若曾：明嘉靖四十一年胡宗宪刻本《筹海图编·山东兵防官考》，《中国兵书集成》第15、16册，解放军出版社、辽沈书社，1990年，第578页。

③ （明）邓钟：《筹海重编》，《四库全书存目丛书》，齐鲁书社，1996年，第119页记载："墩十八：石岗、郭家口、铎木山、柘岛、唐浪顶、憨山、望将山、坟台顶、标杆岭、葫芦山、瓜蒌寨、狗脚山、石脚山、赤山嘴、头姚山、峰山窝、浪浪、大湾口；堡三：蒸饼山、孤西山、店山。"（明）嘉靖《宁海州志》"卷上·建置"记载："墩、堡二十六：大湾口、浪浪、峰山窝、姚山头、青岛嘴、明光山、路家码头、长会口、赤山嘴、石脚山、狗脚山、瓜蒌寨、起雨顶、葫芦山、店山、标杆顶、坟台顶、望浆山、憨山、孤西山、蒸饼山、唐辰顶、柘岛、铎木山、郭家口、石冈。"（清）雍正《文登县志》部分墩堡名称略有差异作："靖海卫墩二十座：曰柘岛、曰铎木、曰郭家口、曰石岗山、曰唐浪顶、曰杵杆岭、曰瓜蒌寨、曰狗脚山、曰石脚山、曰路家马头、曰赤石、曰长会口、曰经土崖、曰明光山、曰青鸟嘴、曰姚山头、曰峰窝、曰浪浪、曰大湾口、曰黑夫厂。""靖海卫堡八座：曰蒸饼、曰孤西、曰憨山、曰望将、曰坟台、曰店山、曰葫芦山、曰起雨山。"

④ （明）嘉靖《宁海州志·卷上·建置三》。

⑤ （清）无名氏：《靖海卫志》，《中国方志丛书·华北地方·第三号》，成文出版社，1968年，第67页。

⑥ （清）李天鹜修：道光《荣成县志·卷二·建置》，《中国地方志集成·山东府县志辑》第五十六册，教育出版社，2004年，第456页。

狼尾、曰草埠①。以后志书基本采用此记载。

职官与驻军　靖海卫由山东都司统领，隶属左军都督府。明嘉靖《宁海州志》记载，靖海卫设经历司、镇抚司，辖左、中、后三所。京操军，春班八百四十九人，秋班七百四十四人；守城军余一百一人，屯田军余二百一十人。《筹海图编·山东兵防官考》记载，靖海卫京操军一千五百九十三人，城守军余一百五十人，屯军二百一十一人，捕倭军三百一十三人，守墩堡军余七十二人。两者记载明代驻军人数相差较大，前者为1904人，后者为2339人，主要差别在捕倭军和守墩堡军余。

清雍正《文登县志》记载，"靖海卫，明初原设指挥十一员、经历一员、镇抚二员，左、中、后三所千户十六员，百户三十员，军余一百三十二名。""国朝顺治二年，只设守备一员。"

据清光绪《文登县志·卷五·职官表一》②、康熙《靖海卫志·官职卷之五》③记载，靖海卫担任世袭指挥使、指挥同知、指挥金事、镇抚等职人员如下表所示。

除此之外，完颜福、王质、王得、龚敏、刘兴、刘斌、张山、张友、赵兴、李宏、潘玉、郭瘦斯（《靖海卫志》作"厮"）、蔡诰、王义先、李茂、张贵、傅迪、陈恺、朱玺等人及其后裔也担任过卫千户（正千户正五品，副千户从五品，所千户五员，共印一颗，军政选贤能千户一员主之，贤否由本卫）；韩杰、王政、董得全、冯良、泰兴、乐用、刘源、王敬、蔡道士、李昱、武信、刘斌、胡祯、何晋、张鑑、许泰、胡宗文、孙逊、汪政、陈能、李昇、项贵、康雄、吴兴、陶珣、王哼啰达儿等人及其后裔担任卫百户（正六品）；明代，贾永成、王达、施良全、雷震清、江国器、李宗舜、蒋廷璧、王道光、陈克光丁萝说、申光绶、马应龙、王道立、黄镡等人先后任卫经历（从七品，方印一颗，管军民词讼及府道文移呈堂），胡绍、贾鲁、张表等20人先后任卫学教授，卜世隆、窦宝、王江、吴受允、梁邦表、孙孝实、蔡思贤、焦景时先后任卫仓大使（天启年间裁）。

清初，卫所军官由世袭制改为任命制，指挥使等军官改为守备。顺治至康熙年间，韦盛、王京、徐大任、刘元孝、张继震、叶植、章靖、丁文龙（《靖海卫志》作"李文龙"）、宋斌、杜振龙、高福贵、曹贤（《靖海卫志》作"曹贤江"）先后任卫守备（正五品，管理庶政，兼理屯务，与州县平行）；顺治年间，孙承逊、王尚礼先后任卫千总；顺治十五年前，袁绍毅、祝运昌任卫经历；顺治至雍正十三年前，徐宏典、周之翰、孔闻式、耿廷楫、任贵、马负图、苏金铉、王宏绪、高三思、苏学轼、李在泮、王瑄、于绅先后任卫学教授。雍正十三年（1735年），靖海卫被裁撤改设巡检司，王永诏、樊式贤、王存智、王居敬、周待锡等26人先后担任巡检。

综上所述，靖海卫在明朝、清代前期一直是荣成市东南沿海地区的军事重镇，清代中后期改设巡检司，在抗倭斗争、缉捕海盗、维护海疆稳定等方面发挥了积极作用，是一处重要的海防遗址。

历史资料　关于靖海卫的设置时间，史料记载并不统一，主要有以下三种说法：

（1）洪武间置，具体时间不详。

明嘉靖《宁海州志·建置第三·属治·靖海卫》记载："靖海卫，在文登县南一百二十里，洪武间置。"④

清康熙《靖海卫志·卷一·形胜》记载："靖海卫，古名普庵郡，明魏国公徐达平定东牟，草创卫治，

---

① （清）雍正《文登县志》"卷之二·武备八"。
② （清）李祖年：光绪《文登县志》，《中国地方志集成·山东府县志辑》第五十四册，教育出版社，2004年，第103—119页。
③ （清）无名氏：《靖海卫志》，《中国方志丛书·华北地方·第三号》，成文出版社，1968年，第19—35页。
④ （明）李光先修，焦希程纂：嘉靖《宁海州志》，明嘉靖二十六年（1547年）刻本，宁波市文管会天一阁藏。

明代靖海卫世袭军官简表

	指挥使：正三品，方印一颗，五年军政选贤能指挥一员主之，贤否由本卫；每员月支米三十五石，岁该四百二十石[①]
序号	姓名	任职时间	简介
1	商能	永乐	沐阳人，幼孤，养于徐兴孙为义子。兴孙从太祖灭元有功，卒无子，因以能补其役。能从永乐靖难有功，赐爵指挥使。元年十二月，除靖海卫，世世不绝
2	商广		商能之子
3	商珍		商广之子
4	商政		商珍之子
5	商希尹		商政之子
6	商祖尧	嘉靖	商希尹之子，嘉靖三十一年，倭众犯卫，祖尧等率众捍御，奋不顾身，倭遂潜退，皆尧等之功
7	商之霖		祖尧卒，子朝臣先祖尧亡，以朝臣子之霖嗣身，授文登营把总印务，嗣祖尧职。富于财，卫人赖之
8	商允济		之霖卒，无子，以弟之衡子允济嗣
9	哈嗒帖木儿	宣德	其先曰古难不花，元山后上都人。洪武二十三年来降，赐姓潘。洪武三十五年以靖难功晋金吾左卫指挥使，未任，卒，子喇撒嗣。永乐八年，从征沙漠有功，十三年卒，无子。帝思其功，命其弟哈嗒帖木儿嗣职，仍为指挥使。宣德十年调靖海卫指挥使，世世不绝
10	潘兴	景泰	哈嗒帖木儿卒，子兴幼，给全俸，三年嗣职
11	潘树	成化	潘兴之子，兴卒，树幼，给全俸，十三年嗣职
12	潘洁	正德	潘树之子
13	潘昆	嘉靖	洁卒，长子先洁亡，以次子昆代
14	潘一忠		潘昆之了
15	潘承勋		潘一忠之子，崇祯四年殁于阵
16	潘凤起	崇祯	潘承勋之子，甲申后职绝
	指挥同知：正四品，每员月支米二十四石，岁该二百八十八石
1	杨成	永乐	武定州人，洪武初从军有功，授千户。永乐时以靖难功升指挥同知
2	杨春		杨成之子
3	杨玉	正统	杨春之子，正统五年嗣
4	杨桢	天顺	杨玉之子，天顺七年嗣
5	杨梅	成化	十一年桢卒，子梅幼，成化二十年始袭父职
6	杨登	正德	杨梅之子，正德四年嗣

① 资料来源：《大明会典》"卷二十九"。

序号	姓名	任职时间	简介
7	杨武	嘉靖	杨登之子，嘉靖三十年嗣，甲申后职绝
8	王友	宣德	其先曰王忠，河南新安人。初从太祖，著战功。后从靖难，兵殁于阵。子友时在师中补役，渡江攻克正阳门，有奇功，授指挥同知。宣德六年调靖海卫，遂家焉
9	王信	宣德	王友之子，宣德八年嗣
10	王宽	正统	王信之子，正统九年嗣
11	王璋		王宽之子
12	王臣	弘治	王璋之子，成化十六年璋卒，子臣幼，给全俸，弘治三年嗣
13	王崇仁	正德	王臣之子，正德九年嗣
14	王郊		崇仁卒，无子，以弟崇智子郊嗣
15	王建侯		郊子进贤早亡，进贤子佐才幼□文，为诸生，又亡。郊卒以佐才子建侯嗣，郊曾孙也。崇祯十一年殁于济南
16	王正域	崇祯	王建侯之子，甲申后职绝
17	向茂	永乐	其先曰向铭，瑞州高安人。明初归太祖，授总旗，因战伤股残废，乃以子旺代役。旺以靖难功授千户，殁于阵。永乐元年以其子本为富峪指挥同知，九年卒。本叔茂，铭次子也，帝乃以嗣本职。十五年调靖海卫，世世不绝
18	向宣	正统	向茂之子，宣德九年，茂卒，宣幼，给全俸，正统四年嗣
19	向春	成化	向宣之子，成化十四年宣风疾，以子春代
20	向禄	正德	向春之子，正德八年春，复残疾，以禄代
21	向赐	嘉靖	向禄之子，嘉靖十六年嗣
22	向上		嘉靖二十四年赐卒，子上嗣，理卫事。时御史巡方，各卫军多失伍。上惧吏议，自投于海，子化求父尸不得，亦蹈海死，是为向孝子，载《明史·孝义传》
23	向学		嗣上职
24	向承恩		向学之子，甲申后职绝
25	王兴	宣德	其先王曰成，任邱人，太祖兵克乐安，曰成归附，屡立战功，后以靖难功授徐州卫指挥同知。无子，以其侄兴幼从军，屡获赏给，奏以为子。宣德元年调靖海卫世袭指挥同知，七年至卫
26	王胜		王兴之子
27	王顺	景泰	王胜之子，正统九年胜卒。顺幼，依例优给，景泰四年嗣
28	王钺	成化	王顺之子，成化三年顺卒，钺幼，十二年嗣
29	王庆	弘治	王钺之子，弘治十二年嗣
30	王仪	正德	五年庆卒，子爵幼，后病死，乃以庆叔仪嗣庆职
31	王琏	嘉靖	王仪之子

序号	姓名	任职时间	简介
32	王潘		王琏之子
33	王延禄		王潘之子
34	王占隆		王延禄之子
35	王铭钟	崇祯	王占隆之子，甲申后职绝，铭钟子宪康熙间贡入国学
指挥金事：正四品，每员月支米二十四石，岁该二百八十八石			
1	连寿	永乐	钱塘人，其先日子实，明初从军，有功。子实疾，以长子寿代役。永乐时以靖难功授金吾左卫指挥金事，世世不绝。永乐十五年调靖海卫，宣德五年调驻登州新海口防倭，后复分守文登营
2	连忠		连寿之子
3	连辅	天顺	连忠之子，正统三年忠卒，辅幼，因以忠弟斌代辅，名曰借职。天顺三年，辅乃嗣忠职
4	连茹	弘治	连辅之子，弘治六年嗣
5	连璧	正德	连茹之子，十三年茹卒，璧嗣。璧英武有俊才，累晋河南都指挥使司
6	连莹	嘉靖	璧弟，三十二年璧卒，无子，以弟岁贡生当涂主簿回籍嗣
7	连尔铭	隆庆	连莹之子，元年莹疾，尔铭代
8	连国祯		连尔铭之子
9	连家荫		国祯卒，无子，以弟国干子家荫嗣，甲申后职绝
10	郑鑑	洪武	武清人，赘刘兴家为婿，因冒刘姓名四。洪武初从军，二十一年授指挥金事。奏复本姓，改名鑑，三十一年调靖海卫指挥金事，世世不绝
11	郑刚	永乐	郑鑑之子，元年刚嗣，六年倭犯靖海，刚帅百户逆战败绩、左军都督府提送武定侯处立功，充前锋，同指挥王成北征八咋，六月屯乱石山，卒于师
12	郑景		郑刚之子，刚卒，景幼，给全俸。二十二年嗣，正统二年提京同龙翔卫百户，应武试中式，命治卫事
13	郑通	正统	郑景之子，正统十一年嗣
14	郑广	成化	郑通之子，成化六年嗣
15	郑威	成化	郑广之子，成化二十年嗣
16	郑承烈	正德	郑威之子，正德十三年嗣
17	郑卿	嘉靖	郑承烈之子，嘉靖二十六年承烈致仕，卿代
18	郑印	隆庆	郑卿之子，卿丧明，印代
19	郑国彦	崇祯	郑印之子，崇祯十年国彦卒，长子振褚未嗣早亡，无子。次子振业方告袭而都城陷，职绝
20	伯忠	永乐	旧名拜羊思郎，蒙古达达人，洪武十五年从军，永乐时以靖难功授千户，升指挥金事，九年授流官

续表

序号	姓名	任职时间	简介
21	冯遥	永乐	山西大宁人，其先曰真，洪武初从征，授小旗，年老子坛代，升总旗，十七年病故。子胜补役，升指挥佥事，永乐十六年卒，子遥袭职，十八年调靖海卫
22	冯兴	宣德	冯遥弟，遥卒，无子，以兴袭职
23	冯贞	成化	冯兴之子
24	冯良	成化	冯贞之子，贞卒，良幼，准优给，袭职
25	冯时	弘治	冯良之子
26	冯守仁	嘉靖	冯时之子
27	冯一元	隆庆	冯守仁之子
28	冯祚任	万历	冯一元之子，诸生，登庚子武科举人
29	冯虎臣	万历	冯祚任之子
30	冯宪武	天启	冯虎臣之子，明亡隐于山，职绝
31	许胜	洪熙	旧名许老哥，滁州人，其先有许旺者，明初从军，旺老以许李保代役。洪武十九年病卒，以胜补役。永乐时以靖难功授千户，晋山丹卫指挥佥事，八年随征沙漠，战败阿鲁台。洪熙元年调靖海卫，世世不绝
32	许让	宣德	许胜于洪熙元年至卫，年老无子，以弟斌子让为嗣
33	许成	正统	许让之子
34	许端	成化	许成之子
35	许桂	弘治	许端之子，弘治十一年嗣
36	许桐	弘治	桂弟，十三年桂卒，子佶方三龄，保送优给，后以病死，乃以弟桐嗣职
37	许常	正德	许桐之子
38	许节	嘉靖	许常之子，嘉靖二十五年嗣
39	许洲		许节之子
40	许选	万历	许洲之子，为诸生，有文名，嗣职。中万历丙午科武举
41	许国辅		许选之子国泰先卒，乃以弟遇子国辅嗣职。崇祯末，兵事旁午，国用支绌，世禄多空名，国辅贫不能自给，常为人佣耕，甲申后职绝
卫镇抚：从五品，方印一颗，五年军政选贤能镇抚一员主之，贤否由本卫；每员月支米一十四石，岁该一百六十八石			
1	宋安	洪熙	邳州人，至正丙午从太祖起义兵，吴元年戍济宁右卫。洪武元年改北平后，又改燕山右卫。永乐时以靖难功升大宁右卫，洪熙元年调靖海卫，世袭镇抚
2	宋真		宋安之子
3	宋泉		宋真之子
4	宋寰		宋泉之子

续表

序号	姓名	任职时间	简介
5	宋洁		宋寰之子
6	宋奎		宋洁之子，嘉靖三十一年倭众犯卫，捍御奏功，钦赏银缎，封武毅将军，后以仲子绩赠武略将军加飞骑尉
7	宋应期	嘉靖	宋奎之子，以增廪生员中嘉靖辛酉科武举，袭职如故
8	宋廷表		宋应期之子
9	宋思忠		宋廷表之子
10	宋珝琮		宋思忠之子，宋氏为卫镇抚者共十世，甲申后职绝
11	常富		合肥人，初授忠武校尉，所镇抚
12	常顺	永乐	常富之子，元年袭靖海卫镇抚
13	常安		
14	常聚		
15	常友		
16	常琦		
17	常儒		生员，袭卫镇抚，考《常氏家乘》，自常顺以下六世，皆袭卫镇抚，其八世名柏，生员，赠奉直大夫，九世名三锡，由选贡任道义知府，皆不言世职，今据家乘书之，其年代源流莫可考矣
所镇抚：从六品，每员月支米八石，岁该九十六石			
1	赛纳	正统	山后人，明初授沙州卫后所镇抚，拨甘州左卫前所。正统二年调靖海卫世袭中所镇抚
2	赛垛	正统	赛纳之子，六年袭
3	赛会	天顺	垛弟，二年袭兄职
4	赛镜	弘治	赛会之子，三年袭职
5	赛宝	嘉靖	赛镜之子，正德己卯武举，嘉靖二年袭职，旧志：任本府海防道中军守备
6	赛从仁		赛宝之子，所镇抚舍人，以疾未授职
7	赛维忠	嘉靖	赛从仁之子，四十年袭职
8	赛延禄	万历	赛维忠之子，三年袭职
9	赛鹰扬	天启	赛延禄之子，四年袭职，子瑜镇抚舍人，值明亡未袭
10	王友		昌平人
11	路爵		
12	仇刚		见旧志，源委无考

续表

序号	姓名	任职时间	简介
13	谷景春		调济南卫
14	刘官		调河南卫
15	汤文		
16	王政		
17	王通		

洪武三十一年，始筑石城。"① 至正二十七年（1367年）十月至洪武元年（1368年）二月，徐达平定山东，该志认为此时"草创卫治"，后于洪武三十一年（1398年）始建造石城。

（2）洪武三十年（1397年）建城。

清雍正《文登县志·卷之二·城池》记载："靖海卫城，古名普庵郡，明国公徐达创建卫治，洪武三十年始筑石城，周九百七十一丈，高二丈四尺，门四……"②

（3）洪武三十一年（1398年）置，记载文献最多，也更可信。

《明史·地理志》记载："文登，（宁海）州东南。元属宁海州。洪武初，改属莱州府……东南有斥山，南有成山，又有铁槎山……东南滨海，南有靖海卫，东有成山卫，北有威海卫，皆洪武三十一年五月置。"③

《明实录·明太祖实录》第二百五十七卷记载："洪武三十一年夏五月……甲寅，上不豫……丙寅，置山东都指挥使司，属卫七：曰安东，曰灵山，曰鳌山，曰大嵩，曰威海，曰成山，曰靖海。"

《大明一统志·卷二十五·登州府》记载："靖海卫，在文登县南一百二十里；成山卫……威海卫……宁津守御千户所……奇山守御千户所……以上俱洪武三十一年建。"④

《读史方舆纪要·卷三十六·山东七》记载："靖海卫，文登县南百二十里。洪武三十一年置，领左、中、后三千户所。城周六里有奇。"⑤

《续山东考古录·卷十二·文登县》记载："明山东布政司登州府宁海州文登县，附，洪武三十一年置靖海卫、威海卫、百尺崖千户所。"⑥

清顺治《登州府志·卷五·武备》记载："靖海卫，在文登县南一百二十里，洪武三十一年建。"⑦

清光绪《增修登州府志·卷七·城池》记载："靖海司城，明洪武三十一年立卫，建石城。"《增修登州府志·卷十二·军垒》记载："（洪武）三十一年，建四卫。威海卫……成山卫……大嵩卫……靖海卫。"⑧

① （清）无名氏：康熙《靖海卫志》，《中国方志丛书·华北地方·第三号》，成文出版社，1968年，第7页。
② （清）王一夔、赛珠等纂修：《文登县志》，清雍正三年（1725年）刻本，国家图书馆馆藏。
③ 张廷玉等：《明史·卷八十·地理二》，续修四库全书本，第325册，第367页。王弘绪：《明史稿·卷十九·地理二》记载亦同，第361页。
④ （明）李贤、万安等纂修：《大明一统志》，万寿堂本，国家图书馆馆藏。
⑤ （清）顾祖禹：《读史方舆纪要》，清代锦里龙万育刊本，国家图书馆馆藏。
⑥ （清）叶圭绶：《续山东考古录》，国家图书馆馆藏。
⑦ （清）施闰章等：顺治《登州府志》，清康熙三十三年（1694年）刻本，国家图书馆馆藏。
⑧ （清）方汝翼、贾瑚修，周悦让、慕荣幹纂：光绪《增修登州府志》，清光绪七年（1881年）刻本，山东省图书馆馆藏。

综上所有记载，前两种说法都有徐达"草创卫治"的说法，具体建置时间或模糊或在洪武三十年，且只见于地方志记载。相较之洪武三十一年的记载，正史、实录、地方志等都有大量记载，也更可信。

（4）靖海卫屯务、海盗、风闻等记载。

《明实录·英宗实录·明英宗睿皇帝实录卷之六十五》记载："巡按山东监察御史徐璟奏，会同山东都司勘得，靖海卫系备倭处，所其屯田皆在莱阳等县，离卫二百余里，先因倭寇登岸，取回屯军守城，田地至今空闲，乞令屯军移去耕种，子粒于本卫仓上纳，则屯守两无相妨，允为便益从之。"靖海卫有屯离卫200余里，战时屯军也有返回卫城驻守之职责。

《明实录·英宗实录·明英宗睿皇帝实录卷之八十五》记载："先是山东靖海卫指挥谷眯奏，卫城数为海潮所败，欲徙之事下巡按御史及三司，俱言不可徙，惟城南一面，可退筑五十丈以远海，工部请罪眯之妄，上命徙城，宥眯勿罪。"靖海卫南城墙曾经退筑五十丈。

《明实录·英宗实录·明英宗睿皇帝实录卷之一百十五》记载："山东布政司奏，本处存留粮少，各军卫有司俱缺粮用，而靖海卫尤甚，宜将登州府官库所贮布，折与本卫官军，易米食用为便，从之。"

清雍正《山东通志·卷二十八之三·人物三》记载："向化，靖海卫指挥向上子，上署卫使，值防抚按临，虑军伍缺乏，且文册未备，情急投海死。化时年十六，沿海哀号，擗踊三日夜，亦投海。次日，天方晴霁，忽霹雳一声，雷电交作，化尸头顶父尸，随潮而上，至海岸而止，观者如堵。事闻，诏建坊。"[①]从侧面可见明中期后，卫所军士逃亡现象之严重。

《清实录·文宗显皇帝实录·卷之一百七十》记载："又谕，前因全庆等奏，江浙海运船只，在石岛洋面，有被匪抢劫情事。当谕令崇恩，将失事地方员弁，查明参奏。兹据该抚查明被劫各案，请将水陆将弁，严议议处等语。漕运经过洋面，该将弁等，并不认真防卫，以致米船被劫。事后又不能实力掺捕，疲玩因循，实非寻常疏忽可比。山东文登协水师署千总赵名扬、署守备孙立彦、副将沙兆龙，均著交部严加议处。其管辖陆路之署靖海卫把总赵五云、协防外委迟殿魁，均著交部议处。"清朝时，靖海卫仍肩负防盗职责。

---

① （清）岳浚修、杜诏纂：雍正《山东通志》，钦定四库全书，通行本。清光绪《文登县志·卷五·职官表一》记载："向上，嘉靖二十四年（向）赐卒，子上嗣，理卫事。时御史巡防，各卫军多失伍，上惧吏议，自投于海。子化求父尸不得，亦踊海死。是为向孝子，载《明史·孝义传》。"

二

千户所城遗址

寻山所城（遗址）

位　　置　荣成市寻山街道寻山所村

始设年代　明洪武三十一年（1398 年）

文保级别　尚未核定为文物保护单位，地表城墙等遗迹已消失

概　　况　寻山所城现被寻山街道寻山所村占压，北距成山卫 22.5 千米，南距宁津守御千户所约 20 千米，西距文登营 37 千米。所城筑在一个高岗地上，地势西北高、东南低，原北门里为地势最高点。所城居桑沟湾北岸，南距桑沟湾约 1.3 千米，东距爱莲湾约 3.8 千米，北为寻山公园，四周有多条生产路，东北侧为荣成市第十二中学，西南约 500 米为哈尔滨理工大学（荣成校区）。城垣略呈正方形，据清雍正《山东通志》记载："寻山所城，所裁，在新县东南一百二十里。砖城，周二里三十六丈，高二丈五尺，厚二丈，池阔二丈，深一丈，东西四门，楼铺二十九座。"[①] 垣墙原系石基砖砌内填夯土筑成。民国以后居民扒砖取石，仅余一带土垣。20 世纪 60 年代后垣土也被取用。现仅东南城角附近低洼处尚保留南垣一段，长约 250 米；东垣一段残迹，长约 50、高 4、顶宽 6、基宽 15 米，若略可见旧貌。其余垣址已

寻山所城（遗址）位置图

寻山所城（遗址）卫星图

---

① （清）岳浚修，杜诏纂：雍正《山东通志》"卷四·二十九·寻山所城"，钦定四库全书本、山东省图书馆馆藏。

铲平植树，地表无存①。至迟到荣成市第三次文物普查时，原残存城垣也被推平消失②。2021年3月，考古队对其进行实地调查，寻山所城遗址地表确已无城墙等遗迹，据寻山所村委书记介绍，该村村址略高于周边，与原所城遗址基本对应，不排除村址下仍有所城相关遗存的可能；所城向西可见马家墩遗址。

历史沿革　寻山后所在管辖关系上隶属于成山卫，与成山卫同时于明洪武三十一年（1398年）设立和筑城。荣成海岸线漫长，港湾众多，成山卫主镇荣成北部沿海，中部沿海尤其是桑沟湾北岸急需相对独立的军事机构镇守，寻山所因此设立，它与桑沟湾南岸的宁津所共同守御了荣成中部漫长的海岸线。"明永乐六年，倭寇成山，始置备倭都司，以节镇沿海诸军。"③宣德四年（1429年）于文登县城内设文登营④，寻山所与成山卫一起隶属其管理。明亡清起，随着倭患消亡，清政府开始大规模裁卫并所，逐渐取消了卫所的军事性质。顺治三年（1646年）十月，"卫军改为屯丁。凡卫所钱粮、职掌及漕运、造船事务，并都司、行都司分辖，皆宜照旧"⑤。清顺治十二年（1655年），寻山所裁并入成山卫，所属屯务、庶政等一并划归。

寻山所城（遗址）东南角现状（南向北摄）

寻山所城（遗址）西南角现状（南向北摄）

寻山所城（遗址）原东墙现状（南向北摄）

① 山东省荣成市地方史志编纂委员会：《荣成市志》，齐鲁书社，1999年，第975页。
② 威海市文物管理办公室：《追寻历史——威海市第三次文物普查成果巡礼》中已无"寻山所故城"的记载，青岛出版社，2012年。
③ （清）欧文修，林汝谟纂：《文登县志》"卷一·武备"，清道光十九年（1839年）刻本，山东省图书馆馆藏。
④ 宣德十年（1435年），明政府迁其址于文登县东10里处，并筑文登营土城，周3里，高8尺，有东、西、南3门。
⑤ 《清实录》"第三册"，《世祖实录》，中华书局，1985年，第238页。

雍正十三年（1735年），清廷撤成山卫改设荣成县，寻山所裁所为村，以所名村，其军事职能完全消失。

据明代郑若曾《筹海图编·山东兵防官考》，寻山所领墩八：张家嘴、古老石、黄连嘴、小劳山、杨家岭、马山、青鱼岛、葛楼山；领堡七：曲家埠、青山、大水泊、胜佛口、老翘、纪子埠、蒸饼山[①]。因寻山所归属成山卫管辖，史料中未单独列出寻山所屯田，明嘉靖时期，成山卫屯田八十七顷，屯粮一百四十四石[②]，屯二十二处，寻山所列入其中[③]。

寻山所村碑关于村史的记载

职官与驻军　寻山所全称为"寻山备御后千户所"，是成山卫下辖三个千户所之一，由左军都督府、山东都司统领。寻山后所单独设城派兵驻守，其余左、前两个千户所指挥机关驻成山卫城。清雍正《文登县志》记载，寻山所，属成山卫，明初原设千户三员、百户十员、所镇抚一员，军余一百三十二名。《筹海图编》记载稍详细，寻山所：守城军余九十四人，守墩堡军余三十八人[④]。明嘉靖《宁海州志》《筹海图编》均对成山卫驻军人数有详细记载——1900人左右[⑤]，寻山所详细驻军人数可能被合并在成山卫内记载。

据清道光《荣成县志》记载，明永乐至天顺年间，寻山所先后有李道安、樊兴、黄庆、齐德任所千户（正五品），祝升、张岱、王堂、黄凯任所千户时间不详；洪武至永乐年间，宋玉、殷成、张胜、张裕、杨广、席政先后任所百户（正六品，世袭），王本固、张玺、胡永、张敖、孙隆任所百户时间不详；张吉安（洪武年间）、洪海（任职时间不详）任所镇抚；田孟春、李田、杨锐、侯都、高尚贤、陈润（一作"运"）、谭惠东、吴级先后任所仓大使，任职时间不详[⑥]。

清顺治年间开始裁减卫所官员，并将卫所官员由世袭制改为任命制；其间，寻山所设千总一员。顺治十二年（1655年），寻山所被裁并入成山卫，村以所名。雍正十三年（1735年），裁成山卫改设荣成县，寻山所划归地方县政管辖，其军事职能彻底消失。

---

①（明）邓钟：《筹海重编》，《四库全书存目丛书》，齐鲁书社，1996年，第119页记载："墩十七：青山、蒸饼山、大小泊、佛胜口、曲家埠、葛头山、纪子埠、青鱼岛、考翘、马山、杨家岭、小劳山、黄连岛、古老口、长家嘴、羊家岛、固山"。嘉靖《宁海州志·卷上·建置三》作："寻山备御后千户所，墩、堡十五：长家嘴、古老石、黄连嘴、小劳山、杨家岭、丐山、葛萎山、青鱼岛、曲家埠、胜佛口、大水泊、老翘、纪子埠、蒸饼山、青山。"清雍正《文登县志·卷之二·武备》记载："寻山所墩八座：曰青鱼、曰葛楼山、曰马山、曰杨家岭、曰小劳山、曰黄连嘴、曰古老石、曰长家嘴。""寻山所堡七：曰曲家埠、曰胜佛口、曰大水泊、曰老翘、曰纪子埠、曰蒸饼、曰青山。"

②（明）嘉靖《宁海州志》"卷上·建置三·属治·成山卫"。

③（清）李天骘修：《荣成县志·卷二·都里》道光二十年刊本，《中国方志丛书·华北地方·第三八二号》，成文出版社，1976年，第124、125页。

④（明）郑若曾：明嘉靖四十一年胡宗宪刻本《筹海图编·山东兵防官考》，《中国兵书集成》第15、16册，解放军出版社、辽沈书社，1990年，第571、579页。

⑤ 详见本书"成山卫城遗址"。

⑥（清）李天骘修：《荣成县志·卷六·职官》道光二十年刊本，《中国方志丛书·华北地方·第三八二号》，成文出版社，1976年，第216—220页。

综上所述，寻山后所作为成山卫的派出机构，在明朝一直是荣成市中部沿海地区的军事重镇，对古代抗倭斗争起过积极作用，是一处重要海防遗址。

历史资料　关于寻山后所的设置时间，史书记载略有不同，主要有以下三种观点：

（1）洪武十三年（1380 年）置，记载主要见于地方县志。

道光《荣成县志·卷二·城池》记载："寻山所城，城南五十里，明洪武十三年筑。"①

（2）洪武间置，具体时间不详。

《清史稿·卷六十一·志三十六》记载："荣成，（登州）府东四百六十里，明洪武置成山卫及寻山所，顺治十二年，所省入。雍正十二年改置……"②

《大清一统志·卷一百三十七》记载："成山废卫，今荣城县治，汉不夜县地，北齐以后为文登县地，曰天水郡。明洪武中分置成山卫，领寻山所，属登州府。本朝雍正十三年升为县。"③

（3）成化间置，具体时间不详。

《明史·志第十七·地理二》记载："寻山守御千户所，在成山卫东南，俱成化中置。"④

清顾祖禹《读史方舆纪要·卷三十六·山东七》记载："寻山备御后千户所，文登县东南百二十里，成化中置。所城周三里有奇，属成山卫。"⑤

清叶圭绶《续山东考古录·卷之十二·荣成县》记载："荣成县……明文登县地，洪武三十一年置成山卫、宁津千户所，成化中置寻山千户所。"⑥

寻山后所设于洪武十三年的记载应该是与《荣成县志》关于"成山卫"设置时间一致，撰者应是参考了唐斌家谱的记载（详见本书"成山卫城遗址"），因而洪武十三年的记载存在谬误。有学者考证《明英宗实录》记载，认为寻山后所设立当不晚于正统三年（1438 年），提出寻山后所作为成山卫下辖千户所之一，很可能是与成山卫同时设于洪武三十一年（1398 年）⑦。笔者也采信此观点。

① （清）李天骘修：道光《荣成县志》，《中国地方志集成·山东府县志辑》第五十六册，教育出版社，2004年，第456页。
② 赵尔巽等撰：《清史稿》，联合书店，民国三十一年（1942年），国家图书馆馆藏。
③ （清）穆彰阿、潘锡恩等纂修：《大清一统志》，商务印书馆，民国二十三年（1934年），国家图书馆馆藏。
④ （清）张廷玉等：《明史》，续修四库全书本，国家图书馆馆藏。
⑤ （清）顾祖禹：《读史方舆纪要》，清代锦里龙万育刊本，国家图书馆馆藏。
⑥ （清）叶圭绶：《续山东考古录》，国家图书馆馆藏。
⑦ 赵树国：《明代北部海防体制研究》，南开大学博士学位论文，2011年，第91页。

宁津所城遗址

位　　置　荣成市宁津街道宁津所村

始设年代　明洪武三十一年（1398 年）

文保级别　尚未核定为文物保护单位

概　　况　遗址现被宁津街道办事处宁津所村占压，北距寻山所城约 20 千米，西南距靖海卫城 31 千米，西北距文登营约 43.7 千米；城居桑沟湾南岸，东距黄海约 2.7 千米，南距石岛湾 6 千米，北距桑沟湾约 4.2 千米。所城地势东北高、西南低，城垣呈正方形，系用黄砂土、灰褐土夹杂砾石夯筑，四面各开一门。清代所城被裁并后，由于年久失修，城垣损坏严重，加之中华人民共和国成立后村民长期取土破坏，东、南、西三面城垣已完全消失，现地表仅存北城墙东、西两段，西段长约 136 米，宽 10—12 米，残高 3—4 米；东段长约 45 米，南侧被居民楼占压，残高 2—3 米。北城墙中部有南北走向的 X031 县道穿过，原北门 1946 年由原甲子山区人民捐资兴建为宁津烈士陵园。

历史沿革　明洪武三十一年（1398 年），为抵御倭寇的频繁入侵，明太祖朱元璋在此设所屯兵防御，取海上安宁之意，名之为"宁津"。宁津所为守御千户所，直属山东都司管辖。据清雍正《山东通志》记载："宁津所城……砖城，周三里，高二丈五尺，厚二丈三尺，池阔二丈，深一丈，四门，楼铺十六座。"[1] 所城东有演武场。宁津所防御辖区以今荣成市八河北海湾为界，自今王连街道以东、东岛刘家村以南，涵盖了今东山街道、

---

① （清）康熙《靖海卫志·形胜》第 8 页载："宁津所，砖城，周二里，高二丈，阔二丈，门四，楼铺十六座，今圮。"

宁津所城遗址位置图

宁津所城遗址卫星图

宁津所城遗址北墙现状（西向东摄）

宁津所城遗址航拍

宁津街道沿海至石岛湾海域。宁津所辖墩八座：孟家山、青埠山、柴家山、芝麻滩、慢埠、龙山、万口烟、羊家岛，辖堡九座：帽子山、大顶山、高楼山、拖地冈、王家铺、上现口、龙虎山、崮山寨、固山①。

　　明代，宁津守御千户所屯田五十四顷，屯粮六百四十八石②。宁津所辖屯共二十一处：曰龙湾、曰蒲兔、曰王古、曰差山、曰里山、曰土山、曰□马、曰黄□、曰星石、曰九城□、曰博落、曰港头、曰黄山、曰

①《筹海重编》记载："墩十三：龙山、口埠山、龙虎山、上现口、王家铺、大顶山、拖地岗、高楼山、芝麻滩、万口、柴家山、青埠山、孟家山；堡二：岗山寨、帽子山"，第119页；（明）嘉靖《宁海州志》"卷上·建置三"记载："宁津守御千户所，在文登县东南一百二十里，洪武间置……墩、堡十七。"其墩堡内容与上文同，第770页。
②（明）嘉靖《宁海州志》"卷上·建置第三·属治·宁津守御千户所"。

宁津所城遗址北城墙西段夯土

桃花石、曰紫□□、曰梣岛、曰模椰岛、曰紫家、曰憨山，以上各屯俱在文登界内①。书中实际列出屯共十九处。清顺治十二年（1655年），宁津所并于靖海卫。雍正十三年（1735年）二月，裁靖海卫，宁津所亦被裁所成村，村以所为名，划入荣成县管辖；靖海卫被裁撤后，相关屯田、人丁、生员等均划归附近各县，其中归属荣成县屯田五处：宁津所、窑南泊、杂军、草埠、元正寨②。

职官与驻军　据明嘉靖《宁海州志·建置第三·属治·宁津守御千户所》记载，宁津所职官设有正千户、副千户、百户、吏目和镇抚各一人，京操军：春班二百五十四人，秋班二百七十五人，城守军余：六十八人，屯田军余：六十六人。

《筹海图编》记载，宁津所京操军五百二十九人，城守军余一百六人，屯军六十六人，捕倭军六十八人，守墩堡军余四十二人③。

据清康熙《靖海卫志》记载，明洪武年间，宁津守御千户所先后有张胜、马成、许昭、卢真、周佑、尹忠任千户（正五品），孙胜、钱旺、张山、杨兴、吴钱任百户（正六品），赛纳、张臣任宁津所镇抚。另有王栋、王仁恩、倪公相、朱希吉、吴钟、李芝、钟伦、刘廷举、邵宏宪任吏目，郝汝翼、温世相、王镗、杨守仁、项定邦、尼山秀、徐良、崔朝用任所仓大使④。清顺治六年（1649年），卢之钟任千总，至十二年宁津所裁⑤。

据当地卢氏族谱记载，在宁津所的任职军官中，江苏省江阴人卢真洪武年间携家眷到此戍边，任职最长，

① （清）无名氏：康熙《靖海卫志》，《中国方志丛书·华北地方·第三号》，成文出版社，1968年，第67页。
② （清）李天骘修：道光《荣成县志》"卷二·建置"，《中国地方志集成·山东府县志辑》第五十六册，教育出版社，2004年，第457—458页。《荣成市志》据此将宁津所下辖屯记作5处，似误。
③ （明）郑若曾：明嘉靖四十一年胡宗宪刻本《筹海图编·山东兵防官考》，《中国兵书集成》第15、16册，解放军出版社、辽沈书社，1990年，第570、578页。
④ （清）李天骘修：《荣成县志·职官》道光二十年刊本，《中国方志丛书·华北地方·第三八二号》，成文出版社，1976年，第220—224页。
⑤ （清）无名：《靖海卫志·官职》，成文出版社，1968年，第25—34页。

村内民居建筑使用城砖　　　　　村内民居使用城址建筑构件

功勋卓著。明嘉靖三十一年（1552年），倭寇入侵靖海卫，宁津所正千户卢全退敌立功，被封为武德将军，世袭五代，其后裔繁衍于荣成的宁津、东山、桃园、寻山，威海的望岛及日照等地。

宁津守御千户所主要担负着抗倭戍边、屯田耕种、维护地方治安等职责。它的建立对明清时期保境安民发挥了重要作用，是胶东半岛东南沿海的重要屏障。

宁津所城遗址北墙基石残件

考古和保护工作　为有效保护宁津所城遗存的真实性、完整性，科学、合理、适度地发挥其在地方文化建设中的积极作用，荣成市文化和旅游局计划委托相关资质单位编制《宁津所城遗址保护规划》。为进一步补充细化文物现状勘查和考古勘探资料，2019年9月，经省文化和旅游厅批准，荣成市文化和旅游局委托省水下考古研究中心对宁津所城遗址进行考古勘探。

考古勘探工作自2021年9—10月进行，勘探采用4米×4米间距的排孔，对重要遗址区域进行2×2米间距追加加密孔以探清城墙地下宽度以及城南墓葬群的具体分布范围，完成勘探面积12万平方米，有效探孔12856个，探孔平均深度在0.8—1.2米，个别深至4.5米。地下水位较浅，1.5米见水。通过对遗址现场的调查、村民采访及梳理相关文献记载，结合实地勘探资料，基本确定了所城城址范围，但受限于硬化道路、村居建筑，大量区域无法勘探，对城址结构、城门详细位置及城内部各功能分区等情况了解较少。主要发现情况简介如下：

宁津所城遗址地处荣成市东南沿海、宁津所村北侧坡地上。从现有地层堆积来看，其地层土质以砂土为主，结构较疏松，渗水性较强。从地形看，遗址区域北高南低，四周除北边两段城墙遗存外，其余均无法在现场找到相关痕迹。

宁津所城遗址大致呈方形，综合地层堆积和勘探资料，该遗址时代为明清时期。经走访村中老人得知，此地早期仍有其他城墙及城门遗存，后因建造房屋、修路等原因大肆取土、平整土地而形成现地表，原始地层应被破坏殆尽。

宁津所城遗址东西最宽约 380、南北长约 460 米，总面积约 17.5 万平方米。据走访了解：宁津所城墙东门位于荣成市鑫宁建筑工程有限公司以西 80 米处，西门位于供销老马旅馆北侧，南门位于宁津所村南边水泥空地处；城门 20 世纪 50 年代被拆除。三座城门处现为硬化路，无法勘探确定其精确位置。

所城遗址核心区位于遗址北部偏西，北城墙遗存位于现宁津所村以北 30 米处。经勘探，在城西南角发现沟一段，残长 8、宽 12、深 2.4—3 米，受地形限制，无法辨其走向，村民反映为季节性排水沟，也可能为文献记载的壕沟。

此外，在南门外东南 100 米处的菜地中发现墓葬若干个。已卡探出形制的墓葬有 16 个，其余墓葬均因散布在农户自家菜园中，沟通无果导致无法继续卡探。其中 73、74 号墓葬形制较为特殊，据地方卢姓后人回忆，可能为所城千户卢真墓（据传当时曾出土其墓志铭，现遗失）。由于墓葬掩埋位置较浅，加上该片农业用地早期被人为平整过，几乎所有墓葬均遭到过严重破坏，现仅发现零星棺木和人骨。

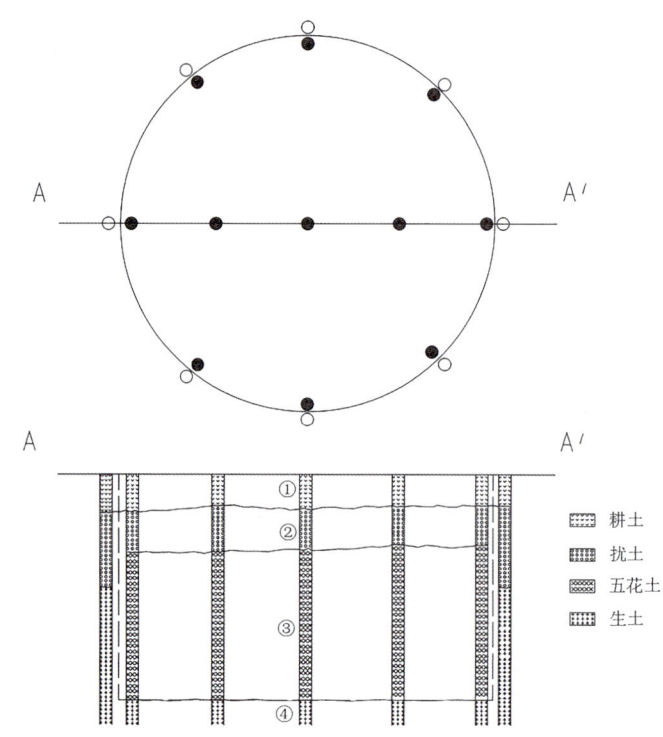

耕土

扰土

五花土

生土

勘探发现 M74 平、剖面图

宁津所城遗址考古勘探及调查走访主要发现示意图
（城内为时任千户后裔聚居地）

综上所述，宁津所城遗址仅发现西南角疑似壕沟，北、东侧未发现壕沟迹象，南侧由于路面硬化无法勘探，城内密布村居，无法勘探，因而未发现房址等遗迹，推测该遗址同期相关遗迹均被覆盖在现代建筑以下或被整个挖掘殆尽用作城镇建设。

历史资料　关于宁津守御千户所设立时间，史书记载有些龃龉，主要有以下四种说法。

（1）建于洪武年间。记载时间比较模糊，没有注明具体年代。

明嘉靖《山东通志·卷十一·兵防》记载："宁津守御千户所，在文登县东南一百二十五里，洪武间建。"①

明嘉靖《宁海州志·建置第三·属治·宁津守御千户所》也采用了《山东通志》的记载："宁津守御千户所，在文登县东南一百二十五里，洪武间置。"②

（2）筑于洪武十三年（1380年）。

清道光《荣成县志·城池》记载："宁津所城，城南一百三十里，靖海卫分入，明洪武十三年筑。"③

（3）建于洪武三十一年（1398年）。

《明史·卷四十一·志十七》："文登，（宁海）州东南。元属宁海州。洪武初，改属莱州府。九年五月属登州府，后仍属州。东南有斥山……南有靖海卫，东有成山卫，北有威海卫，皆洪武三十一年五月置。又宁津守御千户所在东南，亦洪武三十一年置。"④

《明史·卷八十·地理二》记载："又宁津守御千户所在东，亦洪武末置。"

《大明一统志·卷二十五·登州府》记载："宁津守御千户所，在文登县东南一百二十里……俱洪武三十一年建。"⑤

《续山东考古录·卷十三·莱州府上》记载："洪武三十一年，置成山卫、宁津千户所；成化中，置寻山千户所。"⑥

明天顺《寰宇通志·卷七十六·登州府》记载："宁津守御千户所，在文登县东南百二十里，洪武三十一年建。"⑦

（4）建于成化年间。

《读史方舆纪要·卷三十六·山东七》记载："宁津守御千户所，文登县东南百二十五里，成化中置。所砖城，周三里。"⑧

综合各类文献，建于洪武三十一年的观点不仅有正史等记载，也有地方志记载，因而更可信。

---

① （明）陆釴纂修，吕元善续修：《山东通志》，明嘉靖刻本，天津图书馆馆藏。
② （明）李光先修，焦希程纂：嘉靖《宁海州志》，明嘉靖二十六年（1547年）刻本，宁波市文管会天一阁藏。
③ （清）李天鹗修：道光《荣成县志》，《中国地方志集成·山东府县志辑》第五十六册，教育出版社，2004年，第456页。
④ （清）张廷玉等：《明史》，续修四库全书本，国家图书馆馆藏。
⑤ （明）李贤、万安等纂修：《大明一统志》，万寿堂本，国家图书馆馆藏。
⑥ （清）叶圭绶：《续山东考古录》，国家图书馆馆藏。
⑦ （明）陈循、彭时等修：《寰宇通志》，明景泰时期内府刊初印本，台北图书馆馆藏。
⑧ （清）顾祖禹：《读史方舆纪要》，清代锦里龙万育刊本，国家图书馆馆藏。

三

巡检司遗址

赤山寨巡检司（遗址）[①]

位　　置　荣成市斥山街道东、西火塘寨村之间

始设年代　元代

文保级别　已消失

概　　况　受城镇建设影响，赤山寨巡检司城已被完全破坏，经走访当地村民，获取其大体位置。赤山寨东北距宁津守御千户所约 11.5 千米，西南距靖海卫城约 19.5 千米，辖一墩：田家岭；城居石岛湾西北岸，东南距石岛湾约 0.7 千米。

历史沿革　《明会典·兵部七》记载："凡天下要冲去处，设立巡检司，专一盘诘往来奸细及贩卖私盐、犯人、逃军、逃囚、无引面生可疑之人。"明代根据卫、所之间的空间距离，"卫之隙置所、所之隙置巡检司"。明代巡检司具有军事武装性质，属于地方行政辖属，但在沿海地区也兼有缉捕倭寇等海防职能。

据明洪武八年（1375 年）文登县儒学教授崔学野撰《宁海州文登县辛汪巡检司创立营寨记》记载："迨我圣朝奄有山东以来，选将练卒于岛屿而环戍之，又距要害地立赤山、温泉、辛汪巡检司所，各给弓兵百人，置之寨捕，与戍兵相为犄角"，"公（巡检孙谅）奉命惟

赤山寨巡检司（遗址）位置图

赤山寨巡检司（遗址）卫星图

□□时筑□垒、深壕堑、建峰台、斥堠、工厅、舍次，一切如法，金鼓、旗帜、衣甲、器械，无不精到。壁垒坚固而兵士整肃，警逻严密而号令详明。自是，倭人虽不时徜徉波涛中，而不敢登陆者六年，可谓有

---

① （清）雍正《文登县志》"卷之一·山川一"："斥山，在县东南一百里，取海滨广斥之义。《尔雅》云'东北之美，有斥山之文皮焉'，疑即此。"因而有部分地方志等文献记载为"斥山寨巡检司"。

功于国而有德于屯矣。"①碑文虽记载辛汪巡检司，但赤山巡检司应与其同时期设立，且也应建设有城垒、壕堑、营舍等；立碑时间为洪武八年，倭寇"不敢登陆者六年"，赤山巡检司设立时间当在洪武二年（1369年）之前②。又据光绪《文登县志·卷一·山川》记载："斥山，在城东南一百里，跨文荣两县界，亦作赤。金、元为镇，设斥山寨巡检于此。邑中于氏昔家焉，故曰斥山于。"光绪《文登县志·卷五·职官表四》根据旧志及碑碣资料记载："元，设……赤山寨、辛汪寨、温泉镇巡检各一员。"综合以上资料，笔者认为，鉴于斥山寨的重要位置，在金元时期即已设立的记载应该是可信的，且有碑碣资料记载担任巡检，所以明代只是对其进行了沿用。

赤山寨巡检司在设立以后，与宁津守御千户所互为犄角，在一定程度上确保了朱家圈口、马头嘴、石岛湾等海域的安定。明嘉靖三十五年（1556年），赤山寨巡检司被裁革③，原城废弃。清康熙十八年（1679年），新汪寨巡检司移驻原斥山寨巡检司城［雍正《山东通志·卷二十六》、道光《荣成县志》中仍习惯称之为"赤（斥）山寨巡检司"］，管理马头嘴、朱家圈等海口。雍正十三年（1735年），移驻石岛司，属荣成县，管理石岛、褚岛、红鳞坞等海口。④关于石岛司的记载，最早见于清乾隆《钦定大清一统志·卷一百二十五·山东省》："登州府……巡检六员：黄县海口，福山海口，文登靖海、威海，海阳行村寨，荣成石岛。"其应不晚于乾隆年间设置。据《威海市地名志》"石岛"记载："在……石岛湾西岸，与镆铘岛隔海相望。原为海滨退滩地。明末，始有人在此定居，以捕鱼或砍柴为业。清乾隆初年，今人和镇路家庄村东南海口（即马头嘴）逐渐淤塞，南北商船遂东移于此锚泊避风，渐成海上运输集散地。后随着海运业和渔业、商业的发展，成为海滨商业小镇。因商号、住宅皆依石山傍海湾而建，故名石岛。清代中期，设巡检司于此。"⑤因乾隆后的地方志书中很少见到关于石岛巡检司的记载，反而赤山寨巡检司较多，其是否为同一处巡检司？若不为一处巡检司，其驻地何在？须考古资料支撑并进一步考证。

驻地、职官与驻军　清道光《荣成县志·卷二·建置·署廨二》："斥山寨巡检司署，旧传为火塘寨，久圮，驻赁民舍。"《山东省荣成市地名志》"西火塘寨"记载："明朝弘治年间（1488—1505年），始祖王锦贷由今本街道办事处斥山社区居委会徙此定居成村，因村处火塘寨之西，故名西火塘寨。2001年撤村设居。"⑥又"东火塘寨"记载·"明朝嘉靖年间（1522—1566年），始祖王锦江由斥山村徙此建村，因村居火塘寨之东，故名东火塘寨。2001年撤村设居。"⑦可见东、西火塘寨村之间为古代之火塘寨，其设置年限当在弘治之前，应是赤山寨巡检司城之所在。

据清光绪《文登县志·卷五·职官表》、道光《荣成县志·卷六·职官十七、十八》记载，元明清时期，曾经担任赤山寨巡检司巡检一职的人员如下：

① 崔学野：《宁海州文登县辛汪巡检司创立营寨记》，见张云涛《山东威海发现明初创寨碑》，《文物》1997年第9期。
② （清）光绪《增修登州府志》"卷三十三·文秩九"记载："斥山寨巡检，明洪武九年设，后员缺久不铨选，遂废。"赤山寨巡检司设置时间当至少在明初。
③ 见《大明会典》"卷之一百三十九·关津二·山东""登州府"记载。清雍正《文登县志》"卷之二·公署三"亦记载："斥山寨巡检司，在云光九里，城廨俱圮，寨员明季已久无铨选，国朝裁缺。"
④ （清）道光《荣成县志》"卷二·建置·署廨二"。
⑤ 威海市地名委员会办公室：《山东省威海市地名志》，山东省地图出版社，1995年，第211页。
⑥ 山东省荣成市民政局：《山东省荣成市地名志》，山东省地图出版社，2007年，第503、504页。
⑦ 山东省荣成市民政局：《山东省荣成市地名志》，山东省地图出版社，2007年，第505页。

元明清时期赤山寨巡检司巡检任职表

序号	姓名	任职年代	简介
元代			
1	王璋		邑人见大德七年王氏墓碑
2	丛伸		邑人
3	马显	泰定	邑人，管军百户兼斥山巡检，见马氏茔碑
4	宋世隆	至正	黄华庙碑，"世"香严寺碑作"方"
5	宋才源	至正	见重修香严寺碑
明代			
1	朱文禧		固安人
2	刘甫玉	景泰	东华宫碑阴题名
清代			
1	姚礼	乾隆三年任	江南南汇人
2	金俊	乾隆	
3	杨炳堂	乾隆二十三年任	山西人
4	戴允浩	乾隆五十二年任	顺天宛平人
5	叶元谟	嘉庆九年署	江苏元和人
6	赵载清	嘉庆九年任	顺天大兴人
7	王煜	嘉庆十二年署	顺天大兴人
8	陶江	嘉庆十二年任	浙江山阴人
9	贺泰阶	嘉庆十五年任	直隶清宛人
10	袁琯	嘉庆十九年任	顺天宛平人
11	顾光涵	嘉庆二十年任	江苏元和人
12	徐馨桂	嘉庆二十一年任	正蓝旗汉军
13	章模	嘉庆二十三年任	直隶清宛人
14	毕正名	嘉庆二十四年任	顺天大兴人
15	李定明	嘉庆二十五年任	贵州镇宁人
16	冯隆	道光二年署	山西代州人
17	陈维栖	道光三年任	浙江临海人
18	李朝煦	道光十五年署	顺天大兴人
19	沈琳	道光十五年任	浙江萧山人
20	疏来鹿	道光十六年署	江西靖安人
21	戴应魁	道光十六年任	顺天大兴人

赤山寨巡检司辖守城弓兵二十七人，守墩弓兵三人[1]。

明嘉靖《山东通志·卷十一·兵防》记载："赤山寨巡检司，属文登县，有石城。墩一，曰田家岭，在司东南。"经实地考察，在寨东偏北约 5.9 千米处有墩一处，但已被破坏，可能是田家岭墩。

---

[1]（明）郑若曾：明嘉靖四十一年胡宗宪刻本《筹海图编·山东兵防官考》，《中国兵书集成》第15、16册，解放军出版社、辽沈书社，1990年，第572、578页。泰昌《登州府志·卷十》，亦有记载。

四

寨/屯遗址

马山寨（遗址）

位　　置　荣成市成山镇马山寨村内
始设年代　明代
文保级别　已消失
概　　况　遗址现已被村庄全部占压，应为原明代成山卫下属军屯之一，其东南约 2.7 千米处为马山墩遗址。据《荣成市志·行政区域·市区（县城）镇村庄·村庄·成山卫镇》记载："马山寨，明隆庆年间建村，因村处马山，且临兵寨，故名马山寨。"《山东省荣成市地名志》内"马山寨"亦记载："明隆庆年间（1567—1572 年），田氏祖徙此居住成村，因临马山，且靠近古兵寨，故命名马山寨。明万历年间（1573—1620 年），刘氏祖由成山卫迁居此村，仍沿用原名马山寨。"[1] 可见军寨设置年代当不晚于隆庆（1567—1572 年）。对比成山卫下辖二十二屯，均没有马山寨的记载，可能该寨另有其名，但因时间久远而失传。

马山寨（遗址）位置图

马山寨（遗址）现状

---

① 山东省荣成市民政局：《山东省荣成市地名志》，山东省地图出版社，2007年，第74页。

草岛寨（遗址）

位　　置　荣成市俚岛镇草岛寨村北

始设年代　元末

文保级别　已消失

概　　况　遗址南部被草岛寨村占压，当地村民反映，寨内北侧原有墩一座，十几年前因村庄、道路及厂房建设与军寨一起被破坏；遗址地处村北高坡上，其西侧为 G228，北侧为三星重工业（荣成）有限公司厂房，东约 550 米处为黄海，南距俚岛湾约 200 米。据《荣成市志·行政区域·市区（县城）镇村庄·村庄·俚岛镇》记载："草岛寨，元至元年间建村，因村临古兵寨，且村东有草岛，故名草岛寨。"《山东省荣成市地名志》内"草岛寨"记载较详细："据《阎氏族谱》和明朝洪武五年碑记考：元朝至元年间（1335—1340 年），阎氏祖高学由云南省、曲氏祖由今本市港西镇巍巍村相继徙此定居成村，因村临古寨，村东海中有一南草岛，故名草岛寨村。"[1] 可见军寨设置年代当不晚于元代至元年间。对照《明史·韩林儿列传》记载："惟毛贵稍有智略。其破济南也，立宾兴院，选用元故官姬宗周等分守诸路。又于莱州立屯田三百六十所，每屯

草岛寨（遗址）位置图

草岛寨（遗址）现状（南向北摄）

相距三十里，造挽运大车百辆，凡官民田十取其二。多所规画，故得据山东者三年。"[2]《荣成县志》进一步记载："（元至正十八年二月）毛贵于莱州立三百六十屯，相距各三十里，造大车挽运，官民田皆十取其二。明兴，袭其故迹，分隶诸屯于各卫。"[3] 对比成山卫下辖二十二屯，没有草岛寨的记载，可能该寨设立于元末，明初后废弃不用，原名散失；后阎氏、曲氏定居成村，以"草岛"命名之。

① 山东省荣成市民政局：《山东省荣成市地名志》，山东省地图出版社，2007年，第215页。

② （清）张廷玉等撰：《明史》"卷一百二十二·列传五"，清乾隆武英殿影印本，上海商务印书馆，1916年，日本永青文库捐赠，现藏国家图书馆。

③ （清）李天骘修：道光《荣成县志》"卷二·建置"，《中国地方志集成·山东府县志辑》第五十六册，教育出版社，2004年，第456页。

琵琶寨遗址

位　　置　荣成市俚岛镇东烟墩村东南约 800 米处

始设年代　明代

文保级别　尚未核定为文物保护单位

概　　况　遗址北距成山卫城约 15 千米，西南距寻山所约 9.6 千米；军寨紧靠海边养殖场，西南约 1.2 千米为大庄许家，西北约 800 米为东烟墩村，寨墙旁紧靠一环海公路。军寨居海边高地丘陵上，突出于黄海之中，北、东、南三面环海，北距海 0.22、东距海 0.1、南距海 0.25 千米。军寨建于明代，寨内地势南高北低。

琵琶寨遗址位置图

查阅《荣成市志》等方志及荣成市第三次文物普查资料，均缺乏琵琶寨相关详细记载。2021 年 3 月，考古队对军寨进行实地调查，军寨基本呈长方形，西北—东南走向，现仅剩东墙两段及西墙一段，南墙、北墙因村庄修建生产路被毁，其余寨墙因村民种田垦地、取土等生产活动被毁坏。其中东墙北段残长 34、宽约 5、高 2.5—3.2 米，东墙南段残长 99、宽约 5、高 2.6—3.7 米，西墙残长 72、宽 4.5、高约 2.8 米；寨墙为黄砂土掺石块、贝壳夯筑而成。寨子内部已被开垦为农田，残存寨墙表面被杂草、灌木覆盖；当地村委会在东墙南部立有一保护标志碑。

琵琶寨遗址卫星图

历史沿革　琵琶寨总体保存状况较差，从东、西残存寨墙长度、距离等分析，军寨南北残长约 150 米，东西宽约 210 米，基本呈长方形；寨墙底宽 5 米，残高 2.5—4 米，应是属于规模较大的军寨，其规模应对应中型寨，即文献记载中"四十八小寨"之列（详见前章"寨 / 屯"条）。

琵琶寨遗址东墙现状（西向东摄）

琵琶寨遗址东墙缺口（西向东摄）

琵琶寨遗址西墙现状（东向西摄）

琵琶寨遗址西墙断面（西南向东北摄）

　　"琵琶"之寨名来源已无考，但在威海市文登区有岛名"琵琶岛"[①]；在成山卫下辖的二十二处军屯中也未见"琵琶寨"的记载。

　　军寨西北部为东烟墩村和烟墩山，《山东省荣成市地名志》内"东烟墩"条记载："属俚岛镇。位于镇境中东部，西与301省道接壤，东、北濒黄海……明朝万历年间（1573—1620年），田姓徙此定居，因村临琵琶寨，即以寨为名。清顺治年间（1644—1661年）张姓迁入，因村处烟墩山东，更名为东烟墩村。2001年撤村设居……社区聚落……两面环海一面靠山，山上生长着浓密的松树、柞树、槐树，山顶有海防岗楼，南有水库和古琵琶寨遗址。"[②] 可见，今东烟墩村即是明代古村——琵琶寨，但琵琶寨村名之来源也是因为村南的琵琶寨，可能明万历间建村时，军寨已经废弃不用，琵琶寨其主要作用应是屯田和警戒、防御。

---

① 见《文登地名志》编纂委员会：《文登地名志》"琵琶岛"条："旧岛名，今为陆连岛、南城和二岛的合称，在泽库镇南端。《清史稿》《山东通志》皆称琵琶岛。因两岛合体之形似琵琶得名"，天津古籍出版社，2016年，第726页。
② 山东省荣成市民政局：《山东省荣成市地名志》，山东省地图出版社，2007年，第227页。

项家寨遗址

位　　置　荣成市俚岛镇项家寨村西北100 米处路北

始设年代　明代

文保级别　2012 年 12 月，"项家寨军寨"被公布为荣成市第二批市（县）级文物保护单位

概　　况　遗址东距黄海约 700 米，北距成山卫城约 17 千米，西南距寻山所约 8 千米，北约 2.3 千米为琵琶寨，西南约 6.6 千米为罗山寨，东南约 0.6 千米为东高家村；军寨东南紧邻项家寨村，南寨墙被占压修筑为公路，西南紧邻小寨村，西约 1 千米为南北向通往俚岛镇的公路。军寨筑于一小丘之上，地势北高南低，北、东面临海，北距海 0.6、东距海约 0.7 千米。

军寨为荣成市第三次文物普查时发现。"项家寨位于俚岛镇项家寨村西，据《荣成县志》所载为明代修建屯兵防倭的海防设施。军寨南北长约 180 米，东西宽约 160 米，呈长方形。寨墙底宽 6 米，顶宽 2 米，高 5 米，为夯筑而成。军寨西南角地势略高，附筑一内寨，有北、东二墙。寨西部 1956 年部队修建有三栋营房。寨内多次出土炮石。现部队撤走，营房已废弃。"①

2021 年 3 月，考古队对军寨再次进行实地调查，现军寨仅剩北墙两段及东墙一段，南、西寨墙全部被毁，西南角

项家寨遗址位置图

项家寨遗址卫星图

紧靠公路并留有一处土堆。北墙西段残长 40、宽约 6、高 2.3—4 米，北墙东段残长 94、宽约 6、高 2.5—4.2 米，两段墙之间缺口位于北寨墙中部，可能为北寨门；东墙长 114、宽约 6、高 2.7—4.5 米，南至公路边截断。西南角小寨东、北寨墙已消失，但轮廓依稀可见；小寨内为废弃的解放军部队营房和新修的单座圆形水塔。整个军寨寨内被村民开垦为耕地，寨墙上长满荆棘等小型灌木和杂草。

---

① 威海市文物管理办公室：《追寻历史——威海市第三次文物普查成果巡礼》"A17 项家军寨"条，青岛出版社，2012 年，第 187 页。

项家寨遗址航拍（北向南摄）

历史沿革 按照现存寨墙残迹，项家寨应属于中型军寨遗址，即对应文献记载中"四十八小寨"之列。其原来名称已不可考，应为明朝项姓徙此建村始名。参考《山东省荣成市地名志》内"项家寨"简介如下："属俚岛镇。位于镇境南部，东濒临黄海……明朝宣德年间（1426—1435年），始祖项胜由今本市成山镇柳夼村徙此定居成村，因村临古兵寨，故以姓氏命名项家寨。西为小寨，东为大寨。1955年，小寨并入大寨，仍称项家寨村。"[1] 关于项姓也有记载："荣成境内项姓祖籍有二：一为浙江仁和（今浙江省杭州市余杭区），明洪武年间，项胜[2] 授成山卫百户世职，现居俚岛镇项家寨村。二为丹徒（今江苏省

项家寨遗址西南小寨现状

---

① 山东省荣成市民政局：《山东省荣成市地名志》，山东省地图出版社，2007年，第230—231页。
② （清）道光《荣成县志·卷六·职官》第479页记为"项胜，浙江仁和人，以上俱洪武三十一年封"。

镇江市丹徒区），明天顺天（应作'元'）年，项贵授靖海卫百户世职，现散居人和镇境内。"① 综合两条记载，项胜应是洪武三十一年（1398 年）被封为成山卫百户，宣德年间迁此定居成村，当时军寨应该已经建立，新村落因姓氏和古寨遗址而命名为"项家寨"。

项家寨在成山卫下辖的二十二处军屯中无记载，可能是因为时间较长，名称发生改变。项家寨遗址东南约 500 米为东高家村，据《山东省荣成市地名志》内"东高家"记载："明朝崇祯年间（1628—1644 年），高氏祖徙此定居成村，名白峰头高家，后简称高家。"② 而成山卫下辖屯中有一处名"白峰头"，《筹海图编·山东倭变纪》又记："永乐六年，倭贼袭破宁海卫，杀掠甚惨，指挥赵铭以失机被刑。寇成山卫，白峰头寨、罗山寨及大嵩草岛嘴、鳌山羊山寨、阴岛张家庄，依次被掠。"③ 该寨位于成山卫南、罗山寨北，且相距不远，濒临海洋，在倭寇"依次被掠"的行军线上；从军寨早些年出土炮石等分析，其还应有军事防御的功能。由于成山卫辖十墩中有一墩名"北峰头"，笔者认

项家寨遗址北墙西段现状（南向北摄，缺口疑似北门）

项家寨遗址北墙东段及东墙现状（西南向东北摄）

为可能是谐音笔误所致，应记为"白峰头"（见清道光《荣成县志·卷二·武备》），这与该军寨西南角小寨相吻合（结合光禄寨布局，笔者推测小寨应为墩址，后来被破坏消失）。

综上所有资料分析，笔者认为项家寨原名很可能是文献记载中的"白峰头寨"屯、墩，与其南部的罗山寨一起在明永乐年间遭受了倭寇入侵。

① 山东省荣成市民政局：《山东省荣成市地名志》，山东省地图出版社，2007年，第673页。
② 山东省荣成市民政局：《山东省荣成市地名志》，山东省地图出版社，2007年，第245页。
③ （明）郑若曾：明嘉靖四十一年胡宗宪刻本《筹海图编》，第584页。

龙泉寨（遗址）

位　　置　荣成市夏庄镇后寨村南果园内

始设年代　明代

文保级别　已消失

概　　况　遗址现因生产活动被完全破坏，具体分布范围不详；其东南约11千米处为寻山所城遗址，东距黄海约15.3千米。据《荣成市志·行政区域·市区（县城）镇村庄·村庄·成夏庄镇》记载："后寨，明景泰年间，在龙前寨前后各建一村，因该村在后，故名寨后，后改称后寨。"《山东省荣成市地名志》内"后寨"则记载："明朝景泰七年

龙泉寨（遗址）位置图

（1456年），王氏祖监生，由今本市埠柳镇原纸坊村徙此定居成村，地处龙泉寨之北，故名寨后，后又更名后寨。"[1]可见军寨设置年代当不晚于景泰七年（1456年）。对比威海境内各卫所下辖各屯，均没有龙泉、龙前寨的记载，可能该寨另有其名，但因时间久远而失传。

罗山寨遗址

位　　置　荣成市寻山街道罗山寨村北

始设年代　明初

文保级别　1996年6月，"罗山寨军寨"被公布为荣成市第一批市（县）级文物保护单位；2004年12月，被公布为威海市第二批市级文物保护单位

概　　况　遗址西北距寻山所约3千米，南寨墙紧邻罗山寨村，西南约800米为嘉鱼汪村，东北约1.2千米为青鱼滩村，东约50米为和兴路。军寨居高岗，东、西、南三面环海，东北距海0.9、

罗山寨遗址位置图

① 山东省荣成市民政局：《山东省荣成市地名志》，山东省地图出版社，2007年，第199页。

东距海 2、南距海 1.2 千米。军寨建于明代，寨内地势东高西低，东北角城角为制高点。

军寨"二普"时被发现，据《荣成市志》记载，"寨垣呈正方形，边长250 米，留有南西二门，北垣西端为水门。寨墙系夯土版筑，现存高 6 米、基宽 12 米、上宽 1.5 米……据传寨内有古井，并出土过石球（炮石）。"[1] 至荣成市第三次文物普查时，"罗山寨军寨……建于明朝……主要用于屯兵、储备粮草、镇守海疆。城墙系人工搬土夯筑而成，上部宽约 4 米，下部宽约 8 米，高约 4 米。在西城墙中段、北城墙西端、南城墙中部各有一处寨门，原先均系用石头和大青砖砌筑，现已全部拆毁，寨内早年出土过炮石球等。"[2]

2021 年 3 月，考古队对军寨进行实地调查，现军寨仅残留城墙，除南墙与西墙有断口外，其余城墙相对完整。其中北墙残长 196、宽 8、高 6—7.5 米，东墙残长 165、高 5—7 米，南墙残长 175、宽 5—7、高 2—3.5 米，西墙残长 156、宽 8、高 4—6 米；军寨沿南墙和西墙内侧有人工挖掘垃圾沟，对寨墙墙基造成了严重破坏。寨子东北角被辟为果园，有一圆形建筑物紧靠城墙；寨子东南角堆有麦秆等。寨子内部已被开垦为农田及废弃垃圾场，寨墙上长满松树等树木和杂草。

罗山寨遗址卫星图

罗山寨遗址航拍（西南向东北摄）

历史沿革　罗山寨，是荣成境内保存较好的明代沿海军寨遗址之一，依山就势而建。其依建小山原名无考，反因军寨在此修建而被当地人称为"寨子山"。《山东省荣成市地名志》内"寨子山"简介如下："在市区东 6.3 千米，寻山街道办事处罗山寨自然村北。明时在此建寨子，故名寨子山。呈南北走向，长 0.5 千米，宽 0.3 千米，海拔 59.5 米。"[3]

① 山东省荣成市地方史志编纂委员会：《荣成市志》，齐鲁书社，1999年，第976页。
② 威海市文物管理办公室：《追寻历史——威海市第三次文物普查成果巡礼》"A22罗山寨军寨"条，青岛出版社，2012年，第187页。
③ 山东省荣成市民政局：《山东省荣成市地名志》，山东省地图出版社，2007年，第567页。

罗山寨遗址航拍（东南向西北摄，西北角疑似水门）　　　罗山寨遗址东墙现状（西向东摄）

寨名"罗山"的来源今日已不可知，考之《荣成县志·山川》等资料，无有关"罗山"的记载。罗山寨在地理位置上更靠近寻山所，应归属寻山所或成山卫管辖。明政府在成山卫设军屯二十二处，分别为：狄子巷、广粮、白峰头、白马、灰埠、黄埠、曲家埠、防饥、马安、兴安、茅子埠、九皋、蜊碴埠、青安、寻山所、葛家庄、冷家庄、长埠、马安（清道光《荣成县志》作"马家"）、丰堆、金家庄、谢文庄[1]。其中未见"罗山寨"的记载，可能是时间较长，后世古籍记载名称发生改变。

综上所述，罗山寨在明代海防中的作用暂未见史料记载。从早些年出土炮石等分析，其应为成山卫或寻山所下属的军屯之一，平时戍守屯田和警戒，战时亦作防御。

历史资料　罗山寨设立时间没有具体年代记载，主要有三种：

（1）明建文前。

《荣成市志》记载："罗山寨，明建文年间建村，因村临罗山寨，故以寨为名。104 户。"罗山寨村建村时间为建文年间，则罗山寨建设年代应不晚于建文年间。

（2）明初。

明《读史方舆纪要·卷三十六·山东七》"宁海州"条记载："然国初倭寇成山，掠白峰寨、罗山寨，延及大嵩、竹岛嘴诸处，海侧居民，重罹其害。"[2]

（3）永乐六年（1408 年）前。

明《筹海图编·山东倭变纪》："永乐六年，倭贼袭破宁海卫，杀掠甚惨，指挥赵铭以失机被刑。寇成山卫，白峰头寨、罗山寨及大嵩草岛嘴、鳌山羊山寨、阴岛张家庄，依次被掠。"[3]

清道光《荣成县志·兵事》载："（明）永乐六年，倭寇成山头，掠白峰头寨、罗山寨等处。"[4]

综上记载，罗山寨军寨设立年代应当不晚于明初。

---

① （清）雍正《文登县志》"卷之二·武备八"。

② （清）顾祖禹：《读史方舆纪要》，清代锦里龙万育刊本，国家图书馆馆藏。

③ （明）郑若曾：明嘉靖四十一年胡宗宪刻本《筹海图编·山东兵防官考》，《中国兵书集成》第15、16册，解放军出版社、辽沈书社，1990年，第584页。

④ （清）李天骘修：道光《荣成县志》，《中国地方志集成·山东府县志辑》第五十六册，教育出版社，2004年，第453页。

黑土寨（遗址）

位　　置　荣成市崂山街道崂山景园小区西北角

始设年代　明代

文保级别　已消失

概　　况　遗址地处沿海丘陵缓坡上，周边原为平地，现因城镇建设被完全破坏；西北距红土寨遗址约 500 米，东北距寻山所城遗址约 11.8 千米，东距黄海约 3.3 千米，东南距宁津所城遗址约 15 千米。走访当地村民，仅测得寨城大体范围。根据其西北的红土寨遗址等判断［详见后节"红土寨（遗址）"］，其可能是寻山所或宁津守御千户所下辖的军屯之一。

黑土寨（遗址）位置图

马安寨（遗址）

位　　置　荣成市崂山街道崂山屯村东 400 米威海智能制造培训基地内

始设年代　明代

文保级别　已消失

概　　况　遗址地处沿海平滩地区，现因城镇建设被完全破坏；西距崂山屯村 300 米，东距黄海约 320 米，东靠海湾南路，南邻宁家南路。当地村民反映，寨址原呈方形，分布面积约 36 亩（24000 平方米）。据《荣成市志·行政区域·市区（县城）镇村庄·村庄·崂山镇》记载："崂山屯，明永乐年间建村，因村

马安寨（遗址）位置图

处马安寨之西，故以寨命名。后以村近崂山，更名崂山屯。"《山东省荣成市地名志》内"崂山屯"亦记载："明朝永乐年间（1403—1424 年），徐姓由文登爬山后迁来定居成村，因地处马安寨之西，故名马安寨。清时又以村西北之崂山而名崂山屯。"[1] 可见军寨设置年代当不晚于永乐年间。对比成山卫下辖二十二屯，有一屯名为"马安"，当为此寨。

---

① 山东省荣成市民政局：《山东省荣成市地名志》，山东省地图出版社，2007年，第400页。

烟墩墶寨遗址

位　　置　威海市荣成市崂山街道烟墩墶村北

始设年代　明代

文保级别　尚未核定为文物保护单位

概　　况　遗址地处沿海丘陵高地，其西南部原有墩一座，位于现村委会大院内（已消失）；该寨东北距寻山所城遗址约 16 千米，东距黄海约 7 千米，南约 600 米为八河水库[①]，东南距宁津所城遗址约 9.6 千米。当地村民反映，寨址基本呈方形，边长约 200 米，为包砖（石）夯土城墙。东寨墙有门，寨门有砖拱；20 世纪五六十年代时，残存寨墙高七八米，厚约 12 米，北寨墙保存最好；寨城内中华人民共和国成立前已开辟为农田；20 世纪 60 年代后，北寨墙被拆除。经此次实地调查，受农村建设、农业生产活动等影响，寨墙被破坏严重，现仅存寨墙西北角，位于村委东北约 200 米处，村民称原宽约 12 米，现残宽 2、长约 6、高约 1.8 米；村民称西寨墙拆除时曾挖出人骨。对比《筹海图编》等文献记载，成山卫、宁津所下辖各屯未见"烟墩墶"，其原名失考；从其规模等分析，该寨可能是周边卫所下辖军屯之一。

[①]《荣成市志·水利·地表水拦蓄》记载："八河水库地处桑沟湾西南部。1974 年 4 月勘察设计，并于当年完成设计方案……1975 年 11 月 5 日，拦海大坝合拢……拦海大坝为均质坝，全长 2380 米，最大坝高 8.5 米，坝顶宽 10 米，坝顶靠海一侧筑有 1 米高的防浪墙……总库容 4570 万立方米，兴利库容 890 万立方米，控制流域面积 256 平方公里，有效灌溉面积 3.35 万亩，具有灌溉、养殖、交通等多种功能。"2001 年实施了扩建工程，目前是荣成市唯一一座集城市供水、灌溉、养殖等综合利用为一体的大型水库。该水库原为古代八河港，蓄水后已消失。

烟墩墶寨遗址位置图

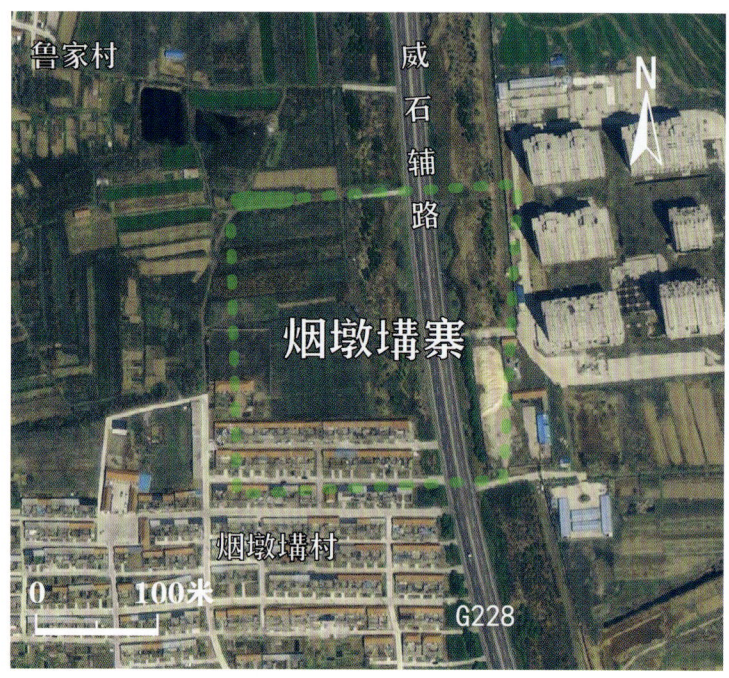

烟墩墶寨遗址卫星图

烟墩墶寨遗址北墙西北角现状（西向东摄）

穆柯寨遗址

位　　置　威海市荣成市王连街道东岛刘家村东南 350 米

始设年代　明代

文保级别　2021 年 1 月，"穆柯寨旧址、烟墩"被公布为荣成市第三批市（县）级文物保护单位

概　　况　遗址包括军寨和炮台；遗址东北距寻山所约 19 千米，东南距宁津守御千户所约 9 千米，西南距靖海卫城约 26 千米；寨子东北约 300 米为八河水库（古代八河港），北部为一条通往东岛刘家村里的生产路。军寨居小丘上，除西南与陆地相连，其余三面均为八河水库环绕，北距水库 0.7、东距水库 0.5、西距水库 1 千米。军寨建于明代，寨内地势较平，东北角为制高点。

查阅《荣成市志》、荣成市"二普""三普"等资料，均无穆柯寨相关记载，为"三普"后新发现遗址。穆柯寨呈长方形，东北—西南走向，东西长约 280、南北宽约 167 米。城墙系人工搬土夯筑而成，在北、南、西寨墙各有一处寨门，原先均系用石头和大面砖砌筑，现已全部被搬走。寨内东部有一近平顶圆锥形夯土堆，周长 78、残高约 8 米，当地有村民称之为"炮台"。据《山东省荣成市地名志》内"炮台"记载："在荣成市区南 17.5 千米处，位于王连街道办事处东岛刘家村南。因明朝为防倭寇修有炮台，故名炮山。山体呈圆形，直径 80 米，海拔 51.3 米。"[①] 该处向东可俯瞰古代八河港（今八河水库），应

---

① 山东省荣成市民政局：《山东省荣成市地名志》，山东省地图出版社，2007年，第579、580页。

穆柯寨遗址位置图

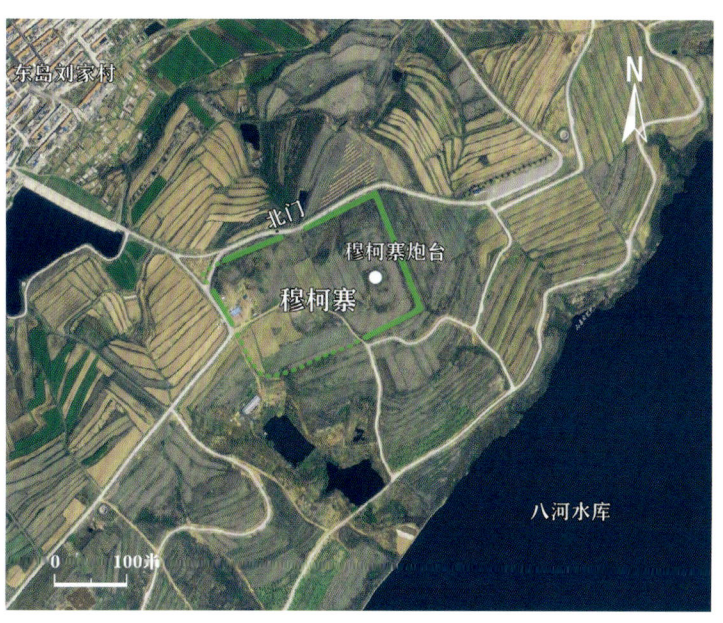

穆柯寨遗址卫星图

穆柯寨遗址寨墙现状（南向北摄）

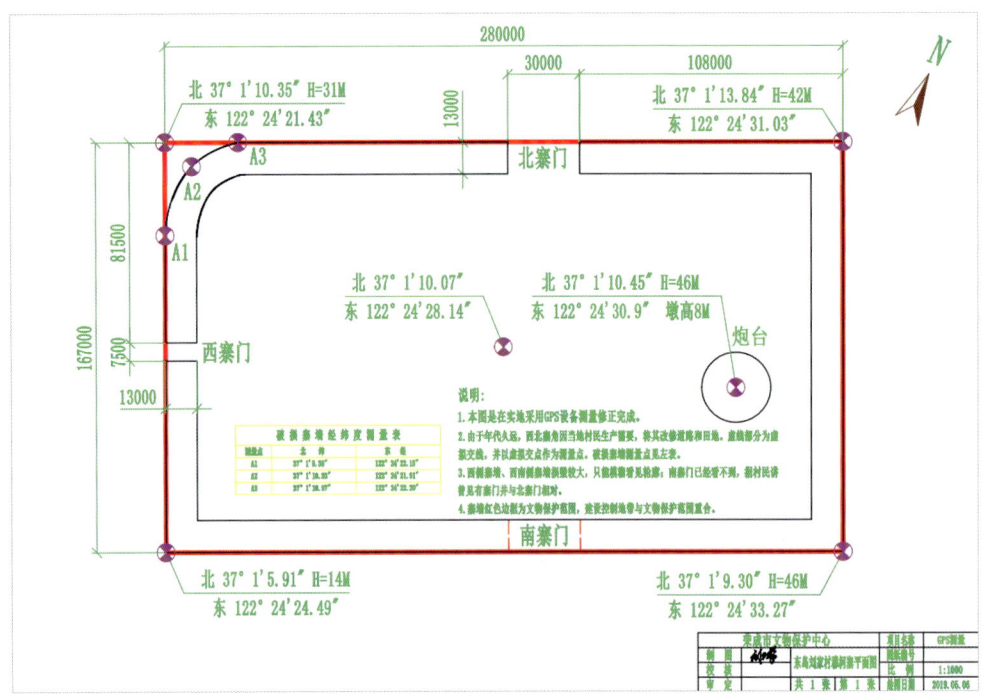

北 37° 1'10.35" H=31M
东 122° 24'21.43"

北 37° 1'13.84" H=42M
东 122° 24'31.03"

北寨门

北 37° 1'10.07"
东 122° 24'28.14"

北 37° 1'10.45" H=46M
东 122° 24'30.9" 墩高8M

炮台

西寨门

说明：
1. 本图是在实地采用GPS设备测量修正完成。
2. 由于年代久远，西北寨角因当地村民生产需要，将其改修成道路和田地。虚线部分为虚拟连线，并以虚直交点作为测量点。破损寨墙圈起点从左。
3. 西南破墙、西南侧破墙倒塌较大，只能根据常见轮廓，南寨门已经普不见，根村民讲普具有寨门并以北寨门相对。
4. 虚墙红色边框起为文物保护范围，建议控制地带与文物保护范围重合。

南寨门

北 37° 1'5.91" H=14M
东 122° 24'24.49"

北 37° 1'9.30" H=46M
东 122° 24'33.27"

穆柯寨遗址本体范围、保护范围和建设控制地带

为明代炮台遗址。

受道路建设、农业生产及村民取土活动影响，寨子西墙以南和南墙以西大部分被毁，北、东墙保留较完整，其中东墙长155、宽6—7、高0.5—1.4米，城墙上部大多低平，几近消失；北墙中部有长约23米缺口，疑为北寨门，西半段长约110、宽5、高2.5—4.2米，东半段长约110、宽5、高1—3.2米；西墙残长约17、宽4—5、高2.5米，南墙残长45、高1米。西北寨角已被改修成道路和田地；寨子内部现被辟为果园，寨墙上长满松树等树木和杂草等。遗址东北约550米处为东岛刘家墩（详见本书"东岛刘家墩遗址"），为宁津守御千户所下辖墩堡之一。

历史沿革　按照现存寨墙残迹，穆柯寨应属于中型军寨遗址，即对应文献记载中"小寨"之列（详见前文"寨/屯"条）。其原名已不可考，参考《山东省荣成市地名志》内"东岛刘家"简介："明朝万历年间（1573—1620年），刘氏祖启性由今本街道客岭迁此定居成村。因村处三面濒海之东岛上，故以姓氏命名东岛刘家。后简化为东岛。1981年经县人民政府批准，恢复原名东岛刘家。"[1] 可见，万历建村时，未考虑军寨的因素命名，但该处原滨古代八河港，地理位置十分重要。

寨名"穆柯"的来源已不可考，当地有村民称以宋代穆桂英"穆柯寨"之传说命名此寨，可信度不高。穆柯寨在地理位置上更靠近宁津守御千户所，距离寻山所稍远。查阅明政府在宁津守御千户所设军屯五处（《靖海卫志》记为二十一处），在成山卫设军屯二十二处，均未见"穆柯寨"的记载，是否因为时间较长，名称发生改变，待进一步考证。但从军寨现有墩、炮台等分析，其应有军事警报和防御的功能。

----

① 山东省荣成市民政局：《山东省荣成市地名志》，山东省地图出版社，2007年，第523页。

马家寨（遗址）

位　　置　荣成市宁津街道马家寨村内

始设年代　明代

文保级别　已消失

概　　况　遗址地处沿海平滩地区，现被村庄完全占压；其北距桑沟湾约 350 米，东距黄海约 3.3 千米，东南约 240 米为小北墩遗址（已消失），南距宁津所城遗址约 3.7 千米。当地村民反映，寨址分布范围未超出现村庄，经此次实地调查仅获得寨的大体范围。《山东省荣成市地名志》内"马家寨"记载："马家寨村为古寨旧址，明朝成化年间

马家寨（遗址）位置图

（1465—1487 年），马氏祖由乳山市海阳所徙此定居，因村临古兵城，故命名马家寨。清康熙年间（1662—1722 年）杨氏祖由本街道宁津所徙之马家寨东南烟墩脚下定居，命名小北墩村，1947 年两村合并。村仍称马家寨。"[1] 可见军寨设置年代当不晚于明成化年间。根据道光《荣成县志·卷二》记载，成山卫下辖二十二屯，有一屯名为"马家"，当为此寨（详见前节"成山卫城遗址"）。

寨前赛家寨（遗址）

位　　置　荣成市王连街道寨前赛家村西北约 200 米

始设年代　明代

文保级别　已消失

概　　况　遗址地处沿海平滩地区，寨内东北部有一堡（详见后节"寨前赛家堡遗址"）；其北距八河水库约 1.2 千米，东距宁津所城遗址约 9 千米。村民反映，该寨原近方形，南北长约 300、东西宽约 280 米，后因农业生产活动和公路修建等遭到严重破坏，仅在东北部发现有残留的零星寨墙痕迹；经走访村民，大体确定了军寨四角的位置。

寨前赛家寨（遗址）位置图

① 山东省荣成市民政局：《山东省荣成市地名志》，山东省地图出版社，2007年，第459页。

历史沿革　遗址以其东南之寨前赛家村而命名，该村因处古寨前而得名，军寨原名见《荣成市志·行政区域·市区（县城）镇村庄·村庄·王连镇》记载："寨前赛家，明万历年间，赛姓徙至胡口寨之南建村，以姓氏冠以寨前名村。"《山东省荣成市地名志》内"寨前赛家"记载更详细："明朝万历年间（1573—1620 年），许姓迁此定居成村，村名无考。清朝乾隆年间（1736—1795 年）赛姓由今本市靖海卫迁此居住。因村处古胡口寨之南，故以姓氏命名寨前赛家。"[①] 又考之《山东省荣成市地名志》、《荣成市志》中关于军寨周边的"寨前王家""寨前于家""寨前方家"等成村记载，都均与该寨有关，可见该寨原名应为胡口寨。

根据康熙《靖海卫志》关于宁津守御千户所下辖军屯记载（详见前节"宁津所城遗址"），无"胡口寨"，但其中之一称"土山"，"明朝万历年间（1573—1620 年），隋、徐两姓徙此定居成村，因村东有一土山故名土山村。清朝顺治年间（1644—1661 年），李姓由威海爱子山前迁此居住，后徐姓迁走，仍沿用原名土山村。"[②] 遗址东偏北约 1.7 公里为土山村，该遗址可能是宁津所辖军屯——土山寨。再对比明代郑若曾《筹海图编·山东兵防官考》、邓钟《筹海重编》、嘉靖《宁海州志·卷上·建置》等关于墩堡记载，未见有名"土山"的墩堡，但有堡名"上现口"，雍正《文登县志》记为"土现口"，"土现"是否是"土山"的谐音？须进一步考证。

综上所述，其可能作为宁津守御千户所下属的军屯，可能与宁津所建于同一时期，即明洪武三十一年（1398 年）前后。

青木寨（遗址）

位　　置　荣成市桃园街道青木寨村东南约 200 米处

始设年代　明代

文保级别　已消失

概　　况　遗址地处沿海平滩地区，现被船厂占压；因遗址被破坏殆尽，该寨分布范围较模糊，经走访当地村民，推断其北部紧邻朝阳路，南约 300 米为石岛湾。据《荣成市志·行政区域·市区（县城）镇村庄·村庄·宁津镇》记载："青木寨，清乾隆年间建村，因村临青明寨，故以寨为名。后更名青木寨。"《山

青木寨（遗址）位置图

东省荣成市地名志》内"青木寨"记载较详细："清乾隆年间（1736—1795 年），周氏祖田增由今本市宁津街道办事处山前村徙此定居。因村临青明寨，村以寨为名。1950 年更名为青木寨。"[③] 军寨早先原名"青明"，中华人民共和国成立后改为今名。对比成山卫与宁津守御千户所辖各屯，均没有青明寨的记载，该寨原名可能失传。

---

① 山东省荣成市民政局：《山东省荣成市地名志》，山东省地图出版社，2007年，第521页。
② 山东省荣成市民政局：《山东省荣成市地名志》，山东省地图出版社，2007年，第544页。
③ 山东省荣成市民政局：《山东省荣成市地名志》，山东省地图出版社，2007年，第530页。

玄镇寨（遗址）

位　　置　荣成市港湾街道玄镇村西北

始设年代　明代

文保级别　已消失

概　　况　遗址地处山前坡地，现因公路、民居和工厂建设而完全消失，走访当地村民仅获得军寨的大体位置；军寨北距北孟家村约 300 米，东南约 1.6 千米为王家湾海湾。据《荣成市志·行政区域·市区（县城）镇村庄·村庄·石岛镇》记载："玄镇，明洪武年间建村，因村临玄镇寨，故以寨为名。后更名大寨，1938 年恢复原名玄镇寨，后简化为玄镇。"《山东省荣成市地名志》内"玄镇"亦记载："明朝洪武年间（1368—1398 年），阎姓迁至玄镇寨旁建房，村以寨为名。1662 年清朝圣祖玄烨登基宣位为康熙皇帝，为忌讳'玄'字更名为大寨村，1938 年恢复原名玄镇寨村。后简化为玄镇。"[1] 可见军寨设置年代当不晚于洪武年间。对比宁津守御千户所下辖五屯，有屯名曰"元正寨"[2]，"元正"与"玄镇"发音相近，可能为同一军寨。

玄镇寨（遗址）位置图

光禄寨遗址

位　　置　荣成市虎山镇光禄寨村

始设年代　明代

文保级别　2012 年 12 月，"光禄寨军寨"被公布为荣成市第二批市（县）级文物保护单位

概　　况　遗址南部被虎山镇光禄寨占压，包括军寨和墩；遗址南距靖海卫城约 9.7 千米，东距宁津守御千户所约 26.4 千米。军寨居丘陵上，地势北高南低，西距海约 2.7、南距海约 2.6 千米，南约 200 米为 G228 国道。军寨建于明

光禄寨遗址位置图

---

① 山东省荣成市民政局：《山东省荣成市地名志》，山东省地图出版社，2007年、第74页。

② （清）李天骘修：《荣成县志》道光二十年（1840年）刊本，《中国方志丛书·华北地方·第三八二号》，成文出版社，1976年、第125页。

代，寨西北角有墩一座，为全寨制高点。

　　据《荣成市志》记载，"光禄寨原名广龙寨。寨建于山冈之上，地势西北高、东南低，寨垣规模宏大，呈正方形，边长400米，四面各开一门。在大城西北部附筑有小城，亦为正方形，边长50米，仅南面留有一门。垣墙为石基，用黄褐土版筑，现高4米、基宽8米、上宽5米。其西北城角地势最高，附筑一烟墩，高出城表。寨垣保存较好，尤以东垣外侧，石基巩固，形势壮伟。"① 至少在20世纪90年代之前，军寨保存较好，五座寨门仍清晰可见。

　　至荣成市第三次文物普查时，"光禄寨军寨……系明代靖海卫管辖下的海防设施，平面呈方形，寨墙每边长400米。其城墙为黄褐土夯筑而成，上部宽约4米，下部宽约6—8米不等，高约2—4米，外侧原有石块砌筑，现已不见。

光禄寨遗址卫星图

军寨含有内城，位于寨子西北角。内城的西墙和北墙与外城的西墙、北墙重合，东、南两墙系夯土版筑。寨子的西北角有一座烟墩，高约6米，底径10余米。原先外城的四面墙和内城南墙的中间部分各有一座城门，现仅见豁口。"② 两相比较，"三普"记录基本采用了《荣成市志》记载数据，同时细化了墩的残存尺寸。

　　2021年3月，考古队对军寨进行复查，军寨基本南北向分布，呈南北长、东西窄的长方形，20世纪80年代村民建房时拆除了外城南墙，现军寨外城北墙保存较好，西、东墙南部被破坏，其中北墙残长150、宽7、高1.2—2.6米；东墙残长约239、宽5、高5.1—7米，部分墙段外侧可见砌石，中部有长约7米缺口，村路穿过，疑似东寨门；西墙残长约240、宽5、高1.2—2.6米，中部有一缺口，村路穿过，可能为西寨门。内城保存略差，位于军寨西北角，平面为东西宽80、南北长约90米的长方形，内城东、南墙地表可见痕迹，仅东南角缺失，其中东墙残长约50米，南墙残长约62米；内城近西北角有近平顶圆锥形墩一座，残高约6米，底径约10米，北可与狼虎山墩相望。现寨内中、南部为村庄占压，北部为农田；内城中部有信号铁塔；内、外城寨墙上长满灌木和杂草；军寨北部有小山，现采石破坏严重。

历史沿革　从残存寨墙分析，光禄寨为荣成市沿海保存较好的中型军寨，原名为"广龙寨"，其修建年代已无精确记载。据《山东省荣成市地名志》内"光禄寨"记载："明朝弘治年间（1488—1505年），始祖董辉由今文登市岭上董家徙此定居成村，因地处古广龙寨前，故村以此命名广龙寨，1958年后演变为光禄寨。"③

① 山东省荣成市地方史志编纂委员会：《荣成市志》，齐鲁书社，1999年，第975、976页。
② 威海市文物管理办公室：《追寻历史——威海市第三次文物普查成果巡礼》"A21光禄军寨"条，青岛出版社，2012年，第187页。
③ 山东省荣成市民政局：《山东省荣成市地名志》，山东省地图出版社，2007年，第368页。

光禄寨遗址现状航拍（东北向西南摄）

光禄寨遗址内城航拍（东向西摄）

　　光禄寨在地理位置上更靠近靖海卫，应归其管辖。明政府在靖海卫设军屯二十六处，分别为：桃花石、刘家莹、长会寨、榛（臻）子沟、殿山院、古章、古獐河、王家岛、五里岛、泊子、曰徭（窑）南泊、泊子（原文如此）、青勃啰顶、金家庄、峰山、五垒寨、大圣院、瓜蒌寨、柘岛、郑山、管山、黑石埠、桃子山、狼狼、狼尾、草埠①。据郑若曾《筹海图编·山东兵防官考》记载，靖海卫领墩二十：大湾口、姚山头、

光禄寨遗址北墙局部（南向北摄）

光禄寨遗址西墙北段现状（东北向西南摄）

光禄寨遗址东墙局部（东向西摄）

①（清）雍正《文登县志·卷之二·武备八》。

青鸟嘴、长会口、石岗山、浪浪、瓜蒌寨、標杵岭、唐浪镇、铎木山、郭家口、赤山嘴、红土崖、黑夫厂、石脚山、柘岛、峰山窝、明光山、狗脚山、路家马头。其中均未见"广龙寨"的记载，但军屯、墩中都有"瓜蒌寨"，而两者谐音相近，极可能为同一处。

综上所述，光禄寨原名广龙寨，从其规模和内部独设墩来分析，其应为靖海卫下属的军屯、墩之一（可能为"瓜蒌寨"），平时戍守屯田和警戒，战时亦作防御。

历史资料 《荣成市志》记载："光禄寨，明弘治年间建村，因村后有广龙寨，故以寨为名。后演变为光禄寨。"[1] 可见，广龙寨不晚于弘治年间即已建立。

得胜寨（遗址）

位　　置 荣成市邱家镇得胜寨村内

始设年代 明代

文保级别 已消失

概　　况 得胜寨地处丘陵坡地，地势北高南低，现已被村庄全部占压；其南距靖海卫城约 12.5 千米，西南 4.7 千米为靖海湾。据《荣成市志·行政区域·市区（县城）镇村庄·村庄·邱家镇》记载："得胜寨，建村年代无考，据传万、于两姓徙此建村，因村临得胜寨，故名。明永乐年间，曲姓徙此定居。"《山东省荣成市地名志》内"得胜寨"亦记载："据传万、于两姓徙此定居成村，年代

得胜寨（遗址）位置图

无考。因村临古得胜寨，故村以寨命名得胜寨。明朝永乐年间（1403—1424 年），曲氏祖曲风由今文登市望海曲家迁此定居。村无万、于两姓，仍沿用原名得胜寨。"[2] 可见军寨设置年代当不晚于永乐年间。考之靖海卫下辖二十六屯中未有"得胜寨"，但有一屯名"大圣院"，"得胜"与"大圣"有谐音，可能为同一军寨。

① 山东省荣成市地方史志编纂委员会：《荣成市志》，齐鲁书社，1999年，第103页。
② 山东省荣成市民政局：《山东省荣成市地名志》，山东省地图出版社，2007年，第369页。

主到寨遗址

位　　置　荣成市虎山镇五龙嘴村南约380米

始设年代　明代

文保级别　尚未核定为文物保护单位

概　　况　遗址南距靖海卫城约15.3千米，东距宁津守御千户所约27.3千米，东南6千米为光禄寨，南约1.2千米为狼虎山墩。军寨居丘陵高地上，地势西北高东南低，靠近古代著名港口——千步港①，北距海约1.2、西距海约1.4、南距海约7.6千米。军寨建于明代，寨内地势北高南低，西北角为全寨制高点。

主到寨为荣成市第三次文物普查时发现，"主到寨军寨位于虎山镇五龙嘴村南。为一处明代海防遗迹，平面呈方形，城墙用黄褐土夯筑而成，下部宽约5—6米，上部宽约2—3米，高约2—3米。四面墙均设有城门，据传为砖券，现已全部拆除，仅余豁口。寨东北部有一座烟墩，残高约3米。寨子正中原有两座庙宇，于1941年拆除"②。

2021年3月，考古队对军寨进行复查，军寨基本南北向分布，呈方形，四墙各长约120米。自20世纪50年代以来，由于农业生产、取土及信号塔建设等活动，寨墙受到不同程度破坏。与"三

主到寨遗址位置图

主到寨遗址卫星图

---

① （清）王一夔、赛珠等纂修：雍正《文登县志·卷之一·山川》记载："千八港，在县东南六十里，北至顺天、南至江宁水道各一千八百里，故名。" 刘远华等：《荣成市志》第126页记载："千步港位于靖海湾北部，为内伸陆地的狭长半封闭式港湾，出入经过的长会口宽仅约1.5千米。海湾的中间线为荣成市与文登市的分界线，渔轮或小型货轮可由此上溯文登市张家埠港。"

② 威海市文物管理办公室：《追寻历史——威海市第三次文物普查成果巡礼》"A20主到寨军寨"条，青岛出版社，2012年，第187页。

主到寨遗址航拍（北向南摄）

主到寨遗址西墙北段及北墙西段现状（东南向西北摄）

主到寨遗址东墙南段现状（西北向东南摄）

普"时相比，军寨寨墙遭破坏亦较明显，现寨墙残存为七段，仅西北、西南角尚存，其中西墙残宽约7米，北墙北段残长43、高2米，中段残长52、高1.6米，南段残长11、高2米；北墙残长约76、宽7、高2米，与西墙相连；东墙北段残长约26、宽6、高1.6米，东墙南段残长约67、宽8、高2—2.5米；南墙残长约80、宽6、高2米，与西墙相连；寨东北部原有墩一座，现已消失。寨内现为耕地，寨中部东、西两侧各有一座信号塔，筑有圆形水泥制水塔三座；寨墙上长满小型灌木和杂草。

历史沿革　从残存寨墙分析，主到寨为荣成市沿海保存较好的中型军寨。寨名"主到"源于传说，据《山东省荣成市地名志》内"主到寨"简介如下："在市区西南31.4千米，虎山镇驻地西北。传说明朝时期，

主到寨遗址南墙西段及北墙中、南段现状（东北向西南摄）

有一将军来到此地，站在高处一看，四周重峦叠嶂历历在目，于是就在这里建寨屯兵，故名主到寨。"[1] 其可信度不高。主到寨周边有五龙嘴、大龙嘴、孙家庄三村，《荣成市志》《山东省荣成市地名志》中关于建村历史的记载中均未发现附近有军寨的记载，为其原名的考证工作带来很大困难。

主到寨在地理位置上靠近靖海卫，应归其管辖。明政府在靖海卫设军屯二十六处（详见本书"靖海卫城遗址"），

主到寨遗址东墙北段现状（西向东摄）

比对后未见"主到寨"的记载，但考证靖海卫下辖二十墩、二十六屯，墩、屯同名者有两个——"瓜蒌寨""柘岛"，前文中推测光禄寨可能为"瓜蒌寨"屯、墩，主到寨可能是"柘岛"屯、墩，两者是否是因谐音误记，须考古资料进一步验证。

综上所述，主到寨其原名已不可考，从其规模和独设墩来分析，其应为靖海卫下属的军屯、墩之一，平时戍守屯田和警戒，战时亦作防御。

---

[1] 山东省荣成市民政局：《山东省荣成市地名志》，山东省地图出版社，2007年，第581页。

武将寨遗址

位　　置　荣成市上庄镇中古章村正北约 700 米处

始设年代　明代

文保级别　2021 年 1 月，"武将寨军寨"被公布为荣成市第三批市（县）级文物保护单位

概　　况　遗址西南距靖海卫城约 19 千米，东南距宁津守御千户所约 23.2 千米，东北距寻山所约 29.2 千米，西南约 5.2 千米为主到寨；军寨南约 1 千米为自东向西入海的中古章河，北约 800 米为蔡官屯村，西约 20 米为通往靖海卫村公路，西北约 850 米为北沙岛墩。军寨居小山岭上，沿坡分布，地势北高南低，西距古代港口——千步港约 1.6 千米。

武将寨遗址位置图

武将寨遗址卫星图

武将寨发现于"二普"时期，据《荣成市志》记载："武将寨所居地势也较附近为高。寨垣较小，呈正方形，边长 100 米。垣墙泥土夯筑，仅南面正中一门。现存垣墙高 3 米、基宽 8 米、顶宽 4 米。寨垣建筑特别加固，四角及东、西、北垣的正中墙体附筑马面，突出于墙面约 2.5 米，并且高于垣墙 1 米。在其南面寨门左右也有马面建筑。"[1]

至荣成市第三次文物普查时，"武将军寨……为明代海防设施，系人工搬土堆筑而成，残高约 3—4 米，西面墙上部宽约 1 米，下部宽约 4—5 米，南面有寨门，寨子四角和东、西、北三面寨墙正中以及寨门两旁均筑有马面，马面高出围墙约 1 米，且向外延伸约 2 米。此种筑式不见于其他军寨。由于年代较久远，军寨寨门及四面寨墙均遭到不同程度的破坏，地表暴露遗物较少"[2]。

2021 年 3 月，考古队对军寨进行复查，由于村民农业生产及取土活动，军寨南墙遭到破坏较严重，东南寨墙的部分夯土被挖走，其余三面寨墙也遭到不同程度的破坏，部分墙段被挖掘呈断崖状。军寨基本南

---

① 山东省荣成市地方史志编纂委员会：《荣成市志》，齐鲁书社，1999 年，第 976 页。

② 威海市文物管理办公室：《追寻历史——威海市第三次文物普查成果巡礼》"A23 武将军寨"条，青岛出版社，2012 年，第 187 页。

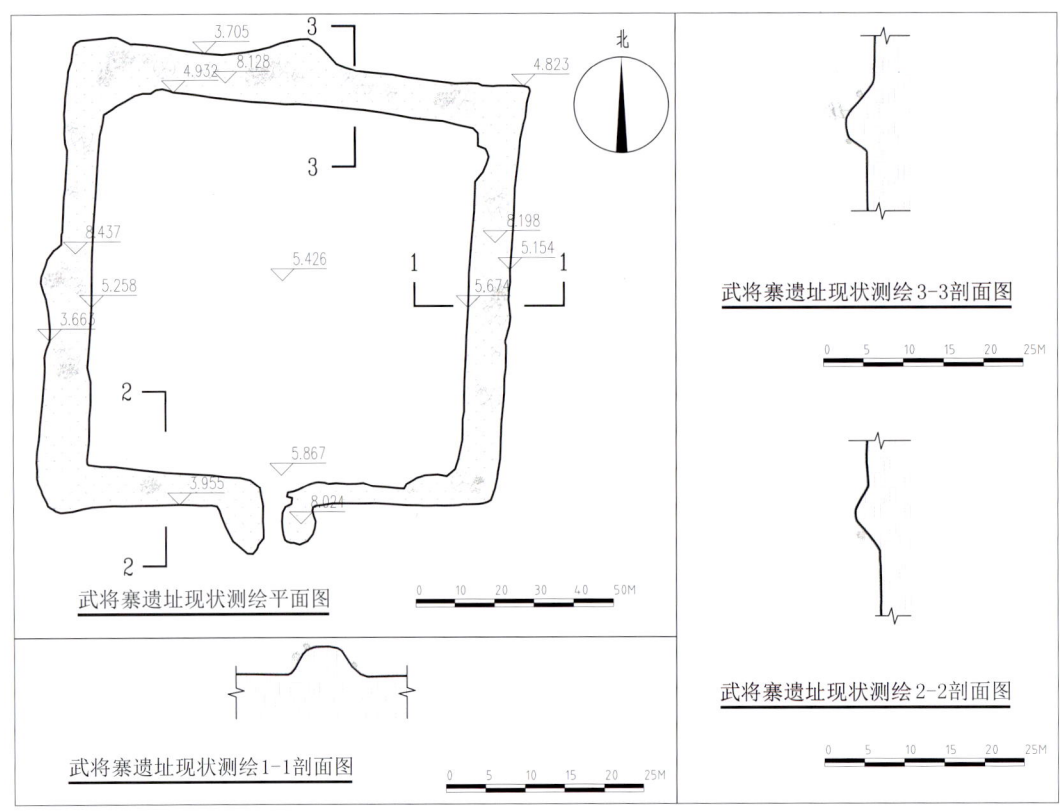

武将寨遗址平、剖面图

北向分布，呈南北略窄的长方形，现北墙内侧长约 95.1、下部宽 4—5、高 1.5—4.4 米，东墙内侧长 89.5、下部宽 4—5、高 1.9—3.2 米，西墙内侧长 85.5、下部宽 4—5、高 2—4.3 米，南墙残长 94、下部宽 4—6、高 1.6—2.4 米，南墙东段破坏较严重，正中有门，残长约 5.5 米。寨内部已被开辟为农田，寨墙上长满杂草；现场采集有少量明清时期布纹灰陶瓦片和残砖块。

历史沿革　武将寨寨名来源已失考，据《山东省荣成市地名志》内"中古章"村记载："属上庄镇。位于镇境西部，东与东古章村毗邻，西与西古章村相连，北与蔡官屯村交界，南与望港寺山系相望……明朝嘉靖年间（1522—1566 年），孙姓徙此定居成村，因村后有一武将寨，村以此命名武将村，后演变为古章村，随户逐增又分为东、中、西三个村，该村居中故命中古章村。"[1] 又据《荣成市志》记载："中古章，明嘉靖年间建村，因村临武将寨，故名武将村。演变为古章村。后随户逐增分为三村（注：东古章、中古章、西古章），以方位称中古章。"[2] 综合以上资料可知：一是武将寨建置不晚于明嘉靖年间，二是村名因谐音而改变为"古章"。

　　武将寨在地理位置上更靠近靖海卫，比对明政府在靖海卫设立的二十六处军屯（详见本书"靖海卫城遗址"），其中未见"武将寨"的记载，但有一处为"古章"与之谐音相似，且附近有古章村，是否为同一处？有待考古资料进一步验证。

　　综上所述，武将寨军寨应最晚筑于明嘉靖时期（不排除明代以前），加之靠近千步港，应是一处重要的防卫和屯田机构。

① 山东省荣成市民政局：《山东省荣成市地名志》，山东省地图出版社，2007年，第346页。
② 山东省荣成市地方史志编纂委员会：《荣成市志》，齐鲁书社，1999年，第98页。

武将寨遗址航拍（西向东摄）

武将寨遗址北墙现状（南向北摄）

武将寨遗址南门现状（北向南摄）

武将寨遗址西墙现状（东向西摄）

武将寨遗址南墙东段现状（西北向东南摄）

武将寨遗址东墙现状（西向东摄）

五 墩遗址

狼烟台墩（遗址）

位　　置　荣成市成山镇卧龙村东三山顶中峰观通站内

始设年代　不详

文保级别　已消失

概　　况　遗址地处成山之巅，北、东、南三面环海，西部为成山头景区和卧龙村，东侧有始皇庙；墩西南距成山卫城遗址约 13 千米。《寰宇记》记载，秦始皇筑望海台于成山，成山现为三山连峰。据流传，三山中的中峰原不是尖顶，是为人工堆砌而成，称狼烟台也称狼烟顶，是海上防御敌人所用，现因景区建设被破坏。

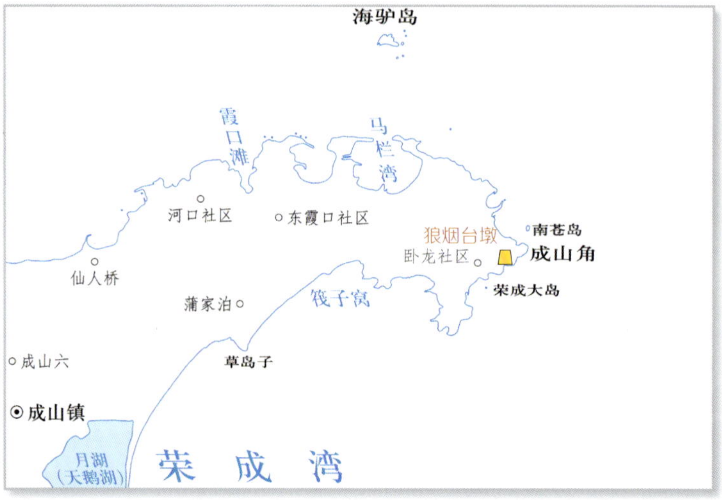

狼烟台墩（遗址）位置图

北曲格墩遗址

位　　置　荣成市港西街道北曲格村西450米烟墩山顶

始设年代　明初

文保级别　尚未核定为文物保护单位

概　　况　遗址位于山顶，地势南高北低，西约1.4千米为龙家村，西南约1.3千米为芹夼村，西约1.8千米为龙家河，北约270米为成山中路；遗址所在山坡有一条环山土路，周围为农田。墩东南距成山卫约6.2千米，东南约3.2千米为墩东夼堡；遗址北距黄海约370米，据传为古代朝阳港，在堡顶北可见黄海，向东可见墩东夼堡，向西可见墩后堡。

遗址为2021年3月调查时发现，保存较为完整，呈圆台状，顶部略平，系黑褐土及黄砂土掺杂夯筑而成。原堆砌石块已脱落，但仍有少量存在。因遗址所处山顶常年无人管理，长满刺荆棘丛，未能靠近。墩周长约50米，残高6.5米，现烟墩山南侧建有风力发电装置，承载墩址的山体南部被取土破坏，但尚未损害到遗址本体。

历史沿革　北曲格墩为此次调查发现并以附近村名命名，遗址所在山原名无考。据《山东省荣成市地名志》内"曲格烟墩山"记载："在市区东北23.3千米，成山镇北曲格村西。该墩位于北曲格村西，且山上有古代烟墩得名。南北走向，长1千米，宽0.5千米，海拔84米。"[1]

北曲格墩遗址位置图

北曲格墩遗址卫星图

北曲格墩遗址南侧现状（南向北摄）

---

[1] 山东省荣成市民政局：《山东省荣成市地名志》，山东省地图出版社，2007年，第573页。

北曲格墩遗址近景（西向东摄）

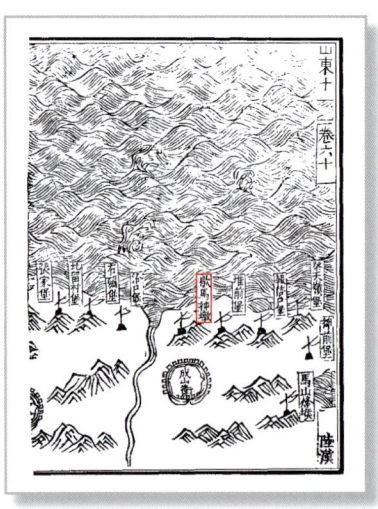

《筹海图编·山东沿海山沙图》

　　比对明代郑若曾《筹海图编·山东兵防官考》、邓钟《筹海重编》、嘉靖《宁海州志·卷上·建置》等关于墩堡记载（详见本书"成山卫城遗址"条），同时对应《筹海图编》[①]标注各墩堡位置，结合墩堡间相对位置及标注地形等，成山卫北部各墩堡自东向西依次为祭天岭堡、报信口堡、堆前堡和歇马神墩，北曲格墩可能为歇马神墩。

　　明洪武三十一年（1398 年）起，为加强山东沿海的防倭力量，明政府在山东沿海新设威海、成山、靖海等沿海七卫，作为成山卫下属的十墩之一，应设于此时。

马山墩遗址

位　　置　荣成市成山镇马山大疃村东约 1 千米马山山顶

始设年代　明初

文保级别　2012 年 12 月，"马山烟墩"被公布为荣成市第二批市（县）级文物保护单位

概　　况　遗址位于山顶，处于内陆东南延伸向海洋的突出部，遗址东北距海最近约 270 米，东南距海最近约 380 米，西约 1.7 千米为深入内陆的岬湾。墩址西约 1 千米为大疃村，西北约 2.7 千米

马山墩遗址位置图

---

① （明）郑若曾：明嘉靖四十一年胡宗宪刻本《筹海图编·山东兵防官考》，《中国兵书集成》第15、16册，解放军出版社、辽沈书社，1990年，第168页。

为马山寨村，遗址南、西部有通往山下村庄的生产路，周围被农田和树林环绕。墩西北距成山卫约 5 千米，西南距寻山所约 18.4 千米；西北约 5.5 千米为沙寨子军寨（可能为神前堡），东偏北约 7.1 千米为城东郭家堡（可能为祭天岭堡）；在墩顶俯瞰周边海湾，向西北隐约可见成山卫。

遗址在荣成市第二次全国文物普查时即已发现，第三次文物普查时进行了复查，"马山烟墩……高踞马山之巅，东突入海，东、南、北三面环海"[①]。

2021 年 3 月，考古队对遗址进行复查，墩系土筑圆台，底部直径约 25、顶部直径约 3 米，夯土残高约 3 米；遗址表面被杂草和树木覆盖。

马山墩遗址卫星图

马山墩遗址航拍

---

① 威海市文物管理办公室：《追寻历史——威海市第三次文物普查成果巡礼》"A32马山烟墩"条，青岛出版社，2012年，第188页。

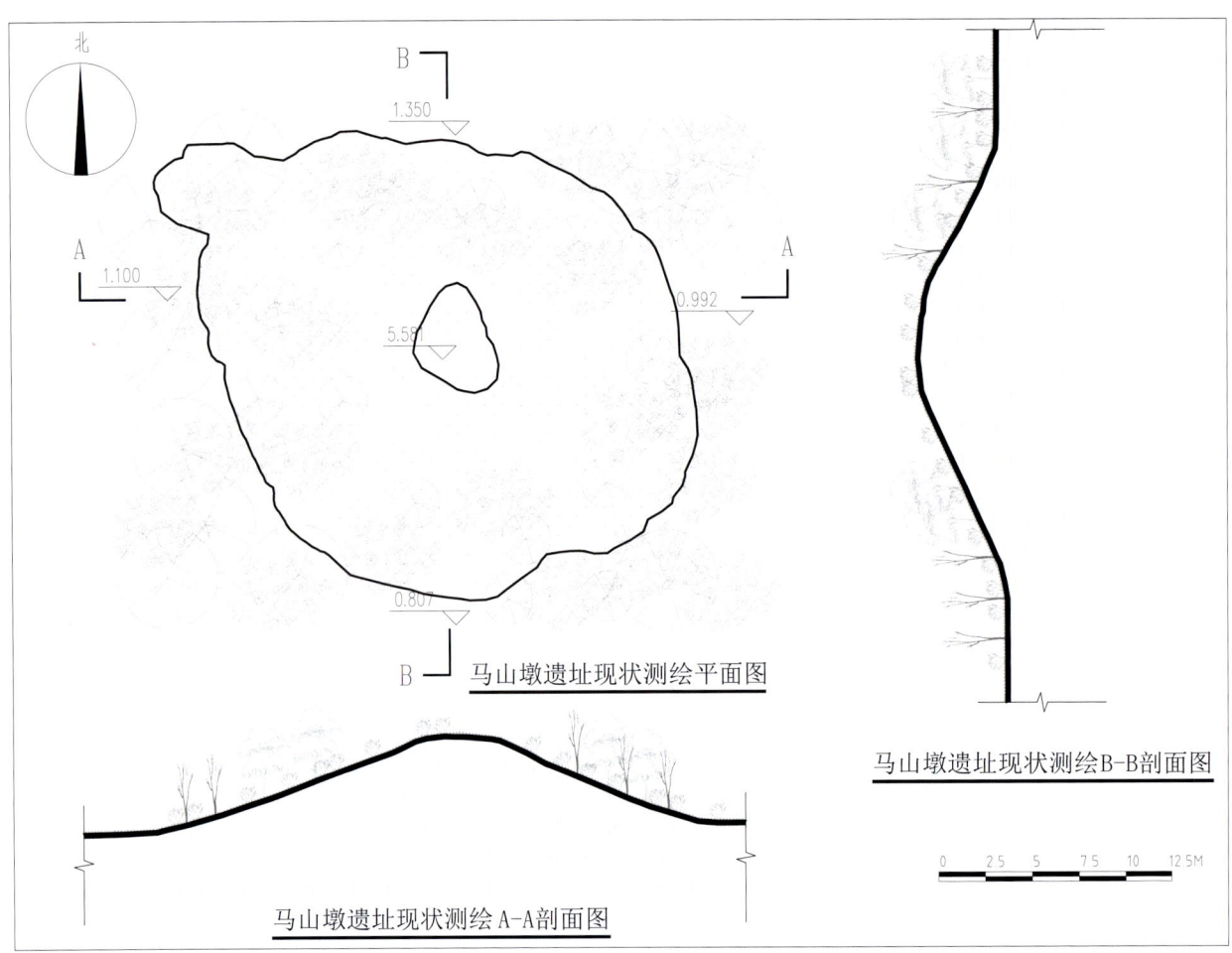

马山墩遗址现状测绘平面图

马山墩遗址现状测绘A-A剖面图

马山墩遗址现状测绘B-B剖面图

马山墩遗址平、剖面图

历史沿革　马山墩名当来源于马山，据《山东省荣成市地名志》内"马山"记载："在市区北19.9千米，成山镇，东南部海滨。清道光《荣成县志》卷一：'马山，城南八里山形似马，故名。'近似南北走向，长约1.5千米，主峰海拔145.5米。地处半岛，三面环海，植被较好，主要树种为松树，有少量梯田。"[①]

　　比对明代郑若曾《筹海图编·山东兵防官考》、邓钟《筹海重编》、嘉靖《宁海州志·卷上·建置》等关于墩堡记载（详见本书"成山卫城遗址"），成山卫、寻山所辖墩中均有"马山墩"的记载，对应《筹海图编》[②]标注各墩堡位置，结合相对位置及标注地形，马山墩遗址应为成山卫下辖之"马山墩"（山沙图作"马山烽堠"）。

　　据史料记载，明洪武三十一年（1398年）起，为加强山东沿海的防倭力量，明政府在山东沿海新设威海、成山、靖海等沿海七卫，作为成山卫下属的十墩之一，应设于此时。

①　山东省荣成市民政局：《山东省荣成市地名志》，山东省地图出版社，2007年，第574页。
②　（明）郑若曾：明嘉靖四十一年胡宗宪刻本《筹海图编·山东兵防官考》，《中国兵书集成》第15、16册，解放军出版社、辽沈书社，1990年，第168页。

马山墩遗址全景（东向西摄）

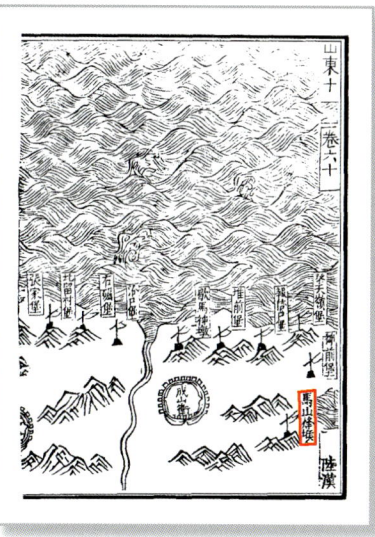

《筹海图编·山东沿海山沙图》

烟墩角墩遗址

烟墩角墩遗址位置图

位　　置　荣成市俚岛镇烟墩角村东南 500 米崮山[①]顶

始设年代　明初

文保级别　尚未核定为文物保护单位

概　　况　遗址位于山顶，南侧为近海高崖，墩西北为烟墩角村，村南为荣成大天鹅国家级自然保护区。墩西北距成山卫约 8.3 千米，东北约 4.4 千米为马山墩，西南距寻山所约 14.2 千米；遗址处小型半岛上，南距临洛湾约 40 米，东北距养鱼池湾约 160 米，墩顶视野开阔，可俯瞰周边海湾，向北可见马山墩。

遗址在荣成市第三次文物普查时发现，"该烟墩……系人工用土石堆筑而成，呈不规则圆台形。1956 年，部队在烟墩的东侧建有一座小屋，侵占烟墩约三分之一大小。烟墩现底径 10 米，高约 3 米"[②]。

2021 年 3 月，考古队对遗址进行复查，遗址与"三普"时变化不大，现遗址北部为现代墓地，有一条土路穿过墓地通往烟墩角村；遗址表面被小型灌木和杂草覆盖，周边被松林环绕。

---

① 《山东省荣成市地名志》第576页"崮山"记载："在市区东北15.8千米，俚岛镇烟墩角村东。因山三面陡峭，伸入海中，山顶较平，故名崮山。东西走向，长1千米，宽0.4千米。海拔61.5米。"

② 威海市文物管理办公室：《追寻历史——威海市第三次文物普查成果巡礼》"A35烟墩角烟墩"条，青岛出版社，2012年，第188页。

历史沿革　烟墩角墩名称来源较晚，据《荣成市志》记载："烟墩角，明崇祯年间建村，因村处崮山西北角，山上有烟墩，故名烟墩角。"[①]《山东省荣成市地名志》内"烟墩角"亦记载："属俚岛镇。位于镇境东北部，东、南濒黄海……明朝崇祯年间（1628—1644 年），曲氏祖由本市港西镇巍巍村徙此定居成村，因本村处在崮山西北角下，山上古时有烟墩，故命名烟墩角村。"[②]可见，村庄名称是来源于崮山上的墩，但墩的名称两书中均没有提及。

比对明代郑若曾《筹海图编·山东兵防官考》、邓钟《筹海重编》、嘉靖《宁海州志·卷上·建置》等关于墩堡记载（详见本书"成山卫城遗址"），尤其是对应《筹海图编·山东沿海山沙图》[③]标注各墩堡位置，结合相对位置及标注地形，加之该墩位于崮山山顶，烟墩角墩应为成山卫下辖十墩之一——崮嘴墩（山沙图中标注为"固嘴烽堠"），其北部另有一墩应为"俞镇墩"。据雍正《山东通志·卷二十·海疆志》有记载："墩台，设炮曰台，司烽曰墩，皆有堡房，系陆路汛兵守之……石岛口炮台，东五里至石岛北墩……又东七十五

烟墩角墩遗址卫星图

烟墩角墩遗址西侧现状（西向东摄）

里至……养鱼池炮台，北二十五里至池北墩，旧设炮台。"烟墩角墩北约 1.4 千米有一处高地，位于养鱼池湾西南，扼守养鱼池湾进出海口、与马山墩隔海相望，地理位置十分重要，当地村民称之为"炮台"，该处可能为《筹海图编》中记载的"俞镇墩"，当时可能在墩上还设立了火炮，雍正《山东通志》又将之记载为"养鱼池炮台"，也可能是清代在明代墩址上进行了改建。但考古队实地调查过程中未发现相关遗迹，可能已被完全破坏。是否为推断所论，尚待进一步考证。

结合以上记载，作为成山卫下属的十墩之一，其设立年代应当与成山卫同时，即明洪武三十一年（1398年）前后。

① 山东省荣成市地方史志编纂委员会：《荣成市志》，齐鲁书社，1999年，第84页。

② 山东省荣成市民政局：《山东省荣成市地名志》，山东省地图出版社，2007年，第253页。

③ （明）郑若曾：明嘉靖四十一年胡宗宪刻本《筹海图编·山东兵防官考》，《中国兵书集成》第15、16册，解放军出版社、辽沈书社，1990年，第167页。

烟墩角墩遗址东北角被占压现状

《筹海图编·山东沿海山沙图》

姑嫂寨遗址

位　　置　荣成市俚岛镇寨子东村西南200米农田台地上

始设年代　明代

文保级别　尚未核定为文物保护单位

概　　况　遗址东北距靖海卫城约10千米，南距寻山所约12.3千米；南距林村路280米，北距杏沟路600米，西距林村640米，东距南马道河村750米。遗址居丘陵高地上，地势北高南低，东距海约2.1千米。遗址应建于明代，寨内地势北高南低，北墙为全寨制高点。

姑嫂寨遗址位置图

姑嫂寨遗址为此次调查时发现，军寨基本南北向分布，平面近似方形，受农业生产活动影响，军寨东、西、南三面墙体均被破坏，仅残存北寨墙，残长约47、宽约1、残高约1.6米，北墙断面可见零星瓷片和瓦块，寨墙顶部长满杂草和小型灌木。寨址内外均被开垦为农田，西南角有一条生产路穿过，但残存寨址仍高出周围田地约2.5米。

历史沿革　从残存寨墙分析，姑嫂寨寨址东西长约47、南北宽约46米，占地面积约2162平方米，为荣成市沿海保存较差的小型军寨，应是设施完备的墩或堡。寨名"姑嫂"来源无考，当地村民流传该地为明清时卫所随军军属居住之地，故名。笔者认为应是守墩堡军余及其家属居住之地。

其设置年代无准确记载，据《山东省荣成市地名志》内"南马道河"简介："属俚岛镇。位于镇境北部，东濒黄海，西与东林村接壤，南与东利查埠村、西利查埠村交界，北与北马道河村相邻……清初，刘氏祖仕果、仕累兄弟二人，由今本市埠柳镇现都村迁至马道河东岸建村，因为沿河南北同时建两村，本村居南，故命名南马道河村。清嘉庆年间（1796—1820年），曲姓由今成山镇原寨子东迁至马道河西岸定居成村。因村西有寨，故名寨子东，1941年两村合并统称南马道河村。"[1] 可见，至少在嘉庆年间，该寨既已存在。鉴于清代山东已无大规模修筑墩堡的活动，笔者更倾向于该墩堡设置于明代倭寇猖獗时期。

姑嫂寨遗址卫星图

姑嫂寨遗址航拍

① 山东省荣成市民政局：《山东省荣成市地名志》，山东省地图出版社，2007年，第250页。

姑嫂寨遗址北墙外侧现状
（北向南摄）

姑嫂寨遗址北墙南侧现状
（南向北摄）

　　姑嫂寨在地理位置上靠近成山卫，应归其管辖。明政府在成山卫设军屯二十二处、墩十处、堡九处（详见本书"成山卫城遗址"），比对后未见"姑嫂寨"的记载，但屯中有一处为"蜊碴埠"，据《山东省荣成市地名志》内"东利查埠"简介："属俚岛镇。位于镇境北部……西与西利查埠村接壤……北与南马道河村相邻……明嘉靖年间（1522—1566 年），孙姓兄弟二人由今本市埠柳镇虎台村迁此土阜之上，分东西各建一村，古时此处是海岔退滩之地，石硼之上蜊碴很多，此村居东故名东蜊碴埠村，现演变成东利查埠村。"① 东利查埠村位于姑嫂寨东南约 1.7 千米处，姑嫂寨具体为哪座墩或堡，与成山卫辖"蜊碴埠"屯有何关联，须后续进一步考证。

　　综上所述，姑嫂寨其原名已不可考，从其规模来分析，可能为成山卫下属的墩堡守军居住之所，但附近未见墩堡残址，须进一步考古勘探、发掘验证。

---

① 山东省荣成市民政局：《山东省荣成市地名志》，山东省地图出版社，2007年，第237页。《荣成市志》第84页记载较简略："东利查埠，明嘉靖年间建村，因村处退滩地，蜊碴较多，故以方位命名东蜊碴埠。后演变为东利查埠。"

草岛寨墩（遗址）

位　　置　荣成市俚岛镇草岛镇村北
始设年代　明代
文保级别　已消失
概　　况　草岛寨墩地处草岛寨军寨内北部，为附近制高点；东约550米处为黄海，南距俚岛湾约200米，北距成山卫城遗址约11千米。现因城镇建设消失。据《筹海图编》等文献记载，草岛寨墩可能为成山卫下属十墩之一，但明代文献记载名称失考。

草岛寨墩（遗址）位置图

俚（里）岛墩（遗址）

位　　置　荣成市俚岛镇东烟墩村北约400米烟墩山顶
始设年代　明代
文保级别　已消失
概　　况　俚（里）岛墩地处山顶，东南约1.2千米为琵琶寨遗址，烟墩山北即为俚岛村，该山因明代在山上建墩而得名。据《山东省荣成市地名志》内"烟墩山"条记载："在市区东北12.7公里，俚岛镇俚岛村南。此山战时设有烟墩，故名烟墩山。呈南北走向，长0.7公里，海拔98.1米。"[①] 烟墩名称为何，书中没有记载。考《荣成市志·行政区域·市

俚（里）岛墩（遗址）位置图

区（县城）镇村庄·村庄·俚岛镇》记载："俚岛，明嘉靖年间建村，因村处内外遮岛之里，故名里岛。后演变为俚岛。"《山东省荣成市地名志》"俚岛"记载较详细："明朝嘉靖年间（1522—1566年），此处就有人以捕鱼、经商为生，因该地处黄海岸畔的内、外岛之里，故名里岛。这里渔业发达，又成为商船来往集结地，陆上商贸兴隆，成为远近闻名的小商埠，随着杨、刘、张等姓人徙此定居，里岛也就演变为

---

① 山东省荣成市民政局：《山东省荣成市地名志》，山东省地图出版社，2007年，第561页。

俚岛村。"[1] 可见，俚岛村原为里岛。

对比明代郑若曾《筹海图编·山东兵防官考》、邓钟《筹海重编》、嘉靖《宁海州志·卷上·建置》等关于墩堡记载（详见本书"成山卫城遗址"），成山卫下辖十墩中有名"里岛墩"者。再对应《筹海图编》[2] 标注各墩堡位置，结合相对位置、标注地形，里岛墩（山沙图作"里岛烽堠"）居崮嘴墩（山沙图作"固嘴烽堠"）南，这与烟墩角墩居北、该墩居南基本吻合，且两墩相距约 5.1 公里，两者可隔海相望。由此推断烟墩山上的墩当为《筹海图编》中记载的"里岛墩"。2021 年 3 月，考古队登山调查，发现山顶现为解放军某部基地，原墩 2009 年施工时已被破坏消失。

《筹海图编·山东沿海山沙图》

项家寨墩（遗址）

位　　置　荣成市俚岛镇项家寨村西北 100 米处路北、项家寨遗址西南部

始设年代　明代

文保级别　已消失

概　　况　项家寨墩地处项家寨遗址内西南部，为附近制高点；该墩东距黄海约 850 米，北距成山卫城遗址约 17 千米，西南距寻山所约 8 千米，北约 2.3 千米为琵琶寨，西南约 6.6 千米为罗山寨。该墩在第三次文物普查时有记载："（项家寨）军寨西南角地势略高，附筑一内寨，有北、东二墙。寨西部 1956 年部队修建有三栋营房……现部队撤走，营

项家寨墩（遗址）位置图

房已废弃。"[3] 经实地调查，该墩现已消失。据《筹海图编》等文献记载，项家寨墩可能为成山卫下属十墩之一的"白（北）峰头墩"（详见前节"项家寨遗址"）。

① 山东省荣成市民政局：《山东省荣成市地名志》，山东省地图出版社，2007年，第229页。

② （明）郑若曾：明嘉靖四十一年胡宗宪刻本《筹海图编·山东兵防官考》，《中国兵书集成》第15、16册，解放军出版社、辽沈书社，1990年，第167页。

③ 威海市文物管理办公室编著：《追寻历史——威海市第三次文物普查成果巡礼》"A17项家军寨"条，青岛出版社，2012年，第187页。

英山墩遗址

位　置　荣成市俚岛镇中我岛村西北部约 100 米英子山上

始设年代　明初

文保级别　2012 年 12 月，"英山烟墩"被公布为荣成市第二批市（县）级文物保护单位

概　况　遗址位于山顶，东南侧为现代墓地，墩西约 100 米为 G228 国道，西约 270 米为英西庄村，东偏北约 240 米为倭岛水库，东约 400、南约 600 米为旧 S301 省道，东南约 100 米为中我岛村。墩西北距成山卫约 18.3 千米，北偏西约 10 千米为烟墩角墩（崮嘴墩），西南约 6.4 千米为寻山所；遗址东北距黄海约 2.2 千米，东南距爱莲湾约 1.6 千米，正南距爱莲湾 1.3 千米，在墩顶可见爱莲湾等海域，向东北可见项家寨军寨。

遗址在荣成市第三次文物普查时发现，"英山烟墩……为明初防御倭寇而修筑的报警狼烟台，呈圆台状，平顶，高约 12 米，底径约 20 米，上径约 4 米，黄土夯筑"[1]。

2021 年 3 月，考古队对遗址进行复查，墩由村委进行了修缮，在原夯土墩上重新修盖一石砌方形墩台，方墩平面近正方形，边长约 10 米，高约 3.6 米。现墩上长满杂草和松树，西侧有养牛场。

历史沿革　英山墩名称来源于所在小山——英子山，据《山东省荣成市地名志》内"英子山"记载："在市区东北 9.7 千米，俚岛镇英西庄村东北。明时曾有文武官员在此落驾，故取迎驾山，后演变为英子山。呈南北走向，长 6 千米，宽 0.6 千米，海拔 54.4 米。"[2]

英山墩遗址位置图

英山墩遗址卫星图

---

[1] 威海市文物管理办公室：《追寻历史——威海市第三次文物普查成果巡礼》"A34 英山烟墩"条，青岛出版社，2012 年，第 188 页。

[2] 山东省荣成市民政局：《山东省荣成市地名志》，山东省地图出版社，2007 年，第 564 页。

《筹海图编·山东沿海山沙图》

英山墩遗址南侧现状（南向北摄）

比对明代郑若曾《筹海图编·山东兵防官考》、邓钟《筹海重编》、嘉靖《宁海州志·卷上·建置》等关于墩堡记载（详见本书"成山卫城遗址"），均未有"英山墩"的记载，"英山"应不是墩的原名。对应《筹海图编》[1] 标注各墩堡位置，结合相对位置及标注地形，项家寨遗址可能是古籍中记载的"白峰头"寨、墩（又记为"北峰头墩"，应是谐音所致），英山墩可能是狼家顶墩（山沙图记为"狼家顶烽堠"）。

英山墩遗址北侧现状（北向南摄）

　　综上所述，作为成山卫下属的十墩之一，英山墩应与成山卫建于同一时期，即明洪武三十一年（1398 年）前后。

历史资料　英山墩地处中我岛村西北，据《荣成市志》记载："中我岛，明万历年间建村，因村处倭岛角上，称倭岛王家。后改称中倭岛。1981 年改称中我岛。"[2] 可见，村庄是处于"倭岛"。又据《山东省威海市地名志·岛、礁》[3] 内"倭岛"记载："旧岛名。雍正《山东通志·海疆志·海运附》载有'倭岛'，云：'自龙口崖开船……过养鱼池，向正南午字约行八十里过倭岛。'今荣成市俚岛镇南部，有岛名岛头，其东岬角名我岛角，旧称倭岛角。古之倭岛，当在此。现为陆连岛。"

---

① （明）郑若曾：明嘉靖四十一年胡宗宪刻本《筹海图编·山东兵防官考》，《中国兵书集成》第15、16册，解放军出版社、辽沈书社，1990 年，第167页。
② 山东省荣成市地方史志编纂委员会：《荣成市志》，齐鲁书社，1999年，第90页。
③ 威海市地名委员会办公室编：《山东省威海市地名志》，山东省地图出版社，1995年，第432页。

南我岛墩遗址

位　　置　荣成市俚岛镇南我岛村东南约 720 米小丘上

始设年代　明初

文保级别　尚未核定为文物保护单位

概　　况　遗址位于小丘上，东部紧靠遗址处建有一海产品养殖场，北部 10 余米建有育苗场及民房。墩西北距成山卫约 20.2 千米，北偏西约 1.9 千米为英山墩，西南 3 千米与青鱼滩墩隔海相望，西南约 6.2 千米为寻山所。遗址处于北端接陆，东、南、西三面靠爱莲湾的我岛角上，地势四周低下，中部隆起，烟墩即筑于中部高丘之上；遗址东距海约 210、南距海 260、西距海 270 米，从墩上可以俯视整个爱莲湾一带海域，向西可见墩西张家墩（已消失），向北可见英山墩，西南可见青鱼滩墩。

遗址在荣成市第三次文物普查时发现，以村庄记载为"南我岛墩"，"南我岛烟墩……为一底径 10 米、高约 7 米的圆形土墩，附近地形为北端接陆，东、南、西三面靠海的小半岛……这处烟墩是明代为防倭寇侵袭而建立的，它是古代荣成海防系列设施的一部分。"[①]

2021 年 3 月，考古队对遗址进行复查，墩为黄黏土掺杂土石夯筑，因道路修建，遗址北部和西部部分被破坏，其中北部被破坏高度约 2 米。现遗址周围已被简易围栏圈起，墩顶部及周围长有松、槐及杂草。

历史沿革　"倭岛墩"的命名最早见于清代文献，据雍正《山东通志·卷二

---

① 威海市文物管理办公室：《追寻历史——威海市第三次文物普查成果巡礼》"A37南我岛烟墩"条，青岛出版社，2012年，第189页。

南我岛墩遗址位置图

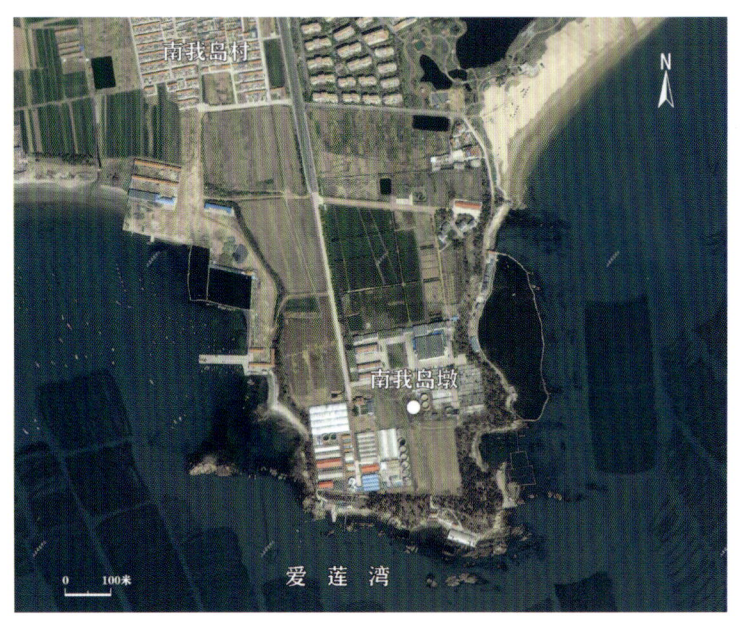

南我岛墩遗址卫星图

南我岛墩遗址北侧现状（北向南摄）

十·海疆志》有记载："石岛口炮台，东五里至石岛北墩，又东一百里至家鸡旺墩，又东一十里至青鱼滩墩，又东一十二里至倭岛墩，又东一十五里至里岛墩，皆旧设炮台，又东七十五里至养鱼池。""倭岛墩"虽隔海与青鱼滩墩相望，其直线距离约3千米，但从青鱼滩墩东部海岸，向西、北、东缘岸计算，其距离约6千米，与之相符。从地名考证，该墩西北部为南我岛村，据《荣成市志》记载："南我岛，明隆庆年间建村，因村处倭岛角上，故以方位称南倭岛。1981年改称南我岛。"① 又据《山东省荣成市地名志》内"南我岛"记载："明朝隆庆年间（1567—1572年），孙氏祖迁至现址西北面定居，名孙家宅子。后迁至今址居住，因地处倭岛南端改称南倭岛。明朝崇祯年间（1628—1644年），始祖李欣由本市寻山街道办事处东北山村迁此居住，孙氏外迁。村仍沿用原名南倭岛村。1981年经县政府批准，更名为南我岛村。2001年撤村设居。"② 可见村名最早源于"倭岛"，后异化更改现名。

南我岛墩遗址东侧现状（东向西摄）

南我岛墩遗址航拍（南向北摄）

比对明代郑若曾《筹海图编·山东兵防官考》、邓钟《筹海重编》、嘉靖《宁海州志·卷上·建置》等明代文献记载（详见本书"成山卫城遗址"条），均未有"倭岛墩"的记载，可能该墩明代时另有其名，但在清代已经失考，修史者重新对其进行了命名。对应《筹海图编》③标注各寻山所下辖各墩堡位置，地图标注变形较大，甚至青鱼滩墩标注在了内陆，根据其相对位置关系，该墩是否为明代的"葛楼山墩"（山沙图作"葛头山烽堠"）？须待进一步考证。

综上所述，作为寻山所下属的墩堡，该墩应与寻山所建于同一时期，即明洪武三十一年（1398年）前后，而且还"旧设炮台"。至清代，则对其命名为"倭岛墩"。

---

① 山东省荣成市地方史志编纂委员会：《荣成市志》，齐鲁书社，1999年，第90页。

② 山东省荣成市民政局：《山东省荣成市地名志》，山东省地图出版社，2007年，第224、225页。

③ （明）郑若曾：明嘉靖四十一年胡宗宪刻本《筹海图编·山东兵防官考》，《中国兵书集成》第15、16册，解放军出版社、辽沈书社，1990年，第165、166页。

墩西张家墩（遗址）

位　　置　荣成市寻山街道墩西张家村东

始设年代　明代

文保级别　已消失

概　　况　遗址现因城镇建设被完全破坏，考古队走访当地居民，仅能确定其大概位置；其东南距海约 800 米，西南距寻山所城约 4.3 千米。据《山东省荣成市地名志》内"墩西张家"记载："明朝万历年间（1573—1620 年），邓姓迁此建村，以姓氏命名为邓家，清朝顺治年间（1644—1661 年），始祖张顶由今

墩西张家墩（遗址）位置图

本市原崖头村迁至邓家村西建村。因村处烟墩之西，故命名为墩西张家。"[1] 根据分布距离分析，该墩应归寻山所或成山卫下属。

青鱼滩墩遗址

位　　置　荣成市寻山街道青鱼滩村东小山山顶

始设年代　明初

文保级别　尚未核定为文物保护单位

概　　况　遗址位于山顶，周围为缓坡丘陵，东侧为海边断崖，南部山坡有解放军修建的圆形军事堡垒，现已废弃；遗址山下紧挨半岛环海路，北部海域现为海带养殖区。墩西距寻山所约 4.4 千米，北距成山卫约 22.5 千米，西约 1.6 千米为罗山寨军寨，东北 3 千米与倭岛墩隔海相望，北可见墩西张家墩（已消

青鱼滩墩遗址位置图

---

① 山东省荣成市民政局：《山东省荣成市地名志》，山东省地图出版社，2007年，第443页。

失）。遗址处于爱莲湾南、桑沟湾北，东、北两面靠海，北距海约 280、东距海约 150、南距海约 1800 米，从墩上向北可以俯视整个爱莲湾一带海域。

遗址为 2021 年 3 月考古队调查时新发现，墩为黄黏土掺杂土石夯筑，护坡石块保留较少，基本只余夯土。墩略呈平顶圆锥形，底周长约 42、残高约 3 米。中华人民共和国成立后，遗址西部被部队改建成砖砌车载移动雷达站掩体，对遗址造成一定的破坏，现掩体已废弃；墩顶部立有部队建立铁质三脚架，遗址表面被松树和杂草覆盖。

历史沿革　青鱼滩墩的命名最早见于清代文献，据雍正《山东通志·卷二十·海疆志》记载："石岛口炮台，东五里至石岛北墩，又东一百里至家鸡旺墩，又东一十里至青鱼滩墩……皆旧设炮台。"该记载大概与其西部村庄青鱼滩村有关，据《荣成市志》记载："青鱼滩，明隆庆年间建村，因村临青鱼滩，故以滩为名。"[①] 又据《山东省荣成市地名志》内"青鱼滩"记载："属寻山街道办事处。位于街道办事处东南部，东、南、北三面环海……明朝嘉靖 1555 年至 1556 年间李氏祖武德将军李道安在荆州为官，后调任成山卫为官，寻山所东设有官宅，先世袭，后废袭，其子李全、李京徙此定居成村，因村北盛产青鱼，故名为青鱼滩。"[②] 青鱼滩建村时间较早，可能清代《山东通志》以村

青鱼滩墩遗址卫星图

青鱼滩墩遗址北侧现状（北向南摄）

---

① 山东省荣成市地方史志编纂委员会：《荣成市志》，齐鲁书社，1999 年，第 93 页。

② 山东省荣成市民政局：《山东省荣成市地名志》，山东省地图出版社，2007 年，第 447 页。

青鱼滩墩遗址东侧现状（东向西摄）　　　　　　　　青鱼滩墩遗址西侧被占压现状

名命名了该墩。但比对明代郑若曾《筹海图编·山东兵防官考》、邓钟《筹海重编》、嘉靖《宁海州志·卷上·建置》等明代文献记载（详见本书"寻山所城遗址"），均未有"青鱼滩墩"的记载，但寻山所下辖八墩中有"青鱼岛墩"，两者是否为同一处烟墩，名字的差异是否是后期修史者传抄笔误所致，须待进一步考证。

　　综上所述，作为成山卫或寻山所下属的墩之一，青鱼滩墩应与卫、所城建于同一时期，即明洪武三十一年（1398 年）前后。

马家墩遗址

位　　置　荣成市崖头街道哈尔滨理工大学（荣成校区）西南角公园山丘顶部、凉亭东侧。

始设年代　明初

文保级别　尚未核定为文物保护单位

概　　况　遗址位于大学校园内，现被绿化种植的草坪、松树等覆盖；遗址西北约 270 米为马家庄村，南约 380 米为学院路。墩东北距寻山所约 1.1 千米，南距宁津守御千户所约 19.8 千米，东约 4 千米为罗山寨军寨，东约 5.8 千米为青鱼滩墩。遗址处于桑沟湾西北，东距

马家墩遗址位置图

爱莲湾约 4.7 千米、南距桑沟湾约 860 米，从墩上向南可以俯视桑沟湾大部海域。

　　遗址在荣成市第三次文物普查时发现，"马家烟墩……据《荣成县志》所载原系人工堆积而成的明代

海防设施，呈不规则圆台状，原底径约为 15 米，顶部直径为 3 米，高约 5 米；现直径约为 3 米，高为 1 米左右。该烟墩下部为石砌，以上则为土夯筑。现土地已被哈尔滨理工学院荣成分校征用"[①]。

2021 年 3 月，考古队对遗址进行复查，现遗址砌石基本散落无存，底周长约 65 米，残高约 6 米。因哈尔滨理工学院（荣成分校）征地建校，遗址被纳入公园建设范围，在墩顶部修建凉亭一座，现遗址西侧被垫平，从外观上变为一处坡度平缓的小山。

马家墩遗址位置图

马家墩遗址西侧现状（西向东摄）

马家墩遗址南侧现状（南向北摄）

马家墩遗址顶部被占压现状

马家墩遗址东侧现状（东向西摄）

---

① 威海市文物管理办公室：《追寻历史——威海市第三次文物普查成果巡礼》"A26马家烟墩"条，青岛出版社，2012年，第188页。

历史沿革 马家墩的命名参照了"三普"资料，与其西北部的马家庄村关联较大。据《荣成市志》记载："马家庄，清顺治年间，黄、马两姓先后各建一村，名小黄庄、马家庄。后两村合并，称马家庄。"[①]《山东省荣成市地名志》内"马家庄"记载更为详细："清朝顺治年间（1644—1661年），黄氏祖道吉从今寻山所村迁此建村，名小黄庄。康熙年间（1662—1722年），马氏石捷、石禄兄弟二人，由山西省扶风县迁至小黄庄村南建村，名马家庄。乾隆年间（1736—1795年）两村并为一村，取名马家庄。"[②]可见马家庄成村时间应晚于墩建设时间，以姓名村，与附近的墩无关。

比对明代郑若曾《筹海图编·山东兵防官考》、邓钟《筹海重编》、嘉靖《宁海州志·卷上·建置》等关于墩堡记载（详见本书"寻山所城遗址"），均未见有"马家墩"的记载，"马家"应不是墩的原名。鉴于其距离寻山所最近，对应《筹海图编》[③]标注寻山所下辖各墩堡位置，但图纸中的标注变形太大，无法做出有效考证参考。

综合各类记载，笔者认为该墩应是寻山所下属的八墩之一，原名无考，墩应与寻山所建于同一时期，即明洪武三十一年（1398年）前后。

杨家岭墩（遗址）

位　　置 荣成市崖头街道山东达因海洋生物制药股份有限公司大门正东、富源南路东侧

始设年代 明代

文保级别 已消失

概　　况 遗址地处海边浅丘高地，四周为缓坡平原；其东距桑沟湾约4千米，西南450米为沽河，东北距寻山所城遗址约8.4千米。现因城镇建设消失。据《筹海图编》记载，寻山所领墩八：张家嘴、古老石、黄连嘴、小劳山、杨家岭、马山、青鱼岛、葛楼山，此墩应为寻山所下属八墩之一。

杨家岭墩（遗址）位置图

① 山东省荣成市地方史志编纂委员会：《荣成市志》，齐鲁书社，1999年，第92页。

② 山东省荣成市民政局：《山东省荣成市地名志》，山东省地图出版社，2007年，第394页。

③ （明）郑若曾：明嘉靖四十一年胡宗宪刻本《筹海图编·山东兵防官考》，《中国兵书集成》第15、16册，解放军出版社、辽沈书社，1990年，第165页。

南沽墩（遗址）

位　　置　荣成市崂山街道南沽村东南约 750 米、黎明南路与富耕路交叉口西北

始设年代　明代

文保级别　已消失

概　　况　遗址地处低矮丘陵区，东北距寻山所城遗址 11 千米，东距沽河 1.3 千米，东南约 3 千米为桑沟湾；现因公路及厂房建设消失。据墩线分布路径分析，该墩可能是寻山所下辖墩堡之一，文献记载名称已失考①。

南沽墩（遗址）位置图

红土寨（遗址）

位　　置　荣成市崂山街道北埠村东北约 500 米山东华力电机集团股份有限公司园艺场山顶处

始设年代　明代

文保级别　已消失

概　　况　遗址东北距寻山所约 12 千米，东南距宁津守御千户所约 15.6 千米，东南约 500 米为黑土寨军寨，现均已被破坏消失。军寨居山顶上，依山势而建，东距海约 3.8 千米。

　据《荣成市志》记载，"红土寨呈正方形，边长 40 米。现存垣墙高 4 米，顶宽 1 米。军寨高踞于山丘之上，其西

红土寨（遗址）位置图

---

① 山东省荣成市民政局：《山东省荣成市地名志》，山东省地图出版社，2007年，第401页，"南沽"记载："明崇祯年间（1628—1644年），徐姓由云南迁此定居，名沽里。1967年以其位于崖头之南，更名南沽。"寻山所下亦无名曰"沽里"的墩堡。

南垣角为最高点，且建筑厚实，似兼作了望之所。寨垣仅南面一门，宽 2 米。垣外掘有壕堑，此也为军寨调查中所仅见。濠宽 3—5 米，现深 1 米"[1]。至少在 20 世纪 90 年代之前，军寨保存较好，寨外壕堑清晰可见。

至荣成市第三次文物普查时，"红土寨……是明代为抗击倭寇入侵而修筑的兵寨，因当地为红褐土土质，故称'红土寨子'。其寨墙为土筑，利用山势而修，整体为边长 40 米的正方形。西南角修筑的特别高且坚实，可能相当于瞭望哨或墩台；南墙中部偏西有一条宽约 2 米的缺口。此寨墙外有壕沟，其他军寨很少见。目前寨墙残高 0.5 米到 1 米，宽约 1 米。"[2] 此时军寨遭破坏已较严重。

2021 年 3 月，考古队对军寨进行复查，现军寨被华力电机公司推平修建为公园，山顶立有红土寨的纪念石；当地村民反映，寨内西南角原有一墩，与军寨均已被破坏消失。

历史沿革　从原有资料记载及当地村民口碑资料分析，红土寨应为设施较完备的墩或堡，早先保存较好，但现已消失。据《山东省荣成市地名志》内"红土寨"简介如下："在市区南 9.3 千米，崂山街道办事处小迟家村南。此山有古兵寨，且泥土呈红色，故名红土寨。"[3]

红土寨在地理位置上更靠近寻山所、宁津守御千户所，离成山卫、靖海卫稍远，据郑若曾《筹海图编·山东兵防官考》，寻山所领墩八、堡七座，宁津守御千户所辖墩八、堡九座，成山卫辖墩十、堡九座，靖海卫辖墩二十、堡八座。其中均未见"红土寨"的记载，但寻山所所辖墩中有"小劳山"[4]、靖海卫所辖墩中有"红土崖"，具体对应何处，从地理位置上分析，笔者倾向于可能是寻山所辖小劳山墩，但须有其他资料的进一步验证。

综上所述，从红土寨规模和内部设墩来分析，其可能为寻山所下属的墩之一，寨内应有建筑基址（须考古勘探、发掘验证），为守墩军余居住之所。其东南侧之黑土寨，因已完全被破坏，再加上缺乏史料记载，笔者推测应为寻山所或宁津所下辖的屯。

---

① 山东省荣成市地方史志编纂委员会：《荣成市志》，齐鲁书社，1999年，第976页。
② 威海市文物管理办公室：《追寻历史——威海市第三次文物普查成果巡礼》"A24红土军寨"条，青岛出版社，2012年，第187页。
③ 山东省荣成市民政局：《山东省荣成市地名志》，山东省地图出版社，2007年，第568页。
④《山东省荣成市地名志》第568页"崂山"条记载："在市区南9.1千米，崂山街道办事处崂山大瞳村东南。山高而陡险，登山者极为劳苦，故取名劳山，因是山名，加山字旁写成崂山。"崂山位于红土寨东南约2.2千米，但小劳山是否在附近，待考。

柳家庄墩（遗址）

位　　置　荣成市崂山街道柳家庄东约500米、威海海洋职业学院南门正对广场旗杆处

始设年代　明代

文保级别　已消失

概　　况　遗址东北距寻山所城约14.5千米，东南约800米为桑沟湾，西南距东岛刘家墩约4.4千米。墩系人工就地搬土堆积而成，呈不规则圆台状土墩，荣成市第三次文物普查时墩底径约11米，残高3—4米，墩北部因修村路而损毁[①]。2021年3月，考古队进行复查，该墩在威海海洋职业学院修建南门广场

柳家庄墩（遗址）位置图

时被破坏。此墩以村庄命名，原名失考。根据《筹海图编》等史料记载及周边墩堡线性分布情况分析，柳家庄墩可能为寻山所或宁津所下属墩堡之一。

烟墩堷墩（遗址）

位　　置　荣成市崂山街道烟墩堷村委大院内

始设年代　明代

文保级别　已消失

概　　况　遗址地处海边高地，东约900米为桑沟湾，东南距宁津所城遗址约10千米，南约600米为八河水库，西南距东岛刘家墩约2.5千米。《山东省荣成市地名志》"烟墩堷"记载："明朝嘉靖年间（1522—1566年），始祖郝栋玄由今本市荫子镇兰村徙此定居成村，因地处古烟墩前的土堷上，故命名烟墩堷。"[②]可见，该墩建设年代当不

烟墩堷墩（遗址）位置图

---

① 威海市文物管理办公室：《追寻历史——威海市第三次文物普查成果巡礼》"A27柳家庄烟墩"条，青岛出版社，2012年，第188页。
② 山东省荣成市民政局：《山东省荣成市地名志》，山东省地图出版社，2007年，第409页。

晚于明嘉靖年间。2021年3月，考古队对其进行调查，据当地村民反映，该村委院内旧时有墩，还有土城将之围绕（可能是营房，守墩军居住之地），后因村庄建设而拆除。此墩以村庄命名，原名失考。根据《筹海图编》等史料记载及周边墩堡线性分布情况分析，该墩可能为寻山所或宁津所下属墩堡之一。

东岛刘家墩遗址

位　　置　荣成市王连街道东岛刘家村东北约700米小丘上

始设年代　明初

文保级别　尚未核定为文物保护单位

概　　况　遗址位于小丘上，西偏南约0.7千米为东岛刘家村，东、北、西三面临八河水库，西距水库100、东北距水库220、东距水库120米，东北约2.4千米为烟墩埠村，东偏北约1.8千米为G228国道，东约4.3千米为崮山①。墩东南距宁津守御千户所约8.9千米，东北距寻山所约18.4千米，西南约0.55千米为穆柯寨军寨，北偏东约2.5千米为烟墩埠墩（位于烟墩埠村委院内，现已消失）；遗址地势较高，在墩顶向北可见烟墩埠墩（已消失），南可见龙山后墩（已消失），西可见高落山堡（已消失）。

　　2021年3月，考古队调查时发现该遗址，墩呈平顶圆锥形，为黄土夹杂小碎石堆筑，现外围砌石散落无存，夯土坍塌。墩底部周长81余米，夯土堆残高约3米。墩被两条通往村庄的生产路

东岛刘家墩遗址位置图

东岛刘家墩遗址卫星图

---

① 《山东省荣成市地名志》第579页"崮山"记载："在荣成市区南10千米，东山街道办事处崮山前村西。因四周陡峭，山峰比较平坦，由此而得名崮山。山势呈东西走向，长200米，宽100米，海拔105.5米。岩石多裸露，山麓有少量梯田。"此山非烟墩角墩所在之崮山，笔者推测该山上可能有宁津所辖"崮山寨堡"，须进一步走访和实地调查。

东岛刘家墩遗址北侧现状（北向南摄）　　　　　　东岛刘家墩遗址南侧现状（南向北摄）

环绕，现遗址表面被杂草和小型灌木覆盖，周围为农田。

历史沿革　遗址以其西南之东岛刘家村而命名为东岛刘家墩。据《荣成市志》记载："东岛刘家，明万历年间，刘姓徙至东岛处建村，名东岛刘家。后简化为东岛。1981年复原名。"[1]《山东省荣成市地名志》内"东岛刘家"记载较详细："明朝万历年间（1573—1620年），刘氏祖启性由今本街道客岭迁此定居成村。因村处三面濒海之东岛上，故以姓氏命名东岛刘家。后简化为东岛。1981年经县人民政府批准，恢复原名东岛刘家。"[2]该书"八河水库"又记："在市区南15千米，小落河、王连河下游。原为八河港港湾。1975年12月拦海筑坝修建水库，即以八河为名。1977年12月竣工。2001年11月重修，2004年9月竣工。坝顶宽6米，最大坝高13米。坝北端有泄洪闸门一座。控制流域面积256平方千米……以供给城区用水为主，南沽至石岛公路由此南北通过。"[3]可见，该村所居之地原称"东岛"，三面濒临古代八河港湾，现八河水库为中华人民共和国成立后拦海修建。再对比明代郑若曾《筹海图编·山东兵防官考》、邓钟《筹海重编》、嘉靖《宁海州志·卷上·建置》等关于墩堡记载（详见本书"宁津所城遗址"），均未见有关于东岛、八河港等内容的墩堡，该墩应另有其名。

　　结合周边墩堡空间分布状况，对应《筹海图编》[4]标注各墩堡位置，结合相对位置、标注地形等，现桑沟湾西南岸崮山上可能有堡，向西接龙山后墩（可能为文献中记载的龙山墩），向西北依次接东岛刘家、高落山、刁家、草埠等堡并延伸到文登，应是宁津守御千户所向西顺着古代驿路延伸的堡线，受《筹海图编》山沙图标注墩堡位置变形太大的影响，其具体对应名称须进一步考证。

　　综上所述，东岛刘家墩作为宁津所下属的墩堡，其应与宁津所建于同一时期，即明洪武三十一年（1398年）前后。

① 山东省荣成市地方史志编纂委员会：《荣成市志》，齐鲁书社，1999年，第99页。
② 山东省荣成市民政局：《山东省荣成市地名志》，山东省地图出版社，2007年，第523页。
③ 山东省荣成市民政局：《山东省荣成市地名志》，山东省地图出版社，2007年，第626页。
④（明）郑若曾：明嘉靖四十一年胡宗宪刻本《筹海图编·山东兵防官考》，《中国兵书集成》第15、16册，解放军出版社、辽沈书社，1990年，第164、165页。

龙山后墩（遗址）

位　　置　荣成市东山街道龙山后村东北 150 米处

始设年代　明代

文保级别　已消失

概　　况　遗址地处沿海平滩处，西北距东岛刘家墩约 2.6 千米，北约 1 千米为八河水库，东南距宁津所城遗址约 6.7 千米；中华人民共和国后因修建八河水库取土而被破坏。该墩西南约 900 米为龙山，《山东省荣成市地名志》内"龙山后"记载："明万历年间（1573—1620 年），毕氏祖进举公由文登（今文

龙山后墩（遗址）位置图

城附近）徙此建村，以村位于龙山北麓，故名龙山后村……村南龙山，海拔 82 米，历来以诸多名胜及自然景观而闻名遐迩，早已被拆除和废止的龙山寺和龙山庙会旧址尚有遗迹可考。"[1] 根据《筹海图编》等文献记载，该墩可能为宁津守御千户所下辖八墩之一的"龙山墩"。

小北墩（遗址）

位　　置　荣成市宁津街道马家寨村东南约 400 米采石场内

始设年代　明代

文保级别　已消失

概　　况　遗址地处沿海平滩，北距桑沟湾约 800 米，东距黄海 2.6 千米，南距宁津所城遗址 3.4 千米，西北距马家寨[2]（已消失）约 240 米。现因村民采石活动而被破坏。该墩原名散失无考，据《筹海图编》记载，马家寨可能为成山卫下辖屯，该墩可能为宁津守御千户所下属八墩之一。

小北墩（遗址）位置图

---

[1] 山东省荣成市民政局：《山东省荣成市地名志》，山东省地图出版社，2007 年，第 541、542 页。

[2]《山东省荣成市地名志》第 459 页"马家寨"记载："马家寨村为古寨旧址，明朝成化年间（1465—1487 年），马氏祖由乳山市海阳所徙此定居，因村临古兵城，故命名马家寨。清康熙年间（1662—1722 年）杨氏祖由本街道宁津所徙至马家寨东南烟墩脚下定居，命名小北墩村，1947 年两村合并。村仍称马家寨。"

马栏埠墩遗址

位　　置　荣成市宁津街道马栏埠村南约 500 米

始设年代　明初

文保级别　2012 年 12 月，"马栏埠烟墩"被公布为荣成市第二批市（县）级文物保护单位

概　　况　遗址为平地夯筑土台，东南 30 米为 X031 县道（马沙线）、60 米为泓祥水厂，西南约 820 米为止马滩村，周边被农田环绕。墩西南距宁津守御千户所约 3 千米，西北约 2.6 千米为小北墩（已消失），西北约 3 千米为马家寨遗址（已消失）。遗址处于桑沟湾东南的狭长陆桥上，西约 180 米为林家流水库，西北约 2.9 千米为桑沟湾，东距黄海约 110 米从墩上向北、东可以俯视大片海域。

马栏埠墩遗址位置图

遗址在荣成市第二次文物普查时发现，第三次文物普查时进行了复查，"马栏埠烟墩……据传，该烟墩为明代洪武年间为了抵御倭寇入侵而修建的，保存较为完整，系夯筑而成；周长约 72 米，面积约 376 平方米，呈不规则圆台状，土质为黑褐土及黄砂土掺杂。原先底径约有 18 米，高约 7 米，由于近年来的工农业生产活动及自然侵蚀等因素影响，现残存底径约为 12 米，高约 3—4 米"[1]。

马栏埠墩遗址卫星图

2021 年 3 月，考古队对遗址进行复查，现遗址中部及南部的砌石虽已脱落，但可见原始规模。受农业生产活动对墩址的持续侵蚀，现墩底周长约 55 米，面积约 243 平方米，遗址表面被杂草和小型灌木覆盖，建议进一步加强保护力度。

---

[1] 威海市文物管理办公室：《追寻历史——威海市第三次文物普查成果巡礼》"A28马栏埠烟墩"条，青岛出版社，2012年，第188页。

马栏堼墩遗址西侧现状（西向东摄）

马栏堼墩遗址东侧现状（东向西摄）

马栏堼墩遗址南侧现状（南向北摄）

马栏堼墩遗址北侧现状（北向南摄）

历史沿革　马栏堼墩的命名参考了"二普""三普"资料，并与其北部的马栏堼村、西南部的止马滩村关联甚大。据《荣成市志》记载："止马滩，明万历年间，姜姓建村，名姜家疃。后王姓迁入，以村临宁津所骑兵巡哨止马之海滩，更名止马滩……马栏堼，明天启年间建村，因村处宁津所原官兵建栏养马之地，地势较高，故名马栏堼。"①《山东省荣成市地名志》内"止马滩"和"马栏堼"记载更为详细："止马滩……明朝万历年间（1573—1620年），姜氏祖由今本街道办事处宁津所徙此定居成村，名姜家疃。清朝康熙年间（1662—1722年），王氏祖世培由今本市王连街道办事处北桥头村迁此定居，人支兴旺，村无姜姓。因村临泥泞海滩，原宁津所官兵骑马巡哨到此止马，故更名止马滩。""马栏堼……明朝天启年（1621—1627年），尹氏祖世英由今日照市石臼所迁至今本市斥山街道办事处北窑村居住，又于崇祯年（1628—1644）徙此定居成村，因地处高堼，村北原系宁津所武德将军建栏养马之地，故命名马栏

《筹海图编·山东沿海山沙图》

---

① 山东省荣成市地方史志编纂委员会：《荣成市志》，齐鲁书社，1999年，第102页。

墇。"① 可见止马滩村名形成略晚于马栏墇。

　　比对明代郑若曾《筹海图编·山东兵防官考》、邓钟《筹海重编》、嘉靖《宁海州志·卷上·建置》等关于墩堡记载（详见本书"宁津所城遗址"），均未见有"马栏墇墩"的记载，但宁津守御千户所下辖八墩之一有"芝麻滩墩"，该遗址距离马栏墇村和止马滩村差别不是很大。对应《筹海图编》②标注各墩堡位置，结合现代卫星地图比对，山沙图中"芝麻滩烽堠"标注错位较大，该遗址是否为文献记载中的"芝麻滩墩"，尚待进一步考证。

　　综上所述，该墩距离宁津所城更近，应为其下属的八墩之一，其应与宁津所建于同一时期，即明洪武三十一年（1398 年）前后。

于家墩遗址

位　　置　荣成市宁津街道于家村东南约 1 千米处中核混凝土搅拌厂内

始设年代　明初

文保级别　尚未核定为文物保护单位

概　　况　遗址西北约 750 米为周庄村、1 千米为于家村，西南约 800 米为中核华兴公司，南约 350 米为华能石岛湾高温气冷堆核电站。墩西北距宁津守御千户所约 1.8 千米，东北约 3.9 千米为马栏墇墩，西南约 2.2 千米为东墩。遗址处于岸边小高地上，东南距黑泥湾约 1.2 千米，从墩上向东北可见马兰墇墩，西南可见东墩，向东可以俯视大片海域。

　　遗址在荣成市第三次文物普查时发现，"于家烟墩……为明代所建的海防设施。系人工搬土夯筑而成，土质为黄

于家墩遗址位置图

于家墩遗址卫星图

---

① 山东省荣成市民政局：《山东省荣成市地名志》，山东省地图出版社，2007年，第451、468页。

② （明）郑若曾：明嘉靖四十一年胡宗宪刻本《筹海图编·山东兵防官考》，《中国兵书集成》第15、16册，解放军出版社、辽沈书社，1990年，第163页。

于家墩遗址南侧现状（南向北摄）　　　　　　　　　于家墩遗址北侧现状（北向南摄）

沙土。烟墩坐落处地势较高，其东、东南临海。"[1]

　　2021年3月，考古队对遗址进行复查，墩呈圆台形，西部呈斜坡状，外围原用石块砌筑，内里用黄土夯筑，现遗址砌石已散落无存；因处混凝土搅拌厂内，周边地面皆已硬化。遗址西北部有一疑似机器发掘的小坑，烟墩底部亦受损，现墩底周长约50、残高约3米。遗址表面被杂草和树木覆盖，建议与工程施工方沟通协商，避免施工过程中遗址被进一步破坏。

历史沿革　于家墩的命名参考了"三普"资料。考证《荣成市志》《山东省荣成市地名志》关于该墩周边的"曲家""于家""周庄""小河东"等村庄记载，均未见到与墩相关内容，其原名失考。但从与宁津守御千户所的距离来判断，其应是该所下辖八墩或九堡之一，应与宁津所建于同一时期，即明洪武三十一年（1398年）前后。

东墩遗址

位　　置　荣成市宁津街道东墩村南500米

始设年代　明初

文保级别　1996年6月，"东墩烟墩"被公布为荣成市第一批市（县）级文物保护单位

概　　况　遗址为平地砌筑，西约330米为X035县道（宁镆线），北约500米为东墩村，东北约1.2千米为石岛湾核电站，东约500米为好当家鲍鱼养殖场。墩西南距靖海卫约30千米，北偏

东墩遗址位置图

---

① 威海市文物管理办公室：《追寻历史——威海市第三次文物普查成果巡礼》"A33于家烟墩"条，青岛出版社，2012年，第188页。

西约 3.2 千米为宁津守御千户所，东北约 2.2 千米为于家墩；遗址地处海岸平地，东南约 1.1 千米为黄海，在墩顶可见黑泥湾等大片海域，向西可见苑家墩，向东北可见于家墩。

遗址在荣成市第二次全国文物普查时发现，第三次文物普查时进行了复查，"东墩烟墩……据《荣成县志》所载为明代所建海防设施。底直径为 15 米，高约 7 米，保存较完整，系当地黄黏土、灰褐土及砾石堆积夯实筑成，呈不规则圆台形。"①

2021 年 3 月，考古队对遗址进行复查，墩现已经修缮，底部圈建砌石，南部沿坡增建攀登的阶梯。遗址北约 100 米新建一处养鸡场，墩四周及顶部生长着浓密的杂草，周围为经济林、大棚和农田。

历史沿革　东墩村名称来源于此墩，据《荣成市志》记载："东墩，明嘉靖年间建村，因村临东烟墩，故命名东墩。"②又据《山东省荣成市地名志》内"东墩"记载："据《刘氏谱考》考：明朝嘉靖年间（1522　1566 年），始祖刘宝由文登高村徙此定居成村，以烟墩及其方位命名为东墩。烟墩，系明太祖洪武十三年（1380 年）为御倭寇而建，现遗址尚存……东墩村为国务院原副总理谷牧故里……该村亦为原北海舰队副司令员刘家佑之故乡。"③按照资料记载，可推

① 威海市文物管理办公室：《追寻历史——威海市第三次文物普查成果巡礼》"A25东墩烟墩"条，青岛出版社，2012年，第188页。
② 山东省荣成市地方史志编纂委员会：《荣成市志》，齐鲁书社，1999年，第103页。
③ 山东省荣成市民政局：《山东省荣成市地名志》，山东省地图出版社，2007年，第452、453页。

东墩遗址卫星图

东墩遗址西侧现状（西向东摄）

东墩遗址南侧现状（南向北摄）

断两方面信息:一是该墩位于东墩村南,于家墩位于该村东北约 1.3 千米,资料中的东墩是否指"于家墩",尚待考证;二是此墩应是按照方位命名,应不是原称。明代郑若曾《筹海图编·山东兵防官考》等关于墩堡记载(详见本书"宁津所城遗址"),未见有"东墩"的记载,其原名失考。

综上所述,作为宁津所下属的墩堡,其应与宁津守御千户所建于同一时期,即明洪武三十一年(1398 年)前后;至于《山东省荣成市地名志》中记载其设于洪武十三年(1380 年)的说法,应是误记(具体参考本书"宁津所城遗址""成山卫城遗址"等条关于卫所设置时间的分析)。

苑家墩遗址

位　　置　荣成市桃园街道苑家村东南约 400 米小丘上

始设年代　明初

文保级别　2012 年 12 月,"苑家烟墩"被公布为荣成市第二批市(县)级文物保护单位

概　　况　遗址位于小丘上,西北约 400 米为苑家村,东北约 900 米为南港头村,东约 2.2 千米为 X035 县道(宁馍线)。墩西南距靖海卫 27.3 千米,东北距宁津守御千户所约 5 千米,东北约 2.7 千米为东墩,西南约 1.8 千米为青木寨[①](成山卫或宁津守御千户所辖屯之一,待考证,已消失)和青埠山墩(宁津守御千户所辖八墩之一,已消失)。遗址处于石岛湾北岸,南约 1 千米为石岛湾,东距黑泥湾约 3.4 千米;遗址地势较高,从墩上向南、东可以俯视大片海域。

遗址在荣成市第二次全国文物普查时发现,第三次文物普查时进行了复查,"苑家烟墩……据当地百姓反映,该烟墩为明朝洪武年间为抗击倭寇入侵而修建,系人工搬土夯筑而成,原高约 7 米

苑家墩遗址位置图

苑家墩遗址卫星图

---

① 《荣成市志》第102页记载:"青木寨,清乾隆年间建村,因村临青明寨,故以寨为名。后更名青木寨。"

苑家墩遗址全景（西向东摄）

以上，底径约 12 米，占地面积约 110
平方米，呈不规则圆台状，土质为黄砂
土掺杂砾石。该烟墩目前保存较为完整，
但长期风化侵蚀及生产生活活动使其范
围有所缩小，现残高约 4 米。"①

2021 年 3 月，考古队对遗址进行复
查，现遗址砌石已散落无存，顶部近平，
只余夯土堆。遗址现处于果园内，西侧
和南侧为养鸡场，东侧为一园林，受农
业生产活动及取土活动的持续侵蚀，现
墩底周长约 55 米，残高约 4 米；遗址
表面被杂草和树木覆盖，建议进一步加
强保护力度。

苑家墩遗址东侧现状（东向西摄）

历史沿革　苑家墩的命名参考了"二普""三普"资料，应与其西北部的苑家村相关。据《荣成市志》记载：
"苑家，明万历年间，苑姓建村，故名。"②《山东省荣成市地名志》内"苑家"记载："明朝万历年间（1573—
1620 年），苑氏祖由云南省坝洲徙此定居成村，以姓氏命名苑家村。"③ 均未见有与墩相关的记载。明代

① 威海市文物管理办公室：《追寻历史——威海市第三次文物普查成果巡礼》"A29苑家烟墩"条，青岛出版社，2012年，第188页。
② 山东省荣成市地方史志编纂委员会：《荣成市志》，齐鲁书社，1999年，第102页。
③ 山东省荣成市民政局：《山东省荣成市地名志》，山东省地图出版社，2007年，第535页。

郑若曾《筹海图编·山东兵防官考》等关于墩堡记载（详见本书"宁津所城遗址"条），也均未见有"苑家墩"的记载。

在此次调查过程中，在苑家墩西南约 1.8 千米有山名"青埠山"，村民反映此处原有墩一座，而"青埠墩"为宁津守御千户所辖八墩之一，若此处为准，则对应《筹海图编》[①] 标注各墩堡位置，结合现代卫星地图比对，山沙图中各墩虽标注位置错差较大，但"青埠烽堠"以北标注了墩堡四座，自南向北依次为：柴家山烽堠、万口烟烽堠、芝麻滩烽堠和帽子山堡。是否一一对应现在的苑家墩、东墩、于家墩和马栏埠墩？有待进一步考证。

苑家墩遗址近景（北向南摄）

综上所述，该墩距离宁津所城更近，应为其下属的墩堡之一，其应与宁津所建于同一时期，即明洪武三十一年（1398 年）前后。

青埠山墩（遗址）

位　　置　荣成市桃园街道青木寨村东北约 200 米青埠山顶

始设年代　明代

文保级别　已消失

概　　况　遗址地处山顶，其东北距宁津所城遗址约 6.2 千米，东南距青木寨遗址（已消失）约 400 米，南距石岛湾约 1.1 千米。现因景区开发而被破坏。据《筹海图编》等文献记载，该墩可能为宁津守御千户所下属八墩之一的"青埠山墩"。

青埠山墩（遗址）位置图

---

① （明）郑若曾：明嘉靖四十一年胡宗宪刻本《筹海图编·山东兵防官考》，《中国兵书集成》第15、16册，解放军出版社、辽沈书社，1990年，第163页。

朱家墩（遗址）

朱家墩（遗址）位置图

位　　置　荣成市港湾街道牧云庵村西、五龙山顶

始设年代　明代

文保级别　已消失

概　　况　遗址地处山顶，其南距王家湾约 500 米，西南距靖海卫城遗址约 18.5 千米。该墩为荣成市第三次文物普查时发现，"朱家墩烟墩……为明代的防倭寇设施，借山势之便，于五龙山山顶设烟墩一处。该烟墩利用山顶高处天然岩石，无人工痕迹。民国《荣成县志稿》续卷《山川》记载：'五龙山，在石岛西南五里，旧名朱子墩。'1996 年荣成市人民政府设立了保护标志碑"[①]。2021 年 3 月复查时发现该墩因生产活动被破坏。因资料匮乏，该墩原名失考。

墩前墩（遗址）

墩前墩（遗址）位置图

位　　置　荣成市人和镇墩前村东北约 200 米处

始设年代　明代

文保级别　已消失

概　　况　遗址地处低丘坡顶，南邻 X32 县道，其东南距王家湾约 3.4 千米，西南距靖海卫城遗址约 12.7 千米。据《山东省荣成市地名志》"墩前"记载："明朝弘治年间（1488—1505 年），王氏祖福成由今本市虎山镇黄山王家村徙至古观庙东南定居成村，故命名观里。1937 年以本村处烟墩之南，更名墩前。"[②] 遗址现因修路及厂房建设消失，原名失考。据墩堡空间分布及《筹海图编》等文献记载，该墩可能为靖海卫下属墩堡之一。

① 威海市文物管理办公室：《追寻历史——威海市第三次文物普查成果巡礼》"A38朱家墩烟墩"条，青岛出版社，2012年，第189页。
② 山东省荣成市民政局：《山东省荣成市地名志》，山东省地图出版社，2007年，第106页。

龙井墩遗址

位　　置　荣成市人和镇槎山风景区北部入口西南约 600 米路北龙井顶

始设年代　明初

文保级别　尚未核定为文物保护单位

概　　况　遗址在山顶砌筑，龙井顶为槎山九顶之一，西为凤凰顶，槎山东端为朱口村，西端为院夼村，墩四周长满松树。墩西距靖海卫约 10 千米，东北约 22.6 千米为宁津守御千户所，东北约 3.8 千米为墩前墩[①]（已消失）、5.7 千米为玄镇寨（宁津守御千户所辖 5 屯之一，又作"元正寨"，已消失），西南约 4.5 千米为山西头墩[②]（已消失）；遗址地处沿海高山，东南约 1.8 千米为朱口西圈，南约 1.7 千米为黄海，在墩顶视野开阔，可见朱口西圈等大片海域。

龙井墩遗址位置图

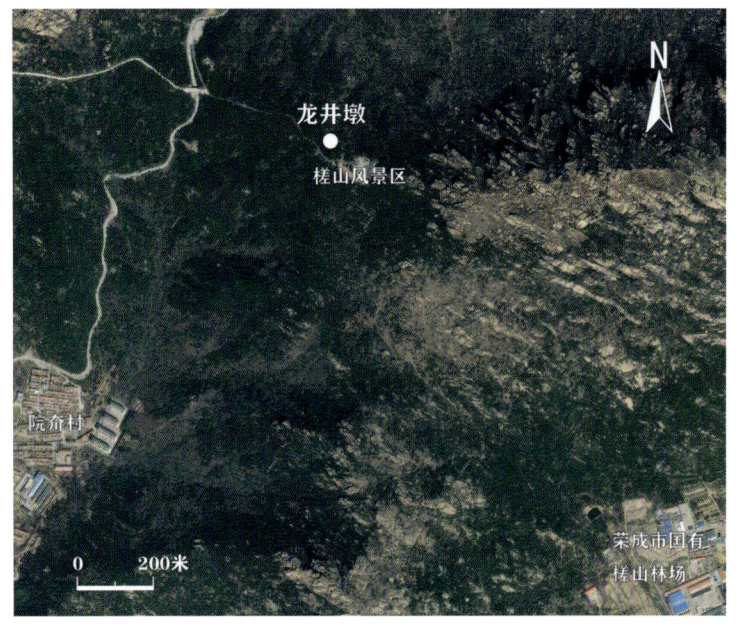

龙井墩遗址卫星图

遗址在 2021 年 3 月调查时发现，据标志碑介绍，该墩始建于明洪武九年（1376 年），距今已有 600 多年的历史，为重点军事防御设施。因建设槎山风景区时将其作为景点进行了重修，在原址上用碎石块垒筑，呈方锥形，东西长 13、南北宽 12、高 4.6 米，顶部长 11、宽 10 米，筑有城堞；墩上种植有松树。

历史沿革　龙井墩名称来自所在山峰——龙井顶，据《荣成市志》记载："槎山又名铁槎山，坐落于荣成市区西南部，峰岚经常飘缈于雾海之中，时隐时现，'山如海上筏，故名槎山'。又因其色如铁，故又有铁槎山之称。槎山是一座群山，东西横亘 10 千米，南北阔约 5 千米，主峰清凉顶，海拔 539.8 米，为境内第二高峰。南瞰大海，与苏山岛南北相望，山势陡峭，连绵起伏。由东而西有桌子顶、狼虎顶、龙井顶、红花顶、大刀顶、香炉顶、凤凰顶、茶叶顶、清凉顶等，群峰林立，素有'铁槎九顶'之称。"[③] 但《山东省荣成市地名志》

---

① 《荣成市志》第109页记载："墩前，明弘治年间建村，因村临古观庙，故名观里。后以村处烟墩之南，更名墩前。"

② 《山东省荣成市地名志》"南墩"记载："在市区西南40.6千米，人和镇山西头村南。因山上明时设有抗倭用的烟墩，故名南墩。东西走向，长0.5千米，宽0.2千米，海拔124.4米。"第589页。

③ 山东省荣成市地方史志编纂委员会：《荣成市志》，齐鲁书社，1999年，第874页。

龙井墩遗址东侧现状（东向西摄）

龙井墩遗址西侧现状（西向东摄）

龙井墩遗址南侧现状（南向北摄）

龙井墩遗址北侧现状（北向南摄）

龙井墩遗址顶部现状

龙井墩遗址简介碑

内"槎山"记载略有差异："主要山峰有清凉顶、螳螂顶、董家顶、红红顶、佛龛顶、桌子顶、松林顶、哲家顶、秃顶等九顶。海拔一般在200—500米间。主峰清凉顶海拔539.8米。"[1] 此处采用标志碑的命名。

但"龙井"应不是墩之原名，据雍正《山东通志·卷二十》记载："墩台，设炮曰台，司烽曰墩，皆有堡房，系陆路汛兵守之。"又记："五垒岛炮台，北一百二十里至长会口墩，又北四十里至望海墩，又北七十里至龙王庙墩，又东四十里至朱家圈墩，皆旧设炮台"。根据该记载，龙井墩俯瞰朱口西圈、朱口东圈，可能是清代所称的朱家圈炮台（墩顶设炮）。比对《筹海图编》等明代文献记载靖海卫下辖各墩堡（详见本书"靖海卫城遗址"），其中未见有龙井墩、朱家圈墩的记载，《筹海图编·山东沿海山沙图》中靖海卫下辖各墩堡位置标注较混乱，其明代的名称须进一步考证。

综上所述，作为靖海卫下属的墩堡，其应与靖海卫建于同一时期，即明洪武三十一年（1398年）前后；至于保护碑中记载的设立于洪武七年（1374年）之说，应是误记（具体参考本书"靖海卫城遗址"关于卫城设置时间的分析）。

山西头墩（遗址）

位　置　荣成市人和镇山西头村南约600米采石场内

始设年代　明代

文保级别　已消失

概　况　遗址原处于山顶，后因采石活动被破坏；其南距黄海约400米，西距靖海卫城遗址约5.5千米。据《山东省荣成市地名志》"南墩"记载："在市区西南40.6公里，人和镇山西头村南。因山上明时设有抗倭用的烟墩，故名南墩。东西走向，长0.5公里，宽0.2公里，海拔124.4米。"[2] 墩现原名失考。根据

山西头墩（遗址）位置图

《筹海图编》等史料记载及周边墩堡线性分布情况分析，该墩可能为靖海卫下属二十墩之一。

---

① 山东省荣成市民政局：《山东省荣成市地名志》，山东省地图出版社，2007年，第589页。
② 山东省荣成市民政局：《山东省荣成市地名志》，山东省地图出版社，2007年，第589页。

寨前墩遗址

位　　置　荣成市人和镇寨前村南650米处采石场北侧山顶处

始设年代　明初

文保级别　尚未核定为文物保护单位

概　　况　遗址位于山顶，北约650米为寨前村，北偏东约500米为潘家庄，东、西部皆为平原，东约5千米为槎山山脉。墩西距靖海卫约2.8千米，西北距炮山墩约1.8千米，北约1千米为寨前军寨，东约1千米为靖海卫世袭指挥金事连子实家族墓地，东南约2.7千米为山西头墩[①]（已消失）；遗址地处沿海高山，为附近海拔最高点，西南距黄海约420米，在墩顶向北可见炮山烟墩，向东可见山西头墩。

寨前墩遗址位置图

遗址在2021年3月调查时发现，墩主体尚在，内里黄砂土夯筑，外用砌石护底、坡，呈平顶圆锥形，现墩顶部坍塌近平，夯土暴露，但底部堆砌石地基仍在，已四下散落。遗址底周长约50、残高约2米。墩位于采石场内山顶，南侧约8米为采石形成的断崖；墩上中心位置长有一棵松树，表面长满杂草及灌木，周围被松林环绕。

历史沿革　寨前墩名称来自其北部村庄——寨前村，据《荣成市志》记载："寨前，明永乐年间建村，因村处古兵寨之南，故名。"[②]《山东省荣成市地名志》内"寨前"记载："明朝永乐年间（1403—1424年），张氏祖由浙江省钱塘徙此定居成村，后有伯、潘、赵、王等相继迁此定居，因村处古兵寨之南，故命名寨前村……全村聚落呈长方形，地势东、北高西、南低……南有南山，蕴藏大量花岗

寨前墩遗址卫星图

---

① 《山东省荣成市地名志》第589页"南墩"记载："在市区西南40.6千米，人和镇山西头村南。因山上明时设有抗倭用的烟墩，故名南墩。东西走向，长0.5千米，宽0.2千米，海拔124.4米。"

② 山东省荣成市地方史志编纂委员会：《荣成市志》，齐鲁书社，1999年，第107页。

寨前墩遗址南侧现状（南向北摄）

寨前墩遗址西侧现状（西向东摄）

寨前墩遗址北侧现状（北向南摄）

寨前墩遗址东侧现状（东向西摄）

石矿。"[1] 书内"南墩"又记："在市区西南 41.3 千米，人和镇寨前村南。明时此山设有烟墩，因在寨前村南，故名南墩。东西走向，长 0.4 千米，宽 0.3 千米，海拔 124.4 米。"[2] 此处古寨即寨前军寨，也是寨前村名来源；村庄之南有南山，应是该墩所在之山；书中记载该墩称"南墩"，但应不是该墩原名。

　　见此靖海卫所辖各墩堡（详见本书"靖海卫城遗址"），均无南山、南墩等墩堡，同时对应《筹海图编》[3] 标注靖海卫辖各墩堡位置，因其标注变形较大，此墩原名无考。

　　综上所述，作为靖海卫下属的墩堡，其应与靖海卫建于同一时期，即明洪武三十一年（1398 年）前后。

---

① 山东省荣成市民政局：《山东省荣成市地名志》，山东省地图出版社，2007年，第121页。
② 山东省荣成市民政局：《山东省荣成市地名志》，山东省地图出版社，2007年，第590页。
③ （明）郑若曾：明嘉靖四十一年胡宗宪刻本《筹海图编·山东兵防官考》，《中国兵书集成》第15、16册，解放军出版社、辽沈书社，1990年，第161—163页。

寨前寨遗址

位　　置　荣成市人和镇寨前村正北约250米处

始设年代　明代

文保级别　2012年12月，"寨前军寨"被公布为荣成市第二批市（县）级文物保护单位

概　　况　遗址西南距靖海卫城约3.1千米，东北距宁津守御千户所约27.8千米；军寨东约600米为瓦房庄村，西约700米为后槽河，南约250米为寨前村，北约200米为X031公路，东北约500米处为靖海革命烈士陵园，军寨西侧为石材加工区，军寨北、东侧为现代墓群。军寨居高岗，沿南坡分布，地势北高南低，南距海1.6千米，视野开阔。军寨建于明代，北寨墙为制高点。

遗址为荣成市第三次文物普查时发现，"寨前村军寨……据传系明洪武年间用于屯兵而修的军事设施，为人工夯筑而成……军寨原系边长约100米的正方形，其西南角另设一个边长为50米的小寨，寨墙皆为上部窄下部宽的夯土墙，并在西南角南墙和东南角东墙各有一个寨门。但长年的自然侵蚀及人为破坏，使得军寨寨墙都有不同程度的残损，小寨的寨墙已几不可辨"①。

2021年3月，考古队对军寨进行复查，由于村民大规模平整土地，现西墙、东墙以南和南墙大部已被破坏，东城墙外侧被现代墓群占压、削平；原西南角的小寨和两个寨门已不可寻；北墙保存

寨前寨遗址位置图

寨前寨遗址卫星图

较好，残长约为70、宽3—4、高2—2.9米，东墙残长38米、宽3、高1—1.5米，西墙残长16、宽4、高约2.4米，南墙残长11米、残宽2、最高处1.6米。寨内部已被开辟为农田，寨墙上长满杂草；现场采集有零星

---

① 威海市文物管理办公室：《追寻历史——威海市第三次文物普查成果巡礼》"A19寨前军寨"条，青岛出版社，2012年，第187页。

明清时期布纹灰陶瓦片。

历史沿革　寨前军寨原名已失考,《山东省荣成市地名志》内"寨前"村记载:"属人和镇。位于镇境西南部,东与金沟毗邻,西与窑沟村交界,北与炮前、寨东村接壤,南濒黄海……明朝永乐年间(1403—1424年),张氏祖由浙江省钱塘徙此定居成村,后有伯、潘、赵、王等相继迁此定居,因村处古兵寨之南,故命名寨前村。"[①] 可见,现寨前村在永乐建村时该寨即已存在,其设立年代当不晚于明永乐年间。

寨前寨遗址保护标志碑

寨前寨遗址西墙北段现状(东向西摄)

寨前寨遗址南墙残段现状(北向南摄)

寨前寨遗址北墙西段现状(东南向西北摄)

寨前寨遗址北墙东段、东墙北段现状(西向东摄)

① 山东省荣成市民政局:《山东省荣成市地名志》,山东省地图出版社,2007年,第121页。

寨前寨遗址航拍（东北向西南摄）

　　寨前寨在地理位置上更靠近靖海卫，比对明政府在靖海卫设立的二十六处军屯（详见本书"靖海卫城遗址"），其中未见"寨前"的记载，原因有二：一是军寨名称很可能不是"寨前"，而是另有其名，但现已失传；二是该军寨规模太小（基本呈边长 70 米的方形），远低于九埠寨等边长约 200 米的规模，其很可能不是军屯。

　　综上所述，寨前寨应最晚筑于明永乐时期（不排除明代以前），为防御倭寇的军事设施。至于其具体用途，笔者认为其筑于高岗，坐山顶居南面向大海，应是单纯的军事警戒哨所，其南、北各有一墩，甚至不排除该寨内或附近可能也有一墩，以起到联络南北二墩的作用；而军寨，则是守墩军余居住之所。现寨内因农业生产活动而遭破坏较严重，地表已无墩的痕迹，至于是否残存有基址，须后期进一步考古工作验证。

历史资料　《荣成市志》记载："寨前，明永乐年间建村，因村处古兵寨之南，故名。"[1] 寨前村建村时间为永乐年间，则军寨建设年代应在永乐或之前。

---

[1] 山东省荣成市地方史志编纂委员会：《荣成市志》，齐鲁书社，1999年，第107页。

炮山墩遗址

位　　置　荣成市人和镇炮前村东北约260米炮山山顶

始设年代　明初

文保级别　尚未核定为文物保护单位

概　　况　遗址位于山顶，西南约260米为炮前村，南约550米为X031县道（马沙线），东约630米为寨东村；遗址北约200米为部队营房，西约200米为通往部队营房的公路，有通信光缆从墩顶部穿过。墩西南距靖海卫约3千米，东南约740米为寨前寨，东南约1.8千米为寨前墩，西约2.3千米为崔家墩；遗址地处高山上，南约2千米为黄海，西约3千米为靖海湾，在墩顶可见靖海湾等大片海域，向西可见崔家墩，向南可见寨前墩。

炮山墩遗址位置图

　　遗址在荣成市第三次文物普查时发现，"炮山烟墩坐落于炮山上，海拔较高，地势东、南低，西、北高。整个烟墩有一石砌的基础，其顶部系人工搬土堆积夯筑而成，呈不规则圆台状，顶部直径约2米，底径约5米，高约3米。该遗存一说为明代洪武年间为抗击倭寇而筑的烟墩，又说是一座清代炮台，或者是清代利用明代烟墩旧址改造为炮台使用，尚无定论。"①

　　2021年3月，考古队对遗址进行复查，遗址东部因修建房舍被破坏，暴露出石砌基础；东北部建设通信铁塔，砌石散落，仅西、南侧砌石保存相对较好。

炮山墩遗址卫星图

有村民将墩误认为墓葬，在遗址顶部挖有一直径约2米的盗洞。现墩底周长约45米，高约3.2米；遗址表面长满树木和杂草，周围为野生槲栎树林环绕。

---

① 威海市文物管理办公室：《追寻历史——威海市第三次文物普查成果巡礼》"A30炮山烟墩"条，青岛出版社，2012年，第188页。

历史沿革　据《荣成市志》记载："炮前，明万历年间建村，因村处炮山之南，故名。"[①] 又据《山东省荣成市地名志》内"炮前"记载："明朝万历年间（1573—1620年）孙氏祖茂功、茂麟兄弟二人徙至炮山之前，定居成村，故名炮前。清朝顺治二年（1645年），氏祖杨日成五世孙，由今本镇金沟村迁至炮前村西定居，以村中小河形似卧龙，名杨家卧龙。1941年民主政府将两村合并，统称炮前。"[②] 雍正《山东通志·卷二十》记载："墩台，设炮曰台，司烽曰墩，皆有堡房，系陆路汛兵守之。"梳理相关资料可知，明万历前山上建有炮台（即墩顶设炮，可能是明初仅设墩，不晚于万历年间又设炮），后该山被称作"炮山"，万历年间在山下设村称炮前村。所以，"炮山"应非墩台的原称。对比明代文献关于靖海卫下辖各墩堡记载（详见本书"靖海卫城遗址"），因山沙图靖海卫辖各墩堡位置标注较混乱，其原名须进一步考证。

综上所述，该墩原名虽暂时失考，笔者认为其应属了靖海卫下属的墩堡之一，其应与靖海卫建于同一时期，即明洪武三十一年（1398年）前后。

炮山墩遗址南侧现状（南向北摄）

炮山墩遗址西侧现状（西向东摄）

炮山墩遗址顶部盗洞

① 山东省荣成市地方史志编纂委员会：《荣成市志》，齐鲁书社，1999年，第107页。
② 山东省荣成市民政局：《山东省荣成市地名志》，山东省地图出版社，2007年，第92页。

崔家墩遗址

位　　置　荣成市人和镇中北河村北 500 米崔家墩山顶

始设年代　明初

文保级别　尚未核定为文物保护单位

概　　况　遗址位于山顶，西距 X033 县道约 250 米。墩南偏西约 1.6 千米为靖海卫，东南约 3.2 千米为寨前墩，东约 2.3 千米为炮山墩，西北约 1.8 千米为西刘家疃墩；遗址地处沿海高岭上，东南约 2.1 千米为黄海，西约 0.7 千米为靖海湾，在墩顶可见靖海湾、涨濛港大片海域，向西北可见西刘家疃墩，向东可见炮山墩，南可见靖海卫城。

2021 年 3 月，考古队调查时发现该遗址，墩呈不规则圆台状，原有石砌的基础，内里系人工搬土堆积夯筑而成。因村民修筑墓地将墩外层石块撬走，现砌石基本无存，仅余坍塌后的夯土堆；墩底周长 93 米，高约 3.2 米。遗址表面长满杂草和灌木，顶部长有一株松树，周边为现代墓地环绕。

历史沿革　崔家墩因其所处高岭——崔家墩命名。考证《荣成市志》关于明永乐年间建村的西北河、嘉靖年间建村的中北河、清顺治年间建村的沙北头、姜

崔家墩遗址位置图

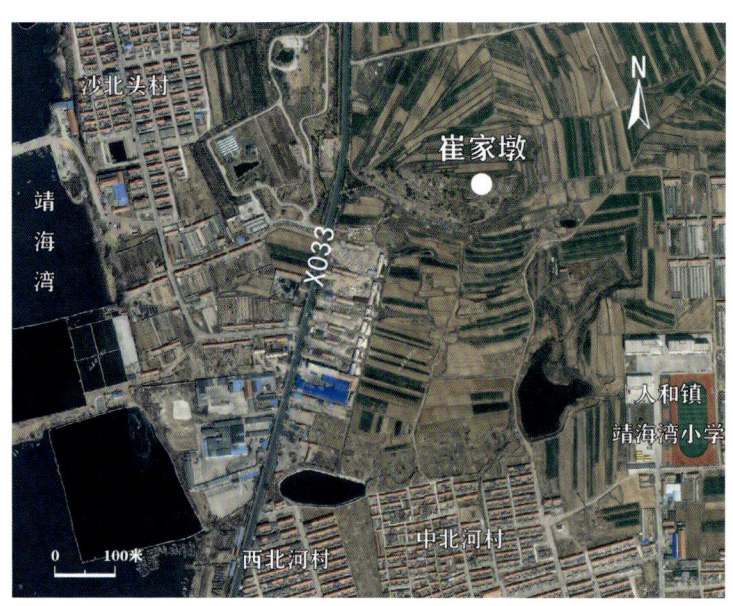

崔家墩遗址卫星图

家沟等村史记载，均未发现有关墩堡的记载。又据《山东省荣成市地名志》内"崔家墩"记载："在市区西南 41.3 千米，人和镇西北河村北。明洪武年间，为了防御倭寇从海上入侵，龙山顶设有烟墩，因位于西北河村（崔家北河）北，故名崔家墩。东西走向，长 0.1 千米，宽 0.05 千米。海拔 66.6 米。"[1] 此处记载较详细，该山原名为龙山顶，因而"崔家墩"也非墩台的原称。但对比明代郑若曾《筹海图编·山东兵防官考》、邓钟《筹海重编》、嘉靖《宁海州志·卷上·建置》等关于墩堡记载（详见本书"靖海卫城遗址"），却均未见有崔家、龙山顶等墩台的记载。该墩在明代古籍中的名称，尚须进一步考证。

综上所述，从该墩与靖海卫的距离来看，笔者认为该墩应是靖海卫下属的墩堡之一，其应与靖海卫建于同一时期，即明洪武三十一年（1398 年）前后。

---

① 山东省荣成市民政局：《山东省荣成市地名志》，山东省地图出版社，2007 年，第 588 页。

崔家墩遗址南侧现状（南向北摄）

崔家墩遗址东侧现状（东向西摄）

西刘家疃墩遗址

位　　置　荣成市人和镇西刘家疃村西南 470 米处单燕顶山顶

始设年代　明初

文保级别　尚未核定为文物保护单位

概　　况　遗址位于山顶，东北约 470 米为西刘家疃村，东约 750 米为 X033 县道。墩南距靖海卫约 2.9 千米，东南约 1.8 千米为崔家墩，北约 0.8 千米为许家屯墩；遗址地处沿海高岭上，西约 0.4 千米为靖海湾，在墩顶可见靖海湾、涨濛港等大片海域，向东南可见崔家墩，向北可见许家屯墩。

西刘家疃墩遗址位置图

　　2021 年 3 月，考古队调查时发现该遗址，墩呈圆台形，黄土夯筑，原有砌石基本被取用殆尽，受农业生产活动影响，坍塌的夯土不断被村民耕种刨除，现残存夯土堆较小，底周长 21 余米，残高 1.2 米。遗址西北侧有一疑似人工挖掘大坑，表面被杂草和灌木覆盖，周围被农田环绕。

历史沿革　据《山东省荣成市地名志》内"单燕顶"记载："在市区西南 40.4 千米，人和镇刘家疃村西南。明洪武年间，为了防御倭寇从海上入侵，在山顶上设有烟墩，故名单烟顶，后演变为单燕顶。南北走向，长 0.2 千米，宽 0.1 千米。海拔 48 米。"[①]
可见该山因建有墩而名。该书又记"西
刘家疃"："据《刘氏谱书》考：明朝
万历年末（1620 年），刘氏祖书公、奎
公兄弟二人由今本镇团栾村徙此定居成
村，以姓氏命名刘家疃，1960 年该村按
方位分成两村，此村居西，故更名西刘
家疃。"[②]西刘家疃建村时未有关于墩
堡的记载，为便于记录遗址信息，此次
调查时即以村名命名该遗址。

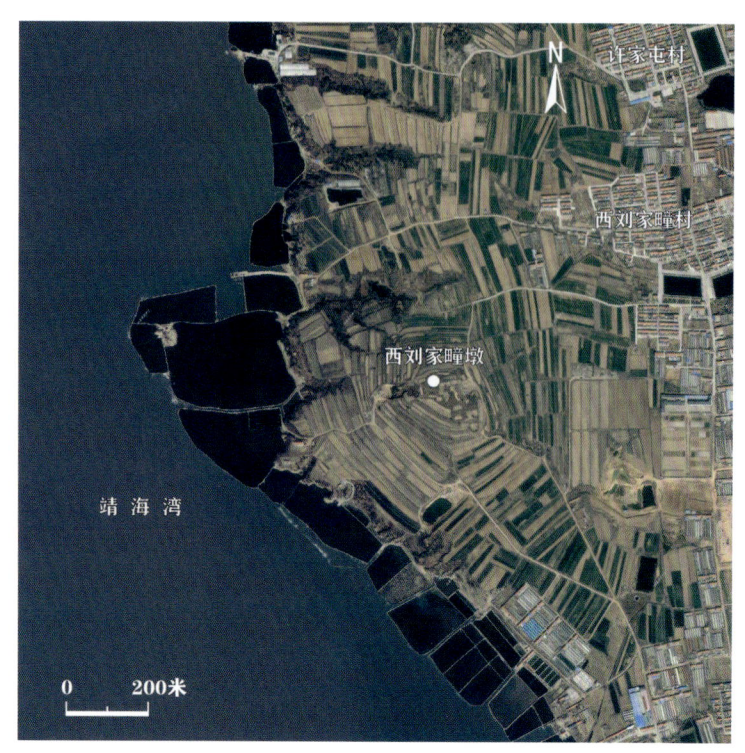

西刘家疃墩遗址卫星图

对比明代郑若曾《筹海图编·山东
兵防官考》、邓钟《筹海重编》、嘉靖
《宁海州志·卷上·建置》等关于墩堡
记载（详见本书"靖海卫城遗址"），
均未见有关于刘家疃、单烟顶等记载的
墩堡，墩应另有其名。因《筹海图编》[③]
标注靖海卫辖各墩堡位置较混乱，其明
代古籍中记载的名称须进一步考证。

综上所述，该墩环绕靖海湾，距离靖海卫较近，应是靖海卫下属的墩堡之一，其应与靖海卫建于同一
时期，即明洪武三十一年（1398 年）前后。

西刘家疃墩遗址东侧现状（东向西摄）

西刘家疃墩遗址南侧现状（南向北摄）

① 山东省荣成市民政局：《山东省荣成市地名志》，山东省地图出版社，2007年，第587页。
② 山东省荣成市民政局：《山东省荣成市地名志》，山东省地图出版社，2007年，第100页。
③（明）郑若曾：明嘉靖四十一年胡宗宪刻本《筹海图编·山东兵防官考》，《中国兵书集成》第15、16册，解放军出版社、辽沈书社，1990
　年，第162页。

许家屯墩遗址

位　　置　荣成市人和镇许家屯村西300米双燕顶山顶

始设年代　明初

文保级别　尚未核定为文物保护单位

概　　况　遗址位于山顶，东约300米为许家屯村，东距X033县道约640米。墩南距靖海卫约3.7千米，南约0.8千米为西刘家疃墩，东偏北约5.5千米为王家竹堡（已消失）；遗址地处沿海高岭上，西约500米为靖海湾，西南约660米为涨濛岛，在墩顶可见靖海湾、涨濛港等大片海域，向南可见西刘家疃墩，向北隔海与梁家西墩相望。

2021年3月，考古队调查时发现该遗址，墩呈圆台形，黄土夯筑，原有砌石基本被取用殆尽，受农业生产活动影响，坍塌的夯土不断被耕地侵蚀，现残存夯土堆较小，底周长38余米，残高约2米。遗址西侧有一人工挖掘大坑，表面被杂草和灌木覆盖，周围被农田环绕。

历史沿革　据《山东省荣成市地名志》内"双燕顶"记载："在市区西南41千米，人和镇许家屯村西。明朝，为防御倭寇从海上入侵，在山顶上设有烟墩，分南北两顶，故名双烟顶，后演变为双燕顶。南北走向，长0.25千米，宽0.1千米。海拔47.8米。"[1]可见该山因建有南、北两墩而名，与南部的西刘家疃

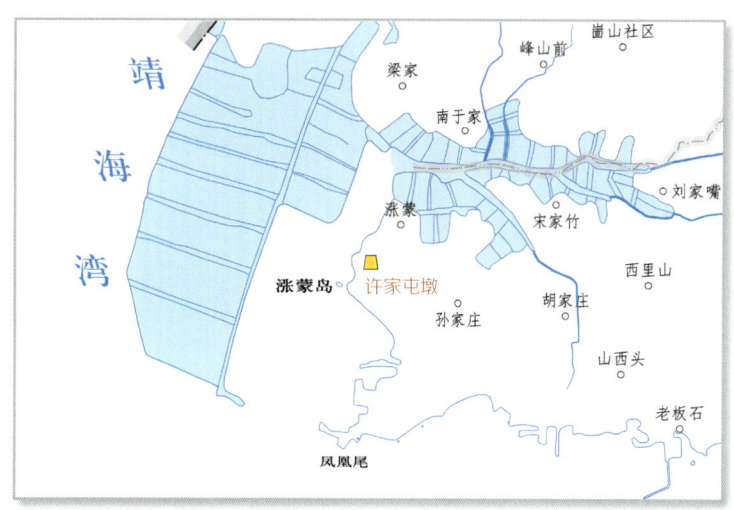

许家屯墩遗址位置图

许家屯墩遗址卫星图

墩所在的单燕顶相对。该书又记"许家屯"："明朝永乐年间（1403—1424年），许氏祖彤由今本镇靖海卫村迁此建村，以姓氏命名许家屯。"[2]许家屯建村时未有关于墩堡的记载。又考《荣成市志》该墩附近关于明永乐年间建村的许家屯、明万历年间建村的西刘家疃、清乾隆年间建村的西北海等村史，均没有关

---

① 山东省荣成市民政局：《山东省荣成市地名志》，山东省地图出版社，2007年，第588页。
② 山东省荣成市民政局：《山东省荣成市地名志》，山东省地图出版社，2007年，第104页。

许家屯墩遗址东侧现状（东向西摄）　　　　许家屯墩遗址南侧现状（南向北摄）

于该墩的记载，且许家屯也非靖海卫下属军屯，为便于资料记录，此次调查时即结合当地村民口碑资料以许家屯村名命名该遗址。

对比明代郑若曾《筹海图编·山东兵防官考》、邓钟《筹海重编》、嘉靖《宁海州志·卷上·建置》等关于墩堡记载（详见本书"靖海卫城遗址"），均未见有关于许家屯、双烟顶等记载的墩堡，墩原名须待进一步考证。

综上所述，该墩与南部的西刘家疃墩遥相呼应，同为警戒靖海湾的重要墩堡，应与靖海卫建于同一时期，即明洪武三十一年（1398年）前后。

王家竹墩（遗址）

位　　置　荣成市人和镇王家竹村南约380米马山山顶

始设年代　明代

文保级别　已消失

概　　况　遗址地处山顶，其北距海约750米，西距海约1.5千米，西南距靖海卫城遗址约6.1千米。村民反映，中华人民共和国成立后马山开山取石时该墩遭到破坏；该墩应为靖海卫下辖二十墩之一。因资料记载匮乏，墩原名失考。

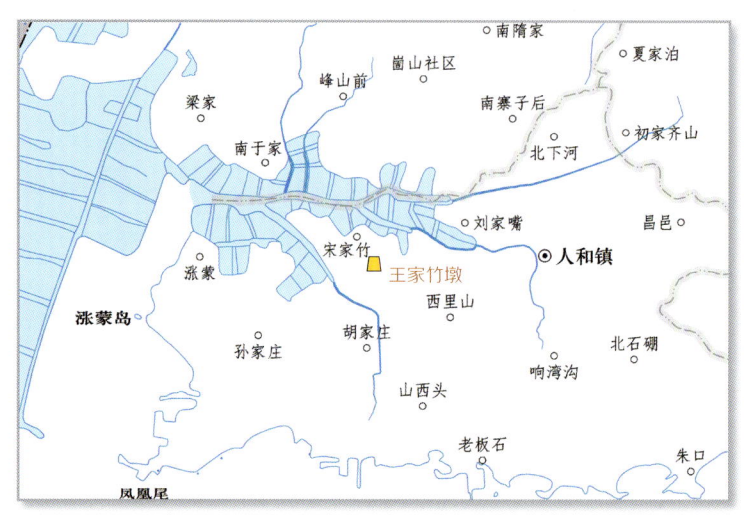

王家竹墩（遗址）位置图

东老树河墩（遗址）

位　　置　荣成市人和镇东老树河村北
850 米凤台顶子山顶部

始设年代　明代

文保级别　已消失

概　　况　遗址地处山顶，其东南距王
家湾 7 千米，西南距靖海卫城遗址约
11.3 千米。村民反映，1968 年建设烈士
陵园碑时该墩遭到破坏。因资料记载匮
乏，墩原名失考。

东老树河墩（遗址）位置图

桃花寨遗址

位　　置　荣成市人和镇南下河村北
500 米处山顶

始设年代　明代

文保级别　尚未核定为文物保护单位

概　　况　遗址东北距宁津守御千户所
约 20 千米，西南距靖海卫城约 11.2 千
米；北 1.2 千米为南寨子后村，东 1 千
米为北下河村，西部及西南部为大型石
材厂。军寨筑于小山顶上，顶部平整，
四周地势开阔，视野宽广，南距海约 8.5
千米。

桃花寨遗址位置图

　　军寨为 2021 年 3 月调查时发现，
略呈正方形，南北向分布，四墙各长约
50 米，保护较好。寨门在东墙偏南部，残长约 11 米，因常年雨水冲刷，变为冲沟，破坏较严重；北墙残宽 5.3、
残高 1.1—1.9 米，西墙残宽 6、残高 0.6—0.9 米，南墙残宽 7.3、残高 1.5—2.5 米，东城墙残宽 10.3、残高 0.5—
2.8 米。实地调查时，寨内散布较多碎砖块及瓦片，四面寨墙均暴露夯土，底部碎石较多；南、北、西寨墙
外侧底部均被村民挖掘，几呈断崖。寨内略有起伏，疑似建筑基址；寨墙及寨内被杂草、灌木覆盖，东、南、

西部均为现代墓地环绕。

历史沿革　按照现存寨墙残迹分析，桃花寨应属于设施较完备的墩或堡遗址。其"桃花"之寨名来源已不可考[①]，但附近多个村庄建村伊始即因此寨命名。参考《山东省荣成市地名志》内"北寨子后"简介如下："属虎山镇。位于镇境东南部……明朝天启年间（1621—1627年），赵氏祖大朋、大明由本镇罕山村迁此定居，相继有宋姓从本镇庵里村也迁此居住，因地处桃花寨之北，此地同时建两村，该村居北，故名北寨子后村。"[②] 又"南寨子后"也有记载："属虎山镇。位于镇境东南部……明朝天启年间（1621—1627年），张氏祖徙此定居成村，因地处桃花寨北，故命名南寨子后村。清朝乾隆年间（1736—1795年）王氏祖和宪、正宪、秉宪由今本镇岭西

桃花寨遗址卫星图

村，常氏祖元履由今人和镇靖海卫村相继迁此居住，仍沿用原名。"[③] 综合两条记载，明天启年间北寨子后、南寨子后建村，当时军寨已经建立，"桃花寨"应该也是当时的寨名。

桃花寨在地位置上更靠近靖海卫，离宁津守御千户所稍远，比对靖海卫下辖的二十六处军屯中无"桃花寨"记载（宁津所下辖屯所在清顺治十二年并入靖海卫），是否因为时间较长，名称发生改变，待进一步考证。

鉴于桃花寨的规模，其可能不是作为军屯使用，其居于山顶，四周地势开阔，视野宽广，西南向可望蒸饼墩，东南为东老树河墩，西北为已被破坏的憨山堡，其作用可能跟寨前等军寨类似，为军事警戒哨所，寨内为守墩军余居住之所。

历史资料　《荣成市志》记载："南寨子后，明天启年间建村，因村临桃花寨，故以方位称南寨子后……北寨子后，明天启年间建村，因村临桃花寨，故以方位称北寨子后。"[④] 介绍了南寨子后、北寨子后村名来历，军寨的建立年代当不晚于明天启年间（1621—1627年）。

---

① 《山东省荣成市地名志》第586页"桃花寨"条记载"在市区西南32.2千米，虎山镇南寨子后村。相传，古时周朝有一位叫桃花女的将军，在此山寨驻守，故取名桃花寨……海拔67.4米"。民间传说谬误。

② 山东省荣成市民政局：《山东省荣成市地名志》，山东省地图出版社，2007年，第365页。

③ 山东省荣成市民政局：《山东省荣成市地名志》，山东省地图出版社，2007年，第365页。

④ 山东省荣成市地方史志编纂委员会：《荣成市志》，齐鲁书社，1999年，第105页。

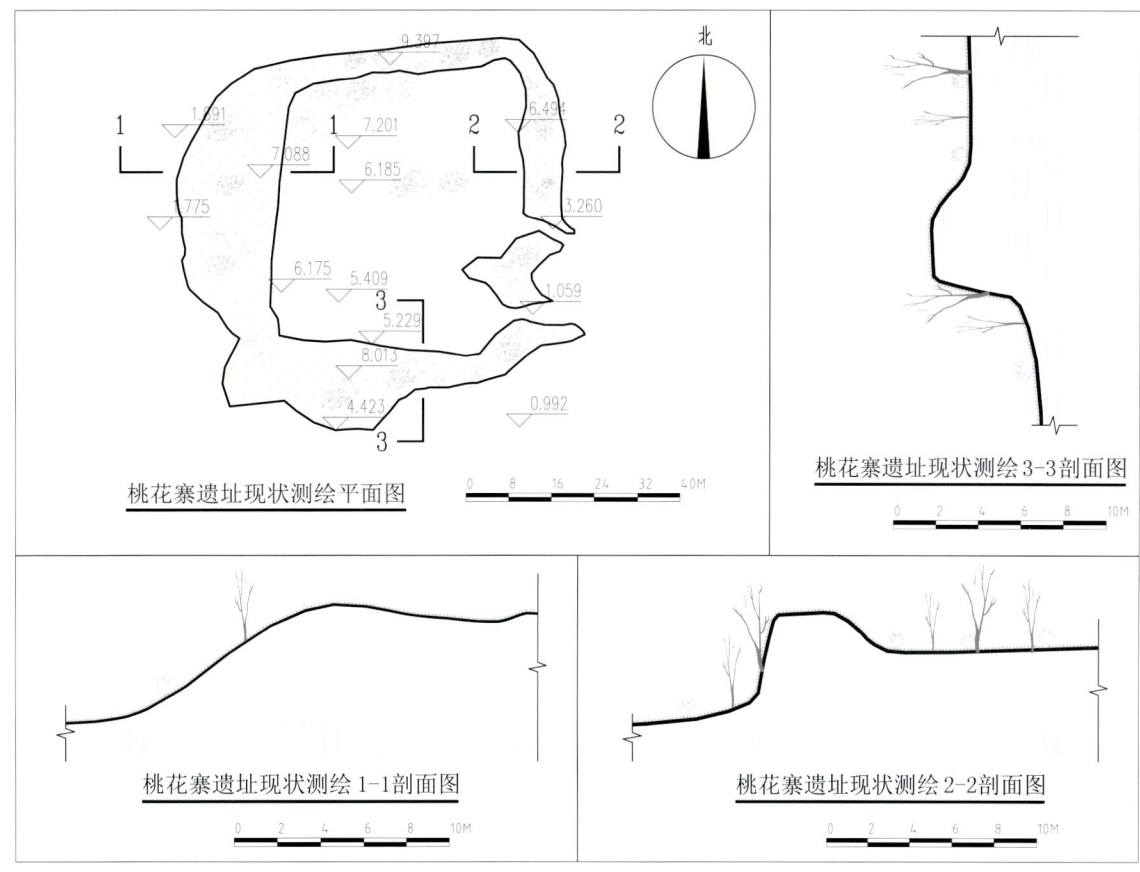

桃花寨遗址现状测绘平面图

桃花寨遗址现状测绘3-3剖面图

桃花寨遗址现状测绘1-1剖面图

桃花寨遗址现状测绘2-2剖面图

桃花寨遗址平、剖面图

桃花寨遗址航拍（西向东摄）

桃花寨遗址东门现状（东向西摄）

桃花寨遗址周边部分现代墓（南向北摄）

桃花寨遗址西墙局部（东向西摄）

寨内地表暴露残砖瓦等遗物

梁家南墩遗址

位　　置　荣成市虎山镇梁家村东南750米高岭上

始设年代　明初

文保级别　尚未核定为文物保护单位

概　　况　遗址位于高岭上，西北约750米为梁家村，东约320米为X033县道，东南距南于家村约1.1千米。墩南距靖海卫约7.4千米，南偏西约4千米为许家屯墩，西北约1.5千米为梁家西墩，东偏北约2.1千米为光禄寨军寨和墩（疑似靖海卫下属二十六屯之一的

梁家南墩遗址位置图

瓜蒌寨屯、下属二十墩之一的瓜蒌寨墩，详见本书"光禄寨遗址"）；遗址地处沿海高岭上，东南约 300 米为靖海湾和涨濛港，在墩顶可见靖海湾、涨濛港等大片海域，向南可见许家屯墩，向北可与梁家西墩、光禄寨墩相望。

2021 年 3 月，考古队调查时发现该遗址，墩为黄土夯筑，原有砌石基本被取用殆尽，夯土坍塌呈圆丘状，顶近平。现墩底周长约 45 米，夯土残高约 2.2 米。墩表面被杂草和灌木覆盖，遗址下有环山路环绕，周围为松林和农田。

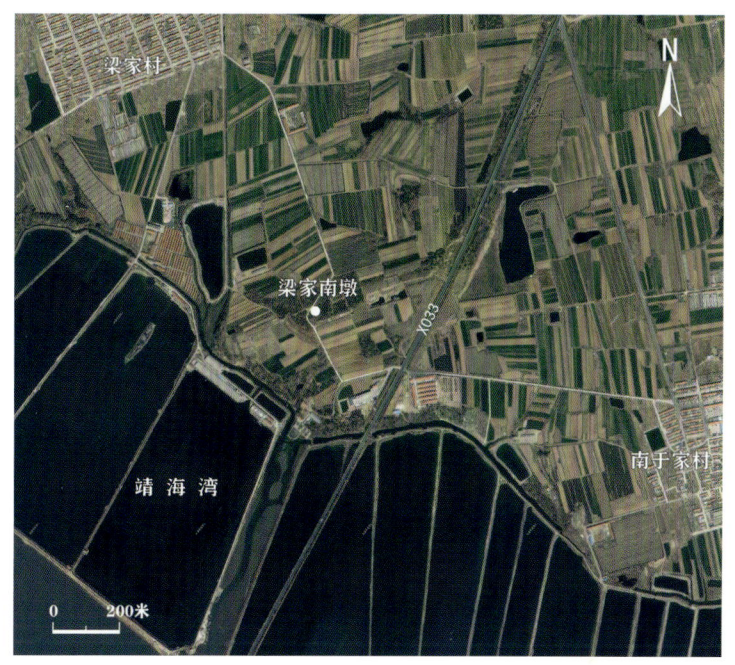

梁家南墩遗址卫星图

梁家南墩遗址北侧现状（北向南摄）

梁家南墩遗址南侧现状（南向北摄）

历史沿革 遗址以其居梁家村东南而命名为梁家南墩。考证《荣成市志》《山东省荣成市地名志》中关于南于家、梁家等村落的村史记载，均未见成村时周边有墩堡的记录。

对照明代文献关于靖海卫辖各墩堡的记载（详见本书"靖海卫城遗址"），均未见有关于梁家、南于家等名字的墩堡，墩在古籍中的名称须待进一步考证。

综上所述，该墩南瞰靖海湾，应是靖海卫下属的重要墩堡之一，其应与靖海卫建于同一时期，即明洪武三十一年（1398 年）前后。

梁家西墩遗址

位　　置 荣成市虎山镇梁家村西 300
米高岭上

始设年代 明初

文保级别 尚未核定为文物保护单位

概　　况 遗址位于高岭上，东约 300
米为梁家村，东南约 1.8 千米为 X033
县道。墩南距靖海卫约 8.3 千米，西北
约 3.9 千米为狗脚山墩，东北约 2 千米
为光禄寨军寨和墩，东南约 1.5 千米为
梁家南墩；遗址地处沿海高岭上，西南
约 800 米为靖海湾，在墩顶可见靖海湾、
涨濛港等大片海域，向西北隔海与狗脚
山墩相望，东北可见光禄寨和墩，东南
可见梁家南墩。

2021 年 3 月，考古队调查时发现该
遗址，墩为黄褐土夯筑，原有砌石基本
被取用殆尽，在南侧底部可见零星几块，
夯土坍塌呈圆丘状，顶近平。现墩底周
长约 40 米，夯土残高约 3.5 米。墩表面
被杂草和松树覆盖，周围为松林和农田。

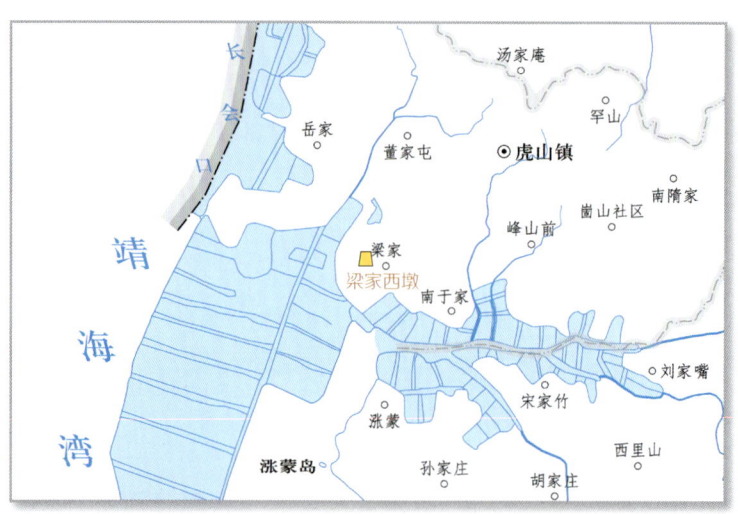

梁家西墩遗址位置图

梁家西墩遗址卫星图

梁家西墩遗址南侧现状（南向北摄）

梁家西墩遗址北侧现状（北向南摄）

梁家西墩遗址东侧现状（东向西摄）

梁家西墩遗址西侧现状（西向东摄）

历史沿革　遗址以其居梁家村西而命名为梁家西墩。考证《荣成市志》该墩附近关于明弘治年间建村的梁家等村史，未发现有关于墩堡的记载；明代文献中关于靖海卫辖墩堡的记载中亦无法与之有效匹配，为便于资料记录，此次调查根据当地居民口碑资料暂时将其以村庄命名，其明代的名称须进一步考证。

综上所述，该墩与梁家南墩和狗脚山墩遥相呼应，俯瞰靖海湾东北海域，其应与靖海卫同时建于明洪武三十一年（1398 年）前后。

狗脚山墩遗址

位　　置　荣成市虎山镇鹅岛[①]好当家集团高尔夫球场内狗脚山顶

始设年代　明初

文保级别　尚未核定为文物保护单位

概　　况　遗址位于山顶，西北约 2.4 千米为文登区的长会口村，与长会口共同扼守靖海湾前往张家埠等港口水道；狗脚山及周边区域原为一片荒地，后好当家集团将八村合并开发为集团用地。墩东南距靖海卫约 10.6 千米，东南距梁家西墩约 4 千米，东约 5.3 千米为光禄

狗脚山墩遗址位置图

---

① 《山东省荣成市地名志》第613页"鹅岛"记载："半岛。在市区西南39千米，虎山镇狗脚山南。该岛是海鹅经常栖息的地方，故名鹅岛。东西走向，长100米，平均宽50米，面积约5000平方米，海拔10米，海岸线长200米，南、北、西三面环海，东面接大陆，岛上植物覆盖率达90%，岛周围产贝类、鱼虾等。"

寨军寨和墩（详见本书"光禄寨遗址"），东北距狼虎岭墩约 5.8 千米，西北约 2 千米为长会口墩；遗址地处沿海高岭上，南侧为鹅岛，山下即为靖海湾和张家埠港航道，西北与长会口墩隔海相望，东北可见狼虎岭墩，东南与梁家西墩隔海相望。

2021 年 3 月，考古队调查时发现该遗址，墩为黄褐土夹杂碎石块夯筑，筑于中部高丘之上，原有堆砌石块四下散落且保留较少，夯土坍塌呈圆丘状，顶近平。墩整体较大，现墩底周长约 100 米，夯土残高约 6.4 米。墩顶部及周围长有松、槐及杂草、灌木，北部为好当家集团厂房，西侧近海为集团海产养殖区，南部和东部紧邻高尔夫球场，东北角有一废弃民房。

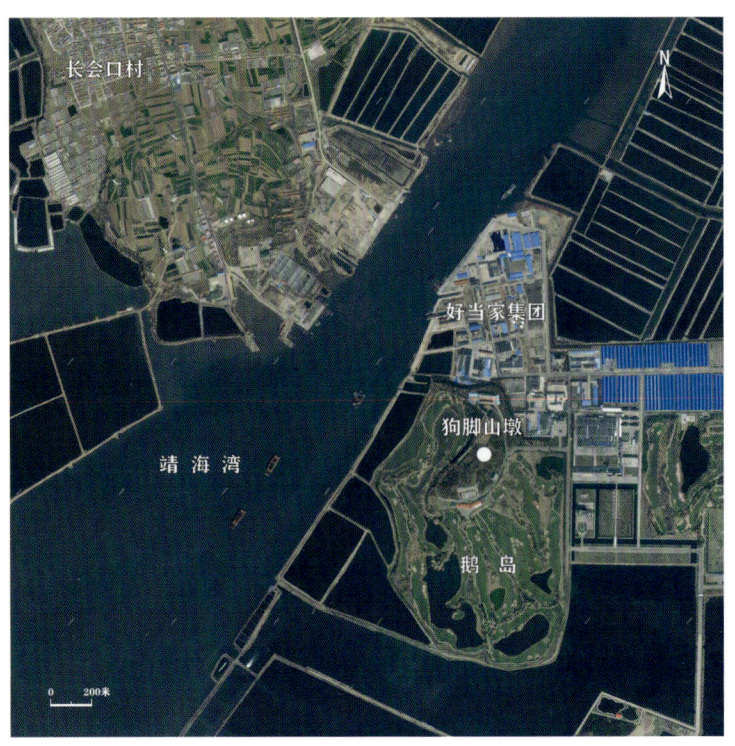

狗脚山墩遗址卫星图

狗脚山墩遗址航拍（南向北摄）

狗脚山墩遗址西侧现状（西向东摄）　　　　　　狗脚山墩遗址北侧现状（北向南摄）

历史沿革　遗址因其所处狗脚山顶而命名为狗脚山墩。据《山东省荣成市地名志》内"狗脚山"记载："在市区西南 38.4 千米，虎山镇西山张家村西。因山腰岩石上有似狗蹄印迹，故狗脚山。南北走向，长 0.75 千米，宽 0.5 千米。海拔 46.7 米。"[①] 并没有关于山上有墩的记载。但考证明代郑若曾《筹海图编·山东兵防官考》、邓钟《筹海重编》、嘉靖《宁海州志·卷上·建置》等关于墩堡记载（详见本书"靖海卫城遗址"），靖海卫下辖墩二十座，其中之一为"狗脚山墩"。同时对应《筹海图编》[②] 标注各墩堡位置，结合相对位置、标注地形等，初步确定此墩即为古籍中记载的"狗脚山墩"（山沙图中标注为"狗脚山烽堠"），其西北隔海相望者也即是古籍中记载的靖海卫下辖二十墩之一的"长会口墩"（山沙图中标注为"长会囗烽堠"）。

综上所述，该墩原名得以保存，应是靖海卫下属的二十墩之一，其应与靖海卫建于同一时期，即明洪武三十一年（1398 年）前后。

《筹海图编·山东沿海山沙图》

---

① 山东省荣成市民政局：《山东省荣成市地名志》，山东省地图出版社，2007年，第585页。

② （明）郑若曾：明嘉靖四十一年胡宗宪刻本《筹海图编·山东兵防官考》，《中国兵书集成》第15、16册，解放军出版社、辽沈书社，1990年，第162页。

光禄寨墩遗址

位　　置　荣成市虎山镇光禄寨村、光禄寨遗址西北部

始设年代　明代

文保级别　2012 年 12 月，该墩作为"光禄寨军寨"的一部分，被公布为荣成市第二批市（县）级文物保护单位

概　　况　遗址地处丘陵高地，为光禄寨遗址制高点；其西南、南约 2.6 千米

光禄寨墩遗址位置图

光禄寨墩遗址西侧现状（西向东摄）

光禄寨墩遗址东侧现状（东向西摄）

光禄寨墩遗址卫星图

为靖海湾，北距黄海约 6.7 千米，南距靖海卫城遗址约 9.7 千米。该墩第二、第三次文物普查时均有详细资料记载："军寨含有内城，位于寨子西北角。内城的西墙和北墙与外城的西墙、北墙重合，东、南两墙系夯土版筑。寨子的西北角有一座烟墩，高约 6 米，底径约 10 余米。"[①] 此次调查发现，该墩位于光禄寨遗址西北部的内城内，内城平面为东西宽 80、南北长约 90 米的长方形，东、南墙地表可见痕迹，仅东南角缺失，其中东墙残长约 50 米，南墙残长约 62 米；内城近西北角有近平顶圆锥形墩一座，残高约 6 米，底径约 10 米，此墩北可与狼虎山墩相望。据《筹海图编》等文献记载，光禄寨墩可能为靖海卫下属二十墩之一的"瓜蒌寨墩"（详见本书"光禄寨遗址"）。

---

① 威海市文物管理办公室：《追寻历史——威海市第三次文物普查成果巡礼》"A21光禄军寨"条，青岛出版社，2012年，第187页。

光禄寨墩遗址全景（北向南摄）

狼虎山墩遗址

位　　置　荣成市虎山镇大龙嘴村东南约 1.3 千米狼虎山顶

始设年代　明初

文保级别　尚未核定为文物保护单位

概　　况　遗址位于山顶，西北约 0.6 千米为大龙水库，西北距大龙嘴村约 1.3 千米，北距五龙嘴村约 1.7 千米。墩南距靖海卫约 14.1 千米，西南约 5.8 千米为狗脚山墩，西南距长会口墩约 6.1 千米，北距主到寨军寨（详见本书"主到寨遗址"）约 1.2 千米，东北约 6 千米为北

狼虎山墩遗址位置图

沙岛墩，东南约 2.8 千米为得胜寨军寨[①]（被村庄占压，已消失），东南约 4.7千米为光禄寨军寨和墩（详见本书"光禄寨遗址"），南偏东约 3.6 千米为尹家墩；遗址地处近海高岭上，西 1.3 千米为靖海湾（现为海产养殖区），西北距张家埠港约 3.9 千米，在墩顶可见张家埠港及航道，向西南与狗脚山墩相望，东北可见北沙岛墩，东南可见尹家墩。

　　2021 年 3 月，考古队调查时发现该遗址，墩呈圆形，外围用石块砌筑，内里为黄土夯筑，南侧利用山岭原石为台基，西侧和东侧尚有部分砌石没有剥落，其余砌石多散落在四周。现遗址夯土坍塌呈圆丘状，顶部较平整。墩底周长 50余米，夯土残高约 2.7 米；墩表面被杂草、灌木和松树覆盖，周围为松林和农田。

狼虎山墩遗址卫星图

　　历史沿革　遗址以其居大龙嘴村东南之狼虎山顶而命名为狼虎山墩。据《山东省荣成市地名志》内"狼虎山"记载："在市区西南 33 千米。虎山镇孙家庄村西南。因古时此山狼虎较多，故名狼虎山。呈东西走向，长 1 千米，宽 0.6千米，海拔 85.3 米。"[②] 仅说明山名来由，未有关于墩堡的记载。又考之《荣成市志》《山东省荣成市地名志》中关于"大龙嘴""五龙嘴""孙家庄""东塘子"等成村记载，均未发现有关于墩堡内容。

狼虎山墩遗址东侧现状（东向西摄）

　　对比明代郑若曾《筹海图编·山东兵防官考》、邓钟《筹海重编》、嘉靖《宁海州志·卷上·建置》等关于墩堡记载（详见本书"靖海卫城遗址"），均未见有关于大龙嘴、狼虎山等记载的墩堡，该墩明代的名称须进一步考证。

　　综上所述，该墩周边墩堡密布，是主到墩（可能是柘岛墩）、尹家墩信息相连的重要节点，应与靖海卫同时建于明洪武三十一年（1398 年）前后。

---

① 据《荣成市志》第 103 页记载："得胜寨，建村年代无考，据传万、于两姓徙此建村，因村临得胜寨，故名。明永乐年间，曲姓徙此定居。"考之靖海卫下辖二十六屯中未有"得胜寨"，但有一屯名"大圣院"，"得胜"与"大圣"有谐音，是否为同一处尚待进一步考证。
② 山东省荣成市民政局：《山东省荣成市地名志》，山东省地图出版社，2007 年，第 366 页。

狼虎山墩遗址航拍（南向北摄）

狼虎山墩遗址近景（西向东摄）

主到寨墩（遗址）

位　　置　荣成市虎山镇五龙嘴村南约
420 米、主到寨遗址东北部

始设年代　明代

文保级别　已消失

概　　况　遗址地处丘陵高地上，北距
黄海 1.2、西距黄海约 1.5 千米，西北约
5.2 千米为元代古港——千八港；南距
靖海卫城遗址约 15.4 千米。该墩第三次
文物普查时被发现，"（主到）寨东北
部有一座烟墩，残高约 3 米"[1]。此次
实地调查发现该墩因农业生产活动已被
破坏。据《筹海图编》等文献记载，主

主到寨墩（遗址）位置图

到寨墩可能为靖海卫下属二十墩之一的"柘岛墩"（详见本书"主到寨遗址"）。

尹家墩遗址

位　　置　荣成市上庄镇尹家村西北 1
千米炮山山顶

始设年代　明初

文保级别　尚未核定为文物保护单位

概　　况　遗址位于山顶，西南约 1.1
千米为刘家店村，西距 X033 县道约 1.2
千米，西北约 1.8 千米为铺里村，东北
距帽刘家水库约 1.6 千米，东南约 1 千
米为尹家村。墩西南距靖海卫约 16.2 千
米，东约 22.6 千米为宁津守御千户所，
西南约 3.6 千米为得胜寨军寨（被村庄

尹家墩遗址位置图

---

① 威海市文物管理办公室：《追寻历史——威海市第三次文物普查成果巡礼》"A20主到寨军寨"条，青岛出版社，2012年，第187页。

占压，已消失），西偏南约 4.8 千米为
狼虎山墩，西距主到寨（详见本书"主
到寨遗址"）约 4.6 千米，西北约 3.6
千米为北沙岛墩，北约 3 千米为武将寨，
东南约 3 千米为憨山堡（已消失）；遗
址西北约 4.2 千米为千八港，因处于高
山上，在墩顶可见千八港、张家埠港及
航道，向西南与狼虎山墩相望，西北可
见北沙岛墩，东南可见憨山堡。

　　2021 年 3 月，考古队调查时发现该
遗址，墩呈平顶圆锥形，为黄褐土夹杂
石块堆筑，现外围砌石散落无存，夯土
坍塌。墩底部直径约 9.3 米，夯土堆残
高约 2.1 米。墩顶部建设有现代板房，
西南部建设信号塔时对墩造成一定破
坏，现遗址表面被杂草和小型灌木覆盖，
周围为松林环绕。

历史沿革　遗址以其东南之尹家村而命
名为尹家墩，不以其所在小山命名原因
有二：一是人和镇炮前村东北之墩因居
炮山上而命名为炮山墩；二是炮山之名
也是因为建有炮（可能是墩堡）后才命
名，而非山之原名，见《山东省荣成市
地名志》内"炮山"记载："在市区西
南 28.4 千米，上庄镇槐树底下村西南。
古时山上设有炮台，故名炮山。呈南北
走向，长 0.4 千米，宽 0.3 千米，海拔
142 米。"[1] 又考《荣成市志》记载："铺

尹家墩遗址卫星图

尹家墩遗址东侧现状（东向西摄）

里，明成化年间建村，因村距原文登城 60 里，故名六十里铺。后更名铺里……刘家店，明永乐年间，刘姓建
村，以开店为业，故名……尹家，明成化年间建村，吕姓建庵定居成村，名吕家庵。后尹姓徙此，更名尹
家……院前，明天顺年间建村，因村处古庙院之前，故名院前。"[2] 附近村子成村史中均没有关于墩堡的记载，
但刘家店源于开店，可能与该处原为驿路有关，这也与墩堡设于驿路附近便于传递消息相符。又考之《山
东省荣成市地名志》中关于"铺里""刘家店""尹家""院前""槐树底下"等成村记载，内容与《荣
成市志》记载一致，均未发现有关于墩堡内容。再对比明代郑若曾《筹海图编·山东兵防官考》、邓钟《筹

---

① 山东省荣成市民政局：《山东省荣成市地名志》，山东省地图出版社，2007年，第581页。
② 山东省荣成市地方史志编纂委员会：《荣成市志》，齐鲁书社，1999年，第97、98页。

尹家墩遗址南侧现状（东南向西北摄）　　　　　　　　　　　尹家墩遗址地表碎瓦等遗物

海重编》、嘉靖《宁海州志·卷上·建置》等关于墩堡记载（详见本书"靖海卫城遗址"），均未见有关于该墩附近山、村等相关记载的墩堡，该墩应另有其名。

　　综合该遗址周边墩堡分部信息，其应与憨山堡等构成完整的传播信息链条，应同属靖海卫下属的墩堡，其应与靖海卫同时建于明洪武三十一年（1398 年）前后。

北沙岛墩遗址

位　　置　荣成市上庄镇北沙岛村东北约 350 米

始设年代　明初

文保级别　尚未核定为文物保护单位

概　　况　该墩为平地砌筑，西南约 350 米为北沙岛村，东北约 830 米为 S305 省道，东北距蔡官屯村约 900 米，东南约 840 米为 X033 县道（通往靖海卫村）。墩南偏西约 19.3 千米为靖海卫，东偏南约 24.1 千米为宁津守御千户所，西南约 6 千米为狼虎山墩，东南距武将寨（详见本书"武将寨遗址"）约 0.9 千米；遗址地处近海小平原，西约 1 千

北沙岛墩遗址位置图

米为元代古港——千八港，在墩顶可俯瞰海港全貌，向西南可见狼虎山墩，向东南可见武将寨。

　　遗址在荣成市第三次全国文物普查时发现，"北沙岛烟墩……系人工搬土堆筑而成，呈椭圆形，底径约 20 米，残高约 2—3 米。由于年代久远，且早年周围百姓保护文物的意识不强，在烟墩周围取土，导致烟墩遭到比较严重的破坏"[1]。

---

① 威海市文物管理办公室：《追寻历史——威海市第三次文物普查成果巡礼》"A36北沙岛烟墩"条，青岛出版社，2012年，第189页。

2021年3月，考古队对遗址进行复查，遗址砌石被取用殆尽，墩东南角因种植果树被破坏部分，顶部建设有木质电线杆，北侧修建有铁塔；遗址表面被杂草覆盖，周围为果园和农田环绕，遗址整体保存状况较"三普"时更差，建议及时采取保护措施。

历史沿革　北沙岛墩以村名命名。据《荣成市志》记载："蔡官屯，明崇祯年间，蔡姓建村，因始祖为靖海卫百户，故名蔡官屯……北沙岛，明嘉靖年间建村，因村处汪龙河北，故名北汪龙河。后又以村临海滨沙丘，更名北沙岛。"① 又据《山东省荣成市地名志》内"北沙岛"记载："明朝嘉靖年间（1522—

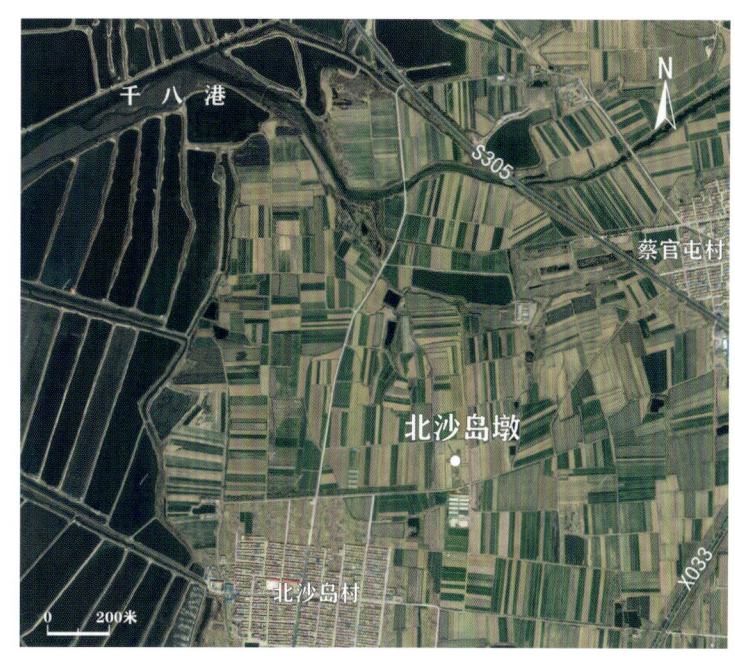

北沙岛墩遗址卫星图

1566年），王粟、王米兄弟二人由云南鸡头县迁至龙汪河之北建村，故名北汪龙村，后又以村临海滨沙丘更名北沙岛。"② 又"蔡官屯"记载："明朝崇祯年间（1628—1644年），郑、蔡两姓相继迁此定居成村，因蔡姓时居靖海卫百户，故命名蔡官屯。"③ 周边村落村史中未见墩堡的记载，但可提取"汪龙河""滨海沙丘"等古地理信息。比对明代郑若曾《筹海图编·山东兵防官考》、邓钟《筹海重编》、嘉靖《宁海州志·卷上·建置》等关于墩堡记载（详见本书"靖海卫城遗址"条），未见有"北沙岛墩"及汪龙河等古地理信息的记载，其原名须待进一步考证。

综上所述，该墩俯瞰古代千八港，与武将寨信息相通，是靖海卫下属的重要墩堡，其应与靖海卫建于同一时期，即明洪武三十一年（1398年）前后。

北沙岛墩遗址南侧现状（南向北摄）

北沙岛墩遗址东侧现状（东向西摄）

---

① 山东省荣成市地方史志编纂委员会：《荣成市志》，齐鲁书社，1999年，第97页。
② 山东省荣成市民政局：《山东省荣成市地名志》，山东省地图出版社，2007年，第345页。
③ 山东省荣成市民政局：《山东省荣成市地名志》，山东省地图出版社，2007年，第340页。

堡遗址

墩后堡遗址

位　　置　荣成市港西街道墩后村南430 米山岭高处

始设年代　明初

文保级别　尚未核定为文物保护单位

概　　况　遗址位于高丘顶部，为周围制高点，被果园和农田环绕。堡东距成山卫约 9.7 千米，东约 3.5 千米为北曲格墩；遗址北距黄海约 4.4 千米，东北距朝阳港约 2.7 千米，在堡顶北可见黄海，向东可见北曲格墩，向西可见温泉寨堡。

遗址为 2021 年 3 月调查时发现，保存较为完整，呈顶部略平的圆锥形，系黑褐土及黄砂土掺杂夯筑，周长约 73 米，残高 5.1 米，遗址面积约 423 平方米。堡底部原有堆砌石，现已脱落，并有少量残留。受农业生产活动及自然侵蚀等因素影响，遗址夯土不断坍塌。遗址表面现被杂草和树木覆盖。

历史沿革　墩后村名源自此堡[①]，但堡之原名失考。据《山东省荣成市地名志》内"墩后"记载："明朝崇祯年间（1628—1644 年），孙氏祖惟诗由今本市埠柳镇虎台村徙此定居成村，因村处烟墩之后，故名墩后……墩后村南之烟墩建于明朝洪武年间，为防倭寇所建，是成山卫与百尺所间监控北海海域的重

[①]《荣成市志》第 79 页记载："墩后，明崇祯年间建村，因村处烟墩之后，故名。"

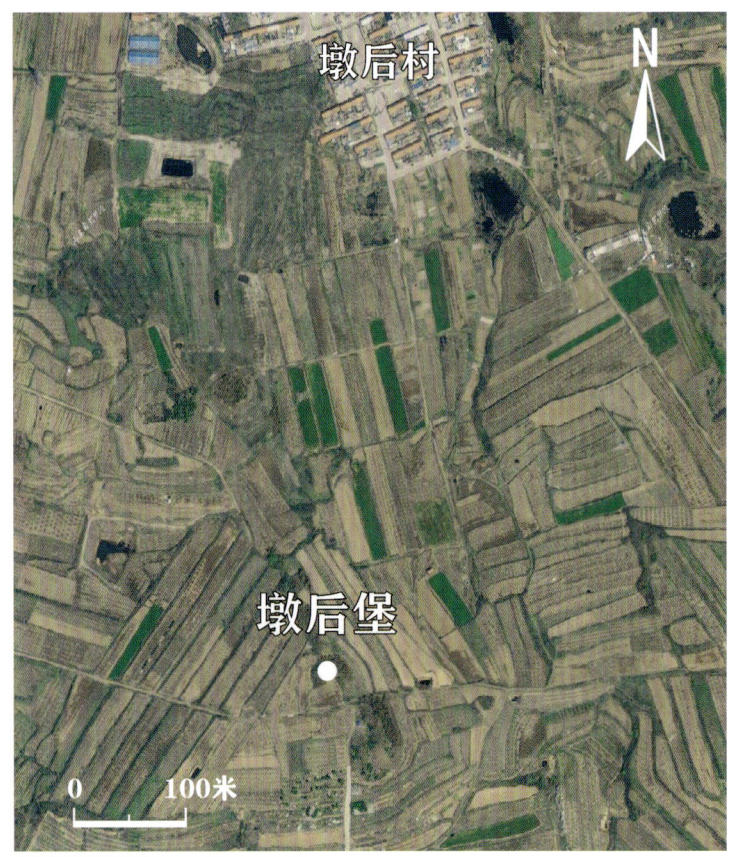

墩后堡遗址位置图

墩后堡遗址卫星图

墩后堡遗址北侧现状（北向南摄）

墩后堡遗址东侧现状（向东西摄）

要哨所，现保管完整。"①

比对明代郑若曾《筹海图编·山东兵防官考》、邓钟《筹海重编》、嘉靖《宁海州志·卷上·建置》等关于墩堡记载（详见本书"成山卫城遗址"），同时对应《筹海图编》②标注各墩堡位置，结合墩堡间相对位置及标注地形等，自东向西依次为祭天岭堡、报信口堡、堆前堡、歇马神墩和洛口堡，墩后堡可能为记载的洛口堡。

综合以上资料，作为成山卫下属的九堡之一，该堡应与成山卫同时建于明洪武三十一年（1398年）前后。

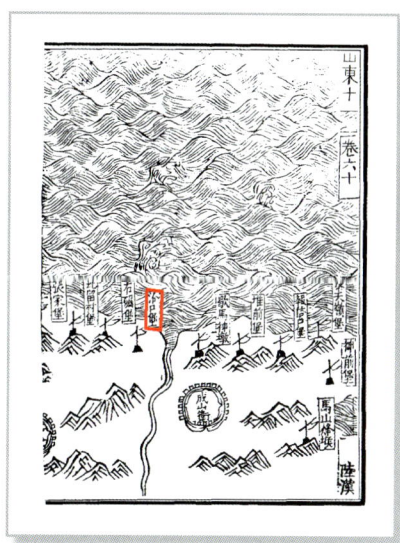

《筹海图编·山东沿海山沙图》

① 山东省荣成市民政局：《山东省荣成市地名志》，山东省地图出版社，2007年，第141、142页。

② （明）郑若曾：明嘉靖四十一年胡宗宪刻本《筹海图编·山东兵防官考》，《中国兵书集成》第15、16册，解放军出版社、辽沈书社，1990年，第168页。

墩东夼堡遗址

位　　置　荣成市成山镇墩东夼村西约500米山顶

始设年代　明初

文保级别　2012年12月，"墩东夼烟墩"被公布为荣成市第二批市（县）级文物保护单位

概　　况　遗址位于山坡高点，地势南高北低，堡西北约500米为岳家村，东南约500米为于家河水库，北约270米为东西向的荣威公路，周围为果园。堡东距成山卫约3.2千米，东北约5.2千米为成山堡；遗址北距黄海约650米，据传为古代朝阳港，在堡顶北可见黄海，向东可见成山卫。

遗址在荣成市第三次文物普查时发现，"墩东夼烟墩……为明代海防遗址，平面呈圆台形，底径约20米，高约5米，为附近最高点。向东可见沙寨子烟墩，西可见龙家烟墩，北可监视朝阳港一带海域的情况"[1]。

2021年3月，考古队对遗址进行复查，堡址在山顶积土夯筑而成，原有石砌的基础，现仅剩零星数块散布在周围。堡原呈圆锥形，因南侧山体建设取土，堡址南部遭到破坏，夯土暴露，现平面呈椭圆形，底周长约35米，残高约5.8米，为附近最高点。现堡上长满杂草和树木。

墩东夼堡遗址位置图

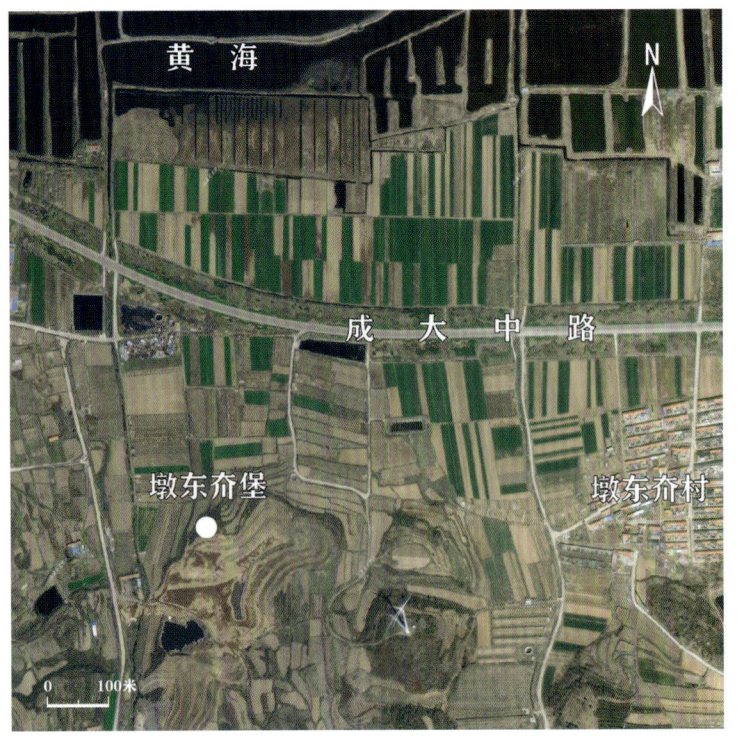

墩东夼堡遗址卫星图

历史沿革　墩东夼堡名称来源较晚，据《山东省荣成市地名志》内"墩东夼"记载："北濒朝阳港，南靠南山……明朝崇祯年间（1628—1644年），蔡姓由成山卫徙此定居成村，以姓氏命名蔡家庄。顺治年间（1644—1661年），周日兄弟二人由成山卫迁此居住，以村处烟墩之东的夼地，更名墩东夼。"[2] 堡设置时间远早于村庄成村时间，其原名无记。

① 威海市文物管理办公室：《追寻历史——威海市第三次文物普查成果巡礼》"A31墩东夼烟墩"条，青岛出版社，2012年，第188页。
② 山东省荣成市民政局：《山东省荣成市地名志》，山东省地图出版社，2007年，第56页。

墩东夼堡遗址东侧现状（东向西摄）　　　　　墩东夼堡遗址南侧（东南向西北摄）

　　对照明代郑若曾《筹海图编·山东兵防官考》等文献关于成山卫辖各墩堡记载（详见本书"成山卫城遗址"），同时对应《筹海图编》[①]标注各墩堡位置，结合相对位置及标注地形，墩东夼堡可能是堆前堡。

　　综合以上资料，该堡作为成山卫下属的九堡之一，应与成山卫共同建于明洪武三十一年（1398年）前后。

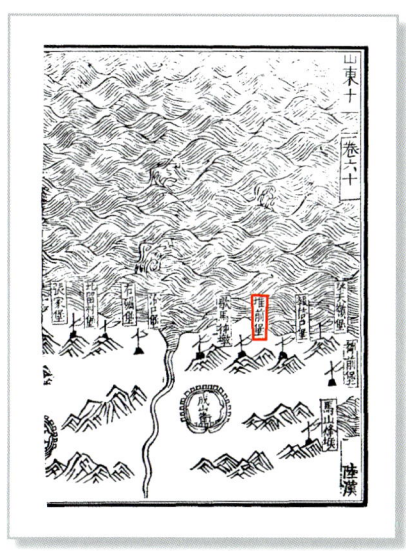

《筹海图编·山东沿海山沙图》

沙寨子遗址

位　　置　荣成市成山镇成山二村东北约 450 米

始设年代　明代

文保级别　2012 年 12 月，"沙寨子军寨"被公布为荣成市第二批市（县）级文物保护单位

概　　况　遗址西南距成山卫城约 0.5 千米，北距公路 0.18 千米，南约 0.45 千米为成大东路。军寨筑于沙丘高岗上，北、东、南三面环海，北距海 2.6、东南距海 2.8、南距海 2 千米，东距海运重地成山头约 12.3 千米，地理位置十分重要。军寨建于明代，寨内地势较为平坦。

---

① （明）郑若曾：明嘉靖四十一年胡宗宪刻本《筹海图编·山东兵防官考》，《中国兵书集成》第15、16册，解放军出版社、辽沈书社，1990年，第168页。

据《荣成市志》记载："寨垣为边长 80 米正方形。墙系黄沙土夯筑，易塌落，现仅高 2 米。此属小型军寨，仅南垣正中留一门道，宽 3 米。"[1] 至威海市第三次文物普查时，仅在调查登记表中对军寨保存状况有简单描述："沙寨子呈正方形，原来只有南端城墙有一门道，现西城墙又被打开一门道，目前寨子的四面城墙保存比较完整……只是久遭风沙掩埋，城墙显露不高。"

2021 年 3 月，考古队对军寨进行实地调查，现军寨除西、南墙和东南墙角有断口外，其余城墙保存较完整。其中北墙长约 83、宽约 14、高 2.4—3.2 米；东墙残长约 80、宽 5—6、高 2—2.5 米，东南墙角缺口长约 5 米；南墙残长约 78、宽 8—10、高 2.2—3 米，缺口位于南墙正中，长约 3 米，应为南门；西墙残长约 78、宽 8—14、高 2.5—3.5 米，正中缺口长约 5 米，与东南角缺口同为后期村民开辟后行路之用。现寨内被平地后晾晒海带，东南部有一圆形水泥质高塔和工厂，寨垣和山丘上长满杂草和灌木林，沙丘周边为农田、果园。

历史沿革 沙寨子，属于保存较好的微小型军寨遗址，筑于沙丘上。寨名为地方土称，可能与修筑在沙丘上有关。沙寨子在地理位置上毗邻成山卫，且规模太小，应不属于成山卫下辖的二十二处军屯之一。从其位于高处等分析，应属于成山卫的前沿预警哨所，战时亦可作临时屯兵之地。后期随着成山卫军事地位不断被削弱，尤其是清初以后，据史料记载除鸦片战争时期被短暂启用外，其余时间基本处于被废弃状态。

比对明代郑若曾《筹海图编·山东兵防官考》、邓钟《筹海重编》、嘉靖《宁海州志·卷上·建置》等关于墩堡记载（详见本书"成山卫城遗址"），均未有"成山堡"的记载，对应《筹海图编》[2] 标注各墩堡位置，南侧有"马山墩"、再往北为"神前堡"，再北为"祭天岭堡"，向西为报信口堡，结合相对

沙寨子遗址位置图

沙寨子遗址卫星图

---

[1] 山东省荣成市地方史志编纂委员会：《荣成市志》，齐鲁书社，1999 年，第 976 页。

[2]（明）郑若曾：明嘉靖四十一年胡宗宪刻本《筹海图编·山东兵防官考》，《中国兵书集成》第 15、16 册，解放军出版社、辽沈书社，1990 年，第 168 页。

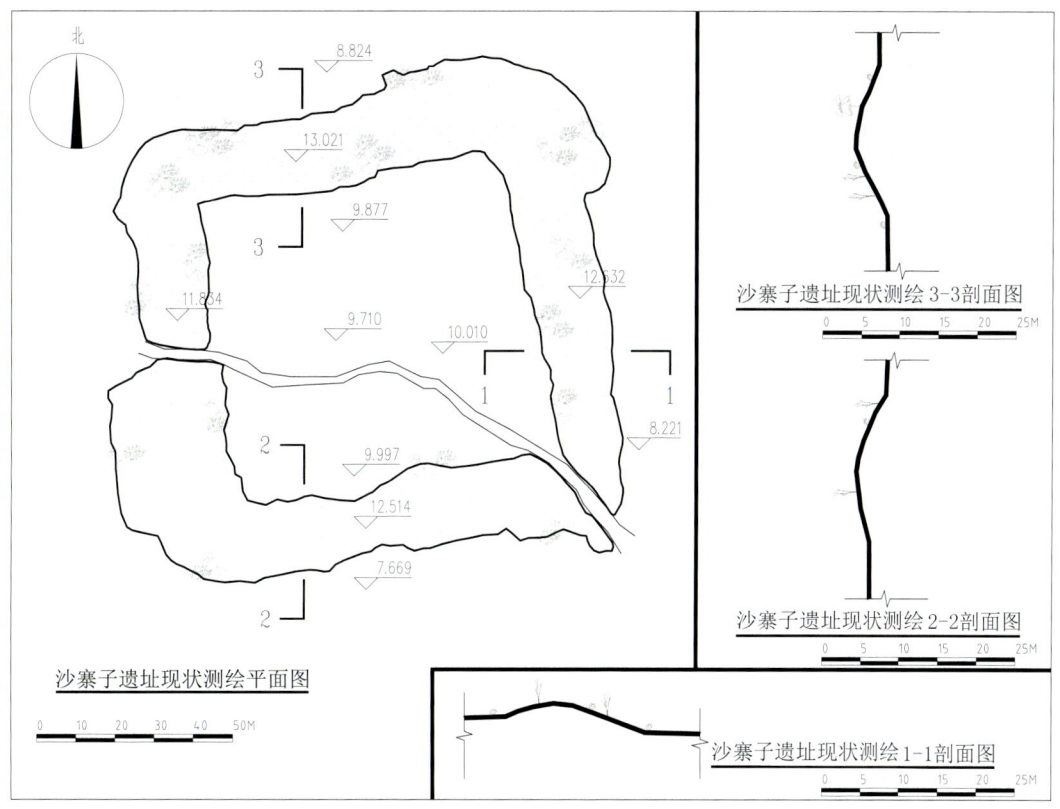

沙寨子遗址现状测绘3-3剖面图

沙寨子遗址现状测绘2-2剖面图

沙寨子遗址现状测绘平面图

沙寨子遗址现状测绘1-1剖面图

沙寨子遗址平、剖面图

位置及标注地形，沙寨子军寨可能是神前堡。原堡址已被破坏，仅存围绕堡的寨墙。

历史资料　沙寨子设立时间记载较模糊，一般常引据《明太祖实录》"洪武二十五年十一月乙酉条"、民国《牟平县志》卷十《文献志·杂志·轶事》等关于洪武年间汤和筑沿海土城的记载，认为军寨大致设于此时期（详见本书前章"寨/屯"）。笔者倾向于该寨为设施完备的墩堡，其应与成山卫同时建立，即洪武三十一年（1398年）。

　　除此之外，道光《荣成县志·卷一·疆域·兵事》有关于鸦片战争时期沙寨子屯兵防御英军的记载："道光二十年（1840年）七月，英咭唎兵船五支至成山。初，鸦片来自夷船，流毒中国十七年。奉上严禁，英夷无所获利，遂驾舟肆扰本省洋面。本年六月初七日攻陷定海，余党分散，驶至东海九支，处处戒严，惟荣成□最紧要。知县李天骘闻报，禀请添兵添船，词甚□切。一面劝捐修补城池，并雇觅乡勇三百名，授以长枪，□之技艺，申严纪律，无分雨夜，亲身督查……多方激励，人心稍定，守城愈严，旗帜密排，枪炮森列……眼眼皆燃灯，城上红光一片，远照海洋十里。文登营屯扎城东北之沙寨；青州、寿、乐分扎城北海涯；济南两营则在东南小海边与宋埠嘴之迤西，择要守扼；城南北两楼，派成山水师分防，而以本城兵分守四门，往来接应，且与城外声势联络，队伍整齐，炮械坚利，已不难平吞夷匪而歼灭矣。嗣又有数支越过大洋，直趋天津……购买薪米……时抚宪及本道宪驻登督防，赏以牛羊蔬果若干，酉长感激，向岸罗拜，立即转帆南驶，东省洋面渺无夷匪踪迹。至十月初，官兵凯撤陆续完竣矣。"[1]可见，部分明代海防营寨在清代也在使用。

---

[1] （清）李天骘修：《荣成县志》道光二十年刊本，《中国方志丛书·华北地方·第三八二号》，成文出版社，1976年，第111—115页。

沙寨子遗址北墙南侧现状（南向北摄）

沙寨子遗址东墙现状（西向东摄，东南角可见缺口）

沙寨子遗址南墙现状（北向南摄，中部可见寨门）

沙寨子遗址西墙现状（东向西摄，中部可见缺口）

沙寨子遗址航拍

《筹海图编·山东沿海山沙图》

成山堡遗址

位　　置　荣成市成山镇成山二村东北
1.7 千米烟墩山顶

始设年代　明初

文保级别　尚未核定为文物保护单位

概　　况　遗址位于山顶，海拔较高，
三面环山，南侧为低矮丘陵、农田和月
湖（又称马山港）；堡西南距成山卫约
2 千米，北距黄海约 1.3 千米，东南距
海约 3.6 千米，南约 3 千米为荣成湾，
在堡顶北可见黄海，向东、南可见荣
成湾。

遗址为 2021 年 3 月调查时发现，
堡址主体为人工搬土堆积夯筑而成，原
有石砌的基础，现仅剩零星数块散布在
周围。堡原呈圆锥形，因建设风力发电
站，堡址北部、西南底部遭到破坏，现
其顶部呈不规则圆台状，夯土暴露；堡
址现周残长 21 米，高约 3.7 米；堡上长
满杂草、灌木和数株松树。遗址周围为
树林，东约 3 千米为城东郭家堡（可能
是祭天岭堡）。

成山堡遗址位置图

成山堡遗址卫星图

成山堡遗址东侧现状（东向西摄）

成山堡遗址西南角现状

历史沿革　该堡原名无考，据《山东省荣成市地名志》内"烟墩"记载："在市区东北 25.9 千米，成山镇成山一村东北。明时为御敌报警设置烟墩于此山上，故名。东西走向，长 0.5 千米，宽 0.3 千米，海拔 84.2 米。"[①] 为便于遗址资料记录，调查队根据口碑资料，因该堡靠近成山村，将之命名为成山堡。

根据明代邓钟《筹海重编》等关于成山卫辖各墩堡记载（详见本书"成山卫城遗址"），对应《筹海图编》[②] 标注各墩堡位置，成山卫东南有"马山墩"，东北为"神前堡""祭天岭堡""报信口堡"，结合相对位置及标注地形，沙寨子军寨可能是神前堡，城东郭家堡可能是祭天岭堡，成山堡可能是报信口堡。

综合各类资料，该堡距离成山卫较近，可能是成山卫下属的九堡之一，应与成山卫共同建于明洪武三十一年（1398 年）前后。

《筹海图编·山东沿海山沙图》

城东郭家堡遗址

位　　置　荣成市成山镇城东郭家村北 1000 米处红脸石山顶北侧

始设年代　明初

文保级别　尚未核定为文物保护单位

概　　况　遗址位于山顶北侧，地处浅丘山岭，海拔较高，西、东、南向为村庄和公路，北向为山丘。堡西南距成山卫约 4.3 千米，北距黄海约 2.7 千米，东距荣成湾约 3.5 千米，南 2.1 千米为荣成湾。

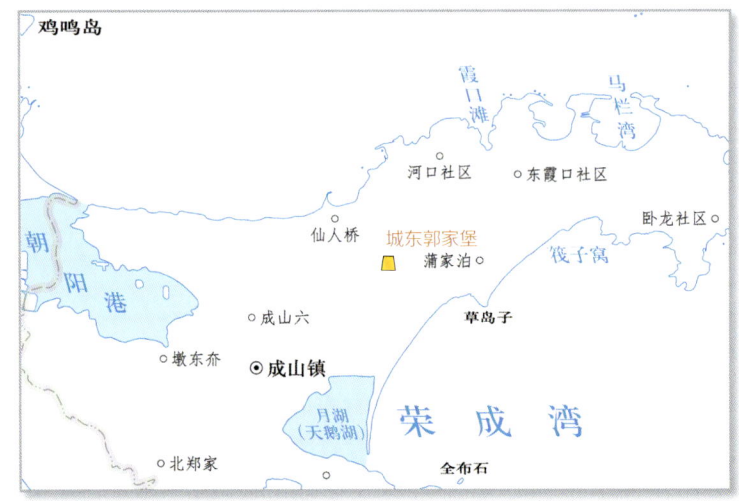

城东郭家堡遗址位置图

遗址为 2021 年 3 月调查时发现，堡原有石砌的基础，现石块脱落散布在周围，其顶部系人工搬土堆积夯筑而成，呈不规则圆台状，顶部夯土暴露。遗址周长约 40 米，残高约 3 米，堡上长满杂草、灌木和数株松树。遗址周围为树林，向西可望成山堡。

① 山东省荣成市民政局：《山东省荣成市地名志》，山东省地图出版社，2007年，第573页。

② （明）郑若曾：明嘉靖四十一年胡宗宪刻本《筹海图编·山东兵防官考》，《中国兵书集成》第15、16册，解放军出版社、辽沈书社，1990年，第168页。

历史沿革　堡原名失考，为便于遗址资料记录，调查队根据调查口碑资料，以城东郭家村命名该堡。考证《山东省荣成市地名志》《荣成市志》等关于该堡周边明弘治年间建村的大岗村、崇祯年间建村的城东郭家等村史，均未发现关于墩堡记载。根据嘉靖《宁海州志·卷上·建置》等关于成山卫辖各墩堡记载（详见本书"成山卫城遗址"），对应《筹海图编》[①] 标注各墩堡位置，成山卫东南侧有"马山墩"，再往北为"神前堡"，再北为"祭天岭堡"，结合相对位置及标注地形，沙寨子军寨可能是神前堡，城东郭家堡可能是祭天岭堡。

综合以上资料，该堡距离成山卫较近，可能是成山卫下属的九堡之一，应与成山卫共同建于明洪武三十一年（1398 年）前后。

《筹海图编·山东沿海山沙图》

城东郭家堡遗址卫星图

城东郭家堡遗址南侧现状（南向北摄）

城东郭家堡遗址北侧现状（北向南摄）

---

① （明）郑若曾：明嘉靖四十一年胡宗宪刻本《筹海图编·山东兵防官考》，《中国兵书集成》第 15、16 册，解放军出版社、辽沈书社，1990 年，第168页。

埠柳堡遗址

位　　置　荣成市埠柳镇埠柳村东 700 米山坡上

始设年代　不详

文保级别　尚未核定为文物保护单位

概　　况　遗址位于山坡高点，为附近制高点，堡西约 700 米为埠柳村，西南约 1.2 千米为纸坊水库，东南约 500 米为现代墓地，北约 500 米为 S301 省道，北距车古村约 1.1 千米，遗址周围为松树林、农田和果园。堡东北距成山卫约 10.1 千米，北约 4.6 千米为墩后堡，东北约 4.4 千米为张家口堡（已被破坏消失）；遗址北距海约 9 千米，东距海约 9.2 千米。

埠柳堡遗址位置图

埠柳堡遗址卫星图

堡址平面呈近似平顶圆锥形，顶径 2.2 米，南侧坡斜长 9.2、东侧坡斜长 8.2、北侧坡斜长 6.8、西侧坡斜长 6.2 米，土丘残高 2.7 米，遗址占地面积约 234 平方米。遗址为土石混合夯筑而成，东侧和西侧护坡石保存较好，可见明显加工痕迹。遗址表面被杂草和小型灌木覆盖。

历史沿革　埠柳堡名称来源于埠柳村，据《荣成市志》记载：“埠柳，宋末建村，因村前一片蒲草，河边柳树成行，故名蒲柳。后演变为埠柳。”[1]《山东省荣成市地名志》内“埠柳”亦记载：“埠柳村建于宋朝末年（1277 年），王氏祖先由今本镇原纸坊徙此定居，因村前蒲柳成片，河边柳树成行，故命名蒲柳，后演变为埠柳。”[2]

埠柳堡的用途不明，在比对明代郑若曾《筹海图编·山东兵防官考》、邓钟《筹海重编》、嘉靖《宁海州志·卷上·建置》等关于墩堡记载，考之附近成山卫、寻山所、宁津所、靖海卫、百尺崖所和威海卫，均未有“埠柳堡”的记载，考之《荣成县志》记载“急递铺，总铺在县门前，抵文登，一曰广粮屯铺，一曰张格庄铺，一曰埠柳村铺，一曰洛后铺，一曰桥头铺”[3]。又据《山东省荣成市地名志》内“车古”记载：

---

① 山东省荣成市地方史志编纂委员会：《荣成市志》，齐鲁书社，1999 年，第 82 页。

② 山东省荣成市民政局：《山东省荣成市地名志》，山东省地图出版社，2007 年，第 148 页。

③（清）李天骘：道光《荣成县志》“卷二·建置”，《中国地方志集成·山东府县志辑》第五十六册，教育出版社，2004 年，第 457 页。

埠柳堡遗址北侧现状（北向南摄）　　　　　　　　　埠柳堡遗址西侧现状（西向东摄）

"明朝洪武年间（1368—1398年），车氏祖由本市崖西镇原崖西头村徙此定居成村。地处不夜古驿道之旁，故以姓氏命车古。"[①]《荣成市志》记载："清时的驿路由县城途经张格庄、埠柳、桥头、碑鲁而达文登，另一条驿路由石岛巡检司，经蔡官屯抵达文登，这两条驿路现分别筑成成山卫至威海、石岛至烟台的公路。"[②]可见，省道S301可能即为古驿道，现急递铺舍已无痕迹，残存堡址是否为急递铺的附属建筑或者是未见记载的堡，待进一步考证。

石桥子堡遗址

位　　置　荣成市崖头街道府新社区北部山坡上

始设年代　明初

文保级别　尚未核定为文物保护单位

概　　况　遗址位于山坡上，东南距荣成市人民政府约500米，北60米为青山东路，西约190米为肇元街，南200米为乔岭街，东30米为荣成市老干部活动中心，遗址被杂草和绿化种植的松树等覆盖。堡东距寻山所约3.4千米，南距宁津守御千户所约20.2千米，东偏南约2.4千米为马家墩。遗址处于桑沟

石桥子堡遗址位置图

湾西北、荣成市区，东距爱莲湾约7千米、东南距桑沟湾约1.8千米，从堡顶向南可以俯视桑沟湾。

遗址为2021年3月调查时发现，为土筑圆台，底部原砌石，现堡已倾圮，夯土坍塌呈馒头状，顶部近

① 山东省荣成市民政局：《山东省荣成市地名志》，山东省地图出版社，2007年，第149页。
② 山东省荣成市地方史志编纂委员会：《荣成市志》，齐鲁书社，1999年，第429页。

《筹海图编·山东沿海山沙图》

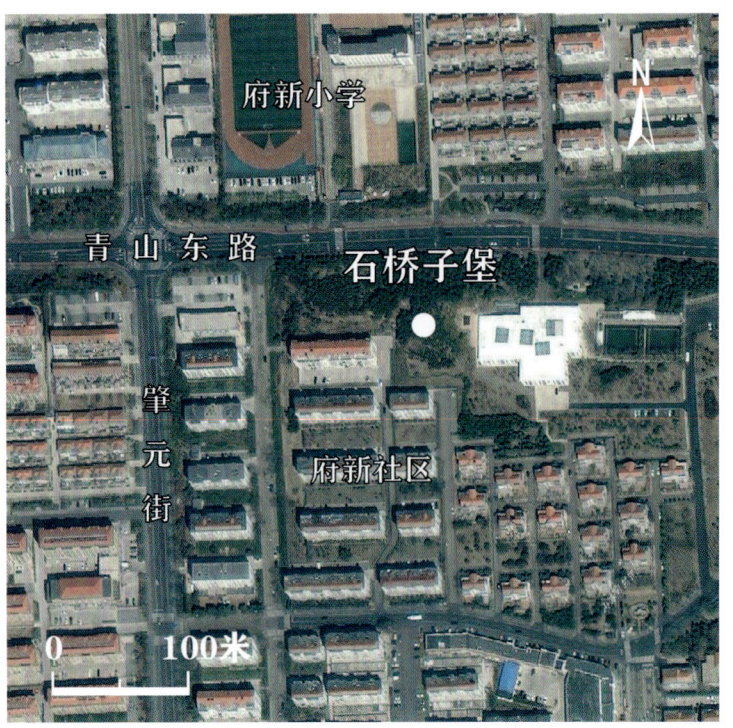

石桥子堡遗址卫星图

石桥子堡遗址北侧现状（北向南摄）

石桥子堡遗址东侧现状（东向西摄）

平，外围石块都已被破坏，底周长约 58 米，残高约 7 米，断砖极少。遗址处于小区内，被建设成社区公园，南侧垫土成缓坡状，北侧堡底部修建公园小路时部分被破坏。堡上面长满杂草和灌木，周边被松林环绕。

历史沿革　石桥子堡因其南部的石桥子村而新命名。据《山东省荣成市地名志》内"石桥子"记载："属崖头街道办事处。市政府驻地……明朝万历年间（1573—1620 年），始祖王景思自山西大同徙此定居成村，因村东有一石桥，故命名石桥子……社区聚落呈方形，由十二栋宿舍楼和 60 多户独体小楼组成，地势南低北高。"[①] 村子成村时间应晚于堡建设时间，以桥名村。又据《荣成市志》记载："1991 年春，中共

---

① 山东省荣成市民政局：《山东省荣成市地名志》，山东省地图出版社，2007年，第382页。

荣成市委、市人民政府决定东迁机关驻址，经过详细考察论证，市机关驻地设在崖头镇石桥子村……市机关驻地西靠市区，距老机关 8 公里，南临海边浴场 1 公里，距东南蜊江港口 1.5 公里，东与寻山镇交界，北靠石桥子村北山。"[1] 遗址所在区域称为北山，但仍不是其原名。

石桥子堡遗址西侧现状（西向东摄）

比对明代郑若曾《筹海图编·山东兵防官考》、邓钟《筹海重编》、嘉靖《宁海州志·卷上·建置》等关于墩堡记载（详见本书"寻山所城遗址"条），均未见有"石桥子堡"或"北山堡"等的记载。但鉴于其距离寻山所较近，对应《筹海图编》[2] 标注各墩堡位置，结合相对位置及标注地形，该堡西侧为青山堡（已消失），且该堡离海较远，又位于古代官道附近，可能是寻山所辖七堡之一——蒸饼山堡。

综合以上资料，该堡很可能为寻山所下属的七堡之一，堡应与寻山所建于同一时期，即明洪武三十一年（1398 年）前后。

青山堡（遗址）

位　　置　荣成市区、崖头街道青山山顶

始设年代　明代

文保级别　已消失

概　　况　遗址地处山顶，1968 年建设青山革命烈士陵园时被破坏；其东距寻山所城遗址约 7.6 千米，东南距桑沟湾约 5.1 千米。据《筹海图编》等文献记载，该堡应为寻山所下辖七堡之一的"青山堡"。

青山堡（遗址）位置图

① 山东省荣成市地方史志编纂委员会：《荣成市志》，齐鲁书社，1999年，第65页。

② （明）郑若曾：明嘉靖四十一年胡宗宪刻本《筹海图编·山东兵防官考》，《中国兵书集成》第15、16册，解放军出版社、辽沈书社，1990年，第167页。

徐家堡（遗址）

位　　置　荣成市城西街道徐家村东北约 550 米高丘上、城西派出所后

始设年代　明代

文保级别　已消失

概　　况　徐家堡地处高丘上，因城镇建设被破坏；其东距寻山所城遗址约 11.5 千米，东南距桑沟湾约 9 千米。该遗址第二次文物普查时发现（当时记为"鸭湾村西堡子"），据《荣成市志·文化艺术·文物·古建筑》记载："堡子是沿古驿道布列的，其形状如烟墩，唯大小略次之。普查时发现的 3 座堡子，即青山前坡的青山堡子、鸭湾村西堡子和堡子后堡子（今城西镇境内），再西与文登境内大水泊东面之东堡子、后堡子相接，这些堡子的间距也大致与烟墩相仿。"根据《筹海图编》等文献记载，该堡应为寻山所辖七堡之一的"老翅堡"。

徐家堡（遗址）位置图

棘子埠堡遗址

位　　置　荣成市城西街道堡子后村南 900 米处

始设年代　明初

文保级别　尚未核定为文物保护单位

概　　况　遗址位于山坡上，东北约 150 米为青威烟荣城际高铁，西南约 430 米为 S804 省道，西约 750 米为棘子埠村；在墩顶向东眺望，可见徐家堡（即"二普"时的鸭湾村西堡子，现已消失），再向东则为青山堡[1]（现为青山革命烈士陵园，已消失）。堡东北距成山卫约 28.2、东距寻山所约 15.8 千米，东南距宁津守御千户所约

棘子埠堡遗址位置图

---

[1]《荣成市志》第976页记载："堡子是沿古驿道布列的，其形状如烟墩，唯大小略次之。普查时发现的3座堡子，即青山前坡的青山堡子、鸭湾村西堡子和堡子后堡子（今城西镇境内），再西与文登境内大水泊东面之东堡子、后堡子相接，这些堡子的间距也大致与烟墩相仿。"应为寻山所辖七堡之五。

25.5 千米，西偏北约 21.5 千米为文登营城遗址，东约 4.4 千米为徐家堡（已消失）。遗址处于内陆，但离交通干线较近，东南距桑沟湾约 13 千米。

遗址在荣成市第二次全国文物普查时发现，登记为"堡子后堡"，2021 年 3 月，考古队进行了复查，堡为土石混合堆筑而成，底部可见零散砌石，堡东北部被村民取土破坏。现遗址仅残存约一半，平面形状近似半圆形，残存部分占地面积约 76 平方米；遗址东西顶径约 4.1 米，南侧斜长 5.7、西侧斜长 5.1、残高约 2.6 米。遗址整体保存较差，表面长满杂草和松树。

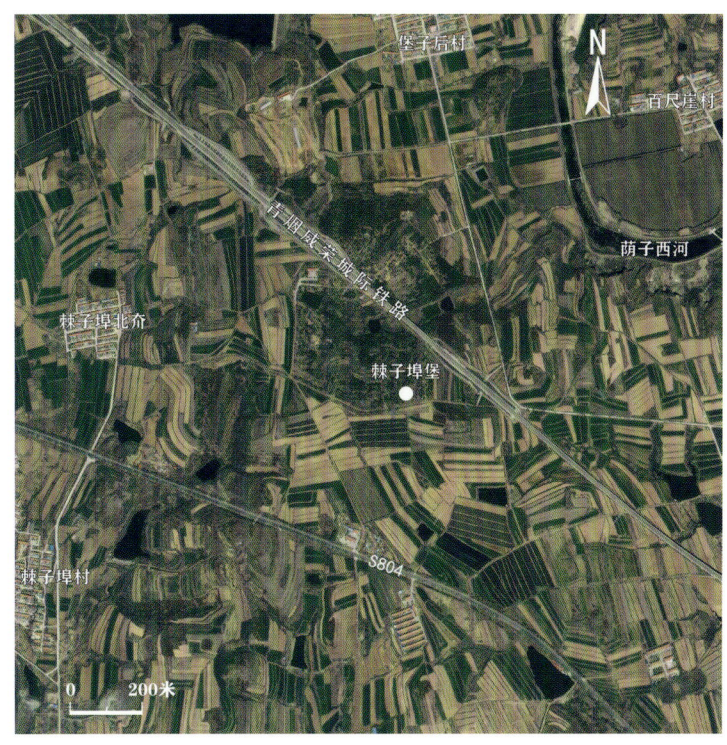

棘子埠堡遗址卫星图

历史沿革　棘子埠堡的命名参照了其西部的棘子埠、北部的堡子后等村落。据《荣成市志》记载："堡子后，明嘉靖年间建村，因村处堡子之后，故名……棘子埠，明嘉靖年间建村，因村处河之北岸，周围多棘子树，故名棘子埠。"[①]可见有二：一是嘉靖年间堡子后建村，当时在村南既已存在"堡"；二是棘子埠村名源于棘子树。《山东省荣成市地名志》内"棘子埠"记载更为详细："据《张氏宗谱》考：明朝嘉靖年间（1522—1566 年），张氏祖仲良、文秀、重福、重贵兄弟四人，由原崖头村徙此定居成村，因地处河之北崖土埠之上，周围多生棘子树，故命名棘子埠。清时此村练武术者甚多，是荣成县有名武术之乡……全村聚落呈不规则的三角形，地势北高南低，东西长……村北有省道通往文登。"[②]

棘子埠堡遗址底残存砌石

　　比对明代郑若曾《筹海图编·山东兵防官考》、邓钟《筹海重编》、嘉靖《宁海州志·卷上·建置》等关于墩堡记载（详见本书"寻山所城遗址"），均未见有"棘子埠堡"的记载，但有一堡名"纪子埠"，

① 山东省荣成市地方史志编纂委员会：《荣成市志》，齐鲁书社，1999年，第91页。
② 山东省荣成市民政局：《山东省荣成市地名志》，山东省地图出版社，2007年，第419页。

两者发音相近，但应是同一处。对应《筹海图编》①标注各墩堡位置，"纪子埠"标注位置变形很大，再考虑到地方史料、家谱等资料的详细记载，似乎写作"棘子埠"甚至是"棘子堡"更准确。

综上所述，作为寻山所下属的七堡之一，其应与寻山所建于同一时期，即明洪武三十一年（1398年）前后，至少应不晚于嘉靖年间（1522—1566年）。

棘子埠堡遗址南侧现状（南向北摄）

《筹海图编·山东沿海山沙图》

棘子埠堡遗址北侧取土坑现状（北向南摄）

鞠家堡遗址

位　　置　荣成市宁津街道鞠家村南约400米山丘上

始设年代　明初

文保级别　尚未核定为文物保护单位

概　　况　遗址位于山丘上，西约1.1千米为甲子山，北距X031县道（马沙线）约1.1千米，东约1千米为大岔河村，南约700米为北场村。堡西南距靖海卫28.5千米，东北距宁津守御千户所约2.2

鞠家堡遗址位置图

①（明）郑若曾：明嘉靖四十一年胡宗宪刻本《筹海图编·山东兵防官考》，《中国兵书集成》第15、16册，解放军出版社、辽沈书社，1990年，第166页。

千米，东约 3.3 千米为于家墩，东南约 3.3
千米为东墩，南约 3.6 千米为苑家墩。
遗址离岸较远，东南约 4.3 千米为黑泥
湾，南距石岛湾约 4.6 千米；遗址地势
较高，从堡上向南、东可见苑家墩、东墩、
于家墩，东北可见宁津守御千户所。

　　遗址为 2021 年 3 月调查时发现，
堡呈平顶圆锥形，底部外围用石块砌筑，
里面用黄土夯筑，现北侧至西侧中部仅
有一圈石块没有脱落，整体坍塌呈馒头
状，只余夯土堆；遗址底部周长 40 余米，
残高 2.3 米。堡周围杨树成林，外围有
多座现代墓，东侧有一废弃民房；遗址
表面长满杂草和灌木。

历史沿革　鞠家堡以其北部的鞠家村命
名。据《荣成市志》记载："鞠家，明
天启年间，鞠姓建村，故名……北场，
清康熙年间建村，因村处渠隔村北场上，
故名……大岔河，清康熙年间建村，因
村处大岔河岸畔，故村以河为名。"[①]
《山东省荣成市地名志》内"鞠家""北
场""大岔河"等村也没有关于墩堡的
记载[②]。比对明代郑若曾《筹海图编·山
东兵防官考》、邓钟《筹海重编》、嘉
靖《宁海州志·卷上·建置》等关于墩
堡记载（详见本书"宁津所城遗址"），
也均未见有与鞠家、北场等村落相关的
墩堡，其原名失考。

　　综上所述，该堡距离宁津所城更
近，应为其下属的墩堡之一，其应与宁
津所建于同一时期，即明洪武三十一年
（1398 年）前后。

---

① 山东省荣成市地方史志编纂委员会：《荣成市
　志》，齐鲁书社，1999 年，第 102 页。
② 山东省荣成市民政局：《山东省荣成市地名
　志》，山东省地图出版社，2007 年，第 451、
　471、475 页。

鞠家堡遗址卫星图

鞠家堡遗址航拍（南向北摄）

鞠家堡遗址西侧现状（西向东摄）

寨前赛家堡遗址

位　　置　荣成市王连街道寨前赛家村西北 420 米处路东

始设年代　明初

文保级别　尚未核定为文物保护单位

概　　况　遗址位于平地上，村民反映，此地原有军寨，堡位于军寨内东北部［详见前节"寨前赛家寨"（遗址）］。堡西南距靖海卫约 22.6 千米，东约 9.2 千米为宁津守御千户所，北约 5.1 千米为东岛刘家墩，西北约 4.6 千米为高落山堡，东北约 3.6 千米为龙山后堡，东南约 7.6 千米为青埠山墩和青木寨（均被破坏消失）；遗址东北距八河水库 0.6 千米（古代八河港），东距黄海 12 千米，南距石岛湾约 7 千米，在堡顶可俯瞰八

寨前赛家堡遗址位置图

《筹海图编·山东沿海山沙图》

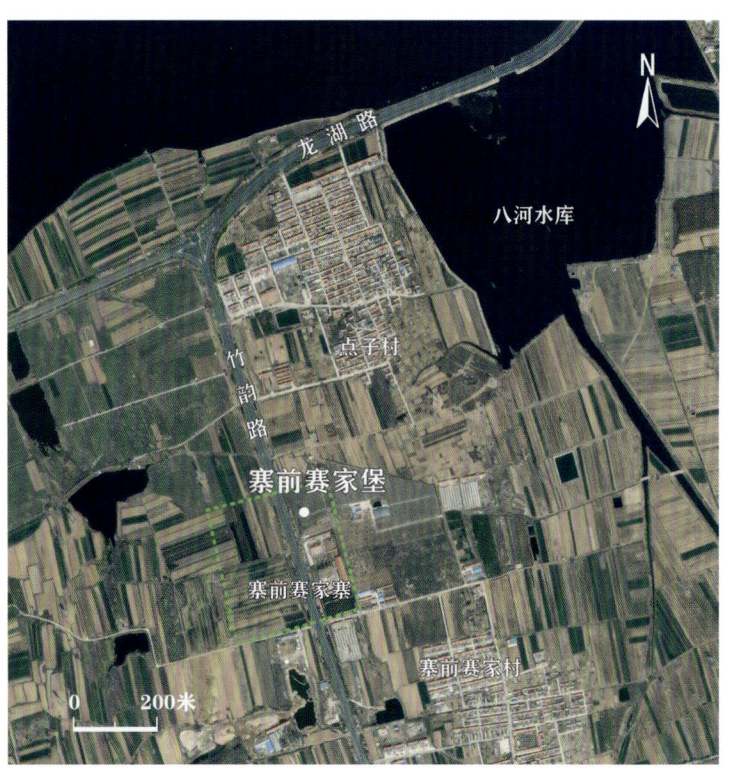

寨前赛家堡遗址卫星图

河港和桑沟湾，北可见东岛刘家墩，向东北与龙山后堡相望，西北可见高落山堡，应是宁津守御千户所下属墩堡之一（可能是"土现口堡"），为向西北延伸至文登的烽线节点之一。

2021 年 3 月，考古队调查时发现该遗址，堡位于军寨东北部，呈平顶圆锥形，为黄土夯筑，现外围砌石散落无存，夯土坍塌、流失严重；堡底部周长约 46 米，夯土堆残高 3.1 米。除此之外，在军寨东北角城

墙上还残存有一圆形夯土堆，底部周长约 60 米，夯土残高约 4 米，可能是炮台设施。现堡北部有一高压电铁塔，遗址表面被杂草和小型灌木覆盖，周围为果园和农田，受长期耕种活动影响，夯土不断流失，须进一步加强保护。

赛前赛家堡遗址东侧现状（东向西摄）

赛前赛家堡遗址南侧现状（南向北摄）

赛前赛家堡遗址东北角疑似炮台设施（东向西摄）

高落山堡（遗址）

位　　置　荣成市滕家镇高落山村南约1.2千米高落山顶

始设年代　明代

文保级别　已消失

概　　况　遗址地处山顶，东北距东岛刘家墩约5千米，东距八河水库4.2千米，东南距宁津所城遗址12.7千米。《山东省荣成市地名志》"高落山"记载；"在荣成市区南偏西20.6公里，滕家镇高落山村南。为王连街道办事处和滕家镇界山。相传，一对金鸽子，在此向南飞，刚要飞向高空，复又落在此山，得名高落山。呈东西走向，长5公里，宽

高落山堡（遗址）位置图

3公里。主峰海拔134.3米……石岛至烟台公路经此。"[1]2021年3月，考古队对其进行调查，该堡系人工搬土堆筑而成，外砌石块，呈椭圆形，比墩略小，由于东部山头修建信号塔及山坡南侧修建墓地导致堡砌石被挪用，堡主体被破坏挖平。此堡以村庄命名，原名失考。从周边堡线分布情况分析，该堡应为宁津守御千户所下辖九堡之一的"高楼山堡"。

刁家堡（遗址）

位　　置　荣成市上庄镇刁家村北约1千米大顶子山顶

始设年代　明代

文保级别　已消失

概　　况　遗址地处山顶，东距八河水库5.2千米，东南距高落山堡约5.3、距宁津所城遗址约17.7千米。《山东省荣成市地名志》内"大顶子"记载："在市区西南20.7公里，上庄镇东初家村东

刁家堡（遗址）位置图

---

① 山东省荣成市民政局：《山东省荣成市地名志》，山东省地图出版社，2007年，第580页。

南。此处有两个山顶，该顶较大，故名大顶子。呈南北走向，长0.5公里，宽0.3公里，海拔59.9米。"①2021年3月，考古队对其进行调查，因早年村民保护文物的意识不强，农垦等生产活动对遗址造成严重破坏，现堡主体已消失，仅剩底部几块基石。此堡以村庄命名，原名失考。

刁家堡西北约4.2千米有小山名"炮山"，位于滕家镇草埠屯②村西北约1千米。从地名和距离分析，该处可能是另一处堡，与刁家堡信息相连，向西与现文登境内的堡信息相接。此论断尚待进一步走访和实地调查考证。

从周边堡线分布情况分析，刁家堡应是宁津守御千户所下辖九堡之一的"大顶山堡"。

庙东武家堡（遗址）

位　　置　荣成市上庄镇庙东武家村西北约360米武家炮山山顶

始设年代　明代

文保级别　已消失

概　　况　庙东武家堡地处山顶，西南距元代古港千八港约1.4千米，南距靖海卫城遗址约21.7千米，东南距刁家堡约6.1千米。《山东省荣成市地名志》内"武家炮山"记载："明时，山顶修有炮台，名曰炮山，后因此山位于庙东武家村西北，故名武家炮山。呈南北走向，长0.8公里，宽0.5公里，海拔53.7米。"③2021年3月，考古队对其进行调查，因村民修建庙宇，该堡已被破坏。此堡以村庄命名，原名失考。从周边堡线分布情况分析，该堡应是宁津守御千户所或靖海卫下辖墩堡。

庙东武家堡（遗址）位置图

庙东武家堡（遗址）卫星图

---

① 山东省荣成市民政局：《山东省荣成市地名志》，山东省地图出版社，2007年，第571页。

②《山东省荣成市地名志》第319页记载："明朝嘉靖年间（1522—1566年），始祖刘武由今本市成山镇柳夼村徙此定居成村，因地处近水的土阜之上，村前杂草茂密故名草埠屯。"笔者认为此次可能是宁津所辖"草埠屯"。

③ 山东省荣成市民政局：《山东省荣成市地名志》，山东省地图出版社，2007年，第571页。

憨山堡（遗址）

位　　置　荣成市虎山镇罕山村西北约600米耳子山山顶

始设年代　明代

文保级别　已消失

概　　况　遗址地处山顶，现因生产活动被破坏；其西距黄海约7.2千米，西南距靖海卫城遗址约14.2千米。据《荣成市志·行政区域·市区（县城）镇村庄·村庄·黄山镇》记载："罕山，明嘉靖年间建村，因村后有一山峰塌陷，

憨山堡（遗址）位置图

故名哈山。后演变为憨山。1981年更名罕山。"《山东省荣成市地名志》内"罕山"记载更为详细："明朝嘉靖年间（1522—1566年），赵氏祖启元由文登市张家产镇因寺桥村迁此定居成村，据传，村后有一山峰塌陷，称之'哈山'，并以此命村名。后嫌'哈'字意贬，更名憨（hàn）山，为能使之广泛流传，清朝乾隆年间（1736—1795年）宋姓由本镇庵里村迁至憨山村西建村，取名小憨山，1941年两村合并，统称憨山。1981年经荣成县人民政府批准以其谐音更名罕山。"[1] 两处记载对"憨""憨"字写法不统一，但基本确定现在的耳子山古称为"憨山"，即该堡应为靖海卫下辖八堡之一的"憨山堡"。

（七）

炮台遗址

穆柯寨炮台遗址

位　　置　荣成市王连街道东岛刘家村东南约460米、穆柯寨遗址东部

始设年代　明代

文保级别　2021年1月，作为"穆柯寨旧址、烟墩"的组成部分，被公布为荣成市第三批市（县）级文物保护单位

概　　况　遗址地处丘陵高地上，为附近制高点，其除西南与陆路相连外，其余三面均为八河水库环绕，北距水库

穆柯寨炮台遗址位置图

---

① 山东省荣成市民政局：《山东省荣成市地名志》，山东省地图出版社，2007年，第353页。

0.7、东距水库 0.3、西距水库约 1.2 千米；炮台东南距宁津所城遗址约 9 千米。该炮台为第三次文物普查后新发现，为近平顶圆锥形夯土堆，周长 78、残高约 8 米，当地文博机构记录其为"烟墩"，当地村民称之为"炮台"。《山东省荣成市地名志》内亦将其记作"炮台"[①]；同时鉴于该炮台东北约 630 米处已有东岛刘家墩，其东为古代八河港，笔者认为其作为居高临下防御八河港的炮台的可能性更大（详见前节"穆柯寨遗址"）。由于文献资料的匮乏，其明代文献记载名称失考。

穆柯寨炮台遗址卫星图

穆柯寨炮台遗址近景（西南向东北摄）

穆柯寨炮台遗址航拍

穆柯寨炮台遗址西侧现状（西向东摄）

穆柯寨炮台遗址东侧现状（东向西摄）

① 《山东省荣成市地名志》第579、580页"炮台"记载："在荣成市区南17.5公里处，位于王连街道办事处东岛刘家村南。因明朝为防倭寇修有炮台，故名炮山。山体呈圆形，直径80米，海拔51.3米。"

炮台东炮台（遗址）

位　　置　荣成市港湾街道炮台东村西、牧云西路拐弯处北侧

始设年代　清代

文保级别　已消失

概　　况　遗址地处山前坡地上，南距王家湾约150米，是清代扼守海口的重要海防设施。走访当地村民获悉，该炮台为方形，由石块堆砌而成，高4—5米，紧靠山边、面向王家湾布设，顶部宽约3米；1965年前后修建道路时被破坏。据《山东省荣成市地名志》"炮台东"记载："清朝雍正年间（1723—1735年），李氏祖由今本街道玄镇村迁此建村，以村前的鳌子圈命名，隶属玄镇村，1945年抗日战争胜利后该村独立为行政村，又以村处古炮台之东更名为炮台东。2001年撤村设居。"[①] 可见"炮台东"并非炮台原名。《荣成市志·第二十二编军事·第一章地方军事机构·第三节明清军事设施》对荣成境内炮台设置情况进行了概括，"清雍正十二年（1734年），境内设炮台4组，即龙口崖、马头嘴、养鱼池、石岛，每组两座。炮台建筑呈方形，上置火炮，四周环以长方形围墙，墙内筑正房5间，厢房3间，

炮台东炮台（遗址）位置图

炮台东炮台（遗址）现状

用来驻兵贮药，常驻兵10余人。清道光三十年（1850年），登州镇铸1000公斤大炮9门入水师运赴石岛。是年，由济南调往石岛650公斤大炮1门，调往俚岛500公斤大炮1门。甲午战争时，守兵星散，炮台、房、墙坍塌，不复设。"《荣成市志·第二编地理环境·第三章海域·第二节港湾》对"码头嘴"进行了定位，"王家湾位于石岛镇炮台东村南。东起老鳌头，西至码头嘴，呈半圆形。"古代的马头嘴当在此处，此炮台也应是修建于清雍正年间的"马头嘴炮台"。

---

① 山东省荣成市民政局：《山东省荣成市地名志》，山东省地图出版社，2007年，第482—483页。

山東明清海防遺址調查報告

山东省水下考古研究中心　编著

科学出版社

北　京

内 容 简 介

　　本书是第一部以考古调查资料为基础介绍山东省明清海防遗址情况的考古报告。作者结合实地调查资料和古代文献，将此次发现的明清海防遗址细划为都司、营、卫、所、寨/屯、巡检司、墩、堡、炮台和其他（官兵家族墓地、祠堂等）十类，每类每处海防遗址均从地理环境、历史沿革、保存现状、历来工作、文献记载等方面进行了详细介绍，部分遗址还结合调查资料、文献和卫所官兵家谱记载，考证出其在古籍中的记载名称。为了全面展示完整的海防网络，对已消失的海防遗址也进行了收录和介绍。

　　本书是一次从考古学角度对海防遗址进行研究的有益尝试，其面世可以满足广大海防研究者的需要，期待能进一步推动海防研究和海防遗址保护工作的发展。

　　本书可供从事考古学、历史学等相关学科研究的专家、学者参考、阅读。

图书在版编目（CIP）数据

　　山东明清海防遗址调查报告：全2册 / 山东省水下考古研究中心编著. — 北京：科学出版社，2023.9
　　ISBN 978-7-03-076597-0

　　Ⅰ.①山… Ⅱ.①山… Ⅲ.①海防－古建筑遗址－调查报告－山东－明清时代 Ⅳ.①K878.3

　　中国国家版本馆CIP数据核字（2023）第191459号

审 图 号：鲁SG（2023）014号
责任编辑：李　茜　郝莎莎
责任校对：张亚丹
责任印制：肖　兴
书籍设计：北京美光设计制版有限公司

山东明清海防遗址调查报告

山东省水下考古研究中心　　编著

科 学 出 版 社 出版
北京东黄城根北街16号
邮政编码：100717
http://www.sciencep.com
北京华联印刷有限公司 印刷
科学出版社发行　各地新华书店经销

2023 年 9 月第　一　版　　开本：889×1194　1/16
2023 年 9 月第一次印刷　印张：61 1/2　插页：1
字数：1 770 000
定价：1280.00 元（全二册）
（如有印装质量问题，我社负责调换）

八

其他遗址

连子实家族墓地

位　　置　荣成市人和镇金沟村西南约800 米蒋家山上

始设年代　明初

文保级别　尚未核定为文物保护单位

概　　况　墓地位于蒋家山（古称"香草夼"）上，坐北朝南，东北约 650 米为金沟村，西距寨前墩约 1 千米，西约 3.8 千米为靖海卫城，南约 600 米为黄海。因香草夼蕴藏大量花岗石，目前正在进行大规模开发，原连氏家族墓地可能已被破坏。2016 年，连子实后裔重新在此山上建立了该连氏家族墓地，包括大纪念碑 1 座、主墓碑 2 座、附墓碑 8 座，为明代"明威将军"连子实及其世袭靖海卫指挥佥事的后裔共九代十人的墓碑，周围种植松树环绕。

康熙《靖海卫志》、光绪《增修登州府志》、光绪《文登县志》等古籍关于连子实及其后裔的生平记载较少，根据地方志、《靖海卫连氏世家志》和《连氏谱书》等记载，连子实及其后裔家族简介如下：

连子实，原籍浙江钱塘县人。元朝末年加入朱元璋领导的农民起义军，并效力于徐达、冯胜麾下，南征北战，屡立战功。明洪武二十八年（1395 年）因病退役，其子连寿替父从军，后在"靖难"之役中立下显赫战功，于永乐元年（1403 年）被封为"金吾左卫指挥佥事"之职（正四品）。永乐十五年（1417 年），连寿奉命调任"山东都指挥使司靖海卫世袭指挥佥事"（正四品），并钦命追赠其父连子实为"明威将军"（正四品）。永乐十八年（1420 年）连子实病逝，兵部下令葬于靖海卫城东十里的"香草夼"，并立墓碑一座。尔后，此地便成为连氏家族墓地。

连子实家族墓地位置图

连子实家族墓地卫星图

连子实家族墓地全景（南向北摄）

连子实及其后人袭职情况如下（据墓碑后铭文整理）：

连子实，祖居浙江杭州府钱塘县，靖海卫连氏始祖。元末至正（1366年）丙午四月投朱元璋起义军。自元至正二十六年（1366年）至洪武二十八年（1395年）浴血沙场，积劳成疾，退役其长子连寿代役。永乐十五年（1417年）诰封"明威将军"（正四品），永乐十八年（1420年）因疾而终，葬香草夼。

连寿，始祖连子实之长子寿，代父从役。在靖难之役中参加了一系列重大战役。血战郑村坝，火攻北沟河，东昌险突围，夹河败盛庸，决战灵璧，兵围南京等，立下赫赫战功。靖难结束后，寿祖被封为金吾左卫指挥佥事（正四品）。永乐十五年（1417年）奉旨调任世袭靖海卫指挥佥事①。

连忠，寿之子，正统六年（1441年）十月袭父职——靖海卫指挥佥事。

连辅，忠之子，正统二年（1437年）十月三世祖病故，是年辅三岁，尚不能袭职，而由忠弟斌代之。名曰借职，天顺三年（1459年），辅乃袭父职。

连茹，辅之子，弘治六年（1493年）四月，辅体弱多病，难胜其任。是年七月袭父之职。

连璧，茹之子，正德十二年（1517年），茹病故，其子连壁②袭职。壁英武有俊才。政绩颇佳。后被晋升为河南都指挥使③。嘉靖三十二年（1553年）病故。壁一生无子，由胞弟连莹代职。

---

① （清）光绪《文登县志》"卷五·职官表一"记载："连寿……（永乐）十五年调靖海卫，宣德五年，调驻登州新海口防倭，后复分守文登营。"
② 应为"璧"，下同。
③ （清）康熙《靖海卫志·名贤》第53页记载："连璧，本卫指挥佥事，掌卫屡有建明，升河南归德守备，功勋甚著。"（清）光绪《文登县志》"卷五·职官表一"记"晋河南都指挥使司"。

连莹，壁之弟，隆庆元年（1567年）九月莹病重，由子连尔铭袭职。

连尔铭[1]，莹之子，万历二十四年（1596年）正月，患中风病，手足麻木，不能任事。由其子连国祯袭职。

连国祯，尔铭之子，元泰元年（1620年）病故，一生无子。由弟连国干之子连家荫袭职。

连家荫，连国祯之子[2]。元泰元年（1620年）袭父职。至崇祯十七年（1644年），李自成起义军攻陷北京城，明亡。自此连世家族自1420—1644年，八世九任靖海卫指挥佥事之爵绝。

自此连子实后裔九代人世袭"靖海卫指挥佥事"之职200余年。

除正常袭职外，连氏家族后裔还分别前往周边村落定居至今。据《山东省荣成市地名志》"连家卧龙"记载："明朝成化年间（1465—1487年），连氏二世祖洪仁、洪道兄弟二人，由本镇原香草夼徙此定居成村，此处有条小河蜿蜒东流，形似卧龙，故以姓氏命名连家卧龙……建国前，全村约50户，200人左右，全为连姓。"[3] 又"涨濛"记载："据《连氏谱书》考：明朝万历年间（1573—1620年）连氏九世祖懋开由靖海卫徙此定居成村，因村处海汊南岸，海潮涨落，时常大雾濛濛，故名涨濛……建国前，全村300户左右，1000人左右，多为连、周、胡三姓（连姓占95%）。"[4] 除上述两处连姓较集中外，今荣成市人和镇中北河村、老军屯、王连街道办事处连家庄和文登区慈家滩之连姓，也多为连子实后裔。

连子实家族墓地主墓碑后碑铭

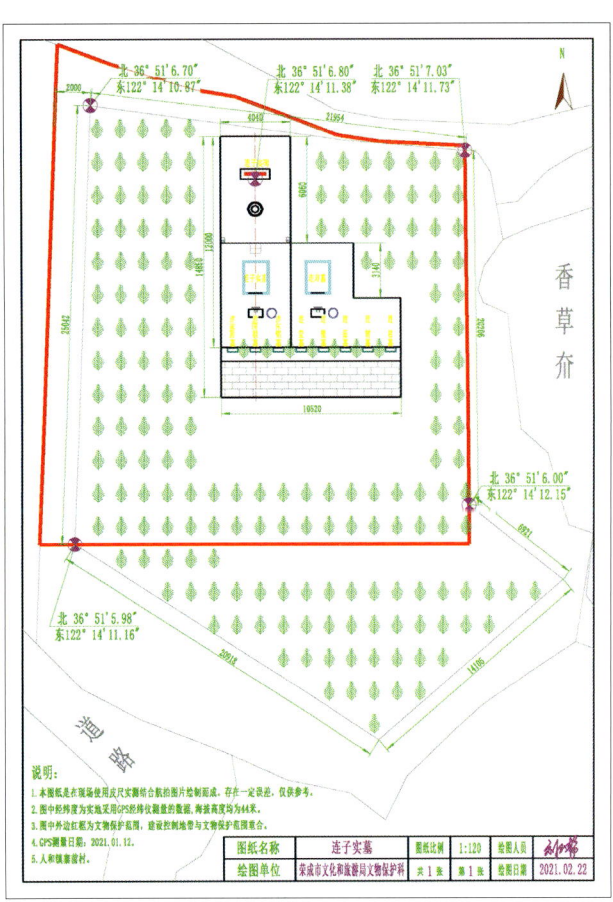

连子实家族墓地平面图

---

① （清）康熙《靖海卫志》"赃封卷之八"第57页记载："连尔镶，封奉直大夫；许氏封宜人，以子跃贵。"连尔镶应为连尔铭同辈族兄弟。
② 据（清）光绪《文登县志》记载，连家荫应为连国干之子。
③ 山东省荣成市民政局：《山东省荣成市地名志》，山东省地图出版社，2007年，第118页。
④ 山东省荣成市民政局：《山东省荣成市地名志》，山东省地图出版社，2007年，第92、93页。

历史资料 《靖海连氏先祖传略》——
连子实第二十世孙连承玉撰记

连子实家族墓地

　　靖海连氏先祖子实祖，初名"成"，浙江钱塘人，元朝末年（1366年）投军朱元璋农民起义军，先后效力徐达、冯胜军中，为大明江山的建立立下了不朽战功。洪武二十年（1387年）被授予"征虏大将军"，是年二月初三，冒着暴风雪率军向辽东挺进，攻取了同州、辽河。洪武二十三年（1390年），远征蒙古沙漠，俘虏了北元太子"乃儿不花"，因久战沙场、戎马一生，积劳成疾，于洪武二十八年（1395年）退役。后于永乐十五年（1417年）诰封"明威将军"。是年，随子连寿来靖海卫定居，颐养天年。永乐十八年[①]（1420年），因疾而终，奉旨葬于靖海卫城东"香草乔"。子实祖长子连寿，洪武二十八年（1395年）继父从军，效力燕王朱棣。在四年的"靖难之役"（1399—1402年）中先后参加了攻取北京城、血战郑村坝、火攻北沟河、突围东昌、夹河败盛庸、决战灵璧、围攻南京城等重大战役近三十次，为朱棣登基做出了巨大贡献。为表其功，永乐元年（1403年）被封为"燕山左卫指挥佥事"[②]，永乐十五年（1417年）诰封"明威将军"（正四品），调任"山东指挥使司[③]靖海卫世袭指挥佥事"，任职期间为山东沿海防击倭寇和地方的军政工作做出了巨大贡献。子实父子为明朝的建立和巩固，南征北战六十余年，鞠躬尽瘁，先后记功四十多次，为表彰其功，宣德二年（1427年）六月，皇封子实祖夫人王氏、连寿祖夫人杨氏为"恭人"。自永乐十五年（1417年）至崇祯十七年[④]（1644年）明朝灭亡，期间二百二十八年，子实祖之后代二世至九世：连寿、连忠、连斌、连辅、连茹、连璧、连莹、连尔铭、连国祯、连家荫，共八代九任十人世袭"靖海卫指挥佥事"之爵禄。仰先祖可谓功伟德昭，彪炳史册，流芳百世，永垂不朽。

宋廷训墓

位　　置　荣成市人和镇朱口村南约 200 米

始设年代　明万历年间（1573—1620 年）

文保级别　2012 年 12 月，被公布为荣成市第二批市（县）级文物保护单位

概　　况　墓地位于朱家岬之云蒙山南麓，其南约 100 米为黄海，西约 600 米为朱口西圈，东约 400 米为朱口东圈[⑤]，西侧靠近油库，东侧隔小路与十余座宋廷训后裔墓地相望。

---

① 应为"永乐十八年"。

② 据（清）光绪《文登县志》记载，连寿被封为金吾左卫指挥佥事。

③ 应是"山东都指挥使司"。

④ 应为"崇祯十七年"。

⑤《荣成市志》第109页记载："朱口，明正德年间，朱姓建村，以村处东、西两个半圆形海湾之间的岬角上，故名朱家圈。1948年更名朱口。"其东、西两侧海湾分别叫作朱口西圈、朱口东圈，在清代合称朱家圈海口，可避风泊船。

该墓地在荣成市第三次全国文物普查时发现，"宋廷训墓……坐北朝南，封土高约 1 米，底径约 3 米，墓前约 6 米有汉白玉石碑一座，碑高 1.51、宽 0.56、厚 0.21 米，碑文阴刻正书共 80 字，保存完好"①。

2021 年 3 月，考古队对墓地进行实地复查，墓地整体保存状况与"三普"时差别不大，墓碑保存良好，碑上阴刻正书"明万历乙酉举人己丑进士授户部主事转郎中起补刑部正郎中历升山西按察司金事布政参议兼摄五符加封朝议大夫山西直隶祀名宦本省崇祀乡贤……"，碑文共计 80 字。据当地百姓反映，该墓系从别处迁葬至此，现仍有后人祭拜；墓地被松林和杂草环绕。

历史资料　据康熙《靖海卫志·名宦·卷之四》、光绪《文登县志·卷八下·人物一·八》等资料记载：宋廷训，字仰宇，号正吾，其祖名宋安，邳州人，早先随明太祖朱元璋起事，洪熙元年（1425年）调任靖海卫世袭镇抚，并在靖海卫定居。宋廷训自幼好学，万历十三年（1585年），乡试中举，十四年（1586年）会试落榜，十七年（1589年）再试中进士，名列第二甲第三十七名，赐进士出身，授户部主事（正六品）。万历二十年（1592年），宁夏爆发了哱拜、刘东旸叛乱，史称"哱刘之乱"，宋廷训上疏请皇帝视朝听讲，抑畏修省等事。在奉差兼理草场期间，逢草场发生火灾，宋廷训不诿过饰非，甘愿扣罚俸禄反躬自省。督办淮关清江浦赋税事务时，清正廉明，洁身自爱，破除常例，废弊革新。工作之余，宋廷训开课讲学，讲授

宋廷训墓位置图

宋廷训墓卫星图

宋廷训墓现状

---

① 威海市文物管理办公室：《追寻历史——威海市第三次文物普查成果巡礼》"B8宋廷训墓"条，青岛出版社，2012年，第190页。

儒教礼仪。任职期满，考核优等，擢升为户部郎中（正五品），后因在交接赋税时出现差错受到连累被贬官。回籍平居数载，孝养双亲，二老病故，各守孝3年，不茹酒肉，不入内室，葬祭一一如礼；分家产优待两弟，克尽孝友。又开学馆诲士教徒，闲时著书立说，著有《孝经详解》《小学隐括》《儿训女箴》等，皆儒家理学性命之要旨。受谪后宋廷训从不进各级官署巴结官员，皇帝听说了宋廷训的清名后，特起用其为山西布政司参议（从四品）。在任期间，清操澈骨，卓有政声。三年任满，颂声载道，旋告归，士民遮道泣送。回家年余病故，后祀文登县乡贤祠，被誉为明代文登四君子之一。宋廷训以服习理学，身体力行，余泽所被，熏染良深，官方为之立"东海开先"的牌坊[1]。

宋廷训墓墓碑

荣成水师营（旧址）

位　　置　荣成市成山镇夏疃村西北、唐家庄东南田地上

始设年代　清代

文保级别　已消失

概　　况　荣成水师营地处沿海平滩，西南紧邻养鱼池湾；其北距荣成湾约800米，西北距成山卫城遗址（清代荣成县城）约4千米。现因村民生产活动被完全破坏，地表仅存零散砖瓦碎片、饮马槽等遗物。

　　荣成新设水师营与成山卫改设荣成县大致为同一时期。乾隆元年（1736年），荣成知县罗克昌在建造荣成县衙署、修理城墉、学校的同时，亲自在马山督建水师营官舍及兵营，共占地面积三十六亩四分一厘五毫[2]。至光绪十九年（1893年），荣成水师营撤销后，营址开始废弃。当地文物干部走访附近村民获悉，1956年前后，水师营与其东侧一庙院同时被拆除，拆除下来的砖石，为附近村民抗旱打井所使用。水师营房为普通海草房，营房大门朝南，营门内有院子，东西两侧栽有家槐树，并竖有几支碑；院里建有大门楼，门楼里面挂有大铁钟，东西两侧也分别竖有几支碑。1958年，上述石碑被人损毁。仅存的一支原竖在营门东侧的石碑，即同治年间守备冯太隆的德政碑。1970年，冯太隆的曾孙冯正德将竖立在营房旧址田野中的德政碑抬回家，雇用石匠将其凿劈成两半当石条用。1985年，该碑又被其五世孙冯富强拼凑在一起，抬送、置放于守备墓左侧。当年营房里有土炮（系熟铁铸造，当地人称"抬杆"）、铁炮（为生铁铸造）及各种类型的炮弹。在营房西2—3丈远的地方，有一趟沟，在沟帮垛有一摞一摞的"抬杆"与铁炮。炮长约2米，炮口直径30厘米左右。到20世纪20年代末，这些东西连同沟帮不复存在。荣成水师营当年的木制码头，

---

[1] 林涛：《宋廷训：清操澈骨东海开先》，《文登大众》2017年11月30日。
[2] （清）道光《荣成县志》"卷三·食货志·田赋附丁徭"。

建在夏疃村南、马山张家村稍偏西北的马山湾畔；而船坞头则位于养鱼池马山公鹅嘴之西。在其南不远有草岛，海拔23米，岛上原有清军炮台，与公鹅嘴北岸炮台及西海岸炮台相对峙，成三角形钳制养鱼池之势。炮台建筑呈方形，上置火炮，四周环以长方形围墙，墙内筑正房5间，厢房3间，用来驻兵贮药，常驻兵10多人，炮台被后人拆毁。炮台上所架设的大铁炮，分别名为"大将军""二将军"。村中老者李中书曾亲眼看见，20世纪30年代，在养鱼池不远的海底捞出一尊大炮，由60多人捆绑扎杠，途经唐家庄村向西北抬走，据说该大炮在抗战时，被八路军用于制作手榴弹打击日寇而做出了贡献 [1]。

荣成水师营（旧址）位置图

荣成水师营（旧址）卫星图

历史沿革　清雍正十一年（1733年）前，荣成境内海上防务由登州水师营负责，辖有战守兵丁一千名、赶缯船十支、双篷艍船十支，分南、北两汛：南汛驻扎胶州湾，北汛驻扎登州（现蓬莱水城），两汛出洋巡哨，至成山头互相交旗。雍正十一年（1733年）二月，河东总督王士俊认为登、胶两汛水师每年五月开始出海巡哨，到成山头互相交旗后即撤兵回汛，并不湾泊停留，甚觉成山头东海面防御空虚。遂提请在成山卫添设一汛，认为"养鱼池水势平稳，可以湾泊战船"，并从登州、胶州南北两汛内各抽拨赶缯船一支、战守兵一百名，从南汛（胶州）抽调千总一员、北汛（登州）抽调把总一员，组成成山汛，每年出洋巡哨，南到马头嘴与胶州汛交旗，北到成山头与登州汛交旗。交旗后撤兵驻扎养鱼池，与登州、胶州两汛同归登州水师前营管辖。雍正十二年（1734年）二月初三日，兵部议覆设立成山水师守备署，设守备一员、千总一员、把总一员，赶缯船二支、双篷艍船二支，战守兵二百名，仍驻养鱼池 [2]。咸丰元年（1851年），山东巡抚陈庆楷奏请裁革成山水师守备署，改置文登水师营。同治十二年（1873年）改文登水师营为荣成水师营，驻养鱼池。此时设游击一员（从三品），守备一员（正五品），千总二员，把总三员，外委三员，额外外委三员，战兵三百三十五名，守兵五十名，拖缯船七支。巡区自成山头起，

① 张起明、王福明调查资料《清代荣成水师考察纪实》。

② （清）李天骘修：道光《荣成县志》"卷二·建置"，《中国地方志集成·山东府县志辑》第五十六册，教育出版社，2004年，第458—459页。

至江南之交界莺游门。整个巡区分五段：成山头至马头嘴为一段，由荣成水师营左哨负责；马头嘴至乳山口为二段，由右哨（靖海卫分汛）负责；乳山口至胶州头营口为三段，由海阳所负责；头营口至莺游门为四、五段，由胶州分汛负责[①]。同治十三年（1874年），李鸿章调荣成水师营战船赴天津留用，水师营遂名存实亡。光绪六年（1880年），荣成水师营改隶登荣水师协镇。光绪十九年（1893年），协镇唐廷威移营于登州天桥口，荣成水师营即不复存在[②]。

冯云溪墓

位　　置　荣成市成山镇夏疃村东北120米、乡道043路北

始设年代　清同治五年（1866年）

文保级别　2012年12月，被公布为荣成市第二批市（县）级文物保护单位

概　　况　墓地西南约50米为清代荣成水师营故址；墓地西距唐家庄约250米，西南约120米为马山夏疃村，北距月湖（又称马山港）约500米，南侧紧邻蔡车线公路。

冯云溪墓位置图

该墓地在荣成市第二次全国文物普查时发现，"冯云溪墓在成山卫镇夏疃东北。冯云溪为姑苏（苏州）人，清末荣成水师营最后一任守备，于清咸丰六年（1856年）来任，清同治五年（1866年）去世。在职期间忠于职守，协和官民，爱惜士卒，颇有政声。死后即葬于水师营东侧，留其少子某在夏疃守墓。官兵绅士为其树立《德政碑》于营门口。现墓前有碑，汉白玉制，高、宽、厚分别为120、50、13厘米。《德政碑》为马山石制，高172、宽66、厚20厘米。50年代拆水师营时由其曾孙收藏"[③]。

冯云溪墓卫星图

①（清）光绪《文登县志》"卷一下·关隘·八、九"、（清）光绪《增修登州府志》"卷十二·军垒·七"。
②《荣成市志·军事·驻军·清代驻军》。
③ 山东省荣成市地方史志编纂委员会：《荣成市志》，齐鲁书社，1999年，第974、975页。

荣成市第三次文物普查时对其进行复查，"墓地……朝向西南，封土高约1米，底径4.6米……墓前竖立有汉白玉墓碑一座……碑文阴刻正书，但铭文为苔藓覆盖，不易辨认。另有一德政碑平放于墓碑前，石质为马山石。德政碑原立于水师营大门东侧，近年被其后人放置于墓前……其额'德政'二字为阳文，正文阴刻14行，满行25字，内容系颂扬冯守备政绩。款为'同治五年丙寅官兵绅士公立'。此碑现已被人劈为两半。"①

2021年3月，考古队对墓地再次进行实地复查，墓地整体保存状况与"三普"时差别不大，墓碑、德政碑均保存良好。走访村民得知，冯云溪有三个儿子，留下少子守墓，其后裔五世孙分冯富强与冯富石两支，现分别住在夏疃村与马山寨村。现墓地周围种植迎春花及十余棵槐树，南侧紧邻公路，东、西、北三面为农田环绕。

冯云溪墓现状

冯云溪墓政德碑

历史资料　冯太隆生平——民国《荣成县志稿·艺文·冯云溪传略》："公讳太隆号云溪，姓冯氏，世居江苏太仓州宝山县。昆仲四，公居季，由行伍起家，所历辄有声，一时绅耆弁兵，咸颂德政以立石。国朝设水师营於养鱼池，百有余年。期间进退升降谙营务者，颇不乏人。他如嘉庆间，赵柳塘公村晓，由成山守备，历升江南某镇，复署江苏提督。咸丰间，李公延举，由本汛外委，递升吴淞参将，官声卓卓。概无贞珉之存，其有德政可稽者，惟冯公一人而已。"

冯太隆生于清道光五年（1825年），13岁投军吴淞口兵营，14岁便初露头角，带兵船与捻军作战。咸丰六年（1856年），吴淞口参将黄登第升补山东文登协镇时，因冯公作战勇敢、技艺出众，被带来山东水师效力。屡署文登陆路、海阳汛司厅，即补水师前营司厅，继署后营守府、前营水师部厅、水师中军守府兼协纂等职。据碑文记载，冯守备"壬戌（注：同治元年当为1862年）春署成山守府"；同治五年（1866年），经山东巡抚与登州总兵两级保题，升任水师中军守备（驻养鱼池），任命未抵军营则身先殁，时年42岁。冯公为官清廉，远离故乡。死后，由本营官兵及当地乡绅自发为其刻立德政碑②。

---

① 威海市文物管理办公室：《追寻历史——威海市第三次文物普查成果巡礼》"B9冯云溪墓"条，青岛出版社，2012年，第190页。
② 张起明、王福明调查资料：《清代荣成水师考察纪实》。

文 登 区 地 图

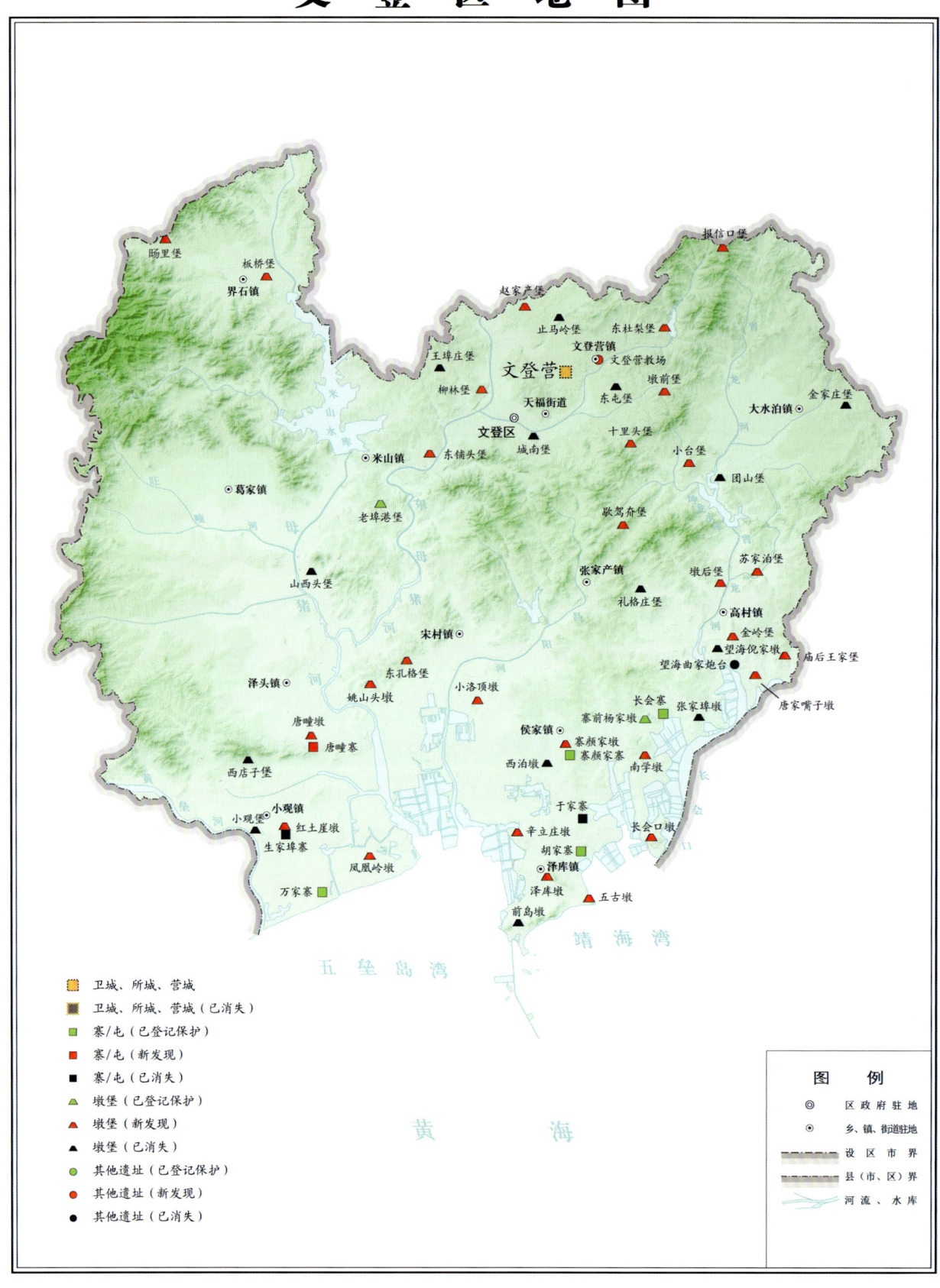

图 例

◎ 区政府驻地

◉ 乡、镇、街道驻地

设区市界

县(市、区)界

河流、水库

卫城、所城、营城

卫城、所城、营城(已消失)

寨/屯(已登记保护)

寨/屯(新发现)

寨/屯(已消失)

墩堡(已登记保护)

墩堡(新发现)

墩堡(已消失)

其他遗址(已登记保护)

其他遗址(新发现)

其他遗址(已消失)

三　文登区海防遗址

营城遗址

文登营城遗址

位　　置　文登区开发区金山管理委员会文登营村内

始设年代　明宣德二年（1427 年）

文保级别　尚未核定为文物保护单位

概　　况　遗址现被文登营村所占压，遗址内地势中间高，东、南、西侧较低，四周为建筑及农田。文登营东北距成山卫城 42.6 千米，东距寻山所城 37.6 千米，东南距宁津所城 43.1 千米，南距靖海卫城 40.5 千米，西南距海阳所城 60.3 千米，西北距宁海卫城 48 千米，北距威海卫城 31.1 千米，距百尺崖所城 28.5 千米。

2021 年调查发现，清末民初文登营裁撤后，因年久失修，村庄居民生产建设，营城原有的土城城垣已消失，明清两代的东营门、西营门等建筑业已不存，现仅在营门原址处可见道路遗迹尚存。清末时仅存的一座南营门于 1954 年村中建供销社时拆除，南营门上遗有"东方名藩""齐东重镇"内外 2 块石质横额现存威海市文登区博物馆。

文登营城东 170 米山坡顶部原有崮墩一座，后因村中建设采石破坏而消失。史料记载文登营城东 2 里处原设有教场、分阅厅、旗纛庙，现文登营教场遗址于文登营镇教场东村西 200 米处，

文登营城遗址位置图

文登营城遗址卫星图

文登营城遗址航拍（西南向东北摄）

大致为一长方形空地，南北长109米，东西长158米，教场遗址中长有杂草灌木，教场原有建筑物现已不存。

历史沿革　（1）文登营设立背景。

明永宣时期，倭寇对胶东半岛等北方沿海的侵袭加剧，永乐六年（1408年），明朝政府为抵御倭寇、加强海防，协调沿海各卫所兵力调配，增强机动打击力量，在山东登州设立：总督登莱沿海兵马备倭都指挥使司，用以"节镇沿海诸事"[①]。之后，在原有即墨营的基础上，再次设立了登州营、文登营，胶东海防三营皆受备倭都指挥使司节制。文登营防区位于胶东半岛最东端，海湾海岛众多，为防倭最险要之地。

（2）**文登营存续时间。**

文登营的设立时间在历史上有三种记载。

宣德二年（1427年）。据《大清一统志》卷《登州府》记载：文登营，在文登县东十里。明宣德二年建，初在县西门内，十年迁此，有土城周三里，东、西、南三门，营当东面之险，今移县城中[②]。雍正《文登县志》记载：文登营城，明宣德二年建县西门内天宝宫西，宣德十年迁县东十里，旧志有土城今圮，止南门一座[③]。光绪《文登县志》沿用前志记载：文登营城在城东十里，一统志明宣德二年建，初在西门内，

① （清）毕懋第修，郭文大续修，王兆鹏增订：乾隆《威海卫志》"卷一·疆域志·兵事"，威海市地方史志办公室整理，天津古籍出版社，2013年，第28页。

② （清）穆彰阿、潘锡恩等纂修：《大清一统志》卷一百三十七《登州府》，上海古籍出版社，2008年；《景印文渊阁四库全书》第476册，第695页；光绪《文登县志》"卷一下·关隘"记载同，第30页。

③ （清）赛珠等纂，王一夔修：雍正《文登县志》"卷二·城池"，中共山东省委党史研究院整理：《山东省历代方志集成》"威海卷1"，线装书局，2019年，第356页。

文登营城遗址东门原址现状（东向西摄）

文登营城遗址西门原址现状（西向东摄）

文登营城遗址南门原址现状（北向南摄）

文登营城遗址岗墩原址现状（北向南摄）

南营门石质（内）横额"齐东重镇"

南营门石质（外）横额"东方名藩"

十年迁此,有土城,周三里,东西南三门,营当东面之险①。

宣德四年（1429年）。光绪《增修登州府志》记载：文登营都司署,在本营内,明宣德四年建,原为把总署,后改为守备署②。

宣德间置。嘉靖《宁海州志》记载：文登营在文登县东北十里,宣德间置,设把总指挥二人,千户百户今无定员,马步骑军一千二百人。官取之诸卫所,军取之宁海、威海、成山、靖海四卫③。乾隆《续登州府志》记载：文登营城,在县东十里,明宣德中建④。

雍正十三年（1735年）,威海、成山、靖海三卫裁撤后,文登营作为境内重要的军事防务中心仍然活跃于整个清代。1912年1月,文登辛亥革命爆发,存在了近500年的文登营至此解体。

（3）文登营城池规模。

嘉靖《山东通志》记载：文登营城,原无城池,土筑石砌墙垣,周三里,高八尺,东西南三门⑤。雍正《文登县志》记载：文登营城,明宣德二年建县西门

文登营教场遗址位置图

文登营城遗址教场原址现状（西南向东北摄）

内天宝宫西,宣德十年迁县东十里,旧志有土城,今圮,止南门一座；文登营教场,在营东二里,周围三里,有堂,有分阅厅,有旗纛庙⑥。《大清一统志》记载：周三里土城,设东、西、南三门。由史料可知,明代文登营先设文登县城西门内,后迁至县城东十里,建有三里土城,东、西、南三营门,至清朝末年,文登营城仅存一座南营门,并遗有内外石质门额两块,外门额阴刻"东方名藩",内门额阴刻"齐东重镇"。另在文登营城东二里有处文登营教场及附属建筑。

① （清）于霖逢纂,李祖年修：光绪《文登县志》"卷一下·关隘",中共山东省委党史研究院整理：《山东省历代方志集成》"威海卷2",线装书局,2019年,第669页。

② （清）周悦让、慕荣榦纂,方汝翼、贾湖修：光绪《增修登州府志》"卷十一·公所",山东省地方史志办公室整理：《山东省历代方志集成》"烟台卷1",天津古籍出版社,2019年,第689页。

③ （明）焦希程纂,李光先修：嘉靖《宁海州志》"建制三",山东省地方史志办公室整理：《山东省历代方志集成》"烟台卷7",天津古籍出版社,2019年,第4230页。

④ （清）永泰纂修：乾隆《续登州府志》"卷五·古迹",山东省地方史志办公室整理：《山东省历代方志集成》"烟台卷1",天津古籍出版社,2019年,第462页。

⑤ （明）陆钶：嘉靖《山东通志》"卷十二·城池",《天一阁藏明代方志选刊续编》,上海书店出版社,1990年,第788页。

⑥ （清）赛珠等纂,王一夔修：雍正《文登县志》"卷二·武备",中共山东省委党史研究院整理：《山东省历代方志集成》"威海卷1",线装书局,2019年,第356、360页。

（4）文登营的职能。

文登营地处防区内宁海、靖海、威海、成山四卫，寻山、百尺崖、金山、海阳、宁津五所的中心位置，与各卫所的陆上距离都在百里之内，其区位优势便于防区内各军事单位的协调和联络，从而使文登营成为境内的防倭枢纽。

文登营平时协调防区内总各卫所之间的联系，传达备倭都司指令；战时则联络、策应、支援各卫所协同作战。清代顾祖禹对文登营曾有"北援登州、南卫即墨，为掎角之势，有备无患"[①]的说法，表明在防区之外，文登营与登州营、即墨营也是互相支援、互相防卫、共同对敌的战略关系。以文登等三营为中心点，结合各卫、所、墩、堡组成防区使胶东沿海的防务力量大为增强，其有效地抵御了倭寇侵袭，保证了境内平安。

关于文登营的设立原因、职能及所辖区域等情况在明代郑若曾《筹海图编》中有如下记载：文登营。登、莱乃泰山余络，突入海中，文登县尤其东之尽处也。成山以东，若旱门滩、九峰、赤山、白峰头诸岛纵横，沙碛联络，潮势至此，冲击腾沸。议者谓倭船未敢猝达。然考之国初，倭寇成山，掳白峰寨、罗山寨，延大嵩、草岛嘴等处，海侧居民重罹其殃。倭果畏海，奚而有是哉？故文登县东北有文登营之设，所以控东海之险也。宁海、威海、成山、靖海四卫皆隶焉。其策应地方，语所则有宁峰（津）、海阳、金山、百尺崖、寻山诸所，语寨则有清泉赤山等寨，语巡司则有辛汪、温泉镇、赤山寨诸司。透而北，则应援乎登；透而南，则应援乎即墨。三营鼎建，相为掎角，形胜调度，雄且密矣。有干城之寄者，其思国初成山之变，而儆戒无虞也哉[②]。

（5）营官、兵员设置。

明朝　文登营营官初为把总，万历十九年（1591年）改为守备，营官多由辖区内卫所指挥使兼任。据《文登县志》载，威海卫指挥使王凯、刘平，成山卫指挥使石守忠、袁贡；靖海卫指挥使商之林、冯禄等都担任过文登营营官。各卫所指挥可以世袭，但文登营的营官把总、守备却不可世袭，只可为"流官"。而文登营的兵士也取自辖区内各卫、所。

营兵，是和卫所兵制相对应的一种战时编制。按照明朝的制度，所有正规军士全部要编入不同的卫所。战时，则根据战场形势的需要，从相应卫所抽取全部或部分兵力组成若干个具有不同职能的营，交由相应的将领指挥参战。营将可以是合乎标准的原卫所军官，也可以另行指派。与卫所兵承担训练、屯田、守城等多重职责不同，营兵只有一项任务，即作战[③]。明代文登营驻军数量在史料中有如下记载。

嘉靖《宁海州志》记载："文登营在文登县东北十里。宣德间置，设把总、指挥二人，千户、百户今无定员。马步骑军一千二百人。官取之诸卫所，军取之宁海、威海、成山、靖海四卫。"[④]

雍正《文登县志》记载："宣德四年建文登营设把总一员，指挥一员，中军等官二十三员，旗军一千一百四十名，原额马四百一十四匹，正统间调去京操，马一百五匹除存营，立为马步二十二队。万历二十一年改为守备府，设守备一员、中军一员、哨官二员。"[⑤]

① （清）顾祖禹：《读史方舆纪要》"卷三十六·山东七·登州府"，中华书局，2005年，第1696页。

② （明）郑若曾：《筹海图编》"卷七·山东事宜"，中华书局，2007年，第456页。

③ 张金奎：《明代山东海防研究》，中国社会科学出版社，2014年，第153页。

④ （明）焦希程纂、李光先修：嘉靖《宁海州志》"建制三"，山东省地方史志办公室整理：《山东省历代方志集成》"烟台卷7"，天津古籍出版社，2019年，第4230页。

⑤ （清）赛珠等纂、王一夔修：雍正《文登县志》"卷二·武备"，中共山东省委党史研究院整理：《山东省历代方志集成》"威海卷1"，线装书局，2019年，第358页。

清朝　清代文登营仍旧得以保留，只是将明代的世袭军制改为非世袭的绿营兵制，营官由明代的卫官、世官改为流官，且较明代时职能有所不同，兵员数量也多有增减，在一定时期内仍是胶东半岛最东端的军事防务中心。

清初，文登营仍按明朝守备旧制，营兵取自四卫二所（守御千户所），顺治《登州府志》记载：宁海卫 292 名；威海卫 159 名；成山卫 234 名；靖海卫 213 名；宁津所 68 名；海阳所 74 名，合计 1040 名[①]。可见，驻营兵士分别以相应的数量来源于辖区内的卫和守御千户所，而非一卫或一所之兵士，也非来源于辖区内的备御千户所。

顺治五年（1648 年）文登营设守备，十八年（1661 年）裁，改设副将，同设左、中、右三营职官如下：

营官	设立时间	裁撤时间
副将	顺治十八年（1661 年）	道光三十年（1850 年）改设
中营都司	顺治十八年（1661 年）	康熙十九年（1680 年）
中营守备	顺治十八年（1661 年）	雍正九年（1731 年）改设
右营都司	顺治十八年（1661 年）	康熙五年（1666 年）
右营守备	顺治十八年（1661 年）	康熙五年（1666 年）
左营都司	顺治十八年（1661 年）	康熙十九年（1680 年）
左营守备	顺治十八年（1661 年）	康熙十九年（1680 年）

顺治十八年，文登营改设副将，分中、左、右三营，各以都司领之，增设守备等官，每营马兵 300 名，步兵 700 名，三营共有马步兵 3000 名，此时，文登营兵员在历史上达到顶峰。

雍正九年（1731 年）裁中营守备为中军都司。

道光三十年（1850 年）改文登营副将为水师副将兼管陆路。

同治十二年（1873 年）改水陆副将为登荣两营水师协统领，归抚标管辖，中军都司改为专营都司，即文登营都司；设都司一员，千总二员，把总三员，经制外委四员，额外外委一员，马兵七十三名，步兵三百八名，营马七十八匹，内分防文登县汛千总一员，协防城汛外委一员，马步兵四十三名；荣成县汛千总一员，协防俚岛海汛外委一员，马步兵共七十六名；靖海司汛把总一员，协防石岛海汛外委一员，马步兵共六十六名；海阳县汛把总一员，协防黄岛海汛外委一员，马步兵五十四名。

历史资料　光绪《文登县志》记载："明设三卫以备倭寇，三卫各处一隅，不相统属，宣德间建营，盖以地当三卫之中，南去靖海、东抵成山、北至威海各相去百里之内。设把总为营官，多以指挥为之，盖以节制三卫，联络声援，非以其地当东面之险也，《一统志》误。"[②]

文登营驻军兵士来源和数量在顺治《登州府志》有如下记载："……宁海卫……捕倭军文登营二百九十二名……威海卫……捕倭军文登营一百五十九名……成山卫……捕倭军文登营二百三十四名……

① （清）杨奇烈纂，施闰章修：顺治《登州府志》"卷五·武备"，山东省地方史志办公室整理：《山东省历代方志集成》"烟台卷1"，天津古籍出版社，2019年，第69、70页。

② （清）于霖逢纂，李祖年修：光绪《文登县志》"卷一下·关隘"，中共山东省委党史研究院整理：《山东省历代方志集成》"威海卷2"，线装书局，2019年，第669页。

同治二年（1863年）《文登威海等地古迹图说》温泉都图说中文登营记载

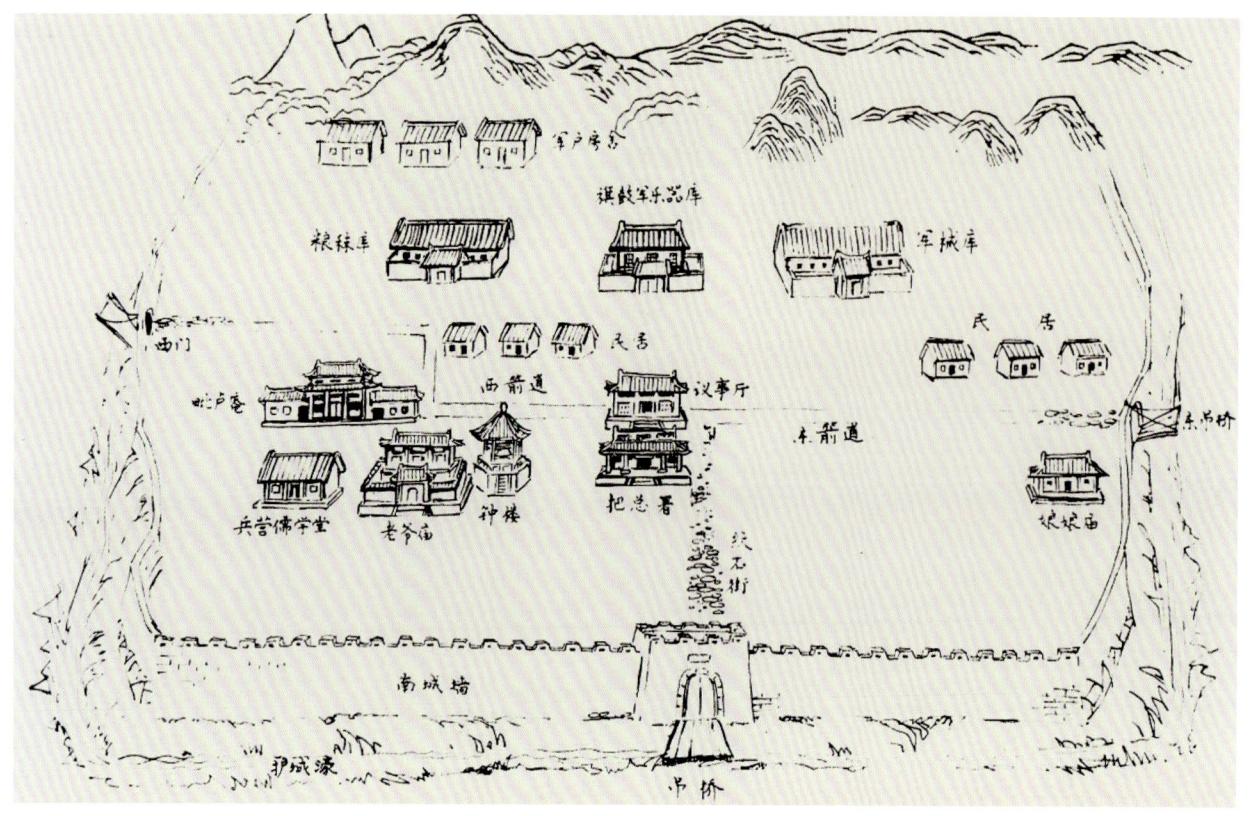

文登营城布局示意图

靖海卫……捕倭军文登营二百一十三名……宁津守御千户所……捕倭军文登营六十八名……海阳守御千户所……捕倭军文登营七十四名……"①

光绪《增修登州府志》记载：顺治五年，设守备一员、千总一员、把总二员，为守备营仍明旧制；顺治十八年，文登营改设副将，分中、左、右三营，各以都司领之，增设守备等官，每营马兵三百名，步兵七百名；康熙四年，每营裁马一百匹改为步兵，又裁中营步兵二十八名，左营步兵十三名，右营步兵十二名；五年裁右营并入中左二营，每营兵仍千名；六年拨千总一员，马步兵二百名赴泰安营；七年裁兵一百十七名；十九年拨都司二员、守备二员，兵八百四十二名为宁福营，改本标为城守营，即以副将领之，遂不设都司，至二十三、三十四等年裁马步兵一百八十一名；雍正元年拨马步兵二十二名归兖州镇；九年改守备为都司，金书十三年收镇标中右二营马兵十四名，步兵三十名，至乾隆间额马守兵六百七十六名；四十七年裁马兵二十六名，步兵四十四名，四十八年裁步兵二十八名，嘉庆二十一年拨把总一员，马兵七名，步兵三十名归曹州镇；道光十二年裁马兵四名，步兵九名；三十年改副将为水师副将兼管陆路，裁额外外委一名，马兵三十名，步兵一百四名；同治元年拨马兵二名，守兵十一名归濮州营；七年拨马守兵九十一名，赴烟台教练洋枪；十二年改水陆副将为登荣两营水师协统领，归抚标管辖，中军都司改为专营都司，今实额都司一员，千总二员，把总三员，经制外委四员，额外外委一员，马兵七十三名，步兵三百八名，营马七十八匹，

---

① （清）杨奇烈纂，施闰章修：顺治《登州府志》"卷五·武备"，山东省地方史志办公室整理：《山东省历代方志集成》"烟台卷1"，天津古籍出版社，2019年，第69、70页。

内分防文登县汛千总一员，协防城汛外委一员，马步兵四十三名；荣成县汛千总一员，协防俚岛海汛外委一员，马步兵共七十六名；靖海司汛把总一员，协防石岛海汛外委一员，马步兵共六十六名；海阳县汛把总一员，协防黄岛海汛外委一员，马步兵五十四名；岁额粮饷共银玖仟捌佰余两，马兵每名每月饷银贰两米折银贰钱，步兵每名每月饷银壹两米折银贰钱柒分，战马每匹每月乾银玖钱[①]。

过文登营[②]

（明）戚继光

冉冉双幡度海涯，晓烟低护野人家。

谁将春色来残堞，独有天风送短笳。

水落尚存秦代石，潮来不见汉时槎。

遥知百国微茫外，未敢忘危负岁华。

　　文登营遗址，明宣德二年于县城内西门里设文登营。宣德十年，东迁 5 公里建土城，高近 3 米，周 1.5 公里，东西南 3 门。清末，仅存南门，横额内刻"齐东重镇"，刻石高 42 厘米，宽 95 厘米，落款小字已难辨认；外刻"东方名藩"，石高 46 厘米，宽 104 厘米。落款小字为："文□营总镇□□沿海军把总成山卫□……"相传为戚继光所题。此二石至今犹在，但土城已不在，南城门于 1954 年建供销社拆除。原营东 1.5 公里设教练场和分阅厅、旗纛庙，周 1.5 公里，建筑物已不存[③]。

　　文登营遗址，明宣德二年（1427 年）于县城内西门里设文登营。宣德十年，东迁 5 公里建土城，高近 3 米，周 1.5 公里，共有东、西、南三门。在营东 1.5 公里设教练场和分阅厅、旗纛庙。清末，仅存南门，横额内刻"齐东重镇"，刻石高 42 厘米、宽 95 厘米，落款小字已难辨认；外刻"东方名藩"，石高 46 厘米，宽 104 厘米。落款小字为："文□营总镇□□沿海军把总成山卫□……"相传为明代抗倭名将戚继光所题。此二石现由文登区博物馆收藏。但土城已不在，南城门于 1954 年建供销社时被拆除。周 1.5 公里，建筑物已不存[④]。

① （清）周悦让、慕荣幹纂，方汝翼、贾湖修：光绪《增修登州府志》"卷十一·军垒"，山东省地方史志办公室整理：《山东省历代方志集成》"烟台卷1"，天津古籍出版社，2019年，第686、687页。

② 本诗出自（明）戚继光：《止止堂集》。

③ 文登市地方史志编纂委员会：《文登市志》，中国城市出版社，1996年，第795页。

④ 文登文化志编纂委员会：《文登文化志》，中国文史出版社，2017年，第155页。

明代文登营职官名录表（部分）

职衔	姓名	任职时间	原任职衔	备注
把总 （宣德四年设）	袁琮	不详	不详	
	王柱	不详	不详	
	王梦	不详	不详	
	李鉴	不详	不详	
	王雄	景泰间	不详	文登营把总、捕倭明威将军、指挥佥事
	王恺	弘治间	威海卫指挥佥事	
	王瀛	正德间	正德间，袭宁海卫千户，调福山所，后升本卫指挥	后升山东司领秋班，授护国大将军
	许文	正德间	不详	
	刘平	正德间	威海卫指挥使	
	石守忠	嘉靖二十八年	成山卫指挥佥事	升至备倭都司
	袁贡	嘉靖间	武举，成山卫指挥佥事	
	刘绍远	嘉靖间	不详	登州卫人
	商之霖	嘉靖间	靖海卫指挥使	靖海卫人
	李桢	万历间	宁海卫指挥使	
	侯永沐	万历间	宁海卫指挥使	
	林起庸	万历间	不详	
守备 （万历十九年设）	罗袍	万历十九年	莱州卫指挥使	
	王建极	万历二十年	安东卫指挥同知	
	张楷	万历二十一年	武进士，济宁卫署指挥佥事	
	杨如松	万历二十三年	安东卫指挥佥事	
	裴虞度	万历二十四年	登州卫指挥同知	
	王家将	万历二十五年	安东卫指挥使	
	李茂实	万历三十二年	青州左卫指挥同知	
	戈定远	万历三十六年	临清卫指挥使	
	费惠	万历三十九年	武举，济南卫指挥佥事	
	胡来贡	万历四十年	东昌卫指挥佥事	
	彭云翮	万历四十四年	莘县人，武进士	升都司
	周鸿谟	万历四十八年	即墨武进士	
	房可宗	天启四年	不详	益都人（以后无考）

本表据（清）光绪《文登县志》"卷五·职官一"制作

清代文登营职官表

姓名	任职时间	雍正《文登县志》、光绪《文登县志》记载内容	康熙《登州府志》、中国第一历史档案馆资料补充
守备［顺治五年（1648年）设，十八年裁］			
郑藩周	顺治五年	铁岭人，五年任	辽东铁岭人，顺治五年任文登营守备（康熙《登州府志》武备八）
刘正学	顺治十二年	字止一，安丘人，学识渊博，升抚标中军	安丘人，顺治十二年任文登营守备（康熙《登州府志》武备八）
董世亨	顺治十四年	永平人	永平人，顺治十四年任文登营守备（康熙《登州府志》武备八）
副将［顺治十八年（1661年）设，道光三十年（1850年）改水师副将兼管陆路，同治十二年（1873年）裁归抚标］			
刘进宝	顺治十八年	辽东人，十八年任，贼氛未靖，剿抚有功，升南赣总兵	以下为中国第一历史档案馆相关资料补充
康国臣	康熙十年	山西沁源人，十年任，调通州	
吴起龙	康熙十六年	四川资阳人，十六年任，因兵哗噪提监治罪	
王秉耀	康熙十八年	福建人，十八年任，升正定总兵	
张祚	康熙二十二年	福建人，二十二年任，调镇远	
康国臣	康熙二十三	山西沁源人，二十三年再任，调杭州	
王执中	康熙二十三年	正黄旗人，二十三年任，卒于任	
王国宪	康熙二十六年	湖广衡山人，二十六年任，致仕	
孟大志	康熙三十九年	江南上元人，三十九年任，调石匣	
叶纪	康熙四十年	浙江人，四十年任，因兵哗噪降调	
吴坤	康熙四十年	陕西宁夏人，四十年任，调镇远	
张陈武	康熙四十七年	福建南靖人，四十七年任，致仕详政绩□	
林兆麟	康熙四十七年至五十五年	福建诏安人，四十七年任，卒于任	康熙五十五年，病故
张殿臣	康熙五十五年	贵州铜仁人，武进士侍卫，五十五年任，调靖□	
黄元骧	康熙五十八年	福建人，五十八年任，调临清	
冯廷辅	康熙六十一年	陕西榆林人，六十一年任，调浔州	
梁永僖	雍正元年	正白旗人，元年任，升左江总兵	
曾谟	雍正三年	山西大同人，三年任（雍正《文登县志》编纂时现任）	
陈金秀	雍正八年	四川人，八年任	
薛翰	雍正九年	大同人，九年任	
袁士弼	乾隆元年	直隶人，元年任	

续表

姓名	任职时间	雍正《文登县志》、光绪《文登县志》记载内容	康熙《登州府志》、中国第一历史档案馆资料补充
马世勋	乾隆四年至五年	江西人，四年任	乾隆三年核议补授，五年病故
卢廷魁	乾隆五年至十年	四川人，五年任	乾隆五年核议补授，十年因病解任回籍
张照	乾隆十年至十四年	汉军旗人，十年任	乾隆十四年病故
马魁	乾隆十五年至十七年	肃州人，十五年任	乾隆十七年病故
札尔杭阿	乾隆十五年至十九年	十六年署任	乾隆十七年题请补授，十九年回京另用
伊常阿	乾隆十九年	十九年署任	
德昌	乾隆二十年	镶黄旗人，二十年任	
爱隆阿	乾隆二十七年	二十七年署任	
张大经	乾隆二十八年	凤台武状元，二十八年任	乾隆二十八年核议补授
荣士杰	乾隆三十四年至三十八年	通州人，三十四年任	乾隆三十四年核议升补，三十八年患病休致
丰伸	乾隆三十八年	三十八年署任	豊伸，乾隆三十八年委令署理
王普	乾隆三十九年	固安人，三十九年任	乾隆三十八年核议升署
德亮	乾隆四十年至四十三年	正蓝旗人，四十年任	乾隆四十年核议补授，四十三年病故
保伦	乾隆四十三年	四十三年署任	
海龄	乾隆四十四年	四十四年署任	乾隆四十四年病故
刚塔	乾隆四十四年	文登志无，一档补充	乾隆四十四年核议升署
五云保	乾隆四十五年	四十五年署任	乾隆四十四年委令署理
文坛	乾隆四十六年	曲沃武进士，四十六年任	乾隆四十五年核议补授
伊苏泰	乾隆四十七年至五十三年	正蓝旗人，四十七年任	乾隆四十八年核议升补，五十三年旧伤复发解任回旗
富宽	乾隆五十四年	镶黄旗人，五十四年任	乾隆五十三年核议补授，嘉庆四年升任登州镇总兵
罗增	嘉庆元年	元年护任	
岳廷榆	嘉庆四年	四年署任	
何耀泰	嘉庆六年至十三年	香山武进士，六年任	嘉庆五年核议补授，十三年病故
关腾	嘉庆十一年	厢黄旗人，十一年署任	嘉庆十一年委任署理
覃廷	嘉庆十三年	文登志无，一档补充	德州营参将，嘉庆十三年署理
八十	嘉庆十四年	宗室镶黄旗人，十四年任	

姓名	任职时间	雍正《文登县志》、光绪《文登县志》记载内容	康熙《登州府志》、中国第一历史档案馆资料补充
海凌阿	嘉庆十六年	镶黄旗人，十六年任	
明山	嘉庆十七年至十九年	镶黄旗人，十七年任	嘉庆十六年核议升补，十九年革职
白凤池	嘉庆十九年	荥阳武进士，十九年任	
常鸣盛	嘉庆二十年	新城武进士，二十年任	嘉庆十九年题请升补
杨辅义	嘉庆二十五年	宣化人，二十五年任	
福隆阿	道光元年	镶白旗蒙古，元年任	福宁阿，嘉庆二十五年题请升补
潘遇龙	道光二年	大荔武进士，二年署	
庆麟	道光二年	正黄旗人，二年任	
桂明	道光五年	镶红旗人，五年署	
成玉	道光六年	正红旗蒙古，六年任	道光四年核议升补
范树桐	道光七年	镶黄旗汉军，七年任	道光十一年保举陆路总兵
珠克登额	道光十四年	镶黄旗人，十四年署	
柯德魁	道光十四年	息县人，十四年任	
富森泰	道光十五年、二十三年	镶白旗蒙古，十五年署。二十三年复署	
梁胜灏	道光十五年	镶红旗汉军，十五年任	道光十五年题请补授
三星保	道光二十一年	镶黄旗人，二十一年署	
瑞福	道光二十二年	正黄旗人，二十二年任	道光二十二年核议补授
杨录之	道光二十四年	二十四年任	杨录之，道光二十三年题请补授
广泰	道光二十六年	镶黄旗人，二十六年署	
景琳	道光二十七年	镶黄旗蒙古，二十七年任	
郑连登	道光三十年	龙溪人，三十年任	
罗朝辅	咸丰元年	黄岩人，元年署	
沙兆龙	咸丰三年	阳江人，三年任	
邬秉成	咸丰四年	浙江人，四年署	
黄登第	咸丰年间	吴县人	
陈廷芳	咸丰年间		咸丰五年，患病勒休
施元敏	同治二年	元和人，二年署	一档记载同治元年
冯太隆	同治六年	江苏人，六年署	
李国安	同治八年	蓬莱人，八年署	

姓名	任职时间	雍正《文登县志》、光绪《文登县志》记载内容	康熙《登州府志》、中国第一历史档案馆资料补充
刘蒋华	同治九年至十二年	广东人，九年署。十二年革职，改为登荣水师副将，裁归抚标，驻登州	
中营都司 [顺治十八年（1661 年）设，康熙十九年（1680 年）裁]			
王允升	顺治十八年	十八年任	
傅祖禄	康熙元年	浙江人，元年任，升□州游击	
张元经	康熙九年	福建惠安人，九年任，升宁夏游击	
石镌铭	康熙十五年	陕西镇番卫人，十五年任	
中营守备 [顺治十八年（1661 年）设，雍正九年（1731 年）裁]			
陈弘	顺治十八年	顺天人，十八年任	
佟国辅	康熙		
潘元亮	康熙十年	浙江钱塘人，十年任	
高元鼎	康熙十九年	十九年任	
金宫声	康熙二十四年	陕西榆林人，二十四年任，升武定游击	
胡士（仕）选	康熙二十七年	直隶易州人，二十七年任，卒于任	
樊宏业	康熙三十八年	陕西榆林人，武举，三十八年任，卒于任	
简成龙	康熙四十一年	陕西安边人，四十一年任，升寿张游击	
冯有荣	康熙四十一年	山东蓬莱人，四十一年任，调三河	
吴廷仪	康熙五十八年	江南江都人，武进士，五十八年任，卒于任	
丁起龙	康熙六十年	贵州人，六十年任（雍正《文登县志》编纂时现任）	
刘兴国	雍正七年任	四川人，七年任	
左营都司 [顺治十八年（1661 年）设，康熙十九年（1680 年）裁]			
陈善教	顺治十八年	丰润人，十八年任	
李华	康熙十年	永宁人，十年任	
曹九斌	康熙年间	浙江武进十	
左营守备 [顺治十八年（1661 年）设，康熙十九年（1680 年）裁]			
张弘祚	顺治十八年	安肃人，十八年任	
司玉	康熙三年	平阴人，三年任	
刘昌隆	康熙年间		

姓名	任职时间	雍正《文登县志》、光绪《文登县志》记载内容	康熙《登州府志》、中国第一历史档案馆资料补充
右营都司［顺治十八年（1661年）设，康熙五年（1666年）裁］			
王才	顺治十八年	河南人，十八年任	
右营守备［顺治十八年（1661年）设，康熙五年（1666年）裁］			
张自明	顺治十八年	陕西扶风人，十八年任	
王湄	康熙二年	江南含山人，武举，二年任	
中军都司［雍正九年（1731年）设，同治十二年（1873年）山东巡抚丁宝桢奏：文登协水陆副将改为统领登荣两营水师协副将，其文登陆营改为都司专营，一切仍循其旧。所有文登营中军都司，即应照章删去"中军"字样，改为文登营都司，仍旧登州镇总兵统辖］			
阮奇	雍正十一年至乾隆二年	蓬莱人，十一年任	
许文禄	乾隆二年至十五年	黄岩人，二年任	乾隆十五年，萎靡昏庸题请参处
石廷显	乾隆十六年	山西人，十六年任	乾隆十五年题请补授
薛隆绍	乾隆十九年	高密人，十九年署	
袁大昇	乾隆二十一年至二十二年	陕西人，二十一年任	乾隆二十年核议补授，二十二年病故
王自强	乾隆二十二年	德州人，二十二年署	
王祖武	乾隆二十四年至三十二年	正定武进士，二十四年任	乾隆二十二年题请补授，三十二年病故
冯守纪	乾隆三十二年	完县人，三十二年任	乾隆三十二年核议补授
程垣	乾隆四十年	宛平武进士，四十年任	乾隆三十九年核议补授
钮元标	乾隆四十九年	湖州武进士，四十九年任	乾隆四十八年核议补授
姚国栋	乾隆五十二年	五十二年署	
罗文鉴	乾隆五十三年至五十六年	江夏人，五十三年任	乾隆五十三年题请补授，五十六年患病解任回籍
梁焕	乾隆五十六年	镇远府清江厅人，五十六年署。嘉庆元年任。祀郡城照忠词	嘉庆二年核议补授
张云程	乾隆五十七年	禹州武举，五十七年任	乾隆五十六年核议补授
那木通阿	嘉庆五年至八年	正自旗人，五年任	嘉庆八年病故
王瑾瑜	嘉庆八年	掖县武举，八年署	
海凌阿	嘉庆八年	八年任，十六年升副将	
宋恺	嘉庆十八年至道光元年	历城人，十八年任	嘉庆十八年题请升补，道光元年患病解任回籍
李国栋	道光元年	齐东人，元年任	
刘兴隆	道光二年至道光十年	峄县人，二年任	道光十年撤任

姓名	任职时间	雍正《文登县志》、光绪《文登县志》记载内容	康熙《登州府志》、中国第一历史档案馆资料补充
刘德尊	道光十一年	蓬莱人，十一年署	
庆龄	道光十三年至十六年	正黄旗人，十三年任	道光十二年题请补授，十六年病故
徐英扬	道光十六年	兰山人，十六年署	
李常刚	道光十八年	菏泽云骑尉，十八年任	道光十六年题请补授
娄世堃	道光二十二年至二十三年	山阴人，二十二年任	道光二十三年旧病复发勒休
张天禄	道光二十三年	正红旗汉军，二十三年署	
冯化青	道光二十四年	直隶宣化人，二十四年任	道光二十三年核议升补
王尧年	道光二十七年	沈丘人，二十七年署	
武殿魁	道光二十八年	历城人，二十八年任。奉檄出师，临清阵亡	道光二十八年核议补授
胥联芳	咸丰三年	历城人，三年署	
刑长麟	咸丰四年	长清人，四年署	
安喜	咸丰八年	正红旗人，八年任	咸丰七年题请拟补，八年题请调补山东临清营并史长清升补
丁玉清	咸丰年间至咸丰十一年	文登志无，一档补充	咸丰十一年因病出缺
禄彰	咸丰九年	镶黄旗蒙古，九年署	同治元年核议补授
武尚文	同治元年	殿魁子，元年署	
孔继武	同治二年至光绪三年	郓城人，二年任。十二年改为专营都司	光绪三年病故
金榜贤	光绪二年、十六年至十八年	历城武举，二年署。十六年复任	光绪十五年升补，十八年因病出缺
王汝忠	光绪三年	福山人，三年署	
马秉阿	光绪四年至五年	历城人，四年署	光绪五年病故
刘殿元	光绪五年	德州人，五年署	
李鸿庆	光绪五年	历城人，五年署	
姚舒鹏	光绪六年	钜野人，六年任	光绪三年题请补授，光绪十三年署曹州镇标临清营
石殿升	光绪十二年	临邑人，十二年署	
李联功	光绪十四年	文登志无，一档补充	光绪十四年借补
唐文箴	光绪十五年	寄籍历城，十五年署	
杨飞鹏	光绪十八年	大名人，蓝翎侍卫，十八年任	

姓名	任职时间	雍正《文登县志》、光绪《文登县志》记载内容	康熙《登州府志》、中国第一历史档案馆资料补充
马贵林	宣统二年	文登志无，一档补充	宣统二年借补
水师守备［道光三十年设，为协标水师中军，专防东汛。同治十二年，裁归抚标］			
刘仁绪	道光三十年	荣成人，三十年任	
叶国栋	咸丰元年	福建武举，元年任	
黄福兴	咸丰二年	广东人，二年任	
李永福	同治四年	胶州人，四年任	同治六年病故
荣成县汛左哨千总、俚岛外委、石岛外委、俱本营分防			
文登县汛右哨千总			
孙连官	乾隆十三年	十三年任	
孙文泰	乾隆十九年	十九年任	
秦先甲	乾隆二十四年	历城人，二十四年任	
李元虎	乾隆三十一年	蓬莱人，三十一年任	
李长城	乾隆三十二年	新城人，三十二年任	
张学孟	乾隆三十七年	益都人，三十七年任	
曹国珍	乾隆四十年	宁海人，四十年任	
刘振邦	乾隆四十八年	蓬莱人，四十八年任	
赵连甲	乾隆五十八年	齐河武举，五十八年任	
赵清洁	嘉庆六年	胶州人，六年任	
姜元英	嘉庆二十一年	宁海人，二十一年任	
沈灵芝	道光二十五年	莱阳人，二十五年任	
韩清杰	咸丰八年	掖县人，八年任	
陈兆麟	同治十三年	历城人，十三年任	
曲希禄	光绪十年	蓬莱人，十年任	
王殿选	光绪十一年、十八年	临淄武举，十一年任。十八年复任	
王永庆	光绪十三年	即墨武举，十三年任	
靖海汛右哨头司把总［驻靖海］			
［本城外委、靖海司汛把总、俱本营分防。威海司汛把总、祭祀台外委，俱宁福营分防］			
海阳汛左哨二司把总［驻海阳县。本营分防］			
存营扫肖头司把总［嘉庆二十一年，奉文裁拨曹州］			
存营右哨二司把总［额设阴阳学训术一员，医学训科一员，僧会司僧会一员，道会司道会一员］			

本表根据（清）雍正《文登县志》、（清）光绪《文登县志》、（清）康熙《登州府志》、中国第一历史档案馆相关资料整理

寨/屯遗址

长会寨遗址

位　　置　文登区侯家镇寨前杨家村东北 1000 米

始设年代　元代

文保级别　尚未核定为文物保护单位

概　　况　遗址位于坡地之上。遗址周围地势北侧较高，南侧较低，呈缓坡地带。长会寨遗址南距海岸 450 米，东南与主到寨隔海相望，相距 5.4 千米，距靖海卫城 19.4 千米。

遗址为 2008 年 3 月第三次全国文物普查时首次调查：（A30）长会寨寨址（侯家镇寨前杨家村东北·1000 米·元代），寨址位于丘陵台地之上，北面地势较高，南面呈缓坡地带。西北距上冷家村 500 米，东偏北 500 米是下冷家村，南距大海约 3 千米，17 县道从遗址的中北部穿过。据村中老人讲，原长会寨边长约 300 米，为正方形土寨，夯土墙底宽约 10 米，高约 7 米，土墙上间隔筑瞭望台，与西 1 千米外的烽火台相呼应。南门外有炮台，寨内设露天大堂，土筑，砖石护面，有瓦房兵舍。20 世纪 80 年代后，填海、修路，土寨遭破坏，今仅存北墙 50 米。寨墙呈梯形，底部厚 4 米，顶部不平整；最高处位于残墙中部，高约 9 米，两端高约 5 米。从西侧断面上看寨墙为夯筑。在残墙中部采集到两块砖。在耕地中随处可见破碎的瓦片，耕地边还有少量的残砖、碎瓦。据《明史·兵志》记载，洪武十七年汤和巡沿海建诸城，二十三年建五总寨

长会寨遗址位置图

长会寨遗址卫星图

长会寨遗址北寨墙东段东侧现状（东向西摄）　　　　　长会寨遗址北寨墙东段西侧及断面现状（西向东摄）

长会寨遗址寨内遗迹现状（南向北摄）　　　　　　　　长会寨遗址寨内现状（南向北摄）

于宁海卫，共辖小寨四十八，盖时未立卫所，防海之兵屯于土寨[①]。

　　2021年调查发现，现存北寨墙东段，南寨墙的西段及东寨墙的东南角一段。残存北寨墙受雨水侵蚀，寨墙呈梯形，从西侧断面上看寨墙为夯筑，北寨墙残长66.5米，宽11.5米，残高最高处5.2米，"三普"时在残墙中部采集到两块砖。寨址中央遗存土台一座。残存的南寨墙残长121.5米，残宽最宽处8.7米，残高2.2米，残存的南寨墙西侧被一条村路分为两个部分。军寨东南角清晰可辨，下方有道路，东寨墙残存28.5米，宽3米，高2米。在遗址内田地中随处可见破碎的瓦片，地边还有少量的残砖、碎瓦。寨内植被以农作物和杂草为主，17县道两侧种植有杨树。附近村民称，原长会寨边长约300米，为正方形土寨，夯土墙底宽约10米，高约7米，土墙上间隔筑瞭望台，与西1千米外的寨前杨家墩台相呼应。南门外有炮台，寨内设露天大堂，土筑，砖石护面，有瓦房兵舍。20世纪80年代后，挖土填海、修路，土寨遭破坏。

历史资料　　《文登市志》记载：长会寨遗址位于侯家镇寨前杨家村东北1千米。边长300米，正方形土寨，"长会寨"3字，1958年以前尚存。元代防倭所设，原有南大门，门脸以条石为基，砖墙，门南有土炮台；南西段有小门；城墙均土筑，底宽10米左右，高7米左右，土墙上间隔筑瞭望台，与西1.5千米的烟墩相

① 威海市文物管理办公室：《追寻历史——威海市第三次文物普查成果巡礼》，青岛出版社，2012年，第129页。

望。寨内露天大堂，土筑砖石护面，另有兵舍等瓦房。今仅存北墙约 60 米段，南门附近 10 米段。大青砖、青瓦、红砖多处可见①。

长会寨寨址，位于侯家镇寨前杨家村东北 1000 米，寨址位于丘陵台地之上，北面地势较高，南面呈缓坡地带。据村中老人说，原长会寨边长约 300 米，为正方形土寨，夯土墙底宽约 10 米，高约 7 米，土墙上间隔筑瞭望台，与西 1 公里外的烽火台相呼应。南门外有炮台，寨内设露天大堂，土筑，砖石护面，有瓦房兵舍。20 世纪 80 年代，填海、修路，土寨遭破坏，今仅存土墙 50 米②。

长会寨寨址，位于侯家镇寨前杨家村东北 1000 米处，属明代。寨址位于丘陵台地之上，北面地势较高，南面呈缓坡地带。西北距上冷家村 500 米，东偏北 500 米是下冷家村，南距海约 3 公里，17 县道从遗址的中北部穿过。据村中老人说，原长会寨边长约 300 米，为正方形土寨，夯土墙底宽约 10 米，高约 7 米，土墙上间隔筑瞭望台，与西 1 公里外的烽火台相呼应。南门外有炮台，寨内设露天大堂，土筑，砖石护面，有瓦房兵舍。20 世纪 80 年代后，因填海、修路，土寨遭破坏，今仅存北墙 50 米。残存寨墙受雨水侵蚀，寨墙呈梯形，底部厚 4 米，顶部不平整，最高处位于残墙中部，高约 9 米，两端高约 5 米。从西侧断面上看寨墙为夯筑。在残墙中部采集到两块砖。在耕地中随处可见破碎的瓦片，耕地边还有少量的残砖碎瓦。据《明史·兵志》记载：洪武十七年汤和巡沿海建诸城，二十三年建五总寨于海宁卫，共辖小寨四十八，当时未立卫所，防海之兵屯于土寨③。

《明太祖实录》记载："洪武二十五年十一月，山东都指挥使周房奏言，所属宁海、莱州二卫，东濒巨海、途岸纡远、难于防御。近者审择莱州要害之处，当置八总寨以辖四十八小寨，其宁海卫亦宜置五总寨，以备倭夷，诏从之。"④长会寨遗址等胶东沿海部分军寨即可能为这一历史时期所建。

民国《牟平县志》记载："明史兵志：洪武十七年，汤和筑沿海诸城；二十三年，建五总寨于宁海卫，与莱州八总寨，共辖小寨四十八。复命徐辉祖巡视沿海以防倭。迨承平既久，惟卫所诸城尚有民居，其余小寨半皆坍塌，仅遗古址而已（本县土寨遗址，北海岸有清泉寨、金沟寨、马山寨、鹤止寨、金山寨，南海岸有南寨、万家寨、孙家寨等），历代以来，海上所以多废垒也。"⑤由此推测长会寨遗址可能为明朝初年胶东沿海防倭所建众多军寨之一。

清雍正《文登县志》记载明代靖海卫辖军屯二十六处：曰桃花石、曰刘家莹、曰长会寨、曰臻子沟、曰殿山院、曰古獐、曰古獐河、曰王家岛、曰五里岛、曰泊子、曰徭南泊、曰泊子、曰青梓罗顶、曰金家庄、曰峰山、曰五里寨、曰大圣院、曰瓜篓寨、曰柘岛、曰郑山、曰管山、曰黑石埠、曰桃子山、曰狼狼、曰狼尾、曰草埠⑥。由此推测，长会寨遗址还有可能为明代靖海卫军屯或仓储驻地。

---

① 文登市地方史志编纂委员会编纂：《文登市志》，中国城市出版社，1996 年，第 795 页。

② 文登地名志编纂委员会：《文登地名志》，天津古籍出版社，2016 年，第 613 页。

③ 文登文化志编纂委员会编纂：《文登文化志》，中国文史出版社，2017 年，第 163 页。

④《明太祖实录》"卷二百二十二·洪武二十一年十一月乙酉"，"中研院"历史语言研究所校印，上海书店出版社，1962 年，第 3244 页。

⑤ 于清泮纂，宋宪章等修：民国《牟平县志》"卷十·文献志·杂志·轶事"，山东省地方史志办公室整理：《山东省历代方志集成》"烟台卷 8"，天津古籍出版社，2019 年，第 5209 页。

⑥（清）赛珠等纂，王一夔修：雍正《文登县志》"卷二·武备"，中共山东省委党史研究院整理：《山东省历代方志集成》"威海卷 1"，线装书局，2019 年，第 359 页。

寨颜家寨遗址

位　　置　文登区侯家镇寨颜家村西
300 米

始设年代　明代

文保级别　尚未核定为文物保护单位

概　　况　遗址位于丘陵台地上，地势
较高，视野开阔，遗址周围为农田，东
南距海岸 2.6 千米，西距原古代海岸线
2.3 千米，南距于家寨（已消失）3.4 千
米，西北 200 米坡顶有寨颜家墩遗址。

遗址为第二次全国文物普查时首次
调查：（23-A23）寨颜家寨址（侯家镇
寨颜家村西·明代），明洪武二十三年
（1390 年）防御倭寇修筑的军寨。平面
呈方形，边长 95 米。黄褐土夯筑寨墙，
南墙辟一寨门。现除北墙基本完好外，
其余大部分于 1968 年整地时破坏，墙
基宽 10 米，残高 8 米，横断面呈梯形。
寨内原有水井一口，已填平[1]。

2008 年 3 月，第三次全国文物普
查时复查：（A32）寨颜家寨址（侯家
镇寨颜家村西 500 米·明代），寨址东
西长 100 米，南北宽 90 米，总面积为
9000 平方米。寨墙破坏严重，仅存北部
和东部。墙基宽 10 米，残高 8 米，断
面呈梯形。现寨内为村民耕种所用[2]。

2021 年调查发现，遗址保存情况一
般，第三次全国文物普查资料显示寨址
东西长 100 米，南北宽 90 米，寨墙周
长 380 米，总面积为 9000 平方米。现
仅存北、东两段寨墙及寨墙东北角、西

---

① 国家文物局：《中国文物地图集·山东分册》，
　中国地图出版社，2007年，第598页。
② 威海市文物管理办公室：《追寻历史——威海市
　第三次文物普查成果巡礼》，青岛出版社，2012
　年，第130页。

寨颜家寨遗址位置图

寨颜家寨遗址卫星图

寨颜家寨遗址东北角寨墙现状（寨外，东向西摄）

北角保存较为完整。北寨墙长 68 米，东寨墙长 64 米，西寨墙仅保留北侧一小段寨墙，残长 17.5 米，最高处为 4.9 米，墙体截面呈梯形，西寨墙南侧仅见墙基。现寨颜家寨遗址内为村民耕种用地。

历史资料　寨颜家古寨遗址，位于侯家镇寨颜家村西 500 米处。边长 300 米，正方形，面积约 9 万平方米。元、明之际，防倭所筑。现寨墙的基本规模可见，寨北墙残迹尚存，其余皆夷为平地[①]。

寨颜家寨址，位于侯家镇寨颜家村西 500 米。属明代。寨址东西长 100 米、南北宽 90 米，总面积为 9000 平方米。寨墙破坏严重，仅存北部和东部。墙基宽 10 米，残高 8 米，断面呈梯形。现寨内为村民耕种所用[②]。

《明太祖实录》记载："洪武二十五年十一月，山东都指挥使周房奏言，所属宁海、莱州二卫，东濒巨海、途岸纡远、难于防御。近者审择莱州要害之处，当置八总寨以辖四十八小寨，其宁海卫亦宜置五总寨，以备倭夷，诏从之。"[③] 寨颜家寨遗址等胶东沿海部分军寨可能即为这一历史时期所建。

民国《牟平县志》记载："明史兵志：洪武十七年，汤和筑沿海诸城；二十三年，建五总寨于宁海卫，与莱州八总寨，共辖小寨四十八。复命徐辉祖巡视沿海以防倭。迨承平既久，惟卫所诸城尚有民居，其余小寨半皆坍塌，仅遗古址而已（本县土寨遗址，北海岸有

---

① 文登市地方史志编纂委员会编纂：《文登市志》，中国城市出版社，1996年，第794页。

② 文登文化志编纂委员会编纂：《文登文化志》，中国文史出版社，2017年，第164页。

③ 《明太祖实录》"卷二百二十二·洪武二十一年十一月乙酉"，"中研院"历史语言研究所校印，上海书店出版社，1962年，第3244页。

寨颜家寨遗址北寨墙现状

寨颜家寨遗址北寨墙东段及东北角寨墙现状

寨颜家寨遗址南北墙现状（寨外，西向东摄）

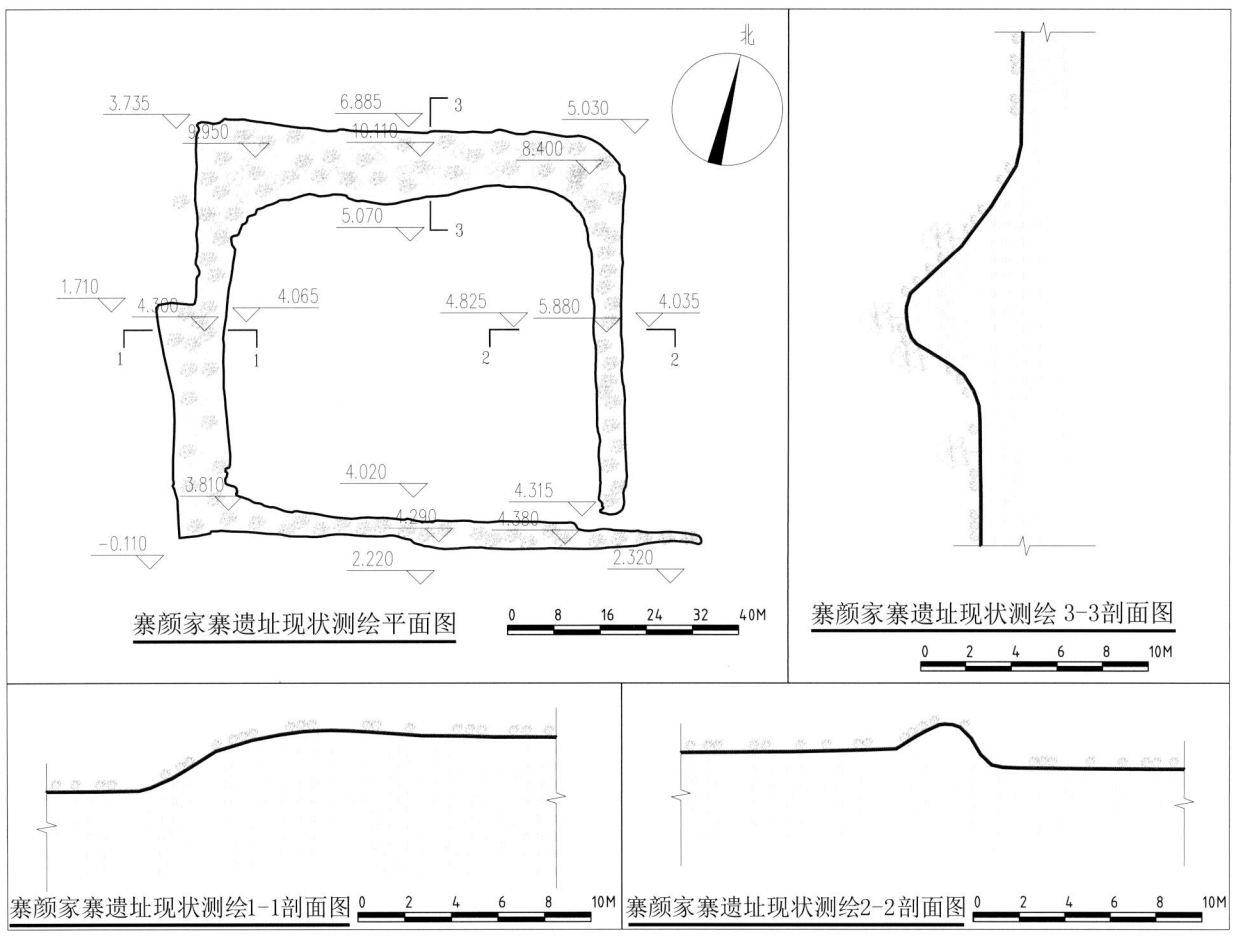

寨颜家寨遗址现状测绘平面图

寨颜家寨遗址现状测绘3-3剖面图

寨颜家寨遗址现状测绘1-1剖面图

寨颜家寨遗址现状测绘2-2剖面图

寨颜家寨遗址平、剖面图

清泉寨、金沟寨、马山寨、鹤止寨、金山寨，南海岸有南寨、万家寨、孙家寨等），历代以来，海上所以多废垒也。"[1] 由此推测寨颜家寨遗址可能为明朝初年胶东沿海防倭所建众多军寨之一。

---

[1] 于清泮纂，宋宪章等修：民国《牟平县志》"卷十·文献志·杂志·轶事"，山东省地方史志办公室整理：《山东省历代方志集成》"烟台卷8"，天津古籍出版社，2019年，第5209页。

于家寨（遗址）

位　　置　文登区泽库镇南岭村西北300米

始设年代　明代

文保级别　已消失

概　　况　遗址位于坡地上，地势较高，视野开阔，遗址周围为农田。寨址东侧距海岸约500米（近海养殖池），东南距海岸约2.5千米，南距胡家寨遗址约1.9千米，西距海岸约1.9千米，北距寨颜家寨遗址约3.4千米。

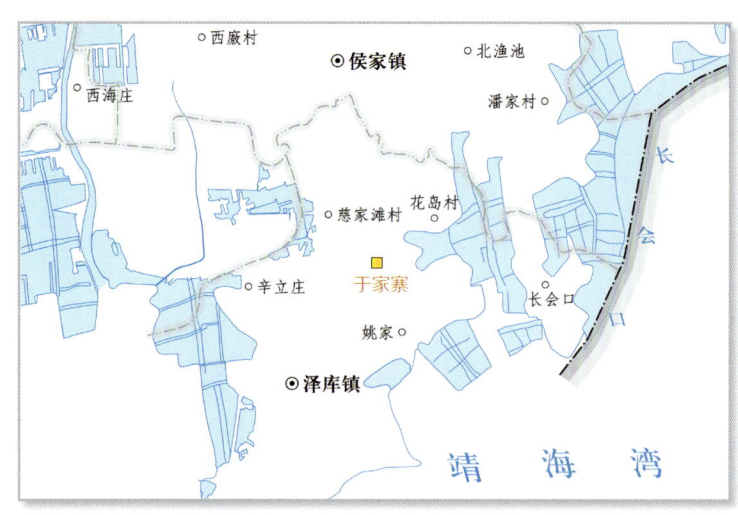

于家寨（遗址）位置图

遗址位于泽库乡南岭村西北500米处，长宽各200米，建于元明之际。20世纪50年代，土城墙尚存多处，今为平地[1]。

《明太祖实录》记载："洪武二十五年十一月，山东都指挥使周房奏言，所属宁海、莱州二卫，东濒巨海、途岸纡远、难于防御。近者审择莱州要害之处，当置八总寨以辖四十八小寨，其宁海卫亦宜置五总寨，以备倭夷，诏从之。"[2] 于家寨遗址等胶东沿海部分军寨可能即为这一历史时期所建。

于家寨（遗址）现状（北向南摄）

民国《牟平县志》记载："明史兵志：洪武十七年，汤和筑沿海诸城；二十三年，建五总寨于宁海卫，与莱州八总寨，共辖小寨四十八。复命徐辉祖巡视沿海以防倭。迨承平既久，惟卫所诸城尚有民居，其余小寨半皆坍塌，仅遗古址而已（本县土寨遗址，北海岸有清泉寨、金沟寨、马山寨、鹤止寨、金山寨，南海岸有南寨、万家寨、孙家寨等），历代以来，海上所以多废垒也。"[3] 由此推测于家寨遗址可能为明朝初年胶东沿海防倭所建众多军寨之一。

2021年调查，据附近村民称：村西有元明时期所建土寨，1960年之前为完整的四方形土寨，寨南南北正中间各有一缺口（或能为寨门），相贯成路，20世纪60年代早期为村中生产生活取土场，至1965年逐渐成为平地。寨内耕地中可采集到陶瓦片及瓷片，尤其是1960—1970年之间出土的陶瓦片及瓷片较多。2013年以后因城市建设大规模取土，在原寨址东南角形成一大坑，于家寨遗址消失。

---

① 文登市地方史志编纂委员会：《文登市志》，中国城市出版社，1996年，第795页。

②《明太祖实录》"卷二百二十二·洪武二十一年十一月乙酉"，"中研院"历史语言研究所校印，上海书店出版社，1962年，第3244页。

③ 于清泮纂、宋宪章等修：民国《牟平县志》"卷十·文献志·杂志·轶事"，山东省地方史志办公室整理：《山东省历代方志集成》"烟台卷8"，天津古籍出版社，2019年，第5209页。

胡家寨遗址

位　　置　文登区泽库镇寨里村

始设年代　明代

文保级别　尚未核定为文物保护单位

概　　况　遗址位于近海坡地之上，周围地势平缓，南距海岸750米，遗址内现有村庄。寨址东距得胜寨11.9千米，东南距靖海卫城14.3千米。

胡家寨遗址位置图

遗址为第二次全国文物普查时首次调查：（24-A24）胡家寨址（泽库镇寨里村·明代），明洪武三年（1370年）为屯兵防倭修筑的军寨之一。平面呈方形，边长600米，石砌墙基。黄褐土夯筑寨墙，四面各辟一门，大部分已破坏。现存东北角和东南角，横断面呈半圆形，底宽28米，残高6米。寨门已毁。曾出土明代石臼等[1]。

2008年3月第三次全国文物普查时复查：（A29）胡家寨寨址（泽库镇寨里村西150米处·明代），地处海岸线的丘陵阳缓坡上，东约500米是寨西村和寨前村，南是公路，南距海约1.5千米。寨呈方形，各边约为510米，总面积约为26万平方米。后因修公路和群众用土，仅存东南一段长约15米、东

胡家寨遗址卫星图

北角一段长约120米。寨墙为夯土筑成，夯层明显；墙基宽约28米，残高约6米。从墙基与墙高的比例来看，原墙应高于6米。群众在寨内挖土时曾出土过石臼、陶器和建筑基石等。据《明史·兵志》记载：洪武十七年汤和筑沿海建诸城，二十三年建五总寨于宁海卫，共辖小寨四十八，盖时未立卫所，防海之兵屯于土寨。中华人民共和国成立之初，在东南角的寨墙顶修建了一个沿海瞭望哨楼[2]。

2021年调查发现，胡家寨遗址保存情况较差，原寨墙呈长方形，东西长约450米，南北长约460米，总面积约为207000平方米。后因维修公路和村民群众建房取土，大部分寨墙被破坏消失，现仅存东南角、东北角二段寨墙。东南角寨墙南北长11米，东西长18.6米，残高4.1米。中华人民共和国成立初期，于寨墙顶修建沿海瞭望哨楼一座，长4.8米，宽4米，高4.2米。东南角寨墙北接一民房，东西长10.7米，东

① 国家文物局：《中国文物地图集·山东分册（下）》，中国地图出版社，2007年，第598页。

② 威海市文物管理办公室：《追寻历史——威海市第三次文物普查成果巡礼》，青岛出版社，2012年，第129页。

胡家寨遗址东南角寨墙遗迹及哨楼现状

西 18.6 米。东北角寨墙的东段寨墙长 120 米，东寨墙南端断面处宽 8.3 米，高 2.3 米。东北角寨墙的北段寨墙长 91.5 米，北寨墙西端断面高 4.2 米。东北角处最高，为 5.3 米。由墙基与墙高的比例推测，原寨墙应高于 6 米。现残存寨墙均为夯土筑成，由寨墙的断层中可见较为明显的夯筑层。群众在寨内挖土时曾出土过石臼、陶器和建筑基石等遗物。

历史资料　胡家寨寨址，位于泽库镇寨里村西 150 米处，原寨地处海岸线的缓坡上，呈方形，长宽各为 510 米，总面积约为 26 万平方米。后因修公路和群众用土，大部分已被破坏。现仅存东南一段长约 15 米、东北角一段长约 120 米，其余皆已不见，或在耕土层下，或在房屋下。残存寨墙全为夯土筑成，从寨墙的断层中可见较明显的夯筑层；墙基宽约 28 米，残高约 6 米。从墙基与墙高的比例来看，原墙应高于 6 米。群众在寨内挖土时曾出土过石臼、陶器和建筑基石等。据《明史·兵志》记载："洪武十七年汤和筑沿海建诸城，二十三年建五总寨于海宁卫，共辖小寨四十八，盖时未立卫所，防海之兵屯于土寨。"因此这座古寨应该是明代洪武年间建造。中华人民共和国成立初期，在古寨东南角的寨墙顶修建一个沿海瞭望哨楼[1]。

　　胡家寨遗址，位于泽库乡寨里村内，以胡姓居此而得名。建于元、明之际。面积约 16 万平方米。正方形，边长近 500 米。周辟壕沟宽 3 米，筑南北两门。寨墙基和北墙东段、东南城角尚存，高 6.5 米，基宽约 9.5 米，破坏严重。该寨隔海与沙子寨相望，建筑规模、格局相同[2]。

　　胡家寨寨址，位于泽库镇寨里村西 150 米处。属明代，地处海岸线的丘陵缓坡上，东约 500 米是寨西村和寨前村，南为公路，南距海约 1500 米。寨呈方形，长宽各为 510 米，总面积约为 26 万平方米。后因

① 文登地名志编纂委员会：《文登地名志》，天津古籍出版社，2016 年，第 613 页。
② 文登市地方史志编纂委员会编纂：《文登市志》，中国城市出版社，1996 年，第 795 页。

胡家寨遗址东寨墙及东北角寨墙遗迹现状（西向东摄）

胡家寨遗址东南角寨墙哨楼现状

胡家寨遗址寨墙断面现状

胡家寨遗址北寨墙遗迹现状

修公路和群众用土，仅存东南一段长约 15 米、东北角一段长约 120 米，寨墙为夯土筑成，夯层明显。墙基宽约 28 米，残高约 6 米。从墙基与墙高的比例来看，原墙应高于 6 米。群众在寨内挖土时曾出土过石臼、陶器和建筑基石等。据《明史·兵志》记载：洪武十七年汤和巡沿海，建诸城，二十三年建五总寨于海宁卫，共辖小寨四十八，盖时未立卫所，防海之兵屯于土寨。中华人民共和国成立之初，在东南角的寨墙顶修建了一座瞭望哨楼[①]。

《明太祖实录》记载："洪武二十五年十一月，山东都指挥使周房奏言，所属宁海、莱州二卫，东濒巨海、途岸纡远、难于防御。近者审择莱州要害之处，当置八总寨以辖四十八小寨，其宁海卫亦宜置五总寨，以备倭夷，诏从之。"[②] 胡家寨遗址等胶东沿海部分军寨即可能为这一历史时期所建。

嘉靖《宁海州志》记载：古迹，……五垒岛城在文登南八十里[③]，今胡家寨遗址在文登城南约 70 里，位于五垒山东北 3000 米处今寨里村。胡家寨址边长 450 米，其原设寨墙长度要长于一般海防军寨遗址的百米寨墙，故胡家寨址整体面积较大，其面积已超过现有已发现的军寨遗址，且因年代久远，其保存状况不如明代一般军寨遗迹，由此推测胡家寨遗址疑为明代嘉靖《宁海州志》中记载的五垒岛城。

① 文登文化志编纂委员会编纂：《文登文化志》，中国文史出版社，2017年，第163页。
②《明太祖实录》"卷二百二十二·洪武二十一年十一月乙酉"，"中研院"历史语言研究所校印，上海书店出版社，1962年，第3244页。
③（明）焦希程纂，李光先修：嘉靖《宁海州志》"地里一"，山东省地方史志办公室整理：《山东省历代方志集成》"烟台卷7"，天津古籍出版社，2019年，第4215页。

唐疃寨遗址

位　　置　文登区泽头镇唐疃村东北100米

始设年代　明代

文保级别　尚未核定为文物保护单位

概　　况　遗址位于坡地之上，地势较高，视野开阔，遗址周围为农田，北距唐疃墩遗址115米，西南距生家埠寨（已消失）约5千米，东南方向原距海岸约1.3千米（原海湾因近年填海建设现已消失）。

2021年调查发现，唐疃寨遗址保存情况一般，遗址大致为长方形，东西长80米，南北长64米，面积5140平方米。寨墙由黄土夯筑而成，夯土中可采集到陶片。西寨墙、南寨墙保存较完整，南寨墙地势较低，长80米，残高4米（寨外测量）。南寨墙一小段夯土下可见垒石，墙基最宽处9.4米，最窄处1.2米；西寨墙长64米。北寨墙和东寨墙仅存一段，北寨墙残长12米，残高3.4米；东寨墙残长15米，寨墙东南角和西南角清晰可辨。

历史资料　《明太祖实录》记载："洪武二十五年十一月，山东都指挥使周房奏言，所属宁海、莱州二卫，东濒巨海、途岸纡远、难于防御。近者审择莱州要害之处，当置八总寨以辖四十八小寨，其宁海卫亦宜置五总寨，以备倭夷，诏从之。"[①] 唐疃寨遗址等胶东沿海部分军寨可能即为这一历史时期所建。

民国《牟平县志》记载："明史兵志：洪武十七年，汤和筑沿海诸城；二

---

① 《明太祖实录》"卷二百二十二·洪武二十一年十一月乙酉"，"中研院"历史语言研究所校印，上海书店出版社，1962年，第3244页。

唐疃寨遗址位置图

唐疃寨遗址卫星图

唐疃寨遗址北寨墙现状

唐疃寨遗址南寨墙现状（北向南摄）　　　　　　　　唐疃寨遗址南寨墙断面现状（西向东摄）

十三年，建五总寨于宁海卫，与莱州八总寨，共辖小寨四十八。复命徐辉祖巡视沿海以防倭。迨承平既久，惟卫所诸城尚有民居，其余小寨半皆坍塌，仅遗古址而已（本县土寨遗址，北海岸有清泉寨、金沟寨、马山寨、鹤止寨、金山寨，南海岸有南寨、万家寨、孙家寨等），历代以来，海上所以多废垒也。"[①] 由此推测唐疃寨遗址可能为明朝初年胶东沿海防倭所建众多军寨之一。

生家埠寨（遗址）

位　　置　文登区小观镇生家埠村东570米

始设年代　明代

文保级别　已消失

概　　况　遗址原位于丘陵台地之上，遗址周围地势较高，东、南两侧皆为人工挖掘形成的断崖，周围为农田。生家埠寨东南方向原距海岸约 1.8 千米（原海湾因近年填海建设现已消失），原寨址西北角为红土崖墩遗址，南距万家寨遗址约 4 千米。

生家埠寨（遗址）位置图

① 于清泮纂，宋宪章等修：民国《牟平县志》"卷十·文献志·杂志·轶事"，山东省地方史志办公室整理：《山东省历代方志集成》"烟台卷8"，天津古籍出版社，2019年，第5209页。

《明太祖实录》记载："洪武二十五年十一月，山东都指挥使周房奏言，所属宁海、莱州二卫，东濒巨海、途岸纡远、难于防御。近者审择莱州要害之处，当置八总寨以辖四十八小寨，其宁海卫亦宜置五总寨，以备倭夷，诏从之。"① 生家埠寨遗址等胶东沿海部分军寨可能即为这一历史时期所建。

民国《牟平县志》记载："明史兵志：洪武十七年，汤和筑沿海诸城；二十三年，建五总寨于宁海卫，与莱州八总寨，共辖小寨四十八。复命徐辉祖巡视沿海以防倭。迨承平既久，惟卫所诸城尚有民居，其余小寨半皆坍塌，仅遗古址而已（本县土寨遗址，北海岸有清泉寨、金沟寨、马山寨、鹤止寨、金山寨，南海岸有南寨、万家寨、孙家寨等），历代以来，海上所以多废垒也。"② 由此推测生家埠寨遗址可能为明朝初年胶东沿海防倭所建众多军寨之一。

生家埠寨（遗址）卫星图

2021年调查，生家埠寨遗址保存情况较差，通过走访村民了解到：自1992年开始，村民在遗址内取土建房，1998年在寨址内大规模取土填海，生家埠寨遗址因此被彻底破坏，现已完全消失。

万家寨遗址

位　　置 文登区小观镇万家寨村内

始设年代 明代

文保级别 尚未核定为文物保护单位

概　　况 遗址内原为万家寨村，现村庄已整体拆迁，遗址位置现已建成海阔御景湾小区。万家寨遗址南距海岸640米，东北距凤凰岭墩遗址3970米。

万家寨遗址为2008年3月第三次全国文物普查时首次调查：（A31）万

万家寨遗址位置图

① 《明太祖实录》"卷二百二十二·洪武二十一年十一月乙酉"，"中研院"历史语言研究所校印，上海书店出版社，1962年，第3244页。
② 于清泮纂，宋宪章等修：民国《牟平县志》"卷十·文献志·杂志·轶事"，山东省地方史志办公室整理：《山东省历代方志集成》"烟台卷8"，天津古籍出版社，2019年，第5209页。

家寨遗址（小观镇万家寨东·明代）仅残存东墙一段，长75米，中间一条8米宽的土路将寨墙分为南北两部分。北段寨墙长25米，最宽处约7.8米，最窄处0.3米，最高约5.4米，最低处3.2米；南段墙长50米，最宽处约10米，最窄处1.3米，最高处6.7米，最低处4米。南段寨墙的南拐角处有1座修建于20世纪60年代的碉堡，现已废弃。寨墙较宽处种有农作物，整体保存状况很差[1]。

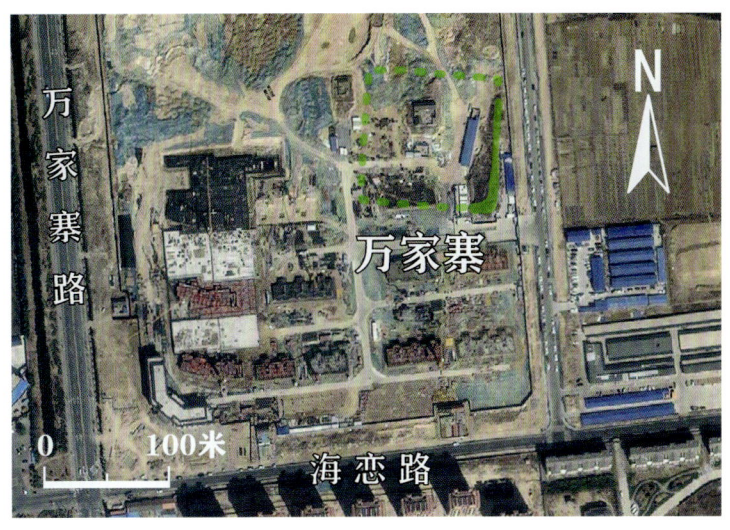

万家寨遗址卫星图

万家寨遗址东寨墙中段现状

万家寨遗址东寨墙北段现状（北向南摄）

万家寨遗址东寨墙北段断面现状（南向北摄）

万家寨遗址东寨墙南段断面现状（南向北摄）

① 威海市文物管理办公室：《追寻历史——威海市第三次文物普查成果巡礼》，青岛出版社，2012年，第130页。

2021 年调查发现，遗址保存情况较差，原寨址位于万家寨村东部，现仅残存部分东寨墙，长约 102 米，由一条 8 米宽的土路将寨墙为南北两部分，总占地面积约为 210 平方米。北段寨墙长 15 米，寨墙北端高 1.6 米，宽 7.5 米，最高处约 5.4 米，南断面地上 50 厘米处采集到了明代瓦片；南段寨墙长 79 米，最窄处宽 1.2 米，最高处 6.3 米，南段寨墙南端因工程建设被水泥喷浆覆盖。南段寨墙东南角处有 1 座修建于 20 世纪 60 年代的碉堡，现已废弃。万家寨遗址内原有万家寨村已拆迁，现寨址内已新建住宅楼。

历史资料　万家寨遗址：位于小观镇万家寨村东半部，正方形，约 3.3 万平方米；土寨约建于元、明之间，以西侧邻万家村而得名。土城外侧以海边自然石块砌铺。墙基宽约 10 米，高约 7 米。西南与乳山境西南寨相望。土城有南大门，东小门。城东南角为土筑高台，约 15 米高。东北 500 米，有"演武沟"，相传为驯马跨越所用。今东南城墙角尚存[1]。

万家寨遗址：位于小观镇万家寨村东部，正方形约 3.3 万平方米。残存部分为明代寨墙的东城墙。现残长约 75 米，中间一条 8 米宽的土路将寨墙分为南北两部分，占地面积约 210 平方米。北段寨墙长 25 米，最宽处约 210 平方米。北段寨墙长 25 米，最宽处约 7.8 米，最窄处 0.3 米，最高处约 5.4 米，最低处 3.2 米；南段墙长 50 米，最宽处约 10 米，最窄处 1.3 米，最高处 6.7 米，最低处 4 米。南段寨墙的南拐角处有一座修建于 20 世纪 60 年代的碉堡，现已废弃。寨墙较宽处种有农作物，遗址整体保存状况很差[2]。

万家寨遗址：位于小观镇万家寨村东，属明代。遗址仅存东墙，残长 75 米，中间一条 8 米宽的土路将寨墙分为南北两部分。北段寨墙长 25 米，最宽处约 7.8 米，最窄处 0.3 米，最高处约 5.4 米，最低处 3.2 米；南段墙长 50 米，最宽处约 10 米，最窄处 1.3 米，最高处 6.7 米，最低处 4 米。南段寨墙的南拐角处有一座修建于 20 世纪 60 年代的碉堡，已废弃。寨墙较宽处种有农作物，整体保存状况较差[3]。

《明太祖实录》记载："洪武二十五年十一月，山东都指挥使周房奏言，所属宁海、莱州二卫，东濒巨海、途岸纡远、难于防御。近者审择莱州要害之处，当置八总寨以辖四十八小寨，其宁海卫亦宜置五总寨，以备倭夷，诏从之。"[4] 万家寨遗址等胶东沿海部分军寨可能即为这一历史时期所建。

民国《牟平县志》记载："明史兵志：洪武十七年，汤和筑沿海诸城；二十三年，建五总寨于宁海卫，与莱州八总寨，共辖小寨四十八。复命徐辉祖巡视沿海以防倭。迨承平既久，惟卫所诸城尚有民居，其余小寨半皆坍塌，仅遗古址而已（本县土寨遗址，北海岸有清泉寨、金沟寨、马山寨、鹤止寨、金山寨，南海岸有南寨、万家寨、孙家寨等），历代以来，海上所以多废垒也。"[5] 由此推测万家寨遗址可能为明朝初年胶东沿海防倭所建众多军寨之一。

① 昆嵛山志编纂委员会：《昆嵛山志》，山东省地图出版社，2012 年，第 232 页；文登市地方史志编纂委员会编纂：《文登市志》，中国城市出版社，1996 年，第 795 页。

② 文登地名志编纂委员会：《文登地名志》，天津古籍出版社，2016 年，第 613 页。

③ 文登文化志编纂委员会：《文登文化志》，中国文史出版社，2017 年，第 164 页。

④ 《明太祖实录》"卷二百二十二·洪武二十一年十一月乙酉"，"中研院"历史语言研究所校印，上海书店出版社，1962 年，第 3244 页。

⑤ 于清泮纂、宋宪章等修：民国《牟平县志》"卷十·文献志·杂志·轶事"，山东省地方史志办公室整理：《山东省历代方志集成》"烟台卷 8"，天津古籍出版社，2019 年，第 5209 页。

墩遗址

唐家嘴子墩遗址

位　　置　文登区高村镇唐家嘴子村东100米

始设年代　明代

文保级别　尚未核定为文物保护单位

概　　况　遗址位于坡地顶部，遗址周边为耕地，地势较平坦，东、南、西三面环海，东距海岸650米，南距海岸610米，俗称唐家嘴子口，西距海岸510米。东南与北沙岛墩遗址隔海相望，相距2.8千米，南距靖海卫城20.7千米。

2021年调查发现，唐家嘴子墩遗址保存情况一般，墩体外部形制基本完整，呈不规则圆锥形，墩体底部直径12米，墩高4米，现存面积113平方米。墩体东侧、南侧因农业建设，局部有所破坏。墩体上长有橡树、松树，草木植被生长茂盛。

历史资料　据明代嘉靖《筹海图编》，清代顺治《登州府志》、康熙《靖海卫志》、雍正《文登县志》等史料记载，靖海卫下辖"唐浪镇"等沿海二十墩，唐家嘴子墩遗址原墩名失传，但其墩址所处位置在靖海卫辖下防区之内，由此推测唐家嘴子墩遗址或为明代靖海卫辖下的沿海二十墩之一。

唐家嘴子墩遗址位置图

唐家嘴子墩遗址卫星图

唐家嘴子墩遗址东侧现状（东向西摄）

唐家嘴子墩遗址西侧现状（西向东摄）

唐家嘴子墩遗址南侧现状（南向北摄）

唐家嘴子墩遗址北侧现状（北向南摄）

望海倪家墩（遗址）

位　　置　文登区高村镇望海倪家村北
十字路口

始设年代　明代

文保级别　已消失

概　　况　遗址原址周边地势较平坦，
四周均为农田，视野开阔，南距海岸
720米。东南距望海曲家炮台（已消失）
约1.1千米，距唐家嘴子墩遗址约2.8
千米，南距靖海卫城约22.6千米。

2021年调查发现，望海倪家墩原墩
址位于望海倪家村北十字路口，村民称
之为"北墩"，20世纪五六十年代因修

望海倪家墩（遗址）位置图

路取土而消失，现已无墩体遗迹。据明代嘉靖《筹海图编》，清代顺治《登州府志》、康熙《靖海卫志》、
雍正《文登县志》等史料记载，靖海卫下辖"郭家口"等沿海二十墩，望海倪家墩遗址原墩名失传，但其
墩址所处位置在靖海卫辖下防区之内，由此推测望海倪家墩遗址或为靖海卫下辖的沿海二十墩之一。

张家埠墩（遗址）

位　　置　文登区张家埠村西南 500 米

始设年代　明代

文保级别　已消失

概　　况　遗址原位于坡地之上，周边地势较平坦，现建有民房建筑。遗址东距海岸 600 米，西距海岸 750 米，东北距唐家嘴子墩遗址约 4.5 千米，南距靖海卫城约 18.2 千米，西南距南学墩遗址约 3.7 千米，西北距寨前杨家墩遗址约 3 千米。

张家埠墩（遗址）位置图

2021 年调查发现，张家埠墩原址位于张家埠村西南 500 米滨海嘉园小区的东侧菜地内，现因村镇建设而消失，地面已无墩体遗迹。据明代嘉靖《筹海图编》，清代顺治《登州府志》、康熙《靖海卫志》、雍正《文登县志》等史料记载，靖海卫防区内下辖"路家马头"等沿海二十墩，张家埠墩遗址原墩名失传，但其墩址所处位置在靖海卫辖下防区之内，由此推测张家埠墩遗址或为靖海卫下辖的沿海二十墩之一。

寨前杨家墩遗址

位　　置　文登区侯家镇寨前杨家村西北 800 米烟墩山

始设年代　明代

文保级别　尚未核定为文物保护单位

概　　况　遗址位于丘陵台地顶端，周边地势较平坦，松树生长茂密，松林之外为耕地。遗址东侧 900 米处为长会寨遗址，东南距海岸 1.4 千米，距张家埠墩（已消失）2.99 千米，南距靖海卫城 19.5 千米。

寨前杨家墩遗址位置图

寨前杨家墩遗址为 2008 年 3 月第三次全国文物普查时首次调查：（A37）寨前杨家烽火墩（侯家镇寨前杨家村西北约 800 米处·元代），烽火墩南侧百余米处是侯家镇至 204 省道的东西向公路。烽火墩位于丘陵台地顶端，所处小山岭上松树茂密，山岭周边地势平坦，皆开发成耕地，烽火墩东侧百余米处有一片池塘。其东约 1 千米处为长会寨寨址。烽火墩顶部直径 4.5 米，下底径 17 米，高约 4 米①。

2021 年调查发现，寨前杨家墩遗址保存情况较好，墩体外部形制基本完整，从远处看为一锥形土丘，墩体底部直径 17 米，墩高 4 米，墩体顶部直径 4.5 米，墩体及周围草木生长茂盛。

历史资料　烟墩山，位于侯家镇驻地东南 3 千米。明时，为了防止倭寇从海上登陆入侵，在沿海山顶设立烟墩报警。此山因设有烟墩而得名。南依张（张家埠）西（西泊）公路，东南为长会口海汊北延之滩涂，呈圆锥形，面积约 600 平方米。海拔 63.2 米。植被多为松树②。

烽火墩位于长会寨西约 1 千米处的丘陵台地顶端，顶部直径 4.5 米，底部

寨前杨家墩遗址卫星图

寨前杨家墩遗址远景

---

① 威海市文物管理办公室：《追寻历史——威海市第三次文物普查成果巡礼》，青岛出版社，2012年，第129页。
② 文登地名志编纂委员会：《文登地名志》，天津古籍出版社，2016年，第664页。

寨前杨家墩遗址北侧现状（北向南摄）

寨前杨家墩遗址顶部现状

寨前杨家墩遗址西侧现状（西向东摄）

直径 17 米，高约 4 米。所处的小山岭上现松树茂密，周边地势平坦，皆开发成耕地①。

寨前杨家烽火墩，位于侯家镇寨前杨家村西北约 800 米处。属明代。烽火墩南侧百余米处是侯家镇至 204 省道的东西向公路。烽火墩位于丘陵台地顶端，所处小山岭上松树茂密，山岭周边地势平坦，皆开发成耕地，烽火墩东侧百余米处有一片池塘，其东约 1 千米处为长会寨寨址。烽火墩顶部直径 4.5 米，下底径 17 米，高约 4 米②。

据明代嘉靖《筹海图编》，清代顺治《登州府志》、康熙《靖海卫志》、雍正《文登县志》等史料记载，靖海卫防区内下辖沿海二十墩，寨前杨家墩遗址原墩名失传，但其墩址所处位置在靖海卫辖下防区之内，由此推测寨前杨家墩遗址应为明代靖海卫辖下的沿海二十墩之一。

① 文登地名志编纂委员会：《文登地名志》，天津古籍出版社，2016年，第613页。
② 文登文化志编纂委员会编纂：《文登文化志》，中国文史出版社，2017年，第164页。

南学墩遗址

位　　置　文登区侯家镇南学村东北500 米

始设年代　明代

文保级别　尚未核定为文物保护单位

概　　况　遗址位于坡地之上，周围地势较为平缓，西高东低，视野宽广，东、西、北三面皆为农田。遗址东距海岸 995 米，西距海岸 1.5 千米，东北距寨前杨家墩遗址 2.53 千米，东南距靖海卫城 17.2 千米。

遗址保存情况较好，墩体外部形制基本完整。墩体大体呈圆锥形，墩体底部径东西长 21.5 米，南北长 20 米，墩高 4.8 米。墩体由夯土筑成，夯土中夹杂大量碎石，墩体底部南侧局部因取土修路而破坏。

历史资料　据明代嘉靖《筹海图编》、清代顺治《登州府志》、康熙《靖海卫志》、雍正《文登县志》等史料记载，靖海卫下辖"峰山窝"等二十墩，南学墩遗址原墩名失传，但其墩址所处位置在靖海卫辖下防区之内，由此推测南学墩遗址或为明代靖海卫辖下的沿海二十墩之一。

南学墩遗址位置图

南学墩遗址卫星图

南学墩遗址东侧现状（东向西摄）

南学墩遗址北侧现状（北向南摄）

南学墩遗址西侧现状（西向东摄）

南学墩遗址南侧现状（南向北摄）

长会口墩遗址

位　　置　文登区侯家镇长会口村南500米

始设年代　明代

文保级别　尚未核定为文物保护单位

概　　况　遗址位于丘陵台地之上，地势较高，视野宽广，遗址周围为农田，并安装有多台风力发电机组。遗址东、南、西三面环海，西面地势稍陡，东、南地势较缓，东距海岸730米，南距海岸520米，西距海岸350米。东南方向与狗脚山墩隔海相望，相距1.9千米，距靖海卫城12.3千米，北距南学墩遗址5.16千米。

2021年调查发现，长会口墩遗址保存情况较好，墩体外部形制完整。墩体呈圆锥形，墩体底部直径19.8米，墩高5.6米。墩体由夯土筑成，墩体上草木生长茂盛。

历史资料　光绪《文登县志》：长会海口在城南六十里，海船自南而北赴张家埠口者必经此①。

长会口墩遗址位置图

长会口墩遗址卫星图

---

① （清）于霖逢纂，李祖年修：光绪《文登县志》"卷一山川"，中共山东省委党史研究院整理：《山东省历代方志集成》"威海卷2"，线装书局，2019年，第655页。

　　据明代嘉靖《筹海图编》，清代顺治《登州府志》、康熙《靖海卫志》、雍正《文登县志》等史料记载，靖海卫下辖"长会口"等二十墩，今长会口村地名、墩址都得以留存，其墩址所处位置在长会口村南，且在靖海卫辖下防区之内，由此可以确定长会口墩遗址应为明代靖海卫辖下沿海二十墩之一的长会口墩。

长会口墩遗址顶部现状

长会口墩遗址南侧现状（南向北摄）

长会口墩遗址北侧现状（北向南摄）

长会口墩遗址西侧现状（西向东摄）

五古墩遗址

位　　置　文登区泽库镇港南村东南
1200 米五古墩山顶

始设年代　明代

文保级别　尚未核定为文物保护单位

概　　况　遗址位于滨海岬角坡地上，地势较高，视野宽广，遗址周围为林地，东、南、北三面环海，东距海岸 120 米，南距海岸 170 米，北距海岸 140 米，东

五古墩遗址位置图

北距长会口墩遗址 5.3 千米，东南距靖海卫城 11.7 千米。

2021 年调查发现，五古墩遗址保存情况较好，墩体外部形制完整。墩体大致呈圆锥形，墩体底部直径东西长 21.5 米，南北长 19.5 米，墩高 4.6 米，墩体顶部较平，顶部直径 5 米。墩体由黄色夯土筑成，夯土中夹杂有大量碎石块，墩体上长有松树、柏树、杂草及灌木，墩体西侧下部近路处，因近年道路修整造成局部破坏，遗址东南 90 米处有灯塔一座。

历史资料　据明代嘉靖《筹海图编》，清代顺治《登州府志》、康熙《靖海卫志》、雍正《文登县志》等史料记载，靖海卫下辖"青岛嘴"等沿海二十墩，五古墩遗址原墩名失传，但其墩址所处位置在靖海卫辖下防区之内，由此推测五古墩遗址或为明代靖海卫辖下的沿海二十墩之一。清代乾隆《山东海疆图记》记载：靖海汛驻防把总、外委把总各一员，马兵九名，守兵六十六名……石岛口、马头嘴、五垒岛三处炮台，各马兵

五古墩遗址卫星图

五古墩遗址东南灯塔

五古墩遗址东侧现状（东向西摄）

五古墩遗址北侧现状（北向南摄）

五古墩遗址西侧现状（西向东摄）

二名，守兵十四名……① 清代道光《文登县志》记载：靖海卫墩房炮台三座，一在马头嘴，一在五垒岛，一在朱家圈②。由此推测，五古墩或可能为清代初年于山东沿海建设的五垒岛炮台，据相关史料记载，五垒岛炮台至清代嘉庆、道光时期仍在沿用。

前岛墩（遗址）

位　　置　文登区泽库镇前岛村北侧北墩山

始设年代　明代

文保级别　已消失

概　　况　遗址位于丘陵台地之上，地势较高，视野宽广，遗址周围为林地。遗址东、南、西三面环海，东距海岸 1.3 千米，南距海岸 730 米，西距海岸 840 米，

前岛墩（遗址）位置图

① 胡德琳、王尚珏辑：《山东海疆图记》，详见李伟刚、郭学东、谭汗青主编：《山东海洋文化古籍选编》，中国海洋大学出版社，2022年，第194页。

② （清）于霖逢纂，李祖年修：道光《文登县志》"卷一·武备"，中共山东省委党史研究院整理：《山东省历代方志集成》"威海卷2"，线装书局，2019年，第482页。

东距五古墩遗址 4.75 千米，东南距靖海卫城 15 千米。

2021 年调查发现，前岛墩在观测站建设中大部分消失，残存东侧一段墩体基础，由黄土堆积而成，南北长 12 米，东西宽 1.8 米，残高 0.8 米，土中夹杂着大量石块，长有杂草灌木。前岛村村民介绍，泽库镇南部近海的五座山峰因位于五垒岛南，称为"五垒山"，北墩山为五垒山的其中一座山峰。据明代嘉靖《筹海图编》，清代顺治《登州府志》、康熙《靖海卫志》、雍正《文登县志》等史料记载，靖海卫下辖"石脚山"等二十墩，前岛墩遗址或为明代靖海卫下辖的沿海二十墩之一。清代乾隆《山东海疆图记》记载：靖海汛驻防把总、外委把总各一员，马兵九名，守兵六十六名……石岛口、马头嘴、五垒岛三处炮台，各马兵二名，守兵十四名……[①] 清代道光《文登县志》记载：靖海卫墩房炮台三座，一在马头嘴，一在五垒岛，一在朱家圈[②]。由此推测，前岛墩或可能为清代初年于山东沿海建设的五垒岛炮台，据相关史料记载，五垒岛炮台至清代嘉庆、道光时期仍在沿用。

泽库墩遗址

位　　置　文登区泽库镇泽库村东 500 米

始设年代　明代

文保级别　尚未核定为文物保护单位

概　　况　遗址位于丘陵台地之上，地势较高，视野宽广，遗址周围为林地。遗址东、南、西三面临海，东距海岸 2 千米，南距海岸 2.3 千米，西距海岸 1.7 千米，东南距五古墩遗址 2.8 十米，距靖海卫城 14.5 千米，西南距前岛墩（已消失）3.55 千米。

泽库墩遗址位置图

2021 年调查发现，泽库墩遗址保存情况较好，墩体外部形制基本完整。墩体大致呈圆锥形，底径 33 米，高 6.8 米，顶部较平，直径 7.6 米。墩体由黄土夯筑而成，夯土中可见大量碎石块，墩体顶部安装有水泥制测绘桩等现代设施。墩体上松树、灌木及杂草生长茂盛。因所处山岭地势较高，由墩顶可见远方海域。

历史资料　据明代嘉靖《筹海图编》，清代顺治《登州府志》、康熙《靖海卫志》、雍正《文登县志》等史料记载，靖海卫下辖"明光山"等沿海二十墩，泽库墩遗址原墩名失传，但其墩址所处位置在靖海卫辖下防区之内，由此推测泽库墩遗址或为明代靖海卫辖下的沿海二十墩之一。

① 胡德琳、王尚珏辑：《山东海疆图记》，详见李伟刚、郭学东、谭汙青主编：《山东海洋文化古籍选编》，中国海洋大学出版社，2022 年，第194页。

② （清）于霖逢纂，李祖年修：道光《文登县志》"卷一·武备"，中共山东省委党史研究院整理：《山东省历代方志集成》"威海卷2"，线装书局，2019年，第482页。

泽库墩遗址顶部现状

泽库墩遗址卫星图

泽库墩遗址南侧现状（南向北摄）

泽库墩遗址北侧现状（北向南摄）

辛立庄墩遗址

位　　置　文登区泽库镇辛立庄村南300米

始设年代　明代

文保级别　尚未核定为文物保护单位

概　　况　遗址位于丘陵台地之上，地势较高，视野宽广，遗址周围为农田。遗址西侧距海岸520米，东南距泽库墩遗址2.85千米，距靖海卫城17.4千米。

2021年调查发现，辛立庄墩遗址保

辛立庄墩遗址位置图

存情况较好，墩体外部形制完整。墩体大致呈圆锥形，底部直径东西长21米，南北长18.5米，高4米。墩体由泥土堆积而成，且经夯筑，墩体上长有松树、柏树及杂草灌木。

历史资料　据明代嘉靖《筹海图编》，清代顺治《登州府志》、康熙《靖海卫志》、雍正《文登县志》等史料记载，靖海卫下辖"黑夫长"等沿海二十墩，辛立庄墩遗址原墩名失传，但其墩址所处位置在靖海卫辖下防区之内，由此推测辛立庄墩遗址或为明代靖海卫辖下的沿海二十墩之一。

辛立庄墩遗址卫星图

辛立庄墩遗址顶部现状

辛立庄墩遗址南侧现状（南向北摄）

辛立庄墩遗址东侧现状（东向西摄）

辛立庄墩遗址西侧现状（西向东摄）

西泊墩（遗址）

位　　置　文登区泽库镇西泊村西北角

始设年代　明代

文保级别　已消失

概　　况　遗址周围为民房及农田，地形较平坦。遗址西侧距古代海岸线约200米（现海岸线由于盐田及填海建设已南移），西南距辛立庄墩遗址4.8千米，东南距靖海卫城19.5千米。

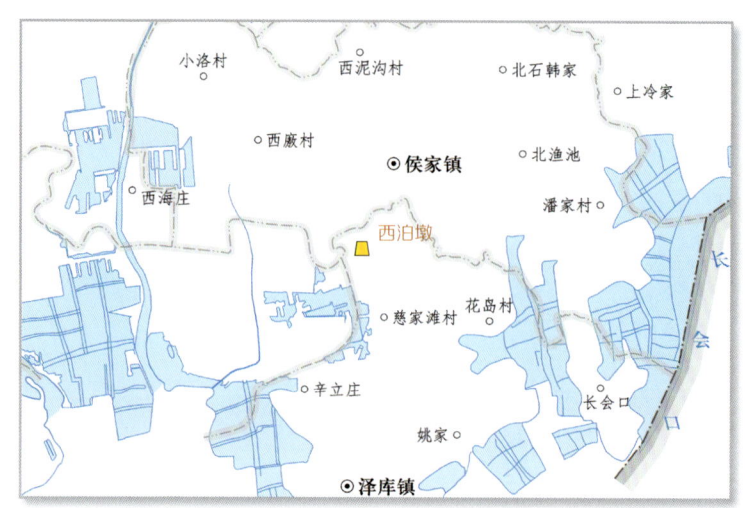

西泊墩（遗址）位置图

2021年调查，西泊村民称之为"西北墩"。西泊墩原墩体东西长约35米，高3—5米，约在20世纪60年代因村民取土而消失，墩体原址现为西泊村民居。据明代嘉靖《筹海图编》，清代顺治《登州府志》、康熙《靖海卫志》、雍正《文登县志》等史料记载，靖海卫下辖"黑夫厂"等二十墩，西泊墩遗址原墩名失传，但其墩址所处位置在靖海卫辖下防区之内，由此推测西泊墩遗址或为靖海卫下辖的沿海二十墩之一。

寨颜家墩遗址

位　　置　文登区侯家镇寨颜家村西500米

始设年代　明代

文保级别　尚未核定为文物保护单位

概　　况　遗址位于丘陵台地之上，地势较高，视野宽广，遗址周围为林地。遗址东距南学墩遗址4.5千米，东南215米为寨颜家寨遗址，东南距海岸2.5千米，距靖海卫城19.5千米。

寨颜家墩遗址位置图

2021年调查发现，寨颜家墩遗址保存情况较好，墩体外部形制基本完整，大致呈圆锥形，底部直径14.5米，高2.5米，顶部较平，顶径4米。墩体由夯土筑成，夯土中可见小石块。墩体上长有松树、灌木及杂草，周围草木生长茂盛。由墩顶向东方向可见南学墩遗址，东北方向可见寨前杨家墩遗址，西南方向为西泊墩（已消失）。

历史资料　据明代嘉靖《筹海图编》，清代顺治《登州府志》、康熙《靖海卫志》、雍正《文登县志》等史料记载，靖海卫下辖沿海二十墩，寨颜家墩遗址原墩名失传，但其墩址所处位置在靖海卫辖下防区之内，由此推测寨颜家墩遗址或为明代靖海卫辖下的沿海二十墩之一。

寨颜家墩遗址卫星图

寨颜家墩遗址东侧现状（东向西摄）

寨颜家墩遗址南侧现状（南向北摄）

寨颜家墩遗址顶部现状

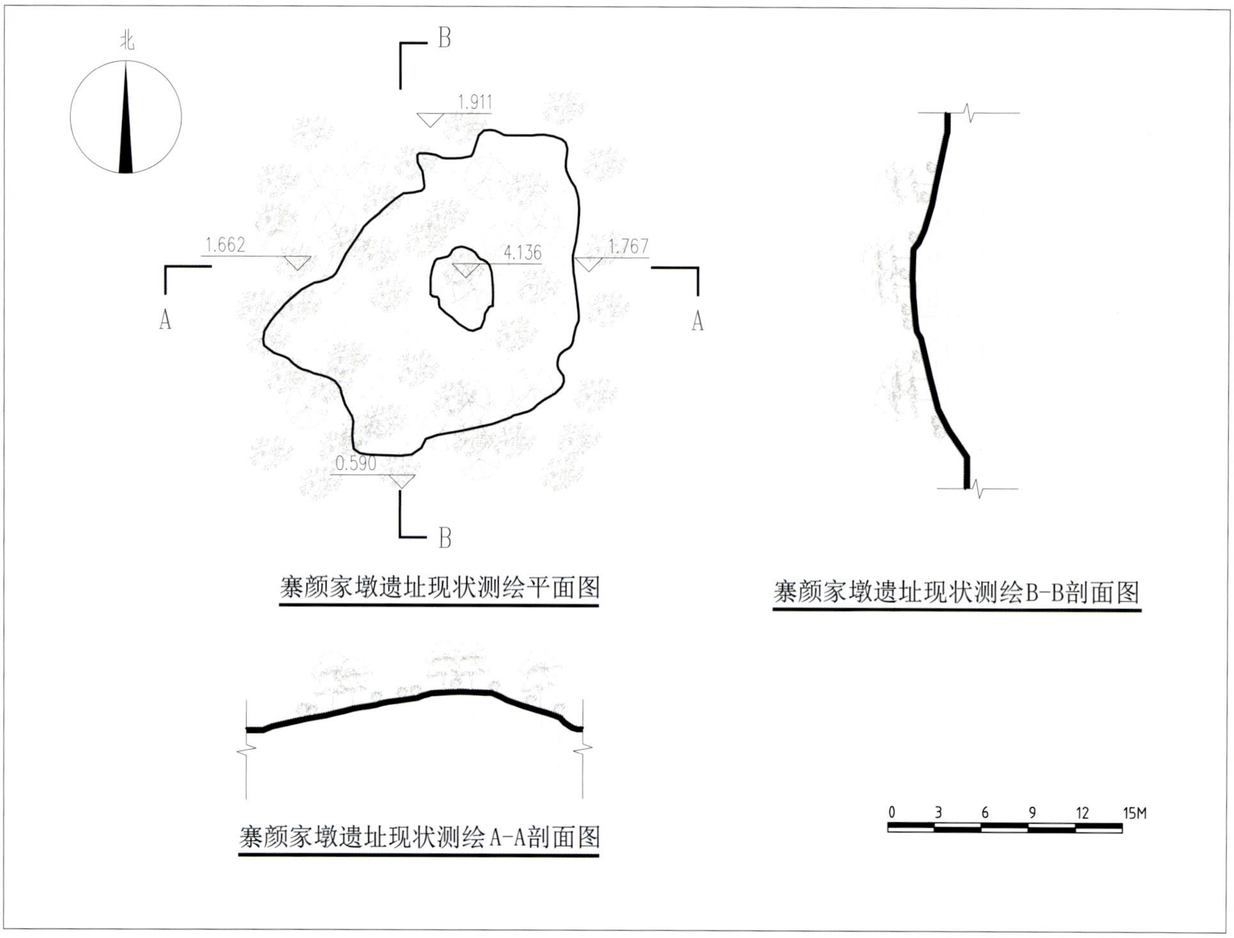

寨颜家墩遗址现状测绘平面图

寨颜家墩遗址现状测绘B-B剖面图

寨颜家墩遗址现状测绘A-A剖面图

寨颜家墩遗址平、剖面图

小洛顶墩遗址

位　　置　文登区侯家镇小洛村西南500米小洛顶

始设年代　明代

文保级别　尚未核定为文物保护单位

概　　况　遗址位于坡地上，地势较高，地形较平坦，遗址周围为农田。遗址东南距西泊墩（已消失）约6千米，南、西两侧距古代海岸线约200米（现海岸线由于盐田及填海建设已南移）东南距靖海卫城25.5千米。

小洛顶墩遗址位置图

2021 年调查发现，小洛顶墩遗址保存情况一般，墩体外部形制基本完整。墩体大致呈圆锥形，墩体底部直径南北 11.5 米，东西 13 米，墩高 3.1 米。墩体由夯土筑成，墩体上长有松树及杂草灌木。墩体顶部西侧位置有一盗洞，长 2.5 米，宽 1.2 米，深 2.5 米。

历史资料 小洛顶，位于侯家镇驻地西北 7 千米处因临小洛村，加之比平地略微高起，故得名小洛顶。北靠西岚子、东依寺（寺前）五（垒岛）公路。呈圆锥形，海拔约 20 米。现已垦为耕地，

小洛顶墩遗址卫星图

小洛顶墩遗址盗洞

小洛顶墩遗址西侧现状（西向东摄）

小洛顶墩遗址南侧现状（南向北摄）

小洛顶墩遗址北侧现状（北向南摄）

有果园[①]。

据明代嘉靖《筹海图编》，清代顺治《登州府志》、康熙《靖海卫志》、雍正《文登县志》等史料记载，靖海卫下辖"標杆顶"等沿海二十墩，小洛顶墩遗址原墩名失传，但其墩址所处位置在靖海卫辖下防区之内，由此推测小洛顶墩遗址或为明代靖海卫辖下的沿海二十墩之一。

姚山头墩遗址

位　置　文登区宋村镇姚山头村东100 米

始设年代　明代

文保级别　尚未核定为文物保护单位

概　况　遗址位于坡地之上，地势较高，视野广阔，周围为农田。遗址南距古代海岸线约 700 米（现海岸线由于填海建设已南移），东南距小洛顶墩遗址6.1 千米，距靖海卫城 30.5 千米。

2021 年调查发现，姚山头墩遗址保存情况一般，墩体外部形制基本完整。墩体大致呈圆锥形，墩体底部直径 13 米，墩高 6 米，墩体顶部较平，顶部直径 4 米。墩顶垒有一圈石块，石块最低处距地面4 米，墩顶北部石块较大，推测有可能为当时修葺的台阶。墩体上长有松树、灌木及杂草，遗址周围地形较平坦。

墩体南北两侧各有两个盗洞，共 4个盗洞，墩体底部被破坏。北侧及东南方向的盗洞较浅，西南方向的盗洞较深，深约 6.5 米，依稀可见墓口。结合姚山头墩遗址所处位置，附近宋村镇有石羊、九顶埠等汉代墓群，推测墩体下方可能存在汉墓，明代海防建设时即以墓葬封

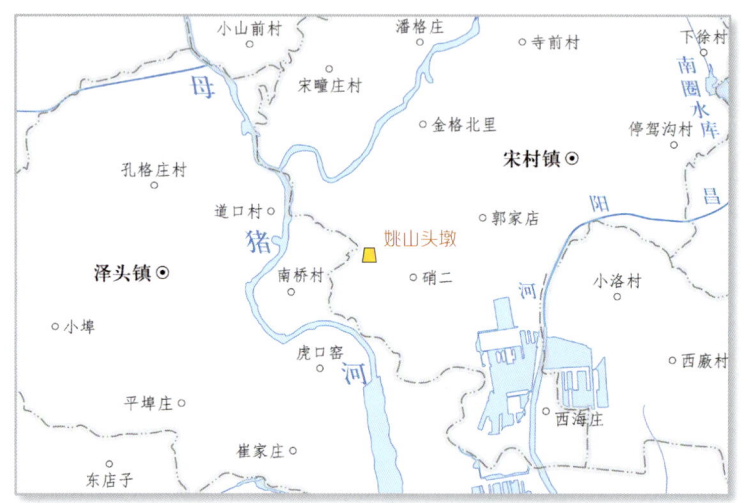

姚山头墩遗址位置图

姚山头墩遗址卫星图

---

① 文登地名志编纂委员会：《文登地名志》，天津古籍出版社，2016年，第663页。

土堆为基础修筑姚山头墩。

历史资料 据明代嘉靖《筹海图编》，清代顺治《登州府志》、康熙《靖海卫志》、雍正《文登县志》等史料记载，靖海卫下辖"姚山头"等沿海二十墩，今姚山头村地名、墩址都得以留存，墩址所处位置在姚山头村旁，且地处靖海卫辖下防区之内，由此可以确定姚山头墩遗址应为明代靖海卫辖下沿海二十墩之一的姚山头墩。

姚山头墩遗址东侧现状（东向西摄）

姚山头墩遗址南侧现状（南向北摄）

姚山头墩遗址西侧现状（西向东摄）

姚山头墩遗址盗洞

唐疃墩遗址

位　　置　文登区泽头镇唐疃村北 500 米处

始设年代　明代

文保级别　尚未核定为文物保护单位

概　　况　遗址位于丘陵台地上，地势较高，视野广阔，周围为农田。遗址东北距姚山头墩遗址 5.6 千米，东南方向原距海岸约 1.3 千米（原海湾因近年填海建设现已消失），距靖海卫城 31.4 千米。

唐疃墩遗址位置图

唐疃墩遗址采集的瓦片

唐疃墩遗址卫星图

唐疃墩遗址南侧现状（南向北摄）

唐疃墩遗址西侧现状（西向东摄）

2021年调查发现，唐疃墩遗址位于丘陵台地的天然巨石上，整体保存情况较好，墩体外部形制基本完整。墩体大致呈圆锥形，墩体底部直径10米，墩高2.2米，墩顶较平，顶部直径5.6米，墩体由灰土堆积而成，土中可采集到布纹瓦片。墩体上长有松树、灌木和杂草。

历史资料　据明代嘉靖《筹海图编》，清代顺治《登州府志》、康熙《靖海卫志》、雍正《文登县志》等史料记载，靖海卫下辖"赤山嘴"等沿海二十墩，唐疃墩遗址原墩名失传，但其墩址所处位置在靖海卫辖下防区之内，由此推测唐疃墩遗址或为明代靖海卫辖下的沿海二十墩之一。

红土崖墩遗址

位　　置　文登区小观镇生家埠村东600米

始设年代　明代

文保级别　尚未核定为文物保护单位

概　　况　遗址位于坡地上，地势较高，视野广阔，周围为林地。东北距唐疃墩遗址5.2千米，东南角为生埠寨遗址（已消失），东南方向原距海岸约1.8千米（原海湾因近年填海建设现已消失），东南距凤凰岭墩遗址5千米，距靖海卫城30.3千米。

红土崖墩遗址位置图

2021年调查发现，红土崖墩遗址保存情况一般，墩体外部形制已不完整，墩体为夯土筑成，残长21米，宽3米，高3.2米，残存西北角墩体断面土质颜色红润。墩体上部建有碉堡一座，碉堡直径2.2米，高2.3米，该碉堡在第三次全国文物普查时被登记为文物（文物号为371081-0078），碉堡东侧为人工挖掘取土形成的断崖。红土崖墩遗址东南侧即为生家埠寨遗址（已消失），东南距凤凰岭墩遗址5千米，西南距岭上墩遗址5.6千米。

历史资料　红土崖墩位于出林庄北东1200米，当地人称红岚耩上。为明清时海防军事设施。原有方形土寨墙，墙高

红土崖墩遗址卫星图

2 米。寨西北角海拔 25.4 米，人工垒墩高 5 米[①]。

　　据明代嘉靖《筹海图编》，清代顺治《登州府志》、康熙《靖海卫志》、雍正《文登县志》等史料记载，靖海卫下辖"红土崖"等沿海二十墩，今墩址地名、墩址都得以留存，且地处靖海卫辖下防区之内，由此可以确定红土崖墩遗址应为明代靖海卫辖下沿海二十墩之一的红土崖墩。

红土崖墩遗址西侧现状（西向东摄）

红土崖墩遗址北侧现状（东侧为断崖，北向南摄）

凤凰岭墩遗址

位　　置　文登区小观镇东里岛村西 200 米

始设年代　明代

文保级别　尚未核定为文物保护单位

概　　况　凤凰岭墩遗址位于坡地之上，地势较高，视野广阔，周围为农田。遗址原为东、南、北三面环海，东距海岸 650 米（原海湾因近年填海建设现已消失），南距海岸 1.8 千米，北距海岸 320 米（原海湾因近年填海建设现已消失），东侧与辛立庄墩遗址隔海相望，相距 9.8 千米，东南与靖海卫城相距 25.3 千米，西南距万家寨遗址约 4 千

凤凰岭墩遗址位置图

---

① 昆嵛山志编纂委员会：《昆嵛山志》，山东省地图出版社，2012年，第233页。

米，西北距生家埠寨遗址约 4.9 千米。

2021 年调查发现，凤凰岭墩遗址保存情况较好，墩体外部形制基本完整，圆锥形夯土建筑，平顶，墩体底部直径 25 米，墩高 7 米。墩顶建有一座砖砌哨所房，现已废弃。墩体北侧建有楼梯可通至墩顶哨所房。墩体外部草木生长茂盛。

历史资料　凤凰岭墩，位于东西里岛之间。为明清时沿海所设烽火台之一。因地处平泊中一高地，略似凤凰展翅，故名，现有高度海拔 23 米，人工垒土高 7 米。民国时期，上筑一岗楼，水泥砖砌，

凤凰岭墩遗址卫星图

尚在。向南可视大海，向北过海湾可与姚山头村东烽火台相联系；西北可与红泥崖烽台相联系，相距各约 5000 米 [1]。

据明代嘉靖《筹海图编》，清代顺治《登州府志》、康熙《靖海卫志》、雍正《文登县志》等史料记载，靖海卫下辖"大湾口"等沿海二十墩。凤凰岭墩遗址原墩名失传，但其墩址所处位置在靖海卫辖下防区之内，由此推测凤凰岭墩遗址或为明代靖海卫辖下的沿海二十墩之一。

凤凰岭墩遗址东侧现状（东向西摄）

凤凰岭墩遗址西侧现状（西向东摄）

---

[1] 昆嵛山志编纂委员会：《昆嵛山志》，山东省地图出版社，2012年，第233页。

凤凰岭墩遗址南侧现状（南向北摄）

凤凰岭墩遗址北侧现状（北向南摄）

凤凰岭墩遗址北侧楼梯与哨所房现状

（四）

堡遗址

旸里堡遗址

位　　置　文登区界石镇旸里村西北
2700 米旸里口

始设年代　明代

文保级别　尚未核定为文物保护单位

概　　况　遗址位于丘陵坡地之上，地
势较高，周围为林地。东南距板桥堡遗
址 7.1 千米，距文登营 26.7 千米。

旸里堡遗址位置图

2021 年调查发现，旸里堡遗址保存情况较好，堡体外部形制基本完整，大致呈圆锥形，底径 14 米，高 5 米，顶部较平，顶径 3.2 米。堡体由夯土构成，周围垒有石块，夯土中包含大量小石块，并可采集到布纹瓦片和灰陶片，堡体上长有松树、橡树及杂草灌木。

历史资料　据明代嘉靖《筹海图编》《宁海州志》、清代顺治《登州府志》等史料记载，宁海卫下辖"宋家"等十二堡，旸里堡遗址原堡名失传，但其堡址所在位置处于宁海卫与文登营的联络路径之内，由此推测旸里堡遗址或为明代宁海卫辖下的十二堡之一。清代光绪《增修登州府志》记载，文登县急递铺抵宁海州下辖"旸里"等四铺，由此推测旸里堡遗址或为文登县辖"旸里铺"路台。

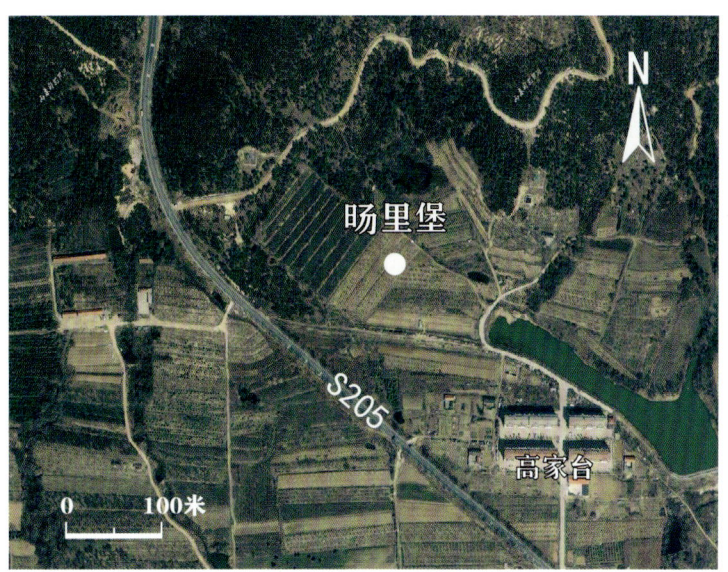

旸里堡遗址卫星图

旸里堡遗址南侧现状（南向北摄）

旸里堡遗址采集的瓦片

旸里堡遗址西侧现状（西向东摄）

板桥堡遗址

位　　置　文登区界石镇板桥村南 450
米处

始设年代　明代

文保级别　尚未核定为文物保护单位

概　　况　板桥堡遗址位于坡地之上，
周围地势平坦，四周为农田。东南距
三十里堡遗址 3.7 千米，距文登营 19.7
千米。

2021 年调查，板桥堡遗址于 20 世
纪五六十年代农业建设时被破坏，由板
桥村民中调查得知，原堡体大致呈圆锥
形，直径 10 米左右，高 3 米左右，现
堡体直径残长 9 米，残高 2.1 米，堡顶
中心处遗有少量大石块，并生长有一棵
榆树，堡体夯土中可见小瓦片残留。堡
体东侧为断崖，断崖下为农田路，南侧
为一长 21.5 米的斜坡，堡体遗址北侧为
一小河，板桥堡遗址西北方向为旸里堡
遗址，距离 7.3 千米。

历史资料　据明代嘉靖《筹海图编》
《宁海州志》、清代顺治《登州府志》
等史料记载，宁海卫下辖"板桥"等
十二堡，板桥堡遗址位于板桥村南 450
米，地名、堡址都得以留存，其堡址所
在位置处于宁海卫与文登营的联络路径
之内，由此推测板桥堡遗址或为明代宁
海卫辖下十二堡之一的"板桥"堡。清
代光绪《增修登州府志》记载，文登县
急递铺抵宁海州下辖"板桥"等四铺，
由此推测板桥堡遗址或为文登县辖"板
桥铺"路台。

板桥堡遗址位置图

板桥堡遗址卫星图

板桥堡遗址西侧现状（西向东摄）

板桥堡遗址北侧现状（北向南摄）　　　　　　　　　板桥堡遗址顶部现状

王埠庄堡（遗址）

位　　置　文登区龙山街道王埠庄村西南 610 米

始设年代　明代

文保级别　已消失

概　　况　遗址位于坡地之上，地势北高南低，四周为农田。东南距柳林堡遗址 2.2 千米，距文登营 8.5 千米。

　　2021 年调查，附近村民称，原堡体为人工夯土而成，无垒石痕迹，长十余米，高两三米，近年因建设养鸡场而消失。据明代嘉靖《筹海图编》《宁海州志》、清代顺治《登州府志》等史料记载，宁海卫下辖"宋家"等十二堡，王

王埠庄堡（遗址）位置图

埠庄堡遗址原堡名失传，但其堡址所在位置处于宁海卫与文登营的联络路径之内，由此推测王埠庄堡遗址或为宁海卫下辖的十二堡之一。

赵家产堡遗址

位　　置　文登区经济技术开发区赵家产村东北 400 米

始设年代　明代

文保级别　尚未核定为文物保护单位

概　　况　遗址位于坡地之上，周围地势平坦，视野较好，四周为工厂及公路。遗址南距文登营 6.6 千米。

　　2021 年调查发现，赵家产堡遗址保存情况一般，堡体大致呈不规则圆锥形，底径南北长 9 米，东西长 7.6 米，堡体较矮，高 0.8 米，顶部较平，顶径 6 米。堡体由黄色夯土筑成，堡体上杂草茂盛，遗址周围取土较深，破坏严重，高差约为 5 米左右。

历史资料　据明代嘉靖《筹海图编》，清代顺治《登州府志》、康熙《威海卫志》等史料记载，威海卫下辖"曹家庄"等十堡，赵家产堡遗址原有堡名失传，但所在位置处于威海卫与文登营的联络路径之内，由此推测赵家产堡遗址或为明代威海卫辖下的四堡之一。

赵家产堡遗址位置图

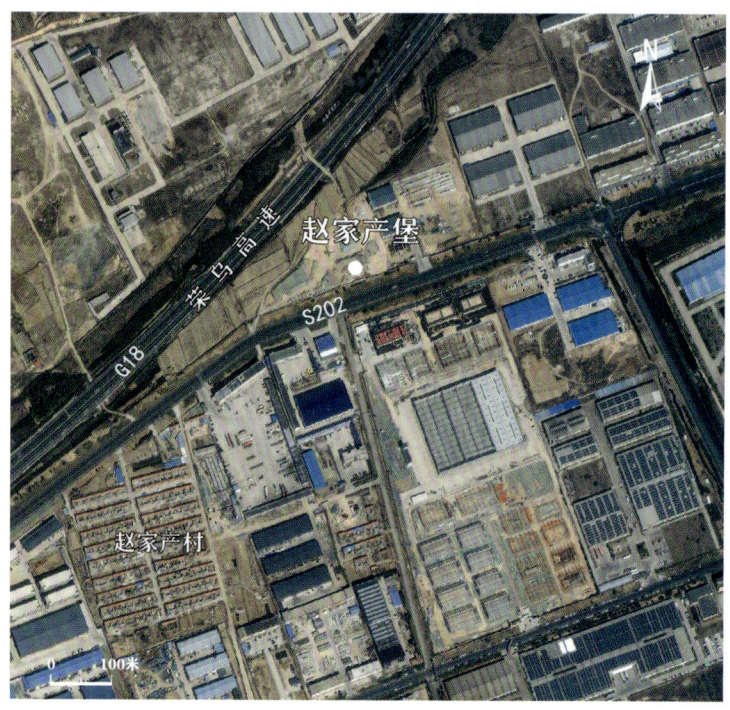

赵家产堡遗址卫星图

赵家产堡遗址远景（南向北摄）

赵家产堡遗址东侧现状（东向西摄）

赵家产堡遗址西侧现状（西向东摄）

赵家产堡遗址顶部现状

止马岭堡（遗址）

位　　置　文登区文登营镇止马岭村南
始设年代　明代
文保级别　已消失
概　　况　遗址位于坡地之上，原堡址南侧地势较高，北侧地势较低，周围为村中民房及田地，南距文登营 3.9 千米。2021 年调查，村民称，原堡址旁边旧时有南北方向小路一条，向南可通向文登营，原有堡址遗存在 20 世纪五六十年代的农业建设中消失。

止马岭堡（遗址）位置图

据明代嘉靖《筹海图编》，清代顺治《登州府志》、康熙《威海卫志》等史料记载，百尺崖备御千户所下辖"芝麻岭"等三堡，止马岭堡遗址所在的止马岭村名与"芝麻岭"读音相近，且原有堡址遗存，堡址所在位置处于百尺崖备御千户所与文登营的联络路径之内，由此推测止马岭堡遗址或为明代百尺崖备御千户所辖下三堡之一的"芝麻岭"堡。

报信口堡遗址

位　　置　文登区文登营镇五岔口村东北 650 米

始设年代　明代

文保级别　尚未核定为文物保护单位

概　　况　遗址位于丘陵山地之上，地势较高，视野宽阔，四周均为林地。由报信口堡遗址向西南方向 6.18 千米为东杜里堡址遗址，西南方向 11.3 千米为文登营，东北方向 4.95 千米为墩前堡遗址。

2021 年调查发现，报信口堡遗址保存较好，堡体大致呈圆锥形，高 2.3 米，顶部较平，直径东西长 5 米，南北长 3.5 米，东、北、西三侧较直，长约 5 米，占地面积 130.2 平方米。堡体由黄土堆砌而成，西侧下部可见垒石遗迹。堡体上生长有松树、柏树、杂草及灌木，

历史资料　报信口子位于文登营镇驻地东北 11.5 千米，因临报信村，故得名报信口子。东南连驮山槐（山），西北接 236 高地，东北—西南走向，长 35 米，宽 3 米，俚（岛）李（格庄）公路在此通过①。

据明代嘉靖《筹海图编》，清代顺治《登州府志》、雍正《文登县志》、道光《荣成县志》等史料记载，成山卫下辖"报信口"等九堡，报信口堡遗址所在地名、堡址都得以留存，其堡址所在位置处于成山卫与文登营的联络路径之内，由此推测报信口堡遗址或为明代成山卫辖下九堡之一的"报信口"堡。

报信口堡遗址位置图

报信口堡遗址卫星图

---

① 文登地名志编纂委员会：《文登地名志》，天津古籍出版社，2016 年，第667页。

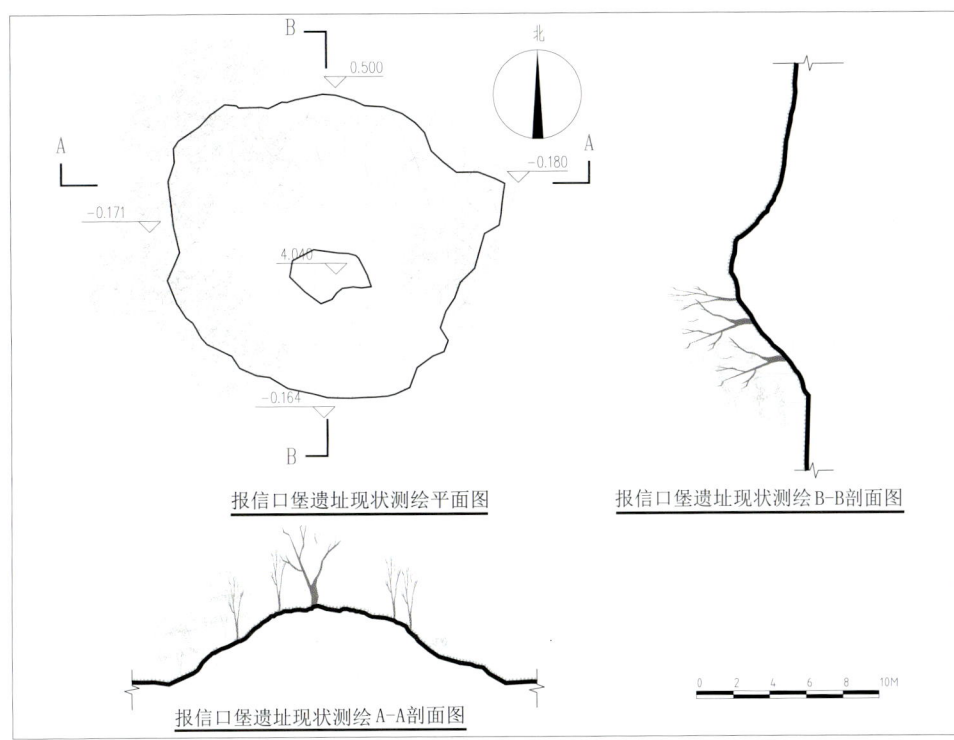

报信口堡遗址现状测绘平面图

报信口堡遗址现状测绘B-B剖面图

报信口堡遗址现状测绘A-A剖面图

报信口堡遗址平、剖面图

报信口堡遗址东侧现状（东向西摄）

报信口堡遗址垒石痕迹

报信口堡遗址西侧现状（西向东摄）

报信口堡遗址北侧现状（北向南摄）

东杜梨堡遗址

位　　置　文登区文登营镇东杜梨村东北 500 米

始设年代　明代

文保级别　尚未核定为文物保护单位

概　　况　遗址位于丘陵坡地之上，地势较高，视野宽阔，四周均为林地。遗址向南 100 米原有松山庙建筑，后被毁，现仅存遗址，东杜梨堡遗址西南距文登营 5.8 千米。

2021 年调查发现，东杜梨堡遗址保存较好，堡体大体呈圆锥形，底部直径 11.6 米，高 2.5 米，顶部较平，顶部直径 4.8 米。堡体由夯土构成，生长有松树及杂草，周围草木茂盛。

历史资料　松山庙，位于文登营镇驻地东 6 千米处。山上松林中有一寺庙，据此得名松山庙。北接猫子山，南临南七公路，东傍松山水库。南北走向，长 1000 米，海拔 130 米①。

据明代嘉靖《筹海图编》，清代顺治《登州府志》、雍正《文登县志》、道光《荣成县志》等史料记载，成山卫下辖"神前"等九堡，东杜梨堡遗址原有堡名失传，但其堡址所在位置处于成山卫与文登营的联络路径之内，由此推测东杜梨堡遗址或为明代成山卫辖下的九堡之一。

东杜梨堡遗址位置图

东杜梨堡遗址卫星图

东杜梨堡遗址西侧现状（西向东摄）

---

① 文登地名志编纂委员会：《文登地名志》，天津古籍出版社，2016 年，第 654 页。

东杜梨堡遗址南侧现状（南向北摄）

东杜梨堡遗址北侧现状（北向南摄）

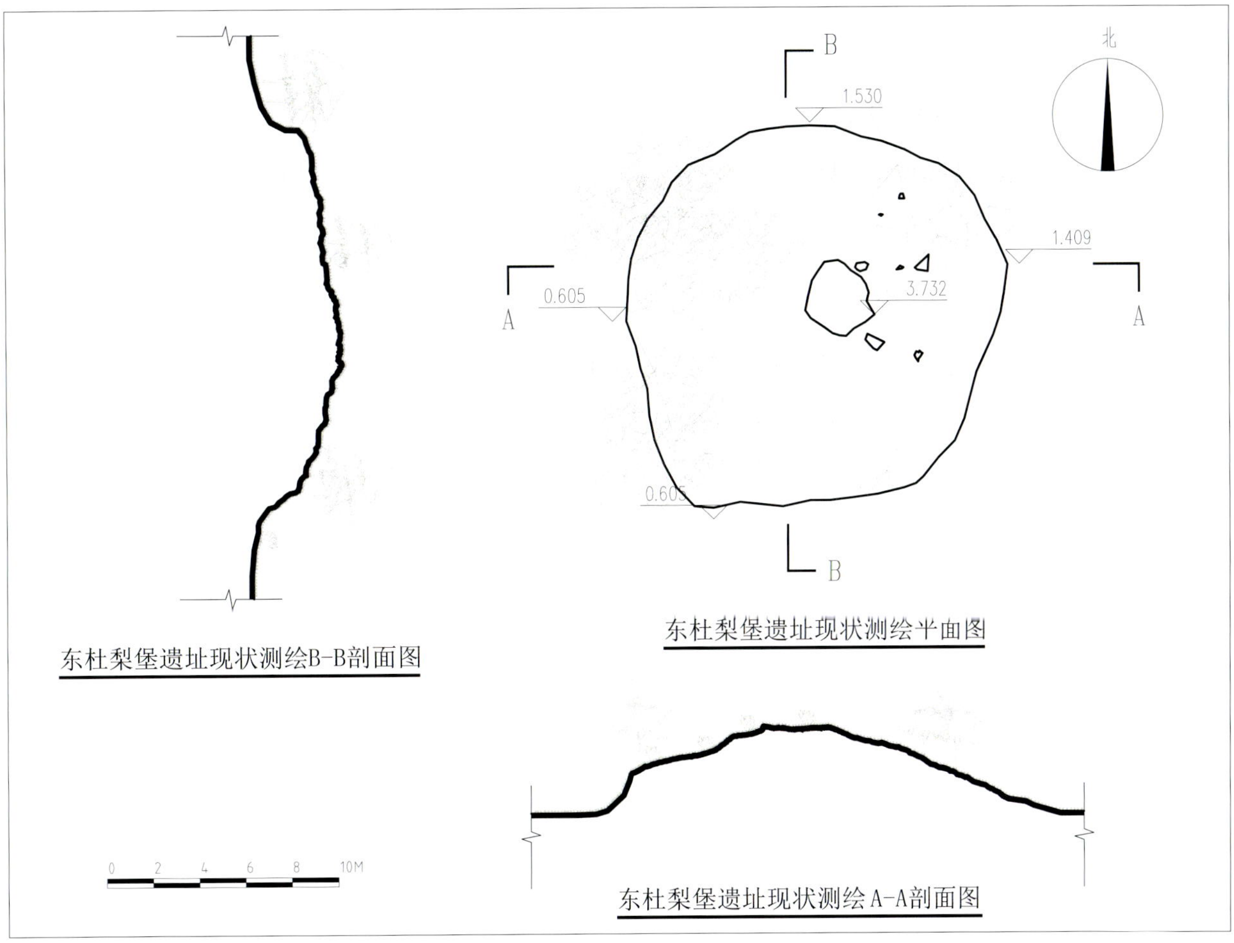

东杜梨堡遗址现状测绘B-B剖面图

东杜梨堡遗址现状测绘平面图

东杜梨堡遗址现状测绘A-A剖面图

东杜梨堡遗址平、剖面图

金家庄堡（遗址）

位　　置　文登区大水泊镇金家庄村南450米

始设年代　明代

文保级别　已消失

概　　况　遗址位于坡地之上，周围地势平坦，视野开阔，四周为农田。原堡址西距墩前堡遗址约10.5千米，距文登营约16.3千米。

金家庄堡（遗址）位置图

2021年调查发现，金家庄堡遗址于2014年因建设房屋而消失。据明代嘉靖《筹海图编》，清代顺治《登州府志》、雍正《文登县志》、道光《荣成县志》等史料记载，寻山备御千户所下辖"蒸饼山"等七堡，金家庄堡遗址原有堡名失传，但其堡址所在位置处于寻山备御千户所与文登营的联络路径之内，由此推测金家庄堡遗址或为寻山备御千户所下辖的七堡之一。

墩前堡遗址

位　　置　文登区文登营镇墩前村东北500米

始设年代　明代

文保级别　尚未核定为文物保护单位

概　　况　遗址位于丘陵山地上，遗址南面东面均为山地，北侧为山谷，遗址周围为林地。墩前堡遗址西距东屯堡（已消失）约3.4千米，距文登营5.7千米。

墩前堡遗址位置图

2021年调查发现，墩前堡遗址保存较好，堡体大体呈圆锥形，形制完整，底部直径东西长13.5米，南北长11.5米，堡体高2.2米，顶部较平坦，顶部直径6.3米。堡体由夯土构成，夯土中夹杂着大量碎石块，并可采集到较多布纹陶片。堡体顶部有一现代坟墓，并生长有松树和杂草，周围草木茂盛。

历史资料　墩前村，清末，魏家庄梁氏来居，称梁家庵。其后，相继建包家庵等属村。1947年并治，以居古烽燧前命名[①]。

据明代嘉靖《筹海图编》，清代顺治《登州府志》、雍正《文登县志》、道光《荣成县志》等史料记载，寻山备御千户所下辖"胜佛口"等七堡，墩前堡遗址原有堡名失传，但其堡址所在位置处于寻山备御千户所与文登营的联络路径之内，由此推测墩前堡遗址或为寻山所下辖的七堡之一。

墩前堡遗址采集的瓦片

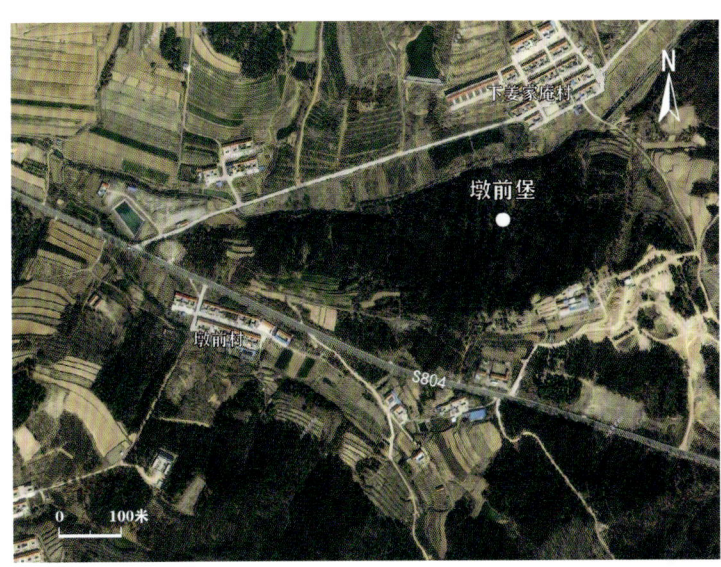

墩前堡遗址卫星图

墩前堡遗址南侧现状（南向北摄）

墩前堡遗址北侧现状（北向南摄）

[①]　文登地名志编纂委员会：《文登地名志》，天津古籍出版社，2016年，第129页。

东屯堡（遗址）

位　　置　文登区文登营镇东屯村南260 米

始设年代　明代

文保级别　已消失

概　　况　遗址位于坡地之上，四周地势平坦，视野开阔，周围为农田。原堡址西距文登营约千米。

2021 年调查，附近村民称此地为"南堡子"，原堡址于 20 世纪 80 年代因农业建设而消失。据明代嘉靖《筹海图编》，清代顺治《登州府志》、雍正《文登县志》、道光《荣成县志》等史料记载，寻山备御千户所下辖"曲家埠"等七堡，东屯堡遗址原有堡名失传，但其堡址所在位置处于寻山备御千户所与文登营的联络路径之内，由此推测东屯堡遗址或为寻山所下辖的七堡之一。

苏家泊堡遗址

位　　置　文登区高村镇苏家泊村西700 米

始设年代　明代

文保级别　尚未核定为文物保护单位

概　　况　遗址位于丘陵台地之上，地势较高，视野宽广，四周为农田及铁路。遗址北距团山堡（已消失）约 5.6 千米，东北距文登营 15.7 千米。

2021 年调查发现，苏家泊堡遗址周边为农田，遗址保存情况较好，堡体外部形制基本完整。堡体大致呈圆锥形，底径 11.8 米，高 1.9 米。堡体由黄土堆积而成，土中包含小石块，堡体周围垒有石块，以北侧垒石最为明显，堡体上长有杂草及灌木。

东屯堡（遗址）位置图

苏家泊堡遗址位置图

苏家泊堡遗址卫星图

历史资料 据明代嘉靖《筹海图编》，清代顺治《登州府志》、康熙《靖海卫志》、雍正《文登县志》等史料记载，宁津守御千户所下辖"帽子山"等九堡，苏家泊堡遗址原有堡名失传，但其堡址所在位置处于宁津守御千户所与文登营的联络路径之内，由此推测苏家泊堡遗址或为明代宁津守御千户所辖下的九堡之一。

苏家泊堡遗址东侧现状（东向西摄）

苏家泊堡遗址南侧现状（南向北摄）

苏家泊堡遗址西侧现状（西向东摄）

团山堡（遗址）

位　　置　文登区大水泊镇团山村坤龙水库

始设年代　明代

文保级别　已消失

概　　况　遗址原址现位于文登区大水泊镇团山村东的坤龙水库内，由于水库蓄水，堡址被淹没，其所在地势不明。团山堡西北距小台堡遗址约 1.96 千米，距文登营约 10.8 千米。

团山堡（遗址）位置图

　　2021 年调查发现，村民称原堡址于 1958 年建设坤龙水库蓄水而被淹没。据明代嘉靖《筹海图编》，清代顺治《登州府志》、康熙《靖海卫志》、雍正《文登县志》等史料记载，宁津守御千户所下辖"拖地冈"等九堡，团山堡遗址原有堡名失传，但其堡址所在位置处于宁津守御千户所与文登营的联络路径之内，由此推测团山堡遗址或为宁津守御千户所下辖的九堡之一。

小台堡遗址

位　　置　文登区大水泊镇小台村西 500 米

始设年代　明代

文保级别　尚未核定为文物保护单位

概　　况　遗址位于丘陵台地之上，地势较高，视野开阔，遗址四周为农田。遗址西北距十里头堡遗址 3.95 千米，距文登营 8.8 千米。

小台堡遗址位置图

　　2021 年调查发现，小台堡遗址保存情况一般，因村民早年取土而破坏，堡体外部形制已不完整，现大致呈一个东西长、南北短的锥形，南侧靠近顶部，锥形向内收，东西长 18.7，南北长 8.5 米，高 3.8 米，堡体南坡较缓，坡长 11.5 米。堡体由夯土筑成，夯土中夹杂有小石块，堡体北部偏西处垒有石块，堡体上生长有杂草和橡树，顶部有盗洞。

历史资料　据明代嘉靖《筹海图编》，清代顺治《登州府志》、康熙《靖海卫志》、雍正《文登县志》等史料记载，宁津守御千户所下辖"王家铺"等九堡，小台堡遗址原有堡名失传，但其堡址所在位置处于宁津守御千户所与文登营的联络路径之内，由此推测小台堡遗址或为明代宁津守御千户所辖下的九堡之一。

小台堡遗址卫星图

小台堡遗址西侧现状（西向东摄）

小台堡遗址北侧现状（北向南摄）

小台堡遗址顶部现状

小台堡遗址盗洞

十里头堡遗址

位　　置　文登区天福街道十里头村东南 1200 米

始设年代　明代

文保级别　尚未核定为文物保护单位

概　　况　遗址位于丘陵台地之上，地势较高，视野开阔，遗址四周为林地，并建有风力发电机组。遗址西北距文登营 5.2 千米。

2021 年调查发现，十里头堡遗址保存情况较好，堡体外部形制基本完整，大致呈圆锥形，底径 14.5 米，高 3.2 米，堡体顶部较平，顶部直径 3 米，并遗有一盗洞。堡体主要由黄色夯土构成，并有明显的垒石痕迹，主要位于堡体西北角。堡体周围地势较低，生长有松树、柏树、杂草及灌木，草木生长旺盛。堡体南侧 20 米处另有一道人工垒砌的石墙，其具体用途不详。

历史资料　据明代嘉靖《筹海图编》，清代顺治《登州府志》、康熙《靖海卫志》、雍正《文登县志》等史料记载，宁津守御千户所下辖"上现口"等九堡，

十里头堡遗址位置图

十里头堡遗址卫星图

十里头堡遗址南侧石墙遗迹

十里头堡遗址西北侧垒石痕迹

十里头堡遗址原有堡名失传，但其堡址所在位置处于宁津守御千户所与文登营的联络路径之内，由此推测十里头堡遗址或为明代宁津守御千户所辖下的九堡之一。

十里头堡遗址南侧现状（南向北摄）

庙后王家堡遗址

位　　置　文登区高村镇庙后王家村北200米

始设年代　明代

文保级别　尚未核定为文物保护单位

概　　况　遗址位于坡地之上，地势平坦，周边为农田，西北距金岭堡遗址3.4千米，距文登营21.5千米。

2021年调查发现，遗址保存情况一般，堡体外部形制基本完整，大致呈圆锥形，平面呈椭圆形，南北长10.2米，东西长8.5米，高2米。堡体由黄土堆

庙后王家堡遗址位置图

积而成，土中包含大量小石块，堡体上长有橡树、槐树、杂草和灌木。

历史资料　据明代嘉靖《筹海图编》，清代顺治《登州府志》、康熙《靖海卫志》、雍正《文登县志》等史料记载，靖海卫下辖"坟台（顶）"等八堡，庙后王家堡遗址原有堡名失传，但其堡址所在位置处于靖海卫与文登营的联络路径之内，由此推测庙后王家堡遗址或为明代靖海卫辖下的八堡之一。

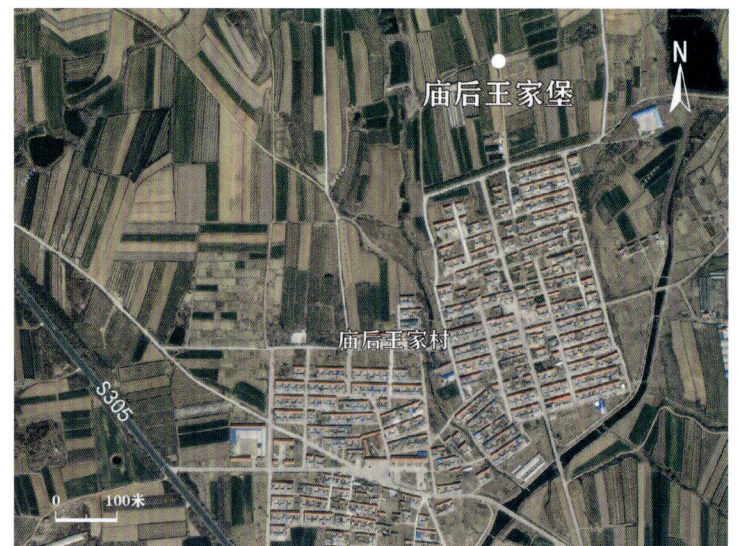

庙后王家堡遗址卫星图

庙后王家堡遗址东侧现状（东向西摄）

庙后王家堡遗址西侧现状（西向东摄）

庙后王家堡遗址北侧现状（北向南摄）

金岭堡遗址

位　　置　文登区高村镇金岭村西入口

始设年代　明代

文保级别　尚未核定为文物保护单位

概　　况　遗址所在位置周围地形平坦，四周为树林及民房，村民旧称此堡址为"要饭台"。堡址北距墩后堡遗址3.2千米，西北距文登营18.7千米。

2021年调查发现，遗址保存情况较好，堡体外部形制基本完整，大致呈圆锥形，平面呈椭圆形，底部直径东西长10米，南北长7.5米，高1.6米，顶部较平，顶部直径3.3米。堡体由灰土堆积而成，包含大量小石块，堡体上长有槐树、柏树及杂草灌木。

历史资料　据明代嘉靖《筹海图编》，清代顺治《登州府志》、康熙《靖海卫志》、雍正《文登县志》等史料记载，靖海卫下辖八堡，今金岭堡遗址原有堡名失传，但其堡址所在位置处于靖海卫与文登营的联络路径之内，由此推测金岭堡遗址或为明代靖海卫辖下的八堡之一。

金岭堡遗址位置图

金岭堡遗址卫星图

金岭堡遗址北侧现状（北向南摄）

金岭堡遗址西侧现状（西向东摄）

金岭堡遗址东侧现状（东向西摄）

墩后堡遗址

位　　置　文登区高村镇墩后村东南 200 米

始设年代　明代

文保级别　尚未核定为文物保护单位

概　　况　遗址位于坡地之上，南、西、北侧坡势较缓，周边是农田及厂房，植被覆盖较少。西距礼格庄堡（已消失）约 4.8 千米，西北距文登营 15.7 千米。

墩后堡遗址位置图

　　2021 年调查发现，遗址保存情况较好，堡体形制完整，大体呈圆锥形，底径 20.5 米，高 3.4 米。堡体东侧为断崖，崖下为道呼线公路。墩后村委用块石沿堡体底部砌筑了一圈 0.4 米高的石台，并在石台内侧种植一圈松柏，另在堡体正南侧砌筑一条石阶用以直上堡顶。

历史资料 据明代嘉靖《筹海图编》，清代顺治《登州府志》、康熙《靖海卫志》、雍正《文登县志》等史料记载，靖海卫下辖"店山"等八堡，墩后堡遗址原有堡名失传，但是堡址所在位置处于靖海卫与文登营的联络路径之内，由此推测墩后堡遗址或为明代靖海卫辖下的八堡之一。

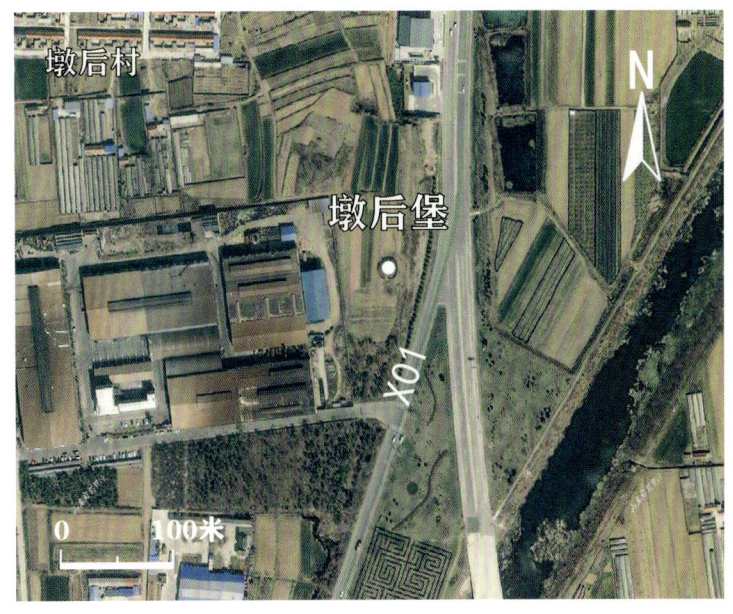

墩后堡遗址卫星图

墩后堡遗址全景（西向东摄），左上方为殿山

墩后堡遗址南侧现状（南向北摄）　　　　　　墩后堡遗址北侧现状（北向南摄）

礼格庄堡（遗址）

位　　置　文登区高村镇礼格庄村东石桥

始设年代　明代

文保级别　已消失

概　　况　遗址所在位置周围地形平坦，西侧、南侧为民房，东侧为河流，西北距歇驾夼堡遗址 4.88 千米，距文登营 13.6 千米。

礼格庄堡（遗址）位置图

2021 年调查，村民称因堡址位于礼格庄村东，被称为"东墩"，礼格庄堡遗址堡体原高约 3 米，于 1964 年修建村东石桥时拆毁。据明代嘉靖《筹海图编》，清代顺治《登州府志》、康熙《靖海卫志》、雍正《文登县志》等史料记载，靖海卫下辖八堡，礼格庄堡遗址原有堡名失传，但是堡址所在位置处于靖海卫与文登营的联络路径之内，由此推测礼格庄堡遗址或为靖海卫下辖的八堡之一。

歇驾夼堡遗址

位　　置　文登区大水泊镇歇驾夼村西南 900 米

始设年代　明代

文保级别　尚未核定为文物保护单位

概　　况　遗址位于丘陵山地之上，地势东高西低，南高北低，四周为农田。西北距城南堡（已消失）7.17 千米，北距文登营 9.3 千米。

2021 年调查发现，歇驾夼堡遗址东侧和南侧是一条环形的农田路将遗址包裹其中，农田路外侧及遗址北侧为农田。遗址保存情况一般，堡体外部形制基本完整，大致呈圆锥形，底径 8 米，高 2.5 米。堡体由灰土堆积而成，土中包含大量小石块，堡体上生长有杂草灌木，草木生长茂盛。遗址南 30 米有一圆形土堆，直径 5.2 米，高 2 米，推测为歇驾夼堡的附属遗迹，具体用途不详。遗址东南 30 米处有一长方形土堆，东西长 7.5 米，南北长 4.7 米，土堆东侧有垒石，推测为房屋遗迹。在堡体遗址旁边的田地中可采集到砖块、瓦片、陶片、瓷片等。通过走访村民得知，遗址旁边原有村庄，名为石棚子，原有建筑存在，后被拆毁。

歇驾夼堡遗址位置图

歇驾夼堡遗址采集的遗物

歇驾夼堡遗址卫星图

历史资料　据明代嘉靖《筹海图编》，清代顺治《登州府志》、康熙《靖海卫志》、雍正《文登县志》等史料记载，靖海卫下辖"葫芦山"等八堡，歇驾夼堡遗址原有堡名失传，但其堡址所在位置处于靖海卫与文登营的联络路径之内，由此推测歇驾夼堡遗址或为明代靖海卫辖下的八堡之一。

歇驾夼堡遗址西侧现状（西向东摄）

歇驾夼堡遗址北侧现状（北向南摄）

歇驾夼堡遗址顶部现状

城南堡（遗址）

位　　置　文登区天福街道城南社区毓菁华小区南侧

始设年代　明代

文保级别　已消失

概　　况　遗址位于坡地顶部，地势南高北低，四周为林地及楼房，东北距文登营 4.6 千米。

2021 年调查，附近居民称原堡址位于小山包顶部，20 世纪 50 年代因建采石场而消失，现址为深 9 米的采石坑，坑内生长有杂草灌木。据明代嘉靖《筹海图编》，清代顺治《登州府志》、康熙《靖海卫志》、雍正《文登县志》等史料记载，靖海卫下辖"起雨顶"等八堡，城南堡遗址原有堡名失传，但其堡址所在位置处于靖海卫与文登营的联络路径之内，由此推测城南堡遗址或为靖海卫下辖的八堡之一。

城南堡（遗址）位置图

小观堡（遗址）

位　　置　文登区小观镇小观村东320 米

始设年代　明代

文保级别　已消失

概　　况　遗址位于坡地之上，地势较高，视野宽广，四周为农田。北距西店子堡（已消失）约 4.38 千米，东北距文登营 34.1 千米。

小观堡（遗址）位置图

2021 年调查，小观堡遗址所在的坡地被村民称为"烟墩糒"，原堡体高约 6 米，1989 年因在此修建储水塔而消失。据明代嘉靖《筹海图编》、清代顺治《登州府志》记载：海阳守御千户所下辖"黄利河"等十堡，小观堡遗址位于今黄垒河东岸 550 米处，是距离黄垒河最近的堡址，其堡址所在位置处于海阳守御千户所与文登营的联络路径之内，由此推测小观堡遗址或为海阳守御千户所辖下十堡之一的"黄利河"堡。

西店子堡（遗址）

位　　置　文登区小观镇西店子村北200 米

始设年代　明代

文保级别　已消失

概　　况　遗址位于坡地之上，地势北高南低，周围为采石坑及农田。东北距东孔格堡约 11.2 千米，距文登营 31.2 千米。

西店子堡（遗址）位置图

2021 年调查，西店子堡遗址所在的坡地被当地村民称为"风台顶"，原堡体为一座直径约 10 米，高约 3 米的人工土堆，20 世纪 90 年代因建设取土而消失。据明代嘉靖《筹海图编》、清代顺治《登州府志》记载：海阳守御千户所下辖"扒山"等十堡，"扒山"即为爬山，西店子堡遗址位于爬山阳坡，其堡址所在位置处于海阳守御千户所与文登营的联络路径之内，由此推测西店子堡遗址或为海阳守御千户所辖下十堡之一的"扒山"堡。

东孔格堡遗址

位　　置　文登区宋村镇东孔格村北350米

始设年代　明代

文保级别　尚未核定为文物保护单位

概　　况　遗址位于丘陵山地之上，地势较高，视野宽广，四周为农田。西北距山西头堡（已消失）约7.6千米，东北距文登营约20.5千米。

2021年调查发现，遗址堡体形制保存较为完整，大致呈圆锥形，直径7米，高2.4米，由黄土堆积而成，填土中包含大量小石块和零星瓦片。堡体上现长有橡树、杂草和灌木。堡顶可见一椭圆形盗洞，盗洞南北长2.4米，东西宽1.4米，深0.8米。堡体南北侧有碎石堆砌痕迹，向北顺延约300米，向南顺延约5米。由东孔格堡遗址西南为姚山头墩遗址，东南为小洛顶墩遗址。

历史资料　明代嘉靖《筹海图编》、清代顺治《登州府志》记载，海阳守御千户所下辖"孔家庄"等十堡，今东孔格堡遗址位于东孔格村北350米，东孔格村旧称孔格庄[①]，村名与孔家庄接近，东孔格堡遗址所在位置处于海阳守御千户所与文登营的联络路径之内，由此推测东孔格堡遗址或为明代海阳守御千户所辖下十堡之一的"孔家庄"堡。

---

① 文登地名志编纂委员会：《文登地名志》，天津古籍出版社，2016年，第253页。

东孔格堡遗址位置图

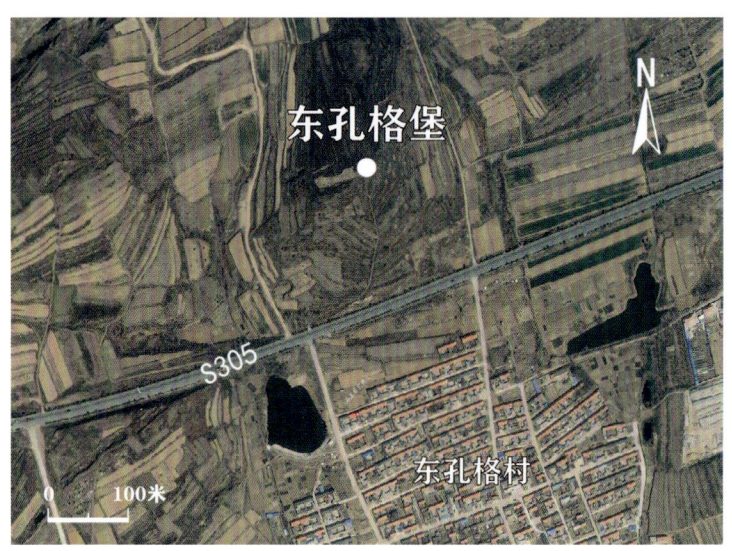

东孔格堡遗址卫星图

东孔格堡遗址顶部现状

东孔格堡遗址东侧现状（东向西摄）

东孔格堡遗址南侧现状（南向北摄）

山西头堡（遗址）

位　　置　文登区米山镇山西头村西南角

始设年代　明代

文保级别　已消失

概　　况　遗址周围地势平坦，四周为村庄及田地，东北方向650米为撒慧山。东北距老埠堡遗址约5.9千米，距文登营约20.6千米。

山西头堡（遗址）位置图

　　2021年调查发现，山西头堡遗址所在的地被当地村民称为"墩"，原堡体为一座大土堆，在20世纪三四十年代因农业生产而消失。据明代嘉靖《筹海图编》、清代顺治《登州府志》记载：海阳守御千户所下辖"撒慧山"等十堡，山西头堡遗址位于撒慧山旁侧，其堡址所在位置处于海阳守御千户所与文登营的联络路径之内，由此推测山西头堡遗址或为海阳守御千户所辖下十堡之一的"撒慧山"堡。

老埠港堡遗址

位　　置　文登区米山镇老埠村西南
450 米处西山顶

始设年代　明代

文保级别　未核定为文物保护单位

概　　况　遗址位于丘陵山地之上，地
势较高，视野宽广，四周为林地及农田。
东北距东铺头堡遗址 4.7 千米，距文登
营 14.8 千米。

遗址为 2008 年 3 月第三次全国文
物普查时首次调查：（A33）老埠烽火
墩（米山镇老埠村西南山顶·明清时
期），呈圆土锥形，下底直径 10 米，
顶部直径 2.3 米，高 3 米，为碎石与黄
泥夯筑而成。墩顶中心为一边长为 0.9
米、深 0.4 米的方形土坑，据村民介绍
为燃烧柴火所用，坑边有大石块，可能
是支座。根据《文登县志》有关卫所制
度的相关记载，推测其为明清时期的军
事设施。据村民反映，烽火墩在 20 世
纪 50 年代时曾经使用，当时还建有支
架等附属建筑[①]。

老埠港堡位置图

老埠港堡遗址卫星图

老埠港堡遗址盗洞

老埠港堡遗址东侧现状（东向西摄）

---

① 威海市文物管理办公室：《追寻历史——威海市第三次文物普查成果巡礼》，青岛出版社，2012 年，第 130 页。

老埠港堡遗址西侧现状（西向东摄）　　　　　　　　　　　老埠港堡遗址南侧现状（南向北摄）

　　2021 年调查发现，老埠港堡遗址保存情况较好，遗址周围为耕地，灌木丛生长茂密。堡体外部形制基本完整，呈圆锥形，下底直径 10 米，高 1.7 米，顶径 3.2 米，顶部较平，周围垒有石块，堡体由碎石与黄泥夯筑而成。堡顶可见一盗洞，长 1.4 米，宽 0.8 米，深 2.1 米，已挖深至堡体底部，盗洞下方北侧剖面可见大石块。

历史资料　老埠烽火墩，位于米山镇老埠村西南山顶。属明清时期。呈圆土锥形，下底直径 10 米，顶部高 3 米，为碎石与黄泥夯筑而成。墩顶中心为一边长为 0.9 米、深 0.4 米的方形土坑，据村民介绍为燃烧柴火所用，坑边有大石块，可能是支座。根据《文登县志》有关卫所制度的相关记载，推测其为明清时期的军事设施。据村民反映，烽火墩在 20 世纪 50 年代时曾经使用，当时还建有支架等附属建筑[1]。

　　明代嘉靖《筹海图编》、清代顺治《登州府志》记载，海阳守御千户所下辖"老埠港"等十二堡，老埠港遗址位于老埠村西南 450 米，地名、堡址都得以留存，其堡址所在位置处于海阳守御千户所与文登营的联络路径之内，由此可以确定老埠港堡遗址应为明代海阳守御千户所辖下十堡之一的"老埠港"堡。

东铺头堡遗址

位　　置　文登区米山镇东铺头村内

始设年代　明代

文保级别　尚未核定为文物保护单位

概　　况　遗址位于村中坡地上，地势北高南低，四周为民房及工厂。遗址东北距柳林堡遗址 4.8 千米，距文登营 10.2 千米。

---

[1] 文登文化志编纂委员会编纂：《文登文化志》，中国文史出版社，2017 年，第 164 页。

　　2021年调查发现，东铺头堡体保存情况一般，堡体大致呈圆锥形，由夯土构成，土中含有小石块。堡体顶部长有一棵百年以上的古树，旁有天然巨石及杂草。因村中为堡体上生长的古树修建水泥保护参观平台，使堡体底部遭到破坏，堡体残存底径7米，高1.2米。

历史资料　明代嘉靖《筹海图编》、清代顺治《登州府志》记载，海阳守御千户所下辖"桃村"等十堡，东铺头堡遗址原堡名失传，但其所在位置处于海阳守御千户所与文登营的联络路径之内，由此推测东铺头堡遗址或为明代海阳守御千户所辖下的十堡之一。

东铺头堡遗址位置图

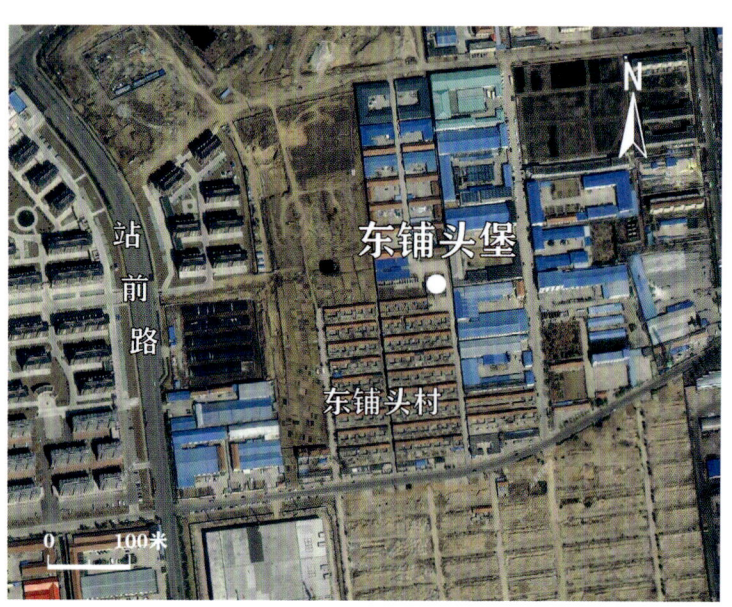

东铺头堡遗址卫星图

东铺头堡遗址西侧现状（西向东摄）

东铺头堡遗址北侧现状（北向南摄）

柳林堡遗址

位　　置　文登区龙山街道柳林村西北 1300 米

始设年代　明代

文保级别　尚未核定为文物保护单位

概　　况　遗址位于丘陵台地之上，遗址东侧地势较缓，四周为林地，东距文登营 6.6 千米。

　　2021 年调查发现，遗址保存情况较好，堡体外部形制基本完整，大致呈圆锥形，底径 11.3 米，高 2.2 米，顶径 3 米，顶部较平，有一现代水泥制测绘桩。堡体由夯土构筑而成，夯土中包含大量小石块，并可采集到较多布纹瓦片，堡体东北角可见明显垒石痕迹。堡体上长有松树、橡树及杂草，周围为橡树林。

历史资料　明代嘉靖《筹海图编》、清代顺治《登州府志》记载，海阳守御千户所下辖"汤山"等十堡，柳林堡遗址原有堡名失传，遗址位于文登区七里汤温泉北侧，周边有多座以汤泉命名的村庄，且柳林堡遗址所在位置处于海阳守御千户所与文登营的联络路径之内，由此推测柳林堡或为明代海阳守御千户所辖下十堡之一的"汤山"堡。

柳林堡遗址位置图

柳林堡遗址卫星图

柳林堡遗址采集到的瓦片

柳林堡遗址东侧现状（东向西摄）

柳林堡遗址南侧现状（南向北摄）　　　　　　柳林堡遗址北侧现状（北向南摄）

五

炮台遗址

望海曲家炮台遗址

位　　置　文登区高村镇望海曲家村西南 210 米

始设年代　清代

文保级别　已消失

概　　况　遗址位于近海坡地之上，地势北高南低，视野宽阔，遗址四周为农田。炮台原址东、南、西三面环海，东距海岸 220 米，南距海岸 150 米，西距海岸 105 米，南距靖海卫城 21.8 千米。

望海曲家炮台遗址位置图

2021 年调查发现，遗址平面呈长方形，东西长约 65 米，南北长约 55 米，整体保存情况较差，无炮台建筑遗存，遗址内发现有垒石痕迹及较多布纹瓦片。遗址东南角有疑似营墙遗迹，平面大致呈椭圆形，北高南低，东西残长 5.5 米，南北残长 9.8 米，北侧残高 1.2 米，南侧残高 0.2 米，由黄土堆积而成，填土中包含大量石块及砖块，营墙上生长有橡树、杂草及灌木，东北侧有一人工开挖土坑。附近村民称此地为炮台，清代乾隆《山东海疆图记》记载：有寨设炮曰台……其旧设之炮台，而今已无存者，凡七十所，曰牡蛎口……曰望海……[1] 由此可见，清代初年，胶东沿海的海防炮台建设是利用原明代海防所建筑的墩寨址，通过添加炮械改造而成，望海曲家炮台遗址即为这一时期胶东沿海所改建的众多炮台之一，但此类炮台绝大多数存在时间较短，至清代乾隆年间即已废弃。

---

① 胡德琳、王尚珏辑：《山东海疆图记》，详见李伟刚、郭学东、谭汗青主编：《山东海洋文化古籍选编》，中国海洋大学出版社，2022年，第202页。

乳 山 市 地 图

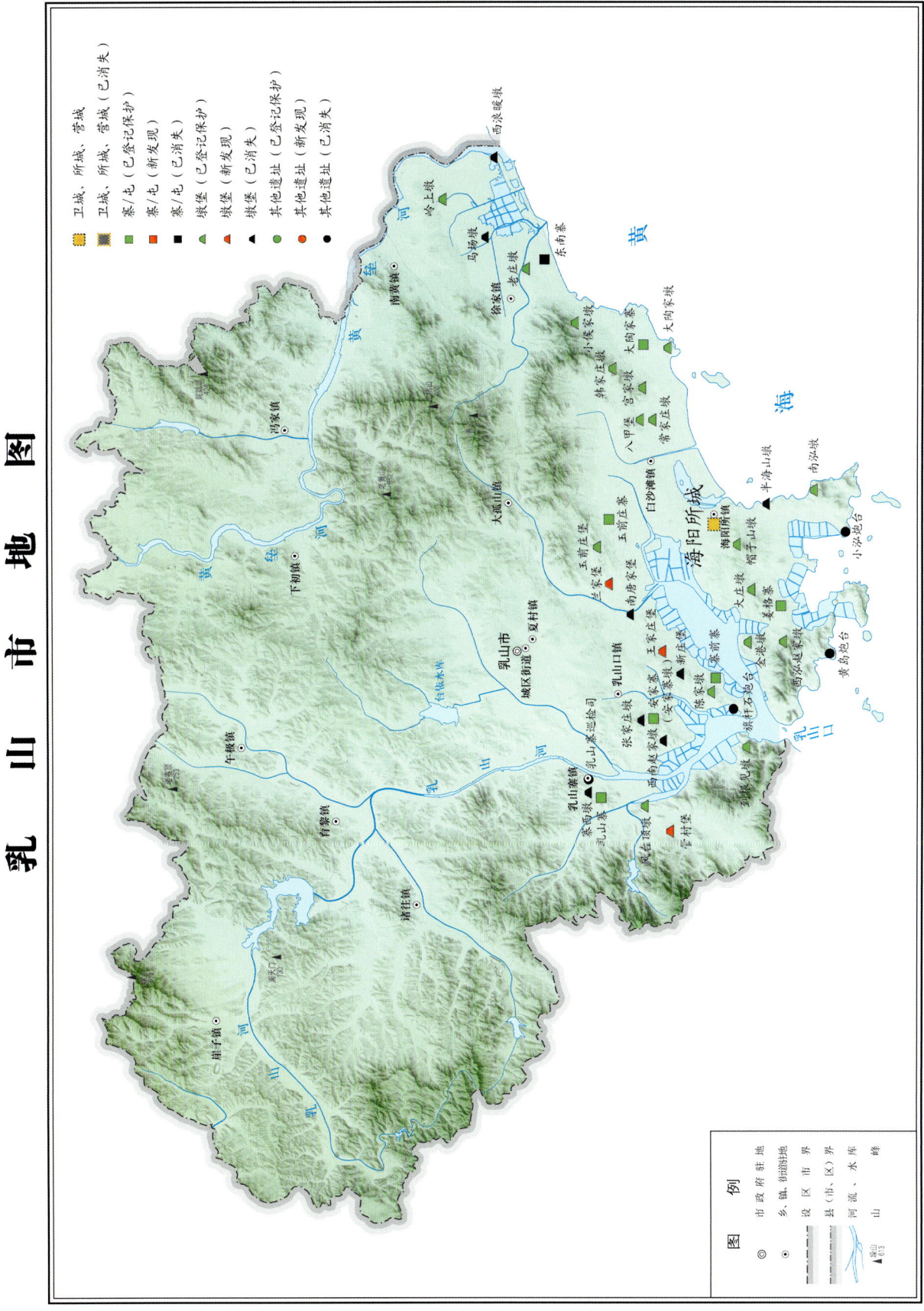

四　乳山市海防遗址

千户所城遗址

海阳所城遗址

位　　置　乳山市海阳所镇海阳所村内

始设年代　明洪武三十一年（1398 年）

文保级别　尚未核定为文物保护单位

概　　况　遗址位于村中高地处，现已被海阳所村民房占压。所城遗址东距白沙口潮汐湖 1.3 千米，东南距海岸 1.33 千米。所城遗址西南距帽山墩遗址 1.6 千米，东南距半海山墩遗址 3 千米。

遗址为 1989 年 4 月第二次全国文物普查时首次调查：（104-A104）海阳所军寨（海阳所镇海阳所村·明代）为防备倭寇侵扰而设置的海防军寨。分为大、小两寨，均黄土夯筑寨墙。大寨平面呈长方形，南北长约 500 米，东西宽约 300 米，现存东寨墙，残高 1—5 米，四周各设一寨门。小寨位于大寨东约 100 米处，平面呈方形，边长 100 米，残高 2 米，南设寨门[1]。

2009 年 5 月第三次全国文物普查时复查：（A176）海阳所军寨遗址（海阳所镇海阳所村·明代）为防备倭寇侵扰而设置的海防军寨。分为大、小两寨，均黄土夯筑寨墙。大寨平面呈长方形，南北长约 500 米，东西宽约 300 米，现

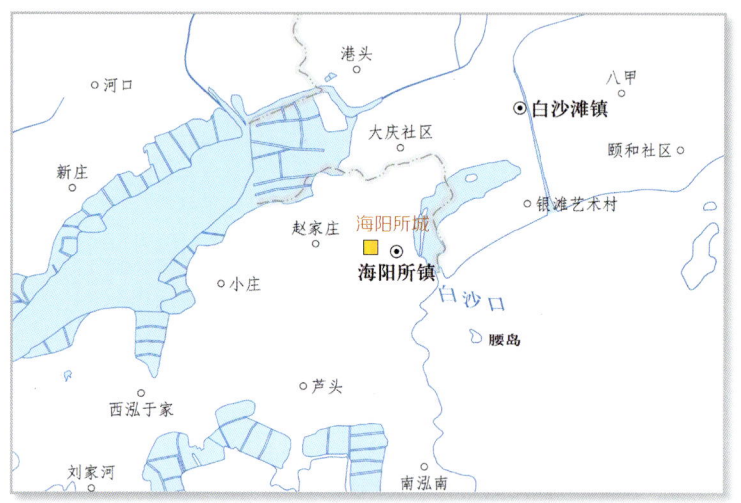

海阳所城遗址位置图

海阳所城遗址卫星图

---

[1] 国家文物局：《中国文物地图集·山东分册（下）》，中国地图出版社，2007 年，第 612 页。

海阳所城遗址东城墙现状

存东寨墙，残高 1—5 米，四周各设一寨门。小寨位于大寨东约 100 米处，平面呈方形，边长 100 米，残高 2 米，南设寨门[①]。

　　2021 年调查发现，海阳守御千户所城遗址整体保存情况较差，遗址分为内城和外城，内城边长约 400 米，外城边长约 600 米，呈正方形，城墙以砖石垒砌而成，四面均有城门，现仅存部分东城墙遗迹，厚 1—1.5 米，高约 2 米，其他城墙遗迹均已消失。

历史沿革　唐宋时期，即已在今海阳所镇村区域驻军，元朝时，因此地旧有沙河沟，沟旁曾设军寨，取名沙沟寨。明朝政府实行卫所制，为防御山东沿海倭寇侵袭，洪武三十一年（1398 年）在此设立海阳守御千户所，隶属山东都司，设正、副千户、百户，并建所城及附属墩堡设施。清朝实行八旗、绿营兵制，改世袭为流官。卫所归并，顺治十二年（1655 年）海阳所并入大嵩卫（今海阳县凤城），雍正十三年（1735 年）清朝政府裁撤大嵩卫，设海阳县，裁海阳守御千户所为村，村以原所名命名，隶属海阳县。

历史资料　明代嘉靖《筹海图编》卷七《山东兵制》记载：海阳所，京操军四百九十六人；城守军余一百二十六人；屯军六十六人；捕倭军六十八人。海阳所，守墩堡军余四十一人。墩七：帽子山，乳山，驴山，城子港，白沙，峰子山，小龙山。堡十：窄山，孤山，猪港，黄河利，汤山，扒山，桃邨，孔家庄，老埠港，撒雪山[②]。

①　威海市文物管理办公室：《追寻历史——威海市第三次文物普查成果巡礼》，青岛出版社，2012年，第237页。
②（明）郑若曾撰：《筹海图编》"卷七·山东兵制"，中华书局，2007年，第449页。

明代嘉靖《山东通志》卷十一《兵防》记载：海阳守御千户所，在文登县南一百四十里，洪武间建。其设官正千户、副千户、百户。京操军，春戍二百（零）三人，秋戍二百九十三人；城守军余，一百二十六人；屯田军余，六十六人。屯田五十五顷。屯粮六百六十石。演武场在所城西。墩堡十七，曰乳山，在所西；曰帽子山，曰驴山，在所南；曰窄山，曰猪港，曰扒山，曰桃村，曰孤山，曰黄利河，曰孔家庄，曰撇雪山，曰老埠港，曰汤山，在所北；曰白沙山，曰峰子山，曰城子港，曰小龙山，在所东[1]。

明代嘉靖《山东通志》卷十二《城池》记载：海阳守御所城，砖城，周围三里，高二丈，阔一丈二尺，南西二门，楼铺二十九，池阔一丈二尺，深八尺[2]。

清代顺治《登州府志》卷五《武备》记载：海阳守御千户所城，砖城，周三里，高二丈，阔一丈二尺，西南二门，楼铺二十九，池深一丈，阔二丈。海阳守御千户所，在文登县南一百四十里，正、副千户五员，流官吏目一员，百户十员，京操春戍二百三名，秋戍二百九十三名，捕倭军文登营七十四名，即墨营二十八名，守城军余九十五名，种屯军余六十六名，守墩军余二十一名，守堡军余二十名。海阳守御千户所（墩）七座：曰乳山、曰帽子山、曰驴山、曰白沙、曰峰子山、曰城子港、曰小龙山。海阳守御千户所（堡）十座：曰窄山、曰猪港、曰扒山、曰桃村、曰孤山、曰

海阳所城遗址碑

海阳所城遗址东门原址碑

海阳所城遗址古水井

① （明）陆钺：嘉靖《山东通志》"卷十一·兵防"，《天一阁藏明代方志选刊续编》，上海书店出版社，1990年，第732页。
② （明）陆钺：嘉靖《山东通志》"卷十二·城池"，《天一阁藏明代方志选刊续编》，上海书店出版社，1990年，第789页。

黄利河、曰孔家庄、曰撒雨山、曰老埠港、曰汤山。海阳守御千户所千总一员：宋德懋，于顺治十二年奉裁员缺，丁粮归屏本卫征解；百户一员：李日华，于顺治十一年奉裁员缺[①]。

清代康熙《读史方舆纪要》卷三十六《山东七·登州府》记载：海阳守御千户所，在文登县南百四十里，亦成化中置，所城周三里，俱属成山卫[②]。

清代康熙《明史》卷八十《地理二》记载：又东南有海阳守御千户所，在靖海卫南……俱成化中置[③]。

清代康熙《莱阳县志》记载：海阳守御所城，府志云，砖城，周三里，高二丈，阔一丈二尺，西南二门，楼铺二十九，池深一丈，阔二丈。海阳所，守城军余九十五名，种屯军余六十六名，守墩军余二十一名[④]。

清代乾隆《海阳县志》记载：海阳守御所城系砖城，周三里，高二丈，阔一丈二尺，西南二门，楼铺二十九，池深一丈，阔二丈[⑤]。

清代道光《续山东考古录》卷十二《登州府下》记载：洪武三十一年，置大嵩卫，大山，海阳两千户所[⑥]。

清代光绪《增修登州府志》记载：海阳守御千户所，明成化间建，国朝顺治十二年裁，今属海阳。

明：

千户：马继良

所仓大史：孙圯，天顺三年任。左向孔，隆庆二年任[⑦]。

清代光绪《海阳县续志》记载：

明：

海阳所仓大史：孙圯，天顺二年任；左向孔，隆庆二年任。

清：

海阳所千总：宋德懋，顺治十一年裁；

海阳所百总：李日华，顺治十一年裁[⑧]。

海阳所古寨，位于海阳所镇政府驻地，坐落于海阳所村址范围内。该古寨原名沙沟寨，分内寨、外寨，内寨遗迹清晰，为边长400米的方形寨，除南面寨墙外，其余三面寨墙均辨出原形状，外寨墙已湮没。另在该寨西南姜格村设有一较小军寨，寨墙残存部分保存较好[⑨]。

① （清）杨奇烈纂，施闰章修：顺治《登州府志》"卷五·武备"，山东省地方史志办公室整理：《山东省历代方志集成》"烟台卷1"，天津古籍出版社，2019年，第48、67、70、75页。

② （清）顾祖禹：《读史方舆纪要》"卷三十六·山东七·登州府"，中华书局，2005年，第1696页。

③ （清）万斯同：《明史》"卷八十·地理二"，中华书局，1974年，第367页。

④ （清）卫元爵、张重润纂，万邦维修：康熙《莱阳县志》"卷二·建置·城池、建置·兵防"，山东省地方史志办公室整理：《山东省历代方志集成》"烟台卷9"，天津古籍出版社，2019年，第5561、5569页。

⑤ （清）包桂纂修：乾隆《海阳县志》"卷四·建制"，山东省地方史志办公室整理：《山东省历代方志集成》"烟台卷15"，天津古籍出版社，2019年，第9122页。

⑥ （清）叶圭绶：《续山东考古录》"卷十二·登州府下"，山东文艺出版社，1997年，第527页。

⑦ （清）周悦让、慕荣幹纂，方汝翼、贾湖修：光绪《增修登州府志》"卷三十七·武秩下"，山东省地方史志办公室整理：《山东省历代方志集成》"烟台卷2"，天津古籍出版社，2019年，第929页。

⑧ （清）李尔梅纂，王敬勋修：光绪《海阳县续志》"卷二·职官"，山东省地方史志办公室整理：《山东省历代方志集成》"烟台卷15"，天津古籍出版社，2019年，第9282页。

⑨ 山东省乳山市地方史志编纂委员会：《乳山市志》，齐鲁书社，1998年，第810页。

二

巡检司遗址

乳山寨巡检司（遗址）

位　　置　乳山市乳山寨镇寨东村
始设年代　宋代
文保级别　已消失
概　　况　遗址东距乳山河约550米，南距乳山口湾约4千米，东南距张家庄墩（已消失）约5.1千米，西南距风台顶墩约3.55千米。2021年调查发现，乳山寨巡检司遗址已消失，无地面遗迹。宋代，乳山寨隶属京东东路登州牟平县辖下，牟平县在此设乳山寨。金、元两代在此设置乳山巡检司，明代沿袭，在此设置乳山寨巡检司，隶属宁海州，设弓兵二十一名，守墩堡兵七名，隶下墩堡三座。清雍正十二年（1734年）十一月十六日，兵部批准了河东总督王士俊裁卫设县的奏请，成山、大嵩两卫，裁改为县，乳山寨巡检移驻至靖海卫，改设靖海卫巡检司，归文登县管辖。

宋代《元丰九域志》记载："牟平。（登）州东一百八十里。三乡。乳山、阎家口二寨。"①

明代《筹海图编》记载："乳山寨巡检司，守墩堡弓兵七人，墩三：里口、长角岭、高家庄。"②

乳山寨巡检司（遗址）位置图

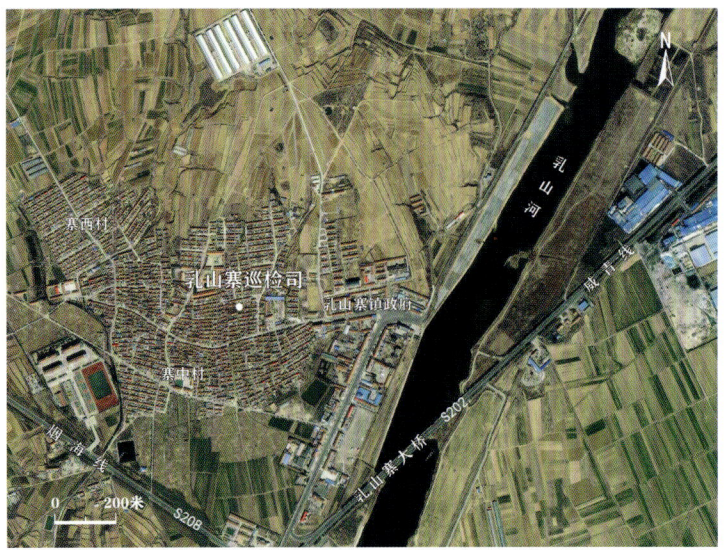

乳山寨巡检司（遗址）卫星图

---

① （宋）王存撰：《元丰九域志》，中国古代地理总志丛刊，中华书局，1984年，第13页。
② （明）郑若曾撰：《筹海图编》"卷七·山东兵制"，中华书局，2007年，第447页。

明代嘉靖《宁海州志》记载："乳山寨巡检司，在州西南一百四十里，设巡检一人，司吏一人。"①

清代顺治《登州府志》记载："乳山寨巡检司，巡检一员、守城弓兵二十一名，守墩弓兵三名，守堡弓兵四名，属宁海州。乳山寨巡检司（墩）一座：曰里口。乳山寨巡检司（堡）二座：曰长角岭、曰高庄。"②

清代光绪《增修登州府志》记载："乳山寨巡检，宋时设，元因之，明属宁海，弓兵二十一名、墩兵三名、堡兵四名。国朝雍正十三年改属海阳，在县东六十里，移巡检于文登靖海。"③

国朝（清朝）：

康熙

魏蛟牲，洧川人，二十五年任。

周定礼，金谿人，三十三年任。

萧自运，饶阳人，四十六年任。

朱允翼，房山人，五十年任。

雍正

王采诏，大兴人，八年任④。

清雍正十二年（1734年）十一月十六日，兵部批准了河东总督王士俊裁卫设县的奏请，成山、大嵩两卫，改为县。"靖海、威海二卫请裁卫守备、教授各一员，添设巡检各一员。靖海卫即以宁海州之乳山寨巡检移驻；威海卫即以文登县原属之温泉寨巡检移驻，均归文登县管辖。"⑤

靖海司巡检：雍正十三年（1735年）裁卫，改设巡检司。移海阳乳山寨巡司于此⑥。

① （明）焦希程纂，李光先修：嘉靖《宁海州志》"建制三"，山东省地方史志办公室整理：《山东省历代方志集成》"烟台卷7"，天津古籍出版社，2019年，第4224页。

② （清）杨奇烈纂，施闰章修：顺治《登州府志》"卷五·武备"，山东省地方史志办公室整理：《山东省历代方志集成》"烟台卷1"，天津古籍出版社，2019年，第71、75、76页。

③ （清）周悦让、慕荣幹纂，方汝翼、贾湖修：光绪《增修登州府志》"卷三十三·文秩八"，山东省地方史志办公室整理：《山东省历代方志集成》"烟台卷2"，天津古籍出版社，2019年，第881页。

④ （清）周悦让、慕荣幹纂，方汝翼、贾湖修：光绪《增修登州府志》"卷三十三·文秩八"，山东省地方史志办公室整理：《山东省历代方志集成》"烟台卷2"，天津古籍出版社，2019年，第881页。

⑤ 《清实录》（第三册）《世宗实录》"卷一百四十九"，中华书局，1985年。

⑥ （清）于霖逢纂，李祖年修：光绪《文登县志》"卷五·职官表二"，中共山东省委党史研究院整理：《山东省历代方志集成》"威海卷2"，线装书局，2019年，第757页。

三

寨／屯遗址

东南寨（遗址）

位　　置　乳山市徐家镇东南寨村南

始设年代　清代

文保级别　已消失

概　　况　遗址位于近海坡地之上，地势平缓，周围为民房及农田。寨址南距海岸 600 米，西南距小龙山墩 3.5 千米，西北距老庄墩 1.1 千米。2021 年调查发现，东南寨遗址位于村南菜地中，已无地面遗迹，遗址消失。

东南寨（遗址）位置图

遗址为 1989 年 4 月第二次全国文物普查时首次调查：（91-A91）东南寨军寨（徐家镇东南寨村南邻·明代），为备倭寇侵犯而设置的海防军寨。平面呈长方形，南北长 130 米，东西残宽 80 米。寨墙黄土夯筑。寨门南向，宽约 5 米。南寨墙内建有信号台和瞭望台。《乳山县志》载："明洪武十七年（1384 年）信国公汤和巡视海山，筑山东等处沿海诸城。""明洪武二十三年（1390 年）山东都司周彦在东沿海建总寨"。抗倭名将戚继光任登州卫指挥佥事时，负责山东防倭事宜，管辖登州、文登、即墨 3 营 25 卫所，民间传说，其时修建了"五里一墩，十里一寨"[1]。

2009 年 5 月第三次全国文物普查时复查：（A173）东南寨军寨遗址（徐家镇东南寨村南郊、明代）为防备倭寇侵犯而设置的海防军寨。平面呈长方形，南北长 130 米，东西残宽 80 米。寨墙黄土夯筑。寨门南向，宽约 5 米。南寨墙内建有信号台和瞭望台。《乳山县志》载："明洪武十七年（1384）信国公汤和巡视海山，筑山东等处沿海诸城。""明洪武二十三年（1390 年）山东都司周彦在莱州卫建 8 总寨，宁海卫建 5 总寨，共辖小寨 48 座。"抗倭名将戚继光任登州卫指挥佥事时，负责山东防倭事宜，管辖登州、文登、即墨 3 营 25 卫所，民间传说，其时修建了"五里一墩，十里一寨"[2]。

2021 年调查，据村民回忆，东南寨遗址原有东、西两寨，其两寨址大小相当，均为边长约 500 米的正方形，两座寨门两侧原建有 4 处大土堆，可能为烽火台（烟墩）或瞭望台。20 世纪 60 年代寨址被破坏，两寨寨墙均已无存。

---

① 国家文物局：《中国文物地图集·山东分册（下）》，中国地图出版社，2007 年，第 611 页。

② 威海市文物管理办公室：《追寻历史——威海市第三次文物普查成果巡礼》，青岛出版社，2012 年，第 237 页。

历史资料　《明太祖实录》记载："洪武二十五年十一月，山东都指挥使周房奏言，所属宁海、莱州二卫，东濒巨海、途岸纡远、难于防御。近者审择莱州要害之处，当置八总寨以辖四十八小寨，其宁海卫亦宜置五总寨，以备倭夷，诏从之。"[1] 东南寨遗址等胶东沿海部分军寨可能即为这一历史时期所建。

　　民国《牟平县志》记载："明史兵志：洪武十七年，汤和筑沿海诸城；二十三年，建五总寨于宁海卫，与莱州八总寨，共辖小寨四十八。复命徐辉祖巡视沿海以防倭。追承平既久，惟卫所诸城尚有民居，其余小寨半皆坍塌，仅遗古址而已（本县土寨遗址，北海岸有清泉寨、金沟寨、马山寨、鹤止寨、金山寨，南海岸有南寨、万家寨、孙家寨等），历代以来，海上所以多废垒也。"[2] 由此推测东南寨遗址可能为明朝初年胶东沿海防倭所建众多军寨之一。

大陶家寨遗址

位　　置　乳山市白沙滩镇大陶家村北250 米

始设年代　明代

文保级别　尚未核定为文物保护单位

概　　况　遗址位于坡地之上，地势北高南低，周围为农田，寨址东距海岸 2.4 千米，南距海岸 2.85 千米。大陶家寨南距大陶家墩 2.6 千米，北距韩家庄墩 1.03 千米。

大陶家寨遗址位置图

　　遗址为 1989 年 4 月第二次全国文物普查时首次调查：96 A96 大陶家军寨（白沙滩镇大陶家村东南 1.5 千米·明代），为防备倭寇侵扰而设置的海防兵寨。平面呈方形，边长 150 米，残高 2—5 米。寨墙黄土夯筑，寨门朝南[3]。

　　2009 年 5 月第三次全国文物普查时复查：（A171）大陶家军寨遗址（白沙滩镇大陶家村东南 1500 米·明代），为防备倭寇侵扰而设置的海防兵寨。平面呈方形，边长 150 米，残高 2—5 米。寨墙黄土夯筑，寨门朝南[4]。

　　2021 年调查发现，大陶家寨遗址原有两座，分为南寨和北寨，南寨大，北寨小，两寨相距约 2 千米。南寨现已完全破坏消失，成为耕地，地表无任何遗迹，仅存大陶家墩遗址。现存北寨遗址，保存情况较差，

① 《明太祖实录》"卷二百二十二·洪武二十一年十一月乙酉"，"中研院"历史语言研究所校印，上海书店出版社，1962年，第3244页。
② 于清泮纂，宋宪章等修：民国《牟平县志》"卷十·文献志·杂志·轶事"，山东省地方史志办公室整理：《山东省历代方志集成》"烟台卷8"，天津古籍出版社，2019年，第5209页。
③ 国家文物局：《中国文物地图集·山东分册》，中国地图出版社，2007年，第612页。
④ 威海市文物管理办公室：《追寻历史——威海市第三次文物普查成果巡礼》，青岛出版社，2012年，第237页。

仅存西寨墙局部，夯土寨墙残长 11 米，残高 1.3 米，残宽 5.3 米。寨内西部现为农耕田，中部有一条南北向田间路通向北山。寨内北寨墙及东北角因修建变电所而破坏，寨内南寨墙及东南角因修建银金大道而破坏，现无寨门遗迹。

历史资料　大陶家古寨，位于白沙滩镇大陶家村北山岗。据查此寨分南北两寨，相距 100 米，南为大寨，已湮没。北寨为正方形，寨墙边长 150 米，残高 2—5 米，底宽 10 米，有南门和北门，门宽 5 米。寨西北 2.5 米处建有烟墩 1 处[①]。

《明太祖实录》记载："洪武二十五年十一月，山东都指挥使周房奏言，所属宁海、莱州二卫，东瀕巨海、途岸纡远、难于防御。近者审择莱州要害之处，当置八总寨以辖四十八小寨，其宁海卫亦宜置五总寨，以备倭夷，诏从之。"[②] 大陶家寨遗址等胶东沿海部分军寨可能即为这一历史时期所建。

民国《牟平县志》记载："明史兵志：洪武十七年，汤和筑沿海诸城；二十三年，建五总寨于宁海卫，与莱州八总寨，共辖小寨四十八。复命徐辉祖巡视沿海以防倭。追承平既久，惟卫所诸城尚有民居，其余小寨半皆坍塌，仅遗古址而已（本县土寨遗址，北海岸有清泉寨、金沟寨、马山寨、鹤止寨、金山寨，南海岸有南寨、万家寨、孙家寨等），历代以来，海上所以多废垒也。"[③] 由此推测大陶家寨遗址可能为明朝初年胶东沿海防倭所建众多军寨之一。

大陶家寨遗址地理位置图

大陶家寨遗址西侧寨墙（南段）现状（南向北摄）

大陶家寨遗址西侧寨墙（北段）现状（南向北摄）

① 山东省乳山市地方史志编纂委员会：《乳山市志》，齐鲁书社，1998年，第810页。

② 《明太祖实录》"卷二百二十二·洪武二十一年十一月乙酉"，"中研院"历史语言研究所校印，上海书店出版社，1962年，第3244页。

③ 于清泮纂，宋宪章等修：民国《牟平县志》"卷十·文献志·杂志·轶事"，山东省地方史志办公室整理：《山东省历代方志集成》"烟台卷8"，天津古籍出版社，2019年，第5209页。

玉前庄寨遗址

位　　置　乳山市白沙滩镇玉前庄村东50米东寨山

始设年代　明代

文保级别　尚未核定为文物保护单位

概　　况　遗址位于坡地之上，地势较平缓，周围为农田，西南距乳山口湾1.9千米，东南距八甲堡遗址6.3千米，西北距玉前庄堡遗址990米。

遗址为2009年5月第三次全国文物普查时首次调查：（A178）玉前庄军寨遗址（白沙滩镇玉前庄村东150米的东寨山顶部·明代），2009年5月第三次全国文物普查时发现，军寨位于村东东寨山顶部，四周是开阔地，军寨东南有一移动信号塔，南有一东西向村路，西是玉前庄村，北是开阔地，军寨东南角被村民取土时破坏。

2021年调查发现，遗址保存情况一般，寨址整体呈长方形，现存东、西、北三面寨墙，为夯土构筑。东寨墙残长31米、残宽1.3—2.1米，残高1.2—2.6米，西寨墙残长38米，残宽1.3—3米，残高1.3—1.8米；北寨墙残长34米，残宽3.6—4.1米，残高1.3—2.6米，有寨门，门宽约3米；南寨墙破坏严重，已完全消失。玉前庄寨遗址内现为农耕田，因近几年村民修建储姜窖，寨址东南角因取土挖坑而破坏。

历史资料　《明太祖实录》记载："洪武二十五年十一月，山东都指挥使周房奏言，所属宁海、莱州二卫，东濒巨海、途岸纡远、难于防御。近者审择莱州要害之处，当置八总寨以辖四十八小寨，其宁海卫亦宜置五总寨，以备倭夷，诏

玉前庄寨遗址位置图

玉前庄寨遗址卫星图

玉前庄寨遗址东寨墙现状

玉前庄寨遗址西寨墙现状

玉前庄寨遗址北寨墙现状

从之。"[1] 玉前庄寨遗址等胶东沿海部分军寨可能即为这一历史时期所建。

　　民国《牟平县志》记载："明史兵志：洪武十七年，汤和筑沿海诸城；二十三年，建五总寨于宁海卫，与莱州八总寨，共辖小寨四十八。复命徐辉祖巡视沿海以防倭。迨承平既久，惟卫所诸城尚有民居，其余小寨半皆坍塌，仅遗古址而已（本县土寨遗址，北海岸有清泉寨、金沟寨、马山寨、鹤止寨、金山寨，南海岸有南寨、万家寨、孙家寨等），历代以来，海上所以多废垒也。"[2] 由此推测玉前庄寨遗址可能为明朝初年胶东沿海防倭所建众多军寨之一。

姜格寨遗址

位　　置　乳山市海阳所镇姜格村西260 米

始设年代　明代

文保级别　尚未核定为文物保护单位

概　　况　遗址位于近海坡地之上，地势较高，视野广阔，周围为农田。遗址南、北两侧临海，南距海岸 800 米，北距海岸 1.2 千米。东北距大庄墩遗址 1.58千米，西北距金港墩遗址 2.7 千米。

　　遗址为 1989 年 4 月第二次全国文物普查时首次调查：（108-A108）姜格

姜格寨遗址位置图

① 《明太祖实录》"卷二百二十二·洪武二十一年十一月乙酉"，"中研院"历史语言研究所校印，上海书店出版社，1962年，第3244页。
② 于清泮纂、宋宪章等修：民国《牟平县志》"卷十·文献志·杂志·轶事"，山东省地方史志办公室整理：《山东省历代方志集成》"烟台卷8"，天津古籍出版社，2019年，第5209页。

军寨（海阳所镇姜格村西300米·明代），为防备倭寇侵扰而设置的海防军寨。平面呈长方形，南北长120米，东西宽80米，局部残高2米。寨墙黄灰土夯筑，寨门南向[1]。

2008年3月第三次全国文物普查时复查：（A177）姜格军寨遗址（海阳所镇姜格村西300米·明代），为防备倭寇侵扰而设置的海防军寨。平面呈长方形，南北约120米，东西宽80米，局部残高2米。寨墙黄灰土夯筑，寨门南向[2]。

2021年调查发现，遗址保存情况较差，四周及内部均为农田。寨址呈正方形，仅可见部分北寨墙遗迹，寨墙为夯筑，残长89米，残宽6.5—7.1米，残高2.1—2.7米。东、西、南三侧寨墙已完全破坏，无法辨识寨墙遗迹。寨址北邻通信塔，南邻风力发电机组，寨址内有一条南北向农田路穿过。

历史资料　《明太祖实录》记载："洪武二十五年十一月，山东都指挥使周房奏言，所属宁海、莱州二卫，东濒巨海、途岸纡远、难于防御。近者审择莱州要害之处，当置八总寨以辖四十八小寨，其宁海卫亦宜置五总寨，以备倭夷，诏从之。"[3] 姜格寨遗址等胶东沿海部分军寨可能即为这一历史时期所建。

民国《牟平县志》记载："明史兵志：洪武十七年，汤和筑沿海诸城；二

---

① 国家文物局：《中国文物地图集·山东分册》，中国地图出版社，2007年，第612页。

② 威海市文物管理办公室：《追寻历史——威海市第三次文物普查成果巡礼》，青岛出版社，2012年，第237页。

③ 《明太祖实录》"卷二百二十二·洪武二十一年十一月乙酉"，"中研院"历史语言研究所校印，上海书店出版社，1962年，第3244页。

姜格寨遗址卫星图

姜格寨遗址北寨墙现状

姜格寨遗址北寨墙断面现状

十三年，建五总寨于宁海卫，与莱州八总寨，共辖小寨四十八。复命徐辉祖巡视沿海以防倭。迨承平既久，惟卫所诸城尚有民居，其余小寨半皆坍塌，仅遗古址而已（本县土寨遗址，北海岸有清泉寨、金沟寨、马山寨、鹤止寨、金山寨，南海岸有南寨、万家寨、孙家寨等），历代以来，海上所以多废垒也。"① 由此推测姜格寨遗址可能为明朝初年胶东沿海防倭所建众多军寨之一。

姜格寨遗址现状

寨前寨遗址

位　　置　乳山市乳山口镇寨前村北200 米

始设年代　明代

文保级别　尚未核定为文物保护单位

概　　况　遗址位于近海坡地之上，地势平缓，视野广阔，周围为农田。东、南、西三面环海，东距乳山口湾 400 米，南距乳山口湾 790 米，西距乳山口湾 1.55 千米。寨前寨遗址东南距金港墩遗址 3 千米，西北距陈家墩遗址 620 米。

寨前寨遗址位置图

遗址为 1989 年 4 月第二次全国文物普查时首次调查：（103-A103）寨前军寨（乳山口镇寨前村北 100 米·明代），为防备倭寇侵扰而设置的海防军寨。平面呈方形，边长 216 米，墙基宽约 4 米，残高 0.5—2 米，寨墙黄土夯筑，门向南，寨内地表散布有碎砖、瓦片②。

2008 年 3 月第三次全国文物普查时复查：（A175）寨前军寨遗址（乳山口镇寨前北 100 米·明代），为防备倭寇侵扰而设置的海防军寨，平面呈方形，边长 216 米，墙基宽约 4 米，残高 0.5—2 米，寨墙黄土夯筑，门向南，寨内地表散布有碎砖、瓦片③。

① 于清泮纂，宋宪章等修：民国《牟平县志》"卷十·文献志·杂志·轶事"，山东省地方史志办公室整理：《山东省历代方志集成》"烟台卷8"，天津古籍出版社，2019年，第5209页。

② 国家文物局：《中国文物地图集·山东分册》，中国地图出版社，2007年，第612页。

③ 威海市文物管理办公室：《追寻历史——威海市第三次文物普查成果巡礼》，青岛出版社，2012年，第237页。

2021 年调查发现，寨前寨遗址保存情况一般，整体呈正方形，寨址边长约为 216 米，寨内现为农田。遗址因农业生产建设破坏较严重，现仅有南、北寨墙依稀可辨。寨墙为夯土构筑，南寨墙现存最高处 1.5—2 米，寨墙西部距西寨墙约 35 米处有一寨门，门阔 5—6 米，寨墙底部宽 4—6 米；东、西寨墙处现已被辟为农耕田，完全消失。寨址东南角因后期修建道路而破坏，寨址内遗物较少，仅可见少量砖块。

寨前寨遗址卫星图

寨前寨遗址北寨墙现状

寨前寨遗址北寨墙（西端外侧）现状

寨前寨遗址现状

寨前寨遗址西寨墙现状

历史资料　寨前古寨，位于乳山口镇寨前村北岗顶，遗迹破坏较重，南北寨墙遗迹可辨，墙底残厚 6 米，墙残高 2 米左右，南墙居西处有一寨门，门阔 5—6 米。东、西墙被辟为田间路，但仍可辨其形[①]。

《明太祖实录》记载："洪武二十五年十一月，山东都指挥使周房奏言，所属宁海、莱州二卫，东濒巨海、途岸纡远、难于防御。近者审择莱州要害之处，当置八总寨以辖四十八小寨，其宁海卫亦宜置五总寨，以备倭夷，诏从之。"[②] 寨前寨等胶东沿海部分军寨可能即为这一历史时期所建。

民国《牟平县志》记载："明史兵志：洪武十七年，汤和筑沿海诸城；二十三年，建五总寨于宁海卫，与莱州八总寨，共辖小寨四十八。复命徐辉祖巡视沿海以防倭。迫承平既久，惟卫所诸城尚有民居，其余小寨半皆坍塌，仅遗古址而已（本县土寨遗址，北海岸有清泉寨、金沟寨、马山寨、鹤止寨、金山寨，南海岸有南寨、万家寨、孙家寨等），历代以来，海上所以多废垒也。"[③] 由此推测寨前寨遗址可能为明朝初年胶东沿海防倭所建众多军寨之一。

安家寨遗址

位　　置　乳山市乳山口镇安家村西北 500 米大寨里

始设年代　明代

文保级别　1985 年 10 月，"安家军寨遗址"被乳山县人民政府公布为县级重点文物保护单位；2013 年 12 月 19 日被威海市人民政府公布为威海市第四批市级文物保护单位；2015 年 6 月 23 日，安家军寨遗址被山东省人民政府公布为山东省第五批省级文物保护单位

概　　况　遗址位于坡地之上，地势东高西低，四周为农田。南、西两侧临海，遗址南距乳山口湾 1.18 千米，西距海岸

安家寨遗址位置图

1.7 千米，西南距西南赵家墩（已消失）1.05 千米，北距张家庄墩（已消失）370 米。

遗址为 1988 年 11 月第二次全国文物普查时首次调查：（100-A100）安家军寨（乳山口镇安家村西北 100 米·明代·市文物保护单位），为防备倭寇侵扰而设置的海防军寨。分南、北二寨。均黄土夯筑寨墙。北寨平面呈方形、边长 230 米。寨墙基宽 20 米，残高 1—6 米。四面原各设砖砌拱门，已拆毁。地面散布有碎砖、瓦片。寨内东南部设烟墩一处，底部直径约 20 米。北寨南 90 米设置小寨，东西长 64 米，南北宽

① 山东省乳山市地方史志编纂委员会：《乳山市志》，齐鲁书社，1998年，第810页。
② 《明太祖实录》"卷二百二十二·洪武二十一年十一月乙酉"，"中研院"历史语言研究所校印，上海书店出版社，1962年，第3244页。
③ 于清泮纂，宋宪章等修：民国《牟平县志》"卷十·文献志·杂志·轶事"，山东省地方史志办公室整理：《山东省历代方志集成》"烟台卷8"，天津古籍出版社，2019年，第5209页。

55 米，墙厚约 11 米，残高 0.5—1 米。寨门南向①。

2008 年 3 月第三次全国文物普查时复查：（A172）安家军寨遗址（乳山口镇安家村西北 100 米，明代，县级文物保护单位）为防备倭寇侵扰而设置的海防军寨。分南、北二寨。均为黄土夯筑寨墙，北寨平面呈方形，边长 230 米。寨墙墙基宽 20 米，残高 1—6 米。四面原各设砖砌拱门，已拆毁。地面散布有碎砖、瓦片。寨内东南部设烟墩一处，底部直径约 20 米。北寨南 90 米设置小

安家寨遗址卫星图

安家寨遗址（大寨）东寨墙（南端）现状（西向东摄）

安家寨遗址（大寨）东寨墙（北端）现状（西向东摄）

安家寨遗址（大寨）东南寨墙现状（西向东摄）

安家寨遗址（大寨）西寨墙现状（东向西摄）

---

① 国家文物局：《中国文物地图集·山东分册》，中国地图出版社，2007年，第612页。

安家寨遗址（大寨）北寨墙现状（新挖水池）（南向北摄）　　安家寨遗址（小寨）西寨墙现状（北向南摄）

寨，是为南寨，东西长 64 米，南北宽 55 米，墙厚约 11 米，残高 0.5—1 米。寨门南向①。

2021 年调查发现，遗址保存情况较好，分为南（小寨）、北（大寨）两寨，相距约 90 米。北侧大寨建于山岗顶部，整体呈方形，边长约为 230 米，遗址内为农耕田，地势东高西低，其东、南、北寨墙保存较好，西寨墙的中部有一缺口。寨墙以土夯筑而成，残高 1—6 米。南寨墙（内侧）东西长约 230 米，南寨门位于距东寨墙约 34 米的东南角，寨门宽 5 米，寨门两侧墙基最厚处约 20 米，最窄处 4—5 米不等，最高处约为 3 米，最低处约 1 米；东寨墙（内侧）南北长约 230 米，内侧高约 3 米，外侧约 6 米，东寨门位于寨墙中央；北寨墙（内侧）全长 225 米，北寨门位于寨墙中央，宽 5 米；西寨墙全长约 231 米，寨门位于西北角，门宽 5 米，距北寨墙仅 6 米。西寨墙中部因历年雨水冲刷形成一条长沟，寨墙被破坏约 30 米。寨内残存少量残砖块及瓦片，北寨墙南侧现有近年所挖长方形水池一座。

寨内东南部现存烟墩一座，保存情况较好，墩体外部形制较完整。墩体呈圆丘状，夯土构筑。底部基本呈圆形，直径约 20 米，高约 7 米，墩体上草木生长茂盛，由墩体顶部可俯瞰整个乳山口海湾及周边地区全貌。墩体北侧 50 米处有一东西向夯土墙体，残高约 1 米，东端有门并与东寨墙相接，由残迹观察，此处为寨内围北墙，东西长约 50 米，烟墩位于内围西墙中部，内围西墙南北长约 120 米，其南端与南寨墙（内侧）相接。

大寨南侧为小寨，民间称为"养马寨"，遗址整体呈方形，寨墙东西长约 64 米，南北宽约 55 米，现存西寨墙，残高 0.5—1 米，墙厚约 11 米，夯土墙体，东、西、南寨墙已破坏消失。小寨遗址由于破坏严重，其原有寨门个数及具体位置不详，有待进一步考证。

历史资料　安家古寨，位于乳山口镇安家村北 500 米处山岗，分大、小两寨。大寨位于岗顶，为正方形，四周筑有土围墙，围墙每边长 230 米，寨墙厚度因地形影响不等，最宽处近 20 米，窄处 5 米左右，现存寨墙最高处 3 米，最低处 1 米。四边寨墙均建有砖砌圆拱寨门（已拆除），南寨门位于东南处（距东寨墙 34 米处），东寨门位于东围墙中部，北寨门位于北围墙中部，西寨门位于西围墙北部（距北围墙仅 6 米），寨内东南部建有直径为 20 米，高约 20 米的圆形烟墩，烟墩东侧建有房屋（现为耕地）。小寨位于大寨下侧，为正方形，每边长 60 米，现存西部南部寨墙高约 1 米，厚 11 米，相传小寨为军寨的养马处。1985 年 6 月

---

① 威海市文物管理办公室：《追寻历史——威海市第三次文物普查成果巡礼》，青岛出版社，2012 年，第 237 页。

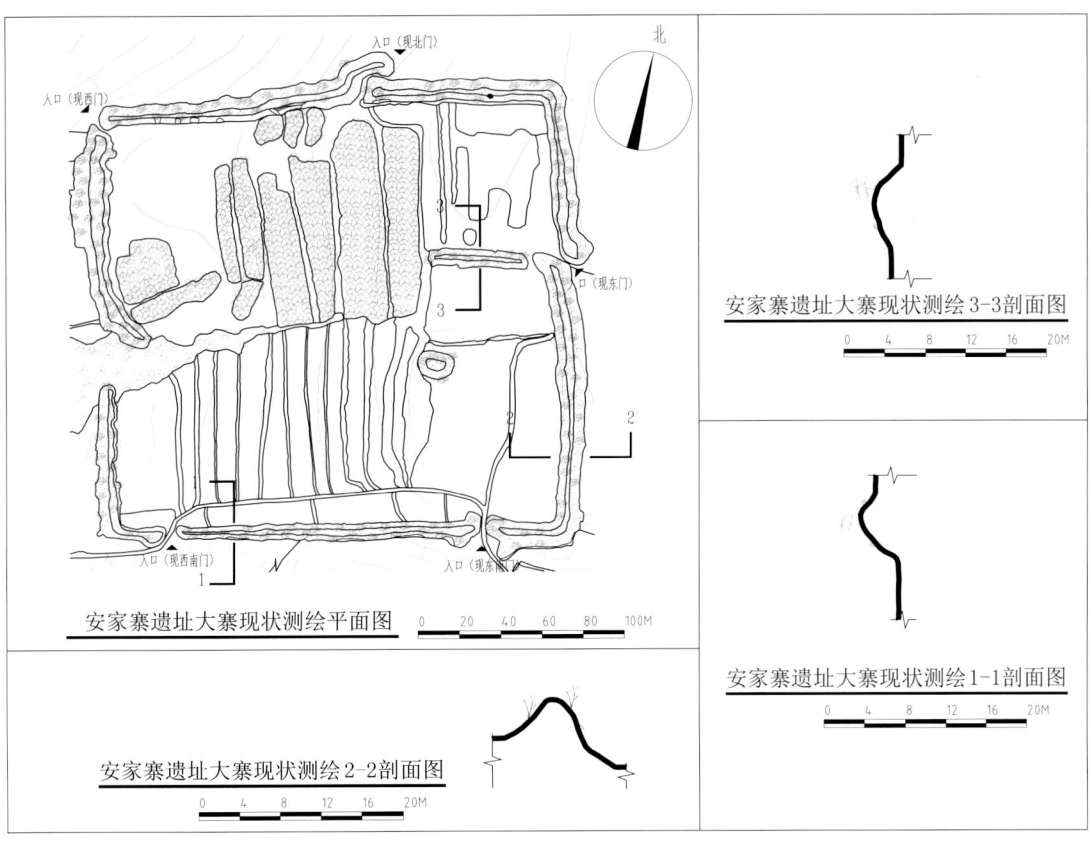

安家寨遗址大寨平、剖面图

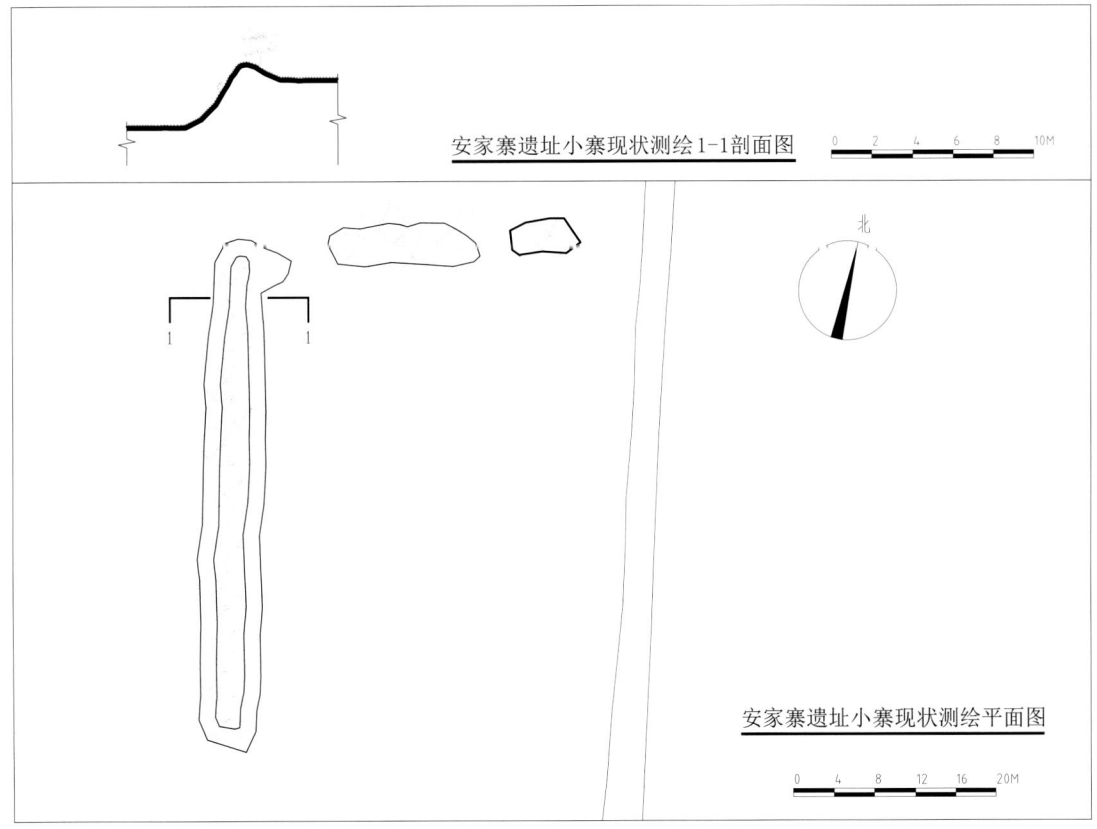

安家寨遗址小寨平、剖面图

被定为乳山县重点文物保护单位[①]。

《明太祖实录》记载:"洪武二十五年十一月,山东都指挥使周房奏言,所属宁海、莱州二卫,东濒巨海、途岸纡远、难于防御。近者审择莱州要害之处,当置八总寨以辖四十八小寨,其宁海卫亦宜置五总寨,以备倭夷,诏从之。"[②] 安家寨遗址等胶东沿海部分军寨可能即为这一历史时期所建。

民国《牟平县志》记载:"明史兵志:洪武十七年,汤和筑沿海诸城;二十三年,建五总寨于宁海卫,与莱州八总寨,共辖小寨四十八。复命徐辉祖巡视沿海以防倭。迨承平既久,惟卫所诸城尚有民居,其余小寨半皆坍塌,仅

安家寨遗址文保碑

遗古址而已(本县土寨遗址,北海岸有清泉寨、金沟寨、马山寨、鹤止寨、金山寨,南海岸有南寨、万家寨、孙家寨等),历代以来,海上所以多废垒也。"[③] 由此推测安家寨遗址可能为明朝初年防倭所建众多军寨之一。

清代康熙《威海卫志》记载:威海僻文邑北鄙,山尽水穷,海口卫险,设官设军,贯有城池原无员郭,田地新设屯地一十八区,星置文宁荒远之界,各随文宁里社之名呼之……安子口屯坐落宁海州,去卫二百三十里[④]。

清代康熙《威海卫志》记载明代威海卫有"安子口"等屯田地点共十八处,今安家寨址遗址所在地名接近"安子口",其与威海卫城遗址的距离与《威海卫志》中所记载里程相近,由此推测,安家寨遗址或可能为明代威海卫军屯的十八处军屯仓储驻地之一。

① 山东省乳山市地方史志编纂委员会编:《乳山市志》,齐鲁书社,1998年,第810页。
② 《明太祖实录》"卷二百二十二·洪武二十一年十一月乙酉","中研院"历史语言研究所校印,上海书店出版社,1962年,第3244页。
③ 于清泮纂,宋宪章等修:民国《牟平县志》"卷十·文献志·杂志·轶事",山东省地方史志办公室整理:《山东省历代方志集成》"烟台卷8",天津古籍出版社,2019年,第5209页。
④ (清)毕懋第纂:康熙《威海卫志》,中共山东省委党史研究院整理:《山东省历代方志集成》"威海卷1",线装书局,2019年,第13页。

乳山寨遗址

位　　置　乳山市乳山寨镇寨西村西南
1千米城子堪

始设年代　宋代

文保级别　尚未核定为文物保护单位

概　　况　遗址四周均为农田，地势北
高南低。遗址东距乳山河1.16千米，南
距乳山口湾2.85千米，西南距凤台顶墩
2.4千米，北距寨西墩（已消失）720米。

遗址为1988年4月第二次全国文物
普查时首次调查：（92-A92）乳山寨军
寨（乳山寨镇乳山寨村西1千米·明代），
为备倭寇侵扰而设置的军寨。平面呈长
方形，南北长120米，东西宽80米，局
部残高1.5米，墙厚约3米。建于山岗上。
寨墙黄土夯筑，寨门南向[①]。

2009年4月第三次全国文物普查时
复查：（A174）乳山寨军寨遗址（乳山
寨镇乳山寨村西1千米·明代），为防
备倭寇侵扰而设置的军寨。平面呈长方
形，南北长120米，东西宽80米，局
部残高1.5米，墙厚约3米。建于山岗上，
寨墙黄土夯筑，寨门南向[②]。

2021年调查发现，乳山寨原有东寨
（东土城）、西寨（南土城）两座寨址，
东寨面积较大、西寨面积较小，东、西
两寨相距约1千米。东寨位于现今寨中
村内，由于村民建房等原因，寨迹已完
全消失。现仅存西寨遗址，寨址内现为
农田。由于农业生产等原因，遗址保存
情况较差，仅存北寨墙和西寨墙局部。

---

① 国家文物局：《中国文物地图集·山东分册
　（下）》，中国地图出版社，2007年，第611页。

② 威海市文物管理办公室：《追寻历史——威海市
　第三次文物普查成果巡礼》，青岛出版社，2012
　年，第237页。

乳山寨遗址位置图

乳山寨遗址卫星图

乳山寨遗址寨内现状（东南向西北摄）

乳山寨遗址北寨墙遗迹（东端）现状（东向西摄）　　　　　乳山寨遗址北寨墙遗迹（西端）现状（西向东摄）

寨墙为夯土构筑，北寨墙残长约 60 米，残高 1.3—2.1 米，残宽 2.7—3.7 米；西寨墙残长约 20.6 米，残高 0.8—2.1 米，残宽 1.4—3.7 米。寨门南向，东、南寨墙已消失，寨内有南北向土路一条。

历史资料　乳山寨古寨，位于乳山寨镇寨西村西南 1000 米处岗顶，现仅存北寨墙和西寨墙一部分，北墙残长 60 米，西墙残长 40 米，残高均为 1 米左右，底宽 4 米，寨门不详。南面和东面两寨墙现无痕迹①。

宋代《元丰九域志》记载："牟平。（登）州东一百八十里。三乡。乳山、阎家口二寨。"②

《明太祖实录》记载："洪武二十五年十一月，山东都指挥使周房奏言，所属宁海、莱州二卫，东濒巨海、途岸纡远、难于防御。近者审择莱州要害之处，当置八总寨以辖四十八小寨，其宁海卫亦宜置五总寨，以备倭夷，诏从之。"③ 乳山寨遗址等胶东沿海部分军寨可能即为这一历史时期所建。

民国《牟平县志》记载："明史兵志：洪武十七年，汤和筑沿海诸城；二十三年，建五总寨于宁海卫，与莱州八总寨，共辖小寨四十八。复命徐辉祖巡视沿海以防倭。迨承平既久，惟卫所诸城尚有民居，其余小寨半皆坍塌，仅遗古址而已（本县土寨遗址，北海岸有清泉寨、金沟寨、马山寨、鹤止寨、金山寨，南海岸有南寨、万家寨、孙家寨等），历代以来，海上所以多废垒也。"④ 由此推测安家寨遗址可能为明朝初年防倭所建众多军寨之一。

清代康熙《威海卫志》记载：威海僻文邑北鄙，山尽水穷，海口卫险，设官设军，贯有城池原无员郭，田地新设屯地一十八区，星置文宁荒远之界，各随文宁里社之名呼之……乳山屯坐落宁海州乳山寨，去卫二百五十里⑤。

清代康熙《威海卫志》记载明代威海卫有"乳山屯"等屯田地点共十八处，今乳山寨遗址所在地名接近"乳山屯"，其寨址与威海卫城遗址的距离与《威海卫志》中所记载里程相近，由此推测，乳山寨遗址或可能为明代威海卫军屯的十八处军屯仓储驻地之一。

---

① 山东省乳山市地方史志编纂委员会：《乳山市志》，齐鲁书社，1998 年，第 810 页。

② （宋）王存撰：《元丰九域志》，中国古代地理总志丛刊，中华书局，1984 年，第 13 页。

③ 《明太祖实录》"卷二百二十二·洪武二十一年十一月乙酉"，"中研院"历史语言研究所校印，上海书店出版社，1962 年，第 3244 页。

④ 于清泮纂，宋宪章等修：民国《牟平县志》"卷十·文献志·杂志·轶事"，山东省地方史志办公室整理：《山东省历代方志集成》"烟台卷 8"，天津古籍出版社，2019 年，第 5209 页。

⑤ （清）毕懋第纂：康熙《威海卫志》，中共山东省委党史研究院整理：《山东省历代方志集成》"威海卷 1"，线装书局，2019 年，第 13 页。

四

墩遗址

西浪暖墩（遗址）

位　　置　乳山市南黄镇西浪暖村东南
1.7 千米

始设年代　明代

文保级别　已消失

概　　况　遗址位于西浪暖村东南 1.7
千米海边水产养殖场内，其东侧、南侧
为黄垒河口，南距海岸约 15 米。东距
万家寨遗址约 4.2 千米，东南距靖海卫
城约 30.2 千米，西北距岭上墩遗址约
4 千米。附近村民称此地为"烟墩"，

西浪暖墩（遗址）位置图

2021 年调查发现，现场已无墩体遗迹，建有养殖池。据明代嘉靖《筹海图编》，清代顺治《登州府志》、
康熙《靖海卫志》、雍正《文登县志》等史料记载，靖海卫防区下辖"浪浪"等沿海二十墩，东、西浪暖
村民旧称本村名为"浪浪"，由此推测，西浪暖墩遗址或为靖海卫防区辖下二十墩之一的"浪浪墩"，遗
址消失原因可能因黄垒河口改道而冲毁。

岭上墩遗址

位　　置　乳山市南黄镇岭上村北
100 米

始设年代　明代

文保级别　2011 年 11 月 16 日，"岭上
烟墩遗址"被乳山市人民政府公布为乳
山市第五批县级文物保护单位

概　　况　遗址位于坡地之上，四周均
为农田，地势平坦开阔，西、南两侧有
现代墓地。遗址东距黄垒河 2.3 千米，
南距海岸 4.5 千米。东北距小观墩遗址

岭上墩遗址位置图

（已消失）4.3 千米，东南距浪浪墩遗址（已消失）4.1 千米，距靖海卫城 34 千米，西南距老庄墩遗址 6.5
千米。

遗址为 2010 年 11 月第三次全国文物普查时首次调查：（A195）岭上烟墩遗址（南黄镇岭上村北 200 米的丘陵山顶部·明代），2010 年 11 月第三次文物普查时调查的，该烟墩西南可瞭望东南寨军寨和老庄烟墩，向南可俯瞰海面。烟墩底部直径约 15 米，高 3 米，圆丘状，平顶，夯土建筑，保存较好①。

2021 年调查发现，遗址保存情况较好，墩体外部形制较完整。墩体底部直径约 17 米，残高 3.3 米，圆丘状夯土建筑，平顶。墩体顶部杂草较多，长有松树并有少量树根残留。

历史资料　烟墩遗址，位于岭上村北 200 米处，纯用黄土堆成，保存完好，高 29 米，附近树木扶疏。建于明代，为乳山市沿海 25 处烽火台之最东一台，原隶于靖海卫②。

据明代嘉靖《筹海图编》，清代康熙《靖海卫志》、雍正《文登县志》等史料记载，靖海卫下辖沿海二十墩，岭上墩遗址原有墩名失传，但其墩址所处位置在靖海卫辖下防区之内，由此推测岭上墩遗址或为明代靖海卫辖下的沿海二十墩之一。

岭上墩遗址卫星图

岭上墩遗址东侧现状（东向西摄）

岭上墩遗址西侧现状（西向东摄）

岭上墩遗址北侧现状（北向南摄）

---

① 威海市文物管理办公室：《追寻历史——威海市第三次文物普查成果巡礼》，青岛出版社，2012年，第238页。
② 昆嵛山志编纂委员会：《昆嵛山志》，山东省地图出版社，2012年，第231页。

马场墩（遗址）

位　　置　乳山市徐家镇马场村西南300米

始设年代　明代

文保级别　已消失

概　　况　遗址四周均为农田，地势平坦开阔，东南距海岸约3.1千米，东北距岭上墩遗址约3.1千米，西南距老庄墩遗址约3.3千米，距海阳所城约21.1千米。

马场墩（遗址）位置图

2021年调查发现，遗址因20世纪五六十年代农业建设而消失，现址为农田。据明代嘉靖《筹海图编》、清代顺治《登州府志》、康熙《靖海卫志》、雍正《文登县志》等史料记载，靖海卫下辖"大湾口"等二十墩，马场墩原有墩名失传，但其墩址所处位置在靖海卫辖下防区之内，由此推测马场墩遗址或为靖海卫辖下的沿海二十墩之一。

老庄墩遗址

位　　置　乳山市徐家镇老庄村西300米

始设年代　明代

文保级别　2011年11月16日，"老庄烟墩遗址"被乳山市人民政府公布为乳山市第五批县级文物保护单位

概　　况　遗址位于坡地之上，四周均为农田，地势平坦开阔，南距海岸1.85千米，东北距马场墩（已消失）3.3千米，距岭上墩遗址6.5千米，西南距小侯家墩遗址3.3千米，距海阳所城17.9千米。

老庄墩遗址位置图

遗址为1989年4月第二次全国文物普查时首次调查：（90-A90）老庄烟墩（徐家镇老庄村西30米·明代），为防备倭寇侵扰而设置的报警狼烟台，圆丘状，平顶，底部直径15米，残高4米。黄土夯筑[1]。

---

[1] 国家文物局：《中国文物地图集·山东分册》，中国地图出版社，2007年，第612页。

2009 年 5 月第三次全国文物普查时复查：（A180）老庄烟墩遗址（徐家镇老庄村西 30 米·明代），为防备倭寇侵扰而设置的报警狼烟台。圆丘状，平顶，底部直径 15 米，残高 4 米。黄土夯筑[1]。

2021 年调查发现，遗址保存情况较好，墩体外部形制基本完整。墩体底部直径约 18.4 米，墩高约 3.8 米，圆丘状夯土建筑，平顶。墩体有植被覆盖，顶部生长有松树，东南角有一座现代坟墓。

历史资料　明代嘉靖《筹海图编》、清代顺治《登州府志》记载，海阳守御千户所下辖沿海七墩，老庄墩原有墩名失传，但其墩址所处位置在海阳守御千户所辖下防区之内，由此推测老庄墩遗址或为明代海阳守御千户所辖下的沿海七墩之一。

老庄墩遗址卫星图

老庄墩遗址北侧现状（北向南摄）

老庄墩遗址西侧现状（西向东摄）

老庄墩遗址南侧现状（南向北摄）

---

① 威海市文物管理办公室：《追寻历史——威海市第三次文物普查成果巡礼》，青岛出版社，2012 年，第 237 页。

小侯家墩遗址

位　　置　乳山市白沙滩镇小侯家村北 550 米烟墩山

始设年代　明代

文保级别　2011 年 11 月 16 日，"小侯家烟墩遗址"被乳山市人民政府公布为乳山市第五批县级文物保护单位，2022 年 1 月 17 日被山东省人民政府公布为第六批省级文物保护单位

概　　况　遗址位于山地丘陵之上，周边地势较高，视野宽广，南侧为坡地，西、北侧为山体，紧邻多福山。东、南两面临海，可俯瞰整个海面，东距海岸 1.9 千米，南距海岸 2.8 千米。遗址东北 350 米为小龙寺遗址，东北距老庄墩遗址 3.3 千米，西南距韩家庄墩遗址 3.45 千米，距海阳所城 14.5 千米。

遗址为 2010 年 11 月第三次全国文物普查时首次调查：（A194）小侯家烟墩遗址（白沙滩镇小侯家村东北 300 米处的烟墩山顶部·明代），该烟墩东南与大陶家军寨相望，东北 2500 米与东南寨军寨和老庄烟墩相望。南可俯瞰整个海面。烟墩底部直径约 10 米，高的 4 米，方形平顶，土石混合夯筑而成，保存较好[①]。

2021 年调查发现，遗址保存情况较好，墩体外部形制完整。墩体底部南北长 11.6 米，东西长 11 米，高约 4 米，方形平顶，墩体内部由土石混合夯筑而成，外部四周砌筑石块，现东西两侧石块排列有序保存较好，墩体东侧有南北向田间小路一条。

---

① 威海市文物管理办公室：《追寻历史——威海市第三次文物普查成果巡礼》，青岛出版社，2012 年，第 238 页。

小侯家墩遗址位置图

小侯家墩遗址卫星图

小侯家墩遗址顶部现状

历史资料   明代嘉靖《筹海图编》、清代顺治《登州府志》记载，海阳守御千户所下辖"小龙山"等七墩，今小侯家墩遗址东 350 米有"小龙寺"遗址，由此推测小侯家墩与小龙寺所在的山岭或为旧时的小龙山，其墩址所处位置在海阳守御千户所辖下防区之内，小侯家墩或为明代海阳守御千户所下辖沿海七墩之一的小龙山墩。

小侯家墩遗址东侧现状（东向西摄）

小侯家墩遗址南侧现状（南向北摄）

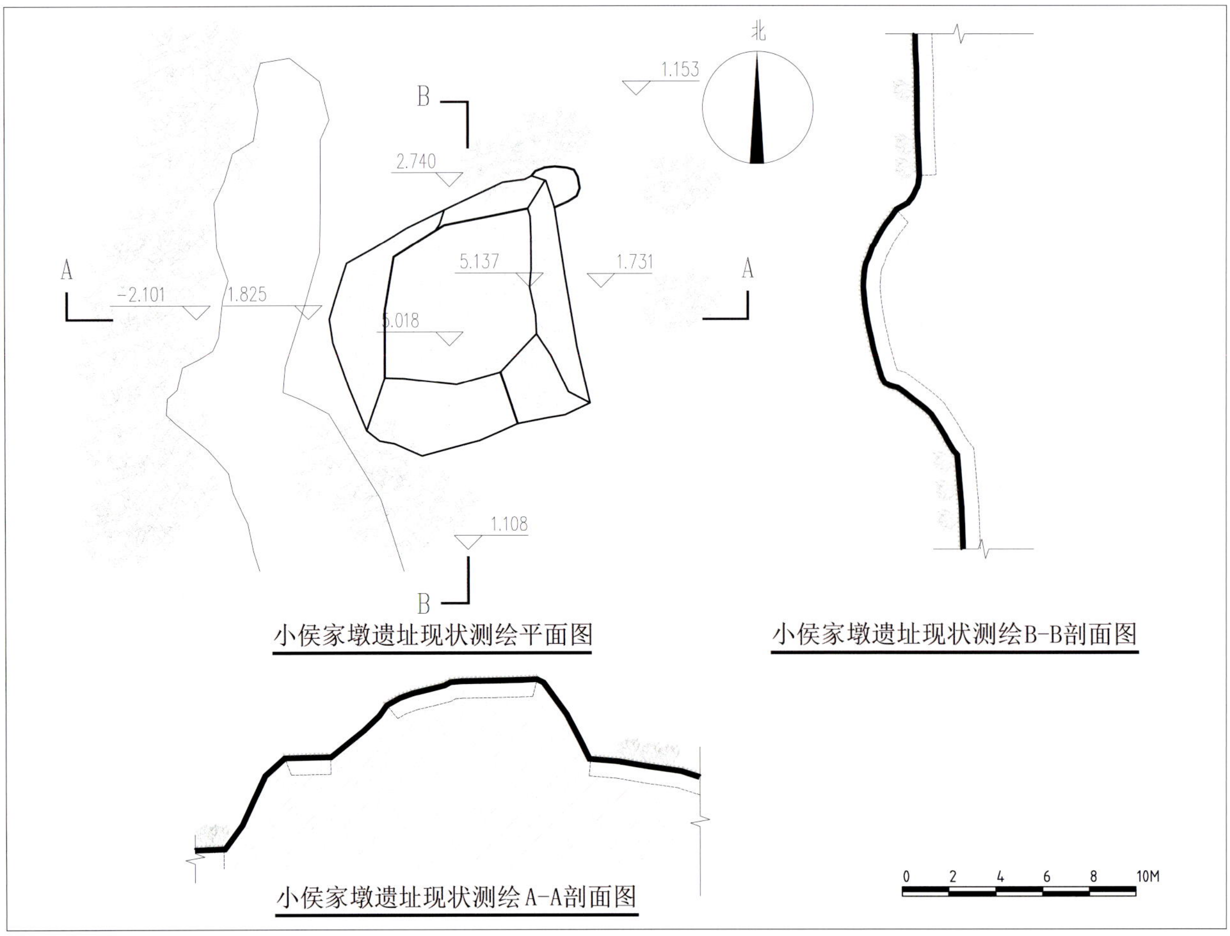

小侯家墩遗址现状测绘平面图

小侯家墩遗址现状测绘B-B剖面图

小侯家墩遗址现状测绘A-A剖面图

小侯家墩遗址平、剖面图

韩家庄墩遗址

位　　置　乳山市白沙滩镇韩家庄村北750 米

始设年代　明代

文保级别　2011 年 11 月 16 日，"韩家庄烟墩遗址"被乳山市人民政府公布为乳山市第五批县级文物保护单位

概　　况　遗址位于山地丘陵之上，地势较高，遗址四周为林地，植被繁茂。东、南两面临海，视野宽广。东距海岸3.2 千米，南距海岸 3.5 千米，东距小龙墩遗址 3.1 千米，南距大陶家寨遗址 1.1千米，西南距宫家墩遗址 2.6 千米，距海阳所城 11.5 千米。

遗址为 1989 年 4 月第二次全国文物普查时首次调查：（95-A95）韩家庄烟墩（白沙滩镇韩家庄村东北 1 千米·明代），为防备倭寇侵扰而设置的报警狼烟台，圆丘状，平顶，底部直径 15 米，残高 4 米。黄土夯筑[①]。

2009 年 5 月第三次全国文物普查时复查：（A182）韩家庄烟墩遗址（白沙滩镇韩家村北 1000 米·明代）为防备倭寇侵扰而设置的报警狼烟台。圆丘状，平顶。底部直径 15 米，残高 4 米，黄土夯筑[②]。

2021 年调查发现，遗址保存情况较好，墩体外部形制完整。墩体底部直径约 10 米，高约 5 米，圆丘状夯土建筑，平顶墩体西部、北部底端有数块巨石包裹，墩体外部草木生长茂盛。

---

① 国家文物局：《中国文物地图集·山东分册》，中国地图出版社，2007年，第612页。

② 威海市文物管理办公室：《追寻历史——威海市第三次文物普查成果巡礼》，青岛出版社，2012年，第238页。

韩家庄墩遗址位置图

韩家庄墩遗址卫星图

韩家庄墩遗址顶部现状

历史资料　明代嘉靖《筹海图编》、清代顺治《登州府志》记载，海阳守御千户所下辖沿海七墩，韩家庄墩遗址原有墩名失传，但其墩址所处位置在海阳守御千户所辖下防区之内，由此推测韩家庄墩遗址或为明代海阳守御千户所辖下的沿海七墩之一。

韩家庄墩遗址南侧现状（南向北摄）　　　　　　韩家庄墩遗址北侧现状（北向南摄）

大陶家墩遗址

位　　置　乳山市白沙滩镇大陶家村东南 1.5 千米福如东海景区内小耩山顶

始设年代　明代

文保级别　2011 年 11 月 16 日，"大陶家烟墩遗址"被乳山市人民政府公布为乳山市第五批县级文物保护单位

概　　况　遗址位于海边岬角之上，地势较高，东、南、西三面环海，视野宽广，遗址四周为林地，东距海岸 340 米，南距海岸 480 米，西距海岸 660 米。西北距宫家墩遗址 3 千米，北距大陶家寨遗址 1.5 千米，西南距海阳所城 10.7 千米。

大陶家墩遗址位置图

　　遗址为 1989 年 4 月第二次全国文物普查时首次调查：（98-A98）大陶家烟墩（白沙滩镇大陶家村东北 1.5 千米·明代），为防备倭寇侵扰而设置的报警狼烟台，圆丘状，平顶，高约 10 米，底径 28 米。黄灰土夯筑[1]。

---

① 国家文物局：《中国文物地图集·山东分册（下）》，中国地图出版社，2007年，第612页。

2009 年 5 月第三次全国文物普查时复查：（A184）大陶家烟墩遗址（白沙滩镇大陶家村东南 1500 米·明代），为防备倭寇侵扰而设置的报警狼烟台。圆丘状，平顶，高约 10 米，底径 28 米，黄灰土夯筑[1]。

2021 年调查发现，遗址现位于福如东海景区内作为旅游景点。遗址保存情况较好，墩体外部形制较完整。墩体呈圆丘状，平顶，夯土建筑。墩体底部直径约 11 米，高约 9.1 米，墩体夯土暴露。

历史资料　明代嘉靖《筹海图编》、清代顺治《登州府志》记载，海阳守御千户所下辖沿海七墩，大陶家墩遗址原有墩名失传，但其墩址所处位置在海阳守御千户所辖下防区之内，由此推测大陶家墩遗址或为明代海阳守御千户所辖下的沿海七墩之一。

大陶家墩遗址卫星图

大陶家墩遗址东侧现状（东向西摄）

大陶家墩遗址全景（西向东摄）

大陶家墩遗址顶部现状

---

① 威海市文物管理办公室：《追寻历史——威海市第三次文物普查成果巡礼》，青岛出版社，2012 年，第238页。

宫家墩遗址

位　　置　乳山市白沙滩镇宫家村西北900米馍顶山

始设年代　明代

文保级别　2011年11月16日，"宫家烟墩遗址"被乳山市人民政府公布为乳山市第五批县级文物保护单位

概　　况　遗址位于山地丘陵之上，地势较高，遗址四周为林地，植被繁茂。宫家墩遗址东北距大陶家寨遗址2千米，东南距大陶家墩遗址3.1千米，西距八甲堡遗址1.9千米，西南距常家庄墩遗址2.2千米，距海阳所城9千米。

遗址为1989年4月第二次全国文物普查时首次调查：（97-A97）宫家烟墩（白沙滩镇宫家西北300米·明代）为防备倭寇侵扰而设置的报警狼烟台，圆丘状，平顶，高约10米，底径20米。黄灰土夯筑①。

2009年5月第三次全国文物普查时复查：（A183）宫家烟墩遗址（白沙滩镇宫家西北300米，明代）为防备倭寇侵扰而设置的报警狼烟台。圆丘状，平顶。高约10米，底径20米。黄灰土夯筑②。

2021年调查发现，宫家墩遗址保存情况较好，墩体外部形制较完整，墩体底部直径14.2米，墩高4.6米，圆丘状夯土建筑，平顶。墩体上草木生长茂盛。

历史资料　明代嘉靖《筹海图编》、清代顺治《登州府志》记载，海阳守御千户所下辖沿海七墩，宫家墩遗址原有墩名失传，但其墩址所处位置在海阳守御千户所辖下防区之内，由此推测宫家墩遗址或为明代海阳守御千户所辖下的沿海七墩之一。

宫家墩遗址位置图

宫家墩遗址卫星图

宫家墩遗址顶部现状

① 国家文物局：《中国文物地图集·山东分册（下）》，中国地图出版社，2007年，第612页。
② 威海市文物管理办公室：《追寻历史——威海市第三次文物普查成果巡礼》，青岛出版社，2012年，第238页。

宫家墩遗址东侧现状（东向西摄）

宫家墩遗址西侧现状（西向东摄）

宫家墩遗址北侧现状（北向南摄）

宫家墩遗址南侧现状（南向北摄）

常家庄墩遗址

位　　置　乳山市白沙滩镇常家庄村东
100 米

始设年代　明代

文保级别　2011 年 11 月 16 日，"常家
庄烟墩遗址"被乳山市人民政府公布为
乳山市第五批县级文物保护单位

概　　况　遗址位于近海坡地之上，地
势平缓，南临大海，周围为林地，视野
较开阔。遗址南距海岸 2 千米，西距白
沙口潮汐湖 700 米，东北距宫家墩遗址
2.27 千米，西南距海阳所城 6.7 千米，
北距八甲堡遗址 1.1 千米。

常家庄墩遗址位置图

　　遗址为第二次全国文物普查时首次调查：（99-A99）常家烟墩（白沙滩镇常家庄东·明代），为防备

倭寇侵扰而设置的报警狼烟台，圆丘状，平顶，高约 8 米，底径 25 米。黄黏土夯筑①。

2009 年 5 月第三次全国文物普查时复查：（A185）常家庄烟墩遗址（白沙滩镇常家庄东·明代），为防备倭寇侵扰而设置的报警狼烟台。圆丘状，平顶，高约 8 米，底径 25 米。黄黏土夯筑②。

2021 年调查发现，常家庄墩遗址所在区域因改建烟墩公园而破坏，原墩体外部被现代建筑所覆盖，现存墩体遗迹数据不明。

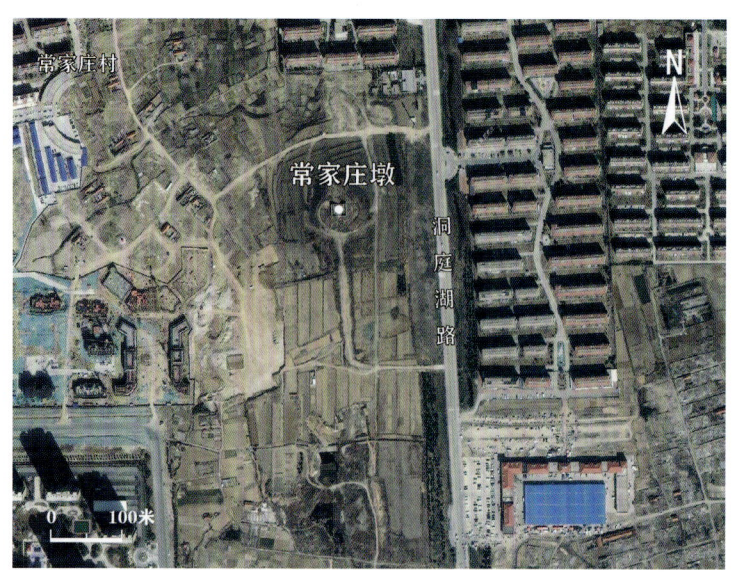

常家庄墩遗址卫星图

历史资料　明代嘉靖《筹海图编》、清代顺治《登州府志》记载，海阳守御千户所下辖"白沙"等沿海七墩，常家庄墩遗址西距白沙滩村较近，且墩址所处位置在海阳守御千户所辖下防区之内，由此推测常家庄墩遗址或为明代海阳守御千户所辖下沿海七墩之一的"白沙"墩。

常家庄墩遗址西侧现状（西向东摄）

常家庄墩遗址南侧现状（南向北摄）

常家庄墩遗址西侧现状（西向东摄）

常家庄墩遗址顶部现状

① 国家文物局：《中国文物地图集·山东分册（下）》，中国地图出版社，2007年，第612页。
② 威海市文物管理办公室：《追寻历史——威海市第三次文物普查成果巡礼》，青岛出版社，2012年，第238页。

帽子山墩遗址

位　　置　威海市乳山市海阳所镇海阳所村西南 1.6 千米帽山山顶

始设年代　明代

文保级别　2011 年 11 月 16 日，"冒山烟墩遗址"被乳山市人民政府公布为乳山市第五批县级文物保护单位

概　　况　遗址位于丘陵山地之上，地势较高，四周视野宽广，遗址周围为树林，植被茂密。帽子山墩东、南、北三面临海，东距海岸 2.5 千米，南距海岸 2.95 千米，北距乳山口湾 3 千米。帽子山墩遗址西南距大庄墩遗址 2.93 千米，东南距半海山墩（已消失）2.96 千米，距南泓墩遗址 5.6 千米，东北距海阳所城 1.7 千米。

遗址为 1989 年 4 月第二次全国文物普查时首次调查：（105-A105）帽山烟墩（海阳所镇帽山前村西·明代），为防备倭寇侵扰而设置的报警狼烟台，圆丘状，墩残高 4.5 米底部直径 30 米。黄土夯筑[1]。

2009 年 5 月第三次全国文物普查复查：（A187）帽山前烟墩遗址（海阳所镇帽山前村西·明代），为防备倭寇侵扰而设置的报警狼烟台。圆丘状，平顶，夯土建筑，墩残高 4.5 米，底径 30 米。黄土夯筑[2]。

2021 年调查发现，遗址保存情况一般，墩体外部形制基本完整。墩底直径约 30 米，残高约 4.5 米，圆丘状夯土建

帽子山墩遗址位置图

帽子山墩遗址卫星图

帽子山墩遗址顶部现状

[1] 国家文物局：《中国文物地图集·山东分册（下）》，中国地图出版社，2007 年，第 612 页。

[2] 威海市文物管理办公室：《追寻历史——威海市第三次文物普查成果巡礼》，青岛出版社，2012 年，第 238 页。

筑，平顶。墩体顶部现有铁制三角架和废弃铁塔，修筑当代建筑及通讯铁塔时对遗址有所破坏。

历史资料　明代嘉靖《筹海图编》、清代顺治《登州府志》记载，海阳守御千户所下辖"帽子山"等沿海七墩，今帽山地名、墩址都得以留存，其墩址所处位置在海阳守御千户所辖下防区之内，由此可以确定此墩址应为明代海阳守御千户所下辖沿海七墩之一的帽子山墩。

帽子山墩遗址东侧现状（东向西摄）　　　　　　帽子山墩遗址北侧现状（北向南摄）

半海山墩（遗址）

位　　置　乳山市海阳所镇半海山村北230 米

始设年代　明代

文保级别　已消失

概　　况　遗址位于近海坡地之上，东临大海，地势较高，视野宽广。东距海岸约 40 米，南距南泓墩遗址约 3.1 千米，西北距帽子山墩遗址约 2.96 千米，北距海阳所城约 3.2 千米。

半海山墩（遗址）位置图

　　遗址为第二次全国文物普查时首次调查：（109-A109）半海山烟墩（海阳所镇半海山村东北 50 米·明代），为防备倭寇侵扰而设置的报警狼烟台，圆丘状，平顶，墩高约 10 米，底径 28 米。黄黏土夯筑，轻微破坏[1]。

　　遗址在第二次全国文物普查后，因建设取土而消失，第三次全国文物普查时未登记在内。2021 年调查时发现半海山墩所在山坡因取土形成深沟，原有遗址已消失。

　　明代嘉靖《筹海图编》、清代顺治《登州府志》记载，海阳守御千户所下辖沿海七墩，半海山墩遗址原有墩名失传，但其墩址所处位置在海阳守御千户所辖下防区之内，由此推测半海山墩遗址或为明代海阳守御千户所辖下的沿海七墩之一。

---

[1] 国家文物局：《中国文物地图集·山东分册（下）》，中国地图出版社，2007年，第612页。

南泓墩遗址

位　　置　乳山市海阳所镇南泓村东南750米烟墩山

始设年代　明代

文保级别　尚未核定为文物保护单位

概　　况　遗址位于丘陵山地之上，地势较高，视野宽广，四周均为山地，东、南、西三面临海，由遗址顶部可俯瞰周边海域。南泓墩遗址东距海岸750米，南距海岸2.2千米，西距海岸1.65千米。北距半海山墩（已消失）3.1千米，距海阳所城6.2千米，东南距小泓炮台（已消失）2.5千米。

遗址为1989年4月第二次全国文物普查首次调查：（110-A110）烟墩山烟墩（海阳所镇南泓东南村1.5千米·明代），为防备倭寇侵扰而设置的报警狼烟台。圆丘状，残高15米，底径为30米。黄土夯筑[1]。

2009年5月第三次全国文物普查时复查：（A190）南泓烟墩遗址（海阳所镇南泓村1.5千米·明代）为防备倭寇侵扰而设置的报警狼烟台。圆丘状，残高15米，底径为30米。黄土夯筑[2]。

2021年调查发现，遗址保存情况较好，墩体外部形制基本完整。墩体底部直径约30米，高约15米，圆丘状夯土建筑，平顶。墩体顶部建有当代建筑，其修筑时对墩体顶部有所破坏，现墩体上草木生长茂盛。

---

① 国家文物局主编：《中国文物地图集·山东分册（下）》，中国地图出版社，2007年，第612页。

② 威海市文物管理办公室：《追寻历史——威海市第三次文物普查成果巡礼》，青岛出版社，2012年，第238页。

南泓墩遗址位置图

南泓墩遗址卫星图

南泓墩遗址东侧现状（东向西摄）

历史资料　明代嘉靖《筹海图编》、清代顺治《登州府志》记载，海阳守御千户所下辖沿海七墩，南泓墩遗址原有墩名失传，但其墩址所处位置在海阳守御千户所辖下防区之内，由此推测南泓墩遗址或为明代海阳守御千户所辖下的沿海七墩之一。

南泓墩遗址西侧现状（西向东摄）　　　　　　　　南泓墩遗址北侧现状（北向南摄）

大庄墩遗址

位　置　乳山市海阳所镇大庄村西南1.2 千米烟墩山顶

始设年代　明代

文保级别　2011 年 11 月 16 日，"大庄烟墩遗址"被乳山市人民政府公布为乳山市第五批县级文物保护单位

概　况　遗址位于坡地之上，地势较高，北侧可俯瞰乳山口湾周边区域，遗址四周为农田，并修建有风力发电机组。大庄墩遗址南、北两侧面海，南距海岸1.47 千米，北距乳山口湾 1.26 千米。大庄墩遗址西南距姜格寨遗址 1.65 千米，东距帽子山墩遗址 2.93 千米，东北距海阳所城 4.6 千米。

遗址为 1987 年 5 月第二次全国文物普查时首次调查：（106-A106）大庄烟墩（海阳所镇大庄村西南 1000 米·明代）为防备倭寇侵扰而设置的报警狼烟

大庄墩遗址位置图

大庄墩遗址卫星图

台，圆丘状，平顶，底径 22 米，残高 5 米。黄土夯筑^①。

遗址于 2009 年 5 月第三次全国文物普查时复查：A188 大庄烟墩遗址（海阳所镇大庄村西南 1000 米·明代），为防备倭寇侵扰而设置的报警狼烟台。平顶，底径 22 米，残高 5 米，黄土夯筑^②。

2021 年调查发现，遗址保存情况较好，墩体外部形制基本完整。墩体底部直径约 22 米，墩高约 5 米，圆丘状夯土建筑，平顶，墩体上草木生长茂盛。

历史资料　明代嘉靖《筹海图编》、清代顺治《登州府志》记载，海阳守御千户所下辖沿海七墩，大庄墩遗址原有墩名失传，但其墩址所处位置在海阳守御千户所辖下防区之内，由此推测大庄墩遗址或为明代海阳守御千户所辖下的沿海七墩之一。

大庄墩遗址北侧现状（北向南摄）

大庄墩遗址西侧现状（西向东摄）

大庄墩遗址东侧现状（东向西摄）

大庄墩遗址南侧现状（南向北摄）

① 国家文物局：《中国文物地图集·山东分册（下）》，中国地图出版社，2007年，第612页。
② 威海市文物管理办公室：《追寻历史——威海市第三次文物普查成果巡礼》，青岛出版社，2012年，第238页。

西泓赵家墩遗址

位　　置　乳山市海阳所镇西泓赵家村西南 620 米小乳山

始设年代　明代

文保级别　2011 年 11 月 16 日，"西泓赵家小乳山明代烟墩遗址"被乳山市人民政府公布为乳山市第五批县级文物保护单位

概　　况　遗址位于丘陵山地之上，四周为山林地，地势较高，视野宽广。遗址东、南、西三面环海，东南距海岸 1.2 千米，南距海岸 2.1 千米，西距海岸 2.8 千米。西泓赵家墩遗址东北距大庄墩遗址 3.2 千米，距海阳所城 7.8 千米，东距姜格寨遗址 1.9 千米，北距金港墩遗址 2.5 千米。

遗址为 2009 年 5 月第三次全国文物普查时首次调查：（A193）西泓赵家烟墩遗址（海阳所镇西泓赵家村西南 1500 米的山上·明代），烟墩位于村西南约 1.5 千米的小山顶上，底部直径约 10 米，残高约 4 米，呈圆形土堆状。烟墩距北部的金港烟墩约 2.5 千米；距东北方向的大庄烟墩约 4 千米；距东部的帽山烟墩约 6 千米，海阳所军寨遗址约 7.5 千米；距北部的寨前军寨遗址约 5 千米；距东南向的海约 1.5 千米；距西南向的海约 2 千米。从这一区域的地理位置看，此处烟墩处于此地海防的最前沿[①]。

西泓赵家墩遗址位置图

西泓赵家墩遗址卫星图

西泓赵家墩遗址东侧现状（东向西摄）

---

① 威海市文物管理办公室：《追寻历史——威海市第三次文物普查成果巡礼》，青岛出版社，2012 年，第238页。

　　2021 年调查：遗址保存情况较好，墩体外部形制较完整。墩体底部直径约 10 米，高约 4 米，圆丘状黄土夯筑建筑，平顶。

历史资料　明代嘉靖《筹海图编》、清代顺治《登州府志》记载，海阳守御千户所下辖"乳山"等沿海七墩，西泓赵家墩遗址位于大乳山东侧的小乳山顶，地名与记载相符，且墩址留存，由此推测西泓赵家墩遗址或为明代海阳守御千户所下辖沿海七墩之一的乳山墩。

西泓赵家墩遗址北侧现状（北向南摄）

西泓赵家墩遗址西侧现状（西向东摄）

金港墩遗址

位　　置　乳山市海阳所镇金港村西 300 米的烟墩山

始设年代　明代

文保级别　2011 年 11 月 16 日，"金港明代烟墩遗址"被乳山市人民政府公布为乳山市第五批文物保护单位，2013 年 12 月 19 日被威海市人民政府公布为威海市第四批文物市级文物保护单位

概　　况　遗址位于丘陵坡地之上，地势较高，视野宽广，可俯瞰乳山口湾全貌，周围为林地。遗址东、西、北三面环海，东距海岸 520 米，西距乳山海岸 875 米，北距海岸 420 米。金港墩西北与陈家墩遗址隔海相望，相距 3.85 千米，东南距大庄墩 2.5 千米，东距海阳所城 6.8 千米。

金港墩遗址位置图

遗址为1987年5月第二次全国文物普查时首次调查：（107-A107）金港烟墩（海阳所镇金港村南200米·明代），为防备倭寇侵扰而设置的报警狼烟台，圆丘状，底部直径28米，残高5.5米。黄土夯筑[①]。

2008年5月第三次全国文物普查时复查：（A189）金港烟墩遗址（乳山市海阳所镇金港村南200米·明代）为防备倭寇侵扰而设置的报警狼烟台，圆丘状，底部直径28米，残高5.5米，黄土夯筑[②]。

2021年调查发现，遗址保存情况较好，墩体外部形制基本完整。墩体底部直径约28米，墩高约5.5米，圆丘状夯土建筑，平顶，墩体上草木生长茂盛。

历史资料 明代嘉靖《筹海图编》、清代顺治《登州府志》记载，海阳守御千户所下辖沿海七墩，金港墩遗址原有墩名失传，但其墩址所处位置在海阳守御千户所辖下防区之内，由此推测金港墩遗址或为明代海阳守御千户所辖下的沿海七墩之一。

金港墩遗址卫星图

金港墩遗址南侧现状（南向北摄）

金港墩遗址东侧现状（东向西摄）

金港墩遗址北侧现状（北向南摄）

① 国家文物局：《中国文物地图集·山东分册（下）》，中国地图出版社，2007年，第611页。
② 威海市文物管理办公室：《追寻历史——威海市第三次文物普查成果巡礼》，青岛出版社，2012年，第238页。

陈家墩遗址

位　　置　乳山市乳山口镇陈家村西北650 米处两北山

始设年代　明代

文保级别　2011 年 11 月 16 日，"寨前烟墩遗址"被乳山市人民政府公布为乳山市第五批县级文物保护单位

概　　况　遗址位于丘陵高地之上，地势较高，四周为开阔地，有零星松树。陈家墩遗址东、南、西三面环海，东距乳山口湾 1.44 千米，南距乳山口湾 1.5 千米，西距乳山口湾 1.16 千米，陈家墩东南距寨前寨遗址 620 米，西北方向 2.8 千米为安家寨遗址，东南方向 3.85 千米为金港墩遗址。由陈家墩遗址顶部可俯瞰周边区域全貌。

遗址为 1989 年 4 月第二次全国文物普查首次调查，称为"寨前烟墩"：（102-A102）寨前烟墩（乳山口镇寨前村西北 2 千米·明代），为防备倭寇侵扰而设置的报警狼烟台。圆丘状，平顶，底部直径 20 米，残高约 5 米。黄土夯筑[1]。

遗址 2009 年 5 月第三次全国文物普查复查：（A186）寨前烟墩遗址（乳山口镇寨前村西北 2000 米·明代），为防备倭寇侵扰而设置的报警狼烟台。圆丘状，平顶，底部直径 20 米，残高约 5 米，黄土夯筑[2]。

2021 年调查发现，遗址保存情况较好，墩体外部形制基本完整，墩体底部

---

[1] 国家文物局：《中国文物地图集·山东分册（下）》，中国地图出版社，2007 年，第 612 页。

[2] 威海市文物管理办公室：《追寻历史——威海市第三次文物普查成果巡礼》，青岛出版社，2012 年，第 238 页。

陈家墩遗址位置图

陈家墩遗址卫星图

陈家墩遗址东侧现状（东向西摄）

直径约 20 米，墩高约 5 米，圆丘状夯土建筑，平顶，墩体上草木生长茂盛。墩体外围现已被村民用围网圈起用作养殖场地，遗址西南侧紧邻通讯铁塔，东侧、南侧均为养殖场房屋。

历史资料　宋代，今乳山寨镇周边区域隶属于京东东路登州牟平县辖下，牟平县在此设置乳山寨。金、元两代在此设置乳山巡检司，明代沿袭，在此设置乳山寨巡检司，隶属宁海州，设弓兵二十一名，守墩堡兵七名，隶下建墩堡三座。据明代嘉靖《筹海图编》、清代顺治《登州府志》记载，乳山寨巡检司下辖墩堡三座，陈家墩遗址原有墩名失传，但其墩址所处位置距乳山寨巡检司较近，且与大嵩卫、海阳守御千户所防区范围较远，由此推测到陈家墩遗址或为明代乳山寨巡检司辖下的三座墩堡之一。

陈家墩遗址全景

陈家墩遗址北侧现状（北向南摄）

陈家墩遗址南侧现状（南向北摄）

陈家墩遗址顶部现状

西南赵家墩（遗址）

位　　置　乳山市乳山口镇西南赵家村南 620 米

始设年代　明代

文保级别　已消失

概　　况　遗址位于乳山口镇西南赵家村南 620 米韩星农业开发有限公司区域内近海坡地上，四周视野开阔，南、西两侧面向乳山口湾。南距海岸 1.07 千米，西距海岸 650 米，东北距安家寨 1.02 千米，东南距陈

家墩 3.2 千米，西北距乳山寨巡检司约
5.5 千米。

遗址为 1989 年 4 月第二次全国文
物普查首次调查：（101-A101）西南赵
烟墩（乳山口镇西南赵家村南 1 千米·明
代），为防备倭寇侵扰而设置的报警狼
烟台。圆丘状，平顶，高约 5 米，底径
约 25 米。黄土夯筑[①]。

遗址在 2009 年 3 月第三次全国文
物普查时未登记在内。2021 年调查时发
现，西南赵家墩因近年来的农业生产建
设而消失。

西南赵家墩（遗址）位置图

宋代，今乳山寨镇周边区域隶属于京东东路登州牟平县辖下，牟平县在此设置乳山寨。金、元两代在
此设置乳山巡检司，明代沿袭，在此设置乳山寨巡检司，隶属宁海州，设弓兵二十一名，守墩堡兵七名，
隶下建墩堡三座。据明代嘉靖《筹海图编》、清代顺治《登州府志》记载，乳山寨巡检司下辖墩堡三座，
西南赵家墩遗址原有墩名失传，但其墩址所处位置距乳山寨巡检司较近，且与大嵩卫、海阳守御千户所防
区范围较远，由此推测到西南赵家墩遗址或为明代乳山寨巡检司辖下的三座墩堡之一。

安家寨墩遗址

位　　置　乳山市乳山口镇安家村西北
500 米大寨里

始设年代　明代

文保级别　1985 年 10 月，"安家军寨
遗址"被乳山县人民政府公布为县级重
点文物保护单位；2013 年 12 月 19 日被
威海市人民政府公布为威海市第四批市
级文物保护单位；2015 年 6 月 23 日，
安家军寨遗址被山东省人民政府公布为
山东省第五批省级文物保护单位

概　　况　遗址位于近海坡地之上，地
势东高西低，周围为农田，南、西两侧

安家寨墩遗址位置图

视野广阔，由遗址顶部向南可看到乳山口湾入海口。安家寨墩南距海岸 1.22 千米，北距张家庄墩（已消失）
500 米，西南距西南赵家墩（已消失）1.24 千米，西北距乳山寨巡检司约 5.6 千米。

---

① 国家文物局：《中国文物地图集·山东分册（下）》，中国地图出版社，2007年，第612页。

安家寨墩遗址现状

安家寨墩遗址卫星图

安家寨墩遗址为第二次全国文物普查时首次调查，调查情况在安家军寨内容中：寨内东南部设烟墩一处，底部直径约 20 米 ①。

安家寨墩遗址位于为安家寨内东南部，遗址四周为农田，地势东高西低。遗址保存状态较好，墩体形制完整，呈圆丘状，黄土夯筑。墩体底部平面基本呈圆形，直径约 20 米，墩高约 7 米。墩体上生长有松树等草木生长茂盛。

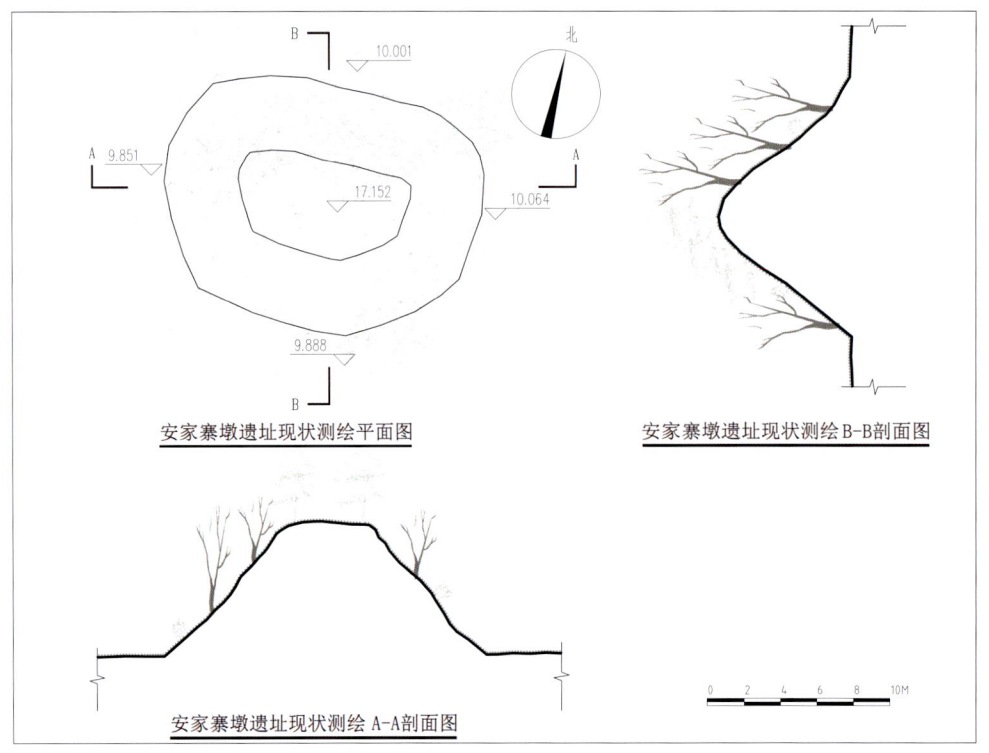

安家寨墩遗址平、剖面图

---

① 国家文物局：《中国文物地图集·山东分册（下）》，中国地图出版社，2007年，第612页。

历史资料　安家古寨，位于乳山口镇安家村北 500 米处山岗，分大、小两寨。大寨位于岗顶，为正方形，四周筑有土围墙，围墙每边长 230 米，寨墙厚度因地形影响不等，最宽处近 20 米，窄处 5 米左右，现存寨墙最高处 3 米，最低处 1 米。四边寨墙均建有砖砌圆拱寨门（已拆除），南寨门位于东南处（距东寨墙 34 米处），东寨门位于东围墙中部，北寨门位于北围墙中部，西寨门位于西围墙北部（距北围墙仅 6 米），寨内东南部建有直径为 20 米，高约 20 米的圆形烟墩，烟墩东侧建有房屋（现为耕地）。小寨位于大寨下侧，为正方形，每边长 60 米，现存西部南部寨墙高约 1 米，厚 11 米，相传小寨为军寨的养马处。1985 年 6 月被定为乳山县重点文物保护单位[①]。

张家庄墩（遗址）

位　　置　乳山市乳山口镇张家庄村西北 885 米墩子山

始设年代　明代

文保级别　已消失

概　　况　遗址位于坡地之上，地势较高，视野开阔，四周均为农田。南距安家寨遗址 360 米，距海岸 1.8 千米，西南距西南赵家墩（已消失）1.5 千米，西北距乳山寨巡检司约 5.1 千米。

张家庄墩（遗址）位置图

遗址为 2009 年 5 月第三次全国文物普查时首次发现：（A192）张家庄烟墩遗址（乳山口镇张家庄村西北 1.5 千米·明代），2009 年 5 月第三次全国文物普查时发现，烟墩坐落于墩子山顶部，南距安家军寨遗址约 500 米，四周洼地，遗址南有一栋民房，东南 1 千米有一水库，东北 10 米有一废弃取石场，西南有一栋民宅。烟墩顶部大部分被挖掉，呈一大坑状，残高约 3 米，直径约 15 米，破坏严重。

2021 年调查发现，遗址破坏严重，墩体形制已不完整，上部被改建为圆形蓄水池，残存底部直径约 15 米，残高约 3 米，由黄土夯筑而成。

宋代，今乳山寨镇周边区域隶属于京东东路登州牟平县辖下，牟平县在此设置乳山寨。金、元两代在此设置乳山巡检司，明代沿袭，在此设置乳山寨巡检司，隶属宁海州，设弓兵二十一名，守墩堡兵七名，隶下建墩堡三座。据明代嘉靖《筹海图编》、清代顺治《登州府志》记载，乳山寨巡检司下辖墩堡三座，张家庄墩遗址原有墩名失传，但其墩址所处位置距乳山寨巡检司较近，且与大嵩卫、海阳守御千户所防区范围较远，由此推测到张家庄墩遗址或为明代乳山寨巡检司辖下的三座墩堡之一。

[①] 山东省乳山市地方史志编纂委员会：《乳山市志》，齐鲁书社，1998 年，第810页。

寨西墩（遗址）

位　　置　乳山市乳山寨镇寨西村西510 米

始设年代　明代

文保级别　已消失

概　　况　原墩址位于坡地之上，地势西高东低，四周均为农田，视野较开阔，南距乳山口湾约 4 千米。寨西墩东距乳山寨巡检司（已消失）约 1.1 千米，南距乳山寨遗址约 710 米，距凤台顶墩约3.25 千米。2021 年调查发现，寨西墩于20 世纪中期因农业生产建设而消失。

寨西墩（遗址）位置图

凤台顶墩遗址

位　　置　乳山市乳山寨镇凤台顶村内

始设年代　明代

文保级别　尚未核定为文物保护单位

概　　况　遗址位于坡地之上，地势平缓，遗址四周均为凤台顶村民房屋建筑，北邻村中街道。凤台顶墩遗址东距河口 250 米，东南距乳山口湾 900 米，东北方向距乳山寨遗址 2.4 千米，东南距到根见墩 7.1 千米，西南距管村堡 1.95千米。

　　遗址为 1988 年 4 月第二次全国文物普查时首次调查：（93-A93）凤台顶烟墩（乳山寨镇凤台顶村内·明代），为备倭寇侵扰而设置的报警狼烟台。圆丘状，平顶，底部直径 10 米，残高 5 米。黄土夯筑[1]。

凤台顶墩遗址位置图

凤台顶墩遗址卫星图

---

[1] 国家文物局：《中国文物地图集·山东分册（下）》，中国地图出版社，2007 年，第 611 页。

　　2009 年 3 月第三次全国文物普查时复查：（A179）凤台顶烟墩遗址（乳山寨镇凤台顶村内·明代），为防备倭寇侵扰而设置的报警狼烟台。圆丘状，平顶，底部直径 10 米，残高 5 米。黄土夯筑[①]。

　　2021 年调查发现，凤台顶墩遗址保存情况一般，因早年村民取土破坏，墩体外部形制已不完整。墩体底部直径约 12 米，残高约 5.8 米，原为圆丘状夯土建筑。现存墩体杂草丛生，已成为村民柴火存放点。

历史资料　宋代，今乳山寨镇周边区域隶属于京东东路登州牟平县辖下，牟平县在此设置乳山寨。金、元两代在此设置乳山巡检司，明代沿袭，在此设置乳山寨巡检司，隶属宁海州，设弓兵二十一名，守墩堡兵七名，隶下建墩堡三座。据明代嘉靖《筹海图编》、清代顺治《登州府志》记载，乳山寨巡检司下辖墩堡三座，凤台顶墩遗址原有墩名失传，但其墩址所处位置距乳山寨巡检司较近，且与大嵩卫、海阳守御千户所防区范围较远，由此推测到凤台顶墩遗址或为明代乳山寨巡检司辖下的三座墩堡之一。

凤台顶墩遗址北侧现状（北向南摄）

凤台顶墩遗址西侧现状（西向东摄）

凤台顶墩遗址东侧现状（东向西摄）

① 威海市文物管理办公室：《追寻历史——威海市第三次文物普查成果巡礼》，青岛出版社，2012年，第237页。

到根见墩遗址

位　　置　乳山市乳山寨镇到根见村东北650米烟墩顶

始设年代　明代

文保级别　2011年11月16日，"到根见烟墩遗址"被乳山市人民政府公布为乳山市第五批县级文物保护单位

概　　况　遗址位于海边丘陵山地之上，地势较高，视野宽广，周围为林地。遗址东临乳山口湾，距海岸410米，北距风台顶墩7.1千米，东北距寨前墩4.3千米，西南距大嵩卫城约22.2千米。

　　遗址为1988年4月第二次全国文物普查首次调查：（94-A94）到根见烟墩（乳山寨镇到根见村东北2千米·明代），为备倭寇侵扰而设置的报警狼烟台。圆丘状，平顶，直径15米，残高10米，灰土夯筑①。

　　2009年4月第三次全国文物普查时复查：（A181）到根见烟墩遗址（乳山寨镇到根见村东北2000米·明代），为防备倭寇侵扰而设置的报警狼烟台。圆丘状，平顶，直径15米，残高10米，灰土夯筑②。

　　2021年调查发现，遗址保存情况较好，墩体外部形制基本完整。墩体底部直径约15.3米，顶部直径约6米，残高约7.6米，圆丘状夯土建筑，平顶。到根见墩遗址，由遗址顶部可俯瞰整个乳山口海湾全貌。

---

① 国家文物局：《中国文物地图集·山东分册（下）》，中国地图出版社，2007年，第611、612页。

② 威海市文物管理办公室：《追寻历史——威海市第三次文物普查成果巡礼》，青岛出版社，2012年，第237页。

到根见墩遗址位置图

到根见墩遗址卫星图

到根见墩遗址东侧现状（东向西摄）

历史资料 据明代嘉靖《筹海图编》、清代顺治《登州府志》记载，大嵩卫下辖"望石山"等七墩，到根见墩遗址原有墩名失传，但其墩址所处位置在大嵩卫辖下防区之内，由此推测到根见墩遗址或为明代大嵩卫辖下的沿海七墩之一。

到根见墩遗址西侧现状（西向东摄）

到根见墩遗址北侧现状（北向南摄）

五

堡遗址

八甲堡遗址

位　　置 乳山市白沙滩镇八甲村西北500米马山

始设年代 明代

文保级别 尚未核定为文物保护单位

概　　况 遗址位于坡地丘陵之上，地势较高，视野开阔，周围为林地。八甲堡遗址东距宫家墩遗址2.5千米、距大陶家寨遗址4千米，东南距大陶家墩遗址4千米，南距常家庄墩遗址1千米，西南距海阳所城7.2千米。

八甲堡遗址位置图

2021年调查发现，遗址保存情况一般，堡体外部形制较完整。堡体呈圆丘状，平顶，夯土建筑。堡体底部直径约15.6米，残高约6.4米，堡体石块散布、脱落，夯土暴露，植被茂盛。堡体东部挖有三个方形大坑，用途不明，疑似盗洞。

历史资料　明代嘉靖《筹海图编》、清代顺治《登州府志》记载，海阳守御千户所下辖"窄山"等十堡，今八甲堡遗址所在位置处于海阳守御千户所与文登营的联络路径之内，由此推测八甲堡或为明代海阳守御千户所辖下的十堡之一。

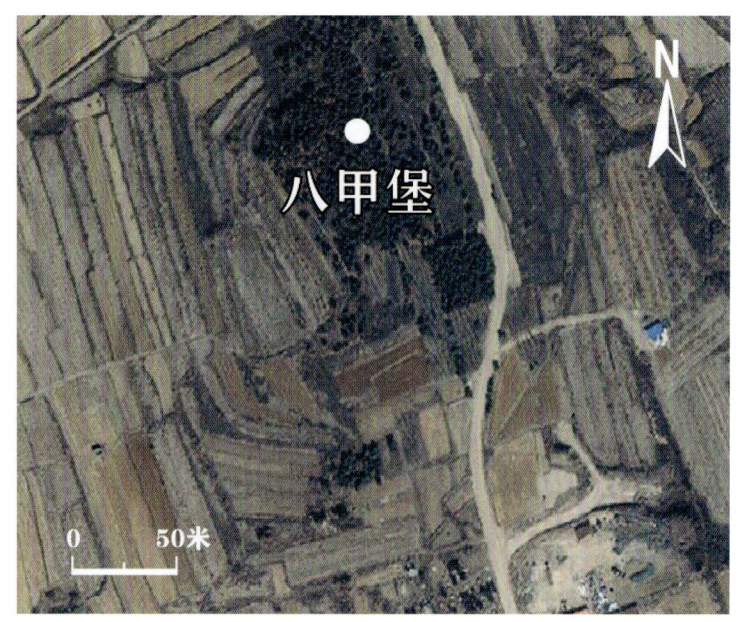

八甲堡遗址卫星图

八甲堡遗址南侧现状（南向北摄）

八甲堡遗址西侧现状（西向东摄）

八甲堡遗址北侧现状（北向南摄）

八甲堡遗址东侧疑似盗洞

玉前庄堡遗址

位　　置 乳山市白沙滩镇玉前庄村北
500 米台子山

始设年代 明代

文保级别 尚未核定为文物保护单位

概　　况 遗址位于坡地丘陵之上，地
势较高，视野开阔，四周为林地，草木
生长茂盛。玉前庄堡遗址西南距兰家堡
遗址 1.16 千米，东南距玉前庄寨遗址 1
千米，南距海阳所城 6.8 千米。

　　遗址为 2009 年 5 月第三次全国文
物普查时发现：（A191）玉前庄烟墩遗
址（白沙滩镇玉前庄村西北 1500 米·明
代），2009 年 5 月第三次全国文物普查
时发现，烟墩坐落于台山顶部，四周是
开阔地，烟墩南是杨树林，西南有一小
水库，东有一条南北向村路，西有一废
弃取石场。烟墩底部直径 6 米，高 2 米，
顶部较平，保存较好①。

玉前庄堡遗址位置图

玉前庄堡遗址卫星图

---

① 威海市文物管理办公室：《追寻历史——威海市
　第三次文物普查成果巡礼》，青岛出版社，2012
　年，第238页。

　　2021 年调查发现，玉前庄堡遗址保存情况较好，堡体外部形制完整。堡体底部直径 10 米，堡体高约 3.2 米，为圆丘状夯土构筑，平顶。堡体上松树、草木生长茂盛。

玉前庄堡遗址东侧现状（东向西摄）

玉前庄堡遗址南侧现状（南向北摄）

玉前庄堡遗址北侧现状（北向南摄）

玉前庄堡遗址顶部现状

兰家堡遗址

位　　置　乳山市乳山口镇兰家村东 670 米

始设年代　明代

文保级别　尚未核定为文物保护单位

概　　况　遗址位于坡地丘陵之上，地势较高，视野开阔，周围现为果园。东北距玉前庄堡遗址 1.16 千米，西南距南唐家堡（已消失）3.4 千米，南距海阳所城 6.6 千米。

兰家堡遗址位置图

2021 年调查发现，遗址位于果园内，保存情况一般，堡体外部形制较完整。堡体底部直径 18 米，高 7.3 米，顶部直径 5 米，为圆丘状夯土构筑。堡体上石块脱落，散布四周，夯土暴露，堡体上长有多棵树木。

兰家堡遗址卫星图

兰家堡遗址东侧现状（东向西摄）

兰家堡遗址南侧现状（南向北摄）

兰家堡遗址北侧现状（北向南摄）

南唐家堡（遗址）

位　　置　乳山市乳山口镇南唐家村西南 210 米峰台顶

始设年代　明代

文保级别　已消失

概　　况　遗址位于坡地丘陵之上，地势较高，视野开阔，周围现为果园。南唐家堡东北距兰家堡遗址 3.4 千米，西南距王家庄堡遗址 2.3 千米，东南距海阳所城 7.3 千米。

2021 年调查，南唐家村民称原堡体为石砌，因 20 世纪七八十年代农业建设而消失，原址现已改建为蓄水池，地表已无堡体建筑遗迹，南唐家堡已消失。

王家庄堡遗址

位　　置　乳山市乳山口镇王家庄村北 680 米峰台顶

始设年代　明代

文保级别　尚未核定为文物保护单位

概　　况　遗址位于坡地之上，四周为林地，地势平坦，东北距南唐家堡（已消失）约 2.3 千米，西南距新庄堡（已消失）约 1.6 千米，东南距海阳所城 8.3 千米。

遗址保存情况一般，20 世纪 60—70 年代农业建设时被破坏，2021 年调查发现，2010 年新修公路时将遗址所在山体保留，新修台湾路由遗址所在的峰台顶山南北两侧通过。堡体外部形制已不完整，仅残存堡体底部，直径 17.4 米，高 1.1—1.3 米。堡体上草木生长茂盛，因植被覆盖，堡体形制已不明显。

南唐家堡（遗址）位置图

王家庄堡遗址位置图

王家庄堡遗址卫星图

王家庄堡遗址现状

王家庄堡遗址顶部现状

新庄堡（遗址）

位　　置　乳山市乳山口镇新庄村西北500 米

始设年代　明代

文保级别　已消失

概　　况　遗址四周为农田，地势平坦。东南距海阳所城约 8.8 千米，西南距陈家墩遗址约 1.75 千米，西北距王家庄堡遗址约 1.6 千米。

2021 年调查时附近村民称，遗址因 20 世纪五六十年代农田建设而消失。现地表已无遗迹，新庄堡已消失。

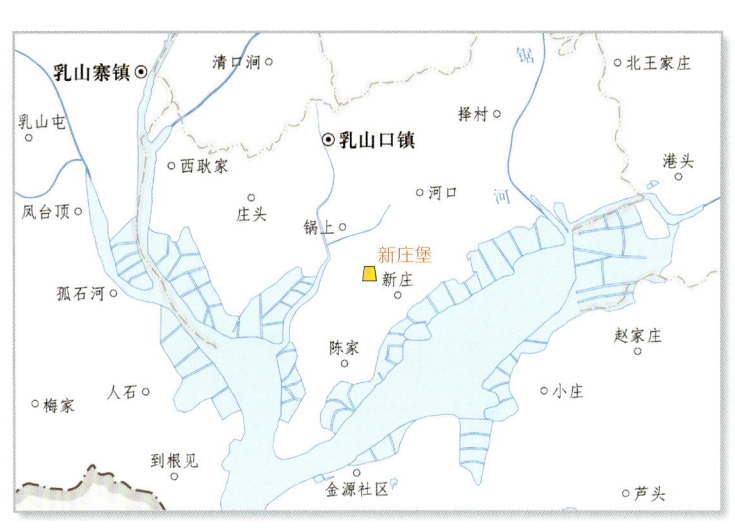

新庄堡（遗址）位置图

管村堡遗址

位　　置　乳山市乳山寨镇管村北 60 米铺顶山

始设年代　明代

文保级别　尚未核定为文物保护单位

概　　况　遗址处于坡地顶部，地势较高，周边视野开阔，四周为农田。遗址东 2.1 千米为河口，东北距凤台顶墩遗址 1.9 千米，西南距墩遗址千米，距大嵩卫城 22.3 千米。

管村堡遗址位置图

遗址为 2021 年 3 月明清海防调查时首次发现。遗址保存情况一般，堡体外形已不完整。堡体外部石块散布，夯土暴露，为圆丘状夯土建筑，底部直径约 14.5 米，残高约 4.3 米，堡体上生长有杂草和松树。管村堡遗址东北方向距凤台顶墩遗址 1.95 千米，东南距到根见墩遗址 6.9 千米。

历史资料　明代嘉靖《筹海图编》、清代顺治《登州府志》记载，大嵩卫下辖"管村"等五堡，今管村堡遗址位于管村北 60 米的铺子顶，管村地名、堡址都得以留存，由此可以确定管村堡遗址应为明代大嵩卫辖下五堡之一的管村堡。

管村堡遗址卫星图

管村堡遗址现状（北侧坡下公路向南摄）

管村堡遗址顶部现状

管村堡遗址南侧现状（南向北摄）

───── （六） ─────

炮台遗址

小泓炮台（遗址）

位　　置　乳山市海阳所镇小泓村西南 1.8 千米炮台嘴

始设年代　清代

文保级别　已消失

概　　况　小泓炮台原址位于近海坡地之上，地势平缓，四周为农田。原炮台址南、西、北三面环海，视野开阔，南距海岸 60 米，西距海岸 95 米，北距海岸 280 米。小泓炮台建筑遗迹于 20 世纪五六十年代拆除，建筑石料挪作他用。2021 年调查发现，炮台原址上已改建为养鸡场，已无地面遗迹留存，小泓炮台遗址已消失。

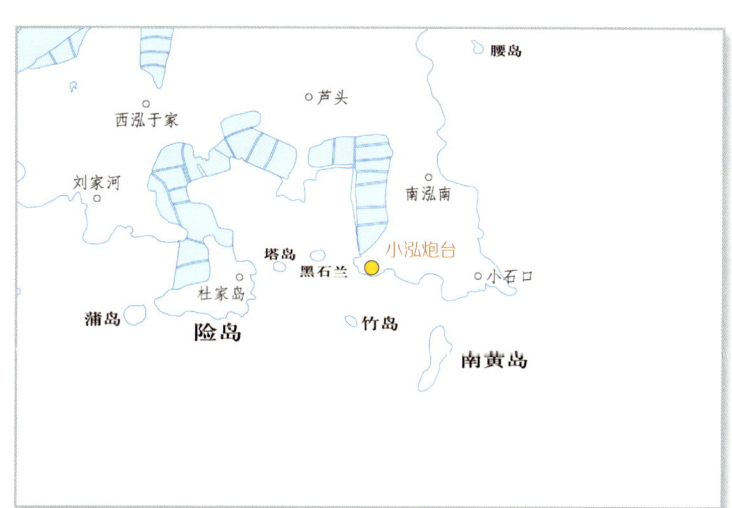

小泓炮台（遗址）位置图

　　清代乾隆《山东海疆图记》记载：有寨设炮曰台……其旧设之炮台，而今已无存者，凡七十所，曰牡蛎口……曰南洪……① 由此可见，清代初年，胶东沿海的海防炮台建设是利用原明代海防所建筑的墩寨址，通过添加炮械改造而成，小泓炮台遗址即可能为这一时期胶东沿海所改建的众多炮台之一，但此类炮台绝大多数存在时间较短，至清代乾隆年间即已废弃。小泓炮台遗址所在位置接近史料中所提到"南洪"炮台，由此推测小泓炮台遗址或可能为清代初年所改建的南洪炮台。

---

① 胡德琳、王尚珏辑：《山东海疆图记》，李伟刚、郭学东、谭汗青：《山东海洋文化古籍选编》，中国海洋大学出版社，2022年，第202页。

黄岛炮台（遗址）

位　　置　乳山市海阳所镇西黄岛村西南 500 米黄岛山

始设年代　清代

文保级别　已消失

概　　况　黄岛炮台原址位于近海岬角之上，地势较高，视野开阔，四周现为居民区。原炮台址东、南、西三面环海，东距海岸 300 米，南距海岸 230 米，西距海岸 240 米，东距小泓炮台（已消失）约 7 千米。

黄岛炮台（遗址）位置图

遗址为 1989 年 4 月第二次全国文物普查时首次调查：（112-A）黄岛炮台遗址（海阳所镇小泓村西南 2 千米·清代），清代设置的海防炮台。黄岛炮台始建年代不详，乾隆七年（1742 年）《海阳县志》"县境之图"上已标为"黄岛嘴炮台"，光绪五年（1879 年）《海阳县续志》县境图标为"黄岛炮台"。平面呈方形，石砌台墙，边长 30 米，高约 6 米，厚约 2.5 米。台上四周有砖砌掩体，临海处原设置子母炮 2 门，威远炮 1 门。炮台外围兵寨，亦呈方形，寨墙边长约 130 米，黄褐土夯筑，多以拆毁。寨内原建有驻军营房，已废[1]。

遗址于 2009 年 5 月第三次全国文物普查时复查：（A205）黄岛炮台遗址（海阳所镇小泓村西南 2 千米·明代），黄岛炮台地扼乳山口，海防形势险要。炮台平面呈方形，台墙石砌，边长 30 米，高约 6 米，厚约 2.5 米。台上四周有砖砌掩体。炮台外围筑有守军营寨，营寨亦呈方形，寨墙边长约 130 米，黄褐土夯筑，多半圮毁；寨内原建有营房，今亦全毁。黄岛炮台创建年代没有记载，清乾隆七年（1742 年）编修的《海阳县志》之"县境图"上标示有"黄岛嘴炮台"，证实在乾隆七年此炮台已经存在 [后来修撰于光绪五年（1879 年）的《海阳县续志》之"县境图"上则标为"黄岛炮台"]。清朝前期海疆晏静，虽有小股海盗骚扰边民，但无外寇侵袭，清朝政府并未筹办海防设施，《清史稿》中亦无此时修建海防设施之记载[2]。

2021 年调查发现，原黄岛炮台建筑于民国时期因农业建设而平毁为耕地，现已建成商业住宅区，黄岛炮台遗址已完全消失。清代光绪《海阳县续志》记载：海阳汛黄岛炮台一座，存子母炮二位，威远炮一位[3]。清代光绪《增修登州府志》载：黄岛在海阳所西海中；海阳县汛把总一员，协防黄岛海汛，外委一员，马步兵 54 名；黄岛海汛外委，在黄岛炮台；炮台，一在黄岛口，一在丁字口[4]。据中国第一历史档案馆相关资料显示，黄岛炮台在嘉庆、道光年间多次修理，并一直沿用至清朝末年。

① 国家文物局：《中国文物地图集·山东分册》，中国地图出版社，2007年，第612页。

② 威海市文物管理办公室：《追寻历史——威海市第三次文物普查成果巡礼》，青岛出版社，2012年，第239页。

③（清）李尔梅纂、王敬勋修：光绪《海阳县续志》"卷二·职官"，山东省地方史志办公室整理：《山东省历代方志集成》"烟台卷15"，天津古籍出版社，2019年，第9307页。

④（清）周悦让、慕荣榦纂，方汝翼、贾湖修：光绪《增修登州府志》"卷十二·公所"，山东省地方史志办公室整理：《山东省历代方志集成》"烟台卷2"，天津古籍出版社，2019年，第689页。

旗杆石炮台（遗址）

位　　置　威海市乳山市乳山口镇旗杆石村南

始设年代　清代

文保级别　已消失

概　　况　旗杆石炮台原址面向乳山口湾出海口，位于海岸岬角之上，地势较高，视野开阔，东、南、西三面环海，距乳山口湾海岸约为 200 米，北侧紧邻旗杆石村，东南距黄岛炮台（已消失）约 5.6 千米。2021 年调查，附近村民称此地原名"炮台山"，20 世纪 60 年代工业建设时被平毁，旗杆石炮台原址现

旗杆石炮台（遗址）位置图

位于旗杆石村南法骏工业设备有限公司院内，现地势地貌变化较大，已无任何地面遗迹留存，旗杆石炮台遗址已消失。

清代光绪《海阳县续志》记载：乳山口炮台一座，存威远炮一位[①]。清代乾隆《山东海疆图记》记载："有寨设炮曰台……其旧设之炮台，而今已无存者，凡七十所，曰牡蛎口……曰旗竿……"[②] 由此可见，清代初年，胶东沿海的海防炮台建设是利用原明代海防所建筑的墩寨址，通过添加炮械改造而成，旗杆石炮台遗址即为这一时期胶东沿海所改建的众多炮台之一，但此类炮台绝大多数存在时间较短，至清代乾隆年间即已废弃。

---

① （清）李尔梅纂，王敬勋修：光绪《海阳县续志》"卷二·职官"，山东省地方史志办公室整理：《山东省历代方志集成》"烟台卷15"，天津古籍出版社，2019年，第9307页。

② 胡德琳、王尚珏辑：《山东海疆图记》，李伟刚、郭学东、谭汗青：《山东海洋文化古籍选编》，中国海洋大学出版社，2022年，第202页。

第六章　青岛市海防遗址

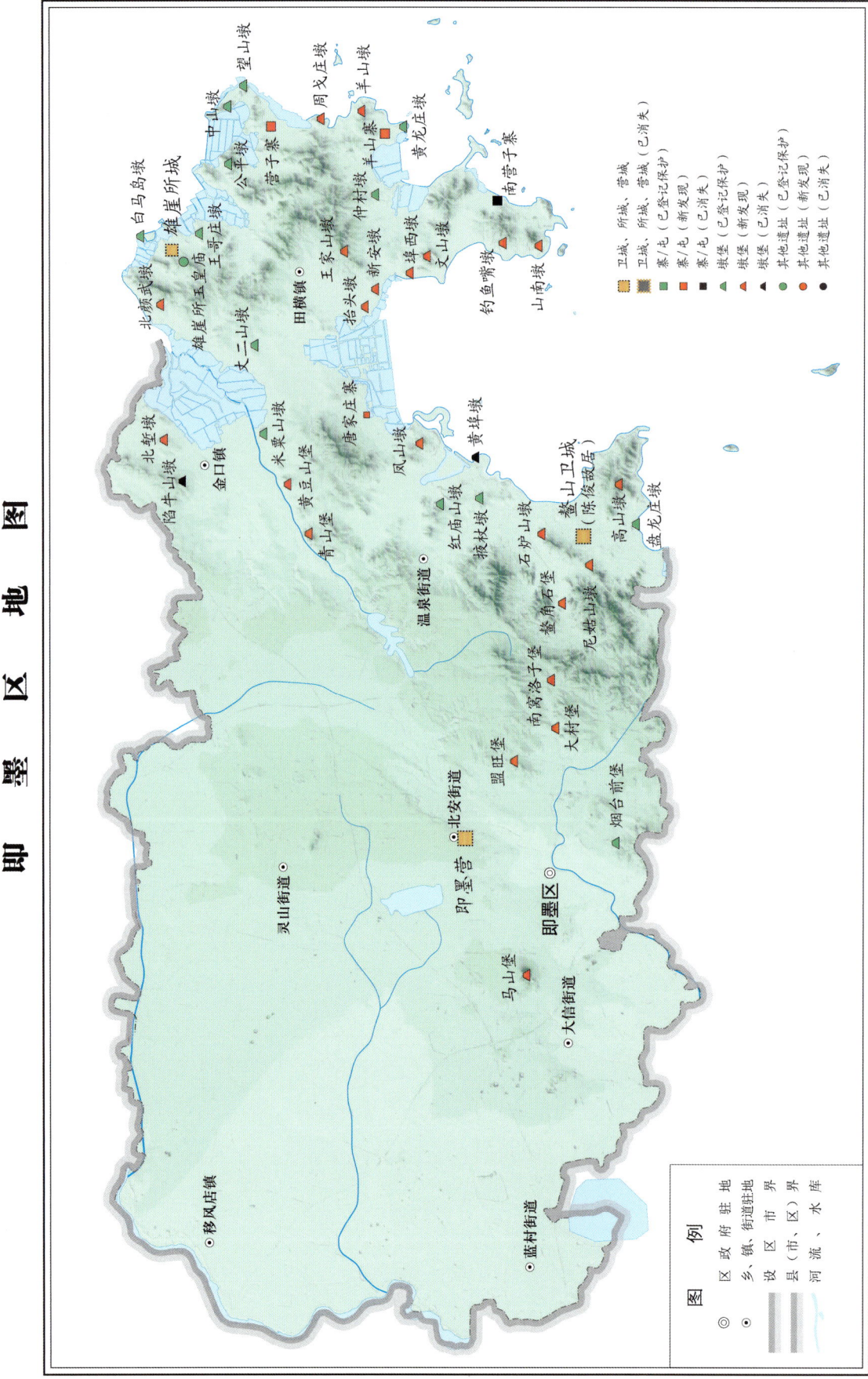

即 墨 区 地 图

一　即墨区海防遗址

营城遗址

即墨营城遗址

位　　置　即墨区北安街道驻地南广场附近

始设年代　明永乐二年（1404 年）

文保级别　尚未核定为文物保护单位

概　　况　即墨营为明永乐二年（1404年）在山东地区专门设置的海防军事机构，与登州营、文登营并称为"海防三营"。主要作用是为进一步防止倭寇侵犯，协调策应山东东南沿海诸卫所。即墨营最初驻防于即墨县南 35 千米的金家岭（今青岛市崂山区金家岭社区），宣德八年（1433 年）迁移至即墨县城北约 5 千米处（今即墨区北安街道）。正德九年（1514 年）修筑营城，周长四里，"有城有池，比于郡县"。清顺治十五年（1658 年），即墨营迁驻即墨县城。

现遗址位于即墨区北安街道南门广场周边，地表已不见遗迹。广场南侧为居民耕地，采集到陶片、瓷片等遗物。

历史沿革　明初海防形势严峻，洪武年间山东沿海各地卫所相继建立，后由于

即墨营城遗址位置图

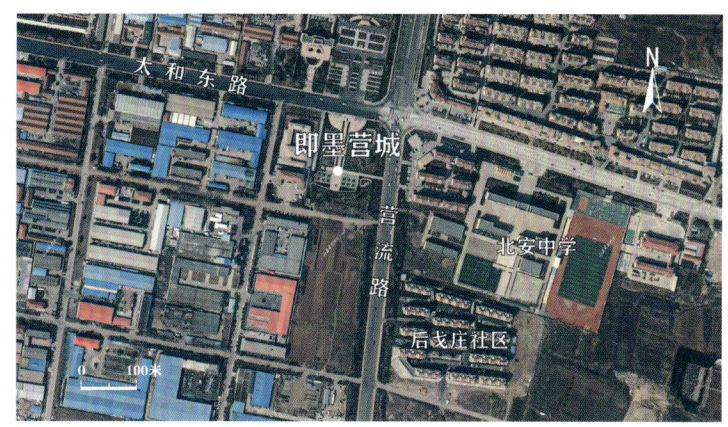

即墨营城遗址卫星图

即墨营城遗址现状（北向南摄）　　　　　　　即墨营城遗址现状（南向北摄）

整体海防体系的需要在山东半岛设置"海防三营"。永乐二年（1404年）设即墨营，位于即墨县南七十里金家岭（今青岛市崂山区金家岭社区附近，现已完全城市化，遗迹不存）。此地南距海不到两千米，"北有高山长青松，南有大海卧蛟龙，东边岗上有高阁，西边岭上有古城，内有大沙流水声"。从当地流传的俗语中可见战略位置之险要。在此驻防了29年之后，宣德八年（1433年）即墨营迁移驻地至即墨县北十里，重置城防，即今即墨区北安街道办事处驻地附近。后来的营上村、营东村、营西村都因此而得名。根据清康熙《山东通志》记载："即墨营城：土城，在县北十里，（明）宣德八年（1433年）建，周四里，高一丈五尺，阔一丈五尺，门四。"① 驻防官兵基本维持在千余人左右。明《筹海图编》记载："（万历二十一年）设守备一员、中军一员、哨官四员，兵丁九百十九名。"② 清同治《即墨县志》也记载："选步骑之精者千有二百人，将领之才者二人常屯于营。"③

即墨营作为海防体系中一个独立建制的军事单元，地理位置相较于登州和文登二营更为特殊，西侧靠近广阔的内陆腹地，南与江淮沿海区域相接壤。《筹海图编》载："自淮达莱片帆可至，犯淮者范莱之渐也。故即墨所系较二营（文登、登州）似尤为要。"④ 即墨营负责协调就近区域内18处军事单位，即4卫、6所、8巡检司，"自大嵩、鳌山、灵山、安东一带南海之险皆本营控御之责，其策应地方语所则有雄崖、胶州、大山、浮山、夏河、石洞（白）诸所，语巡司则有乳山、行村、栲栳岛、逢猛、南龙湾、古镇、信阳、夹仓诸司"⑤。即墨营防御的范围自东北的大嵩卫到西南的安东卫，即今烟台海阳市至日照市岚山区沿海。明代即墨营自设立之后发挥了其应有的作用，并且根据海防形势不断调整优化职官兵力配置以及驻防地点。但是后经历了明末清初的动荡时期，即墨营已经名存实亡了。

清朝入主中原后，为巩固统治改革前代兵制，也对海防体系进行了调整，逐步变革并最终裁撤明代卫所机构，八旗和绿营成为清代主要的武装力量。山东沿海各州县的防务归属各守备营，山东半岛南部沿海由设置于顺治时的胶州营负责，胶州营由陆左营和水右营组成，设官4—5员。清代"即墨营"这一军事建

---

① （清）赵祥星：《山东通志》"卷十三·城池"，清康熙四十一年（1702年）刻本。

② （清）林溥：《即墨县志》"卷四·武备志"，清同治十二年（1873年）刻本。

③ （清）林溥：《即墨县志》"卷十·艺文志"，清同治十二年（1873年）刻本。

④ （明）郑若曾著，李致忠校：《筹海图编》"卷七·山东兵制"，中华书局，2007年，第456页。

⑤ （明）郑若曾著，李致忠校：《筹海图编》"卷七·山东兵制"，中华书局，2007年，第456页。

制依旧存在，由胶州营演变重组而来。《清朝文献通考》详细记载了这一过程："（顺治）十五年（1658年），移沂州镇标总兵官及镇标五营驻胶州，改为胶州镇，兼设水营、陆营官兵。即拨千总一人，兵三百名驻沂州，拨左营官兵驻即墨汛，拨水师官兵改为陆营驻安东卫……（顺治）十八年（1661年）……又以安东卫撤回之官兵增驻即墨，改设胶即营……（康熙）三年（1664年）改胶即营为即墨营设参将以下将领九人，兵六百三十二名。"[①]清康熙《山东通志》又载："顺治十五年（1658年）七月，为密陈海防机宜事陆左营官兵移驻即墨县。"[②]从上述文献记载可知，清代即墨营的驻地、建置规模、兵种与防御功能已经不尽相同。

即墨营城遗址采集文物

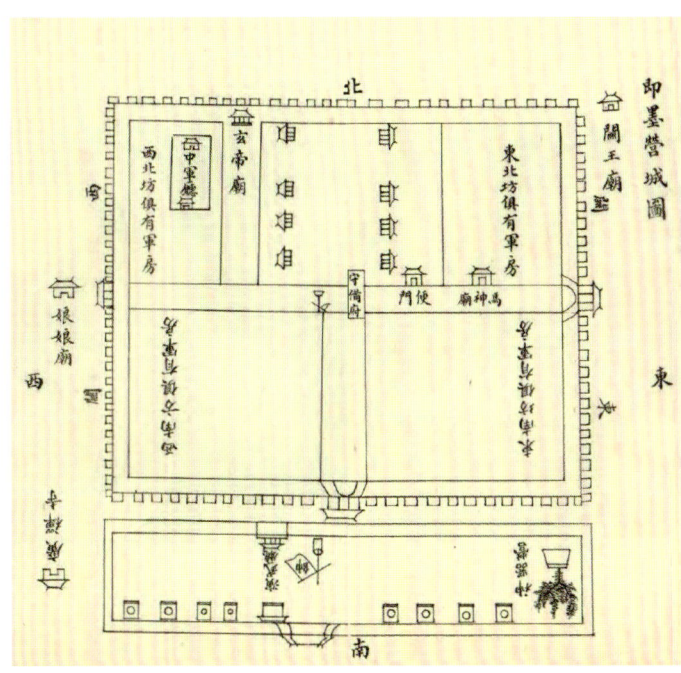

《莱州府志》载即墨营城图[③]

①（清）张廷玉等：《皇朝文献通考》"卷一百八十四·兵考六"，文渊阁四库全书本。

②（清）赵祥星：《山东通志》"卷十五·兵防"，清康熙四十一年（1702年）刻本。

③ 龙文明、赵耀、董基：《莱州府志》"第一卷"，民国二十八年（1939年）刻本。

卫城遗址

鳌山卫城遗址

位　　置　即墨区鳌山卫街道驻地附近
始设年代　明洪武二十一年（1388 年）
文保级别　尚未核定为文物保护单位
概　　况　遗址位于今即墨区鳌山卫街道驻地附近，西距即墨城区约 20 千米。东、南侧濒临黄海，从北部、西部至西南侧有四舍山、鹤山等群山环绕，形成背山面海的天然军事屏障，战略位置重要。清乾隆《山东通志》记载：鳌山卫城为砖城，周五里，高三丈五尺，厚一丈七尺，池阔二丈五尺，深一丈五尺。四门，东曰镇海；西曰迎恩；南曰安远；北曰维山。

　　现址位置及周边已经完全城镇化，地表不见古代遗迹。唯有南门和北门的匾额尚在，"南清"立于南里村口，"北平"镶嵌在北里村房屋墙上。调查中当地老人及史志办的专家现场指认了卫城四角及城内部原有建筑的位置，基本与史料记载相吻合。

历史沿革　明洪武二十一年（1388 年）鳌山卫设立，地理位置险要，位于鳌山半岛与陆地连接处，背靠群山，东南两侧临海。因其地利取名"鳌山卫"，有"独占鳌头"之意。清代改革军事制度，雍正三年（1725 年）撤销山东都指挥使司，鳌山卫暂由莱州府督理，最终于雍正十二年（1734 年）被裁撤归并即墨县。

　　鳌山卫城为砖城，由明代指挥佥事廉高筑，清乾隆《山东通志》记载："（鳌山卫城）周五里，高三

鳌山卫城遗址位置图

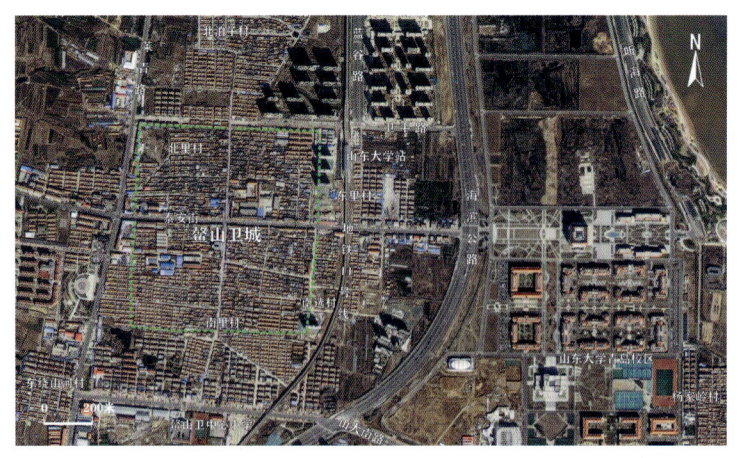

鳌山卫城遗址卫星图

丈五尺，厚一丈七尺，池阔二丈五尺，深一丈五尺。四门，东曰镇海；西曰迎恩；南曰安远；北曰维山。"[①]东门外原有宽大的照壁，原址位于今南选村，西门带有"瓮城"，校场位于西门外。鳌山卫城四周有护城河围绕，河道往东可以直通大海。卫城内设有衙署兵营、经历司等军政职能的管理机构，又有学宫以及关帝庙、城隍庙、天齐庙等 70 多处庙宇建筑。

鳌山卫裁撤后，兵丁人员征调分流，税赋钱粮相关财政划归即墨县管辖，卫城逐渐废弃，经久失修并日渐倾圮。中华人民共和国成立之后，卫城城门和部分城墙被拆除，随之城内相关古迹建筑也因经济和社会发展而消失。

鳌山卫下辖左、前、后共三个千户所，浮山所为其中之一，周边另外分布有：张家寨、楼山寨、金家岭寨、王家庄寨、走马岭寨、羊山寨、大港寨、栲栳岛寨、田村寨等多处军寨[②]，卫、所和寨之间通过分布众多的海防墩堡相互联系，共同组成了鳌山卫整体的海防体系。海防墩堡明清史料记载约有三十处。《筹海图编》记载鳌山卫共有墩堡 35 处："墩十七：汾水岭、小劳山、石岭、横擔、栲栳岛、羊山、龙口、石老人、峰山、走马岭、黄谷、俞家岭、高山、萧旺庄、狼家嘴、劈石山、捉马嘴；堡十八：桑园、营前、马山、大村、监望、中村、那城、桃林、双山、错破岭、孙仝、塔儿、东城、转头山、狗塔埠、瓮窑头、万口炉、石张口。"清《即墨县志》记载："鳌山卫墩二十六，分水岭、石岭、小劳山、横断、劈石、石老人、栲栳岛、萧旺、龙口、捉马嘴、张家嘴、高山、羊山、走马岭、峰山、猥皮岭、黄埠、石炉山、桑园、石张口、大村、盟旺、营前、马山、孙瞳庄、那城。"

鳌山卫设有指挥使三员，指挥同知五员，指挥佥事八员，经历一员，儒学教授一员，镇抚司镇抚二员[③]，以及千户和百户等世袭官职。有关鳌山卫兵丁数量，《筹海图编》和清《即墨县志》均有相关记载，但是略有差别。前者记载："京操军一千六百三十一人，城守军余一百七人，屯军二百九十人，捕倭军三百八十五人……守墩堡军余六十九人。"后者记载："边操军三百二十四名，京操军二百八十九名，守城军二百八名，屯田军余二百八十七名。"

清代初期改革军事制度，先后设守备、巡检和千总等官职。清代鳌山卫改设守备一员、教授一员，裁撤世袭军丁，设置流官。雍正十二年（1734 年），裁设巡检一员，千总一员，马步兵五十名

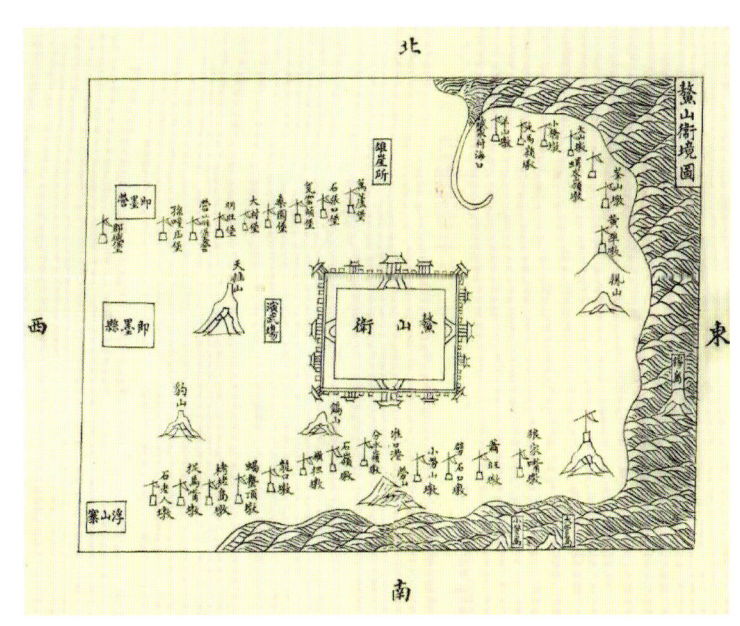

鳌山卫境图[④]

① 关于鳌山卫四门名称的记载与实际有所差异，调查中发现南门和北门两块石质门额保存完好，分别为"南清"和"北平"。根据《鳌山卫古城》一书编者调查考证，四门东为"东安"，西为"西泰"，南为"南清"，北为"北平"。其名称变更的原因和时间有待进一步考证。
② （明）顾炎武：《肇域志》"山东·莱州府·鳌山卫"，上海古籍出版社，2004年，第623页。
③ （清）林溥：《即墨县志》"卷四·武备志"，清同治十二年（1873年）刻本。
④ 龙文明、赵耀、董基：《莱州府志》"第一卷"，民国二十八年（1939年）刻本。

鳌山卫城东门外照壁旧址（西向东摄）

鳌山卫城遗址城西北部勘探土样

鳌山卫城南门匾额（南向北摄）

鳌山卫城北门匾额（北向南摄）

驻防[1]。

明清鳌山卫任职职官情况[2]：

梅克贞（指挥使）、王真（指挥佥事，有传）、焦刚、焦文运（思德子，掌印指挥使）、何汉、何贵、何琰、何栋、何天衢（指挥同知，升大嵩卫守备）、高升、吴敏、吴宏基、石刚、辛贵、廉高（掌印指挥使）、廉清（高子，指挥佥事）、廉忠（清子，指挥佥事）、廉政（字廷举，忠子，袭指挥佥事。历官指挥使，署山东掌印都司。邑少司寇蓝章志其墓）、廉文盛（政子，指挥使）、廉惟尧（指挥使）、朱源（指挥使，总即墨营守备）、朱谦（指挥使）、朱衣（字朝锡，袭指挥佥事。历官指挥使，总即墨营守备，升大同游击。邑大司成周如砥志其墓）、朱拱极（衣子，历官左府都督同知）、唐兴、卢石、顾真、顾佐、成贤、冯原、冯时、周南、陈俊（指挥使，总即墨营守备）、陈铨、陈钰、尤茂（总即墨营守备）、杨继宗、牛维新、赵敬（总即墨营守备）；镇抚：姚阿三、姚鸣凤、刘俊；千户：杨善、戴茂、李荣、萧贵、宋成、尤敏、张徽、陈敬、陈宣、陆聪；百户：钱广、潘义、潘福（义子）、潘能（福子）、潘聪（能子）、潘

---

① （清）林溥：《即墨县志》"卷四·武备志"，清同治十二年（1873年）刻本。
② 黄济显：《鳌山卫古城》，中国文史出版社，2007年，第77—81页。

忠（聪子）、潘聊（忠子）、潘龙（聊子）、潘云槛（龙子）、潘升（云槛孙）、田宽、张清、曹知、周宣、周全、石能、尹忠、李凯、钟成、杨敬、万胜、王智、王海、朱胜、江清、殷胜、韩中、刘旺、黄英；守备：陈俊（鳌山卫指挥佥事）、朱源（鳌山卫指挥佥事）、陈天榜（福建人）、唐瓒（沧州人）、尤三省（有传）、余植（徽州人）、苏秉慎、李炯（山阴人）、徐玑（全椒人，进士）、李茂（大同人）、曹康钟（武清人，进士）；巡检（清雍正十二年设）：熊泰楠（江南人）、赵鋐、姚继祖（浙江人）、张天爵、张国英、章大用、史应龙、马昶、刘廷梅、陈秉第、蔡景元、邹和鼎、陈湘雯、贺泰阶、王仁鼎、徐家蓸、周树本、冯芝、陈鉴、孙邦杰、杜恩培、刘瑞、俞宗翰（杭州人，监生）、稽文瀚（同治九年任，无锡人，监生）、张凤诏（同治十年八月任，镇江人，监生）；千总鳌山卫汛：蔡成功、王凤池、丁保清、陈景昌、王金甲、马凌霄、陆泰。

千户所城遗址

雄崖所城遗址

位　　置　即墨区田横镇南、北雄崖所村

始设年代　明洪武三十五年（1402 年）

文保级别　2013 年 10 月"雄崖所故城遗址"被公布为第四批省级文物保护单位

概　　况　雄崖所城位于即墨区田横镇最北部雄崖所南北两村，古城依山傍海。雄崖所全称"雄崖守御千户所"，设立于明洪武三十五年（1402 年），为明清时期山东沿海的重要卫所之一，是明朝抵御倭寇入侵的军事要塞。历史上的雄崖所城初为土城后包以砖，呈正方形，四个城门，城墙各边长约 500 米，面积为 25 万平方米，城内十字大街贯通东西南北。

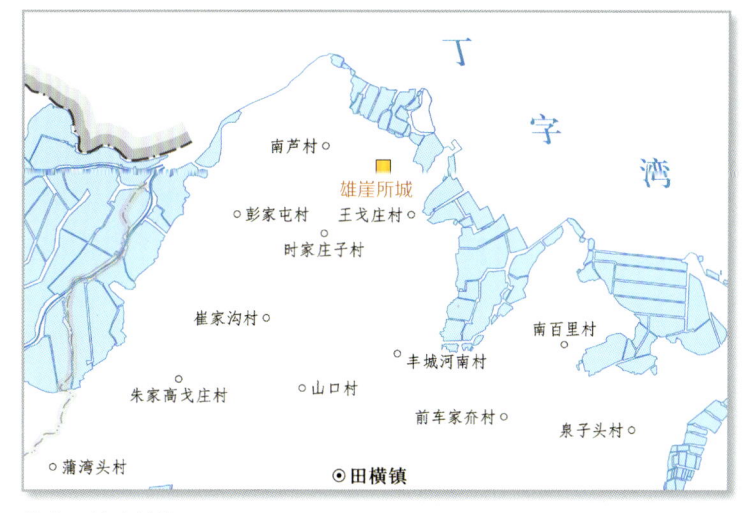

雄崖所城遗址位置图

雄崖所城现存南门和西门，东门和北门均已倾塌，不见地表遗迹。南门经历多次修茸，建筑形制较为完好，城门内外皆有门额，外为"奉恩"，内为"迎薰"。西门尚存拱券门洞及部分城门主体，砖石结构，外侧门额"镇威"尚在，北门外仍然保留有一段照壁遗迹，南门外尚存护城河遗迹。现为省级重点文物保护单位——雄崖所故城遗址。

历史沿革　雄崖所全称为"雄崖守御千户所"，设立于明洪武三十五年（1402年），位于今即墨区田横镇。所城三面环山，东侧临海，地势险要，处于这一区域海防要塞的绝佳位置。雄崖所城与东北方向大嵩卫辖下的大山所隔丁字湾遥相呼应，扼守周边海口。据当地传说："雄崖"一名源自东北1千米外白马岛上的赭色大断崖。雍正十二年（1734年）清廷撤销雄崖所归并附近的即墨县，同时设立雄崖巡检司。

雄崖所城遗址卫星图

清乾隆《山东通志》载："雄崖守御所城在县东北九十里，土城，周二里。"[1]后外包砖石，巩固城防。清《雄崖所建置沿革志》又载："（雄崖）所城方四里，门四，南曰奉恩；西曰：镇威；东、北二门亦各有额。"[2]据传东门为"福海"，北门为"安定"。所城呈正方形，依据地势而建，西高东低，北高南低。城内十字大街贯通东西南北四门。据记载：所城内外建有军署、城隍庙、关帝庙、天齐庙、玉皇庙、演武场等军政及附属设施。所城在明代几经维修，清代撤销雄崖所之后，所城日渐倾塌，现仅保留南门和西门。

雄崖守御千户所临海而建，东北距大山所约11千米，南距鳌山卫约30千米，西南距即墨县城约40千米。雄崖所的防御体系以所城为中心结合周边沿海11处大小墩堡组成，《筹海图编》记载："墩八：王家山、公平、望山、米粟山、北堑、朱皋、陷牛山、白马岛；堡三：段村、王骞、青山。"清《即墨县志》记载数量相同，全部为堡，但是名称略有差别："墩十一：段村、王骞、王家山、公平山、望山、青山、米粟山、北渐山、陷牛山、朱皋、白马岛。"

雄崖所为明代守御千户所，千户、百户等武将官职皆为世袭。"原额设正千户（正五品）二员，副千户（从五品）二员，百户（正六品）五员，所吏目一员。"清代变革军事制度，改设流官，雄崖所"初改设千总一员。雍正十二年（1734年）裁，设巡检一员，把总一员"[3]同年裁撤千总一职，雄崖所一并归为即墨县，新设雄崖巡检司，由巡检和把总负责。根据明清史料记载，雄崖千户所军兵数量不足额，最多时达到近千人。明《筹海图编》记载有985人，包括："京操军五百七十一人，城守军余九十七人，屯军七十七人，捕倭军二百一十人，守墩堡军余三十人。"清同治《即墨县志》和清代《雄崖所建置沿革志》记载相同，均为697人，其中"京操军春戍二百五十名，秋戍三百十九名，守城军余五十一名，屯田军余七十七名"。

明清雄崖所任职武将情况[4]：

有明一代雄崖所世袭武德将军，官职为正五品的正千户共有19位，管军正千户有11位：李斌、李英、李忠、李仪、李胜、李明、李栾、李大、李梅、李柱、李茂新；其他8位为管事屯田正千户或代职管事屯田正千户，包括：王信、王儒、王政、王钰、王武臣、王应举、王凤翼、王之藩。副千户共计29位，袭武略

① （清）岳濬、法敏：《山东通志》"卷四·城池志"，清乾隆元年（1736年）刻本。
② 即墨市政协教科卫与文体文史委员会等：《雄崖所古城》，中国文史出版社，2010年，第137页。
③ （清）林溥：《即墨县志》"卷四·武备志"，清同治十二年（1873年）刻本。
④ 即墨市政协教科卫与文体文史委员会等：《雄崖所古城》，中国文史出版社，2010年，第46—52页。

雄崖所城遗址南门正面现状（南向北摄）

雄崖所城遗址南门城内现状（北向南摄）

雄崖所城遗址东墙下的排水涵洞（东向西摄）

雄崖所城遗址西门外侧现状（西向东摄）

雄崖所城遗址北门外照壁（北向南摄）

将军，官居从五品，其中管军副千户9位：陈福、陈斌、陈忠、陈玺、陈杰、陈桂、陈迪、陈继恩、陈凤鸣；屯田副千户9位：韩九思、韩贵、韩旺、韩亮、韩涌、韩文道、韩宠、韩应登、韩秉臣；另有过管事屯田副千户11位，包括：陆凯、陆璘、陆璁、陆暹、陆镇、陆钦、陆景鹤、陆宝、陆檠、陆学闵、陆荣。所属百户，袭昭信校尉，官职正六品明代共有30位：谢敬、谢胜、谢铨、谢政、谢郁、谢富、谢安、谢廷珠、谢承勋、谢加祐、谢重九、黄贵、黄钟、黄旭、黄能、黄玉、黄恩、黄栋、黄从善、黄世荣、王忠、王太原、彭敬、殷杰、江贵、江腾龙、朱汉、朱盛、周尚智、陈刚。

　　清代主要设置千总、巡检和把总三个职位，皆为流官。其中有过千总6员：李蔚（顺天人，清康熙年间任）、史国栋（山东昌邑人，进士，清康熙年间任）、刘嘉祯（清康熙年间任）、李俊（北直隶人，清雍正年间任）、熊昶（河北大兴人，举人，清雍正年间任）、周纯仁（江夏人，行伍，清雍正年间任）；巡检35员，包括：祝霖（顺天人）、毛维荣、耿允谦、王用吉（四川人）、毛玉枢（淮安人）、沈则文、马步调、王朝凤、金鼎（江苏溧阳人。清嘉庆元年任）、曹树业（江苏武进人）、曹应杰（嘉禾县人，代理）、俞椿、赵锡三、张凤声、柴荣、张祖恩、席培元（江苏人）、甘廷钧、马学夔（代理）、潘宗岳（字小云，顺天人，附监，清同治二年任）、谢以鉴（浙江人，代理）、刘润（天津人，监生，同治七年任）、王炳（代理）、朱成华（字云麓，安徽泾县人，文童，清光绪七年任）、童慎铨、景桴（河南人，附监，代理）、陈景煌（代理）、撒膏霖（直隶人，清光绪二十八年任）、刘润（两任）、李中俊（直隶人）、孙尚贤（直隶人）、索午霖、武恪忠（清宣统元年任）、卜朝纲（清宣统三年任）、查济培（浙江海宁州人，民国二年任）；把总10员：解化龙（蓬莱人）、于中吉、刘□□、于腾蛟（掖县人）、阮廷臣、陈俊（蓬莱人，武举）、王万清（文登人，武生）、陈万田（掖县人）、黄智贵（即墨人）、王应标①。

雄崖所城遗址南门外匾额（南向北摄）

雄崖所城遗址南门内匾额（北向南摄）

雄崖所城遗址西门外匾额（西向东摄）

---

① 即墨市政协教科卫与文体文史委员会等：《雄崖所古城》，中国文史出版社，2010年，第53—55页。

四

寨 / 屯遗址

羊山寨遗址

位　　置　即墨区田横镇黄龙庄村西约130米

始设年代　明代

文保级别　尚未核定为文物保护单位

概　　况　遗址东南距海约800米，现仅残存部分东部城墙基址，残存部分墙体长约65米，宽约1.3米，残高约0.6米，由石块堆砌，较平整。周围为村民种植的农田。据走访的村民描述，原城址近似正方形，城墙长约120米，高约5米，军寨周长约460米，当地民众称为土城子。

历史资料　根据走访及现场调查，结合历史资料，确定此处军寨即为明《莱州府志》所记载的羊山寨城，为鳌山卫所辖军寨之一。

羊山寨遗址位置图

羊山寨遗址卫星图

羊山寨遗址残存东墙外侧中段现状（北向南摄）

羊山寨遗址残存东墙外侧现状（南向北摄）

羊山寨遗址残存东墙外侧现状（北向南摄）

营子寨遗址

位　　置　即墨区田横镇营子村内

始设年代　明代

文保级别　尚未核定为文物保护单位

概　　况　遗址所在营子村又称北营子。该遗址西距村委会约 150 米，南距泉子头村约 600 米，东南距海约 1.5 千米，西北距雄崖所城约 8.7 千米。根据地理位置分析，应为雄崖所下辖军寨，后遭废弃，之后在村庄建设中逐渐遭到破坏。现仅西侧残存有部分城墙遗迹，

营子寨遗址位置图

（位置图中标注：彭家屯村　王戈庄村　时家庄子村　南百里村　丰城河南村　山口村　前车夼村　田横镇　农林村　泉子头村　营子寨　里栲栳村　栲栳岛　周戈庄村　石岛礁　三平岛　黑石庄村　于家屯村　宅科村　新安村　东辛庄村　黄龙庄村）

长约 80 米，高约 0.7 米，宽约 0.4 米。根据走访村民描述，原军寨寨城为抵御倭寇而设的屯兵之所，形状近似正方形，南北长 200 米，东西长 200 米，借助自然地势，底部由石块堆砌而成，墙体高约 5 米，宽 1 米，周长约 800 米。共设有东、西、南三个城门，在城墙上原有炮架，但具体形制已无法考证。

营子寨遗址卫星图

营子寨遗址现状（西向东摄）

营子寨遗址残存西墙（北向南摄）

营子寨遗址残存西墙（南向北摄）

营子寨遗址西墙裸露的墙面（西向东摄）

营子村村民房屋的外墙（东向西摄）

营子寨遗址采集到的瓦片

南营子寨（遗址）

位　　置　即墨区田横镇南营子村内

始设年代　明代

文保级别　已消失

概　　况　遗址所在南营子村区域地势较高，东侧紧邻大海，距海不足 1 千米，西侧是姜家庵子村。遗址西南与山南墩遥相呼应，相距约 3 千米。为了与丰城营子相区分该营子取名为"南营子"，原名为"万家营子"。原南营子寨有两门，位于西部和北部，墙上有炮楼。寨城中间现被一条村路南北贯通，东墙现被果蔬大棚占压，南墙遗址至村委门前水泥路，北墙和西墙均被水泥路占压。

南营子寨（遗址）位置图

根据走访村民描述，原城墙南北长约 200 米，东西长约 250 米，宽约 4 米，可走两辆马车，城墙高约 5 米。在寨城内南有文昌阁，北有关帝庙，西有财神庙等庙宇建筑。城墙后被破坏，现已消失不见，城内被南营子村现代民房占压，未见相关地表遗迹。

历史资料　据《万氏族谱》记载：明朝永乐年间（1403—1424 年），万氏一世祖从军北伐，随军来到此地安营扎寨，称万家营，简称营子，又称南营子，清同治《即墨县志》称"万家营"。

唐家庄寨遗址

位　　置　即墨区温泉街道唐家庄村南500米

始设年代　明代

文保级别　尚未核定为文物保护单位

概　　况　遗址位于唐家庄村南农田中，南距现在的海岸线约 1.2 千米。军寨近似正方形，在城墙外有壕沟环绕一周，城墙边长约 230 米，残存高 0.5—1米，占地面积约 52900 平方米。周围现已种植农作物，从地形可辨出城墙、壕沟的范围和轮廓。根据走访的村民描述，原墙体为土石混合夯筑而成，高约 8 米，四面城墙各有一城门，但是南城门常开，其他城门一般不开。农业学大寨时期在城内翻地，曾出土较多陶片瓦块。经现场勘探，地表及探孔未见陶片等遗物。

唐家庄寨遗址位置图

唐家庄寨遗址卫星图

唐家庄寨遗址残存北墙内侧现状（东向西摄）

唐家庄寨遗址残存北墙外侧现状（东向西摄）

唐家庄寨遗址现状（南向北摄）

五

墩遗址

陷牛山墩（遗址）

位　　置　即墨区金口镇卧牛山顶

始设年代　明代

文保级别　已消失

概　　况　遗址所在卧牛山的海拔为111.3 米，因山形似卧牛而得名。此山连接金口镇西北部诸山，高踞于从青岛、即墨北去海阳等地的公路西侧。东北距凤凰山的北垕墩约 2.7 千米，东南距海边滩涂约 2.6 千米。1947 年，胶东革命根据地遭受重点进攻时，曾在此进行过

陷牛山墩（遗址）位置图

著名的卧牛山阻击战，在其西侧英灵山建有卧牛山烈士陵园。烟墩遗迹现已不存，山顶附近建有大王庙等民间信仰祠庙。

历史资料 明《筹海图编》记载雄崖守御千户所下辖墩堡共 11 座，其中一墩名为"陷牛山"，清同治《即墨县志》同样记载雄崖所下属 11 墩其一为此名称。结合走访当地史志专家和群众，确定卧牛山此处烟墩为明清雄崖所下属的"陷牛山墩"，也称卧牛山墩。

北堑墩遗址

位　　置　即墨区金口镇凤凰山山顶
始设年代　明代
文保级别　尚未核定为文物保护单位
概　　况　遗址所在凤凰山的海拔为 98 米，东侧为 S209 公路，北为凤凰村，南为周家屯村和于家屯村，东北为侯家滩村，东南距金口滩约 1.2 千米。在凤凰山山顶的烟墩呈圆锥形，坐落于大块基岩上，为土石结构，石块和碎石与底部基岩有明显不同，顶部较为平整，直径约 11 米，西北部有盗洞直径为 0.8—1.6 米，北侧有下山石阶直达山下。

历史资料　凤凰山脚下现有两处村庄，北阡村和凤凰村。据《房氏族谱》记载：明朝永乐时期（1403—1424 年），房氏由云南乌沙卫迁至此立村，因为地处古阡之北，称北阡。新中国成立后，北阡村分为南北两村，南部因靠近凤凰山，改称凤凰村，北部沿用"北阡"一名。明《筹海图编》记载雄崖所下辖有八墩三堡。"北堑墩"应位于此处，为八墩之一，清《即墨县志》记载名称为"北渐山墩"。

北堑墩遗址位置图

北堑墩遗址卫星图

北堑墩遗址近景（南向北摄）

北堑墩遗址全景（西南向东北摄）

北颜武墩遗址

位　　置　即墨区田横镇北颜武村东北 400 米

始设年代　明代

文保级别　尚未核定为文物保护单位

概　　况　遗址位于北颜武村边高台地上，北距海岸线约 1 千米。烟墩现已被严重破坏，顶部及四周铺满石块，周围为农田。残高约 1.2 米，底径约 6 米，占地面积约 29 平方米，在周围收集有陶片，瓷片。可辨器型有罐、碗等。在烟墩顶部南可见丈二山墩。

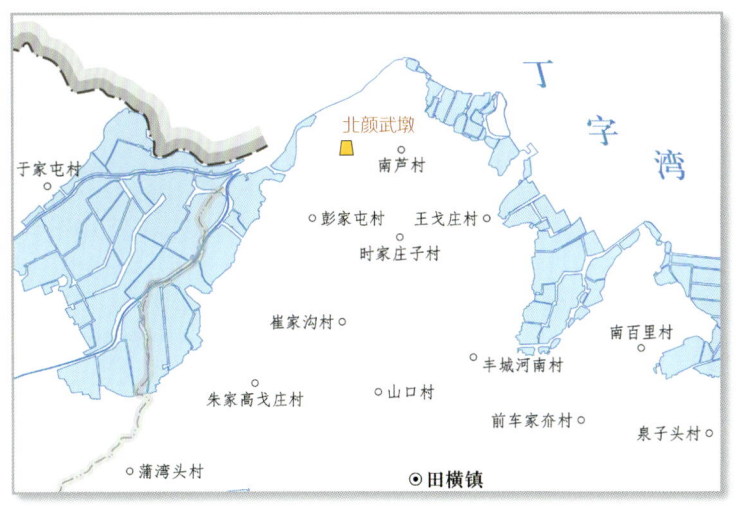

北颜武墩遗址位置图

北颜武墩遗址现状

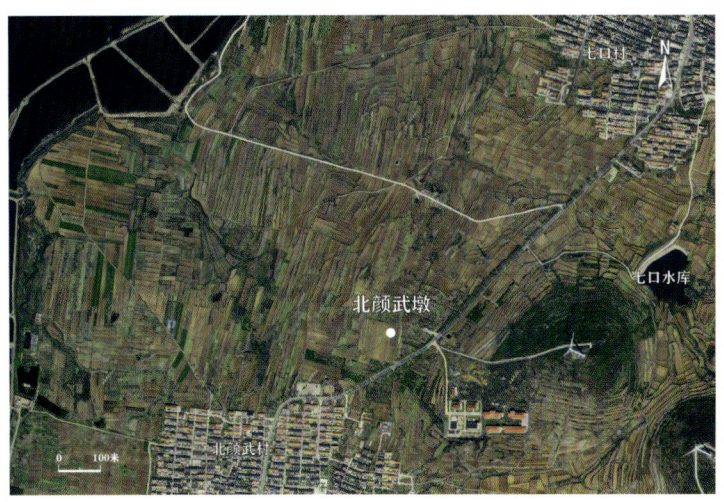

北颜武墩遗址卫星图

米粟山墩遗址

位　　置　即墨区田横镇米脐山山顶

始设年代　明代

文保级别　尚未核定为文物保护单位

概　　况　遗址所在米脐山的海拔约为 65 米，南临公路 S603，其南为迟家店子村，往北 500 米为莲阴河，东北侧过去为海边滩涂。周边为农田，地势较为平坦。烟墩南坡有瓦片堆积，底部西南侧约 12 米处有石砌堆积，人工痕迹明

米粟山墩遗址位置图

显，推测为建筑遗迹，南侧坡下有瓦片遗迹，南坡山下为连片公墓。北距丈二山墩约 4.8 千米，西南距黄豆山堡约 3.3 千米。

遗址占地面积约 416 平方米，周长约 80 米，顶部略平，直径约 8 米，呈圆锥状，顶部中心有盗洞，近似圆形，直径 1.1—1.4 米，深 2.3 米，剖面可见明显土石结构。

历史资料　米脐山，明清时称"米粟山"，清《即墨县志》载："米粟山县东北七十里。"[①] 结合史料和走访可知，米脐山的烟墩应为明清时记载的"米粟山墩"，为雄崖守御千户所下属墩堡之一。

米粟山墩遗址卫星图

米粟山墩遗址近景（南向北摄）

① （清）同治《即墨县志》"卷一·方舆·山川"，清同治十二年（1873年）刻本。

米粟山墩遗址全景（北向南摄）

丈二山墩遗址

位　　置　即墨区田横镇丈二山山顶

始设年代　明代

文保级别　尚未核定为文物保护单位

概　　况　遗址所在丈二山的海拔为 39 米，南侧紧靠通明宫，东侧为公路，以东为耕地，北、西两侧为林地。紧靠东北侧有一土石坑。东北方向 1.5 千米为原海边滩涂。烟墩遗址呈圆锥体，土石结构，直径约 12 米，高约 3 米，占地面积约 300 平方米。烟墩两侧紧靠土石

丈二山墩遗址位置图

堆积，应与烟墩主体山脉为一体，西距米粟山墩约 4.8 千米。

历史资料　栲栳岛巡检司为明洪武四年（1371 年）设置的海防巡检司，位于当时的莱州府即墨县东北八十里的栲栳岛。明《筹海图编》记载："栲栳岛巡检司，守墩堡军九人。墩三：丈二山、金钱山、望梅。"[①] 丈二山墩为栲栳岛巡检司下属三墩之一。

丈二山墩遗址卫星图

丈二山墩遗址全景（东向西摄）

丈二山墩遗址近景（东北向西南摄）

① （明）郑若曾：《筹海图编》"卷七·山东兵制"，李志忠点校，中华书局，第446页。

白马岛墩遗址

位　　置　即墨区田横镇白马岛上

始设年代　明代

文保级别　尚未核定为文物保护单位

概　　况　遗址所在白马岛位于丁字湾南侧，北东西三面环海，现已与陆地相连，南北长约 1.2 千米，东西宽约 0.6 千米。西侧为养殖区。西南不足 1 千米处为雄崖所城，据记载白马岛上东北部地势高耸的大断崖为"雄崖"一名的来历。北部为草木茂盛的林地，地势较高，"白马岛墩"位于此处。烟墩现高约 1 米，占地面积约 104 平方米，周长约 50 米。

历史资料　明《筹海图编》和清同治《即墨县志》均记载其为明代雄崖守御千户所下辖烟墩之一。白马岛西侧有一赭褐色大断崖，气势雄伟，"雄崖所"一名正是源自于此。

白马岛墩遗址位置图

白马岛墩遗址卫星图

白马岛墩遗址现状（西北向东南摄）

"白马岛"标志碑（西向东摄）

白马岛墩遗址近景（西向东摄）

王哥庄墩遗址

王哥庄墩遗址位置图

位　　置　即墨区田横镇王哥庄村东南高地上

始设年代　明代

文保级别　尚未核定为文物保护单位

概　　况　遗址所处高地当地称为"烟台山"，东临丁字湾，海边为养殖区，四周为耕地，南西北三面群山起伏，距离西北的雄崖所约2千米。烟墩为土石结构，高约3米，占地面积约225平方米，周边采集到陶片和碎砖块等建筑构件。

王哥庄墩遗址采集文物

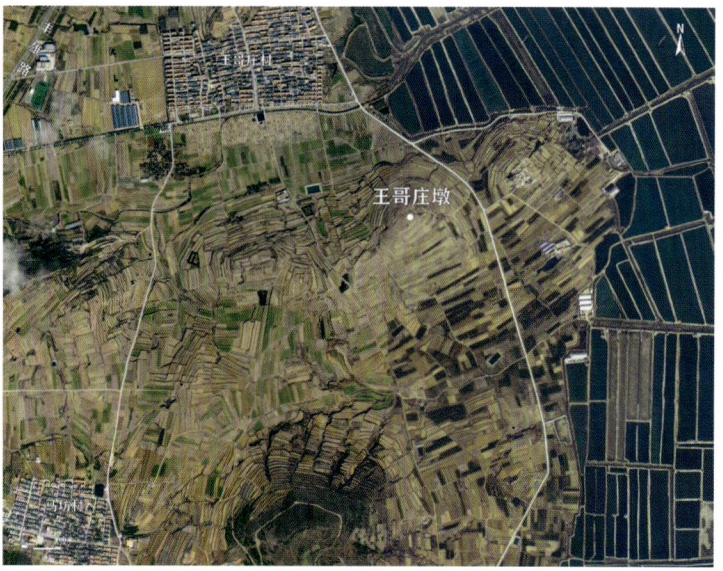

王哥庄墩遗址卫星图

王哥庄墩遗址全景（西北向东南摄）

王哥庄墩遗址近景（北向南摄）

王哥庄墩遗址近景（西向东摄）

公平墩遗址

位　　置 即墨区田横镇南百里村东北
公平山山顶

始设年代 明代

文保级别 尚未核定为文物保护单位

概　　况 遗址坐落于海拔 163.7 米的
公平山山顶，北东南三面环海，海边多
为养殖区，周围为农田。烟墩坐落于最
高处，视野开阔，可俯视丁字湾口，西
北约 6.5 千米处为雄崖所。烟墩为土石
结构，圆锥状，高约 4.2 米，直径约 10 米，
占地面积约 200 平方米，顶部有盗洞，
直径约 2 米。东南部 20 米左右有一疑

公平墩遗址位置图

似石砌建筑堆积，呈圆形，直径约35米，高 0.5—0.7 米，有明显人工痕迹。

历史资料　公平山又曾称公母山，据说当地人曾在山上建有王母庙，明代重修过。公平墩为明代雄崖守御千户所下辖烟墩之一，明《筹海图编》记载为"公平墩"，清同治《即墨县志》则记载为"公平山墩"。

公平墩遗址卫星图

公平墩遗址全景（西向东摄）

公平墩遗址近景（西向东摄）

中山墩遗址

中山墩遗址位置图

位　　置　即墨区田横镇里栲栳村西北中山山顶

始设年代　明代

文保级别　尚未核定为文物保护单位

概　　况　遗址所在中山海拔约为 77 米，中山因在王山与栲栳岛北端小山丘之间，故名中山。东边紧邻大海，西侧是南北向滨海公路，路西为大海，公路连通至海阳的丁字湾大桥。山腰东北有气象观测站，山脚下为加油站。烟墩为土石结构，高约 5 米，直径约 11 米，占地面积约 95 平方米。山顶生长着树木植被。

中山墩遗址全景（南向北摄）

中山墩遗址卫星图

中山墩遗址近景（东向西摄）

望山墩遗址

位　　置　即墨区田横镇里栲栳村东王山山顶

始设年代　明代

文保级别　尚未核定为文物保护单位

概　　况　遗址所在王山北东南三面环海，海边现为养殖区，视野开阔，四周为耕地。山腰东北部有山洞，山顶上有一废弃不用的现代建筑，位于顶部偏西南。烟墩现高 2 米，直径约 15 米，占地面积约 230 米，土石结构，周边遍布杂草和树木。

历史资料　王山位于栲栳岛的东南部，丁字湾西岸，海拔约 81 米。王山突出于海中，视野开阔，便于海上瞭望，是古代航海的关键陆上标志，因此也称"望山"。清《即墨县乡土志》载：此地后来因为有王姓人迁来此处居住，故又称"王山"。结合明《筹海图编》和即墨地方志记载可知，此处烟墩为明清历史记载的雄崖守御千户所所辖"望山墩"。

望山墩遗址位置图

望山墩遗址卫星图

望山墩遗址全景（东北向西南摄）

望山墩遗址近景（北向南摄）

望山墩遗址全景（西北向东南摄）

周戈庄墩遗址

位　　置　即墨区田横镇周戈庄村东北的山岭上

始设年代　明代

文保级别　尚未核定为文物保护单位

概　　况　遗址所在高地当地俗称为"烟台"，地势较高。北、东、南三面环海，北侧为黄龙港，现为养殖区，正北可见王山、中山，西侧为滨海公路，东南侧为渔港码头，远处为青岛（又名三平岛）。烟墩附近为耕地和林地。

周戈庄墩遗址位置图

　　烟墩为土石结构，遭到破坏，因农业生产取土，西南及东北侧破坏严重，现存遗址周长约 62 米，占地面积约 153 平方米，高约 3 米，遍布杂草和灌木。从剖面上看土石结构明显，石块较碎，石质较硬，土质较为粗糙，呈黄褐色，没有明显分层迹象。

周戈庄墩遗址勘探土样

周戈庄墩遗址剖面（西向东摄）

周戈庄墩遗址卫星图

周戈庄墩遗址近景（东向西摄）

周戈庄墩遗址全景（北向南摄）

羊山墩遗址

位　　置　即墨区田横镇羊山顶部

始设年代　明代

文保级别　尚未核定为文物保护单位

概　　况　遗址位于羊山西山顶部，距离东北的羊山后村约 1 千米。羊山因山形似山羊而得名，海拔约 92 米。西南方为黄龙庄村，北东南三面环海，海边为养殖滩涂，山下为耕地，西侧为乡村公路。烟墩呈圆锥形，土石结构，顶部

羊山墩遗址位置图

略平，直径约 11 米，现高约 5 米，周长约 110 米，占地面积约 960 平方米。顶部及山腰处建有已废弃的现代建筑。现场采集到残破青砖块等建筑构件。

历史资料　明《筹海图编》记载鳌山卫下设有 17 墩 18 堡，"羊山墩"为其中 1 墩，清同治《即墨县志》记载的鳌山卫下属 26 墩中"羊山墩"为其中之一。

羊山墩遗址卫星图

羊山墩遗址近景（西北向东南摄）

羊山墩遗址全景（西向东摄）

黄龙庄墩遗址

位　　置　即墨区田横镇黄龙庄村南
始设年代　明代
文保级别　尚未核定为文物保护单位，第三次全国文物普查时发现
概　　况　遗址南侧临海，对面为水岛，东、南、西三面临海，西侧为海边养殖区，现已拆除，北侧 1 千米处为黄龙庄村。遗址周边为种植的果树，已遭取土破坏，仅剩部分基岩。三普资料显示，烟墩原高 2 米，直径约 15 米，占地面积 215 平方米。现存部分形状不规则，最宽处约 6 米，最窄处约 4 米，高约 0.5 米，占地面积约 30 平方米，周长约 26 米。

黄龙庄墩遗址位置图

黄龙庄墩遗址全景（北向南摄）

黄龙庄墩遗址卫星图

黄龙庄墩遗址近景（北向南摄）

仲村墩遗址

位　　置　即墨区田横镇仲村东南

始设年代　明代

文保级别　尚未核定为文物保护单位，第三次全国文物普查时发现

概　　况　仲村墩位于仲村东偏南约1千米的高埠上，当地称为"烟台"。南距海边3.5千米，西北可见王家山墩，距离约2千米。西南为沟里村，东南为辛庄村，南侧为水泥路，周边为耕地，地势较低。烟墩为土石结构，高约8米，面积约622平方米，周长约96米，烟墩顶部较平，直径约为15米，底部直径约25米。顶部有盗洞。

仲村墩遗址位置图

仲村墩遗址近景（东南向西北摄）

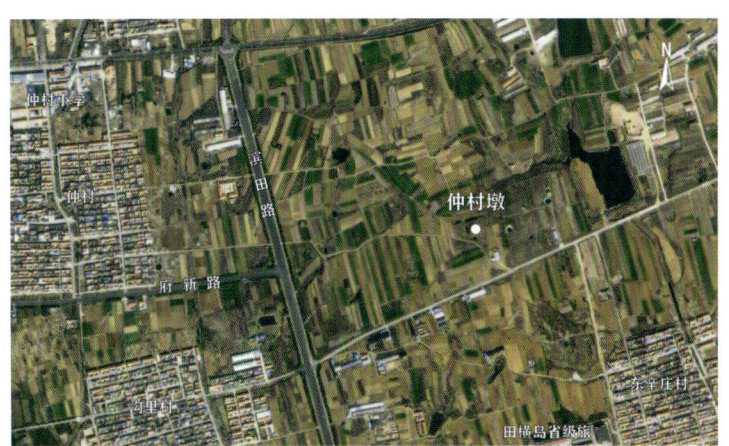

仲村墩遗址卫星图

仲村墩遗址全景（东北向西南摄）

王家山墩遗址

位　　置　即墨区田横镇王家山山顶

始设年代　明代

文保级别　尚未核定为文物保护单位

概　　况　遗址位于即墨区笔架山西侧山脉的王家山顶部，王家山因在王村之南，也称南山，海拔204.6米。西侧山下为黄庵村，南侧山下为江家屯村和李家上夼村。西南距海岸线约3千米，东南2千米外为仲村墩。遗址稍高于周边地势，起伏不太明显。最高点建有坐标基石，周边遍布杂草和树林，东北有现代水泥建筑。

历史资料　明《筹海图编》和清同治《即墨县志》均记载"王家山墩"为雄崖守御千户所下属11墩堡其中之一。

王家山墩遗址位置图

王家山墩遗址卫星图

王家山墩遗址近景（西向东摄）

王家山墩遗址全景（北向南摄）

山南墩遗址

位　　置　即墨区田横镇山南村西北

始设年代　明代

文保级别　尚未核定为文物保护单位

概　　况　遗址位于山南村西北一座山坡上，北距钓鱼嘴烟墩约 1.9 千米。烟墩地表多杂草和灌木丛，南部有一条通往顶部的小路，北东西三面遭到村民取土破坏，仅能在地表捡到零星的泥质灰陶片。烟墩底径约 28 米，顶径约 8 米，残高约 4.3 米，占地面积约 615 平方米。据走访的村民描述，该地俗称"烟台"，原貌要比现在大一倍，且外部砌有石块，后期逐渐脱落，加之村民取土造成了破坏。在烟墩顶部向北可见钓鱼嘴墩。

山南墩遗址位置图

山南墩遗址卫星图

山南墩遗址现状（北向南摄）

钓鱼嘴墩遗址

位　　置　即墨区田横镇钓鱼嘴村东北

始设年代　明代

文保级别　尚未核定为文物保护单位

概　　况　遗址位于一临海台地上。西南距钓鱼嘴村约 615 米，西北距海岸线约 760 米。烟墩由土石混合夯筑而成，从现存剖面可见夯打痕迹。现周围长满杂草，北侧有一片乱石，南侧有两块较大岩石，推测该烟墩当时依地势而筑成。烟墩东侧和南侧保存相对较好，西侧有明显的取土破坏的痕迹。在周围采集有泥质灰陶片。烟墩残存底径约 13 米，顶径约 7.4 米，残高约 5.4 米，占地面积约 132 平方米。在烟墩顶部南可见山南墩，北可见文山墩。

钓鱼嘴墩遗址位置图

钓鱼嘴墩遗址卫星图

钓鱼嘴墩遗址现状（西向东摄）

文山墩遗址

位　　置　即墨区田横镇大山前村北文山顶部

始设年代　明代

文保级别　尚未核定为文物保护单位

概　　况　遗址坐落于大山前村北1.2千米处的文山山顶。文山当地亦称为大山，主峰海拔约116米。南距海岸线约2千米，西距海岸线约1.3千米。烟墩底部砌有石块，顶部由黄土夯筑而成，中间位置有一水泥标志碑，在标志碑东侧有两处盗洞。周围长满杂草，在烟墩南侧和西侧各有一条通往顶部的小路。遗址高约10米，底径约30米，顶径约5米，占地面积约706平方米。在烟墩顶部北可见埠西墩，南可见钓鱼嘴墩。

文山墩遗址位置图

文山墩遗址近景（南向北摄）

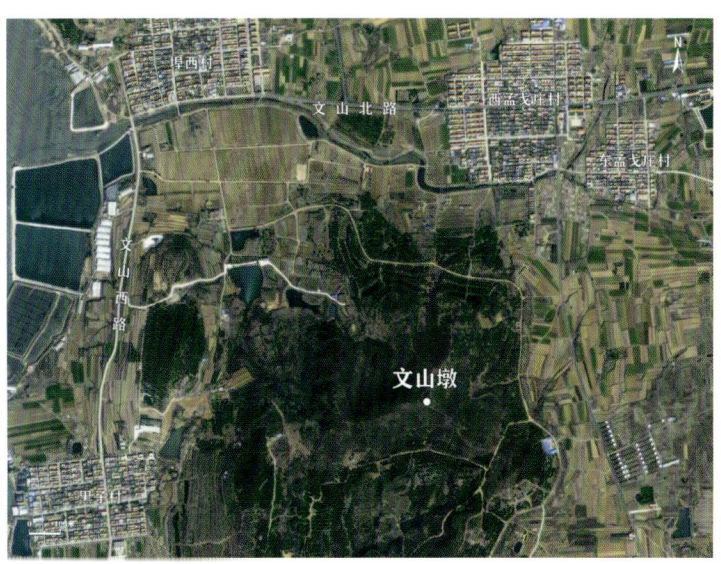

文山墩遗址卫星图

文山墩遗址远景（东向西摄）

埠西墩遗址

位　　置　即墨区田横镇埠西村西北350米高台地上

始设年代　明代

文保级别　尚未核定为文物保护单位

概　　况　遗址所处临海高地地势较高，视野开阔，在烟墩顶部南可见文山烟墩，北可见新安墩。西距海岸线400米，南距黑子村1.7千米。烟墩地表长满杂草和灌木丛，在烟墩东侧和西侧各有一条通往顶部的小路。烟墩整体保存较好，底径约20米，残高约5.8米，顶径约7米，占地面积约315平方米。

埠西墩遗址位置图

埠西墩遗址卫星图

埠西墩遗址现状（东向西摄）

新安墩遗址

位　　置　即墨区田横镇新安村西北约
300米

始设年代　明代

文保级别　尚未核定为文物保护单位

概　　况　遗址位于现新安村西北田地
中，附近周边地势较平。西距抬头村1.24
千米。烟墩由土石混合夯筑而成，底径
约27米，顶径约6.5米，残高约7.6米，
占地面积约572平方米。周围长满杂草
及灌木丛。村民俗称"烟台"。烟墩顶
部向北可见抬头墩，南可见埠西墩。

新安墩遗址位置图

新安墩遗址卫星图

新安墩遗址现状（南向北摄）

抬头墩遗址

位　　置　即墨区田横镇抬头村西北约600米

始设年代　明代

文保级别　尚未核定为文物保护单位

概　　况　遗址位于抬头村西北高台地上。东南距新安墩约1.8千米，西距海岸线约500米。烟墩为土石混合夯筑而成，底部一周砌有石块，南侧紧邻悬崖，西侧和北侧被村民取土破坏。烟墩残存底径约17米，顶径约5米，残高约4.8米，占地面积约226平方米。在烟墩顶部南可见新安墩，东可见王家山墩。

抬头墩遗址位置图

抬头墩遗址卫星图

抬头墩遗址现状（东向西摄）

凤山墩遗址

位　　置　即墨区温泉街道前海东村东凤山顶

始设年代　明代

文保级别　尚未核定为文物保护单位

概　　况　遗址位于海拔 110.4 米的凤山山顶。凤山当地又称"凤凰山""龙凤山"，西距前海东村约 1.2 千米，北距七沟村约 1.5 千米，南距大海约 1 千米。烟墩由土石混筑而成，周边长满杂草和灌木丛，在北部和西部各有一条通往顶部的小路。顶部有一座现代测绘标志碑。烟墩残存底径约 32 米，顶径约 5.6 米，残高约 5.8 米，占地面积约 803 平方米。在烟墩顶部西南可见红庙山墩，东北约 3 千米处为唐家庄寨遗址。

凤山墩遗址位置图

凤山墩遗址卫星图

凤山墩遗址现状（西向东摄）

红庙山墩遗址

位　　置　即墨区温泉街道红庙山山顶

始设年代　明代

文保级别　尚未核定为文物保护单位

概　　况　遗址位于海拔 133.4 米的红庙山山顶，东为滨海公路和地铁 11 号线，再往东为大海，距现海岸线约 1.7 千米，西为莱青路，西北为刘家山。南侧为耕地，往南为温泉二路，北坡山下为公墓，山上种植树木。烟墩为土石结构，顶部有盗洞，直径约为 1.2 米，深 0.8 米。顶部略平，直径约 6 米，高约 4 米，周长约 75 米，占地面积约 350 平方米。

红庙山墩遗址位置图

红庙山墩遗址近景（西向东摄）

红庙山墩遗址卫星图

红庙山墩遗址全景（西南向东北摄）

黄埠墩（遗址）

位　　置　即墨区温泉街道青岛国际博览中心东

始设年代　明代

文保级别　已消失，第三次全国文物普查时发现

概　　况　遗址位于黄埠湾口滨海大道东侧，东南紧邻大海，西为青岛国际博览中心，再西为中黄埠村，村民称此处为"钓鱼台"。西南距鳌山卫城遗址约7.5千米，西北距红庙山墩约3.5千米，东北距凤山墩约3.1千米。根据第三次全国不可移动文物普查资料记载：烟墩高约2米，直径10余米。遗址因酒店建设消失。

历史资料　清同治《即墨县志》记载，明代鳌山卫下辖有二十六墩，"黄埠墩"为其中之一。

黄埠墩（遗址）位置图

黄埠墩（遗址）卫星图

黄埠墩（遗址）现状（南向北摄）

掖杖墩遗址

位　　置　即墨区温泉街道掖杖村东北烟台山上

始设年代　明代

文保级别　尚未核定为文物保护单位

概　　况　遗址所在高地，当地称为"烟台山"，海拔约50米，东南距海约1.7千米，西南靠掖杖村，东侧为地铁11号线，往北可见红庙山，山上种植松树、果树等树木，山下为耕地。烟墩呈圆锥形，形制较大，周长约100米，占地面积约800平方米，顶部略平，直径约9米，烟墩高约9米。有圆形盗洞，直径约2米，深2.2米，从剖面看为典型土石结构，烟墩西北半坡处亦有盗洞，宽0.6米，深0.8米。该墩南距鳌山卫约6千米，北距红庙山墩约2.5千米，东距黄埠墩约2.7千米。

掖杖墩遗址位置图

掖杖墩遗址卫星图

掖杖墩遗址近景（东向西摄）

掖杖墩遗址全景（东北向西南摄）

石炉山墩遗址

位　　置　即墨区鳌山卫街道河崖东村东

始设年代　明代

文保级别　尚未核定为文物保护单位

概　　况　遗址南距鳌山卫城约1.8千米，东北约4千米处为掖杖墩，东距大海约2千米。西靠S209公路，西侧为河崖村，东侧为新建小区，再东为11号线和星石庄村，北临大任河，西南为成龙山。烟墩位于高埠上，海拔57米，当地民众又称为"开炉山"或"安炉山"。烟墩呈圆锥形，占地面积约560平方米，周长约100米，高约4米，因农业生产和城市开发建设已遭破坏，顶部建有蓄水池约10米×10米×1米，砖混结构，东北角有轻轨测量坐标。

历史资料　石炉山墩位于鳌山卫城正北，紧邻卫城。为明代鳌山卫下辖烟墩之一，清同治《即墨县志》记载鳌山卫有墩二十六，其中一座名为"石炉山墩"。

石炉山墩遗址位置图

石炉山墩遗址卫星图

石炉山墩遗址现状（东南向西北摄）

高山墩遗址

位　　置　即墨区鳌山卫街道高山山顶

始设年代　明代

文保级别　尚未核定为文物保护单位

概　　况　遗址位于海拔 236.5 米的高山山顶，西北距鳌山卫约 3 千米，西南距盘龙庄墩约 2.7 千米。高山坐落于鳌山半岛中央，为附近山峦中的最高山，从海上望去尤为挺拔，视野开阔，故称高山。

历史资料　明《筹海图编》和清《即墨县志》均记载"高山墩"为鳌山卫下辖的海防烟墩之一。

高山墩遗址位置图

高山墩遗址卫星图

高山墩遗址现状（北向南摄）

盘龙庄墩遗址

位　　置　即墨区鳌山卫街道盘龙庄西南

始设年代　明代

文保级别　尚未核定为文物保护单位

概　　况　遗址所在的海边高地南侧紧邻大海，当地称为"烟台"，现属于海洋一所鳌山卫基地的范围。距正北的鳌山卫约 2.5 千米，东北约 2.7 千米处为高山墩，东南处山坡下有废弃的现代建筑。烟墩为典型的土石结构，高约 2 米，直径约 15 米，占地约 100 平方米。

盘龙庄墩遗址位置图

盘龙庄墩遗址近景（东南向西北摄）

盘龙庄墩遗址卫星图

盘龙庄墩遗址全景（北向南摄）

尼姑山墩遗址

位　　置　即墨区鳌山卫街道宋家庄南尼姑山山顶

始设年代　明代

文保级别　尚未核定为文物保护单位

概　　况　遗址坐落于尼姑山最北侧的山头上，当地人称"七老婆坟"。尼姑山因其东南部曾建有尼姑庵而得名，海拔117米，西侧为公路，靠近朱家庄，西侧山下为砖窑厂，东南可见大海，东距鳌山卫约2千米。烟墩呈圆锥形，土石结构，高约5米，顶部略平，顶部直径约9米，占地面积约720平方米，周长约110米。中心位置有盗洞，东南侧坡上亦有盗洞。

尼姑山墩遗址位置图

尼姑山墩遗址卫星图

尼姑山墩遗址全景（东向西摄）

尼姑山墩遗址近景（东向西摄）

堡遗址

黄豆山堡遗址

位　　置　即墨区金口镇黄豆屯村北黄豆山山顶

始设年代　明代

文保级别　尚未核定为文物保护单位

概　　况　遗址南距黄豆屯村约 400 米，黄豆山海拔约 81 米，周边地势较平坦，视野开阔，山下为耕地，北临莲阴河，河北为李家周疃村，东北距米粟山墩 3.3 千米，西南距青山堡 3.6 千米。烟墩为土石结构，坡度较缓，略呈椭圆状，西部有现代采石坑，东侧山下台地采集到陶片等遗物。

历史资料　清乾隆《即墨县志》记载：黄豆屯为明代大嵩卫管理的二十九军屯之一，清雍正十三年（1735 年）裁撤大嵩卫等卫所，黄豆屯等划归即墨县[1]。黄豆山堡因地处黄豆山前而得名。

黄豆山堡遗址位置图

黄豆山堡遗址卫星图

黄豆山堡遗址远景（东北向西南摄）

黄豆山堡遗址近景（东向西摄）

---

[1]（清）乾隆《即墨县志》"卷二·建置·里社"，清乾隆二十九年（1764 年）刻本。

青山堡遗址

位　　置　即墨区金口镇青山山顶

始设年代　明代

文保级别　尚未核定为文物保护单位

概　　况　遗址位于青山南侧山顶，海拔 128 米，东北 3.6 千米处为黄豆山堡。北靠莲阴河，东临 S209 公路，青山有南北两处山头，北山有民间投资修建的"古月庙"，并修筑了上山的公路。围绕青山，形成了青山前村、后村和西村三个村落。烟墩位于南山顶部，由于采石开山等活动已经遭到破坏，形成了两个大的采石坑。

历史资料　明《筹海图编》和清《即墨县志》均记载"青山"为雄崖守御千户所下属的一个墩堡的名称，明代称"青山堡"，清代为"青山墩"。

青山堡遗址位置图

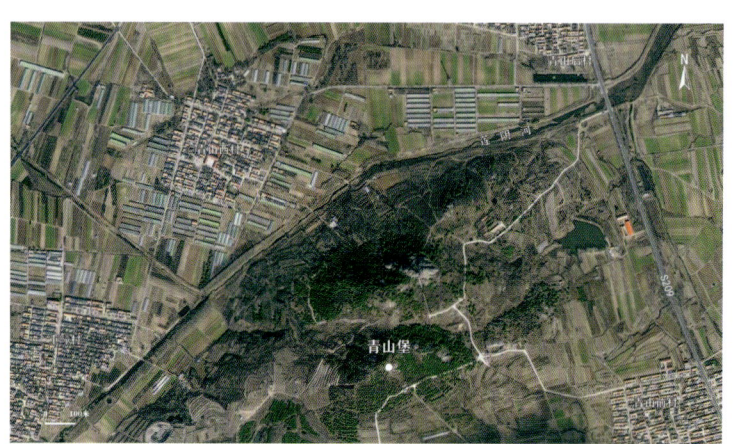

青山堡遗址卫星图

青山堡遗址现状（西北向东南摄）

鳌角石堡遗址

位　　置　即墨区鳌山卫街道鳌角石村西北烟台山山顶

始设年代　明代

文保级别　尚未核定为文物保护单位

概　　况　遗址所在烟台山东南距鳌角石村约 1.3 千米，海拔约 109 米，北有西北—东南流向的大任河支流射箭口河，西侧及南侧山下为耕地，西南为东邱家白庙村，南临大任河及 S209，东南可见尼姑山墩，距离约 3.8 千米。山势较陡，山体有大块基岩裸露，山坡上遍布松树。烟墩位于顶部基岩上，依山石而建，北部有明显人工垒砌的石头，顶部为土石结构，东西长约 5.8 米，南北长约 3.9 米，顶部呈椭圆形，周长约 19 米，顶部面积约 12 平方米。

鳌角石堡遗址位置图

鳌角石堡遗址卫星图

鳌角石堡遗址全景（西向东摄）

鳌角石堡遗址近景（北向南摄）

南窝洛子堡遗址

位　　置　即墨区龙山街道南窝洛子村东北烟台山上

始设年代　明代

文保级别　尚未核定为文物保护单位

概　　况　遗址西南约 600 米为南窝洛子村，北临墨水河，南临 S503，东南为华盖山。距西南大村烟墩所在的"烟台山"约 3.8 千米，距偏东南的尼姑山墩约 3.1 千米。当地村民称山上有"烟墩"，后修建有信号塔，山上遍布树林。目前山头被养殖户承包，并圈起围栏。

南窝洛子堡遗址位置图

南窝洛子堡遗址远景（东向西摄）

大村堡遗址

位　　置　即墨区龙山街道大村南烟台山上

始设年代　明代

文保级别　尚未核定为文物保护单位

概　　况　遗址位于大村南约 600 米的"烟台山"上，海拔约 96 米，北临墨水河，南依龙山风景区。周边文化遗产较多，龙山山顶有省级文物保护单位——天井山龙王庙，与其相关的"秃尾巴老李的传说"入选国家级非物质文化遗产名录。

大村堡遗址位置图

大村堡东侧约1千米为龙青高速，西可见马山堡，西北可见盟旺堡。山上为密林覆盖，东坡为公墓，西南侧因为开山采石，露出清晰的断崖。烟墩位于顶部，坐落于红色基岩上，构造清楚，土石结构，高约3米，顶部直径约9米，顶部偏东南有盗洞，直径约1米，深0.4米。南侧山坡上采集到破碎的青灰砖，厚约8厘米。

历史资料　《筹海图编》记载"大村堡"为明代鳌山卫下属十八座堡其中之一。清《即墨县志》则记载为"大村墩"为鳌山卫下辖二十六墩之一。

大村堡遗址卫星图

大村堡遗址全景（东南向西北摄）

大村堡遗址现状（西南向东北摄）

大村堡遗址远景（东北向西南摄）

盟旺堡遗址

位　　置　即墨区龙山街道盟旺山公园最高处

始设年代　明代

文保级别　尚未核定为文物保护单位

概　　况　遗址坐落于盟旺山顶部最高处，海拔123.3米。西侧可俯瞰即墨城区，距离即墨古城约4.5千米，东部及南部群山环绕，东南约3.4千米处为大村堡。烟墩为土石结构，呈圆锥形，高约4米，占地约310平方米，底部直径约20米。顶部可见盗洞。

历史资料　清《即墨县志》记载：盟旺山，县东北六里，县脉自此出[①]。同时记载"盟旺山"为明代鳌山卫下辖的二十六处海防烟墩之一。

盟旺堡遗址位置图

盟旺堡遗址卫星图

盟旺堡遗址近景（南向北摄）

盟旺堡遗址全景（北向南摄）

---

① （清）乾隆《即墨县志》"卷一·方舆·山川"，清乾隆二十九年（1764年）刻本。

烟台前堡遗址

位　　置　即墨区环秀街道烟台前村北高地上

始设年代　明代

文保级别　尚未核定为文物保护单位，第三次全国文物普查时发现

概　　况　遗址北临石棚水库，远处可见盟旺山，南侧可见驯虎山及崂山山脉，往北约3.5千米为即墨古城，南靠公路，东为耕地。由于农业生产取土等原因顶部已遭破坏，部分可见基岩。现存遗址直径约22米，海拔约60米，高约1米，周长约120米，面积约800平方米。西侧为现代农耕灌溉设施基址。

烟台前堡遗址位置图

烟台前堡遗址卫星图

烟台前堡遗址近景（西向东摄）

烟台前堡遗址全景（东北向西南摄）

马山堡遗址

位　　置　即墨区通济街道马山公园主峰顶部

始设年代　明代

文保级别　尚未核定为文物保护单位

概　　况　遗址所在马山主峰海拔228米，东临即墨北站，往东12千米为盟旺山，东北7千米为即墨营遗址，北为耕地，东偏南约8千米为即墨古城，西侧靠马山石林景点。四周为平地，视野开阔。烟墩顶部呈梯形，现建有信号塔及马山石碑，底部为大块基岩，可见土石结构遗迹及散落碎石。顶部直径为10米，底部直径约为24米，高12米，顶部及东南坡下有大块青灰砖，较为散碎。顶部采集到残布纹灰瓦、砖块等建筑构件。

历史资料　明《筹海图编》和清《即墨县志》均记载鳌山卫有一下属"马山"的海防烟墩，前者记载为"马山堡"，后者称为"马山墩"。

马山堡遗址位置图

马山堡遗址卫星图

马山堡遗址全景（西向东摄）

马山堡遗址采集砖块

其他遗址

雄崖所玉皇庙

位　　置　即墨区田横镇雄崖所西南玉皇山山顶

始设年代　明代

文保级别　1984 年 5 月公布为即墨市文物保护单位，现为即墨区文物保护单位

概　　况　遗址坐落于南雄崖所村玉皇山顶，始建于明代，清代重修。是一座以石为主的无梁殿，正门向东内建庙宇 1 处，门楼 1 座，正殿 1 间，存有壁画。面积约 255 平方米，供奉玉皇大帝及哪吒、灵官二神。反映了当时该区域民众的风土人情、宗教信仰和生活文化情况。半山腰处还有胡仙居和仙姐宅。

雄崖所玉皇庙位置图

雄崖所玉皇庙标志碑（南向北摄）

雄崖所玉皇庙卫星图

雄崖所玉皇庙全景（东向西摄）

雄崖所玉皇庙大门（东向西摄）

陈俊故居

位　　置　即墨区鳌山卫街道北里村

始设年代　清代

文保级别　尚未核定为文物保护单位，第三次全国文物普查时发现

概　　况　遗址位于北里村北侧，距鳌山卫北门不足 30 米，现存 1 排 2 户，共 9 间，分为东西两院。西院正房 5 间，东西长 14 米，南北宽 5 米，面积约为 70 平方米；东院正房 4 间，东西长 11.2 米，南北宽 5 米，面积约为 56 平方米，总占地面积约为 630 平方米。该故居建筑具有典型的清代胶东院落建筑特点，为砖石木混结构，房屋内部已进行改造，仍有人居住。

历史资料　陈俊，字伟卿，号龙骧，山东蓬莱人。清道光二年（1822 年）中武举，历任胶州营安丘汛把总、即墨雄崖巡检司把总等官职，诰赠武功将军。陈俊去世后故居由两个儿子分居东西两宅。长子陈希珍世袭云骑尉，正五品，候补守备，诰授武德骑尉，封武功将军，居住在西宅，号"西三慎堂"。次子陈希瑞在东宅居住，号"东三慎堂"。光绪十二年（1886 年）陈希瑞中武进士，其住所也得名"进士第"。后清廷又赏其戴花翎二品衔参将，其后任温州卫掌印守备，诰授武功将军。

陈俊故居位置图

陈俊故居卫星图

陈俊故居后院（西南向东北摄）

陈俊故居近景（西向东摄）

陈俊故居西宅正房（南向北摄）

崂山区、市南区、李沧区、城阳区和胶州市地图

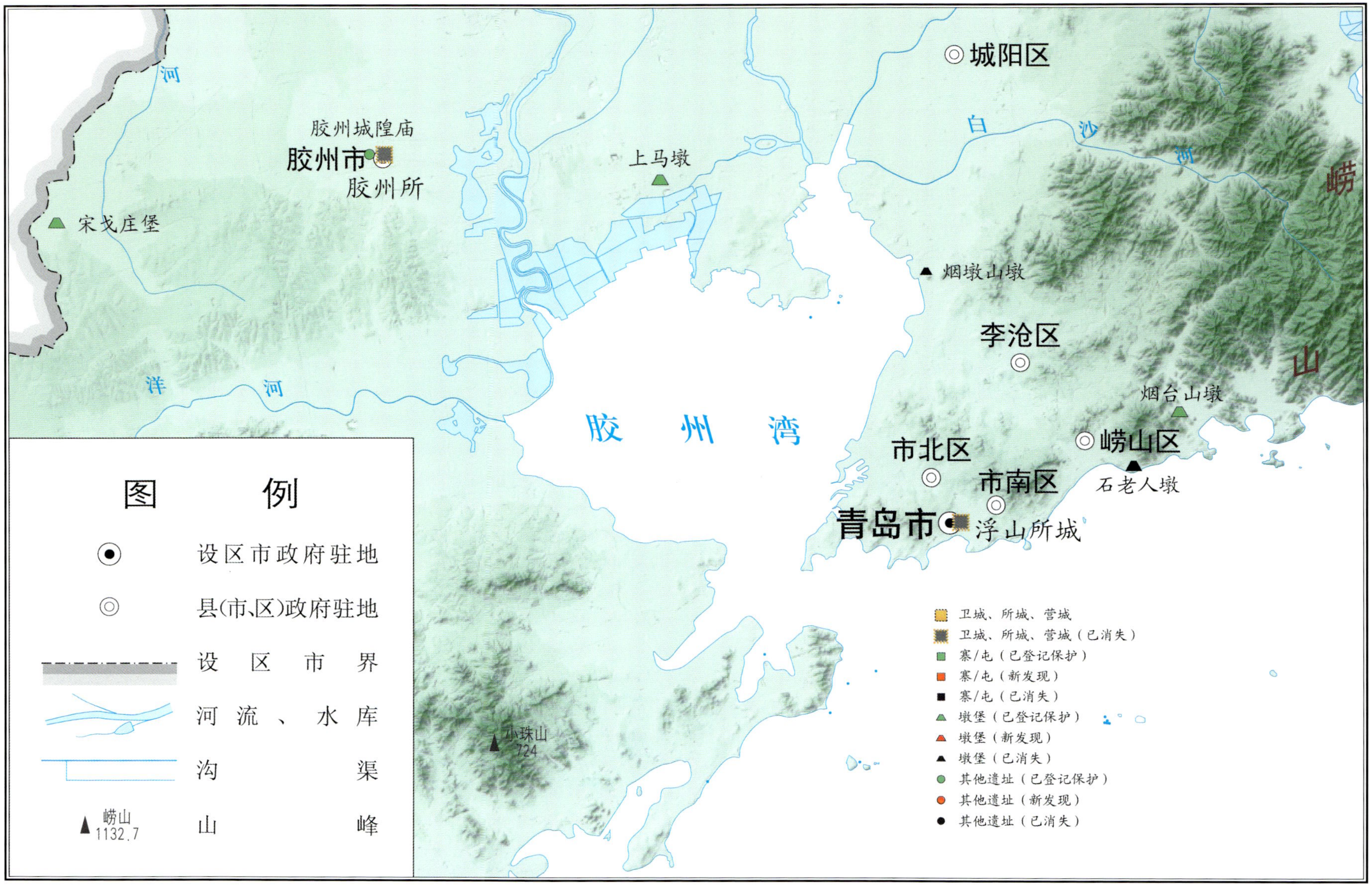

崂

山

烟台山墩

崂山区

石老人墩

城阳区

李沧区

烟墩山墩

山所城

市北区

浮山所城

市南区

青岛市

胶

州

湾

上马墩

珠山
324

胶州城隍庙

胶州市
胶州所

宋戈庄堡

洋

河

图　例

● 设区市政府驻地
◎ 县(市区)政府驻地

设　区　市　界

河流、水库

沟渠

山峰

▲ 崂山
　1132.7

卫城、所城、营城
卫城、所城、营城（已消失）
寨/屯（已登记保护）
寨/屯（新发现）
寨/屯（已消失）
墩堡（已登记保护）
墩堡（新发现）
墩堡（已消失）
其他遗址（已登记保护）
其他遗址（新发现）
其他遗址（已消失）

二　崂山区海防遗址

墩遗址

烟台山墩遗址

位　　置　崂山区沙子口街道姜戈庄社区北侧烟台山山顶

始设年代　明代

文保级别　尚未核定为文物保护单位，第三次全国文物普查时发现

概　　况　遗址位于崂山区烟台山山巅，海拔 265 米，南距姜戈庄社区约600 米，东北西三面环山，南面临海，视野开阔，南坡山下为公墓，并有耕地和茶园。西南约 3.4 千米为石老人墩。烟台山巅的巨岩之上有两处西晋太安二年（303 年）的石刻。

烟墩呈椭圆形，顶部略平，顶部直径约 10 米，高约 3 米，底部周长约 65 米，占地面积 260 平方米，典型的土石结构，较坚硬，周围散布有乱石。

烟台山墩遗址位置图

烟台山墩遗址卫星图

烟台山墩遗址全景（东北向西南摄）

烟台山墩遗址近景（南向北摄）

石老人墩（遗址）

位　　置　崂山区金家岭街道烟墩角

始设年代　明代

文保级别　已消失

概　　况　遗址位于临海高地上，较附近周边地势较高，现遗址已经不存。南距海中的石老人景观约 300 米，北临香港东路，东北为石老人观光园。东北距烟台山墩约 3.4 千米，该处最高点已经修建为酒店。遗址已不存。

历史资料　明《筹海图编》记载鳌山卫下设墩十七，堡十八，"石老人墩"为其中一墩。清乾隆《即墨县志》记载"石老人墩"为鳌山卫管辖的二十六墩之一。

石老人墩（遗址）位置图

石老人墩（遗址）卫星图

石老人墩（遗址）远景（东北向西南摄）

三　市南区海防遗址

——千户所城遗址——

浮山所城（遗址）

位　　置　市南区香港中路街道浮山所

始设年代　明洪武二十一年（1388 年）

文保级别　已消失

概　　况　遗址位于今市南区香港中路街道浮山所，周边已经完全城市化，地表遗迹已经不存，从卫星图上仍然可见浮山所城的大致轮廓，以现闽江路和徐州路为十字街中心，东至南京路，西至新浦支路，北到香港路小学北侧，南达新贵都小区南。现存明代浮山所时的几棵古银杏树。其中以所城南门处南阁庙旁的银杏古树最具代表，被列为青岛古树名木 001 号。

历史沿革　浮山所，明代全称为"浮山备御千户所"，为鳌山卫所属前千户所，明洪武二十一年（1388 年）设立，最初称为"浮山寨"，名称源自浮山，浮山又称"浮峰山"，是崂山山脉向市区延伸的支脉。浮山所坐落于浮山的西麓，位置险要处。所城北依山岭，南濒大海，可以扼守胶州湾附近诸海口，封锁海上航道，是防御设障的绝佳之所。清初改革卫所制度，雍正十二年（1734 年）浮山所被裁撤，归并入即墨县。因其险要地理位置，随后不久设立浮山巡检司，后来移防到东平州彭家集（今泰安市东

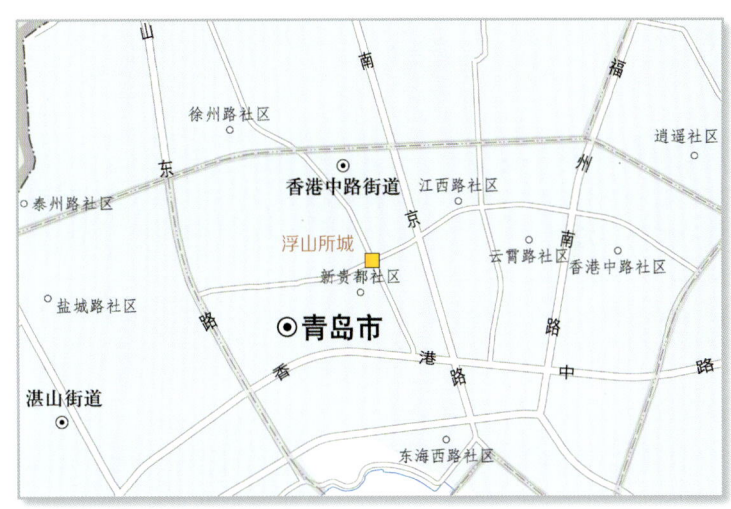

浮山所城（遗址）位置图

浮山所城（遗址）卫星图

浮山所城南阁庙古银
杏树（西向东摄）

平县彭集街道）。

从浮山寨到浮山所城，所城历经数年修建于洪武三十八年（1402 年）正式建成。据 20 世纪 90 年代开始编纂的《浮山所志》考证："城略呈长方形，南北长 422 米，东西宽 403 米，周长约 3 华里……城墙为夯土筑成，外包以青砖、石块，高约 8 米，宽约 5 米。"[①]

城内十字大街贯通东西南北，坐落有官署、武库等机构，所城内外修建有城隍庙、南阁庙、无梁庙等庙宇建筑，校场位于西门外，修筑有辕门、将台、演武场等设施。浮山备御千户所的防御体系以所城为中心下辖有军寨和墩堡，根据相关学者考证，浮山所最多辖有 4 军寨和 18 墩堡，4 军寨为楼山寨、于家庄寨、金家岭寨和张家寨。墩堡明清记载有很大出入，明《筹海图编》记载：浮山所墩有九座，即：麦岛、程阳、女姑、程家庄、楼山、姑山、红石、张家庄、斩山。清同治《即墨县志》则记载："（浮山所）墩十八，麦岛、错皮岛、双山、塔山、瓮窑、转山头、狗塔山、桃林、中村、东城、张家庄、程家庄、城阳、女姑、楼山、孤山、红石、斩山。"[②] 因此可知，不同时期浮山所的防区范围和所承担的防御任务是不同的。

浮山所军政官员齐全，设有掌印千户一名，正五品；金事一名，从五品，又称管军千户；百户十名，正六品；镇抚两名，从六品；教授一名，九品；吏目一名；仓大使和副使各一名。明代浮山所世袭职官情况，据相关资料整理可知，担任过千户，正五品，世袭武德将军的共有 27 位，其中有 4 位苏姓和 1 位汪姓军官名称已不可考，其他分别是王宦保、毛盛、亢敏、亢通、亢琛、亢镒、亢儒、亢时林、亢思恭、苏望、苏鹏、苏万民、苏接武、苏师轼、苏永勋、杨景业、余顺、余谭、余秀、余光显、余闻诗、余必胜；正六品，世袭昭信校尉的军官共计 12 位，其中有 4 位，包括张姓 2 位，焦姓和詹姓各 1 位名称已不可考。其余 8 位为：张清、张福至、侯宁、侯贵、侯通、侯泰、侯胜、葛荣[③]。

① 浮山所志编纂委员会：《浮山所志》，中国出版社，2005年，第53页。

②《筹海图编》与《即墨县志》所载墩堡数量差别较大，明代九个墩名称几乎都沿用了下来，七个完全一样，程阳与城阳，姑山和孤山读音相同，写法稍有不同。

③ 浮山所志编纂委员会：《浮山所志》，中国出版社，2005年，第51—53页。

四　李沧区海防遗址

墩遗址

烟墩山墩（遗址）

位　置　李沧区兴城路街道烟墩山公园内

始设年代　明代

文保级别　已消失

概　况　遗址位于烟墩山公园烟墩山上，西距胶州湾约 700 米，视野开阔，可俯瞰胶州湾海面。此山海拔约 59 米，占地约 154 亩。据当地史志记载，明初山顶建有烽火台。20 世纪 80 年代改建为公园。山顶修建了观景平台，烟墩遗迹已经不明显。

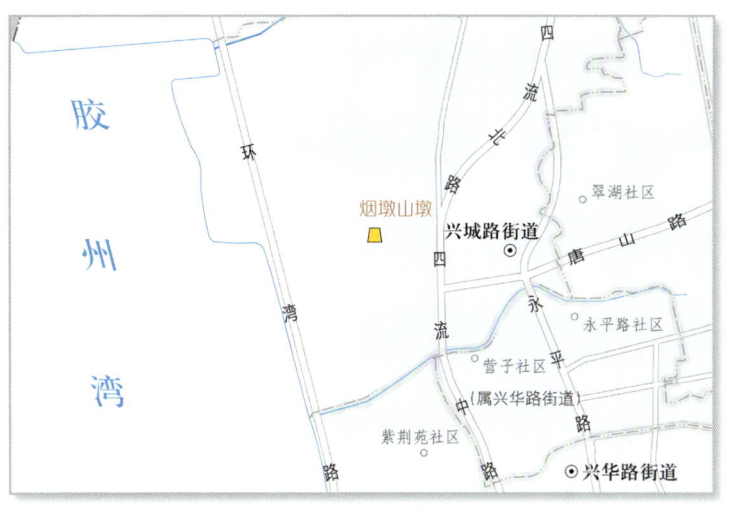

烟墩山墩（遗址）位置图

烟墩山公园建园记碑（南向北摄）

烟墩山墩（遗址）卫星图

烟墩山墩（遗址）现状（南向北摄）

五　城阳区海防遗址

墩遗址

上马墩遗址

位　　置　城阳区上马街道周家庄社区西高地上

始设年代　明代

文保级别　尚未核定为文物保护单位，第三次全国文物普查时发现

概　　况　遗址所在高地当地俗称为"烟台"，北侧为农业种植大棚，南侧及东侧为汇海路，南眺胶州湾，距现海岸线约 2.7 千米，西侧为在建用地。

烟墩海拔约 23 米，呈圆锥形，土石结构，顶部略平，西北位置有测绘标志石墩，东南处有盗洞痕迹，直径约 1 米，基本被枯枝树叶填平。顶部直径约 7 米，坡上及周边遍布野生酸枣树等低矮树木。高约 5 米，底部周长约 76 米，占地面积约 390 平方米。

上马墩遗址位置图

上马墩遗址卫星图

上马墩遗址全景（东向西摄）

上马墩遗址近景（西向东摄）

六　胶州市海防遗址

千户所城遗址

胶州所（遗址）

位　　置　胶州市阜安街道湖州路与郑州东路交叉口西南，胶州市人民医院内

始设年代　明代

文保级别　胶州所遗址已消失。明清胶州城尚存部分遗址，2009 年 9 月"胶州城墙及护城河"被公布为胶州市级文物保护单位。2023 年 8 月被公布为第十一批青岛市文物保护单位

概　　况　明代于胶州城内设置胶州守御千户所，其衙署位于今人民医院院内，现遗迹已不存。胶州守御千户所所在胶州城现仅存城墙及护城河遗址，位于胶州市老城区。明清时期的胶州城规模较大，城墙由内外两重组成，基本位于今胶州市老城区地带。外城墙尚存墙基部分遗迹，护城河河道仍然发挥着泄洪排水功能，当地俗称为"围子""围子河"。中华人民共和国成立后，城墙主体被拆除，墙基被辟为主要道路，即现在的龙州路，长约 2 千米，宽约 10 米。护城河经过绿化修葺，变成一条城市休闲观光地带。"胶州城墙及护城河"现为胶州市文物保护单位。

历史沿革　胶州守御千户所设置于明洪武五年（1372 年），位于胶州城内，没有独立的所城，与整个胶州城城防一体。

胶州所（遗址）位置图

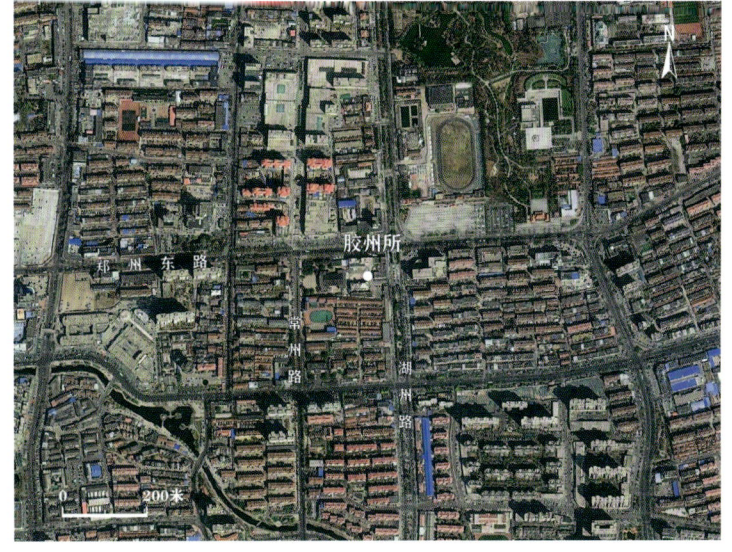

胶州所（遗址）卫星图

胶州城墙及护城河文物保护标志碑　　　　　　胶州城墙及护城河（东北向西南摄）

胶州所是明代山东地区设立时间较早的千户所，可见胶州位置之重要，明代学者王士性在著作《广志绎》中论述山东海防中提及："登州至安东惟胶州为中，南北救援咸相去五六百里。今遇汛时，当调登州总戎驻胶州，当以南援安东、日照、安邱、诸城一带，而北仍不失救援，随侦随发。而调临清参戎于登州镇之，加总督出花马池、巡抚出固原例，汛毕，仍归本镇。是于备京师、山东经权两不失也。"① 胶州地处胶莱平原南部，胶州湾北部沿海，是海运的优良口岸，自宋代板桥镇开始远近闻名，元代开胶莱运河，南口位于胶州，是商贸往来的重要区域。因此，胶州所设置对于海防安全和商贸往来意义重大。

清代随着兵制改革，胶州千户所这一建置也随之撤销。顺治元年（1644年）改革世袭军官制，改设流官，设立胶州所千总。后来康熙十年（1671年）裁撤胶州所千总，相关军政钱粮归并灵山卫，胶州所建置取消。直到后来的雍正十二年（1734年），裁灵山卫，归并胶州②。

胶州所和胶州城城防一体，与莱州府卫一城的情况类似。明朝开国之初就重新兴修胶州城，明清两代不断增筑和修补。因此，胶州城的规模较大，城防也较为坚固。清乾隆《山东通志》记载：胶州城本隋胶西县治，旧土城，明洪武初千户袁正重筑，八年（1375年）千户申义□以砖石。周四里高二丈五尺，厚一丈二尺，池阔二丈五尺，深一丈五尺。三门，东曰：迎阳；西曰：用成；南曰：镇海。角楼四座，敌台八座。③ 现在仍然保留有部分清代胶州城的老照片，夯土堆筑的墙基和墙体，外侧砌以青砖，城门均为高大的拱形门洞，城墙设有女墙，顶端为城堞式结构。整座城厚重坚固，为中国古代级别较高的州县城池。周边围绕胶州城设有墩堡16处，共同构成了胶州守御千户所的海防体系。明《筹海图编》记载：（胶州所）墩九：汪家庄、杜家港、沙埠、洋河、石河、塔埠、弧埠、沙岭、大埠；堡七：辛庄、鹿村、石河、八里庄、陈村、栾村、柏沟河。清康熙《胶州志》则记载：（胶州所）墩有九曰：洋河、沙埠、江家庄、塔埠、石河、弧埠、杜家港、沙岭、大埠（每墩军五名，赡墩地五十亩，今废）；堡有七曰：鹿村、柏沟河、八里庄、石河、辛疃、陈村、乐村（每堡军四名，赡堡地五十亩，今废）。清《灵山卫志》记载，胶州所有军屯十处，即：沽河屯、郝伍屯、朱伍屯、黄伍屯、韩伍屯、谈伍屯、丁伍屯、张伍屯、吴魏屯、五伍屯。胶州所的驻守军队数量不同时期也有差别，《筹海图编》记载：（胶州所）京操军四百六人，城守军

---

① （明）王士性撰，吕景琳点校：《广志绎》"卷三·江北四省·山东"，中华书局，1981年，第60页。
② （清）苏潜修著，胶南市史志办校：《灵山卫志校注》，五洲传播出版社，2002年，第214页。
③ （清）岳浚、法敏：《山东通志》"卷四·城池志"，清乾隆元年（1736年）刻本。

九十四人，屯军七十七人，捕倭军四十四人，守墩堡军余八十一人。清康熙《胶州志》记载则为：本所军原额一千一百二十名，京操军一百七十八名，边操军二百一十六名，春戍八十九名，秋戍三百□十七名，城守军余八十九名，屯田军余七十七名。

胶州守御千户所设有正千户、副千户、百户、所镇抚和吏目等官职，除吏目为流官外其他官职均为世袭。清《灵山卫志》记载有正千户三员，匡、汪、杨；副千户三员，储、刘、胡；百户十员，王、谈、张、韩、吴、魏、朱、黄、陆、丁；镇抚二员皆为世袭。另有吏目一员[1]。

胶州所世袭武将情况：

正千户三名：匡德，淮安赣榆人。福之子，袭沂州副千户。洪武二十五年（1392年）升胶州所正千户，世袭。十一传至凤超，凡十世；汪清，淮南山阳人，长淮正千户。宣德二年（1427年）调胶州所正千户，世袭。十一传至如海，凡十世；杨旺，直隶徐州人，陈州副千户，升胶州所正千户，世袭，八传至一槐，凡六传。

副千户三名：储允，直隶当途人，兖州百户。洪武二十五年（1392年）升胶州所副千户，世袭，十传至文瑞，凡七世；刘信，直隶乐亭人，义勇卫副千户。正统三年（1438年），调胶州所副千户，世袭。七传至环，凡六世；胡振，江西奉新人，济南副千户。成化十一年（1475年），调胶州所副千户，世袭，至懋功，以武举历升都司，凡五世。

百户十名：张安，凤阳人，永宁百户，永乐十年（1412年），调胶州所百户，世袭。传至惟宁，凡七世；王安，登州福山人，东胜百户。宣德六年（1431年），调胶州所百户，世袭，传至学正，凡五世；谈真，凤阳全椒人，洪武二十四年（1391年），以军功授胶州所百户，世袭，八传至九畴，以武举任都督指挥佥事，赠昭勇将军，凡七世；韩均保，浙江清乐人。以父功授总旗，洪武二十四年（1391年），授胶州所百户，世袭，至应武，凡七世；吴性，直隶望江人，永乐十年（1412年），任胶州所百户，世袭，九传至鸾，凡六世。

魏成，直隶华亭人，汝宁百户。宣德三年（1428年），调胶州所百户，世袭，八传至绍武，凡七世；朱贵，山东宁阳人，西安百户，宣德三年（1428年），调胶州所百户，世袭，八传至永泰，凡七世；黄兴，直隶栾州人，永平百户，以从阳武侯，宣德六年（1431年）准袭胶州所百户，传至承荫，凡九世；陆斌，直隶和州人，百户，永乐十年（1412年），调胶州所百户，世袭，传至广，凡四世；丁九功，胶州所百户。以祖过调莱州卫[2]。

① （清）苏潜修著，胶南市史志办校：《灵山卫志校注》，五洲传播出版社，2002年，第55页。
② （清）苏潜修著，胶南市史志办校：《灵山卫志校注》，五洲传播出版社，2002年，第68—71页。

堡遗址

宋戈庄堡遗址

位　　置　胶州市胶西街道宋戈庄村东南约 1 千米的高地上

始设年代　明代

文保级别　2011 年 6 月公布为胶州市文物保护单位

概　　况　遗址所在岭地当地称为"烟墩"，东侧为现代公墓，西 500 米为小张家庄，东北 400 米为张家小庄。遗址位于桃园内，周边及坡上种植桃树。遗址为典型的土石结构，因为生产取土使遗址略呈长方形，东西宽约 20 米，南北长 30 米，高约 2 米，顶部有标志碑一处。

宋戈庄堡遗址位置图

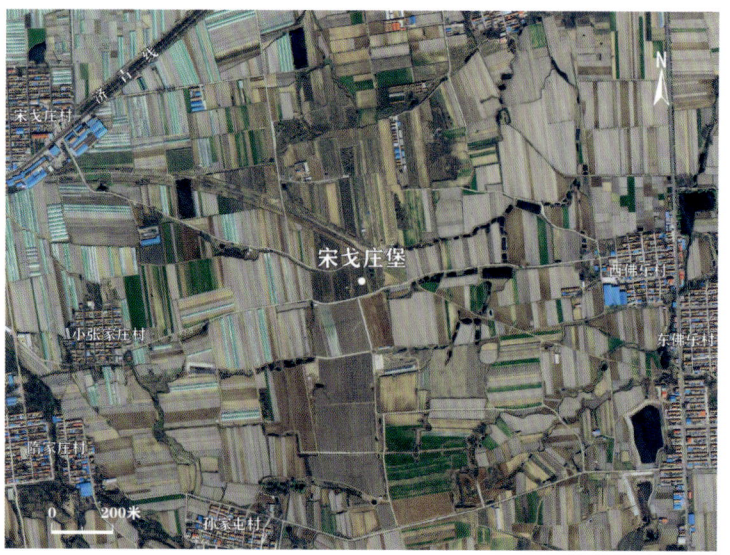

宋戈庄堡遗址卫星图

宋戈庄堡遗址近景（西南向东北摄）

宋戈庄堡遗址全景（东北向西南摄）

三

其他遗址

胶州城隍庙

位　　置　胶州市阜安街道浮萍社区兰州东路 95 号

始设年代　明洪武二年（1369 年）重修

文保级别　2013 年 10 月公布为省级文物保护单位

概　　况　据《增修胶志》载，胶州城隍庙于明洪武二年（1369 年）重修，是目前胶州市区保存下来的比较完整的唯一一处古建筑遗存。整座城隍庙占地面积约 4043 平方米，建筑面积约 1186 平方米。房屋建筑为传统的四合院式组合

胶州城隍庙位置图

胶州城隍庙文物保护标志碑（南向北摄）

胶州城隍庙卫星图

形式。由山门、大生殿、广生殿、灵官殿、土地庙、戏楼、灵佑侯府、东西翼区、东廊房、西廊房、瑞星殿、寝殿等建筑组成。四进院落，前殿面阔五间，传统硬山式建筑风格，后殿五间，东西两厢各十间，广生殿、大生殿各三间。明清两代经经多次修缮。2006 年，本着修旧如旧的原则，由胶州市政府主导，以社会捐助的形式，对胶州城隍庙进行了全面修缮并外开放。现为山东省级文物保护单位。

胶州城隍庙正门（南向北摄）

胶州城隍庙全景（南向北摄）

黄 岛 区 地 图

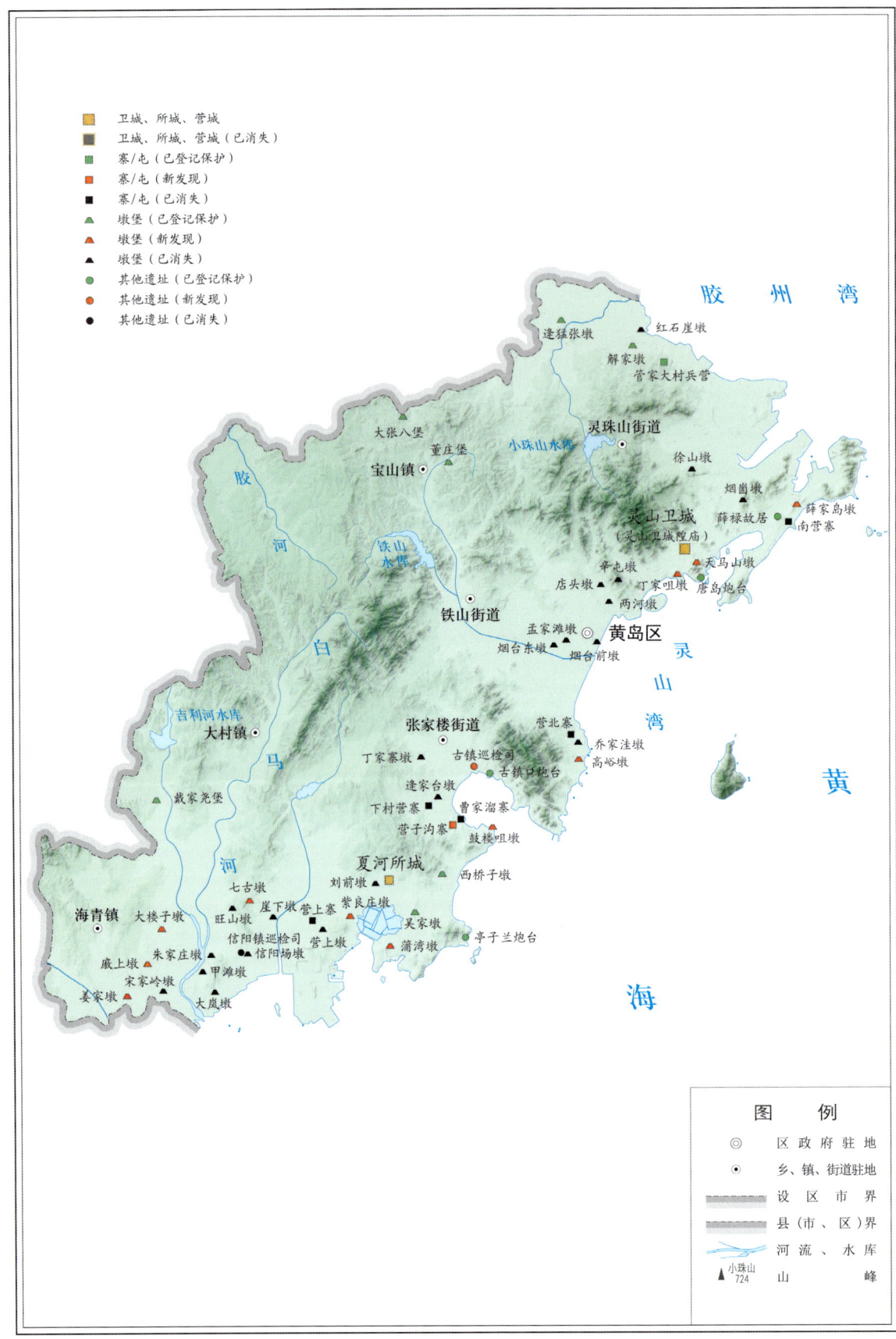

七　黄岛区海防遗址

卫城遗址

灵山卫城遗址

位　　置　黄岛区灵山卫街道驻地附近

始设年代　明洪武三十一年（1398 年）

文保级别　尚未核定为文物保护单位

概　　况　遗址位于黄岛区灵山卫街道驻地附近，背靠群山，东南临大海。乾隆《灵山卫志》记载：灵山卫城周围五里，四门：东曰朝阳，西曰阅武，南曰镇海，北曰承恩，并有南、北两处水门[①]。现卫城建筑基本已经不存，城内城隍庙尚存。四周护城河遗迹尚在，已经改造为水渠和排水沟。卫城轮廓在卫星地图上较为清晰，大致范围为东至大湾港路，西至阅武路，南至宁海路附近，北至承恩路。

历史沿革　灵山卫设置于明朝洪武三十一年（1398 年），名称源自近海的灵山岛，地名一直沿用至今。该地区自古就是军事要地，根据学者考证：灵山卫城曾是齐国安陵邑旧址，为齐国关防重镇"左关"所在地。[②] 灵山卫地理位置十分重要，西北距胶州城九十里，正所谓："西北众山环抱，东南大海旋绕。灵岛屏列于前，长城带围于后。左二劳，右大珠，

灵山卫城遗址位置图

灵山卫城遗址卫星图

---

① 乾隆《灵山卫志》"卷一·舆地·沿革"，五洲传播出版社，2002年校注本，第11页。
② 翁建红：《丝路琅琊——海上丝绸之路与青岛西海岸》，中国言实出版社，2016年，第72页。

山盘路曲，无异鸟道羊肠。控淮口，逼莺游，洪激水深，可比龙门积石。通江淮之运道，舳舻直接幽燕；联吴越之战舰，片帆可达化外。虽仅海上孤城，实为边疆要地。"[1] 清代改革军事制度，并逐步裁撤卫所，顺治元年（1644年），改世袭官军为流官，设掌印卫守备，驻防把总。雍正十二年（1734年），灵山卫被裁撤，并最终归并胶州。但因其所处海防位置的重要，随后设立灵山巡检司。

灵山卫城最初为土城，由时任指挥佥事的朱兴修筑，"周围三里，高二丈五尺，厚半之。门四。池二丈五尺，广二丈"[2]。后来经过多次加固维修。"永乐二年（1404年），指挥佥事郭崇重修，外包以砖，周方加二里，四门加楼，增铺舍十余所。"弘治元年（1488年）再次重修，"名其四门：东曰朝阳，西曰阅武，南曰镇海，北曰承恩"[3]。灵山卫城修建后，出于海防的需要不断加固扩建，形成了一定规模，增加了门楼等其他附属建筑。城内有卫署、经历司、学宫等官署机构，城外设立演武场等军事设施，卫城内外也相继修建起了社稷坛、城隍庙、关帝庙等庙宇建筑，最终的灵山卫城成为颇具规模的军事重镇，"四门洞达，街为十字，整齐方正，形若棋盘，巷口有石若棋子，中有界河自北水门入，由南水门出，汇于城南，渐次归海"[4]。

灵山卫的海防体系由所、寨（百户所）和墩堡构成。以卫城为中心下辖左、前、后三个千户所，其中夏河所为前所，卫城周边另设有萧家寨、龙潭寨等百户

灵山卫城遗址东护城河旧址（南向北摄）

灵山卫城遗址南护城河旧址（西向东摄）

灵山卫城遗址西护城河旧址（北向南摄）

① （清）苏潜修著，胶南市史志办校：《灵山卫志校注》，五洲传播出版社，2002年，第18页。
② （清）苏潜修著，胶南市史志办校：《灵山卫志校注》，五洲传播出版社，2002年，第11页。
③ （清）苏潜修著，胶南市史志办校：《灵山卫志校注》，五洲传播出版社，2002年，第12页。
④ （清）苏潜修著，胶南市史志办校：《灵山卫志校注》，五洲传播出版社，2002年，第47、48页。

所级别的军寨以及三十余处海防墩堡。明《筹海图编》记载灵山卫有墩堡共 33 处，其中"墩二十，帽子峰、将军台、沙沟、黄埠、李家岛、唐岛、风火山、黄山、野山埠、戚家疃、捉马山、张家庄、刘家沟、孙家港、胡蓝嘴、敲尧山、酉子埠、沙嘴；堡十三：青石山、崇石山、东石山、交差涧、焦家村、石喇、鹿角河、大河口、花山、本寨东门、丁家庄、白塔岙、沙岭"。清《灵山卫志》记载则有 30 处集中分布在卫城北、东、

灵山卫城遗址南门古安平桥遗迹（东向西摄）

灵山卫城遗址南门古安平桥遗迹（西向东摄）

灵山卫城遗址居民墙上的城砖（西向东摄）

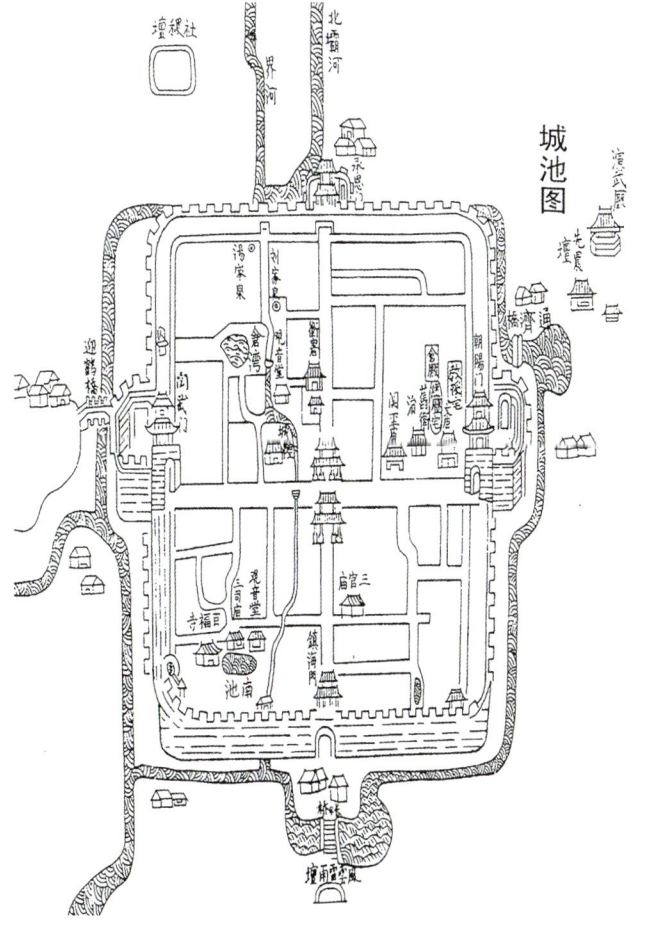

灵山卫境图①

灵山卫城池图②

---

① 龙文明、赵耀、董基：《莱州府志》"第一卷"，民国二十八年（1939年）刻本。
②（清）苏潜修著，胶南市史志办校：《灵山卫志校注》，五洲传播出版社，2002年，第8页。

西三个方向，"天马山墩、黄山墩、安岭墩、薛家岛墩、李家岛墩、风火山墩、酉子埠墩、陈家岛墩、顾家岛墩，以上在卫城东；野人埠墩、峤峣山墩、黄墩、沙嘴墩、石喇墩、鹿角河墩、将军台墩、胡家山墩、帽子峰墩、古镇口墩，以上在卫城西；青石山墩、崇石山墩、白塔夼墩、交义涧墩、臧家疃墩、捉马山墩、张家庄墩、呼兰嘴墩、刘家沟墩、孙家沟墩、沙沟墩，以上在卫城东北"。所辖兵力情况与卫的标准配置差别较大，《筹海图编》记载明代实有"京操军一千二百十三人，城守军余一百一十六人，屯军二百八十七人，捕倭军一百九十一人，守墩堡军余八十人"，共计 1887 人。清《灵山卫志》则记载只有军户一千四百八十名。

明代灵山卫设有诸多军政官职，大多为世袭，包括：指挥使、指挥同知、佥事、卫镇抚、千户、百户、所镇抚等。流官主要是经历司、仓大使等由外推升的官员。清代初期变革军事制度，逐步裁撤卫所，改革世袭官职，在灵山卫设守备和驻防把总各一员，到雍正时一并裁撤灵山卫，设立巡检司，改设千总一职。

明代灵山卫官职任职情况[1]：

正三品，指挥使五员，承袭爵位：初授昭勇将军，升授昭毅将军，龚、梁、程、柳、李；从三品，指挥同知四员，承袭爵位：初授怀远将军，升授定远将军，加授安远将军：史、毕、高、张；正四品，指挥佥事十员，承袭爵位：初授明威将军，升授宣威将军，加授广威将军，汤、唐、夏、王、陈、郭、张、焦、许、杨、萧；从六品，卫镇抚二员，承袭爵位：初授忠显校尉，升授忠武校尉，王、张；（左所）正副千户共九员，千户为正五品，承袭爵位：初授武德将军，升授武节将军；副千户为从五品，初授武略将军，升授武毅将军，共有金、孟、朱、魏、刘、余、宗、柳、叶、陈、王、杨等姓氏；（左所）百户十员为正六品，初授昭信校尉，升授承信校尉，刘、叶、韩、谷、张、李、柳、詹、侯、翟、迟、阮、魏；所镇抚二员，为从六品[2]。

清代在灵山卫和灵山巡检司设守备、把总、千总和巡检等职务，皆为流官。守备一职设置于顺治元年（1644 年），雍正十二年（1734 年）裁撤，有史料记载担任过此职的有 14 位：徐綦大（进士，顺治元年任）、冯胤昌（进士，顺治十年任）、董霭（进士，康熙元年任）、庞正道（进士）、许登榜（进士）、杨令名（进士，定兴人）、吕灿（进士，扬州人）、余震（进士，江西进贤县人，康熙三十二年任）、高节（进士，开封人，康熙三十九年任）、王与槐（举人，武城人，康熙四十七年任）、孟泽厚（进士，靖海县人，康熙五十七年任）、谢君典（历城县人，雍正元年任）、王金（广东人，雍正八年任）、李兆英（云南人，雍正九年任）。把总设立于顺治元年（1644 年），可考者有 6 人，即：马迎喜（胶州人，康熙年任）、杨大成（蓬莱人，康熙年任）、于可仪（陕西人，雍正年任）、刘玉（安东卫人，雍正年任）、梁得恩（蓬莱人，雍正年任）、姚继圣（山西人，武举，雍正年任）；千总历史记载的有 8 人，其中 1 人原籍江南松江府华亭县人，寄籍山东济南府历城，姓名已不可考。其余 7 人为：徐士英（蓬莱人，雍正十三年任）、王永吉（黄县人，乾隆五年任）、张璠（保定人，武举，乾隆十年任）、高月桂（河南洛阳人，武举，乾隆十五年任）、任天春（字培西，掖县人，乾隆二十二年任）、沈铎（天津人，乾隆三十五年任）、韦洪（宁海人，乾隆二十六年任）。雍正十三年（1735 年）设巡检，《灵山卫志》记载有两人担任过，卞宗尚（扬州人，雍正十三年任）、沈廷灿（杭州人，大兴籍，乾隆十年任）[3]。

灵山卫的文武官员在守卫海疆、治理地方方面发挥了作用，做出了贡献，涌现了一些青史留名的人物和功绩，详见下表[4]：

---

① 相关资料来源于《灵山卫志》，部分记载的官职爵位的职数与实际人数情况有出入，在此不做具体考证。
②（清）苏潜修著，胶南市史志办校：《灵山卫志校注》，五洲传播出版社，2002年，第54、55页。
③（清）苏潜修著，胶南市史志办校：《灵山卫志校注》，五洲传播出版社，2002年，第57、58，151—153页。
④（清）苏潜修著，胶南市史志办校：《灵山卫志校注》，五洲传播出版社，2002年，第72—76页。

时间	功绩	官职	姓名
洪武五年（1372年）[①]	创建卫城	指挥佥事	朱兴
永乐二年（1404年）	重修卫城	指挥佥事	郭崇
正统元年（1436年）	创建武学	指挥使	萧俊
成化五年（1469年）	协修朝阳寺	指挥使	柳信
		指挥同知	高升
			张原
			毕宣
			史升
		指挥佥事	汤昱
			唐宽
			焦逵
			夏端
			许胜
			陈安
			郭瑄
			萧贵
			张禧
			王玺
		卫镇抚	张璟
		左所正千户	刘真
			朱玉
			孟荣
		左所副千户	魏宣
			陈聪
			王弼
			余泰

① 关于灵山卫城的设置时间相关史料记载不一致，此处不做具体考证。

续表

时间	功绩	官职	姓名
成化五年（1469 年）	协修朝阳寺	左所副千户	杨卜里
		左所百户	张胜
			迟贵
			阮胜
			魏泰
			李安
弘治元年（1488 年）	协修文庙	指挥使	柳奇
		指挥同知	高宣
		指挥佥事	张钺
嘉靖十六年（1537 年）	监修马濠运河	指挥使	柳碧
		左所正千户	朱继祖
			刘琦
嘉靖二十三年（1544 年）	协修关帝庙	指挥使	梁勋
		指挥佥事	史大绅
		左所百户	翟浩
			柳茂

明代灵山卫有史可考的重要武将[1]。

指挥使，程常，原籍江西广信府铅山县人。天顺八年（1464 年），钦选灵山卫世袭指挥使。成化七年（1471 年）卒，子俊继。俊卒，无子，弟杰继。杰生文，文生相，相生炜，炜生延柞。文、炜、延柞俱诰赠昭勇将军。六传，凡五世。

指挥佥事唐彰，原籍湖广常德府石门县人。父荣，以军功授世袭百户。阵亡，赠武略将军、副千户，彰继。彰以军功升世袭正千户，寻升世袭指挥佥事。彰卒，子俭继。俭生宽，宽生勋，勋生钺。正德六年（1511 年），流贼刘六等破卫城，钺力战死之。事闻，赠昭勇将军、指挥使。钺生尧相，尧相生瀛，瀛生继功，凡九传。

指挥佥事王瑾，原籍武定。以军功授本卫指挥佥事，升本卫指挥同知，封明威将军，世袭，传子惟精。

指挥佥事焦鹏，原任陕西榆林卫都司，调本卫指挥佥事，世袭，升留守司副使。

镇抚王扬休，原籍怀来县人。洪武间以军功授本卫镇抚司镇抚，封忠武校尉，世袭。

正千户金辂，原籍山后人。天顺八年（1464 年），选灵山卫左所正千户。辂卒，子鼎继。正德六年（1511

① （清）苏潜修著，胶南市史志办校：《灵山卫志校注》，五洲传播出版社，2002 年，第 64—68 页。

年），选即墨营备倭。七年（1512 年）三月十七日，流贼刘六等劫营，鼎力战死之。鼎生奎，奎生儒，儒生守业，守业生玉声，凡六传。

正千户宗得，原籍江西临川县人。以军功封世袭正千户。得生善，善生安，安生彝，彝生寿，寿生雄，雄生器。器以军功升指挥金事。器生一邦。凡传七世。

百户侯胜，原籍扬州府仪镇人。成化十三年（1477 年），由鳌山卫前所百户调灵山卫左所百户。胜生爵，爵生英，英生师儒，师儒生尚乡，凡传四世。

千户所城遗址

夏河所城遗址

位　　置　黄岛区琅琊镇夏河城

始设年代　明洪武年间（1368—1398 年）

文保级别　2015 年 6 月"黄岛海防遗址——夏河城城墙"被公布为第五批省级文物保护单位

概　　况　乾隆《灵山卫志》记载，明洪武时期，在此设立千户所，名夏河所，为灵山卫下属千户所。清《诸城县志》记载："夏河城自明为兵寨，在龙湾社，洪武年间灵山卫百户管成包以砖石，周三里余，计一百五步，门四……灵山卫量拨官军居之。"

今夏河城由前村、北村、东村和西村四个村庄组成，基本上以古城为中心分布。夏河所城在卫星图上的轮廓较为清楚，范围大致为南到古城路，北至夏河城遗址公园，西临夏河，东达琅琊镇中心中学西侧南北街。夏河所城现存城墙遗址 2 段，属于北城墙和西城墙的一部分，分别位于琅琊镇夏河城北村村北，夏河以南，石桥东侧；夏河城北村村民家的院子中间。位于夏河城北村村后的一段长 40 余米，宽约 15 米，高 3 米余；位于村民家院中的一段城墙长 20 余米，

夏河所城遗址位置图

夏河所城遗址卫星图

夏河所城现存北城墙遗址航拍全景照（上为南）

夏河城城墙文物保护标志碑（南向北摄）

夏河所城北城墙内侧剖面（南向北摄）

宽3米余，高3米余，均为黄土夯筑。村北一段周边已围绕夏河两岸开辟为夏河城遗址公园，并对外开放。村民家中一段已采取外包砖墙保护。现为山东省文物保护单位。

历史沿革　夏河所，也称夏河寨，又称夏河寨所，或称夏河寨前所、夏河寨备御千户所。设置于明洪武时期，为灵山卫下辖，清康熙十年（1671年）被裁撤。《大清一统志》记载："夏河寨，在诸城县东南，去琅琊台十里，有砖，城周四里。""夏河寨，在胶州西南九十里，城周三里有奇，有备御千户所，属灵山卫。"清乾隆《山东通志》也记载："夏河所城，在胶州西南八十里，石城。明洪武间灵山卫百户管成所筑，周三里，高一丈七尺，厚二丈，池阔一丈五尺，四门。"夏河所下属有七墩六堡共13处海防墩堡，即："墩七：徐家埠、紫良庄、海王庄、车叠山、沙岭、黄埠、大盘；堡六：赵家营、走马岭、封家岭、北显沟、小滩、王家庄。"[1] 根据明《筹海图编》记载夏河备御千户所军兵分为守城军和守墩堡军两种。其中，守城军余六十七人，守墩堡军余三十九人。明代夏河所设有千户、百户和镇抚等官职，均为世袭。《灵山卫志》记载：千户五员，崔、鄜、杨、杨、陈；百户十员，许、刘、叶、王、李、花、姚、管、施、周；镇抚二员[2]。

夏河所城西城墙近景（北向南摄）

夏河所城北城墙近景（西向东摄）

① （明）郑若曾著，李致忠校：《筹海图编》"卷七·山东兵制"，中华书局，2007年，第439—444页。
② （清）苏潜修著，胶南市史志办校：《灵山卫志校注》，五洲传播出版社，2002年，第55页。

三

巡检司遗址

古镇巡检司遗址

位　　置　黄岛区滨海街道西古镇营村东

始设年代　明洪武八年（1375 年）

文保级别　尚未核定为文物保护单位

概　　况　古镇巡检司所在地，明代属莱州府胶州境内，现为黄岛区滨海街道管辖。根据走访调查，当地村民称其为"城墙"，经实地踏查，遗址现为一处长方形高台地，高出周边地表约 1 米，东西长约 300 米，南北宽约 200 米，其上未发现附属建筑，地表也未有陶片等遗物。村民曾在台地上发现两口古代砖井，后填实。通过村民的描述并结合现场调查，初步推测其应为古镇巡检司所在。

历史资料　《大清一统志》记载"（古镇巡检司）在胶州西南一百二十里，大珠山前，明洪武八年（1375 年）设巡司于此，今存"[1]。古镇巡检司设立于明初，一直延续至清代乾隆三十六年（1771 年），存续将近 400 年。又据《筹海图编》载："古镇巡检司，守墩弓兵九人，墩三：西庄、古积、北青。"[2]

古镇巡检司遗址位置图

古镇巡检司遗址卫星图

---

① （清）和珅等：《大清一统志》"卷一三八·莱州府"，文渊阁四库全书本。

② （明）郑若增：《筹海图编》"卷七·山东兵制"，李志忠点校，中华书局，2007年，第444、445页。

古镇巡检司遗址远景（西向东摄）

古镇巡检司遗址航拍（上为北）

信阳镇巡检司（遗址）

位　　置　黄岛区泊里镇信阳村

始设年代　明洪武三年（1370 年）

文保级别　已消失

概　　况　遗址位于泊里镇驻地西南 10 千米处，东南部临海，据海约 2 千米。根据走访的村民介绍相关遗迹于 20 世纪 70 年代左右拆除。巡检司原有房屋 6 排，现村民修改房屋，地面硬化，遗迹不复存在。

历史资料　信阳镇巡检司又名信阳场巡检司，据《青州府志》记载，诸城县东南一百二十里处的信阳镇设有巡检司，并有"周一里"的寨城。光绪《增修诸城县续志》记载于光绪十七年（1891 年）裁撤。信阳自古为重要的海盐产地，设有盐场。信阳镇建镇于北宋，延续至金元时期，元代改为信阳场。后设立信阳盐课司，并设有正八品管勾。因此信阳镇巡检司有守护盐场的职责，其同时也管理宋家海口、崔家海口，并辖贾铁马墩等三墩。

信阳镇巡检司（遗址）位置图

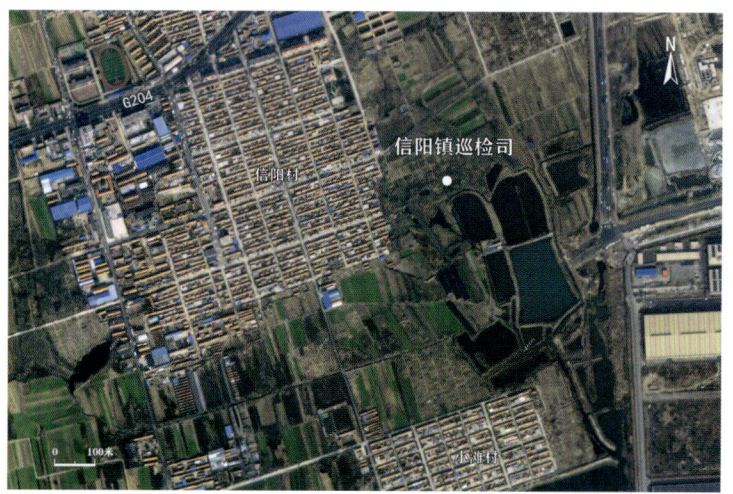

信阳镇巡检司（遗址）卫星图

四

寨 / 屯遗址

管家大村兵营遗址

位　　置　黄岛区红石崖街道管家大村西高岭上

始设年代　明代

文保级别　尚未核定为文物保护单位①

概　　况　兵营遗址位于管家大村社区西地势较高、视野开阔的高地上。北临胶州湾，南眺龙斗山。现存遗

---

① 第三次全国文物普查时发现，命名为"管家大村兵营遗址"。详见青岛市文物局：《今古和声——青岛市第三次全国文物普查新发现辑录》，文物出版社，2011 年，第 70 页。

址为城墙坍塌后堆积成的大阬两段，应为西城墙和南城墙，中间被骊山路截断。其中，西墙遗迹遍布杂草，中间高，向南北两侧逐渐降低，东西两侧为耕地，城内普遍高于城外，内外最大高差为2.6米。西墙遗迹现存长度约106米，呈梯形，最高处约为3.2米，顶部最宽处为1.2米，底部最宽处为11.5米，在北侧断崖处采集到陶片和砖块。城墙为典型的土石结构，经钻探，土质较为细致，含砂，颜色偏黄。南城墙遗址上部已被开垦为耕地，残长约61米，西高东低，呈梯形，顶宽3.7米，底部宽约4.7米，最高处约0.95米。南北两侧均为耕地，北侧断面较为清晰，土石结构，夹杂有碎石块和砖块，采集到大量陶片，可辨器形有砖块、陶器等，部分砖块带有白石灰。

三普资料显示，该处兵营平面呈正方形，边长约130米，分布总面积约1.69万平方米。地表采集到一部分明代残砖。原有厚约3米的城墙，后坍塌堆成大阬。管家大村兵营为当时灵山卫辖下的一处兵营，当地老百姓呼之为"大营子"，结合史料分析该处兵营应为明代百户所级别的军寨。兵营历经三百余年历史，直到清雍正年间随灵山卫一起裁撤。

管家大村兵营遗址位置图

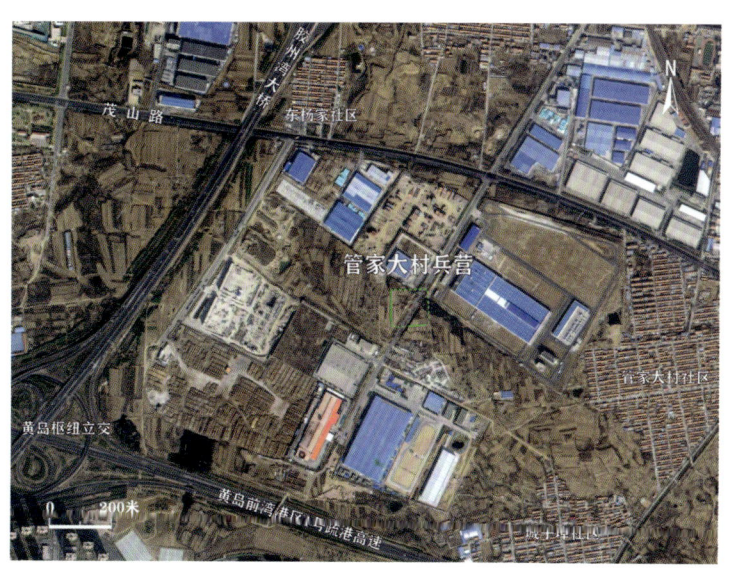

管家大村兵营遗址卫星图

管家大村兵营遗址南墙内剖面（北向南摄）

管家大村兵营遗址采集到的陶片、砖块等

管家大村兵营遗址西墙现状（南向北摄）

管家大村兵营遗址南墙现状（北向南摄）

南营寨（遗址）

位　　置　黄岛区薛家岛街道南营社区

始设年代　明代

文保级别　已消失

概　　况　遗址现已消失，不复存在，营寨形制、大小不明。现地表为南营社区居民楼，在西侧紧邻德国人建造的四眼井。四眼井位于紧邻南营社区西侧的海韵嘉园内，为三普登记的不可移动文物。该营址据当地老人回忆，为明代屯兵的军寨。距离东南方的沿海不足 1 千米，与附近的薛家岛墩相呼应。

南营寨（遗址）位置图

历史资料　根据《黄岛村落》丛书描述：

"南营村，因明朝初这里曾设过兵营，又位于薛家岛南部，本村名南营。"

南营寨（遗址）现状（东向西摄）

营北寨（遗址）

位　　置　黄岛区滨海街道营海村

始设年代　明代

文保级别　已消失

概　　况　位于营海村以北至营北村以南的两村之间的区域，东距海约 1.4 千米，东南约 500 米处为乔家洼墩。现遗址所在区域地表为农田，目前地面遗迹已经不存，未采集到遗物，军寨的形制、大小不明。据村民描述推断，该军寨可能为当时部队扎帐篷露营的地方，未见城墙等遗迹。

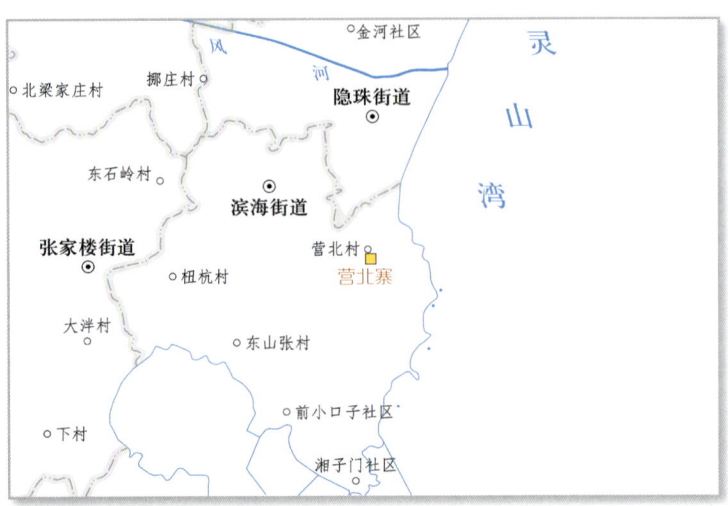

营北寨（遗址）位置图

营北寨（遗址）航拍（上为北）

下村营寨（遗址）

位　　置　黄岛区张家楼镇下村村委南

始设年代　明代

文保级别　已消失

概　　况　遗址位于下村村委南约 200 米，北临下村河，东距古镇口湾约 2 千米，东北约 1.5 千米处为逢家台墩。据村民回忆，营为边长约 100 米的正方形大土堆，高约 1.5 米，夯土筑成，四周有壕沟，土堆的四角有类似于岗哨的建筑。遗址现已经消失，为民房所占压，地面均已硬化。

下村营寨（遗址）位置图

历史资料　根据当地编纂的《下村村志》记载："营子"在村西侧，据传为古代兵营，与古镇口、营子沟的兵营在同一年建造。营子为台体，占地面积 4000 多平方米，高约 6 米，顶上四角各有烽火台一座，用来传递信号。20 世纪 60 年代治理坡地时被平整。

曹家溜寨（遗址）

位　　置　黄岛区琅琊镇曹家溜村东北

始设年代　明代

文保级别　已消失

概　　况　遗址位于曹家溜村东北 400 米处高台上，东临古镇口湾，视野开阔，西南距营子沟寨不足 1 千米。遗址现已消失，地表无任何遗存，长满杂草。军寨所在的曹家溜村原名"曹江口"，为下村河的入海口处。据当地村民称，这里在古代是一处避风良港，往来货船多在此避风停泊。

曹家溜寨（遗址）位置图

曹家溜寨（遗址）曹江口附近现状航拍（西向东摄）

营子沟寨遗址

位　　置　黄岛区琅琊镇营子沟村东

始设年代　明代

文保级别　尚未核定为文物保护单位

概　　况　遗址东距古镇口湾约 1.2 千米，经走访确认，营寨原由兵营、将台、校场、南牢等组成。地表上现存几段东城墙。根据走访村民回忆，营墙原厚一二十米，高五六米，有西门。现可以大致辨认出原兵营范围；村内有名为"将台"（村西北角）、校场（"将台"南）、"南牢"（村西南角）等地，但地表均已无可辨遗迹，仅有地名，推测这些地方与当时的兵营共同建立起一处防御、训练、驻军的军事据点。

营子沟寨遗址位置图

营子沟寨遗址卫星图

营子沟寨遗址东北墙现状（南向北摄）

营子沟寨遗址东南墙现状（西向东摄）

营子沟寨遗址墙基现状（北向南摄）

营子沟寨遗址远处点将台原址现状（北向南摄）

营上寨（遗址）

位　　置　黄岛区泊里镇营上村西北

始设年代　明代

文保级别　已消失

概　　况　营上寨又称营上兵营，位于营上村西北部约 200 米处，北距信号塔约 20 米，西距进村公路约 30 米，东距海约 2 千米，东北 3.5 千米处为紫良庄墩。遗址现已经消失，不复存在。地表种植果树，未见地表遗迹。据村民回忆，大约 20 世纪 60 年代整地推平。城墙为黄土筑成，东西南北四面城墙均长约 200 米，墙宽约 10 米。在每个城墙角均有一个炮台。且每个城墙中间位置都有一个城门。

营上寨（遗址）位置图

历史资料　据传，明初李氏先祖定居此地。因当时村后边驻有军队，且设有营部，而该村居营部上部，由此得名。营上村现在有居民 107 户，人口为 321 人，除李姓居民外，尚有董姓、宋姓、张姓、姜姓、陈姓等居民。营上村历史上以农业和编织业为主。

五

墩遗址

逄猛张墩遗址

位　　置　黄岛区王台街道逄猛张村东南烟台岭上

始设年代　明代

文保级别　2015 年 6 月"黄岛海防遗址——逄猛张墩台"被公布为第五批省级文物保护单位

概　　况　逄猛张墩所在的高岭，当地民众称之为"烟墩子山"，又名"烟台岭""康王坟"，东距现海岸线约 6.5 千米。墩台所在地原为鸵鸟养殖场，四周筑有围墙，四方形，边长约 200 米，现已废弃。遗址位于院内偏西北的位置，东南侧为信号塔。烟墩呈圆锥状，土石结构，由黄土和碎石夯筑而成，土质坚硬，直径 20 余米，高约 2.5 米，分布面积约 600 平方米。

历史资料　逄猛张墩应为明代所设逄猛巡检司下辖的一处烟墩。《明会典》载："（逄猛巡检司）在胶州南四十里，洪武八年（1375 年）设巡司于此，今存。"又据《筹海图编》记载：逄猛巡检司，守墩弓兵九人，墩三，互埠，彭家港、岛儿河。此处烟墩应为其中之一。

逄猛张墩遗址位置图

逄猛张墩遗址卫星图

逄猛张墩遗址近景（南向北摄）

解家墩遗址

位　　置　黄岛区红石崖街道解家社区东高岭上

始设年代　明代

文保级别　2016年11月"解家烽火台"公布为黄岛区文物保护单位

概　　况　遗址位于解家东一高地上，西距解家社区约100米，现南侧被东西向的茂山路贯通。东北距胶州湾约2千米，东侧及北侧为工厂，西侧为公墓，南临解家水库，远眺门楼山，视野开阔。

遗址周边地表遗迹不是非常明显，三普资料显示：该处烟墩为明代抗击倭寇时用以传递军情的通信设施，应为灵山卫辖下的海防烟墩之一，当地称为"营子"。遗址原长约50米，宽约40米，高约3米，占地面积约2000平方米。

历史资料　《黄岛村落》丛书记载（解宋）村东北1里处有座烽火台遗址，当地称"营子"，据老人们说，是明代戚继光抗倭时修建的，用来传递军情。

解家墩遗址位置图

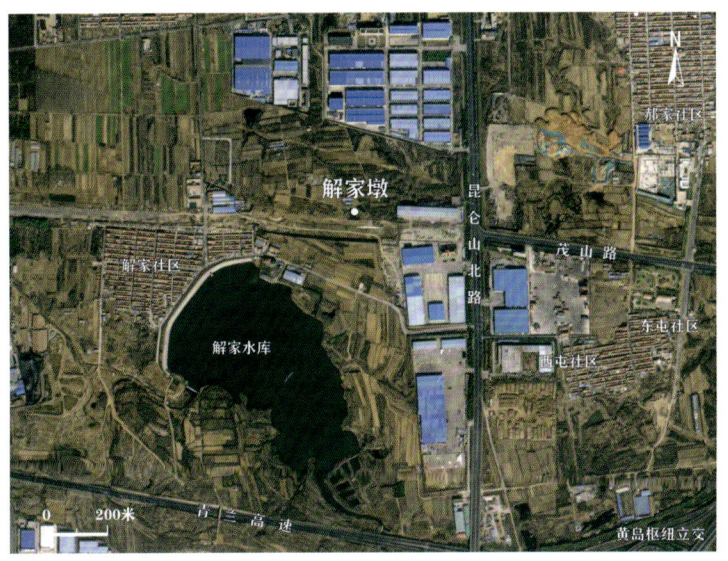

解家墩遗址卫星图

解家墩遗址全景（西向东摄）

解家烽火台遗址文物保护标志碑（南向北摄）

红石崖墩（遗址）

位　　置　黄岛区红石崖街道红石崖社区南

始设年代　明代

文保级别　已消失

概　　况　遗址位于现红石崖社区南约200 米。北距胶州湾约 600 米，南距解家墩约 1.2 千米。根据走访的当地群众称，遗址曾为圆台形，原残高 3—4 米，现因经济建设已消失不存。

红石崖墩（遗址）位置图

红石崖墩（遗址）现状（南向北摄）

徐山墩（遗址）

位　　置 黄岛区辛安街道徐山公园内

始设年代 明代

文保级别 已消失

概　　况 遗址位于徐山顶部，现已消失，围绕徐山修建了徐山文化公园。东距现海岸线约4千米。据附近居民反映，烟墩原高约5米，底径约18米。该遗址为灵山卫下辖的传递报警信号的烟墩之一。

历史资料 "徐山"一名因徐福东渡由此启航而得名。山北坡处有一山洞，名为"徐福石屋"，现为黄岛区文物保护单位。相传当年徐福在此居住，并采药炼丹，诊病救治周边百姓。2011年，"徐福传说"被列为国家级非物质文化遗产。

徐山墩（遗址）位置图

徐山墩（遗址）现状（东向西摄）

烟崮墩（遗址）

位　　置 黄岛区长江路街道烟崮墩山上

始设年代 明代

文保级别 已消失

概　　况 遗址地处海拔104米烟崮墩山山顶，南距唐岛湾约2.4千米，西南约6.6千米处为灵山卫，东南距薛家岛墩约3.6千米。烟崮墩山又名穆陵山，当地流传此处在古代曾建烽火台，故名烟崮墩。山顶部建设有信号塔，现烟墩遗址已消失。

烟崮墩（遗址）位置图

烟岗墩山远景（西向东摄）

烟岗墩（遗址）现状（南向北摄）

薛家岛墩遗址

位　　置　黄岛区薛家岛街道烟台前社区西北

始设年代　明代

文保级别　尚未核定为文物保护单位

概　　况　遗址位于烟台前社区西北100 米的烟台山上，距薛家岛街道约 3.5 千米。东南距烟台前社区 100 米，东距海约 450 米，北距海岸线约 1.3 千米，西南距南营军寨约 1.3 千米。遗址圆台形，底大顶小，顶部直径约 8 米，残高约 5 米，占地面积约 180 平方米。其上已种满庄稼。台顶散落少量石块，可能为早年间遗物，据当地居民称，遗址原来更高，后顶部被取土破坏。

历史资料　薛家岛原住居民多数为薛姓，皆为明代阳武侯之后裔，薛家岛社区也由此而得名。明朝为防御倭寇，在村北山上修有烽火台，明朝中期薛姓五甲人由薛家岛村迁来烟台山前定居，繁衍成村，故名烟台前村。烟台前社区位于薛家岛街道驻地东南，南临金沙滩，曾是薛家岛街道第　大村。清《灵山卫志》记载灵山卫下辖有 30 墩，卫城东有 9 座，"薛家岛墩"为其中之一。

薛家岛墩遗址位置图

薛家岛墩遗址卫星图

薛家岛墩遗址现状（北向南摄）

天马山墩遗址

位　　置　黄岛区灵山卫街道大岔口社区北山顶上

始设年代　明代

文保级别　未核定为文物保护单位

概　　况　遗址位于灵山卫街道南侧瞭望山上，地势较高，视野开阔，距海较近，往南可俯视近处的唐岛湾及外海。东南为积米崖港，南侧约 1.5 千米处为唐岛炮台。距离西北处的灵山卫城不足 2 千米，烟墩为土石结构，上遍布树木和杂草。

天马山墩遗址位置图

历史资料　清代《灵山卫志》记载灵山卫下辖海防烟墩 30 处，卫城东部有一处卫"天马山墩"，结合走访灵山卫史志专家和群众确定此处烟墩为天马山墩。

天马山墩遗址远景（北向南摄）

丁家咀墩遗址

位　　置　黄岛区灵山卫街道灵山卫公
交枢纽站东南 200 米

始设年代　明代

文保级别　尚未核定为文物保护单位

概　　况　遗址近临大海，扼守唐岛湾
口，北距灵山卫约 2.5 千米。烟墩为黄
土碎石夯筑而成，残高 2—4 米，底部
直径约 15 米，占地面积约 225 平方米，
顶部残损严重。周围为村民的农田及杂
草，东侧有一条大水沟。该烟墩应是灵
山卫所属海防烟墩之一。

丁家咀墩遗址位置图

丁家咀墩遗址卫星图

丁家咀墩遗址现状（东向西摄）

辛屯墩（遗址）

位　　置　黄岛区灵山卫街道辛屯山上

始设年代　明代

文保级别　已消失

概　　况　遗址位于辛屯北山上，南距海约 2 千米，东北约 6 千米处为灵山卫。据当地居民称，烟墩原为砖筑，曾挖出大青砖。遗址附近现已城市化，看不出原貌。在遗址顶部眺望西北可见店头墩所在位置，西南可见两河墩所在区域，东可见丁家咀墩。

辛屯墩（遗址）位置图

辛屯村志铭（南向北摄）

辛屯墩（遗址）现状（南向北摄）

店头墩（遗址）

位　　置　黄岛区灵山卫街道店头村西南

始设年代　明代

文保级别　已消失

概　　况　遗址位于店头村西南 360 米西岭高地上。现遗址周围杂草丛生，其东侧山体被开发建设破坏掉一半。地表杂草丛生，长满灌木丛。遗址现已消失，不复存在。

店头墩（遗址）位置图

店头墩（遗址）现状（南向北摄）

两河墩（遗址）

位　　置　黄岛区灵山卫街道东岳中路
与两河路交叉口西北约 370 米

始设年代　明代

文保级别　已消失

概　　况　遗址位于现双星集团研发中
心院内，紧靠两河畔，东南距海约 1 千
米。据走访的市民称，烟墩原高 6—7 米，
底部为圆形，直径约 30 米。遗址附近
现已城市化，看不出原貌，在烟墩所在
地顶部向北眺望可见店头墩所处位置，
西南可见烟台前墩。

两河墩（遗址）位置图

两河墩（遗址）现状（南向北摄）

烟台前墩（遗址）

位　置　黄岛区隐珠街道烟台前路与
滨海大道交叉口

始设年代　明代

文保级别　已消失

概　况　遗址现已不存，原址位于现
黄岛区人民政府（西区）广场附近。周
边已经城市化。据走访当地居民称，遗
址于1955年前后在顶部借助高势修建
有建筑物，20世纪90年代修建风河大
坝时期取土，使得遗址破坏消失。烟墩
东距海岸线600米，现为城市阳台景区，
南临风河河口，距孟家滩墩约2.5千米，
在遗址顶部眺望，西可见孟家滩墩所处位置。

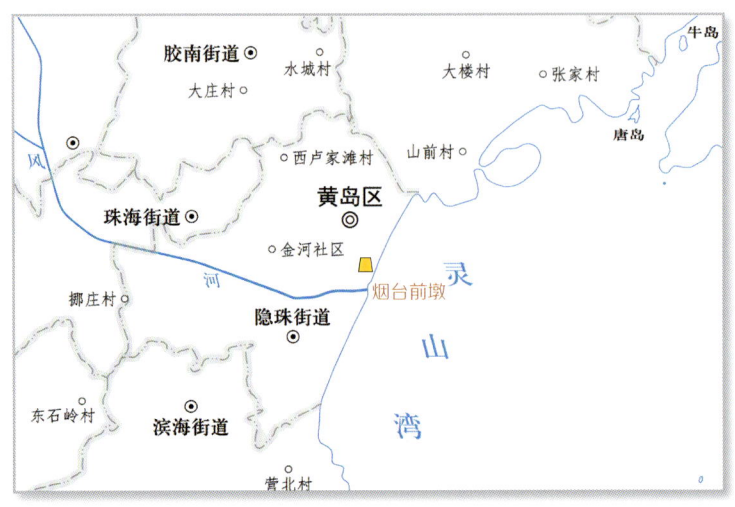

烟台前墩（遗址）位置图

历史资料　据《山东省胶南县地名志》记载：烟台前，据传，清顺治年间，葛姓从今薛家庄乡沙沟（村）
迁来立村。因地处古烟台前，故名。据民国《增修胶志·疆域》载，清宣统年间称烟台前。

烟台前墩（遗址）现状（东向西摄）

烟台前墩（遗址）现状（南向北摄）

孟家滩墩（遗址）

位　　置　黄岛区隐珠街道孟家滩社区西南

始设年代　明代

文保级别　已消失

概　　况　遗址附近现已城市化，不见原貌，东北约 200 米为孟家滩社区，东为海王造纸厂。遗址所在区域地表为杂草树木，东距海岸线约 3.6 千米。在原遗址顶部眺望东可见烟台前墩，西可见烟台东墩所处位置。

历史资料　《山东省胶南县地名志》记载，孟家滩据传，明洪武二年（1369 年）孟姓从云南迁此立村。因地处盐碱荒滩，故名孟家滩。据民国《增修胶志·疆域》载，民国时称孟家滩。

孟家滩墩（遗址）位置图

孟家滩墩（遗址）现状（东向西摄）

烟台东墩（遗址）

位　　置　黄岛区隐珠街道烟台东社区西南

始设年代　明代

文保级别　已消失

概　　况　遗址所在位置紧邻风河，北距双珠路 800 米，东距灵山湾约 4 千米，距王家石桥村约 1.1 千米。村庄因坐落在明代设置烟墩东侧，故名烟台东。遗址所在区域地势较高，现周边已经改造为公园，顶部建有"观海阁"，遗迹已经不存。由走访当地民众指认大体位置。在原遗址顶部向东眺望可见孟家滩墩所处区域。

烟台东墩（遗址）位置图

烟台东墩（遗址）航拍（南向北摄）

烟台东墩（遗址）现状（东南向西北摄）

乔家洼墩（遗址）

位　　置　黄岛区滨海街道乔家洼村东南 500 米

始设年代　明代

文保级别　已消失

概　　况　遗址所处区域背山面海，位置绝佳。西靠大珠山，东距现海岸线约 1 千米，可眺望远处的灵山岛，西北距营海村 200 米。经走访村民指认位置，现场调查，遗址已不存。

乔家洼墩（遗址）位置图

乔家洼墩（遗址）现状（西向东摄）

高峪墩遗址

位　　置　黄岛区滨海街道高峪村南300米

始设年代　明代

文保级别　尚未核定为文物保护单位

概　　况　遗址地处一台地上，地势较高，视野开阔，东距大海不足1千米，北距乔家洼墩约2.5千米。遗址现为圆台状，为土石堆筑，因农业生产取土等原因，其上被挖去大半，原应为圆锥形。现底部直径约25米，高1.5米，占地约169平方米。现墩台顶长满杂草。

高峪墩遗址位置图

高峪墩遗址现状（东向西摄）

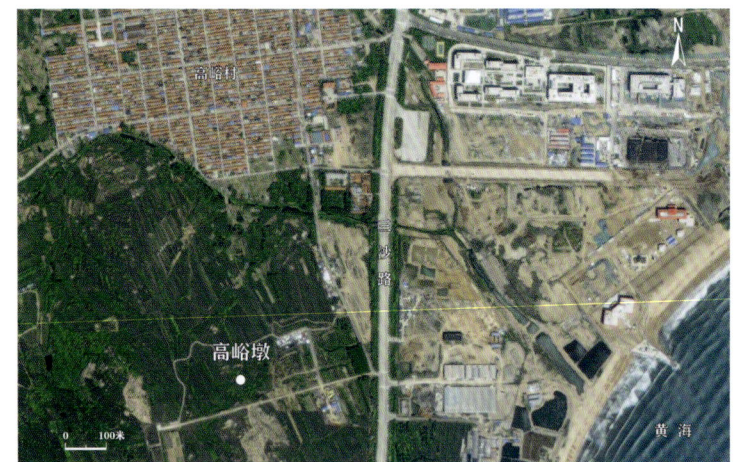

高峪墩遗址卫星图

高峪墩遗址现状（北向南摄）

丁家寨墩（遗址）

位　　置　黄岛区张家楼镇丁家寨村西南 1.1 千米处

始设年代　明代

文保级别　已消失

概　　况　遗址东南约 4.4 千米为古镇口海湾，距东南方的逄家台墩约 2.6 千米。据走访村民反映，烟墩于 2016 年整地破坏消失，现为蓝莓种植园。据称原遗址底径约 15 米，高 2 米，为夯土筑成。

丁家寨墩（遗址）位置图

丁家寨墩（遗址）现状（西向东摄）

逢家台墩（遗址）

位　　置　黄岛区张家楼镇逢家台后村东南 100 米

始设年代　明代

文保级别　已消失

概　　况　据走访村民指认，原遗址所在处地势稍高，周边较为平坦，视野开阔。该地东距古镇口湾约 1 千米，西距东潘家庄村 450 米。西南 1.5 千米处为下村营寨，距西北侧的丁家寨墩约 2.6 千米。

逢家台墩（遗址）位置图

逢家台墩（遗址）现状（东向西摄）

鼓楼咀墩遗址

位　　置　黄岛区琅琊镇山东头村东北1 千米台地上

始设年代　明代

文保级别　尚未核定为文物保护单位

概　　况　遗址地处古镇口湾南侧海岬台地上，三面环海，地势较高，视野开阔，扼守古镇口湾，俯瞰外海。北侧湾畔约 4.6 千米处为古镇口炮台，西侧约 3 千米处为曹家溜寨。烟墩为土石堆筑，因农业生产取土等原因，东南方向被挖去大半，原应为圆锥形。现底部直径约8 米，残高 2.5 米，占地约 25 平方米，现遗址顶部长满杂草。

鼓楼咀墩遗址位置图

鼓楼咀墩遗址卫星图

鼓楼咀墩遗址现状（东向西摄）

西桥子墩遗址

位　　置　黄岛区琅琊镇西桥子村西约600 米的高地上

始设年代　明代

文保级别　2015 年 6 月"黄岛海防遗址——西桥子墩台"被公布为第五批省级文物保护单位

概　　况　遗址东南为琅琊台，地势较周围略高，视野开阔，东距大海 2.5 千米，海拔约 58 米，西南距吴家墩约 3 千米，西距夏河城约 3.5 千米，周边为耕地、林地。

墩台由于生产取土受到破坏。底部略呈方形，上部为圆锥状，土石结构，周边及顶上遍布盗洞，约有大小 10 处。墩台高约 6 米，顶部略平，直径约 5 米，占地面积约 380 平方米，底部周长约72 米。

西桥子墩遗址位置图

西桥子墩遗址卫星图

西桥子墩遗址近景（南向北摄）

西桥子墩遗址全景（南向北摄）

吴家墩遗址

位　　置　黄岛区琅琊镇吴家村东北500 余米的丘陵上

始设年代　明代

文保级别　2015 年 6 月"黄岛海防遗址——吴家村墩台"被公布为第五批省级文物保护单位

概　　况　又名吴家村墩台或琅琊台墩，位于当地一处称为"烟台"的岭地上，视野开阔，可见东北方的西桥子墩。西北距夏河城约 3.6 千米，东距海岸线约 3.3 千米。东南 3 千米处为琅琊台风景区，约 5 千米处为亭子兰炮台。烟墩周边坡上遍布矮树和杂草，坡下为林地，周边为耕地，西侧和南侧为公墓。烟墩为土石结构，呈圆锥形，顶部略平，直径约 9 米，中心位置有测绘石质坐标点顶部偏东北有盗洞，直径约 3 米，深约 1.5米，高约 6 米，占地面积约 886 平方米，底部周长约 130 米。现为省级文物保护单位黄岛海防遗址的组成部分。

吴家墩遗址位置图

吴家墩遗址卫星图

吴家墩遗址全景（西南向东北摄）

吴家墩遗址近景（东南向西北摄）

蒲湾墩遗址

位　　置　黄岛区琅琊镇陈家贡村南350米

始设年代　明代

文保级别　尚未核定为文物保护单位

概　　况　遗址地处一高台地上。东至海岸线约1千米，距吴家墩约3.8千米，西北距子良山约4千米，东北约5千米处为琅琊台风景区。烟墩底部直径约15米，平面近圆形，高约3米。北部有一条土石坡道相连，台顶堆满碎石，为当地采石场所占。

蒲湾墩遗址位置图

蒲湾墩遗址现状（东向西摄）

蒲湾墩遗址卫星图

蒲湾墩遗址现状（东向西摄）

蒲湾墩遗址现状（南向北摄）

刘前墩（遗址）

位　　置　黄岛区琅琊镇刘前村内西南
50 米

始设年代　明代

文保级别　已消失

概　　况　遗址东距夏河城约 1.7 千米，
周边地势开阔，南距海约 2 千米，西南
约 4.4 千米处为紫良庄墩。烟墩所在地
现为养殖场，经村民现场指认其位置，
地表已无遗存。

刘前墩（遗址）位置图

刘前墩（遗址）航拍（上为北）

紫良庄墩遗址

位　　置　黄岛区泊里镇子良山后村西南 400 米

始设年代　明代

文保级别　尚未核定为文物保护单位

概　　况　遗址地处子良山北坡山腰的一处杨树林里，西北距马家庄 1.8 千米，东距海约 1.5 千米，东北方约 5.5 千米处为夏河城，东南约 4 千米为蒲湾墩。该烟墩底部面积不足 60 平方米，为近几十年取土破坏。

历史资料　根据实地走访调查并结合《筹海图编》等文献记载可知，该处烟墩应为明代夏河备御千户所辖下七墩六堡之一的"紫良庄墩"。

紫良庄墩遗址位置图

紫良庄墩遗址卫星图

紫良庄墩遗址现状（南向北摄）

紫良庄墩遗址现状（西向东摄）

营上墩（遗址）

位　　置　黄岛区泊里镇董大庄村南约1.5 千米处

始设年代　明代

文保级别　已消失

概　　况　遗址因村民整地和乡村建设而消失不复存在，地表已无迹可寻，现为高速公路施工工地。烟墩南距营上村250 米，东距营东头村 400 米，西北处为营上寨，推测为其相关的烟墩。东北约 3 千米处为紫良庄墩，东距海岸线约1.5 千米。

营上墩（遗址）位置图

营上墩（遗址）现状（西向东摄）

崖下墩（遗址）

位　　置　黄岛区泊里镇原崖下上庄村

始设年代　明代

文保级别　已消失

概　　况　遗址原址已消失不存，崖下上庄村整体拆迁，现为一水泥厂所在地，紧靠204国道。南距海约4.3千米，西北距徐家官庄约1.5千米，东南约5千米处为营上寨及营上墩，约4千米处为信阳镇巡检司遗址。

崖下墩（遗址）位置图

崖下墩（遗址）现状（南向北摄）

七古墩遗址

位　　置　黄岛区泊里镇董家口火车站西南 350 米

始设年代　明代

文保级别　尚未核定为文物保护单位

概　　况　遗址因墩台及其附近共有约七个小山头，形状如墩，故名"七古墩"，其中最大的一个直径约 10 米。墩台呈圆台形，因取土已被削去不少，台顶直径 6.5 米，其上有一盗洞，直径 3.1 米。遗址现长满杂草，未发现建筑遗迹或陶片、砖瓦，也未发现人工堆筑的石块。烟墩西南距旺山村 1.5 千米，西北距沈海高速 500 米，东南距高铁线 60 米，东北距董家口火车站 150 米，南距海岸线约 6 千米。

七古墩遗址位置图

七古墩遗址卫星图

七古墩遗址现状（南向北摄）

七古墩遗址远景（西向东摄）

旺山墩（遗址）

位　　置　黄岛区泊里镇旺山村东南约
450 米

始设年代　明代

文保级别　已消失

概　　况　遗址位于一地势相对较高的
山岭上，西北处为旺山村。据当地《徐
氏支谱》记载，明末，徐氏十世徐彭由
今大场镇大场村迁此立村，因位于旺山
脚下，故称旺山村。遗址所在位置现因
开采矿石而使得遗迹消失，东北距七古
墩约 1.2 千米，南距现海岸线约 5 千米。

旺山墩（遗址）位置图

信阳场墩（遗址）

位　　置　黄岛区泊里镇信阳村

始设年代　明代

文保级别　已消失

概　　况　遗址临近大海，南距海岸线
约 1.5 千米。东北 10 千米处为泊里镇驻
地。因经济建设发展，村民整修房屋占
压和路面硬化，遗迹已不复存在。经村
民描述原有遗址为石块砌成，20 世纪
四五十年代拆除。应为信阳镇巡检司的
一处烟墩。

历史资料　清乾隆《诸城县志·武备考》
记载："贾铁马墩、黄石澜墩、南宋墩
属信阳场巡检司。"

信阳场墩（遗址）位置图

朱家庄墩（遗址）

位　　置　黄岛区泊里镇朱家庄村东950 米

始设年代　明代

文保级别　已消失

概　　况　遗址地处一台地上，周边视野开阔。西临白马河，东南距海约 3.7 千米，东距信阳村约 1 千米。因修筑204 国道，该烟墩现已经不存。根据走访村民指认具体位置，确认了烟墩。

朱家庄墩（遗址）位置图

朱家庄墩（遗址）现状（东向西摄）

甲滩墩（遗址）

位　　置　黄岛区泊里镇甲滩村西南400 米

始设年代　明代

文保级别　已消失

概　　况　遗址现位于白马河新河道河底。根据走访当地村民描述，近几年因白马河修整河道，河道改道，原烟墩已经被淹入河底。遗址所在位置距东南方的大岚墩约 2.3 千米，东北约 2.5 千米处为朱家庄墩。

甲滩墩（遗址）位置图

大岚墩（遗址）

位　　置　黄岛区泊里镇大岚村村委会北 30 米

始设年代　明代

文保级别　已消失

概　　况　遗址坐落于村北一处高台地上，地势较高，视野开阔，现遗迹已不存。大岚村紧邻海边，西北约 2.3 千米处为甲滩墩所在地。根据走访的当地村民描述，2000 年左右该村在此处修建凉亭，取名"旺岚亭"，周边种植绿化植物，已经将烟墩破坏，现地表已无法辨认出烟墩遗迹。

大岚墩（遗址）位置图

大岚墩（遗址）现状（东向西摄）

大岚墩（遗址）现状（南向北摄）

大楼子墩遗址

位　　置　黄岛区大场镇大楼子村西南1.2 千米

始设年代　明代

文保级别　尚未核定为文物保护单位

概　　况　遗址位于村生产路西农田内，东南距海约 8 千米，周边地势开阔。为明代防御倭寇和海盗而设的烽火台。墩台原呈圆形，现南部二分之一已被取土破坏，保存较差，烟墩上也被开垦为农田，南距厥上墩约 3.7 千米。

大楼子墩遗址位置图

大楼子墩遗址西侧现状（东向西摄）

大楼子墩遗址卫星图

大楼子墩遗址北侧现状（南向北摄）

大楼子墩遗址南侧现状（北向南摄）

庙上墩（遗址）

位　　置　黄岛区海青镇庙上村西

始设年代　明代

文保级别　已消失

概　　况　遗址所在的庙上村位于海青镇驻地东南 6 千米处。村西镇村路与 204 国道相接，村东 2 千米即"同（江）三（亚）"高速公路出入口。北距于家村 1.2 千米，南距许家村 750 米，西距沈海高速 G15 约 300 米。因水土流失，村民种植取土，修建高速公路等活动，导致墩台破坏消失。距姜家墩约 2.5 千米，北距大楼子墩约 3.7 千米。

廙上墩（遗址）位置图

历史资料　据《徐氏支谱》记载，明嘉靖年间徐豹后人由今大场镇凤墩村迁此。相传，明时此地为灶户所居，曾建有仓廙，故名廙上。

廙上墩（遗址）现状（东向西摄）

宋家岭墩（遗址）

位　　置　黄岛区海青镇宋家岭村东北50米农田内

始设年代　明代

文保级别　已消失

概　　况　遗址地处白马河口，北距邓家滩村约2.8千米，东北距海岸线约4千米，西距G204国道260米，往西约2.4千米处为姜家墩。根据走访可知，遗址于20世纪50年代村民平整土地时破坏消失，经村民指认位置，现在为农田并种植农作物。在此处眺望，北可见厫上墩，西可见姜家墩。

宋家岭墩（遗址）位置图

宋家岭墩（遗址）现状（北向南摄）

姜家墩遗址

位　　置　黄岛区海青镇姜家村西南390米

始设年代　明代

文保级别　尚未核定为文物保护单位

概　　况　经走访调查姜家墩修建于一座古墓上，即现黄岛区文物保护单位姜家村墓。古墓的年代及与遗址的早晚关系尚不明确，还有待进一步考证。遗址北距后显沟村2千米；东距小陈村500米，距204国道1.7千米。在遗址顶部眺望，北可见廒上烟墩，东可见宋家岭墩。遗址由黄土夯筑而成，表面杂草丛生，长有树木。整体呈圆锥形，平面近似圆形。烟墩顶径约3米，残高4米，斜长约11米，占地面积约318.76平方米。

姜家墩遗址位置图

姜家墩遗址卫星图

姜家墩遗址西侧现状（东向西摄）

姜家墩遗址南侧现状（北向南摄）

姜家墩遗址北侧现状（南向北摄）

姜家墩遗址东侧现状（西向东摄）

堡遗址

大张八堡遗址

位　　置　黄岛区宝山镇大张八村西高地上

始设年代　明代

文保级别　2015 年 6 月"黄岛海防遗址——大张八墩台"被公布为第五批省级文物保护单位

概　　况　遗址地势较周边高，视野开阔，附近四周为耕地，东边为取土坑，再东为水泥公路，南侧为风电场变电站，周边山地风车密集，北部有种植大棚，西侧为向阳村，东南约 5.6 千米处为董庄堡。烟墩为土石夯筑，现存遗迹呈椭圆状，近似方形。顶部较平，东西长约 10 米，南北宽约 7.5 米，中间位置有疑似盗洞痕迹，已经回填。南侧因生产取土，形状不完整。烟墩占地面积约 250 平方米，周长约 65 米，坡顶东侧有枯树及老鸦窝，在南侧周边耕地采集到陶片及碎砖。

大张八堡遗址位置图

大张八堡遗址卫星图

大张八堡遗址全景（东向西摄）

大张八堡遗址现状（南向北摄）

大张八堡遗址采集文物

董庄堡遗址

位　置　黄岛区宝山镇董庄村西南约
400 米高岭上

始设年代　明代

文保级别　2015 年 6 月"黄岛海防遗
址——董庄墩台"被公布为第五批省级
文物保护单位

概　况　遗址所在高岭地势较高，北
临风河，临近周边为农田，东侧和西侧
为种植大棚，南侧为风电风车，西北距
大张八堡约 5.6 千米。墩台为土石结构，
已经平整成耕地，较周围地势略高，残
存形状为不规则多边形。存高约 1.5 米，
占地面积约 165 平方米，周长约 53 米。

董庄堡遗址位置图

董庄堡遗址卫星图

董庄堡遗址现状（东北向西南摄）

董庄堡遗址全景（西南向东北摄）

戴家尧堡遗址

位　　置　黄岛区大村镇戴家尧村西

始设年代　明代

文保级别　2015 年 6 月"黄岛海防遗址——戴家尧墩台"被公布为第五批省级文物保护单位

概　　况　戴家尧墩所处高地，当地村民称为"西岭大古墩"，西侧为省道 S215，周边遍布林地和耕地。由于农业生产取土，墩台略呈覆斗状，底部周长约 160 米，高约 10 米，面积约 1700 平方米，烟墩为土石结构。顶部已经不完整，呈"马鞍"状东西分布，东西长约 15 米。顶部及四周坡上长满灌木和杂草，顶部和周围坡上有几处盗洞。遗址南侧因生产活动遭到破坏。据村民讲，当时建有三间简易房屋，坡上残留有红砖。

戴家尧堡遗址位置图

戴家尧堡遗址卫星图

戴家尧墩台文物保护标志碑（北向西摄）

戴家尧堡遗址近景（西向东摄）

戴家尧堡遗址全景（东向西摄）

（七）

炮台遗址

唐岛炮台

位　　置　黄岛区灵山卫街道大岔口南

始设年代　清代

文保级别　2015 年 6 月"黄岛海防遗址——唐岛炮台"被公布为第五批省级文物保护单位

概　　况　遗址临海而建，距海不足百米。炮台为石砌建筑，石灰嵌缝，由前端的炮位墩台和后侧的守城兵卒营房组成一个整体建筑。炮台呈凸字形，坐北向南，炮位向前突出，现残存长度为南

唐岛炮台位置图

北 5.7 米，东西 4.3 米。东西两侧有一条约 1.5 米宽的阶梯通向炮台顶部。整座炮城建筑现南北残长 21.5 米，南北残宽为 18.5 米，墙宽约 1.5 米。炮台部分城墙建筑已经坍塌，最高处仅有 5—6 米，最低处 1 米有余，仅剩墙基。炮位南墙突出部门原镶嵌有匾额，现匾额已无，东侧有门，现已倾塌。

历史资料　唐岛炮台，历史上称为"唐岛口炮台"，为清雍正年间修筑的广式炮台，始建于雍正四年（1726年），为雍正时期在山东沿海修建的 20 座新式炮台之一，与周边的古镇口炮台和亭子兰炮台为同一形制。清雍正《山东通志》记载，至雍正十年（1732 年）山东沿海冲要处共建成海防炮台 20 座，即"龙旺口炮台、亭子栏炮台、古镇口炮台、唐岛口炮台、青岛口炮台、董家湾炮台、巉山口炮台、黄龙庄炮台、丁字嘴炮台、黄岛口炮台、五垒岛炮台、马头嘴炮台、石岛口炮台、养鱼池炮台、龙口崖炮台、祭祀台炮台、芝罘岛炮台、八角口炮台、天桥口炮台、三山岛炮台"[①]。

唐岛炮台近景（南向北摄）

唐岛炮台内部（西南向东北摄）

---

① （清）岳浚修，杜诏纂：《山东通志》"卷之二十·海疆"，四库全书本。

古镇口炮台

位　　置　黄岛区滨海街道古镇营村东南 1.5 千米

始设年代　清代

文保级别　2015 年 6 月"黄岛海防遗址——古镇口炮台"被公布为第五批省级文物保护单位

概　　况　古镇口炮台位于一临海高地上，南距海边 90 余米，为典型的广式炮台，坐北朝南，形制规整，呈凸字形，炮城整体建筑保存完好，是目前山东地区保存下来的较为完好的清代前期典型的炮台遗址。炮台高约 3.7 米，总面积为 452 平方米。前端炮位突出部分东西长 6.4 米，南北宽 4.7 米，上方安置火炮，左、右、前三面均是打击覆盖范围。后部炮城呈正方形，边长约为 19 米，为军兵驻守之所。炮城城门在前端炮位突出部的东侧，用青砖砌筑券顶，高 2.6 米，宽 2 米，进深约 1.9 米，炮城前侧原有"古镇口炮台"石制匾额。现为省级文物保护单位。

古镇口炮台位置图

古镇口炮台卫星图

古镇口炮台内景（北向南摄）

古镇口炮台内景（南向北摄）

历史资料 古镇口炮台为清雍正时期修筑的广东式炮台，到雍正十年（1732年）在山东沿海冲要处共计修建成海防炮台20座，古镇口炮台为其中之一。清乾隆《胶州志》和《灵山卫志》记载："唐岛口、古镇口（炮台），以上二座在州境。"炮台建于雍正四年（1726年）。道光二十年（1840年）时任胶州知州韩亚雄因海防形势需要而重新修筑。

古镇口炮台近景（南向北摄）

古镇口炮台全景（西北向东南摄）

亭子兰炮台

位　　置　黄岛区琅琊镇台西头村临近海边

始设年代　清代

文保级别　2015 年 6 月"黄岛海防遗址——亭子兰炮台"被公布为第五批省级文物保护单位

概　　况　遗址坐落于临海高地处，西北 1.5 千米为琅琊台景区，东南方 1 千米处为斋堂岛，与之隔海相望，西侧为造船厂，西南紧靠琅琊港。亭子兰炮台与附近的古镇口炮台、唐岛炮台同为清雍正时期修筑，形制相同。原有炮台设施早已倾圮，但是"亭子兰炮台"石质匾额尚存，题款为"雍正丙午年（1726年）"，正文书"亭子兰炮台"五字，落款为"季秋建造立"。当地旅游部门在 1994 年进行了修复并开辟为旅游景点，现为山东省级文物保护单位。

亭子兰炮台位置图

亭子兰炮台近景（西南向东北摄）

亭子兰炮台卫星图

亭子兰炮台近景（西南向东北摄）

亭子兰炮台石质匾额（南向北摄）

八

其他遗址

灵山卫城隍庙

位　置　黄岛区灵山卫街道西街村

始设年代　明代

文保级别　2012 年 8 月公布为黄岛区文物保护单位

概　况　遗址修建于明代，位于灵山卫城内，清《灵山卫志》记载："城隍庙，在城内西街，坐北南向。"是明清时期灵山卫城的重要庙宇之一。坐北朝南，传统的硬山式建筑。现有前、后正殿两座，带东、西两庑，前殿为"灵威公府"，三楹，二檐柱，飞椽出檐形成前廊，有后门直通后殿。后殿为"蕊珠殿"，三楹。殿门前有两柱并排的古银杏树，东西相对，树龄均超过 600 年。

2011 年当地重新修缮城隍庙，新建了卫城大戏台。每年农历四月初八举办城隍庙庙会。灵山卫城隍庙现为黄岛区文物保护单位。

灵山卫城隍庙位置图

灵山卫城隍庙卫星图

灵山卫城隍庙近景（西向东摄）

灵山卫城隍庙前大殿（南向北摄）

薛禄故居遗址

位　　置　黄岛区薛家岛街道滨海大道
与天目山路交接处

始设年代　明代

文保级别　2001 年 3 月公布为黄岛区文
物保护单位

概　　况　遗址位于薛家岛街道办事处
原薛家岛三社区驻地。故居遗迹现已不
存地表遗迹，由于城市化建设被东西向
海滨大道占压，路边种植绿化带，西侧
为"薛侯祖墓"。薛禄为灵山卫的军户，
其父随军迁居薛家岛。

薛禄故居遗址位置图

历史资料　薛禄，原薛六，祖籍陕西韩
城，其父薛遇林随军迁至薛家岛，为明代灵山卫的军户。薛禄于明洪武五年（1372 年）出生于今薛家岛街
道驻地，卒于明宣德五年（1430 年），终年 58 岁。

　　根据《明史》等史料记载：薛禄排行第六，16 岁代兄从军，编入燕王朱棣麾下的骑兵部队。在"靖难之
变"中，勇敢作战，曾经凭单骑冲入敌军阵中，并生擒监军头目。由于累立军功，在北平保卫战中升任从
三品指挥同知。建文二年（1400 年），以先锋官身份率军进攻陕西大同，并因战功卓著被晋升为正三品指

挥使。在连年的征战中，薛禄凭借卓越的军事才能，为朱棣靖难成功立下汗马功劳，被晋升为骠骑将军，后军都督府佥事（正二品），负责北京城营造事务，并多次随成祖北伐。永乐十八年（1420年）封为奉天靖难推诚宣力武臣、阳武侯。仁宗时掌管左军都督府，加封太子太保，赐铁券。宣宗朝参与平定汉王朱高煦叛乱，后加封太保。宣德五年（1430年）病逝宣宗亲自为其撰文祭悼，并赐鄞国公、谥忠武。《明史》称："禄有勇而好谋，谋定后战，战必胜。纪律严明，秋毫无犯。善抚士卒，同甘苦，人乐为用。'靖难'诸功臣，张玉、朱能及禄三人为最，而禄逮事三朝，岿然为时宿将。"阳武侯爵位追封三代，下荫子孙世袭七代至明朝灭亡，共计224年。

薛禄故居遗址卫星图

明朝为褒奖阳武侯薛禄的功绩，在其故乡薛家岛立祠堂供族人祭拜。清康熙《胶州志》载："阳武侯薛禄祠，在州治正南隅。明万历二十七年（1599年）知州汪兆龙建。"清乾隆五十四年（1789年）进行了一次大建，道光十三年（1833年）重修祠堂，20世纪40年代木被拆除。薛家岛民众为追忆薛禄的历史丰碑，于

薛禄故居遗址文物保护标志碑（南向北摄）

1977年在其故居遗址竖立了一座纪念碑，现为黄岛区文物保护单位。

薛禄故居遗址处所立石碑（南向北摄）

薛禄故居遗址处所立石碑（北向南摄）

第七章

日照市海防遗址

东港区地图

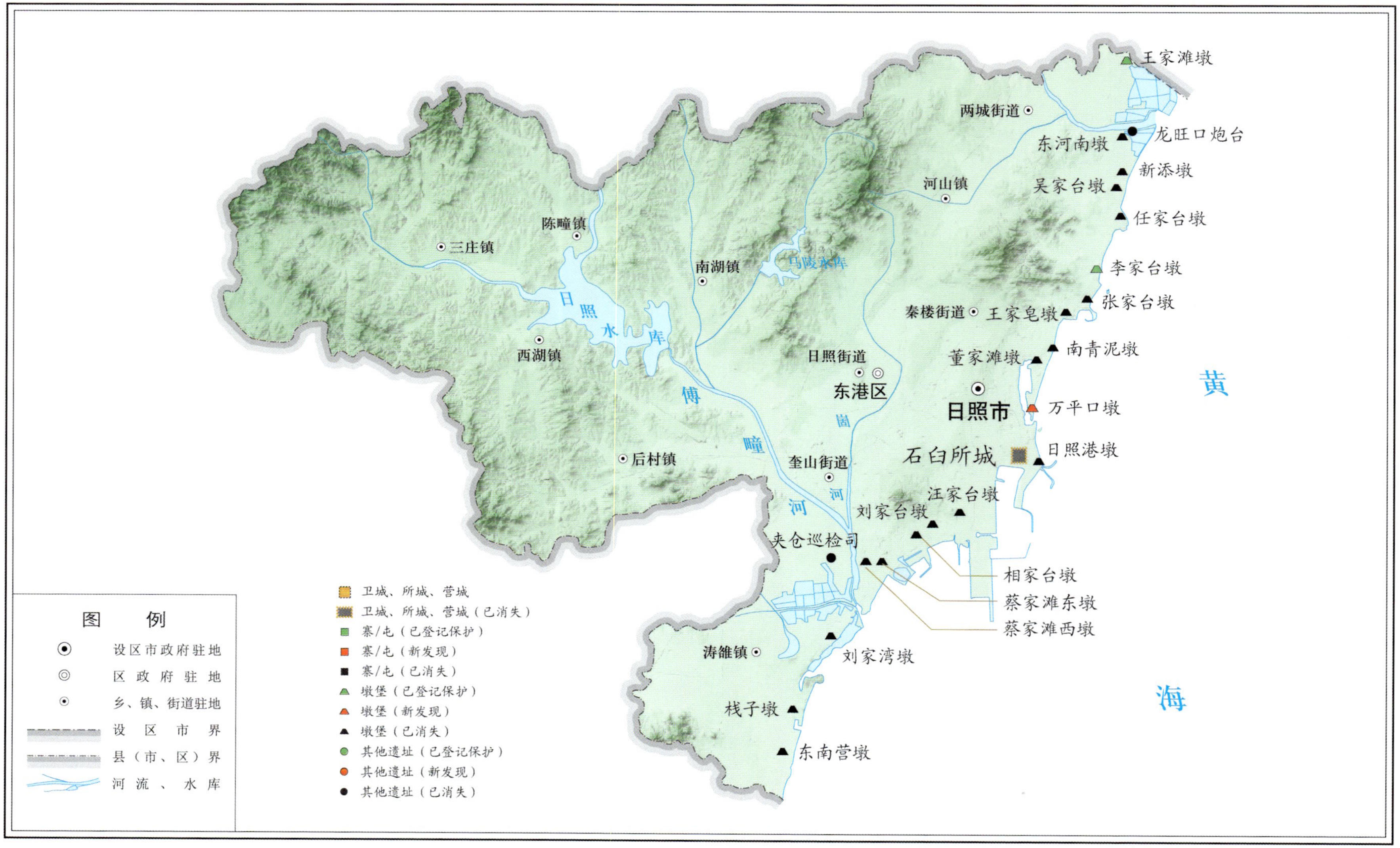

王家滩墩
两城街道
龙旺口炮台
东河南墩
新添墩
河山镇
吴家台墩
任家台墩
陈疃镇
三庄镇
南湖镇
马陵水库
李家台墩
秦楼街道
王家皂墩
张家台墩
日照水库
西湖镇
日照街道
南青泥墩
董家滩墩
东港区
日照市
万平口墩
黄
傅疃河
崮河
后村镇
奎山街道
石臼所城
日照港墩
汪家台墩
刘家台墩
夹仓巡检司
相家台墩
蔡家滩东墩
蔡家滩西墩
涛雒镇
刘家湾墩
栈子墩
东南营墩
海
图例
设区市政府驻地
区政府驻地
乡、镇、街道驻地
设区市界
县（市、区）界
河流、水库
卫城、所城、营城
卫城、所城、营城（已消失）
寨/屯（已登记保护）
寨/屯（新发现）
寨/屯（已消失）
墩堡（已登记保护）
墩堡（新发现）
墩堡（已消失）
其他遗址（已登记保护）
其他遗址（新发现）
其他遗址（已消失）

一　东港区海防遗址

千户所城遗址

石臼所城（遗址）

位　　置　东港区石臼街道所在地
始设年代　明弘治年间置（1488—1505年）
文保级别　尚未核定为文物保护单位
概　　况　石臼所城址南距安东卫37千米，东、南距大海1.3千米，北距万平口墩3.1千米。现城墙及城内设施已全部不存，遗址上为现代街区。

石臼所形制按嘉靖《山东通志》载："所城为石城，周围二里有奇，高一丈四尺许，南、北、西三门，楼铺十五座，池阔三丈二尺，深一丈。"[①]记载较为详细，其余如嘉靖《青州府志》《读史方舆纪要》等均只记一笔"周三里有奇"[②]。进入清代，"千总缺裁后，遂废"，"同治六年，避寇，复修"[③]，"光绪十一年，重修"。按清《日照县志·秩官》中记载，"石臼所千总"这一官职最后一任为"郭震华"，康熙二十五年任，"以后缺裁"。石臼所之裁撤当在康熙

石臼所城（遗址）位置图

石臼所城（遗址）卫星图

① （明）陆釴：嘉靖《山东通志》"卷十二·城池"，《天一阁藏明代方志选刊续编》，上海书店出版社，1990年。
② （明）杜思等纂修：《青州府志·城池》，上海古籍出版社，1960年；（清）顾祖禹：《读史方舆纪要·山东六》，中华书局，2005年。
③ （清）陈懋等纂修：《日照县志·城池》，清光绪十二年（1886年）刻本。

石臼所城（遗址）航拍（东南向西北摄）

二十五年后不久[①]。

1. 调查

根据调查，石臼所整体呈长方形，正南北向，范围为：西到海滨二路东侧，北到振兴小区 6 号楼一线，南到连云港路北侧，东在友谊街一线。城址中心在十字街（南北向）与新港路（东西向）的交叉路口。东西宽 417 米，南北长 437 米，面积约 182229 平方米。

2. 实地踏查

据了解，石臼所城原设东、西、南、北四门，后加东北小门（水门）。城墙之上修城楼，并各有匾额。北曰"奠盘"（坚如磐石），南曰"安澜"（大海平静），东曰"望瀛"（展望大海），西曰"瞻奎"（瞻望奎山）。石臼所五门及中心的位置分别是：

①北门：在十字街北段上，位于振兴小区 6 号楼西北；

②东门：在新港路上，位于新港庭院小区西北；

③南门：在十字街南段上，南距连云港路 20 米左右；

---

① （清）陈懋等纂修：《日照县志·秩官》，光绪十二年（1886年）刻本。

④西门：在新港路与海滨二路交叉口东侧，石臼街道文体中心附近；

⑤东北小门（水门）：在友谊街西约 10 米，振兴小区 5 号楼北约 20 米；

⑥中心点：位于十字街与新港路交叉口。

历史沿革　安东卫设有石臼寨备御后千户所，简称"石臼所"，因战略地位重要，专设所城。设置时间按《明史》说法："石臼岛寨千户所，在安东卫南。俱弘治后置。"① 具体时间已不可考②。

其位置按嘉靖《青州府志》："石旧寨备御所石城，在县东南，周三里有奇"③，清《安东卫志》载："后所（注：石臼所）去卫城东北九十里，名为石臼寨，亦有专城，乃分汛要地也。"④

石臼所承担了重要的防御功能，明代设有后所千户、副千户、百户等职官进行管理。同时又承担了沿海部分墩台的管理。按明《筹海图编》记载，石臼所军事力量为"守城军余四十八人"⑤。清《日照县志·艺文志》载方正批著《石臼所观海》诗，其中有"坐拥貔貅当地险，备倭分设水师营"句，另有佚名诗著《石臼所故城》：

　　　　　　　　树堡临瀛浒，当年扦巨鲸。
　　　　　　　　诸生能敌忾，百户善论兵。
　　　　　　　　石址依然固，狼烽久不生。
　　　　　　　　渔村浑朴地，歌唱喜时清。

其中"诸生能敌忾，百户善论兵"句，县志注"明崇祯五年夏，有海寇来犯境，百户房建新、诸生厉愿等率众御之，奔追及信阳场，复败之，寇遂戢"⑥，均反映了石臼所承担了重要的海防功能。

---

① （清）张廷玉：《明史·地理二·山东》，中华书局，1974 年。
② （清）顾祖禹：《读史方舆纪要·山东六》，中华书局，2005 年。
③ （明）杜思等纂修：《青州府志·城池》，上海古籍出版社，1960 年。
④ （清）赵双璧等纂修：《安东卫志·建置》，康熙十二年（1673 年）刻本。
⑤ （明）郑若曾：《筹海图编》"卷七·山东兵防官考"，《中国兵书集成》第 15、16 册，解放军出版社、辽沈书社，1990 年。
⑥ （清）陈懋等纂修：《日照县志·艺文志》，光绪十二年（1886 年）刻本。

巡检司城遗址

夹仓巡检司（遗址）

位　　置 东港区奎山街道夹仓社区
始设年代 明洪武三十一年（1398 年）
文保级别 尚未核定为文物保护单位
概　　况 夹仓巡检司东北距石臼所
12.9 千米，南距安东卫 26.3 千米，东南
距大海 3.5 千米，现仅存一道石墙（夹
仓城东墙），遗址上为现代民居。呈不
规则形，城墙均呈弧形，四门均为斜门，
分为东南、东北、西南、西北等四门。

1. 调查

发现城门楼石质匾额四块中的三
块，东南门为"表海"，即门外是海；
东北门为"聚奎"，即出此门可见二十
里外的奎山（光绪《日照县志·山川》
载奎山亦称聚奎山、孤奎山）；西南门
为"望沂"，即遥望沂州；西北门为"宗
岱"，即遥宗泰山。目前，"表海""聚
奎""宗岱"在夹仓社区内存放，而"望
沂"则在修村里公路时，被垫于路基中。

目前仅存的一道石墙为夹仓巡检司
城东墙，其位置在夹仓社区夹仓二村东
沿，再向东即为大片农田。从古城墙向
东 700 米左右即为傅疃河，东北距奎
山约 4.2 千米。夹仓巡检司于乾隆八年

夹仓巡检司（遗址）位置图

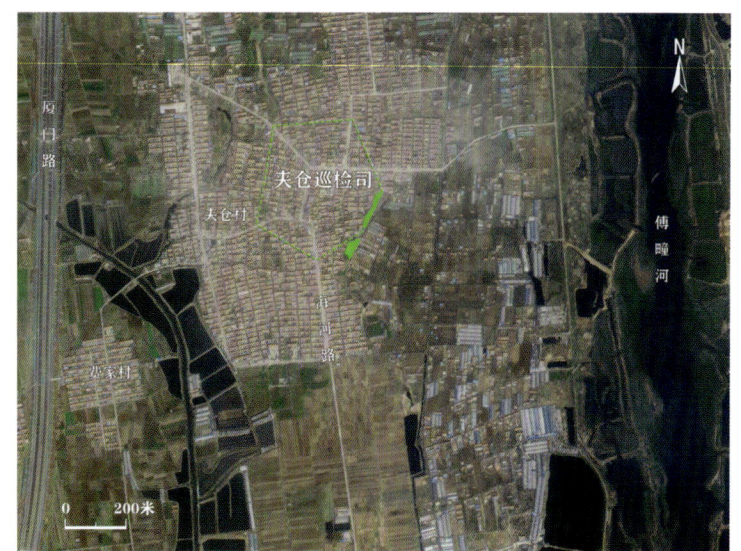

夹仓巡检司（遗址）卫星图

（1743 年）搬迁至安东卫，从此后即"久圮"，直至"咸丰十一年（1861 年），镇人修以避寇"。此后，现代村民还对城墙进行过取石，也进行过加固，因此，现存城墙是历代修葺的结果。据了解，东墙外原为夹仓巡检司城护城河，河宽约 10 米，深 6—7 米。20 世纪七八十年代，村民将护城河填埋。

夹仓巡检司（遗址）城门匾额

2. 实地踏查

（1）城址面积。

根据西北门、西南门、东北门、东南门位置，并结合现存古城墙位置，可推测巡检司城的分布范围，古城面积约为 149312 平方米。

（2）古城墙情况。

古城墙基本为东北—西南走向，方向 201°，现残长 116 米左右，宽经勘探显示约 0.7 米，北侧留存部分较低，平均约 1.6 米，南侧留存部分较高，平均约 2.3 米。大部分为石头垒砌而成，部分墙段用现代砖垒砌修补。

夹仓巡检司（遗址）城墙局部（东南向西北摄）

在古城墙南段西侧，发现了大量明清瓷片，同时发现了铁器、钱币等，结合护城河在此经过，原护城河可向南直接通海，疑此处原为一处码头。

历史沿革　明章潢《图书编》记载："国初惩倭之诈，缘海备御，几于万里。其大为卫，次为所，又次为巡检司。大小相维，经纬相错，星罗棋布，狼顾犬防，故所在制。"沿海卫、所在上文中已有交代。而巡检司也是海防体系里的一环。巡检司的职能是："主缉捕盗贼，盘话奸伪。凡在外各府州县关津要害处俱设，像率摇役弓兵警备不虞。"[1] 巡检司不属于卫、所类的军队系统，而属于地方政府掌管（在明代县志的职官中列在本县属官中，另，如在《筹海图编·山东兵防官考》中即将夹仓巡检列入青州府辖而非卫所辖[2]）。巡检司的长官是巡检、副巡检，品级为从九品，通常只设少量弓兵，沿海岸线游弋巡视，如果发现情况，便点燃墩，传报给卫所守军。这种巡检机制使得入侵者在偏僻海岸登陆时也能被迅速扼制。同时，在特殊时期，巡检司也出海巡视盗匪："旋令滨海卫所，每百户及巡检司皆置船二，巡海上盗贼。"[3]

① （清）张廷玉：《明史·职官四》，中华书局，1974 年。
② （明）郑若曾：《筹海图编》"卷七·山东兵防官考"，《中国兵书集成》第 15、16 册，解放军出版社、辽沈书社，1990 年。
③ （清）张廷玉：《明史·兵志三·海防》，中华书局，1974 年。

夹仓巡检司（遗址）采集文物

在《筹海图编》中共记载了山东40个沿海巡检司，每个巡检司兵力、所辖墩台等均有记录[①]，这些巡检司无疑是海防力量的重要组成部分。

沿海巡检司同样设置于具有战略意义的地点，如宣德九年，山东沿海两处巡检司的移置情况："移置辛汪寨巡检司于长峰寨，温泉镇巡检司于古峰寨。时山东威海卫指挥金事陶敞言：'二巡检司虽为捕倭而设，然与百尺崖备御后千户所相近，且非要害海口。而长峰、古峰二寨，实险要之地，于备倭为宜。'遂移置焉。"[②]这一条道明了沿海巡检司有备倭之功能。同时，"明年（洪武十七年），命江夏侯周德兴往福建滨海四郡……乃筑城一十六，增巡检司四十五，得卒万五千余人"[③]。这一条中将巡检司与卫、所城相并列，也道明了巡检司的海防功能。

夹仓镇巡检司是古代日照唯一的巡检司。值得指出的是，在《筹海图编·山东兵防官考》"沿海巡检司"一篇中"青州府"条下，列4处巡检司，分别是"夹仓镇（在日照县，弓兵一十八人）、信阳镇（同前，弓兵一十八人）、南龙湾（同前，弓兵二十一人）、高家港（在乐安县，弓兵二十四人）"[④]，即：将信阳镇巡检司、南龙湾巡检司均归于日照县，当有误。这两处巡检司应是属于古代诸城县。"诸城，（青州）府东南……南有信阳镇巡检司，又南有南龙湾海口巡检司。"[⑤]明确将这两处巡检司记为诸城县管辖。

① （明）郑若曾：《筹海图编》"卷七·山东兵防官考"，《中国兵书集成》第15、16册，解放军出版社、辽沈书社，1990年。
② 《明实录·宣宗实录》"卷108"，"中研院"历史语言研究所校印本。
③ （清）张廷玉：《明史·外国列传·日本》，中华书局，1974年。
④ （明）郑若曾：《筹海图编》"卷七·山东兵防官考"，《中国兵书集成》第15、16册，解放军出版社、辽沈书社，1990年。
⑤ （清）张廷玉：《明史·地理二·山东》，中华书局，1974年。

同时，《大明会典·关津二·山东》里记载天下巡检司时，在诸城县下记"南龙湾海口巡检司、信阳镇巡检司"，而在日照县下仅记"夹仓镇巡检司"①。嘉靖《青州府志·城池》中"诸城"条下，也列入"南龙湾镇海口巡检司石城""信阳镇巡检司石城"②。《读史方舆纪要·山东六》中"诸城县"条下载"龙湾镇，在县东南百三十五里，明初置南龙湾海口巡司。又县南百二十里为信阳镇，有寨城，亦置巡司于此"，也将这两处巡检司归于诸城③。因此，《筹海图编》中的记载有误。且因此之误，在其后的"沿海墩堡"篇中将南龙湾海口巡检司、信阳镇巡检司乃至高家港巡检司所属墩堡也列入安东卫条目，以致安东卫所辖沿海墩台达 45 之数。

夹仓镇巡检司位置，按《明史·地理二》载："日照，（莒）州东北。东滨海，有盐场。东南有夹仓镇巡检司。"④《读史方舆纪要》载："夹仓镇，县南二十五里。有石城，向置巡司于此。"⑤"《志》云：县西七十里有刘三公庄，萧梁时刘勰所居，旧置巡司于此。洪武三年，移于夹仓镇。"夹仓镇巡检司与前文提到的辛汪寨巡检司、温泉镇巡检司类似，都有搬迁的经历，是由日照县西的刘三公庄在洪武三年时搬迁而来，其目的应是占据险要，以备海防⑥。按此记载，夹仓镇巡检司设立时间应是在洪武三年。

关于夹仓镇巡检司的形制构造，属"石城"，同时按《日照县志》中载："夹仓镇巡检司城周六十丈，久圮。"⑦

夹仓镇巡检司城"久圮"应是与裁撤安东卫，夹仓镇巡检司移至安东卫有关，"（乾隆八年丙辰月）吏部议准、署山东巡抚包括疏称：安东卫守备已裁。将日照县夹仓巡检，移驻安东卫城。从之。"⑧自此，夹仓镇巡检司城直至"咸丰十一年，镇人修以避寇"⑨。

① （明）李东阳等撰、申时行等复修：《大明会典·关津二·山东》"第139卷"，广陵书社，2007年。
② （明）杜思等纂修：《青州府志·城池》，上海古籍出版社，1960年。
③ （清）顾祖禹：《读史方舆纪要·山东六》，中华书局，2005年。
④ （清）张廷玉：《明史·地理二·山东》，中华书局，1974年。
⑤ （清）顾祖禹：《读史方舆纪要·山东六》，中华书局，2005年。
⑥ （清）顾祖禹：《读史方舆纪要·山东六》，中华书局，2005年。
⑦ （清）陈懋等纂修：《日照县志·城池》，清光绪十二年（1886年）刻本。
⑧ 《清实录·乾隆朝实录》"第194卷"，中华书局，2012年。
⑨ （清）陈懋等纂修：《日照县志·城池》，清光绪十二年（1886年）刻本。

墩遗址

王家滩墩遗址

位　　置　日照市东港区两城街道王家滩村

始设年代　年代不详，根据周边采集文物，推测为明代设立

文保级别　尚未核定为文物保护单位

概　　况　王家滩墩北距信阳场巡检司7.3千米，南距龙旺口炮台3.8千米，东南距大海3.4千米。值得提出的是，王家滩在明清时不属日照地区管辖，而属于古诸城县的信阳镇巡检司管辖。明清时期日照地区的墩台，起始地为"自龙汪口南"[①]，龙汪口即安家河口。但因其现属于日照市辖境，故将此墩列入日照地区范围内。

　　王家滩墩在院落内的房屋北边，墩上草木旺盛。整体呈圆丘形，底径约14.9米，高5.28米，占地面积149.14平方米，周长48.28米。墩为黏土夯筑而成，夯层十分明显，基本上为10—15厘米一层。每层土质土色均有不同。王家滩墩为探讨墩筑造方式提供了很好的材料。

王家滩墩遗址位置图

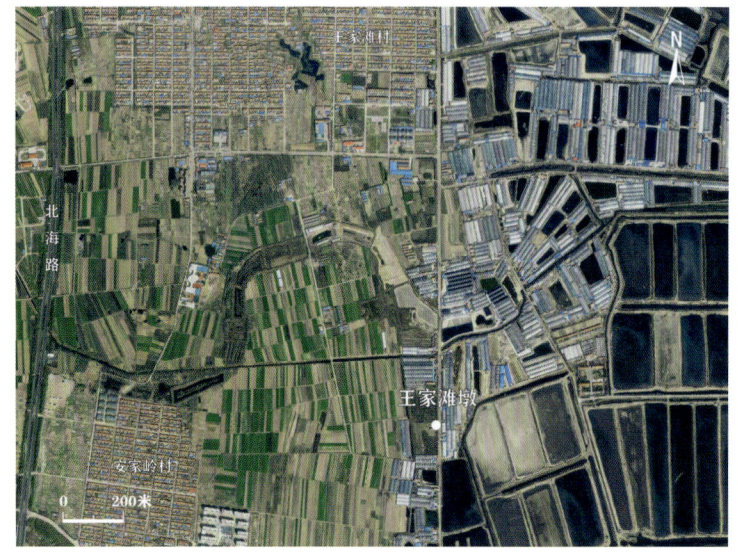

王家滩墩遗址卫星图

①（清）陈懋等纂修：《日照县志》"桥梁、墩、铺"，清光绪十二年（1886年）刻本。

　　目前在一处院落里，据口碑调查，该院落为一外地人承包的土地，但长时间没有来使用。因此该院落长期上锁，客观上起到了保护作用。此处墩迹被空军列为一处航标，不允许拆毁。此外，该处墩的外墙上悬挂了"镇级文物保护单位"标识。但也起到了一定的保护作用。

王家滩墩遗址全景（东向西摄）

王家滩墩遗址航拍（西向东摄）

王家滩墩遗址西侧现状（西向东摄）

东河南墩（遗址）

位　　置　日照市东港区两城街道东河南村东北

始设年代　明代

文保级别　已消失

概　　况　东河南墩地处安家河南岸，东北距清代龙旺口炮台460米，西南距石臼所20.6千米，东距海1.93千米。现已完全不存。据口碑调查，当地人将此墩遗址称之为"大埔堆"，原高可达15米，底径可达30米左右，是完全用沙子堆起的。后因修盖民居，该处墩遂被拆毁。

东河南墩（遗址）位置图

东河南墩是"自龙汪口（安家河口）南"的第一处墩，也是古代日照的第一处墩，按《日照县志》中的说法，其原称为"牛蹄墩"[1]。周围是平原，视野开阔，适合瞭望。现其上已为民居，北侧为虾池。

新添墩（遗址）

位　　置　日照市东港区两城街道日照海滨国家森林公园内

始设年代　明代

文保级别　已消失

概　　况　新添墩地处观海路西侧、樱花路南侧、东西向无名河流北侧的范围内。北距东河南墩2.8千米，西南距石臼所20.2千米，东距海483米。

新添墩（遗址）位置图

据调查，整个园区现为林地，在造林前，此地为一片荒滩。经调查，此地表未发现墩台遗迹，已被完全破坏。除调查新添墩外，还对附近海岸进行了实地踏查，均未有相关文物发现。结合文献记载，此处应为新添墩。

① （清）陈懋等纂修：《日照县志》"桥梁、墩、铺"，清光绪十二年（1886年）刻本。

吴家台墩（遗址）

位　　置　东港区秦楼街道吴家台村东北角

始设年代　明代

文保级别　已消失

概　　况　吴家台墩东北距新添墩 1.3千米，西南距石臼所 17.4 千米，东距大海 990 米，现已完全不存，原址现已建设成为停车场。经过走访，其被破坏年代大概于 20 世纪七八十年代。

据当地老人回忆，墩未破坏时为沙、土、石三种建筑材料混筑而成，整体呈覆丘形。底部直径约 20 米，高约 10 米。

吴家台墩（遗址）位置图

此墩遗址所在地是周边地势最高的地方，视野开阔，俯视海岸及沿海海况十分便利。结合文献记载，吴家台墩应为湖水墩。

任家台墩（遗址）

位　　置　东港区卧龙山街道任家台村北

始设年代　明代

文保级别　已消失

概　　况　任家台墩西北距吴家台墩 1.7 千米，西南距石臼所 15 千米，东距大海 534 米，现已完全不存，原址现建有民房。

据当地老人回忆，未拆毁时为沙堆筑而成，整体呈覆丘形。底径约 20 米，高约 10 米。墩遗址是村内地势最高的地方。调查队还对遗址周边进行了勘探及踏查。勘探未发现基址留存的迹象。任家台墩即史载石河墩。

任家台墩（遗址）位置图

李家台墩遗址

位　　置　东港区卧龙山街道李家台村东侧

始设年代　明代

文保级别　尚未公布为文物保护单位

概　　况　李家台墩北距任家台墩 3.3 千米，南距石臼所 11.6 千米，东距大海 83 米。墩西、北两侧有现代石质护栏，护栏北侧为一现代水泥碉堡。李家台墩地近海边，面前无遮挡，登顶而望，面前海况尽收眼底，是选位极其精当的墩。

　　李家台墩于第三次文物普查时发现。墩现呈覆丘形，底部呈不规则椭圆形，应是垮塌的结果。西南角的一部分已被破坏，成为停车场的东北角。墩现南北长约 53 米，东西宽约 24 米。周长 153 米，占地面积 1673 平方米，最高处高 9.06 米。

　　分别在墩底部、中部进行了勘探，墩是由沙、石堆筑而成。建筑以沙为主，沙为粗砂粒，有一定黏性；石头则全部是不规则的石块，未经人工加工。在墩及附近踏查，未发现其他文化遗存。李家台墩遗址为探讨墩的建筑方式提供了有益材料。李家台墩即史载金线墩。

李家台墩遗址位置图

李家台墩遗址卫星图

李家台墩遗址北侧现状（北向南摄）

李家台墩遗址西侧现状（西向东摄）

张家台墩（遗址）

位　　置　日照市东港区卧龙山街道张家台村村委院内

始设年代　明代

文保级别　已消失

概　　况　张家台墩东北距李家台墩2.26 千米，西南距石臼所 11.7 千米，东距大海 163 米。现已完全不存，原址现为村委门房一带。张家台村位于岬湾处，海岸线在此向西转折，张家台村正位于东、南两侧靠海之处。遗址是张家台村附近地势最高处，高程 12 米，在此向东、向南瞭望，海况尽收眼底。同时，墩东南 470 米即为龙山咀，是舶船靠岸之处，在此设置墩，战略位置较为重要。

张家台墩（遗址）位置图

据当地老人回忆，墩未拆毁时为沙土堆筑而成。底径约 20 米，高约 7 米。

张家台墩即史载湘子墩。

王家皂墩（遗址）

位　　置　日照市东港区卧龙山街道王家皂村金海岸花园南门附近

始设年代　明代

文保级别　已消失

概　　况　王家皂墩东北距张家台墩1.4 千米，西南距石臼所 9.9 千米，东南距大海 335 米，现已完全不存。当地老人称之为"北大台"。

王家皂墩（遗址）位置图

遗址北侧为金海岸花园南门，南侧为山海天大酒店，西南 500 米为日照市第三海水浴场。在遗址周边踏查，未见遗物。王家皂墩即史载北青泥墩。

南青泥墩（遗址）

位　　置　东港区海天一路南段附近

始设年代　明代

文保级别　已消失

概　　况　遗址南距太公岛一路244米，西南距日照山海天旅游度假区管委会354米，东距碧海路358米。墩正东侧为海印蓝湾小区29号楼，西侧为东方康庭小区。南青泥墩东北距王家皂墩1.9千米，西南距石臼所8.4千米，东距大海264米。现已完全不存，当地老人称之为"南大台"。

在周边踏查，未见遗物。

南青泥墩（遗址）位置图

董家滩墩（遗址）

位　　置　东港区秦楼街道董家滩村附近

始设年代　明代

文保级别　已消失

概　　况　董家滩墩东北距南青泥墩1.4千米，西南距石臼所6.5千米，东距大海704米。现已完全不存，当地老人称之为"董家滩东大台"。

遗址位于东夷小镇（墩西）与日照海洋公园（墩东）之间的绿舟路上，东距碧海路400米。墩东侧为在建的停车场，为日照海洋公园停车场，西南有一

董家滩墩（遗址）位置图

大型停车场。据口碑调查，东大台（董家滩墩）为土堆筑而成，呈覆丘状，底径30米左右，高10米左右。墩顶上较平坦，有石圈遗迹。墩东侧原有一中华人民共和国成立后修建的水泥碉堡。

在董家滩墩附近踏查，未发现文化遗物。董家滩墩即史籍所载董家墩。

万平口墩遗址

位　　置　日照市东港区万平口景区内

始设年代　明代

文保级别　尚未核定为文物保护单位

概　　况　遗址北距董家滩墩 2.1 千米，西南距石臼所 3.1 千米，东距大海 20 米左右，西距万平口泻湖 638 米。具体位置为：从万平口景区 2 号门入内，沿景区步行街向南 230 米的西侧路边即到达遗址。遗址东北侧为城市 007 射击场。墩遗址上植被茂盛，种植大片松林。

遗址整体呈覆丘状，底部呈不规则椭圆形，南北长 48 米左右，东西宽 31 米左右。周长约 152 米，面积约 1755 平方米。墩中心为最高处，高 4.42 米。万平口墩遗址即史籍所载万皮墩。

万平口墩遗址位置图

万平口墩遗址卫星图

万平口墩遗址航拍（东向西摄）

万平口墩遗址东侧现状（东向西摄）

万平口墩遗址全景

日照港墩（遗址）

位　　置　东港区日照港老灯塔北100米处煤炭转运码头附近

始设年代　明代

文保级别　已消失

概　　况　日照港墩西北距石臼所1.9千米，西南距夹仓巡检司15.9千米，东距大海434米。当前该墩已完全不存，遗址所在地现为日照港煤炭转运码头。

经勘查未发现文化遗物。日照港墩即为史籍记载的北石臼墩。

日照港墩（遗址）位置图

汪家台墩遗址

位　　置　经济开发区北京路街道汪家台村北部的一座山峰上

始设年代　明代

文保级别　尚未核定为文物保护单位

概　　况　汪家台墩遗址东距大海 2.6千米，西南距刘家台墩 1.5 千米，东北距石臼所 5.4 千米。相对于以上墩位置，该墩居于内陆，但其地势较高，建于山顶之上，视野较好。且地位比较险要，与可以舶船靠岸的奎山咀较接近。遗址所在山峰原为部队所用，已将原遗址破坏殆尽。现部队已撤走，目前为自然状态。

目前，汪家台村已拆迁，周边为日照港保税物流中心，汪家台墩即在此范围内。经遗址周边踏查，未发现文化遗物。汪家台墩即史籍所载南石臼墩。

汪家台墩遗址位置图

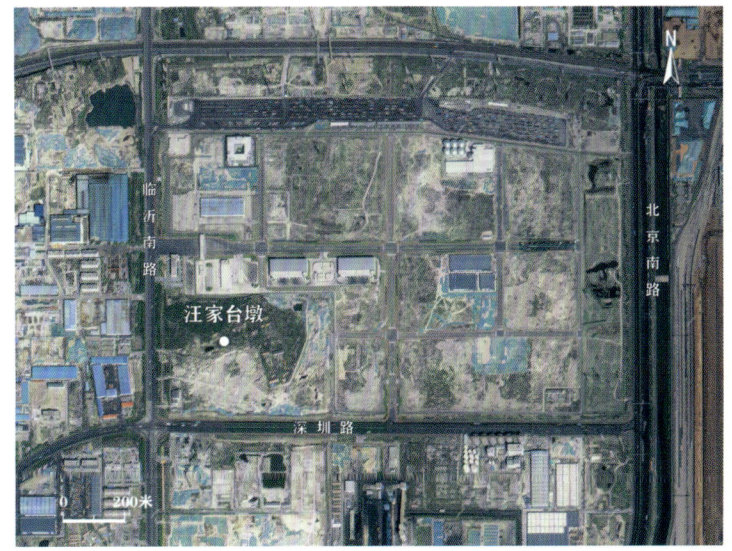

汪家台墩遗址卫星图

汪家台墩遗址航拍（南向北摄）

汪家台墩遗址现状（西南向东北摄）

刘家台墩（遗址）

位　　置　东港区北京路街道刘家台村东北

始设年代　明代

文保级别　已消失

概　　况　刘家台墩东北距石臼所 6.7 千米，西南距夹仓巡检司 13.1 千米，南距大海 1 千米。北距奎山 2.2 千米，东南距奎山咀 3 千米。墩遗址所在地在 20 世纪 60 年代被铲平，在其上建有水泥碉堡。

据口碑调查结果，原遗址为覆丘形，原有 3—4 米高，底径 15 米左右。经遗址周边踏查，未发现文化遗物。刘家台墩即史籍所载温桑墩。

刘家台墩（遗址）位置图

相家台墩（遗址）

位　　置　东港区北京路街道相家台村东北的岭上

始设年代　明代

文保级别　已消失

概　　况　相家台墩北距刘家台墩 3 千米，西距夹仓巡检司 3.7 千米，东南距大海 538 米，北距奎山 663 米。现已完全不存。目前，相家台村已全部拆迁。原遗址由德广砼业厂房旁的土路沿岭而上可达。据口碑调查结果，原遗址为覆丘形，原有 10 米高，底径 20 米左右，为土堆起。相家台墩即史籍所载相家墩。

相家台墩（遗址）位置图

蔡家滩东墩（遗址）

位　　置　东港区北京路街道蔡家滩村东北角

始设年代　明代

文保级别　已消失

概　　况　蔡家滩东墩东北距相家台墩1.6 千米，西北距夹仓巡检司 2.6 千米，东南距大海约 1 千米。成都路与三亚路交叉口的西南角，西距傅疃河 748 米，西南距傅疃河口（夹仓口）2.7 千米。墩已完全不存在。

据口碑调查结果，遗址原为覆丘形，有 5—6 米高，底径 20 米左右，为土堆砌而成。经遗址周边踏查，未发现文化遗物。蔡家滩东墩即史籍所载焦家墩。

蔡家滩东墩（遗址）位置图

蔡家滩西墩（遗址）

位　　置　东港区北京路街道蔡家滩村西北角

始设年代　明代

文保级别　已消失

概　　况　蔡家滩西墩东距蔡家滩东墩601 米，西北距夹仓巡检司 2 千米，东南距大海 1.4 千米。位于三亚路西端向西的一处台地上，西距傅疃河 200 米，南距傅疃河口（夹仓口）2.6 千米。墩现已完全不存。

经遗址周边踏查，未发现文化遗物。蔡家滩西墩即史籍所载蔡家墩。

蔡家滩西墩（遗址）位置图

刘家湾墩（遗址）

位　　置　东港区涛雒镇刘家湾村西南角

始设年代　明代

文保级别　已消失

概　　况　刘家湾墩东北距蔡家滩东墩5.3千米，西北距夹仓巡检司5千米，东南距海646米。南距鱼骨庙1.5千米，东南距沿海公路404米，东南距刘家湾赶海园848米。

　　据调查结果，原遗址为覆丘形，原有10多米高，底径30米左右，全部为黑色黏土堆砌，后逐渐被村民取土破坏。在遗址周边踏查，未发现文化遗物。刘家湾墩即史籍所载小灶墩。

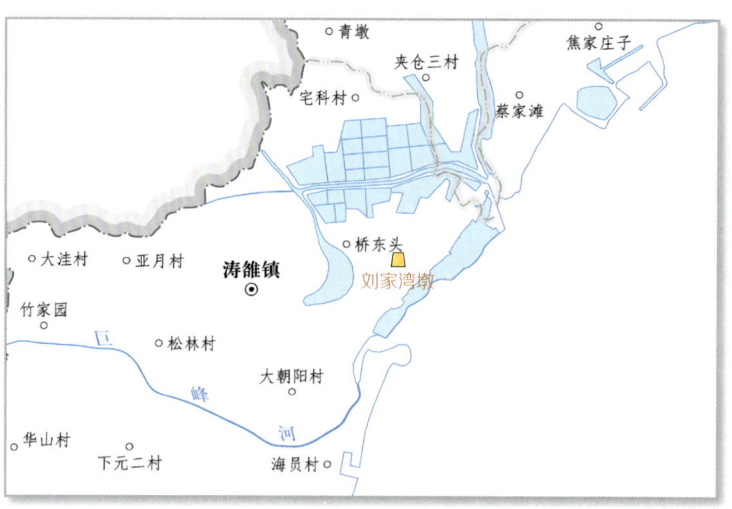

刘家湾墩（遗址）位置图

栈子墩（遗址）

位　　置　东港区涛雒镇栈子社区北部

始设年代　明代

文保级别　已消失

概　　况　栈子墩东北距刘家湾墩4.7千米，西南距安东卫16.6千米，东距大海636米，北距竹子河170米。因居民修建房屋，该墩现已破坏不存。在原墩附近踏查，未发现文化遗物。栈子墩即史籍所载杨家墩。

栈子墩（遗址）位置图

东南营墩（遗址）

位　　置　东港区涛雒镇东南营村东北

始设年代　明代

文保级别　已消失

概　　况　东南营墩东北距栈子墩 2.7
千米，西南距安东卫 14.1 千米，东南距
大海 586 米，东南营村老水产厂南 20
米处，现已完全不存。

据口碑调查，原墩为灰黑色硬土堆
砌而成。底径约有 30 米，高 6—7 米。
经踏查，在遗址周边未发现文化遗物。
东南营墩即史籍记载的张洛墩。

东南营墩（遗址）位置图

四

炮台遗址

龙旺口炮台（遗址）

位　　置　东港区两城街道东河南村
北面

始设年代　清雍正五年（1727 年）

文保级别　尚未核定为文物保护单位

概　　况　安家河口城据史籍为清雍正
五年（1727 年）筑造，现已完全淹没于
安家河河道中。根据口碑调查结果，当
地老人将安家河口城称作"小城"，仅
是故老相传，从未见过该城的面貌。

据了解，村民在安家河口城附近挖

龙旺口炮台（遗址）位置图

养殖虾池时，曾见过排列整齐的石墙，长五六米，应为城墙。此外，还在石墙外围发现过一排直径约15厘米的木柱，有六七根。并据说在落大潮时可在河面上看到露出的城墙石块。

调查队曾赶在落大潮时前去调查，未发现村民描述的迹象。村民提供的线索位置坐标为：东经119°37′48.84″，北纬35°33′39.50″，高程在海平面以下。东距安家河出海口约1.77千米，距河南岸约124米，距河北岸约307米，西距安家河舶船码头约100米，西距北海路跨河大桥约949米。

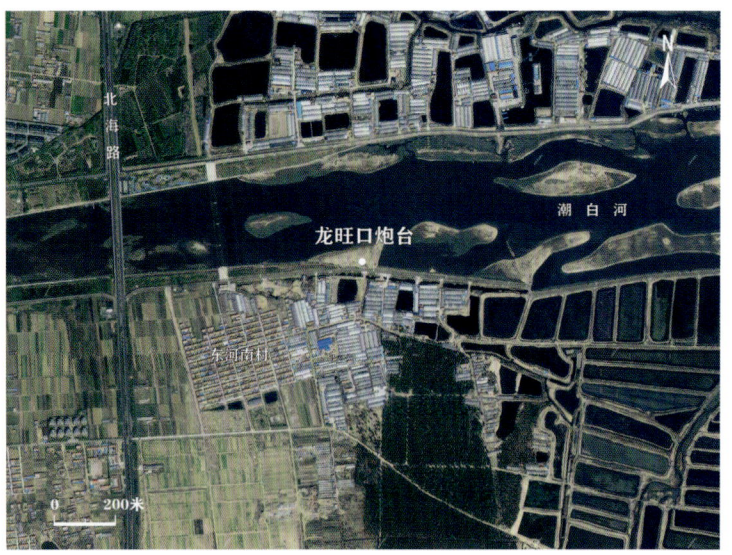

龙旺口炮台（遗址）卫星图

龙旺口炮台（遗址）航拍（西向东摄）

岚　山　区　地　图

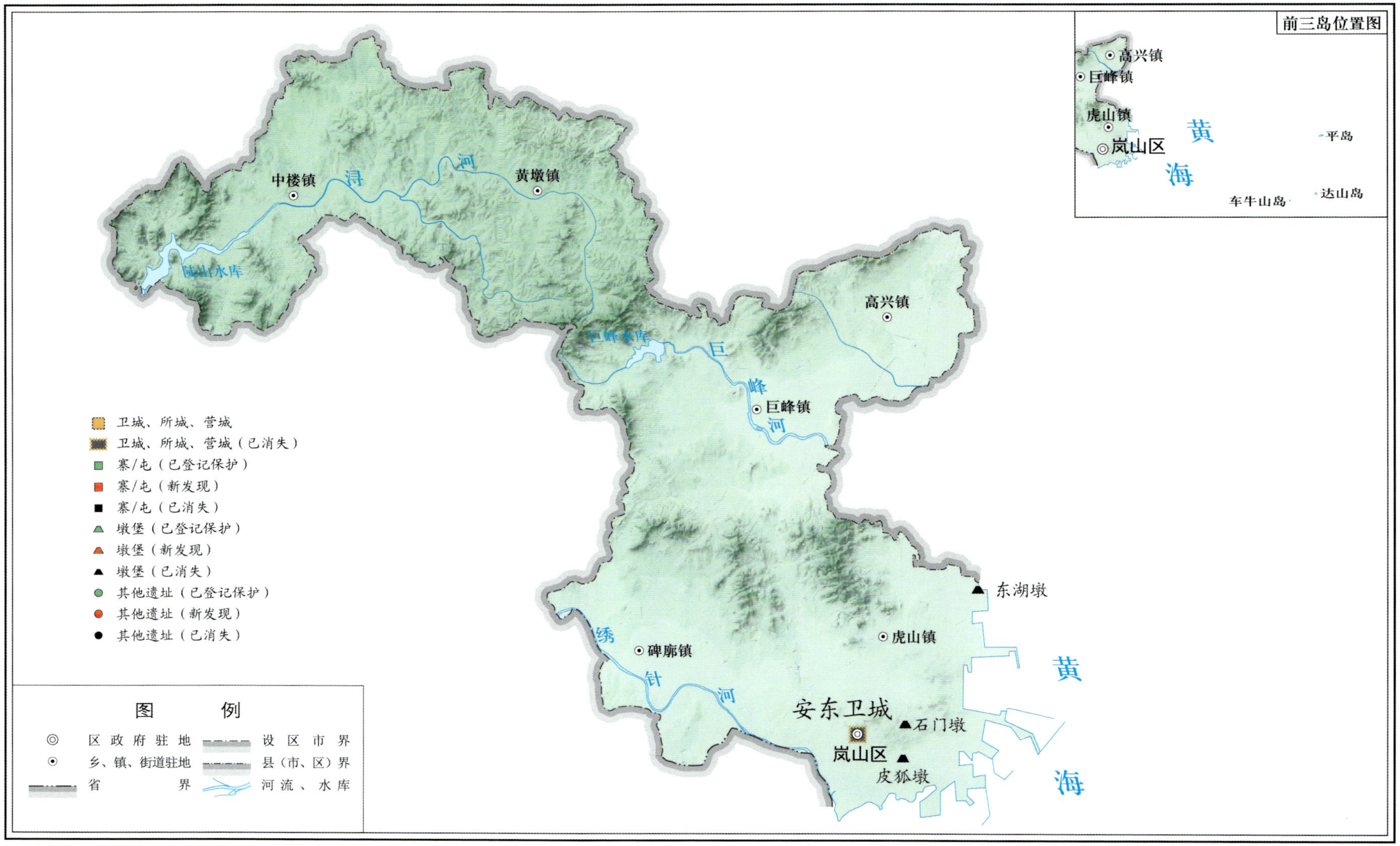

平岛

达山岛

车牛山岛

黄

海

高兴镇

巨峰镇

庵山镇

岚山区

黄

海

东湖墩

石门墩

虎山镇

皮狐墩

安东卫城

岚山区

高兴镇

巨峰镇

巨峰河

碑廓镇

绣针河

黄墩镇

中楼镇

河

得河

峨山水库

图　例

- 卫城、所城、营城
- 卫城、所城、营城（已消失）
- 寨/仓（已登记保护）
- 寨/仓（新发现）
- 寨/仓（已消失）
- 墩堡（已登记保护）
- 墩堡（新发现）
- 墩堡（已消失）
- 其他遗址（已登记保护）
- 其他遗址（新发现）
- 其他遗址（已消失）

- ◎　区政府驻地
- ⊙　乡、镇、街道驻地
- 　　省　　界
- 　　设区市　界
- 　　县（市、区）界
- 　　河流、水库

二 岚山区海防遗址

卫城遗址

安东卫城（遗址）

位　　置　岚山区安东卫街道所在地

始设年代　明洪武三十一年（1398年）

文保级别　尚未核定为文物保护单位

概　　况　安东卫，南距大海3.06千米，东距大海5.7千米。历史记载的安东卫城形制为：周围五里，城墙高二丈一尺，阔二丈，砖石筑成；外围护城壕沟宽、深与城墙宽、高相近，四面有门且上存门楼。卫城现已不存。

历史沿革

1. 安东卫设置与裁撤时间

安东卫的设置时间，史籍记载，洪武三十一年（1398年），当年四月，明廷颁令："置山东都指挥使司属卫七：曰安东、曰灵山、曰鳌山、曰大嵩、曰威海、曰成山、曰靖海。"[①] 另《明史·地理志》："又东南海口有灵山卫，又有安东卫，俱洪武三十一年五月置。"[②]

安东卫城（遗址）位置图

安东卫城（遗址）卫星图

---

① 《明实录·太祖实录》"卷257"，"中研院"历史语言研究所校印本。

② （清）张廷玉：《明史》"地理二·山东"，中华书局，1974年。

安东卫城（遗址）航拍（西南向东北摄）

这当是安东卫设立的时间①。

安东卫的裁撤时间为乾隆七年（1742年）。按乾隆《沂州府志》载："（沂州府）共领州一县六。乾隆七年裁安东卫并入日照，皆隶沂州府。""乾隆七年，裁安东卫，其屯地分隶日照编户八十三里，卫籍在外。"②光绪《日照县志》也沿用了这个说法③。

2. 安东卫设置地点

安东卫设置的地点，史籍也有明确记载，"安东卫，在日照县南九十里"④，"于县治南九十里置安东卫"⑤。康熙十二年（1673年）的《安东卫志》也说，"南临淮楚，北接青齐，地属淮安府赣榆县境，

① 后代史籍记载的安东卫设置时间，譬如：（清）顾祖禹：《读史方舆纪要·山东六》中记载："安东卫……弘治三年置"；嘉靖年间的《青州府志》则直接说"安东卫城，建置无考"；有学者认为，安东卫的设立时间另有其时，有洪武十七年说的，见：丁涛：《安东卫考略》，《日照文史》（第三辑），1988年。有认为设置期限为"洪武二十六年为上限、洪武三十一年为下限"说的，见丁超：《明代安东卫城建置年代考》，《历史研究》2004年第2期。以上考证，均以考证、推理为主，有一定道理。但史籍在此，兹只能按《太祖实录》《明史》中说法为准。

② （清）李希贤等纂修：《沂州府志》"卷一·沿革"，清乾隆二十五年（1760年）刻本。

③ （清）陈懋等纂修：《日照县志·疆域》，清光绪十二年（1886年）刻本。

④ （明）杜思等纂修：《青州府志·兵防》，上海古籍出版社，1960年。

⑤ （清）陈懋等纂修：《日照县志·疆域》，清光绪十二年（1886年）刻本。

城则青州府日照南境也"。"登高而望，见东枕阿掖，西带长流，南临沧海，北锁关山。"[1] 其地理位置在海防层面上讲是"其地为海防首冲要地、南北孔道"，是"南北之交衢，山左之门户"，具体来说即"安东南北要冲，东临沧海，西近沂莒，南控江淮，一帆可达，北接青齐，烽烟立至，盖用武之国"，在此建卫"非独防外，亦以卫内也"。明代山东钦差巡察海道副使赵鹤龄有《安东形胜》诗一首，堪以说明安东卫情景，诗云：

城本安东筑向西，地分南北不相迷。
门严锁钥连淮海，铁作藩篱障鲁齐；
才薄岂堪兼武备，时清仅独有诗题。
叮咛守御诸军长，边境无忘肃鼓鼙[2]。

3. 安东卫兵防情况

安东卫兵防情况，按嘉靖《青州府志》："隶山东都指挥使司，设官指挥使一员、同知二员、佥事四员、经历司经历、知事各一员、镇抚司镇抚二员、左前后三所正副千户百户各三五员。京操军，春班，八百四十四人；秋班六百三十一人；守城军余三百八十七人；屯田军余三百九十一人。"[3] 即在各级职官而下，总兵力为 2253 人。按《筹海图编·山东兵防官考》："安东卫：京操军一千五百六十七人，城守军余三百五十八人，屯军三百九十一人，捕倭军二百六十九人"[4]，即总兵力为 2585 人[5]。

又按明兵志："大率五千六百人为卫，千一百二十人为千户所。"[6] 按人数计，应有两个千户所驻扎在卫城。按《读史方舆纪要》的说法："安东卫……初领五千户所，寻调左所于天津，右所于徐州，止领中前后三所。"[7] 按清《安东卫志》："始汤信国和立城于斯，劈石为城，分左、右、中、前、后五所。后所去卫城东北九十里，名为石臼寨，亦有专城，乃分汛要地也。至天顺年，调去中所于天津卫、右所于徐州卫。隶卫者止有前、左二所并分汛后所，为三所。"[8] 两书的记载虽有不同，但在安东卫被抽调兵力后仅剩三所是一致的（《读史方舆纪要》载抽调左所、右所；《安东卫志》载抽调中所、右所）。鉴于安东卫后所为石臼所，有专城，则中所和前所（或左所和前所）或驻扎在卫城。

4. 史载安东卫城形制

据嘉靖《山东通志》记载"安东卫城，石城，周围五里，高二丈一尺，阔二丈，四门，楼铺二十八座，

---

① （清）赵双璧等纂修：《安东卫志·形胜》，清康熙十二年（1673年）刻本。
② （清）赵双璧等纂修：《安东卫志》中《序一》《形胜》《武备》《艺文》各篇，清康熙十二年（1673年）刻本。
③ （明）杜思等纂修：《青州府志·兵防》，上海古籍出版社，1960年。
④ （明）郑若曾：《筹海图编》"卷七·山东兵防官考"，《中国兵书集成》第15、16册，解放军出版社、辽沈书社，1990年。
⑤ 两相对比，则《筹海图编》记载兵力比《青州府志》多了332人，观其差别，则在于《筹海图编》比《青州府志》在京操军、城守军方面记载的人数均为多，且又有"捕倭军"之额。纵观《青州府志》，始终未提捕倭军之设。但在《太祖实录》《太宗实录》《宣宗实录》《英宗实录》中确有"捕倭军士""捕倭马步官军""捕倭总兵官"的说法。按一卫中两所的兵马之数（驻扎安东卫者仅两，后千户所为石臼所，不在卫驻扎），则2240人为应当，以此来看《青州府志》记载的人数2253人较合乎兵制；而《筹海图编》记载的人数明显超编。或捕倭军不为常设？仍待探讨。
⑥ （清）张廷玉：《明史·兵志二》，中华书局，1974年。
⑦ （清）顾祖禹：《读史方舆纪要·山东六》，中华书局，2005年。
⑧ （清）赵双璧等纂修：《安东卫志·建制》，清康熙十二年（1673年）刻本。

池阔二丈五尺，深一丈。"① 嘉靖《青州府志》记载："安东卫城（临东海），建置无考，垒石凳凳，周五里高二丈一尺，阔二丈，壕深、广如之，为门者四。"②

康熙十二年（1673 年）《安东卫志》"初，汤信国建城，皆用砖石，周围五百三十丈，高二丈一尺，垛口一千三百零，门楼四座"③。（光绪《日照县志》记载与此一致，不赘④），《读史方舆纪要·山东六》记载："安东卫……卫城周五里。"⑤ 结合以上记载，初步可推测安东卫设置时的形制：城周长五里，城墙高二丈一尺，阔二丈，砖石筑成；护城壕沟宽、深与城墙宽、高相近，有四门且均有门楼。

安东卫城建成后，几经磨难、几经修葺。首先是："安东卫城……岁久渐坦。嘉靖三十四年（1555 年）经历何亨请修，规制仅存。"⑥ 随后，"两经兵火"即："崇祯十五年（1642 年）城陷。"及"顺治七年（1650 年），榆园贼寇山东，正月十七至卫。伊时卫城久残，人无固志，贼骑千众一拥入城，杀伤数百人，卫城一空"⑦。对安东卫城造成毁灭性打击的是康熙七年（1668 年）的大地震："两经兵火，颓垣败砌已至于不可收拾，何当戊申地震，复为之摧残殆尽哉。"⑧ "自戊申地变，城池一如平地，守御无具，恐非所以处边疆也。"⑨ 直至咸丰十一年（1861 年），"都司桂斌同卫绅士重修"⑩。之后，安东卫古城在 1945 年抗日战争中被拆毁。

安东卫城内相关建筑除官署、仓、库、校场外，嘉靖年间，安东卫经历司何亨再次修城后"四城门内俱有门房三间，以藏戎器。四大街共设八铺，小巷四铺"⑪。此外，还有如清《日照县志》内载的卫学（卫城西北隅，后改建于十字街西）、关帝庙（卫城东街）、镇武庙（卫城东北隅）、马神庙（卫城巡检署东）、观音堂（卫城巡检署东南）等⑫。

5. 安东卫抵御倭寇、海贼记载

主要记载有：

"嘉靖壬子，倭舟犯东岸，卫官率军御之始退。嘉靖三十四年（1555 年）五月，倭舟一只登夹仓口岸，约六十余人，各持利刃，望屋而食。卫官合日照民兵共击之，战于转头山。倭败南遁至响石村，又击之，终不能剿。后遁淮，调兵四集始歼之。嘉靖三十六年（1557 年）倭舟复至，掌印指挥王道率青营千户徐光华奋力御之，相持数日始去。"⑬

"嘉靖三十六年，六月乙酉，兵备副使于德昌、参将刘显败倭于安东。"⑭

① （明）陆钶：嘉靖《山东通志》"卷十二·城池"，《天一阁藏明代方志选刊续编》，上海书店出版社，1990年。
② （明）杜思等纂修：《青州府志·城池》，上海古籍出版社，1960年。
③ （清）赵双璧等纂修：《安东卫志·城池》，清康熙十二年（1673年）刻本。
④ （清）陈懋等纂修：《日照县志·城池》，清光绪十二年（1886年）刻本。
⑤ （清）顾祖禹：《读史方舆纪要·山东六》，中华书局，2005年。
⑥ （明）杜思等纂修：《青州府志·城池》，上海古籍出版社，1960年。
⑦ （清）赵双璧等纂修：《安东卫志·兵火》，清康熙十二年（1673年）刻本。
⑧ （清）赵双璧等纂修：《安东卫志·公署》，清康熙十二年（1673年）刻本。
⑨ （清）赵双璧等纂修：《安东卫志·城池》，清康熙十二年（1673年）刻本。
⑩ （清）陈懋等纂修：《日照县志·疆域》，清光绪十二年（1886年）刻本。
⑪ （清）赵双璧等纂修：《安东卫志·城池》，清康熙十二年（1673年）刻本。
⑫ （清）陈懋等纂修：《日照县志》，清光绪十二年（1886年）刻本。
⑬ （清）赵双璧等纂修：《安东卫志·兵火》，清康熙十二年（1673年）刻本。
⑭ （清）张廷玉：《明史·世宗本纪》，中华书局，1974年。

6. 墩堡设置

据清《安东卫志》卷二记载：

墩台，夫墩堡之设，所以举烽烟，传紧急，备不虞也。安东卫墩在沿海汛口，原为备倭，今则专于防海矣。每墩建旗、锣、烟筒，有警必举，千里之地，瞬息可达。此亦防御之大关，计久远者可玩忽视之乎？

皮狐墩、石门墩、黑漆墩、泊峰墩、味蹄墩、涨洛墩、涛雏墩、小皂墩、温桑墩、南石臼墩、北石臼墩、万皮墩、董家墩、南青泥墩、北青泥墩、钓鱼墩、相子泊墩、金线墩、石河墩、湖水墩。以上二十墩，军墩卒守，共八十名。本卫经历石臼所千总管。

杨家墩、孙家墩、相家墩、夹仓墩、蔡家墩、焦家墩、新添墩、牛蹄墩。以上八墩，民墩卒守。共三十二名。今拨夹仓镇巡检专管巡查。军、民墩卒共一百一十二名。近拨日照县"存留"项下银一百五十三两零，本卫印官按季关领支放。

赵双璧论曰：烽火、羽檄，兵家之置邮也。夫羽檄固取其捷，但恐山川险塞，未便驰驱，而烽墩则于千仞绝巅之上，俯视一切。遇有烽警，此唱彼应，瞬息千里，又何捷哉！明初为防倭计，故命信国汤和巡视山海形势。见此地汪洋无际，纵日本、琉球之极远者，一帆可至。乃于沿海诸山立烽墩二十八座，每墩设墩卒四名，每名给工食银四两。更为墩卒之厚其晨夕也，墩下置"赡养地"八亩，又为墩卒之安其室家也，墩下建"安息房"数间。桑麻鸡犬，无异闾里，所以墩卒刻不容离。鲸鲵稍为蠢动，日则狼烟，夜则信火。法甚善也。厥后嘉靖年倭寇二犯边疆，卫城得安堵者，皆墩卒瞭望、犄角防守之故耳。然明季，目为虚文，其地已浸没矣，其屋已颓坏矣，墩卒犹不至，扬腹曰："有工食在！"

7. 屯田

安东卫屯地坐落诸城、日照二县。十二屯在诸城县，五屯在日照县。本卫原额屯地一千六百六十五顷，成熟额外荒地四十七顷九十九亩，皆属军屯。

明制，屯田以"正丁"应役，以"余丁"耕田，征其税以为军粮。每丁授田二十五亩，岁纳粟三石，径赴本卫仓输纳，留作军需。

清制，照地征粮，隶于本卫守备，征解山东都司。清康熙朝，诸、照二县屯地每年征银一千六百六十四两三钱六分，成熟额外荒地征银一十七两九钱九分，共征银一千六百八十二两三钱五分，起运户部一千二百一十二两三钱二分，存留本卫官俸役食三百九十三两八钱二分，本卫杂支、丁祭、进表等项银八十六两二钱。

墩遗址

东湖墩（遗址）

位　　置　岚山区虎山镇东湖一村东北角

始设年代　明代

文保级别　已消失

概　　况　东湖墩原址东距大海 405 米，在日照钢铁公司厂区内。东北距东南营墩 2.6 千米，西南距安东卫 11.6 千米，现已完全不存，成为日钢的一栋厂房。

东湖墩遗址于 2015 年秋天因日钢厂房建设而被破坏殆尽。东湖墩即史籍记载的昧蹄墩。

东湖墩（遗址）位置图

石门墩遗址

位　　置　岚山区岚山头街道阿掖山主峰峰顶

始设年代　明代

文保级别　尚未核定为文物保护单位

概　　况　石门墩遗址西南距安东卫 2.7 千米，东南距大海 6.1 千米。围墙有东、南两道，将山顶围起，整体略呈长方形。东墙长 182 米，南墙长 34 米。城墙总长度为 217.5 米，被围起的山顶周长为 450.35 米，面积 6938.9 平方米。总体而言，南墙保存情况较好，东墙已坍塌，但基址仍保留，走向亦清楚。

石门墩遗址位置图

东墙与南墙拐角处设有门道，门道宽 1.85 米，门道向山下延伸，可由此上下。山顶西侧为天然山险，无需设墙防守；从东墙在最北端向西而折可以看出，北边的墙原来应也存在，只是修建阿掖山公路时被破坏。

石墙由不规则石块层层垒筑而成，未见使用石灰、砖瓦等建筑材料。石块大小不一，呈灰黄色，与本山石质相同，应是就近取材。就保存情况较好的南墙看，基本高度在 1.5 米左右。

除在垂直方向垒筑外，围墙水平方向也进行了加厚垒砌，内外可达三层，宽 1.3—1.7 米。

石门墩遗址卫星图

石门墩的性质，据口碑调查，当地人称之为"老墙"，据说是之前为躲避海贼修建。遗憾的是，经踏查，在围墙范围内及周边未能发现相关文化遗物，其年代不好确定。但其年代应属于明清时期。

遗址此处自东而南，海况尽收眼底。是瞭望海上敌情的理想场所。

石门墩遗址南墙现状（东向西摄）

石门墩遗址南墙近景（南向北摄）

　　据清《日照县志·桥梁、墩、铺》记载的沿海墩分布，"……昧蹄墩，又八里泊峰墩，又十里石门墩"的记载，即从昧蹄墩到石门墩的距离是"十八里"，昧蹄墩的位置已确定为在东湖一村东北角，自此到昧蹄墩的实测直线距离为 9.5 千米，与县志所写的十八里相差并不大，即说明此处从距离上看有可能即为石门墩所在地；同时，按清《安东卫志·图考》，在靠近安东卫城东侧附近，有两座墩台修筑在山上，而围墙遗址修筑在山上，与安东卫城距离也接近，与图考的记载吻合。事实上，石门墩如果修筑在此是为明智之举，一则视野开阔，适合瞭望海上敌情；二则一旦海上有警，则无论举烽、放火、放炮、掣白旗等警示，对安东卫来说发现起来尤为明显。当然，如此大规模的围墙，不可能仅是作为墩之用，很有可能是一个兵寨兼备了墩之功能，与安东卫成掎角之势，以利防守。

石门墩遗址南墙俯瞰

皮狐墩（遗址）

位　　置　日照市岚山区岚山头街道岚山山顶

始设年代　明代

文保级别　已消失

概　　况　皮狐墩所在地为山顶一处开阔的平地，海拔高度 116 米，北距石门墩 1.6 千米，西北距安东卫 3 千米，东南距大海 1.4 千米，墩已完全消失，东、南两面俯瞰大海，毫无遮拦，是瞭望海上敌情的理想场所。

皮狐墩（遗址）位置图

　　现场调查，目前仅存的是散落在遗址周边的砖块，砖块均为窄条青砖。其散落范围东西长 6.8 米，南北宽 4.8 米，总体面积约 32 平方米。南侧基本被破坏，西部间隔半米左右共发现有 8 块残砖。其中一块上浮雕钱币纹。北部及东部都只发现一块砖块。根据所发现的砖块走势及所处地推断应为一处房址。

下篇

初步研究

第八章

明代海防遗址研究

一、概述

明代前期，山东海防主要是为防御和抗击倭寇而设，经历了一个从初步建立到充实完善再到逐渐废弛的发展过程。洪武时期，山东是遭受倭寇侵害较为严重的沿海省份，明初在山东沿海共设立了11个卫，6个守御千户所，9个备御千户所，9个备御百户所，21个巡检司，以及众多的寨/屯、墩、堡，在山东海疆建立了完善的海防卫所体系，在稳定海疆方面发挥了积极作用。在永乐至宣德时期，山东沿海倭寇侵害规模有增大的趋势，明政府又先后组建了即墨营、登州营和文登营三个海防守备营，山东海防在洪武的基础上得到进一步完善。正统至正德时期，山东沿海倭寇事件偶有发生。海疆的长久安定，政治的日益腐败，导致明政府海防力度不够，加上卫所体系自身存在弊端而未得到解决，山东海防逐渐废弛。

二、卫城遗址

卫是明代海防体系的核心，卫城的设置处处体现了明朝政府对于海防的重视。明代在山东沿海岸线从北至南依次设置了莱州卫、登州卫、宁海卫、威海卫、成山卫、靖海卫、大嵩卫、鳌山卫、灵山卫、安东卫。青州左卫也管辖部分沿海地区，但卫治不临海。沿海10个卫中，莱州卫设于莱州府城内、登州卫设于登州府城内，宁海卫设于宁海州城内，其他7个卫均是单独设城。

山东半岛最早设立的卫是莱州卫，设立于明洪武二年（1369年），其后又于洪武八年（1375年）设立了青州左卫，洪武九年（1376年）设立了登州卫，洪武十年（1377年）设立了宁海卫，这四个卫指挥使都是设立于府城或州治之内，没有单独建造卫城。明洪武三十一年（1398年），明廷感受到山东半岛的海防压力，同时设立了七个卫，并且都是单独建造卫城，山东海防力量顿时得到强化。

沿海各卫城的选址都非常考究，多位于小型半岛、岬角之上，距离海岸线很近，一般不超过8千米。其中威海卫、靖海卫、大嵩卫距离海岸线不足1千米，其次是成山卫、灵山卫、安东卫、鳌山卫等，距离海岸线约2千米。最远的是宁海卫、登州卫、莱州卫，这三个卫都是在府城或州治里，距离海岸线稍远，约8千米。这样的选址，保证了山东沿海诸卫始终位于海防的第一线，一旦敌人从海上进犯，可以第一时间出兵支援，加强了对沿海的控制。在空间分布上，各卫呈现西疏东密的布局。最东端的宁海卫、威海卫、成山卫、靖海卫、大嵩卫、灵山卫分布较为密集，西部和南部的莱州卫、登州卫、安东卫分布较为稀疏，这与胶东地区的倭患更为严重有密切关系。

山东沿海各卫城遗址保存情况很差，目前各卫城地面以上建筑大部分已经消失，仅有四座卫城保留部分城墙。威海卫城仅剩部分西城墙，成山卫现存北门和部分北城墙，靖海卫现存部分北城墙，灵山卫城仅

明代山东沿海各卫编制表

名称	始建年代	编制	京操军	守城军	屯田军	捕倭军	守墩堡军
莱州卫	洪武二年	5600	1728	302	447	413	
青州左卫	洪武八年	5600	3602	720	453		
登州卫	洪武九年	7840	2009	250	114	828	18
宁海卫	洪武十年	5600	1665	1210	391	354	42
大嵩卫	洪武三十一年	3360	1491	258	428	146	
灵山卫	洪武三十一年	3360	1213	116	287	291	
鳌山卫	洪武三十一年	3360	1631	107	290	285	
安东卫	洪武三十一年	3360	1578	358	391	269	
靖海卫	洪武三十一年	3360	1593	150	210	313	72
成山卫	洪武三十一年	3360	1156	261	240	234	42
威海卫	洪武三十一年	3360	1368	75	224	285	38

存护城河和城隍庙。其余卫城已经被城市覆盖，地面以上看不到任何遗存。在文物保护级别方面，成山卫城是省级文物保护单位，威海卫城是市级文物保护单位，靖海卫城是县级文物保护单位。

虽然卫城遗址大部分已经消失，但卫城内的街道都保留了下来，一般城有两条主干街道，呈十字交叉，连接四座城门，周围的城墙也变成街道。从空中俯瞰，卫城平面呈"田"字形。比如威海卫城内东西向的主干道路名为横街，现改名和平路，南北向的主干道路名为直街，现改称统一路，这两条街道仍然是威海市中心的主要道路。

通过查阅文献记载，对比古今地图，结合实地走访，基本可以确定卫城的城墙范围。独立设置的卫城平面一般为长方形，四边非常规整，边长在630—870米之间，面积一般在0.51—0.65平方千米之间，城墙周长在3千米左右。各卫城具体尺寸如下表所示。

沿海各卫城规模表

序号	卫城	东西长（米）	南北长（米）	周长约（米）	面积（平方千米）	史料中关于卫城规模的记载
1	鳌山卫	780	840	3240	0.6552	卫城为砖城，周五里，高三丈五尺，厚一丈七尺，池阔二丈五尺，深一丈五尺。四门，东曰镇海；西曰迎恩；南曰安远；北曰维山
2	大嵩卫	750	840	3180	0.63	周八里，高一丈九尺，厚一丈五尺，池（护城河）阔八尺，深一丈。四门东曰永安，西曰宁德，南曰迎恩，北曰朔清
3	威海卫	630	870	3000	0.5481	永乐元年（1403年）建城，砖石相间，高三丈，阔二丈，周六里一十八步。动宁海、文登夫役军三民七修之。门四，楼铺二十。池阔一丈五尺，深八尺

续表

序号	卫城	东西长（米）	南北长（米）	周长约（米）	面积（平方千米）	史料中关于卫城规模的记载
4	靖海卫	850	630	2960	0.5355	洪武三十一年，始筑石城，周九百七十一丈，高二丈四尺，门四。后倭乘西门入寇始塞，今止三门，楼铺二十九座，池深一丈，阔二丈五尺
5	安东卫	750	700	2900	0.525	周五里，城墙高两丈一尺，阔二丈。四门
6	成山卫	680	760	2880	0.5168	明洪武三十一年创建石城，周六里一百六十八步，高一丈八尺，厚二丈
7	灵山卫	660	780	2880	0.5148	周围五里，四门：东曰朝阳，西曰阅武，南曰镇海，北曰承恩

各卫城的规模与文献记载有出入，明代建城使用的是营造尺，约为 0.319 米。一营造里为 1800 尺，约为 574.2 米[①]。根据该数据计算，各卫城周长分别为鳌山卫 2871 米，大嵩卫 4593.6 米，威海卫 3588.75 米，靖海卫 3097.49 米，安东卫 2871 米，成山卫 4785 米，灵山卫 2871 米。其中，与史料最吻合的是安东卫与灵山卫，相差不到 30 米。靖海卫、鳌山卫、威海卫相差不到 1 千米。大嵩卫相差 1400 余米。而成山卫相差最大，接近 2 千米。有可能这些卫城在后期重修过，经历过扩建或收缩，因此相差较大。

卫城城墙一般为砖石结构，高度在一丈五尺至三丈之间，厚度在一丈五尺至两丈之间，四周有四座城门，个别卫城是三座城门，城门位于城墙的居中位置。目前仅有成山卫北门武宁门保留至今，其余城门均已消失。除了城门与城墙，大部分卫城都有护城河，在城墙外设有壕沟，深度在八尺至一丈五尺之间，宽度八尺至两丈五尺之间，安东卫的护城河至今仍然保留。由于大部分城墙已经消失，仅存的几座城墙破坏也非常严重，仅剩夯土，没有做过考古发掘，因此并不能判断出城墙的筑造方法。

在众多卫城中，威海卫因被英国租借过，留下众多照片，是为数不多的留下照片的卫城。目前能找到威海卫城大约十几张照片，其中城墙、城门、街道、房屋均有影像保留，极为难得。通过照片可以明显看出，

清代重建的环翠楼和威海卫西城墙

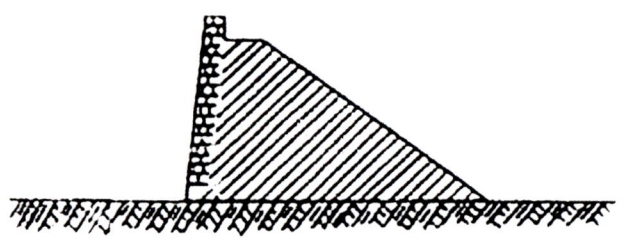

威海卫城墙剖面示意图

---

① 闻人军：《中国古代里亩制度概述》，《杭州大学学报（哲学社会科学版）》1989年第3期，第132页。

威海卫城四周有高大的城墙，城墙的外立面比较陡峭，使用砖石，内墙是夯土的缓坡。四周的城门大多有瓮城，南门、东门还设有城楼。

卫是明代海防设施的核心机构，山东半岛独立设置的卫城在空间形态上呈现出明显的"方城—十字街"布局，面积多在0.5—0.7平方千米之间，城外皆有完备的护城河系统，卫城的总体形态和规模十分接近，建城手法基本一致[1]。

卫城除城墙以外、内部有大量建筑，包括官署文庙、戏楼、民居等，一般情况下，官署位于墙内东北方向，文庙在官署附近，城中间是戏楼。卫城外还有军官的墓葬或祠堂。但因城市建设，这些遗址大部分已经消失。

---

[1] 耿钱政等：《明代辽东与山东地缘关系及卫城形态研究》，《建筑史》2019年第2期，第83—95页。

山东明代海防遗址平面示意图

鳌山卫城　　　　　　　灵山卫城　　　　　　　安东卫城

威海卫城　　　　　　　成山卫城　　　　　　　靖海卫城

大嵩卫城　　　浮山所城　　　夏河所城　　　雄崖所城　　　海阳所城

王徐寨所城　　　宁津所城　　　大山所城　　　金山寨所城　　　寻山所城　　百尺崖所城

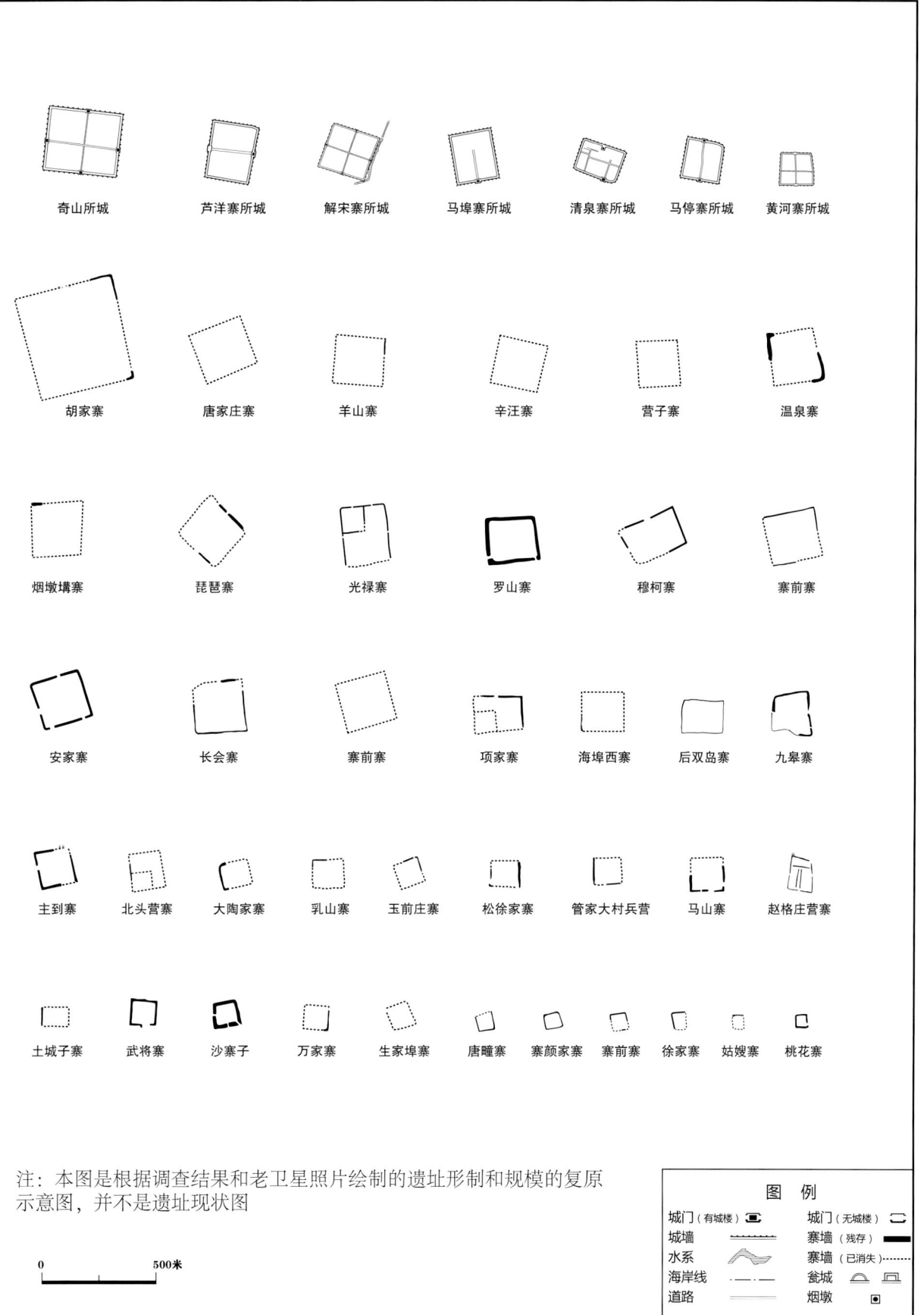

奇山所城　芦洋寨所城　解宋寨所城　马埠寨所城　清泉寨所城　马停寨所城　黄河寨所城

胡家寨　唐家庄寨　羊山寨　辛汪寨　营子寨　温泉寨

烟墩埠寨　琵琶寨　光禄寨　罗山寨　穆柯寨　寨前寨

安家寨　长会寨　寨前寨　项家寨　海埠西寨　后双岛寨　九皋寨

主到寨　北头营寨　大陶家寨　乳山寨　玉前庄寨　松徐家寨　管家大村兵营　马山寨　赵格庄营寨

土城子寨　武将寨　沙寨子　万家寨　生家埠寨　唐疃寨　寨颜家寨　寨前寨　徐家寨　姑嫂寨　桃花寨

注：本图是根据调查结果和老卫星照片绘制的遗址形制和规模的复原示意图，并不是遗址现状图

0　　　　500米

图　例

城门（有城楼）　城门（无城楼）

城墙　寨墙（残存）

水系　寨墙（已消失）

海岸线　瓮城

道路　烟墩

三、所城遗址

明代山东沿海共设置了 24 个所，分为守御千户所、备御千户所、备御百户所。

守御千户所直接隶属于山东都指挥使，共有 6 个，分别是奇山千户所、宁津千户所、海阳千户所、雄崖千户所、胶州千户所和诸城千户所。其中胶州千户所和诸城千户所设立于胶州县和诸城县内，其他 4 个千户所独立设置所城。

备御千户所隶属于卫，共有 9 个。分别是隶属于莱州卫的王徐寨千户所，隶属于登州卫的福山千户所，隶属于宁海卫的金山寨千户所，隶属于威海卫的百尺崖千户所，隶属于成山卫的寻山千户所，隶属于大嵩卫的大山寨千户所，隶属于鳌山卫的浮山寨千户所，隶属于灵山卫的夏河寨千户所，隶属于安东卫的石臼千户所。这 9 个千户所除了福山所设置于福山县内，其他 8 个均独立设置所城。

备御百户所共有 9 个，绝大多数隶属于卫，只有卢洋寨备御五百户所隶属于福山千户所。其余分别是隶属于青州左卫的塘头寨百户所，隶属于莱州卫的马埠寨四百户所，隶属于莱州卫的灶河寨四百户所，隶属于莱州卫的马停寨百户所，隶属于登州卫的黄河寨百户所，隶属于登州卫的刘家旺三百户所，隶属于登州卫的解宋寨四百户所，隶属于宁海卫的清泉寨百户所。

目前尚存的所城遗址中，奇山所城、金山寨所城、雄崖所城、夏河寨所城、解宋营所城保存较好，均为省级文物保护单位。塘头寨所城、马埠寨所城、宁津所城保存较好，均为县级文物保护单位。百尺崖所城、海阳所城、王徐寨所城、浮山所城大部分被破坏，只剩下极少遗存。其余所城已经被破坏完全消失。

虽然遗址大部分已经消失，但通过实地走访和文献检索，仍然能找到大部分所城的城墙位置，确定所城的范围。各所城的范围如下表所示：

各所城规模表

序号	类别	设立时间	所城名称	东西（米）	南北（米）	周长（米）	原始面积（平方米）	史料记载规模	残存情况
1	备御千户所	洪武时期	王徐寨	460	425	1770	195500	明初置百户所，有城周三里，嘉靖中改为千户所	北墙残长 360 米，西墙残长 146 米，东墙残长 316 米
2	守御千户所	洪武三十一年	海阳	400	480	1760	192000	海阳守御所城，砖城，周三里，高二丈五尺，阔一丈二尺；西南二门，楼铺二十九，池深一丈，阔二丈	
3	备御千户所	洪武三十一年	夏河寨	380	500	1760	190000	周三里余，计一百五步，门四	

续表

序号	类别	设立时间	所城名称	东西（米）	南北（米）	周长（米）	原始面积（平方米）	史料记载规模	残存情况
4	守御千户所	洪武三十一年	宁津	380	460	1680	174800	宁津所城……砖城，周三里，高二丈五尺，厚二丈三尺，池阔二丈，深一丈，四门，楼铺十六座	现地表仅存北城墙东、西两段
5	备御千户所	洪武三十一年	大山寨	450	380	1660	171000		
6	备御千户所	成化年间	金山	420	400	1640	168000	金山备御所砖城，围二里，高二丈三尺，阔五尺，东南二门，楼铺二十，池阔二丈二尺，深一丈八尺	北寨城墙残存120米、最高处约2米
7	守御千户所	洪武三十一年	雄崖	380	420	1600	159600		
8	备御千户所	洪武三十一年	石臼寨	420	370	1580	155400	《山东通志》载："所城为石城，周围二里有奇，高一丈四尺许，南、北、西三门，楼铺十五座，池阔三丈二尺，深一丈。"嘉靖《青州府志》、《读史方舆纪要》等均记"周三里有奇"	
9	备御千户所	洪武三十一年	寻山	380	400	1560	152000	砖城，周二里三十六丈，高二丈五尺，厚二丈，池阔二丈，深一丈，东西四门，楼铺二十九座	现仅东南城角附近低洼处尚保留南垣一段，长约250米；东垣一段残迹，长约50、高4、顶宽6、基宽15米，若略可见旧貌
10	备御千户所	洪武三十一年	浮山寨	403	422	1650	170066		现已消失
11	备御千户所	洪武三十一年	百尺崖	370	270	1280	99900	百尺崖后所城，砖城。周三百三十步，高三丈，阔二丈五尺。南北二门楼、铺六，池阔一丈五，深九尺	仅存东墙、西墙和北墙各自一小部分

续表

序号	类别	设立时间	所城名称	东西（米）	南北（米）	周长（米）	原始面积（平方米）	史料记载规模	残存情况
12	守御千户所	洪武三十一年	奇山	330	270	1200	89100	奇山守御所砖城围二里，高二丈二尺，阔二丈，门四，楼铺十六，池阔三丈五尺，深一丈	
13	备御五百户所	洪武十年	芦洋寨	180	240	840	43200		现已消失
14	备御四百户所	洪武九年	解宋寨	200	200	800	40000	解宋寨石城，围二百四十丈，高二丈五尺，阔一丈三尺，南一门，楼铺五，池阔一丈、深五尺	现存南城门、钟楼、南城墙残段和护城河
15	备御四百户所		马埠寨	160	190	700	30400		寨址保存一般，呈长方形高台地，断崖处有明显的夯土层，土基随地势堆筑
16	备御三百户所	洪武九年	刘家汪	130	200	660	26000		现已消失
17	备御百户所		马停寨	160	160	640	25600		现已消失
18	备御百户所	洪武九年	黄河寨	145	140	570	20300		残存北墙长5米，宽1.5米左右，高2米

　　根据上表可知，千户所的所城一般平面呈长方形，一般边长在370—480米，面积一般在17万—19.55万平方米，只有百尺崖所和奇山所比较特殊，较其他所城略小。百户所比千户所所城规模小很多，平面也呈长方形，边长一般在140—240米，面积一般2万—4.3万平方米。大部分所城城墙为砖城，少部分为石城，城墙高度在一丈四尺至三丈之间，一般在两丈五尺左右。城墙外一般设有护城河，宽度在一丈至三丈五之间，深度在五尺至一丈八尺之间。

　　所城虽然地位不及卫城，但也是明代海防设施的核心设施之一，所城的设置与卫城非常相似，虽然规模略小，但在空间形态上也呈现出明显的"方城—十字街"布局，城外皆有完备的护城河系统，所城的总体形态和规模十分接近，建城手法也基本一致①。

---

① 耿钱政等：《明代辽东与山东地缘关系及卫城形态研究》，《建筑史》2019年第2期，第83—95页。

四、巡检司遗址

巡检司最早设立于宋、金时期，位于蓬莱水城的刀鱼寨巡检司创设于宋仁宗时期，是山东半岛最早设立的巡检司。乳山寨巡检司设立于宋代，马停镇巡检司、温泉镇巡检司都设立于金代，辛汪寨巡检司、行村巡检司设于元代。明代山东沿海设立了 21 个巡检司，大部分设立于明洪武年间。巡检司的主要职责是"盘诘往来奸细及贩卖私盐犯人、逃军、逃囚、无引、面生可疑之人"[①] 等七大方面。严格地说隶属于地方州县的治安系统，不属于卫所系统，具体隶属关系如下表：随着倭患的加重，明廷在山东半岛设置了三个海防营，所有防卫倭寇的机构都由三大营统属，巡检司属下弓兵也被列入其中。

各巡检司隶属关系

州府	巡检司
青州府	夹仓镇、信阳镇、南龙湾、高家港
登州府	赤山寨、辛汪寨、温泉镇、东良海口、乳山、高山、杨家店、马停镇、孙镇、行村寨
莱州府	鱼儿铺、古镇、逄猛、栲栳岛、海仓

巡检司的设置可以视为对卫所系统的一种补充，选址大多在关隘要口、交通要道之处。在山东半岛地区，巡检司则大多设立在海岸附近，多在海湾或海口要冲之处。比如赤山巡检司就设在石岛湾旁边，行村寨巡检司设在丁字湾海口北岸。有些巡检司因为起初选址不当，还又重新迁移过，如辛汪巡检司最早设立于文登县辛汪都三里，因威海卫与辛汪巡检司相隔较近，宣德九年明朝政府"移置辛汪寨巡检司于长峰寨，温泉镇巡检司于古峰寨。时山东威海卫指挥金事陶敞言：二巡检司虽为捕倭而设，然与百尺崖备御后千户所相近，且非要害海口，而长峰、古峰二寨实险要之地，于备倭为宜，遂移置焉"[②]。

山东明代设立的 21 个巡检司，目前仅存遗址 7 个，分别是九皋寨（温泉镇巡检司）、土城子寨（辛汪巡检司）、温泉寨（温泉镇巡检司）、乳山寨巡检司、古镇口巡检司、信阳场巡检司、夹仓巡检司，其他巡检司均已消失。九皋寨遗址被列为市级文物保护单位，其他遗址都没有定为文物保护单位。

九皋寨遗址是目前保存较好的一处巡检司遗址，该遗址位于威海卫和成山卫之间沿海的一处高地上，向北可监控海面。遗址四周建有寨墙，面积约 2.2 万平方米。该遗址并未做过考古发掘，因此尚无法断定具体年代、建造工艺等，有待将来做进一步工作，以加深对巡检司的研究。

---

① 《明会典》，文渊阁四库全书本。
② （明）《明宣宗实录》"卷一百八"，宣德九年二月甲子，第2426、2427页。

五、寨/屯遗址

寨和屯在文献记载中是两类海防设施，但这两类海防遗址非常相似，难以区分，因此在研究时并为一类，称为寨/屯遗址，加以研究。

本次调查，在山东沿海共发现寨屯遗址 61 处，其中 25 处已消失，保存较好的有 36 处。寨屯遗址集中在今烟台、威海地区，尤以威海地区居多，达到 38 处。这与史料记载"建五总寨于宁海卫，与莱州卫八总寨共辖小寨四十八"基本相符 [①]。《明太祖实录》记载："洪武二十五年十一月乙酉，山东都指挥使周房言所属宁海、莱州二卫东滨巨海，途岸纡远，难于防御。近者，审择莱州要害之处，当置八总寨，以辖四十八小寨；其宁海卫亦置五总寨以备倭夷。诏从之。" [②] 同时，《明史·兵志》记载："洪武十七年，汤和筑沿海诸城。"

值得一提的是，寨的设立要早于很多卫所。因此，很多所城应该是利用寨建立起来的，比如马埠寨、灶河寨、王徐寨、马停寨、黄河寨、解宋寨、芦洋寨、清泉寨、金山寨等。

军寨形制各不相同。一般而言，寨的平面呈长方形或正方形，多在低矮的山丘上，地势较高，周围视野较好。寨的四周有明显的寨墙，高度不等。很多寨内设有烟墩，如光禄寨、安家军寨、项家寨、主到寨、桃花寨、姑嫂寨。有些寨设有内墙，大寨内设有小寨，比如寨前寨、安家军寨等。

寨的规模大小不一，面积从几千平方米到 20 万平方米不等。目前发现最大的军寨是位于威海市文登区的胡家寨，总面积约 20 万平方米，比一个千户所城稍大。面积最小的寨是姑嫂寨，位于威海荣成市，面积仅 2162 平方米。目前保存较好的军寨中，面积超过 10 万平米的仅有 1 个，是胡家寨。面积在 1 万—10 万平米之间的有 18 个。面积小于 1 万平方米的有 7 个。

关于目前发现的寨，有几种推测。第一，目前发现的寨即史料中记载的"总寨"和"小寨"。面积大于 4 万平方米，或者边长大于 200 米的军寨，推测是史料中的"总寨"。面积在 2500 平方米以上，或边长介于 100—200 米之间的，推测即为史料中的"小寨"或者军屯。第二，面积小于 2500 平方米，边长小于 100 米的军寨推测是墩或堡周围设立的围墙，寨内是守墩堡军及其家属居住之地，比如桃花寨、姑嫂寨，边长一般在 50 米左右。第三，有的寨可能是卫所下设的军屯，比如项家寨、安家寨、光禄寨、得胜寨、武将寨、主到寨、长会寨等有可能是卫所下设的军屯，平时戍守屯田和警戒，战时亦作防御。

需要说明的是，有些军寨的建造年代可能早于明代。根据《威海地名志》记载，威海大部分村庄是明代建村，不少村庄的名字是根据附近军寨而命名的，比如寨子东村、罗山寨、寨前村、前寨村、后寨村、光禄寨、寨前赛家、南寨子后、寨前于家等等。因此不难推断，这些村庄建立之前，很多军寨就已经存在，军寨的设立时间可能更早。具体的建造时间还有待于下一步做考古发掘工作来印证。

---

① 《登州府志》"卷十二"。
② 《明太祖实录》"卷二二二"，洪武二十五年十一月乙酉条，第3244页。

各寨屯规模表

序号	名称	文物保护单位级别	平面形状	东西长（米）	南北长（米）	原始面积（平方米）	残存面积（平方米）
1	胡家寨	未定级	正方形	450	460	207000	26000
2	长会寨	未定级	正方形	300	300	90000	26000
3	安家寨	省级	正方形	230	230	52900	51975
4	唐家庄寨	未定级	正方形	230	230	52900	52900
5	光禄寨	县级	近长方形	200	250	50000	36000
6	寨前寨	未定级	正方形	216	216	46656	46656
7	琵琶寨	未定级	近长方形	210	200	42000	27930
8	罗山寨	市级	近长方形	200	200	40000	62500
9	寨前寨	未定级	正方形	200	200	40000	40000
10	项家寨	县级	长方形	180	200	36000	28000
11	徐家村寨	未定级	长方形	165	210	34650	34650
12	穆柯寨	县级	长方形	210	150	31500	46760
13	主到寨	未定级	近长方形	150	150	22500	11450
14	大陶家寨	未定级	不规则长方形	150	150	22500	58.8
15	后双岛寨	市级	近似长方形	170	130	22100	23760
16	马山寨	省级	正方形	140	140	19600	19600
17	北头营寨	市级	近似长方形	110	140	15400	15400
18	松徐家寨	未定级	近似长方形	116	96	11136	11232
19	寨前寨	县级	近正方形	100	100	10000	7000
20	武将寨	县级	长方形	100	100	10000	10000
21	姜格寨	未定级	不规则长方形	80	120	9600	14250
22	寨颜家寨	未定级		100	90	9000	9000
23	赵格庄营寨	省级		105	78	8190	
24	沙寨子寨	县级	近正方形	80	80	6400	6640
25	唐疃寨	未定级	长方形	80	64	5120	5140
26	桃花寨	未定级	正方形	50	50	2500	2500
27	姑嫂寨	未定级	近似方形	47	46	2162	2162

序号	名称	文物保护单位级别	平面形状	东西长（米）	南北长（米）	原始面积（平方米）	残存面积（平方米）
28	高家庄寨	未定级		36	45	1620	1620
29	磁山寨	未定级			400		
30	海埠西寨	未定级	不规则形状				190
31	万家寨	未定级					210
32	生家埠寨	未定级					64
33	玉前庄寨	未定级	长方形				2800
34	营子寨	未定级					
35	营子沟寨	未定级					
36	管家大村兵营	未定级					
37	军寨址寨	已消失					
38	金沟寨	已消失					
39	海埠东寨	已消失					
40	马山寨	已消失					
41	草岛寨	已消失					
42	龙泉寨	已消失					
43	黑土寨	已消失					
44	马安寨	已消失					
45	马家寨	已消失					
46	寨前赛家寨	已消失					
47	青木寨	已消失					
48	玄镇寨	已消失					
49	得胜寨	已消失	长方形				
50	于家寨	已消失					
51	东南寨	已消失	正方形				
52	小寨村寨	已消失					
53	黄龙庄寨	已消失					

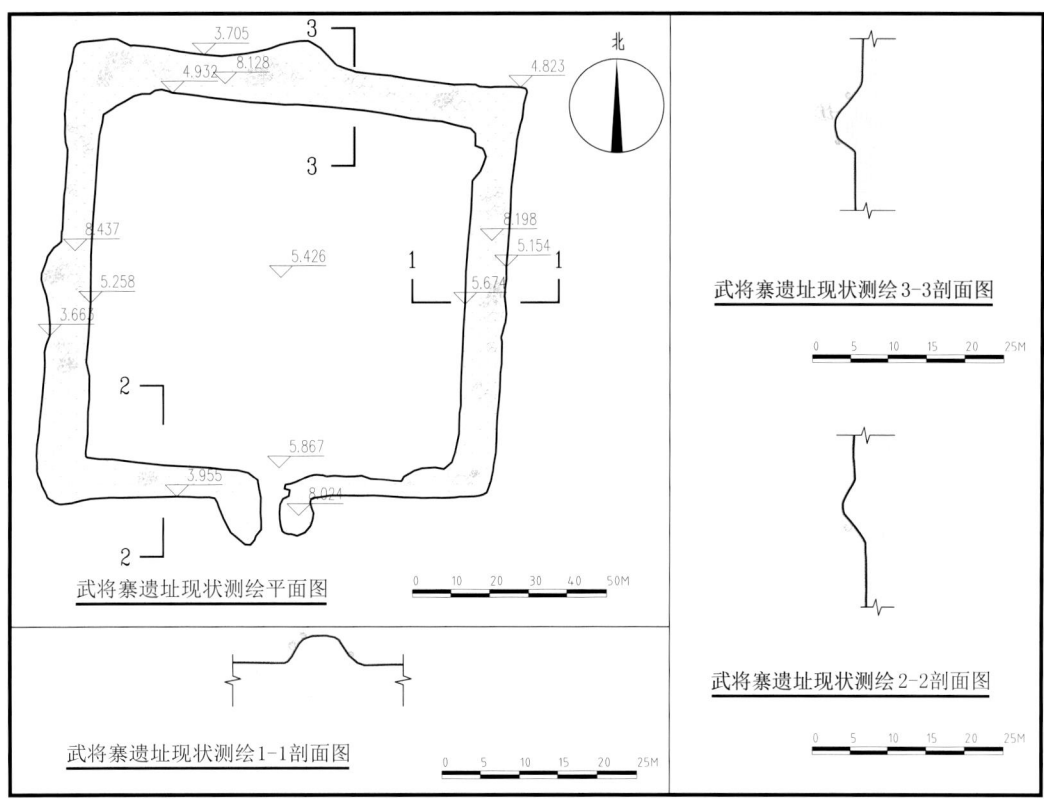

武将寨遗址现状测绘平、剖面图

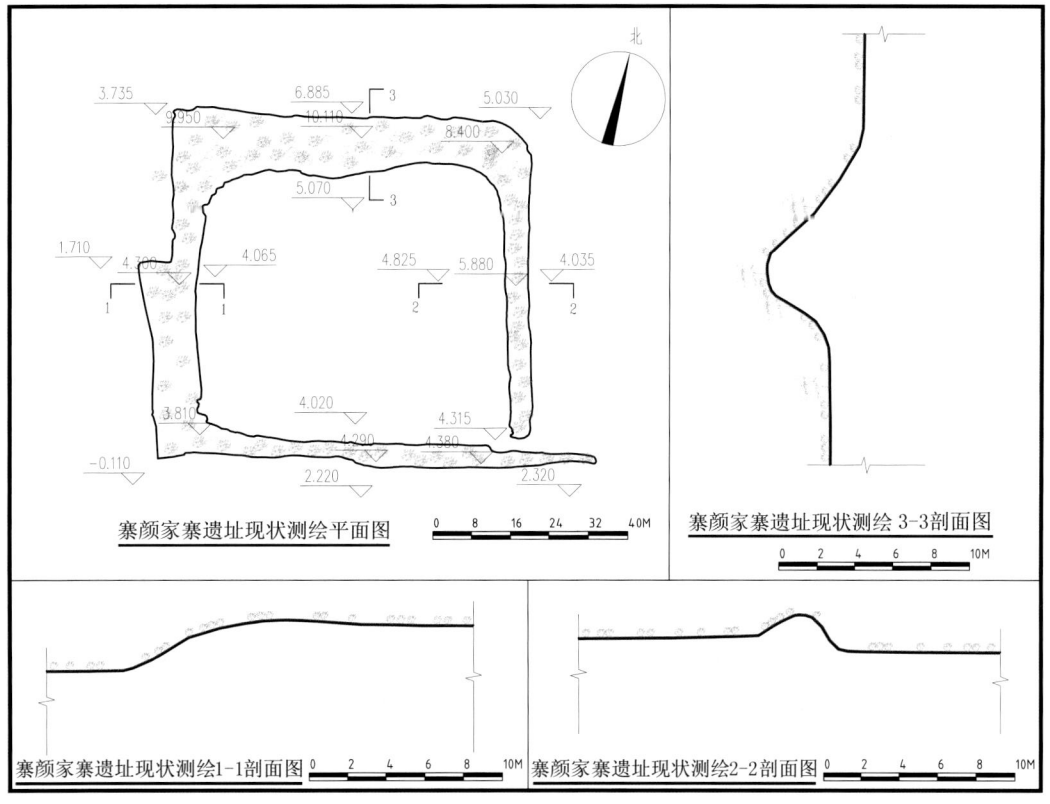

寨颜家寨遗址现状测绘平、剖面图

六、墩堡遗址

墩堡，一般俗称烟墩、墩台、烽火台，文献中一般称为"烽堠"。墩堡虽然外形相似，但它们是两种海防设施。墩主要位于沿海高地，规模较大，作用是监控海口，警示报警。堡大多位于内陆，规模相比墩较小，作用是将警报传递给附近的海防设施。此外，有些寨和屯中也设有墩，起到瞭望警卫的作用，如安家军寨、主到寨等都有这类设施。

根据文献记载，山东沿海诸卫所、巡检司共下辖303个墩，121个堡，在实际调查中发现了墩311处，堡100处。在311处墩中，目前保存较好的有245处，其中省级文物保护单位17处，市级文物保护单位4处，县级文物保护单位28处，未核定为文物保护单位132处，已消失131处。在100处堡中，省级文物保护单位3处，县级文物保护单位5处，未核定为文物保护单位57处，已消失35处。目前已经调查的墩堡中，能够与史料对应的有177处。具体如下表：

与史料对应的墩堡

序号	名称	地市	区县	地理位置	文物保护单位级别	推测古籍记载名称	推测隶属关系
1	八面墩	潍坊市	寿光市	羊口镇八面河村	已消失	八面墩	唐头营所
2	官台墩	潍坊市	寿光市	羊口镇官台村盐青路与南海路交叉口以北	已消失	官台墩	唐头营所
3	宅科墩	潍坊市	寿光市	羊口镇宅科五村东200米	已消失	宅科墩	唐头营所
4	瓦北墩	潍坊市	昌邑市	龙池镇瓦北村北约50米	已消失	烟火墩	渔儿堡巡检司
5	东辛店墩	潍坊市	昌邑市	下营镇东辛店村东1300米	未定级	韩城墩	渔儿堡巡检司
6	小刘家墩	潍坊市	昌邑市	卜庄镇小刘家村西约100米	未定级	黑山墩	渔儿堡巡检司
7	高家庄墩	潍坊市	昌邑市	卜庄镇高家庄村北约50米	已消失	河口墩	渔儿堡巡检司
8	土山墩	烟台市	莱州市	土山镇土山村北（古龙潭西南角）	未定级	土山墩	海沧巡检司
9	马埠墩	烟台市	莱州市	虎头崖镇西大宋村西北1000米	未定级	马埠墩	马埠寨所
10	趴埠墩	烟台市	莱州市	虎头崖镇趴埠潘家村东北350米山顶	未定级	趴埠墩	马埠寨所
11	海庙墩	烟台市	莱州市	永安街道办事处海庙姜家村西北600米	已消失	海庙墩	马埠寨所
12	朱呆墩	烟台市	莱州市	永安街道办事处东朱呆村北700米	已消失	诸高墩	柴胡巡检司
13	大原墩	烟台市	莱州市	城港路街道办事处大原一村西北1000米	已消失	太原墩	柴胡巡检司
14	朱旺墩	烟台市	莱州市	城港路街道办事处朱旺村西400米	未定级	诸黄墩	柴胡巡检司
15	寨里武家墩	烟台市	莱州市	金仓街道办事处寨里武家东南角	已消失	本寨墩	灶河寨所

序号	名称	地市	区县	地理位置	文物保护单位级别	推测古籍记载名称	推测隶属关系
16	单山墩	烟台市	莱州市	三山岛街道单山村东南 600 米山坡顶部	未定级	单山墩	灶河寨所
17	三山岛墩	烟台市	莱州市	三山岛街道三山岛村北 280 米山坡顶	未定级	三山墩	灶河寨所
18	虎口墩	烟台市	莱州市	金城镇后泊二村东南角	未定级	虎口墩	王徐寨所
19	东良墩	烟台市	招远市	辛庄镇东良村北 1000 米	已消失	东良墩	东良巡检司
20	黄山馆墩	烟台市	龙口市	黄山馆镇原黄山馆汽车站西北侧（228 国道占压）	已消失	界河墩	东良巡检司
21	央格庄墩	烟台市	龙口市	龙港街道央格庄居委会东 50 米	已消失	杨家庄墩	白沙巡检司
22	西羔墩	烟台市	龙口市	诸由观镇西羔村东南 500 米	已消失	西高墩	黄河寨所
23	渤海周家墩	烟台市	龙口市	诸由观镇原渤海周家村西北 500 米（君澜福地小区）北	未定级	王回墩	黄河寨所
24	大杨家墩	烟台市	龙口市	诸由观镇大杨家村西 200 米农田中	未定级	河口墩	黄河寨所
25	聂家墩	烟台市	蓬莱区	北沟镇聂家村北 600 米发电厂院内	已消失	可能是任家墩	黄河寨所
26	峰山岭墩	烟台市	蓬莱区	北沟镇北王绪村北 700 米处	省级	可能是栾家口墩	黄河寨所
27	田横寨墩	烟台市	蓬莱区	蓬莱阁街道田横寨公园内	已消失	田横寨墩	登州卫
28	抹直口墩	烟台市	蓬莱区	蓬莱阁街道三仙山景区公园内	已消失	抹直口墩	登州卫
29	湾子口墩	烟台市	蓬莱区	新港街道湾子口村北约 900 米	已消失	湾子口墩	刘家汪所
30	木基墩	烟台市	蓬莱区	刘家沟镇南吴家村东 1 千米处	省级	木基墩	解宋寨所
31	解宋营西墩	烟台市	蓬莱区	刘家沟镇解宋营西村西北 900 米处	省级	解宋墩	解宋寨所
32	墟里墩	烟台市	蓬莱区	刘家沟镇墟里村东北 700 米处	未定级	墟里墩	解宋寨所
33	黄石庙墩	烟台市	福山区	大季家街道黄石庙山顶部	未定级	黄石庙墩	杨家店巡检司
34	八角墩	烟台市	福山区	古现街道八角村东北 1 千米处	未定级	八角墩	芦洋寨所
35	木柞墩	烟台市	芝罘区	凤凰台街道乳子山顶部	未定级	木柞墩	福山所
36	埠东墩	烟台市	芝罘区	通伸街道西炮台国防公园内	已消失	埠东墩	福山所
37	熨斗墩	烟台市	芝罘区	向阳街道烟台山社区烟台山景区内	市级	熨斗墩	福山所
38	西牟堡	烟台市	芝罘区	只楚街道办事处南上坊村东南 500 米处山坡上	未定级	西牟堡	福山所
39	黄务堡	烟台市	芝罘区	黄务街道办事处西北 850 米山顶	未定级	黄务堡	福山所
40	现顶墩	烟台市	莱山区	黄海路街道后七夼峰山顶	未定级	现顶墩	奇山所
41	石沟墩	烟台市	莱山区	黄海路街道银海花园小区内	已消失	石沟墩	清泉寨所

序号	名称	地市	区县	地理位置	文物保护单位级别	推测古籍记载名称	推测隶属关系
42	草埠墩	烟台市	莱山区	滨海路街道草埠社区东 200 米处	已消失	草埠墩	宁海卫
43	马山墩	烟台市	莱山区	马山街道北寨村北 1 千米，马山寨高尔夫俱乐部院内马山寨酒店南侧	省级	马山墩	宁海卫
44	午台堡	烟台市	莱山区	初家街道午台社区西南约 1 千米处	已消失	午台堡	清泉寨所
45	芜萎堡	烟台市	莱山区	滨海路街道三十里堡村东北 450 米处	已消失	芜萎堡	宁海卫
46	辛安堡	烟台市	莱山区	马山街道辛安村北头路东侧	已消失	辛安堡	宁海卫
47	貉子窝墩	烟台市	牟平区	宁海街道烟墩山公园西南约 130 米山坡上	未定级	貉子窝墩	宁海卫
48	西系山墩	烟台市	牟平区	宁海街道西系山村东南 800 米	已消失	可能是戏山	宁海卫
49	侯至山墩	烟台市	牟平区	大窑街道蛤堆后新区西北约 600 米的烟墩山顶	未定级	侯至山墩	宁海卫
50	丰山墩	烟台市	牟平区	大窑街道东山北头村东南 1.2 千米山顶	未定级	可能是小峰山	宁海卫
51	金山墩	烟台市	牟平区	姜格庄街道云溪村西南 900 米的大金山顶	未定级	金山墩	金山所
52	骆驼墩	烟台市	牟平区	姜格庄街道双林前村北约 650 米的山坡上	未定级	骆驼墩	金山所
53	杏林堡	烟台市	牟平区	大窑街道南杏林堡村南 200 米处	已消失	杏林堡	宁海卫
54	汤西堡	烟台市	牟平区	龙泉镇汤西村北 650 米	已消失	汤西堡	宁海卫
55	石子现堡	烟台市	牟平区	龙泉镇卧龙堡村东南 230 米	已消失	石子现堡	宁海卫
56	草岛嘴墩	烟台市	海阳市	留格庄镇张家庄村	县级	草岛嘴墩	大嵩卫
57	新安墩	烟台市	海阳市	留格庄镇新安村西南 1200 米山顶	未定级	辛安墩	大嵩卫
58	望石山墩	烟台市	海阳市	凤城街道办事处北 500 米山顶	已消失	望石山墩	大嵩卫
59	虎脚山墩	烟台市	海阳市	辛安镇吕家村东虎脚山顶	未定级	虎窝山墩	大山所
60	大山所墩	烟台市	海阳市	辛安镇大山所村西南 1000 米山坡顶部	未定级	大山墩	大山所
61	岭山墩	烟台市	海阳市	行村镇行五村东南 560 米岭山顶	未定级	灵山墩	行村寨巡检司
62	西小滩墩	烟台市	海阳市	行村镇西小滩村西 700 米	县级	田村墩	行村寨巡检司
63	小山堡	烟台市	海阳市	核电管委大辛家村东 700 米	已消失	小山堡	大嵩卫
64	黄山堡	烟台市	海阳市	龙山街道办事处路疃村东南 800 米	县级	黄山堡	大嵩卫
65	沟里堡	烟台市	海阳市	辛安镇沟里村西 800 米	县级	双山堡	大山所
66	西朱皋墩	烟台市	莱阳市	羊郡镇西朱皋村南 500 米	县级	朱皋墩	雄崖所

序号	名称	地市	区县	地理位置	文物保护单位级别	推测古籍记载名称	推测隶属关系
67	凤凰山墩	威海市	环翠区	初村镇西马山村南侧凤凰山顶	未定级	凤凰墩	金山所
68	磨儿山墩	威海市	环翠区	张村镇前峰西村村西北约 500 米	市级	磨儿山墩	威海卫
69	斜山墩	威海市	环翠区	怡园街道西涝台村火炬八街西侧	未定级	斜山墩	威海卫
70	麻子墩	威海市	环翠区	怡园街道山东大学威海校区内玛伽山上	已消失	麻子墩	威海卫
71	遥遥墩	威海市	环翠区	孙家疃街道远遥村西侧山顶最高点	已消失	遥遥墩	威海卫
72	庙后墩	威海市	环翠区	孙家疃街道戚东夼东北山顶上	未定级	庙后墩	威海卫
73	菊花顶墩	威海市	环翠区	孙家疃街道古陌社区东北约 600 米处	未定级	古陌墩	威海卫
74	樵子埠墩	威海市	环翠区	环翠楼街道文昌社区塔山中路与环山街路口东约 70 米	未定级	樵子埠墩	威海卫
75	陈家庄墩	威海市	环翠区	竹岛街道南竹岛村蓝湾怡庭小区北侧高台地上	省级	陈家庄墩	威海卫
76	望天岭墩	威海市	环翠区	崮山镇岭后村东约 1.8 千米处摩天岭山坡上	未定级	望天岭墩	百尺崖所
77	蒲台顶墩	威海市	环翠区	崮山镇百尺崖北 850 米山坡上	已消失	蒲台顶墩	百尺崖所
78	百尺崖墩	威海市	环翠区	崮山镇皂埠村东北 800 米山坡上	未定级	百尺崖墩	百尺崖所
79	老姑顶墩	威海市	环翠区	崮山镇爱于庄北盘子顶山顶部	未定级	老姑顶墩	百尺崖所
80	岛邓家墩	威海市	环翠区	泊于镇岛邓家村西北 600 米处	未定级	曹家岛墩	百尺崖所
81	松徐家墩	威海市	环翠区	泊于镇松徐家村东 600 米	未定级	嵩里墩	百尺崖所
82	豹虎山堡	威海市	环翠区	嵩山街道西曲阜南 2 千米豹虎山东坡	未定级	豹虎山堡	威海卫
83	峰山堡	威海市	环翠区	草庙子小庄村东偏北山坡上	未定级	峰山堡	威海卫
84	曹格庄堡	威海市	环翠区	草庙子曹格庄西北 300 米	未定级	曹家庄堡	威海卫
85	转山堡	威海市	环翠区	温泉镇栾家店西南 600 米处	未定级	转山堡	百尺崖所
86	窦家崖堡	威海市	环翠区	草庙子威高高尔夫球场威高温泉高尔夫俱乐部内东南角	未定级	窦家崖堡	百尺崖所
87	北曲格墩	威海市	荣成市	港西街道北曲格村西 450 米烟墩山顶	未定级	可能是歇马神墩	可能是成山卫
88	马山墩	威海市	荣成市	成山镇马山大疃村东约 1 千米马山山顶	县级	马山墩	成山卫
89	烟墩角墩	威海市	荣成市	俚岛镇烟墩角村东南 500 米崮山山顶	未定级	崮嘴墩	成山卫
90	俚（里）岛墩	威海市	荣成市	俚岛镇东烟墩村北约 400 米烟墩山顶	已消失	里岛墩	成山卫

序号	名称	地市	区县	地理位置	文物保护单位级别	推测古籍记载名称	推测隶属关系
91	项家寨墩	威海市	荣成市	俚岛镇项家寨村西北100米处路北、项家寨遗址西南部	已消失	白（北）峰头墩	成山卫
92	英山墩	威海市	荣成市	俚岛镇中我岛村西北部约100米英子山上	县级	可能是狼头顶墩	可能是成山卫
93	南我岛墩	威海市	荣成市	俚岛镇南我岛村东南约720米小丘上	未定级	可能是葛楼山墩，清代倭岛墩	可能是寻山所
94	青鱼滩墩	威海市	荣成市	寻山街道青鱼滩村东小山山顶	未定级	可能是青鱼岛墩	寻山所或成山卫
95	杨家岭墩	威海市	荣成市	崖头街道山东达因海洋生物制药股份有限公司大门正东、富源南路东侧	已消失	杨家岭墩	寻山所
96	红土寨	威海市	荣成市	崂山街道北埠村东北约500米山东华力电机集团股份有限公司园艺场山顶处	已消失	可能是小劳山墩	可能是寻山所
97	龙山后墩	威海市	荣成市	东山街道龙山后村东北150米处	已消失	可能是龙山墩	可能是宁津所
98	马栏墙墩	威海市	荣成市	宁津街道马栏墙村南约500米处	县级	可能是芝麻滩墩	可能是宁津所
99	青埠山墩	威海市	荣成市	桃园街道青木寨村东北约200米青埠山顶	已消失	可能是青埠山墩	可能是宁津所
100	龙井墩	威海市	荣成市	人和镇槎山风景区北部入口西南约600米路北龙井顶	未定级	明代不详，清代可能是朱家圈墩台	明代可能是靖海卫
101	狗脚山墩	威海市	荣成市	虎山镇鹅岛好当家集团高尔夫球场内狗脚山顶	未定级	狗脚山墩	靖海卫
102	光禄寨墩	威海市	荣成市	虎山镇光禄寨村、光禄寨遗址西北部	县级	瓜蒌寨墩	靖海卫
103	主到寨墩	威海市	荣成市	虎山镇五龙嘴村南约420米、主到寨遗址东北部	已消失	可能是柘岛墩	可能是靖海卫
104	墩后堡	威海市	荣成市	港西街道墩后村南430米山岭高处	未定级	可能是洛口堡	可能是成山卫
105	墩东夼堡	威海市	荣成市	成山镇墩东夼村西约500米山顶	县级	可能是堆前堡	可能是成山卫
106	沙寨子	威海市	荣成市	成山镇成山二村东北约450米处	县级	可能是神前堡	可能是成山卫
107	成山堡	威海市	荣成市	成山镇成山二村东北1.7千米烟墩山顶	未定级	可能是报信口堡	可能是成山卫

续表

序号	名称	地市	区县	地理位置	文物保护单位级别	推测古籍记载名称	推测隶属关系
108	城东郭家堡	威海市	荣成市	成山镇城东郭家村北 1000 米处红脸石山顶北侧	未定级	可能是祭天岭堡	可能是成山卫
109	埠柳堡	威海市	荣成市	埠柳镇埠柳村东 700 米山坡上	未定级	可能与清代急递铺有关	不详
110	石桥子堡	威海市	荣成市	崖头街道府新社区北部山坡上	未定级	可能是蒸饼山堡	可能是寻山所
111	青山堡	威海市	荣成市	荣成市区、崖头街道青山山顶	已消失	青山堡	寻山所
112	徐家堡	威海市	荣成市	城西街道徐家村东北约 550 米高丘上、城西派出所后	已消失	可能是老翅堡	可能是寻山所
113	棘子埠堡	威海市	荣成市	城西街道堡子后村南 900 米处	未定级	纪子埠堡	寻山所
114	寨前赛家堡	威海市	荣成市	王连街道寨前赛家村西北 420 米处路东	未定级	可能是上（土）现口堡	可能是宁津所
115	高落山堡	威海市	荣成市	滕家镇高落山村南约 1.2 千米高落山顶	已消失	高楼山堡	宁津所
116	刁家堡	威海市	荣成市	上庄镇刁家村北约 1 千米大顶子山顶	已消失	大顶山堡	宁津所
117	憨山堡	威海市	荣成市	虎山镇罕山村西北约 600 米耳子山山顶	已消失	憨山堡	靖海卫
118	长会口墩	威海市	文登区	侯家镇长会口村南 500 米	未定级	长会口墩	靖海卫
119	姚山头墩	威海市	文登区	宋村镇姚山头村东 100 米	未定级	姚山头墩	靖海卫
120	红土崖墩	威海市	文登区	小观镇生家埠村东 600 米	未定级	红土崖墩	靖海卫
121	板桥堡	威海市	文登区	界石镇板桥村南 450 米	未定级	板桥堡	宁海卫
122	止马岭堡	威海市	文登区	文登营镇止马岭村南	已消失	芝麻岭堡	百尺崖所
123	报信口堡	威海市	文登区	文登营镇五岔口村东北 650 米	未定级	报信口堡	成山卫
124	小观堡	威海市	文登区	小观镇小观村东 320 米	已消失	黄利河堡	海阳所
125	西店子堡	威海市	文登区	小观镇西店子村北 200 米	已消失	扒山堡	海阳所
126	东孔格堡	威海市	文登区	宋村镇东孔格村北 350 米	未定级	孔家庄堡	海阳所
127	山西头堡	威海市	文登区	米山镇山西头村西南角	已消失	撒慧山堡	海阳所
128	老埠港堡	威海市	文登区	米山镇老埠村西南 450 米处西山顶	未定级	老埠港堡	海阳所
129	柳林堡	威海市	文登区	龙山街道办事处柳林村西北 1300 米	未定级	汤山堡	海阳所
130	西浪暖墩	威海市	乳山市	南黄镇西浪暖村东南 1700 米	已消失	浪浪墩	靖海卫
131	小侯家墩	威海市	乳山市	白沙滩镇小侯家村北 550 米烟墩山	省级	小龙山墩	海阳所

序号	名称	地市	区县	地理位置	文物保护单位级别	推测古籍记载名称	推测隶属关系
132	帽子山墩	威海市	乳山市	海阳所镇海阳所村西南 1600 米帽山	县级	帽子山墩	海阳所
133	西泓赵家墩	威海市	乳山市	海阳所镇西泓赵家村西南 620 米小乳山	县级	乳山墩	海阳所
134	安家寨墩	威海市	乳山市	乳山口镇安家村西北 500 米大寨里	省级	安子口屯	威海卫
135	管村堡	威海市	乳山市	乳山寨镇管村北 60 米铺顶山	未定级	管村堡	大嵩卫
136	陷牛山墩	青岛市	即墨区	金口镇卧牛山	未定级	陷牛山墩	雄崖所
137	北堓墩	青岛市	即墨区	金口镇凤凰山顶	未定级	北堓墩	雄崖所
138	米粟山墩	青岛市	即墨区	田横镇米脐山山顶	未定级	米粟山墩	雄崖所
139	丈二山墩	青岛市	即墨区	田横镇丈二山山顶	未定级	丈二山墩	栲栳岛巡检司
140	白马岛墩	青岛市	即墨区	田横镇白马岛上	未定级	白马岛墩	雄崖所
141	公平墩	青岛市	即墨区	田横镇南百里村东北公平山顶	未定级	公平墩	雄崖所
142	望山墩	青岛市	即墨区	田横镇里栲栳村东王山山顶	未定级	望山墩	雄崖所
143	羊山墩	青岛市	即墨区	田横镇羊山（西山）顶部	未定级	羊山墩	鳌山卫
144	王家山墩	青岛市	即墨区	田横镇王家山山顶	未定级	王家山墩	雄崖所
145	黄埠墩	青岛市	即墨区	温泉街道青岛国际博览中心东	已消失	黄埠	鳌山卫
146	石炉山墩	青岛市	即墨区	鳌山卫街道河崖东村东约 300 米	未定级	万口炉	鳌山卫
147	高山墩	青岛市	即墨区	鳌山卫街道高山山顶	未定级	高山墩	鳌山卫
148	青山堡	青岛市	即墨区	金口镇青山顶	未定级	青山堡	雄崖所
149	大村堡	青岛市	即墨区	龙山街道大村南约 400 米的烟台山上	未定级	大村堡	鳌山卫
150	盟旺堡	青岛市	即墨区	龙山街道盟旺山公园最高处	未定级	盟旺堡	鳌山卫
151	马山堡	青岛市	即墨区	通济街道马山公园主峰顶部	未定级	马山堡	鳌山卫
152	石老人墩	青岛市	崂山区	金家岭街道烟墩角	已消失	石老人墩	鳌山卫
153	薛家岛墩	青岛市	黄岛区	薛家岛街道烟台前社区西北 100 米	未定级	薛家岛墩	灵山卫
154	天马山墩	青岛市	黄岛区	灵山卫街道大岔口社区北山顶上	未定级	天马山墩	灵山卫
155	紫良庄墩	青岛市	黄岛区	泊里镇子良山后村西南 400 米	未定级	紫良庄墩	夏河寨所
156	东河南墩	日照市	东港区	两城街道东河南村东北	已消失	牛蹄墩	夹仓镇巡检司
157	新添墩	日照市	东港区	两城街道日照海滨国家森林公园内	已消失	新添墩	夹仓镇巡检司
158	吴家台墩	日照市	东港区	秦楼街道吴家台村东北角	已消失	湖水墩	石臼所
159	任家台墩	日照市	东港区	卧龙山街道任家台村北	已消失	石河墩	石臼所

续表

序号	名称	地市	区县	地理位置	文物保护单位级别	推测古籍记载名称	推测隶属关系
160	李家台墩	日照市	东港区	卧龙山街道李家台村东侧	未定级	金线墩	石臼所
161	张家台墩	日照市	东港区	卧龙山街道张家台村村委院内	已消失	湘子墩	石臼所
162	王家皂墩	日照市	东港区	卧龙山街道王家皂村金海岸花园南门附近	已消失	北青泥墩	石臼所
163	南青泥墩	日照市	东港区	海天一路南段附近	已消失	南青泥墩	石臼所
164	董家滩墩	日照市	东港区	秦楼街道董家滩村附近	已消失	董家墩	石臼所
165	万平口墩	日照市	东港区	万平口景区内	未定级	万皮墩	可能是石臼所
166	日照港墩	日照市	东港区	日照港老灯塔北 100 米处煤炭转运码头附近	已消失	北石臼墩	石臼所
167	汪家台墩	日照市	东港区	北京路街道汪家台村北部的一座山峰上	已消失	南石臼墩	石臼所
168	刘家台墩	日照市	东港区	北京路街道刘家台村东北	已消失	温桑墩	石臼所
169	相家台墩	日照市	东港区	北京路街道相家台村东北的岭上	已消失	相家墩	夹仓镇巡检司
170	蔡家滩东墩	日照市	东港区	北京路街道蔡家滩村东北角	已消失	焦家墩	夹仓镇巡检司
171	蔡家滩西墩	日照市	东港区	北京路街道蔡家滩村西北角	已消失	蔡家墩	夹仓镇巡检司
172	刘家湾墩	日照市	东港区	涛雒镇刘家湾村西南角	已消失	小灶墩	安东卫
173	栈子墩	日照市	东港区	涛雒镇栈子社区北部	已消失	杨家墩	安东卫
174	东南营墩	日照市	东港区	涛雒镇东南营村东北	已消失	张洛墩	安东卫
175	东湖墩	日照市	岚山区	虎山镇东湖一村东北角	已消失	昧蹄墩	安东卫
176	石门墩	日照市	岚山区	岚山头街道阿掖山主峰峰顶	未定级	石门墩	安东卫
177	皮狐墩	日照市	岚山区	岚山头街道岚山山顶	已消失	虎狐墩	安东卫

　　墩的形制一般有三种。第一种底部平面近似圆形，顶部有一个小平面，也近似圆形，整体呈圆锥形，目前发现的墩中有 95 处是这个类型，数量最多。第二种是底部平面呈正方形，砖石砌成，向上收紧，顶部面积较小，也呈正方形，比较典型的是威海陈家庄烟墩。第三种是底部呈长方形，比较低矮，顶部也呈长方形，比较典型的是岛邓家墩、百尺崖墩、老姑顶墩。

　　堡的形制一般有两种，一种是底部近似圆形，顶部有一个小平面，也近似圆形，整体呈圆锥形，这种堡数量最多。第二种一般是砖石砌成，平面呈长方形，同时有台阶通往顶部，比较典型的是威海的转山堡。

　　还有一点要说明，有些墩堡直接利用墓葬的封土作为烟墩使用，比如海阳市的六甲墩，莱州的军寨址墩。虽然数量很少，但是这种情况导致大量烟墩被盗墓者认为是墓葬，我们调查中发现很多烟墩都有被盗的痕迹。

　　目前发现的墩残高多在 2—6.5 米之间，面积在 20—900 平方米之间。目前发现最大的墩是威海市环翠区的斜山墩，面积达到 923.5 平方米，整体呈圆锥形，底部直径 34.3 米，顶部直径 5.7 米。平均而言，墩的高度在 3.88 米左右，面积在 304 平方米左右。堡的残高一般在 1.4—6 米之间，面积在 32—442 平方米之间。平均而言，堡的高度在 2.6 米左右，面积在 149 平方米左右。

墩的选址一般要满足三点：一是可以监控海湾或海口，二是能够通过迅速传递军情，三是交通便利。为了满足前两条，墩的设置一般都利用当地地形，选在海岸附近的高点设置，此处视野较好，一般可以监控大片的海湾。同时，邻近的墩之间互相能够看到，一般距离不会太远，相距不超过 5 千米，互相通过狼烟能够迅速传递情报。因为墩要士兵驻守，要有人在附近生活，也要考虑交通便利，物资运输方便，所以有些墩并不是在附近最高的山顶，而是选址视野较好，同时交通便利的高点，能起到监控的作用即可。

堡的作用主要是传递军情，因此堡的设置不用考虑第一点，主要满足后两条即可，即能够通过迅速传递军情，同时交通便利。所以堡的设置通常是在官道附近的山坡上，视野较好，邻近的堡之间互相能够看到，互相通过狼烟能够迅速传递情报。堡同样要士兵驻守，也要考虑交通便利，物资运输方便。目前发现的堡大部分都是位于半山腰的高点，而不是山峰的最高点，有些区域地势平坦，堡只比附近稍微高出几米，能起到传递情报的作用即可。

从卫或所连接到海防营的路线称为堡路，目前发现最为清晰的堡路在威海地区。文登营位置居中，有 8 条堡路从文登营出发，向西北连接宁海卫，向北连接威海卫、百尺崖所，向东北连接成山卫，向东连接寻山所，向东南连接宁津所、靖海卫，向西南连接海阳所，这 8 条堡路沿途经过数个堡连接，传递情报。通过这些堡路可以清晰地还原明代海防预警系统的运作机制，这是本次调查中重要发现。

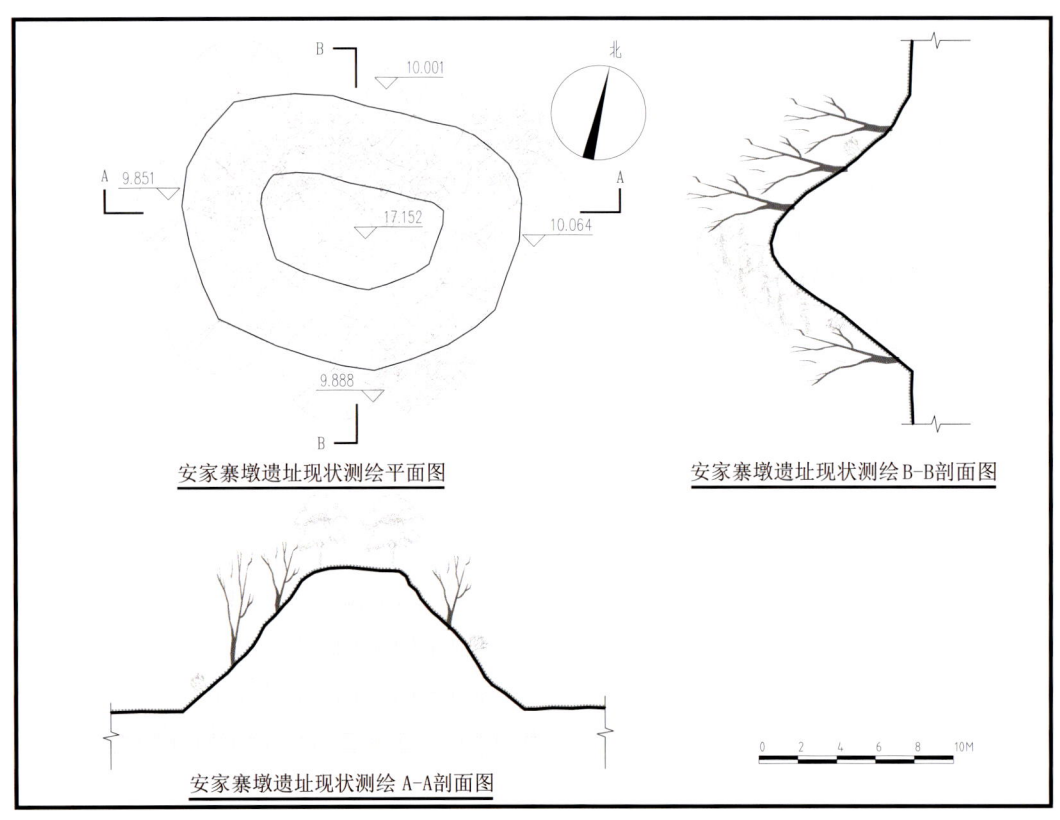

安家寨墩遗址现状测绘平面图 安家寨墩遗址现状测绘 B-B 剖面图

安家寨墩遗址现状测绘 A-A 剖面图

安家寨墩遗址现状测绘平、剖面图

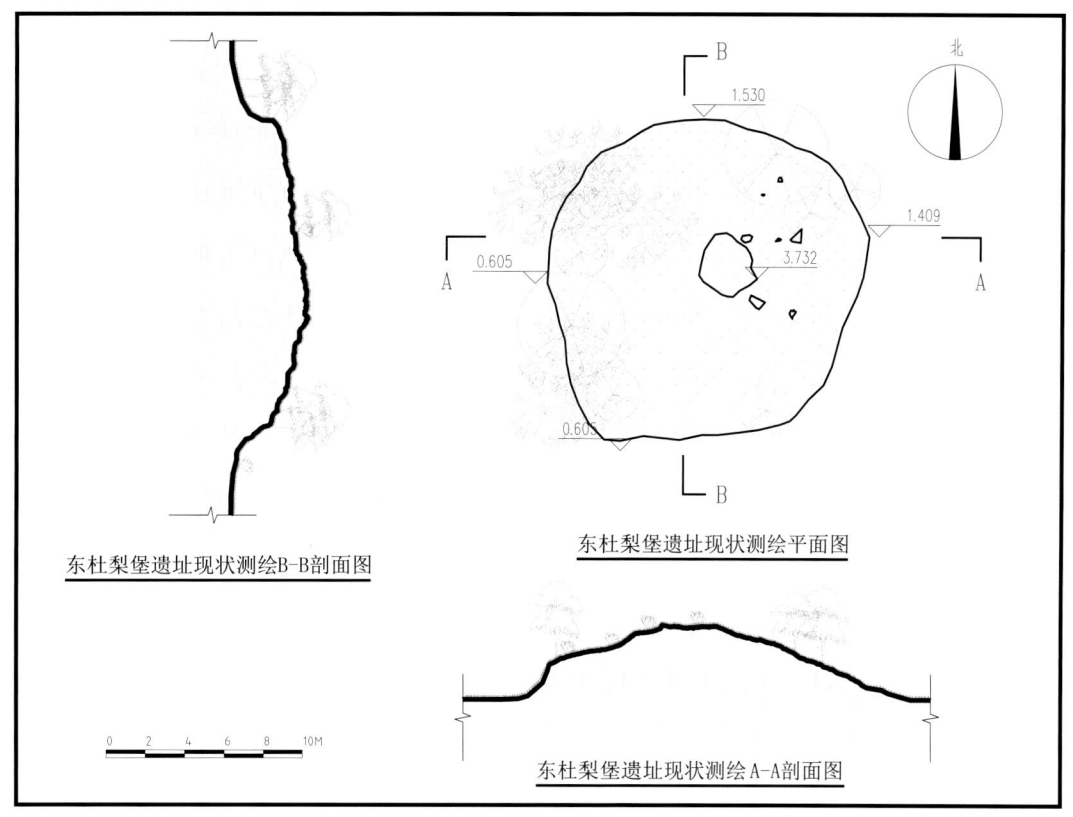

东杜梨堡遗址现状测绘平、剖面图

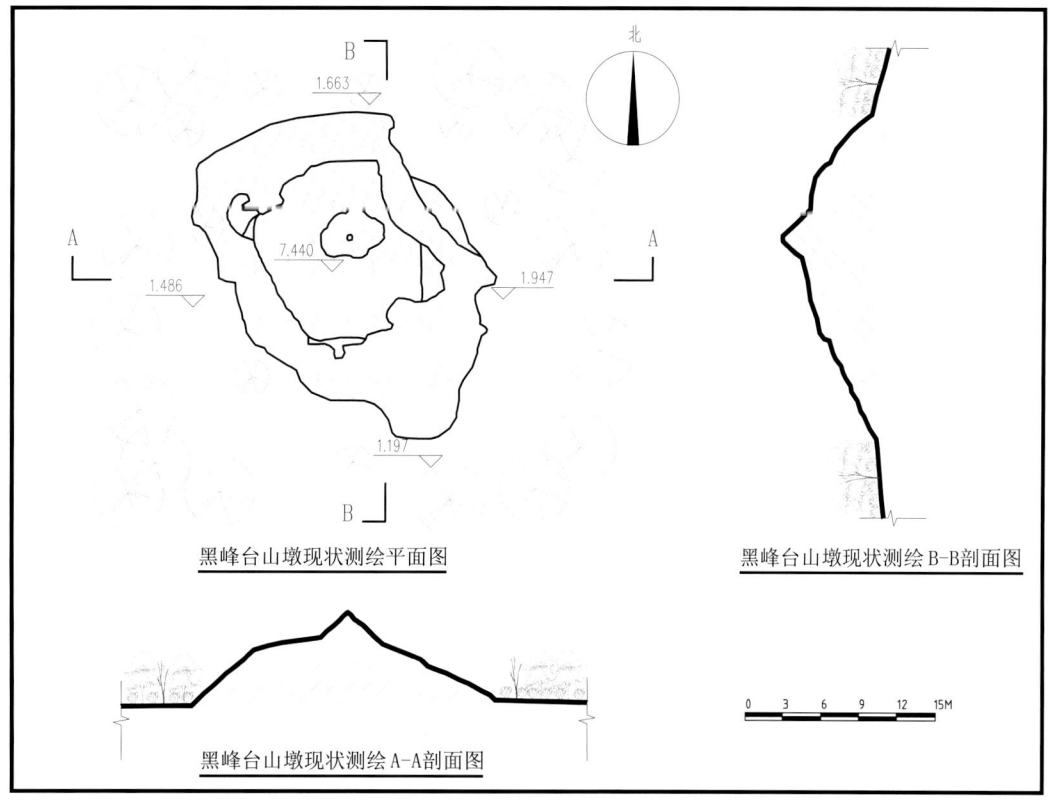

黑峰台山墩现状测绘平、剖面图

七、小结

明代山东海防体系规模庞大，体系完整，对于明朝政府巩固海防，抵御倭寇发挥了重要作用。通过研究分析，山东海防遗址特征明显，主要有如下几点：

海防遗址数量庞大。根据文献记载，明代山东设立的海防设施共计545处，本次共调查529处明代海防遗址，其中海防营3处，卫城遗址11处，所城遗址24处，寨屯遗址61处，墩遗址311处，堡遗址100处，巡检司遗址18处。海防遗址的数量相较于其他类型遗址而言，数量庞大，分布广泛。

海防遗址体系完整，与文献史料记载基本相符。明代山东海防设施按类型可以分为备倭都司、海防营、卫城、所城、军寨、巡检司、墩、堡等。通过调查，这些遗址均有发现，除了墩堡以外，其他各类遗址与文献记载基本相符，卫城、所城、海防营都能找到对应的遗址。

遗址保护情况不容乐观。通过数量文献，山东明代海防设施共计有545处，现存遗址301处，约占总数的55.2%。明确消失的遗址228处，占总数的41.8%。在现存遗址中，被列入各级文物保护单位的仅80处，占现存总数的26.6%。在调查过程中，发现各类遗址都遭受不同程度的破坏，保护情况不容乐观。

山东明代海防遗址保存情况如下表所示：

山东明代海防遗址保存情况统计表

序号	遗址类型	全国文物保护单位	省级文物保护单位	市级文物保护单位	县级文物保护单位	未定级文物保护单位	现存遗址数量	已消失遗址	调查的遗址数量	文献记载数量
1	备倭都司	1					1		1	1
2	海防营					1	1	2	3	3
3	卫		1	1	1		3	8	11	11
4	千户所		4			4	8	7	15	15
5	百户所		1		2	1	4	5	9	9
6	巡检司			1		2	3	15	18	21
7	寨/屯		3	3	5	25	36	25	61	61
8	墩		17	4	28	131	180	131	311	303
9	堡		3		5	57	65	35	100	121
	总计	1	29	9	41	221	301	228	529	545

海防遗址基本沿海岸线分布，墩堡路线清晰明确。卫所和下辖的墩遍布山东半岛沿海，正如明史中所说"五里一墩，十里一堡，大小相依，远近相应"[①]。本次调查，第一次将墩、堡两列相似的遗址区分开，确认了堡是负责在卫所和海防营传递军情的设施，分布于内陆。本地调查中明确了文登营与四卫四所[②]的堡路，通过地图能够清晰地观察到每个卫所是如何将警报传递给海防营，这是本次调查的重大收获。

山东明代的海防体系并不是一直在运转，而是经历了兴衰交替的过程，因此整个海防卫所体系并不是一成不变，而是逐渐变化的。一些主要的海防设施如海防营、卫城、所城、巡检司等，大多延续到清代继续发挥功能，但是军寨、墩、堡等可能很早就被废弃。

本次海防遗址调查，虽然取得很多收获，但也存在一些遗憾。比如青岛、烟台地区各卫所连接即墨营和登州营的堡路没有完全找到；很多海防遗址在我们调查的过程中或调查后不久就遭到破坏，保护形势不容乐观；海防遗址中寨和屯两类遗址的关系以及如何区分尚不明确，很多寨的性质无法判断，需要进一步的考古发掘来提供判断依据；堡与急递铺的关系，以及堡设立的时间均不明确。以上这些都为将来山东海防遗址的研究提供了新的方向。

---

① 《明史》"卷二百一十三"。
② 四卫即宁海卫、威海卫、成山卫、靖海卫，四所为百尺崖所、寻山所、宁津所、海阳所。

第九章

清代海防遗址研究

一、清代卫所制度改革

　　为应对日益严重的倭寇入侵，明初在山东沿海设立了数量众多的营、卫、所、巡检司、寨、墩堡、炮台等海防设施，在一定程度上有效捍卫了山东海疆的稳定。但也应该看到，随着倭患逐渐平息，加之明代政治日趋腐败、财政收入锐减，卫所官兵尤其是底层士兵因不堪军屯备边困苦及军俸微薄而逃亡，或暗中兼做他业，导致卫所中军卒缺员、军人荒业现象十分严重，卫所制度名存实亡。如靖海卫世袭指挥佥事（正四品）许国辅，"（许）选之子国泰先卒，乃以弟（许）遇子国辅嗣职。崇祯末，兵事旁午，国用支绌，世禄多空名，国辅贫不能自给，常为人佣耕，甲申后职绝"①。世袭军官生活尚且如此困顿，底层军士情况可能更为困苦。

　　清初，清政府对已经名存实亡的卫所制度进行了大刀阔斧式的改革。首先，改革军官世袭制度。明代卫所官兵为世袭制，尤其是军官世袭某一卫所职官的现象十分普遍，客观上造成了明代后期卫所军官体系的臃肿和指挥效率低下。"清初沿明卫所之制，以屯田给军分佃，罢其杂徭。寻改卫军为屯丁，毋得窜入民籍，五年一编审，粮道掌之。"②顺治时期，开始改卫所军官为任命制，"故明漕运官员，皆系世职，今世职已裁，各卫虽设有卫守备、千总，然迁转不常，无相统之义，且多属委用"③。至顺治十八年（1661年），"凡掌印都司、行掌印都司、屯局都司佥书、卫守备、守御所千总、卫千总，虽系武官，不管兵马，止司钱谷，仍照旧听巡抚统辖，撰入巡抚敕内"④。所守备、千总改由兵部推选，百总则由各省督抚选派委任，卫所官兵的军事职权开始被大幅削弱。

　　其次，清代卫所长官职权发生重大变化。清代卫所长官改称为守备或千总，顺治三年（1646年）"兵部奏言：指挥、千、百户名色，既已尽裁，而卫所必不可裁。应每卫设掌印官一员，兼理屯事，改为卫守备；千户改为卫千总，每所设一员，俱由部推；百户改为卫百总，每所设一员，由督抚选委；其不属于卫之所，俱给关防；卫军改为屯丁。凡卫所钱粮职掌及漕运造船事务，并都司、行都司分辖，皆宜照旧。从之"⑤。可见清代卫所长官的主要职权为掌管屯务，仅边防卫所军官还兼有缉捕盗贼职责⑥。

　　最后，卫所裁并设为州县。历经顺治、康熙时期发展，清代卫所军事职能进一步弱化，至乾隆七年（1742年）"原任山东巡抚朱定元疏……又青州府之安东卫守备，专管理事征粮，名为武弁，实同文职。究所征钱粮，不过一千余两；管辖屯军，错处日照、诸城二县境内，离卫窎远，军民完粮听讼，均苦不便……安东卫守备、教授二员，德州卫中、右所千总二员，悉行裁汰……"⑦最后存留的安东卫也被裁撤。顺治十二年（1655年）

---

①（清）李祖年：光绪《文登县志》，《中国地方志集成·山东府县志辑》第54册，凤凰出版社，2004年，第105页。

② 赵尔巽等撰：《清史稿·卷一百二十二·志九十七》，联合书店，民国三十一年（1942年），国家图书馆馆藏。

③《清实录》（第三册）《世祖实录》"卷之四十二"，中华书局，1985年，第346页。

④《清实录》（第四册）《圣祖实录》"卷之五"，中华书局，1985年，第95页。

⑤《清实录》（第二册）《世祖实录》"卷之二十八"，中华书局，1985年，第238页。

⑥ 田涛、郑秦点校：《大清律例》，法律出版社，1999年，第314页记载："凡沿边、沿海及腹里府、州、县，与武职官同住一城者，若遇边警及盗贼生发攻围，不行固守而辄弃去，及守备不设，被贼攻陷城池劫杀焚烧者，除武职官比照守边将帅失陷城寨律，拟斩监候外，其府州县掌印并捕盗官，俱比照守边将帅被贼侵入境内掳掠人民律，发边远充军。"

⑦《清实录·高宗实录》"卷之一百六十八"。

至雍正十三年（1735 年），清政府对山东地区的卫所开展大规模的裁并，相关调整如下表①：

清代山东沿海卫所裁撤情况简表

序号	名称	职官	调整时间及措施
1	青州左卫	守备一员，千总四员	顺治十二年（1655 年）裁撤右、中、前、后四所，康熙十七年（1678 年）裁撤青州左卫
2	登州卫	守备一员	顺治十二年（1655 年）裁撤左、右、中、前、后五所，顺治十六年（1659 年）裁撤登州卫
3	莱州卫	守备一员	顺治十二年（1655 年）裁撤右、中、前、后四所，顺治十六年（1659 年）裁撤莱州卫
4	宁海卫	守备一员	顺治十二年（1655 年）裁撤左、右、前、后四所，顺治十六年（1659 年）裁撤宁海卫，设宁福营
5	灵山卫	守备一员，卫学教授一员	顺治十二年（1655 年）裁撤左、后二所，雍正十二年（1734 年）裁撤灵山卫，归并入胶州
6	鳌山卫	守备一员，卫学教授一员	顺治十二年（1655 年）裁撤左、后二所，雍正十二年（1734 年）裁撤鳌山卫，归并入即墨县
7	大嵩卫	守备一员，卫学教授一员；改县后设知县、典史、教谕各一员	顺治十二年（1655 年）裁撤中、前二所，雍正十三年（1735 年）裁撤大嵩卫，改设海阳县
8	靖海卫	守备一员，卫学教授一员	顺治十二年（1655 年）裁撤左、右、后三所，雍正十三年（1735 年）裁撤靖海卫，后移驻乳山寨巡检司
9	成山卫	守备一员，卫学教授一员；改县后设知县、典史、教谕各一员	顺治十二年（1655 年）裁撤左、前、后三所，雍正十三年（1735 年）裁撤成山卫，改设荣成县
10	威海卫	守备一员，卫学教授一员	顺治十二年（1655 年）裁撤左、前二所，雍正十三年（1735 年）裁撤威海卫，后移驻温泉寨巡检司
11	安东卫	守备一员，卫学教授一员	顺治十二年（1655 年）裁撤左、前二所，乾隆七年（1742 年）裁撤安东卫，后移驻夹仓巡检司
12	胶州所	千总一员	顺治十二年（1655 年）裁并入灵山卫
13	诸城所	千总一员	顺治十二年（1655 年）裁撤
14	福山所	千总一员	顺治十二年（1655 年）裁撤
15	奇山所	千总一员	顺治十二年（1655 年）裁并入宁海卫
16	寻山所	千总一员	顺治十二年（1655 年）裁撤
17	宁津所	千总一员	顺治十二年（1655 年）裁并入靖海卫
18	海阳所	千总一员	顺治十二年（1655 年）裁并入大嵩卫
19	浮山所	千总一员	雍正十二年（1734 年）裁撤，归并入即墨县
20	雄崖所	千总一员	雍正十二年（1734 年）裁撤，归并入即墨县
21	百尺崖所	千总一员	康熙四十一年（1702 年）裁撤，归并入威海卫

经过上述一番调整和改造后，山东沿海卫所体系即告解体。

---

① 根据（清）杜诏等撰《山东通志》"卷二十五·职官"、（清）杨士骧等撰《山东通志》"卷一百十五·兵防志第八·海防"、昆冈等撰《钦定大清会典事例》（《续修四库全书》第806册）、《清实录·雍正朝实录》"卷之一百四十九"等资料整理。

二、清代绿营及海防巡哨制度的建立

1.绿营兵制

在充分吸取明代卫所制度、营兵制等军制的基础上，清初建立了独具特色的八旗兵与绿营兵制。受少数民族掌权影响，清初在全国十八省设立八旗兵驻地，绿营兵分防全国各地，"凡地方有绿旗兵丁处，不可无满兵"[1]。

具体到山东，八旗兵驻扎德州、青州等地，作为山东绿营兵的防御纵深，同时也肩负有监督绿营之责。山东境内的绿营兵设立于顺治元年（1644 年），设河道总督，标兵分中、左、右三营，兵凡三千，主要职责为备河防护运；山东巡抚，标兵分左、右二营，设游击以下将领八，兵凡二千；设临清、沂州二镇总兵官及将领八员，兵共二千四百有奇；设德州、青州、武定三营参将或守备将领八或六员，兵共二千二百有奇；设登州水师营守备，登州、莱州、临清、济南各营游击或守备四员，兵共一千二百有奇[2]。顺治元年（1644 年），山东设临清、沂州两镇，总控全省；顺治十五年（1658 年），移沂州镇驻胶州，为胶州镇；顺治十八年（1661 年），移临清镇于登州，称登州镇；康熙二十二年（1683 年），裁胶州镇；雍正二年（1724 年），增设兖州镇；嘉庆二十二年（1817 年），增设曹州镇[3]。山东绿营三镇（长官为总兵）呈鼎峙之势分防全省，统与山东巡抚兼山东提督节制，其中登州镇辖宁福、文登等 9 营，兖州镇辖安东、武定等 9 营，曹州镇辖德州、临清等 12 营，而担负海防职责的为登州镇和兖州镇管辖下的驻沿海州县的 11 营，分别为：登中营（辖黄县、招远县、蓬莱县 3 汛）、登右营（辖栖霞县、莱阳县、八角口、芝罘岛 4 汛）、文登营（辖文登县、荣成县、靖海司、海阳县 4 汛）、宁福营（辖宁海州、威海司、福山县、行村司 4 汛）、莱州营（辖掖县、西海、北海、昌邑县、潍县 5 汛）、即墨营（辖平度州、高密县、诸城县、鳌山卫、雄崖所、巉山炮台、黄龙庄炮台 7 汛）、胶州营（辖胶州外、灵山卫、登窑口、浮山所、安邱县 5 汛）、青州营（辖益都县、临淄县、博兴县、高苑县、临朐县、柳山寨、博山县、新店 8 汛）、寿乐营（辖昌乐县、乐安县 2 汛）、武定营（辖余家港、海丰县、大沽河、阳信县、乐陵县、滨洲县、利津县、沾化县、蒲台县、商河县、青城县、齐东县、长山县 13 汛）和安东营（辖日照县、董家口、龙汪口、莒州、十字路 5 汛），其下辖各分汛合计 60 处。"雍正十二年（1734 年）海防陆地绿营兵力为 7789 人。乾隆年间起，兵力日益削减。这说明，清代前期，山东海防力量呈现出日趋削弱的发展态势。每营下辖几个汛地，每一汛地有防兵几名或几十名。汛地广，防兵少，充分显示了清朝处处布防、处处防不胜防的部署原则。"[4]

此次调查发现，11 处绿营本汛驻地大多位于府州县城，现多随着现代化城乡建设与城池一起被破坏殆尽；60 处分汛驻地，也多驻扎于各县城，部分驻扎沿海海口，也多随着城市建设和沿海开发而被破坏殆尽。

2.水师营

除以上陆地营汛以外，清初还单独设立了水师营，并建立了海上巡哨制度。

---

① 《清实录》（第六册），《圣祖实录》（三），北京：中华书局，1985年，第689页。

② 《清史稿·卷一百三十一·兵志二》，联合书店，民国三十一年（1942年），国家图书馆馆藏。

③ （清）方汝翼等：光绪《增修登州府志》，《中国地方志集成·山东府县志辑》，第6—7页。参考《清实录》记载，曹州镇的设立应在嘉庆二十二年。

④ 赵红：《明清时期的山东海防》，山东大学博士学位论文，2007年，第152—154页。

据《清史稿·兵志六·水师》记载："山东，顺治元年（1644年），始于登州府设水师营，领以守备、千总等官，凡沙唬船、边江船十三艘，水兵三百八十六人，驻扎水城，分防东、西海口。十五年（1658年），移沂州镇於胶州，改胶州水师为陆营。十八年（1661年），移临清镇於登州，以隶属城守营之水师，改为前营水师。康熙四十三年（1704年），增设游击二员及守备以下各官，增水师为千二百人，改沙唬船为赶缯船二十艘，分巡东、西海口，东至宁海州，西至莱州府，分为前、后二营，各专其职。四十五年（1706年），以前营水师移驻胶州，巡哨南海，后营水师驻水城，巡哨北海。五十三年（1714年），裁后营经制员弁，裁水师七百人，拨赶缯船十艘赴旅顺口，仅存前营水师游击等官，赶缯船十艘，分南、北二汛，以游击、守备分辖兵船之半。雍正七年（1729年），每船增兵十人，两汛共增兵百人，增双篷艍船七艘，每艘配兵三十人，南汛艍船三艘，北汛艍船四艘，北汛增将弁一人。九年（1731年），又增设艍船三艘，增兵一百九十人，每艍船共配兵四十人，南、北汛各五艘。十二年，增将弁六人，又于成山头增设东汛水师，抽拨南、北汛赶缯船各一艘，双篷艍船各一艘，分配战守兵，拨南、北汛将弁四人，配船巡哨成山、马头嘴一带，与各汛会旗，总归水师前营管辖，以本镇（即登州镇）统之。"[1] 至此，山东沿海形成三汛水师巡哨制度，其中南汛水师驻扎在胶州头营子，南境巡哨至江南交界之莺游山，东至荣成县马头嘴，与东汛会旗；东汛水师驻扎在荣成县养鱼池，南境巡哨至马头嘴，与南汛会旗，北境巡哨至成山头，与北汛会旗；北汛水师驻扎在登州府水城，南境巡哨至成山头，与东汛会旗，北境巡哨至隍城岛，与直隶水师、盛京水师分界。结合雍正《山东通志·兵防志》记载，三汛水师巅峰时期合计兵力达到千人。

显而易见，山东沿海水师营的建立以及巡哨制度的执行，在一定程度上具有夺取制海权意义，但也应看到，乾隆以后，山东水师兵员不断被压缩、分防海域广，水师战船规模小、性能差、海上机动作战能力低下，远未达到近代海军建设和夺取制海权的要求。在此次调查过程中也发现，水师营驻地旧址均因城乡建设而被破坏殆尽，仅荣成水师营守备冯云溪墓残存。

正是在清初海防制度调整、变革的大背景下，本次调查工作发现清代前期山东海防遗址出现了迥异于明代的新特点。

三、清代山东海防遗址特点

一

明代海防设施的沿用

1. 营、卫、所城池

为防御倭寇入侵，确保山东海疆稳定，明政府在山东沿海先后设立了三大海防营、十一卫、十五千户所、九百户所，且均建设有砖、石或土城，并驻扎大批军队。清代前期，虽对卫所制度进行了大刀阔斧式的改革，

---

① （清）赵尔巽等：《清史稿》"第14册"，中华书局，1976年，第4002页。

但部分城池仍发挥出了重要的军事防卫、缉捕盗贼等作用。其主要利用情况如下表 ①：

清代山东沿海营卫所城沿用情况简表

序号	名称	设置时间	隶属关系	城池规模
1	即墨营	永乐二年（1404年）初设在（即墨）县南七十里金家岭，宣德八年（1433年）移县北十里	辖大嵩、鳌山、灵山、安东四卫，雄崖、胶州、大山、浮山、夏河、石臼诸所，乳山、行村、栲栳岛、逢（逢）猛、南龙湾、古镇、信阳、夹仓诸巡检司	土城，宣德八年（1433年）建，高一丈五尺，池深一丈五尺，周围四里，门四
2	登州营	永乐七年（1409年）	辖登州、莱州、青州左卫三卫，奇山、福山中前、王徐前诸所，黄河口、刘家汪、解宋、芦徐、马停、皂河、马埠诸寨，杨家店、高山、孙夼镇、马亭镇、东良海口、柴胡、海仓、鱼儿铺、高家港诸巡检司	砖城，洪武九年（1376年）指挥谢规疏通海口，湾泊海船，立为登州营，包以砖石，设立帅府。周围三里许，高一丈五尺，阔二丈一尺，门一，楼铺二十六座。万历二十四年（1596年），总兵李承勋以砖甃东北西三面，增建敌台三座
3	文登营	宣德四年（1429年）	辖宁海、威海、成山、靖海四卫，宁津、海阳、金山、百尺崖、寻山五所，清泉、赤山等寨，辛汪、温泉镇、赤山寨诸巡检司	原无城池，宣德十年（1435年）始土筑石砌，墙垣周围三里，高八尺，东、西、南三门
4	莱州卫	洪武二年（1369年）	左、右、中、前、后千户所五个	驻莱州府城，砖城，洪武三年筑，周围五里有奇，高三丈，池深一丈五尺，门四，东曰澄清，南曰景阳，西曰武定，北曰定海
5	青州左卫	洪武八年（1375年）	左、右、中、前、后千户所五个	驻青州府城，砖石城，周围一十三里有奇，高三丈五尺，池深二丈五尺，阔八尺，四门，东曰海岱，南曰云山，西曰泰山，北曰稜霜
6	登州卫	洪武九年（1376年）	左、右、中、前、后、中左、中右、福山中前千户所八个	驻登州府城，石城，周围九里，高三丈五尺，门四，东曰春生，南曰朝天，西曰迎恩，北曰镇海。楼铺六十四座，水门三，南曰上水门，黑水所入，东曰小水门，密水所入，西曰下水门，黑、密二水合流由此而出以赴海。壕池阔二丈，深一丈
7	宁海卫	洪武十年（1377年）	右、中、前、后千户所四个，同年置金山所（左所）	驻宁海州城，旧土城，洪武十年筑砌以砖石，周围九里，高三丈二尺，阔四丈三尺，四门，东曰建武，西曰奉恩，南曰顺正，北约镇海，楼铺二十八，池阔三丈二尺，深九尺。万历二十二年（1594年），知州张以翔增修城楼及敌台十二座

---

① 参照（明）陆釴纂修，（明）吕元善续修：《山东通志》"卷十二·城池"，明嘉靖刻本，《天一阁藏明代方志选刊续编》；（清）岳浚修、杜诏纂：《山东通志》"卷之四·城池"、《山东通志》"卷之十六·兵防"、《山东通志》"卷之二十五·职官"，景印文渊阁四库全书；（清）方汝翼、贾瑚修，周悦让、慕荣榦纂《增修登州府志》"卷十二·军全"，光绪七年（1881年）刻本，山东省图书馆馆藏；（明）郑若曾纂：《筹海图编》，明嘉靖四十一年（1562年）胡宗宪刻本等资料整理。

利用措施	利用状况
顺治十五年（1658年），沂州镇移驻胶州，拨左陆营防守即墨；康熙三年（1664年），改胶镇左营专为即墨营，分防平度州、高密县、诸城县、鳌山卫、雄崖所等汛。原明代即墨营城废弃	未利用
顺治元年（1644年），于登州府设水师营。清初，登州仍设登莱巡抚及登州海防道，时陆三营，各设游击，为城守营，统于临清镇。顺治九年（1652年），裁登莱巡抚，并三营为登州营，改设参将。十七年（1760年），设登州副将，裁参将，改设游击。十八年（1761年），移临清镇于登州，改为登州镇，即以本营游击为中军游击，改为中营，复设左右二营，各以游击领之，分防黄县、招远县、蓬莱县、栖霞县、莱阳县八角口和芝罘岛汛	水师营利用明代营城（水城）
顺治五年（1648年）设立设守备营，仍明旧制防守沿海地方，驻扎文登营城，十八年（1761年）设文登营副将，立中、左、右三营，归登州镇节制。分防文登县、荣成县、靖海司、海阳县汛	利用明代营城
顺治元年（1644年），莱州设城守营，仍明旧制而不置水寨，分防掖县、西海、北海、昌邑县和潍县汛；十六年（1659年）裁撤莱州卫	利用明代莱州府城
顺治元年（1644年）青州府设城守营，仍明旧制，分防益都县、临淄县、博兴县、高苑县、临朐县、柳山寨、博山县和新店汛；雍正八年（1730年）设立满营建城驻扎；康熙十七年（1678年）裁撤青州左卫	利用明代青州府城
顺治九年（1652年），裁登莱巡抚，并三营为登州营，改设参将。十六年（1659年），裁撤登州卫	利用明代登州府城
顺治十六年（1659年）裁撤宁海卫；康熙十九年（1680年）调文登营左营至宁海州设宁福营，驻扎宁海州城。分防宁海州、威海司、福山县、行村司汛	宁福营利用明代宁海州城

序号	名称	设置时间	隶属关系	城池规模
8	威海卫	洪武三十一年（1398 年）	左、前千户所二个，同年置百尺崖所（后所）	砖城，周围六里有奇，高二丈七尺，阔一丈七尺，门四，楼铺二十，池阔一丈五尺，深八尺
9	成山卫	洪武三十一年（1398 年）	左、前千户所二个，同年置寻山所（后所）	砖城，周围六里一百六十八步，高二丈五尺，阔二丈，门四，楼铺二十四，池阔一丈五尺，深一丈
10	大嵩卫	洪武三十一年（1398 年）	中、后千户所二个，成化置大山所	砖城，周围八里，高一丈九尺，阔一丈五尺，门四，东曰未安，西曰宁德，南曰迎恩，北曰镇清，楼铺二十八，池阔八尺，深一丈
11	靖海卫	洪武三十一年（1398 年）	左、中、后千户所三个	砖城，周围九百七十二丈，高二丈四尺，阔二丈五尺，东、南、北门三，楼铺二十九，池周潴水，阔二丈五尺，深一丈
12	鳌山卫	洪武三十一年（1398 年）	千户所三个	砖城，周围五里，高三丈五尺，池深一丈五尺，阔二丈五尺，门四，东曰镇海，南曰安远，西曰迎恩，北曰维山
13	安东卫	洪武三十一年（1398 年）	千户所三个	石城，周围五里，高二丈一尺，阔二丈，四门，楼铺二十八座，池阔二丈五尺，深八尺
14	灵山卫	洪武三十一年（1398 年）	千户所三个	砖城，洪武三十五年（1402 年）筑，周围三里，高二丈五尺，池深二丈五尺，门四
15	王徐寨所	洪武二年（1369 年）	初为百户所，嘉靖升千户所，为莱州卫前所	砖城，周二里，高一丈五尺，厚一丈，池阔一丈，深八尺，南北二门

① （清）毕懋第原修、郭文大续修：乾隆《威海卫志》民国十八年铅本，《中国方志丛书·华北地方·第二号》，成文出版社，1968年，第67、70页。

② （清）陈懋修、张庭诗纂：光绪《日照县志》，光绪十二年（1886年）刊本，《中国方志丛书·华北地方·第三六六号》，成文出版社，1976年，第93页。

续表

利用措施	利用状况
顺治二年威海卫改设守备一员，左、前二所改设千总二员，后所改设千总一员。顺治十二年（1655年），左、前二所裁并入卫。康熙四十一年（1702年）后所亦裁并入卫。雍正十三年（1735年）卫裁只设巡检一员。乾隆三十□年，巡检唐拱俭因卫治故址建（威海巡检司署）①	巡检司利用明代卫城；宁福营分防威海卫汛，外委把总一员，马兵二名，步兵三十名。部分汛兵驻卫东之祭祀台炮台，其余驻地不详
雍正十三年（1735年）裁撤成山卫，因卫治改设荣成县城；移赤山寨巡检司归其管辖	县城利用明代卫城
雍正十三年（1735年）裁撤大嵩卫，因卫治改设海阳县城；移行村寨巡检司归其管辖	县城利用明代卫城；巡检司驻县西南八十里
顺治元年（1644年）改为守备署，雍正十三年（1735年）裁卫为巡检司署（乳山寨巡检司）	巡检司利用明代卫城
顺治十五年（1658年），沂州镇移驻胶州，拨左陆营防守即墨；康熙三年（1664年），改胶镇左营专为即墨营，分防平度州、高密县、诸城县、鳌山卫、雄崖所等汛；雍正十二年（1734年）裁撤鳌山卫，归并入即墨县；同年新设鳌山巡检司	即墨营分防鳌山卫坡子口等汛，把总一员，外委把总二员，马兵一拾三名，步兵六十名。巡检司驻所城
顺治十五年（1658年），沂州镇移驻胶州，改水营水师为陆营，拨防安东卫，为安东营；分防日照县、董家口、龙汪口、莒州等汛；乾隆七年（1742年）裁撤安东卫，后移驻夹仓巡检	巡检司署在安东卫东门内，旧为守备者。安东营在卫城北门内西街②
顺治十四年（1657年），设胶州营，驻扎胶州城；分防胶州外、灵山卫、登窑口、浮山所、安邱县汛。雍正十二年（1734年）裁撤灵山卫，归并入胶州；同年设灵山巡检司	分防灵山卫等汛，本口把总一员，马兵八名，步兵五十四名。巡检司驻地不详
裁撤时间不详	利用情况不详

序号	名称	设置时间	隶属关系	城池规模
16	诸城所	洪武四年（1371 年）	守御千户所，直隶山东都司	（位于诸城县城内），明洪武四年，守御千户伏彪重修，周九里，高二丈七尺，厚一丈二尺，池阔一丈九尺，深半之，五门，正东曰东武，正西曰西宁，正南曰永安，东南曰镇海，西南曰政清，各有瓮城重门备设，其北城即超然台
17	胶州所	洪武五年（1372 年）	守御千户所，不隶属卫	（位于胶州城内），土筑，洪武八年（1375 年），千户申义□以砖，周四里，高二丈五尺，基广丈余。门三，东曰迎阳，南曰镇海，西曰用成。池深一丈五尺，广倍之。万历癸酉（1573 年），知州王琰重修。二十五年（1597 年），增敌台八座
18	福山所	洪武十年（1377 年）	登州卫中前所	驻福山县城，旧土城，永乐九年千户周玘筑，砌以砖石，周围三里，高二丈二尺，阔二丈，门三，东曰镇静，南曰平定，西曰义勇，池阔一丈五尺，深八尺
19	金山所	洪武十年（1377 年）	宁海卫左所	砖城，周二里，高二丈三尺，池阔二丈，深一丈二，门东曰宁海，南曰迎恩，楼铺二十座
20	夏河所	洪武三十一年（1398 年）	灵山卫前所	石城，明洪武间灵山卫百户管成所筑，周三里，高一丈七尺，厚二丈，池阔一丈五尺，四门
21	石臼所	洪武三十一年（1398 年）	安东卫后千户所	石城，周三里有奇，高一丈四尺，厚三丈，池阔三丈二尺，深一丈，南北西三门，楼铺一十五座
22	浮山所	洪武二十一年（1388 年）	鳌山卫前所	土城，周二里
23	大山所	洪武三十一年（1398 年）	隶属大嵩卫	砖城，周四里，高一丈五尺，池阔一丈，深七尺，四门，楼铺一十五座
24	寻山所	洪武三十一年（1398 年）	成山卫后所	砖城，周二里三十六丈，高二丈五尺，厚二丈，池阔二丈，深一丈，东西四门，楼铺二十九座
25	宁津所	洪武三十一年（1398 年）	守御千户所，不隶属卫	砖城，周三里，高二丈五尺，厚二丈三尺，池阔二丈，深一丈，四门，楼铺十六座

利用措施	利用状况
顺治十二年（1655 年）裁撤	利用情况不详
顺治十二年（1655 年）裁并入灵山卫。十四年（1657 年），设胶州营，驻扎胶州城；分防胶州外、灵山卫、登窑口、浮山所、安邱县汛	利用情况不详
顺治十二年（1655 年）裁撤	利用情况不详
裁撤时间不详	利用情况不详
裁撤时间不详	利用情况不详
裁撤时间不详	利用情况不详
顺治十四年（1657 年），设胶州营，驻扎胶州城；分防胶州外、灵山卫、登窑口、浮山所、安邱县汛。雍正十二年（1734 年）裁撤，归并入即墨县；同年设浮山巡检司	即墨营浮山所汛利用；巡检司初驻所城，后移驻外县。
裁撤时间不详	利用情况不详
顺治十二年（1655 年）裁撤	利用情况不详
顺治十二年（1655 年）裁并入靖海卫	利用情况不详

序号	名称	设置时间	隶属关系	城池规模
26	奇山所	洪武三十一年（1398年）	守御千户所，不隶属卫	砖城，周二里有奇，高二丈二尺，厚二丈，池阔三丈五尺，深一丈，楼铺十六座
27	海阳所	洪武三十一年（1398年）	守御千户所，不隶属卫	砖城，周三里许，高二丈，厚一丈二尺，池阔一丈二尺，深八尺，南西二门，楼铺二十九座
28	百尺崖所	洪武三十一年（1398年）	威海卫后所	砖城，周一里，高三丈，池阔一丈五尺，深九尺，东西南三门，楼铺十五座
29	雄崖所	洪武三十五年（1402年）	守御千户所，不隶属卫	土城，周二里
30	马停寨备御百户所	不详，可能与莱州卫同设于洪武二年（1369年）	隶属莱州卫	石城，周二里，高一丈五尺，南北二门
31	皂河寨备御百户所			砖城，周二里，高一丈五尺，厚一丈，池阔一丈，深八尺，南北二门
32	马埠寨备御百户所			石城，周二里，高一丈五尺，厚一丈，池阔一丈，深八尺，南北二门
33	塘头寨备御百户所	不详，可能与青州左卫同设于洪武八年（1375年）	隶属青州左卫	土城，周三里，高一丈五尺，厚七尺，池阔二丈，深一丈，一门
34	解宋寨备御四百户所	不详，可能与登州卫同设于洪武九年（1376年）	隶属登州卫	石城，周一里六十丈，高二丈五尺，厚丈余，池阔一丈，深七尺，南一门，楼铺五座
35	刘家汪寨备御三百户所			石城，周一里，高二丈五尺，厚一丈三尺，池阔一丈，深五尺，南一门，楼铺五座
36	黄河寨备御百户所			唐时建寨，明崇祯中增筑石城，周一百三十八丈，高二丈五尺，厚一丈余，池阔一丈，深五尺，南一门，敌台十二座
37	清泉寨备御百户所	不详，可能与宁海卫同设于洪武十年（1377年）	隶属宁海卫	砖城，周二里，高二丈五尺，一门，楼铺六座
38	芦洋寨备御五百户所	洪武二十九年（1396年）	隶属登州卫福山所	砖城，明洪武二十九年（1396年）百户张刚所筑，周二里，高一丈七尺，厚一丈五尺，池阔一丈，深七尺，东西二门，楼铺六座

① （清）林溥修，周翕鐄等纂：同治《即墨县志》，清同治十一年（1872年）刊本，《中国方志丛书·华北地方·第三七四号》，成文出版社，1976年，第373页。

利用措施	利用状况
顺治十二年（1655 年）裁并入宁海卫	利用情况不详
顺治十二年（1655 年）裁并入大嵩卫	利用情况不详
康熙四十一年（1702 年），裁撤，归并入威海卫	利用情况不详
顺治十五年（1658 年），沂州镇移驻胶州，拨左陆营防守即墨；康熙三年（1664 年），改胶镇左营专为即墨营，分防平度州、高密县、诸城县、鳌山卫、雄崖所等汛；雍正十二年（1734 年）裁撤，归并入即墨县；同年设雄崖巡检司	即墨营雄崖所汛利用；巡检司初驻所城，后移驻福山县[①]；后栲栳岛巡检司移驻所城
裁撤时间不详，可能至迟在顺治十六年（1659 年）裁撤莱州卫时被一并裁撤	利用情况不详
裁撤时间不详，可能至迟在康熙十七年（1678 年）裁撤青州左卫时被一并裁撤	利用情况不详
裁撤时间不详，可能至迟在顺治十六年（1659 年）裁撤登州卫时被一并裁撤	利用情况不详
裁撤时间不详，可能至迟在顺治十六年（1659 年）裁撤宁海卫时被一并裁撤	利用情况不详
裁撤时间不详，可能至迟在顺治十二年（1655 年）裁撤福山所时被一并裁撤	利用情况不详

综合以上记载，明代设立的 38 处营、卫、千户所和百户所城，其中 4 处营城（即墨营有两处城址）均为新筑；11 处卫城遗址中有 4 处为利用原有的州府城修筑（莱州卫、青州左卫、登州卫和宁海卫），其余 7 处为明代新建城池；15 处千户所城中有 3 处为利用原有的州县城修筑（诸城所、胶州所和福山所），其余 12 处为明代新筑城池；9 处百户所城均为新筑城池。

清初建立起了迥异于前的绿营兵制，同时大力改造明代卫所制度，并不断剥夺其军事职能，此时仍被赋予了海防职能的至少有 16 处，利用率达到了 42% 以上，具体包括：明代营城城址 2 处（登州营城和文登营城）被用于清代绿营驻地；明代卫城城址 5 处（莱州卫、青州左卫、登州卫、安东卫和宁海卫）被用于清代绿营驻地，明代卫城城址至少有 3 处（威海卫、鳌山卫和靖海卫）被用于清代巡检司驻地（灵山卫裁撤后亦设有巡检司，但其驻地是否在卫城不详），明代卫城城址 2 处（灵山卫和鳌山卫）被用于清代胶州营和即墨营汛兵驻地，明代卫城城址 2 处（成山卫和大嵩卫）被用于清代新设县城驻地；明代千户所城城址至少有 2 处（浮山所和雄崖所）被用于清代胶州营、即墨营汛兵驻地和巡检司驻地，其余 13 处因文献记载匮乏，对其在清代海防中的利用情况不明；明代 9 处百户所城因记载资料太少，清代对城池的利用程度亦不详。但鉴于城池的存在，不排除因战争等需要，清军临时将其用作屯兵之所。"（咸丰）九年，以海丰县之大沽河有防营故址，饬崇恩等拨兵防守。"[1]"防营故址"其性质虽不详，但能用于屯兵，很可能是以前的所城遗址。

2. 寨

此次调查共发现寨类遗址 54 处，"沿海土寨多建于明初。明洪武十五年（1382 年）信国公汤和筑沿海土城，二十三年（1390 年）在宁海卫建 5 总寨、莱州卫置 8 总寨，共辖小寨 48 个，当时卫所虽立城未筑，防海之兵，皆屯于土寨，今南北滨海尚有存者"[2]。根据其规模，有学者将其分为三类：第一类，地处平坦，面积较大，寨墙边长至少 400 米；寨内有衙门、营房、演武场等。第二类，夯土筑墙，砖石砌门，面积一般 250×250 平方米，小的也不少于 150×150 平方米；寨内有水井等生活遗迹，有瓦当、城砖、庙宇等建筑遗迹，还有马槽、炮石等军用遗物。第三类，一般位于山巅岭脊之上，或位于卫所、总寨驻地附近，名为寨，其实不过是起瞭望作用的前哨阵地而已，称之为设施比较完备的墩、堡似更为合适[3]。第一类寨城应该是古籍中记载的"总寨"，第二类寨城应为"小寨"，均是明代山东沿海卫所城池未建立前的屯兵和屯田之地，待卫所城池建立后，防区内大部分部队进驻卫所，军寨或被废弃或被用于屯田[4]，明后期直至清代前期，又因军寨往往处于地势高处，土地肥力不足而低产，在部分军寨旁边另辟屯地，例如草岛寨旁的西利查埠、九皋寨旁的屯侯家、马山寨旁的葛家等。最迟至乾隆年间，所有屯田被全部取消，转为民田，军寨屯田功能基本丧失，部分军寨被废弃，部分逐渐演变为现代村落。

清代对沿海土寨的利用，除了作为屯田之地来使用外，有时还兼作战争时期的临时屯兵之所。清道光《荣成县志》记载了鸦片战争时期文登营援军驻扎成山卫城（荣成县城）东北之沙寨子防御英国炮舰的过程："道光二十年（1840 年）七月，英咭唎兵船五支至成山。初，鸦片来自夷船，流毒中国十七年。奉上严禁，英夷无所获利，遂驾舟肆扰本省洋面。本年六月初七日攻陷定海，余党分散，驶至东海九支，处处戒严，

① 《清史稿·卷一百三十八·兵志九·海防》，联合书店，民国三十一年（1942 年），国家图书馆馆藏。
② 山东省荣成市地方史志编纂委员会：《荣成市志》，齐鲁书社，1999 年。
③ 毕建业：《威海地区明海防军事聚落体系与空间分析》，天津大学博士毕业论文，2012 年，第 26 页。
④ 清道光《荣成县志》"卷二·建置"（《中国方志丛书·华北地方·第三八二号》，成文出版社，1976 年）第 125 页记载："（元至正十八年二月）毛贵于莱州立三百六十屯，相距各三十里，造大车挽运，官民田皆十取其二。明兴，袭其故迹，分隶诸屯于各卫。"

惟荣成□最紧要。知县李天骘闻报，禀请添兵添船，词甚□切。一面劝捐修补城池，并雇宽乡勇三百名，授以长枪，□之技艺，申严纪律，无分雨夜，亲身督查……多方激励，人心稍定，守城愈严，旗帜密排，枪炮森列……眼眼皆燃灯，城上红光一片，远照海洋十里。文登营屯扎城东北之沙寨；青州、寿、乐分扎城北海涯；济南两营则在东南小海边与宋埠嘴之迤西，择要守扼；城南北两楼，派成山水师分防，而以本城兵分守四门，往来接应，且与城外声势联络，队伍整齐，炮械坚利，已不难平吞夷匪而歼灭矣。嗣又有数支越过大洋，直趋天津……购买薪米……. 时抚宪及本道宪驻登督防，赏以牛羊蔬果若干，酋长感激，向岸罗拜，立即转帆南驶，东省洋面渺无夷匪踪迹。至十月初，官兵凯撤陆续完竣矣。"[1]虽未发生直接战斗，但寨城也在一定程度上发挥了其海防职能。

综上所述，明代甚至更早时期设立的军寨，在清代时部分可能还发挥了屯田功能。随着沿海海盗、外敌海上入侵以及半岛地区农民起义等活动多发，不排除处于防御要冲的部分土寨还发挥了屯兵、防御等军事职能。但受限于相关文献记载的匮乏，加之相关研究缺少翔实考古资料的有力支撑，目前无法对其进行更进一步的考证。

3. 巡检司

巡检司自五代开始设立，宋、辽、金沿袭，其职责主要为缉捕盗贼，元代在基层治安机构设置中亦加沿袭，并在偏远的港湾、海岛、滩涂等海疆地区广泛设置巡检司。明代沿袭元制，沿海要地的巡检司还负担有防御倭寇、缉捕盗贼、盘查奸伪等职责[2]；清代沿海巡检司亦有防卫盗贼、稽查往来、管理海口等职责。巡检司多设立城寨，有石城、砖城、土城，规模多周一里以内；兵员一般编制百名[3]，但实际兵员往往很难达到编数的三成[4]。明清时期各巡检司设巡检一员，其品秩较低（一般为从九品），多被纳入各州县行政系统管辖。

明代在山东沿海先后设立巡检司合计22处，清代设立了26处，大部分巡检司是自明代延续而来，部分为根据防御需要新设立，其设置及延续情况如下表[5]。

通过以上信息可知，明代在山东沿海设立巡检司22个，且多设立在洪武年间，至少有4处（行村寨、乳山寨、温泉镇和马停镇巡检司）为宋金元时期设立，明代继续延续使用；清代，对明代山东沿海已有的至少21处巡检司（鱼儿铺巡检司明末革除后未再启用）继续延续使用，其中13处在清代得以长期存在（夹仓镇、信阳镇、南龙湾、东良海口、海仓和固堤镇巡检司驻地基本未变，栲栳岛、行村寨、乳山寨、赤山寨、温泉镇、辛汪寨和大沽河巡检司驻地有较大调整，甚至变化很大），8处巡检司（古镇、逢猛、孙夼镇、杨家店、高山、马停镇、柴胡寨和高家港巡检司）在清代顺治至乾隆年间被陆续裁撤，同时为弥补雍正十二年（1734年）裁撤灵山卫、鳌山卫、雄崖所和浮山所造成的防御空缺，清政府在同年新设立了灵山、鳌山、雄崖和浮山四个巡检司；为弥补福山县防御漏洞，乾隆二十五年（1760年）新设立了海口巡检司。

① （清）李天骘修：道光《荣成县志》道光二十年（1840年）刊本，《中国方志丛书·华北地方·第三八二号》，成文出版社，1976年，第111—115页。

② 见《明史·职官四·巡检司》。

③ 张云涛：《山东威海发现明初创寨碑》，《文物》1997年第9期。

④ 赵树国：《明代北部海防体制研究》，山东人民出版社，2014年。

⑤ 根据（清）穆彰阿、潘锡恩等纂修：《大清一统志》，商务印书馆，民国二十三年（1934年），国家图书馆馆藏；（清）顾祖禹：《读史方舆纪要》"卷三十五·山东六"，清代锦里龙万育刊本，国家图书馆馆藏；（明）陆釴纂修，（明）吕元善续修：《山东通志》"卷十二·城池"，明嘉靖刻本，天津图书馆馆藏，等资料整理。

山东明清时期沿海巡检司沿用情况简表

序号	明代巡检司	设置时间	驻地	清代巡检司
1	夹仓镇巡检司	洪武三年（1370年）	青州府日照县夹仓镇	夹仓镇巡检司
2	信阳镇巡检司	洪武三年（1370年）前	青州府诸城县南一百二十里	信阳镇巡检司
3	南龙湾巡检司	洪武九年（1376年）前	初在青州府诸城县，万历三十年（1602年）移驻诸城县程家集	南龙湾巡检司
4	古镇巡检司	洪武八年（1375年）	莱州府胶州西南一百二十里大珠山前	古镇巡检司
5	逢猛巡检司	洪武八年（1375年）	莱州府胶州南四十里	逢猛巡检司
6	栲栳岛巡检司	洪武四年（1371年）	莱州府即墨县东北八十里栲栳岛西	栲栳岛巡检司
7	行村寨巡检司	元时设，明因之	登州府招远县境内	行村寨巡检司
8	乳山寨巡检司	宋时设，元因之，明属宁海	登州府宁海州境内	乳山寨巡检司
9	赤山寨巡检司	洪武二年（1369年）前	登州府文登县，嘉靖三十五年（1556年）革	赤山寨巡检司
10	温泉镇巡检司	金元设，明因之	初在登州府文登县北，洪武三十一年（1398年），移于九皋海口；宣德九年（1434年）二月，再移于古峰寨	温泉寨巡检司
11	辛汪巡检司	洪武二年（1369年）前	登州府文登县北七十里	辛汪寨巡检司
12	孙夼镇巡检司	洪武九年（1376年）	初在登州府福山县西北三十五里，洪武三十一年（1398年）移于县西北浮栏海口	孙夼镇巡检司
13	杨家店巡检司	洪武九年（1376年）	登州府蓬莱县东南六十里	杨家店巡检司
14	高山巡检司	洪武二十七年（1394年）	元时设沙门岛巡检，洪武二十七年（1394年）移于登州府蓬莱县朱高山	高山巡检司
15	马停镇巡检司	金时设，元、明因之	初在登州府黄县西四十里，明正统后移于该县白沙	马停镇巡检司
16	东良海口巡检司	明设立，具体时间不详	登州府招远县境内	东良海口巡检司
17	柴胡巡检司	洪武二十三年（1390年）	莱州府掖县北二十五里	柴胡寨巡检司
18	海仓巡检司	洪武初年	莱州府掖县西北九十里	海仓巡检司
19	鱼儿铺巡检司	明初，具体时间不详	莱州府昌邑县北五十里，崇祯时废	无

① 赵文运、匡超等纂修：《胶志》，民国二十年（1931年）刊本，《中国方志丛书·华北地方·第六十九号》，成文出版社，1968年，第591页。

继承情况	驻地
清因之	在日照县东南二十里（夹仓镇），石城，周六十丈。后移驻安东卫城内
清因之	在诸城县南一百二十里，石城，明洪武三年巡检王福修筑，周八十丈，二门
清因之	在诸城县东南一百三十里，石城，周一百二十丈
清裁撤	乾隆三十六年（1771 年）裁[①]
清裁撤	雍正十二年（1734 年）裁巡检一员
清移驻	驻即墨县，今司存城废；后移驻雄崖所城
清移驻	雍正十三年（1735 年）移海阳县（原大嵩卫），驻县西南八十里
清移驻	雍正十三年（1735 年）移驻靖海卫城，亦称靖海巡检司
清移驻	雍正十三年（1735 年）移驻荣成县管辖
清移驻	雍正十三年（1735 年）移驻威海卫城，亦称威海巡检司
清移驻	在文登县北七十里，旧志。今移赤山寨，在县东南一百二十里。雍正十三年（1735 年）移驻荣成县管辖
清裁撤后新设	顺治十二年（1655 年）裁撤。乾隆二十五年（1760 年）设海口巡检司，巡检司署驻县城，光绪末年裁撤（见民国《福山县志稿·卷三之一·职官》）
清裁撤	驻蓬莱县东南六十里，今裁［见《蓬莱县志·卷之一·公署》，康熙十二年（1673 年）刊本，国家图书馆馆藏］巡检司至迟在康熙十二年被裁撤
清裁撤	驻蓬莱县东八十里，今裁［见《蓬莱县志·卷之一·公署》，康熙十二年（1673 年）刊本，国家图书馆馆藏］。巡检司至迟在康熙十二年被裁撤
清裁撤	康熙十六（1677 年）年裁
清因之	在（招远）县西北五十里，寨内［见《招远县志·卷之二·公署》，道光二十六年（1846 年）刊本］
清裁撤	在（掖）县西北二十里，今裁［见《掖县志·卷之一·公署》，乾隆二十三年（1758 年）刊本］。雍正十二年（1734 年）裁
清因之	在（掖）县西九十里［见《掖县志·卷之一·公署》，乾隆二十三年（1758 年）刊本］
清无	境内无巡检司

序号	明代巡检司	设置时间	驻地	清代巡检司
20	固堤巡检司	洪武初年	莱州府潍县城东北四十里	固堤镇巡检司
21	高家港巡检司	时间不详	青州府乐安县境内	高家港巡检司
22	大沽河口巡检司	可能设于天启年间①	济南府海丰县东北	大沽河巡检司
23				灵山巡检司
24				鳌山巡检司
25				雄崖巡检司
26				浮山巡检司

以上仅为对明清沿海巡检司的简单梳理，因巡检司多根据防御需要时裁时设，且多随着防御、稽查需要不断改换驻地。其统计数量可能会有少量出入，也为此次调查发现的 20 余处巡检司城遗址的一一对应和认定造成了较大困难（详见本书附表）。

4. 墩、堡

墩堡是古代军情信息传递的重要工具，常常伴随战争及防御需要而维护、添建。山东沿海墩堡为适应防倭需求大多建于明初，至清代，大多已经废弃不堪使用。清代前期也建设有墩堡，但多集中于山西、陕西、甘肃等边地，"陕甘总督福康安奏：陕甘原设额兵，因节次裁拨移驻新疆……并于大路汛成空□处，添设墩堡三十九座……余分派扼要之所，安墩堡四十座……又自固原至靖远，四百余里，回民杂处，靖远至省，三百余里，山险逶纡，墩戍寥寥。拟添兵二百二十名，分安墩堡四十四处"⑤。内陆处于交通要道的省份，墩堡还被用来维护地方治安，"闻近来豫省，盗贼复炽……此二种皆乡保编查所不及，兵役访拿所不至。惟有严行保甲，更复多方设法，于歇店则立簿稽查，于关渡则加意盘诘。营汛墩堡，朝夕守望；壮丁捕役，更番游巡。山僻毋使藏奸，有司不令讳匿……弭盗安民四字，汝其时时服膺而莫忘"⑥。山东沿运河则增设墩堡以加强运河防御，顺治四年"复设临河州县墩堡、铺夫、快壮以护漕运，从总河杨方兴请也"⑦。

① 张方墀等纂：民国《无棣县志》，民国十四年（1925年）刊本，《中国方志丛书·华北地方·第十三号》，成文出版社，1968年，第103页。
② 张方墀等纂：民国《无棣县志》，第108页。
③ 赵文运、匡超等纂修：《胶志》，民国二十年（1931年）刊本，《中国方志丛书·华北地方·第六十九号》，成文出版社，1968年，第578页。
④ （清）林溥修、周翕鐩等纂：《即墨县志》，清同治十一年（1872年）刊本，《中国方志丛书·华北地方·第三七四号》，成文出版社，1976年，第168—169页。
⑤ 《清实录·高宗实录》"卷之一千二百十六"。
⑥ 《清实录·高宗实录》"卷之六十九"。
⑦ 《清实录·世祖实录》"卷之三十二"。

续表

继承情况	驻地
清因之	在（潍）县东北四十里儒教乡固堤店（见《潍县志·卷之二·公廨》，乾隆二十五年（1760年）刊本）
清裁撤	雍正十二年（1734年）裁
清移驻	驻大沽河，后移大山，又移埠口[②]。民国裁撤
清新设	（雍正）十二年（1734年）裁逢猛巡检，设灵山巡检[③]。驻地位于胶州境内
清新设	雍正十二年（1734年），裁撤鳌山卫、雄崖所和浮山所后，分别在原卫所城设立了三个巡检司，即即墨县"巡检署四，一在鳌山卫，一在栲栳岛，一在雄崖所，一在浮山所。雄崖、浮山二缺，移驻外县。后栲栳岛巡检移驻雄崖所，栲栳、浮山二署并废"[④]
清新设	
清新设	

雍正时期，山东登州镇总兵则建议调整沿海墩堡、炮台及陆地营汛，"查近村要处，酌留几墩，拨兵二、三名，专司瞭望驰报，将台兵、炮位仍各归还本营本汛"[①]。

清代前期山东沿海受海禁等政策影响，采取了"重防其出"的被动防守策略，此时没有关于大规模兴修墩堡以助海防的记载。考查山东沿海各府州县志记载，大多是关于明代设立墩堡的记录，"墩堡，与今制多不合，缘系前明防倭设立，仍依郡志载之"[②]，部分墩堡甚至名字记录出现谬误（详见前章）。但参照河南省"营汛墩堡，朝夕守望"，雍正时期山东沿海"酌留几墩，拨兵二、三名，专司瞭望驰报"，《山东通志·海疆志》也对废弃的墩堡进行了记录，"以备不虞之用"，乾隆五十八年（1793年）"东省沿海一带炮台、墩汛，自前抚臣岳濬修理后，已阅六十余载。现据福山等各州县陆续禀报，除间有塌损，业经修复外，尚有炮台十七座，墩汛四十六处，亟应兴工拆建，估需银六千余两。"[③]尤其可见，清代前期，墩堡作为陆地营汛分防的重要单位与炮台长期共存，且数量可能很多。

在此次调查工作中发现，山东沿海因明代设立墩堡时即已考虑到在沿海形势险要之处设立，清代在该险要之处往往也会留有防御设施，但调查发现的全部墩堡数量为291处（这与明代《筹海图编》记载墩堡数量出入不大），若清代有重新大规模兴建墩堡的举措，则发现墩堡遗址数量当有较大幅度的增长。因而我们推断，虽然很多明代设立墩堡在清代府州县志记载中已废弃不用，但部分墩堡很可能仍在清代前期被沿用于陆地营汛"朝夕守望"（直辖于巡检司的墩堡随着清代巡检司的裁撤或驻地的不断调整而被废弃，有的可能是新建，有的可能是在明代墩堡基础上重修），有些甚至还被改造另作他用。如位于威海市环翠区崮山镇百尺所村北850米山坡上的蒲台顶墩，为明代百尺崖所所辖的六墩之一，该墩南紧邻海埠路，西距山东新船重工有限公司610米，东北距铁底湾800米，在墩顶部眺望西南可见望天岭墩，东可见百尺崖

---

① 中国第一历史档案馆：《雍正朝汉文朱批奏折汇编》第2册，江苏古籍出版社，1991年，第507页。

② （清）林溥修，周翕鐄等纂：同治《即墨县志》，清同治十一年（1872年）刊本，《中国方志丛书·华北地方·第三七四号》，成文出版社，1976年，第281页。

③ 《清实录·高宗实录》"卷之一千四百三十七"。

墩，南可见百尺崖后所，地理位置十分重要；至清末，北洋海军在该遗址处改建为"南帮信号台"（旗墩）。其他各墩堡受限于文献记载简略和考古发掘资料的缺乏，此报告中无法对山东沿海各墩堡在清代沿用状况进行逐一细致考证，在此仅作大略分析。

新型海防设施的建立——炮台①

火器自宋代诞生以来，深刻改变了古代战争形式，元代有火器大量应用于战争的记载，明代在战争中也开始运用火炮，建立在沿海海口、要津等地的炮台在明清军事防卫中发挥了重要作用。

明清时期山东沿海地区的炮台建设主要经历了三个阶段：

第一阶段为明代至清代初期，山东沿海此时期的炮台与墩区别不大，多是在墩顶架设炮位而已，主要起到了报警及威慑作用。《山东通志·卷二十·海疆·四、五、六》记载："墩台，设炮曰台，司烽曰墩，皆有堡房，系陆路汛兵守之。按东省沿海设立炮台，自明万历间防倭、备辽，其比如栉。今承平日久，减存不过什一，然旧设之地不可不志之，以备不虞之用，故以现设炮台提纲大书，而于相间之墩堡，旧曾设炮者联络分注于下，以备参考。"书中随后列出了明代设有炮台的墩堡有岚头山墩等 70 处②，"皆旧设炮台"，其余"未设者不载"③。清雍正二年（1724 年），山东登州镇总兵官黄元骧对这些炮台有形象的描述："山东沿海之炮台，原系前朝之烟墩，非炮台也……不过一土堆，上有炮亭一间，傍有营房三间，若发炮，连台恐亦震倒。"④

清初对明代以来的炮台进行了加固和修葺，又择重要海口新建了部分炮台，康熙五十七年（1718 年）"福建海洋，当浙粤之交，自北至南有极冲地方，逼临大海港口，为郡县之门户者。有次冲地方，为船只登泊之要津者……前建立炮台城寨，日久塌坏，应加修葺。而紧要处所，增设炮台，添拨弁兵，修造营房，更不可缓……又浙江海洋，极冲、次冲地方，有原无炮台者，有旧有炮台城寨倾圮倒塌者，有原设汛防兵数应酌量增添者。臣等相度，冲要之地修筑炮台城寨，分别极冲、次冲，如平湖之乍浦等五十处，安设炮四百六十位，添造营房，派拨弁兵分防巡守，以固海疆。俱应如所请，从之"⑤。清代早期的炮台建设沿袭了明代炮台的建筑结构和形式，这些改装的炮台由于自身结构所限，导致炮位较少，建筑的坚固性也较差，驻守兵员有限，存在着很大弊端，难以有效地发挥近海防御作用。

调查过程中发现，此类炮台因建设简陋、年久失修，受自然侵蚀等影响较大，调查时仅发现残存的土堆，与残存的墩类遗址区别不大，加之文献记载和考古发掘资料的缺乏，无法对其性质进行准确界定，报告中

---

① 炮台在明清时期也常设立在城池、军寨内，用于辅助防守，此处介绍的炮台特指设置于城寨之外相对独立的军事防卫设施。

② 《清实录·圣祖实录》"卷之二百八十六"记载：康熙五十八年（1719年）十二月"山东巡抚李树德疏言：东省沿海炮台，共一百座，内有逼近大洋者，亦有远隔大洋者，请将不紧要炮台兵丁撤回，添于紧要炮台之处，其不紧要炮台，改为烟墩"。山东沿海炮台数量记载有出入。

③ （清）岳浚修，杜诏纂：雍正《山东通志》，钦定四库全书本，山东省图书馆馆藏。

④ 中国第一历史档案馆：《雍正朝汉文朱批奏折汇编》第2册，江苏古籍出版社，1991年，第506页。

⑤ 《清实录·圣祖实录》"卷之二百七十七"。

暂将其列为墩类海防遗址（调查中未发现江浙地区存在的清代早期石砌碉堡式炮台[①]）。

　　第二阶段为雍正时期，顺治、康熙时期在与台湾郑成功等反清势力的战争中，清政府逐渐认识到原有炮台的不足，广东地区与西洋诸国沟通较为频繁，炮台建筑吸取了西方的技术，为当时全国最为先进的炮台。雍正时期开始吸收广东式炮台的修建经验，在山东沿海大规模修筑新式炮台。自雍正四年（1726年）修建八角海口开始，至雍正十年（1732年），清政府在山东沿海要地先后建立起新式炮台二十座[②]，列表如下[③]：

清雍正年间山东沿海新式炮台建设及防御海口情况简表

序号	名称	建成时间	防守海口	海口概况
1	龙旺口炮台	雍正十年（1732年）	日照县龙旺口	可容船三十只，回避黄石栏
2	亭子栏（兰）炮台	雍正五年（1727年）	诸城县斋堂岛	斋堂岛下水深一丈五尺，细泥底，可容数十艘，避西北、正北、东北、东南风
3	古镇口炮台	雍正十年（1732年）	胶州古镇口	在大珠山前，海道迤西，其北岸多礁石，船不敢近，或有商船重载，必停船洋中，用小船拨运。一遇东南风起，则拔锚他徙，顷刻难停。设有巡检司，弓兵可以哨守
4	唐岛口炮台	雍正五年（1727年）	胶州唐岛口	周围四五里，上无居民，悬处海中。中有露明石一条如带，与旱地相通，潮涨则没，潮退则露，徒步可行，隔山即旧灵山卫。岛居正南，旁有两口，俱西南向。其西边海口狭小，水深一丈五尺，泥底，可容二十余艘，避飓风；东边海口宽阔，亦可泊船避飓风，但多礁石，海船以进口为艰，凡往来者多在西口停泊。自东南而北以至正西，皆高山环抱，有地及居民。正南海中有水灵山，东北远望犹见劳山
5	青岛口炮台	雍正十年（1732年）	胶州辉村岛、青岛口	可容数十艘，避东北、西北、正北风，洋船不得进淮子口者，多于二处停泊
6	董家湾炮台	雍正十年（1732年）	即墨县董家湾	距登窑口十里，亦海滨市镇，可容船偶泊，回避捉马嘴
7	巉山口炮台	雍正五年（1727年）	即墨县巉山口	位于田横岛西南，岛下水深二丈，沙泥底，可容百余艘，避东北风
8	黄龙庄炮台	雍正十年（1732年）	即墨县栲栳湾	又称阔落湾，可容船二百余只
9	丁字嘴炮台	雍正五年（1727年）	海阳县丁字湾口	行村东三十里，白沙河入海口
10	黄岛口炮台	雍正十年（1732年）	宁海州黄岛口	可容十余艘，惟西风不宜湾泊

---

① 冯磊：《清代浙江海防炮台研究》，河北师范大学硕士学位论文，2015年，第35、36页。
② 实际数量可能有出入，（清）毕懋第原修，郭文大续修：乾隆《威海卫志》第74页记载："威海卫炮台三座：一在长嘴，一在教场头，一在祭祀台。"长嘴、教场头炮台未见建设记载，可能为老式炮台，待考。
③ 根据（清）岳浚修，杜诏纂：《山东通志》"卷之二十·海疆"，景印文渊阁四库全书等资料整理。

续表

序号	名称	建成时间	防守海口	海口概况
11	五垒岛炮台	雍正十年（1732 年）	文登县五垒岛口	有郭家河会母猪河水来注之（见《山东海疆图记》）
12	马头嘴炮台	雍正五年（1727 年）	文登县马头嘴	陆路三十余里至旧靖海卫海口，西南有马头山、荣光山，西有铁槎山，西北一带平沙，北及东北有齐山、延真岛环绕，东南临大海，岸上有地、村落，居民二十余户。口外水深三丈余，东北海中有三礁石，宜避。口内水深一丈五尺，俱铁板沙，可容数十艘，避大风，惟东南风浪巨，不便湾泊
13	石岛口炮台	雍正十年（1732 年）	荣成县石岛口	石岛口东为镇锣岛，岛西头季家圈，可容船二三十只，避东北、东南风，回避石
14	养鱼池炮台	雍正十年（1732 年）	荣成县养鱼池口	可容二百余艘，避东风
15	龙口崖炮台	雍正五年（1727 年）	荣成县龙口崖	陆路一十里达于城崖口，自西南至南皆临大海，崖之东南有武梁山，东北有仓山，西北有夫人山、成山，西有炮台，岸旁一带平沙，岸上村落二处，居民二十余户，岸下水深二丈，黑泥底，可容二十余艘，洋船过成山北亦可停泊，避东南、正北、正西风
16	祭祀台炮台	雍正六年（1728 年）	文登县威海卫东	诸山环抱，水面宽阔，深二丈，可容百余艘，避飓风。洋船往直沽、辽东者，过成山头，必于此停泊，然后开船，乃要津也
17	之罘岛炮台	雍正十年（1732 年）	福山县芝罘岛	陆路西十里可通福山县，周围四十余里。岛上有龙王庙，居民六十九户，地三顷二十余亩。对面正南有群山拱映，西有长沙环抱，稍远即九姝山、磁山岛口，向东水深二丈余，黑泥底，有巨石当流立于港口两旁，舟楫皆可往来，口外水深七丈，黑泥底
18	八角口炮台	雍正四年（1726 年）	福山县八角海口	去县城陆路四十五里，海口负北，面南一带平沙东边有礁石出水，离岸数十丈。由西北而西以至东南，有群山环抱，岸上有三官庙，村中居民百余家。岸下水深一丈，细沙底，可容百余艘，洋船亦可进泊避风
19	天桥口炮台	雍正十年（1732 年）	登州府天桥口	三面环海，依山建城，正北有蓬莱阁，旁有避风亭，东即天桥口，海船可以出入。又称新河海口，可容船五六十只
20	三山岛炮台	雍正十年（1732 年）	掖县三山岛	可避东北风，泊二十余艘。每春夏间，渔船毕集，亦捕鱼之所

此时期设立的炮台多数建筑在沿海的战略冲要之地，往往是船只往来进出的海口，具体选在靠山临海、地势高且视野开阔之处，尤其是临近水线的山脚，依山傍海、据险而守。炮台的建筑式样参考了广东式炮台，"多在临海方面建立敌台，敌台为露天建筑，俱用高、宽各一尺，长五尺的青石砌成高一丈三尺五寸，高二丈五尺的炮台，中用土石填实，面铺石块，另用三合土或石块砌成垛墙，高六尺五寸，厚四尺五寸。垛墙上开设炮眼若干个，炮眼外小内阔，以便炮身移动改变射击方向。炮台之内通常建有驻守兵的营房、神庙、药局、望楼以及官厅等，旁设台门，以便守兵出入"[①]。炮台外往往还筑城守护，"营城，在卫东北祭祀台，周二十一丈，高一丈七尺五寸，门一，楼房三间，营房七间。雍正五年（1727年）登镇总兵黄元骧□□题请，六年守备张懋昭从宁海州支银三百五十七两建造，现汛兵防守"[②]。

此类炮台较之之前的简易炮台有了较大的进步，在防御海盗、维护沿海治安方面起到了一定的积极作用。此次调查发现，上述修建炮台除唐岛、古镇口和亭子栏外，其他均已被破坏殆尽。

第三阶段为鸦片战争后，此时中国沿海地区饱受外国列强"船坚炮利"的摧残，海防体系几近崩溃。在部分晚清开明士大夫的倡导下，清政府开始学习西方先进的炮台建设经验，在中国沿海掀起了近代海防炮台的建设高潮。这一时期山东沿海炮台建设主要集中于烟台、威海和青岛，其中尤以清政府在威海北洋海军基地——刘公岛及周边建设的岸防炮台最为典型。此次调查过程中发现，在近代海防设施分布较密集的烟台、威海、青岛地区，现在仍是海防要冲，很多遗址位于解放军军事禁区内，考古队员无法进入调查。所以此次调查工作调查时代下限即定为清鸦片战争（1840年），在此不对近代海防遗址进行详细介绍。

总之，清代前期山东沿海最早设立的炮台多沿自明代，建设十分简陋，防御效果有限；雍正时期，山东沿海开始建立广东式新式炮台，它们在防御海盗、维护沿海治安方面起到了一定的作用。但是随着西方工业革命的开展，近代海军舰船、火炮技术及海权思想等日新月异的发展，这些炮台的落后性日渐显现，在鸦片战争中面对西方列强入侵时显得不堪一击，直接启发了鸦片战争后洋务派对近代海防建设的一系列探索。

四、小结

山东沿海为清代南、北方海上航线的必经之地，"自直隶界屈曲而南以达江苏，其间大小海口二百余处"[③]，这些海口是清代山东海防的重点。"沿海口岸大小不可殚述，今标举其最要者。大口为商船出入，盘诘必严；小口为渔筏往来，稽查宜密；陆汛则内地之分防，水师则外洋之巡哨，而巡司则近逻远瞭，亦

---

① 王宏斌：《清代前期海防：思想与制度》，北京：社会科学文献出版社，2002年，第101页。
② （清）毕懋第原修，郭文大续修：乾隆《威海卫志》民国十八年（1929年）铅本，《中国方志丛书·华北地方·第二号》，成文出版社，1968年，第64、65页。
③ 《清史稿》"卷一百三十八·兵志九·海防"。

有诘奸御暴之责焉"[1]。在吸取了明代海防建设经验的基础上，清代前期建立起了这样一套巡抚或提督统辖下的以"镇—营—分汛—墩或炮台"四级陆地营汛体制为主、间以水师出海巡哨缉查、巡检司盘诘巡查为辅的点、线结合的密集水路联合海防网络，鸦片战争爆发前在一定程度上维护了山东海疆的稳定。

　　同时也应该看到，清代统治者的海防观念仍承自于明代，仍没有摆脱传统中国"重陆轻海"观念意识的深层影响，表现在海防政策上则是"重防其出"的被动防守，缺乏"御敌于海上"和主动出击的魄力。清初，因山东地区反清起义频频爆发，为镇压起义，清政府将山东的主要军事力量部署在内陆地区，广大山东沿海仅设登州水师营管辖，海防力量十分薄弱。顺治年间，胶东地区爆发于七起义，清廷开始向山东沿海转移兵力，同时为应对台湾郑氏反清势力对山东沿海的进攻，厉行海禁、迁海等政策，山东海疆处于被动防守状态。康熙二十二年（1683 年）收复台湾后，康、雍开始整顿海防，维修、新建海防炮台、墩汛等海防设施，增加水师编制，山东海防得到加强；乾隆五十八年（1793 年）英使马嘎尔尼和嘉庆二十年（1815 年）阿美士德先后来华，在一定程度上引起了清廷对来自西方海上威胁的警惕，但在"天朝上国"的迷梦下，海防政策没有发生根本性的转变，加之乾隆后期以后政府财政恶化，陆地营汛、水师营编制不断被压缩，军队训练废弛，海防设施破败失修，山东海防建设停滞不前甚至出现了倒退。此时，清政府仍将"保商靖盗"作为海防的首要任务，但同时期的西方列强先后掀起了大航海以及工业革命的浪潮，随之而来的是大规模的对外殖民侵略，清政府未清醒地认识到来自海上的敌人已经发生了严重变化，用老旧海防观念建立起来的庞大海防网络虽然严密，但却分散了兵力，造成了清代后期处处布防、处处防不胜防的恶果，最终在面对西方列强的"坚船利炮"时瞬间瓦解，造成了中国近代的海防之痛[2]。

　　总结此次调查工作，清代前期的海防设施发现尤少，主要原因有三：一是部分遗址性质、时代判断困难。关于营城等体量较大的海防设施文献记载较多，其性质也易辨别，但文献记载中缺乏对数量最大的墩堡、炮台等点状海防遗址的足够关注，加之历史上经常被废弃、维修、兴建、重新启用（部分也沿用了明代的墩堡）等，受限于考古发掘等资料的有力支撑，除雍正时期炮台因形制特殊容易辨别外，无法对此次发现的明代至清代早期的 300 余处墩堡、炮台进行细致而准确地鉴定。二是大量清代海防遗址已被破坏殆尽。级别较高、性质明确的海防遗址虽易辨别，但这类遗址往往或地处要津或居于府州县城，基本消失在了现代城乡建设和沿海开发的浪潮中。三是部分海防遗址可能有遗漏。受限于调查队员们关于海防遗址的认识偏差和调查时间的紧迫，调查过程中可能没有全面覆盖到清代遍布全省的、不同时期的数量庞大的各类海防遗址，尤其是分汛哨地、墩汛等类海防遗址。以上种种不足之处，须待后期进一步补查和细致研究。

---

① （清）岳浚修，杜诏纂：《山东通志》"卷之二十·海疆·四"，钦定四库全书本，山东省图书馆馆藏。

② 《清史稿》"卷一百三十八·兵志九·海防"记曰："国初海防，仅备海盗而已。自道光中海禁大开，形势一变，海防益重……（山东）东北境之登、莱、青三府，地形突出，三面临海。威海、烟台岛屿环罗，与朝鲜海峡对峙，为幽、蓟屏藩。海禁既开，各国商帆战舰，历重洋而来，至山东成山而折入渤海，以达沽口。故创练海军，以威海、旅顺为根据地……乃甲午一役，威海水陆之防，既毁于日本，而德因教案，曾以大队铁舰夺踞胶州湾，辟商埠，开铁路，浸窥腹地。东省海防，遂无所藉手云。"这是对清代山东海防历史的精辟概括。

附

表

山东明清海防遗址一览表

序号	名称	遗址性质	始设时代	地市	区县
1	唐头营所城	备御百户所	明代	东营市	广饶县
2	高家港巡检司	巡检司	明代	东营市	广饶县
3	丰国镇巡检司	巡检司	明代	东营市	利津县
4	塘头寨	寨/屯	明代	东营市	广饶县
5	青州卫	卫	明代	潍坊市	青州市
6	诸城所	守御千户所	明代	潍坊市	诸城市
7	广陵镇巡检司	巡检司	宋代	潍坊市	寿光市
8	固堤巡检司	巡检司	明代	潍坊市	寒亭区
9	渔尔堡巡检司	巡检司	明代	潍坊市	昌邑市
10	八面墩	墩	明代	潍坊市	寿光市
11	官台墩	墩	明代	潍坊市	寿光市
12	宅科墩	墩	明代	潍坊市	寿光市
13	瓦北墩	墩	明代	潍坊市	昌邑市
14	东辛店墩	墩	明代	潍坊市	昌邑市
15	小刘家墩	墩	明代	潍坊市	昌邑市
16	西峰台墩	墩	明代	潍坊市	昌邑市
17	高家庄墩	墩	明代	潍坊市	昌邑市
18	下营海关衙署	其他（海关衙署）	清代	潍坊市	昌邑市
19	莱州卫	卫	明代	烟台市	莱州市
20	王徐寨所城	备御千户所	明代	烟台市	莱州市
21	马埠寨所城	备御百户所	明代	烟台市	莱州市
22	仓北寨	备御百户所	明代	烟台市	莱州市
23	海沧巡检司	巡检司	明代	烟台市	莱州市
24	军寨址寨	寨/屯	明代	烟台市	莱州市
25	寨里武家寨	寨/屯	明代	烟台市	莱州市
26	海沧头墩	墩	明代	烟台市	莱州市
27	海沧二墩	墩	明代	烟台市	莱州市
28	海沧三墩	墩	明代	烟台市	莱州市
29	土山墩	墩	明代	烟台市	莱州市
30	陈家墩	墩	明代	烟台市	莱州市
31	大李家墩	墩	明代	烟台市	莱州市

地理位置	文物保护单位级别	推测古籍记载名称	推测隶属关系
丁庄街道清河村西北 1100 米	县级	唐头营备御百户所	青州左卫
大码头镇高港村	已消失	高家港巡检司	——
汀罗镇前关村	已消失	丰国镇巡检司	——
丁庄街道清河村	未定级		
青州古城东门大街卫里巷	已消失	青州左卫	
诸城市府前街 51 号	已消失	诸城千户所	青州左卫
上口镇广陵一村内	已消失	广陵镇巡检司	——
固堤街道固堤一村北约 500 米处	已消失	固堤巡检司	——
下营镇西下营村具体位置不详	已消失	渔儿堡巡检司	——
羊口镇八面河村	已消失	八面墩	塘头寨百户所
羊口镇官台村盐青路与南海路交叉口以北	已消失	官台墩	塘头寨百户所
羊口镇宅科五村东 200 米	已消失	宅科墩	塘头寨百户所
龙池镇瓦北村北约 50 米	已消失	烟火墩	渔儿堡巡检司
下营镇东辛店村东 1300 米	未定级	韩城墩	渔儿堡巡检司
卜庄镇小刘家村西约 100 米	未定级	黑山墩	渔儿堡巡检司
卜庄镇西峰台村东南约 50 米	已消失	——	未知
卜庄镇高家庄村北约 50 米	已消失	河口墩	渔儿堡巡检司
下营镇西下营村内	未定级	不详	昌邑海关
市政府驻地	已消失	莱州卫	登州营
金城镇城后万家村北 800 米	未定级	干徐寨备御千户所	莱州卫
虎头崖镇虎头崖村东 50 米	县级	马埠寨备御四百户所	莱州卫
三山岛街道办事处仓北村西北	已消失	可能是灶河寨备御四百户所	莱州卫
土山镇海沧一村	已消失	海沧巡检司	掖县
城港路街道办事处军寨址村	已消失	不详	不详
金仓街道办事处寨里武家东南角	已消失	不详	不详
土山镇海沧一村村北	已消失	不详	海沧巡检司
土山镇海沧二村东北 1000 米	已消失	不详	海沧巡检司
土山镇海沧二村东北 2000 米	已消失	不详	海沧巡检司
土山镇土山村北（古龙潭西南角）	未定级	土山墩	海沧巡检司
土山镇陈家墩村西	已消失	不详	海沧巡检司
沙河镇大李家村内	未定级	不详	海沧巡检司

序号	名称	遗址性质	始设时代	地市	区县
32	马埠墩	墩	明代	烟台市	莱州市
33	趴埠墩	墩	明代	烟台市	莱州市
34	海庙墩	墩	明代	烟台市	莱州市
35	朱杲墩	墩	明代	烟台市	莱州市
36	大原墩	墩	明代	烟台市	莱州市
37	朱旺墩	墩	明代	烟台市	莱州市
38	军寨址墩	墩	明代	烟台市	莱州市
39	寨里武家墩	墩	明代	烟台市	莱州市
40	仓北墩	墩	明代	烟台市	莱州市
41	街西头墩	墩	明代	烟台市	莱州市
42	新立墩	墩	明代	烟台市	莱州市
43	单山墩	墩	明代	烟台市	莱州市
44	三山岛墩	墩	明代	烟台市	莱州市
45	花山墩	墩	明代	烟台市	莱州市
46	虎口墩	墩	明代	烟台市	莱州市
47	东良巡检司	巡检司	明代	烟台市	招远市
48	高家庄寨	寨/屯	清代	烟台市	招远市
49	丁家疃墩	墩	明代	烟台市	招远市
50	高家庄墩	墩	明代	烟台市	招远市
51	东良墩	墩	明代	烟台市	招远市
52	马停寨所城	备御百户所	明代	烟台市	龙口市
53	黄河寨所城	备御百户所	明代	烟台市	龙口市
54	黄山馆墩	墩	明代	烟台市	龙口市
55	大泊子墩	墩	明代	烟台市	龙口市
56	上孟家墩	墩	明代	烟台市	龙口市
57	土城子墩	墩	明代	烟台市	龙口市
58	央格庄墩	墩	明代	烟台市	龙口市
59	龙口墩	墩	明代	烟台市	龙口市
60	兴隆庄墩	墩	明代	烟台市	龙口市
61	后田墩	墩	明代	烟台市	龙口市
62	四农墩	墩	明代	烟台市	龙口市
63	北李墩	墩	明代	烟台市	龙口市

地理位置	文物保护单位级别	推测古籍记载名称	推测隶属关系
虎头崖镇西大宋村西北 1000 米	未定级	马埠墩	马埠寨备御四百户所
虎头崖镇趴埠潘家村东北 350 米山顶	未定级	趴埠墩	马埠寨所
永安街道办事处海庙姜家村西北 600 米	已消失	海庙墩	马埠寨所
永安街道办事处东朱呆村北 700 米	已消失	诸高墩	柴胡巡检司
城港路街道办事处大原一村西北 1000 米	已消失	太原墩	柴胡巡检司
城港路街道办事处朱旺村西 400 米	未定级	诸黄墩	柴胡巡检司
城港路街道办事处军寨址村北 200 米	未定级	不详	柴胡巡检司
金仓街道办事处寨里武家东南角	已消失	本寨墩	灶河寨所
三山岛街道办事处仓北村北首	已消失	不详	灶河寨所
三山岛街道办事处街西头村西 200 米	已消失	不详	灶河寨所
三山岛街道办事处新立庄村南 100 米	已消失	不详	灶河寨所
三山岛街道单山村东南 600 米山坡顶部	未定级	单山墩	灶河寨所
三山岛街道三山岛村北 280 米山坡顶	未定级	三山墩	灶河寨所
金城镇原家村花山庙东南 300 米	已消失	不详	王徐寨所
金城镇后泊二村东南角	未定级	虎口墩	王徐寨所
辛庄镇东良村	已消失	东良海口巡检司	招远县
辛庄镇高家庄子村北	未定级	不详	不详
辛庄镇丁家疃村西南 350 米 208 国道北	已消失	不详	王徐寨所
辛庄镇高家庄子村西北 1000 米	未定级	不详	不详
辛庄镇东良村北 1000 米	已消失	东良墩	东良巡检司
龙港街道土城子村西	已消失	马停寨备御百户所	莱州卫
诸由观镇黄河营村北	未定级	黄河寨备御百户所	登州卫
黄山馆镇原黄山馆汽车站西北侧（228 国道占压）	已消失	界河墩	东良巡检司
黄山馆镇大泊子村北烟潍公路南村志处	已消失	不详	马停寨所
龙港街道上孟家村西北 400 米德辉食品厂院内	已消失	不详	马停寨所
龙港街道土城子村（龙口矿业集团公司院内）	已消失	不详	马停寨所
龙港街道央格庄居委会东 50 米	已消失	杨家庄墩	白沙（马停镇）巡检司
龙港街道红旗小学门口处	已消失	不详	白沙（马停镇）巡检司
龙港街道兴隆庄村北 300 米	已消失	不详	白沙（马停镇）巡检司
徐福街道后田村西北 700 米	已消失	不详	白沙（马停镇）巡检司
徐福街道四农社区东北角	已消失	不详	白沙（马停镇）巡检司
徐福街道北李村东北 500 米	已消失	不详	白沙（马停镇）巡检司

序号	名称	遗址性质	始设时代	地市	区县
64	西羔墩	墩	明代	烟台市	龙口市
65	渤海周家墩	墩	明代	烟台市	龙口市
66	大杨家墩	墩	明代	烟台市	龙口市
67	蓬莱水城（山东备倭都司）	水城（备倭都司）	明代	烟台市	蓬莱区
68	登州营	营	明代	烟台市	蓬莱区
69	登州卫	卫	明代	烟台市	蓬莱区
70	刘家汪寨所城	备御百户所	明代	烟台市	蓬莱区
71	解宋寨所城	备御百户所	明代	烟台市	蓬莱区
72	赵格庄营寨	寨/屯	明代	烟台市	蓬莱区
73	聂家墩	墩	明代	烟台市	蓬莱区
74	峰山岭墩	墩	明代	烟台市	蓬莱区
75	西峰台墩	墩	明代	烟台市	蓬莱区
76	东峰台墩	墩	明代	烟台市	蓬莱区
77	黑峰台山墩	墩	明代	烟台市	蓬莱区
78	田横寨墩	墩	明代	烟台市	蓬莱区
79	抹直口墩	墩	明代	烟台市	蓬莱区
80	防风林墩	墩	明代	烟台市	蓬莱区
81	湾子口墩	墩	明代	烟台市	蓬莱区
82	华石圈墩	墩	明代	烟台市	蓬莱区
83	铜井山墩	墩	明代	烟台市	蓬莱区
84	刘家旺墩	墩	明代	烟台市	蓬莱区
85	木基墩	墩	明代	烟台市	蓬莱区
86	解宋营西墩	墩	明代	烟台市	蓬莱区
87	解宋营东墩	墩	明代	烟台市	蓬莱区
88	墟里墩	墩	明代	烟台市	蓬莱区
89	东峰子墩	墩	明代	烟台市	蓬莱区
90	六十里堡	堡	明代	烟台市	蓬莱区
91	登州府城墙	其他（府城）	明代	烟台市	蓬莱区
92	福山所	备御千户所	明代	烟台市	福山区
93	芦洋寨所城	备御百户所	明代	烟台市	福山区
94	孙夼镇巡检司	巡检司	明代	烟台市	福山区

地理位置	文物保护单位级别	推测古籍记载名称	推测隶属关系
诸由观镇西羔村东南 500 米	已消失	西高墩	黄河营所
诸由观镇原渤海周家村西北 500 米（君澜福地小区）北	未定级	王回墩	黄河营所
诸由观镇大杨家村西 200 米农田中	未定级	河口墩	黄河营所
蓬莱阁街道蓬莱阁景区内	全国	蓬莱水城（山东备倭都司）	蓬莱水城（山东备倭都司）
蓬莱阁街道蓬莱阁景区内	已消失	登州营	山东备倭都司
紫荆山街道办事处武霖社区内	已消失	登州卫	山东都司
新港街道营子里村	已消失	刘家汪寨备御三百户所	登州卫
刘家沟镇解西村中	省级	解宋寨备御四百户所	登州卫
新港街道赵格庄村北 900 米处	省级	不详	莱州卫
北沟镇聂家村北 600 米发电厂院内	已消失	可能是任家墩	黄河寨备御百户所
北沟镇北王绪村北 700 米处	省级	可能是栾家口墩	黄河寨备御百户所
北沟镇上朱潘村北约 850 米山顶上	省级	不详	登州卫
蓬莱阁街道办事处林格庄社区东山北侧	已消失	不详	登州卫
蓬莱阁街道办事处邹于社区东北黑峰台山顶部	省级	不详	登州卫
蓬莱阁街道田横寨公园内	已消失	田横寨墩	登州卫
蓬莱阁街道三仙山景区公园内	已消失	抹直口墩	登州卫
新港街道亚泰兰海公馆西 450 米处	省级	不详	登州卫
新港街道湾子口村北约 900 米	已消失	湾子口墩	刘家汪寨备御三百户所
新港街道湾子口社区崔家村北 700 米山坡上	已消失	不详	刘家汪寨备御三百户所
新港街道铜井村西北 300 米红石山顶部	省级	不详	刘家汪寨备御三百户所
新港街道刘家旺村北约 1 千米处	已消失	不详	刘家汪寨备御三百户所
刘家沟镇南吴家村东 1 千米处	省级	木基墩	解宋寨备御四百户所
刘家沟镇解宋营西村西北 900 米处	省级	解宋墩	解宋寨备御四百户所
刘家沟镇朱家庄瑞枫奥塞斯酒厂院内	省级	不详	解宋寨备御四百户所
刘家沟镇墟里村东北 700 米处	未定级	墟里墩	解宋寨备御四百户所
刘家沟镇海头村东北约 500 米处	省级	不详	不详
潮水镇六十堡村东北 730 米处	已消失	不详	不详
紫荆山街道办事处武霖社区内	省级	登州府	
县府街 185 号人民政府	已消失	福山中前千户所	登州卫
大季家街道芦洋村	已消失	芦洋寨备御五百户所	福山备御中前千户所
烟台市福山区古现街道百堡村东南 500 米	已消失	孙夼镇巡检司	福山县

序号	名称	遗址性质	始设时代	地市	区县
95	磁山寨	寨/屯	明代	烟台市	福山区
96	黄石庙墩	墩	明代	烟台市	福山区
97	山后陈家墩	墩	明代	烟台市	福山区
98	峰子山墩	墩	明代	烟台市	福山区
99	山后初家墩	墩	明代	烟台市	福山区
100	芦洋墩	墩	明代	烟台市	福山区
101	祈雨顶墩	墩	明代	烟台市	福山区
102	八角墩	墩	明代	烟台市	福山区
103	峰台墩	墩	明代	烟台市	福山区
104	石屋营墩	墩	明代	烟台市	福山区
105	皂户头墩	墩	明代	烟台市	福山区
106	福莱山墩	墩	明代	烟台市	福山区
107	杨家台子墩	墩	明代	烟台市	福山区
108	三十里堡	堡	明代	烟台市	福山区
109	八角口炮台	炮台	明代	烟台市	福山区
110	奇山所城	守御千户所	明代	烟台市	芝罘区
111	金沟寨	寨/屯	明代	烟台市	芝罘区
112	宫家岛墩	墩	明代	烟台市	芝罘区
113	木柞墩	墩	明代	烟台市	芝罘区
114	埠东墩	墩	明代	烟台市	芝罘区
115	熨斗墩	墩	明代	烟台市	芝罘区
116	西牟堡	堡	明代	烟台市	芝罘区
117	黄务堡	堡	明代	烟台市	芝罘区
118	清泉寨所城	备御百户所	明代	烟台市	莱山区
119	马山寨	寨/屯	明代	烟台市	莱山区
120	现顶墩	墩	明代	烟台市	莱山区
121	石沟墩	墩	明代	烟台市	莱山区
122	草埠墩	墩	明代	烟台市	莱山区
123	马山墩	墩	明代	烟台市	莱山区
124	五卒山堡	堡	明代	烟台市	莱山区

地理位置	文物保护单位级别	推测古籍记载名称	推测隶属关系
古现街道办事处南磁山山顶部	未定级	磁山寨	登州卫
大季家街道黄石庙山顶部	未定级	黄石庙墩	杨家店巡检司
大季家街道万华烟台工业园东北 1.5 千米	已消失	不详	杨家店巡检司
大季家街道山后初家村北 800 米峰子山顶部	未定级	不详	高山巡检司
大季家街道山后初家村西南 700 米山顶部	未定级	不详	芦洋寨备御五百户所
大季家街道芦洋村北馍馍顶山顶部	未定级	不详	芦洋寨备御五百户所
古现街道侯家村西北 1 千米处山坡上	已消失	不详	芦洋寨备御五百户所
古现街道八角村东北 1 千米处	未定级	八角墩	芦洋寨备御五百户所
古现街道峰台村北山坡上	已消失	不详	孙夼镇巡检司
古现街道石屋营村东 200 米	已消失	不详	孙夼镇巡检司
古现街道金河名都小区南门	已消失	不详	孙夼镇巡检司
福莱山街道福莱山公园内	市级	不详	福山中前千户所
福莱山街道舒朗时装公司南侧	已消失	不详	福山中前千户所
古现街道三十里堡村南 1.2 千米山坡上	未定级	不详	不详
古现街道东城村东南 200 米	已消失	八角口炮台	福山县
向阳街道办事处，东临北河街，北为南大街，西靠胜利路，南至南门大街	省级	奇山守御千户所	山东都司
东山街道长生社区金沟寨小区北 150 米处	已消失	金沟寨	宁海卫
只楚街道办事处宫家岛村西北约 550 米的一处台地上	省级	不详	福山中前千户所
凤凰台街道乳子山顶部	未定级	木柞墩	奇山守御千户所
通伸街道西炮台国防公园内	已消失	埠东墩	奇山守御千户所
向阳街道烟台山社区烟台山景区内	市级	熨斗墩	奇山守御千户所
只楚街道办事处南上坊村东南 500 米处山坡上	未定级	西牟堡	奇山守御千户所
黄务街道办事处西北 850 米山顶	未定级	黄务堡	奇山守御千户所
黄海路街道清泉寨社区内	已消失	清泉寨备御百户所	宁海卫
马山街道北寨村北 1 千米马山寨高尔夫俱乐部院内	省级	马山寨	宁海卫
黄海路街道后七夼峰山顶	未定级	现顶墩	奇山守御千户所
黄海路街道银海花园小区内	已消失	石沟墩	清泉寨备御百户所
滨海路街道草埠社区东 200 米处	已消失	草埠墩	宁海卫
马山街道北寨村北 1 千米，马山寨高尔夫俱乐部院内马山寨酒店南侧	省级	马山墩	宁海卫
初家街道五卒山顶部	已消失	不详	不详

序号	名称	遗址性质	始设时代	地市	区县
125	午台堡	堡	明代	烟台市	莱山区
126	芜菱堡	堡	明代	烟台市	莱山区
127	望杆堡	堡	明代	烟台市	莱山区
128	辛安堡	堡	明代	烟台市	莱山区
129	新添堡	堡	明代	烟台市	莱山区
130	宁海卫	卫	明代	烟台市	牟平区
131	金山寨所城	备御千户所	明代	烟台市	牟平区
132	北头营寨	寨/屯	明代	烟台市	牟平区
133	貉子窝墩	墩	明代	烟台市	牟平区
134	西系山墩	墩	明代	烟台市	牟平区
135	侯至山墩	墩	明代	烟台市	牟平区
136	丰山墩	墩	明代	烟台市	牟平区
137	金山墩	墩	明代	烟台市	牟平区
138	骆驼墩	墩	明代	烟台市	牟平区
139	北头营墩	墩	明代	烟台市	牟平区
140	直格庄堡	堡	明代	烟台市	牟平区
141	北留德堡	堡	明代	烟台市	牟平区
142	南沟堡	堡	明代	烟台市	牟平区
143	杏林堡	堡	明代	烟台市	牟平区
144	炮墩堡	堡	明代	烟台市	牟平区
145	墩北山堡	堡	明代	烟台市	牟平区
146	高家疃堡	堡	明代	烟台市	牟平区
147	官道北堡	堡	明代	烟台市	牟平区
148	汤西堡	堡	明代	烟台市	牟平区
149	石子现堡	堡	明代	烟台市	牟平区
150	大嵩卫城	卫	明代	烟台市	海阳市
151	大山所城	备御千户所	明代	烟台市	海阳市
152	行村寨巡检司	巡检司	明代	烟台市	海阳市
153	小寨村寨	寨/屯	明代	烟台市	海阳市
154	寨前寨	寨/屯	明代	烟台市	海阳市
155	徐家寨	寨/屯	明代	烟台市	海阳市
156	西乳山墩	墩	明代	烟台市	海阳市

地理位置	文物保护单位级别	推测古籍记载名称	推测隶属关系
初家街道午台社区西南约 1 千米处	已消失	午台堡	清泉寨备御百户所
滨海路街道三十里堡村东北 450 米处	已消失	芜蒌堡	宁海卫
马山街道望杆墩村西北角处	已消失	不详	宁海卫
马山街道辛安村北头路东侧	已消失	辛安堡	宁海卫
马山街道新添堡村东 400 米峰山顶部	未定级	不详	宁海卫
政府大街 196 号人民政府	已消失	宁海卫	山东都司
姜格庄街道金山上寨村西北	省级	金山备御千户左所	宁海卫
姜格庄街道夏家疃村东北 600 米的小山北坡	市级	不详	宁海卫
宁海街道烟墩山公园西南约 130 米山坡上	未定级	貉子窝墩	宁海卫
宁海街道西系山村东南 800 米	已消失	可能是戏山	宁海卫
大窑街道蛤堆后新区西北约 600 米的烟墩山顶	未定级	侯至山墩	宁海卫
大窑街道东山北头村东南 1.2 千米山顶	未定级	可能是小峰山	宁海卫
姜格庄街道云溪村西南 900 米的大金山顶	未定级	金山墩	金山备御千户所
姜格庄街道双林前村北约 650 米的山坡上	未定级	骆驼墩	金山备御千户所
姜格庄街道东场村北 430 米	未定级	不详	金山备御千户所
武宁街道直格庄村西南 670 米处	已消失	不详	宁海卫
武宁街道北留德庄村南 600 米处	已消失	不详	宁海卫
文化街道南沟村西南约 300 米处	已消失	不详	宁海卫
大窑街道南杏林堡村南 200 米处	已消失	杏林堡	宁海卫
大窑街道新福村南 650 米山坡上	未定级	不详	宁海卫
大窑街道新愚公村西 300 米山坡上	已消失	不详	宁海卫
龙泉镇高家疃村西北 200 米山坡上	已消失	不详	宁海卫
龙泉镇官道北村西约 500 米	已消失	不详	宁海卫
龙泉镇汤西村北 650 米	已消失	汤西堡	宁海卫
龙泉镇卧龙堡村东南 230 米	已消失	石子现堡	宁海卫
凤城街道办事处农商银行南 100 米	已消失	大嵩卫城	即墨营
辛安镇大山所村	已消失	大山备御千户所	大嵩卫
行村镇行村村内	已消失	行村寨巡检司	莱阳县
核电管委小寨村南 100 米	已消失	不详	大嵩卫
核电管委寨前村北 50 米	未定级	不详	大嵩卫
辛安镇徐家村西北 500 米	未定级	不详	大山所
留格庄镇琵琶岛影视城西北山顶	未定级	不详	不详

序号	名称	遗址性质	始设时代	地市	区县
157	方里墩	墩	明代	烟台市	海阳市
158	小滩墩	墩	明代	烟台市	海阳市
159	草岛嘴墩	墩	明代	烟台市	海阳市
160	六甲墩	墩	明代	烟台市	海阳市
161	寨前墩	墩	明代	烟台市	海阳市
162	新安墩	墩	明代	烟台市	海阳市
163	西烟台墩	墩	明代	烟台市	海阳市
164	望石山墩	墩	明代	烟台市	海阳市
165	梅花岭墩	墩	明代	烟台市	海阳市
166	鲁古埠墩	墩	明代	烟台市	海阳市
167	大闫家墩	墩	明代	烟台市	海阳市
168	东荆家墩	墩	明代	烟台市	海阳市
169	虎脚山墩	墩	明代	烟台市	海阳市
170	徐家墩	墩	明代	烟台市	海阳市
171	西赵家庄墩	墩	明代	烟台市	海阳市
172	大山所墩	墩	明代	烟台市	海阳市
173	前黄塘墩	墩	明代	烟台市	海阳市
174	岭山墩	墩	明代	烟台市	海阳市
175	西小滩墩	墩	明代	烟台市	海阳市
176	小山堡	堡	明代	烟台市	海阳市
177	黄山堡	堡	明代	烟台市	海阳市
178	沟里堡	堡	明代	烟台市	海阳市
179	烟台山炮台	炮台	明代	烟台市	海阳市
180	东羊郡墩	墩	明代	烟台市	莱阳市
181	西朱皋墩	墩	明代	烟台市	莱阳市
182	滩港墩	墩	明代	烟台市	莱阳市
183	东埠前墩	墩	明代	烟台市	莱阳市
184	东贤友墩	墩	明代	烟台市	莱阳市
185	威海卫城	卫	明代	威海市	环翠区
186	百尺崖所城	备御千户所	明代	威海市	环翠区
187	辛汪巡检司	巡检司	元代	威海市	环翠区
188	长峰寨	巡检司	明代	威海市	环翠区

续表

地理位置	文物保护单位级别	推测古籍记载名称	推测隶属关系
留格庄镇方里村西南 200 米山顶	已消失	不详	大嵩卫
留格庄镇小滩村西 350 米处的山顶	县级	不详	大嵩卫
留格庄镇张家庄村	县级	草岛嘴墩	大嵩卫
核电管委六甲村北 20 米	未定级	不详	大嵩卫
核电管委寨前村南 1.3 千米	未定级	不详	大嵩卫
留格庄镇新安村西南 1200 米山顶	未定级	辛安墩	大嵩卫
旅游度假区高家庄村高尔夫球场院内	已消失	不详	大嵩卫
凤城街道办事处北 500 米山顶	已消失	望石山墩	大嵩卫
经济开发区管委中房村北 300 米	已消失	不详	大嵩卫
龙山街道鲁古埠村西 900 米	已消失	不详	大嵩卫
大闫家镇大阎家村北 300 米	县级	不详	大嵩卫
龙山街道办事处东荆家村东南 200 米	县级	不详	大嵩卫
辛安镇吕家村东虎脚山顶	未定级	虎窝山墩	大山所
辛安镇徐家村西北 100 米	县级	不详	大山所
辛安镇西赵家庄村东南 350 米	县级	不详	大山所
辛安镇大山所村西南 1000 米山坡顶部	未定级	大山墩	大山所
辛安镇前黄塘村西 150 米	已消失	不详	行村寨巡检司
行村镇行五村东南 560 米岭山顶	未定级	灵山墩	行村寨巡检司
行村镇西小滩村西 700 米	县级	田村墩	行村寨巡检司
核电管委大辛家村东 700 米	已消失	小山堡	大嵩卫
龙山街道办事处路疃村东南 800 米	县级	黄山堡	大嵩卫
辛安镇沟里村西 800 米	县级	双山堡	大山所
旅游度假区管委万米海滩浴场牌坊北 300 米烟台山山顶	未定级	炮台	大嵩卫
羊郡镇东羊郡村东 700 米	县级	不详	雄崖所
羊郡镇西朱皋村南 500 米	县级	朱皋墩	雄崖所
羊郡镇滩港村西北 200 米	未定级	不详	雄崖所
羊郡镇东埠前村东南 380 米	未定级	不详	雄崖所
羊郡镇东贤友村北土坡	未定级	不详	雄崖所
环翠楼街道环翠楼公园内	市级	威海卫	都指挥使司
崮山镇百尺所村	未定级	百尺崖备御后千户所	威海卫
田和街道威建新村小区	已消失	辛汪巡检司	文登县
皇冠街道长峰海滨路与黄岛路路口	已消失	辛汪巡检司	文登县

序号	名称	遗址性质	始设时代	地市	区县
189	九皋寨	巡检司	明代	威海市	环翠区
190	温泉寨	巡检司	明代	威海市	环翠区
191	后双岛寨	寨/屯	明代	威海市	环翠区
192	西涝台寨	寨/屯	明代	威海市	环翠区
193	土城子寨	寨/屯	明代	威海市	环翠区
194	海埠西寨	寨/屯	明代	威海市	环翠区
195	海埠东寨	寨/屯	明代	威海市	环翠区
196	松徐家寨	寨/屯	明代	威海市	环翠区
197	凤凰山墩	墩	明代	威海市	环翠区
198	双岛西山墩	墩	明代	威海市	环翠区
199	磨儿山墩	墩	明代	威海市	环翠区
200	斜山墩	墩	明代	威海市	环翠区
201	麻子墩	墩	明代	威海市	环翠区
202	遥遥墩	墩	明代	威海市	环翠区
203	朱家岭墩	墩	清代	威海市	环翠区
204	庙后墩	墩	明代	威海市	环翠区
205	菊花顶墩	墩	明代	威海市	环翠区
206	樵子埠墩	墩	明代	威海市	环翠区
207	陈家庄墩	墩	明代	威海市	环翠区
208	戚家庄南墩	墩	明代	威海市	环翠区
209	海埠南墩	墩	明代	威海市	环翠区
210	海埠西墩	墩	明代	威海市	环翠区
211	望天岭墩	墩	明代	威海市	环翠区
212	蒲台顶墩	墩	明代	威海市	环翠区
213	百尺崖墩	墩	明代	威海市	环翠区
214	老姑顶墩	墩	明代	威海市	环翠区
215	岛邓家墩	墩	明代	威海市	环翠区
216	松徐家墩	墩	明代	威海市	环翠区
217	温泉寨墩	墩	明代	威海市	环翠区
218	豹虎山堡	堡	明代	威海市	环翠区
219	峰山堡	堡	明代	威海市	环翠区
220	大庄西堡	堡	明代	威海市	环翠区

地理位置	文物保护单位级别	推测古籍记载名称	推测隶属关系
泊于镇寨子东村村西约 400 米处	市级	温泉巡检司	文登县
泊于镇温泉寨村村东约 700 米处	未定级	温泉巡检司	文登县
张村镇后双岛村村东南 500 米	市级	不详	不详
怡园街道西涝台社区西北	已消失	不详	不详
怡园街道寨西社区古寨小学操场	未定级	辛汪墩	文登县
皇冠街道海埠村西北约 1000 米处	未定级	不详	不详
皇冠街道海埠村东北约 1 公里	已消失	不详	不详
泊于镇松徐家村东北约 500 米处	未定级	不详	不详
初村镇西马山村南侧凤凰山顶	未定级	凤凰墩	金山所
张村镇前双岛村西北约 300 米处的山顶上	未定级	不详	金山所
张村镇前峰西村村西北约 500 米	市级	磨儿山墩	威海卫
怡园街道西涝台村火炬八街西侧	未定级	斜山墩	威海卫
怡园街道山东大学威海校区内玛伽山上	已消失	麻子墩	威海卫
孙家疃街道远遥村西侧山顶最高点	已消失	遥遥墩	威海卫
孙家疃街道里窑西南 200 米山坡上	未定级	朱家岭墩	威海卫
孙家疃街道戚东夼东北山顶上	未定级	庙后墩	威海卫
孙家疃街道古陌社区东北约 600 米处	未定级	古陌墩	威海卫
环翠楼街道文昌社区塔山中路与环山街路口东约 70 米	未定级	樵子埠墩	威海卫
竹岛街道南竹岛村蓝湾怡庭小区北侧高台地上	省级	陈家庄墩	威海卫
皇冠街道黄山社区烟草公司宿舍院内亭子附近	已消失	不详	威海卫
皇冠街道海埠村南 1 千米处鸣翠公园东侧山顶	未定级	不详	百尺崖所
皇冠街道海埠村海埠小学西北约 300 米处山坡上	未定级	不详	百尺崖所
崮山镇岭后村东约 1.8 千米处摩天岭山坡上	未定级	望天岭墩	百尺崖所
崮山镇百尺崖北 850 米山坡上	已消失	蒲台顶墩	百尺崖所
崮山镇皂埠村东北 800 米山坡上	未定级	百尺崖墩	百尺崖所
崮山镇爱于庄北盘子顶山顶部	未定级	老姑顶墩	百尺崖所
泊于镇岛邓家村西北 600 米处	未定级	曹家岛墩	百尺崖所
泊于镇松徐家村东 600 米	未定级	嵩里墩	百尺崖所
泊于镇温泉寨村东北约 810 米处山坡上	未定级	不详	不详
嵩山街道西曲阜南 2 千米豹虎山东坡	未定级	豹虎山堡	威海卫
草庙子小庄村东偏北山坡上	未定级	峰山堡	威海卫
草庙子镇大庄村西侧威海航泰环保设备有限公司院内	已消失	不详	百尺崖所

序号	名称	遗址性质	始设时代	地市	区县
221	曹格庄堡	堡	明代	威海市	环翠区
222	九家疃堡	堡	明代	威海市	环翠区
223	堡子顶堡	堡	明代	威海市	环翠区
224	转山堡	堡	明代	威海市	环翠区
225	窦家崖堡	堡	明代	威海市	环翠区
226	刘官屯堡	堡	明代	威海市	环翠区
227	西洛口堡	堡	明代	威海市	环翠区
228	墩前堡	堡	明代	威海市	环翠区
229	三十里堡	堡	明代	威海市	环翠区
230	二十里堡	堡	明代	威海市	环翠区
231	黄庄堡	堡	明代	威海市	环翠区
232	祭祀台炮台	炮台	清代	威海市	环翠区
233	环翠楼	其他	明代	威海市	环翠区
234	李家夼李氏祠堂	其他	民国	威海市	环翠区
235	成山卫城	卫	明洪武三十一年（1398 年）	威海市	荣成市
236	靖海卫城	卫	明洪武三十一年（1398 年）	威海市	荣成市
237	寻山所城	备御千户所	明洪武三十一年（1398 年）	威海市	荣成市
238	宁津所城	守御千户所	明洪武三十一年（1398 年）	威海市	荣成市
239	赤山寨巡检司	巡检司	元代	威海市	荣成市
240	马山寨	寨／屯	明代	威海市	荣成市
241	草岛寨	寨／屯	可能元末	威海市	荣成市
242	琵琶寨	寨／屯	明代	威海市	荣成市
243	项家寨	寨／屯	明代	威海市	荣成市
244	龙泉寨	寨／屯	明代	威海市	荣成市
245	罗山寨	寨／屯	明初	威海市	荣成市
246	黑土寨	寨／屯	明代	威海市	荣成市
247	马安寨	寨／屯	明代	威海市	荣成市
248	烟墩埠寨	寨／屯	明代	威海市	荣成市
249	穆柯寨	寨／屯	明代	威海市	荣成市

续表

地理位置	文物保护单位级别	推测古籍记载名称	推测隶属关系
草庙子曹格庄西北 300 米	未定级	曹家庄堡	威海卫
崮山镇九家疃村西北烟墩山顶部	未定级	不详	百尺崖所
温泉镇邹家庄堡子顶山坡半山腰处	未定级	不详	百尺崖所
温泉镇栾家店西南 600 米处	未定级	转山堡	百尺崖所
草庙子威高高尔夫球场威高温泉高尔夫俱乐部内东南角	未定级	窦家崖堡	百尺崖所
泊于镇刘官屯西南 500 米山坡西北侧	未定级	不详	不详
桥头镇洛西村东 1.5 千米山坡上	未定级	不详	成山卫
桥头镇墩前村北 300 米山坡上	未定级	不详	成山卫
汪疃镇三十里堡村西北约 550 米处	未定级	不详	不详
莒山镇二十里堡村西北	未定级	不详	不详
莒山镇黄庄西 150 米处	未定级	不详	不详
鲸园街道东山路东山宾馆	已消失	祭祀台炮台	
环翠楼街道环翠楼公园内	已消失	环翠楼	威海卫
田和街道李家夼村	市级	李家夼李氏祠堂	——
成山镇驻地	省级	成山卫	山东都指挥使司
人和镇靖海卫村	县级	靖海卫	山东都指挥使司
寻山街道寻山所村	已消失	寻山备御后千户所	成山卫
宁津街道宁津所村	未定级	宁津守御千户所	山东都指挥使司
斥山街道东、西火塘寨村之间	已消失	赤（斥）山寨巡检司	明代隶文登县，清代划归荣成县
成山镇马山寨村内	已消失	不详	可能是成山卫
俚岛镇草岛镇村北	已消失	不详	可能是成山卫
俚岛镇东烟墩村东南约 800 米处	未定级	不详	可能是成山卫
俚岛镇项家寨村西北 100 米处路北	县级	白峰头屯	成山卫
夏庄镇后寨村南果园内	已消失	不详	不详
寻山街道罗山寨村北	市级	罗山寨	成山卫或寻山所
崂山街道崂山景园小区西北角	已消失	不详	寻山所或宁津所
崂山街道崂山屯村东 400 米威海智能制造培训基地内	已消失	马安屯	成山卫
崂山街道烟墩埠村北	未定级	不详	不详
王连街道东岛刘家村东南 350 米处	县级	不详	可能是宁津所

序号	名称	遗址性质	始设时代	地市	区县
250	马家寨	寨/屯	明代	威海市	荣成市
251	寨前赛家寨	寨/屯	明代	威海市	荣成市
252	青木寨	寨/屯	明代	威海市	荣成市
253	玄镇寨	寨/屯	明代	威海市	荣成市
254	光禄寨	寨/屯	明代	威海市	荣成市
255	得胜寨	寨/屯	明代	威海市	荣成市
256	主到寨	寨/屯	明代	威海市	荣成市
257	武将寨	寨/屯	明代	威海市	荣成市
258	狼烟台墩	墩	不详	威海市	荣成市
259	北曲格墩	墩	明初	威海市	荣成市
260	马山墩	墩	明初	威海市	荣成市
261	烟墩角墩	墩	明初	威海市	荣成市
262	姑嫂寨	墩或堡	明代	威海市	荣成市
263	草岛寨墩	墩	明代	威海市	荣成市
264	俚（里）岛墩	墩	明代	威海市	荣成市
265	项家寨墩	墩	明代	威海市	荣成市
266	英山墩	墩	明初	威海市	荣成市
267	南我岛墩	墩	明初	威海市	荣成市
268	墩西张家墩	墩	明代	威海市	荣成市
269	青鱼滩墩	墩	明代	威海市	荣成市
270	马家墩	墩	明初	威海市	荣成市
271	杨家岭墩	墩	明代	威海市	荣成市
272	南沽墩	墩	明代	威海市	荣成市
273	红土寨	墩	明代	威海市	荣成市
274	柳家庄墩	墩	明代	威海市	荣成市
275	烟墩堵墩	墩	明代	威海市	荣成市
276	东岛刘家墩	墩	明初	威海市	荣成市
277	龙山后墩	墩	明代	威海市	荣成市

地理位置	文物保护单位级别	推测古籍记载名称	推测隶属关系
宁津街道马家寨村内	已消失	马家屯	成山卫
王连街道寨前赛家村西北约 200 米处	已消失	可能是土山寨屯	可能是宁津所
桃园街道青木寨村东南约 200 米处	已消失	不详	不详
港湾街道玄镇村西北	已消失	可能是元正寨屯	宁津所
虎山镇光禄寨村	县级	瓜蒌寨屯	靖海卫
邱家镇得胜寨村内	已消失	可能是大圣院屯	可能是靖海卫
虎山镇五龙嘴村南约 380 米处	未定级	可能是柘岛屯	可能是靖海卫
上庄镇中古章村正北约 700 米处	县级	可能是古章屯	可能是靖海卫
成山镇卧龙村东三山顶中峰观通站内	已消失	不详	不详
港西街道北曲格村西 450 米烟墩山顶	未定级	可能是歇马神墩	可能是成山卫
成山镇马山大疃村东约 1 千米马山山顶	县级	马山墩	成山卫
俚岛镇烟墩角村东南 500 米崮山山顶	未定级	崮嘴墩	成山卫
俚岛镇寨子东村西南 200 米农田台地上	未定级	不详	可能是成山卫
俚岛镇草岛镇村北	已消失	不详	可能是成山卫
俚岛镇东烟墩村北约 400 米烟墩山顶	已消失	里岛墩	成山卫
俚岛镇项家寨村西北 100 米处路北、项家寨遗址西南部	已消失	白（北）峰头墩	成山卫
俚岛镇中我岛村西北部约 100 米英子山上	县级	可能是狼家顶墩	可能是成山卫
俚岛镇南我岛村东南约 720 米小丘上	未定级	可能是葛楼山墩，清代倭岛墩？	可能是寻山所
寻山街道办墩西张家村东	已消失	不详	寻山所或成山卫
寻山街道青鱼滩村东小山山顶	未定级	可能是青鱼岛墩	寻山所或成山卫
崖头街道哈尔滨理工大学（荣成校区）西南角公园山丘顶部、凉亭东侧	未定级	不详	可能是寻山所
崖头街道山东达因海洋生物制药股份有限公司大门正东、富源南路东侧	已消失	杨家岭墩	寻山所
崂山街道南沽村东南约 750 米、黎明南路与富耕路交叉口西北	已消失	不详	可能是寻山所
崂山街道北埠村东北约 500 米山东华力电机集团股份有限公司园艺场山顶处	已消失	可能是小劳山墩	可能是寻山所
崂山街道柳家庄东约 500 米、威海海洋职业学院南门正对广场旗杆处	已消失	不详	可能是寻山所或宁津所
崂山街道烟墩墦村委大院内	已消失	不详	可能是寻山所或宁津所
王连街道东岛刘家村东北约 700 米小丘上	未定级	不详	可能是宁津所
东山街道龙山后村东北 150 米处	已消失	可能是龙山墩	可能是宁津所

序号	名称	遗址性质	始设时代	地市	区县
278	小北墩	墩	明代	威海市	荣成市
279	马栏墇墩	墩	明初	威海市	荣成市
280	于家墩	墩	明初	威海市	荣成市
281	东墩	墩	明初	威海市	荣成市
282	苑家墩	墩	明初	威海市	荣成市
283	青埠山墩	墩	明代	威海市	荣成市
284	朱家墩	墩	明代	威海市	荣成市
285	墩前墩	墩	明代	威海市	荣成市
286	龙井墩	墩	明初	威海市	荣成市
287	山西头墩	墩	明代	威海市	荣成市
288	寨前墩	墩	明初	威海市	荣成市
289	寨前寨	墩或堡	明代	威海市	荣成市
290	炮山墩	墩	明初	威海市	荣成市
291	崔家墩	墩	明初	威海市	荣成市
292	西刘家疃墩	墩	明初	威海市	荣成市
293	许家屯墩	墩	明初	威海市	荣成市
294	王家竹墩	墩	明代	威海市	荣成市
295	东老树河墩	墩	明代	威海市	荣成市
296	桃花寨	墩或堡	明代	威海市	荣成市
297	梁家南墩	墩	明初	威海市	荣成市
298	梁家西墩	墩	明初	威海市	荣成市
299	狗脚山墩	墩	明初	威海市	荣成市
300	光禄寨墩	墩	明代	威海市	荣成市
301	狼虎山墩	墩	明初	威海市	荣成市
302	主到寨墩	墩	明代	威海市	荣成市
303	尹家墩	墩或堡	明初	威海市	荣成市
304	北沙岛墩	墩	明初	威海市	荣成市
305	墩后堡	堡	明初	威海市	荣成市
306	墩东夼堡	堡	明初	威海市	荣成市
307	沙寨子	堡	明代	威海市	荣成市
308	成山堡	堡	明初	威海市	荣成市

地理位置	文物保护单位级别	推测古籍记载名称	推测隶属关系
宁津街道马家寨村东南约 400 米采石场内	已消失	不详	可能是宁津所
宁津街道马栏塂村南约 500 米处	县级	可能是芝麻滩墩	可能是宁津所
宁津街道于家村东南约 1 千米处、中核混凝土搅拌厂内	未定级	不详	可能是宁津所
宁津街道东墩村南 500 米处	县级	不详	可能是宁津所
桃园街道苑家村东南约 400 米小丘上	县级	不详	可能是宁津所
桃园街道青木寨村东北约 200 米青埠山顶	已消失	可能是青埠山墩	可能是宁津所
港湾街道牧云庵村西、五龙山顶	已消失	不详	可能是宁津所
人和镇墩前村东北约 200 米处	已消失	不详	可能是靖海卫
人和镇槎山风景区北部入口西南约 600 米路北龙井顶	未定级	明代不详，清代可能是朱家圈墩台	明代可能是靖海卫
人和镇山西头村南约 600 米采石场内	已消失	不详	可能是靖海卫
人和镇寨前村南 650 米处采石场北侧山顶处	未定级	不详	可能是靖海卫
人和镇寨前村正北约 250 米处	县级	不详	可能是靖海卫
人和镇炮前村东北约 260 米炮山山顶	未定级	不详	可能是靖海卫
人和镇中北河村北 500 米崔家墩山顶	未定级	不详	可能是靖海卫
人和镇西刘家疃村西南 470 米处单燕顶山顶	未定级	不详	可能是靖海卫
人和镇许家屯村西 300 米双燕顶山顶	未定级	不详	可能是靖海卫
人和镇王家竹村南约 380 米马山山顶	已消失	不详	可能是靖海卫
人和镇东老树河村北 850 米风台顶子山顶部	已消失	不详	不详
人和镇南下河村北 500 米处山顶	未定级	不详	不详
虎山镇梁家村东南 750 米高岭上	未定级	不详	可能是靖海卫
虎山镇梁家村西 300 米高岭上	未定级	不详	可能是靖海卫
虎山镇鹅岛好当家集团高尔夫球场内狗脚山顶	未定级	狗脚山墩	靖海卫
虎山镇光禄寨村、光禄寨遗址西北部	县级	瓜蒌寨墩	靖海卫
虎山镇大龙嘴村东南约 1.3 千米狼虎山顶	未定级	不详	可能是靖海卫
虎山镇五龙嘴村南约 420 米、主到寨遗址东北部	已消失	可能是柘岛墩	可能是靖海卫
上庄镇尹家村西北 1 千米炮山山顶	未定级	不详	可能是靖海卫
上庄镇北沙岛村东北约 350 米处	未定级	不详	可能是靖海卫
港西街道墩后村南 430 米山岭高处	未定级	可能是洛口堡	可能是成山卫
成山镇墩东奋村西约 500 米山顶	县级	可能是堆前堡	可能是成山卫
成山镇成山二村东北约 450 米处	县级	可能是神前堡	可能是成山卫
成山镇成山二村东北 1.7 千米烟墩山顶	未定级	可能是报信口堡	可能是成山卫

序号	名称	遗址性质	始设时代	地市	区县
309	城东郭家堡	堡	明初	威海市	荣成市
310	埠柳堡	堡	不详	威海市	荣成市
311	石桥子堡	堡	明初	威海市	荣成市
312	青山堡	堡	明代	威海市	荣成市
313	徐家堡	堡	明代	威海市	荣成市
314	棘子埠堡	堡	明初	威海市	荣成市
315	鞠家堡	堡	明初	威海市	荣成市
316	寨前赛家堡	堡	明初	威海市	荣成市
317	高落山堡	堡	明代	威海市	荣成市
318	刁家堡	堡	明代	威海市	荣成市
319	庙东武家堡	堡	明代	威海市	荣成市
320	憨山堡	堡	明代	威海市	荣成市
321	穆柯寨炮台	炮台	明代	威海市	荣成市
322	炮台东炮台	炮台	清雍正五年（1727年）	威海市	荣成市
323	连子实家族墓地	其他（墓葬）	明初	威海市	荣成市
324	宋廷训墓	其他（墓葬）	明代	威海市	荣成市
325	荣成水师营（旧址）	其他（水师营）	清代	威海市	荣成市
326	冯云溪墓	其他（墓葬）	清同治五年（1866年）	威海市	荣成市
327	文登营	营	明代	威海市	文登区
328	长会寨	寨/屯	元代	威海市	文登区
329	寨颜家寨	寨/屯	明代	威海市	文登区
330	于家寨	寨/屯	明代	威海市	文登区
331	胡家寨	寨/屯	明代	威海市	文登区
332	唐疃寨	寨/屯	明代	威海市	文登区
333	生家埠寨	寨/屯	明代	威海市	文登区
334	万家寨	寨/屯	明代	威海市	文登区
335	唐家嘴子墩	墩	明代	威海市	文登区
336	望海倪家墩	墩	明代	威海市	文登区
337	张家埠墩	墩	明代	威海市	文登区

地理位置	文物保护单位级别	推测古籍记载名称	推测隶属关系
成山镇城东郭家村北 1000 米处红脸石山顶北侧	未定级	可能是祭天岭堡	可能是成山卫
埠柳镇埠柳村东 700 米山坡上	未定级	可能与清代急递铺有关	不详
崖头街道府新社区北部山坡上	未定级	可能是蒸饼山堡	可能是寻山所
荣成市区、崖头街道青山山顶	已消失	青山堡	寻山所
城西街道徐家村东北约 550 米高丘上、城西派出所后	已消失	可能是老翅堡	可能是寻山所
城西街道堡子后村南 900 米处	未定级	纪子埠堡	寻山所
宁津街道鞠家村南约 400 米山丘上	未定级	不详	可能是宁津所
王连街道寨前赛家村西北 420 米处路东	未定级	可能是上（土）现口堡	可能是宁津所
滕家镇高落山村南约 1.2 千米高落山顶	已消失	高楼山堡	宁津所
上庄镇刁家村北约 1 千米大顶子山顶	已消失	大顶山堡	宁津所
庄镇庙东武家村西北约 360 米武家炮山山顶	已消失	不详	可能是宁津所
虎山镇罕山村西北约 600 米耳子山山顶	已消失	憨山堡	靖海卫
王连街道东岛刘家村东南约 460 米、穆柯寨遗址东部	县级	不详	可能是宁津所
港湾街道炮台东村西、牧云西路拐弯处北侧	已消失	马头嘴炮台	初归文登县，后归荣成县
人和镇金沟村西南约 800 米蒋家山上	未定级	初葬于靖海卫城东的香草夼，后因取石被破坏，建国后连氏子孙重修	——
人和镇朱口村南约 200 米处	县级	靖海卫世袭镇抚，文登四君子之一	——
成山镇夏疃村西北、唐家庄东南田地上	已消失	荣成水师营	登州水师（前）营
成山镇夏疃村东北 120 米、乡道 043 路北	县级	清末荣成水师营最后任守备	——
开发区金山管理委员会文登营村内	未定级	文登营	都指挥使司
候家镇寨前杨家村东北 1000 米	未定级	长会寨屯	靖海卫
侯家镇寨颜家村西 300 米	未定级	不详	不详
泽库镇南岭村西北 500 米	已消失	不详	不详
泽库镇寨里村内	未定级	五垒岛城	不详
泽头镇唐疃村东北 100 米	未定级	不详	不详
小观镇生家埠村东 570 米	已消失	不详	不详
小观镇万家寨村内	未定级	不详	不详
高村镇唐家嘴子村东 100 米	未定级	不详	不详
高村镇望海倪家村北十字路口	已消失	不详	不详
张家埠村西南 500 米	已消失	不详	不详

序号	名称	遗址性质	始设时代	地市	区县
338	寨前杨家墩	墩	明代	威海市	文登区
339	南学墩	墩	明代	威海市	文登区
340	长会口墩	墩	明代	威海市	文登区
341	五古墩	墩	明代	威海市	文登区
342	前岛墩	墩	明代	威海市	文登区
343	泽库墩	墩	明代	威海市	文登区
344	辛立庄墩	墩	明代	威海市	文登区
345	西泊墩	墩	明代	威海市	文登区
346	寨颜家墩	墩	明代	威海市	文登区
347	小洛顶墩	墩	明代	威海市	文登区
348	姚山头墩	墩	明代	威海市	文登区
349	唐疃墩	墩	明代	威海市	文登区
350	红土崖墩	墩	明代	威海市	文登区
351	凤凰岭墩	墩	明代	威海市	文登区
352	旸里堡	堡	明代	威海市	文登区
353	板桥堡	堡	明代	威海市	文登区
354	王埠庄堡	堡	明代	威海市	文登区
355	赵家产堡	堡	明代	威海市	文登区
356	止马岭堡	堡	明代	威海市	文登区
357	报信口堡	堡	明代	威海市	文登区
358	东杜梨堡	堡	明代	威海市	文登区
359	金家庄堡	堡	明代	威海市	文登区
360	墩前堡	堡	明代	威海市	文登区
361	东屯堡	堡	明代	威海市	文登区
362	苏家泊堡	堡	明代	威海市	文登区
363	团山堡	堡	明代	威海市	文登区
364	小台堡	堡	明代	威海市	文登区
365	十里头堡	堡	明代	威海市	文登区
366	庙后王家堡	堡	明代	威海市	文登区
367	金岭堡	堡	明代	威海市	文登区
368	墩后堡	堡	明代	威海市	文登区
369	礼格庄堡	堡	明代	威海市	文登区

地理位置	文物保护 单位级别	推测古籍 记载名称	推测 隶属关系
侯家镇寨前杨家村西北 800 米烟墩山	未定级	不详	不详
侯家镇南学村东北 500 米	未定级	不详	不详
侯家镇长会口村南 500 米	未定级	长会口墩	靖海卫
泽库镇港南村东南 1200 米五古墩山顶	未定级	不详	不详
泽库镇前岛村北侧北墩山	已消失	不详	不详
泽库镇泽库村东 500 米	未定级	不详	不详
泽库镇辛立庄村南 300 米	未定级	不详	不详
泽库镇西泊村西北角	已消失	不详	不详
侯家镇寨颜家村西 500 米	未定级	不详	不详
侯家镇小洛村西南 500 米小洛顶	未定级	不详	不详
宋村镇姚山头村东 100 米	未定级	姚山头墩	靖海卫
泽头镇唐疃村北 500 米	未定级	不详	不详
小观镇生家埠村东 600 米	未定级	红土崖墩	靖海卫
小观镇东里岛村西 200 米	未定级	不详	不详
界石镇旸里村西北 2700 米旸里口	未定级	不详	不详
界石镇板桥村南 450 米	未定级	板桥堡	宁海卫
龙山街道王埠庄村西南 610 米	已消失	不详	不详
经济技术开发区赵家产村东北 400 米	未定级	不详	不详
文登营镇止马岭村南	已消失	芝麻岭堡	百尺崖所
文登营镇五岔囗村东北 650 米	未定级	报信口堡	成山卫
文登营镇东杜梨村东北 500 米	未定级	不详	不详
大水泊镇金家庄村南 450 米	已消失	不详	不详
文登营镇墩前村东北 500 米	未定级	不详	不详
文登营镇东屯村南 260 米	已消失	不详	不详
高村镇苏家泊村西 700 米	未定级	不详	不详
大水泊镇团山村坤龙水库	已消失	不详	不详
大水泊镇小台村西 500 米	未定级	不详	不详
天福街道办事处十里头村东南 1200 米	未定级	不详	不详
高村镇庙后王家村北 200 米	未定级	不详	不详
高村镇金岭村西入口	未定级	不详	不详
高村镇墩后村东南 200 米	未定级	不详	不详
高村镇礼格庄村东石桥	已消失	不详	不详

序号	名称	遗址性质	始设时代	地市	区县
370	歇驾夼堡	堡	明代	威海市	文登区
371	城南堡	堡	明代	威海市	文登区
372	小观堡	堡	明代	威海市	文登区
373	西店子堡	堡	明代	威海市	文登区
374	东孔格堡	堡	明代	威海市	文登区
375	山西头堡	堡	明代	威海市	文登区
376	老埠港堡	堡	明代	威海市	文登区
377	东铺头堡	堡	明代	威海市	文登区
378	柳林堡	堡	明代	威海市	文登区
379	望海曲家炮台	炮台	清代	威海市	文登区
380	海阳所城	守御千户所	明代	威海市	乳山市
381	乳山寨巡检司	巡检司	宋代	威海市	乳山市
382	东南寨	寨／屯	明代	威海市	乳山市
383	大陶家寨	寨／屯	明代	威海市	乳山市
384	玉前庄寨	寨／屯	明代	威海市	乳山市
385	姜格寨	寨／屯	明代	威海市	乳山市
386	寨前寨	寨／屯	明代	威海市	乳山市
387	安家寨	寨／屯	明代	威海市	乳山市
388	乳山寨	寨／屯	明代	威海市	乳山市
389	西浪暖墩	墩	明代	威海市	乳山市
390	岭上墩	墩	明代	威海市	乳山市
391	马场墩	墩	明代	威海市	乳山市
392	老庄墩	墩	明代	威海市	乳山市
393	小侯家墩	墩	明代	威海市	乳山市
394	韩家庄墩	墩	明代	威海市	乳山市
395	大陶家墩	墩	明代	威海市	乳山市
396	宫家墩	墩	明代	威海市	乳山市
397	常家庄墩	墩	明代	威海市	乳山市
398	帽子山墩	墩	明代	威海市	乳山市
399	半海山墩	墩	明代	威海市	乳山市
400	南泓墩	墩	明代	威海市	乳山市
401	大庄墩	墩	明代	威海市	乳山市

地理位置	文物保护单位级别	推测古籍记载名称	推测隶属关系
大水泊镇歇驾夼村西南 900 米	未定级	不详	不详
天福街道办事处城南社区毓菁华小区南侧	已消失	不详	不详
小观镇小观村东 320 米	已消失	黄利河堡	海阳所
小观镇西店子村北 200 米	已消失	扒山堡	海阳所
宋村镇东孔格村北 350 米	未定级	孔家庄堡	海阳所
米山镇山西头村西南角	已消失	撇慧山堡	海阳所
米山镇老埠村西南 450 米处西山顶	未定级	老埠港堡	海阳所
米山镇东铺头村内	未定级	不详	不详
龙山街道办事处柳林村西北 1300 米	未定级	汤山堡	海阳所
高村镇望海曲家村西南 210 米	已消失	望海炮台	不详
海阳所镇海阳所村内	未定级	海阳守御千户所	都指挥使司
乳山寨镇寨东村	已消失	乳山寨巡检司	宁海州
徐家镇东南寨村南	已消失	不详	不详
白沙滩镇大陶家村北 250 米	未定级	不详	不详
白沙滩镇玉前庄村东 50 米东寨山	未定级	不详	不详
海阳所镇姜格村西 260 米	未定级	不详	不详
乳山口镇寨前村北 200 米	未定级	不详	不详
乳山口镇安家村西北 500 米大寨里	省级	安子口屯	威海卫
乳山寨镇寨西村西南 1000 米城子埠	未定级	不详	不详
南黄镇西浪暖村东南 1700 米	已消失	浪浪墩	靖海卫
南黄镇岭上村北 100 米	县级	不详	不详
徐家镇马场村西南 300 米	已消失	不详	不详
徐家镇老庄村西 300 米	县级	不详	不详
白沙滩镇小侯家村北 550 米烟墩山	省级	小龙山墩	海阳所
白沙滩镇韩家庄村北 750 米	县级	不详	不详
白沙滩镇大陶家村东南 1500 米福如东海景区内	县级	不详	不详
白沙滩镇宫家村西北 900 米馍顶山	县级	不详	不详
白沙滩镇常家庄村东 100 米	县级	不详	不详
海阳所镇海阳所村西南 1600 米帽山	县级	帽子山墩	海阳所
海阳所镇半海山村北 300 米	已消失	不详	不详
海阳所镇南泓村东南 750 米烟墩山	未定级	不详	不详
海阳所镇大庄村西南 1200 米	县级	不详	不详

序号	名称	遗址性质	始设时代	地市	区县
402	西泓赵家墩	墩	明代	威海市	乳山市
403	金港墩	墩	明代	威海市	乳山市
404	陈家墩	墩	明代	威海市	乳山市
405	西南赵家墩	墩	明代	威海市	乳山市
406	安家寨墩	墩	明代	威海市	乳山市
407	张家庄墩	墩	明代	威海市	乳山市
408	寨西墩	墩	明代	威海市	乳山市
409	凤台顶墩	墩	明代	威海市	乳山市
410	到根见墩	墩	明代	威海市	乳山市
411	八甲堡	堡	明代	威海市	乳山市
412	玉前庄堡	堡	明代	威海市	乳山市
413	兰家堡	堡	明代	威海市	乳山市
414	南唐家堡	堡	明代	威海市	乳山市
415	王家庄堡	堡	明代	威海市	乳山市
416	新庄堡	堡	明代	威海市	乳山市
417	管村堡	堡	明代	威海市	乳山市
418	小泓炮台	炮台	清代	威海市	乳山市
419	黄岛炮台	炮台	清代	威海市	乳山市
420	旗杆石炮台	炮台	清代	威海市	乳山市
421	即墨营城	营	明代	青岛市	即墨区
422	鳌山卫城	卫	明代	青岛市	即墨区
423	雄崖所城	守御千户所	明代	青岛市	即墨区
424	羊山寨	寨/屯	明代	青岛市	即墨区
425	营子寨	寨/屯	明代	青岛市	即墨区
426	南营子寨	寨/屯	明代	青岛市	即墨区
427	唐家庄寨	寨/屯	明代	青岛市	即墨区
428	陷牛山墩	墩	明代	青岛市	即墨区
429	北埕墩	墩	明代	青岛市	即墨区
430	北颜武墩	墩	明代	青岛市	即墨区
431	米粟山墩	墩	明代	青岛市	即墨区
432	丈二山墩	墩	明代	青岛市	即墨区
433	白马岛墩	墩	明代	青岛市	即墨区

地理位置	文物保护 单位级别	推测古籍 记载名称	推测 隶属关系
海阳所镇西泓赵家村西南 620 米小乳山	县级	乳山墩	海阳所
海阳所镇金港村西 300 米烟墩山	市级	不详	不详
乳山口镇陈家村西北 650 米处两北山	县级	不详	不详
乳山口镇西南赵家村南 620 米	已消失	不详	不详
乳山口镇安家村西北 500 米大寨里	省级	安子口屯	威海卫
乳山口镇张家庄村西北 885 米墩子山	已消失	不详	不详
乳山寨镇寨西村西 510 米	已消失	不详	不详
乳山寨镇风台顶村内	未定级	不详	不详
乳山寨镇到根见村东北 650 米烟墩顶	县级	不详	不详
白沙滩镇八甲村西北 500 米马山	未定级	不详	不详
白沙滩镇玉前庄村北 500 米台子山	未定级	不详	不详
乳山口镇兰家村东 670 米	未定级	不详	不详
乳山口镇南唐家村西南 210 米峰台顶	已消失	不详	不详
乳山口镇王家庄村北 680 米峰台顶	未定级	不详	不详
乳山口镇新庄村西北 500 米	已消失	不详	不详
乳山寨镇管村北 60 米铺顶山	未定级	管村堡	大嵩卫
海阳所镇小泓村西南 1800 米	已消失	南洪炮台	不详
海阳所镇西黄岛村西南 500 米	已消失	黄岛炮台	海阳县
乳山口镇旗杆石村南 200 米	已消失	乳山口炮台	不详
北安街道驻地南广场	已消失	即墨营	山东都司
鳌山卫街道驻地	已消失	鳌山卫	山东都司
田横镇雄崖所南、北村	省级	雄崖守御千户所	山东都司
田横镇黄龙庄村西约 130 米	未定级	羊山寨城	鳌山卫
田横镇营子村内	未定级	不详	不详
田横镇南营子村内	已消失	不详	不详
温泉街道唐家庄村南 500 米	未定级	不详	不详
金口镇卧牛山	未定级	陷牛山墩	雄崖所
金口镇凤凰山顶	未定级	北堼墩	雄崖所
田横镇北颜武村东北 400 米	未定级	不详	不详
田横镇米脐山山顶	未定级	米粟山墩	雄崖所
田横镇丈二山山顶	未定级	丈二山墩	栲栳岛巡检司
田横镇白马岛上	未定级	白马岛墩	雄崖所

序号	名称	遗址性质	始设时代	地市	区县
434	王哥庄墩	墩	明代	青岛市	即墨区
435	公平墩	墩	明代	青岛市	即墨区
436	中山墩	墩	明代	青岛市	即墨区
437	望山墩	墩	明代	青岛市	即墨区
438	周戈庄墩	墩	明代	青岛市	即墨区
439	羊山墩	墩	明代	青岛市	即墨区
440	黄龙庄墩	墩	明代	青岛市	即墨区
441	仲村墩	墩	明代	青岛市	即墨区
442	王家山墩	墩	明代	青岛市	即墨区
443	山南墩	墩	明代	青岛市	即墨区
444	钓鱼嘴墩	墩	明代	青岛市	即墨区
445	文山墩	墩	明代	青岛市	即墨区
446	埠西墩	墩	明代	青岛市	即墨区
447	新安墩	墩	明代	青岛市	即墨区
448	抬头墩	墩	明代	青岛市	即墨区
449	凤山墩	墩	明代	青岛市	即墨区
450	红庙山墩	墩	明代	青岛市	即墨区
451	黄埠墩	墩	明代	青岛市	即墨区
452	掖杖墩	墩	明代	青岛市	即墨区
453	石炉山墩	墩	明代	青岛市	即墨区
454	高山墩	墩	明代	青岛市	即墨区
455	盘龙庄墩	墩	明代	青岛市	即墨区
456	尼姑山墩	墩	明代	青岛市	即墨区
457	黄豆山堡	堡	明代	青岛市	即墨区
458	青山堡	堡	明代	青岛市	即墨区
459	鳌角石堡	堡	明代	青岛市	即墨区
460	南窝洛子堡	堡	明代	青岛市	即墨区
461	大村堡	堡	明代	青岛市	即墨区
462	盟旺堡	堡	明代	青岛市	即墨区
463	烟台前堡	堡	明代	青岛市	即墨区
464	马山堡	堡	明代	青岛市	即墨区
465	雄崖所玉皇庙	其他	明代	青岛市	即墨区

地理位置	文物保护单位级别	推测古籍记载名称	推测隶属关系
田横镇王哥庄村东南高地上	未定级	不详	不详
田横镇南百里村东北公平山顶	未定级	公平墩	雄崖所
田横镇里栲栳村西北中山山顶	未定级	不详	不详
田横镇里栲栳村东王山山顶	未定级	望山墩	雄崖所
田横镇周戈庄村东北约 1.5 千米的山岭上	未定级	不详	不详
田横镇羊山（西山）顶部	未定级	羊山墩	鳌山卫
田横镇黄龙庄村南	未定级	不详	不详
田横镇仲村东偏南约 1 千米的高埠上	未定级	不详	不详
田横镇王家山山顶	未定级	王家山墩	雄崖所
田横镇山南村西北	未定级	不详	不详
田横镇钓鱼嘴村东北 600 米	未定级	不详	不详
田横镇大山前村北 1200 米	未定级	不详	不详
田横镇埠西村西北 350 米	未定级	不详	不详
田横镇新安村西北约 300 米	未定级	不详	不详
田横镇抬头村西北约 600 米	未定级	不详	不详
温泉街道前海东村东约 1200 米凤山顶	未定级	不详	不详
温泉街道红庙山山顶	未定级	不详	不详
温泉街道青岛国际博览中心东	已消失	黄埠	鳌山卫
温泉街道掖杖村东北烟台山上	未定级	不详	不详
鳌山卫街道河岸东村东约 300 米	未定级	万口炉	鳌山卫
鳌山卫街道高山山顶	未定级	高山墩	鳌山卫
鳌山卫街道盘龙庄村西南	未定级	不详	鳌山卫
鳌山卫街道宋家庄南尼姑山北山	未定级	不详	鳌山卫
金口镇黄豆屯村北约 400 米黄豆山顶	未定级	不详	不详
金口镇青山顶	未定级	青山堡	雄崖所
鳌山卫街道鳌角石村西北约 1.3 千米	未定级	不详	不详
龙山街道窝洛子村东北约 700 米的烟台山上	未定级	不详	不详
龙山街道大村南约 400 米的烟台山上	未定级	大村堡	鳌山卫
龙山街道盟旺山公园最高处	未定级	盟旺堡	鳌山卫
环秀街道烟台前村北高地上	未定级	不详	鳌山卫
通济街道马山公园主峰顶部	未定级	马山堡	鳌山卫
田横镇雄崖所西南玉皇山山顶	县级	不详	雄崖所

序号	名称	遗址性质	始设时代	地市	区县
466	陈俊故居	其他	清代	青岛市	即墨区
467	烟台山墩	墩	明代	青岛市	崂山区
468	石老人墩	墩	明代	青岛市	崂山区
469	浮山所城	备御千户所	明代	青岛市	市南区
470	烟墩山墩	墩	明代	青岛市	李沧区
471	上马墩	墩	明代	青岛市	城阳区
472	胶州所	守御千户所	明代	青岛市	胶州市
473	宋戈庄堡	堡	明代	青岛市	胶州市
474	胶州城隍庙	其他	明代重修	青岛市	胶州市
475	灵山卫城	卫	明代	青岛市	黄岛区
476	夏河所城	备御千户所	明代	青岛市	黄岛区
477	古镇巡检司	巡检司	明代	青岛市	黄岛区
478	信阳镇巡检司	巡检司	明代	青岛市	黄岛区
479	管家大村兵营	寨/屯	明代	青岛市	黄岛区
480	南营寨	寨/屯	明代	青岛市	黄岛区
481	营北寨	寨/屯	明代	青岛市	黄岛区
482	下村营寨	寨/屯	明代	青岛市	黄岛区
483	曹家溜寨	寨/屯	明代	青岛市	黄岛区
484	营子沟寨	寨/屯	明代	青岛市	黄岛区
485	营上寨	寨/屯	明代	青岛市	黄岛区
486	逄猛张墩	墩	明代	青岛市	黄岛区
487	解家墩	墩	明代	青岛市	黄岛区
488	红石崖墩	墩	明代	青岛市	黄岛区
489	徐山墩	墩	明代	青岛市	黄岛区
490	烟崮墩	墩	明代	青岛市	黄岛区
491	薛家岛墩	墩	明代	青岛市	黄岛区
492	天马山墩	墩	明代	青岛市	黄岛区
493	丁家咀墩	墩	明代	青岛市	黄岛区
494	辛屯墩	墩	明代	青岛市	黄岛区
495	店头墩	墩	明代	青岛市	黄岛区
496	两河墩	墩	明代	青岛市	黄岛区
497	烟台前墩	墩	明代	青岛市	黄岛区

续表

地理位置	文物保护单位级别	推测古籍记载名称	推测隶属关系
鳌山卫街道北里村	未定级		
沙子口街道姜戈庄社区北侧烟台山顶	未定级	不详	不详
金家岭街道烟墩角	已消失	石老人墩	鳌山卫
香港中路街道浮山所	已消失	浮山备御千户所	鳌山卫
兴城路街道烟墩山公园内	已消失	不详	不详
上马街道周家庄社区西侧高地上	未定级	不详	不详
阜安街道湖州路与郑州东路交叉口西南	已消失	胶州守御千户所	山东都司
胶西街道宋戈庄村东南	县级	不详	不详
阜安街道浮萍社区兰州东路 95 号	省级		
灵山卫街道驻地	已消失	灵山卫	山东都司
琅琊镇夏河城	省级	夏河所	灵山卫
滨海街道西古镇营村东	未定级	古镇口巡检司	——
泊里镇信阳村	已消失	信阳镇巡检司	——
红石崖街道管家大村西高岭上	未定级	不详	灵山卫
薛家岛街道南营社区北 10 米	已消失	不详	不详
滨海街道营海村北	已消失	不详	不详
张家楼镇下村村委南 200 米	已消失	不详	不详
琅琊镇曹家溜村东北 400 米	已消失	不详	不详
琅琊镇营子沟村东	未定级	不详	灵山卫
泊里镇营上村西北约 200 米	已消失	不详	不详
王台街道逄猛张村东南烟台岭上	省级	不详	逄猛巡检司
红石崖街道解家社区东高岭上	县级	不详	灵山卫
红石崖街道红石崖社区南 200 米	已消失	不详	不详
辛安街道徐山公园	已消失	不详	不详
长江路街道烟崮墩山顶	已消失	不详	灵山卫
薛家岛街道烟台前社区西北 100 米	未定级	薛家岛墩	灵山卫
灵山卫街道大岔口社区北山顶上	未定级	天马山墩	灵山卫
灵山卫街道灵山卫公交枢纽站东南 200 米	未定级	不详	灵山卫
灵山卫街道辛屯村旧址以北的辛屯山上	已消失	不详	不详
灵山卫街道店头村西南 360 米西岭高地	已消失	不详	不详
灵山卫街道东岳中路与两河路交叉口西北 370 米	已消失	不详	不详
隐珠街道烟台前路与滨海大道交叉口	已消失	不详	不详

序号	名称	遗址性质	始设时代	地市	区县
498	孟家滩墩	墩	明代	青岛市	黄岛区
499	烟台东墩	墩	明代	青岛市	黄岛区
500	乔家洼墩	墩	明代	青岛市	黄岛区
501	高峪墩	墩	明代	青岛市	黄岛区
502	丁家寨墩	墩	明代	青岛市	黄岛区
503	逄家台墩	墩	明代	青岛市	黄岛区
504	鼓楼咀墩	墩	明代	青岛市	黄岛区
505	西桥子墩	墩	明代	青岛市	黄岛区
506	吴家墩	墩	明代	青岛市	黄岛区
507	蒲湾墩	墩	明代	青岛市	黄岛区
508	刘前墩	墩	明代	青岛市	黄岛区
509	紫良庄墩	墩	明代	青岛市	黄岛区
510	营上墩	墩	明代	青岛市	黄岛区
511	崖下墩	墩	明代	青岛市	黄岛区
512	七古墩	墩	明代	青岛市	黄岛区
513	旺山墩	墩	明代	青岛市	黄岛区
514	信阳场墩	墩	明代	青岛市	黄岛区
515	朱家庄墩	墩	明代	青岛市	黄岛区
516	甲滩墩	墩	明代	青岛市	黄岛区
517	大岚墩	墩	明代	青岛市	黄岛区
518	大楼子墩	墩	明代	青岛市	黄岛区
519	厫上墩	墩	明代	青岛市	黄岛区
520	宋家岭墩	墩	明代	青岛市	黄岛区
521	姜家墩	墩	明代	青岛市	黄岛区
522	大张八堡	堡	明代	青岛市	黄岛区
523	董庄堡	堡	明代	青岛市	黄岛区
524	戴家尧堡	堡	明代	青岛市	黄岛区
525	唐岛炮台	炮台	清代	青岛市	黄岛区
526	古镇口炮台	炮台	清代	青岛市	黄岛区
527	亭子兰炮台	炮台	清代	青岛市	黄岛区
528	薛禄故居	其他（故居）	明代	青岛市	黄岛区

地理位置	文物保护单位级别	推测古籍记载名称	推测隶属关系
隐珠街道孟家滩社区西南 200 米	已消失	不详	不详
隐珠街道烟台东社区西南角	已消失	不详	不详
滨海街道乔家洼村东南 500 米	已消失	不详	不详
滨海街道高峪村南 300 米	未定级	不详	不详
张家楼镇丁家寨村西南 1.1 千米	已消失	不详	不详
张家楼镇逄家台后村东南 100 米处	已消失	不详	不详
琅琊镇山东头村东北 1000 米	未定级	不详	不详
琅琊镇西桥子村西高地上	省级	不详	不详
琅琊镇吴家村东北 500 余米的丘陵上	省级	不详	不详
琅琊镇陈家贡村南 350 米	未定级	不详	不详
琅琊镇刘前村西南角	已消失	不详	不详
泊里镇子良山后村西南 400 米	未定级	紫良庄墩	夏河所
泊里镇董大庄村南约 1.5 千米处	已消失	不详	不详
泊里镇原崖下上庄村	已消失	不详	不详
泊里镇董家口火车站西南 350 米	未定级	不详	不详
泊里镇旺山村东南 450 米山岭上	已消失	不详	不详
泊里镇信阳村	已消失	不详	信阳镇巡检司
泊里镇朱家庄村	已消失	不详	不详
泊里镇甲滩村	已消失	不详	不详
泊里镇人凤村	已消失	不详	不详
大场镇大楼子村西南 1.2 千米	未定级	不详	不详
海清镇廒上村西 200 米	已消失	不详	不详
海清镇宋家岭村	已消失	不详	不详
海清镇姜家村西南 390 米	未定级	不详	不详
宝山镇大张八村西高地上	省级	不详	不详
宝山镇董庄村西南高岭上	省级	不详	不详
大村镇戴家尧村西	省级	不详	不详
灵山卫街道大岔口南	省级	唐岛炮台	不详
滨海街道古镇营村东南	省级	古镇口炮台	不详
琅琊镇台西头村临近海边	省级	亭子兰炮台	不详
薛家岛街道滨海大道与天目山路交接处	县级	阳武侯薛禄祠	不详

序号	名称	遗址性质	始设时代	地市	区县
529	灵山卫城隍庙	其他（庙宇）	明代	青岛市	黄岛区
530	石臼所城	备御千户所	明代	日照市	东港区
531	夹仓巡检司	巡检司	明代	日照市	东港区
532	王家滩墩	墩	明代	日照市	东港区
533	东河南墩	墩	明代	日照市	东港区
534	新添墩	墩	明代	日照市	东港区
535	吴家台墩	墩	明代	日照市	东港区
536	任家台墩	墩	明代	日照市	东港区
537	李家台墩	墩	明代	日照市	东港区
538	张家台墩	墩	明代	日照市	东港区
539	王家皂墩	墩	明代	日照市	东港区
540	南青泥墩	墩	明代	日照市	东港区
541	董家滩墩	墩	明代	日照市	东港区
542	万平口墩	墩	明代	日照市	东港区
543	日照港墩	墩	明代	日照市	东港区
544	汪家台墩	墩	明代	日照市	东港区
545	刘家台墩	墩	明代	日照市	东港区
546	相家台墩	墩	明代	日照市	东港区
547	蔡家滩东墩	墩	明代	日照市	东港区
548	蔡家滩西墩	墩	明代	日照市	东港区
549	刘家湾墩	墩	明代	日照市	东港区
550	栈子墩	墩	明代	日照市	东港区
551	东南营墩	墩	明代	日照市	东港区
552	龙旺口炮台	炮台	清代	日照市	东港区
553	安东卫城	卫	明代	日照市	岚山区
554	东湖墩	墩	明代	日照市	岚山区
555	石门墩	墩	明代	日照市	岚山区
556	皮狐墩	墩	明代	日照市	岚山区

地理位置	文物保护单位级别	推测古籍记载名称	推测隶属关系
灵山卫街道西街村	县级	城隍庙	灵山卫
石臼街道所在地	已消失	石臼寨千户所	安东卫
奎山街道夹仓社区	已消失	夹仓镇巡检司	安东卫
两城街道王家滩村	未定级	不详	信阳镇巡检司
两城街道东河南村东北	已消失	牛蹄墩	安东卫
两城街道日照海滨国家森林公园内	已消失	新添墩	安东卫
秦楼街道吴家台村东北角	已消失	湖水墩	安东卫
卧龙山街道任家台村北	已消失	石河墩	安东卫
卧龙山街道李家台村东侧	未定级	金线墩	安东卫
卧龙山街道张家台村村委院内	已消失	湘子墩	安东卫
卧龙山街道王家皂村金海岸花园南门附近	已消失	北青泥墩	安东卫
海天一路南段附近	已消失	南青泥墩	安东卫
秦楼街道董家滩村附近	已消失	董家墩	安东卫
万平口景区内	未定级	万皮墩	安东卫
日照港老灯塔北 100 米处煤炭转运码头附近	已消失	北石臼墩	安东卫
北京路街道汪家台村北部的一座山峰上	已消失	南石臼墩	安东卫
北京路街道刘家台村东北	已消失	温桑墩	安东卫
北京路街道相家台村东北的岭上	已消失	相家墩	安东卫
北京路街道蔡家滩村东北角	已消失	焦家墩	安东卫
北京路街道蔡家滩村西北角	已消失	蔡家墩	安东卫
涛雒镇刘家湾村西南角	已消失	小灶墩	安东卫
涛雒镇栈子社区北部	已消失	杨家墩	安东卫
涛雒镇东南营村东北	已消失	张洛墩	安东卫
两城街道东河南村北面	已消失	龙旺口炮台	不详
安东卫街道所在地	已消失	安东卫	山东都司
虎山镇东湖一村东北角	已消失	昧蹄墩	安东卫
岚山头街道阿掖山主峰峰顶	未定级	石门墩	安东卫
岚山头街道岚山山顶	已消失	皮狐墩	安东卫

参考书目

文　献

[1]（宋）王存撰，魏嵩山、王文楚点校：《元丰九域志》，中华书局，1984年。

[2]（明）《明实录·英宗实录》，上海书店出版社，2015年。

[3]（明）《明实录·明太祖实录》，上海书店出版社，2015年。

[4]（明）陈循、彭时等修：《寰宇通志》，明景泰时期内府刊初印本，台北图书馆馆藏。

[5]（明）陈循：《寰宇通志》，《玄览堂丛书续集》本。

[6]（明）陈懿典：《陈学士先生初集》，明万历刻本。

[7]（明）邓钟：《筹海重编》，《四库全书存目丛书》，齐鲁书社，1996年。

[8]（明）杜思等纂修：《青州府志·城池》，上海古籍出版社，1960年。

[9]（明）顾炎武：《肇域志》，《续修四库全书》，上海古籍出版社，2002年。

[10]（明）顾炎武：《肇域志·山东·莱州府·鳌山卫》，上海古籍出版社，2004年。

[11]（明）胡广等：《明太祖实录》，"中研院"历史语言研究所校印，1962年。

[12]（明）《嘉靖青州府志》"卷十一·兵防"，上海古籍书店，1965年，线装复制本。

[13]（明）焦希程纂，李光先修：嘉靖《宁海州志》，《山东省历代方志集成》"烟台卷7"，天津古籍出版社，2019年。

[14]（明）李东阳等撰，申时行等复修：《大明会典·关津二·山东》"第139卷"，广陵书社，2007年。

[15]（明）李光先修，焦希程纂：嘉靖《宁海州志》，明嘉靖二十六年（1547年）刻本，宁波市文管会天一阁藏。

[16]（明）李时勉等：《明宣宗实录》，"中研院"历史语言研究所校印本，1962年。

[17]（明）李贤、万安等纂修：《大明一统志》，万寿堂本，国家图书馆馆藏。

[18]（明）李贤：《明一统志》，景印文渊阁四库全书本。

[19]（明）陆釴：嘉靖本《山东通志》，《天一阁藏明代方志选刊续编》第51册，上海书店出版社，1990年。

[20]（明）陆釴等纂修：嘉靖《山东通志》，齐鲁书社，1996年。

[21]（明）陆釴纂修，（明）吕元善续修：《山东通志》，明嘉靖刻本，天津图书馆馆藏。

[22]（明）孟楠等：万历《乐安县志》，中华全国图书馆文献缩微复制中心，2000年。

[23]（明）申时行：《大明会典》，江苏广陵古籍刻印社，1989年。

[24]（明）王枢等：嘉靖《宁海州志》，《天一阁藏明代方志选刊续编》第57册，上海书店出版社，1990年。

[25]（明）徐应元纂修：泰昌《登州府志》，明泰昌元年（1620年）刻本，河南省图书馆馆藏。

[26]（明）赵耀、董基纂修：《重刊万历莱州府志》，民国二十八年（1939年）赵永厚堂刊本。

[27]（明）郑若曾、邓钟：《筹海重编》，《四库全书存目丛书》，齐鲁书社，1996年。

[28]（明）郑若曾：明嘉靖四十一年（1562年）胡宗宪刻本《筹海图编》，《中国兵书集成》第15、16册，解放军出版社、辽沈书社，1990年。

[29]（明）郑若曾撰，李致忠点校，《筹海图编》，中华书局，2007年。

[30]（明）朱元璋撰，胡士萼点校：《明太祖集》，黄山书社，1991年。

[31]（清）陈懋等纂修：《日照县志·桥梁、墩、铺》，清光绪十二年（1886年）刻本。

[32]（清）陈懋等纂修：《日照县志·城池》，清光绪十二年（1886年）刻本。

[33]（清）陈懋修，张庭诗纂：《日照县志》，清光绪十二年（1886年）刊本，《中国方志丛书·华北地方·第三六六号》，成文出版社，1976年。

[34]（清）包桂纂修：《海阳县志》，《中国地方志集成·山东府县志辑》第56册，凤凰出版社，2004年。

[35]（清）包桂纂修：乾隆《海阳县志》，《山东省历代方志集成》"烟台卷15"，天津古籍出版社，2019年。

[36]（清）毕懋第等著，威海市地方史志办公室整理：《威海卫志》，天津古籍出版社，2013年。

[37]（清）毕懋第原修，郭文大续修：乾隆《威海卫志》，《中国地方志集成·山东府县志辑》第44册，凤凰出版社，2004年。

[38]（清）毕懋第原修，郭文大续修：《威海卫志》民国十八年铅本，《中国方志丛书·华北地方·第二号》，成文出版社，1968年。

[39]（清）道光《荣成县志》，《中国地方史志集成》，第457页。

[40]（清）鄂尔泰、张廷玉等修：《清实录·世宗宪皇帝实录》，中华书局，2012年。

[41]（清）方汝翼、贾瑚修，周悦让、慕荣榦纂：光绪《增修登州府志》，清光

绪七年（1881 年）刻本，山东省图书馆馆藏。

[42]（清）方汝翼等纂修：光绪《增修登州府志》，《中国地方志集成·山东府县志辑》第 48、49 册，凤凰出版社，2004 年。

[43]（清）谷应泰：《明史纪事本末·沿海倭乱》，中华书局，1977 年。

[44]（清）谷应泰：《明史纪事本末》，江西书局，2018 年。

[45]（清）顾祖禹：《读史方舆纪要》，清代锦里龙万育刊本，国家图书馆馆藏。

[46]（清）顾祖禹：《读史方舆纪要》，中华书局，2005 年。

[47]（清）和珅等：《大清一统志》，景印文渊阁四库全书本。

[48]（清）胡德琳：《山东海疆图记》，《北京图书馆古籍珍本丛刊》，书目文献出版社，1998 年。

[49]（清）贾桢等修：《清实录·文宗显皇帝实录》，中华书局，2012 年。

[50]（清）李尔梅纂，王敬勋修：光绪《海阳县续志》，《山东省历代方志集成》"烟台卷 15"，天津古籍出版社，2019 年。

[51]（清）李天骘修：《荣成县志》，清道光二十年（1840 年）刊本，《中国方志丛书·华北地方·第三八二号》，成文出版社，1976 年。

[52]（清）李天骘修：道光《荣成县志》，《中国地方志集成·山东府县志辑》第 56 册，凤凰出版社，2004 年。

[53]（清）李希贤等纂修：《沂州府志》，清乾隆二十五年（1760 年）刻本。

[54]（清）李祖年：光绪《文登县志》，《中国地方志集成·山东府县志辑》第五十四册，教育出版社，2004 年。

[55]（清）林溥：《即墨县志》"卷四·武备志"，清同治十二年（1873 年）刻本。

[56]（清）林溥修，周翕鐄等纂：《即墨县志》，清同治十一年（1872 年）刊本，《中国方志丛书·华北地方·第三七四号》，成文出版社，1976 年。

[57]（清）穆彰阿、潘锡恩等纂修：《大清一统志》，商务印书馆，民国二十三年（1934 年），国家图书馆馆藏。

[58]（清）穆彰阿、潘锡恩等纂修：《大清一统志》，上海古籍出版社，2007 年。

[59]（清）欧文修、林汝谟纂：《文登县志》，清道光十九年（1839 年）刻本，山东省图书馆馆藏。

[60]（清）《清实录》第三册《世祖实录》，中华书局，1985 年。

[61]（清）赛珠等纂，王一夔修：雍正《文登县志》，《山东省历代方志集成》"威海卷 1"，线装书局，2019 年。

[62]（清）施闰章等：顺治《登州府志》，清康熙三十三年（1694 年）刻本，国家图书馆馆藏。

[63]（清）谈迁著，张宗祥校点：《国榷》，古籍出版社，1958 年。

[64]（清）同治《即墨县志》"卷十·艺文·文类"，蓝田《城即墨营记》。

[65]（清）同治《重修宁海州志》"卷十·武备"。

[66]（清）万斯同：《明史》，《续修四库全书》，上海古籍出版社，2002 年。

[67]（清）万斯同：《明史》，中华书局，1974 年。

[68]（清）王文涛纂：道光《重修蓬莱县志》，《中国地方志集成·山东府县志辑》第 50 册，凤凰出版社，2004 年。

[69]（清）王一夔、赛珠等纂修：雍正《文登县志》，清雍正三年（1725 年）刻本，国家图书馆馆藏。

[70]（清）卫元爵、张重润纂，万邦维修：康熙《莱阳县志》，《山东省历代方志集成》"烟台卷 9"，天津古籍出版社，2019 年。

[71]（清）无名氏：康熙《靖海卫志》，《中国方志丛书·华北地方·第三号》，成文出版社，1968 年。

[72]（清）宣统《山东通志》，《登州府志·文登县》。

[73]（清）严有禧、张桐等：《莱州府志》"卷二"，清乾隆五年（1740 年）刊本。

[74]（清）严有禧、张桐等纂修：乾隆《莱州府志》，《中国地方志集成·山东府县志辑》第 44 册，凤凰出版社，2004 年。

[75]（清）杨奇烈纂，施闰章修：顺治《登州府志》，《山东省历代方志集成》"烟台卷 1"，天津古籍出版社，2019 年。

[76]（清）杨士骧等：光绪《山东通志》，上海商务印书馆，1934 年。

[77]（清）叶圭绶：《续山东考古录》，国家图书馆馆藏。

[78]（清）叶圭绶·《续山东考古录》，清咸丰元年（1851 年）刻本。

[79]（清）叶圭绶：《续山东考古录》，山东文艺出版社，1997 年。

[80]（清）伊继美：《黄县志》，同治十年（1871 年）刻本，卷二。

[81]（清）永泰纂修：乾隆《续登州府志》，《山东省历代方志集成》"烟台卷 1"，天津古籍出版社，2019 年。

[82]（清）于霖逢纂，李祖年修：光绪《文登县志》，《山东省历代方志集成》"威海卷 2"，线装书局，2019 年。

[83]（清）袁中立修，毛贽纂：《黄县志》《建置志》，清乾隆二十一年（1756 年）刻本。

[84]（清）岳浚、法敏：《山东通志·卷四·城池志》，清乾隆元年（1736 年）刻本。

[85]（清）岳浚修，杜诏纂：雍正《山东通志》，济南出版社，2016 年。

[86]（清）岳浚修，杜诏纂：雍正《山东通志》，钦定四库全书本，山东省图书馆馆藏。

[87]（清）张思勉、于始瞻：《掖县志》"第 2 卷"，清乾隆二十三年（1758 年）刻本。

[88]（清）张思勉修，于始瞻纂：乾隆《掖县志》，《中国地方志集成·山东府县志辑》第 45、46 册，凤凰出版社，2004 年。

[89]（清）张廷玉等撰：《明史》，中华书局，1974 年。

[90]（清）张廷玉等：《皇朝文献通考》"卷一百八十四·兵考六"，文渊阁四库全书本。

[91]（清）张廷玉等：《明史》，续修四库全书本，国家图书馆馆藏。

[92]（清）赵尔巽等：《清史稿》，中华书局，1976 年。

[93]（清）赵双璧等纂修：《安东卫志·建置》，清康熙十二年（1673 年）刻本。

[94]（清）赵祥星：《山东通志》"卷十五·兵防"，清康熙四十一年（1702 年）刻本。

[95]（清）周悦让、慕荣幹纂，方汝翼、贾湖修：光绪《增修登州府志》，《山东省历代方志集成》"烟台卷 1"，天津古籍出版社，2019 年。

[96] 梁秉锟修，王丕煦等纂：民国《莱阳县志》，《中国地方志集成·山东府县志辑》第 53 册，凤凰出版社，2004 年。

[97] 龙文明、赵耀、董基：《莱州府志》第一卷，民国二十八年（1939 年）刻本。

[98] 宋宪章修，于清泮纂：《牟平县志》，成文出版社，民国二十五年（1936 年）铅本影印。

[99] 王陵基修，于宗潼纂：《福山县志稿》，《中国地方志集成·山东府县志辑》第 52 册，凤凰出版社，2004 年。

[100] 于清泮纂，宋宪章等修：民国《牟平县志》，《山东省历代方志集成》"烟台卷 8"，天津古籍出版社，2019 年。

[101] 张方墀等纂：《无棣县志》，民国十四年（1925 年）刊本，《中国方志丛书·华北地方·第十三号》，成文出版社，1968 年。

[102] 赵尔巽等撰：《清史稿》，联合书店，民国三十一年（1942 年），国家图书馆馆藏。

[103] 赵文运、匡超等纂修：《胶志》，民国二十年（1931 年）刊本，《中国方志丛书·华北地方·第六十九号》，成文出版社，1968 年。

[104] 浮山所志编纂委员会：《浮山所志》，中国出版社，2005 年。

[105] 海阳市地方史志编纂委员会：《海阳市镇村简志》，中国出版社，2004 年。

[106] 山东省海阳县志编纂委员会：《海阳县志》，海阳县印刷厂，1988 年。

[107]《昆嵛山志》编纂委员会：《昆嵛山志》，山东省地图出版社，2012 年。

[108] 山东省荣成市地方史志编纂委员会：《荣成市志》，齐鲁书社，1999 年。

[109] 曲长征主编：《龙口市村庄志》，农业出版社，1991 年。

[110] 山东省莱州市史志编纂委员会：《莱州市志》，齐鲁书社，1996 年。

[111] 山东省龙口市史志编纂委员会：《龙口市志》，齐鲁书社，1995 年。

[112] 山东省乳山市地方史志编纂委员会：《乳山市志》，齐鲁书社，1998 年。

[113] 田涛、郑秦点校：《大清律例》，法律出版社，1999 年。

[114] 威海市地方史志编纂委员会：《威海市志》，山东人民出版社，1986 年。

[115] 威海市地名委员会办公室：《山东省威海市地名志》，山东省地图出版社，
1995 年。

[116]《文登地名志》编纂委员会：《文登地名志》，天津古籍出版社，2016 年。

[117] 文登市地方史志办公室：《光绪本〈文登县志〉点注》"卷五·职官"，
天津古籍出版社，2010 年。

[118] 文登市地方史志编纂委员会：《文登市志》，中国城市出版社，1996 年。

[119] 文登文化志编纂委员会：《文登文化志》，中国文史出版社，2017 年。

[120] 招远市地方史志办公室：《招远年鉴·2015》，黄海数字出版社，2015 年。

[121] 招远市地方史志办公室：《招远年鉴·2018》，黄海数字出版社，2018 年。

[122] 中共东良村党委、东良村民委员会：《东良村志》，黄海数字出版社，2011 年。

[123] 中国第一历史档案馆：《雍正朝汉文朱批奏折汇编》，江苏古籍出版社，
1991 年。

相关专著

[1] 陈懋恒：《明代倭寇考略》，人民出版社，1957 年。

[2] 范中义、仝晰纲：《明代倭寇史略》，中华书局，2004 年。

[3] 范中义、杨金森：《中国海防史》，海洋出版社，2005 年。

[4] 国家文物局主编、山东省文物局编著：《中国文物地图集·山东分册》（上、
下），中国地图出版社，2007 年。

[5] 黄济显主编：《鳌山卫古城》，中国文史出版社，2007 年。

[6] 黄鸣奋：《厦门海防文化》，鹭江出版社，1996 年。

[7] 黄济显主编：《雄崖所古城》，中国文史出版社，2010 年。

[8] 卢建一：《闽台海防研究》，方志出版社，2003 年。

[9] 青岛市文物局：《今古和声：青岛市第三次全国文物普查新发现辑录》，文
物出版社，2011 年。

[10] 青岛市文物局：《青岛明清海防遗存调查研究》，中国海洋大学出版社，
2017 年。

[11] 山东省荣成市民政局：《山东省荣成市地名志》，山东省地图出版社，2007 年。

[12] 寿杨宾：《登州古港史》，人民交通出版社，1994 年。

[13] 田荣：《威海军事史》，山东大学出版社，2005 年。

[14] 王宏斌：《清代前期海防：思想与制度》，社会科学文献出版社，2002 年。

[15] 王赛时：《山东海疆文化研究》，齐鲁书社，2006 年。

[16] 王赛时：《山东沿海开发史》，齐鲁书社，2005 年。

[17] 威海市文物管理办公室：《追寻历史——威海市第三次文物普查成果巡礼》，青岛出版社，2012 年。

[18] 吴晗辑：《朝鲜李朝实录中的中国史料》，中华书局，1980 年。

[19] 席龙飞主编：《蓬莱古船与登州古港》，大连海运学院出版社，1989 年。

[20] 许毓良：《清代台湾的海防》，社会科学文献出版社，2003 年。

[21] 烟台市第三次文物普查工作领导小组办公室、烟台市博物馆：《山东省烟台市第三次全国文物普查成果汇编》，黄河数字出版社，2012 年。

[22] 易泽阳；《明代中期的海防思想研究》，解放军出版社，2008 年。

[23] 尹洪林：《莱州历史大观》，黄海数字出版社，2011 年。

[24] 张金奎：《明代山东海防研究》，中国社会科学出版社，2014 年。

[25] 赵树国：《明代北部海防体制研究》，山东人民出版社，2014 年。

[26] 赵树国、赵红：《山东海防史》，山东人民出版社，2018 年。

相关论文

[1] 陈波：《明初海运与海防的关系》，《郑和研究》2007 年第 4 期。

[2] 陈尚胜：《明代海防与海外贸易——明朝闭关与开放问题的初步研究》，《中外关系史论丛》第 3 辑，世界知识出版社，1991 年。

[3] 川越泰博著，李三谋译：《倭寇、被虏人与明代的海防军》，《中国边疆史地研究》1998 年第 3 期。

[4] 范金民：《郑和下西洋前后的明代海防》，《"郑和与海洋"学术研讨会论文集》，中国农业出版社，1998 年。

[5] 毕建业：《威海地区明海防军事聚落体系与空间分析》，天津大学博士学位论文，2012 年。

[6] 陈波：《试论明初海运之"运军"》，《中国边疆史地研究》2009 年第 3 期。

[7] 迟金光、孙艳艳：《登州港在中国军事史上的地位》，《山东档案》2008 年第 5 期。

[8] 初钊兴：《明清时期威海地区的驻军——三卫一营考》，《中国甲午战争博物馆馆刊》2008 年第 2 期。

[9] 戴裔煊：《倭寇与中国》，《学术研究》1987 年第 1 期。

[10] 邸富生：《试论明朝初年的海防》，《中国边疆史地研究》1995 年第 1 期。

[11] 丁超：《明代安东卫城建置年代考》，《历史研究》2004 年第 2 期。

[12] 董健：《明代海防政策与登州海防建设》，中国海洋大学硕士学位论文，2013 年。

[13] 董韶军、董韶华、迟金光：《试论蓬莱水城的历史地位与价值》，《北方文物》2003 年第 1 期。

[14] 顿贺、罗世恒：《蓬莱明代古舵杆研究》，《武汉造船》1993 年第 3 期。

[15] 冯磊：《清代浙江海防炮台研究》，河北师范大学硕士学位论文，2015 年。

[16] 高强：《清代山东的海防体系与军事部署》，曲阜师范大学硕士学位论文，2007 年。

[17] 高新生：《中国海防史研究述评》，《军事历史研究》2005 年第 4 期。

[18] 黄中青：《明代海防的水寨与游兵——浙闽粤沿海岛屿防卫的建置与解题》，《明史研究丛刊》，2001 年。

[19] 黄尊严：《明代山东倭患述略》，《烟台师范学院学报（哲学社会科学版）》1996 年第 3 期。

[20] 焦华：《威海地区明代卫所保存现状的调查与研究》，山东大学硕士学位论文，2009 年。

[21] 靳润成：《明朝的天津巡抚及其辖区》，《历史教学》1996 年第 8 期。

[22] 孔德静：《印迹与希冀：明清山东海防建筑遗存研究》，青岛理工大学硕士学位论文，2012 年。

[23] 刘玉岐、潘国华：《登州卫致戚继光公文选》，《历史档案》1984 年第 2 期。

[24] 林为楷：《明代的江海联防——长江江海交会水域防卫的建构与备御》，《明史研究丛刊》，2006 年。

[25] 刘德强、徐明轩：《威海卫与国家"置重在海"》，《东岳论丛》1999 年第 6 期。

[26] 刘德煜：《明代的威海卫》，《中国甲午战争博物馆馆刊》2006 年第 3 期。

[27] 吕进贵：《明代的巡检制度——地方治安基层组织及其运作》，《明史研究丛刊》，2002 年。

[28] 潘殉祠：《明代抗倭官考》，浙江大学硕士学位论文，2004 年。

[29] 彭勇：《从〈广志绎〉看王士性对山东海防的思考》，《怀化学院学报》2008 年第 12 期。

[30] 曲树程：《戚继光在登州》，《山东社会科学》1992 年第 4 期。

[31] 〔日〕山根幸夫著，邱明译：《明代倭寇问题研究》，《黄淮学刊（社会科学版）》1992 年第 1 期。

[32] 邵晴：《明代山东半岛海防建置研究——以沿海卫所为中心》，中国海洋大学硕士学位论文，2007 年。

[33] 史明星：《中国历代海防发展概览》，《军事历史研究》1992 年第 4 期。

[34] 孙同霞：《明清山东巡检司制度考略》，曲阜师范大学硕士学位论文，2008 年。

[35] 孙献涛：《明代沿海卫所初探》，北京师范大学硕士学位论文，1997 年。

[36] 孙兆锋、王富强：《明代烟台海防》，《大众考古》2015 年第 4 期。

[37] 王彬：《抗倭将领刘江——望海埚大捷》，《大庆高等专科学校学报》，1997 年第 2 期。

[38] 王海鹏、高爱东、闫勇：《论明代登州的海防筑垒及其遗存保护现状》，《延安职业技术学院学报》2014 年第 2 期。

[39] 王海鹏：《烟台海防遗存一览》，《春秋》2012 年第 1 期。

[40] 王江炜：《文登营与明朝山东半岛海防战略》，《春秋》2007 年第 1 期。

[41] 王晶晶：《明清至民国时期山东半岛军户家族组织的研究》，厦门大学硕士学位论文，2009 年。

[42] 王莉：《明代营兵制初探》，《北京师范大学学报》1991 年第 2 期。

[43] 王赛时：《明代山东的海防体系与军事部署》，《明史研究》第 9 辑，黄山书社，2005 年。

[44] 王毅：《试述蓬莱水城城墙的形成与沿革》，《卷宗》2016 年第 10 期。

[45] 王日根：《明代海防建设与倭寇、海贼的炽盛》，《中国海洋大学学报（社会科学版）》2004 年第 4 期。

[46] 温娜：《山东卫所在清代的变革》，陕西师范大学硕士学位论文，2008 年。

[47] 谢忠志：《明代兵备道制度——以文驭武的国策与文人知兵的实练》，《明史研究丛刊》，2002 年。

[48] 杨猛：《海防古所解宋营与明代登州海防》，《山东青年》2016 年第 5 期。

[49] 杨睿、袁启飞、司久玉：《日照地区明清海防遗迹的考古调查与研究》，《水下考古》第二辑，上海古籍出版社，2020 年。

[50] 袁晓春、顿贺、韦文禧：《蓬莱古舵杆的研究》，《武汉船舶职业技术学院学报》2007 年第 3 期。

[51] 张爱敏：《明代登州卫、登州营及登州镇考略》，《故宫学刊》2015 年第 3 期。

[52] 张士尊：《明代辽东都司与山东行省关系论析》，《东北师大学报（哲学社会科学版）》2008 年第 2 期。

[53] 张一泉、梁秋莉：《浅谈王士性的山东海防思想》，《考试周刊》2009 年第 20 期。

[54] 张云涛：《山东威海发现明初创寨碑》，《文物》1997 年第 9 期。

[55] 张仲良：《明代山东半岛海防——以登、莱为例》，安徽大学硕士学位论文，2013 年。

[56] 赵红：《论明成祖的海防政策在山东的实践》，《鲁东大学学报（哲学社会科学版）》2009 年第 4 期。

[57] 赵红：《论明初洪武时期的山东海防》，《烟台大学学报（哲学社会科学版）》2005 年第 4 期。

[58] 赵红：《论明代山东海防与山东沿海社会的发展》，《泰山学院学报》2009 年第 5 期。

[59] 赵红：《明代登莱巡抚考论》，《济南大学学报（社会科学版）》2006 年第 6 期。

[60] 赵红：《明清时期的山东海防》，山东大学博士学位论文，2007 年。

[61] 朱光涌：《洪武、永乐时期山东莱州府南部移民研究——兼论卫所制度与沿海地区移民》，中国海洋大学硕士学位论文，2008 年。

[62] 朱亚非：《从历史档案看戚继光在山东的防倭活动》，《历史档案》1991 年第 4 期。

[63] 耿钱政等：《明代辽东与山东地缘关系及卫城形态研究》，《建筑史》2019 年第 2 期，第 83—95 页。

其 他

[1] 林涛：《宋廷训：清操澈骨 东海开先》，《文登大众》2017 年 11 月 30 日。

[2] 王芳、车娟：《百年沧桑成山卫》，《中国档案报》2019 年 12 月 23 日。

[3] 张起明、王福明调查资料：《清代荣成水师考察纪实》（未刊稿）。

后 记

"十二五"期间，国家文物局提出建设六片（西安、洛阳、荆州、成都、曲阜、郑州）、四线（长城、丝绸之路、大运河、茶马古道）、一圈（陆疆、海疆）为重点，以150处重要大遗址为支撑的大遗址保护新格局，沿海明清海防设施及近现代建筑纳入海疆大遗址保护范畴。2011年明清海防设施作为海疆大遗址的重要组成部分，被列入国家文物局的"十二五"重点项目。山东明清海防遗址调查是国家总体海防保护、研究规划的重要组成部分。2019年9月，项目获得国家文物局资金支持，因受突如其来的新冠疫情影响，正式的调查工作不断延期，直到2021年，调查工作才最终得以完成。本书即是在此次调查工作基础上形成的报告。

在海防遗址调查工作期间，我中心调查队员得到了各沿海地市、区县市文物行政管理部门和文博机构的大力支持，尤其是青岛市文物保护考古研究所、中国甲午战争博物院、威海市博物馆、文登区博物馆、乳山市文物保护中心、荣成市文化和旅游公共服务中心、日照市文物考古研究所、烟台市博物馆、牟平区博物馆、蓬莱区文化和旅游局、芝罘区文化和旅游局、海阳市博物馆、莱州市文化和旅游局、莱州市博物馆和东营市历史博物馆等单位派出业务骨干一起参与调查工作，在此谨致以诚挚的感谢。

在报告编写过程中，中心刘延常、高明奎主任亲自把关，统筹协调各相关单位和作者，多次主持召开工作协调会、调度会和专家咨询会，和与会专家一起对报告的体例、架构设置等提出了宝贵的意见和建议。在此向刘延常、高明奎主任和参与专家咨询会的宋建忠、孙键、朱亚非、王永波、由少平、王富强、燕生东、赵树国、赵红、马光和王海鹏先生表示由衷的感谢。

此次调查发现海防遗址数量多、各类记录信息繁杂，资料整理和编写工作任务重、时间紧，为确保报告编写质量，参与编写工作的辛雅琳、王忠保、周强、隋东升、司久玉、薛广平、詹森杨、刘烜赫和冉德禄等，在持续开展田野考古调查、勘探和发掘工作的间隙，加班加点，搜集了大量文献。其中周强完成了第一章、第五章第一节和第八章的编写，合计28.8万字；詹森杨完成了第二章、第三章和第六章第七节的编写，合计16.92万字；辛雅琳完成了第四章第一、二、三、九、十节的编写，合计15.3万字；王忠保完成了第四章第四至八节的编写，合计18.54万字；孟杰完成了第五章第二节和第九章的编写，合计33.66万字；隋东升完成了第五章第三、四节的编写，合计27万字；薛广平完成了第六章第一至六节的编写，合计15.12万字；司久玉完成了第七章和附表的编写，合计

12.78万字。尹锋超、孙兆锋先生也对报告编写提出了宝贵建议，李茜、郝莎莎老师对本报告编辑工作付出了辛勤劳动，正是在大家的共同努力下，才保证了本报告最终成书，在此须向我的广大"战友"们表示感谢！在调查和资料整理过程中，北京博科鸿图信息技术有限公司开发了"海防专题调查系统"数据库，用于登录全部调查遗址信息；山东省乡土文化遗产保护工程有限公司对我中心精选出的60处典型海防遗址进行了专业测绘，为遗址保护和研究提供了专业地理信息数据，在此一并表示感谢！

海防体系宏大、复杂，明代中前期，山东海防主要职责是防御和反击倭寇；万历年间，日本入侵朝鲜半岛，为配合抗倭援朝战争，山东海防得到了加强和发展，海防兵力、指挥体系和布局都出现了不同于以往海防卫所体系的变化；万历中期之后，山东海防职责由防倭转为防御后金（清）政权渡海南下。清代前期，山东海防压力集中于反清武装和盗匪，顺治朝为初建时期，康、雍两朝发展到顶峰，此时伴随有大量卫所的裁并，乾隆朝以后海防体系被逐渐削弱。至鸦片战争爆发前，旧的海防体系已衰败不堪，随着外国帝国主义侵略和洋务运动等的兴起，迥然于前的近代海防体系开始建立和发展起来。此次调查工作完全覆盖各时期海防遗址的难度极大，为保证明清古代海防体系完整，此次调查重点为鸦片战争前的明清海防遗址，而同治、光绪时期及一战前后在威海、烟台和青岛等修建的以近代炮台为代表的海防遗址在本次报告中未做收录。

此次调查工作发现的海防遗址以墩、堡、寨、屯、炮台等为多，在报告整理过程中发现有两个问题比较突出：一是墩、堡、寨等类海防遗址名称多在《筹海图编》及各地方志中有记载（部分不见于文献），但受文献传抄谬误及记载过少等因素影响，再加之长期以来，遗址所在周边村落、河流和山脉等名字不断变化，为考证海防遗址的真实名称带来了较大困难，编写者虽查阅了大量资料，但准确考证出的不到总数的三分之一。为便于报告编写，对文献记载与现实名称一致的海防遗址，采用文献记载名称，无法考证的，采用附近村落等命名。二是此次调查过程中墩、堡、寨、屯、炮台等类海防遗址可能有遗漏。这与该类遗址历史上不同时期受政府对海防体系调整政策有关，也与清代以后自然、人为等因素对遗址的破坏有关。如墩、堡、炮台类遗址，因其传递信息、示警防卫等功能，其应呈现出链条状分布态势，但在实际调查时，却发现有明显的断点，有些可能已被破坏。

　　张杰等先生在《论明清海防卫所的文化线路属性判读》一文中认为，明清沿海卫所是一条动态特征明显的文化线路，它是由"驿路为主线、各路支线相互连通的有形线路""以卫所为核心的海防防御体系为无形线路"及内在的历史关系串联起来的沿途各遗产要素组成的体系，该体系以军事功能为主导，以有形与无形文化遗产（如移民文化、民俗等）共同构筑了一条以"海防军事"为典型、"多元文化"为辅助、拥有众多文化遗产的综合性文化线路。海防研究包罗万象，尽管笔者在竭尽所能地完成报告编写工作，但受限于笔者学识及各种客观原因，书中不免还存有一些纰漏和不足之处，希望各位专家和读者不吝赐教。

张杰

2023 年 8 月 11 日于威海